동아시아 청동기시대의 연구

일러두기

이 책에서는 중국을 비롯한 동아시아 및 유라시아 일대의 지역명, 문화유형, 유적명, 연구자명 등이 다수 언급된다. 본문의 표기는 국립국어원의 외래어 표기법을 기본으로 하였으며, 청동기 관련 국가별 세부명칭은 『한국고고학전문사전: 청동기편』을 따랐다.

번역과 관련된 지명, 연구자명, 세부명칭 등은 다음과 같은 기준에 따라 정리하였다.

1. 영어, 러시아어, 몽골어 지명 및 연구자명 등은 한글 발음으로 표기하고, 원어를 병기하였다.
   예) 미누신스크Минусинск지역, 체르니크Chernykh, 올로프 얀세Olof Janse
2. 중국어, 일본어 지명 및 연구자명 등은 각 언어의 발음을 기준하여 한글로 표기하고 [   ]로 한자(원어)를 병기하였다. 단, 遼寧式銅劍은 특정 유물명으로 간주하여 '요령식동검'으로 번역하였다.
   예) 얼리터우[二里頭], 미야모토 가즈오[宮本一夫], 랴오시[遼西], 옌산[燕山]산맥
3. 한글 번역만으로 이해하기 어렵거나 다른 의미로 혼동될 수 있을 경우, 한자를 병기하였다.
   예) 백옥환白玉環, 발형묘撥形墓, 동령銅鈴, 청동이기彝器, 주기酒器
4. 한글이 곤란한 전문용어는 한자의 음을 한글로 적고 한자로 병기하였다.
   예) 작爵, 가斝, 화盉, 유공부有銎斧, 영수검鈴首劍, 도철문饕餮文
5. 한글로 번역하였으나, 원문 표기가 필요한 경우, [   ]로 원문을 병기하였다.
   예) 역자[かえり], 삼차 칼집 문양[三叉切り込み], 버섯형 병두[キノコ状柄頭], 기원지[発信源]
6. 중국 고대 국가명은 한글 음으로 표기하고, 한자를 병기하였다.
   예) 상商, 주周, 연燕, 초楚, 한漢
7. 본문 중의 (   )는 대부분 참고문헌과 필자가 보충 설명이다. 번역 과정에서 추가된 괄호는 [   ]로 통일하였다.
8. 그 밖에 필요에 따라 역자주를 달아 독자에 이해를 돕고자 하였다. 본문에 달린 각주는 모두 역자주이며, 장 끝에 정리된 미주는 필자주이다.

(재)나라문화연구원 학술총서 1

동아시아 청동기시대의 연구

미야모토 가즈오(宮本一夫) 지음

김 상 민 옮김

서경문화사

번역자 서문

2020년 겨울, 다음 학기 수업 준비에 고민을 하고 있는 와중, 미야모토 교수님께서 책을 한권 보내주셨다. 이 책을 출간하는 시점에 급하게 한국의 보고서를 구해달라고 부탁하신 교수님께서 고마움을 담아 보내주신 것이었다. 당시 대학원 '청동기고고학' 수업을 담당하던 입장에서는 대학원 수업이니까 이 책을 한번 집중적으로 살펴볼까 하는 생각을 갖게 되었다. 그리고 당당하게 강의 중 공지한 후 당장 몇 일 안되서 후회했었던 기억이 선명하다. 2장부터 당장 너무 익숙하지 않는 지역과 범위, 유적들로 인해 너무도 어려웠다. 또한 연구 범위가 방대하고 너무도 많은 유적들과 문헌 기록, 이론들이 종합되어 벽에 부딪치는 느낌마저 들었다. 일본에서 공부한 입장에서도 이렇게 어려움을 느낀다면, 국내 연구자 입장에서는 접근성이 떨어질 것 같아 아쉬웠다.

다른 한편으로는 그 벽만 넘으면 금속문화의 다른 한 축인 청동기 연구를 넓은 관점에서 이해할 수 있는 책이라는 기대감이 들었다. 이 책을 이해하기 위해 여러 차례 정독하였지만, 번역자 역시 그 가치를 알 수 있게 된 것은 역순으로 읽어가면서부터였다. 1장과 결어를 읽고 그나마 익숙하였던 한반도와 일본열도, 랴오닝지역의 자료를 대상으로 읽어가면서 책의 구성과 의미를 파악한 후 중국 서남, 중원, 북방 청동기문화의 내용을 점검하였다. 그리고 본격적인 번역을 마음먹은 후 처음부터 다시 정독하면서 저자가 작성한 이 책의 의도를 좀더 깊게 이해할 수 있었다. 짧은 경험이었지만, 국립중앙박물관에서 근무할 당시 몽골 조사를 주도하며 몽골 고고학에 관심을 가졌던 경험, 중국 사천성 발굴조사에 참여했던 경험은 이 책을 이해하는데 도움이 되었다.

이 책은 동아시아의 청동기문화를 중국 중원 중심의 농경사회와 몽골 등 목축 농경사회로 구분하고 청동기문화의 확산과 지역별 공통성과 차이점을 다루고 있다. 청동기문화는 유라시아 서쪽에서 동쪽으로 확산되어, 기원전 2000년경부터는 중국 중원지역을 중심으로 농경사회에 청동기문화가 성행한다.

중국의 중원지역은 청동기를 제사도구로서 집단을 유지하는 정치적 목적 속에서 적극적으로 발전시키는 반면, 목축 농경사회였던 그 밖에 지역은 무기로서의 기능이 지속된다. 청동기는 높은 계층의 무덤에 묻는다는 공통점이 있지만, 제사와 무기라는 기능을 유지한다는 지역적 차이가 보이며,

농경사회와 목축사회의 집단성 차이로 이해하고 있다.

하나 더 주목되는 것은 기원전 1000년경 중원지역 주변의 농경사회인 중국 서남부와 한반도의 청동기문화는 같은 농경사회인 중원지역이 아닌 유목사회의 청동기의 영향을 받으며, 이후 스스로 발전하였다는 것이다. 저자는 이 지역을 2차 농경사회로 칭하였는데, 이곳의 청동기문화가 발전하는 배경은 중국의 영역 확장에 대응하기 위해 무기로서 청동기가 개발되었다는 것이다. 즉, 농경사회인 중원지역의 영역 확장으로 인해 2차 농경사회의 청동기가 발전한다고 보았다. 농경사회는 기본적으로 제사를 위한 청동기를 우선적으로 만들지만, 한반도나 중국 서남부 등 중국과 인접한 2차 농경사회는 무기가 우선이 된다. 농경사회의 경우 제사를 통한 집단 정치적 통합을 위해 청동기가 활용되는데, 사회적 긴장감이 있던 지역은 무기로서 청동기가 활용되었다.

반면 일본이나 동남아시아 같은 중원과 거리를 둔 농경사회는 무기로서 발전보다는 제사도구로서 청동기가 발전한다. 이 지역들에서는 山자형 격格 동검(동남아시아)이나 세형동검(일본열도)이라는 무기가 유입되지만, 청동기 자체는 무기로서의 가치보다 집단의 통합하는 제사도구로서 발전한다. 이는 받아들인 지역의 입장에 따른 지역적 발전으로 이해할 수 있다.

이 책은 넓은 시야에서 동아시아 청동기문화를 이해하고자 하였고, 청동기 자체만이 아닌 각 지역의 지역성과 생계활동, 문헌을 고려하여 문화적으로 해석하고자 하는 점이 돋보인다.

다만 이 책에 약간 언급한 철기문화에 대한 저자의 관점은 동의하기 어렵다. 동북아시아 철기문화를 연나라의 영역 확장에 의한 산물로서 다소 단순화한 경향이 있다. 또한 저자의 연나라 간접적 지배영역이 청천강 상류에 이른다는 점 등 세부적인 견해 역시 번역자와 다른 의견을 가진다. 그동안 동북아시아 철기문화에 대한 연구를 진행한 번역자의 관점에서는 연나라의 영역 확장 이전에서도 한반도 남부지역과 지린성 일대, 일본열도의 경우도 철기를 포함한 중원계 선진문화가 확인되고 있다는 점에 주목하고 있다. 그리고 최근 국내 연구에서도 다원적인 문화교류의 산물이라는 견해가 제시되기도 한다.

관련하여 번역자의 입장을 간단히 정리하면, 청동기를 중심으로 지역 집단의 정체성을 강조하고 계층사회의 수장만이 특수성을 고려한 교류 과정에서 철기가 도입되었고, 이후 문헌의 기록처럼 랴오둥의 철기문화가 한반도 남부지역에 본격적으로 유입되는 것으로 생각하고 있다. 교류 과정에서 주변지역의 의지가 반영된 도입과 이주 등의 주변지역 의지가 반영되지 않은 도입은 구분되어 살펴야 할 것이다. 이는 향후 별도의 논고로 정리할 예정이다.

이 책을 번역하기 시작한 것은 2022년도부터였지만, 실제로 책을 완성하기 위해 몰두한 것은 2024년 가을부터이다. 2024년 하반기부터 시작된 연구년(해외연수)동안 노리치 대성당이 보이는 University of East Angila(UEA) Sainsbury institute(SISJAC)의 3층 연구실에서 마무리하였다. 영국에 와서 일본 고고학 단행본 번역을 한다는 것이 다소 어색한 감도 있었지만, 글이 방대하고 어려운 만큼 집중할 수 있는 시간과 장소가 필요하였다. 번역을 마무리하면서 계속 드는 생각은 저자의 의도를 잘 파악하지 못한 채 번역한 건 아닐까 하는 두려움이다. 그래서 반복적으로 점검하였고, 역자 주석을 통해 독자에게 번역자가 이해한 정보를 함께 공유하기 위해 노력하였다. 그럼에도 불구하고 오역이 있다면, 이는 온전히 번역자의 책임임을 밝힌다. 이 책의 번역을 허락해 주신 일본 규슈대학 명예교수(현 중국 쓰촨대학 문과강좌 교수)인 미야모토 가즈오 교수님께 감사드리며, 저작권과 관련된 복잡한 절차를 쉽게 풀어주신 雄山閣과 서경문화사 측에 감사의 마음을 전한다. 그리고 번역과 교열과정에서 목포대학교 고고문화인류학과 강준혁(조교), 전상진(충청북도문화재연구원), 박혜경(석사수료), 강진우 · 박민희 · 박지하 · 임세휘(석사과정)의 도움을 받았다. 더불어 고마움을 전하고 싶다.

이 책을 번역하는 와중에, 미야모토 교수님이 2023년 동아시아 초기철기시대 연구라는 단행본을 간행하였다는 것을 알게 되었다. 이 책 역시 물질 문화의 보편성과 지역적 특수성을 강조하면서도 역사성을 고려한 문화 해석이 이루어졌다. 번역자의 관심 분야이기에 더 깊게 정독해 볼 예정이다. 이 책 역시 향후 국내 연구자에게 소개할 수 있는 기회가 있길 기대한다.

마지막으로 이 책을 번역하는 와중 출판과 관련된 지원을 아끼지 않아 주신 나라문화연구원의 박태홍 원장님과 임직원들께 감사의 마음을 전한다.

목차

머리말

이 책은 동아시아 청동기시대를 종합적으로 논한 최초의 연구서이다. 일찍이 중국대륙의 중국 청동기시대에 관한 명저로 하버드대학교의 장광즈[張光直]가 저술한 「중국청동기시대」가 있었다(張光直 1982·1983·1989). 장광즈의 저서에서는 기원전 2000년에 시작되어 기원전 500년까지 이어진 중국 청동기시대를 고고학 자료뿐만 아니라 인류학과 사회학의 최신 이론을 사용하여 설명하였으며, 이를 통해 청동기시대라는 선사사회를 인류사 전체의 관점에서 역사적으로 서술하였다.

이 책은 동아시아 전체 청동기시대를 다루므로 『동아시아 청동기시대 연구』라는 제목이 붙었다. 장광즈는 농경사회인 중국의 상주商周사회를 고고학적으로 역사화한데 반면, 본 연구는 농경사회인 중국 중원中原지역뿐만 아니라 목축사회인 장성長城지대를 포함한 유라시아 초원지대 동부, 동북아시아, 중국 서남부지역과 티베트고원을 아우르는 동아시아 전체를 대상으로 한다. 이를 통해 동아시아 청동기시대의 보편성과 특수성을 규명하고, 동아시아 전체적인 현상 속에서 청동기시대의 역사적 위상을 조명하고자 한다.

중국 중원의 청동기시대는 하상夏商시대에서 춘추春秋시대까지로 간주되며, 전국戰國시대부터 초기철기시대라고 불러도 무방하다(飯島 2003). 그러나 동아시아 청동기시대라는 관점에서는 청동기시대의 시작 이전인 신석기시대 말기와 초기철기시대인 전국시대에서도 여전히 청동기시대가 존속하고 있다. 이러한 넓은 시기를 대상으로 지역별 청동기시대의 시작과 전개, 종말에 대해 논의하고자 한다.

이 책에서는 청동기시대 문화를 크게 네 지역으로 구분하여 서술한다. 북방 청동기문화, 중원 청동기문화, 중국 서남청동기문화, 동북아시아 청동기문화로 나눈 4부로 구성되어 각 지역의 문화적 특징과 발전 과정을 다룬다.

(1) 제 I 부 북방 청동기문화

제 I 부 북방 청동기문화는 동아시아 청동기문화의 기원을 설명하기 위한 것으로, 그 시작에 해당한다. 북방 청동기문화의 확산 속에서 중원 청동기문화, 중국 서남청동기문화, 동북아시아 청동기문화와 같은 특수한 청동기문화가 성립된다. 이는 이른바 유라시아 동부의 청동기문화 생성 과정을 보여주는 것이다.

제1장에서는 동아시아 청동기문화의 시작을 북방 청동기문화의 성립과 중원 농경사회를 중심으로 살펴본다. 특히 유라시아 동부에 기원전 3천년기 말에서 기원전 2천년기 전반에 걸쳐 전개된 안드로노보문화Андроновская, 세이마-투르비노문화Сейминско-турбинская가 중국 서북부와 중원으로 유입되는 과정을 다룬다. 이를 통해 중국 북방 청동기문화와 중원 청동기문화의 성립에 대해 논한다. 또한 장성지대 청동기문화를 크게 5기로 나누어, 북방 청동기문화의 전개과정을 체계적으로 정리하고자 한다.

제2장에서는 북방 청동기문화의 전개과정 속에서 카라수크문화와 타가르문화의 동검 변천에 대하여 분석한다. 특히 에르미타주 미술관에 소장된 청동기를 중심으로 그 변천과정을 상세히 검토한다.

제3장에서는 카라수크 문화기부터 타가르 문화기에 이르는 유라시아 초원지대 동부로 확산된 북방 청동기문화 지역집단의 실태를 분석한다. 이를 위해 묘장墓葬을 중심으로 북방 청동기문화의 특성을 제시한다. 특히 몽골고원의 헬렉수르Khirigsuur문화와 판석묘板石墓 문화의 전개과정에 대해 묘장 분석을 통해 상세히 점검하고자 한다.

제4장에서는 타가르문화기에 해당하는 북방 청동기문화 중에서 룽산[隴山]지구로 불리는 지역, 즉 전국시대 진秦나라와 접하는 지역의 청동기문화 전개과정에 대해 논한다. 이를 통해 북방 청동기문화 사회와 중원지역 사회 간의 관계를 다룬다.

제5장은 중원 사회와 북방 청동기문화의 대립 속에서 흉노 유목국가가 발전하는 과정을 살펴본다. 특히 청동 띠장식판[帶飾板]의 분석과 변천을 통해 흉노 유목국가의 성립과 확산과정을 조명한다.

제6장에서는 북방 청동기의 주요 특징 중 하나인 유공동촉有銎銅鏃의 편년과 지역적 전개를 분석한다. 또한 제4부에서 논의되는 동북아시아 청동기문화의 계보가 북방 청동기문화에 뿌리를 두고 있음을 유공동촉의 확산 과정을 통해 증명한다.

(2) 제Ⅱ부 중원 청동기문화

북방 청동기문화와의 접촉 속에서 신석기시대 말기 중원에 출현하는 청동기문화는 독자적인 특징과 기술적인 발전을 이룩해 나갔다. 수장제 사회 속에서 성립한 중원 청동기문화는 청동기가 조상 제기 등 제사도구로 사용되는 특수한 발전과정을 거친다. 이는 상주商周라는 제의국가(岡村 2005)에서의 청동이기彝器로 발전한다. 이러한 발전과정을 초기국가 이론과의 연계하여 살펴보며, 그 과정에서 청동기가 지닌 의미를 고찰하고자 한다.

제7장에서는 타오시[陶寺]문화와 얼리터우[二里頭]문화에서 확인된 동령銅鈴의 제작기술을 분석한다. 이를 통해 중원 청동기의 시작과 전개과정을 살피며, 북방 청동기문화와의 차이점을 제시하고자

한다. 더불어 얼리터우 동령의 기술적 발전과정을 구체적으로 살피고자 한다.

제8장에서는 얼리터우문화와 상대 전기 청동이기彝器 거푸집에 보이는 제작기술의 전개과정을 다룬다. 또한, 얼리터우 문화기와 상대 전기의 시기구분을 청동이기 제작기술의 변화로부터 실증적으로 제시한다. 더불어 청동이기를 중심으로 한 사회통합의 의미를 밝혀보고자 한다.

제9장에서는 초기국가의 정의에 대해 연구사를 재검토하며, 중원 농경사회의 초기국가를 정의하고자 한다. 또한 상대 청동기문화의 변천 과정을 제시한다.

제10장은 서주西周 왕조의 정치구조를 묘장墓葬 분석과 금문金文 해석을 통해 논증한다. 또한 서주 후반기 청동기문화의 변질을 서주의 정치·사회적 구조 변화와의 관계 속에서 고찰한다. 이와 함께 서주 후반기 청동이기의 변혁과 서주 사회의 예제禮制 변화를 분석하며, 주周대 예약禮樂의 시작과 발전과정을 논한다.

제11장은 주 왕조의 특징을 살피기 위해 주대 주식周式동검의 출현과 함께 청두[成都]분지를 중심으로 확인되는 파촉巴蜀청동기의 성립 과정을 설명한다. 주식동검은 주대 청동기의 특수성을 보여주는 주요한 유물로 이를 통해 주 왕조의 문화적 특징과 기술적 독창성을 밝히고자 한다.

(3) 제Ⅲ부 중국 서남 청동기문화

북방 청동기문화는 촨시[川西]고원을 통해 중국 서남부 청동기문화의 성립을 촉진하였다. 이 과정을 실증적으로 논하기 위해, 촨시고원 석관묘의 변천과 지역적 전개, 지역 내 청동기의 변화를 북방 청동기문화의 전개와 관계 속에서 정리한다.

제12장에서는 촨시고원의 석관묘문화를 다룬다. 특히 석관묘의 구조변천에 기초하여 그 변화과정을 제시하고, 청동기의 편년과 쌍이雙耳호의 변천을 검증한다. 이를 통해 석관묘의 계보와 지역적 특징을 분석하고 이를 바탕으로 문헌에 나타난 서남 민족의 위치 비정을 시도한다. 진秦·한漢의 영역 밖인 서남이적西南夷狄의 역사적 의미를 해석한다.

제13장은 촨시고원 석관묘문화 속 청동기가 적어도 상대 병행기까지 상향될 수 있다는 점을 제시하며, 이 지역의 청동기문화는 북방 청동기문화의 영향 속에 발생하였음을 서술한다.

제14장에서는 중국 서남부 청동기문화의 특징인 山자형 격格동검의 성립과 변천과정을 다룬다. 山자형 격格동검은 북방 청동기와 관련된 동검으로, 지역적으로 변용되고 발전한 결과물이라는 점을 강조한다.

(4) 제Ⅳ부 동아시아 청동기문화

동북아시아 청동기문화에서 요령식동검은 독자적인 청동기의 대표적 사례이다. 요령식동검은 랴오시[遼西], 랴오둥[遼東], 한반도 등으로 확산되면서 지역별로 수용과 전개양상이 다르게 나타났다. 지역적인 차이를 보이지만, 동북아시아의 요령식동검문화는 기본적으로 북방 청동기문화의 계보 속에 위치한다.

한반도에서는 요령식동검문화가 세형동검문화로 변천되었다. 세형동검은 요령식동검에서 변형된 것이며, 세형동모 역시 요령식동모에서 변화된 것이다. 반면, 동과는 요서식동과에서 변형되어 등장하였다. 이후, 세형동검문화는 북부규슈로 확산되며, 일본열도 청동기문화의 형성에 기여하였다. 동북아시아의 독자적인 청동기문화는 요령식동검문화와 세형동검문화를 포함한 동북아시아 동검문화라고 정리할 수 있다.

제15장에서는 랴오둥지역 요령식동검의 변천과 전개, 그 연대관계를 논하였다. 특히 요령식동검 2a식의 실연대를 동북아시아 동검문화의 연대적 기준으로 삼았다.

제16장에서는 한반도 요령식동검의 변천과 전개과정에 대해 형식변화를 중심으로 상세히 분석하였다. 또한 한반도 남부지역에서 중요한 요령식동검 V식의 독자적인 변화 과정과 그 사회적 의미를 검토하였다.

제17장에서는 한반도 세형동검의 형식변화와 연대, 그 출현배경을 체계적으로 제시하였다. 특히 연마기법의 변천에 기초하여 세형동검의 변화과정을 구체적으로 논하였다.

제18장에서는 한반도 세형동모가 요령식동모와 계보적으로 연관되어 있음을 제시하였다. 또한 세형동모의 형식변화와 발전과정을 분석하였다.

제19장에서는 한반도에서 성립된 세형동과와 그 조형인 요서식동과를 검토하였다. 이를 통해 한반도 동과의 성립과 연대를 살펴보았다. 또한 동검이나 동모는 요령식동검문화에 영향을 받았으나, 동과는 계보가 다르다는 점을 논증하였다.

제20장에서는 동북아시아 고유의 동검인 촉각触角식동검의 분류 및 변천과정을 살폈다. 또한 촉각식동검의 분포와 지역별 전개양상을 제시하였다.

제21장에서는 요령식동검문화가 북방 청동기문화의 계보에 있음을 검증하고, 요령식동검문화가 세형동검문화로 변천하는 과정을 살펴보았다. 특히 석검과 묘제 등 그밖에 문화요소와 연계하여 동북아시아 동검문화를 시공간적으로 복원하고, 그 역사적 배경을 서술하였다.

제22장에서는 동북아시아에서 출토된 요령식동검문화과 세형동검문화의 거푸집을 분석하였다. 이를 통해 북부 규슈 청동기의 출현배경과 일본열도산으로 진화하는 과정을 논하였다.

(5) 결어

이 책에서는 그동안 종합적으로 논의되지 않았던 동아시아 청동기문화를 인류사적 관점에서 특수성과 보편성이라는 두 가지 측면에서 비교 · 검토하여 동아시아 선사사회를 복원하고자 한다.

동아시아 청동기문화는 목축 사회가 기반인 북방 청동기문화를 기점으로 시작되었으나, 농경사회인 중국 중원 사회에 수용되는 과정에서 크게 변용되었다. 반면, 북방 청동기문화의 영향을 받은 동북아시아와 중국 서남부에서는 각각 독특한 동검문화를 발전시켜 나갔다. 전자가 동북아시아 동검문화(요령식동검 · 세형동검문화)이며, 후자가 山자형 격格동검문화(찬시고원 · 얼하이[洱海]계)이다. 특히 동북아시아 동검문화의 계보 속에 있는 일본 야요이시대는 동아시아 청동기시대의 특수성을 더 선명하게 드러낸 사례인 것이다.

이상과 같이 이 책에서는 네 지역을 대상으로 청동기문화의 기원과 전개과정을 서술하며, 이를 통해 각 지역 사회를 복원하고자 한다. 또한 사회 발전 단계에 따른 동아시아 청동기시대의 특징에 대해 논의하고자 한다. 동아시아 청동기시대를 농경 사회와 목축 사회라는 두 가지 사회적 관점에서 이들 간의 상호 관계와 역사적 서술을 시도한다.

제1부
북방 청동기문화

제1장

북방 청동기문화의 변천과 전개

1. 머리말

중국 초기 청동기문화에 대한 가장 큰 문제는 청동기의 출현 과정에 대한 해석이다. 즉, 서방 전래설과 중국 자생설 두 가지로 간단히 정리할 수 있다.

사노 카즈미[佐野和美]는 중국 서북지구의 시간성을 기준으로 출토된 청동기의 분포를 검토하면서, 양사오[仰韶]기 마자야오[馬家窯]문화의 청동기가 간쑤[甘肅]성의 후앙[黃]하 상류 유역에서 확인되는 반면, 신장[新疆]보다 더 서쪽 지역에서는 출토되지 않는 점을 지적하였다. 또한 채도 등의 토기문화가 마자야오[馬家窯]문화와 치자[齊家]문화를 포함하여 동쪽에서 서쪽으로 전파된다는 점을 고려할 때, 신장을 비롯한 이른바 실크로드 주변에서는 청동기문화가 서쪽에서 동쪽으로 전파되지 않는다고 강조하였다(佐野 2008).

여기에서는 남시베리아나 몽골을 거쳐 북쪽에서 후앙[黃]하 상류로 청동기문화가 전파되었을 가능성을 제시하고자 한다. 마자야오[馬家窯]문화기의 청동기는 서아시아 청동기의 출현 단계 혹은 그 이전 단계부터 주변 지역과의 교류를 통해 형성되었을 가능성이 상정된다.

한편, 천궈량[陳国梁]에 따르면 양사오[仰韶]문화기의 청동기는 두 지역에서 출토된다고 한다(陳国梁 2008a). 하나는 중국 서북지구의 마자야오[馬家窯]문화와 총리[宗日]문화 지역이며, 다른 하나는 후앙[黃]하 중하류 유역에서 출토된 쟝자이[姜寨]유적 사례 등이다.

쟝자이[姜寨]유적에서 발견된 청동기 자료는 관管의 형상과 원반 형상의 두 가지 형태로 나타난다. 그러나 이러한 청동기는 유라시아 초기 청동기문화에서는 쉽게 찾아볼 수 없는 형태이다. 이로 인해 해당 자료의 시간성에 대한 문제가 제기되고 있다. 또한, 청동기의 재질이 황동[真鍮]이라는 점도 유라시아 초기 청동기문화 전체를 보더라도 이례적인 특징이다. 외형적으로 초기 청동기문화와의 관계를 찾기 어렵다는 점은 이 자료가 후대의 교란된 유물일 가능성을 추정케 한다.

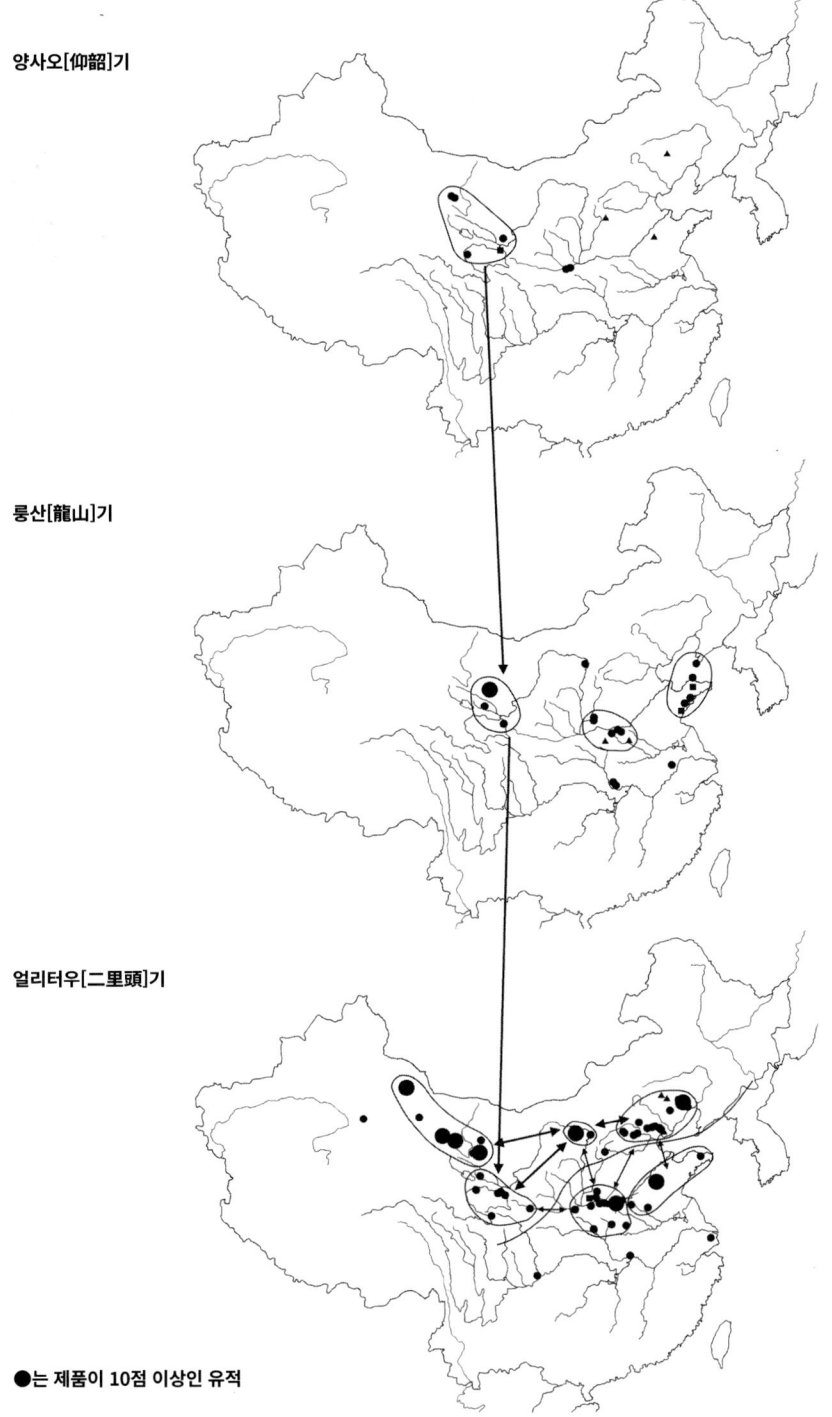

양사오[仰韶]기

룽산[龍山]기

얼리터우[二里頭]기

●는 제품이 10점 이상인 유적

그림1. 중국 출토 초기청동기의 시기별 분포도

다만, 황동의 존재 가능성에 대해서는 산둥룽산[山東龍山]문화기 산리허[三里河]유적에서 출토된 동추銅錐가 황동으로 이루어져 있다. 베이징커지[北京科技]대학의 야금 실험에서도 구리와 아연을 혼합하여 황동을 제작할 수 있음을 밝혀낸 바 있어, 이를 초기 청동기문화에서 반드시 부정할 수 없다고 한다(梅建軍 2005). 또한, 산둥[山東]반도의 동광석은 원래 아연을 많이 함유하고 있어, 자연적으로 황동이 선사시대에 존재하였을 가능성을 배재할 수 없다는 견해도 있다.[1]

이는 중요한 지적이지만, 양사오[仰韶]문화기 산둥지역의 동광석을 이용한 유물이 웨이[渭]하 유역의 쟝자이[姜寨]유적까지 유입되었을 가능성을 고려하면, 당시의 사회적 환경을 감안하더라도 의구심이 들 수밖에 없다. 또한, 천궈량이 지적한 후앙[黃]하 중·하류 유역 자료도 역시 검증이 어렵다. 이러한 자료들을 제외하면, 기본적으로 양사오[仰韶]문화기에서 룽산 문화기에 출토된 동기·청동기 자료는 간쑤[甘肅]나 칭하이[青海] 등 중국 서북지구에 집중되어 있다고 하는 사실이 중요하다.

그럼에도 천궈량도 지적했듯이 얼리터우[二里頭]문화기에는 장성지대를 중심으로 주변 청동기문화와의 상호 교류가 존재하였으며, 이러한 교류 속에서 중국 초기 청동기문화가 발전해 왔다는 점은 틀림없는 사실이다. 그런 의미에서 『長城地帶青銅器文化の硏究』(宮本編 2008)에서 얼리터우[二里頭]문화 병행기 스바[四壩]문화를 중심으로 한 초기 청동기 자료의 집성은 향후 연구자에게 중요한 참고자료가 될 뿐만 아니라, 아직까지 이와 같은 시도가 없었다는 점에서도 학술적인 의의를 갖는다.

일찍이, 사노 카즈미는 양사오[仰韶]문화기에서 얼리터우[二里頭]문화로 이어지는 발전양상을 시간축으로 설정하고 동기·청동기유적의 분포를 제시한 바 있다(佐野 2004). 그러나 그림1에서 볼 수 있듯이, 양사오[仰韶]문화와 룽산문화 병행기인 신석기시대 중기~후기에는 동기·청동기의 분포가 간쑤[甘肅]나 칭하이[青海] 등 간칭[甘青]지구에 집중되어 있다. 또한, 스바[四壩]문화와 치자문화, 네이멍구[内蒙古] 주카이거우[朱開溝]문화와는 청동기의 구성과 양상에서 일정한 공통점이 나타나며, 더 나아가 샤자뎬[夏家店] 하층문화나 신장의 텐산베이루[天山北路]문화와도 동시기 청동기문화의 유사성이 확인된다(宮本編 2008). 이 같은 문화유형에서 출토된 청동기는 북방 청동기문화로 볼 수 있다.

반면 얼리터우[二里頭]문화를 중심으로 한 후앙[黃]하 중·하류 유역에서는 이러한 북방 청동기문화와 일정한 유사성을 보이면서도 차별화된 특징이 나타난다. 특히 얼리터우[二里頭]문화에서는 방울[鈴]과 작爵·가斝·화盉 등의 청동악기 및 청동 용기가 생산되었으며(宮本 2006b), 점차 청동기문화의 내용이 북방과 차별화되기 시작하였다. 이러한 발전 과정을 통해 북방 청동기문화와 중원 청동기문화라는 두 개의 주요 청동기 문화권이 성립된 것으로 볼 수 있다(宮本 2005a).

이러한 양상 속에서, 간칭[甘青]지구에서는 동기·청동기가 중국대륙 내 어느 지역보다도 가장 이른 시기[初現]에 집중적으로 나타나고 있어 주목할 만하다. 따라서 마자야오[馬家窯]문화기나 치자[齊家]문화기의 동기·청동기 출현 배경과 특징을 고찰한 후, 간쑤[甘肅]의 스바[四壩]문화와 신장의 텐산베이루[天山北路]문화에서의 관계 등을 주변 지역과의 비교·검토해 나가는 것이 필요하다. 특히, 유라시아 초원지대 동부의 안드로노보Андронов문화와의 관계를 고려하는 것이 중요한 과제가 될 것이다.

한편, 장성지대에 위치한 신석기 말기의 시마오[石峁]문화 청동기가 타오시[陶寺]문화나 얼리터우[二里頭]문화로 유입되었을 가능성도 제기된다. 또한 유라시아 초원지대 북변지역[北辺域]에 위치한 세이마~투르비노Сейминско-турбин문화와의 관련성도 논의되고 있다(林梅村 2015).

먼저 유라시아 초원지대 동부의 상황을 간단히 살펴보는 것으로 논의를 시작하고자 한다.

2. 장성지대 청동기문화의 출현

북방 청동기문화와 관련하여, 미누신스크Минусинск지역, 몽골, 그리고 중국 서북부의 신장[新疆]에서 북동부의 옌산[燕山]지역까지의 장성지대를 대상으로 청동기문화의 발전 단계를 검토하면, 장성지대 청동기문화 제1~5기로 구분할 수 있다(宮本 2007b: 표1). 본 장에서도 앞서 언급한 분기에 따라 논의를 전개하지만, 특히 초점을 맞추는 대상은 장성지대 청동기문화 제1기와 제2기이다.

제1기인 기원전 3천년기에는 알타이Алтай · 미누신스크지역을 아파나시예보Афанасьево문화로 설정하고 있다. 최근 방사성탄소연대 결과에 따르면 아파나시예보 문화기는 크게 두 연대 범위로 정리

표1. 장성長城지대 청동기문화의 편년표

장성지대 청동기문화	BC3000 第1期	BC2000 第2期	BC1300 第3期	BC800 第4期	BC600 第5期	BC4世紀 初期鐵器
알타이 · 미누신스크	아파나시예보 문화	안드로노보문화	카라수크문화	타가르문화	타가르문화	파지릭
외몽골			헤렉수스	판석묘	찬드마니	
신장[新疆]		텐산베이루 [天山北路]문화	옌부라크 [馬不拉克]문화 (초기철기문화)			
간쑤[甘肅]	간쑤 채도彩陶 (반산[半山] · 마창[馬廠])	스바[四壩]문화	스와[寺窪]문화	샤징[沙井]문화		
칭하이[青海]		카유에[卡約]문화	카유에문화			
네이멍구[內蒙古] 중남부		주카이커우 [朱開溝]문화			오르도스 청동기문화 (마오징거우[毛慶溝])	인뉴구 [飮牛溝]
옌산[燕山] (라오시[遼西])		샤자뎬[夏家店] 하층	바이푸[白浮]	샤자뎬 상층	연화燕化	연
중원中原	타오시[陶寺]	얼리터우 · 얼리강 [二里頭 · 二里岡]	인쉬[殷墟]기 서주西周	서주 말 춘추春秋 전반	춘추후반~전국초기	전국후반

되는데, 각각 기원전 3700~3300년과 기원전 3100~2700년에 해당한다(Chernykh, Kuz'minykh, Orlovskata 2004). 아파나시예보 문화기의 동기 · 청동기는 후자인 기원전 3100~2700년에 해당하지만, 그 구체적 연대를 확정하기 어렵다. 그럼에도 불구하고, 아파나시예보문화가 기원전 3천년대 전반보다 이른 단계에 있음은 의심할 여지가 없다. 반면, 한지엔예[韓建業]는 아파나시예보문화를 기원전 2천년기 전반에 설정하고 있으나(韓建業 2007), 이 연대 설정에는 문제가 있다.

북유라시아 초원지대는 청동기의 확산을 포함하여 광범위한 영역에서 정보가 공유되는 공유지대로 인식되어 왔다. 특히, 기원전 7000년경의 서아시아에서 시작된 동기銅器가 유라시아 전역으로 확산되고 발전하는 과정에서 체르니크Chernykh의 가설은 매우 주목할 만하다(Chernykh 1992). 그림2는 유라시아 동기 · 청동기의 분포 영역이 확대되는 과정을 나타낸 것이다. 체르니크는 기원전 3천년기에 흑해 주변 야금冶金권역을 설정하고, 이 단계부터 서아시아 청동기문화를 포함한 흑해를 둘러싼 지역문화권에 연쇄적으로 청동기문화가 확인되기 시작한다는 점을 제기하였다. 이러한 야금권역은 기원전 2천년기에 이르러, 유라시아 야금권역으로 확장되면서 흑해 북쪽 연안에서 알타이에 이르는 초원지대로 확대되었다고 설명하고 있다.

현재까지도 이 야금권역은 우랄산맥을 기준으로 서쪽과 동쪽으로 구별할 수 있으며, 지역적 전개

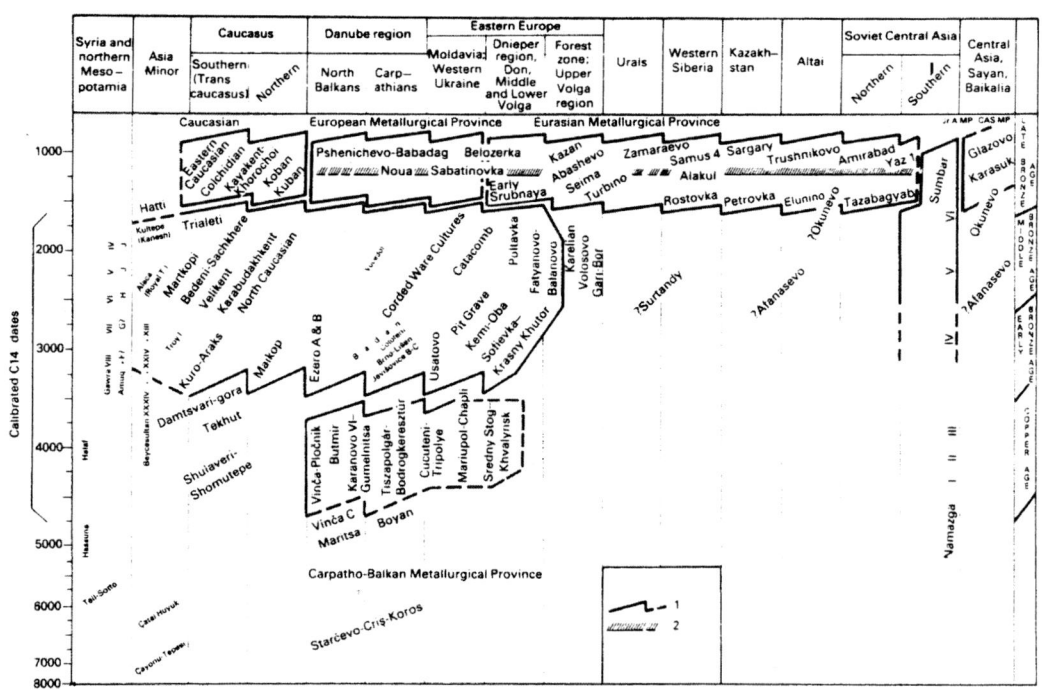

그림2. 유라시아 청동기문화의 변천(Chernykh 1992)

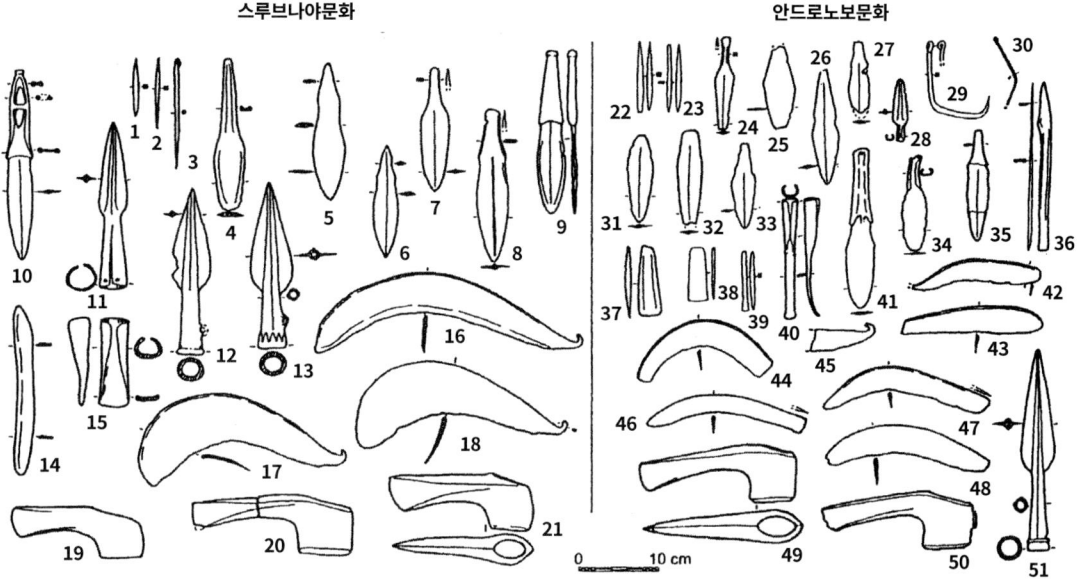

스루브나야문화 안드로노보문화

그림3. 안드로노보 문화기의 청동기(Chernykh et al. 2004)

방식에서도 차이를 보이는 것으로 이해되고 있다. 그러나 전반적으로 동일한 야금 기술 정보가 공유 되었다는 것에 대해서는 이견이 없다. 특히, 동부 유라시아 야금권역은 알타이를 중심으로 더욱 동 쪽인 신장, 간칭[甘靑]지구, 네이멍구[內蒙古] 중남부, 랴오시[遼西]지역을 거치며, 장성지대와 일련의 흐름 속에서 연계성이 있다고 지적되고 있다.

이처럼 유라시아 야금권역은 우랄산맥의 서쪽은 스루브나야Cpубная문화, 동쪽에는 안드로노보 문화로 구분할 수 있다. 그림3과 같이 우랄 동쪽지역인 알타이 · 미누신스크지역 및 장성지대 청동 기문화 제2기에 해당하는 안드로노보문화의 동기는 부斧, 반소켓식 부斧, 도자刀子, 유공부有銎斧, 모 矛, 비匕, 촉鏃, 겸鎌, 장신구裝身具 등이 포함된다. 반면, 칭하이[靑海]지구 스바[四壩]문화의 청동기는 그림4와 같다.

특히 반소켓식 동부銅斧(그림4-5)는 린윈[林澐]에 의해 북방 청동기와의 유사성을 보여주는 대표적인 사례로 제시된 바 있으며(林澐 2002), 이러한 형태는 알타이의 안드로노보문화, 칭하이[靑海]지구의 스 바[四壩]문화뿐만 아니라 몽골지역에서도 발견되고 있다(宮本編 2008). 따라서 이 시기의 북방 청동기 문화에서 공통적으로 나타나는 형식 중 하나로 볼 수 있다. 또한 안드로노보문화에서 볼 수 있는 비 匕는 스바[四壩]문화(그림4-13 · 14)에도 존재한다. 인부 하단이 역자[かえり]를 띠는 유공(소켓식)의 동촉(그 림4-9~12)은 서아시아를 포함한 유라시아 야금권역에서 널리 발견되는 형태로, 스바[四壩]문화에서도 확인된다. 이처럼 유라시아 야금권의 동쪽 끝에 위치한 알타이의 안드로노보문화(그림3)와 칭하이[靑 海]지구 스바[四壩]문화의 청동기군(그림4)을 비교해 보면, 형태뿐만 아니라 구성에서도 상당히 유사성

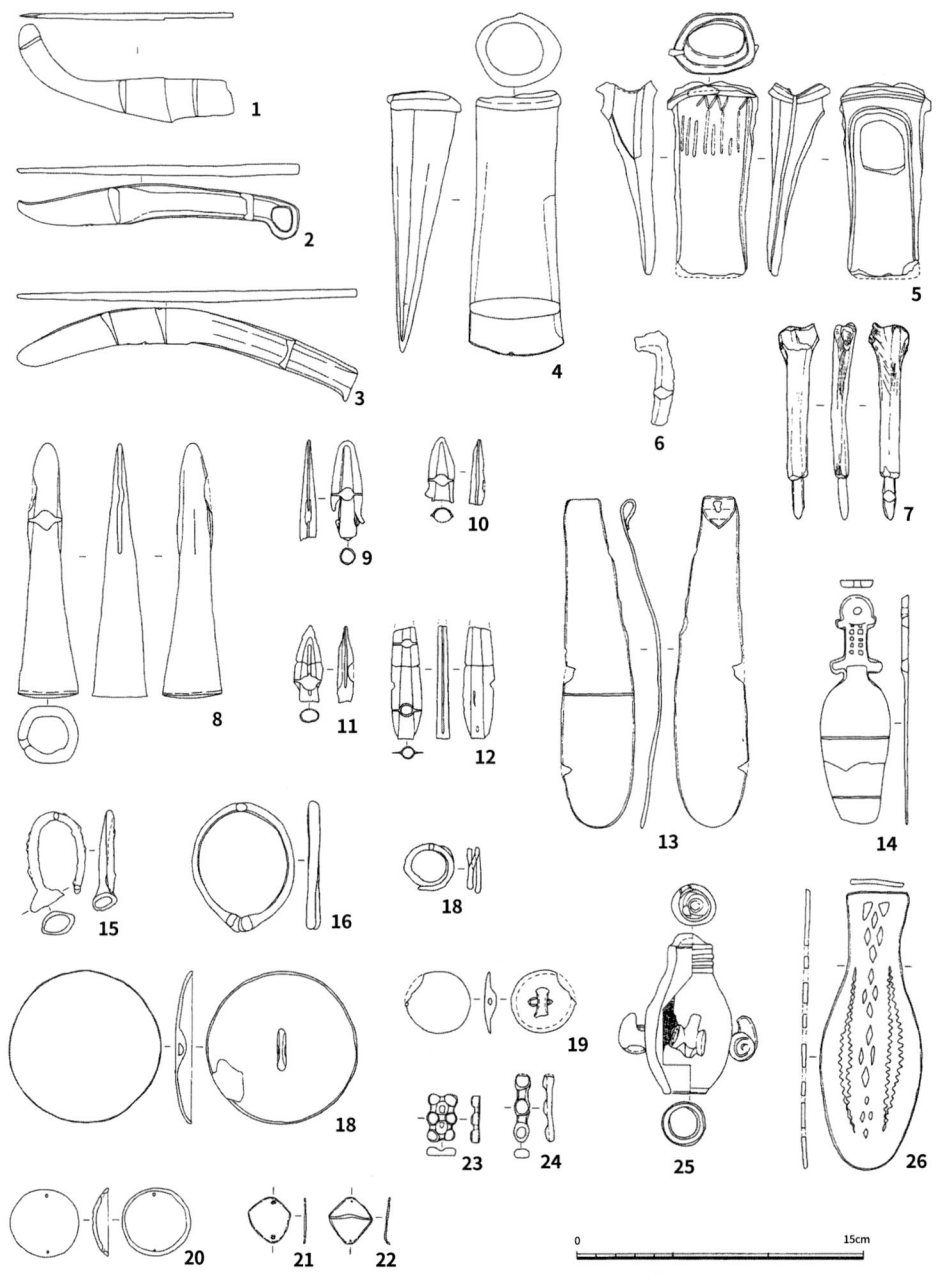

그림4. 스바[四壩]문화의 청동기(※축척 1/4)

이 있음을 확인할 수 있다.

　더불어 스바[四壩]문화인 하소커우[火燒溝]유적 등에서 발견된 일부 동기·청동기가 비소동이라는 것이 화학분석을 통해 확인되었다(陳国梁 2008a). 그림5는 체르니크가 제시한 지역별 동성분의 시간적 분포양상을 나타낸 것이다. 기원전 3~2천년기의 유라시아 야금권역에서 비소동은 우랄 서쪽지역에서 일반적으로 확인되지만, 동쪽지역의 경우는 주로 남시베리아 지역에서 발견된다. 미누신스크지역은 비소를 함유한 동광석이 존재하는 것으로 알려져 있으며, 이러한 동광석을 이용한 야금 활동의 결과로 제시되고 있다(Legrand 2006).

반면 칭하이[靑海]지구에서는 비소를 함유한 동광석이 현재까지 확인되지 않고 있다. 그럼에도 이 지역들 중에서도 비소동을 이용하는 기술이 가장 먼저 확인된 곳이 스바[四壩]문화라는 견해가 있다. 그리고 이러한 기술이 중국 서북부에서 독자적으로 출현하였다는 설도 제기되고 있다(潛偉 2006).

현재까지의 자료에 의하면, 하소커우[火燒溝]유적 등 스바[四壩]문화의 동기·청동기에 비소동이 확인된다는 사실은 그 원재료가 알타이와 그 주변 지역에서 공급되었을 가능성을 시사한다. 따라서 스바[四壩]문화가 미누신스크지역이나 그 동쪽 일대의 어딘가와 원재료를 포함한 긴밀한 관련이 있었을 가능성을 추정할 수 있다.

또한 석제 거푸집을 사용한 점도 역시 유사리아 야금권역과의 관련성을 시사한다. 동기·청동기의 형태, 조성, 원재료, 그리고 제작 기술을 고려해 보면, 유라시아 야금권과 스바[四壩]문화 사이에 깊은 관련성이 있음은 분명하다. 그 중간 지점에 위치한 신장에서도 텐산베이루[天山北路]문화가 그

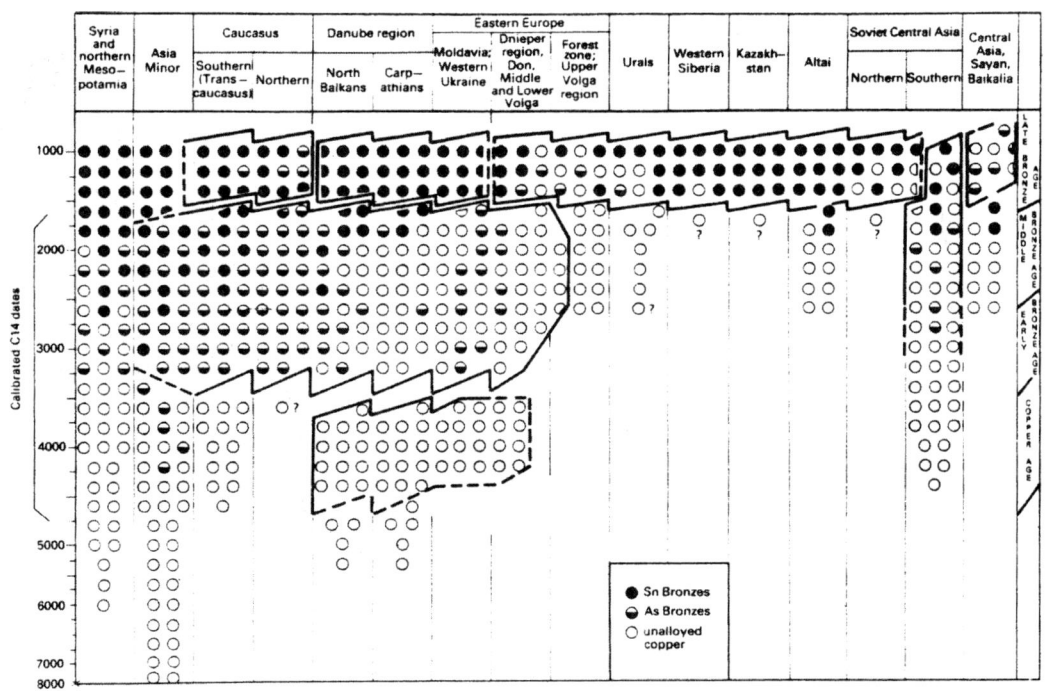

그림5. 유라시아 동성분의 지역 변천도(Chernykh 1992)

중간계승[中繼]지점일 가능성이 있다. 더욱이, 이 지역 채도를 포함한 토기문화는 간칭[甘青]지구 등 동부지역로부터의 영향을 받았다는 점은 의심의 여지가 없다(韓建業 2007). 반면 동기·청동기문화의 내용은 알타이 등 서쪽으로부터의 정보 접촉을 통해 형성된 것으로 볼 수 있다.

이 시기 청동기문화에 한정하여 보면, 간칭[甘青]지구까지는 스바[四壩]문화의 영향권 내에 있었다고 할 수 있으며, 이는 체르니크가 제안한 유라시아 야금권역의 동쪽 끝에 해당하는 지역으로 해석될 수 있다. 또한 가오빈슈[高濱秀]의 지적(高濱 2000)처럼 칭하이[青海] 신나[沈那]유적에서 출토된 청동모青銅矛는 자루[柄] 부분에 갈고리형의 수상手狀돌기가 있으며, 자루와 신부身部 경계에 삼차 칼집[三叉切り込み]문양이 있는 세이마-투르비노문화 청동모(그림6)와 유사한 특징을 가진다. 다만 청동모의 길이가 60cm 이상으로 대형이라는 점, 자루 삽입과 관련된 흔적이 보이지 않은 상태로 비실용화적이라는 점은 해당 지역에서는 보기宝器나 제기祭器로서 사용되었을 가능성을 시사한다.

이처럼 세이마-투르비노문화와 관련된 청동기는 S. V. 크세료프에 의해 산시성 박물관이 소장하고 있는 유물에서도 확인된 바 있어(高濱 2000), 이는 주로 유라시아 야금권역의 동부 및 장성지대 서부지역에서 발견되고 있음을 알 수 있다. 최근에는 산시[山西]성이나 허난[河南]성 샤왕강[下王崗]유적에서도 세이마-투르비노문화의 전형적인 삼차동모[三叉銅矛]가 발견되며, 이러한 문화요소가 중원지역으로도 유입되었음이 확실해졌다(林梅村 2015). 또한 랴오닝[遼寧]성 차오양[朝陽]현에서도 세이마-투르비노문화의 삼차동모가 출토되었다(林梅村 2016). 이를 통해 장성지대 제2기에는 유라시아 야금권역 내에서도 안드로노보문화와 세이마-투르비노문화 사이에 정보 교류가 활발했음을 알 수 있다.

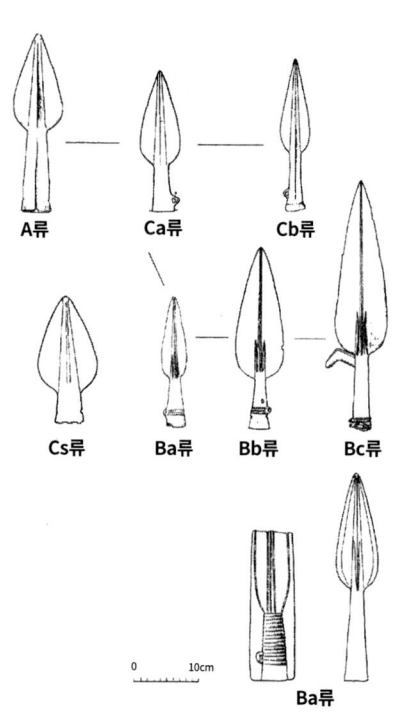

그림6. 세이마-투르비노문화의 청동모 분류와 변천도(松本 2016)

체르니크가 제기한 기원전 3천년기 말~2천년기에 걸친 유라시아 야금권역은 서쪽에서 동쪽으로 안드로노보(아파나시예보·신타슈타Sintashta)문화가 확산되는 반면, 그 북쪽 주변지역에서는 세이마-투르비노문화가 동쪽에서 서쪽으로 확장된 것으로 여겨진다(Chernykh 1992). 전자인 안드로노보문화는 유라시아 초원지대의 목축사회를 기반으로 하는 반면, 후자인 세이마-투르비노문화는 초원지대의 북쪽에 펼쳐진 침엽수 삼림대 및 삼림·초원지대를 기반으로 하고 있다(Chernykh 1992). 안드로노보문화가 목축사회를 중심으로 발전한데 반해, 세이마-투르비노문화는 수렵·채집에 의존한 생업 기반을 둔 사회였을 가능성이 크다.

한편 세이마-투르비노문화에 대해 마츠모토 케이타[松本

圭环]는 청동모(그림6)를 분석한 결과, 체르니크의 견해처럼 알타이에서 처음 출현한 것이라기보다는, 우랄산맥을 경계로 동서 지역에 따라 차이를 보이며, 청동모가 전개된다는 점을 지적하였다(松本 2011). 따라서 세이마-투르비노 문화가 반드시 동쪽에서 서쪽으로 확산된 것으로 보기 어렵고, 오히려 우랄산맥을 중심으로 동서 방향으로 서로 영향을 주고 받으며, 문화가 확산되었다고 해석하는 것이 더 적절할 것이다.

또한 한지엔예[韓建業]는 신장지역을 더욱 세분하여 장성지대 청동기문화 제2기의 양상을 고찰하였다. 그에 따르면, 안드로노보문화 초기의 신타슈타·페트로프카문화가 남시베리아와 중앙아시아를 거쳐 신장 서부에 도달하였고, 아파나시예보문화와 유사한 커얼무치[克爾木齊]문화가 신장 북부인 알타이지역에 출현한 후, 남하하여 로푸노르로에서 구무거우[古墓溝]문화를 형성하였다고 한다. 그리고 마창[馬廠]문화와 그 이후 등장한 스단[四端]문화라고 불리는 토기문화가 허시후이랑[河西回廊]을 서진하면서 신타시타·페트로프카문화와 커얼무치[克爾木齊]문화와 만나, 하미[哈密]지역의 텐산베이루[天山北路]문화가 성립되었다고 한다(韓建業 2007).

그 과정에서 중요한 문제는, 어느 단계부터 유라시아 초원지대 청동기문화와 연결되기 시작하는가 하는 점이다. 장성지대 청동기문화 제1기에는 간칭[甘青]지구에 이미 동기·청동기의 존재가 확인되었다. 반면 이 단계의 신장지구 청동기문화 양상은 아직 명확하지 않다. 다만, 신장 북부의 이리[伊犁]지역 등에서는, 알타이 및 카자흐스탄에서 확인되는 아파나시예보문화의 토기와 유사한 특징적인 기하학 문양이 있는 분형발[盆形鉢]이 출토되었다. 또한 신장 커얼무치[克爾木齊]유적 등의 토기는 지역적인 특징을 가지면서도, 넓은 의미에서 아파나시예보문화의 양식적 특징에 포함되는 것으로 보인다. 아파나시예보문화의 청동기는 유공부[有銎斧], 비ヒ, 부斧, 장신구裝身具 등으로 구성되며, 이는 간칭[甘青]지구 마자야오[馬家窯]문화에서 중심이 되는 도자刀子와 추錐 계열의 청동기와는 다소 차이가 있다. 다만 연대적으로는 간칭[甘青]지구가 더 소급될 가능성도 있다.

이러한 논의 속에서 핵심적인 문제는 아파나시예보문화의 기원과 성립과정이다. 이 문제는 체르니크가 제기하는 흑해 주변 야금권역의 종말 문제와도 깊은 연관이 있다. 기원전 3천년기 전반 흑해 주변 야금권역에서는 우랄 동쪽 지역의 상황이 명확하지 않으며, 이후 등장하는 우랄 동쪽의 동기·청동기 야금기술과 관련된 문화 생성 과정도 불명확하다. 이미 존재가 뚜렷한 아파나시예보문화나 간칭[甘青]지구의 양사오[仰韶]문화 시기의 동기·청동기를 고려한다면, 우랄 동쪽의 기원전 3천년기 또는 4천년기 후반의 상황이 중요한 연구 과제가 된다. 즉, 흑해 주변 야금권역이 융성기를 거쳐 쇠퇴하는 과정과 그 분포권 밖인 우랄 동쪽의 동기·청동기문화가 어떻게 성립되었는가하는 것이 핵심적 문제이다.

이러한 문제의식에서 접근한다면, 이 단계에서 흑해 주변 야금권역의 바깥 지역, 즉 우랄 동쪽에서도 정보의 전파나 문화적 접촉을 통해 동기·청동기문화가 이미 형성되었을 가능성이 높다. 이러한 정보의 전파과정 속에서 알타이의 아파나시예보문화, 그보다 앞선 동기ㆍ청동기문화, 나아가 간칭[甘靑]지구의 동기ㆍ청동기문화가 성립되었을 가능성도 고려할 수 있다.

이 단계 장성지대 신석기시대 말기인 시마오[石峁]문화에서는 치륜형동기齒輪形銅器 등 동기가 확인된다. 중원에서도 마찬가지로 신석기시대 말기인 타오시[陶寺]문화에서 동령銅鈴과 치륜형동기가 출현한다. 그리고 타오시[陶寺]문화의 동기를 기반으로 하여, 얼리터우[二里頭]문화라는 독자적인 청동기문화가 성립되었다.

이상을 정리한다면, 장성지대 청동기문화 제1기에는 유라시아 초원지대를 둘러싼 아파나시예보문화의 영향 속에서, 중국대륙 서북부에서 동기ㆍ청동기 기술이 발생하게 된다. 반면 우랄 동쪽에서 장성지대 서부로의 청동기문화 전파과정을 보면, 기원전 3천년기 후반에 독자적인 동기ㆍ청동기문화가 형성되었으며, 이를 통해 시마오[石峁]문화와 타오시[陶寺]문화로 청동기가 전해졌다. 후자인 독자적인 동기ㆍ청동기문화는 세이마-투르비노문화의 초기 단계에 해당한다. 이 단계를 거쳐, 기원전 2천년기 전반에는 장성시대 청동기문화 2기의 이동을 통해 유라시아 야금권이라는 광역적인 청동기문화의 정보대가 형성되었다. 적어도 우랄 동쪽에서는 세이마-투르비노문화의 청동기 기술과 정보가 장성지대까지 확산되었으며, 안드로노보문화의 동기ㆍ청동기문화의 양식은 신장지구에서부터 간쑤[甘肅]성 동부의 스바[四壩]문화로 공유되었다(Mei 2003; 李水城 2005).

장성지대에서도 더욱 동쪽에 위치하는 네이멍구[内蒙古] 중남부의 샤자뎬[夏家店] 하층문화에서는 청동기문화 정보가 점점 누락되는 경향이 나타난다. 네이멍구[内蒙古] 중남부의 주카이거우[朱開溝]문화에서는 동비銅匕와 유공동촉이 누락되었으며, 랴오시[遼西]지역의 샤자뎬[夏家店] 하층문화에서는 반소켓식 동부가 누락되고, 장식품이 주를 이루게 된다. 이는 동기ㆍ청동기에 관한 정보의 전파과정에서 수용 측이 관련 정보를 선택적으로 받아들였으며, 수용 측의 주체성이 작용하였음을 보여준다. 따라서, 이러한 지역별 청동기 성립 과정은 유라시아 초원지대 동부인 북방 청동기문화와의 관계 속에서 고찰할 필요가 있다.

3. 중원 청동기문화의 출현

중원의 신석기시대와 관련된 출토 사례를 살펴보면, 앞서 언급한 쟝자이[姜寨]유적에서 출토된 황동제품의 출토연대에 대해서는 다소 의문이 제기되고 있다. 그럼에도 중원 신석기시대 타오시[陶寺]문화 만기 나타나는 동제품의 등장은 주목된다. 신석기시대 종말기에 해당하는 타오시[陶寺]문화 만기의 묘장에서 동령銅鈴(中国社会科学院考古研究所山西工作隊ㆍ臨汾地区文化局 1984)과 치륜형 동기齒輪形銅器(国家文物局主編 2002) 등이 출토되었다. 최근 동일한 치륜형동기가 산시[陝西]성 센무[神木]현 시마오

[石峁]유적에서도 출토되었다. 이러한 동제품은 동시기 중부 서북부나 유라시아 초원지대에서는 알려지지 않고 있다. 신석기시대 말기인 시마오[石峁]유적은 네이멍구[内蒙古] 중남부에 위치한 대규모 석성취락[石城集落]으로, 최근 학계의 주목을 받고 있다. 이 유적은 이른바 장성시대에 해당하면서도 신석기 말기의 타오시[陶寺]문화와의 연관성이 지적되고 있다. 이러한 연관성은 토기문화뿐만 아니라 청동기문화에서도 확인된다.

특히 치륜형동기는 채집자료이지만 4점이나 출토되었으며, 묘장 내에서 다른 동제 완륜[銅製腕輪]

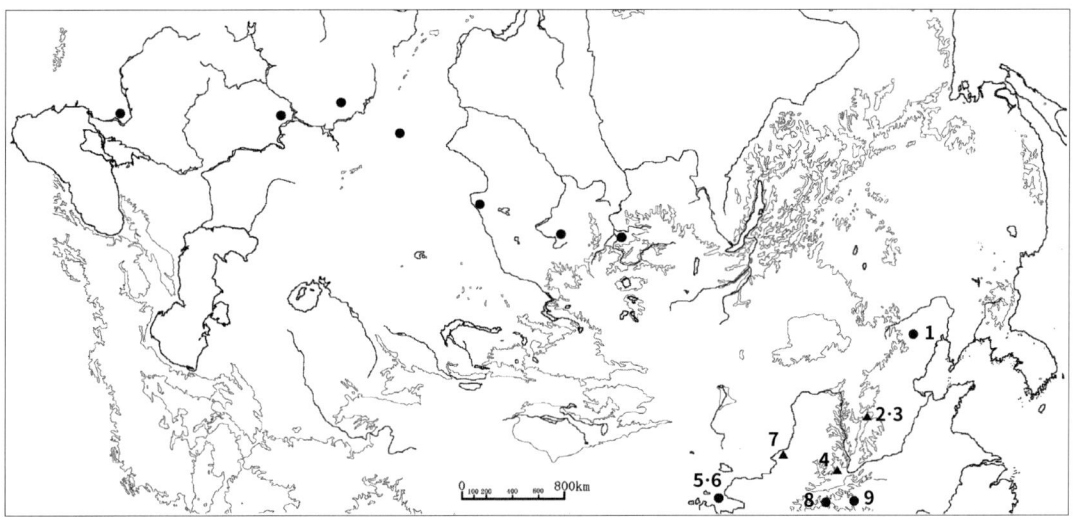

그림7. 세이마-투르비노문화의 삼차동모[三叉銅矛]의 분포(▲출토지 불명)

표2. 중국에서 출토된 세이마-투르비노문화의 삼차동모[三叉銅矛] 집성(그림7과 순번 일치)

순번	출토지·소장처	형식	길이	폭	출전
1	遼寧省朝陽県南双廟村下杖村	B2	34.7	9.9	劉翔·劉瑞 2016
2	山西省工芸美術館	B3	34.6	10	林梅村 2015; 翔 2015
3	山西省博物院	B3	36.3	12.8	林梅村 2015; 劉翔 2015
4	陝西省歴史博物館	B3			林梅村 2015; 劉翔 2015
5	青海省沈那遺跡	B3	61.7	18.7	宮本編 2008
6	青海省大通県文物管理所	B3	34.2	11.4	劉翔 2015
7	甘粛省博物館蔵	B3			林梅村 2016
8	河南省淅川下王岡遺跡	B3	37.5	12.5	林梅村 2015; 劉翔 2015
9	河南省南陽市博物館	B3			劉翔 2015
10	출토지 불명(中国国家博物館蔵)	B3	37.9		林梅村 2016

이나 옥기와 함께 팔에 장착되었을 가능성이 있다(楊瑞 2017). 타오시[陶寺]문화에서는 이같은 유물이 단 1점만 채집되었다는 점을 고려하면, 시마오[石峁]문화를 그 발원지로 추정할 수 있다. 또한 시마오 [石峁]문화 석성 내부 황청다이[皇城台]문지에서는 도자 병부의 석제 거푸집이 발견되어, 이미 청동기 생산이 시작되고 있었음을 보여준다. 그 연대는 기원전 1800년 이전으로 추정된다(陝西省考古研究院 외 2017).

한편 타오시[陶寺]유적에서는 타오시[陶寺]문화 중기 궁전宮殿유구에서 동제 용기의 일부가 출토되었으며, 이를 통해 이미 독자적인 동생산이 시작되었음을 알 수 있다. 시마오[石峁]문화의 실연대는 제1기가 기원전 2300~2200년으로 추정되므로(陝西省考古研究院 외 2017), 시마오[石峁]문화의 상한 연대를 기원전 2300년 정도로 볼 수 있을 것이다. 타오시[陶寺]문화의 상한연대는 기원전 2450년경이고, 하한연대는 기원전 1900년경이다. 타오시[陶寺]문화 전기는 기원전 2450~2150년경, 중·후기가 기원전 2150~1900년경이라고 할 수 있다(中国社会科学院考古研究所·山西省臨汾市文物局 2015). 타오시[陶寺]문화 중기부터 동기·청동기가 확인되는 점에 주목한다면, 연대적으로도 시마오[石峁]문화에서 동기·청동기 생산기술이 확산되었을 가능성이 크다.

세이마-투르비노문화의 특징인 유구有鉤삼차 동모는 신부와 공부의 경계에 삼차 칼집[三叉切り込み]문양을 띤다. 세이마-투르비노의 삼차동모는 그림7에서 확인할 수 있는 것처럼 중원에 분포하고 있으며, 중국 서북지방에서는 칭하이[青海]성의 두 사례를 제외하고는 확인되지 않는다. 또한, 세이마-투르비노 동모의 형식분류와 편년 연구을 실시한 마츠모토 게이타의 분류(그림6)를 바탕으로 그림7과 같이 랴오닝[遼寧]성의 차오양[朝陽]현의 Bb류(劉翔·劉瑞 2016)를 제외하고 모두 늦은 단계에 해당하는 Bc류에 속한다. Bc류는 중원에 분포하며, 그 중에서도 가장 늦은 형식이 셴나[沈那]에서 출토되고 있다. 이러한 분포 형태는 안드로노보문화에 기원한 스바[四壩]문화가 중국 서북부에 분포하는 것과는 대비되며, 유입경로에서 차이가 날 가능성이 있다.

안드로노보문화와 스바[四壩]문화가 신장에서 간쑤[甘肅]로 유입된 반면, 세이마-투르비노문화는 우랄산맥에서 사얀Sayan·알타이산맥에 거쳐 중원으로 확산되었다. 아직 검증되지는 않았지만, 몽골고원을 매개로 확산되었을 가능성도 있다(그림8). 이는 시마오[石峁]문화가 몽골고원과 가장 가까운 위치라는 점과 맞물려, 세이마-투르비노문화 혹은 그에 선행하는 지역문화일 가능성을 시사한다.

또한 시마오[石峁]유적에서 출토된 도자 병부 용범의 특징은 바이칼 연안에서 출토된 청동도자와 유사성을 보인다. 따라서 시마오[石峁]문화의 청동기 기술이 몽골고원 등 내륙부에서 유입되었을 가능성이 있다. 세이마-투르비노문화에서 볼 수 있는 부싯돌이나 옥으로 된 석제품을 통해 바이칼 연안 및 앙가라Angara강 유역과의 관계도 유추되고 있다(Chernykh 1992). 우랄의 세이마-투르비노문화에서 보이는 백옥환白玉環도 랴오시[遼西]의 샤자뎬[夏家店] 하층문화에서 유래된 것이며, 샤자뎬[夏家店] 하층문화의 청동기 기술이 세이마-투르비노문화의 영향을 받았다는 견해도 있다(林梅村 2016). 랴오

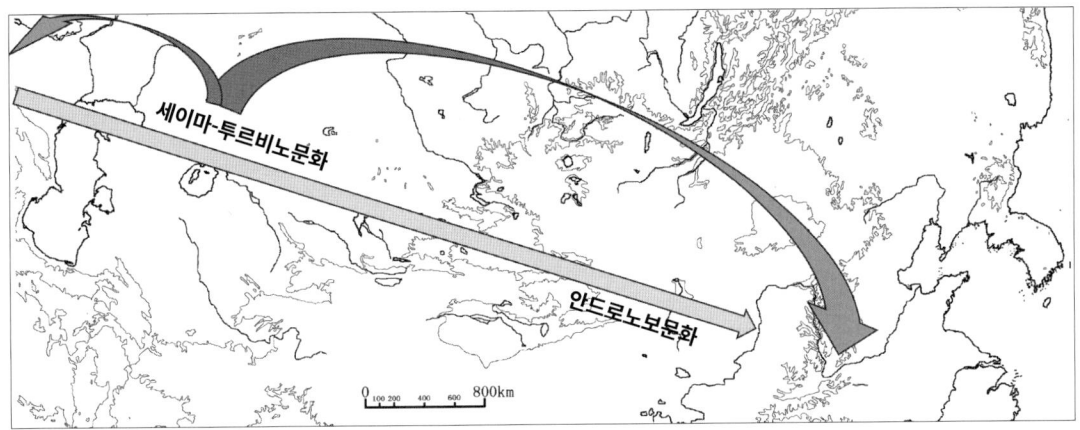

그림8. 안드로노보문화와 세이마-투르비노문화의 전파 모델

시[遼西]의 차오양[朝陽]에서도 세이마-투르비노문화의 동모가 출토되고 있어, 바이칼 연안 지역에서 네이멍구[內蒙古] 중남부나 랴오시[遼西]를 거쳐 장성지대 동부로 전파된 경로를 추정할 수 있다.

한편 안드로노보문화에서 확인되는 청동기들은 중국 서북부의 스바[四壩]문화에서 치자[齊家]문화까지 이어지지만, 시마오[石峁]문화로는 청동기 기술이 직접 유입되지는 않았다. 또한 시마오[石峁]문화의 토기와 중국 서북부 치자[齊家]문화의 토기 사이에서는 교류 관계가 확인되지 않는다. 따라서 안드로노보문화의 영향이 장성지대 서부까지는 도달하였지만, 장성지대 동부인 중원은 세이마-투르비노문화와의 관계 속에서 발전하였음을 이해할 수 있다(그림8).

한편 바이칼 연안에서 네이멍구[內蒙古] 중남부, 즉 몽골고원 중부를 매개로 하는 정보대는 제3장에서 서술하겠지만, 기원전 2천년기 후반의 특징인 발형묘撥形墓가 분포하는 지역과도 일치한다. 이는 몽골고원이 바이칼 연안의 세이마-투르비노문화에서 시마오[石峁]문화로 전파된 경로였음을 시사한다.

따라서 시마오[石峁]나 타오시[陶寺]문화의 치륜형동기를 제작한 동기·청동기 생산기술은 세이마-투르비노문화에 의해 몽골고원을 통해 전파되었을 가능성이 높다. 즉, 침엽수 삼림대를 기반으로 하는 청동기 생산기술이 사얀·알타이산맥에서 몽골고원 중부를 거쳐 시마오[石峁]문화로 확산되었을 것이라고 상정할 수 있다. 또한 동기·청동기 생산기술의 유입은 세이마-투르비노문화 삼차동모의 분포(그림7)와도 일정한 상관성이 있을 가능성도 고려해 볼 수 있다.

시마오[石峁]문화와 타오시[陶寺]문화의 치륜형동기는 이 지역에서 직접 생산된 것으로, 이미 독자적인 청동기문화가 시작되었음을 알 수 있다. 특히 타오시[陶寺]문화에서 확인된 동령의 생산기술은 이후 제7장에서 상세히 다루겠지만, 외형을 제작하는 기술에서 중원 내 제도 기술이 내재되어 있음을 보여준다. 이러한 요소는 타오시[陶寺]문화로 발전한 혁신의 배경으로 이해할 수 있다. 북방 청동기문화라는 석재 모형에 기초한 토제 거푸집의 개발은 중원 청동기문화의 독자적 발전을 의미하는 중요한 특징이라고 볼 수 있다.

더욱이 타오시[陶寺]문화의 동기·청동기는 이 지역에서 독자적으로 생산되었으며, 도령陶鈴과 같은 악기를 동기화銅器化한 것으로 볼 수 있다. 아마도 치륜형동기 역시 옥환玉環을 본 떠 청동기화한 것으로 추정된다. 즉, 중원 청동기는 초기부터 유라시아 초원지대나 장성지대의 청동기문화와 비교할 때 생산 대상 자체가 달랐다. 이 시점 중원 사회는 이미 수장제 사회로 발전하였으며(宮本 2005a), 수장의 의향에 따라 청동기 생산이 시작되었는데, 이 청동기가 위신재와 제사용 도구로 활용된 점이 중요하다.

이러한 청동기문화의 특징은 이후 얼리터우[二里頭] 청동기문화로 이어졌으며, 공구와 무기뿐만 아니라 주기酒器인 작爵·가斝·화盉 등의 청동용기와 악기인 동령이 생산되기에 이르렀다. 따라서 위신재로서 청동기 생산이 청동기문화의 중요한 측면이었다는 점(宮本 2006b)이 장성지대의 청동기문화와 크게 다른 요소이다. 예를 들어, 장성지대의 샤자뎬[夏家店] 하층문화인 다허쯔[大何子] 무덤군에서도 청동기가 출토되었지만, 사회적 계층을 드러내는 주기酒器 등 부장토기는 묘광의 크기와 직접적인 상관관계를 보인다. 계층 구조의 존재는 묘지의 배치를 통해 검증할 수 있었지만, 이곳에서 발견된 청동제 장신구와 계층구조 사이에서는 직접적인 연관성은 확인되지 않았다(宮本 2000c). 즉, 이 청동기의 경우는 피장자의 사회적 계층을 상징하는 것이 아니라, 단순한 장신구 혹은 실용품으로 의미만 가질 뿐이었다.

이와 같이, 중원의 청동기문화는 초기 장성지대의 청동기, 특히 북방 청동기문화의 동기·청동기 생산 기술 정보가 필요하였으며, 이를 빠르게 수용하여 중원 자체의 필요성과 고유한 기술로 전환시켰다. 유라시아 초원지대와 관련성을 뒷받침하는 근거는 시마오[石峁]문화·타오시[陶寺]문화에서 출토된 일부 동기가 비소동으로 분석되었다는 점이 있다(蘇榮譽 2019). 또한 얼리터우[二里頭]유적의 얼리터우[二里頭]문화 2기에 해당하는 동추銅錐도 비소동이다(金正耀 2000).

비소동은 당시 중원에서는 확인되지 않은 것으로, 이를 통해 청동기문화 초기부터 유라시아 초원지대와의 관계가 존재했음을 확신할 수 있다. 비소동은 미누신스크지역의 카라수크문화에 많이 확인되지만(Legrand 2006), 비소동 기술 자체는 중국 서북부의 스바[四壩]문화에서 더 이른 시기부터 나타났다. 이로 인해 스바[四壩]문화에서 독자적으로 탄생한 비소동 기술이 간쑤[甘肅]의 하미[哈密]지구를 거쳐 미누신스크지역으로 전파되었으며, 그 과정에서 간쑤[甘肅]의 하미[哈密]지구에도 존재하게 되었다는 견해도 있다(潛偉 2006).

두 가지 견해 중 어느 쪽이든, 비소동 원재료의 존재를 고려할 때 중국 초기 청동기는 중국 서북부나 남시베리아(사얀·알타이지역)와 관계 속에서 형성되었음을 알 수 있다. 즉, 북방 청동기문화인 안드로노보문화와 세이마-투르비노문화의 두 계통 중 전자는 중국 서북지방 청동기문화의 성립에 영향을 주었고, 후자는 중원 청동기문화의 성립을 촉진한 요인으로 작용했다고 볼 수 있다.

한편 북방 청동기문화와 이를 수용한 중원 청동기문화의 차이는 중원과 장성지대와의 사회성 차이를 반영하고 있다. 중원지역은 농경사회였던 반면, 장성지대는 목축형 농경사회였다. 이러한 차이는 청동기문화 자체의 질적인 차이를 초래하였으며, 결국 장성지대의 청동기문화와 중원의 청동기문화가 각각 서로 다른 방향으로 전개되는 결과를 낳았다.

4. 장성지대 청동기문화의 전개

유라시아 초원지대 남단인 장성지대 청동기문화와 중원 청동기문화의 질적 차이는 중원 청동기문화의 시작 단계부터 나타나는 현상으로, 이는 각 지역 사회적 구성의 차이에서 기인한다. 가장 큰 차이점은 생업 활동의 차이에 있다. 중원은 농경 생산을 중심으로 한 농경 사회였던 반면, 장성지대는 목축형 농경사회였다. 특히 후자는 목축을 생업의 중심으로 삼았다는 점에서 두 지역 간 큰 차이가 발생하며, 이는 환경 변동에 따른 적응 현상으로 설명될 수 있다. 출토된 동물유존체 등의 분석 결과에서도 이같은 차이점이 확인되었다(宮本 2005a).

이러한 생업 구조의 차이는 장성지대 청동기문화 제1기 마지막 단계부터 이미 시작된 것으로 볼 수 있다. 주목할 점은 장성지대 청동기문화 제1기에서 제2기로 이행하는 과정에서 북방 청동기문화의 두 가지 흐름이 나타난다는 점이다. 하나는 유라시아 초원지대 동부의 목축형 농경사회에 기반한 아파나시예보 · 안드로노보문화 계통이며, 다른 하나는 초원지대 북변지역의 침엽수 삼림대에 위치한 세이마-투르비노문화이다. 특히 후자는 수렵채집 및 어로활동에 대한 의존성이 높은 생업 구조를 가지고 있었다. 그리고 사얀 · 알타이산맥에서 몽골고원을 거쳐 시마오[石峁]문화 · 타오시[陶寺]문화로 동기 · 청동기 기술을 전수한 것으로 보인다.

장성지대 청동기문화 제2기에는 안드로노보문화의 계보를 잇는 장성지대 청동기문화와 얼리터우[二里頭]문화에서 나타나는 중원 청동기문화 간의 차이가 더욱 커지는 경향을 보인다. 물론 이러한 격차가 확대되는 과정에서도 얼리터우[二里頭]문화에서 장성지대 청동기문화 계통의 청동기들이 어느 정도 확인되었으며(林澐 2002), 이를 통해 일정 수준의 문화적 교류가 존재하였음은 확실하다고 볼 수 있다.

장성지대 청동기문화 제2기는 앞서 서술한 바와 같이 청동기 조합을 살펴보면, 장성지대 내에서도 서쪽에서 동쪽으로 갈수록 청동기의 구성이 점차 누락되는 경향을 보인다. 신장지구 간칭[甘青]지구와 네이멍구[内蒙古] 중남부, 그리고 랴오시[遼西]의 샤자뎬[夏家店] 하층문화로 갈수록 청동기 구성의 단순화되는 경향이 있다. 이 시기 신장지구의 톈산베이루[天山北路]문화와 스바[四壩]문화는 알타이·미누신스크지역과의 관계가 깊다. 그 근거로는 비소동이 스바[四壩]문화 등의 청동기에 많이 사용 되었다는 점이다. 또한 장성지대를 신장에서 간칭[甘靑]지구까지 서부로, 네이멍구[内蒙古] 중남부에서 랴오시[遼西]까지를 동부로 나누어 본다면, 장성지대 서부는 유라시아 초원지대 동부와 강한 관계성을 유지하고 있는 반면, 장성지대 동부는 그 주변 지역의 독자적인 양상을 반영하고 있다.

장성지대 청동기문화 제3기는 알타이·미누신스크지역의 카라수크문화기에 해당한다. 신장지역 에서는 옌부라크[焉不拉克]문화가 이에 해당하지만, 간칭[甘靑]지구에서는 이에 상당하는 청동기문화 가 확인된 바 없다. 옌부라크[焉不拉克]문화에는 이미 철기가 존재했을 가능성이 있으며, 철기술 또한 유라시아 초원지대에서 확산되었을 가능성이 높다. 실제로 간쑤[甘肅]성 린탄[臨譚]현 천치[陳旗] 모거 우[磨溝]유적 633호무덤에서는 동시기 스와[寺窪]문화에 해당하는 철기편이 출토되었다(陳建立 외 2012). 카라수크문화 청동기는 영수검鈴首劍, 수수검獸首劍, 수수도자獸首刀子, 상병두狀柄頭도자, 유공부有銎 斧, 동부銅斧 등이 특징이다. 이러한 카라수크식 청동기들은 몽골고원에서도 확인된다. 제3장에서 서 술하겠지만, 이 시기는 적석총積石塚으로 된 헬렉수르Khirigsuur문화와 판석묘板石墓가 성행하던 시기 와 일치한다. 다만 몽골고원의 수수검獸首劍이나 수수도獸首刀는 그 크기가 거대화되며 지역적 특성 을 띤다.

마찬가지로, 카라수크문화에 해당하는 청동기들은 네이멍구[内蒙古] 중남부에서 산시[陝西] 북부, 산시[山西] 북부, 랴오시[遼西]로 이어지는 장성지대 동부에서 확인된다. 이 시기에는 장성지대 서부보 다는 장성시대 동부에서 몽골이나 미누신스크지역이 청동기문화를 공유하는 특징이 강해진다. 반 면 간칭[甘靑]지구를 중심으로 한 장성지대 서부의 청동기문화는 현재까지의 자료에 따르면 쇠퇴하 는 것으로 보인다.

넓게 보면, 카라수크 청동기 문화권은 사얀·알타이산맥 및 장성지대 동부가 중심이 되어 카라수 크식 동검을 만드는 문화가 형성되었다. 카라수크식 동검의 생성 과정에 대해서는 제2장에서 상세 히 다루겠지만, 이 지역은 장성지대 청동기문화 제1·2기인 세이마-투르비노문화의 영향권에 속하 며, 이 청동기 제작 기술의 범주 안에서 카라수크식 동검이 출현했을 가능성이 높다.

카라수크식 동검의 출현은 신석기시대 후기부터 분포하는 석인골검石刃骨劍이나 석인골도石刃骨 刀와 관련이 있을 가능성이 있다(宮本 2000c). 이러한 석기는 수렵채집 및 어로활동을 기반으로 하는 지역적 산물이며, 청동기 기술이 확산된 이후 지역적인 특징이 강한 카라수크식 동검문화로 발전하 였을 가능성이 크다.

한편, 카라수크 청동기문화의 청동기 생산거점으로는 사얀·알타이산맥의 미누신스크지역과 장 성지대 동부를 들 수 있다. 그러나 동검 중심의 각 지역 단위 생산 과정에서 보이는 주체적 상호 관 계 속에서 카라수크 청동기문화가 형성되었다는 견해도 있다(松本 2009·2018). 광범위하게 확산된 카 라수크 문화권 내에서 지역적 특징을 잘 보여주는 요소는 묘제이다. 묘제의 특징을 통해 지역 집단의 단위를 특정할 수 있다. 이를 바탕으로 지역 집단 단위로 청동기가 생산되었을 가능성을 추측할 수 있으나, 청동기 생산유적이 확인된 사례가 적어 고고학적으로 검증하기는 어렵다. 그중에서도 미누신스크지역, 외몽골, 장성지대 서부는 서로 다른 묘제의 특징을 보여 각각 다른 사회 체계임을 보여준다.

미누신스크지역은 판석묘가 특징이며(Legrand 2006), 몽골고원 서부에서는 적석총인 헬렉수르가 확장되었고(宮本 2018a), 몽골고원 동부에서는 미누신스크지역의 판석묘와 유사하지만, 변형된 형태인 판석묘문화가 확산되었다(宮本 2016). 장성지대 동부에서는 석곽묘와 석관묘, 토광묘가 확인되며, 장성지대 서부에서는 토광묘와 목관묘, 동실묘洞室墓가 존재한다. 이처럼 청동기문화를 공유하면서도 각 사회는 지역적 특징을 반영한 청동기문화를 발전시켰다. 버섯형 병두[キノコ状柄頭]를 가진 청동도자는 미누신스크지역의 특징이며, 영수검은 장성지대 동부을 중심으로 확인된다. 몽골고원에서는 영수검이나 영수도가 대형화되는데, 이는 실용품이라기보다는 보기화宝器化된 경향을 보인다.

이와 같은 대형 영수검은 몽골고원뿐만 아니라 장성지대 동부에서도 확인되지만, 이것이 의례용 보기宝器인지, 위신재인지에 대한 판단은 묘장의 분석 결과를 기다려야 한다. 마츠모토 케이타는 정밀한 문양이 새겨진 동검과 동도자銅刀子를 '정제精製 청동무기'로 보고, 이들이 단순한 무기가 아니라 위신재로서 사회적 의미가 부여된 것이라고 이해하고 있다(松本 2018).

이상과 같이 미누신스크지역의 청동기는 실용적인 무기나 공구와 같은 성격을 띠며, 지역 사회의 경우 묘제를 통해 가부장제 계층사회가 상정되었다(Legrand 2006). 이에 반해 몽골고원 서부의 헬렉수르문화에서 보이는 묘제의 규모 차이는 단순한 집단 규모의 차이를 반영할 뿐, 사회 계층의 차이로 볼 수 없다(宮本 2018a). 또한 몽골고원 동부의 장방형묘長方形墓와 발형묘撥形墓로 대표되는 판석묘문화에서는 기본적으로 부장품이 없으며, 집단 단위의 규모 차이는 보이지만 개인의 계층 차이는 아직 존재하지 않는다(宮本 2016).

반면 장성지대 동부의 경우 무덤군 형태를 명확히 제시하기 어렵지만, 청동기문화 자체의 질은 여러 지역과 비교해도 가장 높은 수준을 보인다. 베이징[北京]시 창핑[昌平]구 바이푸[白浮]유적은 장성지대 청동기문화 제3기 후반기에 해당하는 유적으로, 3기의 목곽묘로 이루어져 있다(北京市文物管理処 1976). 바이푸[白浮]유적은 장성지대 청동기문화처럼 무기를 주축으로 하면서도, 중원계 청동이기青銅彝器를 공유하고 있다. 바이푸[白浮]유적은 지역 수장의 무덤으로 판단되지만, 은주殷周사회와의 경계지역으로서 일정한 자격을 부여받으며, 미누신스크지역과 몽골고원에 비해 더욱 발전된 사회를 형성한 것으로 보인다.

이러한 지역적 현상은 베이징시 얀경[延慶]구 시보지손[西撥子村]에서도 확인되며(北京市文物管理処 1979), 이 시기부터 복鍑이 출현하고 있어 은주사회와의 접점이 형성되었음을 보여준다. 이를 통해 청동용기容器 생산기술이 이 시기에 도입되었을 가능성이 있다. 이러한 청동복들은 이후 장성지대뿐만 아니라 유라시아 초원의 서쪽으로까지 확산되었다(高濱 1995). 타카하마[高濱]가 지적한 바와 같이, 장성지대 청동기문화 제3기는 장성지대 동부를 중심으로 형성되었으나, 몽골고원 및 미누신스크지역으로도 영향을 미쳤을 가능성이 있다(高濱 1995). 반면, 마츠모토 게이타는 장성지대 청동기문화 전반기에는 장성지대 동부가 미누신스크지역에 영향을 주었지만, 후반기에는 반대로 미누신스크지역에서 장성지대 동부로 영향을 미친 것으로 보고 있다(松本 2009).

장성지대 청동기문화 제3기에는 칭하이[靑海]에서 카요[卡約]문화와 뉘무홍[諾木洪]문화가 전개되었다. 카요[卡約]문화는 칭하이[靑海]성 동부에 분포하며, 뉘무홍[諾木洪]문화는 칭하이[靑海]성 서부에 위치한다. 이들은 각각 간쑤[甘肅]성 서부와 신장 동부의 청동기문화와의 관계를 가졌을 가능성이 있다. 이 청동기문화는 이후에 쓰촨성 서부의 티베트고원과 얼하이[洱海]계 청동기문화의 형성에 큰 영향을 주었다. 그 과정에 대해서는 제3부에서 상세히 다룰 예정이다.

장성지대 청동기문화 제4기는 유라시아 초원 동부의 타가르Тагарская 청동기 문화기에 해당한다. 이 단계에는 각 지역에서 독자적인 청동기문화가 발달하는 경향이 두드러진다. 장성지대 서부에서는 간쑤[甘肅]에서 샤징[沙井]문화가 전개되며, 동령과 장신구의 청동기 조합이 주를 이룬다. 장성시대 동부에서는 요령식동검으로 대표되는 랴오시[遼西]의 샤자뎬[夏家店] 상층문화가 독자적인 청동기문화로 발전하게 된다. 여기서 중요한 점은 장성지대 동부와 서부에서 보이는 청동기문화의 격차이다. 장성지대 서부에서는 장성지대 동부에 비해 청동단검의 발달이 뚜렷하지 않다.

한편 이 시기 중원에서는 철제 무기의 등장이 확인된다. 서주 말기 허난[河南]성 상춘링[上村嶺] 괵국묘號国墓에서 옥병철검玉柄鐵劍이나 동내철원과銅内鐵援戈 등 철제무기가 출토되었다(河南省文物考古研究所 · 三門峽市博物館工作隊 1999). 또한 간쑤[甘肅]성 동부 링타이[靈台]현 징가장[景家莊] 춘추묘春秋墓(劉得禎 · 朱建唐 1981)에서도 철인동병검鐵刃銅柄劍, 산시[陝西]성 서부 바오지[宝鷄]시 이먼손[益門村] 2호묘에서도 철인금병검鐵刃金柄劍이 출토되었다(宝鷄市考古工作隊 1993).

장성지대 청동기문화 제3기에는 장성지대 서부, 특히 신장에서 철기화되었을 가능성이 있다. 또한 간칭[甘靑]지구에도 철기 기술이 유입되었다. 이를 배경으로 장성지대 청동기문화 제4기가 되면, 간쑤[甘肅] 동부와 산시[陝西]성을 거쳐 중원에서 철인동병검鐵刃銅柄劍이 출현한 것으로 해석할 수 있다(宮本 2015b). 반면 티베트고원 동부의 촨시[川西]고원에서 윈난[雲南]에서는 이 지역의 독자적인 청동단검인 산자형山字形격格동검이 출현하게 된다(宮本 2010).

장성지대 청동기문화 제4기 이후, 미누신스크지역, 몽골고원, 장성지대 동부는 집단 단위의 사회적 결속력 격차가 드러나는 단계에서 점차 개인 간의 사회적 격차를 드러내는 단계로 이행된다. 이러한 현상은 미누신스크지역 묘제의 발전 단계에서도 확인되며(Legrand 2006), 몽골고원 판석묘문화 후반기의 전형적인 판석묘(宮本 2016)에서도 같은 경향이 나타난다. 또한 장성지대 석곽묘에서 출토된 풍부한 부장품을 통해서도 이러한 변화가 관찰된다.

장성지대 청동기문화 제5기에는 동부인 네이멍구[內蒙古] 중남부에서 오르도스식 동검으로 대표되는 오르도스 청동기문화가 발달한다. 오르도스 청동기문화와 샤자뎬[夏家店] 상층문화는 장성지대 청동기문화 제3기에 동일한 청동기의 문화적 기반을 공유하면서도, 장성지대 청동기문화 제4~5기가 되면 동검을 중심으로 한 독자적 전개 양상을 보인다. 오르도스식 동검은 일찍이 '경로도経路刀'로 불릴 만큼, 유라시아 초원지대의 청동단검과 유사성이 지적되었다. 이를 고려할 때, 양식적으로 몽골고원 서부 찬드마니Chandmani문화의 청동단검과 유사한데, 찬드마니문화의 청동검은 미누신스크지역의 타가르문화와 더욱 밀접하게 관련된다.

또한 장성지대 청동기문화 제4기의 몽골고원 동부에서는 전형적인 판석묘가 확산되는 단계(宮本 2016)이다. 이를 통해 미누신스크지역에서 알타이지역에 걸친 타가르문화, 몽골고원의 찬드마니문화와의 공통성을 확인할 수 있다. 이러한 흐름의 연장선에서 네이멍구[內蒙古] 중남부의 오르도스 청동기문화가 위치한다고 볼 수 있다. 즉, 장성지대 청동기문화 제3기부터 장성지대 동부에서 몽골고원, 알타이·미누신스크지역까지의 문화적 결합은 지속되었으며, 그 과정에서 장성지대 동부인 네이멍구[內蒙古] 중남부를 중심으로 몽골고원과 알타이·미누신스크지역을 잇는 정보대가 형성되었다. 장성지대 청동기문화 제5기의 타가르문화나 찬도마니문화는 점차 철기화되어 가는 양상을 보인다.

장성지대 청동기문화 제6기, 즉 초기 철기시대는 장성지대 동부인 네이멍구[內蒙古] 중남부까지 철기화가 진행된다. 랴오시[遼西]에는 연나라의 진출로 인해 중원계 주조철기가 보급되었다. 또한, 랴오시[遼西]와 랴오둥[遼東]은 연나라에 의해 영역화되었으며(宮本 2019a), 장성지대는 점차 농경 사회의 영역으로 편입되었다(宮本 1999b·2000e). 이 시기는 장성시대 전체가 청동기의 종말기에 해당한다고 할 수 있다.

한편, 미누신스크지역에서는 사라가쉬Saragash기의 대형 판석묘와 파지릭Pazyryk지역의 목곽묘가 등장하며, 이는 수장제 사회가 개시되는 단계임을 보여준다. 또한 장성지대 동부인 네이멍구[內蒙古] 중남부를 중심으로 한 집단 내에서는 사회적 위신을 나타내는 띠장식판[帶飾板]이 장성지대 청동기문화 제5기부터 출현하였다. 이와 관련하여 제5장에서 상세히 다루겠지만, 장성지대 청동기문화 제6기에 이르면 제5기부터 출현한 띠장식판의 분포가 더욱 확산되어, 장성지대 동부로부터 장성지대 서부의 룽산[籠山]지역과 티베트고원의 촨시[川西]고원까지 확산된다. 이는 광역 집단의 사회적 통합 과정을 반영하는 것으로, 그 다음 단계인 목축 사회 집단의 정치적 통합, 즉 흉노 유목국가 성립의 전단계라고 할 수 있다.

5. 정리

본 장에서는 중국대륙 청동기문화의 성립과 그 특징을 유라시아 초원지대 청동기문화와 비교하며 설명하고자 하였다. 중국대륙의 초기 청동기는 중국 서북부에 집중되고 있어, 신석기시대 중후기에 걸쳐 유라시아 초원지대와의 접촉을 통해 청동기 기술이 받아들여졌을 가능성이 높다. 그러나 이 시기 우랄산맥의 동쪽, 즉 유라시아 초원지대 동부의 양상은 아직 명확하지 않다. 체르니크가 말하는 흑해 주변 야금권 종말기에 해당하는 유라시아 초원지대 동부의 양상이 밝혀지지 않는다면, 이 문제 역시 해결하기 어려울 것이다.

장성지대 청동기문화 제1기에는 알타이에서 아파나시예보 청동기문화가 성립되었으며, 이는 중국 서북지방 신석기시대 후기의 동기·청동기와 관련된다. 그리고 장성지대 청동기문화 제1기 말 또는 제2기 초에는 세이마-투르비노문화가 몽골고원을 통해 중원으로 전파되며, 동기·청동기 야금기술이 수용되었다. 수용자인 중원, 즉 시마오[石峁]문화와 타오시[陶寺]문화에서는 지역적 필요성과 사회적 요구에 따라 점진적으로 수용 대상을 달리하였다. 특히 타오시[陶寺]문화에서의 야금 기술 혁신은 재지적인 제도 기술을 기반으로 이루어졌으며, 이는 이후 얼리터우[二里頭]문화에서 보이는 작爵 등의 청동용기를 주조하는 기술로 발전하였다.

이러한 청동기문화에서 드러나는 지역적 차이의 배경은 장성지대에서 유라시아 초원지대는 목축형 농경사회였던 반면, 중원지역은 전형적인 농경 사회였다는 점에서 기인한다. 이는 사회 구조의 질적 차이뿐만 아니라 사회 발전의 방향성에도 영향을 미쳤다고 판단된다. 또한 체르니크가 제시한 기원전 2천년기 유라시아 야금권 내 안드로노보문화의 계보 속에서, 장성지대 청동기문화 제2기에 신장의 톈산베이루[天山北路]문화와 간칭[甘青]지구의 스바[四壩]문화가 성립되었다고 판단된다.

청동기 조합을 살펴보면, 톈산베이루[天山北路]문화와 스바[四壩]문화 등 장성지대 서부에서는 공통된 청동기 조합이 나타나지만, 네이멍구[內蒙古] 중남부의 주카이거우[朱開溝]문화와 랴오시[遼西]의 샤자뎬[夏家店] 하층문화로는 그대로 이어지지 않으며, 오히려 청동기의 기종 누락이 확인된다.

즉, 네이멍구[內蒙古]와 랴오시[遼西] 등 장성지대 동부는 청동기문화 제2기까지도 청동기문화의 주변부적 성격을 보이고 있다. 이는 유라시아 초원지대 동부에서 장성지대 서부를 거쳐, 다시 장성지대 동부로 확산되는 청동기문화의 단계적 전파 양상의 결과이다.

이 장에서는 중국 북방 청동기문화, 즉 장성지대 청동기문화를 제1기부터 제6기로 구분하여, 청동기문화와 사회의 전개 과정을 개관하였다. 특히, 같은 장성지대라고 해도 신장과 간칭[甘青]지구의 장성지대 서부와, 네이멍구[內蒙古] 중남부에서 랴오시[遼西]에 이르는 장성지대 동부의 청동기문화는 차이가 크다. 또한 장성지대 청동기문화 제4기 이후에는 지역별 청동기문화의 차이가 더욱 두드러지는 경향을 보인다. 장성지대 서부와 동부에서 나타나는 청동기문화의 질적 차이는 유라시아 초원지대와의 지역 관계 속에서 나타나는 차이에서 비롯된 것으로, 이러한 차이는 장성지대 청동기문화 제3기부터 본격적으로 나타나기 시작한다.

장성지대 청동기문화 제1·2기에는 신장과 간칭[甘青]지구 등 장성지대 서부에서 동부로 청동기문화가 전파되었으며, 북방 청동기로서의 통일성[一体性]이 확인된다. 제3기 이후부터는 오히려 미누신스크지역에서 몽골고원, 장성지대 동부로 이어지는 지역성이 뚜렷해졌을 가능성이 있다. 이러한 경향은 청동기문화 제4기와 제5기 이후에도 지속된다.

특히, 제3기 이후부터는 청동기문화의 기원지[発信源] 중 하나가 장성지대 동부에 위치하였다. 원래 장성지대 동부에서 몽골고원, 미누신스크·알타이지역으로 확산되는 방향성(벡터선[1])이 강했으나, 제3기 후반 이후에는 오히려 미누신스크·알타이지역이 장성지대 동부로 영향을 주는 관계로 변화되었음이 지적된 바 있다(松本 2009·2018).

한편, 제3기 장성지대 서부에서는 철기화에 따른 새로운 문화 전파가 발생하였으며, 이러한 변화가 장성지대 서부와 동부 간의 문화적 괴리를 심화시켰을 것이다. 또한 장성지대 청동기문화 제4기에는 철기 기술에 대한 정보가 중원으로까지 전파되었으며, 이는 철인동병검鐵刃銅柄劍의 존재를 통해 확인할 수 있다. 중원에서는 주조철기의 기술을 개발하였으며, 이는 청동기 수용 과정과 마찬가지로 지역 고유의 기술 혁신을 거쳐 장성지대 청동기문화 제5기에는 철기 기술이 더욱 발전하였다. 장성지대 청동기문화 제6기인 초기철기시대에는 랴오시[遼西] 등으로 중원의 철기문화가 확산되는 새로운 움직임이 나타난다(宮本 2015b).

장성지대 청동기문화 제6기, 즉 초기철기시대는 청동기의 종말기로서, 북방 초원지대 계통의 단조 철기기술과 중원의 주조철기문화라는 두 계통이 장성지대로 확산되는 복잡한 과정을 거치며, 북방 청동기문화는 점진적으로 쇠퇴하게 된다.

마지막으로, 장성지대 청동기문화 제1기와 제2기에 확립된 장성지대 서부의 청동기문화는 장성지대 청동기문화 제3기 이후에 간칭[甘青]지구를 거쳐 스촨[四川] 서부의 티베트고원으로 전파된다. 또한 장성지대 청동기문화 제4기 이후 등장한 산자형山字形격格동검은 촨시[川西]고원 얼하이[洱海]지역에서 윈난[雲南]지역으로 확산된다. 그 과정은 제3부에서 다룰 예정이다. 한편 장성지대 청동기문화 제3기의 북방 청동기문화라는 배경 속에서, 장성지대 청동기문화 제4기에 성립된 요령식동검문화는 랴오시[遼西], 랴오둥[遼東], 한반도를 포함한 동북아시아로 확산되었다. 이에 대해서는 제4부에서 상세히 논하고자 한다.

---

(1) 산동대학 역사문화학원의 방휘方輝 교수의 교시에 의한다.

---

1) 역자 주) 물체의 변위는 크기와 방향을 같이 나타내는데 이러한 물리량을 벡터라고 한다. 필자는 제3기 이후 청동기문화의 확산이 같은 크기와 방향으로 이루어지다가, 3기 후반기에 달라진다는 점을 강조하기 위해 벡터선이라는 용어를 활용한 것으로 여겨진다.

제2장

미누신스크Минусинск지역의
카라수크Карасук 청동기문화

1. 머리말

「중국 초기청동기문화 연구」라는 프로젝트를 시작한 것은 사스(SARS)가 중국을 뒤흔들었던 2003년이었다. 이 연구는 규슈대학 21세기 COE프로그램인 「동아시아와 일본 : 교류와 변용」의 제2년차 연구의 항목으로 진행되었다. 먼저 중국 사회과학연구원 고고연구소와의 공동연구를 통해 「중국 초기 동기의 고고학적 연구」라는 제목으로 중국 국가문물국의 승인을 받아 연구를 개시하였다.

본 연구에서는 중국의 신장[新疆]지역을 제외한 얼리터우[二里頭]문화 이전 시기의 초기 청동기에 대해 가능한 범위 내에서 실측하여, 중국에서 유례없는 초기 청동기의 집성도를 작성하였다. 또한, 가능한 세밀한 관찰을 시도하였으며, 특히 주조 기술에 대한 면밀한 분석을 통해 이 분야의 새로운 연구 지평을 열기도 하였다(宮本·白雲翔編 2009). 이 공동연구는 이후 COE프로그램 예산 축소로 인해 다른 조성금을 다시 신청하여 진행되었다. 미쓰비시三菱재단의 연구조성금, 그리고 최종적으로 나라[奈良] 실크로드학연구센터 과제 연구의 조성금 지원을 통해 3년간의 연구를 마칠 수 있었다. 이 연구 성과는 「장성지대 청동기문화의 연구」(シルクロード学研究 Vol.29)와 『중국 초기 청동기문화 연구』로 정리되었다(宮本編 2008; 宮本·白雲翔編 2009).

21세기 COE프로그램 제2년차 연구에서는 중국 북방 청동기문화와 깊은 관련이 있다고 여겨지는 카라수크문화의 청동기와 비교 연구를 병행하여 진행하였다. 그 과정에서 에르미타주 미술관에 소장된 카라수크문화 청동기의 관찰과 실측조사를 추진하였다. 에르미타주 미술관에서의 청동기 조사는 일정상 2003년 12월 26~27일까지 단 이틀간 진행되었으나, 미누신스크 출토품을 중심으로 다량의 청동기들을 직접 만져보고 관찰하는 기회를 가졌다. 또한 12점의 청동기에 대한 실측도를 작성할 수 있었다.

이 조사에 참가자는 규슈대학교대학원 인문과학연구원의 미야모토 가즈오[宮本一夫], 비교사회문화학부 박사과정(당시)인 다지리 요시노리[田尻義了], 도쿠도메 다이스케[德留大輔], 사노 가즈미[佐野和美], 인문과학부 박사과정인 다니 나오코[谷直子] 등 총 5명이 참가하였다. 에르미타주 미술관의 자료 실견 및 조사과정에서 미호Miho뮤지엄의 세르게이 러브체크씨가 중요한 가교 역할을 해 주었다. 또한 유물의 실견에는 에르미타주 미술관 연구원인 체르게이 하브린사Cergei Habrinsa씨와 스베틀라나 판코바Svetlana Pankova씨에 도움을 받았다. 본 연구의 논지를 전개하기 앞서, 이들에게 깊은 감사의 뜻을 전한다.

2. 에르미타주 미술관 소장 청동기

에르미타주 미술관 남시베리아 부문部門에는 미누신스크와 투바Tyba에서 출토된 청동기가 소장되어 있다. 이번 조사에서는 제한된 시간적 여건을 고려하여, 미누신스크 출토 동검과 동도자 중 대표적인 형식을 분류한 후, 주요 형식만 실측 조사하였다. 실제 조사과정에서 실측 외에도 사진 촬영하였으나, 사진의 게재 허가가 필요하므로 본 연구에서는 실측 조사한 자료만을 소개한다. 표3의 1~11번은 에르미타주 미술관 컬렉션 No.5531에 속하는 미누신스크지방 수집 자료이다. 이 자료들은 총 1,500점 이상으로 구성된 I. A. Lopatin 컬렉션으로 추정되지만, 아쉽게도 Lopatin 컬렉션의 상세한 유래는 명확하지 않다. 표3의 출토지를 통해 확인할 수 있듯이, 이 자료들은 미누신스크 외에도 칸스크Kansk나 크라스노야르스크Krasnoyarsk 지역의 채집품을 포함하고 있으며, 이는 넓은 범

표3. 미누신스크지방 출토 청동기(에르미타주 미술관 소장)

순번	기종	형식	길이	폭	인부두께	출토지	에르미타주 번호
1	검	I 類	18.5	5.2	1.2	Kansk	5531/245
2	검	II 類	36.4	4.5	0.5		5531/240
3	검	III 類	32.7	4.4	0.7	Krasnoyarsk	5531/244
4	검	IV 類	39.2	5.4	0.7		5531/242
5	검	V 類	27.3	6.6	0.6	Krasnoyarsk	5531/243
6	도자	A 類	24.4	3.5	0.5	Minusinsk	5531/407
7	도자	B 類	25.5	2.9	0.7	Minusinsk	5531/413
8	도자	C 類	22.5	1.7	0.2	Minusinsk	5531/415
9	도자	a1類	15.4	2.4	0.5	Krasnoyarsk	5531/376
10	도자	a2類	13	2.2	0.5	Minusinsk	553 1/392
11	도자	b類	16.3	1.7	0.3	Minusinsk	5531/418
12	도刀		45.8	4.6	0.8	Tuva	222M/1

위에서 미누신스크지방에 속하는 것으로 볼 수 있다. 에르미타주 미술관의 자료대장에는 보다 세밀한 수습지점이 기록되어 있었으나, 여기서는 지리정보의 분석이 핵심이 아니므로 해당 내용을 기재하지 않았다.

Lopatin 컬렉션에 포함된 동검은 파편까지 포함하여 총 99점, 도자는 57점 이상이 소장되어 있다. 또한 표3의 12번에 해당하는 투바 출토 동검 역시 중요한 자료로 판단하여 함께 실측하였다. 해당 유물의 상세한 수습 지점은 기록되어 있지 않지만, 이는 포샤노프L. P. Poshanov 교수가 기증한 것으로 알려져 있다. 그러나 포샤노프 교수에 대한 구체적인 정보는 현재까지 확인하지 못했다. 동검·동도자 일부와 동도銅刀는 기존 연구에서 사진을 통해 리신Грищин에 의해 이미 발표한 바 있으며(Грищин 1971), 동검 일부는 노브고로도바에 의해 도면이 공개된 바 있다(Новгородова 1970).

1) 동검銅劍

동검은 5종류로 구분할 수 있다.

Ⅰ식(그림9-1·10-1) : 영수검鈴首劍이다. 병부의 문양은 표면에만 존재하며, 일반적인 북방 청동기 양식인 돌선突線형태의 거치문鋸齒文으로 구성되어 있다. 도쿄국립박물관에 소장된 영수검(高賓 2005: TJ-2683, P33-229·230)과 유사한 사례가 알려져 있다. 그러나 이 검의 거치문은 예리함이 다소 부족하다. 병부의 뒷면은 움푹 패여 장방형의 홈이 있으며, 이 부분에는 교량형의 이음대가 존재한다. 이 이음대는 병부 하단[鈴首]쪽에서 확인되며, 본래는 검신劍身 쪽에도 있었으나 현재는 파손되어 흔적만이 남아 있다.

검신의 중앙에는 등대가 지나가며, 전면의 등대가 후면보다 더 명확하게 돌출되어 있다. 검신의 2/3 이상은 결실된 것으로 보인다. 병부는 동도銅刀형으로 만곡되어 있으며, 영수검의 전형적인 형태를 유지하고 있다.

Ⅱ식(그림9-2·10-2) : 날의 아래[鍔]부분이 돌출되어 있으며, 병부의 내부가 비어있다. 병부의 단면은 원형을 이루며, 병부의 끝부분[柄端部] 단면은 말각방형으로 돌출되어 있어 완형병두碗形柄頭를 형성한다. 병부 끝부분에 가까운 내부는 1자형으로 돌출된 돌기가 확인되지만, 이 돌기가 주조 과정에서 어떤 기능을 수행하였는지는 명확하지 않다. 검신 부분에 등대는 없지만, 검신 상면에는 인부와 경계를 나타내는 선상線狀의 구분이 존재한다.

Ⅲ식(그림9-3·10-3): 날의 아래[鍔]부분이 돌기가 거의 퇴화되어 칼집을 낸 것처럼 보인다. 병부의 단면은 방형으로 내부는 비어있진 않지만, 병부 중앙에 일직선의 홈[溝狀]을 만들어 공간이 구분되어 있다. 병부에는 침선상의 평행선문이 확인된다. 병두柄頭는 고리 모양[環狀]을 띠며, 여기에서도 침선상 문양이 나타난다. 또한 자루의 말단부 측면과 검신의 하단부에는 원형 구멍이 뚫려 있으나, 그 기

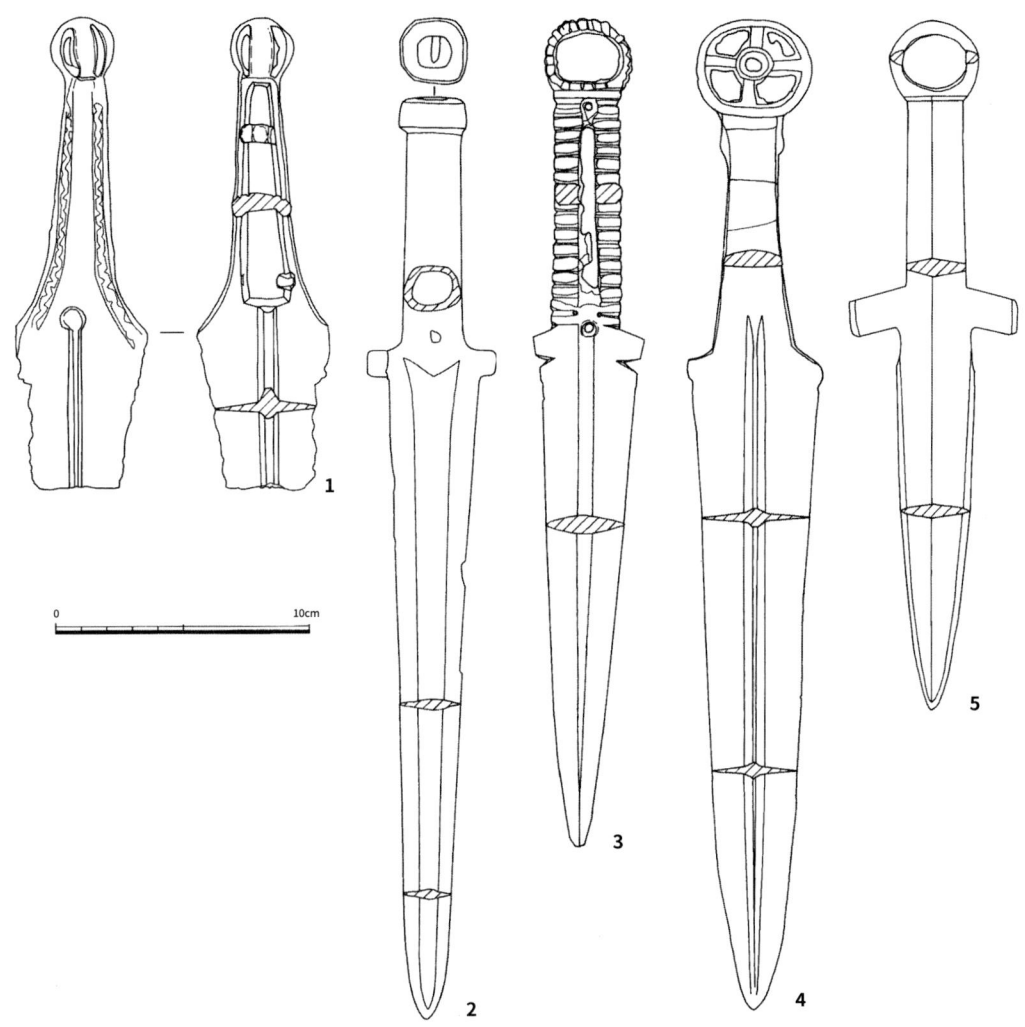

그림9. 미누신스크 출토 동검(※축척 1/3)

능적인 의미는 명확하지 않다.

Ⅳ식(그림9-4·10-4): 병부의 단면은 방형을 이루며, 날 아래 부분이 약간 돌출되어 있다. 검신에는 등대가 있으며, 병두柄頭는 고리모양을 띠지만 고리의 내부에 십자형으로 구획된 문양을 이루고 있다.

Ⅴ식(그림9-5·12-5): 날 아래 부분의 돌기가 상당히 과장된 형태를 띠고 있으며, 반면 검의 전체 크기는 소형이다. 검신의 능선은 병부까지 뻗어 있으며, 병부 단면은 방형에 가깝다. 병두柄頭는 고리 형태를 띠고 있다.

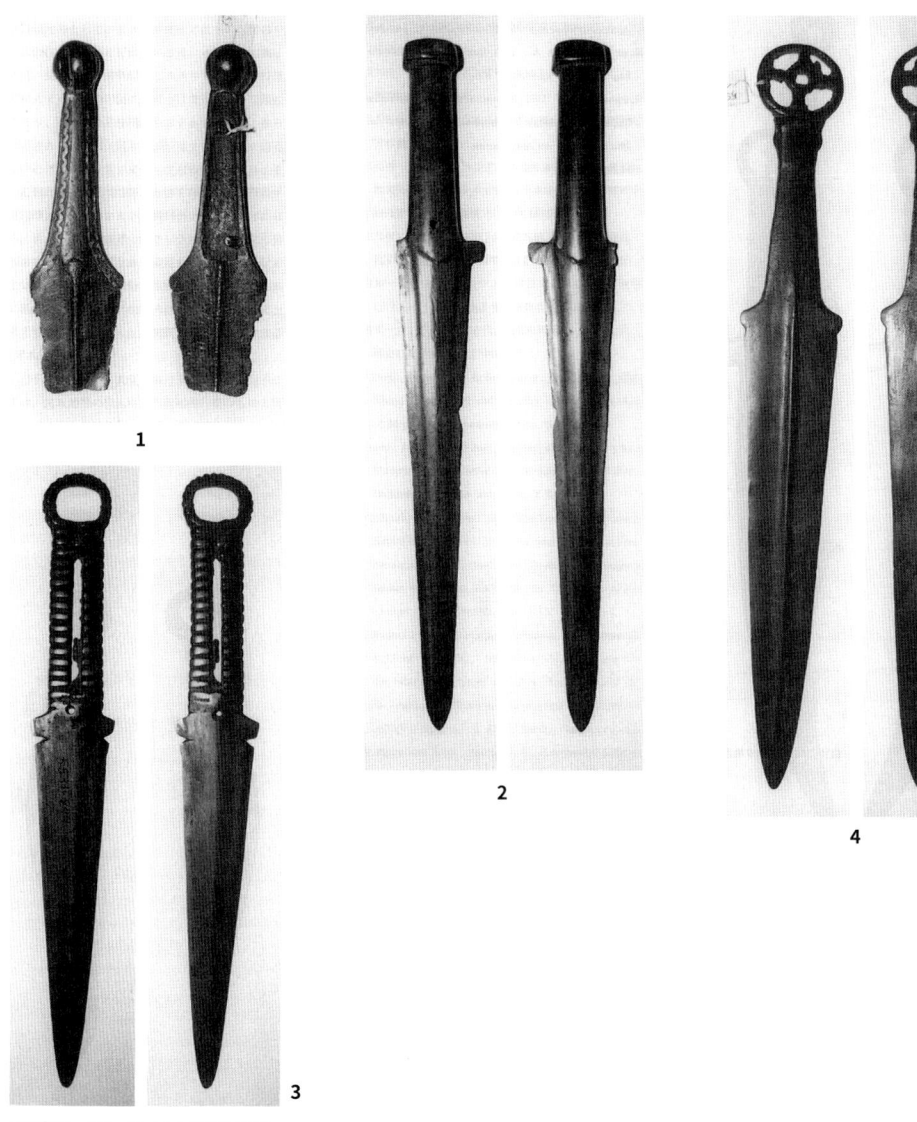

그림10. 미누신스크 출토 동검

2) 동도자銅刀子

동도자는 크기에 따라 소형과 중형으로 나눌 수 있다. 중형을 A식, B식, C식의 3종류로 구분되며
소형은 a식, b식의 2종류로 구분된다.

A식(그림11-6 · 12-6) : 병두柄頭는 고리 모양을 띠며, 검신과 병부 사이에는 돌출된 날 밑부분[鍔部分]
이 존재한다. 병부에는 세밀한 점선무늬가 새겨져 있다.

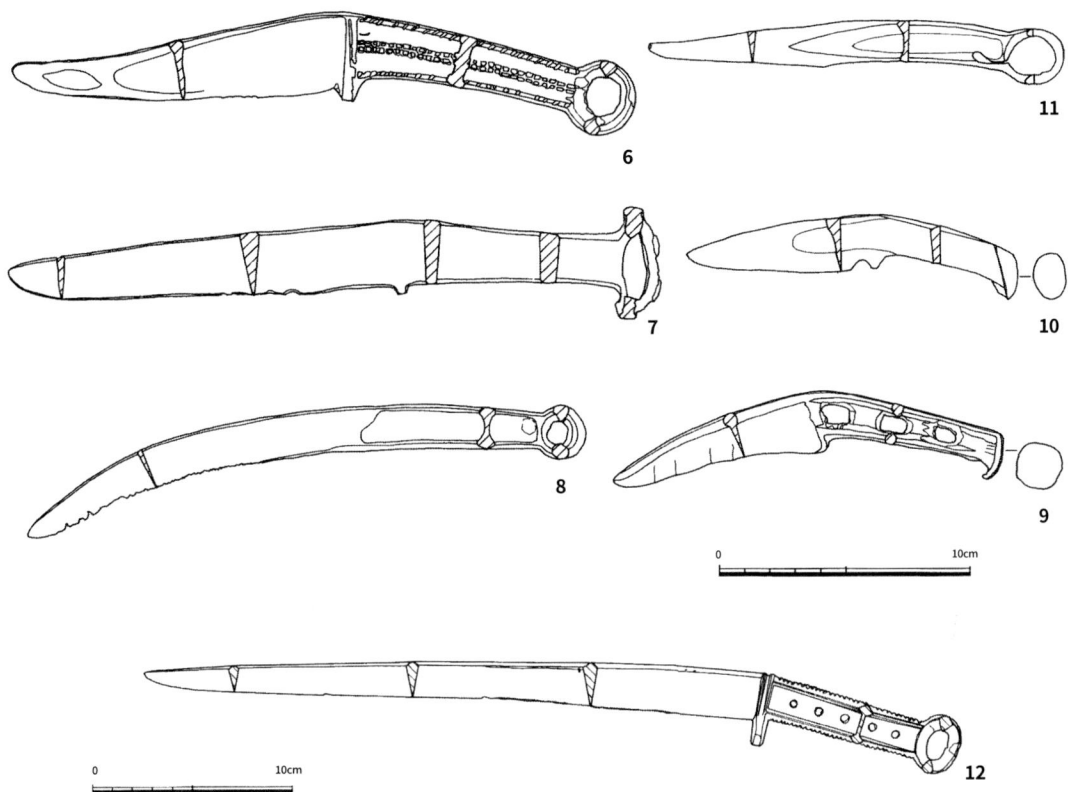

그림11. 미누신스크 출토 동도자 · 투바 출토 동검(※축척 1/3, 12는 축척 1/4)

B식(그림11-7 · 12-7) : 고리 모양의 병두는 약간 변형되어 일그러진 형태를 보인다. 고리의 위아래 부분이 약간 돌출된 형태를 띠지만, 둥근 고리 형태의 병두에는 세 방향으로 리벳 모양의 돌기가 보인다. 이는 퇴화된 형태로 추정된다. 또한, 도신과 자루 사이의 돌출된 날 아래 부분[鍔部分]은 퇴화되어 희미하게 남아있다.

C식(그림11-8 · 12-8) : 소형화된 고리 모양의 병두를 가지고 있다. A식과 B식 병부의 단면이 방형을 띠는 것과 달리, C식은 양면 안쪽이 움푹 패어 단면이 工자형을 띠고 있다. 도신과 자루 사이의 돌출부가 없어 경계가 불분명하다.

a식(그림11-9 · 10, 12-9, 13-10) : 버섯 모양의 병두를 가지고 있다. a1식(그림11-9)의 병두 단면은 원형에 가깝고, 병부에는 방형의 투공이 존재한다. 병부의 단면은 기본적으로 工자형이다. 또한 자루와 도신 사이의 경계가 뚜렷하다. a2식(그림11-10)의 병두 단면은 타원형이며, 병부의 단면은 방형이다. 도신과 병의 경계는 a1식에 비해 불명료하게 나타난다. 자루에서 도신 방향으로 크게 내만하여 들어간 형태를 보이며, 검신까지 이어진다. 도면(그림11-10)으로 제시된 것은 주조품이다.

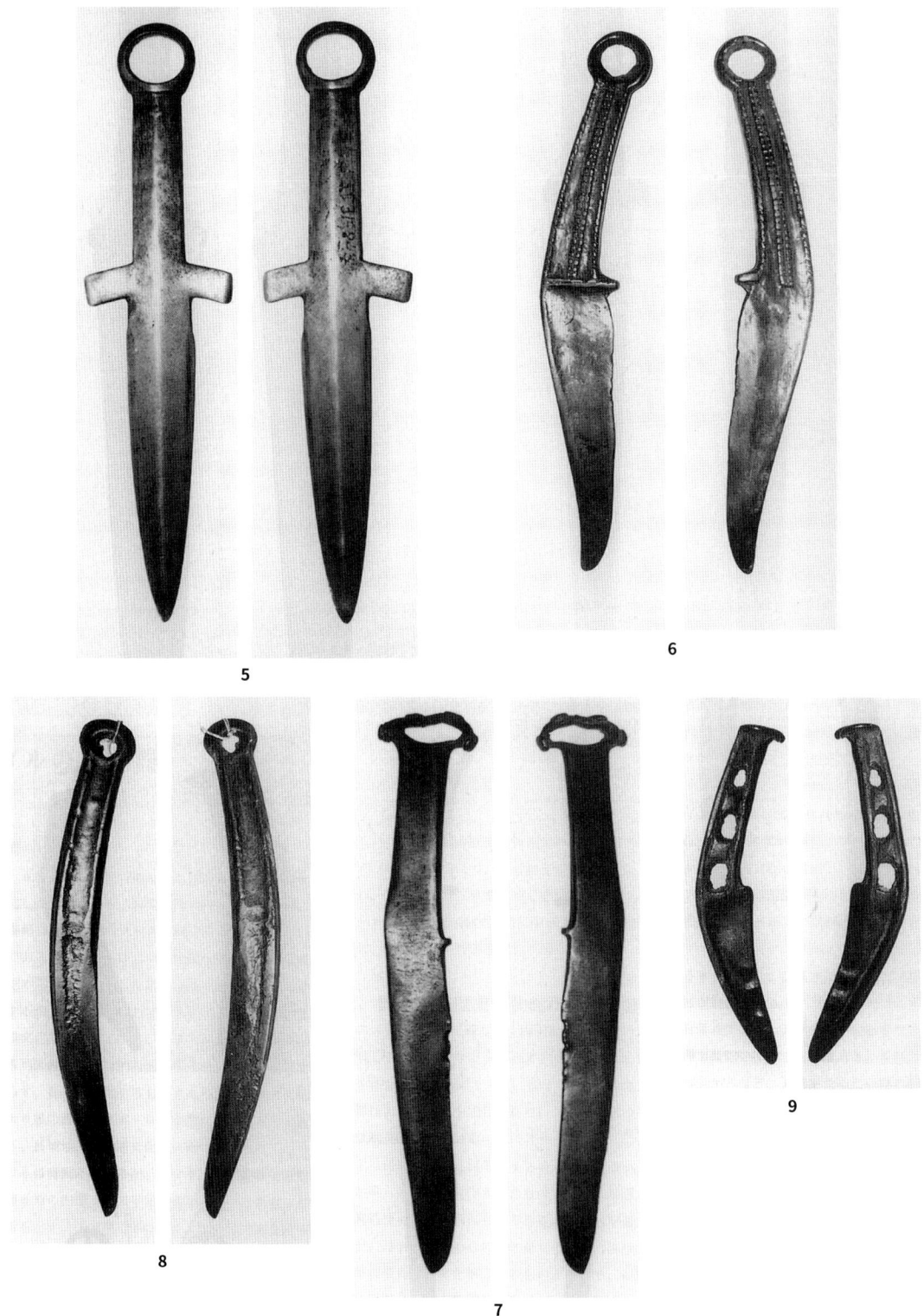

그림12. 미누신스크 출토 동도자(※축척 1/3)

그림13. 미누신스크 출토 동도자 · 투바 출토 동검(※축척 1/3)

b식(그림11-11 · 13-11) : 고리 모양의 병두柄頭를 가지고 있으며, 자루와 도신의 경계는 a식에 비해 불명료하다. 자루의 한 면이 안쪽이 크게 내만하여 들어가 검신까지 이어진다. 제시된 사례는 단범[片范]으로 주조되었다.

3) 동도銅刀

대형의 도기이다(그림11-12·13-12). 고리 모양의 병두를 가지며, 자루와 도신 사이의 경계가 뚜렷하다. 자루의 단면은 양측면이 잘 남아 있으며, 중간 부분은 편평한 ㄱ자형 단면을 띠는 전형적인 형태를 보인다. 병부의 양측면에는 선상線状의 새김 문양이 관찰되며, 자루에는 리벳과 같은 형상의 문양이 시문되어 있다.

3. 카라수크 청동기에 대한 약간의 고찰

에르미타주 미술관에 소장된 미누신스크·투바지역 출토 청동기를 동검, 동도자, 동도로 분류하였다. 이는 카라수크문화의 모든 청동기를 포함하는 것은 아니지만, 에르미타주 미술관의 수장고에서 실견할 수 있었던 대표적인 청동기들을 선별하여 분류한 것이다. 본 연구에서는 이러한 형식분류를 바탕으로 에르미타주 미술관이 소장한 카라수크 문화기 청동기의 시간적 위치를 파악해 보고자 한다.

동검 I식은 영수검鈴首劍으로, 상대 후기~서주 전기와 병행한다는 점은 중국 북방 청동기를 고려할 때 문제없을 것이다. 필자의 분류에 따르면 이는 B1식 동검으로(宮本 2000)에 해당하며, 타카하마 슈[高濱秀]의 분류에서는 AⅡ~BⅠ류에 속한다(高濱 1983). 막스 로어가 형식 분류한 동검 중에서도 유사한 특징을 가진 동검이 존재한다. 그러나 막스 로어가 소개한 동검 중에는 병부의 내부가 비어있는 [中空] 구조로 보이는 것(Loehr 1949, Nos.1)도 포함되어 있다. 반면 여기서 다루는 동검 I식은 아직 병부의 내부가 비어있지[中空] 않다는 점에서 차이가 난다.

타카하마는 영수검을 포함한 A식 검을 병부가 편평한 AⅠ류와 병부 단면이 타원형인 AⅡ류로 구분하고 있다. 앞서 분류한 동검 I식은 병부 단면의 한 면이 타원형을 이루지만, 반대면은 안쪽으로 움푹 패여 있는 형태를 가진다. 타카마하의 BⅠ류는 병부 내부가 비어있는 점이 특징인데, 이 점에서 보면 동검 I식은 타카하마의 AⅡ류와 BⅠ류의 중간쯤에 위치한다고 볼 수 있다. 또한 막스 로어가 소개한 타카하마의 BⅠ류의 동검은 병두柄頭가 완형碗形을 띠며, 영수鈴首가 아니라는 점에서도 명백히 동검 I식보다 늦은 시기의 것이 명백하다. 이처럼 미누신스크에서 출토된 동검 I식은 곡병曲柄이라는 특징을 남긴 점에서 전형적인 영수검이며, 이는 필자의 분류 상 B1식 검과 병부 내부가 비어있는 곡병검인 B2식 동검의 중간에 위치하는 것으로 볼 수 있다. 이미 타카하마가 지적한 바와 같이, 곡병검인 B1식은 오히려 중국 북방[北辺]이 중심이라는 점도 주목할 필요가 있다(高濱 1983).

이번 에르미타주 미술관에서의 조사에서도 동검 I식과 같은 범주에 속하는 동검이 한 점 더 존재함을 확인하였으나, 전형적인 B1식 검은 발견되지 않았다. 미누신스크 지방 출토 자료에서 B1식 동검이 확인되지 않는다는 점은 곡병검인 B1식 동검의 중심이 장성지대에 있으며, 미누신스크 지방의 카라수크문화에서는 원래 존재하지 않았을 가능성을 시사한다. 따라서 B1식 동검은 장성지대의 영향 아래에 있는 미누신스크 지방에서 생산된 것일 가능성이 있다.

동검 IV식 및 동검 V식은 자루의 단면이 방형을 이루며, 병부의 내부가 비어 있지 않다. 또한 병두柄頭의 평면은 원형으로 변화하였으며, 동검 IV식에서는 날 밑부분[鍔部分]의 퇴화도 뚜렷하게 나타난다. 이러한 특징을 고려할 때, 동검 IV식은 동검 III식보다 연대적으로 내려가는 것으로 소위 카라수크 문화기보다 후행한 것으로 판단된다.

특히 동검 V식은 몽골의 울란우시그Уушгийн-өврийн-유적(Novgorodova et al. 1982) 등에서도 유사한 사례가 확인되어, 몽골의 챤오마니Чандмань 문화기에 속하는 것으로 보인다. 네이멍구에서는 소위 오르도스Ordos 문화기로 불리는 시기의 동검이다(宮本 1999b). 따라서 동검 IV·V식은 춘추기~전국 전반기와 병행하는 단계로, 미누신스크 지방에서는 카라수크 문화기의 동검이 계통적으로 변화한 타가르Тагар 문화기의 동검으로 이해할 수 있다.

동도자 A식도 상대 후기와 병행하는 중국 북방식 동검으로 판단된다. 둥근 고리모양의 병두[環狀柄頭]를 가지며, 특히 둥근 고리에 삼돌기三突起가 있는 점은 상대 후기와 병행하는 시기에 확인된다. 반면, 동도자 B식은 삼돌기 부분이 퇴화된 형태를 보이고 있어, 서주기까지 내려갈 것으로 추정된다. 동도자 C식은 형식학적으로 동도자 B식보다 늦은 단계의 특징을 보여주지만, 병부 단면이 工자형을 이루고 방형이 아니라는 점을 고려하면, 춘추기와 병행하는 시기까지 낮출 필요는 없을 것으로 여겨진다.

소형 청동도자는 a식과 b식으로 구분된다. a식은 버섯 모양 병두柄頭를 가지며, 전형적인 카라수크 문화기의 동도자이다. b식은 둥근 고리모양의 병두를 갖고 있으며, 병부의 단면은 한 면 뿐이지만, 단면에 工자형의 양상이 남아 있는 것이 특징이다. 이러한 특징을 고려할 때, b식 동도자는 타가르 문화기까지 내려가지는 않을 것이다.

대형 도자는 동도자 A식으로, 자루과 인부 사이의 관關 부분에 아래쪽으로 뻗는 돌기가 확인된다. 그러나 동도자 B식에서는 이 돌기가 점차 퇴화되며, 동도자 C식에서는 돌기부가 완전히 소멸되는 일련의 변화 방향이 관찰된다. 이러한 변화 과정은 소형 도자에서도 확인된다. 소형 도자의 경우 자루에서 인부로 넘어가는 부분에 돌기는 존재하지 않는다. 하지만 단段에 의해 병부와 인부의 경계가 명확하게 구분되는 동도자 a1식에서, 점차 경계가 불명확해지는 동도자 a2식을 거쳐, 동도자 b식과 같은 형태로 변화하는 과정을 상정할 수 있다. 또한 이러한 퇴화양상과 함께 인부와 자루의 각도가 변화하는 모습도 확인된다. 인부와 자루의 각도가 꺾여 휘어진 형태인 동도자 a1식에서, 인부와 병부의 각도가 점차 줄어들어 직선적으로 되어가는 동도자 a2식, 결국 동도자 b식으로 변화하는 과정을 상정할 수 있다.

이와 같이 도자의 변화 과정은 칠레노바가 카라수크 문화기로 제시한 도자의 형식(Членова 1972)

과 거의 일치하여, 모두 카라수크 문화기에 해당한다고 볼 수 있다.

투바에서 출토된 동도는 사례가 적어 정확한 연대를 정하기 어렵다. 그러나 이러한 장도長刀는 장성지대 주카이거우[朱開溝]유적의 얼리강[二里岡] 상층 문화기와 병행하는 것으로 판단된다. 이 동도는 자루에서 인부로 넘어가는 관關 부분이 한쪽으로 돌출되어 있으며, 병부의 단면도 工자형을 이루는 등 카라수크 문화기의 도자와 속성을 공유하고 있다. 또한 자루에는 돌출된 리벳 모양의 문양을 시문하고, 병부 측면에는 칼집[切り込み] 모양이 확인되는 등 특이한 양상이다.

이러한 특징을 고려할 때, 얼리강[二里岡] 상층과 병행한다기보다는 카라수크 문화기의 특징을 더욱 강하게 반영하고 있는 것으로 판단된다. 또한 베이징시 창핑[昌平]구 바이푸[白浮] 2호묘에서 출토된 청동도는 앞서 언급한 투바의 청동도와 동일하게 전체 길이 41cm에 달하는 대형으로(北京市文物管理処 1976), 자루의 리벳 문양이나 병부 측면 칼집 모양이 존재하지 않는다. 그러나 병부에 원형 문양이 새겨져 있고, 병두柄頭에는 매[鷹]의 머리가 그려져 있는 등 유사한 특징이 관찰된다. 바이푸[白浮]에서 출토된 청동도는 카라수크 문화기와 병행되는 청동기로 볼 수 있다는 점을 고려하면, 앞서 언급한 투바의 청동도 역시 카라수크 문화기에 해당한다고 보아도 무방할 것이다.

이상과 같이 에르미타주 미술관에 소장된 청동무기는 동검 IV·V식을 제외하면 전형적인 카라수크 문화기에 해당하며, 중국 측의 상대편년으로 볼 때 상대 후기에서 서주기로 판단된다(宮本 2000). 카라수크 문화기 청동기의 연대는 중국 청동이기彝器 등의 공반연대 외에도, 몽골을 중심으로 분포하는 녹석鹿石[1]의 문양 형상이 보이는 청동기를 통해 추정할 수 있다. 녹석에는 허리띠[腰帶]처럼 보이는 매달려 있는 형태의 청동기가 표현되어 있다. 울란우시그Уушгийн нөврийн I 유적 14호 녹석에는 곡병동검曲柄銅劍과 유공부有銎斧가 새겨져 있으며, 울란우시그 I 유적 9호 녹석에서는 전형적인 카라수크식 동검으로 보이는 완형의 병두를 가진 동검 II식과 유사한 문양 형상이 확인된다(Волков 2002). 울란우시그 I 유적에서는 이러한 녹석과 함께 헬렉수르Khirigsuur라고 불리는 적석총이 혼재되어 있다. 헬렉수르에 관해서는 울란우시그 I 유적 1호묘와 12호묘의 발굴을 통해 헬렉수르의 묘장으로 판명된 바 있다(高濱 2006). 따라서 헬렉수르와 녹석은 동시기에 해당할 가능성이 높다. 울란우시그 I 유적은 아니지만, 최근 헬렉수르의 조사에 의하면, 퇴석 아래의 공헌용 말머리뼈 등이 발견되었다. 이 말뼈의 방사선탄소연대 측정결과는 울트 불란Урт Булан유적이 1040~850 B.C, 975~680 B.C. 또는 1390~910 B.C., 930~785 B.C.라는 연대가 측정된 바 있다(Allard & Erdebaatar 2005).

또한, 울란톨고이Улаан Толгой유적에서는 3200~2800 B.P., 차차트 후쉬Цацатын хөшөө유적에서는 3330~3060 B.P.의 연대가 측정되었다(Fitzhugh 2005). 이는 상대 후기부터 서주, 나아가 춘추 초기

---

1) 역자 주) 고대 거석기념물의 일종으로, deer stone, stag stone으로 불린다. 다양한 음각문양이 시문된 기둥인데, 비상하는 사슴의 모양이 기둥에 그려진 점에서 녹석鹿石이라고 번역된다. 세계 여러 나라에서 확인되지만, 특히 시베리아나 몽골권 유적에 집중적으로 발견되며, 현재까지 중앙아시아와 남시베리아에서 약 900여 개소가 발견된 바 있다.

에 걸친 연대로 볼 수 있다. 최근 독일에서 보고한 카라수크 문화기의 방사성탄소연대 역시 1380~
1340calBC에서 930~830calBC 범위로 측정되었다(Gorsdorf et al. 1998). 이 수치는 거의 상대 후기부터
서주에 이르는 연대에 해당한다고 해석할 수 있다.

4. 정리

에르미타주 미술관에 소장된 유물 중, 미누신스크 지방에서 수집된 동검과 도자를 중심으로 대표
적인 형식을 제시함으로써 대략적인 경향을 확인할 수 있었다. 1,500점 이상에 이르는 방대한 자료
중 일부만 관찰하였기 때문에 단정하기는 어렵지만, 대부분이 미누신스크 지방의 카라수크 문화기
에 속하는 것으로 밝혀졌다. 또한, 형태적 특징을 분석한 결과, 장성지대의 북방 청동기문화와의 비
교를 통해 대체로 상대 후기에서 서주기에 속하는 것으로 이해할 수 있었다. 이는 몽골의 녹석 문양
형상과의 비교, 최근 발표된 C[14]연대측정치를 통해 입증할 수 있다. 한편, 카라수크문화의 청동기를
세부적으로 분석하여 장성지대 청동기와 다르지만, 청동기의 계통적 문제와 함께 세밀한 지역적 특
성을 반영하고 있을 가능성을 확인하였다.

장성지대에서는 필자의 B1식 동검(宮本 2000f), 즉 곡병동검이 일반적으로 확인되지만, 카라수크문
화에서는 그 수량이 적다. 오히려 곡병동검의 기원지는 장성지대이며, 카라수크문화에서는 그 영향
아래에서 제작되었을 가능성이 있다. 이번 조사에서 확인된 동검 I식은 장성지대의 곡병동검과 카라
수크 문화기의 특징적인 A2식 동검(宮本 2000f)의 중간에 위치하는 형태의 동검이라는 점에서, 양 지
역의 계통관계를 보여주는 자료라 할 수 있다. A2식 동검(宮本 2000f)은 미누신스크 지방을 중심으로
한 카라수크 문화권역이 생산의 중심이었는데, 그 형태와 양식이 장성지대로 영향을 미쳐 베이징시
창핑[昌平]구 바이푸[白浮]유적에서 A2식 동검이 출현하게 된다. 또한, 요령식동검 중 시라무룬[西拉木
倫]하 이북 지역을 중심으로 분포하는 모식矛式 요령식동검은 자루 내부가 비어있는 청동단검의 특
징을 지닌다. 이 동검은 A2식 동검의 계통을 이어받아 지역적으로 개량·발전한 것으로 보이며, 이
를 A3~A5식 동검으로 규정할 수 있다(宮本 2000f).

도자는 대형 동도자 A식~동도자 C식이 장성지대 상대 후기~서주기와 병행하는 청동기와 유사한
특징을 보인다. 반면 소형 동도자는 미누신스크 지방의 지역적 특색을 더욱 뚜렷하게 나타내는 것으
로 평가할 수 있다. 또한, 병부의 버섯형 병두柄頭 역시 카라수크 문화기의 요소로서 지역적 특징을
반영하는 요소로 볼 수 있다.

이상과 같이, 에르미타주 미술관 소장 미누신스크 지방에서 수집된 청동기들 가운데 동검과 동도
자를 중심으로 형식을 분류하면서, 카라수크 문화기 청동기의 특색과 그 대략적인 변화 과정을 확인
할 수 있었다.

제3장

몽골고원 청동기시대의 묘장

1. 머리말

몽골고원의 청동기시대 묘제는 석축 구조물로 이루어져 있다. 그중 하나는 원형의 석축 마운드와 이를 둘러싼 방형 또는 원형의 열석列石으로 구성된 헬렉수르Khirigsuur이다. 또 다른 하나는 지상에 노출된 방형의 입석立石으로 둘러싼 사다리꼴 석축 구조물인 판석묘板石墓이다. 전자인 헬렉수르는 지상에 석관 등이 배치되며, 피장자를 서쪽 두향[頭位]으로 안치된 후 석축 마운드가 구축되는 특징을 가진다. 반면, 후자인 판석묘는 지하에 토광이 굴착되며, 피장자가 동쪽 두향[頭位]으로 안치된다는 차이점을 보인다.

이처럼 헬렉수르와 판석묘는 묘장 구조에서 크게 다르다고 볼 수 있다. 치비크타로프Цыбиктаров에 따르면, 몽골고원을 기준으로 서부에는 헬렉수르, 동부에는 판석묘가 분포하며, 몽골고원 중앙부에서는 두 무덤 구조가 혼재된 분포를 보인다고 하였다(Цыбиктаров 1998). 한편, 최근의 방사성탄소연대 측정 결과에 따르면, 헬렉수르가 상대적으로 이르고, 판석묘가 상대적으로 늦은 단계의 것으로 추정되고 있다(宮本 2007b). 대체로 북방 청동기문화인 카라수크Карасук문화에서 타가르Тагар문화에 해당되는 단계이다. 특히 타가르문화기부터는 북방 청동기문화 내부에서도 지역성이 뚜렷해져, 지역적 구분이 가능한 단계로 이해된다(宮本 2000a). 그러나, 청동기의 지역 구분이 본격화되기 이전에도 묘제에서는 이미 지역적 특성이 나타났으며, 유라시아 동부지역에서는 카라수크 문화양식 내에서도 지역별로 무덤 구조의 차이가 난다는 것을 알 수 있다(Legrand 2006).

타가르문화 단계에서 무덤 구조의 지역성은 이미 카라수크문화기 또는 그 이전부터 지역 집단이 존재하였으며, 이미 북방 청동기문화의 지역 집단이 형성되어 있었을 가능성을 시사한다. 이러한 지역 집단의 특징을 규명하고, 그 존재를 고고학적으로 파악하기 위해서는 무덤 구조에 대한 연구가 필요하다. 특히 유라시아 동부 북방 청동기문화의 주요 지역인 몽골고원은 무덤 구조의 연구와 더불어 청동기 연구에서도 미누신스크지역이나 장성지대長城地帶와 비교할 때 상대적으로 연구되지 않은 지역이다.

　몽골고원의 무덤 구조를 밝히는 것은 이 지역의 목축 사회를 이해하는데 필수적인 연구이다. 또한 몽골고원 동부지역에 주로 분포하는 판석묘의 실태를 규명하는 것은 중국 북방 장성지대와의 사회적 관계를 고려하는 데 있어 중요한 의미를 갖는다. 특히 판석묘에 관련하여 문헌 사료에서 등장하는 동호東胡와의 관계를 설명하는 논의도 제기된 바 있다(吉本 2008). 그러나 민족명과의 대응을 논의하기 위해서는 판석묘의 변천 과정과 역사적 위치가 선행적으로 파악되어야 한다. 따라서 우선적으로 판석묘 자체의 연구가 이루어져야 한다고 하겠다. 아울러 흉노匈奴가 성립되기 이전 북방 여러 민족의 고고학적 의미를 정립하기 위해서도 몽골고원 청동기시대의 무덤에 대한 연구는 매우 중요한 의미를 가진다.

　몽골고원 청동기시대의 무덤은 지역적으로 차이를 보인다. 크게 몽골고원 서부의 헬렉수르와 동부의 판석묘로 구분할 수 있다. 이 장에서는 먼저 몽골고원 동부에 주로 분포하는 판석묘의 변천과정을 살펴본 후, 몽골고원 서부에 주로 분포하는 헬렉수르 묘장의 변천을 검토하고자 한다.

2. 연구사와 문제의 소재

　판석묘는 바이칼호수 주변지역[Байкалаар хязгаарласан бүс]에서도 확인되며, 이에 대한 조사는 20세기 전반부터 소련 연방의 연구자에 의해 진행되었다.[1] 조사는 볼코프Волков나 소스놉스키Сосновский.에 의해 진행되었으며, 특히 소스놉스키는 부랴트Buryat 몽골에서 실시한 50기의 판석묘를 세 종류로 분류하였다. 1형식은 높은 벽석壁石으로 둘러싼 형태, 2형식은 네 모서리가 높고 평평한 돌로 둘러싸인 형태, 3형식은 연석緣石이 내만한 편평한 돌로 둘러싸인 형태(발형묘撥形墓)이다. 1형식을 기원전 7~4세기 또는 기원전 6~3세기, 2·3형식을 기원전 3~2세기로 추정하였으며, 판석묘는 카라수크문화와 흉노 사이에 위치하는 무덤으로 해석하였다. 소스놉스키의 형식별 연대 추정에는 일부 논란이 있지만, 판석묘의 전반적인 시간적 위치는 여전히 유효한 것으로 평가된다. 특히 소스놉스키의 판석묘 분류는 오늘날 몽골 고고학계에서도 기본적인 분류 기준으로 사용되고 있다(체벤도르지 2009).

　그 후, 키셀레프Киселёв, 오클라드니코프Окладников, 키즐라소프Кызласов가 판석묘군를 조사하기 시작하면서 판석묘 연구가 한층 발전하였다. 키셀레프는 판석묘가 열列을 이루어 배열되는 점을 근거로, 이를 씨족 무덤군으로 해석하였다. 또한 키셀레프는 40년에 걸친 자신의 연구를 바탕으로, 판석묘가 중앙아시아의 스키타이Scythian·타가르문화의 영향을 받아 형성되었다고 보았다. 오클라드니코프도 판석묘의 기원을 기원전 2천년대 중반으로 보는 오늘날과 같은 견해를 이미 이 당시부터 제시하였으며, 판석묘문화를 카라수크문화와 타가르문화가 통합된 형태로 해석하였다. 또한, 그는 흉노가 판석묘문화의 사람들을 밀어내었으며, 이들이 서로 다른 사회 집단에 속했을 가능성이 크다고 추정하였다.

댜코프Дьяков는 바이칼호수 주변지역에서 판석묘 조사를 진행하며, 이를 바이칼호수 지역의 청동기시대 무덤으로 규정하였다. 그는 소스놉스키의 1형식을 기원전 7~6세기, 2형식을 기원전 5~2세기로 보았으며, 3형식인 발형묘가 오히려 판석묘의 개시기에 해당한다고 정리하였다. 그가 제시한 상대적인 편년은 현재에도 타당하다고 평가된다. 댜코프는 오클라드니코프와 마찬가지로 판석묘와 흉노문화의 직접적인 연관성을 부정하였다.

한편 볼코프는 댜코프의 연대를 지지하면서, 판석묘가 몽골 동부에도 분포하고 있음을 주장하였다. 또한 몽골 인류학자인 나반Наван처럼 기원전 1천년기의 판석묘와 흉노가 병존 관계에 있었다고 보는 견해도 존재한다.

이후로도 몽골인민공화국이 사실상 소련 연방 아래에 있었던 점에서, 소련 연방 학자들이 판석묘 연구를 주도하였다. 그리신Grishin, 노브고로도바Novgorodova, 츌레노바Членова, 라리체브Rarichev 등의 연구가 있었으나, 체계적인 연구로 발전하지는 못하였다. 댜코프와 그리신은 남바이칼호수 주변지역 연구를 조직하여, 동서 바이칼호수 주변과 구분하여 그 차이를 분석하였다. 이를 통해 두 지역의 특징이 남몽골에서 융합되었다고 주장하였다. 그러나, 이 연구는 국지적인 조사에 한정되어, 판석묘를 역사적으로 해석하거나 역사적 맥락에서 분석하는 기초를 마련하는데까지는 이르지 못하였다. 소련 연방시대 연구자의 조사나 연구사를 정리하고, 자신의 조사를 바탕으로 판석묘를 체계적으로 정리한 연구자는 치비크타로프Цыбиктаров이다(Цыбиктаров 1998).

치비크타로프는 판석묘의 구조를 형식학적으로 이해해야 함을 주장하며, 출루트Chulut문화기와 아츠Atsyn문화기로 분류하고 분기를 나누었다. 이 분류는 결과적으로는 소스놉스키의 1·2형식에 해당하지만, 단순한 형식분류를 넘어 형식변화를 상정하였다는 점에서 중요하다. 현재까지도 판석묘의 연대와 관련하여 스키타이·타가르문화의 유물을 기준으로 기원전 7~3세기로 보는 단기 편년, 오클라드니코프Окладников 등이 제시한 기원전 2천년기 중반부터 기원전 2세기까지로 보는 장기 편년이 대립하는 상황이다. 그 와중에 치비크타로프는 스키타이·타가르문화의 유물 연대관을 기준으로, 출루트Chulut문화기를 기원전 13~8세기, 아츠Atsyn문화기를 기원전 8~6세기로 보았다.[2] 또한 판석묘의 분포 범위가 몽골고원에서 중국 동북부로 확장된다는 점을 밝혔다. 그리고 몽골고원의 청동기시대 무덤을 헬렉수르는 몽골고원 서부, 판석묘는 몽골고원 동부를 중심으로 분포한다고 보았다.

한편 판석묘의 기원 문제에 대해서는 토착 기원설(오클라드니코프 외)과 카라수크시대 초기 청동기 주민들에 의해 형성되었다는 설(소스놉스키, 댜코프, 볼코프 외)이 대립하고 있다. 이 논쟁은 단순히 판석묘의 기원을 둘러싼 문제뿐만 아니라, 판석묘가 종말을 맞이한 후 흉노와 연관성이 있는지와도 관련된다. 치비크타로프는 판석묘와 흉노묘 사이는 단절된다고 보았다(Цыбиктаров 1998).

소련 연방 붕괴 후, 몽골의 독립과 함께 몽골 고고학이 몽골인 학자들에 의해 주체적으로 연구될 수 있는 분위기가 조성되었다. 그러나 판석묘에 대한 체계적인 연구는 몽골 고고학계에서 아직 본격적으로 진행되지 않고 있다. 오히려, 미국·러시아와의 공동 조사를 통해 비약적인 발굴조사가 이루어지고 있으며, 몽골 청동기시대 무덤에서 판석묘는 헬렉수르와 구별되는 무덤 구조로서 자리잡고 있다(Honeychurch et al. 2006).

그 가운데 코발레프Ковалев와 에르덴바타르Эрдэнебатар는 몽골고원의 청동기문화 무덤 구조를 아파니시예보Afanasyev문화, 체무르첵Chemurchek문화, 묵흐 카이르한Munkh Khairkhan문화, 테브시Tevsh문화, 바이탁Baitag문화와 같이 구분하고, 이 순서대로 변화한다고 보았다. 특히, 체무르첵Chemurchek문화는 서유럽에서 기원하여 카자흐스탄을 거쳐 알타이로 전해진 것으로, 석인상石人像을 동반한 알타이 중심의 기원전 4천년기의 무덤으로 보았다(Ковалев & Эрдэнебатар 2012; 에르덴바타르 2012). 체무르첵Chemurchek문화의 위상은 몽골 청동기시대의 초기 무덤을 이해하는데 매우 중요한 의미를 지닌다. 그러나 여기서는 주로 판석묘를 중심으로 검토하므로, 체무르첵Chemurchek문화에 대한 심층적 논의는 다른 기회에 다루고자 한다.

또한 묵흐 카이르한문화는 기원전 1700~1400년경 몽골 중·서부에 분포한 무덤이라고 언급되고 있다(Kovaley & Erdenebaatar 2009; 科瓦列夫·額爾德涅巴德爾 2009). 이 문화는 치비크타로프가 드보르츠Dvortsy타입으로 설정한 것으로(Cybiktarov 2003), 키릴로프Кириппов 등은 바이칼호수 주변 지역에 확인되는 지역적인 존재로 본다(Кириллов & Кириллов 1985). 즉, 이는 몽골 중·서부 바이칼호수 주변 지역에 가까운 몽골 중북부에 분포하는 지역적 묘제로 해석된다(Eregzeng ed. 2016). 이후인 테브시Tevsh문화는 발형묘 형태의 판석묘에 해당한다. 소스놉스키가 제시한 3형식인 발형묘를 독립적인 문화의 묘제로 규정한 것이다. 또한 바이탁문화는 홉도Хобдо 아이막 등 알타이Алтай지역에 분포하는 카라수크문화의 무덤과 상당한 연관성을 가진다(Legrand 2006). 이들은 기원전 4천년기부터 2천년기에 걸쳐 몽골고원 서부를 중심으로 전개된 무덤으로 몽골고원 주변부인 알타이지역과 미누신스크지역의 무덤과의 관계에서 검토될 필요가 있다. 한편 최근 연구에서는 소스놉스키 1형식인 장방형 무덤을 우란주크Ulaanzuakh문화로 파악하여, 이를 몽골고원 동남부에 존재했던 독립적인 문화로 보는 관점도 제기된 바 있다(Turmen et al 2014).

이와 같이, 최근 몽골고원의 묘장에 관한 연구는 다소 안이하게 문화 설정이 이루어지는 경향이 있었으며, 묘장의 계보적인 변천이나 지역 간 관계에 대한 고려가 부족한 실정이다. 체계적인 판석묘 연구를 위해서는 우선 무덤 구조의 분류하고, 그 형식 변화를 밝혀 나가는 것이 필수적이다. 본 장에서는 몽골고원 중·동부에 분포하는 판석묘를 검토하며, 동시에 판석묘와 관련된 헬렉수르 등 몽골고원 서부 청동기시대 묘장의 동향도 함께 살필 것이다. 이를 통해 묘장을 중심으로 지역 간 관계를 규명하는 것을 목표로 한다.

3. 분석방법

일찍이 치비크타로프가 지적(Цыбиктаров 1998)한 바와 같이, 판석묘의 구조에 따른 분류와 편년이라는 고고학의 기본 원칙으로 돌아가야 할 것이다. 필자 역시 2009년 이래 몽골에서 공동 발굴조사에 참여하여, 판석묘나 헬렉수르의 묘장 구조를 연구할 기회를 얻었다(宮本 2015c; Miyamoto & Obata ed. 2016; Miyarmoto ed. 2017; Miyamoto ed 2018). 특히 무덤의 축조 과정을 복원할 수 있었으며, 이를 통해 구조 분류를 더욱 용이하게 할 수 있게 되었다.

또한 부장품이 없는 판석묘의 경우, 고인골의 방사성탄소연대[교정연대]를 통해 더욱 정확한 연대 축을 설정할 수 있게 되었다. 지금까지 학술적 관점을 바탕으로, 지상 석조물 구조에 대한 형식분류를 실시하는 한편, 지표면 아래의 묘광 구조까지 고려하여 분류의 타당성을 검토하며, 형식 변화의 방향성을 이해하는데 주력하고자 한다. 특히 소스놉스키 등에 의해 설정된 세 형식 단위는 치비크타로프의 지적처럼 연대 차이를 반영하는 경우도 있지만, 형식 자체의 변화를 보여준다기 보다는 각 형식이 서로 다른 조열組列일 가능성이 있다. 이러한 가능성에 기초하여 새로운 분류 체계를 정립하는 동시에 형식 변화의 방향성을 밝혀 나가고자 한다.

더불어 체무르첵Chemurchek문화의 기원을 몽골고원 주변지역으로 보고 이후 몽골고원으로 전파되었다는 견해(Ковалев & Эрдэнебатар 2012; 에르덴바타르 2012)가 존재하듯이, 주변 지역 특히 무덤 구조가 동일한 석조 구조물로 이루어진 미누신스크지역의 무덤 구조와의 비교는 중요한 연구 과제가 될 것이다. 청동기시대 미누신스크에서 몽골고원, 장성지대로 이어지는 지역은, 북방 청동기문화의 카라수크문화나 타가르문화 같은 청동기 양식권에 속한다. 이같은 동일한 청동기 양식권 내에서 묘장 구조나 계보의 차이가 존재한다면, 이는 묘장 습속을 유지하는 집단의 단위를 반영할 가능성이 높다. 이러한 집단 단위의 복원 연구는 지금까지 밝혀지지 않은 몽골고원의 청동기시대 사회를 재구성하는데 기여할 뿐만 아니라, 이후의 흉노 유목국가로의 사회 통합 과정을 복원하는 과정에도 중요한 자료가 될 것이다.

4. 판석묘 분류와 편년

몽골고원의 판석묘는 방형·장방형이나 발형撥形의 연석으로 둘러싸인 공간에 돌을 채워 넣은 석조 구축물을 지상에 구축하고, 석조 구축물 중심부의 지표 아래에 묘광을 하나 갖는 구조로 이루어진다. 이는 원형의 석조 분구를 가지며, 원형 내지 방형으로 둘러 싼 석열石列과 지상의 분구 내 매장되는 헬렉수르와는 다른 무덤구조를 보인다. 희생수犧牲獸 습속에서도 차이가 뚜렷하다. 판석묘에서는 기본적으로 묘광 내부에서 동물 제의가 이루어지지만, 헬렉수르에서는 둘러 싼 석열의 외측인 석퇴石堆 아래에 이루어진다. 특히 헬렉수르의 석퇴 아래에서 발견되는 동물 제의는 말의 매납 방향을 분석한 결과, 말이 가장 살이 찌는 늦가을에 제사 활동이 이루어졌을 가능성이 제기되었다(Allard & Erdenebaatar 2005). 따라서 헬렉수르의 동물 매장은 매장 후 이루어진 제의의 일환으로 생각되고 있다. 이처럼 묘광 내 희생수를 동반한 판석묘와 매장 후 동물 제의를 실시하는 헬렉수르는 희생수에 관한 습속이 서로 달라 두 묘제가 전혀 다른 계통에 속한다는 점을 보여준다.

판석묘의 편년은 연구사에서도 살펴보았듯이, 치비크타로프에 의해 체계적으로 정립되었지만, 그 분류는 기본적으로 소스놉스키의 분류 체계를 따르고 있다. 본 연구에서도 소스놉스키나 치비크타로프의 분류를 바탕으로, 묘장 구조의 변화과정을 나열한 후 연석의 평면 형태나 측면형태 혹은 연석 주위 보조석[控え石] 여부를 기준으로 세분하여 변화 방향을 추정하고자 한다(Миямото 2013).

소스놉스키에 따르면, 연석의 형태에 따라 다음과 같은 세 가지 유형으로 구분할 수 있다. I식은 연석이 방형 내지는 장방형인 것으로 사우석四隅石이 돌출되지 않은 것, II식은 I식과 동일한 연석의 구조이지만 사우석이 다른 연석보다 높게 돌출된 것, III식은 연석이 방형·장방형이 아니며, 연석의 장측변이 내만하여 연석의 평면 형태가 발형撥形을 나타내는 것으로 분류할 수 있다(그림14).

이와 같은 연석 구조의 특징에 기반한 소스놉스키와 치비크타로프의 분류에 덧붙여, 앞서 언급한 몇 가지 속성을 보완하여 I~III식을 더욱 세분할 수 있다. 특히 세분 기준 중 하나로 연석 바깥쪽의 보조석[控え石]의 여부에 따른 구분이 중요한 요소로 작용한다. 연석은 본래 묘장의 지상구조물 가운데 가장자리를 구성하는 요소로, 연석 부분을 방형으로 약간 파내어 토갱土坑을 따라 고정한 후, 그 안쪽에 사람 머리 크기의 돌을 채우는 구조로 이루어져 있다(그림15-1). 그러나 이러한 지상 석조구조물인 연석을 그대로 둔 채 연석 바깥쪽에 보조석을 두고, 안쪽에 돌을 채워 연석을 고정하는 방식(그림15-2)이 나타나기 시작하였다. 이는 지상 석조 구조물을 지표면에 보다 쉽게 구축할 수 있도록 하는 방식으로의 변화로, 즉 구축법이 점차 간소화되는 변화 방향으로 변화해 갔

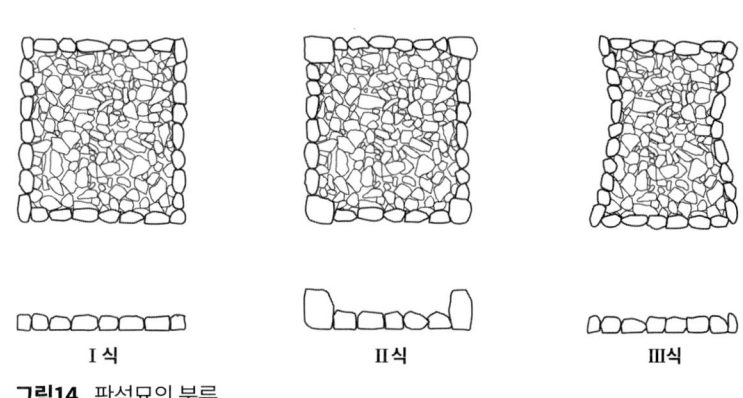

그림14. 판석묘의 분류

I식 II식 III식

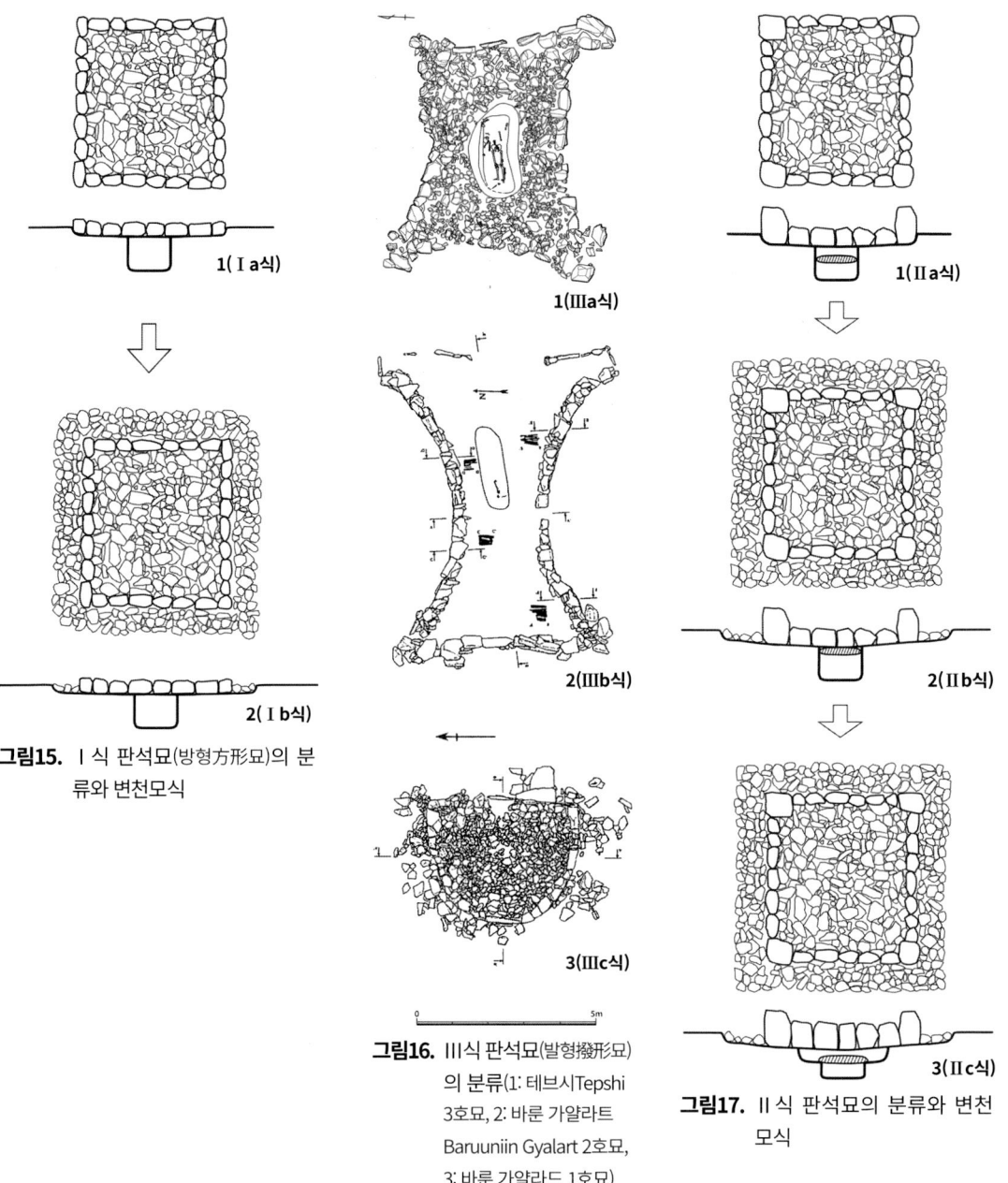

그림15. Ⅰ식 판석묘(방형方形묘)의 분류와 변천모식

그림16. Ⅲ식 판석묘(발형撥形묘)의 분류(1: 테브시Tepshi 3호묘, 2: 바룬 가얄라트 Baruuniin Gyalart 2호묘, 3: 바룬 가얄라드 1호묘)

그림17. Ⅱ식 판석묘의 분류와 변천 모식

1(Ⅰa식)

2(Ⅰb식)

1(Ⅲa식)

2(Ⅲb식)

3(Ⅲc식)

1(Ⅱa식)

2(Ⅱb식)

3(Ⅱc식)

음을 의미한다. 이러한 변화 방향을 바탕으로 볼 때, 연석 바깥쪽의 보조석이 없는 것에서 보조석이 추가되는 있는 것으로 변화해 갔을 가능성이 크다.

이와 같이 Ⅰ식은 연석의 바깥쪽에 보조석이 없는 것과 보조석이 있는 것으로 구분할 수 있으며,

이를 각각 Ia식과 Ib식으로 설정할 수 있다. Ia식은 보조석을 없고 연석의 평면형이 장방형을 이룬다. Ib식은 보조석을 가지고 연석의 평면형태가 장방형을 유지한다. Ia식에서 Ib식으로 변화하는 방향을 추정할 수 있으며(그림15), 본 연구에서는 I식을 장방형묘라고 부르고자 한다.[3]

III식은 Фигурные могицы(Figured grave)라 불리는 연석의 장측변이 내만하여, 평면형태가 발형撥形을 이루는 것으로, 이를 발형묘라 부르고 있다(宮本 2016). IIIa식은 연석의 장축과 단축 길이가 거의 같거나 큰 차이가 없는 방형에 가까운 형태인 것이다. 장방형이지만 연석의 장측변이 약간 내만하여 네 모서리[四隅]의 돌출이 심하지 않다(그림16-1). IIIb식은 연석의 장축이 단축보다 길어 장방형을 이루며, 장측변의 내만도가 더욱 뚜렷한 형태이다. 네 모서리의 돌출이 두드러진다(그림16-2). 최근 간쑤[甘肅]성과 네이멍구[内蒙古]의 인산[陰山]산맥 일대에서 발견된 네 모서리가 방형을 이루는 정자형井字形 발형묘(馬健 2015)도 IIIb식의 일종으로 두고자 한다. 후술할 테브시Tevsh 판석묘의 사례로 본다면, IIIa식에서 IIIb식으로 변화된 것으로 볼 수 있다(그림16). 이 밖에도 판석묘가 변형된 것으로 생각되는 평면 마제형馬蹄形(Kovalev & Erdenebaatar 2009; 科瓦列夫 · 額爾德涅巴德爾 2009; 馬健 2015)도 존재한다. 이를 IIIc식(그림16-3)으로 설정하고자 한다. 이 형식은 III식 내에서도 연대적인 위치는 상대적으로 늦다고도 할 수 있지만, 그 형태적인 계보 관계는 불분명하다.

II식은 연석의 평면이 기본적으로 장방형을 이루며, 연석의 네 모서리가 다른 연석보다 높게 세워진 네 모서리를 가진 전형적인 판석묘이다. II식도 연석의 바깥쪽에 보조석[控え石]이 있는 것과 없는 것으로 나눌 수 있으며(그림17), 전자인 IIa식에서 후자인 IIb식으로 변화를 상정할 수 있다. 여기에는 보조석을 가지면서 연석이 상대적으로 대형화된 것을 IIc식으로 구분한다. 이 IIc식은 보조석의 기능이 연석의 대형화를 가능하게 한 것으로 해석할 수 있어, IIb식에서 IIc식으로의 변화를 생각할 수 있다. 따라서 IIa→IIb→IIc식의 변화 방향을 설정할 수 있다(그림17).

이러한 지상 석조물의 구조에 근거한 분류와 함께 지표 아래에 있는 시신을 안치하는 묘광의 구조와 비교하면서 상기 분류 및 변화 방향의 타당성을 검증하고자 한다. I~III식까지는 무덤은 기본적으로 지표 아래에 토광묘가 존재하는데, 묘광 상면 개석의 여부에 따라 구분할 수 있다. I식과 III식은 묘광 위로 개석이 존재하지 않으며(그림15~16), 매장 후 일정 시간이 지나면서 묘광 상면의 연석 내에 채워진 돌은 묘광 안으로 내려앉은 상태로 발견된다. 반면 II식은 기본적으로 묘광 상면에 개석을 두고 있으며, 연석 내의 돌이 묘광 안으로 내려앉지 않는 특징을 가진다(그림17).

II식의 변화 방향에 고려할 때, IIa식은 비교적 큰 개석 1매가 사용되는 반면, IIb · IIc식에서는 3매 이상의 개석이 무덤을 덮도록 배치되는 특징을 보인다. 게다가 IIa · IIb식은 단일 토광인 반면, IIc식은 이단 묘광으로서 비교적 큰 굴광의 중앙에 다시 목관을 안치하는 형태로 묘광이 만들어져 있다(그림17-3).

또한, 판석묘로 분류되는 I~III식의 피장자 머리 방향[頭位]은 일반적으로 동향이다(체벤도르지 2009).

표4. 속성조합에 따른 판석묘의 형식분류

방형연석 方形緣石	발형연석 撥形緣石	사우석 四隅石	보조석	개석	토광	형식
○	×	×	×	×	○	Ⅰa
○	×	×	○	×	○	Ⅰb
×	○	×	×	×	○	Ⅲa
×	○	×	○	×	○	Ⅲb
○	×	○	×	단수	○	Ⅱa
○	×	○	○	복수	○	Ⅱb
○	×	○	○	복수	이중토광	Ⅱc

묘광 내 장법은 묘장에 따라 차이를 보인다. Ⅰ·Ⅱ식의 묘광에는 일반적으로 앙신장仰身葬이 적용되며, Ⅲ식은 부신장俯身葬이 이루어지는 것이 일반적이다. 이는 형식에 따라 독자적인 장법의 전통이 존재함을 보여주는 것으로, 해당 묘장 형식을 가진 집단이 개별적으로 차별화된 장법을 유지했음을 시사한다. 따라서 이러한 차이는 단순한 장법의 차이를 넘어, 배경이 되는 집단 간의 문화나 사회 단위의 차이를 반영하는 요소일 가능성이 크다.

이와 같이, 각 형식의 판석묘를 C[14] 연대가 판명된 사례를 중심으로, 지상부 석조 구조물의 속성(연석의 평면형태, 사우석의 유무, 보조석의 유무)과 지표 아래 묘광의 속성(개석의 유무, 개석의 개수, 이단묘광의 유무)을 조합하여 정리한 것이 표4이다. 무덤구조 속성의 조합이 앞서 제시한 형식과 모순 없이 대응하고 있음을 알 수 있다. 또한 속성변화의 방향성이 앞서 제시한 변화 과정과 일관되게 조합됨을 확인할 수 있었다. 아울러 매장된 피장자나 희생수의 C[14] 연대(2σ)를 표5에 제시하여 형식변화 방향과의 상관관계를 논증해 나가고자 한다.

Ⅰ식은 최근 몽골고원 동부에서 발견된 우란주크Ulaanzuukh문화로 불리는 것이다(Turmen et al. 2014). Ⅰ식의 대부분은 Ⅰa식에 해당하며, 표5에 제시된 바와 같이 1456~1187calBC의 연대값이 제시되고 있다. 그 대표적인 무덤은 우란주크나 프루긴 키셀레프(Tumen et al. 2014; Тумен и др 2010)이다. 부르긴·에흐Bulglin·Ehk의 C[14] 연대값은 제시되지 않지만, 연석이 방형에 가까운 장방형을 이루며, 지표 아래에 묘광을 갖춘 것이다(그림18-1). 이 경우, 묘광은 비교적 폭이 좁고 얕아, 피장자가 그대로 안치된 것으로 추정된다. 또한 피장자의 위치가 반드시 연석 내부의 중심에 놓이지 않고 약간 치우친 지점에 배치되는 것이 특징이다. 반면 Ⅰb식으로는 다람Daram 9호(그림18-2)나 타반·하이르타스트Tavan·Khairtast 제3지점 제1호묘(白石編 2013) 등이 있다.

Ⅰ식은 연석 바깥쪽에 보조석을 가진 형태인데, 연석의 평면은 완전히 장방형을 이루고 있다. 또한 묘광도 북쪽으로 치우쳐 배치되는 특징을 보인다. 주요 분포지역은 몽골고원 중·동부에 해당하며,

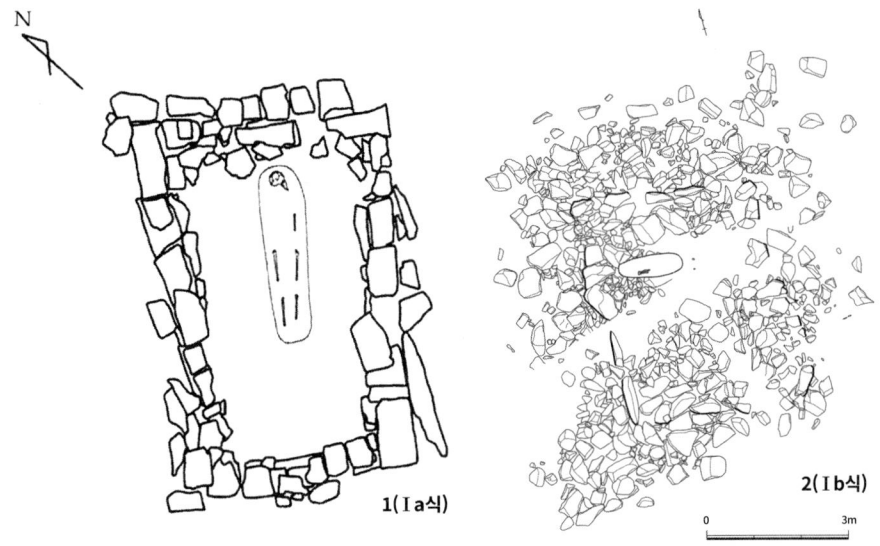

그림18. 방형묘의 사례(1: 부르긴 · 에흐Bulglin · Ehk, 2: 다람Daram 9호묘)

그중에서도 Ia식인 우란주크문화는 우란주크나 찬드마니 · 하르 · 울(Chandorman Khar Uul; Амартувши н и др. 2015)과 같이 몽골고원 동남부 지역을 중심으로 분포하고 있다(Tumen et al 2014).

표5에서 제시한 바와 같이, Ia식은 기원전 16~10세기에 해당하며, 기원전 15~12세기가 중심연대 이다. Ib식은 기원전 15~9세기대, 기원전 12~9세기대를 중심으로 하고 있다. 이러한 연대의 차이는 Ia식에서 Ib식으로의 형식 변화가 이루어졌음을 검증하는 근거가 된다. 또한, Ia식 연대가 상대적으 로 이르게 설정된 이유는 찬도르만 · 하르 · 울 등 몽골고원 동남부지역에 위치하고 있기 때문이다. 따라서 I식의 기원지는 몽골고원 동남부에 있을 가능성이 높다고 추정할 수 있다.

III식은 발형묘라 불리는 특수한 형태의 판석묘이다. 치비크타로프의 분포도에 따르면, 그 분포 는 바이칼호 주변에서부터 버르항가이 아이막 테브시Tevsh까지 비교적 남북으로 넓게 분포한다(Цы биктаров 1998). 그러나 동서 방향으로는 몽골고원 중부를 중심으로 한 분포 경향이 뚜렷하다. 최근 바양 · 홍고루 아이막 보르 · 오보에서도 III식이 발견되어(宮本 2015d; 宮本 외 2015; Miyamoto & Obata ed 2016), 몽골고원 중부를 중심으로 한 분포 경향이 여전히 유지되고 있다. III식은 테브시Tevsh 조사의 인골 C^{14} 측정연대를 통해, 평면형이 방형에 가깝고 측변이 내만하는 테브시Tevsh 3호묘의 IIIa식(그림 19-1)과 장축 길이가 길어지고 장측변이 내만도가 더욱 뚜렷해진 테브시Tevsh 1호묘의 IIIb식(그림19-3) 사이의 시간차가 확인되었다. 이를 바탕으로, IIIa식에서 IIIb식으로의 변화가 이루어졌을 가능성이 상정된다.

테브시Tevsh 3호묘 IIIa식의 C^{14} 측정연대는 1392~1264calBC, 테브시 1호묘 IIIb형의 C^{14} 측정연

표5. 판석묘의 형식별 실연대

유적명	현(주)명	지명	형식	규모 (m)	매장방식	두향	개석	부장품	실연대 (cal BC)	출전
Chandomani Khar Uul 2-p	Domogovi	Delgerekh	1a	4.2×2.8	土壙	NE	○		1530-1380	Amartuvshin et al. 2015
Chandomani Khar Uul 5-p	Domogovi	Delgerekh	1a	6.7×5.7	土壙	NE	○	凹石	1440-1250	Amartuvshin et al. 2015
Chandomani Khar Uul 33	Domogovi	Delgerekh	1a	4.3×3.1	土壙	NE	○	玉	(1500-1250)	Amartuvshin et al. 2015
Ulaanzuukh Row 1A (3)	Sukhbaataar	Adgjin Gol	1a	4.1×4.0	土壙	NE	○		1423-1288	Tumen et al. 2010, Tumen et al. 2014
Ulaanzuukh Row 1D (5)	Sukhbaataar	Adgjin Gol	1a	4.6×3.4	土壙	NE	○		1325-1192	Tumen et al. 2010, Tumen et al. 2014
Ulaanzuukh Row 2-6	Sukhbaataar	Adgjin Gol	1a						1456-1369	Tumen et al. 2014
Ulaanzuukh Row 2-3	Sukhbaataar	Adgjin Gol	1a						1322-1187	Tumen et al. 2014
Ulaanzuukh Row 2-2	Sukhbaataar	Adgjin Gol	1a						1443-1313	Tumen et al. 2014
Bitoogjin Tsagaan 2-p	Bulgan	Xytag-Undur	1a	6.5×6.5	土壙, 俯身		○		(1116-906)	Törbat et al. 2003
Ar Khavstal slab grave 3	Arkhangai	Khotont	1a	3.1×2.6	土壙				1126-981	Enkhtör et al. 2018
Ar Khavstal slab grave 8	Arkhangai	Khotont	1a	3.4×2.5	土壙	E			1110-936	Enkhtör et al. 2018
Chandomani Khar Uul 41	Domogovi	Delgerekh	1b	5.4×4.3	土壙	NE	○	高	1440-1190	Amartuvshin et al. 2015
Chandomani Khar Uul 130	Domogovi	Delgerekh	1b	3.0×2.1	土壙	E	○		1400-1120	Amartuvshin et al. 2015
Tavan Khailaast 3-No.1	Hentii	Delgerhaan	1b	3.8×3.2	土壙, 俯身	E	○	銅泡18	835-804	白石編 2013
Daram No.9	Hentii	Nart	1b	4.7×3.8	土壙	E	○		896-806	Yoneda et al. 2016
Daram No.2	Hentii	Nart	1b	4.0×2.5	土壙	E	○		770-408	Yoneda et al. 2016
Ar Khavstal slab grave 4	Arkhangai	Khotont	1b	4.1×2.9	土壙				1189-1003	Enkhtör et al. 2018
Ar Khavstal slab grave 11	Arkhangai	Khotont	1b	2.4×1.5	土壙			石製管玉	1005-895	Enkhtör et al. 2018
Ar Khavstal slab grave 12	Arkhangai	Khotont	1b	3.5×2.6	土壙				1108-917	Enkhtör et al. 2018
Orog Hyyp 85-p	Bayankhongor	Bogd	1b	3.2×2.5	土壙, 俯身	NE	○		1220-900	GyhChincuren et al. 2010

유적명	현주명	지명	형식	규모 (m)	매장방식	두향	개석	부장품	실연대 (cal BC)	출전
Maikhan Tolgoi No.3	Bayankhongor	Khyjilt	3a	8.45×5.54	土壙				1737-1526	Yerööl-Erdene et al. 2015
Chandomani Khar Uul 31	Domogovi	Delgerekh	3a	11.5×7.7	土壙	E	0		1500-1250	Amartuvshin et al. 2015
Baga Gazaryn Chuluu 1	Dundgovi	Adaatsag	3a	4.8×3.2	土壙	NE	0	銅刀子, 銅鏃, 磨石, 土器	1390-1110	Amartuvshin & Jargalan 2008, Nelson et al. 2009
Tevsh No. 3	Uvurkhangai	Bogd	3a	6.5×6.0	土壙, 俯身	E	0		1392-1264	Miyamoto & Obata 2016
Tevsh No. 1	Uvurkhangai	Bogd	3b	8.5×7.5	石槨, 仰身	W	0		901-812	Miyamoto & Obata ed. 2016
Emeelt Tolgoi No. 18	Bayanhongor	Galuut	3b	19×11	土壙		0	銅鏃1	1565-1450, 930-815	Yoneda et al. 2018
Baruun Gyalaat 2	Bayankongor	Baianlig	3b		土壙	E	0		1270-970, 960-930	Kovalev & Erdenebaatar 2009
Bor Ovo No.8	Bayankhongor	Bogd	3b		土壙	E	0		1112-974	Yoneda et al. 2017
Ulaanboom 16	Gobi-Altai	Taishir	3b	10×4			0		1270-970	Amartuvshin & Aldamönkh 2010
Baruun Gyalaat 1	Bayankhongor	Baianlig	3c		土壙	E	0		1020-760	Kovalev & Erdenebaatar 2009
Emeelt Tolgoi No. 49	Bayankhongor	Galuut	4a	3.4×3.0	土壙		1		1435-1372	Yoneda et al. 2018
Khyar Kharaach No.1	Gobi Altai	Tonhii Som	4b	9×8	石槨, 側身	w			1306-1054	Yoneda et al. 2017
Emeelt Tolgoi No. 82	Bayankhongor	Galuut	4b	11×9	石槨, 側身				731-691, 545-407	Yoneda et al. 2018
Daram No. 4	Hentii	Nart	2a	8.5×7.5	土壙	E	1	銅泡3, 玉1000	787-430	Yoneda et al. 2016
Maikhan Tolgoi No.13	Bayankhongor	Kujilt	2b	6.67×5.8	土壙	E		土器片	752-403	Yerööi-Erdene et. al 2015
Daram No. 41	Hentii	Nart	2b	4.6×3.6	土壙		3	土器片	405-206	Miyamoto2016
Daram No.1	Hentii	Nart	2c	4.3×4.2	土壙	E	3	土器片	480-382	Yoneda et al. 2016

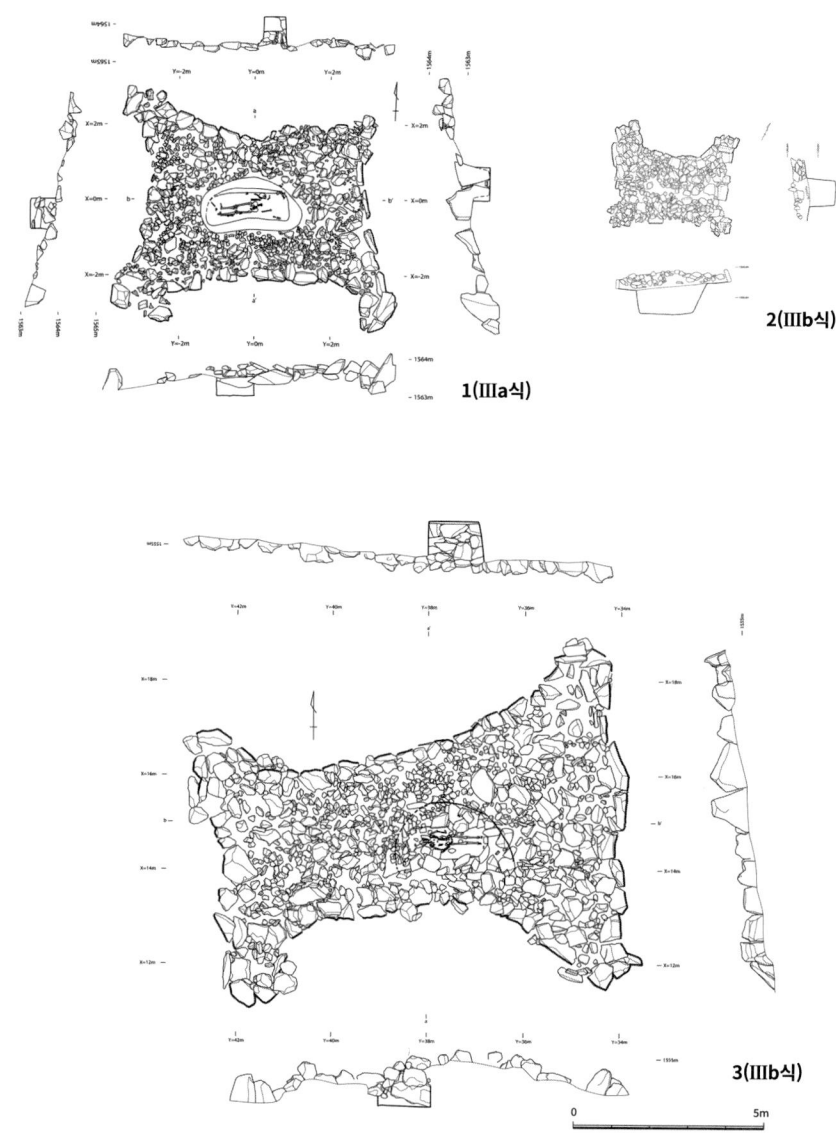

1(IIIa식)

2(IIIb식)

3(IIIb식)

0   5m

그림19. 발형묘의 사례(1: 테브시 3호묘, 2: 보르·오보, 3: 테브시 1호묘)

대는 901~812calBC로 확인되었다. 또한 보르·오보 8호묘 IIIb형(그림19-2)도 C^{14} 측정연대가 1112~974calBC(91.2%)로 나타나, 앞서 정리한 형식변화와 모순되지 않는 연대값을 제공하고 있다(표5). 아울러, 에멜트·톨고이Emelt Torgoi 18호묘 역시 IIIb식인데, 희생수의 C^{14} 측정연대가 930~815calBC(95.4%)로 측정되어 유사한 시기적 범위를 나타내고 있다.

Ⅲ식의 하부 구조는 기본적으로 토광묘이며, 피장자의 두향이 동쪽을 향하는 부신장俯身葬[1]이 일반적이다. 그러나 Ⅲb식에 해당하는 테브시 1호묘는 다른 사례들과 달리 헬렉수르와 유사한 방식으로 지상의 석곽 위에 피장자가 매장되었으며, 두향이 서쪽을 향하는 특이한 양상을 보인다. 또한 Ⅲb식 중에서도 마이한 · 톨고이Maikhan · Tolgoi유적 3호묘의 C^{14} 측정연대는 1737~1526calBC로, 극단적으로 이른 연대값이 제시되었다. 현재로서는 유리자료遊離資料로 취급하고자 한다.

또한 Ⅲc식에서 변형된 마제형馬蹄形은 바룬 · 갤라트Baruun Gyalaat 1호묘에서도 출토되었으며 (Kovalev & Erdenebaatar 2009; 科瓦列夫 · 額爾德涅巴德爾 2009) C^{14} 측정연대값은 1020~760calBC(95.4%)로 확인되었다. 이를 통해, Ⅲc식의 연대는 Ⅲb식과 거의 동시기에 해당하는 것으로 볼 수 있다.

Ⅱ식은 장방형의 연석으로 이루어져 있으며, 네 모서리에는 입석으로 구성된 사우석이 배치된 형

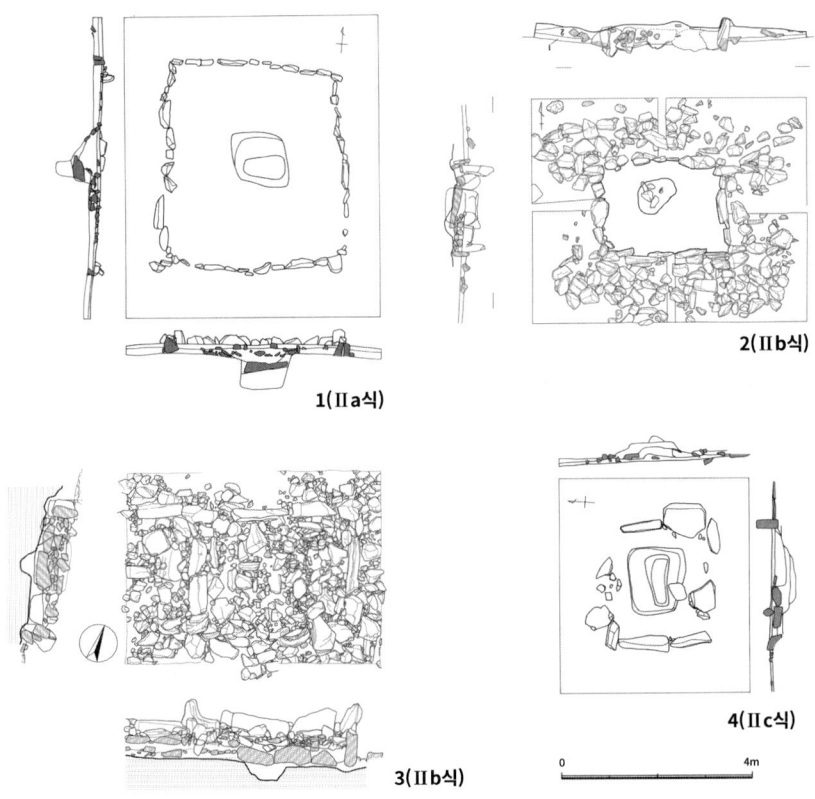

1(Ⅱa식)

2(Ⅱb식)

3(Ⅱb식)

4(Ⅱc식)

0 ⸻ 4m

그림20. 발형묘의 사례(1: 다람 4호묘, 2: 다람 8호묘, 3: 다람 41호묘, 4: 다람 1호묘)

---

1) 역자 주) 본문 중 俯ㄷ葬으로 표현되어 엎드린 상태로 시신을 매장하는 것을 의미하지만, 국내에서 적절한 용어가 없어 일본 내 유사한 표기인 俯身葬으로 표기하였다.

태이다. IIa식은 연석 외측에 보조석을 갖지 않는 것으로, 사우석의 높이가 비교적 낮은 다람Daram 4호묘(그림20-1)로 대표된다.

반면 IIb식은 명확한 사우석을 가지고 있으며, 연석 주위에 보조석을 갖춘 구조이다. 다람Daram 무덤군에서 가장 많이 확인되는 형태(宮本 외 2011; Miyamoto & Obata ed. 2016)로, 다람Daram 8호묘(그림20-2)나 다람Daram 41호묘(그림20-3) 등이 대표적인 사례이다. 또한 IIc식은 연석 자체가 대형화되면서 연석 전체가 높아진 것으로, 연석 주위에 보조석을 구축할 수 있게 된 구조이다. 다람Daram 1호묘(그림20-4)나 올런 · 오시락Orlon · Oshirag의 판석묘가 대표적인 사례이다. 다람Daram 무덤군의 방사성탄소 연대를 바탕으로 IIa→IIb→IIc식으로의 상대적인 변화가 인정된다(宮本 2015c; Miyamoto & Obata ed. 2016).

또한 I · III식이 거의 부장품이 없는 것과 달리, II식은 토기, 석제 장신구, 청동 장신구 등의 부장품을 일반적으로 포함하는 것이 특징이다. II식의 발굴 사례로는 둔드고비Dundgovi 아이막 바가 · 나린 · 추루Baga · gnarin · chuluu유적(Амартувшин & Ханичёру 2010)이나 토브Töv 아이막 에르덴Erdene유적(서울대학교 고고미술사학과 외 2008) 등에서도 이루어진 바 있는데, 아쉽게도 양호한 방사성 탄소 연대가 제시되진 않았다.

5. 판석묘문화의 묘장 변천과 지역적 전개

이상과 같이 이미 장방형묘와 발형묘가 존재하였으며, 이후 전형적인 판석묘인 II식이 출현한 것으로 볼 수 있다. 만약 전형적인 판석묘인 II식만을 판석묘라고 본다면, 장방형묘, 발형묘, 판석묘의 변천 과정은 그림21과 같이 제시할 수 있다. 또한 판석묘의 출현 시기는 현재까지 밝혀진 다람Daram 4호묘의 사례를 통해 볼 때, 대략 기원전 8세기경으로 추정할 수 있다. 이를 유라시아 동부의 청동기 문화 속에서 살펴보며, 카라수크 문화기에서 타가르 문화기로 변화하는 시기이다.

치비크타로프에 따르면, 장방형묘나 발형묘를 포함한 판석묘는 몽골고원 동부에 분포하며, 서부에는 헬렉수르가 존재한다고 한다. 한편 몽골고원 서부 청동기시대 무덤의 편년에 대해 코발레프Kovalev와 에르덴바타르Erdenebaatar는 아파니시예보Afanasyev문화, 체무르첵Chemurchek문화, 오크뇨프Oknev문화 이후 원형 혹은 방형의 부석묘敷石墓로 이루어진 묵흐 · 하이르한Munkh · Khairkhan문화를 설정하고, 이후 발형묘인 테브시Tevsh문화를 제시하였다. 나아가 몽골 서북단의 카라수크문화 무덤과 유사한 바이탁Baitag문화로 편년해 나간다(Kovalev & Erdenehaatar 2009; 科瓦列夫 · 額爾德涅巴德爾 2009; 에르덴바타르 2012). 묵흐 · 하이르한Munkh · Khairkhan문화의 무덤은 원형이나 방형의 부석묘敷石墓로 이루어져 있으며(Eregzeng ed. 2016), 기원전 17~15세기에 해당하는 비교적 이른 시기에 형성되었다. 이

문화는 바이칼호 주변 지역에서 몽골고원 중북부를 중심으로 분포하며, 지역성을 띠고 있다.

카라수크 문화기에는 이미 제시한 바와 같이 장방형과 발형묘가 존재한다(그림21). 장방형묘와 발형묘는 각각 Ia→Ib식으로, IIIa→IIIb식으로 변화하는데, 앞서 지적한 바와 같이 분포 양상을 통해

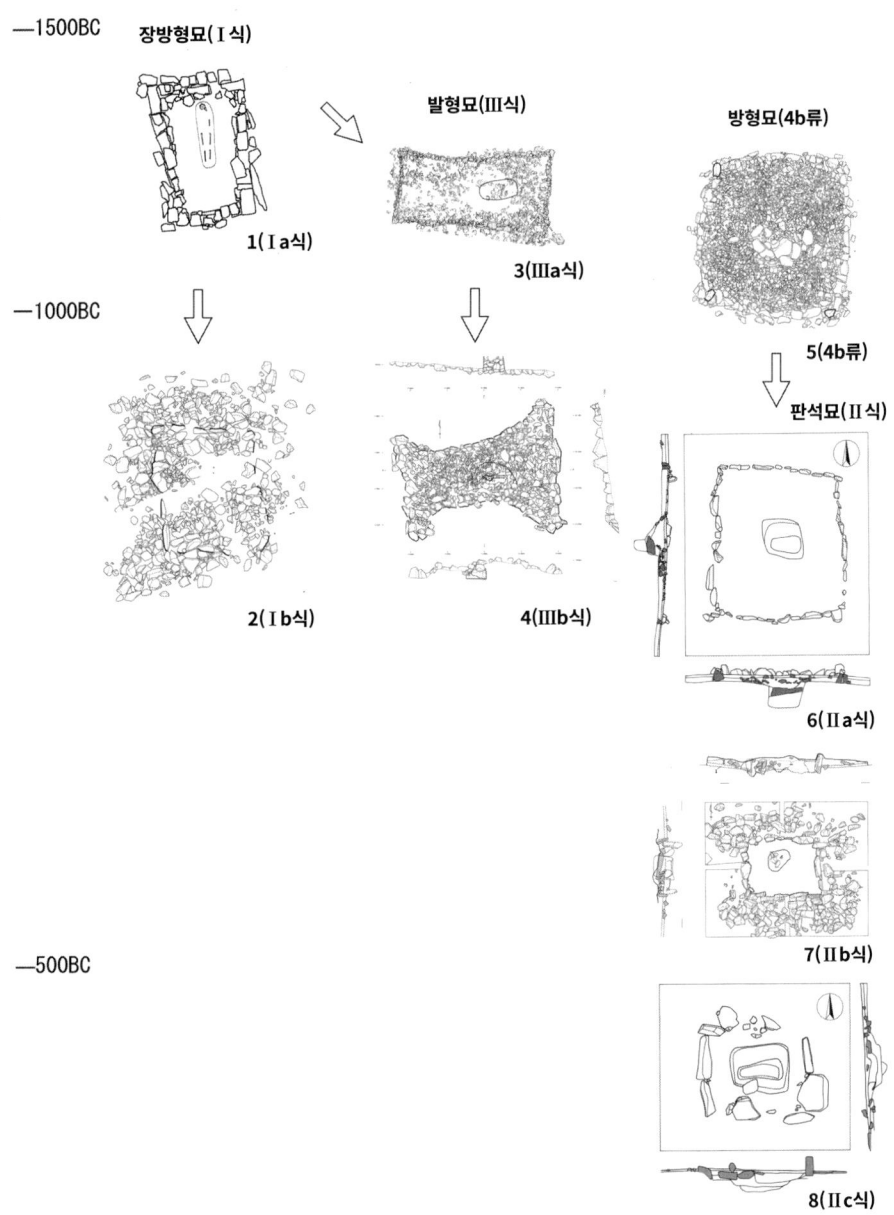

그림21. 판석형문화 묘장 변천도(1: 부르긴·에흐, 2: 다람 9호묘, 3: 찬도르만·카르·울 31호묘, 4: 테브시 1
호묘, 5: 히얄·하라치 1호묘, 6: 다람 4호묘, 7: 다람 8호묘, 8: 다람 1호묘)

Ⅰa식의 중심지는 몽골고원 동부에 있으며, 이것이 점차 서쪽으로 확산되는 과정에서 장방형묘가 변형되어 발형묘가 성립된 것으로 추측된다. 최근 네이멍구[內蒙古] 인산[陰山]지구에서도 발형묘가 분포하고 있음이 밝혀졌다(馬建 2015). 따라서 발형묘의 중심 분포는 바이칼호 주변지역 또는 테브시 Tevsh와 같은 몽골고원 중부에 집중되는 경향을 보인다(Цыбиктаров 1998). 나아가 네이멍구[內蒙古] 인산[陰山]지구 즉, 몽골고원 중부의 남단까지 확산되었으며, 보르·오보Bur·Ovoo유적 등 원래 원형묘가 분포하던 지역으로도 발형묘의 분포가 확대된 것으로 보인다.

이 경우, 전형적인 판석묘인 Ⅱ식의 성립이 문제가 된다. 방형 구획으로 사우석이 존재하며, 주위에 보조석을 배치하지 않은 Ⅱa식이 가장 이른 유형으로 보이는데, 이러한 무덤의 기원을 어떻게 해석할 것인가가 중요한 논점이다. 방형 구획을 이루면서도 보조석이 없는 구조는 Ⅰa식과 유사한 점이 있지만, 사우석四隅石의 기원과 성립과정은 여전히 문제로 남아 있다.

발형묘인 Ⅲ식에서는 구획 연석의 내만화에 따라 네 모서리가 강조되는데, 이후 네 모서리는 다른 구획 연석보다 높이 세워진 사우석으로 발전했을 가능성도 추정할 수 있다. 그러나 이 가설을 검증하는 것은 아직 어려운 상황이다. 오히려, Ⅱa식과 가장 유사한 무덤 구조는 미누신스크 지역의 타가르 문화기 중 가장 이른 단계인 바이노프기이며, 특히 사우석과 방형 구획성를 가지면서도 보조석이 없는 특징을 공유한다(Грязов и др. 1980; Bokovenko 2006).

바이노프기는 기본적으로 판석묘 Ⅱa식 구조와 동일하며, 묘광도 지하에 위치하고 1매의 개석으로 덮는 경우도 있다. 이는 앞서 언급한 다람Daram 4호묘와 같은 구조를 이루고 있는 것이다. 미누신스크 분지에서는 바이노프기의 무덤 구조가 점차 연석 내부의 돌 채움이 충실해지며, 이 부분이 점차 쿠르간kurgan[2]의 마운드를 형성하듯 마운드가 커지는 동시에 연석 구조도 점진적으로 발달해 간다(Bokovenko 2006). 이러한 점을 고려할 때, Ⅱ식과 Ⅱc식은 서로 다른 발전 방식으로 변화했을 가능성이 있다. 이 경우, 미누신스크 분지에서 네이멍구[內蒙古] 동부까지 넓은 지역으로 판석묘가 확산되었다고도 볼 수 있으나, 이는 판석묘의 초기 단계의 현상일 뿐이다. 적어도 이후 미누신스크 분지와 몽골고원 중동부에서는 판석묘의 변화 방향이 다소 차이를 보인다고 할 수 있다.

또한, 미누신스크 분지의 바이노프기는 기원전 10~8세기로 알려져 있으며(Bokovenko 2006), 이는 몽골고원 중동부 판석묘의 초기 단계인 기원전 8세기의 Ⅱa식보다 이른 시기에 해당한다. 따라서 판석묘는 미누신스크 지역에서 타가르문화의 확산과 함께 서쪽에서 동쪽으로 확산되었을 가능성이 있다. 즉, 타가르문화라는 새로운 청동기문화가 유라시아 동부로 확장됨에 따라 판석묘의 무덤 구조도 확대되었으며, 이후 판석묘의 변천과정은 점차 지역적 특성이 뚜렷해지는 경향을 보인다고

---

2) 역자 주) 몽골어 "курган(kurgan)"은 고대의 돌무덤을 의미하며, 일반적으로 원형이나 타원형의 구조를 이루며 돌이나 흙으로 덮여 있는 형태를 띤다.

할 수 있다.

한편, 지금까지 헬렉수르로 분류된 유적 중에서는 IIa식에 가까운 것, 혹은 IIa식이라고 보아도 무방한 사례가 확인된다. 예를 들어, 훕스굴Khövsgöl 아이막 차브간진·올란·오롤Tsavganjin·Orlon·Orrol 2호묘는 4.3×4m의 장방형묘로 네 모서리에 입석을 갖춘 구조를 띠고 있다(Амгалантөгс и др. 2007). 해당 유적에서 출토된 인골의 연대는 1267~993calBC로 헬렉수르와 같은 시기에 해당한다. 또한 고비·알타이Gobi·Altai 아이막 히얄·하라치Hyarl·Hyarlaach 1호묘도 8×8m 크기의 장방형묘로 사우석을 갖추고 있으며, 인골의 연대는 1265~1108calBC(94.2%)로 헬렉수르의 시기이다(宮本외 2016; Miyamoto ed. 2017).

모두 석조 구조물 지하에 토광묘를 갖추고 있으며, 인골이 매장된 사례가 확인된다. 매장구조로 보면 I식에 가까운 형태를 띠지만, 사우석四隅石이 존재한다는 점에서 II식의 범주에 포함될 수 있다. 그러나 히얄·하라치 1호묘의 경우, 석조 구조물의 중심부가 마운드를 형성하며, 상원하방분上圓下方墳과 유사한 구조를 이루고 있어 일반적인 판석묘의 구조와는 차이를 보인다. 차브간진·올란·오롤 1호묘나 살히민·하르·하브Sarkhiiming·Khar·Khav 3호묘(Амгалантөгс и др. 2007)는 사우석을 갖는 방형으로 둘러싼 석조 구조로 이루어진 헬렉수르이다. 또한 히얄·하라치 1호묘의 경우도 헬렉수르에서 흔히 볼 수 있는 돌무지[kerun]와 방형으로 둘러싼 외연 부석[石敷]을 연결하여 완성되었을 가능성도 있다.

결과적으로 이러한 IIa식이 몽골 서부의 헬렉수르 시기에 존재했음은 틀림없다. 또한 차브간진·올란·오롤 2호묘나 히얄·하라치 1호묘는 장방형묘인 Ia식과 유사하지만, 네 모서리에 입석을 갖춘 점에서는 IIa식의 조형이 될 수 있는 무덤이다. 다만 장방형묘의 중심 부분이 돌무지 형태의 분구를 이룬다는 점에서 IIa식과는 차이를 보인다. 게다가 이러한 유적들의 연대는 일반적인 헬렉수르의 연대에 해당하며, II식의 일반적인 판석묘보다 선행하는 시기로 판단된다. 따라서 이러한 형식의 방형묘를 프로토Proto II식인 헬렉수르문화 4류로 분류할 수 있다. 이후 상세히 서술하겠지만, 헬렉수르 4류는 4a류와 4b류로 세분되며, 그 중 4b류는 II식에 해당하는 것이다. 프로토 II식(헬렉수르문화 4b류)은 훕스굴 아이막 울란·톨고이Ulaan·Tolgoi유적(Fitzhugh ed 2005, p.66, Fig.5. 9a)에서도 확인되며, 그 분포는 몽골고원 서부에 집중되어 있다.

이와 같이 IIa식이 프로토 II식(헬렉수르문화 4b류)에서 발생했다고 본다면, 앞서 가정한 미누신스크 지방의 타가르문화 초기인 바이노프기는 연대적으로도 프로토 II식(헬렉수르문화 4b류)보다 늦으므로, IIa식의 기원이 될 수 없다. 그랴즈노프Грязнов М.П.가 카라수크 문화기에서 타가르 문화기의 이행기로 정리한 바이노프기는 라자트례프Razatreev에 따르면 카라수크문화 말기 단계의 요소와 바이노프기의 요소로 나뉜다. 또한 후자인 바이노프기는 카자흐스탄이나 몽골고원 서부의 문화적 영향에 의해 형성된 것으로 해석된다(Амгалантөгс и др. 2007). 이 견해를 따른다면, 몽골고원 북부의 프로토 II식

(헬렉수르문화 4b류)이 바이노프기의 장방형묘와 함께 사우석을 가진 무덤 구조를 가져왔을 가능성을 제기할 수 있다. 이 문제는 타가르문화의 기원 문제 또는 스키타이문화와의 관계를 상정할 때 중요한 열쇠가 될 수 있다. 여기에서는 타가르문화의 출자 문제를 직접 언급하지는 않지만, 일반적인 판석묘인 II식이 몽골고원 북부의 프로토 II식(헬렉수르문화 4b류)에서 기원한다고 가정할 경우, 판석묘의 기원뿐만 아니라 타가르문화 초기 바이노프기의 무덤 계보도 이해할 수 있게 된다.

이상과 같이, 몽골고원 중동부지역에서 장방형묘(I식)와 발형묘(III식)가 기원전 800년경 전형적인 판석묘(II식)로 변화해가는 과정이 밝혀졌다. 이는 기존의 헬렉수르에서 판석묘로 발전했다는 단순한 시각에 대한 재고를 촉구하는 중요한 근거가 된다. 또한 이러한 변화 양상은 몽골고원 묘제의 지역 및 집단 간 차이를 반영하고 있음을 명확히 보여주는 사례라고 할 수 있다.

장방형묘·발형묘와 동시기인 헬렉수르는 그 규모가 집단의 통합력을 반영하는 것으로 해석할 수 있으며, 반드시 계층 차이를 나타내는 것은 아니라고 보고 있다(Wright 2014). 반면 장방형묘·발형묘는 동질적[等質的]인 개인의 사회적 집단 내 위치를 보여준다. 그러나 집단 내의 개인 간 격차는 전형적인 판석묘(II식)의 분포 양상에서 더욱 두드러지며(Honeychurch et al. 2006), 전형적인 판석묘 단계부터 개인 부장품의 많고 적음이 나타나고 있어 집단 내에서의 계층 차이는 더욱 진전되고 있다. 다람 Daram 4호묘에서 다량의 구슬과 동포銅泡가 부장된 점은 이러한 계층 차이의 존재를 시사한다고도 볼 수 있다. 따라서 기원전 800년경의 묘제 변화의 획기는 몽골고원 내 사회 진화가 진전되는 시기와 맞물린다고 볼 수 있다.

6. 헬렉수르문화

헬렉수르란 지금까지 일반적으로 평면이 원형인 적석총과 그 주위를 원형이나 방형의 열석이 둘러싸는 구조로 알려져 있다. 이 열석의 외연에는 석퇴石堆라고 부르는 작은 적석도 확인되며, 이 아래에는 말의 머리뼈와 발굽이 매장된 사례가 많아, 동물 희생에 의한 묘전제사墓前祭祀가 행해졌을 가능성이 제기되고 있다(Allard & Erdenebaatar 2005). 일찍이 헬렉수르를 무덤이라기보다는 제사와 관련된 석조물로 보는 견해도 있었으나, 최근 발굴조사를 통해 적석총 내부에서 고인골이 발견되는 사례가 증가하면서 무덤으로 인식되는 경향이 강해졌다(Fitzhugh ed. 2005; Takahama et al 2006; 宮本 2007b).

이처럼 주변을 둘러싼 열석을 가진 일반적인 헬렉수르는 열석이 원형인지 방형인지에 따라 구분할 수 있다. 또한 최근 연구에서는 방형 열석의 네 모서리에 입석이 배치되는 것뿐만 아니라, 네 개의 입석을 가진 원형 헬렉수르가 존재하는 것으로 밝혀졌다. 이것들은 삭사이Sagsai형식이라 불리는 것이다(Гантулга 2016).

일본 · 몽골 합동조사에서는 고비 · 알타이Gobi-Altai 아이막 통힐Tonkhil 솜 히얄 · 하라치Hyarl-Hyarlaach유적(宮本 외 2016; Miyamoto · Tajiri et al. 2017)과 바양 · 홍고르 아이막 보그드Bogd 솜 에메를트 · 톨고이Emerlt-Tolgoi유적(宮本 외 2018; Miyamoto · Tajiri et al. 2018)에서 발견된 무덤의 발굴조사를 진행하였다. 이 유적들은 지금까지 '헬렉수르'라고 불려온 묘제이며, 전형적인 헬렉수르의 사례라고 볼 수 있다.

히얄 · 하라치유적과 에메를트 · 톨고이유적에서는 이같은 전형적인 헬렉수르와 함께 원형묘도 확인된다. 원형묘는 연석緣石이 원형이며 그 안쪽[内側]을 적석총 형태로 자갈이 쌓인 경우가 많다. 바양 · 홍고르 아이막 보그드솜 보르 · 오보유적에서도 전형적인 헬렉수르와 함께 원형묘가 확인되었으며, 이곳에서 출토된 인골의 방사성 탄소 연대는 기원전 2천년기 후반으로 측정되었다(Miyamoto · Amgalantugus et al. 2017). 이는 전형적인 헬렉수르의 방사성 탄소 연대와 거의 같은 시기에 해당한다. 따라서 원형묘도 방형으로 둘러싼 열석을 가지지 않은 헬렉수르의 문화요소로 해석한다면, 이는 동일한 시기의 무덤으로 볼 수 있으며, 같은 매장 문화에 속한다고 할 수 있다. 즉 전형적인 헬렉수르뿐만 아니라 원형묘를 포함하여 헬렉수르문화로 정의하고, 이를 동일한 매장 문화로 이해하는 것이 타당할 것이다.

한편, 삭사이Sagsai형식으로 알려진 원형이나 방형으로 둘러싼 열석 내에 4개의 입석을 가진 구조가 존재하였는데(Гантулга 2016), 이와 마찬가지로 원형묘에서도 연석 위에 4개의 입석을 가진 사례가 발견된다. 이러한 적석총은 원형 연석으로 둘러싸여 있으며, 연석 상부에 4개의 입석이 배치된 형태를 띤다. 4개의 입석을 둘러싼 석재나 연석 위에 존재한다는 점은 양식적인 유사성을 나타내며, 이를 근거로 같은 시기의 것으로 추정할 수도 있다. 실제로 히얄 · 하라치유적과 에메를트 · 톨고이유적에서는 이러한 4개의 입석을 가진 원형묘가 확인되었으며, 출토된 인골의 방사성 탄소 연대 역시 전형적인 헬렉수르의 연대와 일치하는 것으로 밝혀졌다.

마찬가지로 히얄 · 하라치유적과 에메를트 · 톨고이유적에서는 평면이 방형을 이루는 방형묘로서, 네 모서리에 4개의 입석을 가진 것이 존재한다. 일본 · 몽골합동 조사에서 발굴된 히얄 · 하라치유적 1호묘(Miyamoto · Tajiri et al. 2017)는 방형의 연석과 4개의 입석을 가진 구조이다. 이 묘장의 중앙부는 적석총처럼 마운드를 형성하고 있으며, 마운드와 연석 사이에는 얇은 자갈이 깔려 있는 특징을 보인다. 더욱이, 네 모서리에 입석을 세운 사우입석四隅立石 구조는 방형 열석으로 둘러싸인 헬렉수르의 발전형으로 해석될 수 있다. 즉, 헬렉수르에서 둘러싼 열석 부분과 적석총 형상이 부석敷石으로 연결되면서 방형 헬렉수르에서 사우입석을 가진 묘제가 출현한 것으로 볼 수 있다. 히얄 · 하라치 1호묘 인골의 연대는 사우입석을 가진 원형묘인 히얄 · 하라치 20호묘보다 약간 늦은 경향을 보이나, 두 무덤 모두 기원전 2천년기 후반에 해당하는 동시기의 묘제로 볼 수 있다. 따라서 이 무덤 역시 같은 헬렉수르문화에 속하는 묘제라고 할 수 있을 것이다.

7. 헬렉수르문화 묘장의 분류와 변천

　원형 헬렉수르와 원형묘, 사우입석을 가진 방형 헬렉수르, 방형묘를 모두 헬렉수르문화의 묘제로서 정리될 수 있다. 헬렉수르문화의 묘제에 관한 연구는 최근 암갈란퇴그스에 의해 분류와 편년이 이루어졌다(Амгалантөгс 2015). 또한, 암갈란퇴그스는 최근 발굴조사 및 분포조사의 성과를 바탕으로, 헬렉수르 무덤이 몽골고원 서반부를 중심으로 분포한다는 사실을 밝혔으며, 방사성 탄소 연대를 통해 기원전 16세기부터 기원전 9세기경까지 지속되었음을 제시하였다(Амгалантөгс 2015). 이러한 결과는 치비크타로프가 보여준 분포도(Цыбиктаров 1998)와 일치하며, 동시에 헬렉수르문화의 주체가 서쪽에서 동쪽으로 확산되었음 예상케 한다. 또한, 이 단계는 몽골고원 동반부의 장방형묘(I식)와 발형묘(III식) 단계와 병행하는 시기로, 헬렉수르문화 무덤은 전형적인 판석묘 단계(II식)에 이르러 소멸하는 경향을 보인다(宮本 2016).

　여기에서는 암갈란퇴그스의 분류·편년을 바탕으로, 먼저 필자의 분류안을 제시하고자 한다. 암갈란퇴그스는 그림22에서와 같이 원형타입(1식)과 방형타입(2식)으로 크게 구분한다. 원형타입은 다시 5개로 세분하였다. 그가 말하는 1A, 1B, 1E식은 둘러싼 열석을 가지는 전형적인 헬렉수르에 해당한다. 그밖에 1C, 1D식의 열석이 없는 원형묘이다. 암갈란퇴그스는 원형묘를 더욱 세분하였으나, 필자가 관찰한 몽골 청동기시대의 무덤을 통해 본다면 세분된 타원형묘(3식) 등은 예외적인 존재이므로 여기서는 다루지 않는다. 또한 방형타입에서는 네 모서리에 입석 또는 석퇴를 갖는 것을 암갈란퇴그스는 2B~2E식으로 분류하고 있다. 암갈란퇴그스의 4식은 출토 사례가 적어 예외적인 존재로 간주할 수 있다.

　이러한 분류를 바탕으로 필자는 헬렉수르의 재분류를 시도해 보고 싶다. 우선, 무덤의 전체 형태가 원형인지 방형인지를 분류의 제1기준으로 삼겠다. 다음으로 둘러싼 열석의 유무를 제2기준, 사우입

표6. 속성조합에 따른 헬렉수르문화 묘장의 형식분류

원형 열석	방형 열석	원형 적석총	방형 적석총	사우입석	형식
○	×	○	×	×	I a
○	×	○	×	○	I b
×	×	○	×	×	II a
×	×	○	×	○	II b
×	○	○	×	×	III a
×	○	○	×	○	III b
×	×	×	○	○	IV

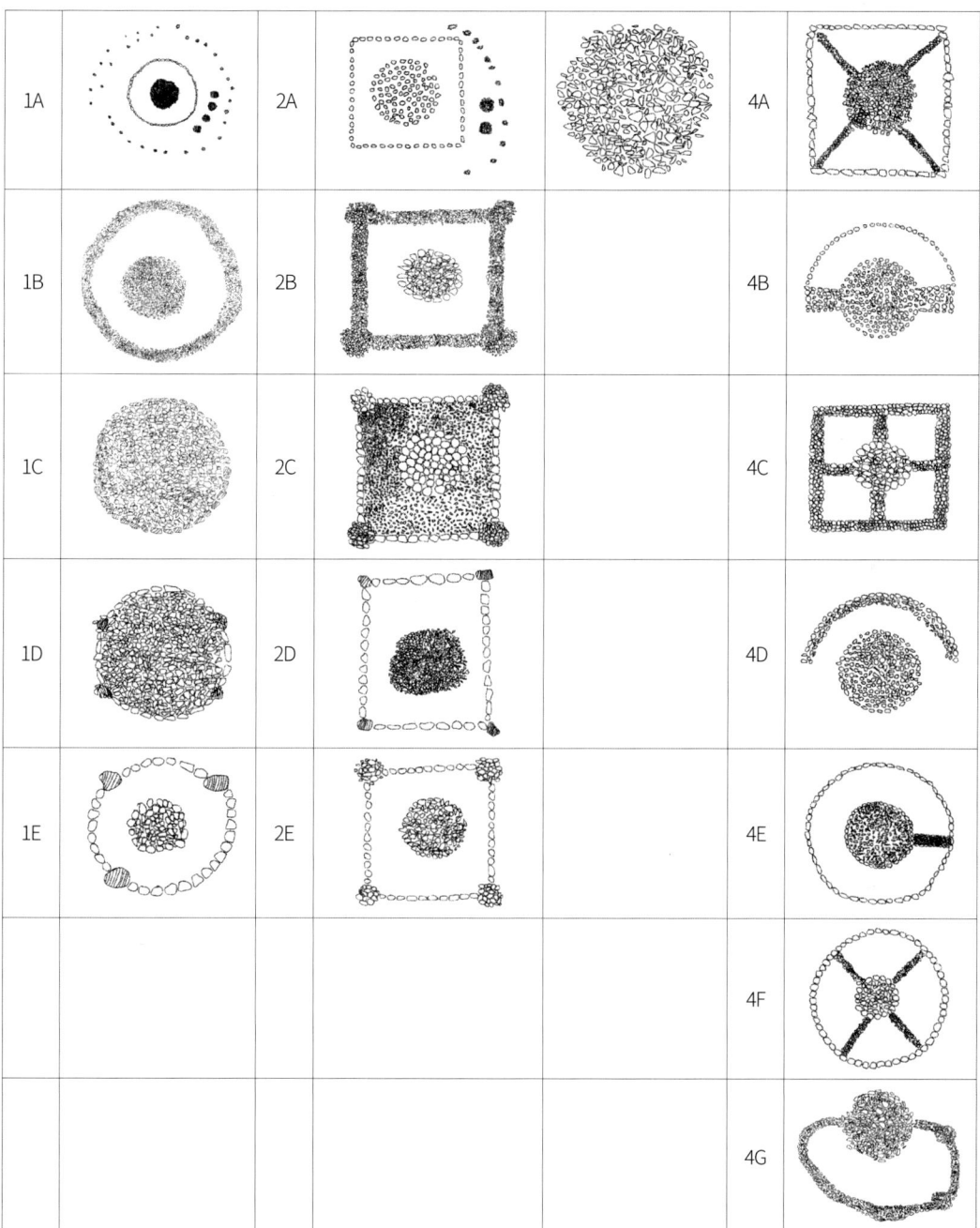

그림22. 암갈란퇴그스Амгарантогс의 헬렉수르문화 묘장의 분류

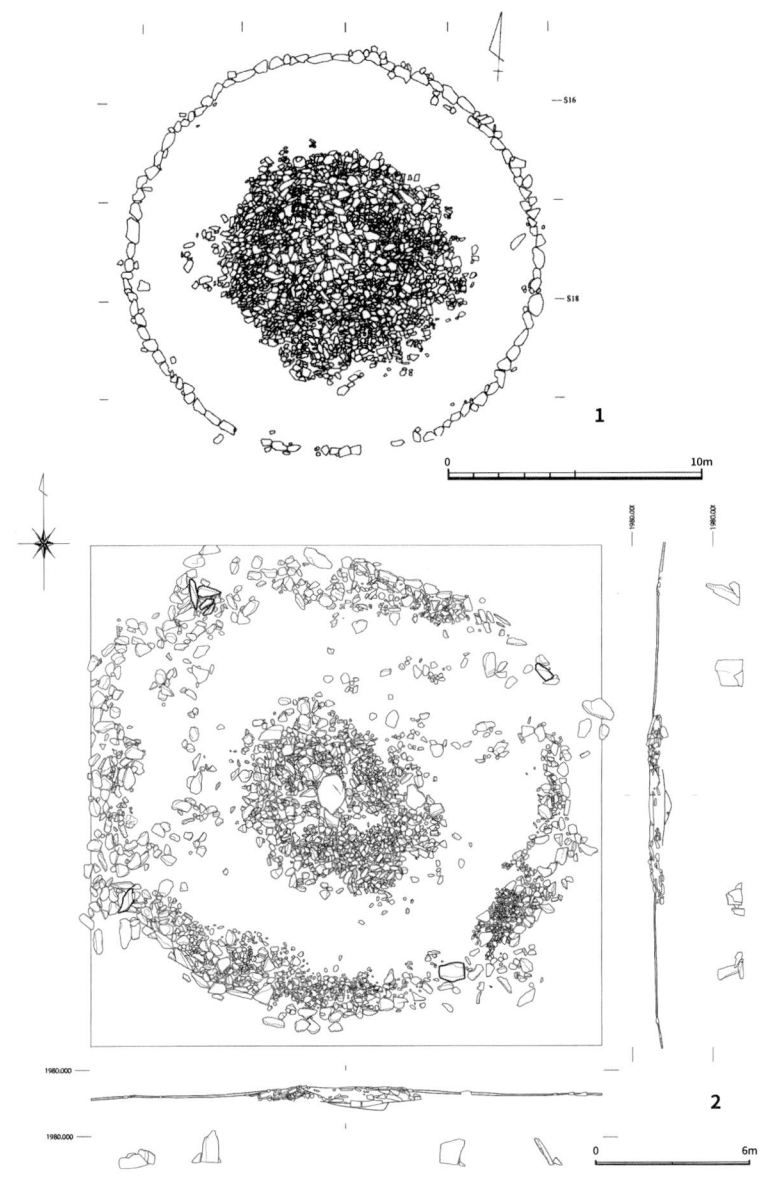

그림23. 헬렉수르문화 묘장 1류(1: 1a류 울란·우시크 12호묘, 2: 1b류 에메를트·톨고이 30호묘, ※축척 1/300)

석의 유무를 제3분류 기준으로 적용한다. 이러한 세 개 속성의 조합을 바탕으로 분류한 것이 표6이다.

우선 무덤 전체의 윤곽이 원형인 것 중에서, 원형의 둘러싼 열석을 가진 것을 1류, 둘러싼 열석 없이 원형의 적석 마운드만으로 이루어진 것을 2류로 분류한다. 1류는 다시 사우석의 유무에 따라 둘러싼 열석에 사우석을 갖지 않는 1a류(그림23-1), 둘러싼 열석에 사우입석을 가진 것을 1b류(그림23-2)로

분류한다. 2류도 마찬가지로 원형 적석
묘의 연석에 사우입석이 없는 것을 2a류
(그림24-1)로, 사우입석을 가지는 것을 2b
류(그림24-2)로 분류한다.

　무덤 전체의 윤곽이 방형을 이루는
것 중에서, 방형의 둘러싼 열석을 가진
것은 3류로 분류하고, 방형의 적석묘를
4류로 한다. 이를 세분하여 방형의 둘러
싼 열석을 가진 것(3류) 중에서 사우열석
이 없는 3a류(그림25-1), 사우열석을 가진
3b류(그림25-2)로 분류할 수 있다. 여기에
서는 둘러싼 열석의 네 모서리에 석퇴를
가진 것도 3a류에 포함시켰다. 이를 3a
류로 포함시킨 이유는 네 모서리에 배
치된 석퇴가 헬렉수르 주위에 존재하는
석퇴와 구조적으로 명확히 구별되지 않
기 때문이다. 또한, 3a류의 네 모서리에
석퇴가 사우입석으로 변화해 3b류가 될
가능성도 고려하였다.

　한편, 방형묘인 4류도 4a류와 4b류
로 세분할 수 있다. 에메를트 · 톨고이에
서는 사우석을 가진 방형묘 중에서도 소
형이며 연석이 명확하지 않은 49호묘도
존재한다(Miyamoto · Tajiri et al. 2018). 이처
럼 사우석을 갖추고 있지만, 연석이 가
지런하게 배열되어 있지 않았거나 방형
연석이 명확하지 않은 것을 4a류로 분

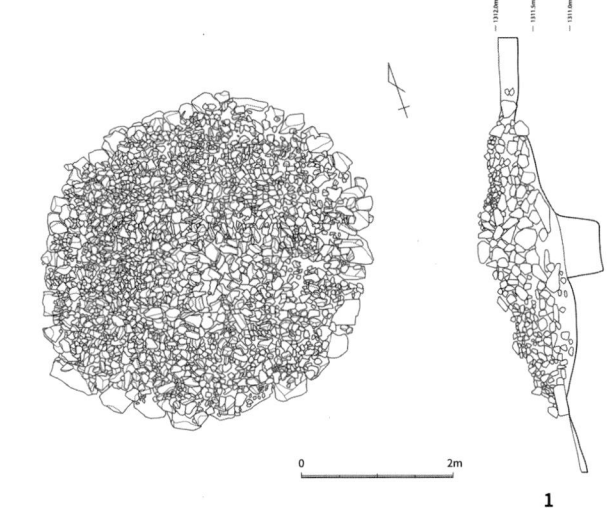

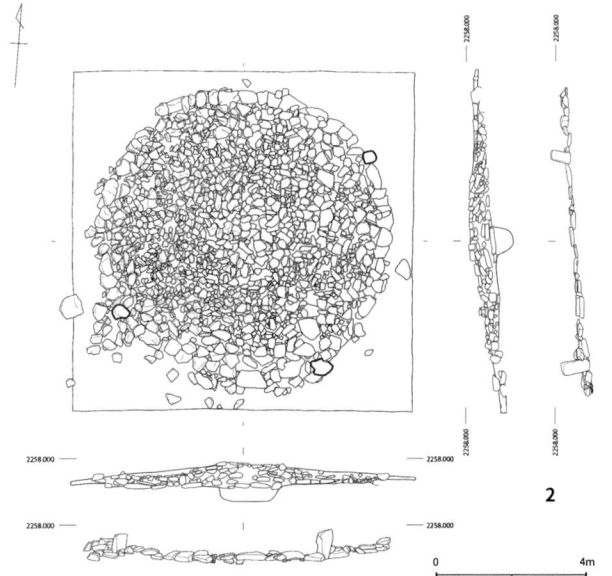

그림24. 헬렉수르문화 묘장 2류(1: 2a류 보르 · 오보 11호묘※축척 1/100, 2:
2b류 히알 · 하라치 20호묘 ※축척 1/200)

류한다(그림26-1). 에메를트 · 톨고이 49호묘는 3.4×3.0m로 소형이지만, 중앙 무덤에 성인이 매장되
어 있었다(그림26-1). 묘광은 1.4×0.95m로 크기가 작고 얕은 형태이다. 고인골 분석을 통해, 피장자는
성인으로 확인되었는데(Okazaki · Yonemoto 2018), 이 성인은 굴지장屈肢葬으로 매장되었을 가능성 또는
체구가 작은 여성이 매장되었을 가능성을 고려할 수 있다.

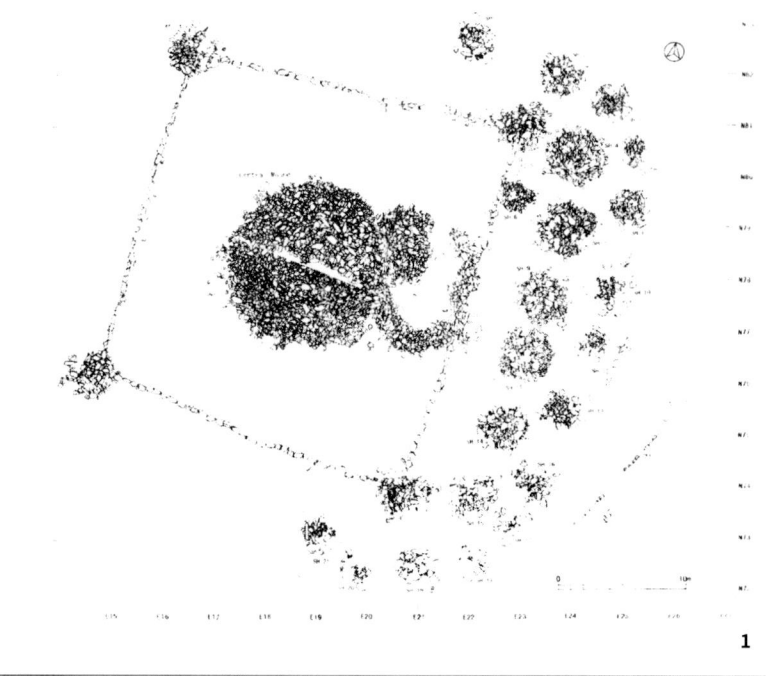

그림25. 헬렉수르문화 묘장 3류(1: 3a류 울란 · 우시크 1호묘 ※축척 1/600, 2: 3b류 에메를트 ·
톨고이 4호묘)

고인골의 C^{14} 연대도 1435~1372calBC(57.4%, 2σ)로 비교적 이른 시기에 해당하여, 기원전 8세기 이후 등장한 전형적인 판석묘 III식과는 직접적인 관련이 없다. 따라서 헬렉수르 무덤군에서도 비교적 이른 시기의 방형묘를 4a류로 분류한다. 그러나 4a류의 출자는 아직까지 불분명하다.

한편, 4b류는 판석묘인 장방형묘와 유사한 형태를 띠지만, 판석묘에는 연석 내부가 자갈로 충전되는 것에 비해, 4b류는 연석에서 중심부을 향해 적석총積石塚의 형태로 자갈을 쌓은 방식이라는 점

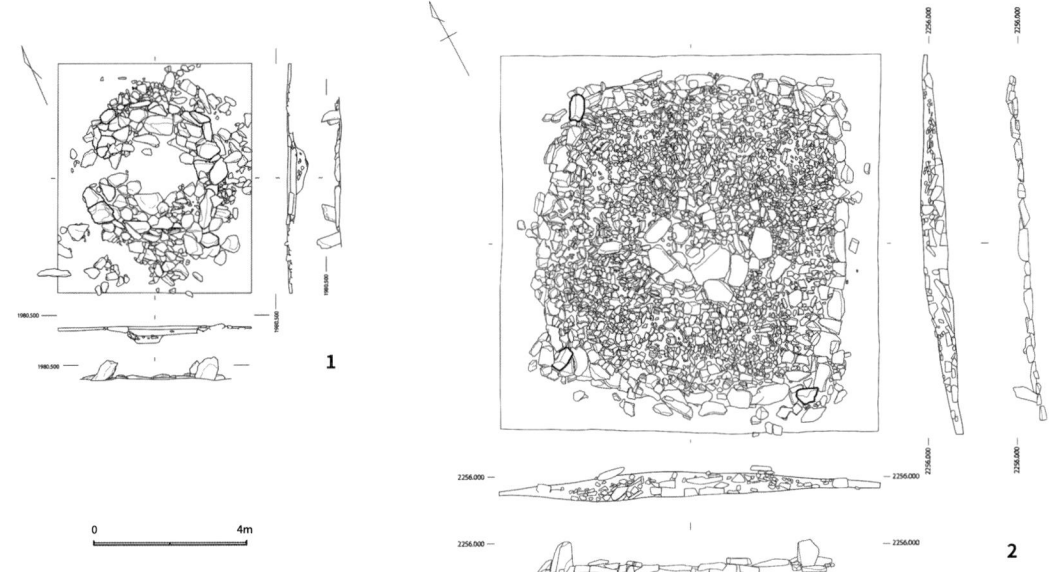

그림26. 헬렉수르문화 묘장 4류(1: 4a류 에메를트 · 톨고이 49호묘, 2: 4b류 히얄 · 하라치 1호묘, ※축척 1/200)

에서 차이가 난다.

현재 관찰할 수 있는 4b류의 모든 연석에는 사우입석이 확인된다(그림26-2). 암갈란퇴그스도 헬렉수르문화 무덤의 분류(그림22)에서 2C류로 설정하였으며(Амгалантегс 2015), 특히 둘러싼 열석이 없는 경우, 사우입석을 가진 것으로 한정하였다. 4b류인 히얄 · 하라치 1호묘의 매장 주체는 묘광이 아닌 지표면에 돌로 만든 석관을 배치하는 방식을 취하고 있다. 이는 헬렉수르문화의 매장 방식과 일치하는 특징을 보인다. 또한 피장자인 인골의 방사성 탄소 연대도 1306~1054calBC(90.1%, 2σ)와 1265~1108calBC(94.2%, 2σ)[4]로 헬렉수르의 연대에 해당한다(Miyamoto ed. 2017). 4b류는 헬렉수르 3b류의 방형 열석과 적석부가 연결된 구조를 보이고 있어, 이러한 구조를 계승하여 발전한 형태로 해석할 수 있다.

한편 에메를트 · 톨고이 82호묘도 명확한 연석을 갖추고 있으며, 중심부가 적석積石 형태로 쌓인 상자식[箱式]석관 구조를 띠는 4b류에 해당한다. 에메를트 · 톨고이 82호묘의 고인골 연대는 731~691calBC(11.0%, 2σ)와 545~407calBC(82.3%, 2σ)이므로 4b류의 연대폭은 기원전 13~6세기 정도로 판단된다(Yoneda et al. 2018). 4b류의 연대 범위는 기원전 8세기 이후 등장하는 판석묘문화 무덤인 Ⅱa식(표5)과 연대적 연속성이 모순되지 않는다. 따라서 판석묘문화 Ⅱa식의 조형을 헬렉수르문화 무덤 4b류에서 찾는 것은 형식학적으로나 실연대적으로도 타당하다고 할 수 있다.

8. 헬렉수르문화 묘장의 편년

암갈란퇴그스의 분석에 따르면, 1류나 2류는 3류나 4류(전체가 방형인 무덤)에 비해 방사성 탄소 연대 측정값이 이른 경향을 보인다고 한다(Амгалантөгс 2015). 기원전 16세기에 1·2류가 출현하였으며, 이후 기원전 14세기에 3·4류가 등장하는 상대적인 연대 차이가 확인되었다.

일본·몽골 공동 발굴조사가 이루어진 히얄·하라치유적에서는 3b류를 제외한 1a류, 1b류, 2a류, 2b류, 3a류, 4b류 등 다양한 헬렉수르문화 무덤이 알려졌다(Miyamoto·Tajiri et al. 2017). 이 중 2b류에 속하는 20호묘의 방사성 탄소 연대는 1325~1209calBC(2σ, 68.8%), 4b류인 1호묘의 방사성 탄소 연대는 1306~1054calBC(2σ, 90.1%), 1265~1108calBC(2σ, 94.2%)로 나타났다. 비록 제한된 자료이지만, 상대적으로 2b류가 4b류보다 이른 시기에 형성된 경향을 보인다. 이 무덤들은 대략 기원전 14세기부터 기원전 11세기에 걸쳐 존속했던 것으로 판단된다.

한편, 보르·오보Bor·ovoo유적은 1a류, 2a류, 3a류와 판석묘문화의 발형묘로 이루어진 무덤군이다(Miyamoto·Amgalantugus et al. 2017). 보르·오보유적 2a류인 2호묘는 1316~1201calBC(2σ, 77.3 %), 또다른 2a류인 13호묘는 1397~1259calBC(2σ, 91.2 %)의 탄소 연대를 보인다(Miyamoto ed. 2017). 보르·오보유적의 판석묘 8호묘는 발형묘 IIIb식의 특징을 나타내며, 그 연대는 1112~974calBC(2σ, 91.2%)로 측정되었다. 이는 2a류보다 늦은 시기로 해석된다. 동시에 발형묘 26호묘는 3a류인 7호묘의 둘러싼 열석과 중복되는데, 발형묘 26호묘가 3a류인 7호묘의 열석을 훼손한 상태에서 축조되었다. 이를 통해, 발형묘 IIIb식이 1a·2a·3a류의 헬렉수르문화 무덤보다 늦은 시기라는 것을 알 수 있다.

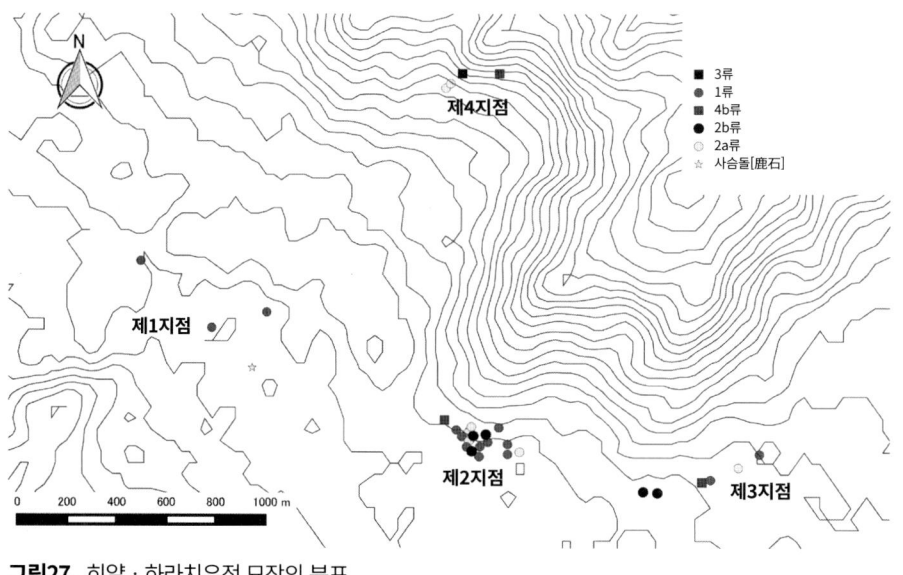

그림27. 히얄·하라치유적 묘장의 분포

이를 통해, 필자는 몽골고원 서반부를 기반으로 하는 헬렉수르문화 무덤인 1a류, 2a류, 3a류가 먼저 축조된 이후, 발형묘 IIIb식이 몽골고원 동부를 통해 보르 · 오보문화로 확산되었다고 상정한다(Miyamoto · Amgalantugus et al. 2017). 또한 히얄 · 하라치유적의 2b류인 20호묘의 방사성 탄소 연대와 비교했을 때, 보르 · 오보유적의 2a류(2 · 13호묘)의 연대는 큰 차이를 보이지 않는다. 즉, 2a류와 2b류는 거의 동시기에 존재했을 가능성이 높다(Miyamoto ed. 2017).

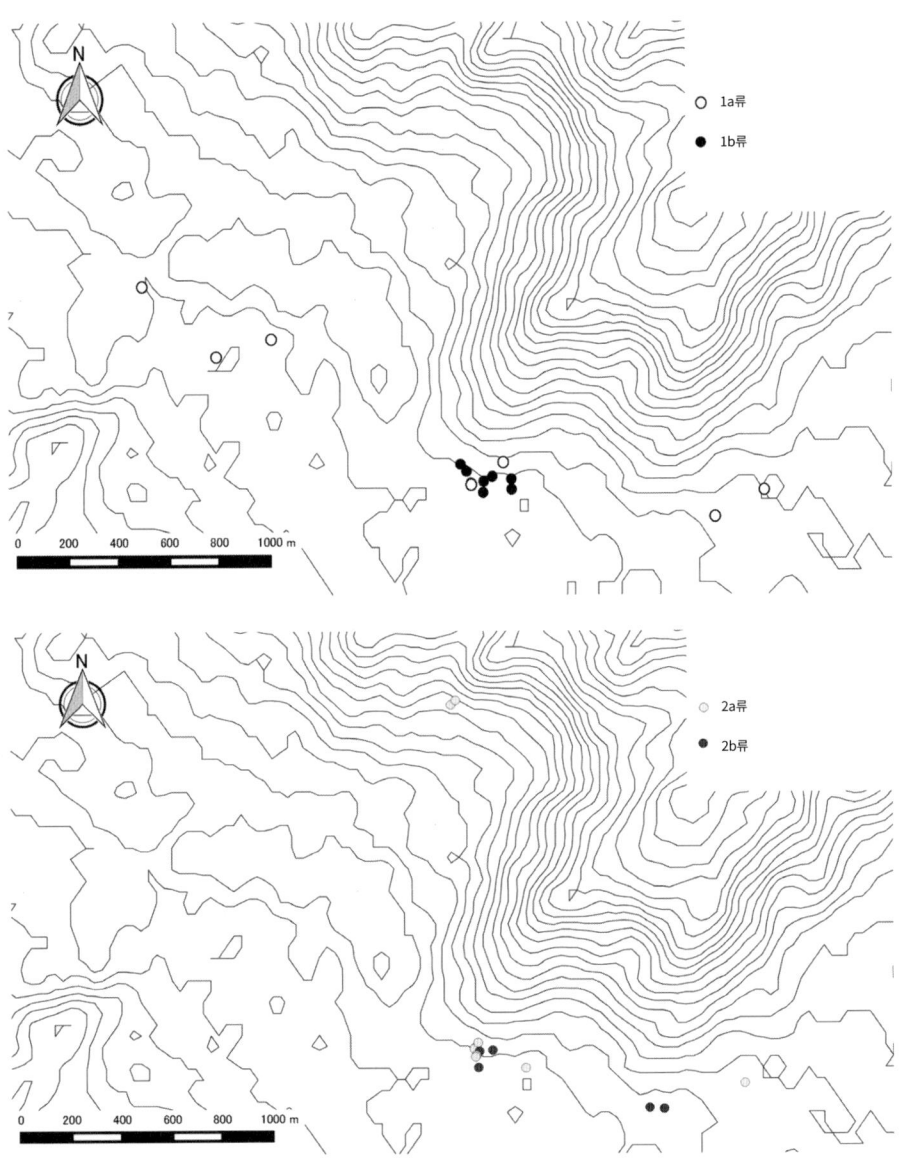

그림28. 히얄 · 하라치유적 1 · 2류 묘장의 분포

2016년과 2017년 일본·몽골 합동 발굴조사에서 조사된 바양·홍고르 아이막 에메를트·톨고 이유적은 1a류, 1b류, 2a류, 2b류, 3a류, 3b류, 4b류 그리고 판석묘의 발형묘 IIIb식 1기로 이루어진 무덤군이다. 이 무덤군의 구성은 히얄·하라치유적과 매우 유사하지만, 주체를 이루는 것은 1류와 2류이며, 3류나 4류는 히얄·하라치유적과 마찬가지로 상대적으로 적은 편이다. 2b류인 40호묘는 1266~1125calBC(2σ, 95.4%)라는 방사성 탄소 연대치가 측정되었다(宮本 외 2018; Miyamoto ed. 2018). 히얄·하라치유적의 2b류(20호묘)보다 약간 늦은 연대치가 측정되어, 이를 통해 상대적으로 2b류는 2a류보다 늦은 경향을 보인다는 점이 확인되었다. 이와 같이 3개소 유적에서 확인된 방사성탄소연대에서는 1류와 2류의 관계가 불분명하지만, 4a류보다 4b류가 늦은 경향을 띠는 것으로 확인되었다. 그리고 2a류와 2b류는 거의 동시기에 공존하였지만, 상대적으로 2b류가 늦은 경향이 있다는 것이 밝혀졌다. 또한 유적들의 방사성탄소연대를 종합적으로 고려하면, 기원전 16세기에 시작된 원형인 1·2류에 비해, 방형인 3류는 기원전 14세기에 시작되어 상대적으로 늦은 시기에 출현한 것으로 밝혀졌다(Амгалантөгс 2015).

그런데 히얄·하라치유적 무덤군은 4지점으로 나뉘어 있으며(그림27), 각 지점마다 무덤 형식의 조합이 다르다(Miyamoto·Tajiri et al. 2017). 제1지점에서는 대형 1a류만이 산재하며, 사슴돌[鹿石]과 함께 존재한다(그림28-1). 제2지점과 제3지점은 제1지점에 비해 비교적 작은 1a류나 1b류가 군집하고 있다. 또한 1b류는 제2지점에만 존재한다(그림28-1). 반면, 2a류와 2b류는 제2지점과 제3지점에서는 공존하지만, 제4지점에서는 2a류만이 존재한다(그림28-2). 제3지점 동쪽의 분포를 보면, 1a류와 2a류가 공존하는 관계에 있음을 보여준다(그림27·28). 게다가 앞서 제시한 방사성탄소연대를 통해 2b류가 연대적으로 늦게 형성되었음이 확인되었다. 이를 고려할 때, 사우입석을 갖춘 1b류와 2b류는 양식적으로 동시기에 공존하였으며, 1a·2a류에 이어 1b·2b류가 성립되었다고 볼 수 있다.

이러한 1a·2a류와 1b·2b류의 공존 사례는 히얄·하라치 제2지점의 분포에서 잘 나타난다(그림 27·28). 이 경우, 평면형이 원형인 1류와 2류는 둘러싼 열석의 유무에 따라 구별되는데, 이러한 차이는 피장자 집단의 권력 차이 등 사회적 의미를 배경으로 형성된 것으로 상정된다.

에메를트·톨고이유적에서는 1b류인 30호묘와 2b류인 40호묘가 조사되었는데, 두 무덤의 매장 시설은 동일한 토광묘이지만, 1b류인 30호묘의 묘광이 더 크며, 묘광 상면을 덮는 개석 규모도 더 크다. 이러한 점에서도 둘러싼 열석의 유무는 피장자의 사회적 격차, 즉 계층 차이를 반영하는 요소로 해석될 수 있으며, 1b류와 2b류는 동시기에 존재했다고 보아도 무방하다. 더욱이 1a류 중에는 히얄·하라치유적 제1지점에서 볼 수 있듯이, 대형화된 것들이 산재하면서 군집하고 있다. 이는 중·소형 1a류가 다른 지점에서 1b류나 2류와 공존하고 있는 것과 대비된다. 즉 1a류는 특수화特殊化[3]되

---

3) 역자 주) '독특한 환경에 적응하여 개체 특성이 분화되는 과정'이라는 사전적 의미로 이해한다.

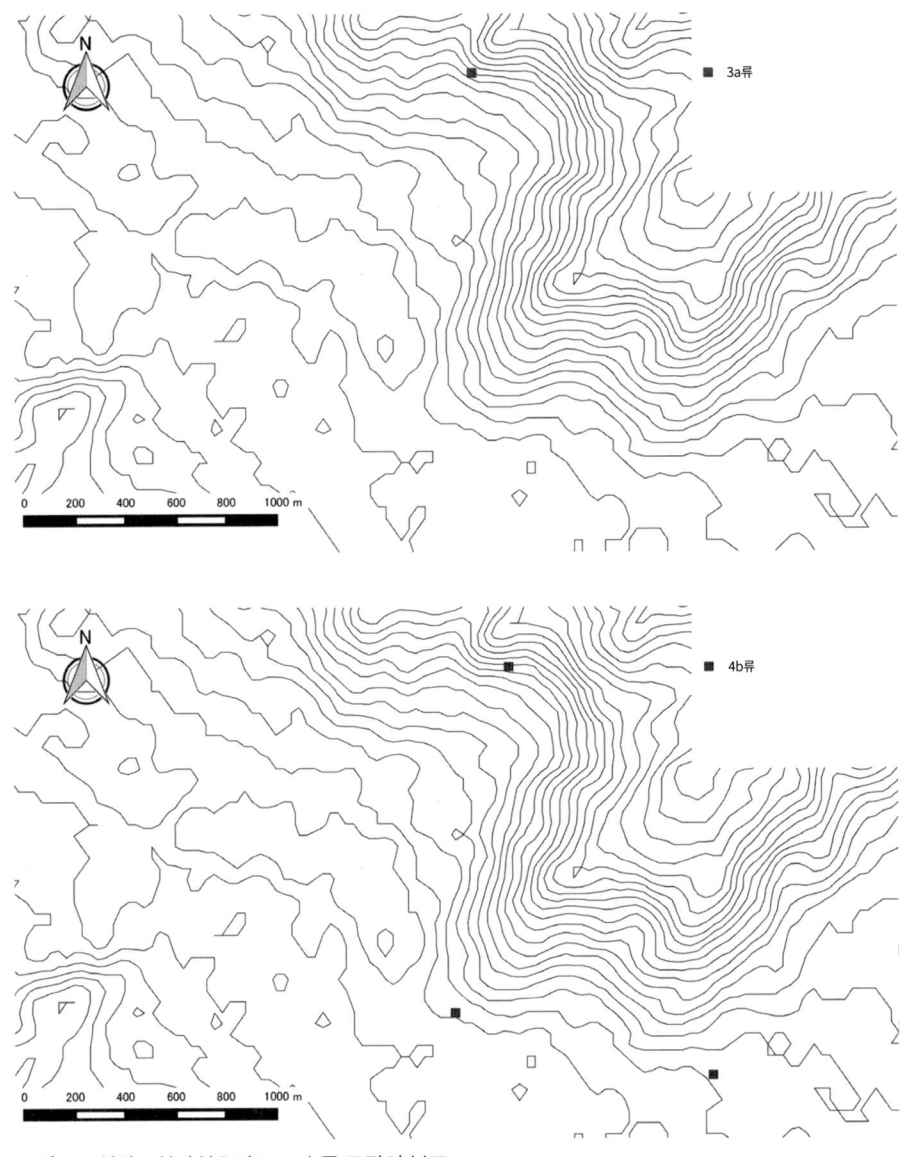

그림29. 히얄·하라치유적 3a·4b류 묘장의 분포

면서 독립적인 묘역을 형성하는 과정을 보여준다. 즉 사회격차가 점차 심화되는 가운데, 상위 계층의 1a류 중에서도 계층 상위자, 또는 계층 상위의 씨족이 독립적으로 묘역을 형성하며 제1지점으로 이동했을 가능성을 상정할 수 있다.

이에 반하여, 평면이 방형인 3a류는 원형인 1·2류와는 배타적으로 구분되며, 히얄·하라치 제4

지점에만 분포한다(그림29). 이러한 점을 고려할 때, 원형인 1·2류와 방형인 3류는 계통적으로 상이할 가능성이 높다. 동시에 방사성탄소연대에서도 볼 수 있듯이(Амгалантөгс 2015), 3류는 1·2류보다 상대적으로 늦은 시기에 등장한다. 따라서 3류는 다른 지역에서 새롭게 출현하여 이동해 온 것일 가능성이 높다고 볼 수 있다.

아마도 이는 동시기의 몽골고원 동반부를 중심으로 분포하는 평면이 방형 또는 장방형인 판석묘 문화가 동쪽에서 서쪽으로 확산되는 과정에서 형성된 것으로 볼 수 있다. 즉, 원형묘를 주체로 하는 몽골고원 서반부의 1·2류 무덤에, 장방형묘를 주체로 하는 몽골고원 동반부의 영향이 결합하여 평면 방형인 둘러싼 열석을 가진 3류가 등장한 것으로 상정할 수 있다.

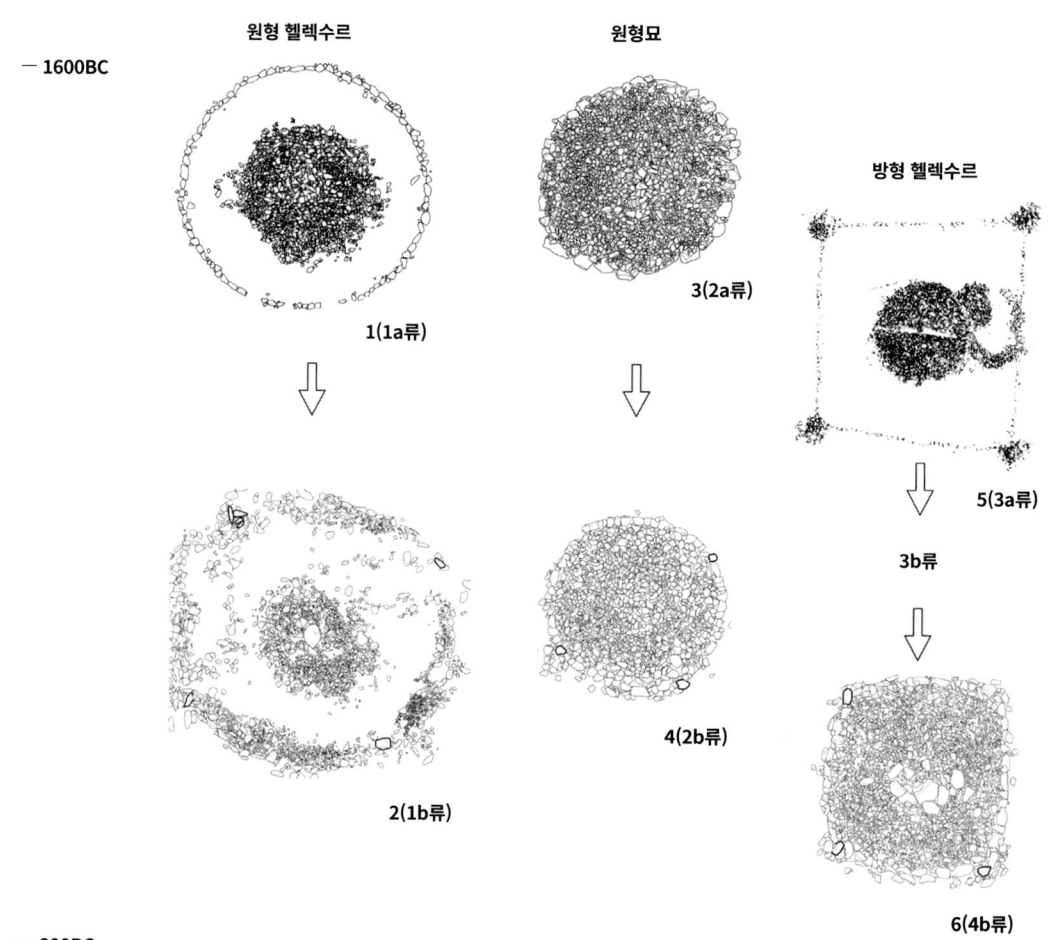

그림30. 헬렉수르문화 묘장의 변천도(1: 울란·우시크 12호묘, 2: 에메르트·톨고이 30호묘, 3: 보르·오보 11호묘, 4: 히얄·하라치 20호묘, 5: 울란·우시크 1호묘, 6: 히얄·하라치 1호묘)

또한 사우입석을 가진 평면 방형의 4b류는 히얄·하라치유적 제2~4지점에 각 1기씩만 존재하며(그림29-2), 동시에 각 지구 무덤군 주변에 구축되었다(그림27). 4b류는 구조적으로 3류의 둘러싼 열석과 중심부 적석묘가 연결되며, 전체가 부석으로 덮이는 형태이다. 이러한 특징을 통해 4b류는 3류의 발전 형식으로 추정할 수 있다. 이를 고려하면, 주체 집단인 1·2류가 먼저 존재한 이후, 다른 계통의 3a류가 뒤늦게 히얄·하라치유적 제4지점에 성립하였고, 같은 계통인 4b류가 히얄·하라치유적 제2~4지점에서 각각 형성되었다고 볼 수 있다.

한편 주체부의 평면이 원형인 1·2류는 서쪽에 기원을 둘 가능성이 있다. 히얄·하라치유적 2b류(30호묘)의 피장자는 유라시아 서부에서 중앙유라시아로 확산된 코카소이드Caucasoid 계통에 가까운 형질을 보이는 반면, 평면이 방형인 4b류(1호묘)의 피장자는 고인골의 형질이 유라시아 동부의 몽골로이드Mongoloid 계통으로 확인되었다(Okazaki·Yonemoto 2017). 두 고인골의 치아 스트론튬 분석에 따르면, 어느 한쪽이 이주자일 가능성이 있는 것으로 나타났다(Yonemoto et. al 2017). 이를 고려할 때, 앞서 상정한 것처럼 서쪽에서 동쪽으로의 이동, 또는 동쪽에서 서쪽으로의 이주가 이루어졌을 가능성이 있다. 이러한 분석 결과는 평면 원형의 1·2류가 서쪽에서 동쪽으로 확산되었을 가능성을 추정할 수 있으며, 평면 방형의 3·4류는 몽골고원 동쪽의 장방형묘나 발형묘와의 관계 속에서 형성되었을 가능성이 있다.

이상에서 서술한 헬렉수르문화 무덤의 형식변화를 나타낸 것이 그림30이다. 원형 헬렉수르인 1a류와 원형묘인 2a류가 각각 1b류와 2b류로 변화한다. 이러한 변화는 몽골고원 서쪽의 헬렉수르문화 무덤의 주체적인 발전과정을 보여준다. 또한 1a·2a류보다 약간 늦은 단계에 성립하는 방형 헬렉수르 3a류는 몽골고원 동쪽 판석묘문화의 영향 아래 형성되었을 가능성이 있다. 이후, 3a류는 3b류로 변화하며, 다시 4b류를 만들어낸 것으로 판단된다.

9. 몽골 청동기시대 묘제 전개

앞서 서술한 몽골고원 동쪽 판석묘문화의 무덤 형식변천(宮本 2016)을 다시 정리해 보고자 한다. 그림21은 몽골고원 동부에서 중부에 걸쳐 분포하는 판석묘문화의 무덤 변천도이다. 장방형묘인 판석묘문화 무덤 I식은 연석 외측에 보조석이 없는 것과 보조석이 있는 것으로 구분되며, 각각을 Ia식과 Ib식으로 명명하였다. Ia식은 연석의 평면형이 장방형이나 방형에 가까운 형태이며, 보조석이 없는 것을 의미한다. Ib식은 장방형의 연석을 가지며, 보조석이 있는 구조로 Ia식에서 Ib식으로의 변화 과정을 상정할 수 있다.

방사성 탄소연대(표5)에 따르면, Ia식은 중심 연대가 기원전 15~12세기, Ib식은 중심 연대가 기원

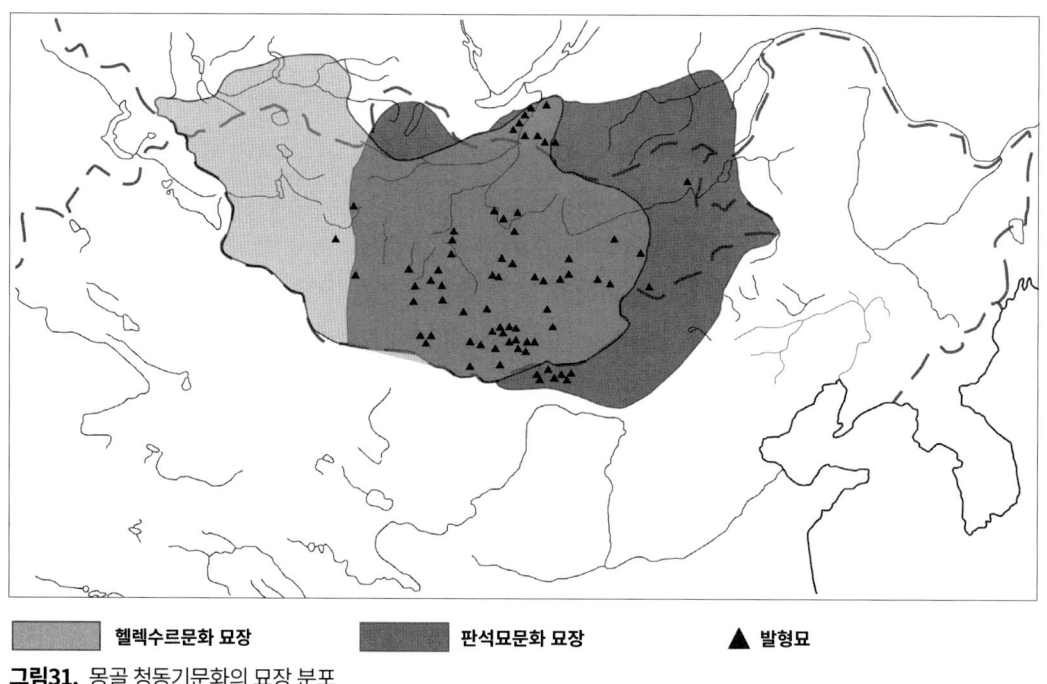

| 헬렉수르문화 묘장 | 판석묘문화 묘장 | ▲ 발형묘 |

그림31. 몽골 청동기문화의 묘장 분포

전 12~9세기에 해당한다(宮本 2016). 이른 단계의 Ia식은 최근 몽골고원 동남부에서 다수 발견되었으며, 우란주크Ulaanzuukh문화로 불리고 있다(Tumen et al. 2014). 대표적인 무덤으로 우란주크와 부르긴 · 에흐(Тумен и др 2010. 2010; Tumen et al. 2014), 찬드마니 · 하르 · 올(Амартувшин и др. 2015)을 들 수 있다. 이와 같이, Ia식은 몽골 동남부에 집중적으로 분포하며, 이후 Ib식이 몽골고원 중부로 확산된 것이 보인다.

판석묘문화 III식 발형묘는 그 구조적 특징에 따라 구분할 수 있다. 연석의 장축과 단축이 같거나 큰 차이가 없어 방형에 가깝거나, 장방형이지만 연석의 장측변이 약간 내만하여 네 모서리의 돌출이 심하지 않은 IIIa식, 그리고 연석의 장축이 단축보다 길게 늘어나 장방형을 띠며 장측변의 내만도가 높아짐과 동시에 네 모서리의 돌출이 현저한 IIIb식으로 구분할 수 있다. 간쑤[甘肅]성에서 네이멍구 인산[陰山]산맥 일대에서 발견된 네 모서리가 방형을 이루고 있는 정#자형 발형묘(馬建 2015) 역시 IIIb식의 일종이다. 방형 내지는 장방형에 가까운 IIIa식에서 장측변의 내만도가 높아지는 IIIb식으로 변화한 것으로 생각된다.

IIIa식은 기원전 15~12세기, IIIb식은 기원전 13~9세기에 존재한다(표5). III식은 치비크타로프가 작성한 분포도에 의하면, 바이칼호 주변에서부터 우브르항가이Övörkhangai 테브시Tevsh유적까지 몽골고원 중부에 남북으로 분포하고 있는 것으로 확인된다(Цыбиктаров 1998). 또한, 네이멍구 중북부의 인산산맥 일대에서도 판석묘가 발견되고 있음이 보고되었다(馬健 2015).

최근의 발굴 성과(Eregzeng ed. 2016)를 반영하여 발형묘인 판석묘문화 Ⅲ식의 분포를 정리한 것이 그림31이다. 그 분포의 중심이 몽골고원 중부에 있음은 분명하다. 판석묘문화 Ⅰa식 장방형묘의 장측변이 내만된 것이 발형묘인 Ⅲa식으로 변화한다고 보는 해석은, 무덤의 형식 변화 방향성을 고려한 형식학적 이해라고 할 수 있다. 몽골고원 동남부에서 기원하는 Ⅰa식이 점차 몽골고원 중부로 전파되는 과정에서, 몽골고원 중부에서 Ⅰa식이 형식적으로 변화하여 Ⅲa식이 등장한 것으로 추정할 수 있다.

이러한 Ⅲ식(발형묘)의 분포는, 시베리아 바이칼호 주변에서 네이멍구 인산산맥에 이르는 몽골고원 중부지역에 집중(그림31)되어 있는 다소 특수한 양상을 나타낸다. Ⅲ식의 분포는 동일한 정보를 공유하는 문화적 지역으로 자리 매김할 수 있으며, 이와 유사한 분포 양상을 보이는 예로 력력鬲의 분포를 들 수 있다.

력력鬲은 네이멍구 중남부 지구 이남에서 널리 확인되지만, 그 북쪽으로는 기본적으로 중국 동북부를 제외하고는 확산되지 않는다. 그런데 Ⅲ식은 아니지만 Ⅰa식 판석묘인 찬드마니·하르·올 41호묘에서는 몽골고원에서 유일하게 력력鬲이 출토되고 있다(Амартувшин и др. 2015). 또한, 네이멍구[內蒙古] 중남부 지역에서는 력력鬲 중에서도 재지적 력력鬲인 사문력蛇文鬲이 알려져 있으며(齊藤 2014), 이러한 력력鬲은 네이멍구[內蒙古] 중남부 이외에서는 바이칼호 주변에서 출토된 사례가 이미 알려진 바 있다(劉観民 1989). 여기에 외몽골의 사례가 하나 더 추가된다면, 력력鬲이 네이멍구 중남부에서 바이칼호 주변을 거쳐 몽골고원 중부로 확산되는 현상도 제시할 수 있을 것이다. 이들의 연대도 모두 기원전 2천년기 후반에 해당한다. 제1장에서 언급한 바와 같이, Ⅲ식이나 력력鬲의 분포 이전 단계에 세이마-투르비노문화가 알타이에서 바이칼호 주변을 거쳐 네이멍구 중남부로 확산되며, 스광[石光]문화·타오시[陶寺]문화에 영향을 준 것으로 상정된다. 이와 같은 정보 루트는 그 이후에도 지속되었을 가능성이 있다. 그러나 주목할 점은 력력鬲의 경우 세이마-투르비노문화와 달리 네이멍구 중남부에서 바이칼호 주변이라는 역방향의 전파 경로를 보여준다는 점이다.

한편 몽골고원 서부에서는 기원전 15~9세기 단계에 해당하는 시기에도 헬렉수르문화의 묘제가 동시에 존재하고 있다. 이 시기에는 먼저 평면 원형의 1·2류가 출현하고, 이후 판석묘문화 Ⅰ식의 영향을 받는 평면 방형인 열석을 가진 3류가 등장한다. 이 단계를 기원전 15~12세기로 설정할 수 있을 것이다. 평면 원형을 주체로 하는 헬렉수르문화의 묘제는 몽골고원의 서부에 위치한 미누신스크 분지의 옥네프Okunev문화나 카라수크문화 등의 묘제(Legrand 2006)의 영향을 받아 형성되었을 가능성이 있다. 앞서 언급한 바와 같이, 고인골의 형질학적 특징으로 보아 코카소이드계가 중앙 유라시아에서 몽골고원 서부로 이주해 왔을 가능성도 제기되고 있다. 그리고 묘장을 포함한 문화와 사람 이동의 관계를 고려할 때, 이러한 변화는 서쪽에서 동쪽으로의 문화적 확산으로 이해할 수 있다.

하지만 판석묘문화 Ⅱ식은 기본적으로 연석의 평면형이 장방형이며, 연석의 네 모서리에 다른 연석보다 높게 세워진 사우석을 가진 전형적인 판석묘이다. Ⅱ식도 연석의 외측에 보조석이 있는 유형과 없는 유형으로 나눌 수 있으며, 전자인 Ⅱa식에서 후자인 Ⅱb식으로의 변화가 상정된다. 나아가 보조석을 가지면서 연석이 상대적으로 대형화된 Ⅱc식으로의 발전도 확인된다(그림21). Ⅱa식은 연석 외측에 보조석이 없는 형태로, 사우석도 비교적 낮은 수준으로 보이는 다람Daram 4호묘(그림21-6)가 그 대표적인 사례로 꼽는다.

이에 비해 명확한 사우석을 갖추고, 연석 주위에 보조석을 배치한 Ⅱb식은 다람Daram 무덤군에서 가장 많이 확인되는 것으로 알려져 있다(Miyamoto & Obata ed. 2016). 그 대표적인 사례로는 다람Daram 41호묘(그림20-3)나 다람Daram 8호묘(그림20-2) 등을 들 수 있다. 또한, 연석 자체가 대형화되고 전반적으로 높아지는 Ⅱc식은, 연석 주위를 둘러싼 보조석 구조에 의해 발전된 형태이다. 그 대표적인 사례로서 다람Daram 1호묘(그림20-4)나 오란·오시구 판석묘 1호묘(Takahama et al. 2006) 등이 있다. 게다가 판석묘문화 Ⅱ식은 판석묘 문화 Ⅰ·Ⅲ식과 달리 일반적으로 토기, 석제 장신구, 청동 장신구 등이 부장되는 것이 특징이다. 이는 이전 단계에 비해 개인 간 사회적 격차가 심화된 단계로 해석할 수 있다(宮本 2016).

그런데 이러한 경우, 전형적인 판석묘인 Ⅱ식의 성립 자체가 문제로 제기된다. 가장 이른 단계로 간주되는 Ⅱa식은 방형 구획으로 사우석을 갖추고 있으나, 주위에 보조석을 배치하지 않은 형태이다. 그리고 주위에 보조석을 두지 않는다는 점에서 본다면, 이와 같은 무덤의 출자를 판석묘문화 Ⅰa식이나 Ⅲa식에서 구할 수밖에 없다. 하지만 Ⅰa식과 Ⅲa식은 Ⅱa식과 연대적으로 시기 차이가 있을 뿐만 아니라, 무엇보다도 판석묘문화 Ⅱa식의 특징인 사우석이 Ⅰa식이나 Ⅲa식에서 직접적으로 유래하였다는 인과관계는 성립하지 않는다. 즉, Ⅰa식이나 Ⅲa식에서는 사우석의 출현을 설명할 수 있는 형식학적 근거가 없어, Ⅱa식의 핵심 구조인 사우석의 기원을 찾기 어렵다.

반면, 헬렉수르문화 무덤에서 비교적 늦은 단계에 출현하는 방형인 4b류(그림26-2)에는 사우석에 해당하는 네 모서리에 입석이 존재한다. 방형 연석의 네 모서리에 입석을 가진 헬렉수르 4b류는 형태적으로 판석묘문화 Ⅱa식에 가장 근접한 것이라고 할 수 있다. 앞서 언급한 히얄·하라치 1호묘에서는 8.0×9.0m의 장방형묘로 사우석을 갖추고 있으며, 이 묘장에서 출토된 인골의 방사성탄소연대는 1306~1054calBC(90.1%, 2σ)과 1265~1108calBC(94.2%, 2σ)로 측정되었다(Miyamoto·Tajiri et al. 2017). 또한 홉스골 아이막 차브간진·올란·오롤 2호묘 역시 4.3×4.0m의 장방형묘로, 네 모서리에 입석이 존재한다. 2호묘에서 출토된 고인골의 탄소연대는 1267~993calBC로, 헬렉수르문화 4b류에 해당한다(Амгалантθгс и др. 2007).

차브간진·올란·오롤 1호묘나 살히민·하르·하브 3호묘(Амгалантθгс и др. 2007) 역시 사우입석을 가진 방형의 둘러싼 돌로 이루어진 헬렉수르 4b류에 해당한다. 몽골고원 서북부 홉스골 아이막 울란·톨고이Ulaan·Tolgoi유적(Fitzhugh ed, 2005, p.66, Fig.5.9a)에서도 이와 같은 사례를 확인할 수 있어, 헬렉수르 4b류의 분포 중심이 몽골고원 서북부에 위치할 가능성을 제기할 수 있다.

헬렉수르 4b류는 상원하방분上圓下方墳과 같은 구조를 이루고 있으며, 사우입석을 가진 헬렉수르 3b류의 중심 적석묘 부분과 방형의 둘러싼 열석 부분이 부석으로 연결되어 완성된 구조로 볼 수 있다. 이러한 유형은 필자가 이미 프로토 판석묘라고 지칭해온 것으로(宮本 2016) 판석묘문화 IIa식의 직접적인 조형적 전신이라 판단할 수 있다. 특히 에메를트·톨고이 82호묘의 방사성탄소연대가 731~691calBC(11.0%, 2σ), 545~407calBC(82.3%, 2σ)로 측정됨에 따라(Miyamoto·Tajiri et al. 2018), 이는 기원전 8세기 이후에 등장하는 판석묘문화 II식과 연대적으로도 연결된다고 할 수 있다.

반면에, 판석묘문화 IIa식과 유사한 구조, 특히 사우석과 방형의 구획석을 갖추고, 그 외측에 보조석이 연결된 형태는 다른 지역에서도 관찰된다. 그 중 IIa식과 가장 유사한 구조를 지닌 사례는 미누신스크지역의 타가르 문화기 초창기인 바이노프기(Грязнов и др. 1980; Bokovenko 2006)의 무덤 구조이다. 이 시기는 기본적으로 판석묘문화 IIa식과 유사한 구조를 갖추고 있으며, 지하에 묘광을 마련하고 그 위에 1매의 개석으로 덮은 방식이 사용된다.

이를 고려하면, 판석묘는 미누신스크 분지에서 네이멍구[內蒙古] 동부까지 넓은 지역에 걸쳐 확산되고 있었다고 볼 수 있다. 그러나 이는 판석묘의 초기 단계에 해당할 뿐이며, 그 이후에는 미누신스크 분지와 몽골고원 중·동부지역 판석묘 변화 방향은 서로 다른 양상을 보인다. 더불어 미누신스크 분지의 바이노프기는 기원전 10~8세기로 알려져 있다(Bokovenko 2006).

그랴즈노프Грязнов가 카라수크기에서 타가르기로의 이행기라고 정리한 바이노프기баиновский는 라자레토프Лазаретов의 견해에 따르면, 카라수크 문화 말기 단계와 바이노프기 단계로 나눌 수 있다. 그리고 후자인 바이노프기는 카자흐스탄 또는 몽골고원 서부로부터 문화적 영향에 의해 형성된 것으로 본다(Лазаретов 2007).

그랴즈노프의 견해를 참고하면, 몽골고원 서북부를 중심으로 분포하는 헬렉수르문화 4b류가 바이노프기의 장방형묘에서 사우석을 갖춘 구조를 수용했을 가능성이 크다. 헬렉수르문화 4b류의 주체가 대체로 기원전 14~11세기경에 해당함을 고려할 때, 미누신스크의 바이노프기와 시간적으로 연속되는 시기에 해당하므로, 두 지역 간의 문화적 연계가 이루어졌을 가능성을 시사하고 있다고 볼 수 있다.

한편, 몽골고원 중동부 판석묘의 초기 단계인 기원전 8세기의 판석묘문화 IIa식보다, 헬렉수르문화 4b류는 시기적으로 이른 단계에 해당한다. 양자는 에메를트·톨고이 82호묘와 같은 사례에서 연속성이 확인된다. 따라서, 몽골고원의 서부에서 형성된 헬렉수르문화 4b류가 중부로 확산되는 과정에서 판석묘문화 IIa식으로 변화해 갔을 가능성을 상정할 수 있다.

10. 정리

몽골고원의 청동기시대는 미누신스크 지역이나 장성지대를 포함하여 전반적으로 카라수크 청동
기문화에서 타가르 청동기문화로 이어지는 큰 흐름 속에서 전개된다. 이 시기의 몽골고원은 같은 청
동기문화에 속해 있음에도 불구하고, 실제로 출토된 청동기 자체의 수량이 적으므로, 청동기 자체의
분석에는 한계가 있다. 이번 장에서는 몽골고원의 청동기시대 무덤을 직접 조사함으로써, 묘제의 변
천 과정을 통해 청동기시대 문화의 동태를 밝히고자 하였다.

몽골고원은 그동안 서부의 헬렉수르문화와 동부의 판석묘문화로 구분되어 왔지만, 본 장에서는
묘제를 더욱 상세하게 분석하여 그 문화적 실태를 확인하였다. 즉, 몽골 청동기시대 전반기인 카라
수크 문화기에는 몽골고원 서부에 헬렉수르문화 1~4b류가 존재하지만, 그중 주체가 되는 것은 1·2
류이며, 3·4b류는 약간 늦게 몽골고원 동부의 판석묘문화와의 관계 속에서 형성되었을 가능성이
있다. 1·2류는 알타이·미누신스크 분지를 포함한 유라시아 초원지대 동부의 서쪽 끝 지역으로부
터 영향을 받아, 서쪽에서 동쪽으로 확산되는 문화 흐름 속에서 형성된 것이다. 또한 1·2류와 3·4b
류의 구조적 차이는 피장자의 사회적인 지위나 씨족의 계통 차이에 의한 것으로 해석할 수 있으며,
이러한 사회 내부의 격차는 헬렉수르문화 내부에서도 점차적으로 드러나고 있다.

몽골고원 동부에서 출발하는 판석묘문화는 카라수크 청동기문화기에 이르면, 몽골고원 동남부
에서 기원한 장방형묘인 I식이 몽골고원 중부로 확대되면서 발형묘인 III식으로 변화해 간다. 또한,
III식은 시베리아 바이칼호 주변에서부터 장성지대에 이르는 네이멍구 중남부를 거쳐 몽골고원 중
부에 걸쳐 분포하고 있다. III식의 분포는 헬렉수르문화와 판석묘문화 사이의 완충지대에 퍼져 있는
양상을 보이고 있어, 하나의 독립된 문화나 사회 집단을 형성하고 있었을 가능성도 있다. 네이멍구
중남부를 중심으로 분포하는 사문력蛇文鬲이라는 용기[炊器]도 몽골고원 중부라는 '정보대情報帶'를
매개로 하여, 네이멍구 중남부에서 바이칼호 주변까지 확산되었을 가능성이 있다.

허니처치Honeychurch는 I식과 III식을 포괄하여 우란주크·테브시Ulaanzuukh·Tevsh문화라고 잠정
적으로 명명하고 있으며, 이를 몽골고원 동부에서 중부, 남부에 걸쳐 분포하는 묘제로 이해하고 있
다(Honeychurch 2015).

이번 장에서 필자는 판석묘 II식을 일반적인 판석묘라고 파악하였는데, 허니처치도 역시 우란주
크·테브시문화에서 판석묘가 등장하기 시작한다고 보고 있다. 이번 장에서 필자가 서술처럼 I→III
→II식이라는 상대적이고 개략적인 변화 흐름은 허니처치의 견해와도 일치하는 관점이라고 할 수
있다.

이러한 몽골고원 서부 헬렉수르문화의 서쪽에서 동쪽으로의 확산과 몽골고원 동부 판석묘문화
의 동쪽에서 서쪽으로의 확산은, 카라수크 청동기문화의 청동기 특징에서도 동일하게 나타나고 있

다(松本 2009). 이는 곧, 묘제와 청동기가 서로 연관된 하나의 문화적 경향을 형성하고 있었음을 시사하는 것이다. 즉, 카라수크 문화기 몽골고원 내에서는 크게 두 개의 사회집단이 동서 방향으로 서로 영향을 주고받았으며, 변화와 융합을 이루는 문화적 상호작용이 있었다고 이해할 수 있다.

카라수크 청동기문화에서 타가르 청동기문화로의 전개는 연속적인 변화로 이해될 수 있지만, 그 문화적 내용에서는 큰 차이가 보인다. 이러한 문화 변동을 초래하는 원인 중 하나로는 기원전 9세기대에 확인되는 일시적인 한랭기가 지목된다(Geel et. al 2004).

기원전 9~8세기대 타가르 청동기문화라는 새로운 청동기문화가 유라시아 동부에서 확산되기 시작하며, 기존 헬렉수르문화 4b류에서 전형적인 판석묘인 판석묘문화 Ⅱa식으로 변화하는 과정이 나타난다. 특히, 마구의 확산 정황을 살펴보면, 이 단계에서 기마 민족의 이동이나 이주의 가능성을 상정할 수 있다. 그 이후에는 몽골고원 동부를 중심으로 전형적인 판석묘가 Ⅱa→Ⅱb→Ⅱc식으로 연속적 형식 변화를 보이게 된다. 한편, 미누신스크 지역의 타가르문화 무덤은 다소 복잡한 과정을 거친다. 이미 언급한 바와 같이, 타가르문화 초기인 기원전 10~8세기 바이노프기에는 헬렉수르문화 4b류의 영향을 받아 바이노프기의 무덤이 형성된다. 이는 두 문화 간의 상호 연계성을 보여주는 중요한 사례라고 할 수 있다.

몽골고원 내 타가르 청동기문화기의 전형적인 판석묘문화에서는 카라수크 단계의 헬렉수르문화 묘제이나 판석묘문화 Ⅰ식 · Ⅲ식과 비교해, 부장품의 빈도 차이가 크다. 이를 통해 사회적 격차가 현저하게 확대되었음을 확인할 수 있다. 즉, 카라수크 청동기문화기에는 씨족 단위 간의 격차가 일정 수준 존재했던 반면(Wright 2014), 타가르 청동기문화기로 접어들면서 개별 인물 간의 사회적 격차가 점차 뚜렷하게 드러난 것으로 추정할 수 있다(宮本 2016).

헬렉수르문화의 무덤 규모 차이는 단순히 피장자의 사회적인 지위의 차이에서 비롯된 것이라기보다는, 각 사회집단의 규모 차이에 기인한 것으로 보인다. 예를 들어, 대규모 헬렉수르인 차친 · 에레그Tsatsun · Ereg의 헬렉수르 B10호묘에서는, 적어도 50년간에 걸쳐 헬렉수르 주위에 동물 제의가 지속적으로 이루어졌던 것으로 추정된다(Zazzo et al. 2019). 이러한 행위는 단순한 장례 의례를 넘어서, 사회 집단의 결속을 강화하기 위한 활동으로 해석할 수 있다(Wright 2017). 한편으로는 목초지의 순환을 집단 간에 조율하기 위해 집단 내 일정한 의례가 필요하였을 가능성도 있다. 반면, 다람Daram 4호묘에서 다량의 옥과 동포銅泡가 부장된다는 점에서 알 수 있듯이(Miyamoto & Obata ed. 2016), 전형적 판석묘인 Ⅱ식 단계부터는 부장품의 빈도 차이를 통해 집단 내 개인 간의 계층차가 진전되고 있다.

이러한 현상은 미누신스크 지역의 타가르 문화기인 포드고르노예Podgornoe기 단계나 사라가쉬Saragash기 단계에서도, 묘장 규모의 확대나 구조의 복잡화로 나타나고 있다(高濱 1999). 마찬가지로 이와 유사한 시기에 몽골고원 서부에 전개된 찬드마니문화(Gorsdorf et al. 1998)는 목곽묘나 목관묘문화를 중심으로 발전한 것으로 알려져 있다. 아마도 투바Tyba의 아르잔Arzhan고분이나 알타이의 파지릭Pazyryk문화의 영향을 받아 찬드마니문화가 성립된 것으로 보인다. 특히, 찬드마니문화는 목곽묘나 목관묘에서 볼 수 있듯이 당시 사회가 점차 복잡화된 단계에 도달했음을 보여주는 지표라고 할 수 있다.

---

(1) 아래 판석묘의 연구사는 치비크타로프(Цыбиктаров 1998)에 의한다.

(2) 이후 출루트Chulut문화기는 기원전 8~3세기, 아츠Atsyn문화기는 기원전 8~6세기로 구분된다(Cybiktarov 2003), 다만 출루트문화기의 '기원전 3세기'라는 표기는 기원전 13세기라는 표기가 오기誤記된 것으로 판단된다.

(3) 여기서 판석묘 I식(소스놉스키 1류)은 기존에 방형묘(宮本 2016)로 불려왔다. 그러나 에메를트·톨고이유적 발굴(Miyamoto ed. 2018)을 통해, 헬렉수르문화 4류에 해당하는 방형묘가 존재함이 확인되면서, 두 묘제 형식 간의 명확한 구분이 필요해졌다. 이에 따라, 판석묘 문화 I식인 '방형묘'와 구별한다는 의미에서 판석묘 문화 I식을 '장방형묘'라고 명명하였다.

(4) 전자인 1306~1054calBC는 도쿄대학에 의해 측정된 것이며(Yoneda et 2017), 후자인 방사성 탄소연대는 (株)加速器分析研究所에 의해 측정된 것이다. 보고서(Miyamoto·Tajiri et 2017)에서는 후자를 1325~1209calBC로 기입하였으나, 이는 오기誤記된 것으로 정확한 수치는 1265~1108calBC임을 명확히 밝힌다.

제4장

룽산[隴山]지역의 청동기문화

1. 머리말

앞서 네이멍구[内蒙古] 중남부 이동 장성지대의 청동기문화에 대해, 지역의 특징과 지역별 변천양상, 청동기문화의 편년을 제시한 바 있다(宮本 1999b · 2000e). 그러나 그 당시 네이멍구 중남부 이서의 청동기문화에 대해서는 상세히 다루지 못하였다. 이 장에서는 오르도스Ordos지구의 이서, 즉 룽산지역의 청동기문화를 보다 면밀하게 검토하고자 한다. 여기서 말하는 룽산[隴山]지역이란 간쑤[甘肅] 동부에서 닝샤[寧夏] 남부에 걸친 장성지대 서부 지역을 가리킨다.

앞서 언급한 바와 같이, 무덤 구조로 볼 때 룽산지역은 동실묘洞室墓가 주를 이루며, 네이멍구 중남부에서 옌산[燕山]산맥에 걸친 지역은 수혈 토광묘가 주를 이루는 등 지역적인 차이가 확인된다. 그러나 청동기의 기종 구성 등에서 보면, 룽산지역에서 네이멍구 중남부 사이에는 일정한 유사성이 확인된다. 이러한 지적은 쉬청[許成]과 리진쩡[李進增]의 논문에도 언급된 바 있다(許成 · 李進增 1993). 쉬청 · 리진쩡의 논문에서는 네이멍구 중남부의 마오칭거우[毛慶溝] 무덤군과 룽산지역의 양랑[楊郞] 무덤군를 비교하며, 양자 간의 유사성을 지적하는 동시에 양랑[楊郞] 무덤군이 지닌 지역적 특징도 함께 제시하였다. 이에 따르며 양랑[楊郞] 무덤군에는 유공부有銎斧, 간두식竿頭飾, 녹형 입체수형 장식鹿形立体獸形飾, 광엽인장병모広葉刃長柄矛 등이 룽산지역 청동기문화의 특색이라고 한다.

그런데 룽산지역 중에서도 세세한 지역차나 정치적 통합이 나타날 가능성도 있다. 뤼펑[羅豊]의 연구에서는 춘추시대 서융西戎의 여러 부족에 대한 지리적 위치 비정이 시도되고 있다(羅豊 1993).『사기史記』「흉노열전匈奴列伝」에 따르면, 서주西周 시기에는 견융犬戎이 이 지역을 점거하고 있었으며, 서주 말기에는 신후申侯와 함께 주周나라의 유왕幽王을 멸망시켰다고 전해진다. 또한, 춘추 중기 진목후秦穆侯 때에는 서융 8국이 진秦나라에 복속되었다고 한다. 이때의 서융은 여덟 부족으로 이루어져 있었다. 룽산의 서쪽에는 면저緜諸, 견융緄戎, 적적翟, 원獂이 존재하였고, 룽산 동쪽인 징허[涇河] 상류역에는 의거義渠, 대려大荔, 오씨烏氏, 후연朐衍이 존재하였다. 이러한 여러 부족들의 거주 범위 역시 이 장에서 다루는 룽산의 지역적 범위에 해당한다고 볼 수 있다.

간쑤[甘肅]성 동부에서 닝샤 남부지역에 걸친 청동기문화의 유적은 그림32에서 볼 수 있듯이 징허 상류역인 칭양[慶陽]지구와 칭수이[清水]하 상유역인 구위안[固原]지구, 칭수이[清水]허 유역에서 후앙[黃]하로 합류하는 중닝[中寧]을 중심으로 하는 중닝지구, 후루[葫蘆]허 중·상류역의 룽더[隆德]지구가 있다. 또한 최근 금은기金銀器나 차마구車馬具가 다량으로 발견된 칭수이[清水]현 일대 등 칭수이[清水]지구를 포함하면 모두 5개 지구로 나눌 수 있다.

칭수이[清水]지구는 최근 도굴을 통해 알려진 유적으로 구성된다. 간쑤[甘肅]성 칭수이[清水]현 리우핑[劉坪]유적·친안[秦安]현 왕와[王窪] 무덤군이나 간쑤[甘肅]성 장자촨[張家川] 후이[回]족 자치구에 위치한 마자위안[馬家塬] 무덤군은 후루[葫蘆]하 유역에 해당한다. 이 장에서는 먼저 앞서 언급한 5개 지구의 청동기문화 실태를 순차적으로 검토하고자 한다.

2. 칭양[慶陽]지구

지금까지 서주西周기의 유적으로 칭양[慶陽]현 한가탄마오쭈이[韓家灘廟嘴] 서주묘 1기(慶陽地区博物館 1985), 닝[寧]현 닝촌 서주묘 1기(許俊臣·劉德禎 1985), 닝현 자오[焦]촌 시거우[西溝] 서주묘 1기(慶陽地区博物館 1989)가 발견되었다. 또한 허쉐이[合水]현 시화츠공사 투얼거우린창[西華池公社兔兒溝林場](許俊臣 1983), 정닝[正寧]현 시파공사 사양타이[西坡公社楊家台](許俊臣 1983), 정닝[正寧]현 샹러공사 위[湘樂公社玉]촌(許俊臣 1983)에서 서주묘가 발견되었다. 그밖에도 전위안[鎮原]현 타이핑공사 쉬완[太平公社徐湾]에서는 춘추 중기의 정鼎을 가진 무덤도 출토된 바 있다.

링타이[靈台]현 바이차오파[白草坡](甘肃省博物館文物隊 1977)에는 서주 전기에서 중기에 걸친 무덤군이 존재하며, 서주의 귀족묘貴族墓로 여겨진다. 바이차오파[白草坡]의 존재와 칭양[慶陽]지구에서 발견된 여러 서주묘를 종합해 볼 때, 서주 전반기에는 칭양[慶陽]지구가 주 왕조의 지배 범위에 포함되어 있었음을 알 수 있다. 본 장에서 논의하고자 하는 주요 쟁점은 동주東周대 청동기문화의 동향이다. 칭양[慶陽]지구 내 북방계 청동기문화와 관련된 무덤 단위의 일괄 유물을 중심으로 분석해 보고자 한다.

1999년 10월, 필자는 오테마에[大手前]대학 문학부 아키야마 신고[秋山進午] 교수(당시), 도쿄[東京]대학 대학원 인문사회계 연구과의 오누키 시즈오[大貫静夫] 조교수(당시)와 함께 시펑[西峰]지구 박물관을 방문하여, 칭양[慶陽]지구 청동기를 실견할 수 있었다. 특히 정닝현 허우좡[後莊] 출토 유물(劉禎德·許俊臣 1988) 중, 일괄 출토 자료로 확인된 무덤 자료를 직접 실측할 수 있었다. 이 장에서는 우선 이 유물들의 내용을 소개하고, 이에 대한 기초적 검토로부터 시작하고자 한다.

허우좡[後莊]의 자료는 무덤과 그에 따른 장마갱葬馬坑으로 구성된다. 무덤과 장마갱에서 각각 어떤 유물이 얼마나 출토되었는지에 대해서는 명확하지 않지만, 묘장과 장마갱을 일괄자료로 간주하여 함께 다루고자 한다.

그림33·34과 같이 허우좡[後莊]의 실측도를 제시한다. 동과銅戈는 2점이 출토되었으며, 1은 상단에 천공[穿]이 없는 형태로, 은殷 말기에서 서주 전반기에 해당하는 시기로 보인다. 2는 원援이 작고, 호胡나 내內가 길게 뻗은 형태적 특징을 지니고 있어, 전국 중·후기의 양식을 보여준다. 3·4는 청동부靑銅斧로 전자는 양인兩刃이고 후자는 편인片刃이다. 두 유물 모두 틀에 고정하기 위한 형지型持를 갖고 있다는 점이 특징이다. 3은 보고서[槪報]에 기재되어 있지는 않지만 무덤 내에서 출토된 것으로 확인되었다. 5·6은 삼

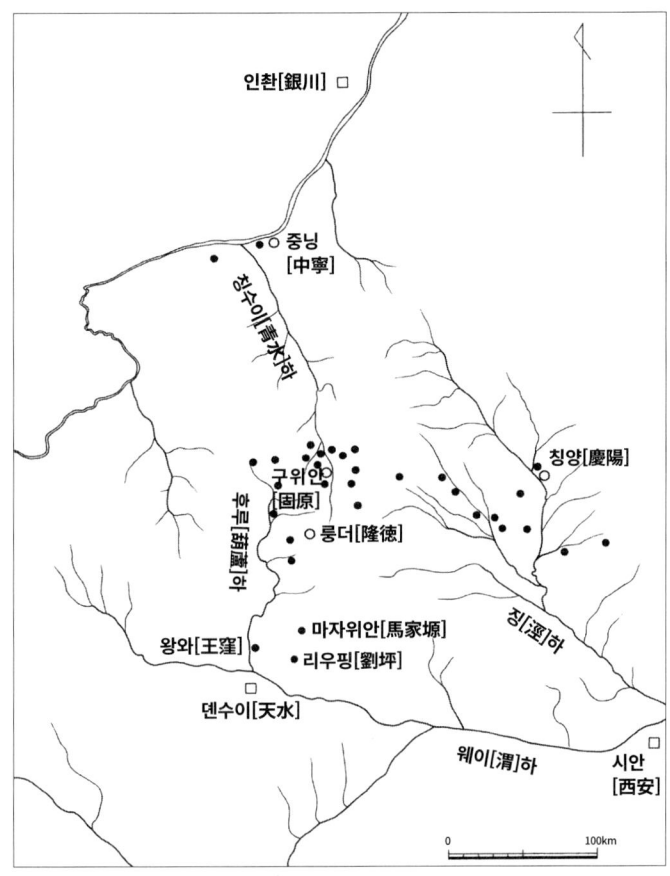

그림32. 룽산[隴山]지역 청동기시대 묘장의 분포(三宅俊彦 1999: 도면147 수정)

릉촉三稜鏃이다. 보고서에 기술되지 않아, 본 무덤 출토 여부는 확정할 수 없다.

7은 동병철검銅柄鐵劍으로 날 부분은 철로 되어 있으나, 현재 부러져 결실된 상태이다. 파두식把頭飾은 쌍조문双鳥文 의장意匠을 의식하고 있으나, 새의 눈과 부리 부분은 이미 기하학적 문양으로 변형되어 구상성具象性을 소실되었다. 검격[鐔] 부분에는 등[背]을 마주 본 짐승머리[獸頭]가 표현되어 있다. 보고서에서는 쌍어문双魚文으로 해석되고 있으나, 개 등의 짐승 머리로 보는 것이 타당할 것이다. 8의 도자刀子는 인부가 접혀 있으며, 자루[柄]의 단면형은 테두리가 두껍고 중앙 부분이 편평한 구조를 이루고 있다. 이는 앞서 언급한 동병철검 자루 단면 형태와 동일한 형식이다.

9는 동령銅鈴이다. 내면에 돌대를 지니고 있어, 실용적인 방울로 판단된다. 형지型持 흔적은 동부銅斧 내측에서 4개가 확인되었으며, 이 중 하나는 관통되어 있다. 또한 뉴鈕 아래 부분[舞部分]에도 구멍이 뚫려 있는데, 이 역시 형지공型持孔으로 판단된다. 10·11은 간두식竿頭飾이다. 이것은 원래는 차마구車馬具의 일종으로, 특히 10은 차마구의 차축두[軎]에 장식된 것이다. 1점밖에 출토되지 않았다

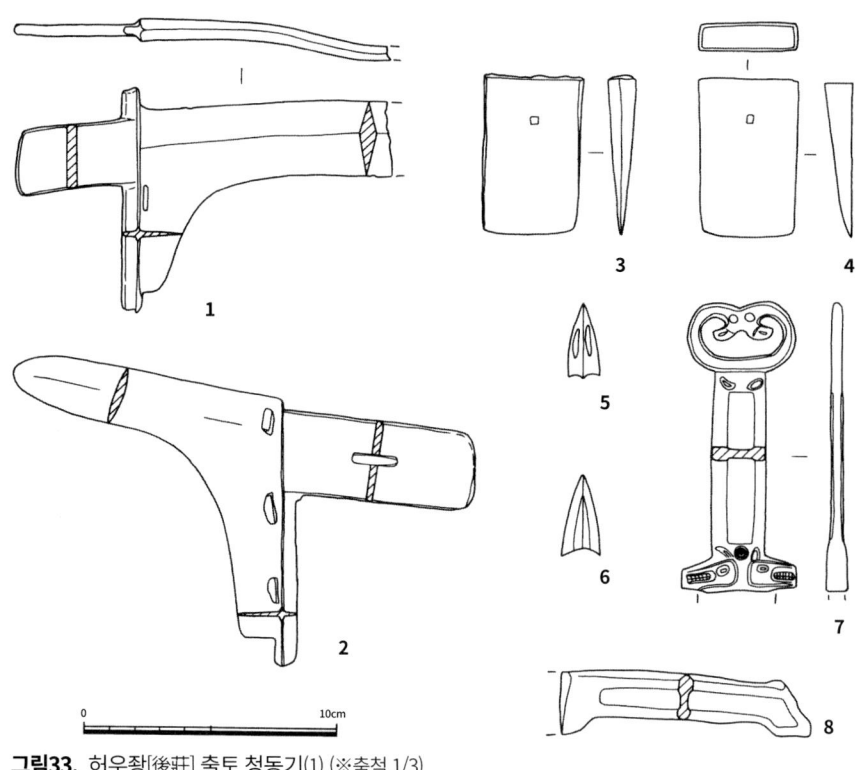

그림33. 허우좡[後莊] 출토 청동기⑴ (※축척 1/3)

는 점에서 차마구로서의 기능적 개념은 이미 소실된 상태임을 알 수 있다.

13·14는 철관형凸管形 장식[飾]이라 불리는 유물이다. 보고서에서는 13은 Ⅰ식, 14는 Ⅱ식으로 구분하고 있다. 13인 Ⅰ식은 11점이 출토되었고, 14인 Ⅱ식은 8점이 출토되었다. 13은 원형의 포상泡狀 청동장식[銅飾]의 중앙부가 관管 형태로 돌출되어 있는 구조이다. 안쪽[裏側]에는 끈을 꿰기 위한 고정쇠가 2개 용접되어 있다. 14는 타원형 원반의 한쪽에 관상의 돌출부가 있는 형태로, 표면에는 모조毛彫 형상의 문양대가 있으며, 주석 도금이 확인된다. 이 주석 도금기술은 북방 청동기문화의 기술적 특징 가운데 하나로 평가된다. 14의 내측은 돌출부 양쪽으로 내부가 약간 오므라진 부분과 평행하는 세돌선微突線이 관찰된다. 이는 거푸집의 범선范線이며, 돌출부에 내범內范을 고정하기 위한 할범割范의 흔적으로 볼 수 있다. 이와 같은 범선은 네이멍구 중남부 전국戰國 후기의 대구帶鉤 내면에서도 확인되고 있어, 양자의 기술적 기반이 동일할 가능성도 있다. 또한 14의 내면에도 끈을 꿰는 고정쇠가 두 개 확인되었으나, 그 중 하나는 결손된 상태이다.

15는 띠장식[帶飾]이다. 보고서에는 도면이나 사진이 수록되어 있지 않다. 띠장식[帶飾]은 중심의 원점문圓点文을 기준으로, 대칭 구조의 두 마리 짐승 문양[獸文]이 의장되어 있다. 이 짐승 문양은 구

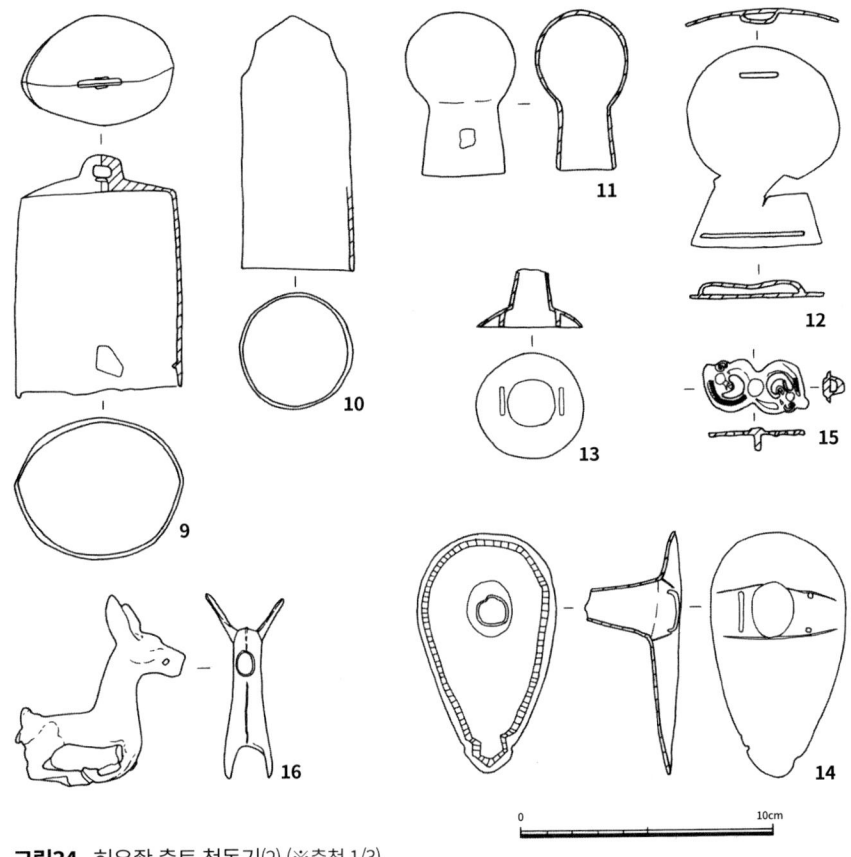

그림34. 허우좡 출토 청동기(2) (※축척 1/3)

상성을 이미 상실하였으나, 뒤에서 다룰 위자좡[袁家莊] 출토의 띠장식[帶飾]과 비교해 볼 때, 원래 용을 의장한 문양이 변형된 것으로 보인다. 16은 룽산지역 청동기문화의 특징인 입체수형立体獸形장식으로, 사슴을 본뜬 형태이다. 이상에서 살펴본 청동기 일괄 유물군은, 이후 다른 묘장 출토유물과의 비교를 통해 그 특징을 더욱 명확히 파악할 수 있을 것이다. 특히 청동과青銅戈의 연대를 기준으로 볼 때, 이 무덤은 전국시대 중 · 후기에 해당한다고 판단된다.

　이상과 같이 허우좡[後莊]에서 출토된 유물에 대한 관찰 결과를 바탕으로, 칭양[慶陽]지구 무덤의 일괄유물을 상대적으로 비교하고자 한다. 칭양[慶陽]지구에서 춘추전국묘로 보고된 사례는 허우좡[後莊] 외에도 칭양[慶陽]현 마좌이[馬寨], 전위안[鎮原]현 먀오취[廟渠], 칭양[慶陽]현 창터우[場頭], 전위안[鎮原]현 훙옌[紅岩], 전위안[鎮原]현 오가고우취안[吳家溝圈], 닝현 핑쯔[平子]향鄕 위자좡[袁家莊](劉禎德 · 許俊臣 1988)을 들 수 있다(그림35~37). 이 유적들의 상대연대나 절대연대를 결정하기 위해서는, 청동기의 연대가 이미 확정된 다른 지역의 연대관을 기초로 삼는 것이 가장 쉬운 방법이다. 이미 지적한 바

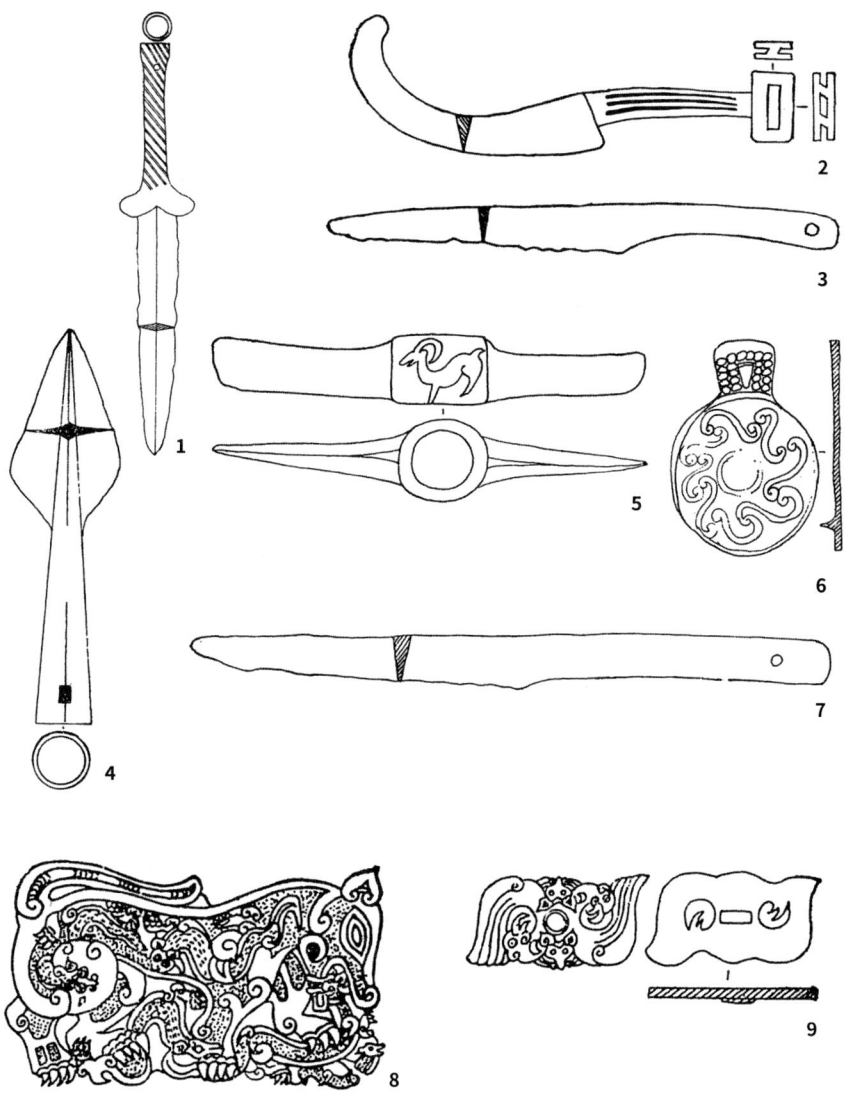

그림35. 칭양[慶陽]지구 출토 청동기(1) (1~3: 마좌이[馬寨], 4~7: 먀오취[廟渠], 8·9: 타터우[場頭],
※1: 축척 1/5, 8·9: 축척 1/2, 그외: 축척 2/5)

와 같이 칭양[慶陽]지구 청동기문화는 네이멍구 중남부의 청동기문화와 동일한 문화 양식을 공유하고 있다.

  이미 네이멍구 중남부 청동기의 편년은 필자에 의해 확립된 바 있어 이 편년(宮本 1999b·2000e)에 근거하여, 칭양[慶陽]지구 청동기의 연대관을 제시하고자 한다. 연대 결정의 기준이 되는 대표적인 유물로는 조형교구鳥形鉸具와 짐승머리형[獸頭形] 장식금구를 들 수 있다. 특히 조형교구의 경우, 먀오취

[廟渠] 출토품(그림35-6)은 훙옌[紅岩] 출토품(그림36-14)에 비해 문양이 더 복잡하게 구성되어 있어, 상대적으로 이른 시기일 가능성이 있다.

훙옌[紅岩]의 조형교구는 이중의 곡립문穀粒文에 가까운 A1식으로, 량청[涼城]지구 편년 I기에 해당하는 것이다. 짐승머리형[獸頭形] 장식금구(그림36-15)는 네이멍구 중남부의 타오훙바라[桃紅巴拉] 1호묘 (田広金 1976)의 것과 동일한데, 타오훙바라[桃紅巴拉] 1호묘는 량청[涼城]지구 편년 I기로 보았다. 따라서 훙옌[紅岩]은 네이멍구 중남부 청동기 편년 I기로 춘추 후기 전반에 해당하는 것으로 판단된다. 훙

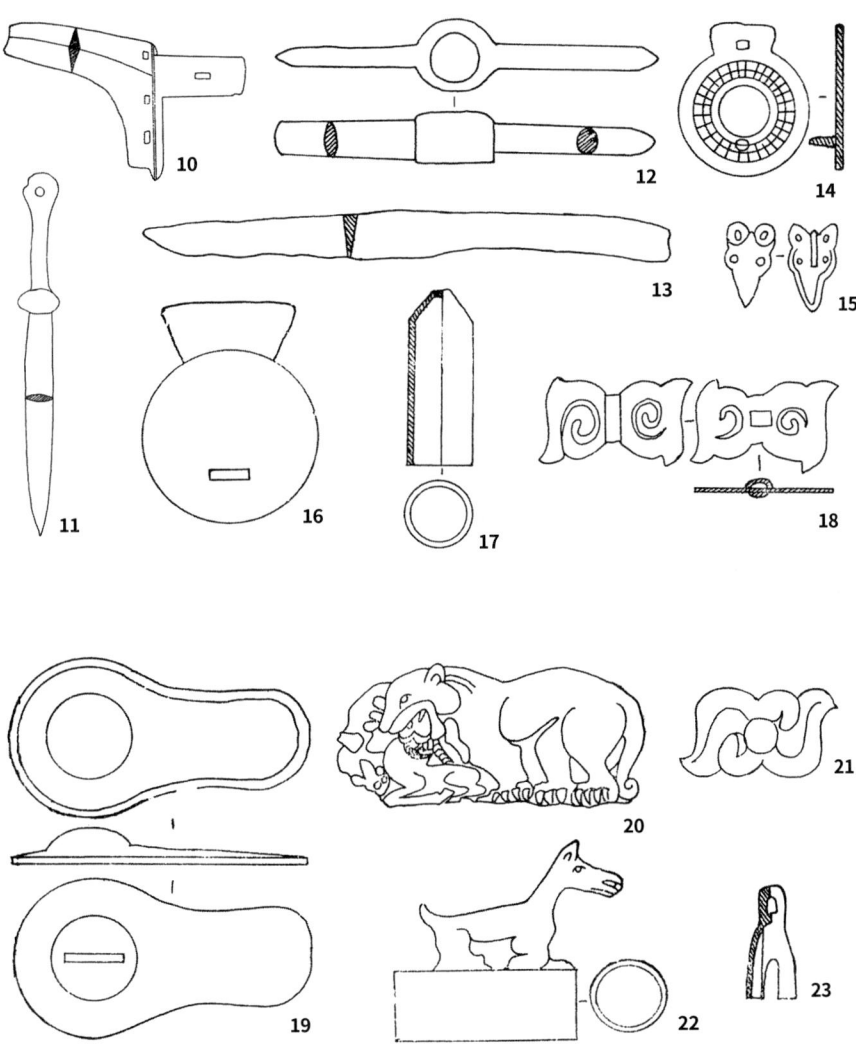

그림36. 칭양지구 출토 청동기(2) (10~18: 훙옌[紅岩], 19~23: 오가고우취안[吳家溝圈], ※10·11·16· 17: 축척 1/5, 그외: 축척 2/5)

옌[紅岩]보다 이르다고 생각되는 먀오취[廟渠]의 조형교구는 관 형상[管狀] 장식 등 량청[涼城]지구 편년 I기 이후에는 나타나지 않는 기종을 포함하고 있어, 훙옌[紅岩]의 조형교구보다 더 이른 요소를 보여준다. 더욱 이른 특징을 지닌 예로는 마좌이[馬寨]를 들 수 있다.

마좌이[馬寨]에서는 동검(그림35-1)이 부장되어 있는데, 이 동검의 자루는 중공中空을 띠고 있어, 옌산[燕山]지역에서 A3식으로 분류되어 서주 후반기로 올려볼 수 있는 동검의 특징을 보인다(宮本 2000f). 또한 마좌이[馬寨]에서 공반되는 동도자銅刀子(그림35-2)는 인부의 선단이 위로 말려 올라가는 형태를 가지며, 자루 끝부분이 방형을 이루는 것이 특징이다. 이러한 형태의 동도자는 장자포[張家坡]의 서주기 주거지에서 출토된 것(中国社会科学院考古研究所 1963)과 동일하다. 산시[山西]성 티엔마취[天馬曲]촌 7016호묘 출토된 사례(鄒衡主編 2000)와도 유사하지만, 이 무덤에서는 부장토기가 확인되지 않아 서주~춘추기의 시기 구분을 판단하기 어렵다. 장자포[張家坡]의 서주기 주거지 출토 사례를 참고할 때, 마좌이[馬寨] 출토품은 서주 후기로 편년하는 것이 타당할 것이다. 이는 칭양[慶陽]지구의 북방 청동기문화 무덤 중 가장 이른 단계에 가까운 사례로 볼 수 있다.

창터우[場頭]에서는 훙옌[紅岩] 와문渦文 장식(그림36-18)보다 더 구상적이고 대칭의 쌍조문双鳥文으로 구성된 장식 금구(그림35-9)가 출토되고 있어, 창터우[場頭]의 무덤은 훙옌[紅岩]보다 앞선 단계로 보아야 할 것이다. 따라서 먀오취[廟渠]와 창터우[場頭]는 춘추 전기에서 중기로 편년할 수 있다.

한편 훙옌[紅岩]보다 더 늦은 단계의 사례로는 입체수형 장식(그림36-22)이 확인된 우가고우취안[吳家溝圈]을 들 수 있다. 네이멍구 중남부의 오르도스지구·허타오[河套]지구에서는 량청[涼城]지구 편년 IV기부터 입체수형 장식이 확인되는데, 이러한 장식이 더 발달한 칭양[慶陽]지구는 연대적으로 이에 선행하는 것으로 보인다. 게다가 우가고우취안[吳家溝圈]의 입체수형 장식(그림36-22)은 구상적인 사슴 조형과 함께 간두식竿頭飾처럼 자루를 꽂을 수 있는 구조를 갖추고 있다.

반면, 위자좡[袁家莊]의 출토품(그림37-31)은 다소 조잡한 사슴 형상의 의장과 함께 삽입부가 존재하지 않는 형태로서 칭양[慶陽]지구에서 일반적으로 볼 수 있는 것이다. 이를 정형적인 입체수형 장식으로 분류할 수 있다. 위자좡[袁家莊]은 입체수형 장식(그림37-31) 외에도 철관형凸管形 장식(그림37-32) 등 기존 부장품 구성에서 보이지 않던 것들도 새롭게 확인된다. 또한 철모(그림37-24)의 출토를 통해, 위자좡[袁家莊]유적은 비교적 늦은 시기의 무덤임을 짐작할 수 있다.

네이멍구 중남부에서 무기의 철기화는 량청[涼城]지구 편년 IV기 이후에 나타나므로, 위자좡[袁家莊] 단계는 량청[涼城]지구 편년 IV기에 해당하여 전국 중기로 보아야 할 것이다. 앞서 검토한 허우좡[後莊]에서 출토된 띠장식[帶飾](그림34-15)은 위자좡[袁家莊]의 출토품(그림37-30)보다 구상적 의미를 상실한 퇴화 형식으로 판단된다. 따라서 허우좡[後莊]이 위자좡[袁家莊]보다 후대의 유적으로 추정된다. 공반되는 중원계의 과戈의 형식 역시 위자좡[袁家莊] 출토품(그림34-26)이 다소 이른 형식에 해당한다. 만약 위자좡[袁家莊]을 전국 중기로 본다면, 허우좡[後莊]은 전국 후기까지 내려갈 수도 있다. 어쨌든 위

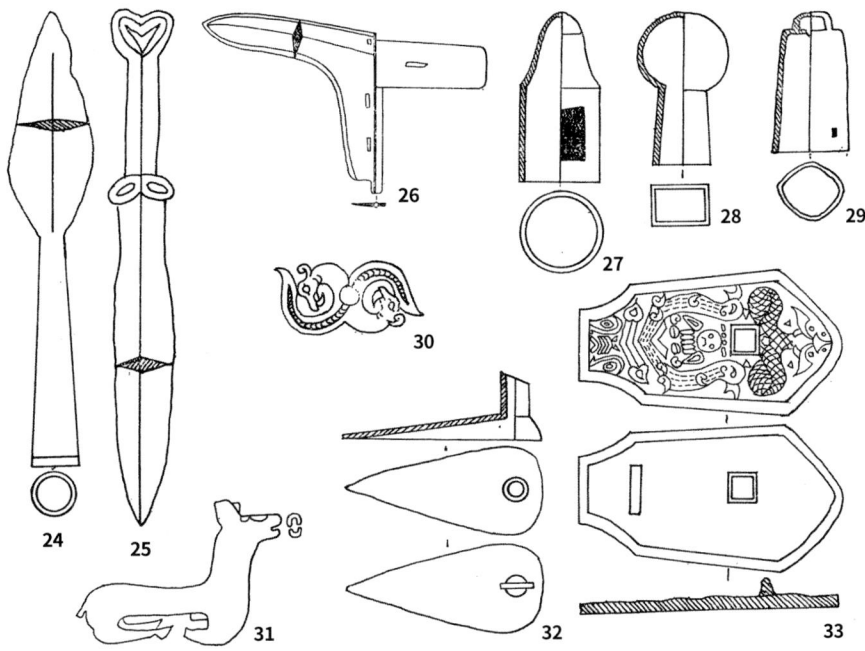

그림37. 칭양지구 출토 청동기(3) (24~33: 위자좡[袁家]) ※24·27·32: 축척 1/5, 그외: 축척 2/5)

자좡[袁家莊] 이후 무기의 철기화가 진행되면서, 철관형凸管形 장식과 같은 네이멍구 중남부에서는 확인되지 않는 새로운 기종이 등장하기 시작한다. 아울러 쌍조문 장식의 계보를 잇는 쌍룡문双龍文의 띠장식[帶飾](그림37-30)도 새롭게 출현한다.

칭양[慶陽]지구 무덤의 특징 중 하나는 묘광과 함께 장마갱葬馬坑을 갖추고 있다는 점이다. 이러한 무덤 구조는 훙옌[紅岩], 위자좡[袁家莊], 허우좡[後莊]유적에서도 확인된다. 특히 훙옌[紅岩]의 경우, 묘광과 장마갱이 명확히 구분된 상태로 무덤이 형성되어 있다. 따라서 이러한 무덤 구조가 춘추 후기 전반에 해당하는 량청[涼城]지구 편년 I기에 이미 존재하고 있었던 것으로 판단된다. 칭양[慶陽]현 우리파[五里派](慶陽地區博物館·慶陽縣博物館 1988)에서도 장마갱이 확인되었다. 이곳에서는 A1식 조형교구 외에도, 동병철검과 정형화된 동령銅鈴이 출토되었다.

칭양지구의 장마갱은 량청[涼城]지구 편년 IV기 이후에 등장하고 있어, 전국 중기로 판단된다. 특히 장마갱에는 마갑馬甲 장식도 확인되고 있어 화려한 장신구가 존재했을 가능성이 높다. 이 밖에도 량청[涼城]지구 편년 IV~V기의 무덤인 위자좡[袁家莊]나 허우좡[後莊]에서도 장마갱이 확인되었다. 따라서 묘광과 장마갱으로 구성된 복합적인 무덤구조가 본격적으로 발달하는 시기는 전국 중기 이후로 보아야 할 것이다. 이러한 유형의 묘장은 부장품이 풍부하다는 점에서도 사회 내 상위자의 무덤으로 해석할 수 있다. 즉, 계층 구조의 분화는 춘추 후기, 즉 량청[涼城]지구 편년 I기부터 시작되어 전국 중기인 량청[涼城]지구 편년 IV기에 이르러 더욱 심화된 것으로 이해할 수 있다.

3. 구위안[固原]지구

구위안[固原]지구에서 비교적 잘 정리된 무덤자료가 보고된 사례는 위자좡[于家莊] 무덤군(寧夏文物考古研究所 1991 · 1995)과 양랑[楊郎] 무덤군(寧夏文物考古研究所 · 寧夏固原博物館 1993)이다. 두 무덤군을 비교해 보면, 양랑[楊郎] 무덤군에서는 철기가 부장품에 포함되어 있는 반면, 위자좡[于家莊] 무덤군의 부장품에는 철기가 포함되지 않았다. 즉 양랑[楊郎]이 위자좡[于家莊]보다 상대적으로 늦은 시기에 해당하는 것으로 판단된다. 이에 따라, 상대적으로 이르다고 판단되는 위자좡[于家莊] 무덤군(그림38·39)의 검토로부터 시작하기로 한다.

위자좡[于家莊] 무덤군은 북구, 중구, 남구의 세 구역으로 구분되어 있다. 거의 모든 무덤에 우두골牛頭骨, 마두골馬頭骨, 양두골羊頭骨이 공헌되어 있는 것이 특징이다. 또한 중구의 경우, 동실묘洞室墓의 비율이 높은 경향을 보인다. 이러한 세 구역 가운데, 무덤군의 배치와 구조 등 자세한 내용을 파악할 수 있는 곳은 중구이다. 먼저 중구의 무덤 간 상대적인 연대를 비교해 보고자 한다. 상대편년은 부장품의 연대관을 기준으로 하였으며, 그 기준은 량청[涼城]지구의 편년에 근거하였다.

중구 17호묘는 춘추 후기 전반인 량청[涼城]지구 편년 I기에 해당한다. 이 무덤에서 출토된 조형교구(그림38-5)는 삼중으로 원점문이 돌아가는데, 교구의 형식은 A1식으로 량청[涼城]지구 편년 I기에 해당한다. 공반된 중원계의 과戈는 장성지대에서 확인되는 이른 형식이지만, 그 연대는 춘추 후기 이후로 판단된다. 중기 15호묘는 춘추 후기 후반인 량청지구 편년 II기에 해당한다. 조형교구(그림38-9)는 와문渦文이 돌아가는 것으로 B2식 교구로 분류되며, 량청[涼城]지구 편년 II기에 속한다.

전국 전기의 량청[涼城]지구 편년 III기에 해당하는 것이 중구 14호묘이다. 여기서 출토된 중원계 대구帶鉤(그림38·15)는 량청[涼城]지구 마오칭거우[毛慶溝] 4·58호묘 출토품(內蒙古文物工作隊 1986)과 같은 형식으로, 량청[涼城]지구 편년 III기에 해당한다. 중구 11호묘는 전국 중기로 량청[涼城]지구 편년 IV기이다. 여기서 출토된 조형교구(그림38-19)는 대구帶鉤의 영향을 받아 조형鳥形의 미부尾部가 변형되어 고정쇠가 부착된 형식으로 변화하고 있어 교구 E식으로 분류된다. 또한 공반된 와문渦文장식(그림38-18)은 량청[涼城]지구 편년 III기에 해당하는 위자좡[于家莊] 14호묘 출토품(그림38-14)에 비해 문양이 선상화線狀化되고 구성도 간략화되어 있다. 이러한 와문장식의 양상으로 보아, 해당 유물은 중구 14호묘보다 늦은 단계로 량청[涼城]지구 편년 IV기로 상정하는 데 무리가 없다. 중구 11호묘에서 공반된 쌍용문双龍文 띠장식(그림38-17)은 칭양[慶陽]지구 위안자[袁家]의 출토품(그림37-30)과 유사한 문양의장을 나타내고 있어, 연대적으로도 가깝다고 할 수 있다.

위안자[袁家]을 칭양[慶陽]지구의 편년관과 비교하여 량청[涼城]지구 편년 IV기로 비정한 것은 중구 11호묘의 연대 비정과도 모순되지 않는 타당한 연대라고 할 수 있다. 녹형 입체수형鹿形立体獣形 장식 (그림38-20)을 지닌 중구 5호묘는 칭양[慶陽]지구 위안자[袁家]나 허우좡[後莊]의 사례로 보아도 량청[涼城] 지구 편년 IV기 이후의 시기에 해당할 것이다. 중구 5호묘에서 출토된 연주상連珠狀 장식(그림38-21)에

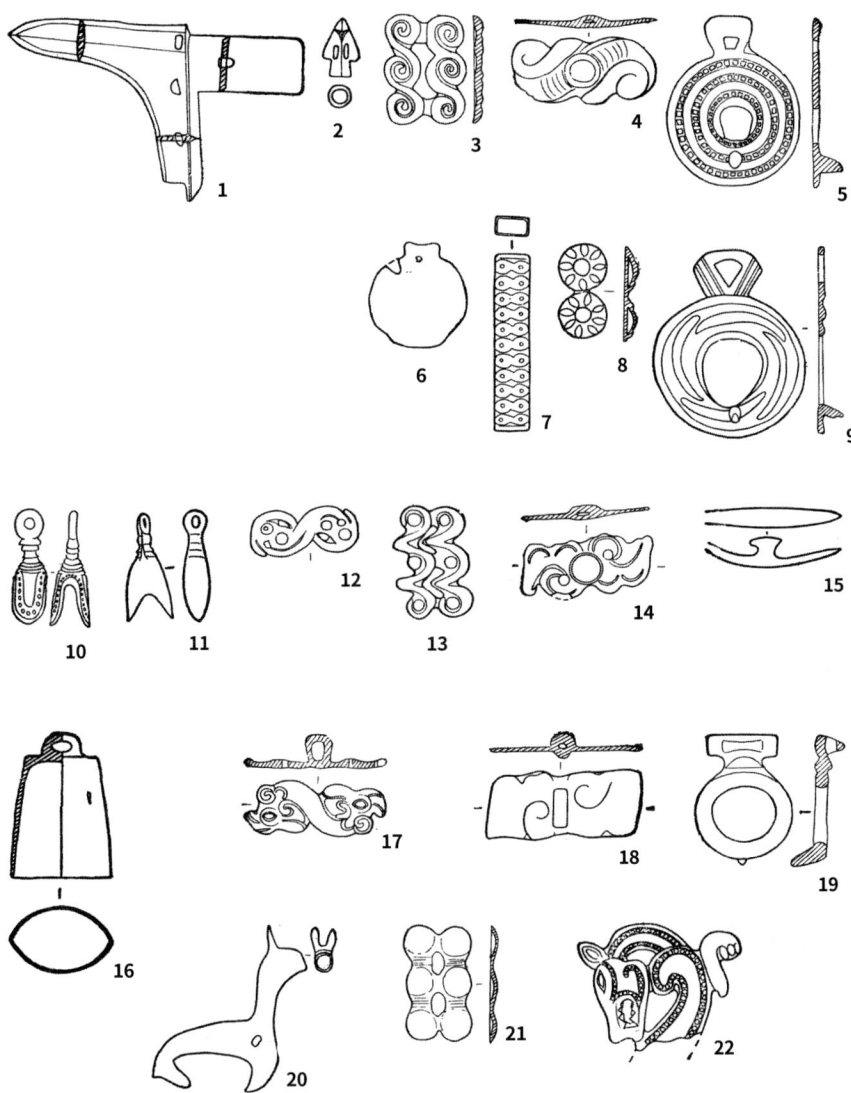

그림38. 구위안[固原]지구 출토 청동기(1) (1~5: 위자좡[于家莊] 중구 17호묘, 6~9: 위자좡 중구 15호묘, 10~15: 위자좡 중구 14호묘, 16~19: 위자좡 중구 11호묘, 20~22: 위자좡 중구 5호묘, ※1: 축척 1/5, 그외: 축적 2/5)

는 와문이 보이지 않으며, 이는 와문의 퇴화 과정을 보여주는 양상으로 해석된다. 와문의 변화과정을 보면, 중구 17호묘(그림38-3)→중구 14호묘(그림38-13)→중구 5호묘(그림38-21)로 이어지는 형식변화로 판단되며, 이는 앞서 제시한 상대 연대와도 부합한다.

이밖에 조형교구 E식(그림39-29)이 출토되고 있는 위자좡[于家莊] 남구 5호묘도 량청[涼城]지구 편년 IV기에 병행하는 것으로 보인다. 이 무덤에서는 비교적 이른 시기의 특징을 보이는 짐승머리[獸頭]형

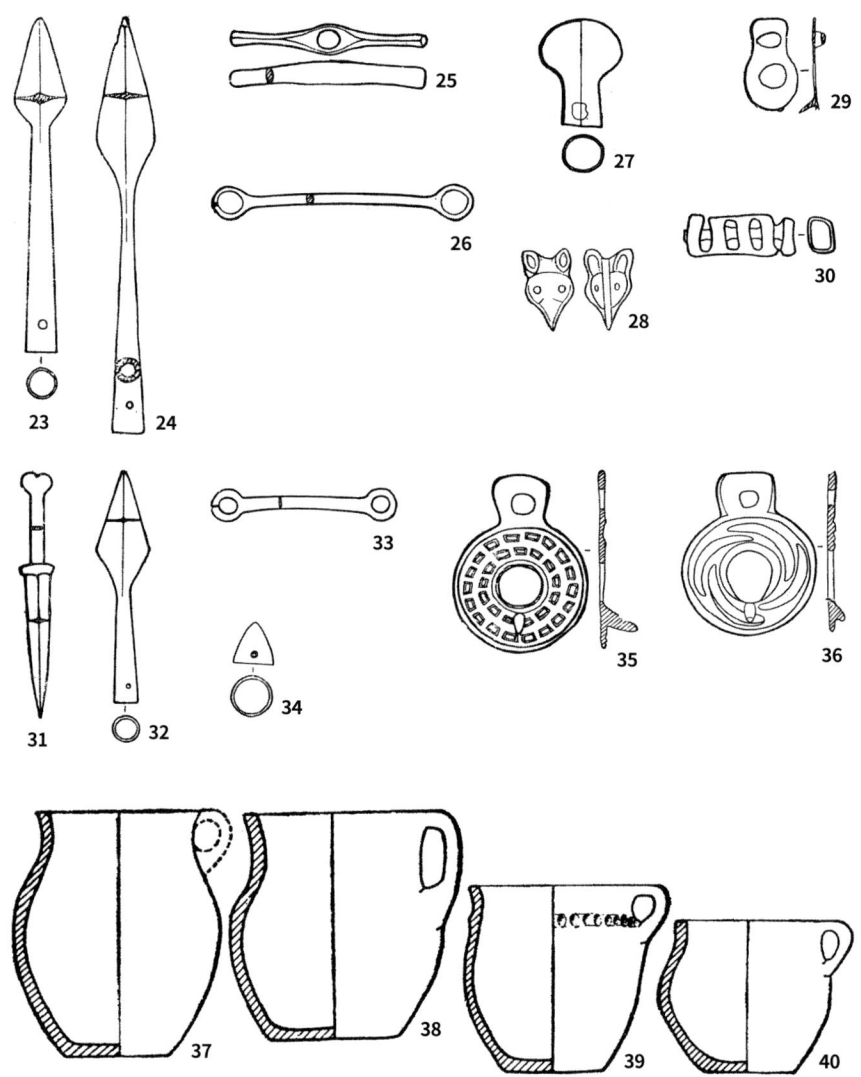

그림39. 구위안 지구 출토 청동기(2) (23~30: 위자좡 남구 5호묘, 31~36·38: 위자좡 북구 2호묘, 37: 위자좡 중구 17호묘, 39: 위자좡 중구 10호묘, 40: 위자좡 중구 5호묘, ※23~26·31·32·34: 축척 1/5, 27~29·33·35·36: 축척 2/5, 37~40: 축척 1/4)

장식(그림39-28)도 공반되고 있다. 이를 전세傳世된 유물로 해석한다면, 공반된 간두식(그림39-27) 등이 량청[涼城]지구 편년 IV기에 해당하므로 연대에서도 모순되지 않는다.

한편, 북구 2호묘에서는 조형교구 A1식(그림39-35)과 B2식(그림39-36)이 공반되고 있다. 조형교구 B2식의 연대관에 따르면, 이 무덤은 량청[涼城]지구 편년 II기에 해당한다. 더불어 이 무덤에는 동검(그림39-31)이 부장되어 있는데, 이 동검의 파두식把頭飾은 쌍조문이 이미 퇴화된 것으로, 형식적으로는 량청[涼城]지구 편년 III기까지 내려갈 가능성도 있다.

북구 2호묘와 중구 5호묘에서는 토기가 부장되었다. 이외에도 토기가 부장된 무덤으로는 중구 17호묘와 중구 10호묘가 보고되었다. 중구 17호묘는 량청[涼城]지구 편년 I기, 북구 2호묘는 량청[涼城]지구 편년 II기, 중구 5호묘는 량청[涼城]지구 편년 IV기 이후에 해당한다고 볼 수 있다. 이러한 연대관을 바탕으로 토기의 형식적 변화방향을 살펴보면, 파수부 관把手付罐 계통으로 이해되는 토기들의 변화 흐름은 다음과 같다. 먼저 호형으로 구연부가 외반되는 형태는 중구 17호묘(그림39-37)에서 확인되며, 이후 구연부의 외반이 약해져 직립한 구연의 경향을 보이는 북구 2호묘(그림39-38)로 이어진다. 나아가 이 계통은 전체적으로 소형화되는 중구 5호묘(그림39-40)로 변화한다.

더욱이 부장품만으로는 뚜렷한 연대 비정이 어려운 중구 10호묘 부장토기(그림39-39)는 북구 2호묘의 직립 구연 경향을 보이는 관罐보다 구연부가 더욱 직립되고 소형화된 특징을 보인다. 따라서 이 토기는 북구 2호묘와 중구 5호묘의 사이에 위치하는 과도기적 형식으로 볼 수 있다. 정리하면, 중구 17호묘→북구 2호묘→중구 10호묘→중구 5호묘로 이어지는 토기 형식의 변화를 설정할 수 있으며, 이 형식 계보 역시 지금까지 제시된 연대관과 부합함을 보여준다.

이러한 연대관이 타당하다면, 춘추 후기 전반인 기원전 6세기에 해당하는 위자좡[于家莊] 중구 17호묘 단계부터 이미 동실묘가 존재하였으며, 이는 구위안[固原]지구 무덤의 지역적 습속이 비교적 이른 시기부터 정착되어 있었음을 의미한다. 또한, 이 단계의 무덤에서 중원계 과戈(그림38-1)가 출토되고 있다는 점은 이미 중원지역과 어떤 접촉이 이루졌음을 말해준다. 이에 대해 미야케 토시히코[三宅俊彦]는 네이멍구 중남부의 사람들이 구위안[固原]지구로 이동하였으며, 이후 다시 동실묘라는 무덤을 지닌 집단이 구위안[固原]지구로 재이동한 것으로 보고 있다(三宅 1999).

그러나 칭양[慶陽]지구 서주 후기 마좌이[馬寨]의 사례로 보더라도, 기본적으로 장성지대에서 상대商代에 병행하는 북방 청동기문화의 연장선에서 룽산지역의 청동기문화가 성립했다고 보아야 할 것이다(宮本 2000a). 구위안[固原]지구에서 확인되는 동실묘는 그 이전 시기 장융[姜戎]문화를 대표하는 류자[劉家]유적(陝西周原考古隊 1984) 등에서도 보이던 전통적인 무덤 습속이 지역적으로 계승되어 구위안[固原]지구에 존속하던 것으로 해석할 수 있다. 그리고 구위안[固原]지구의 동실묘는 凸자형 동실묘 구조를 보이는 지역적 특징을 지닌다.

다음으로 상대적으로 위자좡[于家莊]무덤군보다 연대적으로 후행할 가능성이 있는 양랑[楊郎] 무덤군(그림40~42)에 대해 검토해 보고자 한다. 양랑[楊郞] 무덤군은 제1지점부터 제3지점까지 총 3구역으로 묘역이 구분되어 있다. 그 가운데 비교적 부장품이 풍부한 제1지점의 무덤을 우선적으로 비교·검토하고자 한다. 여기서도 량청[涼城]지구 편년을 기준으로 하며, 교구의 형식을 중심으로 부장품의 연대를 함께 고려해 상대적인 연대를 설정하고자 한다.

양랑[楊郞] 무덤군에서 가장 이른 단계로 생각되는 사례는, 선와문旋渦文으로 장식된 조형교구 B2

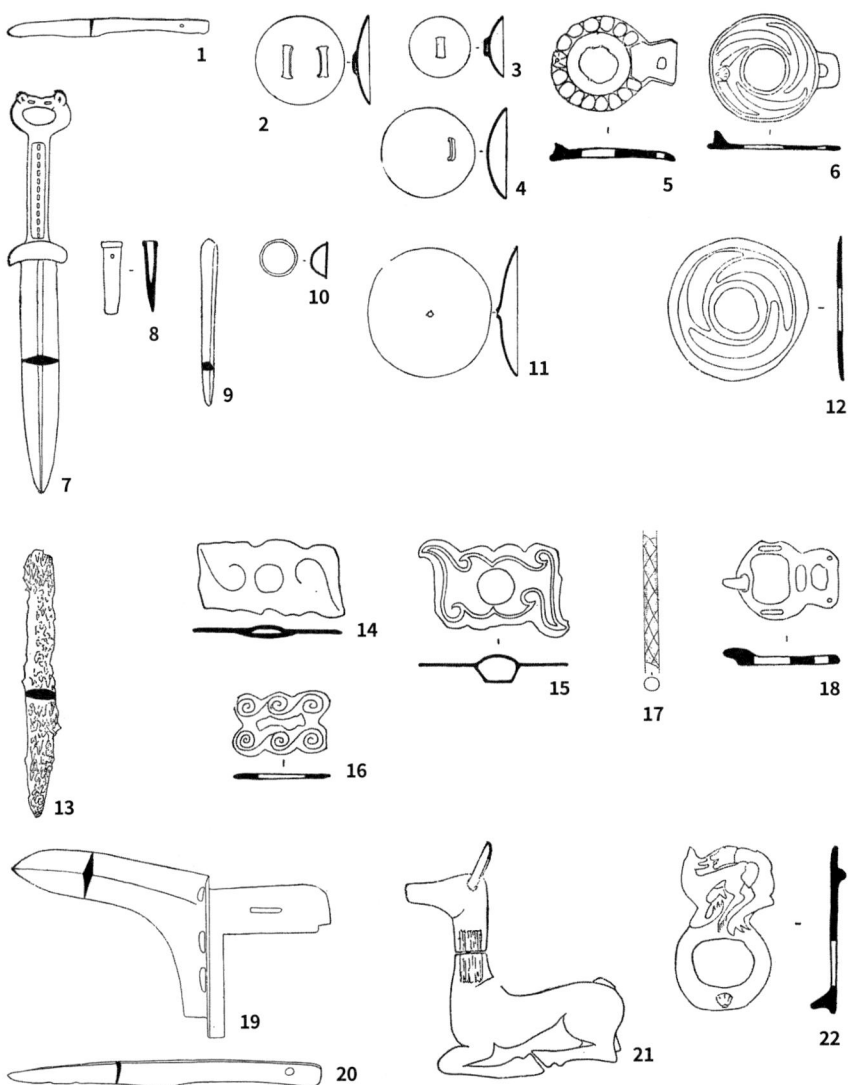

그림40. 구위안 지구 출토 청동기(3) (1~6: 양랑[楊郞] 1지점 8호묘, 7~12: 양랑 1지점 4호묘, 13~18: 양랑 1지점 3호묘, 19~22: 양랑 1지점 1호묘, ※1~4·7·8·10·11·13·19·20: 축척 1/5, 그외: 축척 2/5)

식(그림40-6)이 출토된 8호묘이다. B2식 조형교구는 춘추 후기 후반에 해당하는 량청[涼城]지구 편년 Ⅱ기에 속한다. 또한 4호묘에서 출토된 같은 선와문旋渦文의 원형 장식 금구(그림40-12) 역시 량청[涼城]지구 편년 Ⅱ기에 해당하는 것이다. 더불어 4호묘의 동검(그림40-7)의 쌍조문 의장은 짐승[獸]이 마주보는 형태로 변형되었지만, 연대적으로는 큰 모순 없이 해당 시기로 비정할 수 있다.

전국 전기에 해당하는 량청[涼城]지구 편년 Ⅲ기로 비정할 수 있는 무덤은 양랑[楊郎]무덤군 제1지점에서는 확인되지 않지만, 3호묘에서 출토된 조형교구(그림40-18)는 문양이 없다는 점으로 미루어 보아 Ⅲ기에 속할 가능성이 높다. 또한, 3호묘에서 출토된 와문식(그림40-14~16)도 량청[涼城]지구 편년 Ⅲ기 단계로 보아도 무리가 없다. 이러한 점을 고려할 때, 철검(그림40-13)이 출토된 3호묘의 사례는 전국시대 중기에 병행하는 량청[涼城]지구 편년 Ⅳ기보다 이른 시기에 해당할 가능성이 있다. 따라서 철제 무기가 보편화된 것으로 알려진 네이멍구 중남부 지역보다 앞서 철기화가 진행되었을 가능성도 함께 검토하여야 한다. 그렇다면 3호묘는 량청[涼城]지구 편년 Ⅲ기에서 Ⅳ기에 걸친 시기로 폭을 넓혀 보아야 할지도 모른다.

한편, 1호묘에서 출토된 조형교구(그림40-22)는 미부의 내면에 고정쇠가 부착된 신식新式 타입으로, 조형교구 E식에 해당한다. 이 조형교구 E식은 량청[涼城]지구 편년 Ⅳ기에 속한다. 더불어 1호묘에서는 사슴모양[鹿形]의 입체수형 장식(그림40-21)도 출토되었는데, 이 역시 량청[涼城]지구 편년 Ⅳ기와 병행하는 시기의 것으로 보아도 무리가 없다. 조형교구 E식(그림41-29)은 7호묘에서도 확인되며, 미부에는 수형獸形 장식이 부착된 점이 특징적이다. 이 장식은 미부의 내부에 고정쇠를 둔 조형교구 E식에 해당한다.

그 밖에 부장품으로 간두식(그림41-26)과 사슴형 입체수형 장식(그림41-28)이 있으며, 이는 모두 량청[涼城]지구 편년 Ⅳ기의 특징을 잘 보여준다. 중원계 차축(그림41-23)도 출토되었는데, 전국 중기의 유물이므로 연대적으로 문제되지 않는다. 또한 12호묘에서는 사슴형 입체수형식(그림41-35·36)이 출토되었으며, 칭양[慶陽]지구의 사례를 바탕으로 검토해보면 량청[涼城]지구 Ⅳ기 이후에 출현하는 것으로 판단된다. 아울러 12호묘에서는 조형교구의 형태를 모방한 단병원패單柄圓牌 장식(그림41-32)이 출토되었다. 이 장식은 이 시기 이후에도 양랑[楊郎]무덤군에서만 보이는 특징적인 사례이다.

12호묘에서는 호형패식虎形牌式(그림41-33·34)이나 동병철검銅柄鐵劍(그림41-30) 등이 공반되고 있다. 특히 동병철검 등의 존재로 미루어 볼 때, 12호묘는 량청[涼城]지구 편년 Ⅳ기에 해당하는 무덤으로 보아야 할 것이다. 14호묘에서는 간두식(그림41-38)과 함께 철관형凸管形 장식(그림41-40)이 출토되었는데, 이 철관형凸管形 장식은 칭양[慶陽]지구의 사례를 통해 볼 때, 량청[涼城]지구 편년 Ⅳ기 이후에 출현하는 것이다. 또한 간두식이 함께 공반된 점을 고려하면, 14호묘는 량청[涼城]지구 편년 Ⅳ기에서 Ⅴ기에 걸친 시기에 해당한다고 볼 수 있다. 그리고 정형화된 동령(그림41-39)도 이 단계부터 나타나기 시작한다.

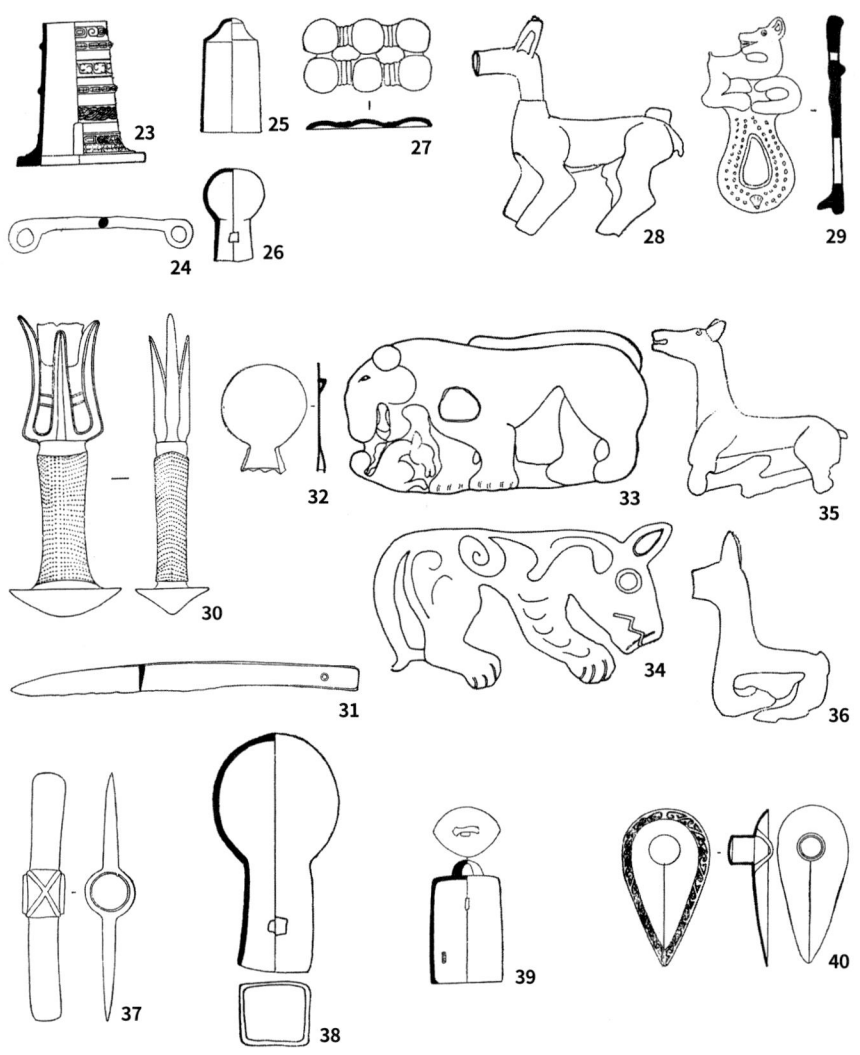

그림41. 구위안 지구 출토 청동기(4) (23~29: 양랑 1지점 7호묘, 30~36: 양랑 1지점 12호묘, 37~40: 양랑 1지점 14호묘, ※22: 축척 1/10, 24·25·30~32·37·39·40: 축척 1/5, 그외: 축척 2/5)

양랑[楊郞] 무덤군 제3지점에서는 제1지점 4호묘와 유사한 철관형凸管形 장식이 4호묘(그림42-52·53)와 5호묘(그림42-59)에서 확인된다. 이 철관형凸管形 장식은 칭양[慶陽]지구의 사례 검토를 통해 보더라도 량청[涼城]지구 편년 IV기 이후에 등장하는 형식이다. 또한 부장품의 철기화가 상당히 진전된다는 점을 통해 제3지점의 4·5호묘는 량청[涼城]지구 편년V기 단계까지 내려가는 비교적 늦은 시기의 무덤일 가능성이 있다. 따라서 두 무덤은 량청[涼城]지구 편년 IV에서 V기에 걸친 시기에 해당하는 것으로 볼 수 있다.

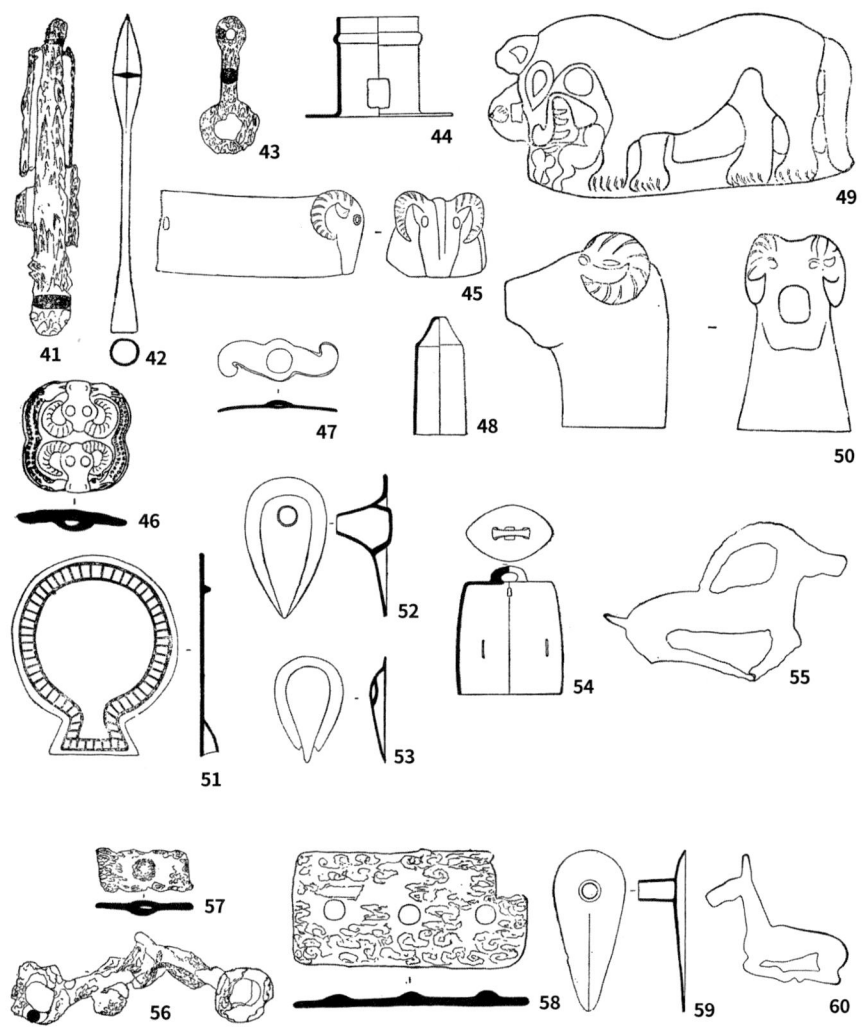

그림42. 구위안 지구 출토 청동기(5) (41~55: 량랑 3지점 4호묘, 56~60: 량랑 3지점 5호묘, ※41~45·48·52~60: 축척 1/5, 그외: 축척 2/5)

이러한 연대관을 바탕으로, 우선 제1지점 무덤군의 변천 양상에 대해 살펴보고자 한다. 그림43에서 볼 수 있듯이, 가장 이른 단계인 량청[涼城]지구 편년 II기에 해당하는 무덤은 4호묘와 8호묘로, 묘역의 서북단에 위치하고 있다. 그 다음 단계인 량청[涼城]지구 편년 III기나 III~IV기에 병행하는 무덤은 4호묘와 8호묘를 둘러싼 채 그 남쪽에 배치되어 있으며, 더 연대가 내려가는 량청[涼城]지구 편년 IV기 또는 전국 후기인 V기에 병행하는 무덤은 그보다 더 남쪽에 위치해 있다. 이러한 무덤의 분포 양상은 서북단을 기점으로 시기에 따라 방사선 형태로 묘역이 확대되었다고 해석할 수 있다. 특히,

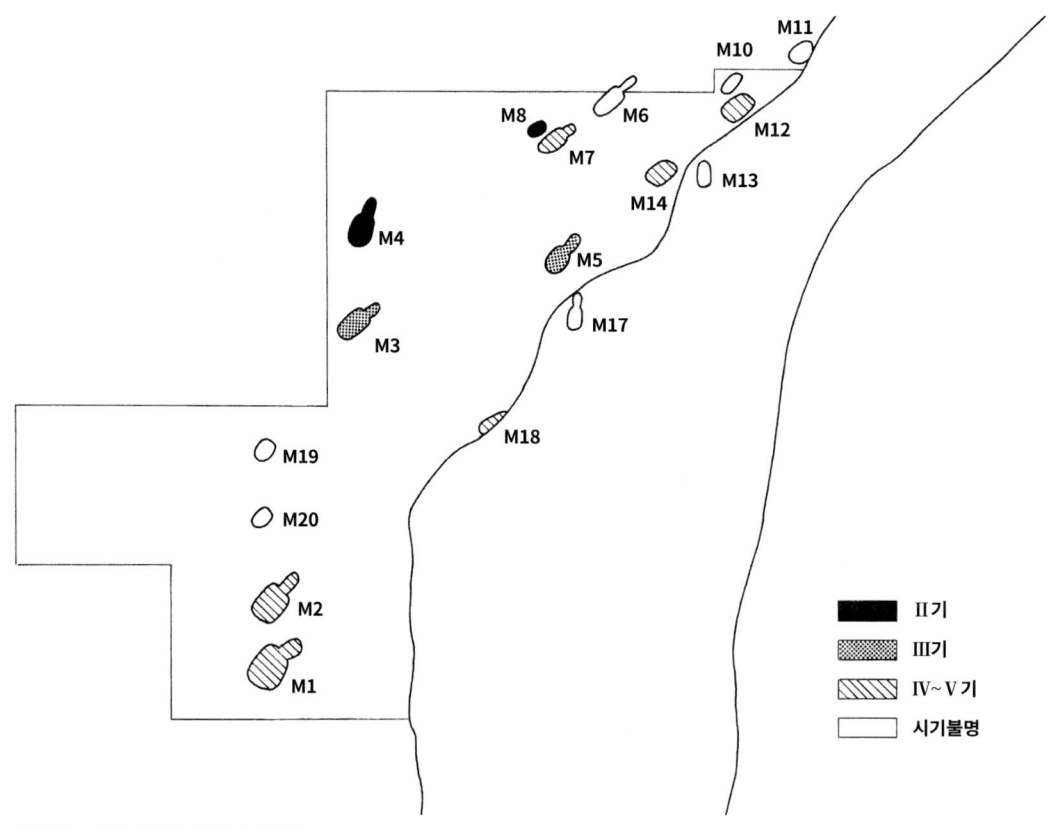

그림43. 양랑 1지점 무덤군의 변천

기점이 되는 4호묘와 8호묘를 중심으로 각각 남북 방향으로 묘역이 확대되었다는 해석도 가능하다. 즉, 적어도 두 개의 독립된 집단 단위에서 계기적인 묘역 형성이 이루어졌을 가능성도 있다. 만약 이와 같은 해석이 타당하다면, 무덤군은 일정한 집단 단위를 반영하는 것이라고 볼 수도 있다.

부장품의 구성을 살펴보면, 무덤 간에 뚜렷한 격차가 확인되지 않는다는 점에서 각 피장자 간의 관계는 비교적 동질적인 집단에 속하였다고 상정할 수 있다. 그렇다면, 이러한 집단 단위는 일정한 사회적인 의미를 지닌 것으로 해석해야 할 것이다. 이와 같은 집단은 혈연관계를 기반으로 하여 계기적으로 매장된 공동체적 단위로 이해하는 것이 가장 적절해 보인다. 또한, 8호묘를 제외한 대부분의 무덤이 동실묘 구조를 띠고 있어, 앞서 검토한 위자좡[于家莊] 무덤군과 마찬가지로 구위안[固原] 지역에서는 동실묘가 지역적인 무덤의 대표적인 특징으로 자리잡고 있음을 보여준다.

반면 제2지점과 제3지점은 제1지점에 비해 지리적으로 서로 인접한 위치에 있다. 공교롭게도 제2 지점의 무덤 대부분 파괴되어, 완전한 형태의 무덤은 확인되지 않는다. 그중에서도 부장품이 비교적 잘 남아 있는 무덤을 살펴보면, A2식 동검이 출토된 18호묘는 량청[涼城]지구 편년 III기와 병행하며, E식 조형교구를 가진 14호묘와 17호묘는 량청[涼城]지구 편년 IV기와 병행하는 것으로 보인다. 부장품의 수량이나 구성 면에서 큰 격차가 확인되지 않아 제1지점의 무덤들과 동일한 계층적 관계를 갖는 무덤군이라는 인상印象을 준다.

하지만, 상대적으로 연대가 내려가는 제3지점의 묘역에서는 다른 경향이 확인된다. 앞서 연대 비정에서 제3지점은 량청[涼城]지구 편년 IV~V기에 해당하는 것으로 판단되었다. 이 묘역의 경우, 교란이 되지 않은 1호묘에서 8호묘의 무덤들에서도 부장품의 양과 동실洞室의 규모면에서 제1지점과는 뚜렷한 격차를 드러낸다. 특히 대형 동실을 갖춘 4호묘는 부장품 수량이 현저히 많은 대표적인 사례로, 명확한 사회적 위계 차를 보여주는 무덤이다. 따라서 기원전 5~4세기인 량청[涼城]지구 편년 IV~V기의 제3지점 무덤군은 사회적 계층 격차가 심화된 단계로 볼 수 있다. 이 시기 구위안[固原]지역 전반은 사회적 변혁이 급격히 진행되었고, 그에 따라 집단 내부의 계층 구조도 한층 복잡하고 분화된 형태로 진화하였다.

또한 닝샤[寧夏] 펑양[彭陽]현 장제[張街]촌에서는 3기의 무덤에서 청동기·철기가 부장되었다(寧夏回族自治区文物考古研究所·彭陽県文物站 2002). 장제[張街]촌 ZK묘에서는 도자刀子(그림44-61·62), 교구鉸具(그림44-63), 착착鑿(그림44-64) 등 다양한 청동제품이 확인되었다. 특히 와문을 띤 교구는 네이멍구 중남부 청동기 편년 B2식 조형교구에 해당한다(宮本 1999b·2000e). 장제[張街]촌 ZK묘는 춘추 후기 후반에 해당하는 량청[涼城]지구 편년 II기에 속한다.

이곳에서는 마구馬具로 추정되는 골제품, 즉 편자로 보이는 유물(그림44-65)도 함께 출토되었다. 장제[張街]촌 3호묘와 2호묘는 모두 동실묘 구조로, 이는 룽산지구의 특징적인 무덤구조를 보여주는 사례이다. 凸자형 구조를 띠는 동실묘는 구위안[固原] 지구의 凸자형 무덤 구조와 연결된다. 3호묘는 도자, 와문대식渦文帶飾, 동포銅泡 등 다양한 청동기(그림44-66~71)로 구성되어 있다. 이 가운데 도자는 신부와 병부의 경계가 없이 직선적으로 연결된 형식으로, 신부와 병부가 구분되는 장제[張街]촌 ZK묘의 도자(그림44-61·62)보다 형식적으로 후행하는 양상을 보인다.

또한 장제[張街]촌 3호묘 와문 띠장식(그림44-67)의 와문과 원형 장식(그림44-68)의 와문은 그 문양적 특징으로 볼 때 전국 전기 량청[涼城]지구 편년 III기에 속한다. 이 단계부터 환상環狀 철기(그림44-71)도 출토되기 시작한다. 아울러 이 시기의 동포(그림44-69·70)은 뉴鈕가 신부보다 돌출된 형태를 갖는 것이 특징이다.

한편 장제[張街]촌 2호묘의 동검(그림44-72)은 자루가 원환圓環 형태를 띠는 것으로, 전국 중기에 해당하는 량청[涼城]지구 IV기의 유물로 볼 수 있다. 이 시기의 동포(그림44-79·80)는 장제[張街]촌 3호묘 출토품과 달리, 뉴鈕가 신부의 안쪽에 자리잡고 있다. 신부 전체가 편평했던 이전 단계와는 달리, 만곡된 형태로 변화하고 있다. 이 밖에도 대형동포(그림44-78)도 함께 출토되었다.

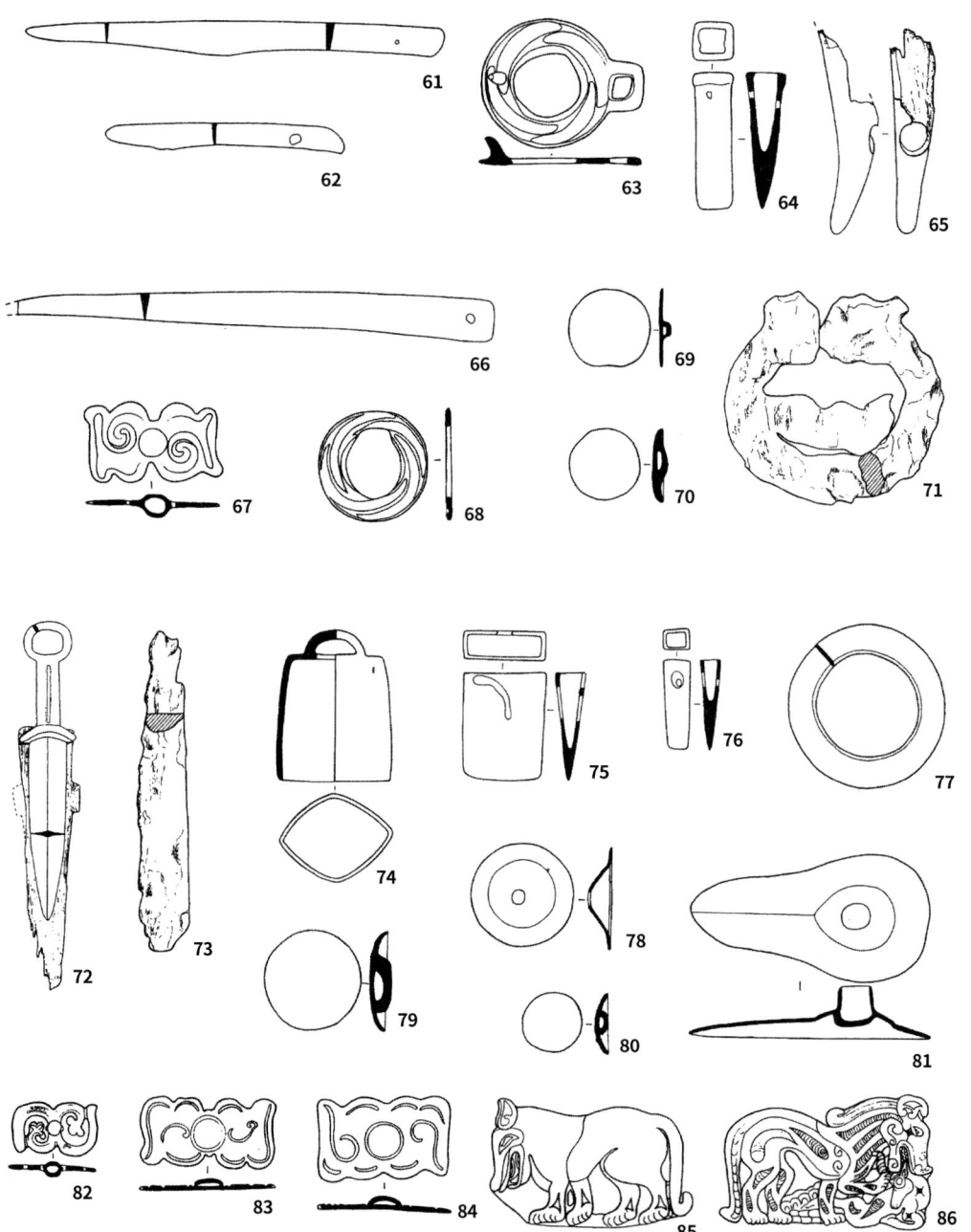

그림44. 구위안 지구 출토 청동기(6) (61~65: 장제[張街]촌 ZK묘, 66~71: 장제촌 3호묘, 72~86: 장제촌 2호묘, ※72: 축척 1/5, 그외: 축척 2/5)

또한 와문대 장식(그림44-83·84)은 문양이 퇴화된 양상을 보이며, 장제[張街]촌 3호묘 출토품(그림44-67)보다 후행하는 특징을 띠고 있어 연대적으로도 타당하다. 띠장식[帶飾](그림44-82)도 위안자[袁家]의 띠장식[帶飾](그림37-30)이나 중구 11호묘의 띠장식[帶飾](그림38-17)과 유사하게 동물문動物文이 의장화된 문양을 표현하고 있다. 특히 장제[張街]촌 2호묘에서는 호랑이를 장식한 띠장식판[帶飾板](그림44-85·86)도 출토되어 주목된다. 이밖에도 동령(그림44-74), 동부銅斧(그림44-75), 동반銅盤(그림44-76), 철관형凸管形식(그림44-81) 등이 함께 출토되었다. 이러한 유물 구성과 띠장식판[帶飾板]의 존재를 통해 장제[張街]촌 2호묘는 수장묘적인 성격을 지닌 무덤으로 해석할 수 있다.

닝샤 펑양현 왕다후[王大戸] 무덤군도 구위안[固原] 지구의 특징적인 凸자형 동실묘로 구성되어 있다(寧夏文物考古研究所·彭陽県文物管理所編 2016). 이 가운데 왕다후[王大戸] 1호묘(그림45-1~7)에서 출토된 동검은 검병劍柄의 쌍조문과 검격[鍔]의 쌍수문雙獸文이 퇴화된 형태로, 이는 량청[涼城]지구 편년 III~IV기에 해당하는 형식으로 판단된다. 아울러 와문 띠장식[帶飾](그림45-6)의 소용돌이[渦] 문양의 말린 정도 역시 같은 시기의 특징을 보여준다. 이 무덤의 C[14] 연대측정결과가 기원전 4세기로 밝혀졌는데(寧夏文物考古研究所·彭陽県文物管理所編 2016), 이는 상대연대와 맞아떨어져 적절한 연대로 볼 수 있다. 또한 공반되는 띠장식판[帶飾板](그림45-4·5)은 수형獸形 문양을 표현하고 있으나, 구체적인 동물은 특정할 수 없다.

한편 왕다후[王大戸] 2호묘(그림45-8~14)와 3호묘(그림45-15~22)의 동검(그림45-8·15) 및 동모(그림45-9·16)는 형태상 거의 동일하여 동시기로 판단된다. 특히 왕다후[王大戸] 2호묘에서도 띠장식판[帶飾板](그림45-11)이 출토되었는데, 짐승 문양을 세밀하게 표현한 점이 특징이다. 또한 동검(그림45-8) 자루의 끝부분이 편평하게 처리되어 있는 점은 량청[涼城]지구 편년 IV~V기에 해당하는 형식의 특징으로 볼 수 있다.

왕다후[王大戸] 4호묘에서는 동병철검과 철기가 함께 출토되었다. 동병철검은 필자의 병부 분류 기준으로 4a식에 해당하여(宮本 2010), 기원전 4~3세기의 유물로 판단된다. 왕다후[王大戸] 5호묘(그림45-23~31)의 동검(그림45-23)은 병부의 형태가 1호묘(그림45-1)와 2·3호묘(그림45-8·15)의 중간적 형태로 량청[涼城]지구 편년 IV기에 해당하는 것으로 판단된다.

왕다후[王大戸] 6호묘(그림46-1~10) 출토 동검(그림46-1)은 병부 끝이 환상環狀을 이루는 형식으로, 이는 전국 중기의 량청[涼城]지구 편년 IV기에 해당한다. 무문의 교구(그림46-7)는 필자 분류상 e식에 해당하여 이 역시 량청[涼城]지구 편년 IV기로 비정된다. 왕다후[王大戸] 7호묘(그림46-11~18)의 교구(그림46-12)는 필자의 분류 A2식으로, 이는 량청[涼城]지구 편년 I기에 해당한다. 반면 와문원형 장식(그림46-17)은 장제[張街]촌 3호묘의 출토품(그림44-68)과 유사하여 량청[涼城]지구 편년 III기에 속한다고 볼 수 있다. 또한 연속와문連續渦文의 장식금구(그림46-13)는 왕다후[王大戸] 6호묘(그림46-6)의 출토품과 동일하여 량청[涼城]지구 편년 IV기에 해당한다. 이외에도 사슴형 입체수형 장식(그림46-18)도 함께 출토되었다. 이와

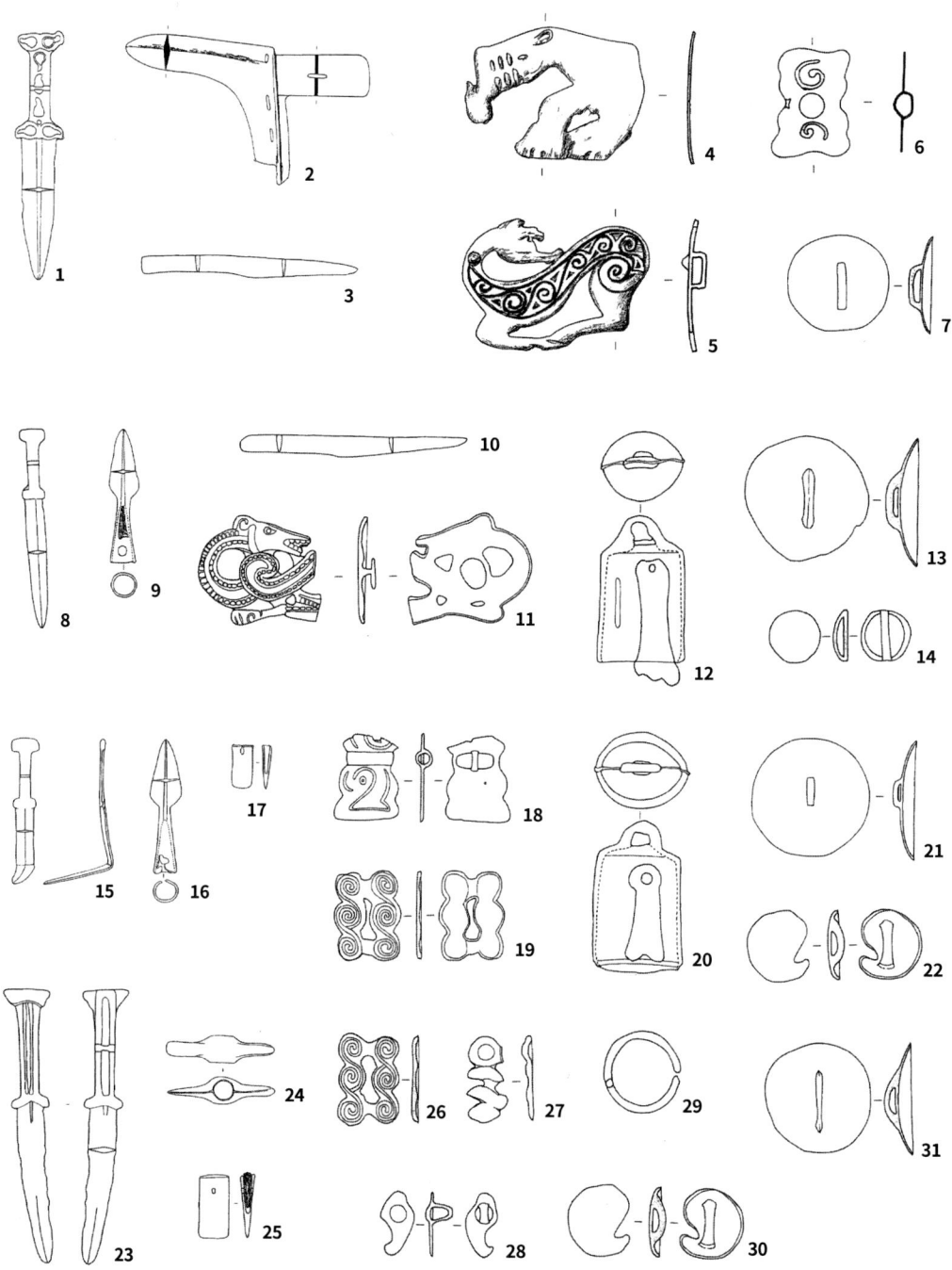

그림45. 구위안 지구 출토 청동기(7) (1~7: 왕다후[王大戶] 1호묘, 8~14: 왕다후 2호묘, 15~22: 왕다후 3호묘, 23~31: 왕다후 5 호묘, ※1~3 · 10 · 15~17 · 23~25: 축척 1/5, 그외: 축척 2/5)

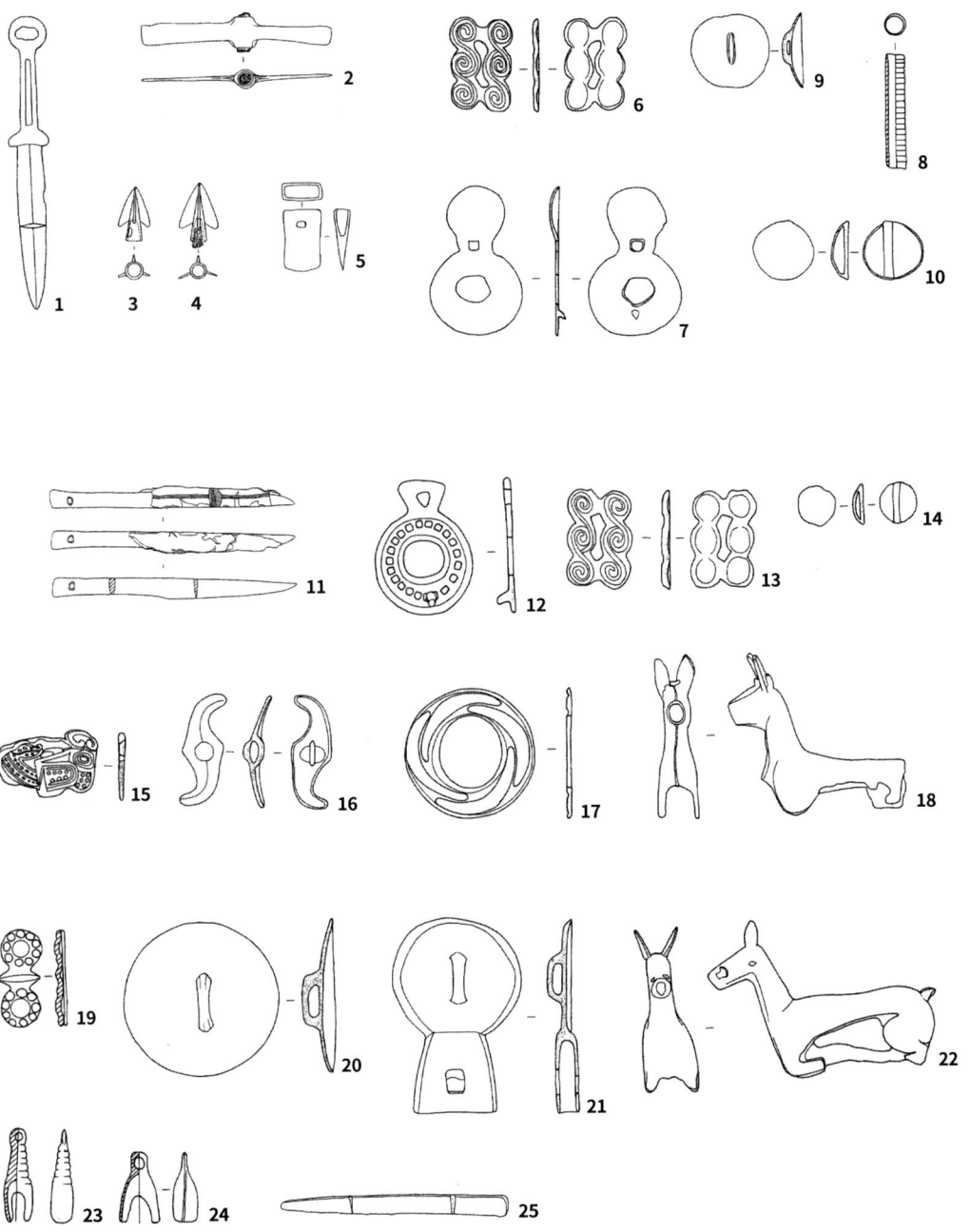

그림46. 구위안 지구 출토 청동기(8) (1~10: 왕다후 6호묘, 11~18: 왕다후 7호묘, 19~25: 중좡[中莊] 1호묘, ※1~5·11·25: 축척 1/5, 그외: 축척 2/5)

같은 출토품 구성으로 볼 때, 왕다후[王大戶] 7호묘는 량청[涼城]지구 편년 I기에서 IV기에 걸친 시기폭을 갖는 복합적 양상을 지닌 것으로 해석된다.

이상과 같이 왕다후[王大戶] 무덤군은 청동기를 중심으로 특정한 연대는 량청[涼城]지구 편년 IV~V기가 중심을 이루어 기원전 4~3세기를 중심으로 형성된 무덤군으로 판단된다. 이 무덤군의 또다른 특징으로는 소나 양 등 희생수[犧牲獸]가 부장된다는 점을 들 수 있다.

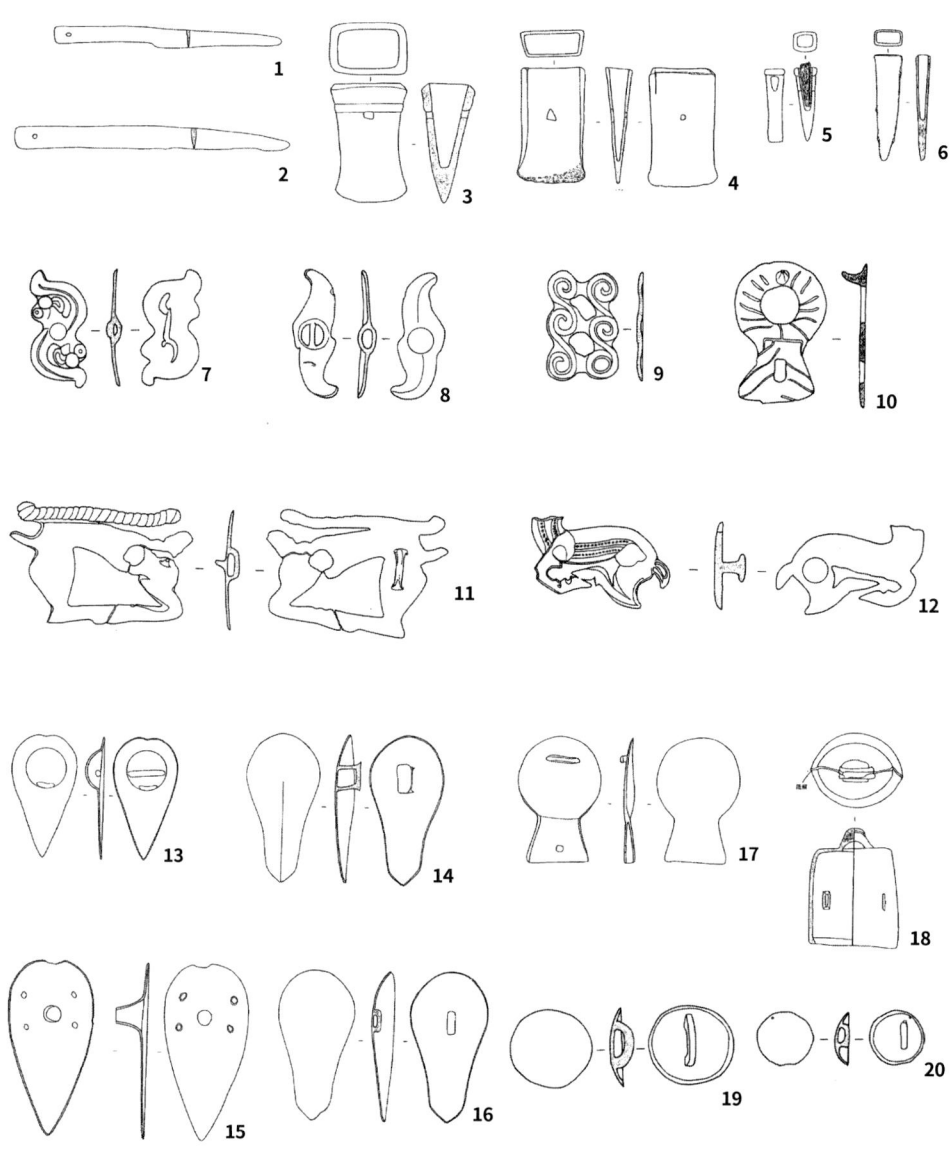

그림47. 구위안 지구 출토 청동기(9) (1~20: 미거우[米溝], ※1~6: 축척 1/5, 그외: 축척 2/5)

닝샤[寧夏] 펑양[彭陽]현 중쫭[中莊] 무덤군에서도 凸자형 동실묘가 확인되었다(寧夏文物考古硏究所 · 彭陽縣文物管理所編 2016). 중쫭[中莊] 1호묘에서는 도자(그림46-25), 사슴형 입체수형 장식(그림46-22), 소형 동령(그림46-23 · 24) 등이 출토되고 있는데, 유물의 형식으로 보아 중쫭[中莊] 무덤군은 왕다후[王大戶] 무덤군과 거의 같은 시기로 판단된다.

그 밖에 닝샤 펑양현 미거우[米溝]유적은 도굴된 무덤으로, 이곳에서 수거된 청동기가 보고된 바있다(寧夏文物考古硏究所 · 彭陽縣文物管理所編 2016). 도자는 신부와 자루의 경계가 명확한 형식(그림47-1)과 경계가 불분명하고 직선화된 형식(그림47-2)으로 나뉜다. 동부銅斧와 동착銅鑿은 공부銎部에 돌선[箍]이 있는 것(그림47-3 · 5)과 공부에 돌선[箍]이 없는 것(그림47-4 · 6)으로 구분된다. 형식학적으로 보았을 때, 도자는 자루의 경계가 명료한 것에서 자루의 경계가 불명료하고 직선화된 형식으로, 동부 및 동착의 경우 공부에 돌선[箍]이 있는 것에서 없는 것으로 변화하는 경향이 관찰된다. 또한 띠장식[帶飾]은 짐승문[獸文]이 서로 마주보는 형태로 의장화된 것(그림47-7)과 무문의 띠장식[帶飾](그림47-8)이 함께 확인된다.

와문의 새겨진 장식금구(그림47-9)는 왕다후[王大戶] 무덤군의 출토품과 동일한 형식이다. 반면 교구(그림47-10)는 상대적으로 특수한 문양 구성을 가지고 있어 주목된다. 또한 띠장식판[帶飾板](그림47-11 · 12)은 왕다후[王大戶] 1 · 2호묘 출토품(그림45-4 · 5 · 11)처럼 단일 동물 형상으로 구성되어 있으나, 구체적인 동물의 종류는 비정하기 어렵다. 이외에도 철관형凸管形 장식을 포함한 마구의 장식금구(그림47-13~17)나 마령馬鈴(그림47-18)이 확인되었으며, 동포(그림47-19 · 20)도 함께 출토되었다. 이상과 같은 출토품 구성으로 미루어 볼 때, 미거우[米溝]유적의 청동기들은 장제[張街]촌 무덤군이나 왕다후[王大戶] 무덤군 등 펑양현 일대에서 출토된 청동기들과 밀접한 관련성을 지닌다. 따라서 전국시대에 해당하는 량청[涼城]지구 편년 III~V기와 병행한다고 판단된다.

4. 중닝[中寧]지구

중닝[中寧]지구의 청동기는 중닝[中寧]현 관디시[關帝]향 니딩[倪丁]촌(寧夏回族自治區博物館考古隊 1987)과 중웨이[中衛]현 시타이[西台]향 쐉다[雙瘩]촌 랑워쯔겅[狼窩子坑](周興華 1989)에서 출토되었다(그림48). 이것들은 모두 무덤에서 출토된 것으로 추정된다. 니딩[倪丁]촌 2호묘는 토광묘로서 피장자를 매장한 후 상부에 두 개체의 마두골馬頭骨을 놓았으며, 마면馬面은 마두골 부근에서 출토되어 마구의 일부였음을 알 수 있다. 마면은 두 가지의 형식으로 나뉜다. A식은 화저형靴底形을 띠며, 인면人面과 유사한 문양이 의장적으로 장식되어 있다(그림48-11), 반면 B식은 서로 마주보는 조문鳥文이 새겨져 있다(그림48-10).

두 지역에서 출토된 마면은 칭양[慶陽]지구 등 다른 지역에서는 확인되지 않은 특이한 것으로, 량워쯔갱[狼窩子坑]에서는 A식과 B식의 마면이 모두 출토되었다(劉軍 2001). 이러한 사실을 미루어 보아, 마면은 중닝[中寧]지구의 지역성을 나타내는 대표적인 청동기라고 할 수 있다. 니딩[倪丁]촌 2호묘에서는 량청[涼城]지구 편년 I기에 해당하는 A2식의 조형교구(그림48-5)가 출토되었다. 이는 춘추 후기에 해당하는 시기의 유물이다. 이와 함께 공반된 청동단검은 검파가 환상環狀을 이루는 형태(그림48-1·2)

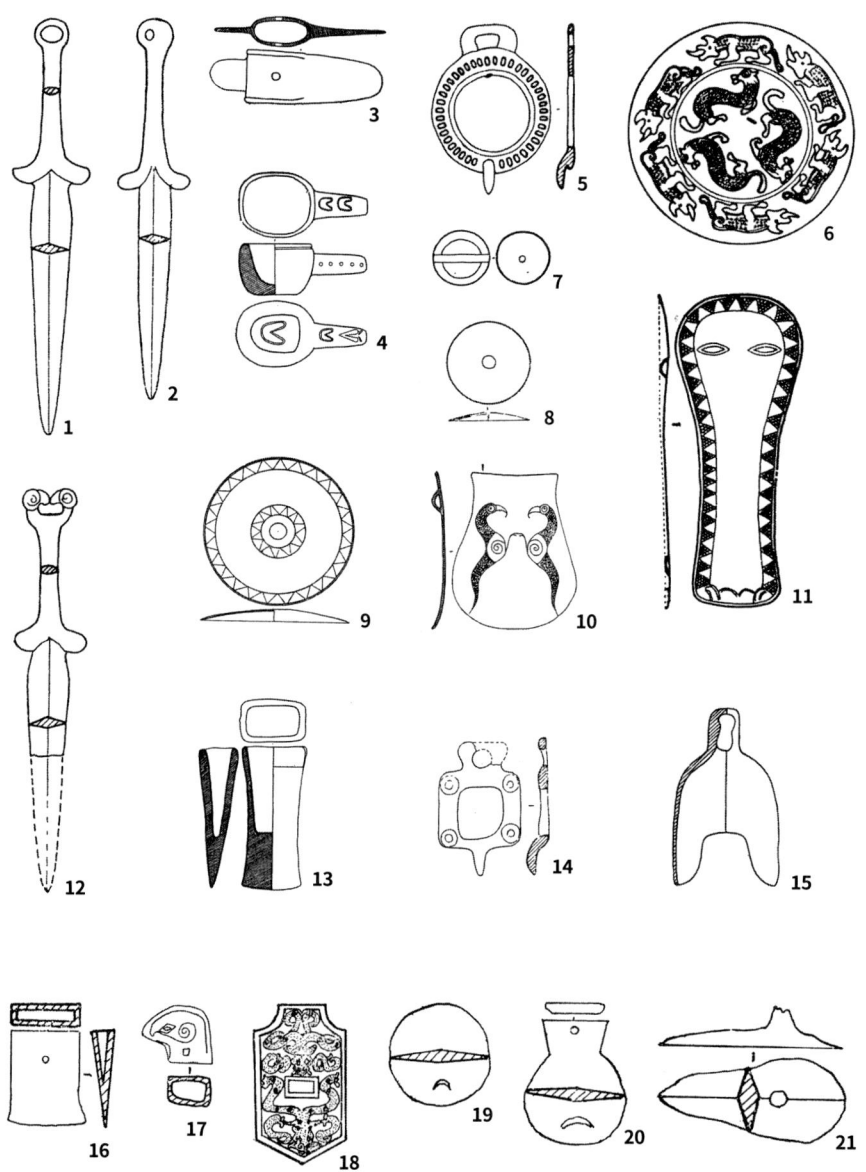

그림48. 중닝[中寧]지구 출토 청동기(1~11: 니딩[倪丁]촌 2호묘, 12~15: 니딩촌 1호묘, 16~21: 량워쯔[狼窩子]갱 1호묘, ※1~4·9~13·17~21: 축척 1/5, 16: 축척 1/4, 그외: 축척 2/5)

로, 칭양[慶陽]지구의 훙옌[紅岩]에서 출토된 동검과 동일한 형태를 띠고 있어 거의 동일한 시기로 판단된다.

또한 니딩[倪丁]촌 2호묘에서 공반된 동경(그림48-6)은 수문獸文이 이중으로 배치되는 형태이다. 유사한 예로 산시[山西]성 창즈펀수이링[長治分水嶺] 53호묘에서 출토된 동경(山西省文物管理委員会 · 山西省考古研究所 1964)을 들 수 있다. 이 무덤의 연대는 춘추 말기에서 전국 초기로 추정되며, 거울을 포함한 부장품이 니딩[倪丁]촌 2호묘와 거의 동일하다. 이를 참고하면, 니딩촌 2호묘 역시 춘추 후기로 추정할 수 있다.

한편 니딩[倪丁]촌 1호묘는 일부 훼손되어 유물의 수량은 적으나, A1식 동검(그림48-12)이 출토되었다. 이 동검은 량청[涼城]지구 편년 Ⅱ기에 해당한다. 또한 함께 출토된 동령(그림48-15) 역시 동시기의 양식적 특징을 지닌다. 이를 통해 니딩[倪丁]촌 1호묘는 니딩[倪丁]촌 2호묘보다 후행하는 전국 전기의 무덤으로 이해할 수 있다.

랑워쯔갱[狼窩子坑]에서도 11기의 무덤이 발견되었는데, 일부 유물은 출토의 위치가 불분명한 경우도 있다. 이 중에서 일괄 유물로 평가할 수 있는 것은 1~4호묘이다. 동검의 특징 등으로 보아 니딩[倪丁]촌 2호묘 이후 장기간 존속된 무덤군임을 알 수 있다. 특히 랑워쯔갱[狼窩子坑] 1호묘는 니딩[倪丁]촌 1호묘보다 후행하는 단계의 무덤으로 판단된다. 여기서 출토된 철관형凸管形 장식(그림48-21)은 룽산지역 전체적 현상 속에서 보더라도 량청[涼城]지구 편년 Ⅳ기 이후와 병행함을 보여주는 증거이다. 또한 랑워쯔갱[狼窩子坑] 3호묘에서는 니딩[倪丁]촌 2호묘에서 출토된 마면과 동일한 형태의 문양을 가진 A식 화저형靴底形이 출토되었다. 이 마면의 문양은 니딩[倪丁]촌 2호묘의 출토품과 거의 유사하지만, 하단 문양에서 약간의 차이를 보인다.

B식 마면의 문양도 역시 마주보는 쌍조문으로 구성되어 있다. 그러나 보고서의 사진 도판을 통해 니딩[倪丁]촌 2호묘의 출토품과 달리 쌍조문 위에 식물상 문양이 더해져 있는 점이 다르다. 이러한 문양의 차이는 랑워쯔갱[狼窩子坑] 3호묘의 마면이 니딩[倪丁]촌 2호묘보다 연대가 후행한다는 것을 시사한다고 볼 수도 있다. 결과적으로 A식과 B식 마면은 룽산지역 내에서도 중닝[中寧]지구에서만 확인되는 특징으로서, 이 지역만의 위신재로 해석할 수 있다. 아직까지는 중닝[中寧]지구의 무덤에서는 룽산의 다른 지역에서 흔히 출토되는 간두식이나 사슴형 입체수형 장식이 발견되지 않아 이 지역의 무덤이 독자적인 특징을 뚜렷하게 보여준다.

이 밖에도 중웨이[中衛]현 시타이[西台]향에서 긴급조사를 통해 청동기가 채집되었는데, 관련 유물은 사진으로만 보고된 바 있다(張偉寧 2010). 그중 동검 1점은 쌍조문의 병두로 이루어져 있으며, 춘추 후기 후반의 량청[涼城]지구 편년 Ⅱ기에 속하는 것이다. 또한 랑워쯔갱[狼窩子坑] 1호묘에서 출토된 특이한 형태의 띠장식판[帶飾板](그림48-18)과 유사한 띠장식판도 출토되었다. 양자 모두 사문蛇文을 띠고 있어 중원지역과의 교류 속에서 생겨난 것으로 추정되는 데, 이는 전국 후기에 해당한다.

5. 룽더[隆德]지구

룽더[隆德]지구에서는 양호한 일괄유물이 부족하여, 무덤 간에서의 비교연구가 어려운 실정이다. 그러나 출토된 청동기에서는 지역적인 특징이 확인된다. 필자가 1999년 친안[秦安]현 문화관을 방문했을 당시, 몇 점의 청동기들을 실견할 수 있었다. 여기서는 이 청동기들을 중심으로 그 특징을 살펴보고자 한다. 그림49의 1~3은 친안[秦安]현 중산[中山]향에서 출토된 것이다. 비록 보고된 바 없어 구체적인 출토 현황은 알 수 없으나, 일괄유물로 추정된다. 특히 1(검)은 단면이 편평하게 처리되어 있어, 실용적인 검이라기 보다는 명기화된 청동검임을 추정할 수 있다.

이 지역에서 출토된 동검 가운데, 검파[劍把] 장식이 쌍조[雙鳥]로 구성된 전형적인 오르도스식 동검은 친안[秦安]현 왕야오공사 산왕자[王窯公社山王家](秦安縣文化館 1986)에서 출토되었으며, 그 퇴화된 형태는 친안[秦安]현 궈자공사 스쥐핑[郭嘉公社寺嘴坪](秦安縣文化館 1986)에서 확인된다. 스쥐핑[寺嘴坪]의 출토품보다 더 퇴화된 것이 중산[中山]향에서 출토된 동검이라 할 수 있다. 이 동검들은 전체적으로 얇고 편평해지는 방향으로 변화할 뿐만 아니라, 검의 격[鍔] 부분이나 검파 장식 역시 점차 퇴화되는 특징을 보이고 있어 일정한 형식 변화를 잘 보여준다.

또한 중산[中山]향에서 출토된 동검은 전체적으로 편평할 뿐만 아니라, 검격의 일부나 검파 부분을 주조 보수[鑄掛け]하는 등 조잡하게 만들었다. 같은 지역에서 출토된 유공부有銎斧(그림49-3)도 소형으로 실용적인 무기로 볼 수 없으며, 도끼[斧]의 인부 단면이 편평하다는 점에서 유사하다. 공부銎部의 상하단에 곡립문穀粒文을 배치되어 장식성이 강조되어 있다는 점도 특징적이다. 그밖에도 중산[中山]향에서는 동도자銅刀子(그림49-2)도 출토되었다.

이처럼 명기화된 유공부有銎斧는 중산[中山]향 이외에도 산왕자[山王家]에서도 확인된다. 이곳에서는 2점의 유공부가 출토되었는데, 모두 소형화되어 실용도구로 보기 어려운 명기이다. 그림49-4는 도끼의 날 부분 중앙이 투공되어 있어, 구조적으로 도끼로서 강도가 부족하다. 형태상으로는 괭이[鶴嘴][1] 로 볼 수 있는 도구이지만, 역시 강도가 취약해 비실용구로 여겨진다. 또한 그림49-5는 유공부라기보다는 자돌구刺突具나 괭이의 계열에서 파생된 도구로 볼 수 있으나, 역시 소형으로 실용무기로 보기는 어렵다. 공부의 투공된 부분에는 통상筒狀의 동제품이 삽입되어 있는 특이한 구조적 특징을 띤다.

이와같이 룽더[隆德]지구 청동기문화의 특징 중 하나로 명기화를 들 수 있다. 특히 북방 청동기의 전형적인 기종인 동검이 출토되는 점, 유공부에서도 명기화가 두드러진다는 점은 이 지역 청동기문화의 특징을 보여준다. 다만 명기화가 이루어진 정확한 시기는 특정하기 어렵다. 현재까지 자료에 의하면 동검의 명기화는 적어도 량청[涼城]지구 편년 III기에 해당하는 A2식 동검 단계에 이루어졌거

---

1) 역자 주) 학취鶴嘴는 학의 부리처럼 생긴 도구로서 학취부鶴嘴斧라고도 한다. 여기서는 괭이 정도로 번역해 둔다.

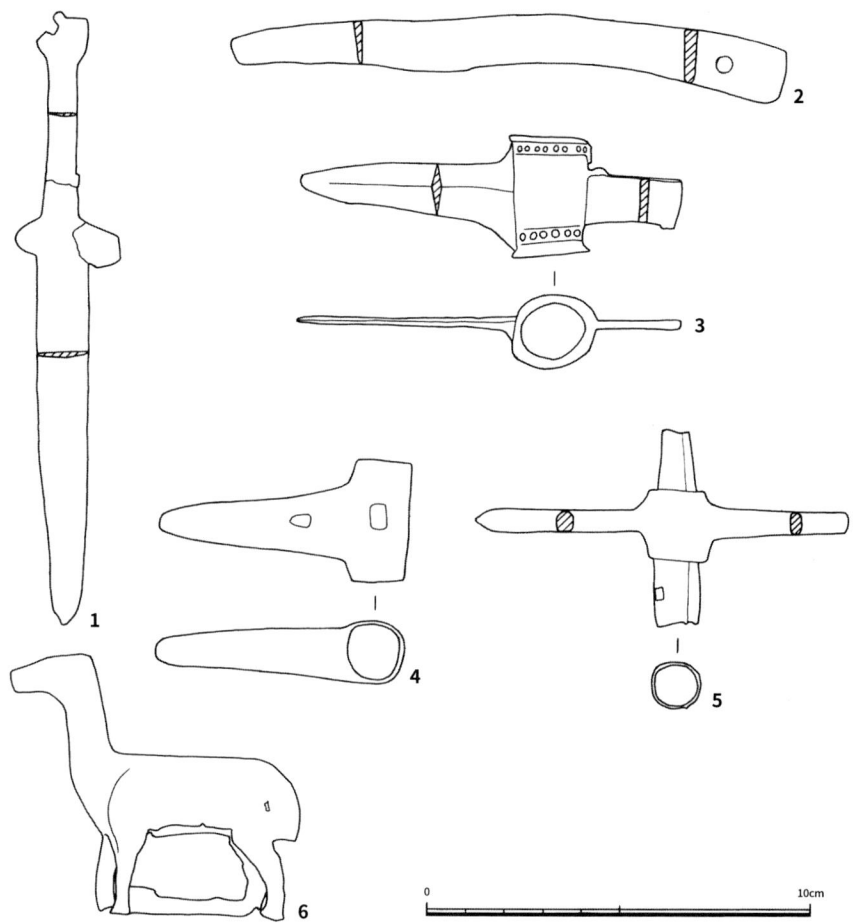

그림49. 룽더[隆德]지구 출토 청동기(1~3: 중산[中山]향鄕, 4·5: 산왕지아[山王家], 6: 첸후[千戶]공사公社, ※축척 1/2)

나, 그 이후인 량청[涼城]지구 편년 IV기의 전국 중기 이후부터 진행되었을 가능성이 크다.

한편, 사슴형 입체수형 장식(그림49-6)은 친안[秦安]현 첸후공사[千戶公社](秦安県文化館 1986)에서도 볼 수 있듯이, 룽더[隆德]지구가 지닌 지역적인 특징과 함께 룽산지역 전반에 공통적으로 확인되는 청동 기문화의 특징을 동시에 보여준다. 마찬가지로 룽더[隆德]현 웬부[温堡]향 우거우[呉溝]촌의 토광묘에 서는 철관형凸管形 장식, 사슴형 입체수형 장식, 마가馬街, 와문 장식, 동포, 동촉 등 다양한 청동기가 출토되었다고 한다(王全甲 1990). 이 무덤은 청동기 구성으로 보아 량청[涼城]지구 편년 IV~V기에 해 당하는 것으로 추정된다. 특히 철관형凸管形 장식이나 사슴형 입체수형 장식은 칭양[慶陽]지구나 구위 안[固原]지구와 같이 룽산지역에서 공통적으로 확인되는 기종이다. 량청[涼城]지구 편년 IV기 이후에는 룽산지역 전역에서 공통된 청동기문화의 특징과 함께 명기화라는 지역적인 특징이 공존한다. 이러한 청동기의 명기화 현상은 매장 습속의 지역적인 특이성과 함께 사회 내부의 계층 분화 과정에서 나타난 결과일 가능성이 있다.

6. 칭수이[清水]지구

간쑤[甘肅]성 장자촨[張家川] 후이[回]족 자치현 마자위안[馬家塬] 무덤군(甘肅省文物考古研究所 · 張家川回族自治縣博物館 2008; 早期秦文化聯合考古隊 · 張家川回族自治縣博物館 2009 · 2010 · 2012; 甘肅省文物考古研究所編 2014)과 그 서쪽에 인접한 친안[秦安]현 왕와[王窪] 무덤군(甘肅省文物考古研究 2012)에서는, 계단식 묘도를 가진 수혈편동실竪穴偏洞室묘라는 지역성을 지닌 특수한 무덤이 확인된다. 또한 이 유적들에서는 칭수이[清水]현 류핑[劉坪]유적(李曉靑 · 南宝生 2003; 甘肅省文物考古研究所 · 清水縣博物館編 2014)을 포함하여 금은기金銀器가 풍부하게 출토된다. 청동기의 구성이나 차마구의 특징을 종합해 볼 때, 이 지역들은 고유한 문화양식을 지닌 것으로 평가된다.

이 지역은 후루[葫蘆]하 유역에 위치한 친안[秦安], 칭수이[清水], 장자촨[張家川]을 중심으로 무덤군이 분포하고 있다는 점에서 칭수이[清水]지구라고 칭해 두고자 한다. 마자위안[馬家塬] 무덤군의 부장품 중 하나인 사문동산족격蛇紋銅鏟足鬲은 춘추시기 간쑤[甘肅]성 간구마오자핑[甘谷毛家坪]유적 등에서 확인되는 사문력蛇文鬲의 청동기이다(王輝 2009). 사문력은 전국시대 간쑤[甘肅]성 동부 · 동남부에 분포하며, 룽산지역의 재지적인 토기라 할 수 있다. 따라서 칭수이[清水]지구도 룽산지역 청동기문화의 일원으로 삼을 수 있다.

이 지역의 묘제는 수혈 묘광竪穴墓壙으로서 묘도 방향은 동서 방향으로 설정되어 있다. 특히 터널형인 동실묘洞室墓는 수혈 묘광의 북벽, 즉 서쪽이 뚫려있는 일정한 규칙성이 존재한다(王輝 2009). 또한 수혈에는 수레[車]가 배치된다. 이처럼 토동묘土洞墓로서 계단식 묘도와 함께 묘광에 수레를 부장하는 묘제는 룽산지역에서도 이 지역에만 한정되는 독특한 구조이다.

연대는 마자위안[馬家塬] 무덤군이 전국 후기 중심이며, 일부 통일 진秦 초기까지 내려간다(王輝 2009). 하지만 왕주[王注] 무덤군에서는 일부 전국 중기까지 상향하는 경향도 확인된다. 또한 마자위안[馬家塬] 무덤군은 부장품에서 명확한 계층적 분화가 드러난다. 예를 들어 위신재로서 화려한 금제 요대腰帶가 부장된 16호묘는 제1계층이며, 비교적 많은 청동제 무기를 부장한 15호묘가 제2계층, 철과鐵戈나 철검鐵劍 등 약간의 무기만을 부장된 12호묘나 8호묘를 제3계층으로 보는 시각도 있다(郭物 2019).

친안[秦安]현 류핑[劉坪]유적에서는 도굴된 다수의 금은기나 청동기가 출토된 바 있다(李曉靑 · 南宝

生 2003; 甘肃省文物考古研究所 · 清水県博物館編 2014). 청동무기와 공구로는 괭이[鶴嘴](그림50-1) · 부부(그림50-2 · 3) · 도자刀子(그림50-4~7) 등이 확인된다. 괭이는 다른 룽산지역에도 확인되는 북방 청동기문화의 전형적인 기종이다. 도자 중에는 소환두素環頭를 지닌 중원계(그림50-4)도 확인되며, 그외는 북방 청동기계의 도자(그림50-5~7)로서 자루에 문양이 새겨진 특수한 사례(그림50-7)도 있다.

동패식銅牌飾(그림50-8~12)은 여러 형태로 구분되며, 그 중 일부는 평면이 화저형靴底形[2]을 띠고, 가장자리에 문양이 새겨진 것(그림50-8 · 9)이 있다. 이 형태는 중닝[中寧]지구 니딩[倪丁]촌 2호묘의 마면(그림48-11)과 유사한 양상을 보인다. 다만 문양의 정교함이나 세부표현에서 볼 때 니딩[倪丁]촌 2호묘 출토품보다 퇴화된 형태를 보이며, 연대상으로도 전국 전기의 량청[涼城]지구 편년 II기보다 늦은 단계로 판단된다. 그 밖에도 장식 금구가 함께 확인되었다.

수두獸頭형 장식금구(그림50-16)는 중원적인 문양 요소를 지닌 것으로, 칭양[慶陽]지구 허우좡[後莊]의 띠장식[帶飾](그림34-15)이나 위자좡[袁家莊]의 쌍용문 띠장식(그림37-30)과 유사한 양식이다. 이를 통해 전국 중 · 후기에 해당하는 것으로 판단된다. 와권문渦卷文 장식(그림50-17)은 량청[涼城]지구 편년 III기에 해당하는 구위안[固原]지구 양랑[楊郎] 제1지점 3호묘 출토품(그림40-15)과 비교했을 때, 와권문이 퇴화된 양상을 보이므로 전국 중 · 후기로 추정할 수 있다. 그밖에도 와권문 장식(그림50-13)도 양랑[楊郎] 제1지점 3호묘(그림40-16)와 유사한 형태이나, 이 역시 와권문이 퇴화된 것으로 보아 전국 중 · 후기로 볼 수 있다.

또한 와문 장식과 형태는 유사하지만, 마주 보는 조문鳥文이 두 쌍으로 구성된 요대 장식(그림51-18)도 확인된다. 이 밖에 사슴형 입체수형 장식(그림51-15)은 네이멍구 중남부에서 룽산지역 북방 청동기문화의 전형적 특징을 보여주는 유물이다. 이 사슴형 입체수형 장식은 칭양[慶陽]지구 위자좡[袁家莊]의 출토품(그림37-31)이나 구위안[固原]지구 양랑[楊郎] 제1지점 12호묘 출토품(그림41-35)과 유사하다. 이 두 유물은 전국 중기인 량청[涼城]지구 편년 IV기에 해당하므로, 이 사슴형 입체수형식 역시 전국 중기로 편년할 수 있을 것이다.

류핑[劉坪]유적의 또 다른 특징으로는 금은기金銀器를 들 수 있다. 이 금은기는 금제 장식(그림50-14 · 19~22)으로 짐승의 형상을 주된 표현으로 삼고 있다. 그 중에서 그림50-14는 양의 형상을 본뜬 금제 장식이다. 그리고 은제의 대각양형大角羊形 장식이 다량 발견되었는데, 이것은 수레의 장식금구로 사용된 것으로 해석된다(甘肃省文物考古研究所 · 清水県博物館編 2014). 또한 그림50-19는 청동 띠장식판[銅帶飾板]으로 호랑이와 양, 사슴으로 구성된 동물 투쟁문鬪爭文으로 구성되어 있다. 다음 장에서 다루는 띠장식판 4식의 의장 구성과 가장 유사하며, 기원전 4~3세기에 해당하는 전국 중 · 후기의 유

---

2) 역자 주) 본문 중에는 표필형瓢筆型이라 기입되었으나, 그 의미가 불분명하여 맥락 상 앞서 언급된 화저형靴底形과 연결되어 이와 같이 번역하였다.

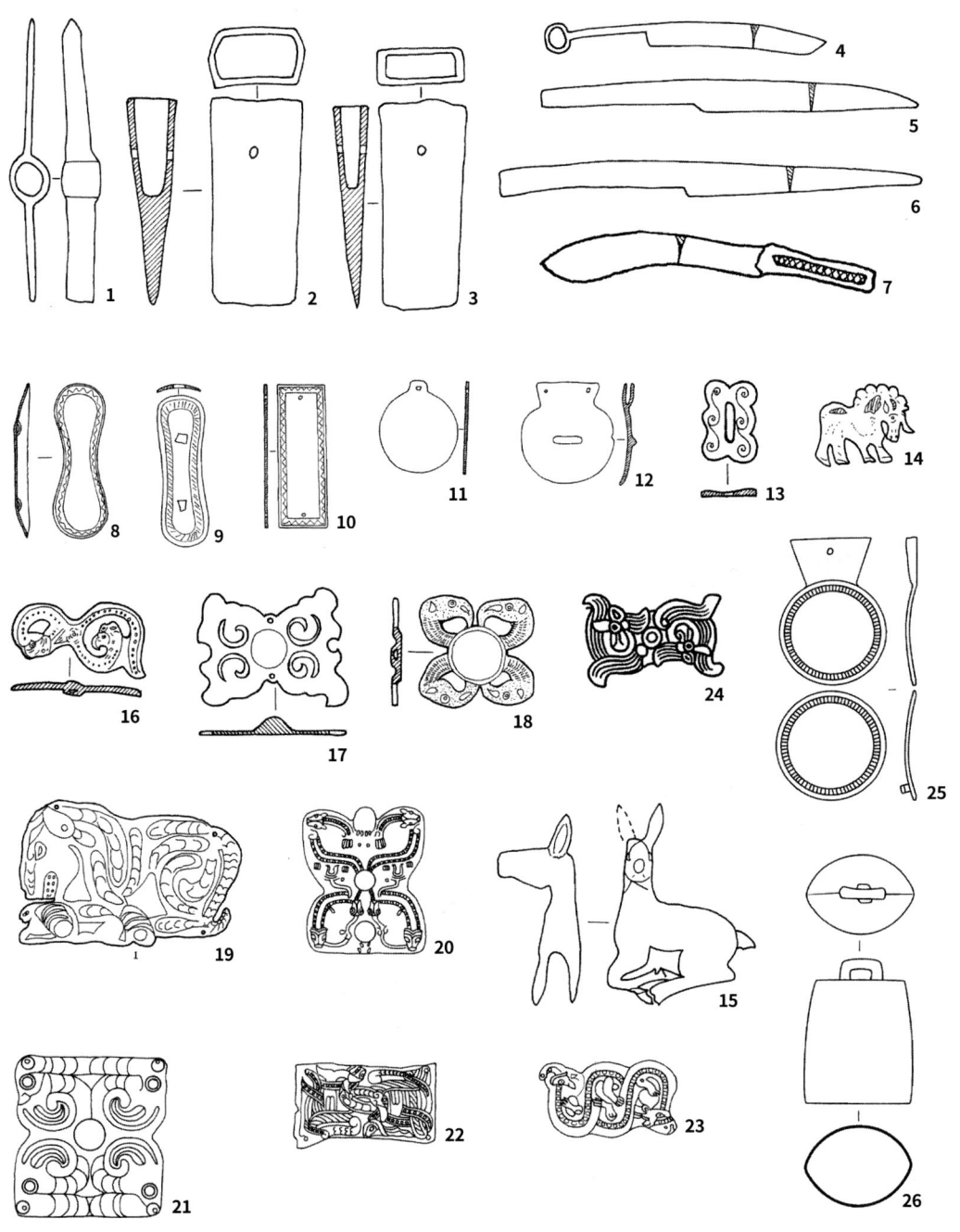

그림50. 칭수이[淸水]지구 출토 청동기(1) (1~23: 리우핑[劉坪], 24·26: 왕와[王窪] 1호묘, 25: 왕와 3호묘, ※1~12·25·26: 축척 1/5, 13~24: 축척 2/5)

물로 판단된다.

　그림50-20의 금대金帶 장식은 구도構圖 상으로는 동물문을 배치하고 있으나, 그 문양은 뱀이 뒤얽힌 사문蛇文 표현으로 변화되었다(甘肅省文物考古研究所 · 清水県博物館編 2014). 중원적인 문양의 영향을 받은 것으로 판단된다. 그림50-21도 그림50-20과 동일한 형식의 요대 장식이다. 전체적인 구도는 유사하지만, 문양은 양을 의장화한 형태로 북방 청동기문화의 특색이 뚜렷하게 반영되어 있다. 그림50-22는 사문이 더욱 복잡하게 뒤얽힌 형식으로, 역시 중원지역 문양 구성의 영향을 받은 사례로 볼 수 있다. 이와 같은 요대 장식들은 전반적으로 전국 후기를 중심으로 한다.

　간쑤[甘肅]성 친안[秦安]현 왕와[王窪] 무덤군는 계단식 묘도를 가진 편동실偏洞室묘로 구성된다. 1호묘에서는 터키석이 상감된 변룡문變龍文 장식의 중원계 동호銅壺가 출토되는데, 기형적인 특징으로 미루어 전국 중기의 유물로 추정된다. 또한 1호묘에서는 금제 장식(그림50-24)이 출토되었는데, 이는 중원계의 쌍용문双龍文으로 구성되어 있으며, 칭양[慶陽]지구 위자좡[袁家莊]에서 출토된 동대식銅帶飾(그림37-30)의 쌍용문과 유사한 양상으로 보인다. 이로 보아 이 유물은 전국 중기로 판단해도 무리가 없다. 1호묘에서는 차마구인 동령(그림50-26)도 함께 출토되었다. 반면 왕와[王窪] 3호묘에서는 동제銅製 원형 마두馬頭 장식(그림50-25)이 출토되었는데, 그 형태와 문양 구성은 칭양[慶陽]지구 전국 후기 양랑[楊郎] 제3지점 4호묘의 원형 장식(그림42-51)과 유사하다. 또한 3호묘에서는 철모도 출토되어 전국 후기로 판단된다.

　전국 후기를 중심으로 하는 마자위안[馬家塬] 무덤군에서도 유사한 형상의 특수한 청동기가 출토되었다. 1호묘에서는 중원계의 동과銅戈(그림51-1)와 함께 삼익촉三翼鏃(그림51-2 · 3)이 확인되었다. 삼익촉은 제6장에서 BⅡc류로 분류하는 것이다. 또한, 차마구인 동령(그림51-4)도 출토되었다. 1호묘에서는 금제조문金製鳥文 장식(그림51-6)과 은제사문銀製蛇文 장식(그림51-5)이 출토되었는데, 사문蛇文은 류핑[劉坪]유적의 사문금대蛇文金帶 장식(그림50-20)과 유사하여, 칭수이[清水]지구에서 공통적으로 나타나는 특징적 문양으로 평가할 수 있다.

　수레의 장식금구[飾金具]은 마자위안[馬家塬] 2호묘에서 확인되었으며, 납제 양형입체수형색羊形立体獸形色(그림51-7) 장식도 출토되었다. 이는 룽산지역의 동제 입체수형 장식과 동일한 형태적 특징을 지닌다. 마자위안[馬家塬] 3호묘에서는 수면문獸面文을 가진 띠고리[帶鉤](그림51-10)가 출토되었으며, 호형虎形의 수면문을 이룬다. 또한 3호묘에서는 금제 호형虎形 장식(그림51-8)이나 은제 대각양형大角羊形 장식(그림51-9)이 출토되었는데, 이 역시 수레의 장식 금구이다. 이 대각양大角羊은 아이벡스ibex[3]를 표현한 것으로, 띠장식판이나 암각화[岩画] 등에서도 등장하는 유라시아 초원지대의 대표적인 동물 문양 의장이다. 또한 마자위안[馬家塬] 7호묘에서도 수레의 장식금구인 은제 대각양형 장식(그림51-11)이

---

3) 역자 주) 주로 유럽 및 아프리카, 아시아 산악지대에 서식하는 야생 염소.

그림51. 칭수이지구 출토 청동기(2) (1~6: 마자위안[馬家塬] 1호묘, 7: 마자위안 2호묘, 8~10: 마자위안 3호묘, 11: 마자위안 7호묘, 12 · 14: 마자위안 8호묘, 13: 마자위안 12호묘, 15: 마자위안 13호묘, 16~22: 마자위안 14호묘, ※1~3 · 12~18 · 22: 축척 1/5, 5 · 6 · 8~11 · 19~22: 축척 2/5)

확인되었다.

　마자위안[馬家塬] 8호묘에서는 철검(그림51-14)과 철과鐵戈(그림51-12)가 출토되었으며, 마자위안[馬家塬] 12호묘에서는 철과(그림51-13), 마자위안[馬家塬] 13호묘에서는 철모鐵矛(그림51-15)가 확인되었다. 이는 이 시기 마자위안[馬家塬] 무덤군에서 철제무기가 본격적으로 보급되기 시작했음을 보여주는 근거로 이해할 수 있다. 단순히 철제품의 보급을 넘어서, 단조철기에 기반한 북방 유라시아 철기술의 영향을 받은 것인지는 향후 주목해 볼 문제이다.

　사회적 상위층으로 여겨지는 제1계층인 마자위안[馬家塬] 16호묘(早期秦文化聯合考古隊 · 張家川回族自治縣博物館 2010)와 마찬가지로, 마자위안[馬家塬] 14호묘에서는 금제 요대腰帶 장식이 출토되었다(早期秦文化聯合考古隊 · 張家川回族自治縣博物館 2009). 요대腰帶 장식(그림51-16 · 17)은 호랑이와 사슴으로 이루어진 동물 투쟁문인데, 문양의 상부에는 서로 마주보는 조문鳥文이 더해진 복합적인 구성으로 다소 특이하다. 그 밖의 요대 장식(그림51-18)은 형태적으로 동제 조형교구(그림40-14 · 15)와 유사하지만, 서로 마주보는 구상적인 조문으로 이루어져 있다. 이러한 금제 요대 장식은 마자위안[馬家塬] 14호묘 이외에도 16호묘, 18호묘(甘肅省文物考古研究所編 2014)에서도 출토되며, 이는 위신재로서의 성격을 갖는다고 볼 수 있다. 수형장식금구(그림51-19)도 호형 문양을 띠고 있어, 마자위안[馬家塬] 3호묘인 대구帶鉤(그림51-10)의 문양과 유사하다.

　이밖에 마자위안[馬家塬] 14호묘에서는 칭양[慶陽]지구 우가고우취안[吳家溝圈]에서 출토된 동령(그림36-23)과 유사한 룽산지역의 특징적인 동령(그림51-21)이 출토되었다. 마찬가지로 14호묘에서 출토된 간두식(그림51-22)은 구위안[固原]지구 양랑[楊郎] 제1지점 12호묘의 간두식(그림41-38)과 유사하다. 특히 주목되는 것은 14호묘에서 출토된 금제이식金製耳飾(그림51-20)으로서, 석주石珠나 금환金環, 마노瑪瑙, 파이언스Faience를 끼워 조합한 매우 정교한 것이다. 이는 향후 흉노묘에서도 보급되는 이식耳飾의 초기 형태 중 하나로 평가되어(大谷 2014), 다음 장에서 논의할 띠장식판[帶飾板]과 함께 목축민 사회의 대표적 위신재로 사용되었을 가능성이 있다.

　지금까지 중원계 청동이기青銅彝器와 동제 마차구를 제외한 칭수이[清水]지구의 북방 동기 및 금은기에 대해 검토하였다. 이 청동기나 금은기들은 전국 중 · 후기에 해당하는 시기의 유물로, 특히 금제 요대 장식이나 금제 띠장식판을 중심으로 칭수이[清水]지구의 독자적인 문양 의장이 확인된다. 이러한 장식 유물들은 크게 보면 북방 청동기문화에 속하지만, 그 안에서는 칭수이[清水]지역만의 독자성을 보여준다. 특히 차마구로 쓰인 금 · 은제 장식 금구도 이 지역의 고유한 미적 특성을 반영한다. 또한, 계단식 묘도가 시설된 편동실묘偏洞室墓는 칭수이[清水]지구의 독특한 묘제이다. 부장품으로 금제 요대나 금제 이식 등의 위신재와 함께 금은제 장식이 부착된 차마車馬도 존재하여 이 무덤이 지역의 수장묘임을 보여준다. 이를 통해 계단식 묘도가 시설된 편동실묘 역시 수장묘 혹은 수장급을 상징하는 표지적 무덤으로 볼 수 있다.

또한 마자위안[馬家塬] 무덤군을 중심으로 한 칭수이[淸水]지구에서 출토된 금은기는 그 문양 의장의 구성 및 기술적인 특징에서 카자흐스탄 일리Ili강 주변의 이식Issyk 무덤군에서 출토된 금은기와 유사성이 지적되고 있다. 나아가 이러한 문화적 유사성은 이식 무덤군에서 마자위안[馬家塬] 무덤군에 이르는 '신장[新疆]-톈산[天山] 루트'를 통한 문화 교류의 결과로 해석되고 있다(楊建華 외 2016).

7. 룽산 청동기문화의 전개

룽산지역을 5개 지구로 구분한 후, 각 지구의 청동기 연대를 기준으로 무덤의 연대를 설정하고, 이를 통해 각 지구의 시대적 변천과 사회적 의미를 고찰하였다. 여기서는 5개 지구의 분석 결과를 종합하여, 룽산지역 전체에 걸친 공통성과 지역적 특수성을 추출해 보고자 한다.

룽산지역에서 가장 이른 단계로 파악되는 사례는 칭양[慶陽]지구 서주 후기인 마좌이[馬寨]유적이다. 이후 본격적인 북방식 청동기문화가 형성되는 시점은 네이멍구 중남부와 마찬가지로 량청[涼城]지구 편년 I기 단계에 해당하는 춘추시대 중반~후기 전반으로 보아야 한다. 그러나 칭양[慶陽]지구에서 청동기문화의 뚜렷한 특징이 확인되기 시작하는 시점은 전국 중기와 병행하는 량청[涼城]지구 편년 IV기인 위자좡[袁家莊] 이후의 단계로 비교적 늦은 편이다. 이 시기의 주요 청동기로는 간두식의 유형과 함께 철관형凸管形 장식이 확인되며, 사슴형 입체수형 장식은 지역적 특색이 강하게 드러낸다. 간두식이나 사슴형 입체수형 장식은 오르도스 고원지역에서도 확인되지만, 그 중심 분포지역은 룽산지역으로 보아야 한다. 이같은 양상은 칭양[慶陽]지구, 구위안[固原]지구, 룽더[隆德]지구에 걸쳐 공통적으로 확인된다.

룽산지역의 고유한 청동기로는 전국 중기 량청[涼城]지구 편년 IV기 이후에 출현하는 철관형凸管形 장식을 들 수 있다. 이는 중닝[中寧]지구에서도 출토되며, 룽산지역 전역에서 공통적으로 확인되는 요소로 평가된다. 이 시기 이후에 정형화되는 동령도 룽산지역의 지역적 특색으로 볼 수 있다. 또한 동병철검이나 철검 등이 출토되어 무기의 철기화가 비교적 이른 단계부터 시작되었음을 알 수 있다. 철기 보편화는 량청[涼城]지구 편년 IV기 이후의 현상이지만, 구위안[固原]의 양랑[楊郎] 무덤군이나 장제[張街]촌 무덤군에서는 전국 전기에 해당하는 량청[涼城]지구 III기까지 철기화가 소급될 가능성이 있다. 이는 룽산지역에서 철기문화가 네이멍구 중남부보다 다소 이른 시점에 시작되었을 가능성을 시사한다.

또한 칭양[慶陽]지구에 한해서는 량청[涼城]지구 편년 IV기부터 쌍용문 띠장식[帶飾]이 출현한다. 이 문양은 장성시대의 일반적인 쌍용문과 달리 중원계의 문양 의장으로 볼 수 있다. 따라서, 중원과의 문화 접촉 과정에서 쌍조문 장식 금구가 중원계 쌍용문으로 대체되었을 가능성을 보여준다. 이는 이후 칭양[慶陽]지구에서 과戈 등이 증가하는 현상과도 밀접한 관련이 있는 것으로 해석된다.

더욱이 이 시기는 위자좡[袁家莊]처럼 묘광과 장마갱이 결합되어 하나의 무덤을 이루는 사례도 확인되고 있어 사회 구성상 상위 계층의 무덤일 가능성이 있다. 즉, 사회적 격차가 확대되고, 수장계층이 대두되었음을 의미하는 묘제라고 볼 수 있다. 이같은 현상은 량청[涼城]지구 편년 IV~V기에 해당하는 양랑[楊郎] 무덤군 제3지점에서도 확인되는데, 이 시기에는 대형 동실묘와 함께 다량의 부장품이 공반되었다.

아울러 칭수이[淸水]지구에서는 전국 후기의 량청[涼城]지구 편년 V기를 중심으로 계단식 묘도를 갖춘 편동실묘偏洞室墓가 확인된다. 그 초기적 양상은 왕와[王窪] 1호묘와 같이 량청[涼城]지구 편년 IV기까지 상향될 가능성이 있으며, IV기부터는 칭양[慶陽]지구와 마찬가지로 쌍용문 띠장식[帶飾]이 출현하고 있다. 이러한 계단식 묘도를 갖춘 편동실묘는 금제 요대 장식과 금제이식, 금은제 장식금구를 갖춘 수레 등 다양한 위신재를 동반한 수장묘로 볼 수 있다. 그리고 위신재의 구성은 룽산지역의 다른 지역들과 뚜렷한 차이를 보일 만큼 풍부하다.

이처럼 사회 계층별 격차의 확대와 수장묘의 출현은 칭양[慶陽]지구·구위안[固原]지구를 중심으로 지속적으로 확인되고 있다. 이 두 지역의 공통점 중 하나는 연대나 무덤 형태가 불분명한 경우도 있으나, 청동 무기의 '명기화明器化' 현상이 보인다는 점이다. 이는 곧 사회 계층 격차의 확대와 함께 부장품 구성의 변화도 이루어졌다는 것을 의미한다. 특히 이러한 계층 분화는 칭수이[淸水]지구에서 더욱 뚜렷하게 나타나며, 전국 후기 마자위안[馬家塬] 무덤군에서는 명확한 위계 질서가 부장품의 양질을 통해 표현되고 있다. 이와 같이 수장묘의 출현 또는 수장 집단 내에서의 계층차는 전국 후반기 룽산지역 전반에 걸쳐 나타나는 사회 변화로 이해할 수 있다.

칭양[慶陽]지구에서는 춘추 후기부터 묘광과 장마갱이 결합된 복합 무덤이 출현한다. 동시기에 중원계 유물도 확인되고 있어, 룽산지역에서도 비교적 이른 시기부터 중원과의 접촉을 통해 사회 계층의 복잡화가 시작되었다고 할 수 있다. 동시기에 확인되는 중닝[中寧]지구의 특이한 마면馬面은 위신재의 성격을 띤 것으로 판단되며, 이 역시 사회 복잡화을 나타내는 물질적 증거로 이해될 수 있다.

이러한 배경 속에서 전국시대 후반 칭수이[淸水]지구 내 계단식 묘도를 갖춘 편동실묘가 등장한다는 점이 중요하다. 이러한 무덤을 구축하는 수장층의 대두는 룽산지역의 사회 구조가 더욱 계층적으로 진화되었음을 반영한다. 그러나 이와 같은 사회적 진화가 각 지역 간의 통합으로 이어졌다고 보기는 어렵다. 각 지역은 여전히 독자적인 문화적 특징과 무덤 구조를 유지하고 있다. 이를 통해 수장 간 또는 지역 간 정치적 통합이 이루어진 단계로 보기 어렵다고 볼 수 있다.

이 장 서두에서 언급한 『사기』「흉노열전」에 기록된 내용이 사실이라면, 춘추 중기 진목공秦穆公 때 서융西戎팔국이 진秦나라에 복종한 점과 춘추 후기부터 구위안[固原]지역이나 칭양[慶陽]지역에서 중원계의 과戈가 부장품으로 포함되기 시작한 점은 일정한 관련성이 있을 수도 있다. 즉, 진나라와의 접촉을 계기로 룽산지역 여러 부족이 사용하던 청동기문화에 중원계의 무기인 과戈가 편입되기 시작한 것으로 보인다. 같은 맥락에서 전국시대 후반기 양랑[楊郞] 무덤군 제1지점 7호묘에서 보이는 차축[車軎]과 같은 중원계 청동기가 부장된다는 점도 진나라 등 중원과의 관계 속에서 나타나는 현상으로 볼 수 있다.

전국 중기, 량청[涼城]지구 편년 IV기 이후에 출현하는 쌍용문 띠장식이나 류핑[劉坪]유적의 사문蛇文 금제 띠장식에서 보이는 용문이나 사문의 문양은 장성지대 내부에서 자체적으로 발생한 것이 아니라 중원의 문양적 특징을 채용한 것이다. 이러한 문양의 채용이 어떠한 맥락 속에서 이루어진 것인지에 대해 언급하자면, 기록과 같이 진나라에 대한 복속을 의미한다기보다는 진나라를 비롯한 중원과의 전투 등 접촉이 본격화된 시기에 나타나는 현상으로 보아야 할 것이다. 나아가 진나라에서 확인되는 동실묘는 룽산지역 동실묘의 영향을 받은 것이라는 견해(羅豊 1993)도 제시된 바 있는데, 두 지역 간의 일정한 문화적 접촉이 존재하였다는 것을 뒷받침하는 증거라고도 볼 수 있다.

한편 문헌에 따르면, 룽산지역에는 서융팔국西戎八國이 존재하였으며, 이 중 룽산 동부지구에는 네 부족이 있었던 것으로 알려졌다. 그 중 가장 주목할 만한 존재가 의거義渠이며, 칭양[慶陽]지구를 의거로 비정하는 견해(羅豊 1993)가 다수이다. 『사기』 흉노열전에는 「其後義渠之我築城郭以自守, 而秦稍蚕食, 至於惠王, 遂拔義渠二十五城.」이라고 기록되어 있으며, 『사기』 진본기秦本紀에는 「惠文君十年伐取義渠二十五城」이라고 되어 있다. 이러한 문헌은 진나라 혜문왕惠文王(기원전 337~311년 재위) 내용을 기록한 것으로, 당시 진나라와 의거義渠 간에 상당히 치열한 전투가 있었음을 시사한다.

앞서 살펴본 바와 같이 량청[涼城]지구 편년 IV기 이후 전국 후반기 칭양[慶陽]지구에서 확인되는 사회적 격차의 확대와 수장묘 출현은 문헌에 기록된 내용과 부합된다고 볼 수 있다. 즉, 의거義渠가 성곽을 축조하고 진나라와의 영역 분쟁을 대비했다는 기록은 의거義渠 내부에 일정 수준 이상의 사회적 발전과 조직화가 있었다는 것을 의미한다. 그리고 이러한 사회 조직화는 묘제의 분석에서 확인된 사회 계층화의 진전과 수장묘의 출현이라는 물질문화적 증거를 통해 뒷받침된다. 이러한 양상은 단지 칭양[慶陽]지구에 한정되지 않으며, 칭수이[淸水]지구를 포함한 룽산지구 전체에서 보이는 사회 구조의 성장을 말해 주는 것이다.

더불어 『사기』 흉노열전에는 「秦昭王時, 義渠戎王與宣太后乱, 有二子. 宣太后詐而殺義渠我 王於甘泉, 遂起兵伐残義渠」라고 기록되어, 의거는 진나라에 멸망했음을 알 수 있다. 그 시기는 진나라 소왕昭王대(기원전 306~251)인 전국 후기이다. 『사기』 흉노열전에서는 이어서 「於是秦有隴西, 北地, 上郡, 築長城以拒胡」라고 기록되고 있어, 전국 후기무렵 룽산지구 서쪽 일대가 진나라의 영역으로 편입되었고, 이로 인해 북방계 민족의 문화는 점차 북쪽으로 밀려나게 되었다. 이러한 역사적 정세 변화 속에서 룽산지역의 청동기문화는 점차 쇠퇴하여 최후를 맞이하게 된다.

8. 정리

이 장에서는 룽산지역을 칭양[慶陽]지구, 구위안[固原]지구, 중닝[中寧]지구, 룽더[隆德]지구, 칭수이[淸水]지구로 구분하고, 각 지구의 청동기를 량청[涼城]지구 청동기 편년(宮本 1999b·2000e)을 기준으로 그 연대 및 특징, 지역성을 분석하였다. 그 결과, 룽산지역의 청동기 구성은 네이멍구 중남부지역의 청동기와 유사하여 양자가 동일한 청동기 문화권에 속함을 확인할 수 있었다.

룽산지구에서 확인되는 편동실묘偏洞室墓 역시, 네이멍구 바오터우시위안[包頭西園]유적, 량청[涼城] 샤오쐉[小双] 고성古城이나 허린거얼[和林格爾]현 신뎬쯔[新店子]유적 등에서도 확인되고 있다(張寅 2019). 반면 후루[葫蘆]하 유역 이서에 위치한 간쑤[甘肅]성 낭[漳]현 둔핑[墩坪]유적(甘肅省文物考古研究所 2017)에도 무덤 구조상 동일한 편동실묘가 존재하는 등 유사성은 인정되지만, 사익유공촉四翼有銎鏃이 부장품의 주체가 된다는 점은 네이멍구 중남부와 룽산지구의 청동기문화와의 차별성을 보여주는 사례이다.

이 장에서는 량청[涼城]지구 청동기 편년을 바탕으로 무덤을 분석하여 사회 계층화와 수장묘의 출현 시기를 검토하였다. 그리고 문헌 기록과의 관련성을 통해 역사적인 해석도 시도하였다. 그 결과, 룽산지역은 전체적으로 청동기문화의 공통성이 강하지만, 그 안에서도 칭양[慶陽]지구, 구위안[固原]지구, 룽더[隆德]지구의 유사도가 강한 반면, 중닝[中寧]지구는 다소 이질적인 독자성을 띠고 있음을 확인하였다. 게다가 전국시대 후반 칭수이[淸水]지구에서 보이는 요대腰帶나 수레 장식[車裝飾]에 사용된 금은제품의 탁월성은 이 지역만의 독자성을 뚜렷하게 드러낸다.

물론 칭양[慶陽]지구, 구위안[固原]지구, 룽더[隆德]지구도 각각 고유한 지역적 특수성을 지니고 있다. 칭양[慶陽]지구의 묘광과 장마갱이 세트로 구성된 무덤 구성이나, 구위안[固原]지구의 철자형凸字形 동실묘의 확산, 룽더[隆德]지구의 청동명기靑銅明器 보급, 칭수이[淸水]지구의 계단식 묘도가 있는 편동실묘 등은 각각의 특성이라고 볼 수 있다. 이러한 지역적 특성은 이 지역들이 소지역 단위로 정치적 결속과 상호 교류를 유지하였으나, 결과적으로는 하나의 정치적 통합은 이루지 못하였음을 말해 준다.

이 소지역들은 룽산지역이라는 문화적인 결속을 형성하고 있었지만, 지역 간의 위계적 계층 구조나 정치적 통합의 흔적은 보이지 않는다. 오히려 소지역 간의 팽팽한 정치적 긴장 관계가 존재하였음을 추정할 수 있다. 특히 춘추 후기에는 본격적인 청동기문화의 특징이 나타나며, 중원 사회와의 군사적인 긴장을 포함한 문화 접촉이 두드러진다. 그 과정에서 중원계 문물의 유입과 함께 룽산지역 사회의 진화가 급속히 진행된 것으로 보인다.

이후 전국시대 후반기에 접어들면서, 이러한 사회적 진화는 명확한 계층 구조를 형성하고 되고, 개인의 부유함이 반영된 부유묘富裕墓의 출현과 함께 수장묘의 성립이 본격화된다. 특히, 마자위안

[馬家塬] 무덤군은 전국 후기 목축민 수장 일족의 집단묘로 여겨진다. 이러한 역사적 변천은 장성지대의 각 사회가 선진기先秦期 동안 문화적 일관성을 유지하면서도, 정치적 통합에는 이르지 못한 채 소지역 단위 내에서 독자적인 사회 복잡화를 이루어 냈음을 보여준다. 또한 중원 세계와의 접촉은 당시 사회에 자극을 주었으며, 각 지역 사회의 성장과 발전을 견인하는 주요한 동력이 되었다고 볼 수 있다.

제5장

북방계 띠장식판[帶飾板]의 변천

1. 머리말

판상형 띠 금구는 북방계 청동기문화, 특히 오르도스Ordos 청동기문화의 대표적인 유물로, 기마문화의 특징을 잘 보여주는 것으로 주목받고 있다. 이러한 띠금구는 호복胡服에 착장되는 것으로 알려져 있으며, 목축문화를 대표하는 의복 장신구이기도 하다. 우언[烏恩]은 이러한 띠금구를 청동투조매듭장식이라 칭하였으며(烏恩 1983), 다카하마[高濱]는 이를 '帶飾板'이라 부르고 있다(高濱 1997). 여기에서는 다카하마에 따라 띠장식판[帶飾板]라는 명칭으로 통일하기로 하고자 한다.

띠장식판[帶飾板][1]은 허리띠의 버클을 구성하는 것으로 다양한 방식으로 착용되었다. 고정핀이나 구멍으로 혁띠를 직접 끼워 고정하는 방식(王仁湘 2009)과 뒷면에 징을 박아 고정하는 방식이 있다. 또한 띠장식판[帶飾板]이 쌍을 이루는 형태로 제작된 사례도 많다.

띠장식판[帶飾板]과는 달리, 각종 장신구로 쓰인 동물형 장식판[動物形飾板](喬梁 2002)은 허리띠 구성과 무관한 것으로 본고에서는 다루지 않는다. 띠장식판은 이른바 대구帶鉤와는 구별되는데, 고전古典에서는 '서비犀毗'라고도 불렸다(町田 1987). 즉, 띠 가장자리에 '서비犀毗'라 불리는 금구를 부착하였는데, 이 금구가 바로 띠장식판[帶飾板]이었다. 띠장식판[帶飾板]은 선비鮮卑라고도 불렸으며, 선비묘에서도 자주 출토되고 있어 호족胡族들 사이에서 오랫동안 불려온 것으로 판단된다.

텐광진[田広金]과 궈쑤신[郭素新]은 오르도스 청동기문화에서 사용된 허리띠의 장치로 '교구鉸具'가 있었으며, 이것이 점차 띠장식판[帶飾板]으로 발전한 것으로 보았다. 또한 교구가 일반인의 허리띠에

---

1) 역자 주) 본고에서는 帶飾板을 띠장식판으로 번역하지만, 인용된 문헌 등 필요에 따라 대식판帶飾板이라는 용어를 병기하고자 한다. 또한 본문 중 필자는 요대장식과 띠장식판을 별도의 용어로 구분하여 작성하였다. 따라서 필자의 의도에 맞추어 요대장식을 별도의 용어로 번역하지 않고 그대로 명기하였다.

해당하는 반면, 띠장식판은 수장이나 왕 등의 계층 상위자가 착용하던 장신구로 이해하였다(田広金 · 郭素新編 1986). 필자 역시 교구의 형식적 변화 과정을 밝힌 바 있으나(宮本 1999b · 2000e), 띠장식판에 관해서는 체계적인 편년을 제시하지 못하였다. 아울러 오르도스 청동기문화에서 비롯된 띠장식판이 흉노의 성립과 확대라는 역사적 맥락 속에서 발전해 나갔다는 견해도 있다(烏恩 1983).

흉노의 중심세력은 초기에는 오르도스를 비롯한 장성지역에 자리했으나, 흉노 유목 국가의 성립 이후, 통일 진나라에서 한나라에 이르는 시기를 거치면서, 그 정치적 중심지는 사막 남쪽[漠南]에서 사막 북쪽[漠北]으로 이동하였다. 이러한 정치 · 문화적 이동에 따라, 띠장식판[帶飾板]의 분포범위도 바이칼호 주변이나 예니세이강 유역까지 확대되었다. 띠장식판은 일반적으로는 동제품이지만, 스키타이 문화권에서는 금제품이 사용된다(烏恩 1983; Boardman 2010). 그러나 다카하마의 연구에 따르면, 띠장식판은 유라시아 동부의 장성지대에서 기원하여 유라시아 동부에서 유라시아 중부와 서부로 확산된 것으로 파악되고 있다(高濱 2012). 그리고 비금속제 띠장식판은 유라시아 중부에서 서부로 확산된다고 보았다(高濱 2012). 최근에는 코스트Kost에 의해 띠장식판 전반을 아우르는 자료의 집성과 분석이 시도되기도 하였으나, 상세한 편년은 제시되지 않았다(Kost 2014).

오르도스 청동기문화에서 태어난 띠장식판[帶飾板] 중에서도 장쑤성[江蘇]성 쉬저우[徐州]시 스쯔산[獅子山] 초왕묘楚王墓로 대표되는 화려한 금제품은 전한前漢 제후 왕묘의 부장품으로 간주되며, 북방 사회가 아닌 중원 지역에서 제작된 것으로 생각되고 있다(岡村 1998). 이 장방형 띠장식판[帶飾板]에 대해 검토한 오다키 하루타로[小田木治太郎]에 의하면, 전국 후기 장성지대의 유목계 사회민과 접촉한 진秦나라와 조趙나라, 연燕나라 등에서 북방계 의장을 도입하여 생산이 시작되었으며, 전한의 전반에는 흉노 등의 북방민의 기호에 맞도록 중원에서 장방형 띠장식판이 제작되어 주변 제후와 흉노로 전달되었다고 보고 있다(小田木 2005b).

한편, 전국 후반부터 전한대에 해당하는 중국 서남지구의 스짜이산[石寨山]문화에서도 동물투쟁문動物鬪争文의 띠장식판[帶飾板]이 확인되어, 북방 청동기문화와의 관련성이 추정되고 있다(今村 1998). 그러나 이에 대한 논증은 아직 충분한 단계에 이르지 못한 상황이다. 그럼에도 최근 북방 청동기문화와 스짜이산문화를 연결할 수 있는 자료로서, 촨시[川西]고원의 쓰촨[四川]성 루우[炉霧]현 주더타이쯔[朱徳泰子] 석관묘에서 북방계 띠장식판이 출토되었음이 밝혀진 바 있다(宮本 · 高大倫編 2013). 이 띠장식판들의 연대적 위치를 통해 스짜이산[石寨山]문화와 북방 청동기문화 간의 관계를 다시 재고할 수 있을 것이다.

본 장에서는 먼저 주조 기술과 문양 구성을 기반으로 형식분류하고, 형식변화의 방향성을 추정하고자 한다. 지금까지의 띠장식판[帶飾板] 연구에서는 주로 문양에 따른 형식분류가 중심이 되었으며 (烏恩 1983; 田広金 · 郭素新編 1986; 楊建華 2004; 王仁湘 2009), 주조 방법과 그에 따른 형태 변화에 기초한 형식분류는 이루어지지 않았다. 여기서는 주조 기술을 기준으로 형식을 분류하고, 그에 따른 형식변화를 상정한다. 이를 실제 출토사례에 적용하여 검증함으로써, 변화의 방향성과 구체적인 실연대를 확정하고자 한다. 또한, 시기에 따른 형식별 분포를 점검하면서 띠장식판의 역사적인 의미를 규명하고자 한다. 특히 동티베트 촨시고원 석관묘에서 출토된 띠장식판[帶飾板]의 지역적 확산이 지니는 문화적·역사적 의의에 대해서도 함께 검토할 것이다.

2. 북방계 띠장식판[帶飾板]의 형식분류

여기에서 말하는 북방계 띠장식판[帶飾板]이란, 전국 후기 장성지역에 접한 진나라나 조나라 등에서 제작된 장방형 띠장식판을 제외한 장성지역 이북에서 생산된 띠장식판을 지칭한다. 그 제작지는 주로 오르도스고원이나 룽산[隴山]지역이다. 이 지역에서 출토된 사례를 본격적으로 검토하기에 앞서, 우선적으로 박물관 소장된 유리遊離자료, 즉 출토지가 명확하지 않지만, 실제로 관찰이 가능한 유물을 바탕으로 형식 분류를 실시하고자 한다. 이후 각 형식에 해당하는 장성지역 출토 사례를 검토함으로써, 형식의 연대적 위치를 파악하고 각 형식의 기원지起源地를 추정하고자 한다. 또한 형식분류는 북방계 띠장식판[帶飾板]뿐만 아니라 중원에서 제작된 띠장식판도 포함하여 기술 계통을 명확히 확인하고자 한다.

도쿄국립박물관이 소장하고 있는 북방 청동기 유물은 비교적 많은 편인데, 그 중에는 북방계 띠장식판[帶飾板]도 포함되어 있다(東京国立博物館 2005). 또한 도쿄국립박물관 소장품에서는 확인되지 않은 형식이 텐리[天理]참고관(小田木 2005a)과 옥스포드대학 애시몰린ashimolean미술관에 소장된 띠장식판[帶飾板](Boardman 2010)에서 확인된다. 이러한 사례를 포함하여, 본고에서는 총 8형식[2]으로 북방계 띠장식판[帶飾板]을 분류하고, 그 형식변화의 양상을 고찰하고자 한다. 형식분류는 형태와 문양의 특성뿐만 아니라, 주조 기법을 포함한 기술적인 차이와 그 발달 과정까지 고려하였다.

1식은 평판형으로, 표면에 문양과 고리가 부착된 형태이다. 도쿄국립박물관 소장 TJ-3948 등이 이에 해당한다.[1] 이 유물은 호랑이 등 단일 짐승형[獸形] 문양을 특징으로 하며, 문양의 절단 부위에는 투영된 구멍이 뚫려 있는 구조이다. 그림52-1의 사례는 호랑이의 머리 일부가 결실되어 형태가 온전하지 않지만, 앞다리과 뒷다리의 표현, 호랑이 꼬리의 형상 등은 침선沈線을 통해 구상적具象的으로 묘사되어 있다. 특히 호랑이의 머리는 앞발 쪽으로 숙이는 듯한 자세로 표현되어 있다.

도쿄국립박물관 TJ-4033도 몸을 돌이켜보는 자세의 사슴 문양이 침선으로 표현되어 있어, 1식에

---

2) 역자 주) 이 부분에서 원문은 5형식으로 분류한다고 기술되어 있으나, 실제로는 8형식으로 분류되어 있다. 잘못 기입된 것으로 여겨져, 8형식으로 수정하였다.

그림52. 띠장식판[帶飾板]의 형식분류(1) (※축척 1/2)

0   5cm

해당하는 형식으로 분류된다. 문양이 침선으로 이루어질 경우, 이를 주조하기 위한 거푸집[鑄型]은 문양 부분이 돌선으로 표현되어야 한다. 그러나 이러한 돌선 표현을 거푸집 자체에 직접 새기는 것은 어렵다. 따라서 먼저 나무나 뼈 등에 조각하여 띠장식판[帶飾板]의 형상의 모형(원형)을 만든 후 그 위에 점토를 눌러 씌운 후 외형外型을 형성하고, 내면은 평평한 점토판을 사용하여 내형內型을 구성한 것으로 보인다. 그 과정에서 외형에 밀랍蜜蠟을 흘려 넣었을 가능성도 배제할 수 없지만, 이를 단정할 수 없는 적극적인 증거는 현재로서 확인되지 않는다. 따라서, 모형으로 제작된 외형과 편평한 내형을 결합한 상태에서 주물을 부어 제작했을 가능성이 가장 높다고 판단된다.

2식은 도쿄국립박물관 소장 TJ-4050와 같이, 호랑이의 복부가 凸형으로 주조된 것이다[2](그림52-2). 1식과 마찬가지로 단일 동물문으로 구성된 것이 특징이다. 다만 이 형식에서는 모형(원형) 자체가 요철을 이루도록 의도된 구조를 지니고 있어, 1식에 비해 복잡한 문양으로 구성되어 있다. 또한 내외면이 요철과 평탄면으로 구성된 형태와 달리, 내형과 외형을 각각 따로 제작할 경우에는 밀랍 모형을 제작하는 방식도 상정할 수 있다. 이 경우, 모형을 흙으로 덮어 토제土製 거푸집으로 주조하는 방식이 가능하다. 이는 1식에서 상정한 실납법失蠟法[3]과 구별되는 것이다. 따라서 2식은 실납법이 아닌 일반적인 토제 거푸집에 의한 제작 방식으로 이해하고자 한다.

3식에는 호랑이가 당나귀나 사슴 등 초식 동물을 물고 있는 이른바 동물투쟁문動物鬪爭文이 포함된 예도 있지만, 띠장식판[帶飾板] 자체는 평판이거나 평판에 가까운 형태로, 뚜렷한 오목한 凹부는 관찰되지 않는다(그림52-3). 이러한 점에서 1식에 가까운 특징을 지닌다. 텐리[天理]참고관 소장품이 이에 해당한다(小田木 2005a의 그림5). 이는 도금鍍金 처리되어 있으며, 일부 후대에 조작된 흔적이 확인되기는 하지만, 본체는 북방 청동기 띠장식판[帶飾板]의 원형적 상태를 잘 보여주는 사례로 평가된다. 1식과 비교할 때, 전반적으로 편평한 단면이 약간 휘어져 있는 것처럼 보인다. 이는 모형(원형) 자체가 휘어진 형태였을 가능성, 다른 원인에 의해 문양과 함께 내면에 약간의 요철이 생겼을 가능성을 생각할 수 있다.

하지만 3식의 경우 나무나 뼈에 조각하여 제작한 모형에 점토를 눌러 외형을 만드는 방식으로서 1식과 동일한 주조 방법으로 이해된다. 반면, 내형은 편평한 점토판을 이용하는 것이 일반적이지만, 본체의 내면에 요철이 관찰되는 점으로 미루어 보아, 모형의 내면 측에도 요철이 있었을 가능성이 있다. 이는 밀랍을 활용해 모형을 제작하였다는 것을 예상할 수 있다. 이 경우 원래의 모형에 점토를 눌러 모형틀을 만든 후, 그 안에 밀랍을 넣어 2차적으로 밀랍 형태를 만드는 방식이 사용되었을 것

---

3) 역자 주) 실납법은 금동불 제작에 사용되는 가장 일반적인 주조 방법이다. 먼저 밀랍으로 만들고자 하는 원상原像을 정교하게 조각한 뒤, 그 위를 진흙으로 두껍게 입혀 외형을 형성한다. 이후 가열하여 밀랍을 녹여 내부에서 제거하고, 그 빈 공간에 주물을 부어 넣어 형상을 주조하는 방식이다. 복잡하고 섬세한 형상을 구현하는데 적합하다.

으로 추정된다. Adams가 제시한 실납법의 복원 사례에서는 밀랍을 부어 넣어 만든 밀랍형의 안정을 위해 상면에 천을 덮은 뒤 이를 점토로 감싸 구워내는 방식을 사용하였다. 이 과정으로 인해 완성된 내면에는 천의 압흔이 남는 현상이 보고된 바 있다(Adams 1992). 3식은 덧댄 천[布当て]이 없기 때문에 밀랍형의 내면 부분이 돌출된 문양면[凸面]에 따라 약간 오목한 면[凹面]을 형성했을 가능성이 있다. 또한 밀납형을 점토로 감싸 구울 때, 밀납의 용해 정도에 따라 문양 쪽의 돌출된 면에 따라 내면이 오목해졌을 가능성도 생각해볼 수 있다. 이처럼 실납법에 의해 복잡한 문양의 띠장식판[帶飾板] 제작이 가능해졌다고 볼 수 있다.

4식은 동물투쟁문이 장식된 문양면 방향이 돌출되어 볼록한 형태를 이루는 것이 특징이다. 표면에 고리가 부착된 예도 존재한다. 도쿄국립박물관 TJ-3946 등이 이 형식에 해당한다(그림52-4).**(3)** 이 형식은 1식이나 2식에 비해 문양면 쪽이 더 돌출되어 있으며, 이로 인해 내면 쪽 가장자리를 따라 전체적으로 테두리가 형성되어 있다. 내면은 이 테두리로부터 안쪽으로 파인 구조를 보이며, 특히 투영된 부분의 내면 쪽에는 더 뚜렷한 테두리가 형성되어 있다. 4식도 요철이 심한 모형을 먼저 제작한 후, 그 위에 점토로 외형 틀을 형성한 것이다. 이때 모형틀 내부에 두께가 균일하도록 밀랍을 넣어 내면의 테두리나 투영된 부분까지 재연된 밀납형을 제작하게 된다. 이 밀랍형 위에 점토를 덮어 가열하면 거푸집이 완성된다.

5식은 동물투쟁문이 더욱 복잡하게 표현되며, 동물문 내면에 지문地文 형상의 미세한 문양이 확인되는 점이 특징이다. 또한 3식이나 4식에 비해 문양면의 바깥 면의 요철이 훨씬 두드러진다. 그 대표적인 사례는 옥스퍼드대학교 애시몰린ashimolean미술관 소장 띠장식판[帶飾板](그림52-5)**(4)**이다. 이 유물은 외면이 볼록한 곡면 형태를 이루며, 표면에는 고리가 부착되고 내면에도 단추 모양의 고리가 달려 있는 구조이다. 내면에는 3식과 마찬가지로 테두리가 존재하지만, 오려낸 듯이 투영된 틀의 형상은 보이지 않는다. 그 대신 내면에는 문양이 아닌 선線 형태의 돌선이 확인되는데, 이 돌선은 외면의 요철 변화선과 일치하는 특징을 보인다. 4식과 마찬가지로 5식 역시 나무나 뼈, 점토 등으로 모형을 만든 후 점토를 눌러 외형 틀을 제작하고, 그 틀에 밀랍을 주입하여 밀랍틀을 만든다. 이 밀랍틀에는 외면 문양의 요철이 심한 부분을 보강하기 위해 내면에 돌선을 추가한 것으로 추정된다. 이후 이 밀랍틀을 점토로 감싸 구워내 거푸집을 만들며, 이러한 제작 과정의 흔적이 유물 내면에 남게 된 것으로 이해된다.

6식은 동물투쟁문이나 동물문양으로 구성되어 있으며, 5식과 마찬가지로 동물문의 윤곽선 내부에도 섬세한 문양을 새겨져 있는 것이 특징이다. 이에 해당하는 것이 도쿄국립박물관 소장의 TJ-5663이 있으며(그림53-1), 이 띠장식판[帶飾板]은 외면에 고리는 확인되지 않지만, 내면에 두 개의 뉴紐가 부착되어 있다. 문양은 낙타駱駝를 표현하면서도 동시에 얇은 선으로 그려진 두발頭髮과 얼굴 형태가 결합된 특이한 의장이다. 이 치밀한 문양은 이 띠장식판이 밀랍틀에 의해 제작되었을 가능성을 보여준다.

또한 내면에는 포압흔이 뚜렷하게 관찰되는데, 이는 모형에 밀랍을 부은 후 밀랍틀을 안정시키기 위해 천을 덧대고 제작했음을 알려준다. 앞서 언급한 바와 같이, 이 천은 밀랍틀을 보강하는 역할을 하며, 이러한 포압흔은 실납법에 의한 제작을 알려주는 중요한 특징이다. 이외에도 내면 쪽으로 돌출된 테두리를 가지는 구조 역시 실납법으로 제작된 6식의 또다른 특징으로 평가된다. 전체 형태가 장방형으로 변화하는데, 이는 오다키가 지적한 장방형 띠장식판(小田木 2005b)의 특징과 일치한다. 도

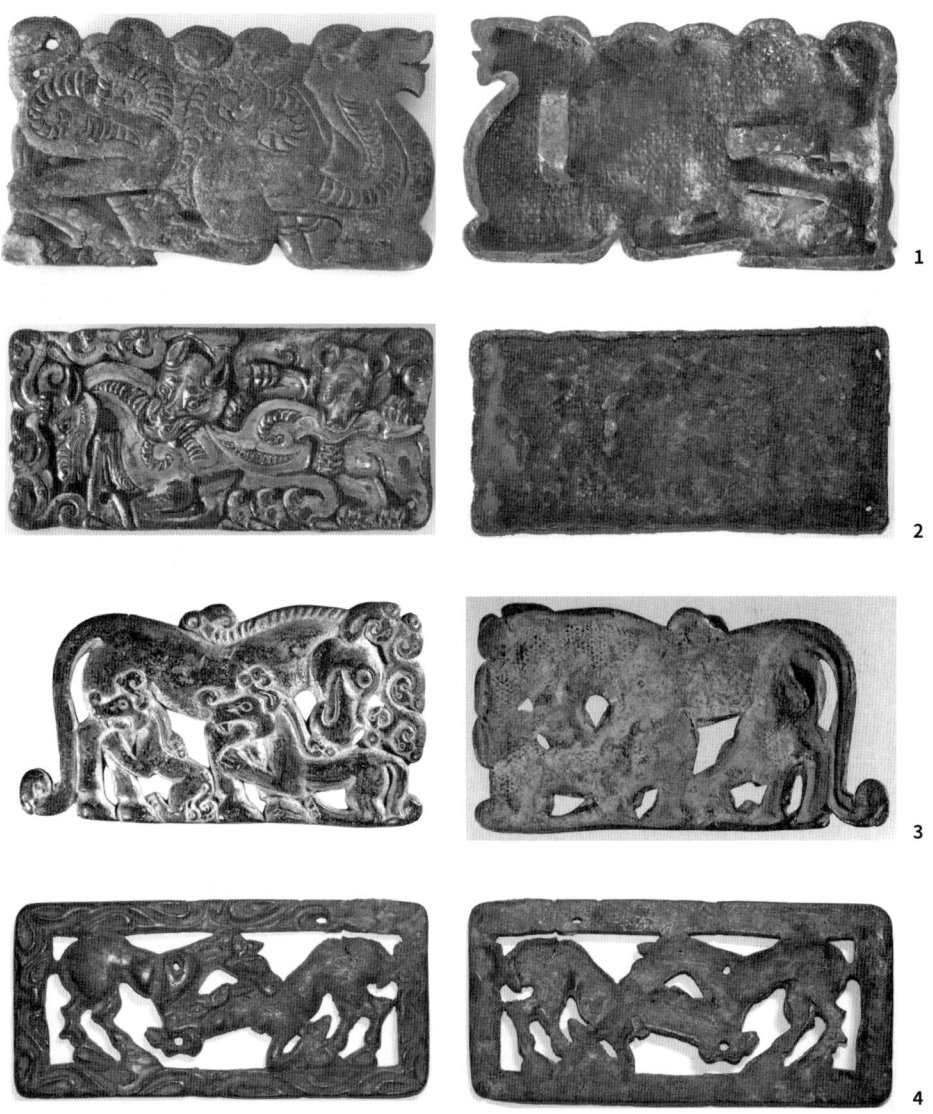

그림53. 띠장식판[帶飾板]의 형식분류(2) (1, 2, 4는 ColBase(https://colbase.nich.go.jp/)을 출전으로 함을 밝힌다)

쿄국립박물관 소장 TJ-5716도 장방형 띠장식판으로(그림53-2), 여기서 분류한 6식에 속한다. 이는 장 쑤[江蘇]성 쉬어우[徐州]시 스쯔산[獅子山] 한漢묘에서 출토된 금제품(韋正 외 1998)과 동일한 도안으로 볼 수 있다.

7식은 장방형 띠장식판[帶飾板]과 같이 평면 장방형을 띠는 것이 아니라 3식 유래의 동물투쟁문 등 동물문양을 기본으로 하는 형태이다(그림53-3). 특히 호랑이 표현 머리 부분의 외연 테두리를 따라 문양이 새겨져 있는 표현은 3~5식에서 볼 수 없었던 새로운 동물문 구성방식이다. 또한 투각 문양이 발달하고 테두리를 갖춘 형태이지만 내면에 포압흔이 남아 있는 사례도 있다. 이는 밀납틀에 천을 배접하는 방식으로, 제작기술적 상으로 5식 계통을 이은 실납법에 해당한다고 할 수 있다. 이 형식을 명확히 규정하기 위해서는 띠장식판의 뒷면을 관찰하는 것이 필수적이지만, 현재까지 뒷면을 제시한 자료가 적어 명확히 형식을 설정하기는 어렵다. 그 예로는 몽골 바양홍고르Bayankhongor 아이막 바양고비 Bayangovi에서 수집된 자료와 쌍을 이루는 띠장식판(Opumayuryu 2011, pp.394~395)을 제시할 수 있다.

8식은 장방형의 띠장식판[帶飾板]으로서 쌍수双獸문를 기본 문양으로 한다는 점에서 6식의 계통에 포함될 수 있는 형식이라 할 수 있다. 그러나 6·7식과 마찬가지로 뒷면에 포압흔의 흔적이 보이지 않고, 뒷면 가장자리에 테두리를 두르고 투각한 점은 오히려 3식과 4식의 기술적 계통과 유사하다. 또한 테두리를 갖추고 있으며 요철이 심한 투각 문양을 지닌다는 점에서 실납법에 의해 제작된 것으로 추정된다. 도쿄국립박물관 소장 TJ5553(그림53-4)이 그 사례의 하나이다.

3. 네이멍구 중남부와 룽산[隴山]지역의 띠장식판[帶飾板]

2012년, 장성지대 북방청동기 특별전이 진시황제릉 박물원에서 개최됐다. 이 전시에 맞추어 특별전 도록이 간행되었다(秦始皇帝陵博物院編 2012). 이 도록에는 띠장식판[帶飾板]에 대한 상세한 사진과 함께 단면도가 수록되어 있어, 이 지역의 띠장식판을 이해하는 데 매우 중요한 자료라고 할 수 있다. 본고에서는 네이멍구 중남부(그림54·55)와 룽산지역 구위안[固原]지구(그림56)의 띠장식판을 앞서 제시한 형식 분류를 기초로 그 특징을 서술하고자 한다.

우선 네이멍구 중남부, 즉 오르도스 지역의 띠장식판(그림54·55)에 대해 살펴보고자 한다. 그림54의 1~3·5·6은 모두 어얼둬스[鄂爾多斯]박물관의 수집품이다. 그림54-4는 네이멍구 준거얼류자츠투어[准格爾劉家吃卜]에서 출토된 띠장식판이다. 그림54-6은 표면에 고리가 달린 구조로서 대구帶鉤에 가까운 형식을 보이며 문양도 요凹선을 이루고 있다. 투각 표현 등 복잡한 문양구성을 고려할 때, 이는 2식에 해당하는 것으로 판단된다. 그림54-1·2는 보다 섬세한 선으로 구성된 문양과 가늘고 편평한 단면을 가지며, 약간 휘어지는 점에서 3식으로 분류된다. 그림54-3~5는 모두 내면에 테두리가 명확

그림54. 네이멍구[內蒙古] 중남부의 띠장식판(1) (※축척 2/5)

히 형성되어 있는 특징을 띠고 있어 4식에 해당한다고 볼 수 있다.

그림54-7·8은 모두 금제품이다. 전자는 어얼둬스[鄂爾多斯]박물관 수집품이며, 후자는 어얼둬스시 녠팡취지아오창[碾房渠窖蔵] 출토품이다. 이 두 유물은 모두 밀랍틀을 이용해 제작되었을 가능성이 높은 사례이다. 특히 그림54-8은 단면이 평판형이지만 약간 휘어진 형태로 보이므로, 두 점은 모두 3식으로 분류할 수 있다. 어얼둬스박물관 소장품인 그림54-9·10은 쌍을 이루는 띠장식판으로, 내면에 테두리가 명확히 형성되어 있는 것이 특징이다. 이들의 문양 구성은 7식의 몽골 바양고비Bayangovi 수집 자료와 유사하나, 뒷면에 포압흔이 존재하는 지는 확인할 수 없다. 여기서는 일단 7식이라고 간주해두고자 한다.

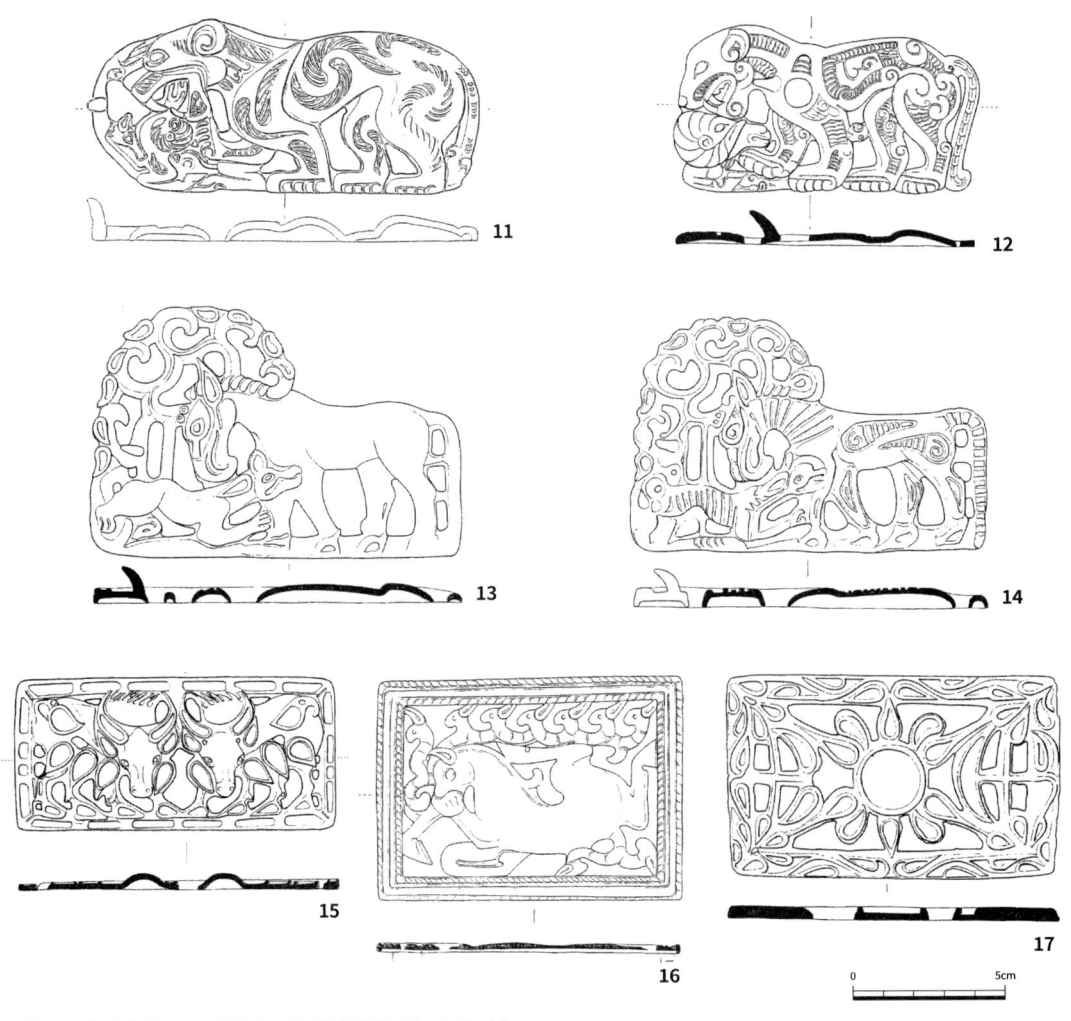

그림55. 네이멍구[內蒙古] 중남부의 띠장식판(2) (※축척 2/5)

그림56. 룽산[隴山]지역의 띠장식판(※축척 2/5)

그림55-11~14는 어얼둬스박물관 수집품이다. 이 중 그림55-11·12는 내면에 명료한 테두리가 확인됨과 동시에, 동물문 내부에 지문이 새겨져 있는 5식이다. 또한 그림55-13·14도 내면에 뚜렷한 테두리가 있어, 밀랍형에 의해 제작되었을 가능성이 높지만 포압흔의 존재는 불분명하다. 그러나 두 유물 모두 사슴의 대각大角 부분이 문양적으로 강조된 7식의 대표적인 특징을 보여준다.

그림55-15~17은 8식의 장방형 띠장식판[帶飾板]이다. 그림55-15·16은 어얼둬스박물관 수집품이며, 그림55-17은 어얼둬스시 우선[烏審]기旗 투커쑤무메이린먀오[圖克蘇木梅林廟]에서 출토된 유물이다. 그림55-15는 쌍우雙牛를, 그림55-16은 말을 본뜬 것으로 주로 등장하던 호랑이나 사슴과는 다른 문양 구성을 띤다. 또한 그림55-17은 식물문을 주제로 한 문양을 띤다. 이처럼 8식은 평면형태만 다른 것이 아니라, 문양구성이 주제 자체가 크게 변화하였음을 보여준다.

그림56은 룽산지역 구위안[固原]지구 띠장식판[帶飾板]에 해당한다. 그림56-1은 닝샤[寧夏] 펑양[彭陽]현 출토, 그림56-2는 닝샤[寧夏] 펑양[彭陽]현 구청궁쒀사[古城供鎖社] 출토, 그림56-3은 닝샤[寧夏] 장제[張家]촌 출토, 그림56-4는 닝샤[寧夏] 구위안[固原] 슈양타이[双台]촌 출토품이다. 그림56-1~4는 단면이 편평하지만 약간 휘어진 형태를 띠고 있어 3식에 해당하는 것으로 판단된다. 그림56-14는 닝샤[寧夏] 구위안[固原] 중허[中河]향 출토품으로 금제 띠장식판이다. 이 역시 네이멍구 중남부지역의 금제 띠장식판 사례들과 유사한 3식에 속할 가능성이 높다. 그림56-5는 닝샤[寧夏] 펑양[彭陽]현 차오마오[草廟]향 장제[張家]촌 출토, 그림56-6은 닝샤[寧夏] 펑양[彭陽]현 양와[陽窪]촌 출토, 그림56-7은 닝샤[寧夏] 펑양[彭陽]현 출토, 그림56-8은 닝샤[寧夏] 구위안[固原] 양랑[楊郞]향 출토, 그림56-9는 닝샤[寧夏] 펑양[彭陽]현 출토, 그림56-10은 구위안[固原] 양랑[楊郞] 제1지점 12호묘의 출토품이다. 이 가운데 그림56-5·8·10은 내면에 뚜렷한 테두리가 있는 4식이다. 그림56-6·7도 동물투쟁문 형태를 보이는 점을 고려하면 4식으로 분류될 수 있을 것이다.

그림56-11은 닝샤[寧夏] 시지[西吉]현 수바오[蘇堡]향, 그림56-12는 닝샤[寧夏] 펑양현 차오마오향 장제[張家]촌, 그림56-13은 닝샤[寧夏] 시지현 신잉[新營]향 출토품이다. 그림56-11~13은 모두 동물 문양 내부에 지문地文 형상의 미세한 문양 또는 가는 선 문양을 새긴 형식으로 5식에 해당한다. 특히 그림56-13은 동물투쟁문와 함께, 상부에 쌍을 이루는 새무늬[鳥文]가 함께 장식되어 있는 독특한 의장 구도를 보여준다. 이와 유사한 예는 칭수이[淸水]지구의 마자위안[馬家源] 14호묘에서도 확인되는데(그림51-16·17), 이것들은 전국시대 후기로 추정된다.

4. 북방계 띠장식판[帶飾板]의 편년

지금까지 서술한 띠장식판의 형식분류는 문양의 변화뿐만 아니라, 단면 형상에 나타나는 주조법 및 거푸집 제작기법의 차이를 기반으로 한 형식 분류이다.

먼저 문양의 변화를 중심으로 살펴보면, 1·2식과 3식 이후의 형식으로 나뉘는데, 1·2식은 단독 동물 문양이 주를 이루는 반면, 3식 이후부터는 호랑이가 양을 무는 등 복수의 동물 문양의 조합된 형태가 등장한다. 특히 6~8식에서는 쌍수双獸문 등 2마리의 동물이 뒤엉킨 동물투쟁문이 주된 문양으로 자리 잡는다.

한편, 표현 방식의 측면에서 볼 때, 1식은 침선에 의한 평면적 표현의 동물 문양인 반면, 2식에서는 문양의 일부가 돌출되는 등 보다 입체적인 문양을 보인다. 이러한 입체적 표현은 3식 이후 더욱 발전하여, 돌출된 선을 중심으로 한 투각 문양이 발달하게 된다. 이처럼 복잡하고 입체적인 문양을 재현하기 위해 3식 이후의 띠장식판 제작에는 실납법이 채택되었을 가능성이 높아 보인다.

3식 이후의 실납법에 의한 띠장식판[帶飾板]의 제작은 3식에서 5식까지가 덧댄 천이 없는 실납법 단계이다. 이 형식들은 동일한 실납법에 의해 제작되었으나, 3식에 비해 4식은 문양의 돌출도가 더욱 강하고, 내면에 테두리가 형성된다는 점에서 차이가 난다. 5식은 역시 내면 테두리를 가지는 점에서는 4식과 유사하나, 외면 문양의 요철이 더욱 심화되어 투각문양이 한층 더 복잡한 형태로 전개된다.

한편 6식이나 7식은 실납법 제작임에도 불구하고, 밀랍형에 천을 덧대는 방식이 채택되어 띠장식판 내면에 포압흔이 남게 된다. 이는 복잡한 표면 문양의 주조 과정에서 외형을 안정적으로 유지하기 위한 기술적 보완책으로, 천을 덧대는 방식이 등장하였을 것이다. 특히 6식의 장방형 띠장식판은 출토지나 명문銘文의 존재 등을 고려할 때, 중원 계통에서 기술적으로 창출된 실납법의 결과물일 가능성이 높다. 따라서 6식은 3~5식과는 다른 기술 계통에서 발전한 띠장식판이라고 할 수 있다. 반면, 7식은 3~5식의 기술적 계통을 이어받아 발전한 형식으로, 기술 계보 상의 연속성을 지닌다. 8식은 방형판이라는 형식적 변형을 보이며, 쌍수문을 기본 문양으로 한다는 점에서 6식의 영향을 받은 것으로 추정된다. 그러나 기술 전통에서는 3~5식을 계승한 북방세계 고유의 형태를 따른 것으로 판단된다.

이상과 같이 1식에서 8식에 이르는 계통적 변화는 문양의 외면 돌출이나 요철의 복잡성, 투각 문양의 발달과 함께 주조 기술의 변화를 반영하는 체계적 흐름 속에 있다. 이는 시간축 상에서의 계열성을 보여주는 것이라고 생각한다. 이러한 가설을 검증하기 위해 실제 무덤에서 출토된 띠장식판의 시공간적 분석을 통해 형식 변화의 타당성과 연대를 도출하고자 한다.

무덤에서 출토된 띠장식판[帶飾板]은 표7과 같이 제시할 수 있다. 이를 부장토기를 기준으로 한 량청[涼城]지구 토기 편년과 부장 청동기 편년을 바탕으로 구성된 오르도스 청동기문화의 편년(宮本 1999b·2000e)을 적용하여 각 형식별 연대 관계를 제시하고자 한다.

그림57은 무덤에서 출토된 띠장식판[帶飾板]을 형식별로 분류하고, 해당 유물의 무덤 연대를 기준으로 네이멍구 중남부와 룽산지역으로 구분하여 배치한 것이다. 1식은 네이멍구 량청[涼城]현 마오칭거우[毛慶溝]촌 5호묘(田広金·郭素新編 1986)에서 출토된 단일 문양인 것(그림57-1)을 들 수 있다. 마오칭

표7. 출토된 띠장식판의 집성

유적명	출토지	유적번호	도면번호	형식	길이(cm)	폭(cm)	문양	뉴형	재질	연대	비고	출전
毛慶溝5號墓	內蒙古凉城縣	1	도면57-1	1식	10.7	6.1	虎		靑銅	오르도스II orIII	他1個	田広金·郭素新 1986
毛慶溝74號墓	內蒙古凉城縣	1		1식	11	5.6	虎		靑銅	오르도스III orIV		田広金·郭素新 1986
小双古城11號墓	內蒙古凉城縣	2	도면57-3	1식	10.7	5.5	虎,羊	双鈕	靑銅	오르도스II		內蒙古文物考古硏究所 2009
小双古城13號墓	內蒙古凉城縣	2		2식	7.7	4.7	S字狀虎	双鈕	靑銅	오르도스III		內蒙古文物考古硏究所 2009
范家窯子	內蒙古和林格爾	3		2식	5	2.8	虎,羊	双鈕	靑銅	오르도스III	他7個	李逸友 1959
崞縣窯子12號墓	內蒙古凉城縣	4		2식	7.6	4.3	虎,羊	双鈕	靑銅	오르도스III	他1個	內蒙古文物考古硏究所 1989
毛慶溝55號墓	內蒙古凉城縣	1		2식	10.3	5.1	虎	鈕	靑銅			田広金·郭素新 1986
鄂爾多斯靑銅器博物館藏			도면51-6	2식	8.2	5.2	虎,羊		靑銅鍍金			秦始皇帝陵博物院 2012
王大戶1號墓	寧夏彭陽縣	5	도면45-4	2식	6.8	4.8	虎形		靑銅	오르도스III~IV		寧夏文物考古硏究所ほか 2016
王大戶1號墓	寧夏彭陽縣	5	도면45-5	2식	6.8	5.6	獸形	鈕	靑銅	오르도스III~IV		寧夏文物考古硏究所ほか 2016
米溝	寧夏彭陽縣小叉鄕	6	도면47-11, 도면57-2	2식	6.4	3.4	獸形	方形鈕	靑銅		他1個	寧夏文物考古硏究所ほか 2016
米溝	寧夏彭陽縣小叉鄕	6	도면47-12	2식	4.6	2.8	獸形	鈕	靑銅			寧夏文物考古硏究所ほか 2016
小双古城9號墓	內蒙古凉城縣	2	도면57-5	3식	8.3	4.2	虎,狼	双鈕?	靑銅	오르도스III?	他1個	內蒙古文物考古硏究所 2009
鄂爾多斯靑銅器博物館藏			도면54-1	3식	6.4	4.0	獸形		靑銅鍍金		他1個	秦始皇帝陵博物院 2012
鄂爾多斯靑銅器博物館藏			도면54-2	3식	9.7	5.4	虎,羊		靑銅		他1個	秦始皇帝陵博物院 2012
楊郎第1地点12號墓	寧夏固原縣	7	도면57-6	3식	9.3	5.2	虎	方形鈕	靑銅	오르도스IV	他1個	寧夏文物考古硏究所ほか 1993
楊郎第3地点3號墓	寧夏固原縣	7	도면57-4	3식	8.1	4.5	虎,小獸	鈕	靑銅	오르도스III		寧夏文物考古硏究所ほか 1993
溝口姚河村	寧夏彭陽縣	8		3식	9.0	4.0	虎		靑銅			羅豊·韓孔樂 1990
古城拱銅址	寧夏彭陽縣	9	도면56-2	3식	6.7	4.4	虎,小獸		靑銅			秦始皇帝陵博物院 2012
張街村	寧夏彭陽縣草廟鄕	10	도면56-3	3식	4.5	3.5	야생염소	鈕	靑銅			秦始皇帝陵博物院 2012

유적명	출토지	유적번호	도면번호	형식	길이(cm)	폭(cm)	문양	뉴	재질	연대	비고	출전
双台村	寧夏固原县	11	도면57-7	3식	9.1	5.8	虎, 虎		青銅			秦始皇帝陵博物院 2012
西末德某子石棺墓	四川省炉霍县	12	도면52-4	3식	9.0	5.3	虎, 羊		青銅			宮本·高大倫編 2013
碾房渠	内蒙古鄂爾多斯市東勝区	13	도면54-8	3식	13.8	7.95	虎, 狼, 小獸	方形鈕	金			伊克昭盟文物工作站 1991
鄂爾多斯青銅器博物館藏			도면54-7	3식	13.2	7.8	虎, 鹿		金			秦始皇帝陵博物院 2012
陽洼村	寧夏彭陽县	14	도면54-6	4식	9.0	4.0	虎		青銅			秦始皇帝陵博物院 2012
石灰溝	内蒙古伊金霍洛旗	15		4식	10.4	4.75	虎, 鹿	双鈕	銀	오르도스IV		伊克昭盟文物工作站 1992
劉家圪卜	内蒙古准格爾旗	16	도면54-4	4식	10.0	5.6	虎		青銅			秦始皇帝陵博物院 2012
鄂爾多斯	内蒙古鄂爾多斯市	17	도면54-5	4식	10.5	5.5	虎, 小獸	双鈕	青銅			秦始皇帝陵博物院 2012
鄂爾多斯青銅器博物館藏			도면54-3	4식	8.4	4.2	馬, 鹿	鈕	青銅			秦始皇帝陵博物院 2012
楊郎第3地点12號墓	寧夏固原县	7	도면41-33, 도면56-10	4식	9.5	5.2	虎, 小獸	方形鈕3	青銅	오르도스IV	他1個	寧夏文物考古研究所ほか 1993
楊郎第3地点4號墓	寧夏固原县	7	도면42-49, 도면56-9	4식	12	6.3	虎, 小獸	鈕1	青銅	오르도스V		寧夏文物考古研究所ほか 1993
楊郎	寧夏固原县	7	도면56-8	4식	9.5	5.0	虎, 小獸	鈕	青銅			秦始皇帝陵博物院 2012
陳陽川村	寧夏西吉县	18		4식	9.6	5.0	虎, 羊		青銅			羅豊·韓孔楽 1990
陳陽川村	寧夏西吉县	18		4식	10.6	5.0	虎, 羊		青銅			羅豊·韓孔楽 1990
張街村3號墓	寧夏彭陽县草廟鄉	10	도면44-85, 도면56-5	4식	7.4	4.5	虎		青銅			寧夏回族自治区文物考古研究所ほか 2002
白楊林村	寧夏彭陽县新集	19	도면5-67	4식	8.0	4.5	虎, 羊		青銅			羅豊·韓孔楽 1990
吳家溝墨	甘粛省鎮原县	20		4식	10.2	4.7	虎, 羊		青銅	오르도스IV		劉得禎·許俊臣 1988
蘇堡郷	寧夏西吉县	21	도면56-11	4식	10.5	4.5	牛		青銅			秦始皇帝陵博物院 2012
鄂爾多斯青銅器博物館藏			도면55-12	5식	9.8	5.1	虎, 羊		青銅			秦始皇帝陵博物院 2012
王大戶2號墓	寧夏彭陽县	18	도면45-11	5식	4.5	4.0	獸形	鈕	青銅	오르도스IV~V		寧夏文物考古研究所ほか 2016
陳陽川採集	寧夏西吉县	18		5식	12.2	6.5	虎, 鹿		青銅			延世忠·李懐仁 1992
楊頭	甘粛省慶陽县	22	도면57-8	5식	10.8	6.3	虎		青銅			劉得禎·許俊臣 1988

유적명	출토지	유적번호	도면번호	형식	길이(cm)	폭(cm)	문양	뉴(鈕)	재질	연대	비고	출전
慶陽地区采集	甘肅省慶陽地区	23		5식	9.2	4.7	虎		青銅			劉得禎・許俊臣 1988
張街村3號墓	寧夏彭陽県草廟郷	10	도면44-86, 도면56-12	5식	7.6	4.9	虎,鹿		青銅			寧夏回族自治区文物考古研究所ほか 2002
中川郷	寧夏固原県	24	도면56-14	3식	6.2	4.7	虎		金			秦始皇帝陵博物院 2012
新栄郷	寧夏西吉県	25	도면56-13	5식	12.4	6.5	虎,鹿		青銅			秦始皇帝陵博物院 2012
西溝畔2號墓	内蒙古准格爾旗	26	도면57-10	6식	13.0	10	虎,猪	双鈕	金	전국시대 후기	他1個	田広金・郭素新 1986
鄂爾多斯青銅器博物館蔵			도면55-11	6식	9.5	4.2	虎,鹿		青銅			寧夏帝陵博物院 2012
峁梁天子	内蒙古涼城県	4	도면57-12	7식	9.2	5.5	虎,驢馬		青銅			田広金・郭素新 1986
鄂爾多斯青銅器博物館蔵			도면54-9・10	7식	11.0	6.5	獣形		青銅		1対	秦始皇帝陵博物院 2012
鄂爾多斯青銅器博物館蔵			도면55-13	7식	12.0	8.0	馬,虎,鳥		青銅		1対	秦始皇帝陵博物院 2012
鄂爾多斯青銅器博物館蔵			도면55-14	7식	11.3	7.3	馬,小獣		青銅			秦始皇帝陵博物院 2012
将阿	寧夏固原県	27	도면57-11	7식	13.7	8.2	虎,驢馬		青銅		他1個	鐘侃 1978
阿魯柴登	内蒙古伊克昭盟杭錦旗	28	도면57-9	8식	12.6	7.4	虎,牛		金	전국시대 후기	他3個, 刻銘	田広金・郭素新 1986
鄂爾多斯	内蒙古鄂爾多斯市	29	도면55-15	8식	10.9	5.0	双牛		青銅			秦始皇帝陵博物院 2012
克蘇木梅林廟	内蒙古鄂爾多斯市烏審旗		도면55-17	8식	10.6	6.3	草葉文		青銅			秦始皇帝陵博物院 2012
鄂爾多斯青銅器博物館蔵			도면55-16	8식	9.9	7.3	馬,小獣		青銅鍍金		1対	秦始皇帝陵博物院 2012
狼窩子坑1號墓	寧夏中衛県	30		異型	11.6	6.3	蛇		青銅		他1個	周興華 1989
西台郷	寧夏中衛県	31		異型	11.6	6.3	蛇		青銅			張衛寧 2010
袁家	甘肅省寧県	32		異型	8	43	蟠虺,双鳳,人面		青銅	오르도스IV		劉得禎・許俊臣 1988
毛慶溝31號墓	内蒙古涼城県	1		不明	18.6	7	虎		鐵			田広金・郭素新 1986
毛慶溝27號墓	内蒙古涼城県	1		不明	17	8	虎		鐵		他1個	田広金・郭素新 1986

거우[毛慶溝] 5호묘는 오르도스 청동기문화 편년 상 Ⅱ기 또는 Ⅲ기에 해당하며, 이는 춘추시대 후기 후반~전국시대 전기에 해당하는 시기로, 기원전 5세기경으로 추정된다(宮本 1999b·2000e).

또다른 1식으로 네이멍구 량청[涼城]현 샤오쐉[小双]고성古城 11호묘 출토 띠장식판(內蒙古文古研究所 2009a)을 들 수 있다. 이 유물은 단일문양이 아닌 동물투쟁문의 복합 문양을 갖추고 있어 마오칭거우[毛慶溝] 5호묘나 도쿄국립박물관장 소장 TJ3948보다 문양적으로는 발달된 형태이다. 하지만 단면이 평판형이며, 뒷면에 두 개의 뉴紐가 부착된 구조라는 점 등에서 제작기술 상으로는 1식에 포함될 수 있다. 부장토기의 형식으로 보아 오르도스 청동기문화 Ⅱ기, 즉 춘추시대 후기와 병행되는 시기로 판단된다. 따라서 1식은 기원전 6~5세기에 출현한 것으로 추정할 수 있으며, 그 분포는 네이멍구 중남부에 한정되는 것으로 보인다.

2식은 샤오쐉[小城]고성 13호묘(그림57-3), 네이멍구 량청[涼城]현 궈[崞]현 야오쯔[窯子] 12호묘(内蒙古文物考古研究所 1989), 네이멍구 허린거얼신뎬쯔[和林格爾範家窑子](李池友 1959) 등을 들 수 있다. 샤오쐉 고성 13호묘와 궈현 야오쯔 12호묘는 모두 오르도스 청동기문화(량청지구 편년) Ⅲ기에 해당하며(宮本 1999b·2000e), 전국시대 전기인 기원전 5세기 후반~4세기 전반으로 추정된다. 또한 2식은 룽산지역에서도 확인되는데, 닝샤[寧夏] 펑양[彭陽]현 왕다후[王大戶] 1호와 미거구[米溝]묘지(寧夏文物考古研究所·彰陽県文物管理所 2016)에서 단독 동물문을 특징으로 하는 띠장식판(그림57-2)이 출토되었다. 왕다후[王大戶] 1호는 오르도스 청동기문화 Ⅲ~Ⅳ기 문화에 해당하는 것으로, 이는 네이멍구 중남부 2식의 출토 시기와 유사하거나 약간 늦게 출현한 것으로 보인다. 2식 띠장식판[帶飾板]의 분포는 룽산지역으로 확산된다고 볼 수 있다.

3식은 이른바 동물투쟁문을 특징으로 하는 단계로, 네이멍구 중남부의 샤오쐉[小双]고성 9호묘(그림57-5)를 들 수 있다. 또한 룽산지역에서는 닝샤[寧夏] 구위안[固原] 양랑[楊郎] 제1지점 12호묘나 제3지점 3호묘(그림57-4) 등을 들 수 있다. 양랑[楊郎] 제1지점 12호묘는 오르도스 청동기문화 Ⅳ기, 양랑[楊郎] 제3지점 3호묘는 오르도스 청동기문화 Ⅲ기에 해당하는 것으로 여겨진다(宮本 2002b). 오르도스 청동기문화 Ⅲ~Ⅳ기는 대략 기원전 5세기 후반~4세기에 해당한다.

4식은 1~3식에 비해 출토량이 증가하여, 네이멍구 중남부와 룽산지역 전역에서 폭넓게 확인된다. 마오칭거우[毛慶溝] 55호묘는 공반토기가 불분명하지만 스후이거우[石灰溝] 출토품(그림57-7)은 오르도스 청동기문화 Ⅳ기에 해당한다. 또한 양랑[楊郎] 제1지점 12호묘(그림57-6)는 오르도스 청동기문화 Ⅳ기, 양랑[楊郎] 제3지점 제4호묘는 오르도스 청동기문화 Ⅴ기에 속하는 것으로 파악된다. 오르도스 청동기문화 Ⅳ~Ⅴ기는 전국시대 중기에서 후기에 해당하며, 이는 대체로 기원전 4세기에서 기원전 3세기경에 해당하는 시기로 추정된다. 형식적으로 4식 이후에 등장하는 5식과의 계열성을 고려할 때, 4식은 기원전 4세기를 중심으로 하는 시기에 존재했을 것이다.

5식은 룽산지구 타터우[塌頭](그림57-8)와 천양[陳陽]천 일대에서 출토·채집되었다. 타터우[塌頭] 출

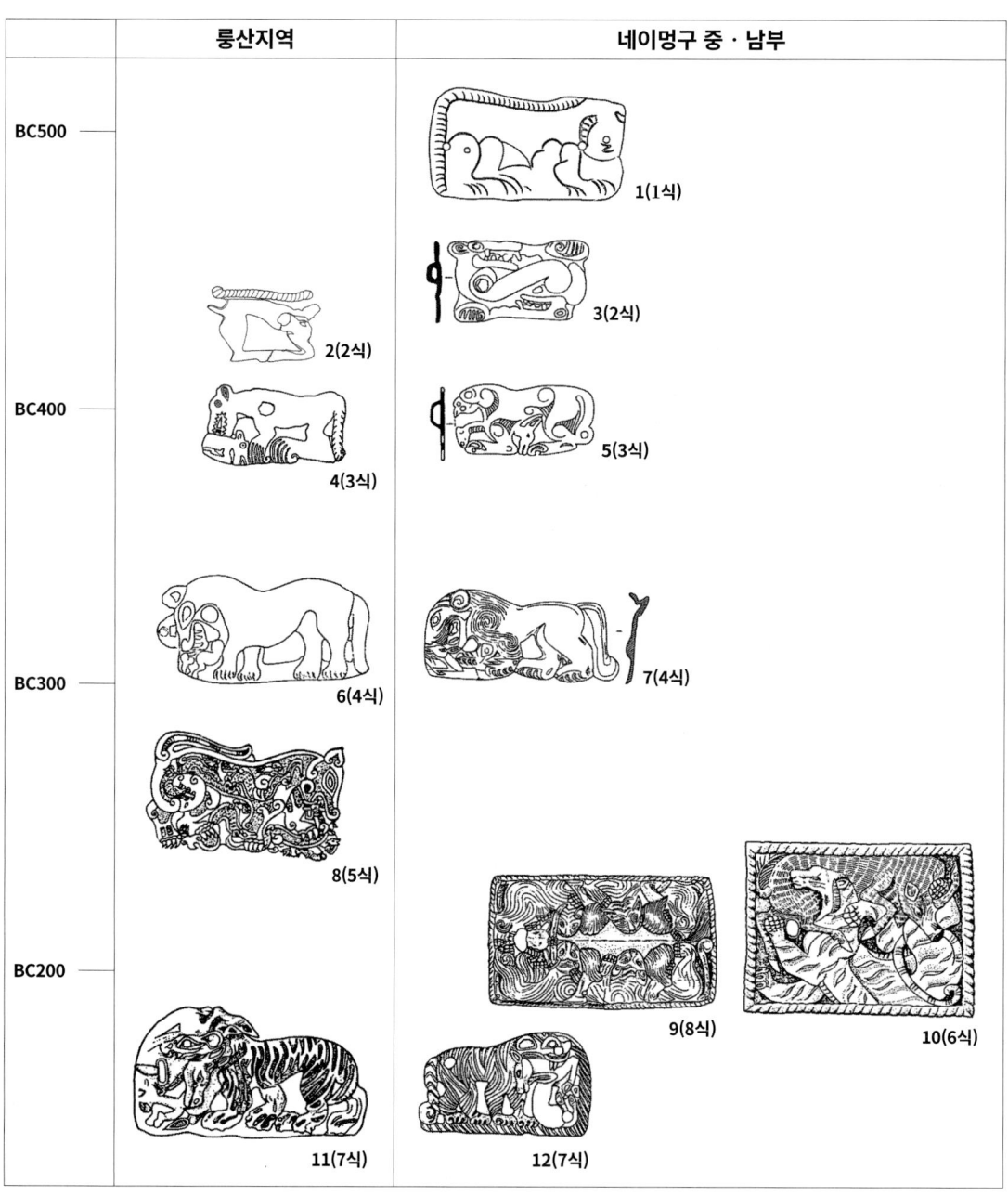

그림57. 띠장식판의 형식편년(1: 마오칭거우[毛慶溝] M5, 2: 미거우[米溝], 3: 샤오쐉[小双]고성 M13, 4: 량청III M3, 5: 샤오쐉고성 M9,
6: 량청 I M12, 7: 스후이거우[石灰溝], 8: 타터우[塌頭], 9: 아루차이등[阿魯柴登], 10: 시구판[西溝畔], 11: 양랑 장허[蔣河], 12: 궈
[崞]현 야오쯔[窑子], ※축척 1/4)

토품은 주 문양의 내부에 일부 지문地文이 확인되는 특징을 지니며, 옥스포트 애시몰린Ashmolean미술관 소장품과 가장 유사한 예로 평가된다. 이처럼 지문화地文化가 진행된 5식은 이외에도 수장자료(Boardman 2010) 몇 점이 확인되었다. 애시몰린미술관 소장품은 가품일 가능성도 고려해야 하지만, 현재까지 5식은 룽산지역에서만 출토되고 있어, 룽산지역 띠장식판[帶飾板]의 지역적 특성을 반영한다고 볼 수 있다. 타터우[塌頭]의 연대는 과거 쌍조문 장식금구의 연대를 기준으로 춘추시대 전기~중기로 추정된 바 있으나(宮本 2002b), 쌍조문 장식금구와 타터우[塌頭] 출토 띠장식판이 같은 무덤에서 공반되었다는 사실은 보고되지 않았다.

룽산지역에는 북방 민족인 서융팔국西戎八國이 존재하였으며, 그 중에서도 타터우[塌頭]가 위치하는 칭양[慶陽]지구는 의거義渠에 의한 사회 발전이 제시된 바 있다(宮本 2002b). 5식 띠장식판[帶飾板]은 문양 내부에 새겨진 지문地文의 존재로 미루어 보아, 중원지역과의 일정한 문화적 접촉에 의해 탄생한 지역적인 띠장식판이라고 추정된다. 이는 의거를 중심으로 한 룽산지역 동부에서 제작된 형식일 가능성이 높다. 의거는 진秦나라 소昭왕대에 멸망하였으며, 기원전 3세기 중엽까지 존재하던 북방 민족의 부족이다. 룽산지역은 『사기』「흉노열전」에 따르면, 의거가 멸망한 이후 진나라의 영역으로 편입되었으며, 「於是秦有糊西、北地、上郡、築長城以拒胡」라고 기록되어 있다. 룽산지역 북방 청동기의 하한은 기원전 3세기 전반경으로 추정할 수 있다. 따라서 타터우[塌頭]의 5식 띠장식판을 4식 띠장식판보다 상대적으로 늦은 단계로 본다면, 그 제작 시기는 기원전 3세기 전반대로 볼 수 있을 것이다.

6식의 최고最古 띠장식판은 허베이[河北]성 이[易]현 연하도燕下都 신좡터우[辛莊頭] 무덤 구역 30호묘 출토품이 알려져 있다(小田木 2005b). 신좡터우 30호묘의 띠장식판은 금제이며, 공반된 부장토기인 편년으로 볼 때, 기원전 260년경 통일 진나라 시기인 기원전 3세기 후반에 해당하는 것으로 추정된다(宮本 2000d). 이와 유사한 시기의 사례로 네이멍구 준거얼[准格爾]기 시구판[西溝畔] 2호묘 출토품(그림 57-10)을 들 수 있다. 이 유물 역시 금제품으로서 세밀한 문양 표현을 보인다. 뒷면에 각문刻文의 명문이 새겨져 있어 진나라 제작품으로 여겨진다. 이 유물은 의거義渠를 정복한 진나라가 공인工人을 이용하여 새로운 북방 민족 정책의 일환으로 제작한 것으로 해석된다. 따라서 기원전 3세기 후반으로 여겨진다. 나아가 이러한 장방형 띠장식판의 기술은 북방 목축민 사회와 접한 중원 제국諸國들에 의해 개발된 것으로, 6식의 제작 기술은 본질적으로 중원 세계에서 창출된 기술적 산물이라고 할 수 있다. 장방형 띠장식판은 전한대前漢代 흉노에 대한 답례품의 하나로 제작되었다고 한다(小田木 2005b).

7식은 뚜렷한 유례를 알 수 있는 출토품이 확인되지 않는다. 7식의 호랑이 표현의 머리 바깥쪽을 덮는 듯한 문양 의장은 양랑[楊郞] 장허[蔣何](그림57-11; 鐘侃 1978)나 궈[崞]현 야오쯔[窯子](그림57-12; 田広金・郭素新編 1986) 등에서 확인된다. 이 자료들은 연대 결정을 위한 명확한 기준을 제시할 수 없지만, 랴오닝[遼寧]성 시차거우[西岔溝](孫守道 1960)에서도 이와 유사한 사례가 확인된다. 5식이나 6식 이후에 출현한 것으로 본다면 기원전 3세기 후반~2세기경의 것으로 추정할 수 있다.

쌍수문의 장방형 띠장식판[帶飾板]인 8식은 네이멍구 중남부의 아루차이등[阿魯柴登](그림57-9)에서도 출토되며, 고식古式은 전국시대 후기인 기원전 3세기 후반에 출현하였다. 이같은 쌍수문장방형 띠장식판[帶飾板]인 8식은 닝샤[寧夏] 다오둔즈[倒墩子](寧夏文物古古研究所 외 1988)와 랴오닝[遼寧]성 시차거우[西岔溝] 등에서도 확인되었다. 이는 전한 중후기와 병행하는 시기, 즉 기원전 2세기 후반에서 기원전 1세기대에 해당한다(小田木 2005b).

또한, 마주보는 쌍수문이 표현된 8식은 조趙왕릉 2호릉에서 금동합금으로 제작된 사례가 출토된 바 있어(劉天鷹·東斌 2008), 기원전 3세기에 출현한 형식으로 이해할 수 있다. 나아가 8식을 중심으로 한 장방형 띠장식판[帶飾板]은 예니세이강 중유역과 바이칼호 주변에서도 출토되고 있으며, 이 형식은 기원전 2~1세기대, 일부는 기원후 1세기까지 이어지는 사례도 보고되고 있다(Дэвлет 1980).

5. 북방계 띠장식판[帶飾板]의 공간적 전개

이상과 같은 연대관에서 확인되듯, 띠장식판[帶飾板]은 네이멍구 중남부의 다이[岱]해 주변의 무덤군에서 출토된 1식이 가장 이른 시기로 기원전 6~5세기경에 출현한 것으로 보인다. 1식은 네이멍구 중남부에서만 확인되고(그림58-1), 이후 2식 단계에 이르러 닝샤[寧夏] 구위안[固原]지구 등의 룽산지역으로 분포가 확산된다(그림58-2). 띠장식판은 시간에 따라 분포범위가 점차 확대되어가는 경향을 보이고 있다.

3식은 분포범위가 더욱 확대되어(그림58-3), 오르도스 중남부에서 볼 때 서남 방향인 쓰촨[四川]성 루우[炉霧]현 주더타이쯔[朱德泰子] 석관묘에서도 확인된다(그림59-5**(5)**, 그림60-1). 또한 3식은 도쿄국립박물관 소장 TJ3946과 문양이 유사하여 4식과의 관련성도 논의되고 있다. 이같은 동물투쟁문 띠장식판[帶飾板]은 유사품이 다수 알려져 있는데, 새클러Sackler미술관 소장 띠장식판[帶飾板]은 형광X선 분석 결과, 아연이 23.5%로 상대적으로 높아 가품의 가능성이 지적된 바 있다(Bunker 1997). 그러나 주더타이쯔[朱德泰子]의 경우 실제 출토된 것이므로(宮本·高大倫編 2013) 유물 자체의 진위 여부는 문제되지 않는다. 더불어 주더타이쯔의 출토품은 단면이 편평하고, 뒷면에는 약하게 휘어지는 듯한 요철이 형성되었다는 점에서 전형적인 3식의 특징을 잘 나타내고 있다.

반면 도쿄국립박물관 소장 TJ-3946(그림52-4, 그림60-2)은 뒷면에 테두리를 갖는 4식의 특징을 지닌다. 이로 인해 두 유물 간에는 뚜렷한 제작기법의 차이가 존재한다. 또한 두 유물의 문양을 비교하면, 머리 윤곽이나 발 부분의 형태 등에서 뚜렷한 차이점이 확인되어(그림60), 동일한 것으로 보기는 어렵다. 적어도 도쿄국립박물관 소장 TJ-3946(그림60-2)은 주더타이쯔 출토품과 다른 모델을 적용하였을 것으로 판단된다. 따라서 두 유물은 명확히 서로 다른 형식으로 구분할 수 있다. 비록 새클러미

술관의 띠장식판이 가품일 가능성이 있
다고 하더라도, 3식과 4식이 동시에 존
재하였을 가능성은 인정된다.

　이와 같이, 띠장식판[帶飾板] 3식이 룽
산지역에서 다시 쓰촨성 서부의 촨시고
원까지 확산되고 있다는 점은 매우 흥미
로운 사실이다. 띠장식판이 출토된 석관
묘는 촨시고원 청동기문화의 일반적인
무덤 방식으로, 이 청동기문화가 북방
청동기문화와 일정한 관련성을 가진다
는 점은 이미 여러 연구에서 지적된 바
있다(宮本 2013a). 또한 띠장식판 3식 단계
에 해당하는 기원전 5세기 후반에서 4세
기에 이르러, 룽산지역과 촨시고원 간의
문화적 접촉이 존재했음을 확인할 수 있
다. 이 시기에는 두 지역 모두에서 동병
철검銅柄鐵劍이 존재하고 있어(宮本 2010),
두 지역 간 실제로 문화 교류가 이루어
졌음을 분명하다.

　더욱이 촨시고원의 석관묘문화는 카
팡후[卡房湖]문화와 길리룽[吉里龍]문화로
구분할 수 있는데(陳衛東·唐飛 2013), 후
자인 길리룽[吉里龍]문화 단계부터 양과
같은 동물 제의가 석관묘에 채택되고 있
는 양상이 확인된다. 길리룽문화 단계는
띠장식판[帶飾板] 3식 이후에 해당하므
로, 이는 룽산지역과의 문화적 접촉 속
에서 동물 희생 의례가 석관묘문화로 도
입되었다고 볼 수 있다. 더불어 촨시고
원과 얼[洱]해지역에서는 오르도스식 동
검의 계보를 잇는 동검이 출현하고 있어

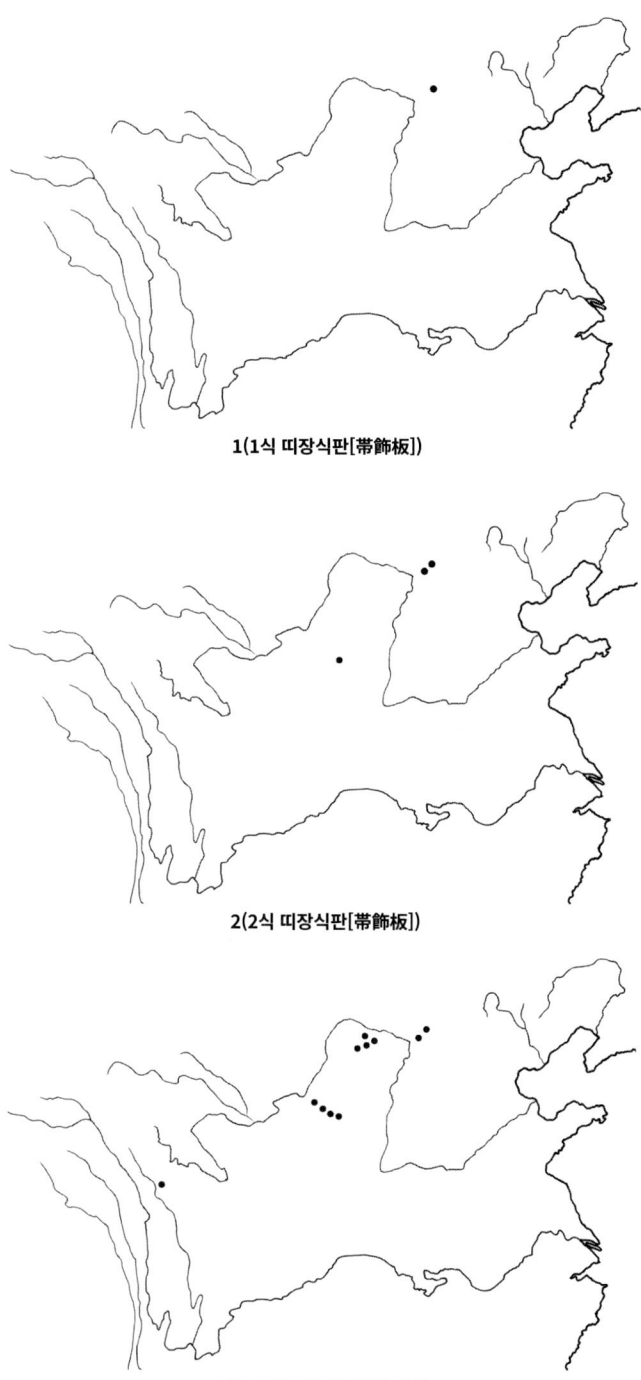

1(1식 띠장식판[帶飾板])

2(2식 띠장식판[帶飾板])

3(3~8식 띠장식판[帶飾板])

그림58. 출토된 띠장식판의 형식별 분포도

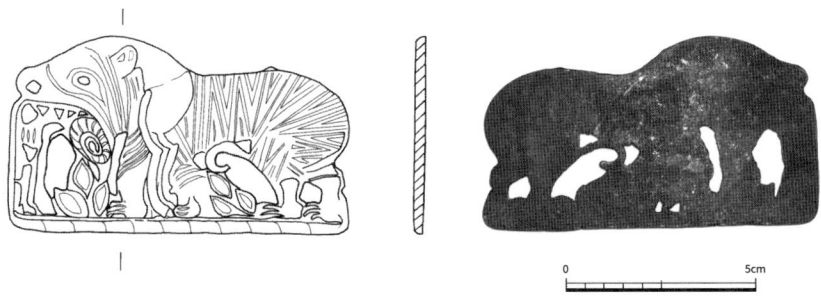

그림59. 쓰촨[四川]성 루우[炉霧]현 주더타이쯔[朱德泰子] 출토 띠장식판(※축척 1/2)

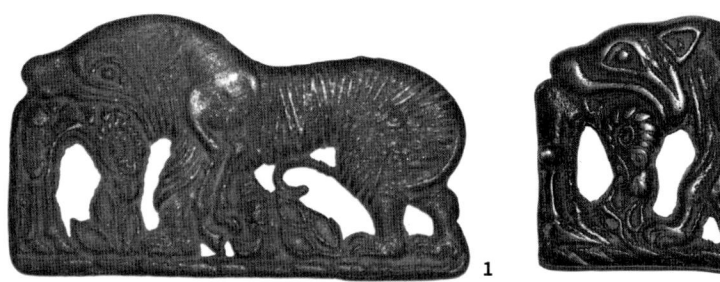

그림60. 주더타이쯔[朱德泰子] 띠장식판과 도쿄국립박물관 TJ-3946 띠장식판의 비교(2는 ColBase(https://colbase.nich. go.jp/)을 출전으로 함을 밝힌다)

(宮本 2010), 이 또한 문화 접촉 속에서 등장한 현상으로 이해할 수 있다. 나아가 윈난[雲南] 동부 스짜이산[石寨山]문화에서도 띠장식판이 확인되고 있는데, 이는 룽산지역과 찬시고원의 문화 접촉의 연장선 상에서 출현한 것으로 해석할 수 있다.

더욱이 흉노 유목국가가 성립된 이후에도 띠장식판[帶飾板]의 분포 양상은 매우 흥미로운 양상을 보인다. 8식인 쌍수문 장방형 띠장식판은 닝샤[寧夏] 구위안[固原]지구 다오둔즈[倒墩子] 흉노묘(寧夏文物考古研究所 외 1988)에서도 부장되고 있으며, 유리遊離자료로는 외몽골지역에서도 동일한 형식이 확인된다. 또한 시베리아 투바 중부에 위치한 기원전 2~1세기 흉노묘에서도 8식 방형 띠장식판이 출토된다(Kilunovskaya & Leus 2018). 나아가 예니세이강 상류 유역 및 세렝가강 유역의 바이칼호 주변지역 흉노묘에서도 8식 띠장식판이 부장품으로 출토된 바 있다(Дэвлет 1980). 띠장식판은 아마도 기원전 2세기부터 기원후 1세기에 이르는 시기, 흉노 유목국가의 기마전사들에게 위신재로서 존재하지 않았을까 생각한다. 적어도 우언[烏恩]이 지적한 바와 같이(烏恩 1983), 흉노의 세력 범위가 점차 사막 북쪽(외몽골)으로 이동함에 따라, 띠장식판[帶飾板]의 분포 범위도 시베리아 지역으로 확대되고 있음을 의미한다고 볼 수 있다.

6. 정리

띠장식판[帶飾板]은 기원전 6~5세기경 네이멍구 중남부에서 발생하여, 점차 룽산지역을 거쳐 몽골고원으로 확산되었다. 적어도 흉노 유목국가 성립 이전에는 네이멍구 중남부지역에서 룽산지역에 걸친 광범위한 분포를 보인다. 이 시기 띠 장식판을 부장한 모든 무덤을 계층상 상위자였다고 단정할 수는 없지만, 대체로 비교적 풍부한 부장품을 수반하고 있다는 점이 주목된다(宮本 1999b · 2000e). 이는 띠장식판이 목축민 사회 내에서 일정한 사회적 지위를 상징하는 것이었을 가능성을 시사한다. 또한 호복胡服을 착용한 목축 사회민들에게는 동족 의식을 나타내는 표식이었을 가능성도 있다. 이로 인해 띠장식판은 네이멍구 중남부에서 서융팔국이 존재하는 룽산지역에 넓게 분포하였던 것으로 보인다. 이후 띠장식판은 기원전 5세기 후반에서 4세기에 걸쳐, 동티베트인 찬시고원까지 점점이 넓게 분포하는 양상을 나타낸다. 이 시기는 특히 룽산지역과 찬시고원 사이에서 동병철검을 포함한 문화접촉이 이루졌다는 것을 추정할 수 있다.

나아가 기원전 3세기에는 네이멍구 중남부에서 룽산지역에 걸친 목축사회가 趙조나라의 북진(네이멍구 방면)과 진나라의 북진(룽산 방면)으로 인해 영역이 축소되고 후퇴하게 된다. 이러한 상황 속에서 중원에서는 6식 띠장식판[帶飾板]이 제작되어 목축사회민에게 회유책의 일환으로 전달된 것으로 보인다. 이러한 목축사회민의 영역 후퇴와 전국 후기 국가들의 영역 확장과 같은 자극은 이후 모돈 선우[冒頓單于]에 의한 목축사회의 집단 통합을 촉진하여 흉노 유목국가의 성립으로 이어졌을 것이다. 흉노시기에는 7식과 8식 띠장식판이 제작되었으며, 흉노의 확산과 함께 띠장식판은 남시베리아 지역까지 확산되었다.

이후 띠장식판은 목축사회민, 나아가 흉노 사회 전체의 사회적 표지로 기능하게 되었을 것이다. 중국 문헌에는 '서비犀毗' 등으로 칭하며, 일반적인 허리띠인 교구와는 구별되는 장식적 · 상징적 성격을 지닌 것으로 인식되었다. 띠장식판은 호복과 함께 벨트 장식의 일부로 사용되며, 역대 북방 호족들의 정체성을 상징하는 요소로 자리 잡았다. 나아가 공동체 내 사회적 유대를 표식하는 상징물로서 기능했을 것으로 추정된다. 이러한 기능과 함께, 오르도스 청동기문화에 기원한 띠장식판은 흉노 사회에서 발전하였으며, 이후 선비에 이르기까지 지속적으로 계승되었다. 나아가, 유라시아 초원지대 서부에서도 그 존재가 확인되고 있다.

⑴ 그림52-1은 2013년 3월 12일 도쿄국립박물관에서 필자 실측.

⑵ 그림52-2는 2013년 3월 13일 도쿄국립박물관에서 필자 실측.

⑶ 그림52-4는 2013년 3월 13일 도쿄국립박물관에서 필자 실측.

⑷ 그림52-5는 2011년 8월 23일 옥스포드대학교 애시몰린미술관에서 필자 실측.

⑸ 그림59는 2006년 8월 23일 쓰촨성 루우현 문물관리소에서 필자 실측.

제6장

유공동촉有銎銅鏃의 변천과 북방 청동기문화

1. 머리말

동북아시아 청동기문화에서 동촉은 연대 문제를 포함하여 지금까지 크게 주목받지 못했다. 그러나, 오오누키 시즈오[大貫靜夫]는 중원계 청동기문화 내에서 동촉의 편년적 위치를 기반으로 동북아시아 청동기문화, 특히 요령식동검 문화의 연대적 위치를 설정한 바 있어 잠재된 중요성은 결코 낮지 않다(大貫 2004). 또한, 정인성은 낙랑의 삼릉동촉 편년을 통해 한국 원삼국시대의 실연대 설정에도 기여하였다(정인성 2002). 이처럼 동촉은 동북아시아 청동기문화와 초기철기문화의 전개를 고찰함에 있어 동촉이 중요한 구성 요소임을 알 수 있다.

그러나 동북아시아 청동기문화에서 동촉에 관한 기존 연구들을 살펴보면, 의외로 동촉 자체를 중심으로 한 연구는 거의 없다. 동촉과 관련 자료를 살펴보면, 랴오시[遼西]·랴오둥[遼東]에서 출토되는 상商나라나 주周나라 대의 중원계 동촉과의 관계를 보여주는 사례들이 대부분이다. 여기서는 장성지대 청동기문화 또는 북방 청동기문화 고유의 동촉인 공銎부를 가진 청동촉에 주목하고자 한다. 이러한 형태는 대수촉袋穗鏃(Socketed arrowhead)이라고도 불리는데, 본고에서는 유공동촉有銎銅鏃이라 칭하고자 한다.

유공동촉은 기원전 2천년대 중반경 중앙유라시아의 안드로노보Andronovo문화에서 처음 출현하여, 이후 유라시아 초원지대를 중심으로 동서로 광범위하게 확산된 것으로 추정된다(柳生 2005). 또한, 치레노바에 의해 미누신스크 분지를 중심으로 한 남시베리아에서는 청동기~초기철기시대 타가르문화Tagar 쌍익双翼의 유공동촉이 삼익三翼의 유공동촉으로 변화한다는 점이 제시된 바 있다(Чиренова 1967). 나아가 삼익三翼 유공동촉은 단면이 삼각형인 삼릉동촉三稜銅鏃으로 변화한다고 이해되고 있다. 이러한 동촉의 변화과정은 신장[新疆]지역에서도 확인되어(田中 2011), 스키타이를 포함한 유라시아 초원지대 전체에서 공통적으로 나타나는 문화 변동의 흐름을 반영하는 유물로 평가된다(李剛 2011).

한편, 삼릉동촉 중에는 경鋒부가 철로 구성된 예도 확인되는데, 이는 청동기에서 철기로 이행하는 과도기적 양상을 보여주는 유물로 이해할 수 있다. 삼릉동촉은 유라시아 초원지대 전역에서 광범위하게 사용될 뿐만 아니라, 한漢대 혹은 이와 병행되는 시기의 중원에서도 일반화된 무기 형태이다. 이러한 점에서 삼릉동촉은 중원과 북방 청동기문화가 공유한 대표적인 유물이라 할 수 있다. 같은 맥락에서 볼 때, 유공 쌍익동촉과 유공 삼익동촉은 북방 청동기문화의 중심적 동촉이라고 볼 수 있다. 그러나, 이와 같은 유공동촉의 장성지대 내 변천과정이나, 청동기문화 내에서 차지하는 위상과 기능에 대해서는 아직 체계적으로 밝혀지지 않은 상태이다.

관련하여 필자는 야요이 전기말~중기초 북부 규슈지역에 청동기가 유입된 이후, 청동기 생산이 시작되던 시점의 거푸집에 주목한 바 있다(宮本 2012b). 이 책의 제22장에서는 한반도에서 확인되는 세형동검의 거푸집이 영암형→갈동형→장천리형으로 형식변화를 보이며, 북부 규슈지역으로 유입된 세형동검의 거푸집은 기본적으로 갈동형에 해당함을 밝혔다. 이와 관련하여 핵심적으로 논의된 지점은 갈동형 거푸집이 출토된 갈동유적 무덤의 연대이다. 갈동 3호묘에서는 유공의 쌍익동촉이 거푸집과 함께 출토되었는데, 이와 유사한 쌍익동촉은 부조예군夫租濊君묘에서도 출토되고 있다. 이로 인해 갈동 3호묘의 연대는 기원전 1세기 전후로 추정되어 왔다(湖南文化財研究院 2005). 이에 대하여 필자는 랴오시[遼西]지역에서 출토된 유공 양익동촉과의 형식 비교를 통해, 갈동 3호묘의 유공촉은 기원전 3세기까지 상향될 수 있다는 가능성을 제시하였다. 이는 일본열도에서 청동기 생산이 시작된 시기와 연동되며, 일본열도 내 청동기 생산 시점을 기존보다 이른 기원전 3세기로 상향할 수 있음을 제시한 것이다(宮本 2012b).

이처럼, 유공동촉은 일본열도 특히 북부 규슈지역 청동기 생산의 시기를 결정하는 중요한 기준이 된다. 따라서 앞서 논의한 연대론을 더욱 실증적으로 검토할 필요가 있다. 본 장에서는 몽골고원을 포함한 유공동촉의 편년과 형식 변천을 종합적으로 살펴봄으로써, 갈동 3호묘에서 출토된 유공동촉을 동북아시아 청동기문화라는 거시적인 관점에서 그 위치를 정해가는 것을 목적으로 삼고자 한다.

2. 대상자료와 분석방법

이 장에서는 몽골고원을 포함한 동북아시아의 동촉 가운데 유공동촉을 중심으로 그 계보관계와 형태변화의 방향성을 규명하고자 한다. 유공동촉은 지금까지 발굴을 통해 공식적으로 보고된 사례가 많지 않지만, 채집 자료나 구입 자료와 같은 유리遊離자료는 상대적으로 많은 편이다. 특히 몽골 고원에서는 경체부를 지닌 유정有鋌[1]동촉도 존재하지만, 유공동촉이 주를 이루고 있음은 볼코프Волков가 제시한 동촉의 형식분류에서도 확인할 수 있다(Волков 1967). 또한 몽골국립역사박물관 전시 유물이나 프레브자브Prejvjav·에르데네출룬Erdenechuluun 컬렉션(Erdenechuluun 2011) 등을 통해 유공동촉의 다양한 형식적 사례를 확인할 수 있다. 다만 무덤 단위의 일괄 자료가 적어 상대적인 연대 변화를 확인할 수 없어, 형식학적 관점에서 형태변화나 무기로서의 기능 변화에 주목한 형식분류에서부터 시작하여야 한다. 여기서 다루는 분석대상은 유리遊離자료인 박물관에 소장되어 있는 유물과 함께 일부 발굴된 자료를 중심으로 한다.

유공동촉의 기본적인 분석은 임의의 지역 단위별 유공동촉의 형식분류를 시작하여, 형식 변화의 방향성을 상정하고, 이를 바탕으로 형식의 순서를 확정해 나가는 방식을 따른다. 그 과정에서 중요한 점은 대상 지역의 모든 유공동촉에 대해 동일한 기준으로 형식을 분류하는 작업이며, 같은 형식 분류 단위를 일관되게 적용해야 한다는 것이다. 이러한 분석 과정에서 무덤 단위로 출토된 일괄자료가 존재하는 경우, 토기와 같은 유물의 편년이나 연대관을 활용하여 동촉 간의 선후관계를 검증할 수 있다. 그러나 이번에 대상으로 삼은 지역의 대부분은 이러한 검증이 어려운 상황이다. 유일하게 랴오시[遼西]지역에서는 무덤 단위의 일괄자료 검토가 가능하지만, 이 역시 일부는 실측도가 공개되지 않아 제한적인 검토만이 가능하다.

이처럼 자료적 제약이 적지 않은 상황인데, 이는 대부분의 유공동촉이 미발표되었거나 미공개 상태이기 때문이다. 이러한 상황이 그동안 유공동촉이 학술적 연구대상으로서 충분한 평가를 받지 못했던 원인이었을 것이다. 따라서 앞서 정리한 형식 변화를 검증함에 있어서, 지역 단위에서 상정된 형식변화의 방향성이 지역 전체를 아우르는 '닫힌 변화의 방향성'으로 일관되게 나타난다면, 그것을 타당한 결과라고 평가할 수 있을 것이다.[2]

이 책에서는 유공동촉의 형식 변화를 고찰함에 있어, 형식학적 분류와 변화 방향성 분석이 타당

---

1) 역사 주) 원문에는 유정有鋌동촉으로 표기되어 있다. 경체을 가진 동촉을 칭하는 것이므로 통상적으로 유경식有莖式 동촉으로 번역할 수 있다. 그러나 후술하는 내용에서 유공동촉의 경우도 경부를 갖는 사례가 존재하므로, 용어의 혼란을 방지하기 위해, 유정有鋌이라는 원문의 표기를 그대로 사용하고 한자를 병기하였다.

2) 역자 주) 원문에는 "先に 問題とした型式変化の検証によって、地域単位での想定される型式変化の方向性が、地域を総合して閉じられた変化の方向として一貫したものとなった場合に、それを是とすることができるであろう。"로 되어 있으나 본문과 같이 의역하였다. 総合して閉じられた変化에 대한 해석이 다소 불명확한 면도 있지만, 역자는 이를 '유물의 형식이 시간의 흐름에 따라 단계적으로 변화하며 일정한 방향성을 가지고 이어지는 변화과정, 즉 시작과 끝이 명확하고 변화 흐름이 일관되며 반복되지 않는 형태의 형식학적 발전이라는 개념에서 이해하였다. 따라서 이 문장은 특정 지역에서 발생한 형식변화의 일관성을 검토한 후 그 변화를 기준으로 각각의 지역에서 일관된 방향성을 보인다면 긍정적인 평가를 내릴 수 있다는 의미로 파악하였다.

한 방법이라는 전제 아래 논의를 진행하고자 한다. 특히 무덤 단위의 일괄유물 정보가 확인되는 랴오시[遼西]지역과 옌산[燕山]산맥을 중심으로, 형식변화의 방향성과 계보 간의 공존관계를 검증함으로써, 각 형식의 실연대를 도출해 나가고자 한다. 나아가, 앞서 문제로 지적한 바 있는 한반도의 유공동촉의 편년을 시도함으로써, 그 시공간적 위치를 설정하고자 한다.

3. 몽골의 유공동촉

1) 몽골고원(외몽골)

동촉은 유공과 유정有鋌의 두 형태로 구분된다. 외몽골의 동촉은 채집품을 기준으로 볼 때 유공동촉이 주를 이루는 것으로 판단된다. 또한 형태적으로는 쌍익双翼과 삼익三翼의 유공형과 유정有鋌형이 각각에 존재하며, 현 단계에서는 쌍익형에서 삼익형으로 변화가 제시되고 있다. 여기서는 유공동촉 중 쌍익형과 삼익형의 형식분류에 주목하고자 한다. 그 밖에도 삼릉三稜동촉으로 분류할 수 있는 예가 존재하는데, 그림61-6이 이에 해당한다. 이 동촉은 인부의 단면이 삼각형을 이루며, 공鞏부가 존재하지 않는 것이 특징이다. 경부莖部는 청동으로 제작된 것도 있으나 철제의 사례도 있다. 그림61-6은 철제의 경부를 띠지만, 접힌 상태로 일부 결손된 상태이다. 삼릉동촉의 주요 연대는 한漢대나 흉노시대로, 중국대륙에서 북아시아 나아가 한반도에서 광범위하게 확인된다. 다만 본 장에서는 주로 유공동촉을 중심으로 다루므로 여기에서는 삼릉동촉에 대해서는 상세히 다루지 않겠다.

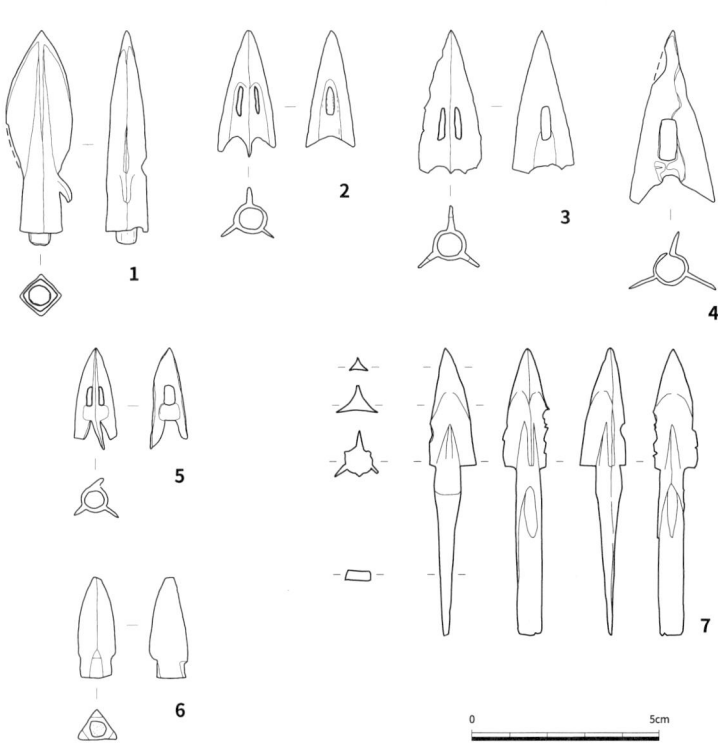

그림61. 몽골고원 출토 동촉 (1: Dariganga, 2 · 4~6: Chandomani, 3: Balgar, 7: Emeelt Tolgoi, ※축척 1/2)**(1)**

쌍익동촉双翼銅鏃

ＡⅠ류 : 유엽柳葉형의 동촉으로, 인부와 경부 사이에 역자逆刺3)가 존재하는 것과 존재하지 않는
　　　　 것으로 구분한다.

　Ⅰa류 : 역자가 존재하는 것이다. 등대[脊]에는 능선을 보이지 않으며 공부 단면형이 원형을 이
　　　　 루는 것(그림62-1)과 등대에 능선이 있으며 공부 단면형이 능菱형을 이루는 것(그림62-2)이
　　　　 있다.

　Ⅰb류 : 역자가 존재하지 않는 것이다. 등대에는 능선이 보이지 않으며, 공부 단면형도 원형 을
　　　　 이루는 것(그림62-3)과 등대에는 능선을 보이지 않으며 공부 단면형이 능형을 이루는 것(그
　　　　 림62-4)으로 나뉜다.

ＡⅡ류 : 양익이 삼각인 유엽형(이하, 삼각엽)을 띠며, 인부와 경부 사이가 잘려 나가 익翼부가 발달
　　　　 한 것이다.

　Ⅱa류 : 공부는 경부에서 인부 사이로 깊게 이어지며, 인부에 홈이 형성되는 것이다. 등대에 능
　　　　 선이 없거나, 공부 단면이 원형을 이룬다(그림62-5).

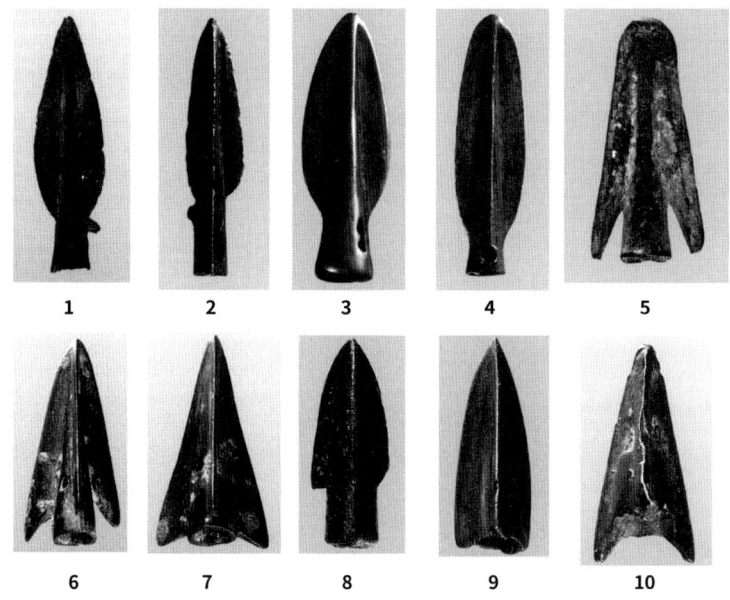

그림62. 몽골고원 출토 에르데네출룬ErdeneChuluun 컬렉션 유공동촉

---

3) 역자 주) 동촉을 쉽게 빠지지 않게 하기 위한 기능을 가진 것으로 한국 고고학에서의 역자와는 다른 형태라고 할 수 있다.

이 형식분류에서는 각 속성의 연속성이나 단절 양상을 기준으로 본다면, Ia류에서 Ib류로의 상대적 변화를 상정할 수 있다. 그러나 이 두 형식은 각각 공부의 단면이 원형인 Ia류와 등대에 능선이 있고 공부의 단면이 능형을 이루는 Ib류로, 형식적으로 구분되는 두 계열이 일정 시기 공존했을 가능성도 배제할 수 없다. 한편, 삼각엽 형태를 보이는 Ⅱ류는 다른 지역만큼 발달하지 않으며, 비교적 제한된 확산 범위를 가진다. 또한, Ia류와 Ib류에 속하는 유엽형 유공동촉은 장성지대 서부의 쓰바[四霸]문화에서도 이른 시기부터 출현하고 있으며(宮本編 2008), 기원전 2천년기 후반에 등장한 사례도 확인되고 있다. 따라서 몽골고원에서의 기원은 기원전 2천년기 후반으로 소급될 가능성이 높다.

삼익동촉三翼銅鏃

B I 류 : 삼익동촉으로 유공의 경부가 있는 것이다. 이는 3종류로 세분할 수 있다.

　I a류 : 삼각엽의 인부를 띠고, 인부 하단과 경부 사이의 공부가 깊게 이어지며, 단단한 유공의 경부를 가지는 것이다(그림62-6).

　I b류 : 인부 하단과 경부 사이 공부의 깊이가 약해지고, 유공의 경부가 짧은 것이다(그림62-7).

　I c류 : 삼익의 인부 폭이 극단적으로 짧고, 전체적으로 가늘고 길어지며, 그만큼 유공의 경부가 길게 늘어난 것이다(그림62-8).

B Ⅱ류 : 경부가 없어지고, 유공부만으로 이루어지며 공부와 인부가 일체감을 띠는 것이다.

　Ⅱa류 : 인부 하단은 공부에서 거의 돌출되지 않고, 인부와 공부 하단이 직선에 가깝거나 약간의 호선을 그리는 것이다(그림62-9).

　Ⅱb류 : Ⅱa류에 비해 인부 하단이 조금 더 호선을 띠며 인부 하단이 돌출되는 것이다(그림64-10).

　Ⅱc류 : 인부 하단은 Ⅱb류의 공부보다 아래로 이어지며, 전체적으로 세장화하는 경향을 띠는 것이다. 공부는 가늘고 긴 구멍이 세 군데에서 확인된다(그림61-2·3).

B Ⅲ류 : 경부가 없어지고, 공부만으로 이루어지며, 공부는 교량 형상(橋狀)의 공부와 등대 사이에 명확하게 구멍이 뚫린 것이다(그림61-4·5). 익부는 평면 삼각형상으로 유공부보다 상당히 돌출되어 있다. B Ⅲ류가 출토된 찬드마니Chandorman유적은 남시베리아의 타가르문화 후기에 해당하는 초기철기시대 문화로 이해되며(宮本編 2008), 그 연대는 기원전 6세기 이후로 추정된다.

　B Ⅲ류은 교량 형상의 공부를 가진 삼익동촉으로, 흉노묘에서도 출토된 사례가 확인되고 있다(単月英 2009). 이러한 사례에 따르면, B Ⅲ류은 기원전 2세기에는 존재했던 형식으로 보인다. 따라서 본고에서는 B Ⅲ류의 형식이 늦어도 기원전 2세기에는 출현했을 가능성이 있다고 보고자 한다.

B Ⅳ류 : 경부는 유정有鋌형이지만, 중원의 유정有鋌촉과 달리 단면이 원형이 아닌 방형을 이루는

것이다. 몽골고원에서 미누신스크에 걸쳐 분포하며(Членова 1967), 장성지대 동부에서는 일반적으로 확인되지 않는다. 바양·홍고르 아이막 에메를트·톨고이Emeelt·Tologi유적 18호묘 출토품(그림61-7)은 도굴갱에서 발견된 것이지만, 18호묘의 제사용 구덩이와 관련된 것으로 기원전 10~9세기경의 동촉으로 생각된다(Miyamoto ed. 2018).

삼익촉의 특징은 촉신부와 경부 사이의 경계에 역자의 돌출부가 존재한다. 동일한 형태의 돌출부를 가진 삼익촉은 호쇼·차이다Khoshoo·Tsaida 제1유구에서도 출토되었으며, 의례에 사용된 말의 C^{14} 연대측정결과, 그 시점은 기원전 9~8세기로 추정된다(Enkhtör et al. 2018). 이 두 사례를 종합하면, 이 형식의 삼익촉은 기원전 9세기 전후에 제작된 것으로 판단된다. BIV류는 더 세분할 수 있을 것이며, 형식학적 변천이 확인될 가능성이 높다. 그러나, 현재까지 발굴된 사례가 거의 없다는 점에서 이 이상의 구체적인 분석은 어렵다.

2) 네이멍구 중남부(내몽골)

발굴자료가 거의 없어 오르도스 청동기박물관 소장의 채집자료 및 구매 자료를 중심으로 분류하고자 한다. 네이멍구 중남부의 동촉에 관해서는, 톈광진[田広金]과 궈쑤신[郭素新]의 편년이 있다(田広金·郭素新 1986). 이 편년은 기본적으로 무덤의 연대를 기준으로 중원계 청동촉의 연대를 제시하고 있다. 그러나 유공동촉에 대해서는 형식변화를 추정하는 수준에 불과하며 그 변화과정은 실증적으로 논증된 것이 아니다.

쌍익동촉
AⅠ류 : 유엽형의 동촉으로 인부와 경부 사이에 존재하는 역자를 기준으로 세분할 수 있다.
　Ⅰa류 : 역자를 가진 것으로, 등대 능선이 없고 공부 단면은 원형을 이룬다(그림63-1).
　Ⅰb류 : 역자를 가지지 않고, 등대 능선이 있는 것이다. 이는 연마에 의한 것으로 공부 단면은 팔각형을 띤다(그림63-2). 연마에 의한 능선은 몽골고원에서는 확인되지 않으며, 몽골에서는 네이멍구 중남부에서만 확인되는 기법이다. 몽골고원에서 등대의 능선은 거푸집에 미리 새기므로 공부 단면형은 능菱형을 띤다.
AⅡ류 : 인부 전체가 삼각형을 나타내는 것으로, 인부 하단(익부)이 휘어진 것이다.
　Ⅱa류 : 인부 하단과 경부 사이에 깊게 공부가 형성된 것으로, 등대에 능선이 형성되며 공부가 팔각형을 띤다(그림63-3).
　Ⅱb류 : 인부 하단의 공부가 Ⅱa류에 비해 짧아지며, 연마에 의해 등대의 능선이 형성된 것으로,

공부가 팔각형을 띤다(그림63-4).

ⅡC류 : Ⅱb류와 마찬가지로 공부의 단면이 팔각형을 띠지만, 인부 하단은 발달하지 않고 경부의 길이가 짧아진 것이다(그림63-5).

AⅢ류 : 경부는 확인되지 않으나, 공부가 존재하고 등대 하단에 방형의 구멍이 뚫린 것이다(그림63-6). 방형의 구멍이 존재하지 않는 것을 Ⅲa, Ⅲb류라고 한다면, 네이멍구 중남부에서 확인되는 방형의 구멍을 가진 것을 Ⅲc류로 이해할 수 있다.

유엽형인 Ⅰ류는 역자의 유무를 기준으로 Ⅰa→Ⅰb류의 변화가 상정된다. 한편, 삼각형엽인 Ⅱ류는 인부와 경부가 명확히 구분되며 깊은 공부가 점차 발달하지 않고, 경부가 점점 짧아지다가 결국 소실되는 방향으로 변화한다. 따라서 Ⅱa→Ⅱb→ⅡC류의 변화방향이 상정된다. 이 중에서 ⅡC류는 수량적으로 현저히 적은 편이므로, Ⅱa→Ⅱb류가 주요 변화 방향이었다고 판단된다. 네이멍구 중남부에서는 몽골고원에 비해 유엽형의 Ⅰ류의 발전이 미약하며, 삼각형엽 Ⅱ류에 속하는 쌍익동촉이 상대적으로 발달하는 경향을 보인다.

삼익동촉

BⅠ류 : 삼각엽의 인부로 이루어진 삼익동촉이며, 공부의 발달도에 따라 세분한다.

Ⅰa류 : 삼각엽의 인부를 이루고, 인부와 공부 사이가 깊게 발달한 것이다. 형식학적으로는 기원전 7~6세기에 출현한 것으로 추정되지만, 쥔거얼[准格爾]기 시거우판[西溝畔]유적에서 유사한 사례가 된 바 있어(田広金·郭素新編 1986), 기원전 2세기에도 존재하는 것으로 알려져 있다.

Ⅰb류 : 삼각엽의 인부를 갖고 있으며, 인부와 경부를 끊어내듯 형성된 공부는 깊게 발달되지 않는 특징을 보인다. BⅠb류로 판단되는 것은 네이멍구 허린거얼[和林格爾]현 신뎬쯔[新店子] 41호묘의 사례가 있으며(内蒙古文物考古研究所 2009b), 동반되는 동과를 통해 기원전 5세기로 볼 수 있다.

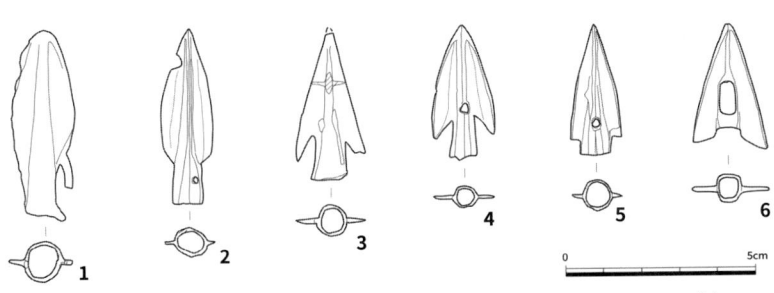

그림63. 네이멍구 중남부 출토(오르도스 청동기박물관 소장)의 유공동촉(※축척 1/2)**(2)**

BⅡ류 : 경부가 존재하지 않고, 공부와 인부가 일체화된 삼익동촉이다.

　Ⅱa류 : 인부 하단은 길지 않으며, 공부 하단과 동일한 위치에서 마무리되어 인부와 공부 하단이 일체감을 이루고, 그 경계는 직선 또는 호선을 형성하는 것이다.

　Ⅱb류 : 전체적으로 세장하고 인부 하단이 공부 하단보다 긴 것이다.

　Ⅱc류 : 공부에 거푸집의 형지와 관련된 구멍이 3개 뚫렸고, 인부 하단은 Ⅱb류에 비해 끝이 뾰족하게 길어진 것이다.

BⅢ류 : 공부가 교량 형상으로 구분되며, 3개의 인부가 길게 이어지는 것이다. 공부와 인부 사이에는 명확한 방형의 구멍이 뚫리며 인부 하단은 길게 연장된 형태를 보이기도 한다.

오르도스 청동기문화 중에서 량청[涼城]현 마오칭거우[慶溝毛] 5호묘에서는 유공 삼익동촉 BⅡa류가 출토(田広金·郭素新編 1986)되는데, 그 연대는 기원전 5세기경으로 추정된다(宮本 2000e). 또한 네이멍구 중남부의 쥔거얼[准格爾]기 시거우판[西溝畔](전국묘) 3호묘에서도 BⅡc류 동촉이 출토되었는데(田広金·郭素新編 1986), 이는 기원전 5~4세기대로 추정된다. BⅡc류는 인뉴구[飮牛溝] 무덤군에서도 확인되며, 그 연대는 기원전 4~3세기로 여겨진다(宮本 1999b·2000e). 또한, 앞서 언급한 허린거얼[和林格爾]현 신덴쯔[新店子]의 41호묘에서는 BⅠb류의 동촉이 출토되었는데, 그 연대는 춘추 만기로서 기원전 6~5세기로 판단된다.

이처럼 네이멍구 중남부의 유공 삼익동촉은 원래 유공경부有銎莖部였으나, 점차 인부쪽으로 움푹 들어가는 구조를 가진 BⅡ류, Ⅲ류로 발달해 나간다. 특히 BⅡ류는 인부 하단이 직선 또는 호선을 이루는 형태를 보이다가, 점차 인부 하단이 뾰족해지고 전체적으로 가늘어지는 형상으로 변화한다. 이와 함께, 공부의 구멍이 정형화되는 방향으로 변화가 진행되는 것으로 보인다. 따라서, 이러한 변화과정은 BⅡa→BⅡb→BⅡc류로 이어지는 전개를 가정할 수 있다. BⅢ류는 이러한 공부 구멍의 정형화가 더욱 진전되어, 공부에 별도의 교량 형상을 띠는 구조로 발전한다고 볼 수 있다.

4. 랴오시[遼西]의 유공동촉

1) 형식분류

랴오시[遼西]에서는 무덤에 부장된 유공동촉의 몇몇 사례가 확인된다. 대표적인 사례로는 닝청[寧城]현 난산근[南山根] 101호묘, 선양[瀋陽]시 정가와쯔[鄭家窪子], 링위안[凌源]현 산관뎬[三官甸] 등의 유적이 있다. 여기서는 이 자료들은 앞서 검토한 지역과 동일한 기준으로 분류한 후 형식변화의 방향성과 일관성에 대한 검증하고자 한다.

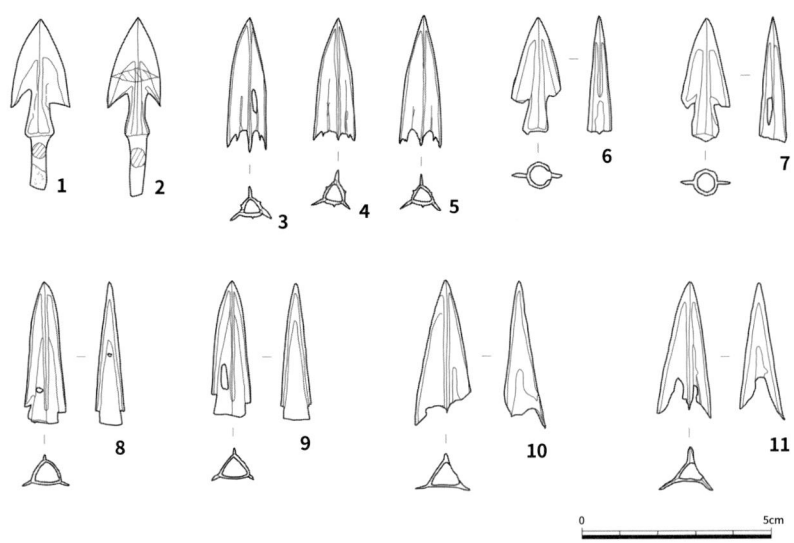

그림64. 랴오시 출토 동촉(1~5: 정가와쯔[鄭家窪子], 6~11: 산관뎬[三官甸], ※축척 1/2)**(3)**

양익동촉(両翼銅鏃)

AI류 : 유엽형의 인부와 경莖부(유공有銎)로 이루어지는데, 인부와 경부 사이에 역자가 있는 것과
　　　　 없는 것으로 구분된다.

　Ia류 : 유엽형의 인부를 가지고, 경부와 인부 사이에 역자를 갖는 것이다.

　Ib류 : 유엽형의 인부를 가지고, 역자를 가지지 않고 경부가 Ia류보다 긴 것이다.

AII류 : 삼각형의 인부와 경부(유공有銎)로 이루어진 것이다.

　IIa류 : 인부와 경부의 사이에 깊게 공부가 형성되며, 등대의 능선이 없고 경부의 단면은 원형인 것
　　　　 이다.

　IIb류 : 인부와 경부의 사이에 공부가 깊게 형성되지 않으며, 등대의 능선은 없고 경부의 단면은
　　　　 원형인 것이다.

　IIc류 : 인부와 경부 사이에 공부가 깊게 형성되지 않지만, 인부의 양쪽은 중간이 잘린 듯이 대
　　　　 칭되는 것이다. 또한 등대는 연마로 인한 능선이 보이고, 공부의 단면은 팔각형을 띤다
　　　　 (그림64-6·7).

AIII류 : 삼각형엽의 인부와 공부로 구성되며, 경부는 소실된 것이다. 이 형식은 몽골고원이나 남
　　　　 시베리아에서는 확인되지 않는다. 공부의 상면에 방형 구멍이 없는 IIIa류(그림65-16)와 공
　　　　 부의 상면에 방형 구멍이 없으나 인부 하단이 연장된 형태인 IIIb류(그림65-17)로 구분된
　　　　 다. 나아가 공부의 상면에 방형 구멍이 있는 IIIc류(그림65-18)로 구분되는데, 이 방형 구멍
　　　　 은 몽골고원의 BIII류와 양식적 유사성을 보인다.

삼익동촉

B I c류 : 유공경부를 가지고, 비교적 인부의 폭이 짧은 삼익동촉(그림64-8·9)이다.

B II류 : 경부가 없어지고, 공부와 인부가 일체화된 것이다.

　II a류 : 인부 하단과 공부 하단이 거의 평행을 이루는 것이다.

　II b류 : 인부 하단이 공부 하단보다 긴 것이다.

　II c류 : 인부 하단이 더욱 길어지고, 전체적으로 II b류보다 세장해지는 것이다. 일부에는 거푸집
　　　　의 형지와 관련된 구멍이 인부 하단부까지 이어지다 끊어진 것(그림64-3~5·10·11)도 있다.

2) 묘장 일괄유물의 검토

랴오시[遼西]의 유공동촉이 출토된 무덤군은 기본적으로 요령식동검을 동반한 무덤에서 출토되며, 중원의 서주 후기~전국 전기와 병행하는 시기로 추정된다. 그러나 랴오시 서부의 허베이[河北]성 롼핑[欒平]현이나 랴오닝[遼寧]성 링위안[凌源]현 춘추후기~전국전기의 무덤군에서는 연燕계 유물이 다수 출토된다. 이로 인해 요령식동검 자체는 점차 소실되고, 연문화의 영향이 뚜렷하게 반영된 무덤 구조가 확인된다. 이러한 변화 속에서 유공동촉을 포함한 북방 청동기문화 계통의 유물들은 비교적 적은 편이지만 계속적으로 존속하고 있다.

표8은 유공동촉과 유정有鋌동촉을 포함한 동촉이 출토된 랴오시[遼西]의 사례이다. 랴오닝성 선양[瀋陽]시 정가와쯔[鄭家窪子] 6512호묘(瀋陽故宮博物館 외 1975)는 랴오둥[遼東]에 포함되는 무덤이지만, 요령식동검의 계통을 고려할 때 필자는 랴오시[遼西]에 포함시켜야 한다고 주장(宮本 1998·2000a)한 바 있다. 이를 제외한 유공동촉의 사례는 모두 랴오시에서 출토된 것으로, 이 시기 유공동촉의 출토양상은 랴오시를 기준으로 정리할 수 있다.

이 시기 동촉은 무덤의 부장품으로는 확인되지 않는다(표8). 그럼에도 불구하고, 유공동촉은 유정有鋌동촉과 함께 일정한 비율로 출토되고 있다. 또한 유정有鋌동촉 중에서도 경부가 2단으로 구성된 중원계 동촉(그림64-1·2)를 제외하면, 유정有鋌 쌍익동촉과 유정有鋌 삼익동촉은 남시베리아 및 몽골고원에서 확인되므로, 이는 북방 청동기문화의 흐름 속에서 발생한 것으로 볼 수 있다. 반면 앞서 언급한 이단경식 유정有鋌동촉(그림64-1·2)은 북방 청동기문화에서는 확인되지 않아, 중원 청동기문화와의 접촉에 의해 발생한 것일 가능성이 있다.

한편, 유공동촉 중에서는 쌍익형 동촉보다 삼익형 동촉의 출토 비율이 더 높은 경향을 보인다. 이는 몽골고원이나 네이멍구 중남부에 비해, 랴오시[遼西]지역에서 유공동촉이 비교적 늦은 시기에 발달하였음을 시사한다고 볼 수 있다.

기원전 8세기경의 무덤으로 추정되는 난산근[南山根] 101호묘에서는 몽골고원에서 확인되는 것과

표8. 랴오시 동촉의 묘장별 출토 경향

| 무덤명 | 쌍익촉雙翼鏃(A) | | | | | | | 삼익촉三翼鏃(B) | | | | | | 유정촉有鋌鏃 | | 실연대 | 출전 |
| | I | | II | | | III | | | I | | II | | | 雙翼 | 三翼 | | |
	Ia	Ib	IIa	IIb	IIc	IIIa	IIIb	Ia	Ib	Ic	IIa	IIb	IIc	二段莖	三翼		
遼寧省寧城縣南山根M101	1													2	1		赤峰市博物館展示
遼寧省寧城縣南山根M102									1						1	8-6BC	中國社會科學院考古學研究所 東北工作隊 1981
遼寧省寧城縣汐子北山嘴M7501															40	9-8BC	寧城縣文化館 외 1985
遼寧省寧城縣小黑石溝M8061														1		9-8BC	寧城縣文化館 외 1985
遼寧省寧城縣梁家營子M8071												1			1	8-6BC	寧城縣文化館 외 1985
遼寧省瀋陽市鄭家窪子M6512													71	98		6BC	瀋陽故宮博物館 외 1975
遼寧省凌源縣三官甸墓地					2					2			2			5BC	遼寧省博物館 1985
遼寧省凌源縣五道河子M8										1			1			5BC	遼寧省文物考古研究所 1989
遼寧省建昌縣東大杖子M45										1						6BC後半	遼寧省文物考古研究所 외 2014c
遼寧省建昌縣東大杖子M11										1						5BC前半	遼寧省文物考古研究所 외 2015
遼寧省建昌縣東大杖子M16										1			1			5BC前半	遼寧省文物考古研究所 외 2014b
遼寧省建昌縣東大杖子M32										1						5BC後半	遼寧省文物考古研究所 외 2014a
遼寧省建昌縣子道溝M1										1						4BC前半	遼寧省文物考古研究所 외 2006
內蒙古林西縣井溝子M24													1			6-4BC	王立新 外他編 2010
內蒙古林西縣井溝子M26													1			6-4BC	王立新 外他編 2010
內蒙古林西縣井溝子M33													1			6-4BC	王立新 外他編 2010
內蒙古林西縣井溝子M51												1				6-4BC	王立新 外他編 2010
河北省灤平縣虎什哈炮台山M28						6		7	2							5BC	河北省文物考古研究所 외 1983
河北省灤平縣虎什哈炮台山墓地2基							1			1	17	1		1	4	6-5BC	河北省文物考古研究所 외 1983
河北省灤平縣梨樹溝門墓地									1	1		1		1		6-5BC	灤平縣博物館 1995

유사한 유공동촉과 유정有鋌동촉이 출토되었다. 이것들은 현재 츠펑[赤峰]시박물관에서 난산근 101호묘 출토유물로 전시되고 있다. 다만, 발굴보고서(遼寧省昭烏達盟文物工作站·中国科学院考古研究所東北工作隊 1973)에는 이 사실이 명기되어 있지 않으며, 유정有鋌동촉과 유공 쌍익동촉만이 기재되어 있다. 현재 전시 중인 자료는 동일한 시기를 공유하는 난산근 무덤군 전체의 동촉 자료를 통합하여 전시하였을 가능성이 있다. 표8에서 확인되듯이 서주 말에서 춘추 전기(기원전 9~8세기)에 해당하는 자료군에서는 북방 청동기계의 유정有鋌동촉이 주류를 이루고 있다. 반면, AIIc·AIII·BIIc류와 같은 동촉의 형식은 기원전 6세기 이후에 출현하는 것들로서, 앞서 언급한 유물들과는 구별된다.

쌍익 유공동촉 AIIc류는 기원전 5세기경 산관뎬[三官甸]에서 출토된 것으로, 등대의 능선이 연마되어 뚜렷하게 남아있는 것이 특징이다. 또한 쌍익 유공동촉 AIII류는 경부가 존재하지 않는 형식으로, 몽골고원이나 남시베리아에서는 확인되지 않지만, 네이멍구 중남부에서는 확인된다. 따라서 AIII류는 네이멍구 중남부에서 발생하여 랴오시[遼西]로 확산된 형식으로 이해할 수 있다. 다만, 네이멍구 중남부 출토품은 공부에 방형의 구멍이 뚫린 AIIIc류에 해당한다. 이러한 방형 구멍은 BIII류와 양식적으로 유사하여 기원전 2세기경으로 추정된다.

한편, 방형의 구멍이 뚫리지 않은 AIIIa류(그림65-16)와 AIIIb류(그림65-17)는 허베이성 롼핑[欒平]현 후센인포다이산[虎什吟炮台山] 무덤군(河北省文物研究所 외 1983)과 리슈구우먼[梨樹溝門] 무덤군(欒平県博物館 1995)에서만 출토되었다. 이 무덤들은 산융山戎묘로 여겨지는 무덤이다. 이로 미루어, AIIIa류와 AIIIb류 유공 쌍익동촉은 옌산[燕山]산맥을 따라 거주하던 북방민족인 산융山戎에서 독자적으로 개발된 형식일 가능성이 있다.

무덤의 일괄 유물로 주목할 만할 사례는 옌산산맥에 위치한 쥔두산[軍都山] 무덤군 중 하나인 베이징[北京]시 옌칭[延慶]구 위황먀오[玉皇廟] 무덤군이다(北京市文物考古研究所 2007). 이 무덤군은 지리적으로 네이멍구 중남부의 남단과 접하는 위치에 있으며, 전통적으로 산융의 무덤군으로 알려진 지역이다. 이 책에서는 네이멍구 중남부와 랴오시의 자료로서 위황먀오 무덤군의 자료를 다루지 않았다.

위황먀오[玉皇廟] 무덤군에서는 유공동촉 A류가 14점, 유공 삼익동촉인 B류가 178점이 출토되었다. 편년적으로 유의미한 형식은 다음과 같은 사례를 들 수 있다. AIIb류는 188호묘에서 출토되었으며, 춘추 중기인 기원전 7세기에 위치할 수 있다. AIIIa류는 300호묘에서 출토되며, 춘추 전기인 기원전 8세기경에 해당한다. AIIIb류는 303호묘에서 출토되었으며, 인부 하단이 더욱 발달하는 형식이므로 춘추 후기 전반인 기원전 6세기경으로 편년된다. 또한, BIIb류는 다량으로 출토되었는데, 춘추 전기인 32호묘부터 춘추 후기 후반인 343호묘에 이르기까지, 기원전 8~5세기에 걸쳐 지속적으로 사용된 형식임을 보여준다.

마찬가지로 쥔두산[軍都山] 무덤군에 속하는 베이징시 옌칭구 후루거우[葫芦溝] 무덤군과 시량황[西

梁岐] 무덤군(北京市文物考古研究所 2009)에서도 BⅡb류 동촉이 춘추 중·후기인 기원전 7~6세기의 무덤에서 출토되어, 위황먀오 무덤군과 시기적으로 유사한 경향을 보인다. 또한, BⅡc류는 기원전 5세기경 후루거우 151호묘에서 출토되었는데, 이는 랴오시의 산관뎬[三官甸] 출토품 시기와 일치한다는 점에서 주목할 만하다.

이 밖에도 연계유물과 요령식동검 등 북방청동기가 공반된 랴오닝성 지앤창[建昌]현 둥다장쯔[東大杖子] 무덤군에서는 삼익촉의 BIc류가 출토되었다(표8). 이것들은 기원전 6세기 후반~5세기 후반 사이로 편년된다(宮本 2019a). 또한, 기원전 4세기 후반으로 추정되는 지앤창현 간다오거우-[干道溝] 1호묘(宮本 2019a)에서도 BIc류 동촉이 확인된다(표8). 기원전 5세기 후반으로 편년되는 둥다장쯔 16호묘(宮本 2019a)에서는 BⅡc류도 함께 출토되었다. BIc류와 BⅡc류는 산관뎬유적에서도 확인되고 있어, 이 형식들은 기원전 6세기 후반~기원전 4세기 전반에 해당하는 요령식동검 2식(宮本 1998·2000a·2008a)에서 나타나는 특징적인 삼익촉으로 볼 수 있다.

다만 BⅡc류는 제4장에서 언급한 룽산[瀧山]지역 후장[後莊]유적이나 마자위안[馬家塬]유적에서도 확인되고 있어, 기원전 6세기에서 기원전 3세기까지 룽산지역에서 네이멍구 중남부, 랴오시[遼西] 일대를 아우르는 북방 청동기문화 전역에서 공통적으로 사용된 대표적인 삼익촉의 형식으로 평가된다.

이상과 같이 몽골고원·네이멍구 중남부·랴오시[遼西]지역의 유공동촉을 일관된 기준으로 형식 분류하고, 그에 따른 형식변화의 방향성을 상정하였다. 이러한 분류와 변화 방향은 랴오시[遼西]나 네이멍구 중남부 나아가 옌산산맥의 쥔두산[軍都山] 무덤군과 같은 무덤의 일괄유물과의 비교하더라도 모순되는 점은 확인되지 않는다. 이러한 형식변천의 흐름을 도식화한 것이 그림65이다. 랴오시[遼西]·네이멍구 중남부·쥔두산무덤군에서 공반된 유물의 무덤 연대를 통해, 각 형식의 대략적인 실연대를 추정하였다. 이러한 연대관은 일찍이 남시베리아 타가르문화의 동촉 연대를 제시한 치레노바의 연대관(Членова 1967)과도 크게 모순되지 않는다.

그림65에서 확인할 수 있듯이 유공식 동촉의 형식 변화는 다음과 같다. 먼저 AI류가 기원전 8세기 이전까지 소급되는 것으로 볼 수 있다. AI류의 연대를 어느 시점까지 상향할 수 있는가에 대한 문제는 기원전 2천년기 중엽의 쓰바[四霸]문화 출토품에서 유사한 것이 확인되고 있다는 점에서 상당히 상향될 가능성이 있다. 그러나 몽골고원에서 네이멍구 중남부·랴오시의 출토품으로 한정한다면 그만큼 연대를 상향하기는 어렵다.

한편, AⅡ·AⅢ류나 BI·BⅡ류는 기원전 8세기에서 기원전 5~4세기 사이에 형성되고, 각각의 형식변화를 거치며 지속된다. 이 중에서도 AⅡ·AⅢ류는 네이멍구 중남부에서 시작되어 랴오시 쪽으로 발전한 형식으로 볼 수 있다. 특히 BⅡ류의 발달은 기원전 2세기 이후 등장하는 BⅢ류로 이어져 흉노의 대표적인 특징인 유공 삼익동촉으로 정착된다.

이러한 형식 변천의 흐름 속에서 북방 청동기문화 전반적인 동촉의 형식 변화와 함께 네이멍구

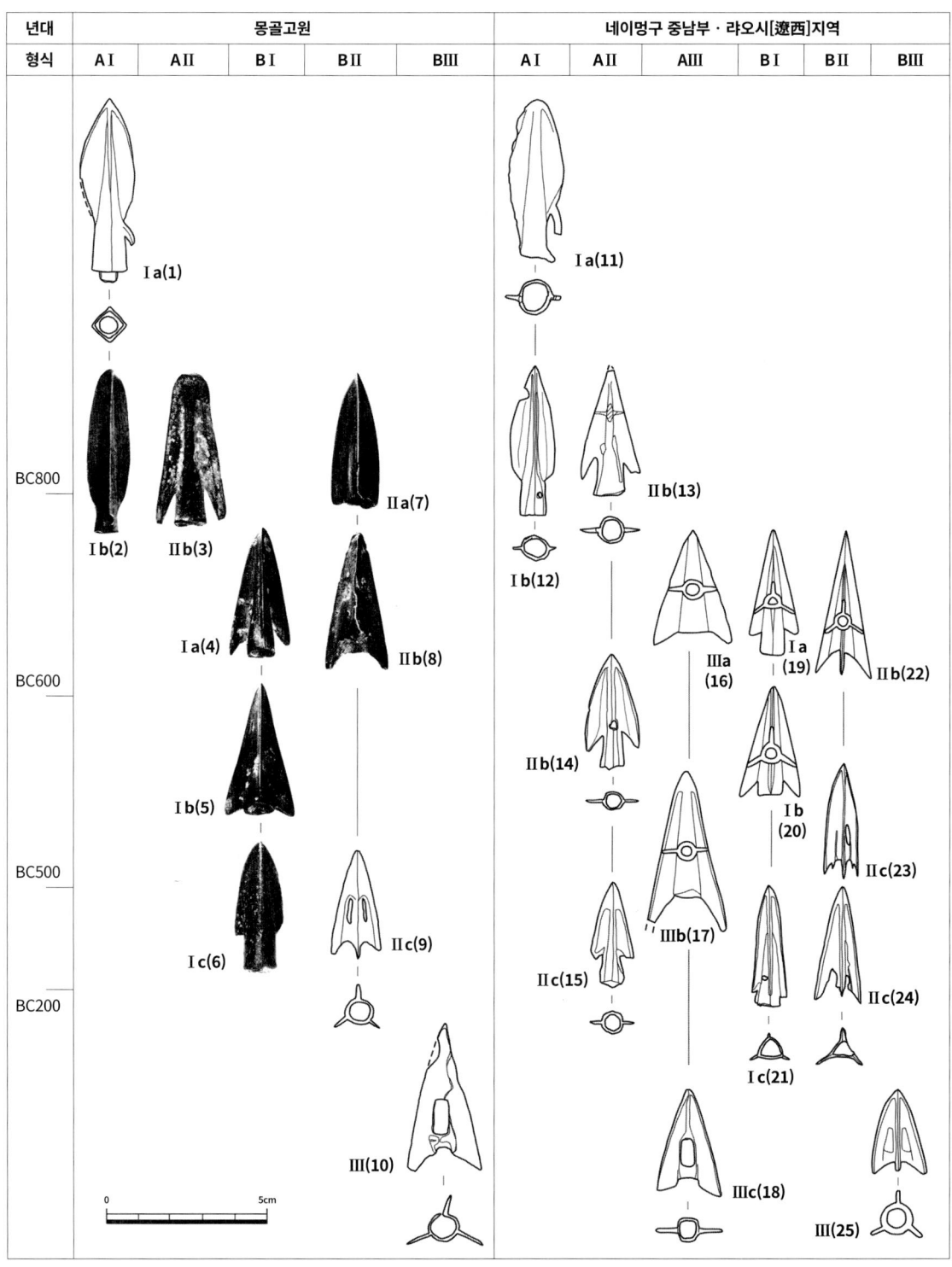

년대	몽골고원					네이멍구 중남부 · 랴오시[遼西]지역					
형식	AⅠ	AⅡ	BⅠ	BⅡ	BⅢ	AⅠ	AⅡ	AⅢ	BⅠ	BⅡ	BⅢ

그림65. 몽골고원~랴오시 유공동촉의 편년(1: Dariganga, 2~8: 에르데네출룬 컬렉션, 9 · 10: Chandomani, 11~14 · 18: 오르도스 청동기박물관 소장, 15 · 21 · 24: 산관덴, 16: 위황먀오[玉皇廟] M233, 17: 위황먀오 M303, 19: 위황먀오 M19, 20: 위황먀오 M20, 22: 위황먀오 M32, 23: 정가와쯔, 25: 오르도스 수집품, ※축척 1/2)

중남부에서 랴오시에 이르는 지역 간의 차이를 확인할 수 있다. 특히 유공 쌍익동촉의 경우, 네이멍구 중남부와 랴오시에서는 미누신스크 분지나 몽골고원에 비해 상대적으로 발달하지 않은 양상을 보인다. 그 중에서도 역자를 가진 AIa류는 네이멍구 중남부와 랴오시에서는 거의 확인되지 않는다. 반면 경부를 갖지 않는 AIII류는 산융山戎계 무덤군을 중심으로 네이멍구 중남부와 랴오시에서 독자적으로 발달해 간다. 또한, 등대를 연마하여 능선을 강조한 공부 단면형이 팔각형을 이루는 AIIb류 및 AIIc류도 네이멍구 중남부에서 랴오시에 걸쳐 지역적으로 발달해 간다. 이와 같이, 미누신스크 분지·몽골고원과 네이멍구 중남부·랴오시[遼西] 간에는 유공동촉의 형식변화가 상이한 지역적·단계적 발전이 이루어졌음을 추정할 수 있다.

이러한 지역적 차이는 유공 삼익동촉의 형식 변화에서도 확인할 수 있다. 특히, 공부가 교량 형상을 띠는 BIII류 동촉은 몽골고원과 미누신스크 분지에서는 다수 출토되지만, 네이멍구 중남부에서는 감소하며, 랴오시[遼西]에서는 거의 보이지 않는다.

앞서 언급한 바와 같이 BIII류는 기원전 2세기 이후 출현하는 흉노의 전형적인 삼익동촉으로, 흉노의 세력 확장과 함께 출현한 형식이라고 할 수 있다. 이 형식의 동촉은 신장[新疆]에서도 확인되어 (田中 2011), 흉노 문화의 확산과 관련된 것으로 평가된다. 또한 주목할 수 있는 것은 BIII류 동촉이 전한대 랴오둥[遼東]지역의 시차거우[西岔溝] 무덤군 등에서도 출토된다는 사실이다. 이는 당시 부여지역이 흉노와 일정한 관계를 유지하고 있었음을 시사한다고 볼 수 있다(宮本 2009e).

본 장에서 주목하고 있는 유공 쌍익동촉 AII류에 대해서는 지역성을 드러내는 네이멍구 중남부와 랴오시라는 지역 내에서의 변화를 중심으로만 검토하고자 한다. 이는 이후 한반도의 유공동촉을 살피는데 중요하기 때문이다. AIIa류는 경부와 인부 하단[翼部]에 공부가 깊게 형성되면서, 평면상에서 절개된 형상을 갖는 형식이다(그림65-13). 이후 공부의 깊이가 얕아지면서 절개된 평면의 형상이 점점 얕아지고, 연마된 등대의 능선이 드러나는 AIIb류(그림65-14)로 변화한다. AIIc류(그림65-15)는 능선을 유지하면서도 절개된 형상이 한층 더 얕아진다. 그리고 인부 하단의 날카로움이 줄어들고, 인부 하단부가 평행한 형태로 변화하는 것이 특징이다. 즉, AIIa→AIIb→AIIc류로의 형식변화가 이루어졌다고 상정할 수 있다. 또한, AIIa류는 공부 단면이 원형인 데 반해, 그 밖의 두 가지 타입은 모두 공부 단면이 팔각형을 이루는 점에서도 차이를 보인다.

5. 한반도의 유공동촉

한반도에서는 동촉 자체가 그다지 많지 않으며 그중에서도 유공동촉은 매우 드물게 확인된다. 한반도의 유공동촉은 모두 유공 쌍익동촉으로서, 유공 삼익동촉은 아직까지 알려진 바 없다. 전한 병행기 이후에는 삼릉동촉이 유입되는데, 이는 낙랑군과의 관계에서 비롯된 현상으로 이해된다.

유공동촉은 동과의 거푸집이나 원형 점토대토기가 함께 부장된 전라북도 완주 갈동무덤군, 평양 부조예군묘 등에서 출토된 바 있다. 후자인 부조예군묘의 경우, 과거 기원전 1세기로 보는 견해(岡崎 1968) 등이 있었으나, 최근 아키야마 신고(秋山 2008)는 부장된 은인銀印을 기원전 128~126년으로 추정한 바 있다. 그러므로 무덤의 연대는 기원전 100년 전후로 여겨지며, 유공동촉은 기원전 2세기 후반일 가능성이 크다. 이 밖에도 유공동촉은 토성동 4호묘 등 낙랑 한묘에서도 확인된 바 있는데, 이 동촉을 기원전 1세기대로 보는 견해(湖南文化財研究院 2005)도 있다. 그러나 토성동 4호묘에서는 성운경 星雲鏡이 함께 출토되고 있어 기원전 2세기 후엽에서 기원전 1세기 전엽에 해당한다고 볼 수 있다. 그렇다면 이 동촉 역시 기원전 2세기 후반으로 상향될 가능성이 있다.

하지만 이같은 연대관을 인용하더라도 랴오시[遼西]지역의 유공동촉과는 연대 차이가 크다. 따라서 랴오둥[遼東]의 쌍익 유공동촉의 변천과 함께 재검토가 필요하다. 또한 시기 불명의 자료로서, 함경북도 종성鐘城 지경地境동유적에서도 유공동촉의 출토가 알려진 바 있다(榧本 1934).

갈동 3호묘에서 출토된 동촉과 부조예군묘의 동촉을 비교하면, 전자(그림66-2)가 후자(그림66-3)보다 경부와 인부 하단[翼部]의 절개가 더 깊은 경향을 보인다. 동시에 두 유물 모두 등대에 능선을 가지고 있으며, 공부의 단면형이 팔각형을 이루는 공통된 특징을 띠고 있다. 이를 네이멍구 중남부와 랴오시[遼西] 동촉의 변천과 비교해 보면, 유사한 공부 단면형의 특징을 공유하고 있음을 알 수 있다. 또한 갈동 3호묘의 동촉은 AⅡc류와 마찬가지로 인부가 짧게 처리되어 있으나, 혈구[樋]를 이루며 절개되었다는 점에서 AⅡc류와 차이를 보인다. 혈구의 형상을 띠는 절개된 특징은 네이멍구 중남부 및 랴오시의 유공동촉 AⅡb류와 AⅡc류에서는 확인되지 않는 특징으로 한반도에서 독자적으로 발생한 형식으로 보인다. 실제로 갈동 3호묘의 동촉과 동일한 형태의 동촉 거푸집이 전라북도 완주 상운리 유적 3호 주거지에서 발견되었다(전북대학교박물관 2010). 이로 인해, 갈동 3호묘에서 출토된 동촉은 재지 생산품이며, 전라도에서 제작된 것임이 명백하다고 할 수 있다. 따라서, 갈동 3호묘 동촉은 랴오시지역 산관뎬[三官甸]의 AⅡc류(그림66-1)에 비해 형식상으로 한 단계 정도 후행하는 유물로 판단된다. 말하자면 AⅡc류가 한반도로 전파된 이후, 재지적으로 변화한 형식이 갈동 3호묘의 동촉이라고

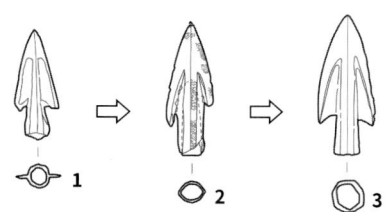

그림66. 한반도 유공동부의 변천(1: 산관뎬, 2: 갈동 3호묘, 3: 부조예군, ※축척 2/3)

판단된다. 그리고 갈동 3호묘의 동촉에서 다시 변화한 것이 부조예군묘의 동촉인 것이다. 부조예군묘의 동촉은 갈동 3호묘의 그것보다 더 대형화되었으며, 인부의 혈구가 더욱 발달하였다. 다만, 인부 하단과 경부 사이의 절개는 얕아진 형태를 보인다. 이를 통해, 부조예군묘 출토 동촉은 갈동 3호묘의 동촉에서 한층 더 변화·발전한 형식이라고 볼 수 있다.

산관덴[三官甸]의 AIIc류 동촉은 삼관덴에서 출토된 동정銅鼎의 연대(宮本 2000d)를 통해 기원전 5세기에 비정할 수 있다. 부조예군묘에 부장된 은인銀印은 기원전 128~126년의 것으로 추정되어 무덤의 연대도 기원전 100년 전후로 상향할 수 있다는 견해(秋山 2008)가 제시된 바 있다. 즉, 은인과 함께 출토된 동촉 역시 기원전 2세기 후반의 유물로 추정할 수 있다. 또한 토성동 4호묘를 늦어도 기원전 1세기 전엽으로 본다면, 낙랑 목곽묘에서 출토된 유공동촉은 기원전 2~1세기 전엽에 해당하는 것으로 볼 수 있다. 이러한 흐름 속에서 형식학적으로 산관덴과 부조예군묘의 중간적 성격을 띠는 갈동 3호묘의 동촉은 기원전 3세기로 위치시키는 것이 가능하다.

물론 두 유적 간의 연대폭은 기원전 4세기에서 기원전 2세기 전반에 이르지만, 여기서는 그 중간 값인 기원전 3세기로 설정해 두고자 한다. 또한 동촉이 부장된 갈동 3호묘에서는 철기가 공반되었는데, 철겸은 주조품으로 기부가 돌출된 형태이다. 이는 연하도 등의 전국 후기의 기원전 3세기경의 철기 형식과 일치하여, 앞서 추정한 유공동촉의 연대와 모순되지 않는다.

6. 정리

몽골고원, 네이멍구 중남부, 랴오시[遼西], 한반도에서 출토된 동촉 중에서, 특히 유공동촉을 중심으로 형식 변천을 살펴보았다. 여기서는 넓은 지역을 통일된 기준으로 형식분류하고, 랴오시[遼西] 및 옌산산맥을 중심으로 무덤 단위의 일괄유물을 검토하여 형식학적인 변천과정을 검증하였다. 몽골고원과 네이멍구 중남부의 자료는 대부분 채집자료이므로, 무덤 내 일괄자료의 검증이 어렵다. 따라서 현재로서는 이같은 방법이 최선이라고 판단된다.

그 결과, 몽골고원에서 네이멍구 중남부에서는 남시베리아의 카라수크문화와 타가르문화와 같은 계통의 동촉인 유공동촉이 존재한다는 사실을 확인할 수 있었다. 즉, 이 지역 동촉은 중원 청동기 문화와 구분되는 북방 청동기문화의 계통에 속함을 밝혀내었다. 그 흐름 속에 랴오시[遼西]의 청동기 문화가 위치하며, 요령식동검문화도 기본적으로는 동일한 북방 청동기문화 계통의 일부임을 알 수 있다.

다른 한편으로 네이멍구 중남부와 랴오시[遼西]의 유공동촉에서는 몽골고원이나 남시베리아지역과는 다른 지역성이 나타나고 있음을 확인하였다. 이러한 사실은 이 지역의 청동기를 중심으로 한 '정보 공유권역'의 존재를 고려할 때 중요한 의미를 갖는다. 카라수크문화 단계에서는 남시베리아와 네이멍구 중남부, 랴오시 등 장성지대 간의 상호 교류 과정이 확인되며(松本 2009), 타가르문화 단계에 들어서도 두 문화권(남시베리아-몽골고원 및 네이멍구-랴오시)이 주축이 되어 북방 청동기문화를 구성하고 있다. 비록 동촉의 형식학적 분석에 기초한 것이긴 하지만, 카라수크문화 단계와는 달리, 타가르문화 단계에서는 오히려 남시베리아-몽골고원과 네이멍구 중남부-랴오시로 대표되는 두 개의 큰 문화권 내에서 공유된 청동기 정보와 각 지역별 고유한 형식적 특징이 공존하고 있다. 결국 두 문화권의 공통적 요소와 차별화된 특징이 서로 상호 작용하며, 북방 청동기문화라는 전체적인 특징을 구성한다고 할 수 있다.

북방 청동기문화의 한 요소인 유공동촉, 특히 유공 쌍익동촉이 한반도까지 확산된 사실은 매우 흥미로운 현상이다. 유공 쌍익동촉이 한반도로 확산되는 시점은 갈동 무덤군의 동과 거푸집에서 확인할 수 있듯이 한반도에서 동과가 출현하는 시기에 해당한다.

후술할 제19장에서 검토하겠지만, 한반도의 동과는 요서식동과의 계보에 뿌리를 두고 있다. 특히 최근 발견된 랴오둥[遼東]의 단둥[丹東]시 젠안[振安]구 타이핑완[太平灣] 웨이완좡[外望江]촌의 요서식동과는 요서식동과의 조형을 보여주는 사례로서 그 연대는 기원전 4세기경으로 추정된다(小林·宮本 외 2012). 이러한 점을 고려하면, 갈동 3호묘의 유공 쌍익동촉을 기원전 3세기로 추정하는 것은 충분히 타당하다고 볼 수 있다.

나아가, 기원전 3세기 한반도에서 출현하는 동과와 다뉴세문경의 계보 역시, 기원전 4세기 단계의 랴오시·랴오둥의 요서식동과와 다뉴조문경과 직접 연결된다. 이는 랴오둥·랴오시지역에서 재지적으로 변용된 북방 청동기문화의 전통 속에서 형성된 계통이라고 할 수 있다. 마찬가지로 한반도의 유공 쌍익동촉도 랴오시 산관뎬[三官甸]의 AⅡc류 동촉에 계보를 두고 있으며, 네이멍구 중남부·랴오시에서 변용된 유공 쌍익동촉이 한반도로 전래된 것으로 볼 수 있다. 이 동촉이 동과나 다뉴세문경과 같은 계보 속에 있는 동시기의 단계에 있다는 점이 중요하다. 이는 연나라가 랴오둥[遼東]까지의 5군 설치하며 군사적으로 위협하던 상황 속에서, 한반도의 지역 세력이 그 이전까지 랴오시·랴오둥에 형성되었던 북방 청동기문화에 기반한 청동무기와 다뉴경을 수용하여 자체적으로 제작하였다는 것을 의미하고 있기 때문이다.

---

(1) 그림61-1~6은 2012년 3월 21일 몽골과학아카데미 고고학연구소에서 필자 실측.
(2) 그림63은 2011년 11월 22일 오르도스 청동기 박물관에서 필자 실측.
(3) 그림64는 2012년 2월 28일 랴오닝성 박물관에서 필자 실측.

제2부
중원 청동기문화

제7장

중원 청동기문화의 시작

1. 머리말

타오시[陶寺]유적에서는 동령銅鈴이 출토되었다(中国社会科学院考古研究所山西工作隊・臨沿地区文化局 1984). 이 동령은 타오시문화 후기의 소형묘에서 출토된 것이지만, 피장자의 소유물이 아니라 약탈품 이라는 의견도 있다.[1] 이는 타오시문화 중기의 대형묘에 적용되는 견해이다. 그 밖에도 타오시유적 에서는 치륜형齒輪形 동기라는 청동기가 출토되었다(国家文物局主編 2002). 치륜형 동기는 산시[陝西]성 시마오[石峁]유적에서도 여러 점이 발견되어, 시마오문화에서 유래한 것일 가능성이 높다.

이미 제1장에서 논한 바와 같이, 이러한 치륜형동기를 포함한 청동기문화가 시마오문화에서 발 견되는 현상은 북방 청동기문화 중에서도 세이마-투르비노Сейминско-турбинская문화와 관련될 가능 성이 높다.

최근에는 타오시문화 중기(기원전 2100~2000년)에 해당하는 제3층 내에서 홍동제紅銅製 동환銅環이 출토되었다(中国社会科学院考古研究所山西隊 외 2005). 또한 궁전宮殿 지구의 대형 건축기단 판축토 내에 서 동용기銅容器의 일부일 가능성이 있는 동기銅器 잔편이 출토되었다(中国社会科学院考古研究所山西隊 외 2008). 이 건축기단 역시 타오시문화 중기에 속하며, 해당 동기는 비소砒素동제로 보고되고 있다. 이 는 시마오문화를 경유한 세이마-투르비노문화에서 유래하였을 가능성이 높다. 타오시유적에서 출 토된 동기들은 중원지역에서 얼리터우[二里頭]문화 이전인 신석기시대 후기에 이미 동기가 존재하였 음을 보여준다. 동시에 이것들은 공구나 무기와 같은 실용적인 이기利器가 아니라 악기나 장신구와 같은 비실용품이라는 점이 특징이다. 동제 용기일 가능성이 있는 동편銅片도 이러한 특징을 반영하 고 있다.

또한 얼리터우문화 2기 동銅성분 중에는 스바[四壩]문화의 하소커우[火燒溝]유적 출토품 등 중국 서북부 초기 청동기로 인정받는 비소동이 존재한다(梅建軍 2005). 시기를 더 올려서 보면, 타오시문화 중기에도 이미 비소동이 존재하였다. 비소동은 스바문화의 청동기 등 중국 서북부 초기 청동기에서 흔히 발견되는 성분으로, 중원에서는 산출되지 않는 동광석에서 비롯된 것이다. 따라서 중원의 청동기문화는 초기에 북방 초원지대나 중국 서북부 초기 청동기문화와의 교류 속에서 원재료를 반입하여 동기를 생산하였을 가능성이 있다.

그러나 원재료의 유입 여부를 떠나, 타오시유적에서 출토된 청동기의 기형이나 기종을 중국 서북부 초기 청동기문화의 일부로 인정하기 어렵다. 따라서 중원 청동기생산은 시마오유적을 경유하는 형태로 타오시유적 등 중원에서 독자적으로 시작되었다는 점은 분명하다.

2. 타오시[陶寺]문화의 동령

그렇다면 타오시유적에서 출토된 동령은 어떠한가? 이 동령은 높이 2.8cm, 길이 6.3cm, 너비 2.8cm의 소형으로, 정부頂部 평탄면은 원형이 아니라 엽葉형(이하, 잎 모양)의 타원형으로 다소 편평한 형태를 보이고 있다(그림67). 이 동령의 형태는 외범과 내범을 활용하여 주조된 것임이 분명하다. 내범과 외범의 형지型持는 정부 평탄면(그림68-1)과 측단면 중앙(그림68-4)에서 확인된다. 이를 통해 외범이 분할된 것이 아니라 하나의 거푸집[范]으로 이루어졌을 가능성을 보여준다.

외범이 두 개의 분할범으로 이루어졌다면, 정부 평탄면의 중앙에 범선이 존재해야 하는데 그 흔적은 보이지 않는다(그림68-1). 이는 외범이 하나였을 가능성을 뒷받침한다. 더욱이 동령의 측면에 있어야 할 범선도 보이지 않고(그림68-4·5), 탕주湯周가 거칠게 움푹 들어간 모양을 나타내고 있다(그림68-4·5).

또한, 동령의 겉면에는 포의 흔적이 확인되었다. 보고서에서는 동령이 삼베에 싸여 있었을 가능성을 제시하고 있다(中国社会科学院考古研究所山西工作隊·臨沿地区文化局 1984). 보고서의 사진에서도 동령 표면 일부에 포가 부착된 것이 확인되고 있으며, 실제로 동령의 외면에는 포의 부착물 외에도 동기 표면에 오목한 형태[凹状]의 포목布目이 보인다. 이 포목의 흔적은 현재도 선명하게 관찰된다(그림68-2).

이러한 흔적은 단순히 동령이 천으로 감싸져 있던 것이 아니라, 주조과정에서 찍힌 흔적일 가능성도 있다. 만약 그렇다면, 이는 외범에 천의 조직이 찍혀 있었음을 의미한다고 볼 수도 있다. 외범을 제작할 때, 먼저 모형을 만들고 그 모형에 포를 감싼 후 점토를 바르고 외범을 제작하면 모형을 외범에서 쉽게 분리할 수 있어 외범을 손상시키지 않고 떼어낼 수 있었을 것이다. 결국 외범에 남아 있는 포의 흔적은 단순한 외부 보호를 위한 것이 아니라, 외범 자체가 하나의 본체로 이루어진 거푸집 제

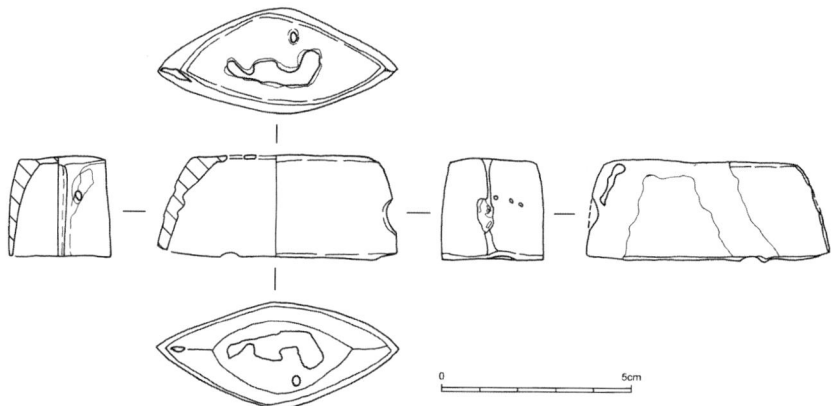

그림67. 타오시[陶寺] 출토 동령銅鈴(※축척 1/2)

그림68. 타오시유적 출토 동령의 세부사진

작방법에서 비롯된 것이라고 추정할 수 있다.

한편 보고서에 제시된 동령을 감싼 포의 흔적이라는 주장도 중요하다. 이 포 흔적은 단순히 외부를 감싼 채 눌려 동령에 부착된 것으로 주조 당시의 흔적이 아닐 수도 있다. 그럼에도 불구하고, 앞서 언급한 바와 같이 동령 정부頂部에는 범선이 존재하지 않으며, 측면에서도 주조 시 탕구 주위가 거칠게 확인된다는 점을 고려하면, 외범은 하나의 일체형 구조였다고 보아야 할 것이다. 즉, 외범은 두 개의 분할범으로 나뉘어 있지 않았을 것으로 볼 수 있다. 더군다나 외범이 하나의 거푸집으로 제작되었다고 가정할 때, 동령의 형태적 특징과 곡면의 날카로운 굴곡을 고려하면, 석제 거푸집으로 만드는 것은 사실상 불가능하다. 따라서 외범과 내범은 모두 토제 거푸집을 이용하여 주조되었을 가능성이 높다.

이처럼 한 개의 외범과 내범으로 이루어져 있으며, 외범이 분할되는 않는다는 점은 다소 원시적이며 초현初現적인 주조기법이라는 것을 추정케 한다. 이러한 주조기법은 기존의 청동기 제작 기술과는 차별화된 독자적 방식일 가능성이 높다. 아마도 이러한 외범과 내범을 활용한 주조기술은 당시 이미 존재했던 그릇[器]이나 술잔[盃] 등의 자루나 다리 형태를 제작하는 제도 기술과 관련이 있었을 것으로 추정된다. 이는 단순한 청동기 주조기술이 아니라, 보다 정밀한 형태를 제작하기 위한 기술적 응용의 한 형태였을 가능성이 크다. 중국 서북부의 초기 청동기문화에서는 석제 거푸집이 일반적으로 사용된다. 따라서 이와 다른 제작기술을 응용한 외범과 내범을 활용한 주조기술은 중원지역에서 독자적으로 개발되었을 가능성이 높다.

더욱이 동령의 형태는 동시기에 존재하는 도령陶鈴과 유사하다. 이는 동령의 조형적 기원이 타오시문화의 도령에 있었을 가능성이 있다. 이마무라 요시코에 따르면(今村 2006), 도령은 신석기시대 중기 전반의 다원코[大汶口]유적과 롱강쓰[龍崗寺]유적에서 처음 등장한 이후, 신석기 중기 후반에는 후앙[黃]하 중·하류 유역에서 한수이[漢水] 중·하류 유역으로까지 확산되었다. 나아가 신석기시대 후기에는 네이멍구 중남부와 창[長]강 중유역까지도 확산되었다(그림69). 스자오촌[師趙村]유적이나 마오디구[廟底溝]유적에서 출토된 뉴紐가 달린 조종釣鐘형과 커싱좡[客省莊]유적에서 출토된 징[鉦]과 유사한 탁형령鐸形鈴[1]도 등장하였다. 대부분의 도령은 정부頂部가 평탄하며, 그 평탄면 자체가 타원형이나 잎 모양을 띠는 특징을 보인다.

타오시유적에서 출토된 도령(그림69-13)도 이러한 형태적 특징을 유지하고 있다. 도령의 정부頂部 평탄면에는 한 개 내지는 두 개의 구멍이 확인되는데, 이는 단순히 매달리기 위한 것일 뿐만 아니라 내부에 타종추打鐘錘를 고정하기 위한 기능도 수행한다. 또한 동령의 정부 평탄면에 있는 구멍은 이러한

---

1) 역자 주) 자루 달린 종처럼 생긴 아악기 모양 방울.

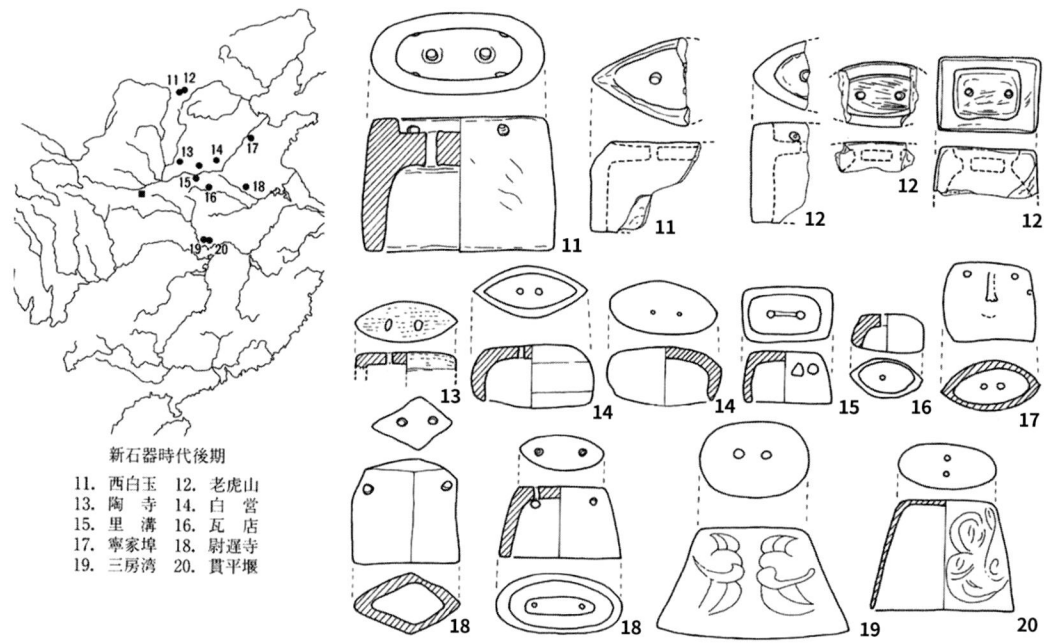

그림69. 신석기시대 후기 도령陶鈴과 그 분포(今村 2006)

도령의 특징을 의식하여 제작된 것으로 보인다. 전체적으로 형태나 기능적인 측면에서 도령을 그대로 참고하여 이를 청동으로 대체한 것이 바로 타오시문화의 동령이었다고 볼 수 있다.

신석기시대 도령의 분포 중심지는 중원지역이었으며, 이는 중원을 중심으로 한 제사구였던 것으로 이해할 수 있다. 그렇다면 이러한 중원의 독특한 제사구가 타오시문화에서는 동제품으로 전환되면서 더욱 귀중한 도구로 변환되었다고 보는 것이 타당할 것이다.

한편 타오시문화의 묘제는 계층구조가 뚜렷하게 나타난다. 그중에서 타고鼉鼓나 특반特磐과 같은 악기는 타오시문화 전기의 대형 무덤에만 부장되어 있어, 상위 계층의 부장품이었던 것으로 이해된다. 이러한 악기는 위신재威信材였을 가능성이 높다(宮本 1999c·2000a). 특히 귀중품인 동제품으로 동령이 일찍이 제작되었다는 사실은 도령이라는 제례구祭禮具에 귀중품으로서의 성격을 부여하려는 시도하였음을 시사한다. 즉, 동령도 타고鼉鼓나 특반特磐과 마찬가지로 귀중한 악기로 여겨, 위신재로의 가치가 높았다고 볼 수 있다. 이처럼 중원의 청동기 제작 전환 과정은 처음부터 공구와 같은 이기利器가 아닌 위신재威信材로 제작되었다는 점이 특징이다. 이러한 중원지역 청동기 시작에서 보이는 특수성은 세계사적인 관점에서도 주목할 만한 특징이라고 할 수 있다.

3. 얼리터우[二里頭]문화의 동령

동령은 타오시문화에서 최초로 등장하지만, 그 이후로 얼리터우[二里頭]문화 2기까지는 확인되지 않는다. 그러나 얼리터우문화에서는 동령이 다시 출현하며, 표9와 같이 8점이 존재한다. 또한 표10과 같이 얼리터우문화 묘장의 부장품 구성을 살펴보면, 사회적인 계층구조가 명확하게 드러난다(宮本 2005a). 동령이 출토된 묘장은 상위 계층의 묘장으로 한정되며, 이는 계층별로 부장품의 차이가 존재했음을 시사한다. 따라서 타오시문화 단계에서 위신재로 여겨졌던 타고·특반 및 동령의 신분 표식 기능은 그대로 얼리터우문화 단계까지 지속되었다고 볼 수 있다. 특히 얼리터우유적 3호 궁전 남원南院의 3호묘는 이러한 특징을 가장 잘 보여주는 사례로, 동령과 함께 녹송석綠松石으로 만든 용형기龍形器가 부장되었다(中国社会科学院考古研究所二里頭工作隊 2005; 中国社会科学院考古研究所 2014). 또한 다른 동령에 비해 상대적으로 대형인 점 역시 3호묘 피장자의 사회적 위치을 보여주는 중요한 요소라 할 수 있다.

한편, 얼리터우문화의 동령은 한쪽 측면에 주조 지느러미[鰭]를 가진 것이 특징이다(그림70). 신석기시대의 도령에서는 주조지느러미를 가진 사례가 발견되지 않는다. 따라서 신석기시대의 도령을 직접 모델로 삼아 얼리터우문화 내에서 발생하였다기보다는, 타오시문화 동령의 계보 속에서 청동제품으로 자체 개발된 것으로 보아야 할 것이다. 이러한 관점에서 얼리터우문화의 동령 형식변화를 상정해

표9. 얼리터우[二里頭]문화기 동령의 집성표

동령銅鈴 출토지점	길이 (cm)	저부길이 (cm)	저부폭 (cm)	정부頂部 길이(cm)	정부폭 (cm)	두께 (mm)	무게 (g)	형식	도기 연대	출전
偃師二里頭 Ⅴ区M22	9.1	9.0	5.8	5.7	4.0	3	171.3	Ⅰa	二里頭 2期	中国社会科学院考古研究所 1999
偃師二里頭 (未報告)								Ⅰb		廉海萍 외 2011
偃師二里頭 Ⅴ区M3	13.5	15.8	12.3	10.0	7.6			Ⅱa	二里頭 2期前段	中国社会科学院考古研究所 2014
偃師二里頭 81Ⅴ区M4	8.6	8.6	8.7	6.0	5.3	5	449	Ⅱb	二里頭 2期後段	中国社会科学院考古研究所 二里頭工作隊 1984
偃師二里頭 82Ⅸ区M4	8.4	9.1	7.4	6.0	4.5	5	408	Ⅱb	二里頭 2期·3期	中国社会科学院考古研究所 二里頭工作隊 1985
偃師二里頭 84Ⅵ区M11	7.6	9.0	7.1	5.5	4.2	4	271.8	Ⅱa	二里頭 4期	中国社会科学院考古研究所 二里頭工作隊 1986
偃師二里頭 87Ⅵ区M57	8.4	9.0	7.8	6.0	5.2	5	435	Ⅱb	二里頭 4期	中国社会科学院考古研究所 二里頭工作隊 1992
安徽省肥西県 大墩孜								Ⅱb?	二里頭 4期?	安徽省博物館 1978

표10. 얼리터우문화기 부장품 구성으로 본 계층관계

지위	청동기				옥기	칠기	도기			적색안료 [朱砂]
	爵, 斝, 盉	牌饰	鈴	武器			鬹, 盉	爵	기타	
第一	○	○	○	○	○	○	○		○	○
	○	○			○		○		○	○
	○				○		○		○	○
		○	○		○	○	○		○	○
第二					○		○	○	○	○
第三							○	○	○	
							○		○	○
第四								○	○	
									○	
第五										

보면, 주조지느러미가 작은 형태(그림70)에서 점차 커지는 형태(그림71~73)로 변화하며, 동시에 정부頂部 평탄면이 잎모양(그림70)에서 점차 원형(그림71~73)으로 변화했을 가능성이 크다.

특히 후자인 정부頂部 평탄면의 형태를 시기차로 보는 이유는, 타오시문화의 동령이 신석기시대의 도령을 본뜬 것처럼 정부頂部 평탄면의 형태가 잎 모양, 즉 편원형을 띠고 있기 때문이다. 즉, 편원형을 띠는 동령을 얼리터우 동령의 가장 이른 형식으로 볼 수 있으며 이후 점차 원형으로 변화하는 과정을 거쳤을 것으로 추정된다.

그러나 얼리터우문화의 동령과 타오시문화의 동령 사이에는 앞서 언급한 차이점 외에도 뉴鈕가 존재한다는 점이 다르다(그림70~73). 특히 뉴의 형태는 신석기시대 도령에서 볼 수 있는 조종釣鐘형 령이나 탁鐸형 령과는 달라 이를 직접 모델로 삼아 제작된 것은 아니다.

타오시유적 동령에는 정부頂部 평탄면에 틀을 잡기 위한 부정형의 구멍[孔]이 있으며, 원공圓孔은 주조 후에 외면에서 뚫은 것이다. 이것이 신석기시대 도령의 정부頂部 평탄면에 있는 두 개의 구멍을 모방한 것임은 의심할 여지가 없다. 즉, 매달기 위한 구멍을 원형 그대로 본떠서 만들었으며, 형태를 유지하기 위한 용도로도 사용되었다. 또한, 두 개의 구멍을 동시에 주조하지 못하므로, 다른 한 개의 구멍은 주조 후에 따로 뚫은 것이다(그림67, 그림68-1).

또한, 타오시유적의 동령에서는 매달기 위한 구멍이 주조 과정의 형지로 이용되었으나, 얼리터우문화 동령에서는 뉴鈕 형태로 변형되었다. 즉 뉴는 타오시문화 동령의 정부에서 틀을 잡던 부분을 활용하여 제작된 것으로 보이며, 이러한 점에서도 얼리터우문화의 동령은 타오시문화의 동령 제작기술의 연장선에서 자체적으로 발전한 것임을 알 수 있다.

그렇다면, 타오시문화의 동령과 얼리터우문화의 동령 사이에서 청동기 제작기술의 가장 큰 변화

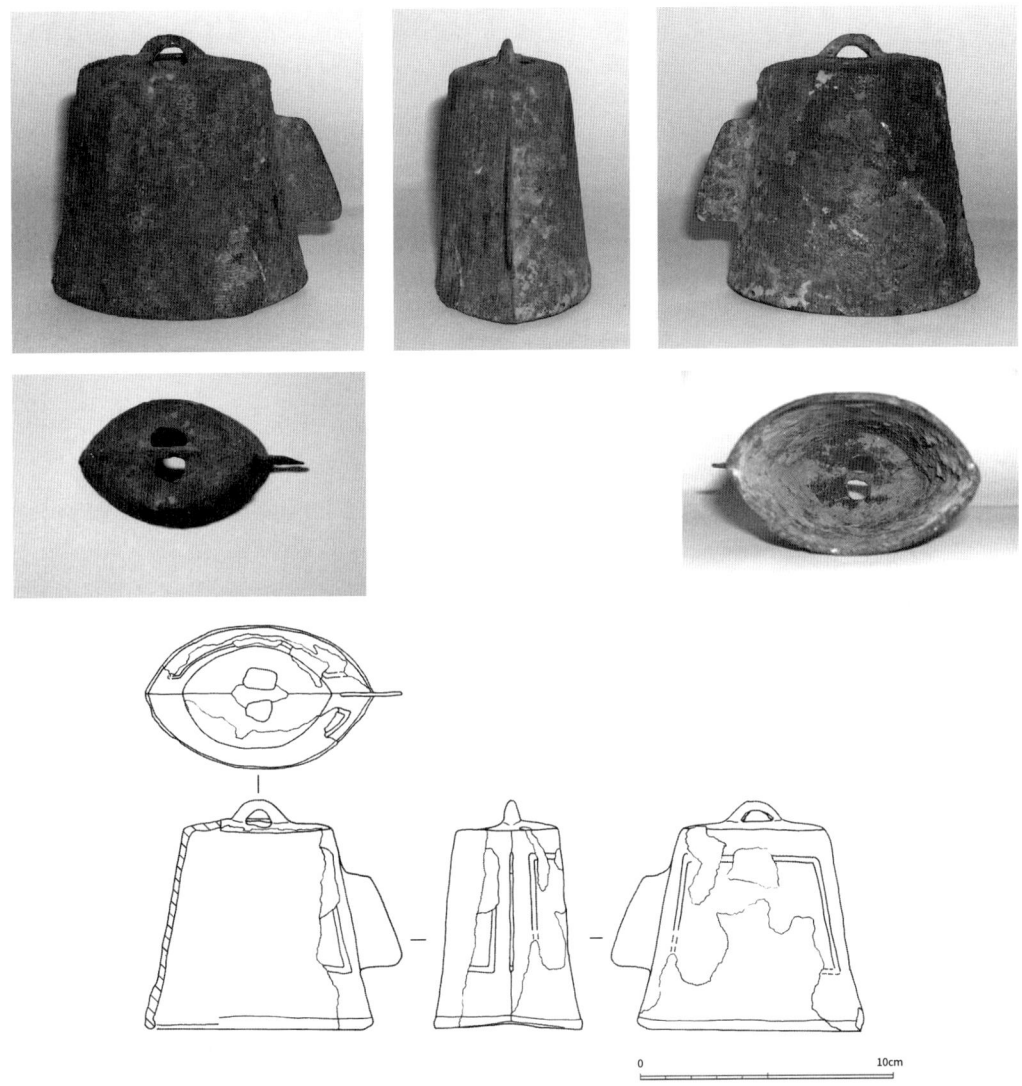

그림70. 얼리터우[二里頭]유적 Ⅴ지구 22호 출토 동령(※축척 1/3)

는 무엇일까? 우선 두 문화 모두 내범와 외범을 사용한 토제 거푸집으로 제작되었다는 공통점이 있다. 그러나 얼리터우문화의 동령에서는 정부頂部 평탄면에 범선이 확인되며, 이 범선은 뉴와 동령 측면을 따라 직선상으로 이어진다(그림70). 또 다른 사례(그림71~73)에서는 표면이 깨끗하게 연마되어 있어 명확한 범선을 직접 확인할 수 없지만, 주조지느러미나 뉴의 존재를 통해 동령의 측면이 두 개의 분리된 거푸집으로 제작되었음이 분명하다. 이처럼 얼리터우문화의 동령은 타오시문화의 동령과는 달리, 외범이 두 개로 짝을 이루는 분할범으로 제작되었다. 따라서 기술적으로 볼 때, 얼리터우문화의 동령은 타오시문화보다 더 진보된 형태라고 평가할 수 있다. 또한 외범의 분할범과 형지공型持孔을 적절히 활용하여 뉴를 제작한 것으로 보인다.

얼리터우문화의 형지공에 주목한다면, 형지공이 두 개로 이루어진 것과 하나로 된 것이 존재한다. 두 개인 형지공은 뉴 하부의 정부頂部 평탄면에 두 개의 구멍이 뚫려 있고, 이 두 개의 구멍은 연결되어 있다(그림70). 이러한 형태는 타오시문화의 제작 방식과 유사한 특징을 보인다. 형지공이 하나인 경우는 두 개의 구멍이 하나로 통합되어 처음부터 장방형의 구멍을 형성한 형태이다(그림71~73).

최근 공개된 동령(廉海萍 외 2011)은 정부頂部 평탄면이 행인杏仁형으로, 형지공은 장방형 구멍이 한 개로 이루어져 있다. 동령의 측면에는 범선이 명확히 관찰되지만, 동령의 정부頂部 평탄면에는 범선이 확인되지 않는다. 이는 동령의 측면이 2개의 거푸집으로 제작되었고, 정부頂部에 또다른 외범 한 개를 조합한 3개의 외범으로 이루어진 거푸집임을 추정할 수 있다.

이미 언급한 바와 같이 뉴는 두 개의 거푸집과 두 개의 형지공으로 이루어진 조합에 의해 형성되

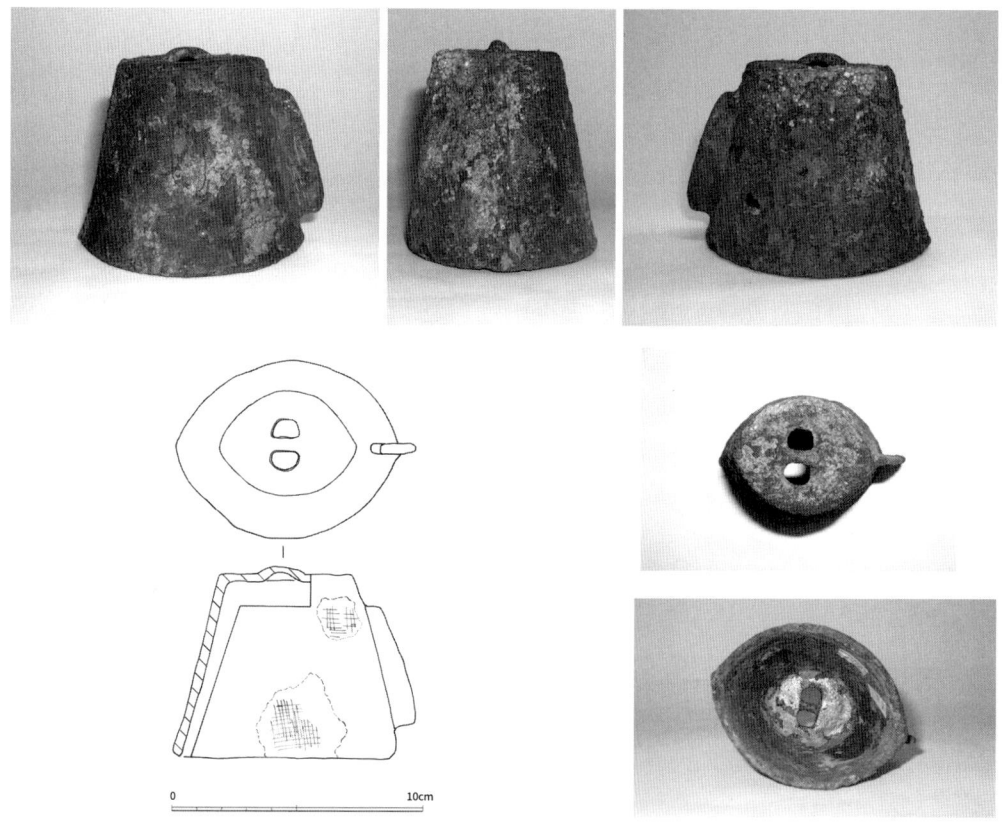

그림71. 얼리터우유적 Ⅵ지구 11호 출토 동령(※축척 1/3)

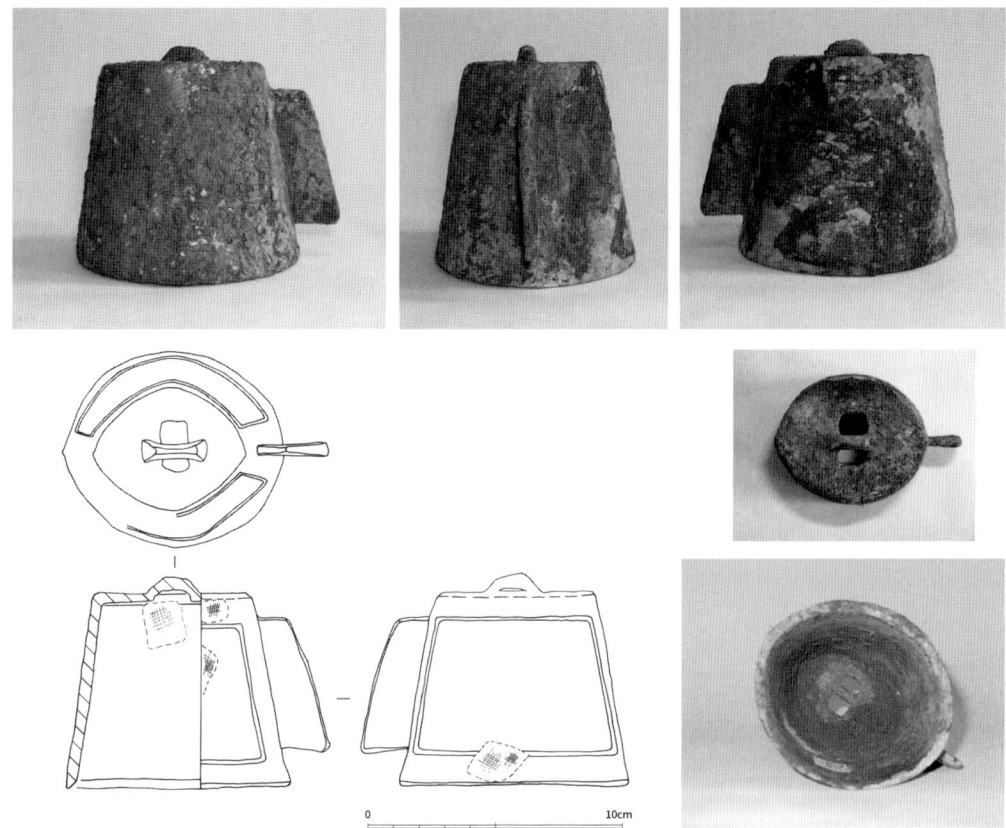

그림72. 얼리터우유적 Ⅵ지구 57호 출토 동령(※축척 1/3)

었다. 반면, 형지型持가 하나뿐인 거푸집은 동령 정부頂部의 외범에 뉴를 새겨 넣었다고 볼 수 있다. 형지공이 장방형으로 한 개만 존재하는 경우, 모두 정부頂部에 범선이 확인되지 않는다. 이러한 변화는 동령의 측면이 쌍범 구조에서 다시 동령 정부頂部 평탄면에 또다른 외형을 추가한 총 3개의 외범으로 이루어진 구조로 변화했음을 보여준다. 3개의 외범으로 구성된 경우, 정부頂部 외범에는 뉴가 새겨지며, 뉴 부분과 직교하도록 직육면체 형상의 형지가 삽입된 것으로 보인다. 결과적으로 동령의 외형이 쌍범에서 3범으로 변화함에 따라, 동령 정부頂部 평탄면의 형지공이 기존의 두 개에서 한 개로 변화했다고 해석할 수 있다.

이상에서 살펴본 바와 같이, 타오시문화의 동령이 얼리터우문화의 동령으로 변화하는 과정에서 일련의 형태적 변화와 이에 따른 기술적 변화가 이루어졌다고 볼 수 있다. 그러므로 주조지느러미의 형태 변화, 정부頂部 평탄면의 형태 변화, 뉴 하부에 있는 형지공의 변화라는 세 가지 속성에서 얼리터우문화 동령의 형식 변화를 상정할 수 있다.

표11. 얼리터우문화기 동령의 형식

동령 출토지점	길이 (cm)	저부길이 (cm)	저부폭 (cm)	비율(저부폭 /저부길이)	무게 (g)	저부형	주조 지느러미형	형지공형	형식
偃師二里頭Ⅴ區M22	9.1	9.0	5.8	0.64	171.3	甲	a	1	Ⅰa
偃師二里頭(未報告)						甲	a	2	Ⅰb
偃師二里頭Ⅴ區M3	13.5	15.8	12.3	0.78		乙	b1	2	Ⅱa
偃師二里頭84Ⅵ區M11	7.6	9.0	7.1	0.79	271.8	乙	b1	2	Ⅱa
偃師二里頭81Ⅴ區M4	8.6	8.6	8.7	1.01	449	丙	b2	2	Ⅱb
偃師二里頭82Ⅸ區M4	8.4	9.1	7.4	0.81	408	丙	b2	2	Ⅱb
偃師二里頭87Ⅵ區M57	8.4	9.0	7.8	0.87	435	丙	b2	2	Ⅱb
安徽省肥西県大墩孜						?	b2	?	Ⅱb?

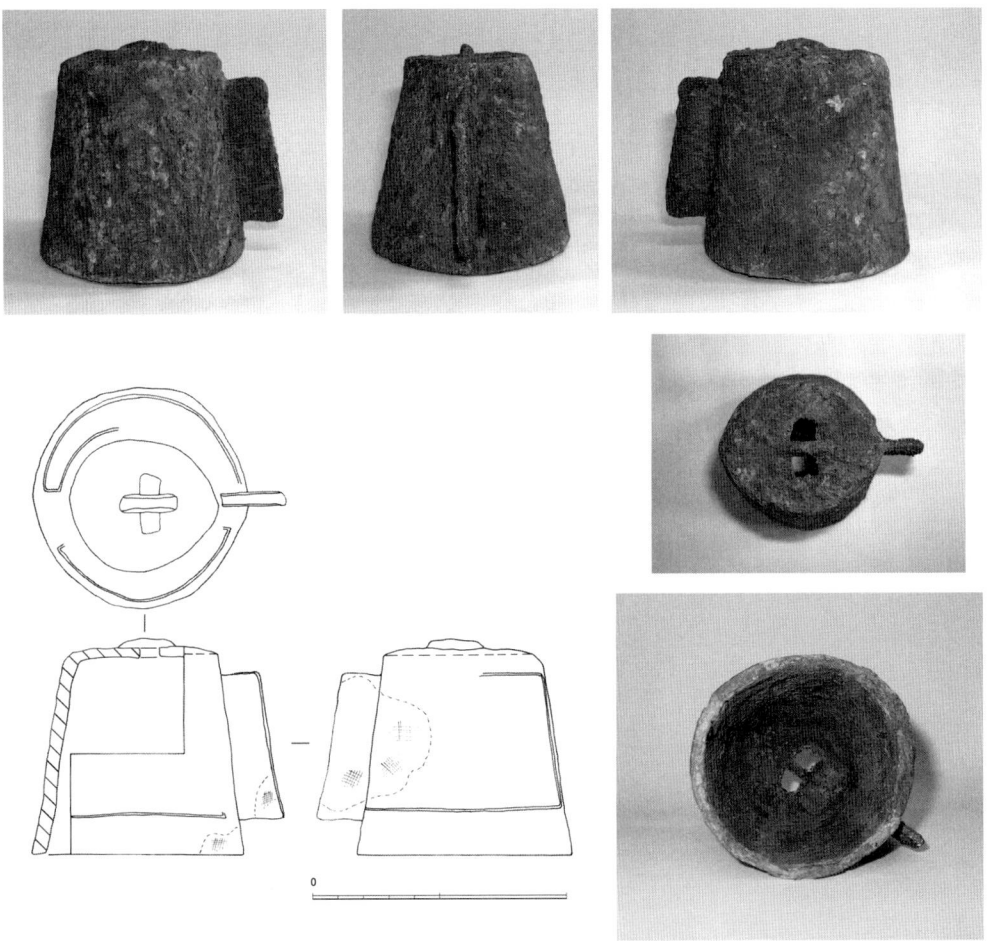

그림73. 얼리터우유적 Ⅴ지구 4호 출토 동령(※축척 1/3)

각각의 속성 변화를 정리하면 다음과 같다. 먼저 주조지느러미의 형태는 소형인 a식에서 점차 장방형을 띠며 대형화되는 b식으로 변화한다. 이후 b식은 다시 다소 소형의 방형 주조지느러미를 가진 b1식과 대형으로 완성도가 높은 b2식으로 세분화된다. 다음으로 정부 평탄면의 형태 변화는 잎 모양과 같은 편평한 갑甲식(그림70)에서 타원형에 가까운 편원형의 저부 평탄면을 가진 을乙식(그림71)을 거쳐, 거의 완전한 원형인 병丙식(그림72·73)으로 변화한다.

이러한 저부 평탄면의 형태 변화는 정부頂部 평탄면의 형태와도 상관성을 보이며, 이른바 동령의 평면형태를 결정하는 요소가 된다. 저부 평탄면의 형태를 정량적으로 분석하기 위해 저부 장축길이와 저부 단축폭의 비율을 수치화하면, 표11과 같이 정리할 수 있다. 0.65 미만이 갑甲식, 0.75 이상 0.8 미만이 을乙식, 0.8 이상이 병丙식에 해당한다. 이러한 저부 장폭 비율을 살펴보면, 0.65~0.75 구간에서 나누어지고 있어, 0.65 이하의 갑식과 0.75 이상의 을·병식으로 구분할 수 있다. 반면 0.75 이상의 을식과 병식은 수치상 연속성을 유지하고 있어 점진적인 형태 변화를 반영하고 있다.

갑식은 동령의 평면 형태가 행인杏仁형인 I식이며, 을식·병식은 동령의 평면형태가 원형인 II식에 해당한다. 또한, 형지공은 두 개로 이루어진 형지공 1식에서 직사각형 형상의 하나로 이루어진 형지공2식으로 변화하는 경향을 보인다. 이러한 형식 변화를 속성 단위로 조합해 보면 표11과 같다. 이 가운데 형식 변화의 가장 큰 기준이 되는 요소는 저부 평탄면의 평면 형태이다. 즉, 저부 평탄면의 평면 형태는 타오시문화 동령인 행인형에서 얼리터우문화인 원형으로 변화하는 경향을 보인다. 이는 동령의 전체적인 형태적 변화 방향과 함께 균일한 소리를 내는 방식으로 개선된 결과라고 볼 수 있다. 따라서 I식과 II식이 얼리터우문화 동령 구분의 큰 기준이 된다.

이러한 기준에 그밖에 속성을 조합하여 형식을 세분하면, 표11과 같이 Ia식(그림70), Ib식, IIa식(그림71), IIb식(그림72·73)으로 변화된다.

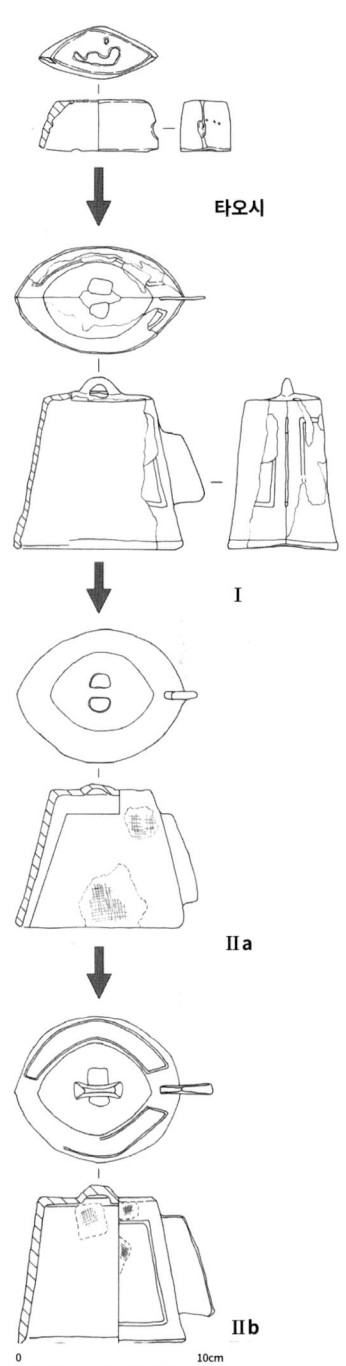

타오시

I

IIa

IIb

0   10cm

그림74. 동령 형식의 변천도(※축척 1/4)

Ⅰa식은 저부 ⒈식 + 주조지느러미ⓐ식의 속성 조합

Ⅰb식은 저부 ⒈식 + 주조지느러미ⓑ식 + 형지공⑵식의 속성 조합

Ⅱa식은 저부 ⒉식 + 주조지느러미 b1식 + 형지공⑵식의 속성 조합

Ⅱb식은 저부 ⒊식 + 주조지느러미 b2식 + 형지공⑵식의 속성 조합

　이러한 속성 변화를 기준으로 얼리터우문화의 동령 형식변화를 나타내면 그림74와 같다. 또한, Ⅰ식에서 Ⅱb식으로 변화하는 과정에서 동령 단면短面의 측면 형태가 장방형에서 점차 제형梯形으로 변화하는 흐름(그림70~73)도 확인할 수 있다. 이 동령의 외면에는 구획된 문양이 모든 형식에 일관되게 존재한다.

　한편, 주조 기술의 변화라는 측면에서 특히 외형의 양상을 살펴보면, 타오시문화의 동령에서 얼리터우문화의 동령으로 기술적인 발전이 이루어졌음을 확인할 수 있다(그림74). 타오시문화의 동령은 외형이 단범單范으로 구성되어 있다. 그러나 얼리터우문화의 Ⅰa식에서는 외형이 쌍범雙范으로 변화하였으며, 얼리터우문화의 Ⅰb식, Ⅱa식, Ⅱb식에서는 외형이 3개의 거푸집으로 이루어지는 구조로 발전하였다. 외형이 쌍범의 경우, 평면 형태를 행인형으로 제작하는 것이 용이하다. 그러나 평면 형태를 원형으로 변화시키려면 정부頂部 평탄면을 각각 다른 거푸집으로 주조하는 방식, 즉 외형 3개의 거푸집을 조합하여 제작하는 기법이 더욱 적합하다. 특히 외형 3개의 거푸집과 하나의 형지공을 사용하여 뉴를 삽입하는 주조법은 동령 전체 형태의 변화를 고려한 기술적 발전 과정의 일환으로 해석할 수 있다.

　동령을 더욱 효율적으로 제작하기 위해 장방형 형태의 형지로 변화된 것으로 보인다. 이를 토대로 Ⅰ식도 세분할 수 있다. 정부頂部 단면 형태가 행인형杏仁形으로 형지가 2개인 Ⅰa식, 정부頂部 단면 형태가 행인형이면서 형지가 1개인 Ⅰb식으로 세분할 수 있다. 또한, 형태적인 변화와 그에 따른 기술적인 변화의 흐름을 살펴보면, Ⅰa→Ⅰb→Ⅱa식이라는 연속적인 변화를 추정할 수 있다. 이는 앞서 설명한 Ⅰ식에서 Ⅱ식으로의 변화를 한층 더 세밀하게 분석할 수 있도록 해준다.

　이러한 형식학적 변화의 타당성을 공반유물을 통해 확인된 묘장 연대로 검증하면 표9와 같다. 얼리터우 문화 2기 단계에서는 Ⅰa식, 얼리터우문화 2기 전기 단계에서는 Ⅱa식, 얼리터우 문화 2기 후기 단계에서는 Ⅱb식이 출현하여 비교적 단기간 동안 형식변화가 이루어진다. 얼리터우문화기 전반에서는 Ⅰ식과 Ⅱ식의 형식은 계속적으로 유지된다.

　다만, Ⅰa식과 Ⅱa·Ⅱb식은 이미 얼리터우문화 2기에 확인되므로, 얼리터우문화 2기 이전에 동령 Ⅰ식이나 Ⅱa식이 출현하였을 가능성이 높다. 즉, 신저이[新砦]문화나 얼리터우문화 1기 단계에서 동령 Ⅰ식이나 Ⅱa식이 등장했을 가능성이 있다. 이렇게 본다면, 타오시문화의 동령과 얼리터우문화의 동령 사이를 연결해 주는 동령이 향후 발견될 가능성이 있다. 그리고 이러한 양상은 일련의 형식적 변화 과정에서 비롯된 결과라고 판단된다.

4. 정리

중원지역을 중심으로 한 후앙[黃]하 중하류 유역에서는 신석기시대 중기부터 도령陶鈴이 존재하였다. 악기라는 성격을 고려할 때, 제사와 관련된 도구였을 가능성이 일반적으로 제기된다. 신석기시대 후기인 타오시문화 전기에는 피라미드적인 사회 계층구조를 갖춘 수장제 사회 단계에 이르렀고, 타고鼉鼓나 특반特磬 등의 악기는 가장 높은 계층의 신분을 지닌 묘장에만 부장이 허용되었다(宮本 1999c·2000a). 즉, 타고나 특반은 제사에 사용되었으며, 이는 피장자의 제사권을 상징하는 것이다.

악기가 계층 상위자에게만 부장되는 점은 제사권을 나타내는 악기가 신분 질서와 밀접한 관련이 있음을 말해준다. 따라서 악기로서 제사에 사용되었을 도령이 위신재로서 순동으로 제작되었는데, 이것이 타오시문화의 동령이었던 것이다. 타오시문화에서는 이 외에도 동환이나 치륜형 동기 등 동기 또는 동용기銅容器일 가능성이 있는 것들도 발견되고 있지만, 이 시기 동기들은 악기나 장신구로 사용되며 공구나 이기利器로는 사용되지 않았다.

신석기시대의 동기를 통해 중원에서는 이른 단계부터 악기나 장신구 등이 사회 신분을 상징하는 위신재로 기능하기 시작하였다는 점을 알 수 있다. 이것이 중원 초기 청동기문화의 특징이라고 할 수 있다. 더욱이 이러한 특징은 중국 서북지역 등의 북방 청동기문화와 확연한 차이로 볼 수 있으며, 나아가 세계적으로도 고유한 초기 청동기문화라고 할 수 있다.

이미 제1장에서도 언급한 바와 같이, 북방 청동기문화 중 세이마-투르비노문화의 영향을 받아 중원의 시마오[石峁]문화나 타오시[陶寺]문화에서 청동기 제작이 시작되었을 가능성이 있다. 세이마-투르비노문화의 청동기 또한 보기宝器나 위신재로서 의미가 강했으며, 사회적 결합의 매개물로 존재하고 있었다(松本 2017). 이같은 영향을 받은 중원 청동기문화는 초기부터 위신재와 같은 특수한 용도로 제작되었을 가능성이 크다.

또한, 동령 분석에서 살펴본 바와 같이, 이 거푸집들은 초기 단계부터 내·외형으로 이루어진 토제 거푸집이었을 가능성이 높다. 이 역시 중원 청동기문화의 특징이라 할 수 있다. 이러한 주조기술도 타오시문화 등 중원의 신석기문화에서 이미 존재했던 제도기술을 활용하여 자체적으로 개발되었을 가능성이 높다.

이러한 타오시문화 동령의 사회적 의미와 그 기술적 전통을 직접적으로 계승한 것이 바로 얼리터우문화 동령이었다고 볼 수 있다. 기술적인 계보를 살펴보면, 타오시문화는 외범과 내범으로 이루어진 초기 주조 단계에서 얼리터우문화 단계로 이어지면서 더욱 발전하여, 외범이 두 개나 세 개로 이루어진 분할범을 채용하는 등 기술적 혁신을 이루었다. 이는 더욱 정밀한 주조를 가능하게 하였으며, 동령의 형태적 완성도를 높이는 데 중요한 영향을 미쳤다. 또한 정부頂部 평탄면에 확인되는 매달기 위한 구멍은 타오시문화 단계에서는 형지型持의 역할을 하였으나, 얼리터우문화 단계에서는 형지와 분할 외범을 결합함으로서 뉴를 형성하게 되었다. 이러한 변화 과정을 고려할 때, 타오시문화와 얼리터우문화 사이에 위치하는 신저이[新砦]문화 시기에도 외형 쌍범의 동령이 제작되었을 가능성이 크다. 즉 동령 제작 기술은 단절 없이 계승되었으며, 타오시문화에서 얼리터우문화까지 일관된 동령 제작의 흐름이 기술적 발전뿐만 아니라 제사의 사상적 의미로서도 지속되었음을 알 수 있다.

또한, 타오시문화 전기 단계부터 제사권을 상징하는 악기가 지배 계층의 부장품으로 자리잡았으며, 이러한 흐름은 청동기로 전환된 동령에서도 그대로 지속되었다. 타오시문화에서 시작된 제사권과 신분 표식인 악기 부장 관행은 얼리터우문화기에서도 유지되었으며, 이 시기 동령은 사회적 위신재로 기능을 하게 되었다.

이와 같이 동령을 중심으로 살펴보면, 중원 청동기문화는 초기 단계부터 위신재나 신분 표식으로서의 기능을 강조하며 발전해 왔음을 알 수 있다. 이는 이후에 은주殷周문화의 모체를 형성하는 중요한 요소가 되었다. 특히 타오시문화에서 얼리터우문화로 이어지는 동령의 연속성은 그 중간 단계인 신저이문화에서도 동령이 생산되었을 가능성이 높다고 할 수 있다. 동령과 같은 악기를 활용한 제의祭儀는 신분질서를 확립하는 중요한 정치적 행위로 작용하였다고 볼 수 있다. 또한 청동무기를 중심으로 한 은주사회 청동기문화의 특징은 이미 타오시문화 단계에서 형성되었을 가능성도 있다. 더 나아가 예악禮樂의 기초가 이미 신석기시대 타오시문화에서 시작되었으며, 이를 기반으로 청동기시대 중원지역 제의활동이 성장하였다는 점은 중요한 의미를 가진다. 이 같은 분석을 통해 동령은 단순한 청동제 악기가 아닌 중원지역의 문명 형성에 중요한 역할을 하였음을 알 수 있다.

---

(1) 중국사회과학원 고고연구소 타오시[陶寺]유적 고고대 대장 허쥐[何駑]의 견해에 따름.

제8장

얼리터우 청동기와 상商대 전기의 청동기

1. 머리말

타오시[陶寺]문화 중기의 청동용기로 추정되는 동편銅片을 제외하면, 확실한 청동이기彝器는 얼리터우문화 3기부터 등장하였다. 청동이기는 원래 토기로 제작되던 규鬹와 화盉 등의 주기酒器가 청동기로 대체된 것이다. 반면 얼리터우문화 2기의 단계에는 동령銅鈴과 동패식銅牌飾만이 존재하며, 아직 청동이기는 출현하지 않았다.

얼리터우문화에서 출토된 동령은 타오시문화의 동령이 계보적으로 변화된 것임을 제7장에서 정리하였다. 동패식도 동령과 마찬가지로 제사와 관련된 도구였을 가능성이 크다. 동패식 출현의 계보에 대해서는 다양한 견해가 제시되었는데, 텐산베이루[天山北路]유적과 하미[哈密] 출토 청동제 패식의 사례를 근거로, 중국 서북지역의 북방 청동기문화에 그 기원을 둔다는 견해가 우세하다.

그러나 터키석 상감기술은 산둥 룽산문화를 중심으로 확인되며, 용龍 문양이나 짐승[獸] 문양(이하, 수獸형)이 타오시유적과 신저이[新砦]유적에서도 발견된다. 이를 고려하면, 각 지역의 문화 요소를 종합적으로 수용하는 과정에서 얼리터우문화의 동패식이 발생하였다는 견해(陳国慶 2017)가 가장 유력하다. 아울러 동패식의 수獸형 표현은 최근 주목받고 있는 시마오[石峁]유적의 석조石彫에 나타난 신면神面표현(許宏 2019)과의 연관성을 통해 그 기원을 찾을 수 있을 것이다.

중원 청동기의 기원 문제는 제1장과 제7장에서 이미 상세히 서술하였다. 서북지역 장성지대의 청동기문화와 중원지역의 청동기문화는 발달 과정에서 뚜렷한 차이를 보이며, 이를 담당하는 사회의 성격도 상이하게 나타난다(宮本 2005a; 宮本編 2008). 장성지대에서는 동검을 중심으로 무기와 장신구가 발달한 반면, 중원에서는 얼리터우문화 이후 무기 뿐만 아니라 청동이기가 크게 발달한다. 이는 청동이기를 활용한 의례儀禮나 예제禮制와 같은 제의祭儀가 국가제도의 중심으로 자리 잡았기 때문이다. 이러한 청동이기의 기원은 신석기시대 산둥지역 등에서 볼 수 있는 주기酒器와 관련된 신분 질서에서 비롯되었으며, 주기를 중심으로 한 의례 행위는 사회의 계층구조를 안정시키는 중요한 요소로 작용하였다(宮本 2006a). 주기를 중심으로 하는 신분질서의 개념은 다원코[大汶口]문화의 시젠[西漸]을 통해 더욱 강화되었으며, 그 영향을 받은 허난룽산[河南龍山]문화의 왕완[王湾] 3기를 거쳐 얼리터우문화로 계승되었다. 그 과정에서 토제 주기가 청동기화되는데, 이것이 청동이기彝器인 것이다.

청동이기의 주조기술은 신석기시대 종말기에 등장한 청동 주조기술 및 청동단검을 중심으로 한 장성지대의 청동기술에 비해 월등히 진보된 것이다. 장성지대의 청동기술이 일반적으로 활석 등 석제 거푸집을 사용하여 쌍범 혹은 단범으로 제작된 경우가 많은 반면, 얼리터우문화 청동이기는 외범뿐만 아니라 내범도 필요하며, 더욱 복잡한 형태를 구현하기 위해 토제 거푸집을 사용하였다는 점에서 큰 차이를 보인다. 얼리터우문화 청동이기의 제작은 기술적 정교함이 핵심이었으며, 이후의 은주殷周사회에서 이러한 청동이기 토제 분할범의 기술이 더욱 발전하게 되었다는 점이 일반적으로 인정되고 있다.

상商대를 중심으로 한 청동 주조기술에 대한 연구는 지금까지 스장루(石璋如 1995), 노엘 바나드 Noel Barnard와 사토 야스[佐藤保](Barnard & Sato 1975), 하야시 미나오(林巳奈夫 1979), 궈바아쥔(郭宝鈞 1981)을 중심으로 복원되어 왔다. 또한 난바 준코[難波純子][1]에 의해 얼리터우기부터 얼리강[二里岡]기에 이르는 거푸집 주조방법이 복원(難波 1989)된 바 있다. 본 장에서는 중국사회과학원 고고연구소와의 공동 연구 과정에서 실측 조사한 얼리터우문화 청동기와 청동이기의 자료(宮本 · 白雲翔編 2009)를 바탕으로 얼리터우문화 청동이기의 주조 기술 복원안을 새롭게 제시하고자 한다. 나아가, 얼리터우문화에서 얼리강문화로의 이행 과정에서 주조 기술이 어떻게 변화하였는지를 살피는 데에도 주목하고자 한다.

2. 얼리터우 청동이기의 제작기술에 관한 문제점

얼리터우 청동이기에 대한 최초의 세밀한 기록은 노엘 바나드(Barnard & Cheng 1983)에 의해 이루어졌다. 이를 바탕으로 얼리터우문화에서 얼리강문화로 이어지는 청동 기술의 단계적 변화를 밝힌 것이 난바 준코이다(難波 1989). 난바는 얼리터우문화의 청동기를 두 시기로 세분하여 얼리강문화로의 발전적 과정을 제시하였다. 특히 작爵 등의 청동기에서 각부脚部를 중심으로 외범이 쌍범에서 3범으로 변화하는 과정을 뒷받침하는 중요한 기술적 변화를 제시하였다. 다만, 난바의 연구는 얼리터우문

---

1) 역자 주) 우치다 준코[内田純子], 간행 시점에 따라 성姓이 다르게 표기된다.

화의 청동 기술을 복원하는 과정에서 노엘 바나
드의 청동이기에 남겨진 범선 관찰을 기초한 것으
로, 본인 스스로 관찰한 것은 아니었다.

노엘 바나드는 얼리터우유적 Ⅷ구 제22트렌치
3층에서 출토된 청동작靑銅爵의 각부에 범선이 남
아있는 것을 지적하였다(Barnard & Cheng 1983). 얼
리강문화 청동작의 각부 외면 중앙에 범선이 남아
있는 것은 일반적인 관찰을 통해 누구나 확인할
수 있다. 이를 근거로 난바는 그림75와 같이 얼리
터우문화 단계에서도 청동작의 각부 외범을 삼분
할 범으로 만들었다고 추론하였다. 즉, 얼리터우
문화의 청동작은 당초에는 외범이 쌍범으로 이루
어지고 각부는 내범으로 형성하였으나, 이후 각부
의 외범이 3범으로 변화하면서 복부와 각부에 분
할범이 출현하게 된 것으로 보았다. 나아가 난바
는 이 기술적 전통이 얼리강문화로 변화하면서 복
부와 각부는 분할범으로 제작되었지만, 각부는 내
범 없이 삼분할의 조합범으로 제작된다는 것을 상
정하였다.

그러나, 노엘 바나드 자신은 이후의 논문에서
얼리터우문화 Ⅷ구 제22트렌치 3층에서 출토된
청동작의 각부에 대해 범선 자체를 언급하지 않았
다(Barnard 1993). 즉 난바가 논거로 삼은 사실이 실

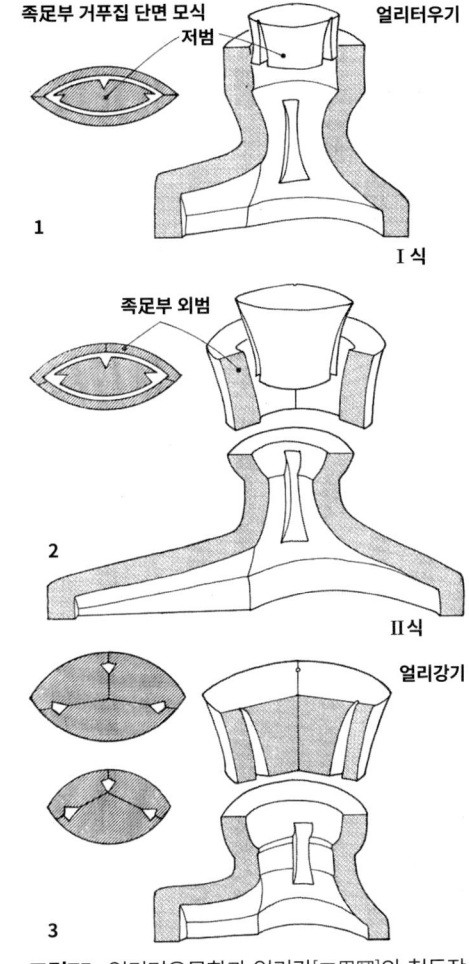

그림75. 얼리터우문화과 얼리강[二里岡]의 청동작
爵 주조복원(難波 1989)

제로는 존재하지 않을 가능성이 제기되었다. 이번 공동조사에서의 직접적인 관찰에서도 얼리터우문
화 단계의 청동작에서 각부 외범선이 존재하지 않았다. 즉 이러한 외형선이 존재하지 않는다는 점은
난바가 제시한 얼리터우문화기 청동작의 각부 외범 삼분할이라는 주조기술은 존재하지 않을 수 있
음을 의미한다. 따라서 얼리터우문화기 청동이기의 주조방법 역시 재검토가 필요하다.

본 장에서는 공동연구를 통해 직접 관찰한 청동이기를 바탕으로, 이 문제에 대한 새로운 전망을
제시하고자 한다. 이를 위해 먼저 묘장에서 출토된 것을 중심으로 출토 연대를 고려한 청동이기의
변천 과정을 개관한 후, 주조방법의 복원과 그 변화상의 문제를 논의하고자 한다. 특히, 얼리터우문
화부터 얼리강문화로 이행하는 과정에서 나타나는 청동이기의 기술적 변화를 재검토하고자 한다.

3. 얼리터우문화기 청동이기의 변천

얼리터우문화기의 청동이기로 판단되는 출토품과 전세품傳世品을 포괄하여 정리하면, 표12와 같다. 그 중 우선적으로 묘장에서 출토된 토기 등 일괄유물을 중심으로 얼리터우문화의 분기에 따라 청동이기의 형태적인 변천을 이해하고자 한다(그림76).

청동이기는 얼리터우문화 3기부터 출현하는데, 이 시기에는 청동작만 존재한다. 이 단계 작의 특징은 기둥[柱][2]이 존재하지 않으며, 술을 따르는 주둥이[流]도 비교적 짧다. 전체적인 기형은 작고 높이가 낮은 형태를 띠고 있다. 이를 1a식 작으로 설정한다. 또한 이 단계에는 작의 복부腹部와 각부脚部의 사이에 마치 치마 모양으로 형성된 중공단부中空段部가 존재하는 경우도 있다. 이 중공단부에는 형지型持 형상의 원공이 뚫려 있는데, 이를 2식 작으로 설정한다.

얼리터우문화 4기로 접어들면, 청동작의 형태 변화가 보이는데, 주둥이[流]와 구연의 경계 부분에 두 개의 기둥이 출현하게 된다. 또한, 작의 기형은 전체적으로 길쭉해지는 경향을 보이며, 이에 따라 주둥이[流] 역시 길어지게 된다. 이를 1b식 작으로 설정할 수 있다.

얼리터우문화 4기에는 청동작 이외에 청동가青銅斝가 출현한다. 얼리터우문화 VI구 제4트렌치 9호 묘에서는 작爵과 함께 가斝가 공반되고 있어, 이 역시 얼리터우문화 4기 묘장의 부장품으로 인정되고 있다. 청동가斝의 특징은 복부의 잘록한 부분이 단段을 이루고 있으며, 기둥도 발달되지 않은 형태를 띤다는 점이다. 이를 1식 가斝로 설정할 수 있다. 또한 얼리터우 4기에는 부장도기인 화盉와 양식적으로 동일한 청동화青銅盉도 존재한다. 또한, 정식 발굴은 아니지만, 얼리터우유적 V구 1호 무덤에서 가斝와 정鼎이 함께 출토된 사례도 있다. 이 부장도기들은 공반관계가 명확하지 않으나, 얼리터우유적에서 출토된 가斝의 형태적 특성을 고려할 때, 얼리터우 4기에 포함될 가능성이 크다(鄭光 1991).

이 가斝는 1식 가斝에 비해 기둥이 발달되어 있고, 잘록한 부분에 단도 없이 곡선적인 복부형태를 이루고 있다는 점에서 차이를 보인다. 이를 2식 가斝로 설정한다. 형태적 변화로 볼 때, 1식 가斝에서 2식 가斝로 발전했다고 상정할 수 있다. 또한 쩡광[鄭光] 역시 정鼎을 얼리터우 4기에 속한다고 추정하였다.

4. 청동 주조 기술의 변천

얼리터우문화의 청동이기 대부분이 작爵이다. 작의 주조 방식은 기본적으로 외범이 쌍범으로 이

---

2) 역자 주) 柱는 구연부에서 주둥이[流]로 이어지는 경계에 돌출된 돌대와 같은 형태를 칭하고 있다. 여기서는 기둥이라고 번역하였다.

표12. 얼리터우문화기의 청동이기류彝器 집성표

青銅彝器	出土장소	형식	시기	出典
爵	河南省偃師二里頭遺跡VⅢ區22트렌치3層(1973YL8T22③:6)	爵1a	二里頭3期	中国社会科学院考古研究所二里頭工作隊 1975
爵	河南省偃師二里頭遺跡K3號墓(1975YLⅥKM34)	爵1a	二里頭3期	中国社会科学院考古研究所二里頭工作隊 1976
爵	河南省偃師二里頭遺跡K6號墓(1975YLⅢKM6:1)	爵1a	二里頭3期	中国社会科学院考古研究所 2014
爵	河南省偃師二里頭遺跡K8號墓(1978YLVKM8:1)	爵1a	二里頭3期	中国社会科学院考古研究所 2014
爵	河南省偃師二里頭遺跡Ⅲ區2號墓(1980YLⅢM2:1)	爵1a	二里頭3期	中国社会科学院考古研究所二里頭工作隊 1983
爵	河南省偃師二里頭遺跡Ⅲ區2號墓(1980YLⅢM2:2)	爵2	二里頭3期	中国社会科学院考古研究所二里頭工作隊 1983
爵	河南省偃師二里頭遺跡6號墓(1984YLⅥM65)	爵1a	二里頭4期	中国社会科学院考古研究所二里頭工作隊 1986
爵	河南省偃師二里頭遺跡57號墓(1987YLⅥM57:1)	爵1a	二里頭4期	中国社会科学院考古研究所二里頭工作隊 1992
爵	河南省偃師二里頭遺跡K7號墓(1975YLⅦKM7:1)	爵1b	二里頭4期	中国社会科学院考古研究所 2014
爵	河南省偃師二里頭遺跡9號墓(1984YLⅥM9:2)	爵1b	二里頭4期	中国社会科学院考古研究所二里頭工作隊 1986
爵	河南省偃師二里頭遺跡115號墓(1984YLⅥM11:1)	爵1b	二里頭4期	中国社会科学院考古研究所二里頭工作隊 1986
爵	上海博物館소장	爵1a		
爵	河南省新鄭京楼	爵1b		新鄭縣文化館 1981
爵	河南省偃師二里頭遺跡16號墓(1983YLⅣM16:3)	爵1b		
爵	河南省偃師二里頭遺跡1974年探集(1974YL探集:65)	爵1b		中国社会科学院考古研究所 2014
爵	伝商丘出土(天津歷史博物館)	爵2		
角	伝洛窑出土(上海博物館소장)			
角	不明(上海博物館소장)			
斝	河南省偃師二里頭遺跡9號墓(1984YLⅥM9:1)	斝1	二里頭4期	中国社会科学院考古研究所二里頭工作隊 1986
斝	河南省偃師二里頭遺跡V區1號墓(1987YLⅤM1:2)	斝2		鄭光 1991
盉	河南省偃師二里頭遺跡Ⅱ區2號墓(1986YLⅡM2:1)		二里頭4期	中国社会科学院考古研究所 1993
鼎	河南省偃師二里頭遺跡V區1號墓(1987YLⅤM1:2)			鄭光 1991

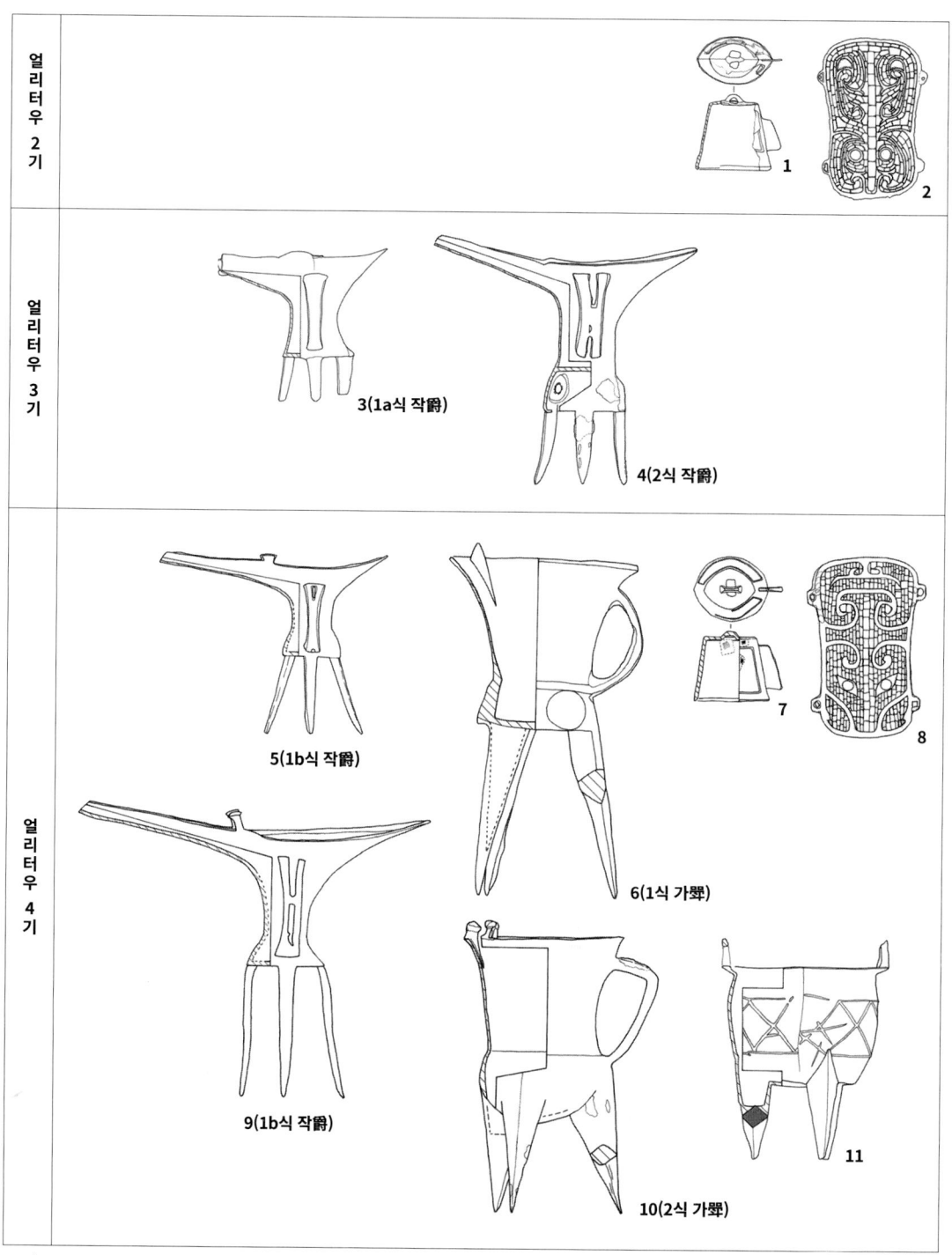

얼리터우 2기

얼리터우 3기

3(1a식 작爵)

4(2식 작爵)

얼리터우 4기

5(1b식 작爵)

6(1식 가斝)

7

8

9(1b식 작爵)

10(2식 가斝)

11

그림76. 얼리터우문화 청동이기彛器의 변천(※1·7: 축척 1/8, 그외: 축척 1/6)

루어져 있으며, 각부는 저부의 내범을 음각하여 만드는 방식을 따른다. 이는 복부에 대칭적으로 범선이 존재하는 반면, 저부에는 범선이 확인되지 않는 점에서 알 수 있다. 이러한 주조 방식은 난바 준코가 제안한 주조형식Ⅰ식에 해당한다. 그런데 여기서 중요한 문제가 발생하는데, 이는 얼리터우유적 Ⅷ구 제22트렌치 3층에서 출토된 작의 형태를 근거로 한 것이다(그림77). 노엘 바너드는 각부에 범선이 존재하므로, 각부 외범 삼분할로 구성되었을 가능성을 제시하였다(Barnarad & Cheung 1983). 또한 저부에는 범선이 없다는 점을 근거로 복부와 각부의 외범이 분할범이며, 저부에는 추가적인 내범이 존재할 가능성이 있다고 판단하였다. 이것은 난바 준코가 제안한 주조방식 Ⅱ식과 같은 방식이다.

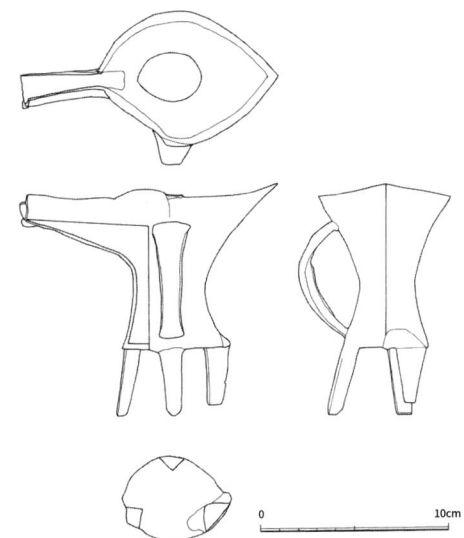

그림77. 얼리터우문화 Ⅷ지구 제22트렌치 3층 출토 청동기(※축척 1/4)

그러나 이 청동작爵은 앞서 제시한 1a식에 해당하는 초기 타입이라는 점이 문제이다. 즉 이 작이 얼리터우 3기 단계에 해당한다면, 난바가 제안한 주조방식 Ⅱ식이 이미 얼리터우 3기부터 존재하고 있었다는 모순이 발생하게 된다.

이 작爵에서 범선이 확인되는 것은 오직 한 개의 각부뿐이며, 다른 두 개의 각부에서는 범선이 전혀 확인되지 않는다. 더군다나 범선이 확인되는 각부는 복부와의 경계에서 파단면破斷面의 흔적이 남아 있어, 주조 후 파손된 뒤 수리된 것으로 보인다. 또한 다른 각부 역시 주조 후의 보수된 흔적이 명확히 확인된다. 주목해야 할 점은, 범선이 확인되는 각부의 단면은 능형을 띠고 있지만, 다른 두 개의 각부는 삼각형 단면을 이루고 있다는 점이다. 기본적으로 얼리터우 문화기의 작爵은 각부가 외범과 내범으로 만들어지기 때문에, 외범면에 접하는 각부 외범의 단면은 다소 호상을 이루는 삼각형을 띤다. 범선을 가진 각부의 단면이 능형이라는 점은 매우 특이한 현상이다.

얼리터우문화기의 일반적인 청동작은 복부의 외면과 각부 외면이 거의 같은 면을 이루는 것이 특징이다. 그러나 범선을 가진 각부만이 복부보다 바깥으로 돌출된 형태를 보인다. 이러한 점들은 이 각부가 원래의 형태가 아니라, 제작 이후 보수 과정에서 재접합되었을 가능성을 강하게 시사하는 근거가 된다.

범선이 외면에 확인되는 각부의 단면이 능형을 나타내는 점을 고려할 때, 쌍범으로 각부를 따로 제작한 후 복부에 용접한 것으로 판단된다. 아마도 사용 과정에서 각부가 파손되었으며, 이후 새로운 각부를 따로 제작하여 보수한 것으로 보인다. 이러한 방식의 보수는 얼리터우유적의 주조 유구에서 출토된 동삼릉기銅三稜器로 불리는 용도미상 청동기에서도 유사한 사례가 확인된다(中國社會科學院考古研

究所 1999). 동삼릉기銅三稜器는 보수용 재료로 사용되었을 가능성도 있다. 실제로 각부의 보수는 청동작 여러 점에 확인되고 있어 보수용의 각부를 제작하는 과정이 정형화되었을 가능성이 크다.

또한 외범을 3범이라고 상정한 노엘 바나드 조차 이후에 기존 견해를 부정하고, 다시 쌍범 주조방식이었음을 기술(Barnard 1993)하였다. 따라서 난바 준코가 상정했던 복부와 각부를 분할한 외범과 각부 3개의 외범으로 이루어진 주조형식 II식은 얼리터우 문화기에는 전혀 존재하지 않는다는 결론으로 이어진다. 앞서 언급한 바와 같이, 얼리터우문화기 작의 각부는 외범에 접하는 면이 호형을 이루며, 나머지 두 면은 직선 단면을 띠고 있다. 즉, 각부의 단면이 바깥쪽 한 변만 호상인 삼각형을 이루는 것이 특징이다. 이러한 각부 단면의 특징(바깥쪽으로 호상을 이루며 복부 외면과 일치하는 구조)은 복부부터 각부까지 외범이 하나로 이어졌음을 직접적으로 증명하는 요소이다.

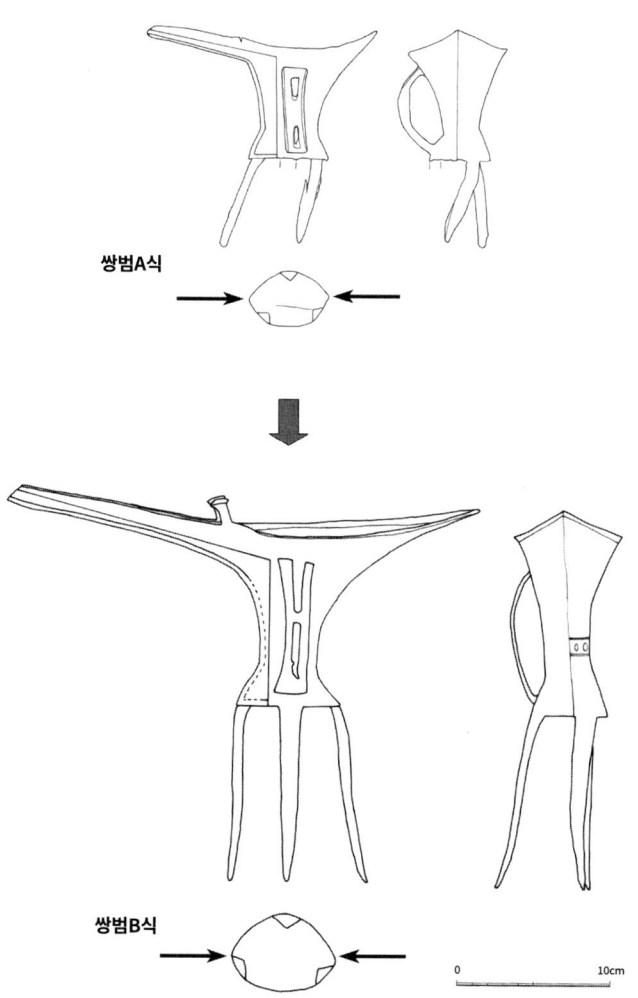

쌍범A식

쌍범B식

0   10cm

그림78. 얼리터우문화기 청동작爵 각부脚部의 위치 변천

얼리터우문화기의 청동이기는 대부분 작爵이다. 작의 주조방법은 앞서 언급한 것처럼 기본적으로 외범은 쌍범이며, 각부는 내범의 음각에 의해 형태가 형성된다. 필자는 이 기술을 쌍범주조라고 명명해 둔다. 다음으로 이러한 기술의 변화에 대해 살펴보고자 한다.

앞서 제시한 것처럼 얼리터우문화 3기부터 4기에 걸쳐 작爵은 점차 기둥이 형성되고 주둥이[流]가 발달하며 전체적으로 가늘고 길어지는 방향으로 변화한다. 이러한 변화 과정 중 얼리터우문화 3기에는 각부가 저부 하반부까지 빈 공간을 형성하는 공동화空洞化가 이루어진 2식 작(그림76-4)도 확인되었다. 이 주조방법은 기본적으로 쌍범 주조이지만, 저부 내범을 분할하여 2단 구성함으로써 복부와 각부의 사이에 치마와 같은 형상의 단부段部를 형성하는 등 복잡한 기형을 만드는 것도 가능하게 되었다. 저부 내범을 2단으로 분할하므로 복부측 내범을 고정하기 위한 형지型持가 필요하게 된 것이다. 이로 인해 형지 부분의 복부에는 장식적인 원공이 존재하게 된다.

작의 쌍범 주조방식에서는 전체적인 기형이 홀쭉해지는 경향 속에서 각부의 위치도 변화하고 있다(그림78). 1a식 단계의 세 개의 다리는 거의 등거리等距離로 배치되어 정삼각형 형태를 이루고 있다. 반면 1b식 단계의 작 일부에서는 두 개의 다리가 복부 범선 위치에 접하게 되어, 세 개의 다리 위치가 이등변삼각형 형태를 띠게 된다. 이러한 변화로 인해 세웠을 때 구조적으로 다소 불안정한 형상이 나타나게 된다. 특히 1b식은 기형이 더욱 홀쭉해지는 경향이 두드러지는데, 이는 쌍범 주조방식 내에서도 일정한 변화가 이루어졌음을 보여준다. 즉, 작爵의 저부 내범에서 각부의 위치가 정삼각형을 이루는 쌍범A식 단계에서, 복부의 범선을 기준으로 저부 중심선에 접하도록 두 개의 다리가 부착되어 이등변삼각형 형태로 변화하는 쌍범B식으로 이행하는 것이라고 볼 수 있다.

한편 얼리터우문화 4기에는 청동화青銅盉도 출현한다(그림79). 작爵이나 가斝와 같은 주기酒器로, 도기陶器에도 화盉가 존재하므로 이 단계에서 청동제 화의 출현은 자연스러운 현상이라고 볼 수 있다. 현재까지 알려진 얼리터우문화기의 청동화는 아직 1점뿐인데, 보존 처리기술이 발전되면서 오히려 외면에 범선의 흔적이 보이지 않는다. 각부는 자루 모양을 이루며 저부는 세 갈래로 나뉘어 있으나, 3개의 외범 주조 방식에서 일반적으로 나타나는 범선은 보이지 않는

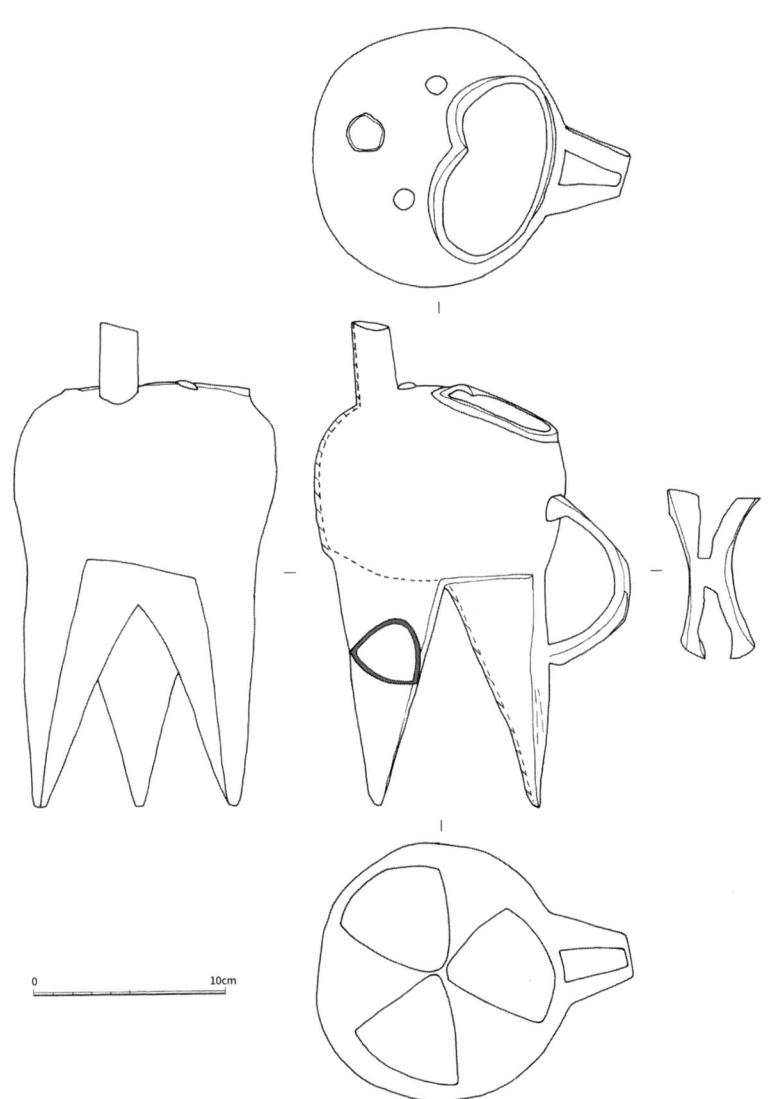

0   10cm

그림79. 얼리터우유적 II지구 2호묘 출토 청동화盉(※축척 1/4)

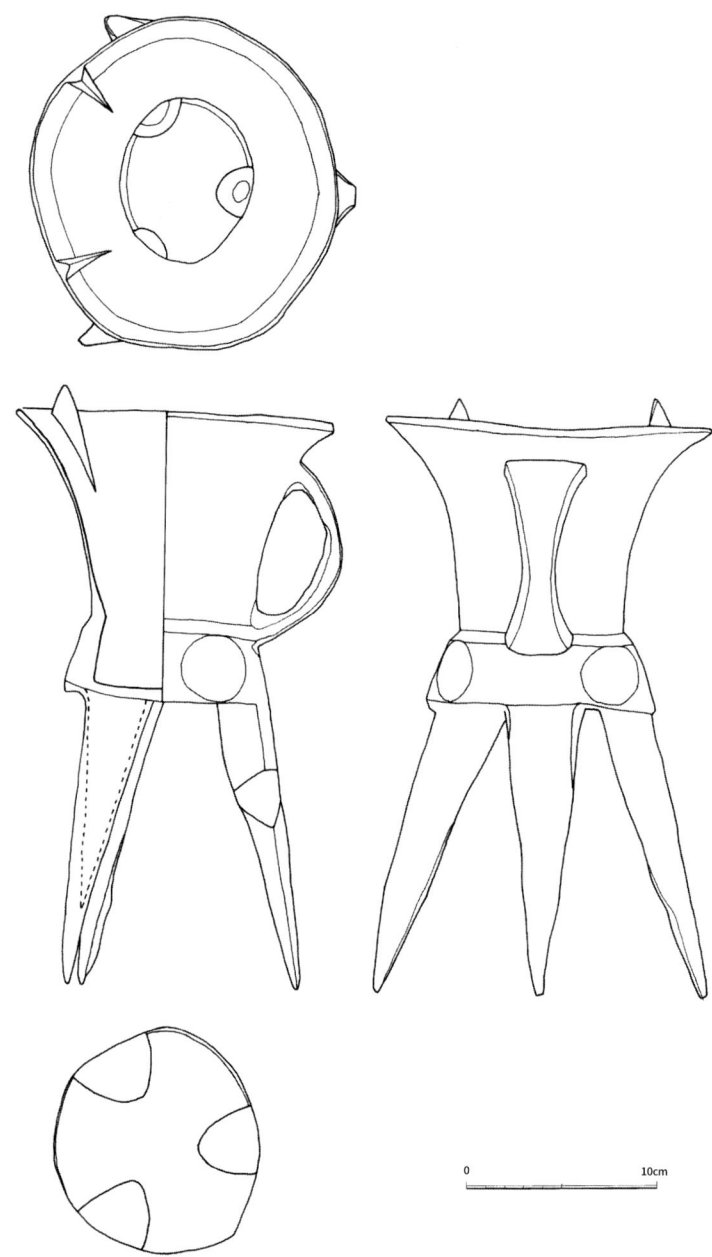

다. 저부가 평저를 이루지 않은 점은 얼리터우문화기의 청동이기 중에서 특이한 존재로 평가된다.

그러나 각부의 외면은 단면이 호弧상 형태를 띠며, 복부 외면과 연속적으로 이어져 동일한 외형을 형성하는 특징을 보인다. 이는 외범이 복부에서 각부까지 연속적으로 이어지는 얼리터우문화기 주조 방식의 특징을 반영하는 것으로 보인다. 다만 이 외범이 쌍범인지 여부는 범선이 명확하게 확인되지 않아 불분명하다. 이를 종합하면, 얼리터우문화기 주조기술의 범주에 포함될 수 있으나, 저부 구조에서 다소 특이한 경향을 나타낸다고 볼 수 있다.

또한, 얼리터우문화 4기에는 얼리터우유적 VI구 제4트렌치 9호묘에서 작爵과 함께 1식 가斝가 출토되었다(그림80). 그 일괄유물이 얼리터우문화 4기에 속한다는 점은 공반된 부장도기를 통해 명확하게 확인된다. 가斝의 복부 범선은 단 2개만 존재하며, 저부에도 각부 범선이 확인되지 않는다. 따라서, 외범은 쌍범이

그림80. 얼리터우유적 VI지구 제4트렌치 9호묘 출토 청동가斝(※축척 1/4)

며, 각부는 저부 내범에 의해 형성된 쌍범 주조 방식으로 제작되었을 가능성이 높다. 또한, 각부의 위치는 범선을 기준으로 저부 중심선에 접한 이등변삼각형 형태를 이루고 있어, 작爵의 쌍범B식과 동일한 양상을 보인다. 따라서 이 가斝도 쌍범B식이라는 주조 기술의 분류에 포함될 수 있다.

이와 같이 얼리터우문화기의 작爵과 가斝는 외범이 쌍범으로 제작된 기술적 특징을 가진다. 그런데, 제7장에서 논의한 바와 같이, 얼리터우문화기의 동령은 대부분 외범이 쌍범에서 3범으로 진화하고 있다. 그러나 여기서 주의해야 할 점은 3범으로 제작된 동령 정부頂部 외범은 얼리터우문화기의 작이나 가의 각부 내범과 동일하게 바라볼 수 있다는 것이다. 즉 동령의 정부 외범은 외범의 일부이긴 하지만, 작爵이나 가斝의 각부 내범과 같은 조합방식으로 적용될 수 있다. 따라서 얼리터우문화기의 동령도 기본적으로는 쌍범 주조를 원칙으로 하고 있다고볼 수 있다.

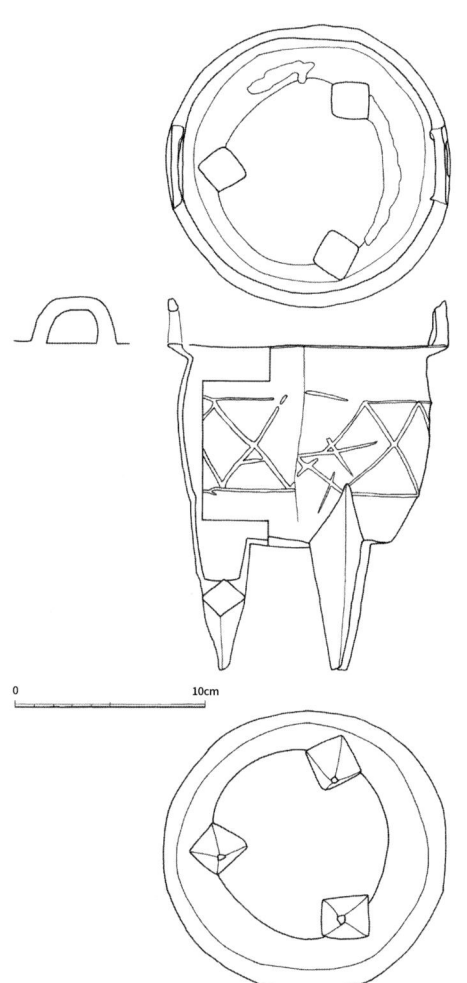

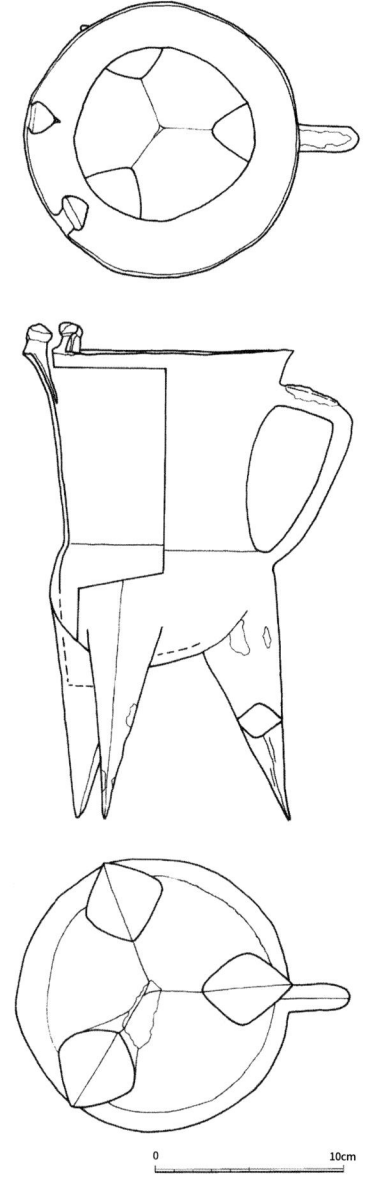

그림81. 얼리터우유적 Ⅴ지구 1호묘 출토 청동정
鼎(※축척 1/4)

그림82. 얼리터우유적 Ⅴ지구 1호묘
출토 청동가斝(※축척 1/4)

그밖에 청동이기로는 얼리터우유적 V구 1호묘에서 출토된 정鼎(그림81)과 가斝(그림82)가 있다. 이 유물들은 과학적인 발굴을 거친 것이 아니라 농민들에 의해 채집된 것들이다. 따라서 공반토기 등을 통해 연대를 정확하게 결정할 수 없는 상황이지만, 현재까지 쩡광[鄭光]에 의해 얼리터우문화 4기로 여겨졌다(鄭光 1991). 특히 얼리터우유적 V구 1호묘에서 출토된 2식 가斝는 앞서 언급한 얼리터우유적 VI구 제4트렌치 9호묘에서 출토된 1식 가斝와 달리, 외범이 3범으로 이루어진 범선의 흔적이 명확하게 확인된다(그림82). 복부에서 각부로 이어지는 범선이 저부 중심에서 끊어진 상태로, 이는 전형적인 세 개의 외범으로 만들어진 3범 구조의 주조 기술을 보여주는 것이다.

더불어 함께 출토된 것으로 알려진 정鼎(그림81)은 범선의 흔적으로 보아 복잡한 복합 외범 주조 방식이 적용되었음을 유추할 수 있다. 우선 복부에 보이는 범선을 검토하면, 복부에는 하나의 명확한 범선이 확인된다(그림83-3). 그 반대편(180도)에서도 범선이 희미하게 남아 있으며(그림83-1), 실측도에서도 문양이 절단된 형태로 보이는 거푸집 간의 경계가 명확히 확인된다(그림81). 이와 함께 선명한 복부 범선의 우측으로 3cm 정도 떨어진 부분에 종방향의 선이 희미하게 보이기도 한다(그림83-3). 이에 대해 이 종방향 선을 범선으로 해석(村野 2009)하기도 하지만, 이는 거푸집에 이미 존재하던 결실 흔적

그림83. 얼리터우유적 Ⅴ지구 1호묘 출토 청동정鼎의 세부

이거나 복원과정에서 발생한 흔적으로서 범선으로 보기는 어려워 보인다. 설령 이 종방향 선을 범선이라고 해석한다고 하더라도, 해당 위치에 작은 거푸집을 추가로 조합하는 것이 기능적으로 어떤 의미를 갖는지 알 수 없다. 따라서 범선이라고 단정하기 어렵다. 마주 보는 두 범선의 존재를 고려하면, 복부는 기본적으로 쌍범 주조방식으로 제작되었을 가능성이 높다.

한편 각부 저부에 범선은 확인되지 않으며(그림83-6), 각부는 내범으로 주조되었음이 명확하다. 또한 각부 단면은 능형으로, 각부 외범은 3범으로 이루어져 있고, 연결부가 각부의 능선으로 이어지고 있다. 이러한 특징을 고려할 때, 각부 3개 외범과 복부 2개 외범이 조합된 복합범일 가능성이 있으며, 이는 얼리강 시기에 확인되는 주조방식과 유사하다. 왜냐하면 얼리터우문화기의 작爵이나 가斝, 화盉에서는 각부가 복부와 같은 면을 이루며 측면이 곡선을 그리는 형태가 일반적인데, 이 정鼎의 각부는 복부보다 바깥으로 돌출되어 능선을 형성하고 있기 때문이다. 다만 복부와 각부의 경계를 짓는 범선은 존재하지 않는다. 게다가 복부 범선의 근처에 보이는 각부의 능선은 둥글게 이어지는데, 이를 통해 각부의 능선이 원래부터 외범에 새겨져 있었을 가능성이 높다고 볼 수 있다. 이는 각부의 능선이 복부의 문양대까지 파고들어 있다는 점(그림83-1·3)에서도 확인할 수 있다.

그러나 또 다른 복부 외범에 해당하는 각부에는 범선 형상의 능선이 명확히 보인다(그림83-2). 이 능선은 복부까지 이어져 복부 상단부에서도 범선이 존재하는 것처럼 보이며, 심지어 손잡이 부분[耳]에서도 이에 해당하는 부분에 선 모양의 흔적이 확인된다. 하지만 명확히 말할 수 있는 것은 각부의 능선만이 범선일 가능성이 높다는 점이다. 이같은 특징은 다른 두 각부 능선이 둥근 형태를 띠는 것과 다르다고 볼 수 있다. 특히 이 각부 능선은 복부 문양이 흐트러져 있으며, 복부 문양의 횡선이 반드시 직선을 유지하지 않고 끊긴 것처럼 보인다. 이러한 정황 증거와 각부 능선의 상태로 보아 여기에는 범선이 존재하였을 것으로 볼 수 있다. 즉 각부의 세 다리 중에서 두 다리는 하나의 외범으로 성형되었지만, 나머지 하나의 다리는 능선 부분의 흔적을 통해 별도의 외범을 사용하여 제작한 후 결합하였을 가능성도 있다. 아마도 초기에는 얼리터우문화기의 전통적인 쌍범 주조방식을 유지하려고 하였으나, 이후 비교적 큰 각부 내범과 복부 내범을 고정하는 과정에서 구조적인 불편함을 보완하기 위해 쌍범 외범을 추가함으로써 내범을 균등하게 고정하였다고 상정할 수 있다.

따라서 정鼎의 범선 위치 관계를 중심으로 살펴보면, 외범은 T자형 구조를 이루고 있으며, 범선의 각도는 180도와 90도·90도의 관계로 형성되었다고 볼 수 있다. 즉, 전형적인 120도 간격으로 균등하게 배치된 3범 구조가 아니라, T자형으로 조립된 3범 구조를 가진 형태이다. 또한 저부에는 범선이 확인되지 않고 평탄한 면을 이루고 있으며, 각부는 저부 내범을 갖는다. 이러한 특징을 통해 이 정鼎의 주조 기술은 3개의 외범을 사용하지만, T자형으로 조립된 3범 구조로서 저부 내범을 갖는 매우 독특한 방식이다. 게다가 두 각부의 위치는 두 개의 명료한 범선에 인접하여 위치하고 있어, 쌍범B식의 전통에 매우 가까운 특징을 보인다. 즉, 쌍범B식을 바탕으로 개량된 주조방식으로 이해할 수 있으며, 이를 T자형 복합외범이라고 명명하고자 한다.

또한, 이 외범선(그림83-2)은 비스듬한 방향으로 관찰하면 잘 보이지만, 정면에서는 식별하기 어렵다. 최종적으로 이 외범선의 존재 유무는 X선 검사로 명확하게 확인할 수 있다. 만약 이 외범선이 존재하지 않는다면, 정의 신부身部는 쌍범으로 제작되었으며 각부는 T자형 3범 구조로 형성된 것으로 해석된다. 이는 후술하는 얼리강하층기와의 편년적 위치관계를 설명할 때 중요한 근거가 된다. 결과적으로 얼리터우유적에서 출토된 정鼎은 얼리강하층기에 해당한다고 볼 수 있다.

이 정鼎 손잡이인 한 쌍 귀[耳]의 위치와 각부인 세 다리 간의 위치 관계는 궈바오쥔의 언급한 「四点配列」에 해당한다(郭宝鈞 1981). 「四点配列」이란 하나의 귀와 하나의 다리 위치가 서로 대응하며, 범선이 각부에서 귀를 향해 일직선을 이루는 부분이 단 한 곳에서만 확인되는 배치 방식을 의미한다. 앞서 언급한 T자형 복합외범이 바로 이에 해당한다. 또한 「四点配列」은 얼리강문화기 정鼎의 중요한 특징 중 하나로 여겨진다.

이상과 같이 얼리터우유적 V구 1호묘에서 출토된 정鼎과 가斝는 얼리터우문화의 작爵이나 가斝와의 비교를 통해 외범 3개로 이루어진 예외적 사례라는 것을 알 수 있다. 특히 정鼎의 경우, 세 개 외범 구조를 가지면서도 저부에 내범을 포함하고 있다는 점에서 기술적으로 쌍범 주조와 3범 주조의 중간적인 양상을 보인다. 이처럼 외범이 3범 구조를 이루면서 저부 내범을 포함하는 주조방법은, 얼리강하층기의 작爵에서도 확인된 바 있다. 따라서 다음으로 얼리강문화의 작爵에 대해서 살펴보고자 한다.

얼리강하층기의 작爵 중에는 현재 베이징[北京]대학 사클러Sackler고고예술박물관에서 전시하고 있는 정저우[鄭州] 북27로 2호묘 자료가 있다(그림84). 이 작爵은 기형적으로 보아도 얼리강문화 하층기의 전형적인 특징을 갖추고 있다. 얼리터우문화 4기에 비해 전체 높이가 낮고, 주둥이[流]도 짧으며 복부가 횡방향으로 벌어진 형태이다. 특히 이 작의 경우 복부의 한쪽면에만 문양이 새겨져 있는 것이 특징이다. 그림78-2의 사례를 제외하면, 얼리터우문화기의 작에는 기본적으로 문양이 없는 경우가 많아, 이는 새로운 경향으로 볼 수 있다. 이 작의 주조법을 복원하기 위해 주목해야 할 점은 크게 두 가지이다. 하나는 얼리터우문화기의 제작 방식과 마찬가지로, 저부에 범선이 확인되지 않는다는 점이다.

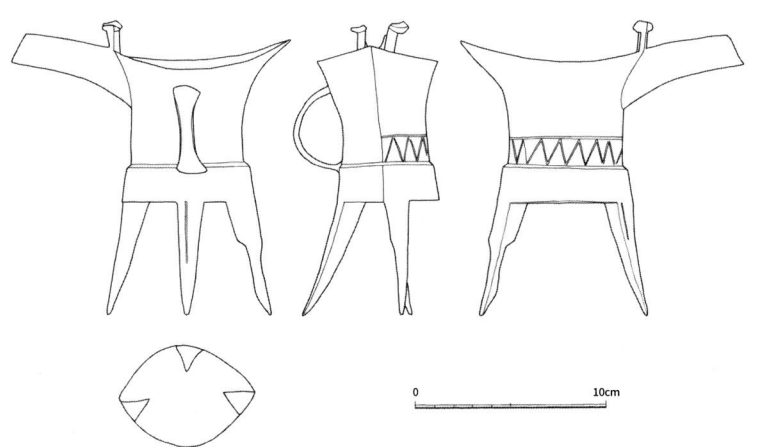

그림84. 정저우[鄭州] 북27로 2호묘 출토 청동작爵(※축척 1/4)

0   10cm

또 다른 하나는 각부의 외면(외범이 맞닿는 부분) 중앙부에 종방향의 범선이 확인된다는 점이다.

정저우 북27로 2호묘의 작에서는 각부 범선이 두 다리에서 확인되지만, 나머지 하나의 다리에서는 확인되지 않는다. 이 경우 후자는 주조 후 연마 과정을 거쳐 범선이 제거되었거나, 녹 등의 영향으로 현재 명확하게 식별되지 않는다고 보아야 할 것이다. 원래 세 개의 다리 모두 그 외면에 종방향의 범선을 가지고 있었을 가능성이 높다. 만약 복부에 쌍범의 범선을 남기고, 저부에 범선을 가지지 않은 채 세 개의 다리에 각각 범선이 있었다면, 이는 이 작의 외범이 복부와 각부로 분할된 상태에서 제작되었음을 의미한다. 즉 복부는 쌍범방식의 외범으로 주조되었으며, 각부는 3범의 외범으로 제작한 후 저부 거푸집과 결합함으로써 다리를 완성한 것으로 이해할 수 있다. 이러한 주조방법은 난바 준코가 얼리터우문화기에 설정한 주조형식Ⅱ식에 해당한다(難波 1989).

이러한 의미에서 얼리강문화 상층기부터 일반화된 작爵의 복부 쌍범과 각부 3범방식의 분할범 주조 방식과는 차이가 있다. 그 차이점은 저부에 내범을 사용하지 않고 세 개의 거푸집으로 각부를 형성한다는 점이다. 이로 인해 저부에는 거푸집 간의 연결 부분에 범선이 남게 되며, 이와 함께 각부의 단면이 능형을 띠게 된다. 이 특징은 여러 거푸집을 조합하여 형태를 구성하였음을 명확하게 보여주는 구조적 요소이다. 이러한 관점에서 보면, 전형적인 각부 3범과 얼리강하층에서 보이는 저부 내범을 포함하는 각부 3범은 구별되어야 할 것이다. 따라서 후자를 각부 3범A형, 전형적인 3범구조인 전자를 각부 3범B형으로 설정하고자 한다.

각부 3범A식인 정저우 북27로 2호묘의 작爵은 두 각부의 위치가 복부의 범선을 기준으로 저부 중심선에 접해 있는 것이 특징이다. 이러한 구조를 더욱 세분하여 각부 3범A1식으로 설정하고자 한다. 또한 이 각부의 위치 관계는 얼리터우유적에서 출토된 정鼎 T자형의 3범 구조와 동일한 특징을 보인다.

나라[奈良]국립박물관 소장 사카모토[坂本] 컬렉션에는 얼리강기의 작爵이 확인되는데, 두 개의 각부 위치가 복부 범선 위치와 일치하는 각부 3범A1식이 존재한다(그림85). 반면 같은 사카모토 컬렉션 중 다른 얼리강기의 작爵에서는 각부의 위치 관계가 균등한 각부 3범A식도 확인된다. 이를 각부 3범A2식으로 설정하여 앞서 언급한 각부 3범A1식과 구별하고자 한다(그림86).

이 각부 3범A2식은 각부 3범B식(그림87)과 각부 위치라는 특징이 동일하다. 각부 3범A식의 가장 큰 특징은 복부와 각부가 분할범 방식으로 제작되었다는 점이다. 정저우 북27로 2호묘 작爵과 같이, 각부의 위치가 저부 중심선과 일치하는데, 이는 쌍범B식에서 연속적으로 변화한 형태로 해석할 수 있다. 각부 외범의 3범 구조이지만, 저부에 내범을 갖는다는 점에서, 각부 3범A식은 쌍범B식과 연속적인 주조기술

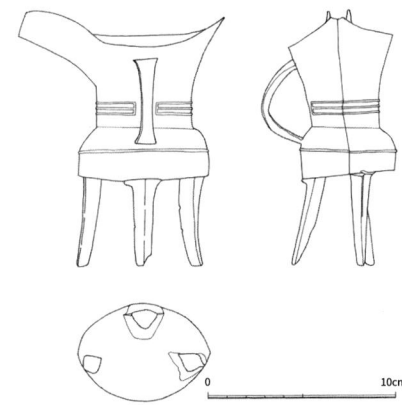

그림85. 각부脚部 3범 A1식 작爵(※축척 1/4, 나라국립박물관 소장)

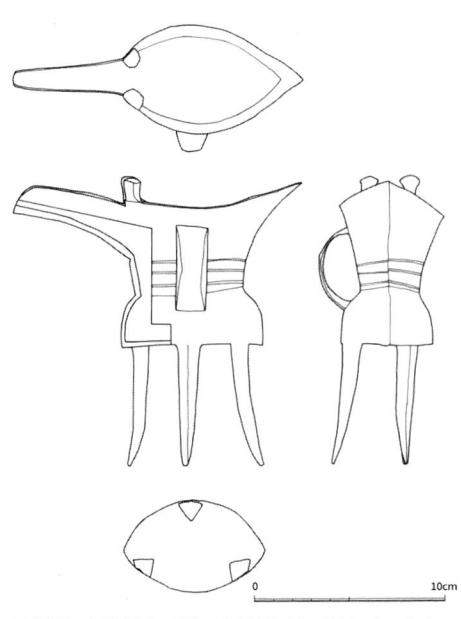

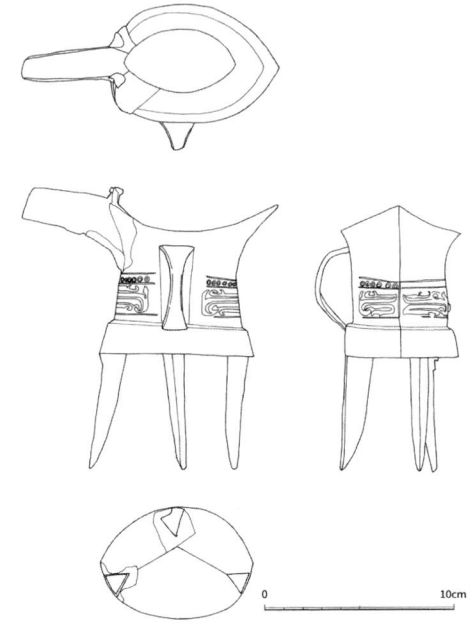

그림86. 각부脚部 3범 A2식 작爵(※축척 1/4, 나라국
　　　　립박물관 소장)

그림87. 각부脚部 3범 B식 작爵(※축척 1/4, 캐나다
　　　　Royal Ontario Museum 소장)

의 과정 속에 있었다고 판단된다. 또한, 각부의 위치 관계가 균등한 각부 3범B식은 내범을 사용하지 않고 각부의 외형을 형성하는 방식으로 발전하였다고 볼 수 있다. 즉, 쌍범B식→각부 3범A1식→각부 3범A2식→각부 3범B식이라는 연속적인 기술적 변화를 이루었다고 볼 수 있다.

　여기서 주목되는 점은 각부 3범A식의 특징이 얼리터우유적 V구 1호묘에서 출토된 정鼎의 3범 방식과 매우 유사하다는 점이다. 원래 작爵의 경우, 복부 쌍범과 각부 3범의 분할범으로 외범이 구성되며, 이는 정鼎과는 다른 특징이다. 그러나 작의 각부 3범 A식 중 이른 단계인 각부 3범A1식의 특징을 보면, 두 개의 각부 위치가 저부 중심선과 일치하며, 각 부분의 위치 관계는 이등변삼각형의 형태를 이룬다. 이러한 3범의 위치 관계는 정鼎의 범선에서 나타나는 T자형 거푸집의 위치 관계와 유사하다고 할 수 있다. 즉 세 개의 거푸집은 균등하게 배치되는 것이 아니라 특정한 구조적 관계 속에서 배치되었던 것이다.

　정鼎의 경우, 두 각부의 위치는 복부의 쌍범선과 거의 일치하며, 나머지 한 개의 각부는 복부 쌍범의 한쪽을 한번 더 분할한 중앙에 위치한다. 작爵은 두 개의 각부가 직선상에 배치되며 이와 직교하는 위치에 나머지 한 개의 각부가 놓이면서 이등변삼각형의 형태를 형성한다. 정리하면, 작爵은 복부 쌍범 한쪽에 대응하도록 두 개의 각부가 쌍범 범선 부근에 위치하고, 나머지 한 개의 각부는 복부 쌍범의 다른 한쪽 중앙부에 위치하는 배치 방식을 보이는 것이다. 이를 바탕으로 정鼎의 T자형 복합

외범은 작爵의 각부 3범A1식과 동일하게 외범이 3범를 가지면서도 저부 내범이 존재하는 형태를 나타낸다. 이 구조는 쌍범B식에서 각부 3범A식으로 변화하는 과정에서의 시행 착오를 염두할 수 있는 단계로 생각할 수 있다.

이 같은 특징을 주조기술의 변화과정에서 볼 수 있는 단계적 발전이라는 관점에서 살펴보면, 얼리터우유적 V구 1호묘에서 출토된 정鼎의 T자형 복합외범과 작爵의 각부 3범A1형은 동일한 기술적 단계에 해당한다고 볼 수 있다. 즉, T자형 복합외범의 주조법을 작爵의 각부에만 적용한 것이 바로 각부 3범A1식이라 해석할 수 있다.

또한 정과 함께 출토된 2식 가斝는 얼리터우유적 VI구 제4트렌치 9호묘에서 출토된 가斝와는 달리 완전한 외부 3범 구조를 띠고 있다. 이는 작爵의 각부 3범형식과 같은 특징을 나타내는 것으로, 가斝의 기술적인 면에서 본다면 얼리강하층 단계에 속할 가능성이 높다. 그렇다면, 함께 출토된 정鼎도 작爵의 각부 3범A1식과 마찬가지로 얼리강하층기의 가장 이른 단계에 속할 가능성이 있다.

적어도 주조기술의 변화과정에서 나타나는 단계성을 고려하면(그림88), 얼리터우문화기에는 쌍범A형에서 쌍범B형으로 변화가 이루어졌으며, 이에 따라 1a형 작爵에서 1b형 작爵으로 기형 변화가 나타났다. 이 단계에서는 작爵뿐만이 아니라 1식 가斝가 추가된다. 1식 가斝의 주조적 특징은 쌍범B식과 동일하며, 연대적 위치도 적절하게 맞아떨어진다. 또한 이 단계까지는 얼리터우문화기에 포함된다고 명확하게 말할 수 있다.

같은 단계로 볼 수 있는 얼리터우유적 VI구 9호묘에서 출토된 화盉는 아쉽게도 출토된 이후의 보존처리 과정에서 범선 등 주조 기술을 복원할 수 있는 흔적이 거의 남아있지 않다. 이로 인해 쌍범인지 3범인지 판단하기 어렵다. 다만, 관管의 모양을 띠는 주둥이[流]는 중심축에서 한쪽으로 치우쳐 있어 각부 외범에 접하는 부분이 완만한 곡선을 이루면서 단면이 삼각형을 띠고 있다. 따라서 외범은 쌍범일 가능성도 높다. 저부는 편평하지 않으며, 자루 모양의 각부도 결실되어 정확한 구조를 확인하기 어렵다. 현재로서는 얼리터우문화기일 가능성도 있지

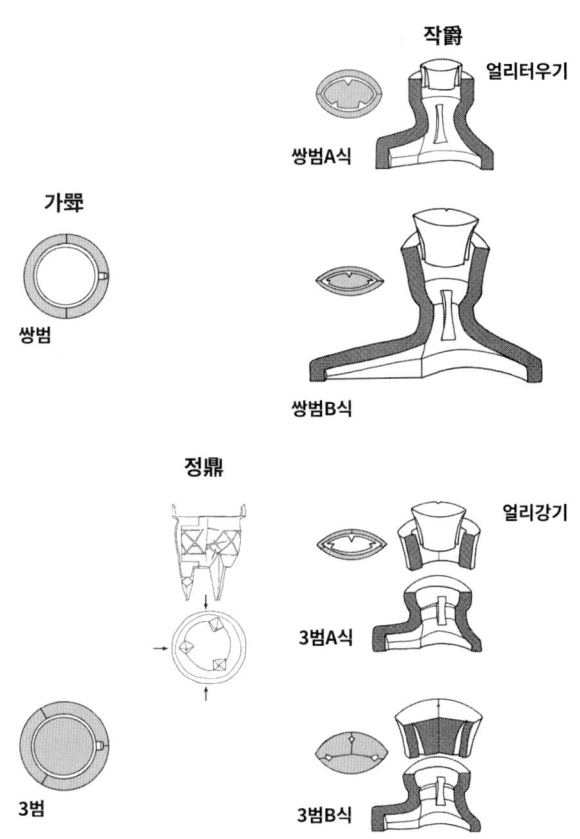

그림88. 얼리터우~얼리강문화의 주조기술변화의 단계성

만, 만약 그 시기에 속한다고 하더라도, 얼리터우 문화기 최말기일 가능성이 높다.

한편, 쌍범과 3범이 절충된 단계는 그 이후에 해당한다. 이것이 작爵의 각부 3범A1식이며, 3범으로 이루어진 T자형 복합외범 방식으로 제작된 정鼎이다. 이후 각부 3범 A2식을 거쳐, 각부 3범B식으로 발전한다. 각부 3범B식은 전형적인 외형3범 방식으로서, 얼리강기의 일반적인 주조범 형태를 보여주는 단계라고 할 수 있다. 개념적으로는 각부 3범A2식에서 각부 3범B식으로 발전하는 과정과 병행하여, 가斝 등의 외형3범 구조를 가진 것들이 출현한다고 볼 수 있다.

5. 얼리터우문화에서 얼리강문화로의 변천에 관한 문제

이와 같이 거푸집의 구조에서 나타나는 변화, 즉 쌍범에서 3범으로의 이행과정은 쌍범에서 두 단계, 각부 3범에서 세 단계로 세분할 수 있다. 따라서 쌍범에서 3범까지 변화하는 단계는 바로 얼리터우문화 4기에서 얼리강하층기로의 이행하는 시점과 일치한다고 볼 수 있다(그림88). 이러한 관점이 타당하다면, 적어도 작爵이나 가斝 · 화盉는 얼리터우기에 출현하는 반면, 정鼎은 얼리강하층기 이후부터 등장한 것으로 볼 수 있다. 이것이 현재까지의 제시된 여러 견해와 필자의 다른 점이다.

만일 정鼎이 얼리강하층기에 출현하였다면, 상하이[上海]박물관 소장의 정鼎(그림89)도 얼리강하층기의 정鼎이라고 볼 수 있으며, 얼리터우 V구 1호묘 정鼎과 형식적인 연속성이 존재한다고 볼 수 있다. 얼리터우 V구 1호묘의 정鼎은 복부가 깊은 구조이지만, 이후 상하이박물관 소장품과 같이 깊은 원저 형태로 발전한 것으로 보인다. 또한 각부의 단면이 능형에서 타원형으로 변화하였으며, 각부가 점차 비어있는 형태로 변화하는 연속적인 흐름을 보인다. 이와함께 복부에 돌선을 가진 문양이 공통적으로 확인된다는 점에서도 형식적 연속성을 인정할 수 있다.

또한 흥미로운 점은 상하이박물관 정鼎의 경우 두 귀[耳] 중 하나가 각부 위치와 일치한다는 점이다. 즉 이 귀[耳]에는 각부와 일체화된 거푸집의 연결부인 범선이 존재한다. 이러한 귀[耳] 부분 거푸집의 접합 관계는 T자형 복합외범 방식으로 제작된 얼리터우 V구 1호묘의 정鼎과 동일하여 이를 통해 양자는 기술적으로도 연속적인 관계를 가진다고 볼 수 있다. 이같은 특징은 궈바오쥔이 이미 지적한 바와 같이 얼리강문화기 정鼎의 특징인 손잡이[耳]와 다리[3][足 · 脚]의 「四点配列」과 일치한다(郭宝鈞 1981). 따라서 얼리터우 V구 1호묘의 정鼎은 얼리강하층기의 정鼎으로 이어지는 연속적으로 변화속에서 최고最古형식에 해당한다고 볼 수 있다.

---

3) 역자 주) 필자는 작爵, 정鼎 등의 기종에서 다리에 해당하는 부분을 칭할 때, 부분을 강조하는 경우 각부脚部라고 명기하고 있으나, 종종 족足이라고도 표현하고 있다. 여기서는 기본적으로 각부라고 번역하였지만, 일부 필자가 족이라고 표현한 경우 '다리[足 · 脚]'로 번역하여 혼란을 줄이고자 한다.

여기서는 이러한 가설의 개연성을 뒷받침하기 위해, 청동정鼎이나 가鬲의 원형이 되었던 토기에 주목해 보고자 한다. 즉 그 원형原型이 어느 시대에 속하는 가에 따라 청동이기彝器의 연대에 대한 해석역시 달라질 수 있다.

먼저 가鬲에 대해 살펴보겠다. 얼리터우유적 VI구 제4트렌치 9호묘에서 출토된 1식 청동가鬲(그림80)는 복부가 잘록하게 굴절되어 직선에 가깝게 넓어지는 형태를 가지고 있다. 이러한 청동가鬲와 유사한 형태는 얼리터우 3기의 IV구 회갱灰坑13에서 확인되며(그림90-1), 이를 통해 얼리터우문화기의 토기가 청동가靑銅鬲의 모델이 되었음을 이해할 수 있다.

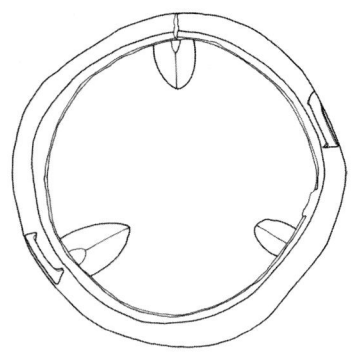

한편 얼리터우유적 V구 1호묘에서 출토된 3범으로 제작된 2식 청동가鬲는 얼리터우문화기의 토기와 직접적인 유사성을 찾을 수 없다. 일찍이 얼리터우문화 5기로 분류된 토기의 가鬲(그림90-2)는 각부 내부가 빈 구조를 이루고 있으며, 복부가 완만하게 만곡되어, 복부에서 구연부로 이어지는 형태가 자연스럽다. 이는 여기서 주로 다루고 있는 2식 청동가鬲의 형태학적 특징과 유사하다(中国社会科学院考古研究所 1995). 얼리터우문화 5기는 얼리강 하층문화기에 해당한다.

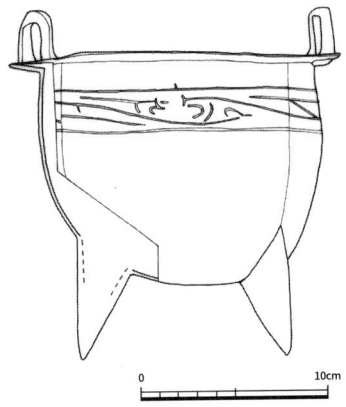

그림89. 상하이박물관 소장 얼리강하
층기 정鼎(※축척 1/4)

왕청상[王城商]유적에서 얼리강하층 문화기로 알려진 49호묘에서는 전형적인 얼리터우 하층기의 청동작靑銅爵과 함께 청동가靑銅鬲가 출토되었다(河南省文物研究所 · 中国歷史博物館考古部 1992). 이 청동가鬲(그림90-3)는 얼리터우유적 V구 1호묘에서 출토된 2식 청동가鬲(그림82)와 거의 동일한 형태를 보인다. 이러한 점을 고려하면, 얼리터우유적 V구 1호묘 출토의 2식 청동가鬲는 얼리강하층문화기의 토제가土製鬲를 모델로 하여 제작되었을 가능성이 높다. 앞서 청동가鬲의 기술적인 변천을 시기에 따라 살펴본 것처럼, 얼리터우문화기의 토제가土製鬲를 모델로 청동가鬲가 제작되었다면, 이후 얼리강 하층기의 토제가鬲로 변화되는 과정을 거쳤다고 볼 수 있다. 이러한 변천과정은 기존 연구와도 모순되지 않는다.

여기서 문제가 되는 것이 정鼎이다. 얼리터우유적 V구 1호묘에서 출토된 정鼎의 각부는 단면이 능형에 가까운 방형이며, 복부가 깊은 구조를 가지고 있다. 일반적으로 얼리터우문화기의 정鼎은 기본적으로 편평한 다리[足·脚]를 특징으로 볼 수 있는데, 이후 제작된 동정鼎의 각부 형태와는 큰 차이를 보인다. 상商대에 편족동정扁足銅鼎이 존재하듯이, 편평한 다리를 본뜬 동정銅鼎을 제작하였다면, 얼리터우문화기에서도 유사한 동정鼎이 제작되었을 가능성도 있다. 오히려 얼리터우문화기에는 아직 이러한 동정銅鼎의 모델이 존재하지 않았을 가능성이 높다고 볼 수 있다.

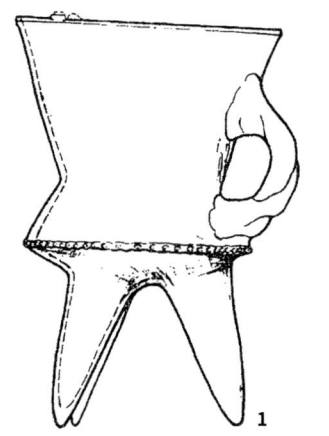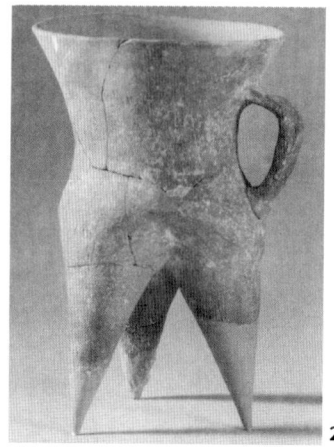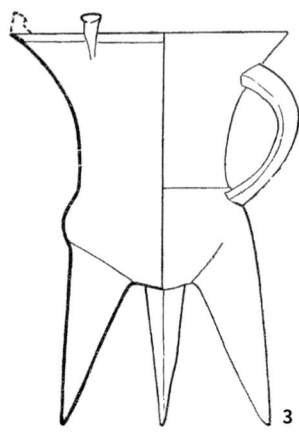

그림90. 청동가斝의 형태적인 비교(1: 얼리터우유적 Ⅳ지구 회갱 출토 토제가斝, 2: 얼리터우유적 Ⅴ지구 회갱 출토 토제가斝, 3: 왕청강[王城崗]유적 얼리강 하층기 49호 출토 청동가斝)

　　정저우의 얼리터우문화 병행기인 뤄다마오[洛達廟]유형이나 상대의 난관와이[南關外]유형에서는 내부가 채워진 다리[充足]로 단면이 원형인 정鼎이 일반적이며, 편평한 다리의 정鼎은 존재하지 않는다. 이를 고려하면, 얼리터우유적 Ⅴ구 1호묘의 정鼎은 뤄다마오 유형이나 난관와이 유형의 토제관형정土製罐形鼎을 모델로 하였을 가능성이 높다. 특히 복부가 깊은 형태를 가지고 있다는 점은 이러한 토제정土製鼎이 직접적인 모델이 되었다고 볼 수 있다. 혹시 동정의 족부는 내부가 빈 형태[空足](그림 83-5)로 력鬲의 형태를 의도하여 제작한 력정鬲鼎이었는지도 모른다. 따라서 얼리터우유적 Ⅴ구 1호묘의 동정銅鼎은 얼리터우문화 토기를 모델로 제작되었다고 보기는 어렵다. 오히려 이 정鼎의 형태적 원형은 상商 사회와 동방東方의 위에스[岳石]문화와 같은 타지역 문화에서 찾을 수 있을 가능성이 있다. 만약 그렇다면 이 동정銅鼎 역시 얼리강하층기의 최고最古 단계로 보아도 문제가 없을 것이다.

　　따라서 얼리터우유적 Ⅴ구 1호묘에서 함께 출토된 정鼎과 가斝는 모두 얼리강하층기에 해당한다고 볼 수 있다. 이를 바탕으로 상商왕조의 기물이었던 작爵, 가斝, 화盉 등의 주기酒器와 더불어 새롭게 취사용기[炊器]인 정鼎을 추가되면서 의례구儀禮具의 체계가 정립되었다고 추정할 수 있다.

6. 얼리터우유적 주조공방의 변천

　　한편, 얼리터우유적은 궁성宮城을 중심으로 도로에 의해 공간 구획되는 구조를 이루고 있다. 또한 궁성의 북측에는 제사공간이, 남측에는 터키석(녹송석)의 가공 공방과 청동기 주조공방이 위치하는 등 공간적으로 분할된 도시 구조를 형성하고 있다(宮本 2005a). 청동기 주조공방은 궁성 남측인 IV구에 집중적으로 존재하였으며, 이는 토제 거푸집, 노벽·도가니, 동찌꺼기[銅滓]의 출토를 통해 확인할 수 있다(廉海萍 외 2011). 또한, 주조 관련유물의 분석을 진행한 다지리 요시노리[田尻義了]에 따르면, 얼리터우문화 2기부터 4기까지 지속적으로 IV구에서 청동기 생산이 이루어졌으며, 다른 지점에서는 청동생산이 이루어지지 않았다고 한다(田尻 2009).

그러나 얼리터우유적 1998~2006년에 걸친 조사(中国社会科学院考古研究所 2014)에서는 궁성의 일부인 V구의 4호 기지基址가 위치한 제25트렌치와 제26트렌치를 중심으로, 얼리터우문화 4기 후기단계부터 얼리강문화 후기단계에 해당하는 동찌꺼기와 도가니편이 출토되었다(그림91). 얼리터우문화 4기 후기단계는 현재 옌스[偃師]상성商城 1기와 얼리강문화 하층 1기에 해당하는 것으로 알려져 있다(岳洪彬 2002; 中国社会科学院考古研究所 2014). 얼리터우문화 4기 후기단계에서도 여전히 동찌꺼기가 출토된다는 사실은 중요한 의미를 갖는다. 이는 기존에 얼리터우문화기 IV구에서 이루어지던 청동기 생산이 얼리강문화가 시작되면서 V구의 4호 기지基址 부근으로 이동했음을 보여준다.

앞서 논한 바와 같이, 얼리터우유적 V구 1호묘에서 출토된 정鼎과 가斝는 얼리터우 문화기에 나타나는 외형 쌍범이 아닌 외형 3범으로 주조되었다. 특히, 정鼎에서 확인되는 외형 3범A식(T자형 복합외범)은 얼리터우문화의 외형 쌍범 방식에서 얼리강문화의 외형 3범B식으로 변화하는 기술적 전환과정의 중간 단계에 해당한다. 이는 상商 문화의 도입를 의미한다. 즉, 상商 왕조가 옌스 상청의 건설을 시작하면서 얼리터우유적을 점거하였고, 상商 왕조를 위한 청동이기彝器가 얼리터우유적에서 생산되었다고 볼 수 있다. 이때, 청동기 제작자는 기존 얼리터우문화기의 청동기 제작자이었을 가능성이 높다. 따라서 기술적인 연속성이 인정되면서도, 동시에 새로운 청동이기인 정鼎의 제작을 위한 새로운 기술, 이른바 외형 3범A식(T자형 복합외범) 주조 방식이 시작되었다고 볼 수 있다.

청동정青銅鼎의 모델이 되는 토제정土製鼎은 얼리터우문화기부터 얼리강하층문화까지 지속적으로 확인되고 있으며, 이는 뤄다마오 유형이나 난관와이 유형의 토제 정과 연관될 가능성이 높다. 이러한 배경 속에 상왕조가 허난[河南]성 동부나 산둥[山東]성 서부를 상商의 지배하에 두기 위해, 해당 지역에서 시행되던 제사와 관련된 정鼎을 청동제로 제작할 필요가 있었다고도 해석할 수 있다.

한편 청동작青銅爵에서도 외형 3범A식(T자형 복합 외범)이 적용되면서, 얼리터우문화와는 다른 기형의 청동작이 출현하였다. 이는 상왕조라는 새로운 소비층의 요구를 반영하여, 얼리터우문화 4기의 청동기 제작자들이 기존의 제작방식을 변화시켰음을 의미한다. 그리고 이러한 새로운 기술혁신은 단순한 기술적 변화가 아니라, 정치적 또는 사회집단의 종교, 제사활동과 같은 강제적 요소에 의해 발생한 것임을 시사한다.

반면, 얼리터우 V구 1호묘에서 출토된 동정銅鼎을 얼리터우문화 4기에 제작된 것으로 보는 견해도(飯島 2014; 高江濤 2014)도 있다. 이러한 견해는 상대 초기인 얼리강문화 하층1기를 얼리터우문화기

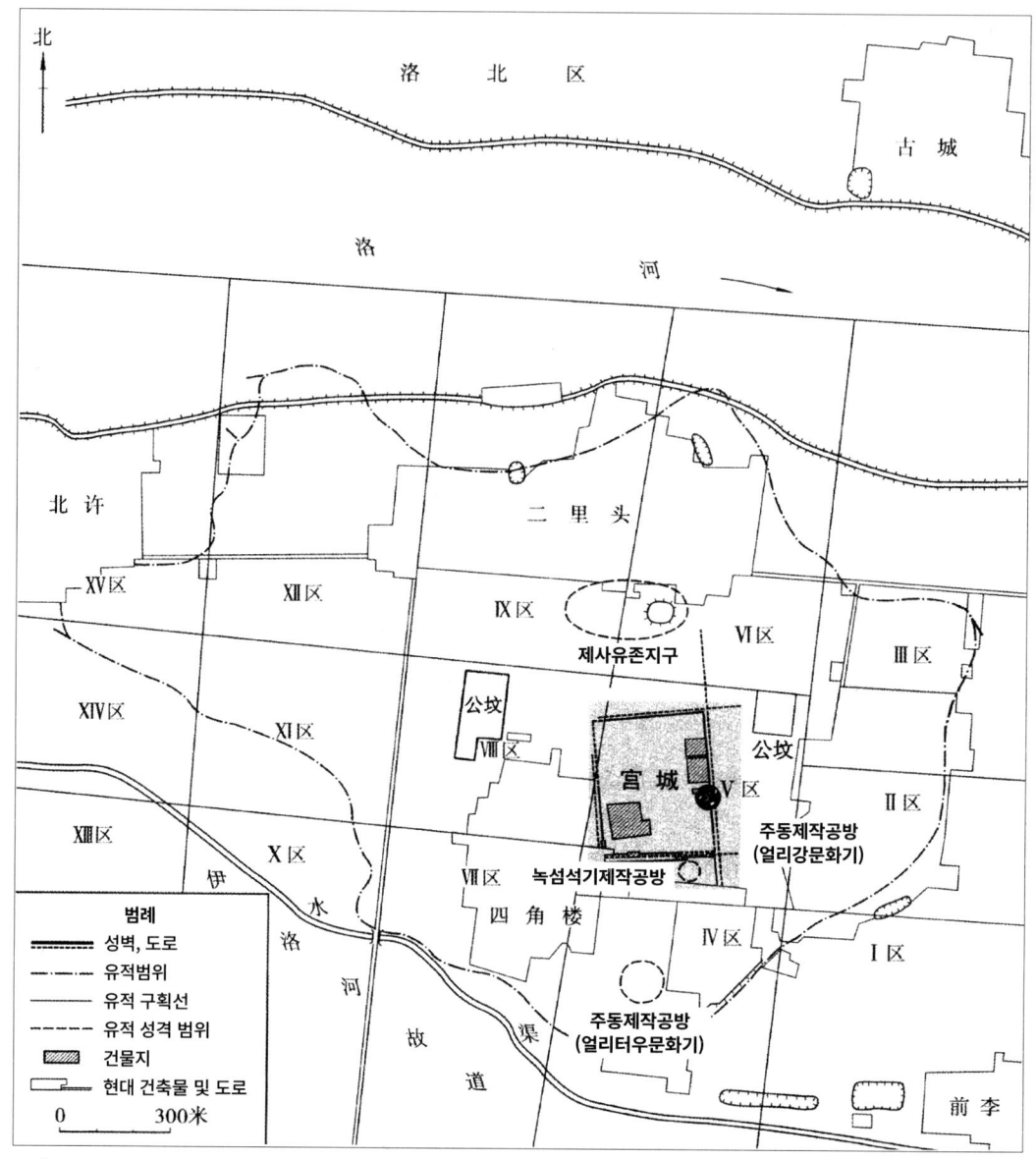

北

洛 北 区

古 城

洛 河

北 许

二 里 头

XV区

XII区

IX区

제사유존지구

VI区

III区

公坟

VIII区

宮 城

公坟

V区

II区

XIV区

XI区

주동제작공방
(얼리강문화기)

XIII区

X区

VII区

녹섬석기제작공방

四 角 楼

IV区

I区

범례

━━ 성벽, 도로
─·─ 유적범위
── 유적 구획선
--- 유적 성격 범위
▨ 건물지
▭ 현대 건축물 및 도로
0   300米

伊 水

洛 河

故 道

渠

주동제작공방
(얼리터우문화기)

前 李

그림91. 얼리터우유적 주조공방의 위치

의 안에 포함시켜야 한다는 견해에 근거한 것이다(飯島 2014). 그러나, 앞서 논한 바와 같이 얼리터우 문화 4기 후기단계는 토기 변천 과정에서도 얼리강 하층문화에 포함되어야 한다. 또한 주목해야 할 점은 이 시기에 얼리터우유적 내에서 주조공방의 위치가 이동하고 있다는 사실이다(그림91). 이러한 생산체제의 변화는 단순한 시간적인 경과의 문제가 아니라, 생산조직의 관리 방식이 정치적으로 변경되었음을 의미한다. 따라서, 얼리강 하층문화 1기부터 상대로 간주해야 하며, 이를 얼리터우 문화기에 포함시키는 것은 타당하지 않다.

얼리강문화기의 청동기 공방유적으로는 정저우 상성의 난관와이[南関外]유적과 쯔징산[紫荊山]유적이 있다. 전자는 얼리강하층문화 2기부터 시작되어, 얼리강상층문화 1기에 최성기를 맞이한다. 후자는 얼리강상층문화 1기에만 한정되어 사용된 것으로 보인다(河南省文物考古研究所 2001). 즉, 정저우 상성이나 옌스 상성에는 얼리강하층문화 1기에 해당하는 청동기 공방이 알려져 있지 않다.

한편, 천궈량[陳国梁]은 얼리터우 V구 1호묘에서 출토된 동가斝와 정저우 상성 뤄다마오 후기의 C8T166 6호묘에서 출토된 동력銅鬲(鬲鼎)·동화銅盉를 비교하며, 얼리터우유적의 얼리터우문화 4기 후기단계부터 얼리강문화의 동용기銅容器가 제작되었을 가능성을 제시하였다(陳国梁 2008b). 이러한 점을 고려하면, 얼리터우유적 V구 1호묘에서 출토된 정鼎과 가斝는 얼리터우문화 4기 후기단계 즉, 얼리강문화 하층 1기에 얼리터우유적 V구의 공방지구에서 제작되었을 가능성이 높다.

7. 정리

지금까지 주조기술의 변천과 청동기 공방 변화와의 상관관계, 그리고 청동이기彝器의 모델이 된 토기의 시기와 문화계통을 추정함으로써, 얼리터우유적 V구 1호묘에서 출토된 정鼎과 가斝가 얼리강 하층문화 1기에 속할 가능성을 고려하였다. 얼리터우문화기 청동이기는 작爵이나 가斝와 같은 주기酒器로만 구성되었으나, 얼리강문화기에 이르러 처음으로 취사용기[炊器]인 정鼎이 청동이기에 포함되었다. 이러한 변화는 제의 관념의 근본적인 전환을 의미하며, 청동이기가 계층 표식으로 사용되는 방식에도 영향을 주었다는 것을 알려준다. 이미 얼리터우문화기부터 청동이기는 특정 계층의 표식으로 기능하며, 상위 계층의 묘장에만 부장되었다. 그러나 얼리강문화기에는 기존의 주기뿐만 아니라 정鼎이나 언甗과 같은 취사용기까지 포함한 형태로 구성되면서, 청동이기의 기능과 의미가 더욱 확장되었다. 이러한 변화는 청동이기의 계층적 위계를 표현하는 방식이 얼리터우문화기와 얼리강문화기에서 크게 달랐음을 보여준다. 이로 인해 얼리터우 문화기 청동이기 내 정鼎이 포함되었는지 여부는 중요한 논점이 된다.

앞서 서술한 근거를 바탕으로 필자는 동정銅鼎의 출현을 얼리강 하층문화 최고最古 단계로 본다. 이는 곧 상왕조 성립기와 맞물리는 시점이다. 더 나아가, 이러한 동정銅鼎의 원형原型이 된 토제정土製鼎이 정저우 뤄다마오[洛達廟]시기, 난관와이[南関外]시기, 위에스[岳石]문화의 계통에서 확인된다면, 동정銅鼎은 얼리터우문화기가 아닌 전혀 다른 계통에서 유래했을 가능성이 높다고 볼 수 있다.

이와 관련하여 정鼎이나 언甗과 같은 취사용기나 규鬹 등의 주기酒器가 무덤의 부장품으로 사용되

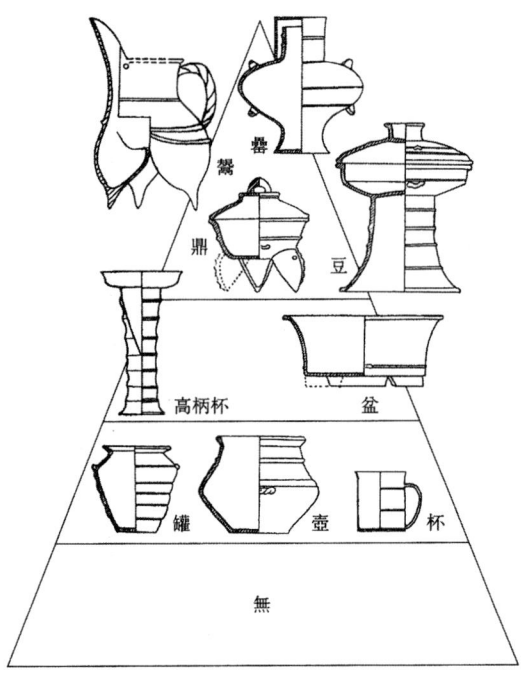

어 계층을 나타내던 산둥룽산[山東龍山]문화의 사례에 주목하고자 한다(宮本 2006a · 2006e). 산둥 룽산문화의 부장품 중에서 정鼎이나 언甗 등 취사용기는 사회 계층의 최고 계급 무덤에서만 발견되었으며, 이는 계층 위계를 표현하는 가장 높은 상징물이었다(그림92). 이러한 사실에서 유추해 본다면, 상商 사회는 동방에서 유래한 계층 표지나 의례 관념을 왕조 성립기에 채택하였을 가능성이 높다. 즉, 상왕조는 이러한 의례 체계를 얼리터우 문화영역을 포함한 광범위한 지역으로 확장하여 새로운 통치시스템의 일부로 활용하였다고 볼 수 있다.

한편, 이러한 변화를 왕조 교체에 따른 제사 의례의 변화나 그에 따른 청동이기의 변천으로 본다면, 청동기 제작기법 자체로는 연속적인 변화로 볼 수 있다. 분명히 작爵이나 가斝에

그림92. 산둥[山東] 룽산문화의 부장토기에서 보이는 사회 계층 모델

서 형태적인 변화가 확인되지만, 이는 왕조의 기호 변화에 따른 기형 변화 및 기종의 증가일 뿐 기본적인 기술이나 형태 자체는 이어지고 있다. 즉, 이는 청동기 제작 기술의 연속성을 보여주는 것으로 이해된다. 따라서 하왕조(얼리터우문화기)에서 상왕조(얼리강 하층문화기)로 교체되었다고 하더라도, 청동기 제작을 담당한 기술 집단 또는 제작 기술 자체는 연속성을 유지하였다고 해석할 수 있다. 상왕조가 성립한 직후, 상왕조는 얼리터우유적의 청동기 제작 집단을 활용하여 그대로 청동이기를 생산하게 하였을 것으로 추측된다. 이렇게 얼리터우유적 V구의 얼리터우문화 4기 후기단계이자, 상대 초기 얼리강문화 하층 1기에 시작되는 새로운 청동 공방은 서로 연결되는 것이다.

상나라 사람들은 얼리터우문화와 위에스[岳石]문화의 사람들을 정치적으로 통합하는 과정에서 제사의례나 종교적 결합이 필요했다. 이를 위해 기존의 작爵이나 가斝 등과 같은 주기酒器에 더하여, 정鼎 등과 같은 취사용기, 상 문화의 궤簋 등을 새로운 제사용 기물[供膳具]인 청동이기에 포함함으로써, 더 넓은 지역을 아우르는 정치적 결합을 이루어냈다. 더욱이 다윈커우[大汶口]문화 이래 산둥지역에서 사용된 매장습속인 목곽묘는 상 왕조에 의해 계층 상위자의 묘제로서 채택되었다. 이 과정에서 청동이기彝器의 부장과 함께 목곽묘라는 전통적인 무덤이 은주殷周시대의 전통적인 묘장으로 자리 잡아가게 된다.

제9장

초기국가 개념에서 본 상商대의 청동기

1. 머리말

오늘날 고고학에서는 인류학의 신 진화주의를 바탕으로 사회의 발전단계를 구분하는 방법을 일반적으로 사용하고 있다. 엘먼 서비스가 제시한 사회의 발전단계 구분인 밴드사회, 부족사회, 수장제사회, 국가가 대표적이다(Service 1971). 이러한 개념을 적용하여 중국 고고학의 사회 구분을 구체화한 연구자가 장광즈[張光直]이다. 그는 양사오[仰詔]문화를 부족사회, 룽산龍山문화를 수장제사회, 상商대 이후을 국가로 구분하였다(張光直 1982·1983·1989).

필자도 초기국가의 개념을 정리하면서 얼리터우문화를 기점으로 이후를 초기국가로 규정하였으며(宮本 2006b), H·클라센·P.스칼니크가 제시한 초기국가 구분 방식을 따랐다(Classen & Skanlink 1978). 이에 따라 얼리터우 문화기부터 인쉬[殷墟]시기를 미완성 초기국가 단계로, 서주西周에서 전국戰國시대 전반기를 전형적인 초기국가 단계로, 전국시대 후반기를 추이推移적 초기국가로 파악하였다. 그리고 진한秦漢제국을 성숙국가로 정의하였다(宮本 2006b·2007b).

최근 신석기시대 말기 판축기단의 대형 건축구조를 궁실 건축으로 파악하며, 이를 중국의 국가문명 형성의 상한으로 보는 견해가 제기되고 있다(許宏 2013). 이러한 대형 판축기단건축으로는 산시[山西]성 샹펀[襄汾]현 타오시[陶寺]유적과 허난[河南]성 신미[新密]시 구청친[古城秦] 대형건물지[基址]가 있다. 전자는 타오시문화 중기, 후자는 중원룽산문화 후기에 해당한다. 또한, 타오시유적을 중국에서 가장 오래된 도시 또는 도성으로 보고, 얼리터우유적을 성숙한 도시·도성으로 규정하는 개념도 존재한다(何駑 2009). 이처럼 최근 타오시유적 단계부터 초기국가 단계로 보는 견해(高江濤 2013)가 중국 고고학계에서 새로운 주류가 되고 있다. 여기서는 이러한 견해를 재검토하며, 타오시유적을 초기국가 단계로 규정할 수 있는가에 대해 다시 한번 논의해 보고자 한다.

2. 초기국가의 개념규정

초기국가라는 사회적 발전단계를 고고학 자료에서 어떻게 판단하고 평가할 것인가 하는 것은 의외로 어려운 문제이다. 헨리 라이트Henry Wright는 수장제 사회와 국가 사회의 가장 큰 차이를 사회의 내적 통제의 특수성과 관료제의 유무에서 찾으며, 그 차이를 거주 취락의 크기나 취락의 계층에 따른 의사 결정의 차이로 볼 수 있다고 한다. 그는 고고학 자료를 비교 연구하여 취락 간의 계층 차이가 5단계 이상인 경우를 초기국가 단계라고 주장하였다(Wright 1977).

반면, 초기국가라는 개념은 클라센과 스칼니크에 의해 제기되었다(Classen & skalnik 1978). 이후 이 개념을 일본에 도입한 것이 츠데 히로시였다(都出 1991). 클라센과 스칼니크는 51개로 이루어진 지표를 설정하여 초기국가 개념을 정의하였다. 이에 대해 츠데 히로시[都出比呂志]는 이러한 지표를 정리하여 7가지 특징을 기준으로 초기국가 개념을 체계화하였다.

① 계층사회이다.
② 계층사회가 성립할 수 있는 만큼 많은 인구를 보유하고 있다.
③ 사회에 항상(항구)적 잉여가 존재한다.
④ 혈연이 아닌 지역 원리에 기반하여 구성원을 조직한다.
⑤ 중앙정부를 보유하고 있다.
⑥ 사회의 분열을 방지할 수 있는 강제력을 가진 정부가 존재한다.
⑦ 지배의 정통성을 뒷받침하는 공동의 이데올로기를 지닌다.

한편, 엥겔스의 유물사관에 기반하여 엄밀한 국가 정의를 주장하는 이와나가 쇼조[岩永省三]는 동아시아 전체의 사회 발전을 고려할 때, 씨족제의 해체야말로 국가의 성립이라고 지적하였다(岩永 2006). 이 견해를 중국 고대에 적용한다면, 씨족제의 해체는 전국시대 영역국가 단계의 중앙집권화가 이루어진 시점이며, 그 완성은 진한秦漢제국에서 이루어졌다고 볼 수 있다. 역사학자인 와타나베 신이치[渡辺信一郎] 또한 씨족제에 기반한 지배자 공동체의 해체와 관료적 군신 관계로의 전환을 국가 성립의 기준으로 보았으며, 이에 따라 진한秦漢을 비로소 국가 단계라고 평가하였다. 이러한 씨족제의 해체라는 개념은 츠데[都出]의 초기국가 개념 중 '④혈연이 아닌 지역 원리에 기반하여 구성원을 조직한다'라는 특징과 일치한다.

이러한 개념에 따르면, 중국에서 진한제국이라는 성숙국가 단계에 도달하기 전까지는 국가라고 부를 수 없다는 좁은 의미의 국가 개념인 것이다. 그러나 협의적 개념은 발달한 농경사회의 고고학적 발전단계 구분이나 물질문화의 시대구분과는 양립하기 어려운 정의라고 할 수 있다. 그 이유는 얼리터우문화기 이후 사회는 '④'의 요건을 제외한 나머지 초기국가의 조건을 이미 충족한 사회단계에 도달하였으며, 물질문화의 발전도 주목할 만한 수준이었기 때문이다. 따라서 필자는 중국의 초기국가는 씨족제가 해체되지 않은 상태에서도 초기국가의 요건을 갖춘, 세계적으로도 특수한 초기국가였다고 주장해 왔다(宮本 2006b).

3. 타오시유적의 초기국가적 요건

타오시유적에서 확인되는 성지의 구조는 타오시문화 전기와 중기 사이에 다소 차이를 보인다. 특히, 성벽 규모와 궁전 구역의 배치, 귀족 무덤군의 위치가 상이하다. 왕완[王湾] 3기에 병행하는 타오시문화 전기에는 남북 1,000m, 동서 560m의 소성小城이 건설되었으며, 소성 내의 남부에 궁전건축구역이 자리 잡고 있다. 또한 성지 외부의 남쪽에는 묘지가 조성되었다. 타오시문화 중기로 접어들면서 기존의 소성을 기반으로 남북 1,500m, 동서 1,800m의 대성大城으로 확대되었다(그림93). 대성大城의 남쪽에는 확장된 성벽이 부설되었으며, 이 구역 내에는 귀족 무덤군과 관상제사대觀象祭祀臺가 존재한다. 대성 내부에는 궁전구역(귀족층 거주구역), 일반민 거주구역, 수공업 공방구역, 대형저장구역, 제사구역 등 도시적인 기능 분화가 뚜렷하게 나타난다(何駑 2009).

여기서는 츠데의 초기국가에 관한 정의 요건과 고고학적 사실과의 대응 관계를 살펴보고자 한다. ①부터 ⑦의 특징 중 ④를 제외한 나머지 요건에 대해, 필자는 얼리터우유적을 초기국가 단계로 규정하면서 (a)~(f)의 정의를 제시한 바 있다(宮本 2006b). 여기서는 초기국가 단계로 보는 얼리터우유적과 관련된 고고학적 자료들을 비교 검토함으로써, 해당유적이 초기국가의 정의 요건을 충족하는지에 대해 고찰해 보고자 한다.

(a) 계층 구조상의 원추형 씨족이 여러 지역의 원추형 씨족을 통합하는 형태로 발전하여, 중층적인 원추형 씨족이 형성된 단계에 해당한다. 타오시유적의 경우를 예로 들면, 타오시문화 전기의 묘지는 묘광의 크기, 부장품 수량과 기종 등의 격차를 비롯하여, 묘장 규모 면에서 그림94에서 볼 수 있듯이 뚜렷한 계층 격차를 보이며 계층구조를 형성하고 있다. 또한 같은 타오시문화권인 산시성 린펀[臨汾]시 샤진춘[下靳村]무덤군(山西省臨汾行署文化局 외 1999)과 산시성 루이청[芮城]현 칭량쓰[清涼寺] 무덤군(山西省考古研究所 외 2006)과 비교해 보면, 묘장 규모나 부장품의 구성에서 중심지인 타오시유적과 주변인 샤진춘유적, 칭량쓰유적 간의 계층 격차가 명확하게 드러난다. 지역 간 계층 격차가 명확한 중층적인 원추형 씨족이 형성된 단계인 것이다.

(b) 이처럼 원추형 씨족 구조에서 최상위 씨족이 위치한 장소가 정치적 중심지로 기능하게 된다. 그것이 바로 성벽을 가진 성지의 존재로 나타나며(그림93), 동일한 타오시문화권 내에서도 성지는 타오시유적에서만 확인된다. 게다가 판축기단 건축으로 이루어진 궁전구역이 존재하는 점은 ⑤의 중앙정부를 갖춘 조건을 충족할 수 있다. 또한 타오시문화 중기의 유적 면적은 약 430만㎡에 이르며,

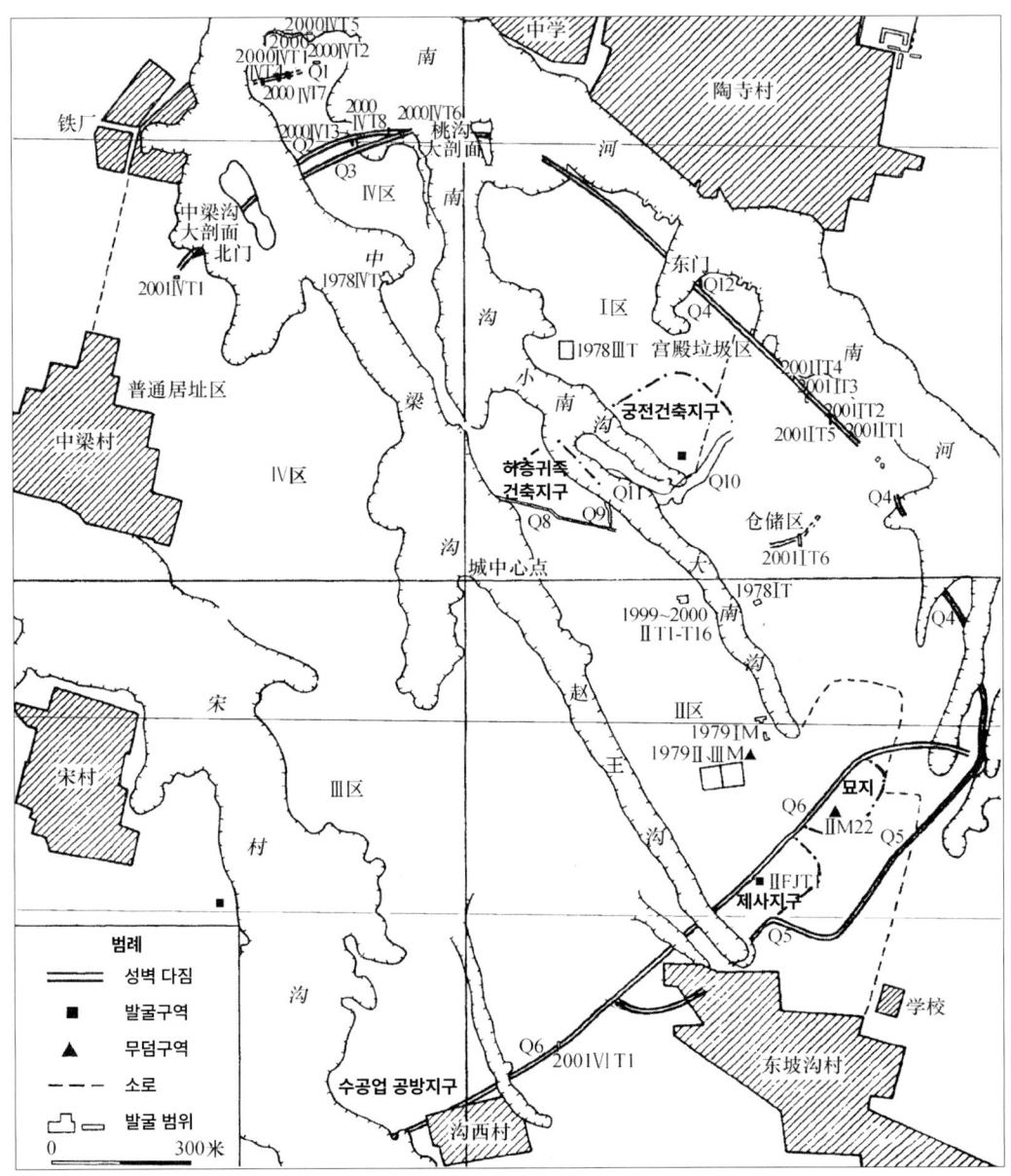

그림93. 타오시유적의 성지

이는 계층사회가 성립할 수 있을 만큼의 많은 인구를 수용할 수 있는 규모로서 ② 많은 인구를 거느
린다는 조건에 부합한다. 현재 약 300만㎡의 면적을 가진 얼리터우유적보다 타오시유적이 더 클 가
능성이 있다. 이에 따라 취락 규모의 격차를 고려했을 때, 타오시유적 단계에서는 3단계의 계층 구조
가, 얼리터우유적 단계에서는 4단계의 계층 구조가 형성된 것으로 해석된 바 있다(Liu & Chen 2003). 이

와 같은 점을 종합해 보면, 타오시유적도 얼리터우유적과 마찬가지로 초기국가 단계의 계층 구조에 도달했을 가능성이 있다.

(c) 계층 구조의 발전에 따라 나타나는 사회적 분업은 수공업 공방구역(그림93)의 존재로 확인되지만, 이러한 공방이 명확하게 왕을 비롯한 계층 상위자에게 종속된 형태였는지 불분명하다. 그러나 ③항상적 잉여가 존재하는 조건을 뒷받침하는 대형 저장 구역이 존재하는 점은 주목할 만하다. 길이 100m, 폭 10m에 이르는 대형저장구역은 타오시문화 전기에는 성지 바깥 동남쪽에 위치하고 있었으나, 타오시문화 중기에는 성지 내부로 이동하였다. 이 저장 구역에는 용적이 400㎥에서 100㎥에 이르는 대형 저장 수혈이 존재하고 있다(何駑 2009).

(d) 원추형 씨족 구성을 유지하기 위한 정통성과 관련된 조상 제사의 의례화에 대해, 타오시유적의 경우 명확한 근거가 부족하다. 타오시문화 전기에는 성지 바깥의 북쪽에 특수판축건축이 존재하는데, 이 건축물이 제사구역으로 여겨진다. 반면 타오시문화 중기의 소성小城 내에는 반원형 대형판축건축이 존재한다. 더욱이 타오시문화 중기의 관상제사대 부근에 원형건축기단에서는 인신 희생이 수반되는데, 이를 근거로 해당 건축이 제사유구일 가능성이 제기된다. 또한 관상제사대를 포함한 일련의 유적들이 특정한 제사구역을 형성하고 있었을 것으로 추정되기도 한다(何駑 2009). 그러나 관상제사대는 역력[曆]을 판단하여 농경작업과 관련된 제사시설로 해석된다. 이는 수장이나 왕의 권위, 제사권을 보여주는 요소이기는 하지만, 왕권의 정통성을 강조하는 조상제사와 직접적으로 연결되는지는 분명치 않다.

(e) 의제擬制적 동족同族관계로서 주변 수장의 복속을 나타내는 청동이기彝器의 배포는 얼리터우문화 4기에서 확인된다(宮本 2006b). 이는 같은 종교 및 제사의례를 주변

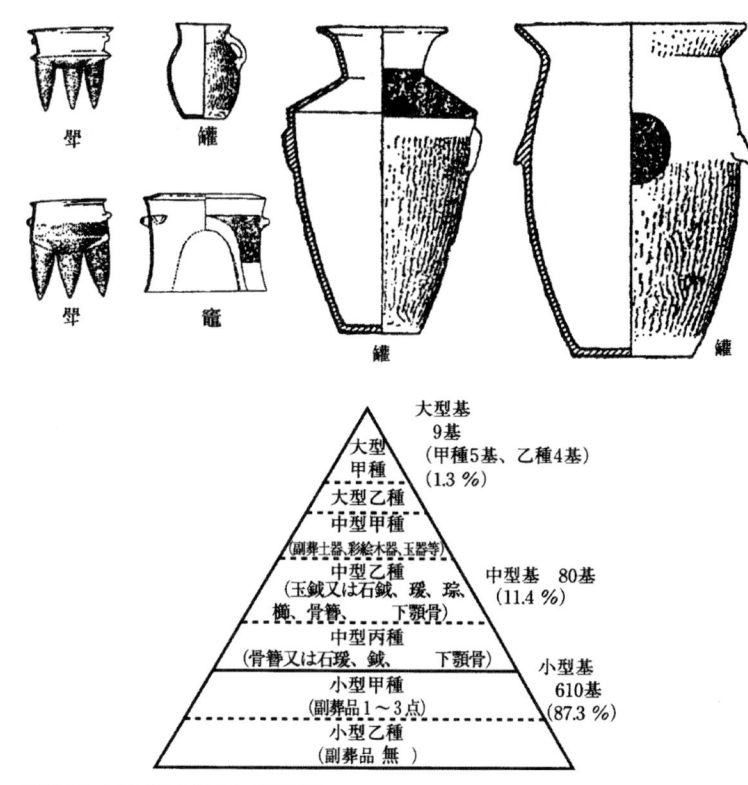

그림94. 타오시무덤군의 사회계층

수장과 공유하고 있음을 보여준다. 즉, ⑦공동 이데올로기를 나타내는 동시에 ⑥사회 분열을 회피하는 정부를 성립하기 위한 시스템으로서 청동이기彝器가 기능하였음을 의미한다.

한편 타오시유적에서도 초기 청동기가 발견되고 있다(何駑 2009). 초기 청동기는 차륜형齒輪形동기 등이 있으며, 이는 시마오[石卯]문화와의 관계 속에서 출현하였을 가능성이 높다. 타오시문화 청동기의 기원을 유라시아 초원지대 동부지역의 세이마-투르비노문화에서 찾는 견해도 있다(林梅村 2015).

그 밖에도 청동용기의 파편일 가능성이 있는 유물이 타오시문화 중기의 궁전구역에서 출토되었다. 또한 타오시문화 만기의 동령은 양사오仰韶문화나 룽산문화 시기에 후앙[黃]하 중류역에 존재했던 도령陶鈴을 본떠, 희귀한 소재인 동銅으로 제작한 위신재적 제사도구였다(宮本 2009a·2014c). 이는 세이마-투르비노문화 등 북방 청동기문화의 영향을 받는 동시에, 타오시문화 이후인 은주殷周 청동기문화의 기원과 같은 존재로서 중원 청동기문화의 혁신을 보여주는 것이다(宮本 2009a·2014c). 이처럼 타오시문화에서도 초기 청동기는 존재하지만, 타오시유적을 중심으로 한 청동기의 배포 실태는 확인되지 않으며, 그 밖에 옥기 등 위신재의 배포 역시 보이지 않는다. 이 점에서 타오시문화는 ⑥과 ⑦의 요건을 충족하지 못하는 셈이다.

(f) 넓은 영역에서의 지배시스템 확립을 위해서는 종교와 정신 기반의 통합이 필수적이지만, 타오시문화에서는 이러한 요소를 확인할 수 없다. 얼리터우문화의 옥리玉璃나 옥도玉刀는 그 계보를 타 지역에서 찾을 수 있다. 옥리玉璃는 후앙[黃]하 하류 유역의 골추형骨錘形 옥기玉器를 조형으로 하였으며, 옥도玉刀는 창[長]강 하류역 쉐자강[薛家岡]문화의 석도형 옥기에서 유래했을 가능성이 있다(宮本 2005a). 얼리터우문화의 위신재나 의례구로서 활발히 사용된 옥장玉璋과 옥도玉刀는 다른 지역의 제사에서 유래한 것으로, 타 지역과의 종교나 정신적 통합을 의미한다. 따라서 ⑥과 ⑦의 요건으로서 충족해야 하지만, 타오시유적에서는 이러한 통합을 보여주는 사례를 찾을 수 없다. 타오시유적에서는 타고鼉鼓나 석경石磬 같은 악기가 수장이나 왕의 권위를 드러내는 역할을 하였다. 또한 동령도 같은 의미의 제사권祭祀權 안에서 개발된 것으로 해석할 수 있다(宮本 2009a·2014c).

한편, 옥월玉鉞, 옥도玉刀, 옥벽玉璧, 옥종玉琮 등의 옥기와 관련하여, 산둥[山東]지역의 다원코[大汶口]-룽산문화기와 타오시문화의 관계가 거론되고 있다. 그러나 타오시문화에서 옥기는 부수적인 존재에 불과하며, 타오시문화가 주체적으로 옥기를 사용하여 산둥지역의 종교나 정신기반을 채용한 것은 아니다. 또한 타오시문화 전기의 토기가 산둥지역 다원코문화의 영향을 받은 것으로 보고된 바 있지만(中国社会科学院考古研究所·山西省临汾市文物局 2015), 허난 룽산문화(왕완[王湾] 3기)에서도 주기酒器를 중심으로 다원코문화의 영향을 받고 있다(宮本 2005a). 이러한 흐름 속에서도 타오시문화도 다원코문화의 영향을 받은 것으로 보고 있지만, 타오시유적에서는 타 지역의 종교나 정신 기반을 채용한 사례는 확인되지 않는다.

4. 초기국가와 중원 청동기문화

최근 성지 구조와 궁실건축의 존재를 근거로, 얼리터우유적보다 이른 타오시유적 단계에서도 초기국가에 도달했을 가능성이 있다는 견해가 증가하고 있다. 클라센과 스칼니크(Classen & Skalnik 1978)가 제시한 초기국가의 정의를 바탕으로 타오시문화 단계가 초기국가에 도달하였는지를 재평가한 결과, 타오시문화에서는 츠데가 제시한 ⑥사회분열을 회피하는 정부를 성립시키기 위한 시스템과 ⑦공동이데올로기를 가짐을 보여주는 고고학적 증거가 발견되지 않았다.

따라서, 타오시문화 단계는 아직 초기국가 단계에는 이르지 못하고, 수장제사회 단계에 머물러 있다고 볼 수 있을 것이다. 그러나 타오시문화는 수장제사회에서도 가장 발달한 단계로 추정할 수 있다.

츠데가 제시한 초기국가로서의 요건 중 ⑥과 ⑦을 충족하는 시기는 얼리터우문화기라고 할 수 있을 것이다. 그러나 얼리터우문화에서도 이 요건이 완전히 갖추어지는 것은 얼리터우문화 4기에 해당하며, 즉 얼리터우문화 내에서도 사회 진화의 단계성이 존재하고 있다(宮本 2006b). 또는, ⑥과 ⑦의 요건을 충족하는 고고학적 증거는 청동이기彝器의 확산에서 찾을 수 있다.

얼리터우문화기의 청동기 생산은 얼리터우유적 내 4지구 주조유구에서만 이루어지고 있다(田尻 2009). 따라서, 청동기 생산은 왕권에 의해 관리되고 있었으며, 일반적으로 청동이기彝器의 무덤 부장도 얼리터우유적 내 무덤군에 한정되어 있었다. 또한, 청동이기彝器의 부장은 얼리터우문화기 사회의 계층상위자에게만 허용되었다(宮本 2005a). 이러한 청동이기彝器들은 작爵이나 가斝와 같은 청동제 주기酒器로 구성되며, 동령銅鈴과 동패식구銅牌飾具 등과 함께 제사구로 사용되었다. 특히, 이러한 청동기들은 조상 제사에 이용되었을 가능성이 높다.

그러나 얼리터우문화 4기에 이르면, 제8장의 표12에서 제시한 바와 같이 허난성 신정징러우[新鄭京樓]에서 출토된 작爵, 상치우[商丘]에서 출토된 것으로 전해지는 작爵, 뤄닝[洛寧]에서 출토된 것으로 전해지는 각角(작爵) 등 3점의 작爵이 얼리터우유적 이외의 지역에서 출토되었다. 또한 제7장의 표9에서 제시한 바와 같이 안후이[安徽]성 페이시[肥西]현 다지쯔[大激孜]에서 출토된 동령도 존재한다. 이처럼 동작銅爵이나 동령銅鈴은 얼리터우유적에서 제작된 것이 얼리터우 유적 이외의 지역으로 이동한 것으로 보인다. 특히, 신정[新鄭], 상치우[商丘], 뤄닝[洛寧], 페이시[肥西] 등은 얼리터우유적에서 상당히 먼 지역[遠隔地]이며, 같은 얼리터우문화권 내에서도 지방 유형에 속하는 곳들이다. 즉 얼리터우유적에서 제작된 청동기가 원거리까지 배포되었다고 판단할 수 있다.

정제精製토기의 분석에서도 얼리터우유적 이외의 얼리터우문화권 전체에서 위신재를 활용하여 사회 통합이 이루어진 시기가 얼리터우문화 4기(德留 2009)라는 결과가 있다. 위신재인 청동이기彝器나 동령의 제작 관리는 왕이나 귀족층이 담당하였으며, 이들은 지방 수장에게 청동이기彝器와 동령

銅鈴을 배포하였다. 결국 지방수장은 얼리터우유적의 왕을 중심으로 한 위신재 시스템에 포함됨과 동시에, 조상 제사에 사용하는 청동이기彝器나 악기가 자연스럽게 지역 수장에게 배포되면서 동일한 조상제사 행위를 하는 동조동족同祖同族 관계가 구축되었다. 이는 단순한 물질적 배포를 넘어 정치적 통합이 이루어졌음을 의미한다.

이러한 위신재 시스템의 매개물 또는 동조동족 관계를 맺는 제사구의 배포라는 하사下賜 행위야말로 츠데의 ⑥사회분열을 회피하는 정부를 구성하기 위한 시스템과 ⑦공동 이데올로기를 가짐을 보여주는 고고학적 증거라고 할 수 있다. 즉, 전자인 ⑥은 '위신재 시스템'이고 후자인 ⑦은 '동조동족 관계'인 것이다. 이러한 관계성의 매개물이 청동이기彝器나 동령이었다. 중원 청동기문화의 특질은 바로이 청동기들이 정치적·이데올로기적 관계성을 구축하는 아이템이라는 점에 있다.

얼리터우문화 4기는 북방에서 선상先商문화가 남하하는 시기로, 정치적이고 집단적인 위협이 상존하였을 가능성이 높다. 이러한 상황 속에서 얼리터우문화에서는 청동기를 활용한 정치적 통합이 필수적이었을 것이다(宮本 2005a). 즉, 청동이기彝器의 생산과 소비야말로 중원의 초기국가 단계를 보여주는 대규모 시스템이었던 것이다.

5. 상대 청동기의 특징

선상先商문화가 남하하면서 선상문화의 영역과 얼리터우문화의 영역, 나아가 동이東夷의 일부인 웨스[岳石]문화의 일부 영역이 정치적으로 통합되었다. 이미 제8장에서 논한 바와 같이, 청동이기彝器의 생산을 통해 제사의 통합이 이루어졌으며, 이는 곧 동조동족同祖同族관계 구축의 과정이었다.

상대 초기 얼리강문화 하층 특히 얼리강 하층문화 1기에서는 새로운 왕조 주도로 청동기 생산이 시작되었다. 청동기 생산은 얼리터우문화기의 공인에 의해 얼리터우유적의 새로운 공방에서 시작되었다. 이때 얼리터우문화에서 사용되던 작爵과 가斝 등의 주기酒器는 지속적으로 생산되었지만, 동령銅鈴과 같은 악기나 동패식 장신구는 더 이상 제작되지 않았다. 이와 함께 산둥 룽산문화기에는 산둥지역의 최고 위신재로 간주되었던 정鼎(宮本 2006a·2006e)이 청동기로 제작되기 시작하였다. 이는 식의례를 통해 새로운 공유 이데올로기가 확립되고 있음을 보여준다. 즉 정鼎은 새로운 통치 지역인 허난성 동부에서 산둥 서부를 포함한 광범위한 영역을 지배하는 데 중요한 이데올로기적 상징물로 활용되었다.

한편 선상문화에서 공유 이데올로기의 또 다른 매개물은 관罐이었으며, 이는 이후 청동이기彝器인 궤簋(그림95-7) 형태로 발전하게 된다. 궤簋는 얼리강 하층문화 2기 이후에 제작되기 시작하며, 이시점에서 선상대의 통치 이데올로기가 청동기를 통해 구현되었음을 알 수 있다. 상대의 청동이기彝器는 얼리터우문화에서 유래한 작爵(그림95-6)이나 가斝(그림95-1), 화盉(그림95-2)와 같은 주기酒器, 산둥

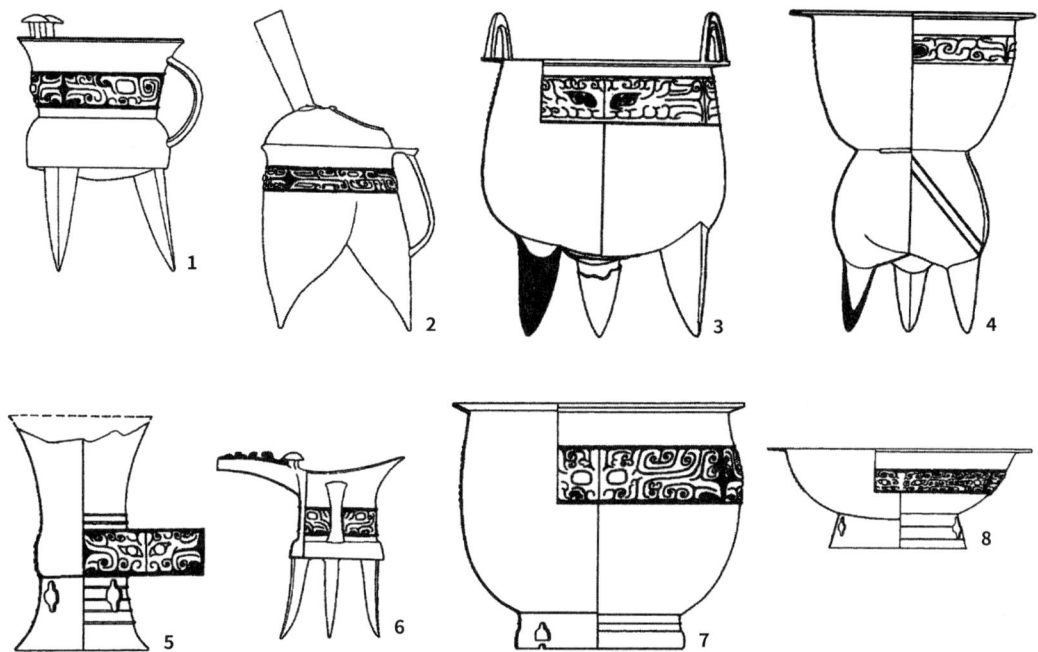

그림95. 상商대 전기의 청동기(1~8: 판룽청[盤龍城] 리자와쭤[李家嘴] 2호묘, ※축척부동)

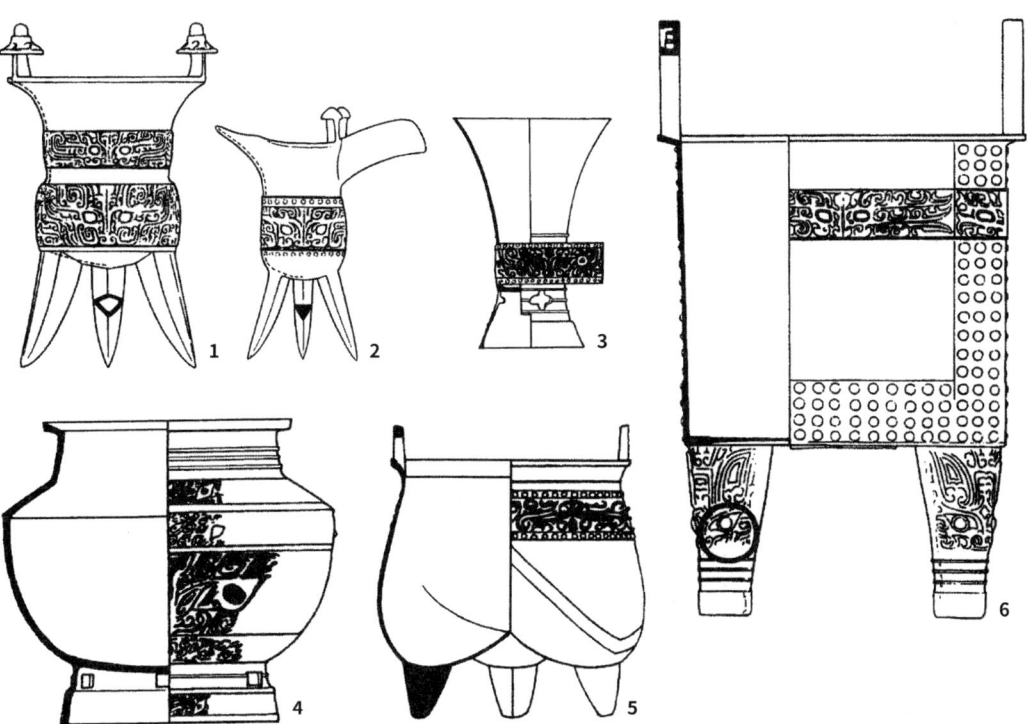

그림96. 상대 중기의 청동기(1·2·6: 정저우 난순청지애[南順城街] 소장, 3~5: 황저우[黃州] 샤야오쭤[下窯嘴], ※축척부동)

룽산 · 웨스[岳石]문화에서 기원한 정鼎(그림95-3)과 언甗[1](그림95-4)과 같은 취사용기[炊器], 그리고 얼리강문화에서 유래하는 궤簋(그림95-7)와 같은 성식기盛食器[2]로 이루어진다. 청동궤簋의 원형原型은 얼리터우문화 4기에 등장하는 A2식의 궤簋이며, 이는 후대 얼리강문화기의 주체로 자리 잡았다고 한다(秦小麗 2017). 이처럼 상왕조의 청동이기 체계는 기존의 얼리터우문화와 웨스문화의 주기나 취사용기에 새로운 성식기盛食器를 추가하는 방식으로 형성되었으며, 이 과정에서 제사의 통합이 이루어지면서 정치적 이데올로기가 더욱 강화되었다. 즉, 청동이기의 변화는 동조동족 관계의 정치적 통합을 도모하였다는 것을 의미한다(그림95).

한편 상商대에 대해서는 수도인 정저우상성에 해당하는 상商 조기와 인쉬[殷墟]에 해당하는 상商 만기, 그리고 정치적으로 불안정하여 도읍이 자주 이동했던 샤오쐉차오[小双橋]유적 및 환베이[洹北]상성의 시기를 상商 중기로 설정하기도 한다(唐 · 難波 1999). 이러한 시기구분은 토기와 청동기의 변화 양상을 바탕으로 정리한 것으로, 상 조기부터 상 만기까지 연속적인 변화 과정을 보인다.

청동기문화의 구분에 따르면, 얼리강 후기하층문화기부터 주기酒器, 취사용기, 성식기盛食器와 같은 상대의 청동이기彝器가 갖추어지며 상왕조가 시작되었다고 볼 수 있다. 이 시기부터 얼리강 상층문화 1기까지를 상대 청동기문화 전기(그림95)로 구분할 수 있다. 이후 정치적으로 혼란스러운 중상기(바이자좡[白家莊]기 · 환베이[洹北]상성기)와 인쉬[殷墟]문화 1기까지를 상대 청동기문화 중기(그림96)로 설정한다. 상대 청동기문화 전기에서 중기로의 변화를 살펴보면, 청동이기彝器의 기종구성은 기본적으로 유지되지만, 중기에는 대방정大方鼎(그림96-6)이나 유견준有肩尊(그림96-4)과 같은 새로운 청동기가 출현한다. 또한 도철문饕餮文[3] 등의 문양에도 전기와는 다른 변화가 나타난다.

인쉬[殷墟]문화 2기부터 청동이기彝器의 조합에 새로운 요소가 추가되었다. 고형준弧形尊과 호壺라는 성주기成酒器 혹은 성식기盛食器의 일종인 쌍이궤雙耳簋(그림97-11)가 출현한다(林 1984). 이러한 변화는 인쉬[殷墟]문화 2기부터 청동이기彝器 양식이 상대 청동기문화 중기와 차별화된다고 이해할 수 있다. 따라서 인쉬[殷墟]문화 2기부터 인쉬[殷墟]문화 4기까지를 상대 청동기문화 후기로 설정하고 논의를 진행하고자 한다.

상商의 영역은 상대 청동기문화 전기에 들어서면서 남쪽인 창[長]강 중류 유역의 판룽청[盤龍城]유

---

1) 역자 주) 시루의 기능을 하였을 식기.

2) 역자 주) 盛食器는 의식이나 제례용으로 사용되는 식기류를 통칭하는 용어로 여겨지지만, 중국 내에서는 일반 식기를 포괄하여 보는 경우도 있어 필자의 용어를 그대로 번역한다.

3) 역자 주) 고대 중국 문양의 한 종류로 괴수문怪獸文, 수면문獸面文이라고도 불린다. 은(상)부터 서주 중기까지 청동기와 골각기, 옥석기, 목기 등의 장식에서 확인된다. 이 문양은 두 마리의 동물을 좌우 대칭으로 배치한 형태로 구성되며, 특히 큰 눈과 눈썹, 뿔, 어금니, 턱, 다리 등이 강조된다. 몸통 부분은 양쪽으로 펼쳐서 표현되는 것이 특징이다. 여기서는 필자의 용어를 그대로 활용한다.

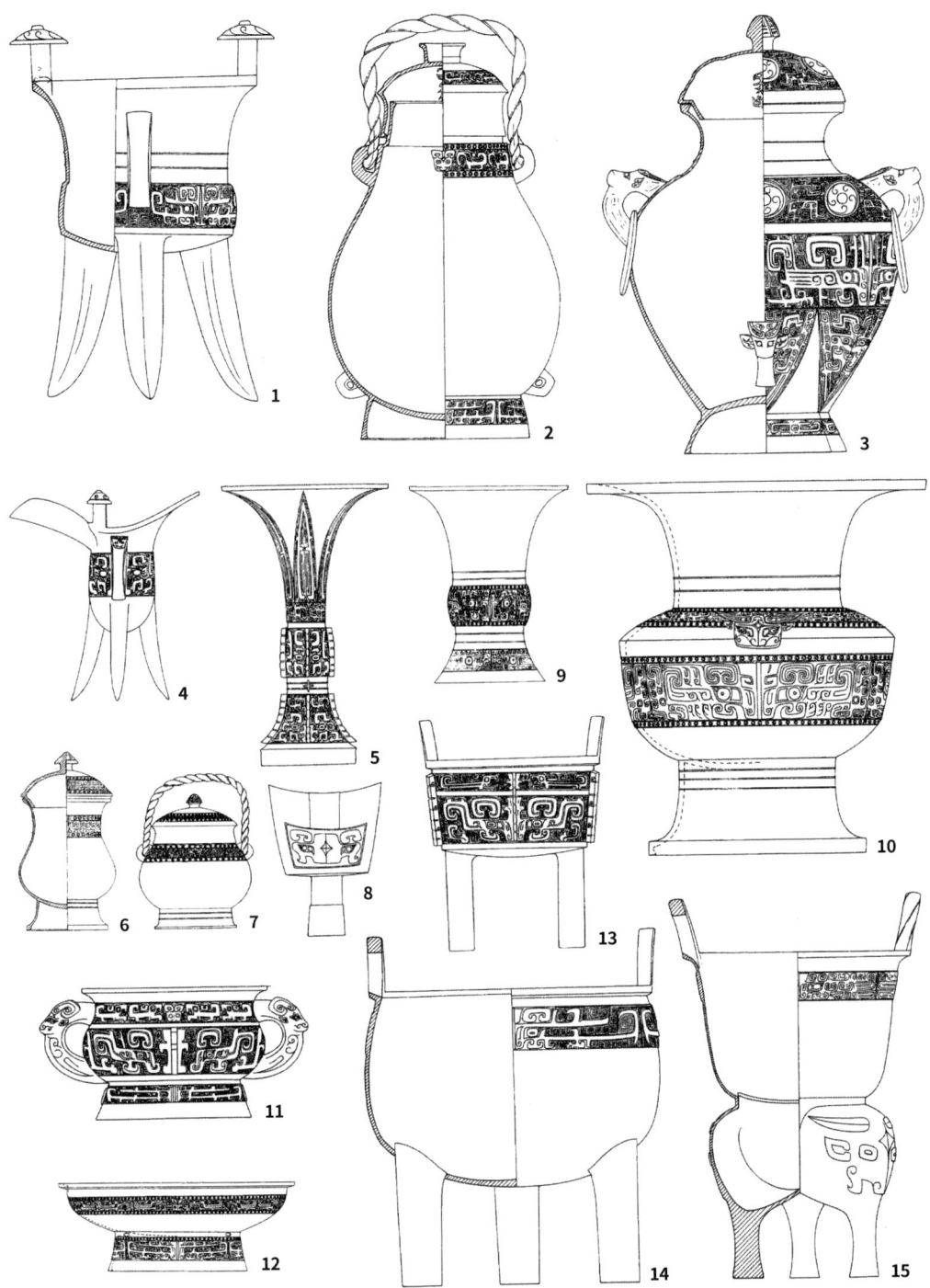

그림97. 상대 후기의 청동기(1~15: 다쓰콩[大司空] 303호묘, ※축척 1/6)

적까지 확대되었다. 판룽청[盤龍城]유적은 얼리터우문화 만기의 영향을 받아, 얼리터우문화를 계승하는 형태로 상왕조의 영역이 되었다(張昌平 2014). 얼리강문화의 청동기는 얼리강하층기부터 얼리강상층 바이자좡[白家莊]기까지 연속성을 가진다는 점이 스즈키 마이[鈴木舞]의 연구에 의해 밝혀졌다(鈴木 2017). 또한 작爵의 저부 범선에서 스즈키가 언급한 저부 V자의 거푸집 흔적이 확인된다. 이러한 흔적은 필자가 분류한 3범B식의 범주에 해당하지만, 약간의 차이가 있어 정저우 등 중앙도시에서는 찾아볼 수 없는 범선의 특징을 보인다. 따라서 일부 작爵은 재지 생산, 즉 특정 지역에서 독자적으로 제작되었을 가능성이 높다.

상대 청동기문화 전기의 얼리강 하층 · 상층기에는 정저우상성과 같은 중앙도시 내에서 청동기 제작공방이 운영되고 있다. 대표적인 유적으로 쯔징산베이[紫荊山北]유적이나 난관와이[南關外]유적이 있다. 또한 중앙 이외의 지방에서도 청동기 제작이 이루어지는데, 지방의 주조유적으로는 투어청멍좡[拓城孟莊]유적, 샤치환[下七洹]유적, 우안자오야오[武安趙窯]유적, 옌스[偃師]상성유적, 룽양가오춘쓰[榮陽高村寺]유적 등이 알려져 있다(鈴木 2017). 이 연구에 따르면 얼리터우문화기와 같이 청동기 생산이 중앙에서 독점되었던 것이 아니라, 일부의 청동이기彛器가 지방에서도 생산되기 시작했다. 이는 상대 전기의 청동기생산과 유통구조가 얼리터우와는 다른 특징을 가지게 되었음을 의미한다.

이러한 청동기 생산의 분산화는 상대 전기의 위신재 시스템이 상당히 복잡한 양상으로 변화되었다는 것을 알려준다. 크게는 중앙을 기점으로 한 청동이기彛器를 하사하는 위신재 시스템이 존재하였다. 다른 한편으로는 지방 수장이 지역 내에서 정치적 관계를 유지하기 위해 자체적으로 청동기 생산을 관리하고, 지역 내 씨족관계 속에서 청동기를 위신재로 사용하기 시작하였을 가능성이 높다.

또한 상의 통치 영역은 지속적으로 확대되었으며, 동쪽으로는 산둥의 다신좡[大辛莊]유적까지 확장되었다. 특히 다신좡[大辛莊]유적은 인쉬[殷墟] 이외에 갑골문자가 출토된 유일한 지역이라는 점에서 주목할 수 있다(孫亜冰 · 宋鎮豪 2004). 다신좡[大辛莊]유적 서쪽지구에서는 청동이기彛器(그림98)를 부장하는 묘지가 발견되었으며, 이를 상대 중기의 묘지군으로 해석할 수 있다(山東大学東方考古研究中心 외 2004). 이 중 107호묘에서는 동고銅觚와 동작銅爵이 출토되었다. 필자가 직접 실견한 결과, 동작銅爵은 3범A식으로 판명되어, 이 청동기들은 상대 청동기문화 전기 얼리강 상층문화 1기까지 소급될 수 있을 가능성이 있다. 다신좡[大辛莊]유적이 얼리강 상층문화 1기부터 시작되었다는 점을 고려할 때, 이 시기에 중앙에서 청동이기彛器가 유입되었을 가능성이 높다. 따라서 상대 청동기문화 전기 말에는 다신좡[大辛莊]유적까지 상의 통치 영역이 확대되었다고 볼 수 있다.

한편, 다신좡[大辛莊] 139호묘에서 출토된 청동이기彛器의 연대는 일부 얼리강 상층문화 1기까지 상향될 수 있다는 견해도 있다(山東大学歷史文化学院考古系 · 山東文物考古研究所 2010). 그러나 대부분의 다신좡[大辛莊]무덤군 청동기(그림98)는 인쉬[殷墟]문화 1기에 해당하며, 지방에서 생산되었을 가능성도 제기되고 있다(張昌平 2011).

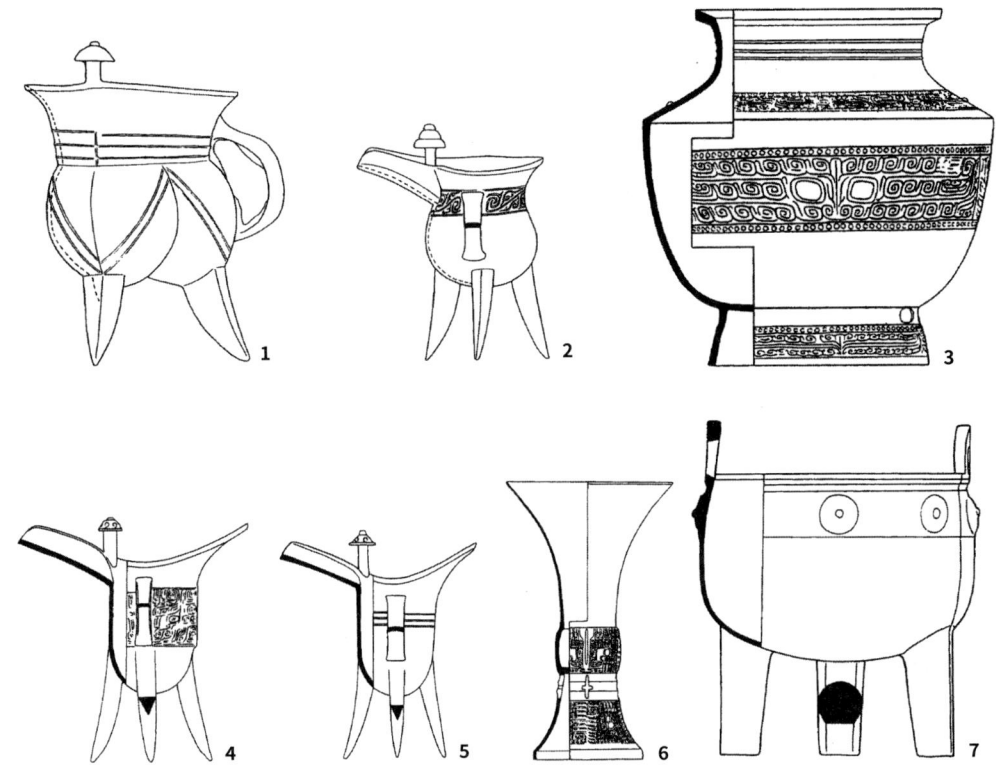

그림98. 다신좡[大辛莊]의 청동기(1~3: 다신좡 106호묘, 4: 다신좡 86호묘, 5~7: 다신좡 72호묘, ※축척 1/5)

　　이는 곧, 상대 청동기문화 중기 이후인 다신좡[大辛莊]유적에서 청동이기彝器의 지방생산이 시작되었을 가능성을 의미한다. 또한 상대 중기말인 인쉬[殷墟]문화 1기에는 상 주변지역, 특히 남방지역에에서도 대형 청동이기彝器가 독자적으로 생산되는 시기로 볼 수 있다(徐良高 1998). 이는 상왕조와 주변지역의 청동기문화가 크게 전개되는 시점이라는 것을 나타낸다. 또한 난바준코[内田純子]는 창[長]강 중류 유역의 화중華中형 청동기가 인쉬[殷墟]문화 1기의 기법을 기반으로 독자적인 문양을 형성했다고 본다(難波 1998). 난바는 화중華中형 부조도철문浮彫饕餮文, 화중형 태선도철문太線饕餮文, 화중형 방격유정문方格乳釘文 등의 청동기가 은殷 후기인 인쉬[殷墟]문화 2기 이후부터 본격적으로 생산되었다고 보고 있다. 어느 쪽이든 상대 청동기문화 중기 말 인쉬[殷墟]문화 1기는 중원의 청동이기彝器가 창[長]강 중류 유역으로 확산되는 중요한 시기였음을 시사한다.

6. 상대 후기의 청동기 제사

　　인쉬[殷墟]문화 2기~4기는 상대 청동기문화 후기에 해당하며, 환베이상성에서 샤오툰[小屯](인쉬)으로 상왕조의 도읍이 옮겨감에 따라, 시베이강[西北岡]에서 4개의 묘도를 가진 대형묘인 이른바 亞자형 대묘가 조성된다.

한편, 무정武丁은 분열된 왕통王統을 재통일한 중흥의 왕으로 평가받고 있으며(落合 2015), 갑골문자도 무정武丁기에 시작되었다. 무정武丁 전기가 인쉬[殷墟]문화 1기 후반에 해당한다는 견해(鄭振香 1994)도 있지만, 갑골문자 Ⅰ·Ⅱ기는 인쉬[殷墟]문화 2기에 해당한다(宮本 2005a). 최근 무정의 묘를 인쉬 [殷墟]문화 2기의 시베이강[西北岡] 1400호묘로 보는 견해도 제기되고 있어(Mizoguchi& Uchida 2018), 이를 바탕으로 인쉬[殷墟]문화 2기가 무정武丁기에 해당한다고 볼 수 있다. 시베이강[西北岡] 1001호묘는 인쉬[殷墟]문화 2기 전반에 속하며, 무정武丁후기로 보는 무정武丁묘라는 기존의 견해가 여전히 지지되

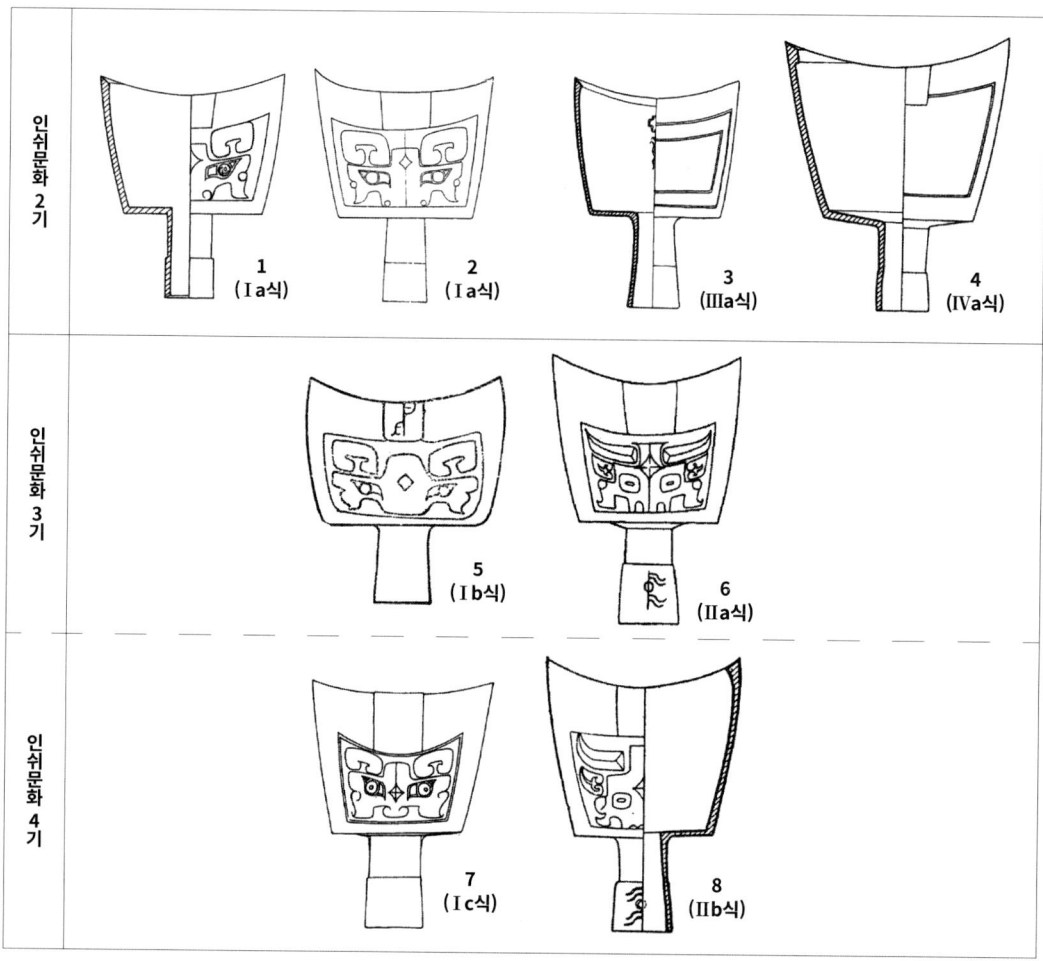

그림99. 상대 후기 청동요青銅鐃의 변천(1: 화위안좡[花園莊] 54호묘, 2: 다쓰콩[大司空] 663호묘, 3: 푸하오[婦好]묘, 4: 궈자좡[郭家莊] 26호묘, 5: 치자좡[戚家莊]동 269호묘, 6: 궈자좡 160호묘, 7: 다쓰콩 303호묘, 8: 시취[西區] 699호묘, ※축척 1/6)

기도 한다(朱鳳瀚 2018).

　　어느 견해를 따르든, 인쉬[殷墟]문화 2기는 무정武丁묘와 연계시킬 수 있으며, 이를 하나의 중요한 전환점으로 삼을 수 있다. 청동이기彝器의 세트 관계나 양식에서는 인쉬[殷墟]문화 2기를 상대 청동기문화 후기의 시작으로 보았으나, 역사적으로도 무정武丁기 이후를 인쉬[殷墟]문화 2기로 구분할 수 있게 되었다. 또한 종래 하야시 미나오는 상대 후기의 청동기를 3시기로 구분하였는데(林 1984), 이는 인쉬[殷墟]문화 2~4기를 3분기로 구분한다는 점에서 거의 일치한다.

　　인쉬[殷墟]문화 2기 인쉬[殷墟]에서는 청동기 생산에서 상이한 전통을 지닌 두 생산 집단이 존재하였다. 난바는 인쉬[殷墟]문화 3기 이후에 청동기 집단이 쇠퇴하면서 크게 한 개의 생산집단으로 융합된 것으로 해석한다(難波 1995·1996). 난바는 인쉬[殷墟]문화 2기에 복수의 공방이 인쉬[殷墟]를 중심으로 집약되었으나, 인쉬[殷墟]기 후반에 이르러 청동기생산이 쇠퇴한다고 보았다(難波 1996). 반면 스즈키는 청동기 명문의 글자체에서 착안해 기종과 글자체 형식의 조합을 분석한 결과, 인쉬[殷墟] 내에서 복수의 청동기 제작공방이 존재했을 가능성을 고려하였다. 그리고 이러한 생산 체제가 인쉬[殷墟]기(은후기)에 걸쳐 지속되었음을 제시하였다(鈴木 2017).

　　하지만 실제로는 선조 제사를 위한 실용구가 발전함과 동시에 장송구로서 획일화, 즉 명기화하는 경향이 나타난다(岳占偉 외 2017). 또한 은주사회에서는 생전에 사용되던 제사구인 청동이기彝器가 사후에도 묘실 안에서 계속해서 제사구로 활용된다고 여겼다(林 1996).

　　한편 인쉬[殷墟]문화 2기에는 새로운 기종의 청동이기彝器가 출현한다. 그것은 고형준弧形尊과 호壺라는 성주기盛酒器 및 쌍이궤簋라는 성식기盛食器이다(林 1984). 이러한 기종들은 상대 청동기문화 후기의 통일된 청동이기彝器 구성으로 서주전기에도 지속된다. 그 중에서도 상대 청동기문화 후기의 중요한 특징 중 하나는 소형의 청동요青銅鐃라는 악기가 새롭게 청동이기彝器의 기종에 포함된다는 점이다(그림97-8).

　　청동요青銅鐃는 인쉬[殷墟]문화 2기의 샤오툰[小屯] 5호묘(婦好墓)에서 출토되었다(그림99-3). 표13에는 인쉬[殷墟]에서 출토된 청동요青銅鐃 중 정량적 수치를 확인할 수 있는 사례를 정리하였다. 이 외에도 인쉬[殷墟] 가오러우좡[高楼莊]에서 3점(周到·劉東亞 1963), 인쉬[殷墟] 이외에는 산둥성 첸창다[前掌大] 213호묘 등 3곳에서 출토되었다(常懷穎 2014). 표13에 제시한 바와 같이, 인쉬[殷墟]문화 2기의 샤오툰[小屯] 5호묘(婦好墓)에서는 5점, 시베이강[西北岡] 1083호묘에서는 4점의 청동요青銅鐃가 출토되었는데, 그밖에 대부분의 사례는 크기가 다른 3점이 하나의 세트를 이루고 있다. 그림100은 청동요青銅鐃 측면형의 높이와 구경에 따른 계량적 산포점을 나타낸 것으로, 표13과 같이 대형, 중형, 소형의 세 종류가 하나의 세트를 이루고 있음을 확인할 수 있다.

　　한편, 화위안좡[花園莊] 54호묘의 청동요青銅鐃에 대한 음향학적 분석 결과, 정면을 두드릴 때 발생하는 소리의 음고가 각각 Cis(시#)·F(파)·Gis(솔#)의 세 음으로 기록되었다(劉新紅 2007). 이를 통해 3개

표13. 상대 후기 인쉬[殷墟] 출토 청동요 집성표

출토지	유물 번호	길이	구경	명문 銘文	형식	시기	출전
婦好墓(小屯M5)	M839:1	14.4	10.3	亞弓弓	IIIa	殷墟文化2期後段	中国社会科学院考古研究所編 1980
婦好墓(小屯M5)	M839:2	11.5	9.2	亞弓弓	IIIa	殷墟文化2期後段	中国社会科学院考古研究所編 1980
婦好墓(小屯M5)	M839:3	11.7	8.7		IIIa	殷墟文化2期後段	中国社会科学院考古研究所編 1980
婦好墓(小屯M5)	M839:4	9.8	8		IIIa	殷墟文化2期後段	中国社会科学院考古研究所編 1980
婦好墓(小屯M5)	M839:5	7.7	5.2		IIIa	殷墟文化2期後段	中国社会科学院考古研究所編 1980
西北岡M1083		15.1	12.7			殷墟文化2期	梁思永 1959
西北岡M1083		12.7	9.9			殷墟文化2期	梁思永 1959
西北岡M1083		12.4	9.9			殷墟文化2期	梁思永 1959
花園荘M54	M54:119	17.6	14.4	亞長	I a	殷墟文化2期後段	中国社会科学院考古研究所編 2007
花園荘M54	M54:108	14.4	11.8	亞長	I a	殷墟文化2期後段	中国社会科学院考古研究所編 2007
花園荘M54	M54:199	12.3	9.6	亞長	I a	殷墟文化2期後段	中国社会科学院考古研究所編 2007
大司空M663	M633:4	17.5	14.0	由	I a	殷墟文化2期後段	中国社会科学院考古研究所安陽工作隊 1988
大司空M663	M633:2	14.8	11.5	由	I a	殷墟文化2期後段	中国社会科学院考古研究所安陽工作隊 1988
大司空M663	M633:1	12.2	9.4	由	I a	殷墟文化2期後段	中国社会科学院考古研究所安陽工作隊 1988
郭家荘M26	M26:36	21.6	16.8		IVa	殷墟文化2期後段	中国社会科学院考古研究所安陽工作隊 1998
郭家荘M26	M26:32	17.4	14.4		IVa	殷墟文化2期後段	中国社会科学院考古研究所安陽工作隊 1998
郭家荘M26	M26:33	15.0	11.6		IVa	殷墟文化2期後段	中国社会科学院考古研究所安陽工作隊 1998
戚家荘東M269	M269:45	18.4	13.1	爰	I b	殷墟文化3期前段	安陽市文物工作隊 1991
戚家荘東M269	M269:46	13.7	11.6	爰	I b	殷墟文化3期前段	安陽市文物工作隊 1991
戚家荘東M269	M269:47	11.9	9.3	爰	I b	殷墟文化3期前段	安陽市文物工作隊 1991
郭家荘M160		21.6	16.8		II a	殷墟文化3期後段	中国社会科学院考古研究所編 1998
郭家荘M160		17.4	14.4		II a	殷墟文化3期後段	中国社会科学院考古研究所編 1998
郭家荘M160		15.0	11.6		II a	殷墟文化3期後段	中国社会科学院考古研究所編 1998
大司空M312		18.6	14.3	亞□	I b	殷墟文化3期	馬得志 외 1955
大司空M312		15.8		亞□	I b	殷墟文化3期	馬得志 외 1955
大司空M312		13.9	11.1	亞□	I b	殷墟文化3期	馬得志 외 1955
大司空M51		14.3	15.0		IIIa	殷墟文化3期	河南省文物工作隊 1958
大司空M51		13.0	12.2		IIIa	殷墟文化3期	河南省文物工作隊 1958
大司空M51		10.1	10.1		IIIa	殷墟文化3期	河南省文物工作隊 1958
大司空M303	M303:123	20.3	15.1	馬危	I b	殷墟文化4期	中国社会科学院考古研究所安陽工作隊 2008
大司空M303	M303:124	14.8	10.8	馬危	I c	殷墟文化4期	中国社会科学院考古研究所安陽工作隊 2008
大司空M303	M303:125	17.6	12.8	馬危	I b	殷墟文化4期	中国社会科学院考古研究所安陽工作隊 2008
西区M699	M699:3	21.0	15.0	中	II b	殷墟文化4期	中国社会科学院考古研究所安陽工作隊 1979
西区M699	M699:5	18.0	12.3	中	II b	殷墟文化4期	中国社会科学院考古研究所安陽工作隊 1979
西区M699	M699:4	14.3	10.0	中	II b	殷墟文化4期	中国社会科学院考古研究所安陽工作隊 1979

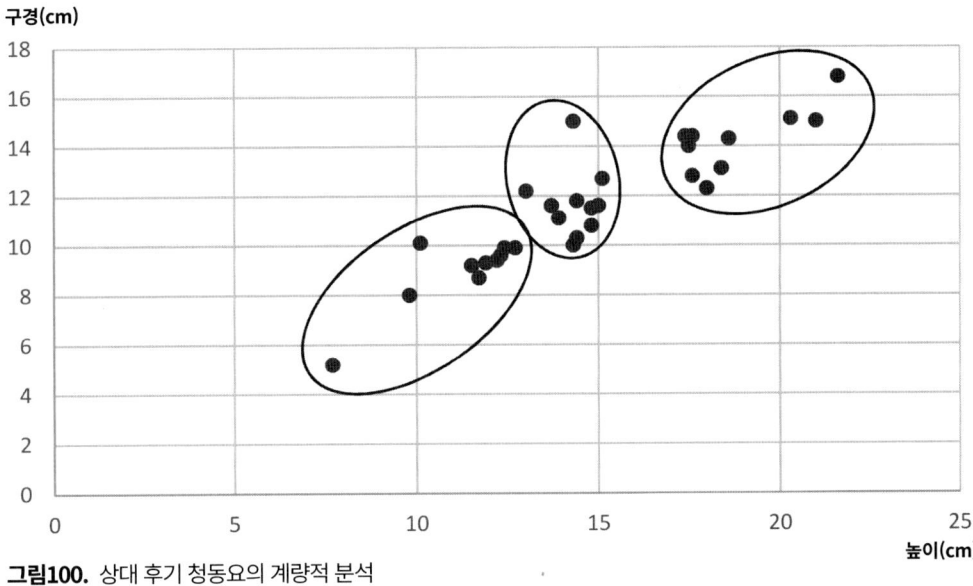
그림100. 상대 후기 청동요의 계량적 분석

의 세트가 각각 다른 음계를 나타낸다는 사실이 밝혀졌다. 그러나 서주 후기 이후의 편종編鐘에서 확인되는 화음을 이루는 단계(長澤 2017)까지는 이르지 못한 것으로 보인다.

인쉬[殷墟]의 청동요靑銅鐃는 출토된 묘장의 연대(표13)를 근거로 형식분류한 후 변천과정을 살핀 것이 그림99이다. 청동요의 형식은 다리가 말린 형태인 도철문饕餮文을 I식, 다리가 「ノ」모양을 이루며, 귀가 강조된 도철문饕餮文을 II식, 도철문饕餮文은 표현되지 않고 이중 테두리선이 구성된 III식, 하나의 테두리선으로 이루어진 IV식으로 구분할 수 있다. 이 중에서 I식, III식, IV식은 인쉬[殷墟]문화 2기부터 출현한 것이 확인된다. I식은 도철문饕餮文의 코 형태 변화에 따라 다시 세분할 수 있다. Ia식은 코에 구멍이 표현되지만, Ib식은 코에 구멍의 표현이 없어지며, 다시 코의 형태가 변화하여 소형화되는 Ic식으로 변화한다. Ia식에서 Ic식은 각각 인쉬[殷墟]문화 2기에서 4기에 걸쳐 변화한다. 반면 II식도 세분되는데, 코와 구멍이 표현되는 인쉬[殷墟]문화3기의 IIa식이, 비공이 작아지는 인쉬[殷墟]문화 4기의 IIb식으로 변화한다.

한편 주周대의 악기는 편종처럼 매달아서 사용하는 것이 일반적이었으나, 요鐃는 용甬부분을 손에 들고 두드려서 울리는 악기였다. 「説文」 釋鐃에는 「鐃、小鉦也。従金、尭声。軍法、卒長扶鐃、古樂器名、行軍時用之、下有短柄。」라고 기록되어 주로 전쟁에서 사용되었다는 것으로 추정된다. 하지만 한漢대의 문헌기록이 상商대 후기 요鐃의 기능을 정확하게 반영하는지는 불분명하다. 그러나 주周대의 편종이 매달아서 사용되던 것과 달리, 상商대의 요鐃는 손에 들고 울리는 악기였다는 점은 명확하다. 또한 3개의 세트가 음계를 형성했을 가능성도 있다. 문양을 살펴보면 도철문饕餮文으로 장식되어 있으며, 문양의 위치 관계를 보면 용甬부분을 손으로 들고 사용했음을 알 수 있다.

청동요青銅鐃의 계층적 위치를 살펴보면, 현재까지 왕묘에서 출토된 사례는 확인되지 않았으며, 푸하오[婦好]묘와 같은 계층상위자의 무덤에서 부장품으로 발견되기도 한다. 하지만 주대의 정鼎이 계층 구조를 명확히 나타내는 청동기였던 것과 달리, 청동요는 이같은 역할까지는 하지 않았을 가능성이 크다. 아마도 타오시문화나 얼리터우문화에서 보이는 악기처럼 계층구조와 직접적으로 대응하는 악기로 다루어지지 않았을 가능성이 있다. 오히려 「説文」의 기록처럼 전투에서 병사들의 사기를 고무시키는 군사적 용도의 악기였을 가능성도 고려할 수 있다. 이와 관련하여, 화위안좡[花園莊] 54호묘처럼 대형 월鉞 등 대량의 무기가 부장된 무덤에서 청동요가 함께 출토되는 사례가 많다. 이는 피장자가 군사와 관련된 인물이었음을 시사하고 있어 일종의 군사적 기능을 수행하는 악기였을 가능성이 크다.

더욱이 이러한 악기가 청동기로 주조되는 현상은 얼리터우문화 이후 단절되었다가 상대 후기부터 다시 출현한다는 점이 주목된다. 이는 상대 청동기문화 후기 청동기 양식의 변화에 대응하는 현상으로 볼 수 있다.

청동요青銅鐃에는 족기호族記號로 알려진 명문이 새겨져 있는데(표13), 스즈키의 분석에 따르면 인쉬[殷墟]문화 3기인 치자좡[戚家莊] 동269호묘(安陽市文物工作隊 1991)와 인쉬[殷墟]문화 4기인 다쓰콩[大司空] 303호묘(中國社會科學院考古硏究所安陽工作隊 2008)에서 출토된 청동요의 명문銘文과 비교한 결과, 청동요青銅鐃를 포함한 청동기군(B군)과 청동이기彝器군(A군)의 글자체가 서로 다르다는 점이 확인되었다. 이를 통해 두 개의 다른 공방에서 제작된 청동기군이 하나의 무덤에 매장되었을 가능성을 추정하였다(鈴木 2017). 즉, 청동요青銅鐃 등의 새로운 청동이기彝器군은 종래의 청동기 공방과는 다른 공방에서 제작되었을 가능성이 있다. 더구나, 푸하오[婦好]묘, 화위안좡[花園莊] 54호묘, 궈자좡[郭家莊] 160호묘에서는 청동요青銅鐃와 함께 석경石磬이 부장되었다(常懷穎 2014). 이는 얼리터우문화에서 보였던 악기의 부장 풍습이 상대 후기에 다시 부활했음을 보여주는 중요한 증거라 할 수 있다.

청동요青銅鐃는 이후 창[長]강 중류역으로 확산되면서 대형화되었으며, 더욱이 용甬부분에 선旋이라고 불리는 고정쇠 모양의 링이 부가되었다. 또한, 중원의 요鐃에서 보이는 도철문饕餮文은 창[長]강 중류 유역에서도 수용되었지만, 변형되면서 상하방향이 역전되는 양상을 보인다. 이러한 변화는 중원의 요鐃가 손으로 들어서 사용하는 방식과 달리, 매달아서 사용하는 형태로 변화했음을 의미한다. 이로 인해 고정쇠(旋)가 필요하게 되었다고 추정할 수 있다. 이러한 창[長]강 중류 유역에서의 변화는 대형 종鍾인 용종甬鐘의 출현과 연결될 수 있다(林 1981). 즉 용종甬鐘은 창[長]강 중류 유역에서 상대 후기에 출현하였다고 보는데(向桃初 2008; 熊建華 2013), 그 발전 과정은 같은 악기에 속하는 박鎛과 함께 다음 장에 다시 검토하고자 한다.

한편, 서주西周 전기 중원지역에서는 용종甬鐘이 기본적으로 확인되지 않는다. 제10장의 표14에서 볼 수 있듯이 서주 전기에도 상대에서 이어지는 소형의 청동요青銅鐃가 지속적으로 출토되고 있다.

하지만 이러한 청동요는 주周나라의 귀족묘가 아닌 은殷계의 귀족묘에서만 출토되며, 희성姬姓[4]의 주계 귀족묘나 희성姬姓의 제후묘에는 부장되지 않는다. 또한 서주 중기 중원에서 새롭게 출현하는 용종甬鐘은 형식학적으로 은殷계의 청동요靑銅鐃와 직접적인 계통성을 지닌 연속성이 보이지 않은 것이다. 즉, 서주 전반기의 청동기 양식을 살펴보면, 청동이기彝器 중에는 작爵이나 고觚와 같은 주기酒器가 지속적으로 사용되었으며, 상대 후기 청동이기彝器의 양식도 그대로 유지되었다고 볼 수 있다.

7. 정리

앞서 얼리터우문화에서 상대 후기까지 미완성 초기국가 단계에 해당하는 중원 청동기문화의 특징을 서술하였다. 미완성 초기국가 단계란, 씨족제를 배경으로 강력한 왕권이 확립되었지만, 왕권 산하의 각 수장이 왕이나 왕족과의 의제擬制적인 혈연관계를 기반으로 하여 조상제사에 참가함으로써 정치적인 통합이 유지되는 단계를 의미한다. 얼리터우유적을 중심으로 한 좁은 범위의 얼리터우문화에서는 왕족 또는 귀족층 간의 유대관계가 동령銅鈴이나 동작銅爵과 같은 청동의례를 통해 확인되는데, 그 시점은 얼리터우문화 2기 단계부터이다. 이후 이러한 의례적 청동이기彝器는 얼리터우유적을 벗어나 얼리터우유형 또는 난사촌[南沙村]유형과 같은 넓은 범위의 얼리터우문화권 내로 확산되는데, 그 시점은 얼리터우문화 4기 단계부터이다.

청동이기彝器의 제작은 초기에는 얼리터우유적 내에서 왕족이나 귀족층에 의해 독점적으로 관리되었으나, 얼리터우문화 4기부터는 그 배포 범위가 확장되었다. 이는 선상先商문화의 남하 등과 같은 정치적 위협 속에서 주변 수장들과의 연대를 유지하기 위한 전략으로, 청동이기彝器를 배포함으로써 이들이 동일한 선조 제사에 참여하도록 유도하는 과정이었다. 이를 통해 얼리터우유적의 왕족을 중심으로 하는 의제적인 동조동족 관계가 형성되었음을 알 수 있다. 이는 동령銅鈴이나 동작銅爵과 같은 위신재 배포 혹은 하사를 통해 형성된 위신재 시스템의 시작을 보여주는 것으로, 츠데가 말하는 ⑥사회분열을 회피하는 정부를 형성하기 위한 시스템과 ⑦공동 이데올로기의 형성을 뒷받침하는 고고학적 증거라고 할 수 있다. 따라서 청동이기彝器의 확산은 얼리터우문화 4기에 이르러 중원 청동기문화가 초기국가단계에 도달했음을 의미하는 중요한 변화라고 볼 수 있다.

선상先商문화의 남하에 의해 얼리터우문화권이 정치적으로 통합되면서 상왕조가 성립하였다. 그 도성은 정저우상성과 옌스상성이다. 상왕조는 얼리터우문화에서 이어져 내려온 청동이기彝器, 즉 작爵이나 가斝 등의 주기酒器를 지속적으로 제사구로 활용하는 한편, 난관와이[南関外]유형을 기반으로

---

4) 역자 주) 희성姬姓은 주周나라 왕실의 성씨로, 주 왕실과 혈열관계를 가진 제후국은 공통적으로 '희성'을 공유하였다.

허난[河南]성 동부·산둥[山東] 서부지역으로 확장하여 웨스[岳石]문화권을 통합하는 과정에서 정鼎이나 언甗과 같은 취사용 청동이기彝器도 새롭게 제작하였다. 이러한 과정은 앞서 자세히 다루었지만, 상문화는 여기에 더 나아가 자신이 보유하고 있던 공선기供膳器인 궤簋를 청동이기彝器로 생산하기에 이르렀다.

즉, 얼리터우문화인 주기酒器, 웨스[岳石]문화인 취사용기, 상문화인 공선기供膳器를 청동이기彝器로 생산하기 시작한 것이 얼리강하층문화의 상대 청동기문화라고 할 수 있다(그림95). 상왕조는 지배구역 내에서 제사구를 청동기로 제작하여 선조제사에 활용함으로써, 동조동족 관계를 공유하는 이데올로기를 창출하였다. 이러한 청동기의 기종 구성은 선조제사를 중심으로 하는 의례행위에서 필수적인 도구였다.

청동이기의 생산은 얼리강 하층문화 1기부터 얼리터우유적 내에서 시작되었으며, 얼리강 하층문화 2기부터는 정저우성 내에서 본격적으로 생산되기 시작하였다(宮本 2019b). 나아가 이 단계부터 일부 청동이기彝器는 상왕조의 남쪽 영역에 위치한 판룽청[盤龍城]에서도 제작되기 시작하였다(鈴木 2017). 이는 상대 전기부터 일부 청동이기彝器의 지방생산이 시작되었을 가능성을 알려준다. 당시 중앙을 중심으로 한 지방과의 위신재 시스템도 유지되었겠지만, 지방의 수장 역시 지역 내에서 청동이기彝器를 자체 생산함으로써 독자적인 위신재 시스템을 구축했을 가능성이 있다. 이는 곧 위신재 시스템에 기반한 계층구조를 형성하면서도, 청동기 생산과 분배를 통한 공간적인 네트워크가 형성되었음을 의미한다. 당시 동銅 원료 등 청동이기彝器의 원재료 채굴지는 창[長]강 중류 유역에 위치하였다(宮本 2005a). 이러한 원재료의 공급관계 속에서 판룽청[盤龍城] 등 지방도시가 매개 역할을 한 교역 네트워크가 형성되었을 가능성이 크다(宮本 2005a).

상대중기부터 상대후기까지 창[長]강 중류 유역과 청두[成都]분지로 중원 청동기 제작기술과 청동이기彝器가 확산된다. 이러한 현상은 동광석 등 원재료의 공급지와 소비지였던 상왕조와의 관계 속에서 기술이 전파된 결과로 볼 수 있다. 즉 원재료 공급지였던 창[長]강 중류 유역과 소비지였던 상商의 수도와 지방도시 간의 복잡한 관계 속에서 청동기 생산 기술이 전파되고 수용되었을 가능성이 크다. 그 과정에서 청동기 제작 기술자의 이동도 이루어졌을 것이다.

특히 상대 중기는 왕권이 불안정했던 시기로 기술자들이 이동했을 가능성이 크다. 이로 인해 창[長]강 중류 유역에서는 독자적인 문양과 대형화된 화중華中형 청동기가 출현하였으며, 이러한 청동기는 인쉬[殷墟]문화 1기의 제작기법을 기반으로 인쉬[殷墟]문화 2기 이후 본격적으로 생산되기 시작하였다(難波 1998). 또한 청두[成都]분지에도 산싱뒤[三星堆]문화라 불리는 독자적인 청동기문화가 상대 후기 이후 성행하였다.

한편, 중원에서는 상대 후기 인쉬[殷墟]에서 무정武丁이 다시 통일함으로서 강한 왕권이 유지되었다(落合 2015). 상대 후기의 지배체제는 인두[殷都]와 그 주변지역에 왕의 직접 지배를 받는 수 십 개의 읍론이 존재하였으며, 더 멀리 떨어진 지방에는 후읍侯邑(落合 2012) 또는 족읍族邑(松丸 1970)이라 불리는 지역들이 동심원 구조로 형성되어 있었다. 이 후읍 또는 족읍은 제후국[方国]에 해당한다고 볼 수 있다.

거리를 둔 지방의 경우, 다신좡[大辛莊]유적처럼 독자적인 청동기생산이 이루어졌을 가능성이 크다. 다신좡[大辛莊]유적에서는 인쉬[殷墟]의 갑골문자와 차이를 보이는 지역적인 갑골문자가 사용된 바 있으며(孫亜冰·宋陳豪 2004), 이를 통해 지방수장들이 독자적인 청동이기彝器를 이용하면서 자체적인 선조제사를 지냈을 가능성이 제기된다. 반면 상의 도성인 인쉬[殷墟]에는 복수의 청동기공방이 집중되어 있었으며, 이곳에서 청동기생산과 선조제사를 중심으로 한 의례행위가 이루어졌다.

따라서, 왕권의 직접 지배권역인 읍의 수장은 자신의 영지를 지방에 두면서도, 수장 본인이나 관련된 인물이 왕도에 거주해야 했다(宮本 2005a). 이러한 제사행위를 위한 청동이기彝器는 상대 청동기문화의 전기·중기와 유사한 구성을 유지하면서도, 고형준弧形尊이나 호壺와 같은 성주기盛酒器나 쌍이궤簋 등의 성식기盛食器, 그리고 요鐃라는 악기가 새로운 세트 관계로 추가되었다. 이러한 변화를 통해 상대 후기 청동기양식(그림97)이 확립되었으며, 이 청동이기彝器군의 생산이 인쉬[殷墟]에서 집중적으로 이루어지게 되었다. 특히 이 새로운 청동이기 양식에는 상대 초기에는 받아들여지지 않았던 청동요青銅鐃라는 악기가 포함되어 있었다. 이러한 상대 후기 청동이기彝器에서 보이는 사회구조는 후대의 서주西周시대 주원周原지역[5]에서 주왕周王과 귀족들 간에 형성된 관계와 유사한 면이 있다.

---

5) 역자 주) 주원周原지역은 현재 산시[陝西]성의 바오지[寶雞]시에 해당하며, 서주 왕실의 본거지로 주나라의 건국과 밀접하게 관련된 지역이다.

제10장

주周대 청동기문화의 전개

1. 머리말

주대는 초기국가의 구분 기준에 의하면 전형적인 초기국가에 해당한다(宮本 2007b). 전형적 초기국가 단계는 왕권이 더욱 강화되었으며, 왕위가 단선적으로 계승[單系相続]된다는 점이 특징적이다. 그러나 이러한 내용은 후대의 문헌에 의해 전해진 것이며, 당시 실태를 얼마나 반영하고 있는지는 불분명하다.

실제로 서주西周 후반기 공왕共王 이후에 서로 적대적인 두 왕계王系가 반세기 동안 존재했을 가능성이 제기되고 있다(ファルケンハウゼン 외, 吉本 역 2006). 또한 왕을 중심으로 왕족이 각 지방에 파견되어 지방을 간접적으로 통치하는 체제가 유지되었다고 전해지지만, 실제로 기존 주周의 사회 조직을 반영하는 족적族的관계가 은殷 왕조와 유사한 의제擬制적인 친족관계로 맺어졌을 가능성도 고려해야 한다. 결국 주대는 의제적인 혈연관계를 통한 지역 지배 구조가 왕권을 중심으로 한 피라미드 구조로서 더욱 제도화되었다는 점에서 초기국가 체제의 더욱 발전된 형태로 볼 수 있다.

서주 전기 봉건제封建制는 금문金文 등을 통해 그 제도화된 실상을 확인할 수 있다. 그 대표적인 금문으로 의후열궤宜侯夨簋[1]라는 명문이 있다. 이를 통해 주왕周王은 제후에게 토지와 백성을 하사하고, 이를 기반으로 제후가 지방을 통치하였음을 알 수 있다. 이러한 과정은 왕권을 중심으로 한 위신재 시스템을 더욱 발전시킨 계기가 되었다. 주왕을 중심으로 한 위신재 시스템이 발전하여, 제후에게 경제적 기반과 함께 제도화된 군신관계를 보장하는 것이 봉건제의 핵심이었다. 그것뿐만 아니라 제후의 부임 시 왕의 가신家臣이 함께 내려지고, 기존 영지의 주민뿐만 아니라 다른 지역의 백성

---

1) 역자 주) 宜侯夨簋는 서주 초기의 장쑤[江蘇]성 단투[丹徒]현 옌둔산[烟墩山]에서 발굴된 청동기이다. 126개의 문자가 적힌 비문이 있으며, 서주 왕조의 강화 체계를 연구하기 위한 중요한 역사적 자료 중 하나이다.

도 함께 내려져, 제후가 임지에서 안정적으로 경영할 수 있도록 하였다. 여기서는 서주 전기의 봉건제 실체를 류리허[琉璃河]무덤군와 같은 제후묘를 중심으로 한 집단묘의 분석(宮本 1999a·2000a)을 통해 고고학적으로 설명해 보고자 한다.

2. 주나라 봉건제의 실태

의후열궤宜侯夨簋는 장쑤[江蘇]성 전강[鎭江]시 옌둔산[煙墩山]의 토돈묘土墩墓에서 발견되었다(江蘇省文物管理委員会 1955). 토돈묘는 상주대 양쯔[長江]강 하류 지역에서 발달한 특수한 묘장으로 알려져 있다(宮本 1997). 이 지역은 이후 춘추시대에 오吳나라가 성립하면서 독자적인 지역 정권이 형성되었으며, 창[長]강 하류역의 특수한 청동기가 발달한 지역이기도 하다(岡村 1986; 村野 2005). 의후열궤는 주왕조의 청동기인데, 그 명문(그림101)에는 건후열궤虔侯夨이 의宜라는 지역에 봉건되었음이 기록되어 있다. 그 명문 내용은 다음과 같다.

· 隹四月、辰在丁未、王省珷王·成王伐商図、延省東国図。王湃于宜、入社南嚮。王命虔侯
夨曰、「遷侯于宜。賜鬯𩰲一卣。賞鬲一口·彤弓一·彤矢百·旅弓十·旅矢千。賜土、厥川
三百囗、厥囗百又廿、厥宅邑丗又五、厥囗百又丗。賜在宜王人十又七姓。賜鄭七伯、厥盧囗
又五十夫。賜宜庶人六百又囗六夫。**(1)**

명문에는 무왕武王·성왕成王을 이은 제3대 강왕康王이 열
夨에게 의宜 제후가 되도록 천거하도록 명하고 있다. 이때 강왕은 주례酒禮에 사용하는 물품과 활·화살 등을 하사하였으며, 의宜 토지와 취락을 부여하였다. 또한 제후로 임명된 열夨에게 의宜의 왕인王人, 정鄭 칠백七伯과 그의 종속자從屬者, 의宜의 서민이 주어지고 있다.

「의宜의 왕인」에 대해 시라카와 시즈카[白川静]는 왕실 소유의 사인私人으로서 이미 의宜의 땅에 입거하였던 것으로 보고 있다(白川 1967). 반면 이토 미치하루[伊藤道治]는 왕의 동족 출신자 즉, 희성姬姓의 족집단族集團으로 보았다(伊藤 1987). 필자는 후자의 해석이 합리적이라고 생각한다. 정鄭의 칠백七伯은 왕기王畿 내부 정鄭의 호족과 그 종속자, 의宜의

그림101. 의후열궤宜侯夨簋의 명문

재래민在来民들을 함께 주고 있다. 당시 봉건 시 하사품 이외에 토지와 취락, 외부에서 온 이주자와

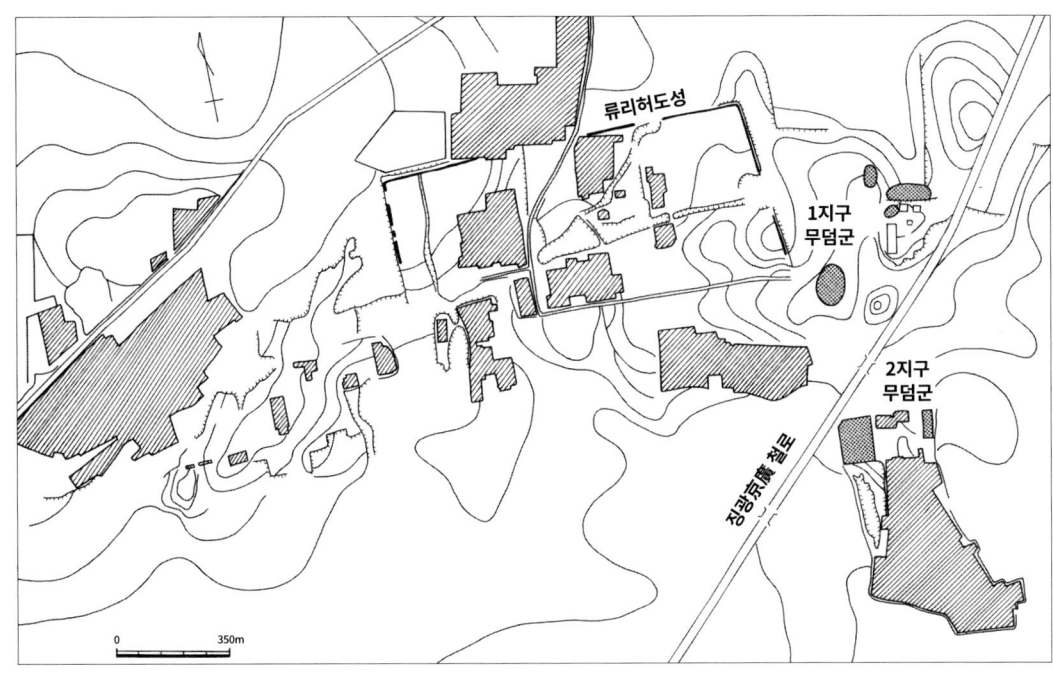

그림102. 류리허[琉璃河]유적

재래민 등의 인원이 주어진 것으로 이해할 수 있다.

여기서는 이러한 봉건 방식을 고고학적으로 검증해보고자 한다. 서주 초에 연후燕侯가 봉해진 연나라 도성에는 베이징[北京]시 팡산[房山] 류리허[琉璃河]유적이 위치하고 있다(그림102). 류리허도성의 동쪽 성 밖에는 둘로 나누어진 무덤군이 존재한다. 이 류리허무덤군은 묘장의 공간적 분포에 따라, II구 A군, II구 B군, I구 a군, I구 b군, I구 c군, I구 d군으로 구분된다(그림103). 이 무덤군들 간의 명확한 계층관계는 묘광의 크기와 묘장 구조, 부장품 수량 및 종류에 반영되어 있다. 특히 부장된 청동기(그림104)의 종류나 양에 명확한 계층 간 서열관계가 존재할 뿐만 아니라, 청동이기彝器의 크기 역시 계층서열과 대응하고 있다. 이러한 고고학 자료의 분석을 통해 II구 A군 대형묘 > II구 B군 > I구 a군 > II구 A군 소형묘와 같은 계층의 상하 관계를 추측할 수 있다(宮本 1999a · 2000a).

또한 부장된 청동기의 명문 내용을 통해 II구 A군 대형묘의 경우, 봉건된 연후燕侯나 연후燕侯 일족의 무덤임을 추측할 수 있다. 특히 II구 A군 대형묘인 1193호묘는 도굴되었지만, 극뢰克罍(그림104-3)이나 극화克盉(그림104-2)에는 다음과 같은 명문이 주조되어 있었다.

> · 王曰、「大保、佳乃明乃鬯、享于乃辟。余大対乃亭、命克侯于匽、使羌 · 馬 · 叡 · 雩 · 馭 · 微。」克□匽、入土眾厥有司。[(2)]

이 내용은 「왕이 대보大保(소공석召公奭)의 향응饗応에 답하여, 극克을 연나라 제후로 임명하고 강羌, 마馬, 사叔, 우雩, 어馭, 미微의 여러 족을 그에게 섬기게 하였다고 말했다. 극克은 연나라에 □하고 가신家臣과 함께 봉토封土로 들어갔다.」는 것이다. 즉 연후燕侯는 가신家臣과 함께 연나라로 봉건되었으며, 강羌, 마馬, 사叔, 우雩, 어馭, 미微 등의 인원을 왕으로부터 부여받았다. 이 명문 내용으로 볼 때, II구 A군 대형묘는 연후燕侯의 무덤군으로 추정된다. 또한 II구 A형 대형묘를 포함한 II구 Aa형군은 연후燕侯 일족의 무덤으로 볼 수 있다. 한편 Ab군도 대형묘를 포함하고 있으므로 연후의 일족 또는 희성姬姓 일족의 무덤군일 가능성이 크다. 반면에 II구 A군 소형묘를 포함한 II구 Ac군은 연후燕侯의 가신家臣 일족 혹은 희성姬姓의 집단묘로 추정된다. 의후열궤의 「왕인王人」에 해당하는 연燕과 동족인 희성姬姓 집단묘가 II구 Ab군이나 II구 Ac군에 포함될 가능성이 있을 것이다.

II구 B군의 253호묘에서 출토된 어방정圉方鼎에는 「休朕公君匽侯賜圉貝、用乍宝尊彝」이라는 명문이 있어 피장자가 어圉라는 인물이며, 그는 연후燕侯와 하사下賜 관계를 맺은 연후燕侯의 가신일 가능성이 제기된다. 또한, 같은 무덤에서 부장된 언甗(그림104-12)의 청동기 명문에는 「王羍於成周、王賜圉貝、用乍宝尊彝」라는 내용이 있어, 피장자인 어圉는 주왕과도 하사 관계에 있었음이 명확히 확인된다. 특히, 청동이기彝器의 명문 이외에도 아亞자형 기호를 가진 동기銅器가 복수로 출토된 점을 통해, 이 무덤은 은殷나라계의 귀족묘일 가능성이 있다. 이는 연후燕侯가 봉건될 당시, 주왕周王으로부터 하사된 가신家臣이 주왕의 부하인 은殷나라계 귀족이었을 가능성을 시사한다. 마찬가지로 II구 B군의 251호묘에서는 백구伯矩

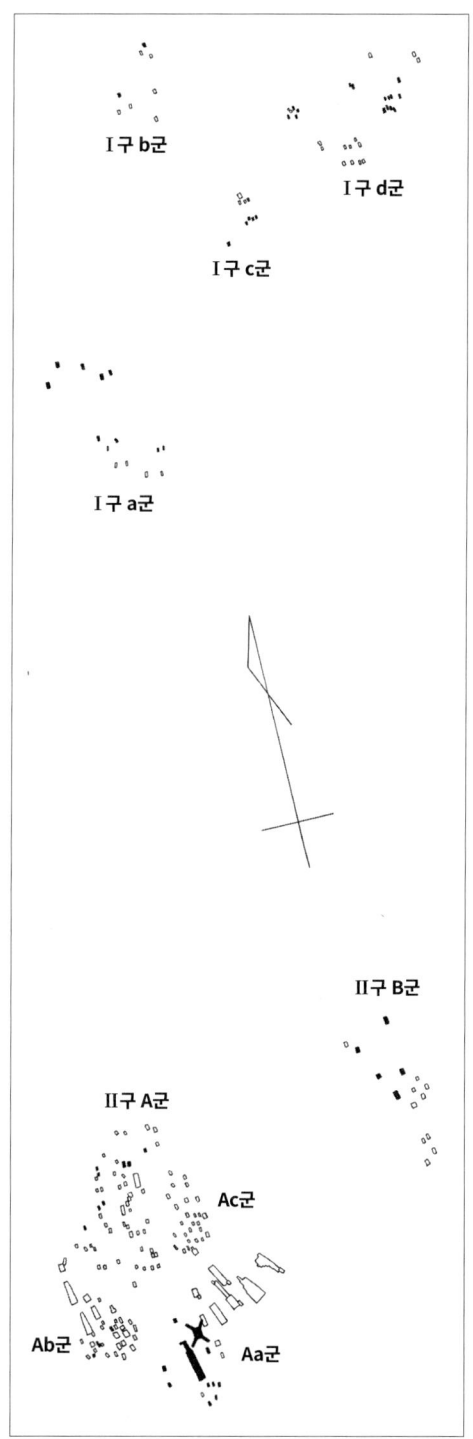

그림103. 류리허 무덤군 묘장 배치

라는 이름을 가진 동기 명문 2개가 확인된다. 이 동기들은 계癸나라의 동기들로서(曹淑琴 1989), 상대 귀족들이 주나라 때 주왕조를 섬겼음을 보여준다. 따라서 II구 B군 무덤군은 의후열궤에서 볼 수 있는 정鄭나라 호족처럼, 왕의 지시를 받아 연후燕侯와 함께 파견된 일족의 무덤군이라고 할 수 있다.

한편 I구 a군을 포함한 I구의 무덤군은 묘장 규모나 내용 면에서 II구의 무덤군보다 하위에 위치하는 집단으로 볼 수 있다. 또한 I구의 무덤군은 연후燕侯 일족의 무덤군과는 다른 입지에 형성되어 있어 연후燕侯 일족과의 관계가 상대적으로 약했을 가능성이 크다. I구 무덤군은 요갱腰坑을 갖춘 장법을 보이는 등 보수적인 양상을 띠고 있어 토착민일 가능성이 높다. 특히 그곳에 부장된 청동기 금문金文에는 「匽侯賞復桐衣、臣、妾、貝、用作父乙宝尊彝」라는 명문이 새겨져 있다. 여기서 주목되는 점은 「사賜」 대신 「상賞」이라는 글자가 사용되었다는 점이다. 이러한 표기는 연후燕侯로부터 하사를 받은 것이 아니라 포상[褒美]을 받았음을 의미하는 것으로 해석할 수 있다. 즉 상사賞賜의 방식은 얼리터우문화 4기와 상商대의 위신재 시스템과 유사한 형태로 보인다.

이러한 점을 고려했을 때, I구 a군 중형묘는 재지의 수장묘라고 판단할 수 있으며, 이는 봉건된 연후燕侯가 회유한 재지세력으로 볼 수 있다. 앞서 언급한 강羌, 마馬, 사尗, 우霁, 어馭, 미微 등의 일족이 이에 해당할 가능성이 크다. 또한, I구는 a군에 비해 b~d군의 묘장 규모나 부장품 구성이 상대적으로 빈약하다는 점이 지적된 바 있다(宮本 1999a·2000a). 재지세력 간에도 상대적인 권력 차이가 존재했음을 알 수 있다. 특히 재지세력에서도 상대적으로 더 큰 힘을 가진 I구 a군이, 다른 재지세력보다 연후燕侯 일족의 무덤군(II구 A군)과 더 가까운 위치에 무덤군을 형성하고 있다는 점은 흥미로운 현상이다.

이러한 묘지 분석을 통해 복원된 계층 구성은 연후燕侯 일족이나 연후燕侯와 같은 희성姬姓 일족, 직속의 가신단家臣團, 주왕으로부터 내려온 은殷계 귀족과 같은 타씨족, 그리고 여러 토착민 집단임을 추정할 수 있다. 따라서 연후燕侯의 봉건 형태 역시, 앞서 주목한 『의후열궤』의 명문 내용에서 보이는 지역 지배 구조와 동일한 방식으로 이해할 수 있다. 즉 봉건된 제후 일족에게는 토지와 백성이 주어졌던 것이다.

한편 주왕이 직접 지배하는 왕기王畿는 가쿠도 료스케[角道亮介]가 언급한 바와 같이, 청동이기彝器가 일관되게 출토되는 지역인 친링[秦嶺]북단이나 치산[岐山]남단지역, 그리고 위하渭河주변지역으로 볼 수 있다(角道 2014). 왕기王畿는 앞장에서 언급한 상대 후기에 상왕이 직접 지배하고 전렵田獵을 하던 범위와 일치한다. 그 중에서도 주원周原지역은 청동이기彝器가 서주 전기에 집중적으로 출토되는 곳으로, 주周나 종주宗周와 같은 중심 도시가 위치하였던 핵심지역이었다고 할 수 있다(角道 2014).

주원周原에서 많은 청동이기彝器가 매납되어 있는 교장窖藏은 코미나미 이치로[小南一郎](2006)와 가쿠도 료스케(2014)의 견해에 따르면, 청동기 제사를 위해 평소 청동이기彝器를 보존하던 곳으로 해석된다. 또한 주원지역에서 출토된 청동이기彝器의 기종이나 문양 등은 서주 전기나 서주 전반기에 걸쳐 상대 후기의 청동기 양식을 계승하고 있으며, 일관되게 잔존하고 있다.

왕기王畿 내 청동이기彝器는 주왕周이나 주왕 일족의 관리 속에서 생산되었으며, 주원周原, 뤄양[洛陽] 등의 주周[宗周]나 성[成周] 등의 도시 단위로 이루어졌을 가능성이 크다. 또한 웨이수이[渭水] 북쪽 연안의 저우궁먀오[周公廟], 콩터우거우[孔頭溝], 주원周原 리자춘[李家村] 유적에서는 서주시대 전반全般에 걸쳐 개별적으로 일관된 청동기 생산체제가 유지되었음이 밝혀지고 있다(近藤 2014). 이는 왕족이나 귀족들이 도시 내부에서도 세분화된 상태에서 개별적으로 청동기 생산을 관리하였음을 의미한다.

주원周原에서는 왕족이나 왕 산하 귀족들이 집주集住하며, 왕족을 중심으로 한 조상제사를 지내고 있었다. 이러한 제사장의 흔적은 자오천춘[召陳村]유적, 좡바이춘[莊白村]유적, 펑추춘[鳳雛村]유적 등의 대규모 건축유구에서 확인된다. 또한 교장窖蔵과 동반되는 건축유구는 종묘에 해당할 가능성이 크다. 왕족과 귀족층은 각각 종묘 단위로 청동기 생산을 구분하였으며, 종묘마다 행해지는 조상 제사를 중심으로 한 제사 시스템 속에서 계열화되어 있었던 것으로 보인다. 왕족의 조상제사를 담당하는 귀족들은 상대 후기와 마찬가지로 교외에 영지領地[采邑]를 두고 주원에 집주集住하며 거주하였다. 이 영지領地는 이후 상대 후기가 되면, 아츠시 오치아이[落合淳思]가 주장하는 후읍[侯邑]으로 이어진다(落合 2012). 이같은 시스템은 인쉬[殷墟]의 확장판이라고도 해석할 수 있다.

그리고 상대 후기 방국方國으로 여겨졌던 타씨족의 영지는 서주시대가 되면서 제후가 왕명에 의해 봉건됨으로써 지방 지배체제가 확립되었다. 이는 류리허[琉璃河]무덤군에서 출토된 청동이기에 연후명匽侯銘의 명문이 자주 등장하는 점에서 확인할 수 있다. 즉, 연후燕侯가 새롭게 가신家臣이 된 타씨족이나 재지 수장에게 상사賞賜한 청동이기가 출토되고 있는 것과 관련된다. 이같은 명문 내용을 고려했을 때, 청동이기들은 기본적으로 류리허성지에서 제작된 지방 생산품이었을 가능성이 높다. 앞장에서 설명한 상대 후기 다신좡[大辛莊]유적에서 이루어진 청동기 지방생산과 유사한 방식이라고 볼 수 있다. 그러나 한편으로, 청동이기彝器의 구성 자체는 서주 전반기 내내 왕권의 규제나 관리를 받으며, 왕기王畿 내부와 제후를 통틀어 일관된 체계를 유지하였다. 이는 서주 왕조의 제사 행위가 하나의 통일된 체계 속에서 운영되었음을 의미한다(角道 2014). 서주의 왕을 중심으로 한 조상제사에 지방 제후들도 참여[參画]할 수 있도록 하는 체제를 유지하기 위함이었을 것이다.

3. 편종編鐘의 출현과 주周의 예악禮樂

이와 같이, 왕족을 중심으로 한 조상제사 시스템은 상대 후기부터 서주 전기까지 연속적으로 유지되었다고 볼 수 있다. 이는 상대 후기의 청동기 양식이 서주 전기에도 지속적으로 계승되었음을 의미한다. 특히, 상대 후기부터 서주전반기까지 청동기 양식의 연속성을 보여주는 대표적인 사례는 작爵(그림104-4), 고觚(그림104-5), 치觶(그림104-6)가 있다. 이 청동이기는 주기酒器가 서주 전반기까지 지속

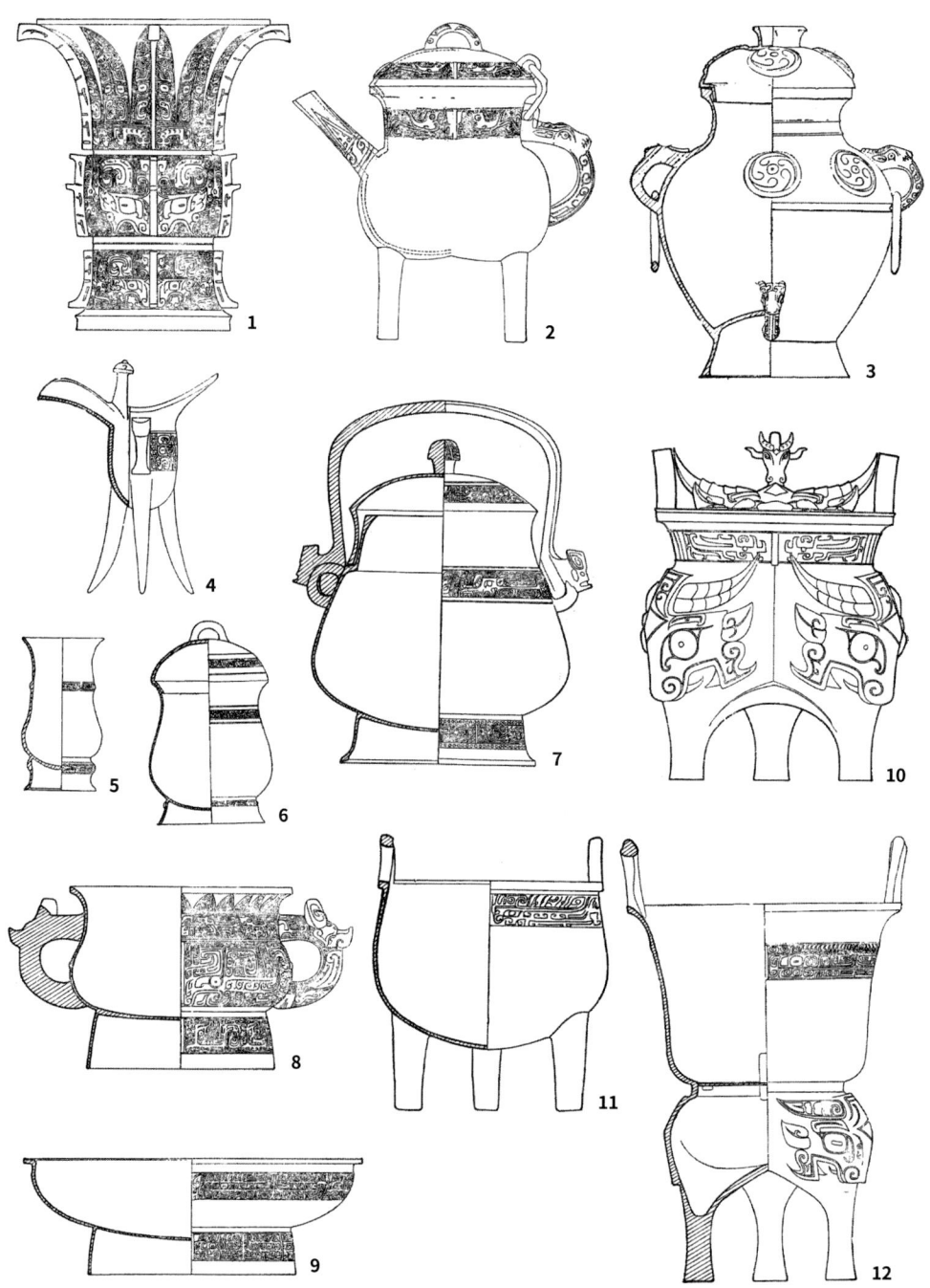

그림104. 류리허 무덤군 서주 전기의 청동이기(1·8·12: Ⅱ지구 253호묘, 2·3: Ⅱ지구 1193호묘, 4: Ⅰ지구 50호묘,
5~7·9·10: Ⅱ지구 251호묘, 11: Ⅰ지구 52호묘, ※축척 1/6)

적으로 사용되었다는 점이 중요한 근거가 된다. 또한, 상대 후기부터 새롭게 등장한 청동기 양상으로, 고형준觚形尊(그림104-1), 호壺 등의 성주기盛酒器나 쌍이궤雙耳簋(그림104-8)라는 성식기盛食器가 존재하였으며, 이후 더욱 성행하게 되었다.

상대 후기의 새로운 청동기 양식 중 하나로 악기인 청동요鐃 역시 서주 전반기까지 지속적으로 사용되었다(그림105·표14(3)). 산둥성 수부툰[蘇埠屯] 8호묘, 뤼양[洛陽]시 린샤오[林校] 차마갱車馬坑, 산시성 이청[翼城]현 타허커우[大河口] 1호묘에서 출토된 Ia식 청동요鐃는 대·중·소형 3개가 한 세트를 이루는 방식을 보여준다. 이는 인쉬[殷墟] 이후의 전통이 서주시대에도 계승되었음을 알려준다. 제9장에서 언급한 도철문饕餮文을 가진 청동요鐃 중 Ia식은 서주 전기에서도 확인되지만, 같은 뿔이 ㄱ자 모양으로 생긴 I식은 귀가 분리되어 표현된 Id식이 새롭게 등장한다(그림105). 또한, 「ノ」자형 다리[角]를 가진 도철문 II식은 코[鼻]부분의 형태가 변화한 IIc식이 서주 전기에 출현하였다. 이후, 이중방격문인 III식이 변형된 IIIb식이 서주 중기에 등장하며, 청동요의 형식변화가 지속적으로 이루어졌음이 확인된다(그림105).

산시[陝西]성 바오지[宝鶏]시 주위안거우[竹園溝] 13호묘에서 출토된 Id식 청동요鐃(그림105-8)는 중요한 변화 양상을 보여준다. 가장 큰 특징은 내부가 빈 병부[中空柄部]를 띠며, 종을 매달기 위한 간幹(그림106)이 출현했다는 점이다. 그러나 주위안거우[竹園溝] 13호묘에서 출토된 청동요鐃는 간幹이 존재하지만 도철문의 위치를 고려하면, 상대 후기와 마찬가지로 병부를 잡고 종 부분을 위로 향하게 사용하였던 것으로 보인다. 즉, 서주 중기 이후의 용종甬鐘처럼 용甬을 위로 하여 매다는 구조까지 발전하지 않았으며, 아직 상대 후기의 전통적인 사용 방식이 유지된 상태였던 것으로 해석된다.

또한 타허커우[大河口] 1호묘에서는 간幹과 함께 선旋을 가진 청동요鐃 3점이 출토되었다(그림105-9). 발굴 보고서(山西省考古研究院 외 2020)에서는 용종甬鐘으로 소개되고 있지만, 용甬 부분의 내부가 비어 있을 뿐만 아니라 문양이 하나의 테두리선[枠線]으로 구성되어 있는 상대 후기의 IVa식 청동요鐃(그림99-4)와 동일한 특징을 가지고 있다. 이 출토품은 IVb식 청동요鐃로 볼 수 있다. 타허커우[大河口] 1호묘는 강왕康王 후기 단계에서 소왕昭王 시기인 서주 전기 후반 단계의 것으로 추정된다(山西省考古研究院 외 2020).

그러나 서주 중기를 기점으로 청동기 양식에 중요한 변화가 나타난다. 가장 큰 변화 중 하나는 작爵이나 고觚와 같은 주기酒器가 감소하여 소멸해 간다는 것이다(林 1984). 또한 청동기 문양도 두드러진다. 상대에서 서주 전반기에 주체적인 문양으로 사용되었던 도철문이 점차 사라지며, 봉황문이나 조문鳥文으로 변화한다. 이후 서주 후기로 접어들면서 기하학문으로 변형되며(林 1986), 전통적인 도철문과는 완전히 다른 장식이 나타난다. 또한 청동이기 기종 구성의 변화에서 주목되는 것이 용종甬鐘이나 박鎛 등 악기의 출현이다.

서주 중기에 출현하는 용종甬鐘에 대해서는, 후난[湖南]성 등 창[長]강 중류나 하류 유역을 중심으

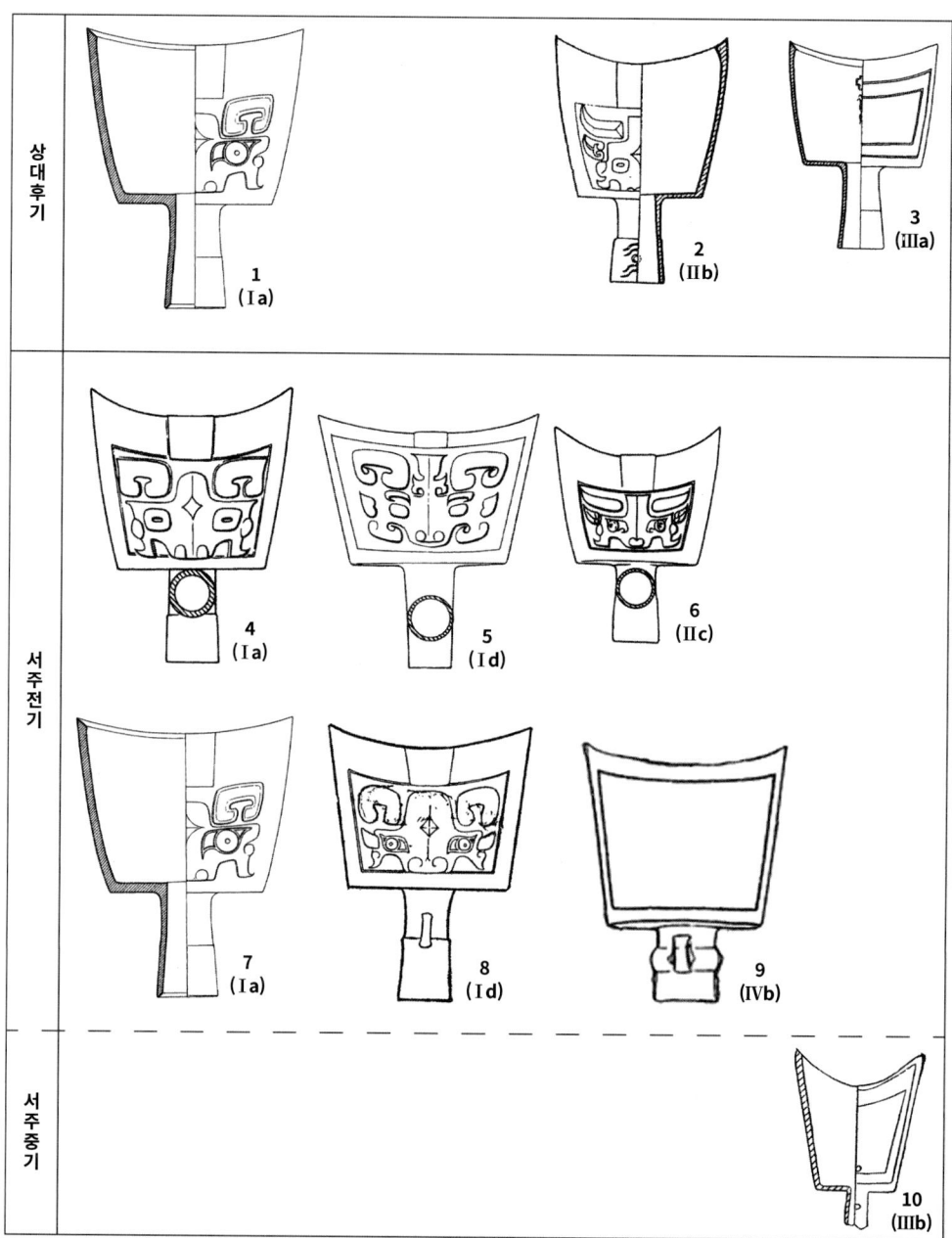

그림105. 상대 후기~서주 전반기 청동기의 변천(1: 화위안촹 54호묘, 2: 시취 699호묘, 3: 푸하오묘, 4~6: 타이칭궁[太淸宮] 1호묘, 7: 치엔장디[前掌大] 206호묘, 8: 주위안거우[竹園溝] 13호묘, 9: 타허커우[大河口] 1호묘, 10: 하이환추이[威海環翠] 1호묘, ※축척 1/5)

표14. 서주 전반기 출토 청동요의 집성표

출토지	유물번호	길이	구경	형식	시기	출전
蘇埠屯M8	26	21.0	15.5	Ia	武成期	山東省文物考古研究所 · 青州市博物館 1989
蘇埠屯M8	27	17.5	12.8	Ia	武成期	山東省文物考古研究所 · 青州市博物館 1989
蘇埠屯M8	28	15.0	19.1	Ia	武成期	山東省文物考古研究所 · 青州市博物館 1989
太清宮M1	M1:145	24.5	18.6	Ia	武成期	河南省文物考古研究所 · 周口市文化局 2000
太清宮M1	M1:166	19.5	15	Ia	武成期	河南省文物考古研究所 · 周口市文化局 2000
太清宮M1	M1:151	15.2	12	IIc	武成期	河南省文物考古研究所 · 周口市文化局 2000
太清宮M1	M1:152	19.0	15.3	Id	武成期	河南省文物考古研究所 · 周口市文化局 2000
太清宮M1	M1:153	17.6	15.3	Id	武成期	河南省文物考古研究所 · 周口市文化局 2000
太清宮M1	M1:149	16.4	14.2	Id	武成期	河南省文物考古研究所 · 周口市文化局 2000
前掌大M222	M222:12	17.7	12.8	Ia	武成期	中国社会科学院考古研究所 2005
林校車馬坑	C3M230:6	21		IIIa	서주 전기	洛陽文物工作隊 1999
林校車馬坑	C3M230:7	19.8		IIIa	서주 전기	洛陽文物工作隊 1999
林校車馬坑	C3M230:9	17.5		IIIa	서주 전기	洛陽文物工作隊 1999
前掌大M206	M206:129	20.8	16.9	Ia	서주 전기	中国社会科学院考古研究所 2005
前掌大M206	M206:128	15.2	11.4	Ia	서주 전기	中国社会科学院考古研究所 2005
竹園溝M13	BZM13:9	19.5	14.4	Id	成康王期	廬連成 · 胡智生 1988
大河口M1	M1:22	20.8	17	Ia	康王 · 昭王期	山西省考古研究院 외 2020
大河口M1	M1:69	18.6	14.8	Ia	康王 · 昭王期	山西省考古研究院 외 2020
大河口M1	M1:85	15.8	12.2	Ia	康王 · 昭王期	山西省考古研究院 외 2020
大河口M1	M1:19	18.1	14	IVb	康王 · 昭王期	毛悦 · 謝堯亭 2018
大河口M1	M1:23	17.6	11.6	IVb	康王 · 昭王期	毛悦 · 謝堯亭 2018
大河口M1	M1:20	14.8	10.8	IVb	康王 · 昭王期	毛悦 · 謝堯亭 2018
威海環翠M1	M1:4	12.6	9.1	IIIb	서주 중기	鄭同修 · 隋裕仁 1995
威海環翠M1	M1:5	12.6	9.1	IIIb	서주 중기	鄭同修 · 隋裕仁 1995

로 보이던 상대 후기의 청동요鏡가 지방형 청동기로서 대형화되는 경향이 서주 중기의 주周사회에서 받아들여졌다는 견해가 하야시 미나오[林巳奈夫]에 의해 제기되었다(林 1981). 이와 같은 용종甬鐘의 남방기원설은 이후 가오즈시[高至喜]에 의해 더욱 구체적으로 검토되었다. 그는 용종의 문양이 남방의 대형요鏡에서 유래하였으며, 대형요鏡의 기원지가 후난성의 샹장[湘江] 중 · 하류 유역에 있다는 점을 근거로 남방 기원설을 주장하였다(高至喜 등 1997). 최근에도 남방南方의 대형요鏡와 박鎛이 중원지역의 용종이나 박鎛의 조형에 영향을 미쳤다는 견해가 슝젠화[熊建華](2013) 등에 의해 제시되고 있다.

한편, 전장에서도 서술한 바와 같이 상대 후기의 청동요鏡는 3개 단위 음계를 이루는 편요編鏡이다. 이러한 편요가 서주 중기 이후의 3개 단위로 이루어진 용종 편종과 어떠한 관련성이 있는지는 의심의 여지가 없을 것이다(常懷穎 2014; 閻浩 2016). 특히, 용종의 형태나 문양은 남방의 대형요鏡에 조형

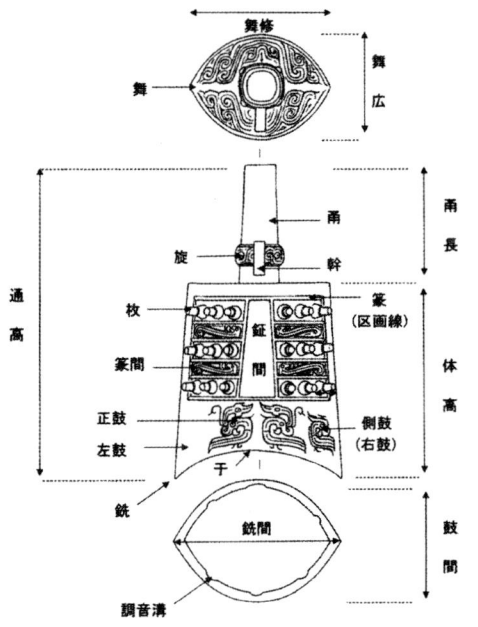

그림106. 용종甬鐘의 부분명칭(長澤 2017: 도면1)

적 영향을 받았지만, 편종으로 사용하는 방식은 상대 후기의 청동요鏡에서 기원한 것으로 보아야 할 것이다. 이러한 변천 과정을 더욱 명확히 하기 위해서는, 우선은 남방지역 대형요鏡의 변천과정과 연대적 위치를 확인하여야 한다.

용종甬鐘에 대한 남방기원설의 근거는 용종에서 볼 수 있는 매枚나 선旋(그림106)과 같은 문양이나 부위가 상대 후기의 청동요鏡에서는 보이지 않으며, 남방의 대형요鏡에서만 확인된다는 점이다(高至喜 2009). 청동요鏡의 분류에 대해, 인웨이장[殷瑋璋]·차오슈친[曹淑琴]은 중원형, 장저[江折]형, 후난[湖南]형으로 구분하였다(殷瑋璋·曹淑琴 1986). 중원형은 인쉬를 중심으로 하는 상대 후기 청동요鏡인데 반해, 후난[湖南]형은 남방 대형요鏡의 기원지인 샹장[湘江] 중하류에서 발전한 것으로 보고 있다(高至喜 2009). 여기에서는 용종의 발생을 이해하기 위해 먼저 후난[湖南]형 대형요의 특징과 변천과정을 검토하고자 한다.

남방 대형요鏡의 분류는 가오즈시[高至喜]에 의한 A~F형의 분류안에서 시작되었으며, 주 문양이 분류의 기준이 되고 있다(高至喜 1984). A형은 수면문獸面文, B형은 운문雲文과 결합된 수면문, C형은 운문, D형은 용종의 특징인 매枚가 존재하는 형태로 구분된다. A형에서 D형으로 변화하는 주 문양은 개념적으로는 한 방향으로 진행되는 변화로 이해되고 있다. 이후에도 여러 분류안이 제시되었지만, 기본적으로는 주 문양을 기준으로 한 분류의 범위 내에 이루어지고 있다. 여기에서는 리춘이[李純一]가 제안한 분류안을 근거(李純一 1996)로, A~D형의 주 문양을 중심으로 한 필자의 대형요鏡 분류안을 정리하고, 그 변화의 방향성을 제시하고자 한다.

I식은 주 문양이 수면문獸面文으로 이루어진 형태이다. 중원의 상商대 소형 요鏡에 보이는 도철문饕餮文의 영향을 받은 듯하지만, 세부적인 의장意匠은 다르다. 오히려 중원 청동이기彝器의 도철문과 더 유사한 문양을 갖고 있다.

II식은 운문雲文으로 이루어진 수면문이다. 이 형식은 수면獸面의 구체적인 형상[具象性]이 사라지고, 원권문圓圈文이 충전된 방형 구획문과 함께 구획 내에 도철문의 눈 부분이 의장화意匠化되어 흔적처럼 남아 있다. II식은 I식이 지역적으로 변화한 것으로 이해할 수 있다.

또한 III식은 II식의 운문이 원권문을 기반으로 하여 우상문羽狀文으로 변화하면서, 동시에 도철문이 의장화된 눈의 표현이 희미하게 남아 있는 형태이다. 이러한 문양의 변천은 남방 대형요鏡의 형식학적 순서를 나타내는 것으로 해석되며, 가장 초현적初現的인 형식이 Ia식, IIa식, IIIa식이다(그림107).

이러한 상대적 순서를 반영한 분류안을 근거로, 그림107과 같이 변화 방향을 상정하였다. 먼저 인쉬[殷墟] 소형 청동기의 모티브였던 도철문과 가장 유사한 수면문을 띠는 I식의 변화과정이다. Ia식은 가장 사실적인 도철문을 기반으로 한 수면문을 유지하며, Ib식은 코부분이나 입부분이 문양화되면서, 눈 부분만이 원형의 형상을 간신히 남기고 있다. Ic식은 문양이 더욱 단순화되며, 권운문卷雲文과 유사한 형태로 변화하고 눈의 의장意匠도 사라진다. 이러한 변화과정 속에서 Ib식부터 용부甬部에 선旋이 부속되기 시작한다. 만약 선旋이 용종을 매달 때 고정쇠의 역할을 했다고 본다면, 이 시점부터 용甬이 위로 향하도록 대형요경鐃도 매달아 두는 방식으로 변화했을 가능성을 상정할 수 있다.

IIa식은 침선으로 표현된 수면문을 특징으로 하며, 기존보다 더욱 장식화된 형태를 띤다. IIa식은 눈 표현을 통해 수면문임을 인식할 수 있다. IIa식은 인쉬[殷墟]의 소형 청동요경鐃 I식 도철문과 III식 구획선문의 두 가지 문양 계통을 합성하여 만들어졌을 가능성이 높다. 용종의 정간鉦間(그림106)에서 보이는 것처럼, 두 개의 구획선문 사이에 침선으로 문양이 새겨져 있는 특징을 보인다.

IIb식은 도철문의 의장화[意匠化]된 눈이 와상운문渦状雲文으로 변화하며, 이 문양이 지속적으로 정간鉦間부분에 남아 있는 형태를 유지한다. IIc식은 눈의 의장화가 더욱 진행되며, 대형 와상운문渦状雲文이 돌출되고, 돌유문突乳文처럼 변형된다. IId식은 돌유문突乳文이 더욱 발전하여, 용종에 보이는 매枚(그림106)의 형태에 가깝게 변화한다. 이로 인해 중원 용종의 조형으로 점차 발전해가는 과정이 드러난다.

IIIa식은 구획선문 내 원권문圓圈文이 채워진 형태로, 기존보다 더욱 장식성이 강조된 특징을 보인다. 구획선 내의 문양이 IIa식보다 더욱 장식화되어 있는 점을 고려할 때, IIa식에서 변화하여 출현한 것이라고 판단된다. 또한 IIIa식에서는 IIa식에서 볼 수 있었던 도철문의 눈 표현이 더욱 의장화意匠化되어 추상적인 형태로 변형된다. IIIb식은 구획선문에 원권문을 채운 구성이 유지되면서, IIIa식에서 보였던 우상문羽状文이 더욱 장식적인 형태로 발전한다.

이러한 대형요경鐃의 연대는 리춘이[李純一]에 의해 비정된 바 있다. 리춘이는 후베이[湖北]성 양신[陽新]현 류룽산[劉榮山]에서 출토된 남방 대형요경鐃의 수면문(그림107-1)이 집궤执簋의 도철문과 유사하다는 점을 근거로, 이를 인쉬[殷墟]문화 2·3기에 해당하는 것으로 비정하였다(李純一 1996). 또한 IIa식(그림107-2)과 IIIa식(그림107-3)이 출토된 장시[江西]성 신간[新干] 다양저우[大洋洲]의 남방 대형요경鐃(江西省文物考古研究所 외 1997)는 무덤의 연대를 기반으로 분석되었는데, 그 연대 범위가 얼리강기부터 인쉬[殷墟]기에 이르는 넓은 시간폭을 가진다.

반면 샹타오추[向桃初]는 신간[新干] 다양저우[大洋洲]묘에서 출토된 토기를 근거로, 이 무덤을 인쉬[殷墟] 말기로 비정하며, 대형요경鐃의 연대도 인쉬[殷墟]문화 3·4기에 해당한다고 보았다(向桃初 2010).

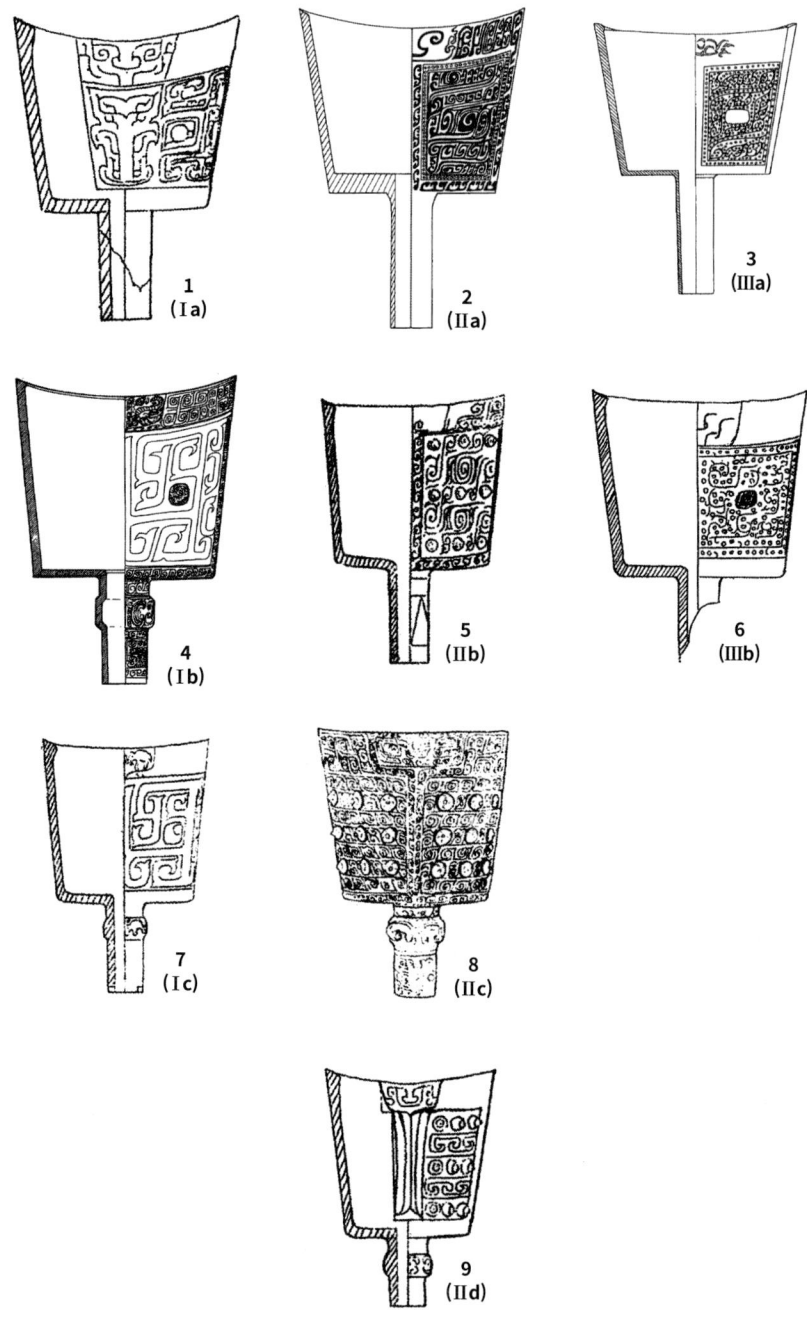

그림107. 남방 대형요의 형식분류와 변천도(1 · 6: 후베이[湖北] 양신[陽新]현 류룽산[劉榮山],
2 · 3: 장시[江西] 다양저우[大洋洲], 4: 후난[湖南] 이양[益陽] 치우엔지어저우[千家洲], 5: 후
난 샹[湘]향 황마싸이[黃馬塞], 7: 후난 닝[寧]향 베이펑탄[北峰灘] 8: 저장[浙江] 창싱[長興],
9: 후난 레이양[耒陽] 지아산[夏家山], ※축척 1/6)

이 연대를 기반으로 본다면, Ⅰa·Ⅱa·Ⅲa식은 인쉬[殷墟]문화 3·4기에 해당할 가능성이 높다. 샹타오추[向桃初]의 연구에 따르자면, Ⅰb·Ⅱb·Ⅲb식의 연대에 대한 명확한 근거는 아직 부족하지만, 돌유문突乳文이 있는 Ⅱc·Ⅱd식은 서주 전기 말에서 서주 중·후기로 추정할 수 있다(向桃初 2010).

한편 서주기의 용종에 대한 편년 연구는 나가사와 아야[長澤文彩]에 의해 진행되었다. 용종의 구획선[篆], 생고[生鼓]에서 나타나는 주문[主文](그림106)의 분류 조합을 통해 변천 과정을 확인하였다(長澤 2017). 여기서는 나가사와의 분류안을 바탕으로 형식변천을 점검해 보고자 한다. 먼저 구획선의 형태에 따라 갑甲, 을乙, 병丙, 정丁의 4류로 나뉜다(그림108). 나가사와 분류안 갑류는 구획선 내에 원권圓圈이 연속적으로 배열되는 것, 을류는 구획선 내에 유정문乳丁文이 배열되는 것, 병류는 구획선이 돌출선[凸線]인 것, 정류는 구획선이 침선[凹線]인 것이다.[2] 구획선[篆] 내 원권이 유정문으로 변화하고, 유정문이 소실되어 구획선이 돌출선[凸線]을 형성하고, 다시 구획선은 돌출선[凸線]에서 침선[凹線]으로 변화한다. 거푸집의 문양 시문이 복잡해진다는 관점에서 갑甲류에서 정丁류로 형식 변화를 상정할 수 있다.

한편 주문主文은 익문羽文인 1류와 L자형 훼룡문虺龍文인 2류, 고수조문顧首鳥文인 3류로 분류된다(그림108). 나가사와는 이후 2·3류라는 두 문양이 결합하여 고수顧首 L자형 용龍문을 형성하지만, 훼룡문虺龍文과 고수조문顧首鳥文은 서로 유사한 요소를 공유하면서도 의장意匠 자체가 다르므로, 각각 별개의 문양 계보를 형성한다고 보았다.

주문主文인 익문羽文은 복선複線 익문羽文 형태인 1a류에서 단선화된 1b류, 익문羽文이 와권渦巻 모양으로 변화하며, 익문羽文의 각 단위가 독립적으로 배열된 1c류로 변화한다고 상정하였다. 반면, 훼룡문인 2류는 훼룡문이 서로 얽힌 형태인 2a류에서 단일 훼룡문인 2b류로 변화한다고 보았다. 3류인 고수조문顧首鳥文은 다리[足部]까지 구체적[具象的]으로 표현된 3a류에서 조문鳥文의 다리 표현이 단일한 침선으로 변화하며 형해화形骸化[3]된 3b류로 변화한다고 볼 수 있다.

이러한 구획선[篆]과 주문 속성의 변화 방향에 모순이 없는지를 검증하기 위해, 조합양상을 정리한 것이 표15이다. 본래 속성분석을 통해 형식설정을 검증하는 것이 원칙이지만, 여기에서는 표16[4]의 묘장 일괄유물을 참고하여 개념적인 속성조합으로 형식을 설정하고자 한다. 여기서는 형식 설정

---

2) 역자 주) 필자는 본 문장의 서두에 "나가사와 분류의 갑류와 을류가 역전되지만...(長澤分類の甲類と乙類が逆転するが、)이라는 내용을 전제에 두고 문장을 전개하고 있으나, 번역 과정에서는 논지 전개의 흐름을 고려하여 이를 직접 번역하지 않았다. 실제로 나가사와[長澤]의 논문에서 사용된 갑과 을의 순서는 필자의 분류안과 다르다. 즉, 필자의 갑은 나가사와의 을이며, 필자의 을이 나가사와의 갑에 해당한다. 이같은 차이는 필자가 후술하는 갑~정류로 변화 방향성을 더욱 강조하기 위한 것으로서, 즉 형식 변화의 개연성을 강조하기 위함으로 여겨진다.

3) 역자 주) 형해화形骸化란 원래의 의미나 본질을 잃고 형식만 남는 상태를 의미한다. 즉 처음 의도한 목적이 점차 흐려지면서 형식적인 요소만 남게 되는 현상을 가르킨다.

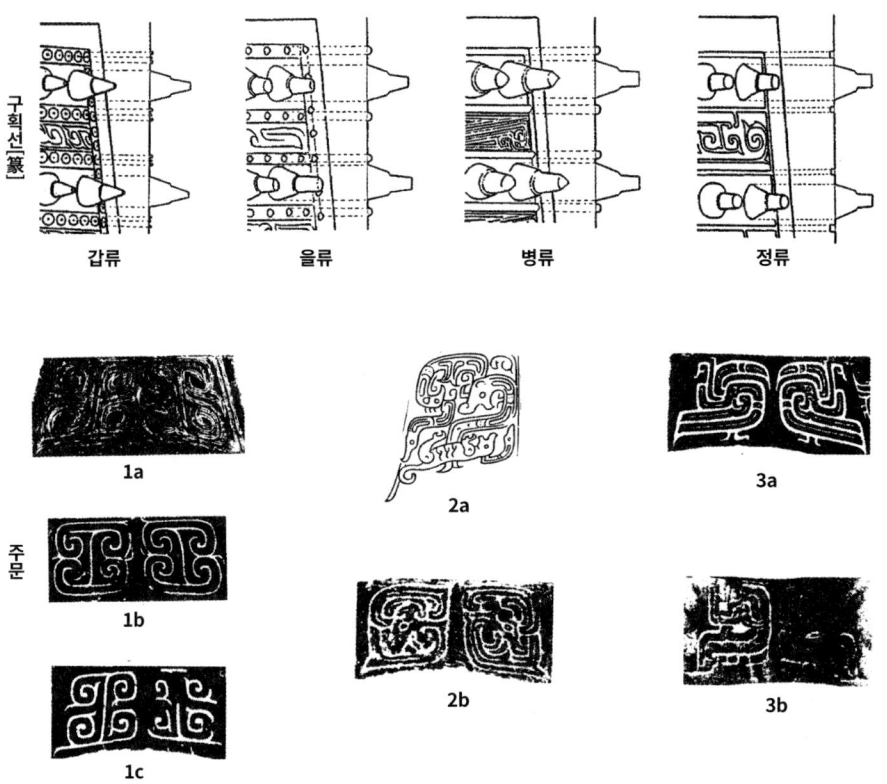

그림108. 용종의 속성분류(長澤 2017: 도면2·3 수정)

시 기호 체계의 혼란을 방지하기 위해, 기 분류안인 주문主文 1류의 익문羽文을 A식으로, 주문 2류인 훼룡문虺龍文을 B식, 주문 3류인 고수조문顧首鳥文을 C식으로 조정하였다. 이를 바탕으로 구획선문의 분류와 조합하여 필자의 형식안을 제시하였다.

먼저 A식의 형식설정을 살펴보면, 갑류 1a류와 을류 1a류가 예자산[葉家山] 111호묘와 타허커우[大河口] 1017호묘에서 공반되는 점에 주목해, 두 형식은 동시기라고 판단할 수 있다. 이에 따라 A식과 조합되는 갑류 1a류→Aa1식, 을류 1a류→Aa2식, 병류 1a류→Aa3식으로 정리하였다. 또한 주위안거우[竹園溝] 7호묘에서 확인된 일괄 자료를 통해 을류 1b류→Ab1식, 병류 1b류→Ab2식으로 조합하였다. 마찬가지로 병류 1c류→Ac1식, 정류 1c류→Ac2식으로 조합하였다. B식은 갑류인 2a류→Ba식으로 병류인 2b류→Bb식으로, C식은 병류 3a류→Ca1식, 병류 3b류→Ca2식, 정류 3a류→Cb식으로 조합하였다.

분명한 것은 A식과 B·C식은 각각 조합양상에서 차이를 보인다. 구획선의 변천 방향인 갑류에서 정류로의 변화과정에서는 A식과 C식의 출현 시기에 시간차가 존재하는 반면, B식은 A식과 C식의

표15. 서주기 용종甬鐘의 속성 상관표

	1a류	1b류	1c류	2a류	2b류	3a류	3b류
甲류	○						
乙류	○	○		○			
丙류	○	○	○		○	○	○
丁류		○	○			○	

중간 시점에 위치한다. 이를 바탕으로, 앞서 설정한 형식을 일괄유물(표16)과 비교하여 묘장 단위의 연대관을 근거로 정리한 편년이 그림109이다. 주원周原의 교장窖藏에서도 용종甬鐘이 출토되었으나, 교장窖藏에서 출토된 청동기들은 연대적으로 일괄성에 대한 의문이 제기되므로, 여기에서는 제후묘 등 묘장 단위에서 출토된 일괄유물을 기준으로 삼아 편년을 검토하고자 한다.

　최근 서주 전기 후반~중기 전반 단계에 해당하는 이른 시기의 묘장 내 용종甬鐘이 발견되었다. 그 중 하나가 산시성 이청[翼城]현 타허커우[大河口] 1017호묘의 용종甬鐘이다. 3점이 출토되었는데, Aa1식(그림109-1) 1점과 Aa2식(그림109-2) 2점으로 이루어져 있다. 출토 시기는 서주 중기 전반단계로 평가된다(山西省考古研究所 외 2018). 또한 후베이성 수이저우[随州]시 예자산[葉家山] 111호묘에서도 Aa1식 2점과 Aa2식 2점이 출토되었으며, 박鎛1점이 공반되었다. 예자산[葉家山] 111호묘는 예자산 무덤군 중 가장 늦은 제후묘로(張昌平 2013), 소왕昭王기(湖北省博物館 외 2013)에 해당하는 서주 전기 후기 단계로 평가된다.

　Ab1식과 Ab2식은 서주 전기 후반 단계인 주위안거우[竹園溝]7호묘에서 출토되었다(廬連成·胡智生 1988). 이를 연대적으로 정리하면, Aa1·Aa2식의 출현과 함께 곧바로 Ab1·Ab2식이 등장한 것으로 볼 수 있다. Ac1식은 장자포[張家坡] 163호묘(中国社会科学院考古研究所編 1999)나 톈마-취춘[天馬-曲村] 7092호묘(北京大学考古学系商周組·山西省考古研究所 2000)에서 출토되었으며, 서주 중기 후반 단계로 평가된다. Ac2식은 베이자오[北趙] 8호묘(北京大学考古学系·山西省考古研究所 1994)에서 출토되었으며, 서주 후기 전반 단계에 해당한다.

　또한 Ba식은 산시성 취춘[曲村]베이자오[北趙] 64호묘(그림109-4, 山西省考古研究所·北京大学考古系 1994)에서 출토되었으며, Ca식은 베이자오[北趙] 93호묘(그림109-6, 北京大学考古学系·山西省考古研究所 1995)에서 출토되었는데, 서주 후기 후반 단계에 해당하는 것으로 평가된다.

　B·C식은 나가사와 아야[長澤文彩]의 분석에 따르면, 3음계의 화음을 형성하는 특징을 갖고 있다. 반면 A식에서는 이러한 화음이 형성되지 않는다(長澤 2017). 3음계의 화음은 이후 편종에서 본격적으로 등장하며, 화음의 음계 체계가 시작되는 기점이 된다. 그 시기를 고려할 때, 서주 후기에는 이미 3음계가 출현했음을 알 수 있다.

표16. 서주기 묘장 출토 용종 집성표

무덤명	종鐘형식	수량	연대	출전
葉家山M111	Aa1	2	西周前期後段	湖北省文物考古研究所 외 2013
葉家山M111	Aa2	2	西周前期後段	湖北省文物考古研究所 외 2013
大河口M1017	Aa1	2	西周中期前段	山西省考古研究所 외 2018
大河口M1017	Aa2	1	西周中期前段	山西省考古研究所 외 2018
竹園溝M7	Ab1	2	西周前期後段	盧連成 · 胡智生 1988
竹薗溝M7	Ab2	1	西周前期後段	盧連成 · 胡智生 1988
茹家莊M1乙	Aa2	2	西周中期後段	盧連成 · 胡智生 1988
茹家莊M1乙	Aa3	1	西周中期後段	盧連成 · 胡智生 1988
張家坡M163	Ac1	2	西周中期後段	中国社会科学院考古研究所編 1999
張家坡M163	?	1	西周中期後段	中国社会科学院考古研究所編 1999
北趙M8	Ac2	2	西周後期前段	北京大学考古学系 · 山西省考古研究所 1994
北趙M64	Ba	1	西周後期後段	山西省考古研究所 · 北京大学考古学系 1994
北趙M93	Ca2	2	西周後期後段	北京大学考古学系 · 山西省考古研究所 1995
梁帶村M27		8	春秋前期	陝西省考古研究院 외 2007
梁帶村M28	Ac2	8	春秋前期後段	陝西省考古研究院 외 2010

표16에서 볼 수 있듯이, 타허커우[大河口] 1017호묘, 주위안거우[竹園溝] 7호묘, 루자좡[茹家莊] 1호 을乙묘, 장자포[張家坡] 163호묘에서 출토된 서주기의 용종甬鐘은 모두 3개를 한 세트로 구성하고 있다. 이를 통해 서주 후기에는 화음을 이루는 3음계가 형성되었던 것을 알 수 있다(長澤 2017).

중원지역에서 가장 이른 용종甬鐘인 Aa1식이나 Aa2식에서 볼 수 있는 선旋과 매枚는 앞서 언급한 서주 전기까지 존속하는 청동요鐃에서는 확인되지 않는다. 따라서 용종의 기원은 남방의 대형요鐃 II 식과 III식(그림107)에서 찾을 수밖에 없다.

그런 점에서 서주 전기 후반단계 타허커우[大河口] 1호묘의 IVb식 청동요鐃는 남방의 대형요鐃에서 선旋이 도입한 최초의 사례로 볼 수 있다. 또한, Aa1식과 Aa2식 구획선[篆]의 문양 구성은 장시[江西]성 다양저우[大洋洲]에서 출토된 대형요鐃 IIIa식(그림107-3)과 후베이성 양신[陽新]현 류룽산[劉榮山]에서 출토된 대형요鐃 IIIb식(그림107-6)과 유사한 특징을 보인다. 특히 예자산[葉家山] 111호묘는 같은 후베이성 류룽산[劉榮山]과 지리적으로도 가까운 위치에 있어, 이러한 대형요鐃를 모방하면서 용종甬鐘이 출현했을 가능성이 높다. 반면 용종甬鐘에서 볼 수 있는 간幹은 남방의 대형요鐃鐃에는 존재하지 않는다. 그러나 서주 전기의 청동요鐃에서는 상대 후기에 보이지 않는 간幹이 새롭게 등장하고 있다(그림105-8).

산시성 이청[翼城]현 타허커우[大河口] 1017호에서도 Aa1 · Aa2식 용종甬鐘이 출토되었지만(그림109-

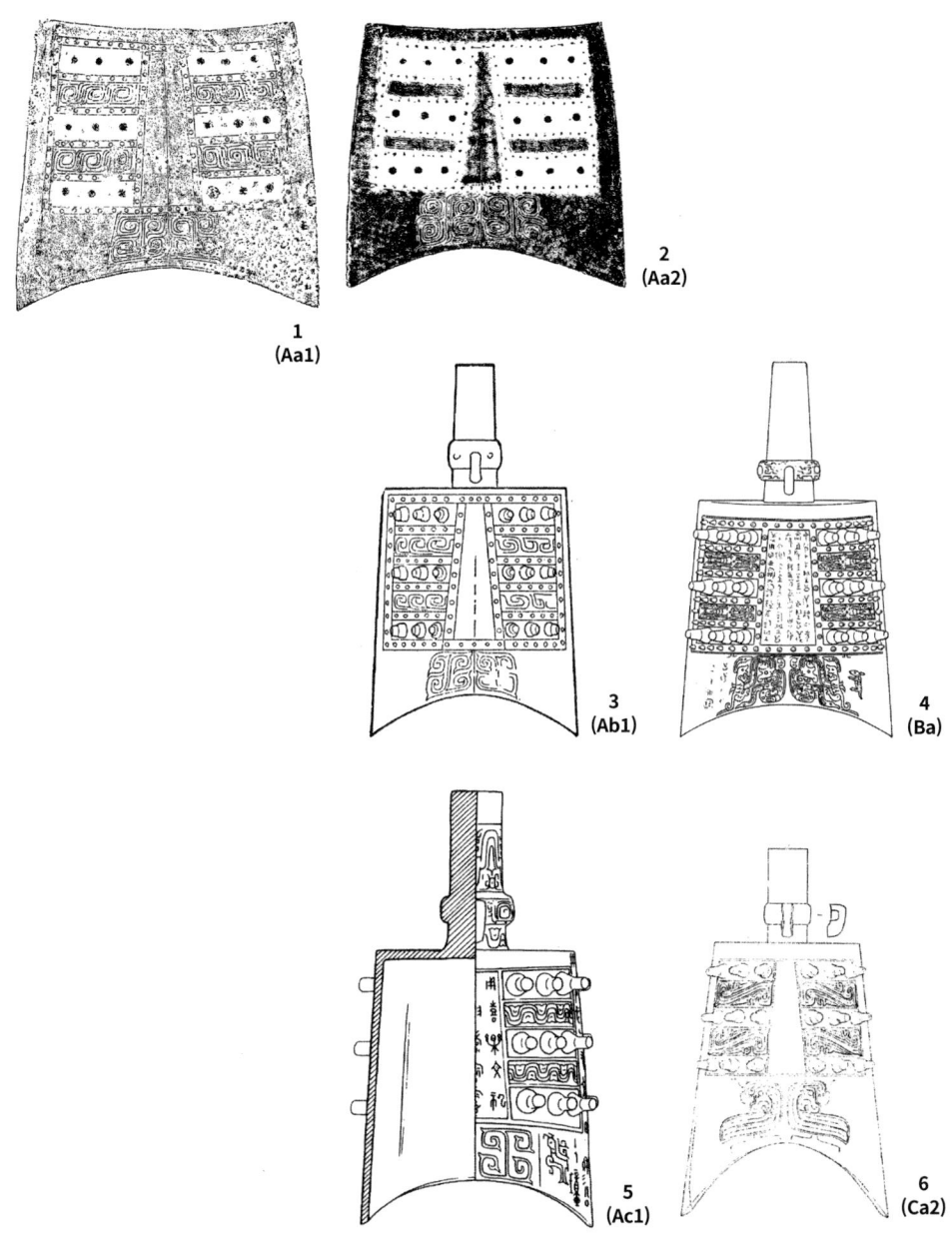

그림109. 용종의 형식분류와 변천도(1·2: 타허커우 1017호묘, 3: 루자좡[茹家莊] 1호묘, 4: 베이자오[北趙] 64호묘, 5: 장자포[張家坡] 163호묘, 베이자오 93호묘, ※축척 1/6)

1·2), 같은 타허커우[大河口]무덤군 내 1호묘에서는 간간을 가진 소형 청동요鐃 3점이 출토되었다(毛悦·謝弎亭 2018; 山西省考古研究院 외 2020). 이 청동요鐃은 단선의 테두리선을 갖는 IVb식 청동요鐃(그림105-9)이다. 이 밖에도 서주 전기인 주위안거우[竹園溝] 13호묘에서 출토된 Id식 청동요鐃(그림105-8)도 간간

을 가지고 있는 것으로 확인되었다.

타허커우[大河口]무덤군(山西省考古研究所大河口墓地連合考古隊 2011)의 서주 전기 후반단계인 1호묘에서는 상대 후기 이후의 청동요鐃가 매장되고, 서주 중기 전반 단계인 1017호묘에서는 용종甬鐘이 부장되고 있다는 점이 흥미롭다. 1호묘와 1017호묘 사이 어느 시점에 청동요鐃에서 용종甬鐘으로 기형이 크게 변화했음을 알려준다. 즉, 중원의 용종甬鐘은 상대 후기 이후의 청동요鐃와 남방의 대형요鐃가 융합하는 형태로 탄생했을 가능성이 크다.

또한 표16에도 제시된 바와 같이, 서주 전기 후반 단계 이후의 용종甬鐘은 3개를 단위로 무덤에 매장되는 사례가 많다. 형태나 문양, 그리고 매달아 사용한다는 기능의 전환은 남방 대형요鐃의 영향을 강하게 받았을 가능성이 높다. 그러나 매달기 위한 끈을 연결하는 간幹은 서주 전기의 중원지역에서 발명된 것으로 보인다. 게다가 3개 단위의 세트 구성 방식은 상대 후기 이후의 중원의 전통이라고 할 수 있다.

용종甬鐘은 표16에서 볼 수 있는 것처럼 주로 제후급 대형묘에서만 부장되었다. 이는 주원周原지역의 교장窖藏에서도 확인되는 현상으로, 왕기王畿 내의 귀족만이 소유할 수 있는 위신재로 기능했음을 시사한다. 앞서 언급한 것처럼 서주 후기에는 3음계의 화음이 확립되었으며, 본격적인 편종 기능이 등장하게 된다(長澤 2017). 이는 서주 후기의 예제개혁禮制改革과 관련된 변화라고 할 수 있다. 다음 절에서 기술하겠지만, 예제禮制 계혁과 악樂이 확립된 것도 서주 후기의 중요한 변화 중 하나라고 볼 수 있다.

그렇다면 서주 전기 후반단계, 왜 용종甬鐘이 서주 왕조에서 사용되었을까? 고서 『竹書紀年』에 따르면, 「周昭王十六年、伐楚荊、涉漢、遭大兕」라고 기록되어 있다. 이를 통해 서주 전기 후기단계에 소왕昭王이 한수漢水를 넘어 창[長]강 중류 유역의 여러 세력을 토벌한 것을 알 수 있다. 이른바 '소왕昭王의 남정南征'이라는 불리는 것인데, 서주의 청동기 금문金文에서도 이 사실이 확인되며, 그 주요 거점은 증曾과 악鄂이었다고 한다(佐藤 2016). Aa1·Aa2식 용종甬鐘이나 박鎛이 출토된 예자산[葉家山]111호묘는 금문 내용을 통해 증曾나라와 관련이 있음을 보여준다. 소왕昭王의 남정 대상은 대형요鐃가 출토된 후베이성 양신[陽新]현 류룽산[劉榮山](그림107-1·6) 등 증曾나라와 악鄂나라 인근 남쪽 지역이었다. 이러한 남방 지역을 서주 왕조의 영역[版圖]에 편입함으로써, 왕의 권위를 높이고 국정을 안정시키는 것이 목표였을 가능성이 크다. 또한 이 지역을 정복하므로서 동자원銅資源을 획득하려는 목적도 있었을 것이다(佐藤 2016).

이후 이 지역 사람들을 통치하기 위해 지역 내 제사구祭祀具였던 대형요鐃를 주周나라의 제사로 편입함으로써, 기존 남방 세력을 자신의 제사 체계 안에서 통합하는 방식으로 백성을 다스렸을 것으로 추정된다. 이는 제사를 공유함으로써 주周왕을 중심으로 하는 조상제사의 틀에 편입시키는 전략이었다. 이러한 방식은 동조동족 관계에 포함시키는 지배원리가 작용하였음을 의미한다.

이러한 방식은 제9장에서도 언급한 바와 같이, 얼리터우문화에서 얼리강문화로 변화하는 과정에서 통치영역이 점차 확대되고, 새로운 통치 영역의 제사 도구가 도입되면서 보다 광범위한 통치가 가능해졌다는 점에서 같은 원리를 따른다. 즉, 같은 조상 아래로 편입된 동조동족의 제사의례를 통해 지배 체계의 확립이라는 의미를 가지게 되는 것이다.

한편, 예자산[葉家山] 111호묘를 예자산[葉家山]무덤군의 가장 이른 단계로 보고, 강왕康王기라고 해석하는 견해도 있다(張天恩 2016). 만약 이 연대관이 타당하다면, 서주 전기 강왕康王대부터 증曾나라의 남쪽에 접하는 양신[陽新]지역의 이적夷狄을 편입시키기 위해 용종甬鐘을 도입하기 시작하였다고 볼 수 있다. 이후 소왕昭王대에 다시 남정하여 이 지역을 자신의 제사 체계로 통합시켰다고 해석할 수도 있다. 이것이 타허커우[大河口] 1017호묘와 주위안거우[竹園溝] 7호묘에서 출토된 용종甬鐘이 중요한 이유이다.

4. 주周대의 예제禮制 개혁

서주西周의 시작은 봉건제를 기반으로 토지와 백성을 하사하여 주周왕과 제후의 군신 관계를 형성하는 동시에, 주왕을 중심으로 한 조상제사를 통해 동조동족 관계를 맺는 상商대 제의국가의 이중 체제로 이루어져 있었다. 그렇지만, 5대를 거친 서주 중기로 접어들면서, 느슨한 친족적 군신관계가 형성되었고, 이러한 관계의 붕괴는 서주의 왕권을 위협하는 요소가 되었다(ファルケンハウゼン 외, 吉本 역 2006).

이처럼 서주시대에 주왕과 제후, 귀족 간의 군신 관계를 지속적으로 유지하고자 했던 노력은 금문金文자료를 통해서도 확인할 수 있다. 책명금문冊命金文의 존재로 보아, 적어도 서주 중기 이후에는 관료적 요소가 존재하였음을 알 수 있다(吉本 2005). 서임叙任의 형태로 군사·의례와 관련된 다양한 관직이 내려졌다(松井 2002). 그리고 외제후外諸侯-내제후內諸侯-분족分族이라는 혈연적 유대 구조 속에서, 왕이 직접 관직을 서임叙任했으며, 이러한 관직은 개인에게만 주어진 것이 아니라, 그 일족 전체에게 부여된 것이었다(小南 2006).

책명冊命은 왕이 제후나 귀족에게 서임하는 행위로, 토지와 백성을 안정[安堵]시키는 왕권 의례였다. 서기관을 통한 책명 행위는 궁궐 안에서 제도화된 공식적인 의식이었다(小南 2006). 즉, 서주 초기에 시작된 주왕周王의 토지와 백성의 하사라는 군신君臣 관계가, 서주 이후에는 서임叙任행위를 통해 더욱 제도화된 것이다. 서주 중기 이후 책명冊命을 의례행위에 수반함으로써 좀 더 제도화된 왕권의 유지를 도모하였던 것으로 생각된다. 이처럼 왕권을 유지하는 구조로서 책명의례冊命儀禮가 서주 중기에 등장하게 된 것이다. 이를 시행하기 앞서 왕권 강화와 동자원銅資源의 확보를 위한 목적으로 창

[長]강 중류 유역으로의 외정外征이 필요하였다.

나아가 청동기 양식의 큰 전환이 서주 중기에 시작되었으며, 그 변화가 완성되는 시기가 서주 후기이다. 작爵과 고觚 등 음주기飮酒器가 사라지고, 그 대신 호壺(그림110-2)가 주요 기종이 된다. 또한 취사용기인 정鼎(그림110-1)이나 성식기盛食器인 궤簋가 중심을 이루게 된다. 특히 부장품인 정鼎과 궤簋의 수량이 제후급의 지위와 연동되는 열정列鼎·열궤列簋 제도制度(用鼎制度)가 시작되는 시점은 서주 후기이다(楊琳 2019). 그리고 서주 후기에는 왕조 중심의 왕기王畿와 제후국 간에 제사 행위의 명확한

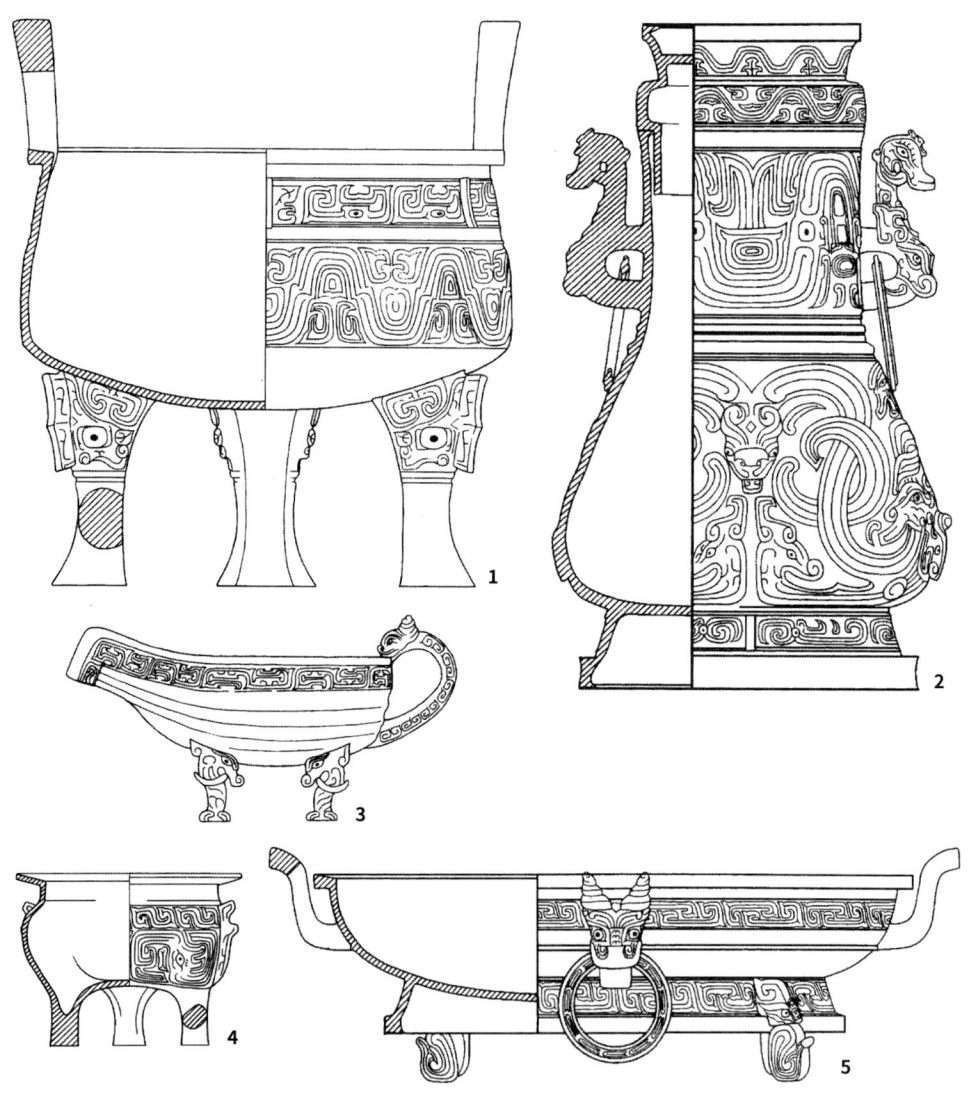

그림110. 양자춘[楊家村] 청동기 교장窖藏 출토 서주 후기 청동기

차이가 생긴다(角道 2014).

편종을 포함한 서주 후기의 새로운 청동기양식(그림110)의 확립은 단순한 기종의 변화가 아니라, 예제禮制 개혁을 의미한다. 이는 팔켄하우젠Falkenhausen이 말하는 서주 후기 예제개혁이다(ファルケンハウゼン 외, 吉本 역 2006). 또한 용종甬鐘에서 볼 수 있는 3음계의 화음은 후대 편종編鐘의 원형으로 작용하며, 서주 후기에는 예악禮樂 제도가 시작되었다고 할 수 있다. 결국 예악禮樂이라는 제도가 확립된 것도 서주 후기 예제禮制 개혁의 중요한 결과물이라고 할 수 있다.

서주 후기 이후 왕권의 약화는 책명의례冊命儀禮만으로는 실질적인 토지나 백성의 재분배가 이루어질 수 없다는 봉건 체제의 한계에서 비롯되었다. 이러한 시스템은 지속적으로 유지할 수 없음을 보여주는 동시에, 새로운 계층 기반의 상대적인 부상에 따른 변화를 반영하는 것이었다. 즉 제후계층의 자립적 성장과 함께 왕권을 대체하려는 패권 투쟁이 시작되는 단계라고 할 수 있다.

서주 후기에는 산시[陜西]성 메이[眉]현 양자춘[楊家村]유적의 청동기 교장窖藏에서 출토(陜西省考古研究所·宝鷄市考古工作隊·眉県文化館聯合考古隊 2003)된 래반逨盤(그림110-5) 명문이 중요한 사료로 등장한다. 이 명문에는 단單 씨족이 주 왕조가 은나라를 정복하기 이전인, 문왕文王 단계부터 서주 왕조의 각 세대의 왕들에게 공헌해 왔다는 사실이 기록되어 있다. 이는 청동기 제작자인 '래逨'가 단單 씨족의 정통 후계자임을 강조하려는 목적이 있었으며, 나아가 귀족계층의 씨족적 재통합이 이루어지는 단계였음을 보여준다. 또한 상대적으로 하위에 있던 귀족층에서도 가계의 정통성을 강조하는 경향이 나타났으며, 이러한 흐름 속에서 귀족 계층 내부에서도 상대적인 계층 상승이 이루어졌음을 알 수 있다. 서주 초에 볼 수 있었던 주왕을 중심으로 한 조상제사에 편입될 필요성이 점차 사라지면서, 개별 씨족의 조상제사가 더욱 중요하게 부각되었다.

춘추春秋시기는 각 제후들이 개인으로서 패권을 다투던 시기로, 왕권이 약화되었음에도 불구하고, 하위 계층의 상대적 상승이 있었던 시기였다. 관련하여 천제天帝가 왕을 거치지 않고 직접 제후에게 명을 내렸다는 내용이 기록된 금문金文이 등장한 것도 이러한 사회적 변화의 한 단면을 보여준다(小南 2006). 춘추 전기의 진공궤秦公簋의 명문에는 이러한 기록이 남아있다. 이 시기의 청동이기彝器의 조합은 서주 후기의 예제 개혁을 기반으로 형성되었다. 취기炊器인 정鼎(도면111-1)이나 언甗(도면111-2), 성식기盛食器인 궤簋(도면111-6)나 보簠(도면111-5), 수기水器인 호壺(도면111-7)가 주를 이루었다. 이러한 청동이기들을 이용하여 각 씨족별 조상 제사가 이루어졌던 것이다.

이 같은 청동이기彝器의 구성이 더욱 변화하는 시기가 춘추 중기이다(林 1984; 江村 2000). 이 시기에는 돈敦, 개두蓋豆, 감鑑 등의 새로운 기종이 추가되었으며, 서주 후기 예제禮制 개혁 이후 청동기 조합의 확장을 의미한다. 이러한 변화가 팔켄하우젠이 기원전 600년경의 춘추 중기 의례 재편이라고 부르는 것이다(ファルケンハウゼン 외, 吉本 역 2006). 춘추 중기 예제禮制의 재편은 더 하위 계층인 사士계층이나 신흥 사士계층까지 포함하는 새로운 예제의 시작을 의미한다(江村 2000).

그림111. 춘추 전기의 청동이기(梁帶村 26호묘, ※축척 1/6)

그런 의미에서 춘추 후기, 특히 진晉나라를 중심으로 등장하는 맹서盟書는 주맹자主盟者인 국군國 君(諸侯)의 조상제사를 통해 맹盟에 복종하는 형태를 띠었다. 경卿 이하 귀족층의 계열화와 그 정통성 을 보여주는 중요한 의례적 요소였다(江村 2000). 이러한 체계는 은殷나라와 서주西周에 보였던 의제적 擬制的 혈연관계를 의식화하여, 귀족층 이하의 정치적인 계열화나 결속을 유지하는 사회 시스템이라 고 볼 수 있다. 서주 후기 이후, 주 왕권이 점차 약화되면서 하층 계층에서도 사회적 계층 상승을 지 향하는 경향이 나타났다. 이러한 변화는 예제라는 형태를 통해 사회 질서에 편입되는 방식으로 구현 되었다. 그러나 이러한 경향과 별개로, 하층 계층 내부에서는 조상제사가 집단 내부의 결속을 위한 중요한 요소로 기능하였다. 즉 하층 계층은 조상제사를 통해 집단의 정체성을 강화하고 내부적 결속 을 다지는 방식을 취한 것이다.

5. 정리

서주시대의 주왕과 제후, 제후와 가신 간의 관계는 토지나 백성을 매개로 한 하사 관계로 유지되 었다. 이러한 관계는 상 왕조 말기의 금문金文의 기록이나, 앞선 얼리터우 4기에 보이는 청동이기彝 器의 배포 관계와 유사하며, 질적으로도 큰 변화 없이 지속된 것으로 보인다. 서주 금문金文에 나타 난 봉건은 토지와 백성을 제후에게 하사하여 영지領地를 안정적으로 유지한다는 점에서 더욱 체계적 이고 제도적인 통치 시스템이라고 볼 수 있다. 그러나 상商대에도 이러한 토지와 백성의 보장保障 체 계가 존재했을 가능성이 크다. 아마도 상왕조에서는 하사 관계뿐만 아니라, 왕권 중심의 조상제사에 참여하는 의제적擬制的 혈연관계를 통해 종교적 결속을 강화하였을 것이다. 이러한 왕권의 조상제사 참여[參画] 체계는 서주 전기에도 유지되었으며, 토지와 백성을 매개로 한 군신 관계인 봉건제와 함 께 이중 체제를 이루는 것이 서주 전반기의 사회시스템이었다.

또한 서주기의 봉건제나 서주 중기 이후의 서임敍任 의례에 해당하는 책명冊命 의례는 왕족과 제 후, 귀족의 씨족 관계를 안정적으로 유지시키기 위한 의례 중 하나였다. 책명의례는 단순히 개인에 게 주어지는 것이 아니라 씨족 전체를 대상으로 한 제도적 장치였을 것으로 판단된다.

서주 후기, 왕권의 약화를 극복하기 위해 새로운 예제禮制가 확립되었으며, 이에 따라 상대 후기 이래의 청동이기彝器는 정鼎, 쌍이궤雙耳簋, 호壺라는 기종을 중심으로 재편되었다. 이러한 변화 속에 서 청동이기彝器들은 기존의 주왕을 중심으로 이루어지던 조상제사에서, 제후나 귀족 등 씨족단위 [族單位]의 조상제사로 점차 이행되어 갔다. 또한 제후 이하의 계층 질서를 나타내기 위한 열정列鼎· 열궤列簋제도(用鼎制度)와 같은 「예禮」가 마련되었으며, 이를 통해 사회적 위계가 더욱 명확히 구분되 었다. 더불어 화음을 연주하는 편종編宗 같은 「악樂」이 도입되면서 새로운 사회질서가 확립되었다.

주왕의 왕권 약화 속에서 상대적으로 제후의 권력이 강화되었으며, 이는 결국 제후 간 패권 투쟁을 격화시키는 결과를 초래하였다. 춘추기의 멸국滅国은 이러한 패권 투쟁 과정에서 제후 간 재편성과 새로운 계열화가 이루어지는 현상이라고 볼 수 있다. 특히 춘추 중기의 의례儀禮 재편은 기존의 제후 중심 질서에서 하위 집단인 사士계층을 포함한 예禮 질서로 전환되는 과정이었다. 춘추 후기부터는 제후 하위 가신家臣들이 계층적 상승을 지향하면서, 그들 사이에서도 새로운 패권 투쟁이 발생하였다. 이 단계에서도 정치적 유대는 기존부터 존재하던 씨족 간의 조상제사를 통해 계열화되며 유지되었다. 그것이 진나라에서 볼 수 있는 맹서盟書였다고 할 수 있다.

이처럼 전형적 초기국가는 서주 후기를 다시 전반과 후반으로 구분할 수 있다. 하지만 씨족의 조상제사에 의한 계열화라는 측면에서는 기본적인 통치시스템에 큰 변화가 없었다고 볼 수 있다. 즉, 춘추 중기의 의례儀禮 재편을 포함하여 하위 계층 상승이 지속적으로 이루어졌음에도 불구하고, 통치 원리 자체는 여전히 씨족 간 조상제사를 통한 계열화에 기반하고 있었다. 기존의 계열적 구조가 새로운 정치세력에 의해 재편되는 과정을 반복할 뿐 그 근본적인 원리는 그대로 유지되었다고 할 수 있다.

이러한 상황에서 기원전 6~5세기에 주조鑄造 철기의 개발과 탈탄脫炭[4] 처리를 통한 철제 농경구의 등장은 농경지의 개척을 촉진하고, 생산력의 확대를 야기하였다(宮本 2015b). 이러한 농업생산력 증대는 신흥 농민층이나 상인 등 도시 주민의 발생을 촉진하였으며, 이는 새로운 정치 시스템의 필요성을 야기하였다. 이같은 변화 속에서 전국 후반기에 등장하는 중앙집권적 관료 체제와 군현제郡県制가 발전하게 되었다. 이 단계가 추이적推移的 초기국가 단계에 해당한다(宮本 2007b). 나아가 농경지의 확대를 목표로 한 영역 확대 정책과 함께 대규모 전투가 지속적으로 발생하였다. 이 과정에서 전국칠웅戰国七雄으로 대표되는 여러 국가들이 서로 다른 형태로 중앙집권적 왕권을 형성하게 되었다.

한편, 이 시기에 초楚나라의 「筮祭禱記録」 죽간(岡村 2005) 등의 기록은 신흥 세력의 상승 지향과 사회적 독립 과정에서 '대부씨족大夫氏族'이라는 씨족적 유대 의식이 형성됨을 보여준다. 이는 단순한 의례 기록이 아니라, 권력기구의 재편과 함께 씨족적 단결과 재생산이 이루어지는 과정을 반영하는 것이다. 특히 이 시스템은 상주商周 이후 지속된 씨족적[族的] 결속이라는 관점에서 대부大夫라는 하층 계층까지 확장되는데, 이는 그들이 독자적으로 인재를 뽑을 수 있게 되었음을 의미한다. 반면 중앙집권화라는 정치 시스템의 큰 전환이 이루어지던 상황에서도 초楚나라 등의 지역에서는 사회의 하위 계층이 여전히 보수적[旧来的]인 사회시스템 속에서 유지되기도 하였다.

---

4) 역자 주) 탈탄脫炭은 주철鑄鐵의 조업 과정에서 철제품 속의 탄소炭素를 제거하여 일부 또는 전부를 강철화하는 과정을 의미한다.

이러한 재편 과정을 거쳐 진한秦漢통일제국이 등장하면서, 이른바 중앙집권적 체제가 더욱 제도화되고 개별 인신지배人身支配의 형태를 띠는 성숙成熟국가의 통치체제가 출현하게 되었다. 고고학적으로는 볼 때, 기원전 6~5세기 주조철기의 개발 이후를 '초기철기시대'라 규정할 수 있다. 이는 곧 청동기시대의 종말을 의미한다.

---

(1) 금문金文의 번역은 佐藤新弥 2016에 따른다.

(2) 금문金文의 번역은 佐藤新弥 2016에 따른다.

(3) 표14의 청동요경의 연대관은 常懷穎 2014에 따른다.

(4) 표16의 서주묘의 연대관은 주로 角道亮介 2014에 따른다.

제11장

주식周式동검과 파촉巴蜀청동기의 시작

1. 머리말

중국 청동기문화의 성립은 유라시아 초원지대를 거친 북방 청동기문화와 중원의 신석기시대 후기 상商으로 진화한 수장제 사회 간의 접촉이 중요한 역할을 하였다. 이러한 문화적 접촉과 함께 중원 청동기문화가 성립되었다. 중원 청동기문화에서는 복합 거푸집을 사용한 제례祭禮구의 주조가 가능해졌으며, 이로 인해 주조기술의 기원이었던 북방 청동기문화와는 다른 새로운 청동기문화가 확립되었다(宮本·白雲翔編 2009). 제7·8장에서 중원 청동기문화는 타오시[陶寺]문화에서 시작되었으며, 얼리터우[二里頭]문화에서 중국의 전통 규범인 「예악禮樂」의 기초가 되는 동령銅鈴과 청동이기彝器가 확립되었음을 확인하였다. 또한 이 청동기문화의 발전과정 속에는 상商왕조나 주周왕조의 청동기문화가 중요한 역할을 하였음을 제9·10장에서 정리하였다.

한편 유공부有銎斧나 유공과有銎戈와 같은 무기들은 본래 북방 청동기문화에 존재하던 것이었지만, 전쟁을 포함한 문화 접촉을 통해 상商나라의 청동기문화 속에 유입되었다(宮本 2000a). 즉, 중원 청동기문화와 북방 청동기문화는 서로 다른 두 사회 체계 속에서 공존하면서도, 상호 간 접촉을 통해 새로운 기술적 전환을 이루어 갔다고 할 수 있다.

주周 문화에는 서주西周 전기의 유인단경柳刃短莖동검이라 불리는 동검이 존재한다. 중원지역에서는 춘추시기부터 동검이 출현하며, 정형화된 중국식 동검이 등장하는 것이 춘추 후기이다(林 1972). 그러나 주周 문화에서 볼 수 있는 동검은 기본적으로 상商 등 중원지역에서는 존재하지 않는 특징을 지닌다. 따라서 필자는 이를 주식周式동검이라 명명하고자 한다. 주나라의 청동기문화는 중원의 주周 왕조뿐만 아니라, 그 주변지역에서 발생한 청동기문화까지 포함하는 개념이다. 이러한 주나라의 청동기문화가 북방 청동기문화와의 접촉하면서 주식周式동검이 만들어졌다는 견해(鐘少異 1994)도 있다. 여기서는 이를 바탕으로 논의를 진행하고자 한다.

북방 청동기문화는 중원 청동기문화를 형성하는데 중요한 역할을 하였을 뿐만 아니라, 요령식동검문화와 세형동검문화 등 동북아시아 청동기문화의 기원이기도 하였다(宮本 2000a). 또한 북방 청동기문화는 중국 서남부 청동기문화의 성립에도 영향을 주었다고 할 수 있다. 적어도 동티베트인 촨시[川西]고원 석관묘문화의 청동기는 북방 청동기문화와의 문화 접촉을 통해 성립하였음이 밝혀졌다(宮本·高大倫 編 2013). 이러한 연구는 동남아시아 청동기문화가 단순히 중원 청동기문화와의 관계 속에서 형성되었다는 기존의 관점에 대해 새로운 시각을 제공한다. 동남아시아 청동기문화의 형성과정이 유라시아 초원지대 초기 청동기문화(세이마-투르비노문화)가 영향을 받았다고 보는 최근 서구 연구자들(White & Hamilton 2009)의 관점을 뒷받침하는 중요한 증거를 제시한 것이다.

제III부에서 논하겠지만, 동티베트지역인 촨시고원의 석관묘 청동기문화가 북방 청동기문화와 접촉했다는 증거로는, 우선 그 연대가 적어도 상商대 병행기로 상향된다는(宮本·高大倫編 2013) 점을 들 수 있다. 예를 들어 쓰촨[四川]성 간쯔[甘孜] 티베트 자치주 루휘[炉霍]현 카사후[卡莎湖]석관묘에서는 유공과가 출토되었는데, 그 연대가 상商대로 상향될 수 있다는 점(宮本 2013a)은 근거 중 하나이다.

또한 야룽[雅礱]강과 다두[大渡]하 유역에는 촨시[川西]식 동과라고도 부를 수 있는 카라수크식 동검과 유사한 곡병曲柄의 동과가 출토되고 있다(宮本 2013a). 그림112와 같이 북방 청동기에 전형적인 곡병曲柄동검인 카라수크식 동검(그림112-1)이 적어도 상대 후기와 병행한다는 점을 고려하면(宮本 2000c; 宮本編 2008), 그림112와 같이 곡병曲柄식의 카라수크식 동검을 바탕으로 동과로 변화된 것임은 명확하다(宮本 2013a).

즉, 카라수크식 동검(그림112-1)의 기부 한쪽을 잘라낸 것(그림112-2)이 촨시식 동검(그림112-3)의 가장 이른 형태로 연결되는 것이다. 이 경우 카라수크식 동검의 형태를 기초해 과戈로 전환되었기 때문에 검신과 자루 경계의 격格부분도 퇴화되어 사라지게 된다. 그림112-3을 보면, 검신의 등대부분이 그대로 남아있는 동시에, 카라수크식 동검과 마찬가지로 검신 부분은 등대를 중심으로 좌우 대칭에 가까운 형태를 유지하고 있음을 확인할 수 있다.

그러나 그림112-4와 같이 변화가 진행되면서, 기부의 잘려나간 부분의 폭이 더욱 좁아지게 되며, 등대도 점차 퇴화된다. 이를 통해 카라수크식 동검에서 촨시식 동과로의 일련의 변화방향을 설명할 수 있으며, 북방 청동기문화인 카라수크식 동검을 바탕으로 촨시고원에서 동과로 전환되어 간 과정을 이해할 수 있다. 북방 청동기문화는 지역의 성

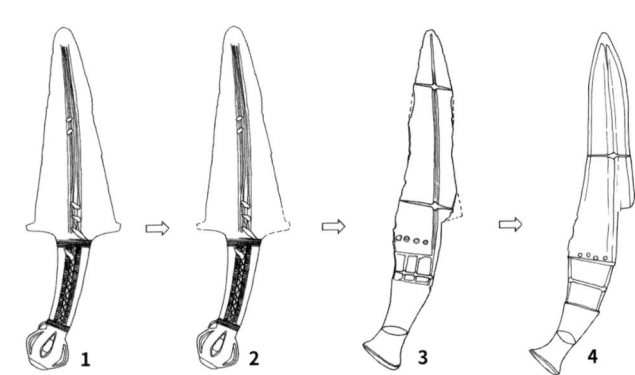

그림112. 카라수크 공병동검에서 촨시[川西]식 동검으로의 변천 모식
(1·2: 도쿄국립박물관 소장, 3: 치무린쭈[漆木林組], 4: 카사후[卡莎湖] M219)

향에 맞춰 변용되었으며, 이후 더욱 혁신적으로 발전해 갔다. 이러한 환시식 동과는 이후 명기明器화되었으며, 기원전 13~11세기 루훠[炉霍]현 양얼룽[晏爾龍]무덤군의 출토품을 보면, 잘려나간 기부의 단段부분이 점차 흔적기관처럼 형해화形骸化되는 변화를 보여주고 있다(宮本 2013a).

청동기의 명기화는 단순히 무기로서의 기능 변화라기보다는 특정 사회에서 상징적 의미를 지닌 표식으로 사용되었음을 보여준다. 또한 이 청동기 무덤군은 모계 사회일 가능성이 제기되고 있음에도 불구하고(田中 2013), 이 동과는 남성만의 부장품이라는 점이 중요하다. 이는 청동기가 남성이 혼인을 통해 새로운 집단으로 편입될 때, 해당 집단에 대한 귀속 표식으로서의 역할을 수행하였음을 시사한다. 즉, 청동기 생산은 단순한 기술적 발전을 넘어, 당시 사회적 요구 속에서 점차 확산되어 갔던 것으로 추정된다(宮本 2013a). 환시고원에서는 청동기와 함께 석관묘라는 묘장구조 역시 북방 청동기문화와의 문화적 접촉 속에서 시작되었다.

한편, 상대 후기와 병행하는 시기에 관중関中의 청구[城固]를 통해 선주先周문화와 접촉도 이루어졌다. 이러한 문화적 교류는 루훠[炉霍]현 양얼룽[晏爾龍] 8호 석관묘에서 확인되는 중원식 동과나 동촉에서 확인되는 특징이다(宮本·高大倫編 2013). 나아가 기원전 9~8세기에는 루훠[炉霧]현 선라쭝[呷拉宗] 15호묘에서 출토된 북방계 거울의 등대 문양을 통해 이러한 문화적 융합이 더욱 뚜렷하게 확인된다. 거울의 형태는 북방 청동기문화의 계보를 따르고 있지만, 문양은 조문鳥文으로서 서주西周 즉 주周문화의 영향을 명확하게 반영하고 있다(宮本 2013a).

이처럼 동티베트 지역은 북방 청동기문화와의 접촉 속에서 청동기문화가 성립하였지만, 상商대 후기 이후에는 점차 주周문화의 영향을 받는 등 다양한 특징이 조합된 청동기문화를 형성하고 있음을 보여준다. 그런 의미에서 청두[成都]평원부터 환시고원까지 이어지는 파촉巴蜀 문화의 성립이 주목된다. 먼저, 북방 청동기문화와의 관계 속에서 발생하였을 주식周式동검은 청두평원부터 환시고원까지 유사한 형태가 확인된다. 이러한 동검들은 파촉巴蜀식동검(町田 2006a)이나 파촉유엽巴蜀柳葉형검(江章華 1996)으로 불린다.

이 장에서는 주식周式동검과 파촉巴蜀식동검의 기원 및 계보 관계를 지역성을 중심으로 한 새로운 관점에서 재검토하고자 한다. 전형적인 파촉식 동기의 하나로 '파촉식동과'가 있다. 최근 환시고원의 쓰촨[四川]성 야장[雅江]현 자오니바오[脚泥堡] 1호묘에서 출토되었는데, 이 유물의 연대는 기원전 8~7세기까지 상향될 수 있음이 밝혀졌다(宮本 2013a). 이러한 새로운 연구 성과를 바탕으로 주周문화와 파촉巴蜀문화의 관계를 분석하고, 파촉문화의 출현 과정에 대해 재고해 보고자 한다.

2. 주周식동검

중국식 동검의 가장 이른 사례는 서주 후기부터 춘추 전기에 등장하며, 정형화된 중국식 동검(桃

氏劍)이 출현하는 것은 춘추 후기인 기원전 6세기부터이다(林 1972). 동검은 서주 후기 중원 세계에서 정착되었으며, 장난[江南]지역에서 더욱 발달한다. 이는 장난[江南]지역의 지형적 환경이 백병전의 발달을 촉진한 것과 관련된다. 이른 시점에 발달한 장난[江南]의 동검은 후에 중원 세계에도 자극을 주어 정형적인 중국식 동검을 만들어내는데 영향을 미쳤다(町田 2006). 그러나, 이러한 중국식 동검이 출현하기 이전, 중원지역에서는 서주시대 주周의 영역을 중심으로 주식동검이 분포하였다.

주식동검은 크게 두 형태로 나뉜다. 하나는 유엽형 단검으로 불리는 것이고, 다른 하나는 기부에 인면이 시문된 인면문 단검이다. 주식동검을 분류한 장톈언[張天恩]에 따르면, 유엽형 단검을 A형, 인면문 단검을 C형으로 분류하고 있다(張天恩 2001). 그 외에도 B형과 D · E형이 제시되었는데, D · E형은 서주 후기의 형식이며 D형 검은 진秦식단검이라 명명되었다(張天恩 1995). E형은 D형과 관련된 형식이다. 이들은 북방 청동기문화와의 문화 접촉을 통해 발생한 청동단검으로 판단되므로(八木 2012), 본 장에서는 다루지 않는다. 또한 장톈언[張天恩]이 제안한 Ba형은 A형에 포함되는 것으로 판단되며, Bb형은 동과의 변종으로 볼 수 있어, 여기서는 분류 단위로 고려하지 않았다.

먼저 유엽형 단검에 대해 마치다 아키라[町田章]는 「유인단경柳刃短莖 동검」이라고 명명하고 있다(町田 2006a). 이에 따라, 본 장에서도 유인단경柳刃短莖 동검이라 칭하고자 한다. 이 동검은 서주 전기를 중심으로 주周의 중심 지역에 분포하고 있다. 또한 동시기의 동일한 분포권을 나타내는 인면문 단검을 추가하여, 새로운 형식 분류를 시도하고자 한다.

유인단경 동검은 크게 3형식으로 분류할 수 있다(그림113, 표17). 가장 이른 동검은 바이차오파[白草坡] 2호묘의 단검이다(그림113-1). 검신과 경부의 구별이 명확하며, 경부에는 못구멍이나 측면 고정용 치齒가 존재하지 않는다. 또한 검신과 경부의 경계가 예각을 이루고 있어, 주식동검 I식이라 명명한다. I식 동검의 분포는 표17에서 확인할 수 있듯이, 주周 영역의 서북부에 집중되어 있다.

한편, II식 이후의 형식은 한중漢中을 중심으로 주의 영역에 널리 분포한다. II식의 특징은 검신과 경부의 구별이 점차 애매해지면서 경부에 자루와의 장착을 견고하게 하기 위한 치상돌기齒狀突起가 확인된다는 점이다. 치상돌기가 2쌍인 것을 IIa식, 1쌍인 것을 IIb식으로 세분할 수 있다. IIb식 중에서는 못구멍이 하나인 형태가 있는데, 다음 단계인 III식의 경부에서도 못구멍이 존재한다는 점에서, IIa식에서 IIb식으로의 변화가 이루어진 후 III식으로 발전했음을 상정할 수 있다.

III식은 검신과 경부의 경계가 불명확해지며, 자루와의 장착을 더욱 강화하기 위해 경부에 못구멍이 추가된 것이다. 경부에 못구멍이 1개인 것을 IIIa식, 경부에 못구멍이 2개인 것을 IIIb식으로 세분할 수 있다. 또한 IIb식에서 못구멍이 1개인 형태가 존재하고, 못구멍이 1개에서 2개로 증가하는 과정이 확인되는 점에서, IIIa식에서 IIIb식으로 변화한 것으로 판단된다. 추가적으로 검신에 등대가 있는 것을 IIIc식으로 분류하였으며, IIIb식에서 기능적으로 변화한 것으로 추정하였다.

이러한 형식들의 연대를 부장된 묘장의 연대 기준으로 살펴보면, 표17에서 제시한 바와 같이 서

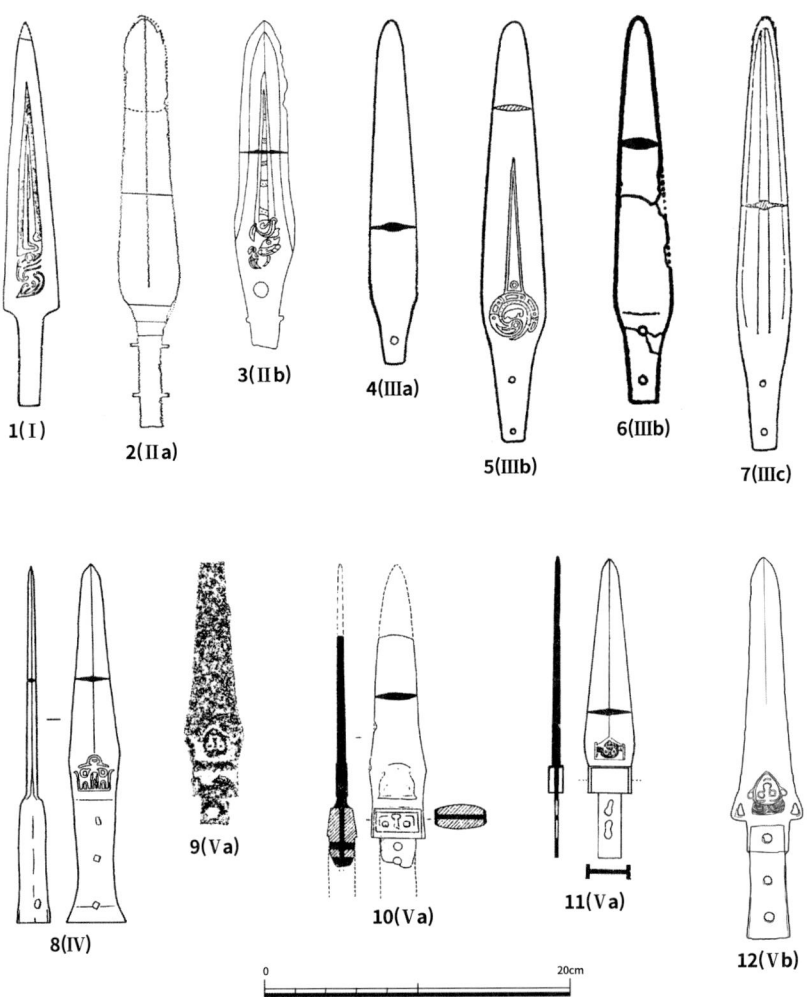

그림113. 주식周式동검의 분류(1: 바이차오파[白草坡] M2, 2: 류리허[琉璃河] M53, 3: 베이야오[北窯] M215, 4: 주위안거우[竹園溝] M19, 5: 주위안거우 M20, 6: 주위안거우 M21, 7: 주위안거우 M7, 8: 샤오링위안[少陵原] M280, 9: 치전[斉鎮]묘, 10: 취춘[曲村] M33, 11: 진징[金井], 12: 출토지불명, ※축척 1/5)

주 초기부터 전기까지 확인되며, 서주 중기 이후에는 이러한 동검의 부장은 거의 확인되지 않는다. 그 중에서도 가장 늦은 형식으로 보이는 IIIc식은 서주 중기까지 존재한다. 최근 발견된 산시성 이청[翼城]현 타허커우[大河口] 1호묘(山西省考古研究院외 2020)에서도 4점의 유인단경 동검이 출토되었다. 이 중 3점은 검신에 등대를 가진 IIIc식이지만, 경부에 못구멍이 1개이거나 무공인 점에서 IIIc'식으로 표기해 둔다(표17).

주식동검에는 유인단경 동검 이외에도, 인면문이 특징적인 '인면문편경人面文扁莖 동단검'이라 불리는(鐘少異 1994) 동검이 존재한다. 이 동검은 일반적으로 편경扁莖이라 불리는 짧은 편평한 경부를 가지며, 못구멍이 존재한다. 자루 하나 정도 꽂을 수 있는 삽입부를 가지고 있는 것이 특징이다. 최근 검신 기부에 인면문을 가지고 있으면서도, 편경이 아닌 유공有銎의 병부를 이루고 있는 특수한 동검이 산시[陝西]성 시안[西安]시 샤오링위안[少陵原] 280호묘에서 출토되었다(그림113-8). 이를 IV식으로 설정하여 인면문편경 동단검과 구별하고자 한다. 따라서 일반적인 인면문편경 동단검을 V식으로 분류한다.

IV식인 병부의 내부가 빈 유공有銎 동검은 동모와의 관계 속에서 발생하였을 가능성이 제기되고 있다(陝西省考古研究院 2009). 이러한 유공 동검은 이른바 카라수크식 동검의 특징으로(宮本 2007a), 북방 청동기의 계보를 따르는 동검으로 보아야 할 것이다. 또한 IV식은 V식 인면문과 달리, 사람이라기보다는 수면獸面의 형태를 띠고 있어 문양에서도 차이가 난다.

인면문편경人面文扁莖 동단검인 V식은 인면문의 의장意匠에 따라 두 가지로 구분된다. 하나는 눈과 코, 가로로 긴 귀, 입이 있는 인면문이다(그림113-9·11). 다른 하나는 전자의 인면문에 두발頭髮 표현이나 원형의 귀가 추가된 것이다(그림113-12). 전자를 인면문 A식, 후자를 인면문 B식으로 설정한다.

인면문 A식은 편경扁莖에 2개의 못구멍이 있거나 1개의 못구멍이 확인되지만, 인면문 B식은 편경扁莖에 3개의 못구멍이 뚫려 있어 병부의 장작을 추정할 수 있다. 인면문 B식의 경우 격格 옆에 귀가 달려 있는 것이 특징이다. 이와 같이 인면문 A식과 인면문 B식은 명료하게 구별되며, 전자를 Va식, 후자를 Vb식으로 세분한다.

산시[山西]성 취워[曲沃]현 취춘[曲村] 33호묘에서 출토된 인면문편경 동단검(그림113-10)은 인면문이 명확하게 표현되지 않았으나(北京大學考古學系·山西省考古研究所 1995), 편경扁莖에 2개의 못구멍이 존재하는 특징으로 보아 Va식에 속하는 것으로 판단된다. 취춘[曲村] 33호묘의 Va식은 자루가 부착되는 격格 부근이 소켓 형상을 띠며, 이 부분에 골제의 인면문이 삽입되어 있다. 격格 부근 골제 인면문의 표현은 Va식과 유사하면서도 약간 차이가 난다. 이러한 골제 인면장식은 V식 동검의 격 부근 소켓에 장착되었을 가능성이 있다.

IV식과 V식은 표17에서 볼 수 있는 듯이 서주 중기부터 출현하고 있으며, 서주 초기나 서주 전기에 존재했던 I~III식보다 늦게 등장하였다. 출토 지역을 보면, 시안[西安]이나 푸펑[扶風] 등 서주 중심 지역에서 많이 발견된다. 이를 통해 주나라에서 제작된 청동 단검임을 알 수 있다. 또한 서주의 영역이 확장되면서 일부 단검이 강남을 비롯한 남방 지역으로 뒤늦게 확산됨을 알 수 있다.

I~V식 주식동검의 형식변화는 그림114와 같이 도식화할 수 있다. I~V식 동검은 주나라에서 발생한 동검으로, 이전 단계인 상대에는 동검이 존재하지 않는다는 점에서 주나라의 독자성을 나타내는

표17. 주식(周式)동검 집성표

출토지점	소재지	형식	길이(cm)	폭(cm)	경부길이(cm)	검신문양	경의 특징	시기	비고	출전
白草坡2號墓	甘肅省靈台縣	I	24.3	3.6	6.3	夔文, 斜角雷文	無孔	西周前期	劍鞘, 이외 3点銅劍	甘肅省博物館文物隊 1977
板橋溝	陝西省隴縣	I	不明	不明	不明	不明	無孔			張天恩 2001
北窰215號墓	河南省洛陽市北窰	II a	24.5	3.6	5.5	獸形文	2对小齒	西周前期	銘文「豐伯」	洛陽市文物工作隊 1999a
琉璃河53號墓	北京市	II a	27	3.9	7	無文	2对小齒	西周前期		北京市文物研究所 1995
北窰215號墓	河南省洛陽市北窰	II b	殘21.2	3.9	殘	獸形文	1对小齒, 1穿孔	西周前期		洛陽市文物工作隊 1999
賀家村西М墓	陝西省岐山縣	III	殘20	不明	不明	無文	孔あり	西周前期	이외 1点銅劍	陝西省博物館 외 1976
礼村付近М遺址	陝西省岐山縣	III	殘18	2.9	殘	無文	不明	西周		陝西省博物館 외 1978
林校車馬坑	河南省洛陽市林業学校	III	殘22.8	4	殘	夔首文	不明	西周前期	劍鞘(殘欠)	洛陽市文物工作隊 1999b
竹園溝1號墓	陝西省寶鷄市	III a	23.6	3	5.5	無文	1孔	西周前期		盧連成·胡智生 1988
竹園溝8號墓	陝西省寶鷄市	IIIa	23.5	3.2	4.7	無文	1孔	西周前期		盧連成·胡智生 1988
竹園溝19號墓	陝西省寶鷄市	IIIa	22.8	3.1	3.9	無文	1孔	西周前期	劍鞘	盧連成·胡智生 1988
張家坡183號墓	陝西省西安市張家坡	III a	21.2	3	4.9	無文	1孔	西周前期	劍鞘	中国社会科学院考古研究所 1999
琉璃河253號墓	北京市	IIIa	殘15	3.3	3.6	無文	1孔	西周前期	劍鞘(21.5cm)	北京市文物研究所 1995
棗樹山11號墓	湖北省隨州市	III a	殘22.5	3.6	7.1	葉形彈文	1孔	西周前期		湖北省文物考古研究所 외 2011
大河口1號墓	山西省翼城縣	III a	22.8	3.4	4.6	無文	1孔	西周前期		山西省考古研究院 외 2020
竹園溝4號墓	陝西省寶鷄市	IIIb	25.5	4.2	6.3	獸頭文	2孔	西周前期		盧連成·胡智生 1988
竹園溝11號墓	陝西省寶鷄市	IIIb	28.1	3.6	6.2	無文	2孔	西周前期		盧連成·胡智生 1988
竹園溝13號墓	陝西省寶鷄市	IIIb	26.8	4.2	4.4	無文	2孔	西周前期		盧連成·胡智生 1988
竹園溝18號墓	陝西省寶鷄市	IIIb	25.4	2.9	5.2	沈線	2孔	西周前期		盧連成·胡智生 1988
竹園溝20號墓	陝西省寶鷄市	IIIb	27.8	4.2	6	蛇文	2孔	西周前期		盧連成·胡智生 1988
竹園溝21號墓	陝西省寶鷄市	IIIb	25.4	3.6	4.7	無文	2孔	西周前期		盧連成·胡智生 1988

출토지점	소재지	형식	길이(cm)	폭(cm)	경부길이(cm)	검신문양	경의 특징	시기	비고	출전
茹家莊1號墓	陝西省宝鷄市	IIIb	26.8	3	6.4	無文	2孔	西周中期	劍鞘	盧連成·胡智生 1988
張家坡206號墓	陝西省西安市張家坡	IIIb	27	3.4	5.7	無文	2孔	西周前期		中国社会科学院考古研究所 1962
琉璃河52號墓	北京市	IIIb	25	2.8	2.4	無文	2孔	西周前期	劍鞘(19cm)	北京市文物研究所 1995
竹園溝7號墓	陝西省宝鷄市	IIIc	28.4	3.6	6.4	無文	2孔	西周前期	脊 존재	盧連成·胡智生 1988
竹園溝14號墓	陝西省宝鷄市	IIIc	29	3.2	4.7	無文	2孔	西周前期	脊 존재, 劍鞘	盧連成·胡智生 1988
茹家莊1號墓	陝西省宝鷄市	IIIc	30	不明	不明	無文	孔あり	西周中期	脊 존재, 把頭 존재	盧連成·胡智生 1988
棗家山1號墓	湖北省随州市	IIIc	殘18.9	3.2	6.5	無文	2孔	西周前期	脊 존재	湖北省文物考古研究院 외 2011
大河口1號墓	山西省翼城県	IIIc'	21	3.6	4.5	無文	1孔	西周前期		山西省考古研究院 외 2020
大河口1號墓	山西省翼城県	IIIc'	殘15.6	3.8	殘	鳥文	1孔	西周前期		山西省考古研究院 외 2020
大河口1號墓	山西省翼城県	IIIc'	13.6	3	3.3	無文	無孔	西周前期		山西省考古研究院 외 2020
小陵原280號墓	陝西省西安市長安区	IV	23.8	3.9	8.2	獸面文	空首	西周中期	봉구식 3穿孔	陝西省考古研究院 2009
小陵原452號墓	陝西省西安市長安区	Va	殘9.4	3.2		人面文A	2孔	西周中期		陝西省考古研究院 2009
齊鎭墓	陝西省扶風	Va	殘欠17	不明	不明	人面文A	1孔	西周中期		鐘少異 1994
曲村33號墓	山西省天馬曲村	Va	殘15.2	3.3	殘	人面文A	2孔	西周中期		北京大學考古學系 외 1995
傳濬県新村出土	河南省濬県	Va	21.7	3.8	4	人面文A	2孔	不明	검신 隆文	Loehr 1956
破山口	江蘇省儀徵	Va	殘欠	不明	不明	人面文A	不明	西周中·後期		雛厚本 1983
金井	湖南省長沙県	Va	20	3.2	6.1	人面文A	2孔	春秋前期		湖南博物館 1984
出土地不明		Vb	25.2	3.6	7.5	人面文B	3孔	不明	格 2耳	Loehr 1956
上海博物館蔵		Vb	25.3	3.7	7.5	人面文B	3孔	不明	格 2耳	馬承源 1982
長子口墓	河南省鹿邑県太清宮	不明	殘20	5	不明	不明	不明	西周初期	木質鞘	河南省文物考古研究所 외 2000
平頂山応国232號墓	河南省平頂山市	不明	殘17	5.5	不明	不明	不明	西周前期		河南省文物考古研究所 외 2012

무기라 할 수 있다. 또한 부장된 묘장은 비교적 대형묘로서 왕이나 제후급에는 미치지 못하지만, 귀족층 등 특정 계층, 즉 군대 조직의 장 등이 가질 수 있는 직무상의 상징물이었을 가능성도 있다.

한편, 표17에서 볼 수 있듯이, 서주 전기의 제후급 무덤인 허난[河南]성 루이[鹿邑]현 창쯔커우[長子口]묘(河南省文物考古研究所외 2000)나 허난성 핑딩산잉궈[平頂山応國] 232호묘(河南省文物考古研究所 외 編 2012)에서도 동검이 부장되었다. 그러나 이 동검은 I~V식에 비해 비교적 폭이 넓어, 앞서 제시한 주식 동검의 형식에 해당하지 않는 또다른 형태의 동검일 가능성이 있다. 결손이 심하여 그 형식은 불분명하지만, 제후급의 무덤에서는 또 다른 형식의 동검이 존재했을 가능성도 있다.

이러한 동검은 서주 후기에 들어서면서 진진식동검(張天恩 1995) 등으로 변화하여, 귀족층의 직계를 상징하는 사회적 의미를 계승한 것으로 보인다. 서주 후기~춘추 초기의 괵국虢國묘에서 출토된 철검도 서주 이래의 동검과 같은 사회적 의미를 지닌 것으로 해석된다. 더욱이 춘추 후기에 이르러 정형적인 중국식 동검이 출현하면서, 동검 자체는 보병이 휴대하는 일반적인 무기로 변화하였다. 또한 주왕조의 유인단경有刃短莖 동검은 파촉巴蜀을 포함한 저강氐羌 계통 부족이 용병으로서 주나라의 군대에 가담한 것과 관련이 있다는 견해(町田 2006a)도 있다. 하지만 앞서 언급한 주식동검이 서주 왕조 군대의 직계를 나타내는 귀족층의 소유물이었다는 점에서 부정하지 않을 수 없다.

한편 주나라에서 출현한 동검은 I~III식인 유인단경 동검이나 V식인 인면편경 동단검처럼 기본적으로 검신과 경부로 이루어진 구조를 가진다. 이는 검신부터 병부까지가 일주—鑄式으로 제작된 북방 청동단검과는 다른 특징을 보인다. 그러나 동검이라는 무기가 상商대의 중원지역에 존재하지 않는다는 점에서, 북방 청동기문화와의 어떠한 접촉 속에서 발생한 것으로 보아야 할 것이다.

병부분리형 동검은 원래 유라시아 야금권 내 안드로노보문화에 존재한다. 이것은 가장 이른 동검으로서 북방 청동기문화의 초기 단계인 동검의 계통이라고 할 수 있다. 또한 공부를 가진 IV식 동검은 카라수크식 동검의 특징을 모방한 것으로, 북방 청동기문화와의 문화 접촉을 통해 탄생한 것으로 보인다. 이에 대해 공부를 가진 단검이 동모와의 관계에서 비롯되었다는 견해(李剛 2002; 町田 2006a)가 존재하지만, 이는 잘못된 해석으로 판단된다. 공부를 가진 동검은 카라수크식 동검의 주요 특징이라고 볼 수 있는데(宮本 2007a), 그 계보 속에서 랴오시[遼西]지역에서는 이른바 '모矛식동검'이 성립하기 때문이다(宮本 2000f).

이와 같이 북방 청동기문화 계통에서 주식동검이 나왔다는 견해와 달리, 특히 I~III식의 유인단경 동검이 중국 서남지구에 기원했다는 견해가 존재한다(高西省 1998; 長天恩 2001). 이는 주대의 동검이 중국 내에서 기원하였다는 설(林寿晉 1963)에 기초한 것으로, 쓰촨성 청두시 스얼차오[十二橋]유적 등에서 출토된 유경동검을 근거로 한다. 일찍이 이러한 동검이 상대 후기와 병행하는 것으로 여겨졌다(江章華 1996). 그러나 스얼차오[十二橋]유적에서 출토된 유경동검은 인쉬[殷墟]문화 4기인 제12층에서 출토되어(泗川省文物考古研究院 · 成都市文物考古研究所 2009) 상商 말에 속한다고 볼 수 있다. 즉, 주 초기를 최

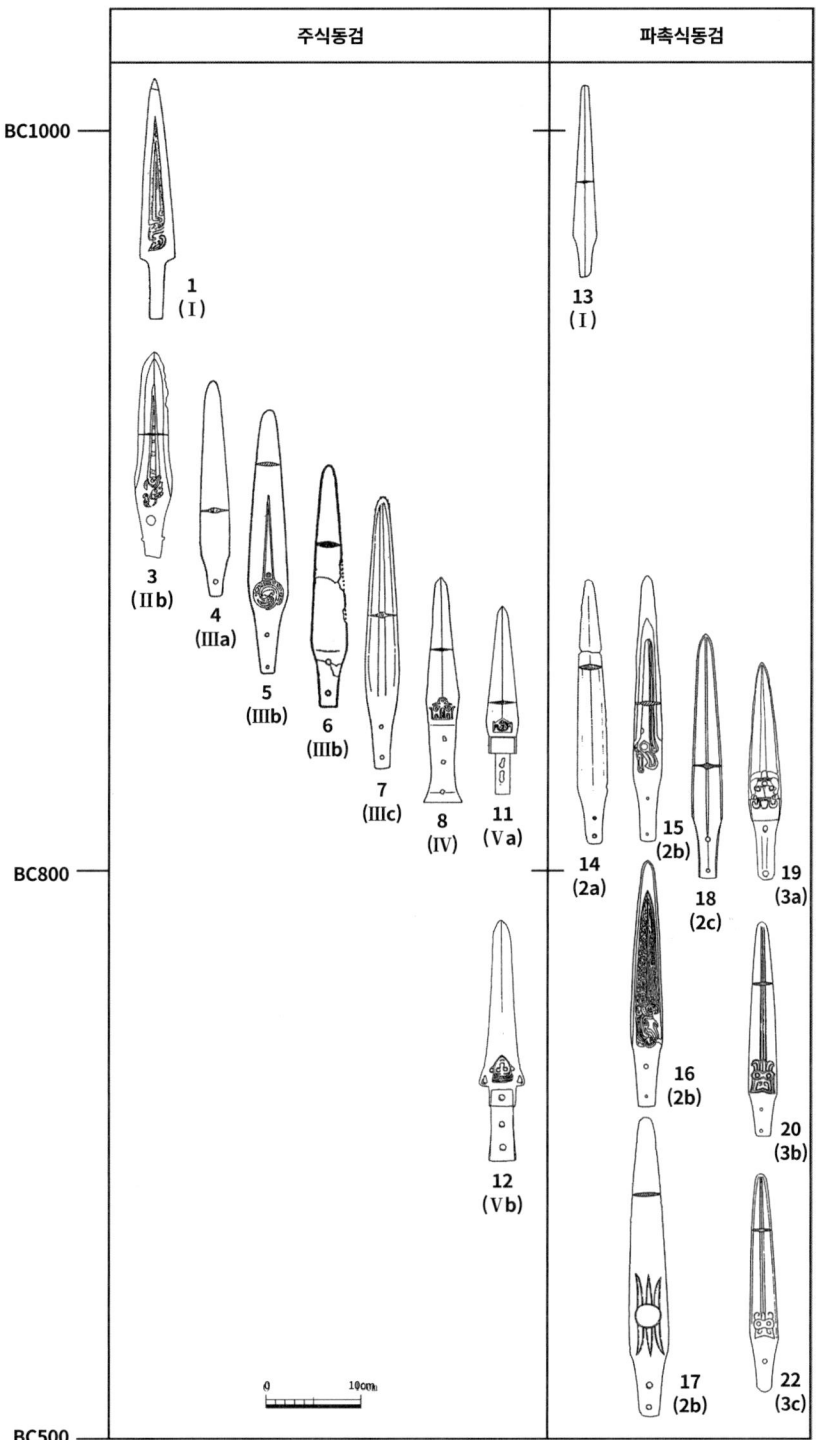

주식동검

파촉식동검

BC1000

1
(Ⅰ)

13
(Ⅰ)

3
(Ⅱb)

4
(Ⅲa)

5
(Ⅲb)

6
(Ⅲb)

7
(Ⅲc)

8
(Ⅳ)

11
(Ⅴa)

14
(2a)

15
(2b)

18
(2c)

19
(3a)

BC800

12
(Ⅴb)

16
(2b)

20
(3b)

17
(2b)

22
(3c)

0   10cm

BC500

그림114. 주식동검과 파촉巴蜀식동검의 변천(※축척 1/8자료, 번호는 도면113·115와 같음)

고最古의 것이라고 보는 주식동검보다도 약간 이른 것이다. 다만 청두분지와 중원과의 병행연대는 반드시 일치하지는 않으며, 이러한 시기차 역시 명확한 것이라고 단정할 수 없다. 오히려 두 지역 동검의 출현연대는 그다지 큰 시기차가 없을 가능성이 있다. 또한 중국 서남지역에는 유인단경 동검과 유사한 파촉巴蜀식동검이 확인되는 지역이기도 하다. 따라서, 주식동검의 기원에 대한 검토라는 측면에서 파촉식동검에 대해 조금 더 검토해 보고자 한다.

3. 파촉巴蜀식동검의 출현시점

파촉식동검은 통언정[童恩正](1977), 자오뎬쩡[趙殿增](1994), 장화장[江華章](1996) 등의 분류가 알려져 있으며, 마치다 아키라[町田章]는 이를 종합하여 새로운 분류와 편년을 제시하였다(町田 2006a). 마치다는 주나라의 유인단경柳刃短莖 동검과의 관계를 고려하여, 가장 이른 형태로 I·II류를 설정하였다. I·II류는 검신 측면에서 변환점이 존재하며, 검신과 경부의 구분이 불분명하다. 그리고 경부의 중심축을 따라 상하 2곳에 못구멍을 뚫은 형태이다. 반면 후기의 III~VI류는 검신과 경부의 경계가 명료해지고 경부에 두 개의 못구멍이 직선상으로 나열되지 않는 특징을 갖는다. 최근 전형적 파촉식동검의 III~VI류보다 I·II류의 출토 사례가 증가하고 있다. 이에 따라, 주식동검과의 관계를 명확히 규명하기 위해, 가장 이른 단계로 여겨지는 I류에 대한 재검토가 필요하다.

마치다는 I류를 검신 문양을 근거로 Ia~Id류라는 4종류로 세분하였다. 그러나 여기서는 문양을 기준으로 한 세분이라기보다는, 주식동검의 III류에서 나타나는 속성 단위를 근거로 세분하여 주식동검과의 관계성을 살피고자 한다. 주목한 속성은 검신의 등대 유무, 경부 못구멍의 유무와 수량, 검신 문양의 유무이다. 그림115나 표18에서 볼 수 있듯이 마치다의 I류를 크게 3종류로 세분할 수 있다.

1식은 검신과 경부의 구분이 명확하며, 주식동검 I식과 마찬가지로 경부에는 못구멍이 확인되지 않는 것이다(그림115-13). 2·3식은 주周식의 유인단경 동검과 같이 경부와 검신의 경계가 불분명한 특징을 가진다. 이 중 3식은 하단부에 특징적인 수면獸面문을 배치하는 점에서 구분된다.

2식은 파촉巴蜀지역에서 일반적으로 볼 수 있는 유인단경 동검으로, 경부의 중심축을 따라 두 개의 못구멍이 위치한다. 이는 마치다의 I식에 해당한다. 이를 다시 검신 등대 유무와 검신 문양 유무에 따라 세분하고자 한다. 2a식은 검신에 문양이 없으며, 등대가 없고 경부에 두 개의 못구멍이 존재한다(그림115-14). 2b식은 검신에 문양이 있지만, 등대가 없는 것으로 경부에는 두 개의 못구멍을 가지고 있다(그림115-15~17). 2a식과 2b식은 주식동검 IIIb식에 해당한다. 2c식은 검신에 등대가 있으며 경부에 못구멍이 두 개 확인된다(그림115-18). 2c식은 주식동검의 IIIc식에 해당한다.

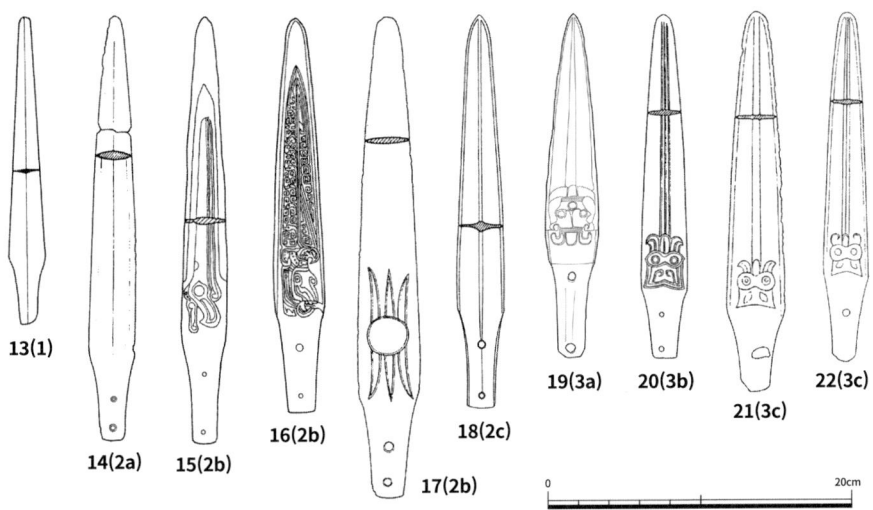

그림115. 파촉식동검의 분류(13: 스얼차오[十二橋] 12층, 14: 진사[金沙] M270, 15: 모터[牟托] M1, 16: 모터 K2, 17: 진사 M2725, 18: 진사 M916, 19: 둥순바[冬笋壩], 20: 진사 M2712, 21: 진사 M2722, ※축척 1/5)

3식의 수면문은 주식의 유인단경 동검과 직접적인 연관이 있다고 보기는 어렵다. 그러나 굳이 의 장적으로 가장 유사한 사례를 찾는다면, 산시[陝西]성 시안[西安]시 샤오링위안[少陵原] 280호묘에서 출토된 IV식 동검(그림113-8)의 수면문과 유사한 특징을 보인다. 3식은 다시 3종류로 세분할 수 있다. 경부 못구멍이 2개인 것이 3a·3b식(그림115-19·20)이고, 못구멍이 1개인 것이 3c식(그림115-21·22)이다. 파촉식동검에서 못구멍을 하나만 가진 것은 드물며 일반적이지 않다. 또한 3a식의 수면獸面문(그림115-19)은 구상具象적인 수면獸面이지만, 혀를 내밀고 있는 표현은 명확하다. 3b식(그림115-20)은 3a식의 수면문이 점차 문양화되며, 이중선으로 표현된다. 혀를 내밀고 있는 형상도 간소화되어 기존의 의미가 사라지는 경향을 보인다. 3c식의 수면문(그림115-21·22)은 전체적으로 단선화되면서 문양이 간략한 형태로 변화한다. 따라서 못구멍의 수량적 현상과 문양이 단순화되는 경향을 고려하면, 3a→3b→3c식으로 퇴화되는 경향을 보이며 변화한다고 볼 수 있다.

마치다가 서술한 바와 같이(町田 2006a), 파촉식동검은 서주 유인단경 동검의 계보에 포함될 수 있음을 상정할 수 있다. 이를 확인하기 위해 동검의 규격을 재검토해보고자 한다.

경부와 전체길이의 비율과 최대폭의 상관관계를 통해 동검의 규격을 비교해보면, 그림116과 같이 주식인 IIIb식과 IIIc식 동검은 비교적 일정한 산포점을 보인다. 파촉식 2a식도 이 산포 영역 내 포함되거나 비교적 인근에 위치하고 있다. 반면 파촉식동검 2b식과 2c식은 IIIb·IIIc·2a식의 분포 범위를 벗어나 광범위하게 분포되어 있다. 이는 형태 변화의 방향이 주식동검과는 다르게 진행되었음을 의미한다. 즉 동검의 속성적 특징에서 유사한 형식은 그림114에서 볼 수 있듯이 주식동검 IIIb

표18. 파촉巴蜀식동검 집성표

출토지점	출토지	형식	길이(cm)	폭(cm)	경철길이(cm)	검신문양	경의특징	시대	비고	출전
十二橋12層	四川省成都市	1식	20.2	2.4	4.4	無文	無孔	殷墟4期		四川省文物考古研究院 외 2009
十二橋新一村	四川省成都市	1식	20.9	不明	不明	無文	無孔			江章華 1996
成都黃忠村2號墓	四川省成都市金牛区	2a식	23.7	2.9	4	無文	2孔	西周		成都市文物考古研究所 2001
金沙村人防地点270號墓	四川省成都市	2a식	28	3.2	5.9	無文	2孔	西周晚期-春秋		成都市文物考古研究所 2005
三洞橋青羊小区	四川省成都市	2a식	28.4	不明	不明	無文	2孔	春秋後期	銅鞘	成都市文物管理處 1989
三洞橋青羊小区	四川省成都市	2a식	27.8	不明	不明	無文	2孔	春秋後期	銅鞘	成都市文物管理處 1989
廬山帶鞘劍1-短劍	四川省廬山縣	2a식	28.4	2.8	6.1	無文	2孔		銅鞘	周日運 1991
金沙星河路西延線地点2725號墓	四川省成都市	2b식	24.3	3.3	4.5	巴蜀도안	2孔	春秋末期		王林·周志清 2010
京川飯店	四川省成都市百花潭	2b식	24.2	2.8	6	蟬文	2孔	戰國前期		成都市博物館考古隊 1989
成都中医学院	四川省成都市	2b식	殘19.9	2.9	5.3	巻雲文	2孔			成都市博物館考古隊 1992
牟托1號石棺墓	四川省茂県	2b식	27.9	2.9	6	虎文	2孔	春秋後期		茂県羌族博物館 외 2012
什邡城49號墓	四川省什邡市	2b식	25	3.7	3.1	夔龍文	2孔	戰國後期		四川省文物考古研究院 외 2006
廬山帶鞘劍1-短劍 I	四川省廬山縣	2b식	28	2.8	6	巴蜀도안	2孔		銅鞘	周日運 1991
廬山帶鞘劍2-短劍 I	四川省廬山縣	2b식	26.9	3	6.3	巴蜀도안	2孔		銅鞘	周日運 1991
廬山帶鞘劍2-短劍 II	四川省廬山縣	2b식	28	3.3	6	双이文	2孔		銅鞘	周日運 1991
牟托1號器物坑	四川省茂県	2b식	28.4	2.6	6	動物文	2孔	春秋後期		茂県羌族博物館 외 2012
牟托1號器物坑	四川省茂県	2b식	25.4	2.2	6.4	動物文	2孔	春秋後期		茂県羌族博物館 외 2012
牟托2號器物坑	四川省茂県	2b식	25.8	3.2	6	夔文	2孔	春秋後期		茂県羌族博物館 외 2012
金沙村人防地点271號墓	四川省成都市	2c식	殘29	3.4	6.2	無文	2孔	西周晚期-春秋	脊 존재	成都市文物考古研究所 2005
金沙村人防地点280號墓	四川省成都市	2c식	殘28.8	3.2	不明	無文	2孔	西周晚期-春秋	脊 존재	成都市文物考古研究所 2005
金沙國際花園916號墓	四川省成都市	2c식	25.6	3	6	無文	2孔	春秋後期	脊 존재	成都市文物考古研究所 2006
金沙國際花園940號墓	四川省成都市	2c식	26.8	3.3	7	無文	2孔	春秋後期	脊 존재	成都市文物考古研究所 2006

출토지점	출토지	형식	길이(cm)	폭(cm)	경부길이(cm)	검신문양	경의특징	시대	비고	출전
金沙国際花園943號墓	四川省成都市	2c식	25.5	3.2	6.5	無文	2孔	春秋後期	脊 존재	成都市文物考古硏究所 2006
金沙国際花園943號墓	四川省成都市	2c식	21	2.75	4.7	無文	2孔	春秋後期	脊 존재	成都市文物考古硏究所 2006
金沙星河路西延線地点2725號墓	四川省成都市	2c식	24.5	3.2	4.2	無文	2孔	春秋末期	脊 존재, 銅鞘	成都市文物考古硏究所 2010
成都無線電機械工業学校	四川省成都市	2c식	25	2.6	5.6	卷雲文	2孔		脊 존재	四川省文物管理委員會 1982
冬笋壩	四川省巴県	2c식	50	4.7	10.6	夔文	2孔	春秋後期	脊 존재	段書安 1994
山湾2號墓	湖北省襄陽市	2c식	29.1	3	7.5	無文	2孔	春秋後期	脊 존재	湖北省博物館 1983
牟托1號器物坑	四川省茂県	2c식	23.6	3	6.1	夔文	2孔	春秋後期	脊 존재	茂県羌族博物館 외 2012
冬笋壩	四川省巴県	3a식	22.7	3.5	6.3	獸面文a	2孔			段書安 1994
金沙星河路西延線地点2711號墓	四川省成都市	3b식	22.6	3.1	5	獸面文b	2孔	春秋末期~戰国前期	脊 존재	成都市文物考古硏究所 2010
金沙星河路西延線地点2712號墓	四川省成都市	3b식	22.8	3	4.5	獸面文b	2孔	春秋末期~戰国前期	脊 존재, 他に1点	成都市文物考古硏究所 2010
金沙星河路西延線地点2722號墓	四川省成都市	3b식	23.1	2.9	5.8	獸面文c	1孔	春秋末期~戰国前期	脊 존재	成都市文物考古硏究所 2010
金沙星河路西延線地点2722號墓	四川省成都市	3b식	23.2	3	6	獸面文c	1孔	春秋末期~戰国前期	脊 존재, 他に3点	成都市文物考古硏究所 2010
金沙星河路西延線地点2725號墓	四川省成都市	3c식	19.2	3	3.5	獸面文c	1孔	春秋末期	脊 존재, 他に11点	成都市文物考古硏究所 2010
金沙星河路西延線地点2725號墓	四川省成都市	3c식	18.1	2.8	2.5	獸面文c	1孔	春秋末期	脊 존재	成都市文物考古硏究所 2010
金沙村人防地点280號墓	四川省成都市	不明	残15	不明	不明	無文	不明	西周晩期~春秋		成都市文物考古硏究所 2005
牟托1號石棺墓	四川省茂県	不明	26.7	3	不明	無文	不明	春秋後期		茂県羌族博物館 외 2012
金沙村人防地点268號墓	四川省成都市	明器	19.9	2.5	2.9	無文	無孔	西周晩期~春秋	明器	成都市文物考古硏究所 2005

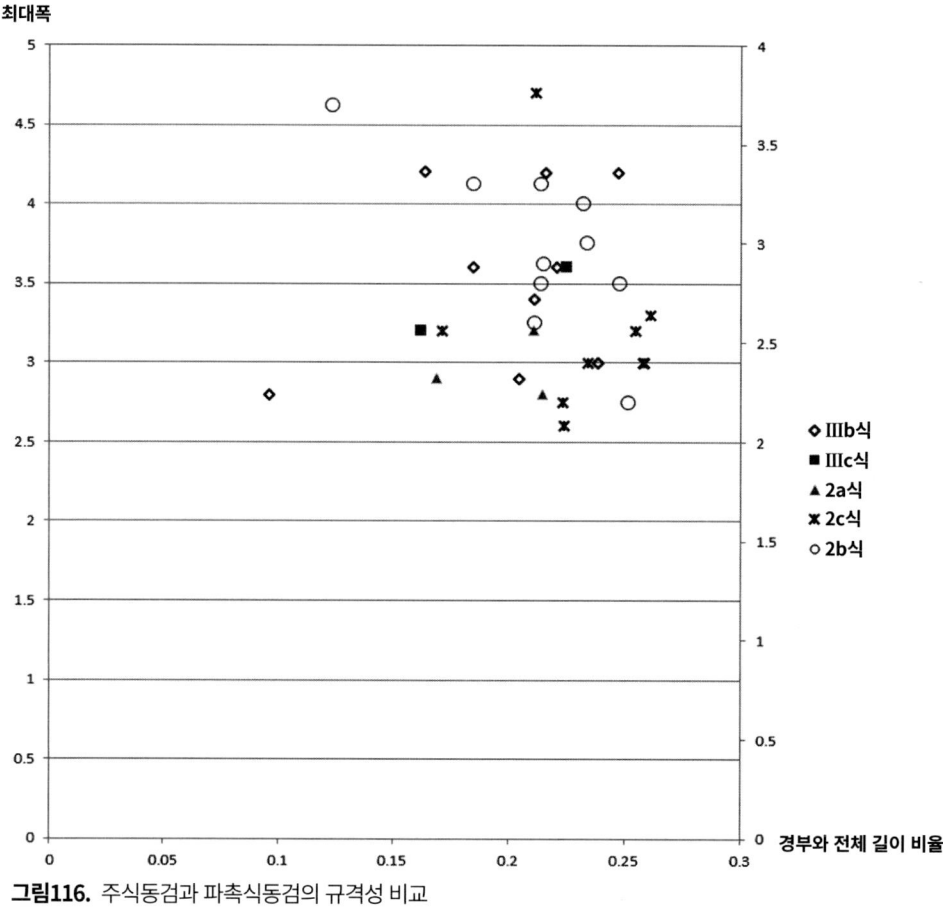

그림116. 주식동검과 파촉식동검의 규격성 비교

식과 파촉식동검의 2a식, 주식동검 IIIb식과 파촉식동검 2b식, 주식동검 IIIc식과 파촉식동검 2c식이라고 볼 수 있다.

하지만 동검의 규격을 점검한 계측적 속성이라는 특징에서는 파촉식동검 2a식 단계부터 주식동검을 모방하듯 동일한 규격을 따르고 있지만, 이후의 변화과정에서는 가시적 속성만 주식동검을 모방하고 있을 뿐, 규격은 파촉식동검만의 독자적인 변화를 드러낸다고 볼 수 있다. 이러한 비교를 통해 파촉지역 내 주식동검의 도입시점을 서주 전기인 주식동검 IIIb식이나 IIIc식 단계로 상향될 가능성이 있다.

하지만 주식동검은 서주 후반기부터 실질적으로 제작되기 시작하였으며, 본격적으로 무덤 내 부장되는 시기는 서주 말기에서 춘추기 이후로 볼 수 있다. 마치다는 동검의 매장 습속이 춘추 후기까지 희박하다고 주장하였으나(町田 2006a), 표18에서 볼 수 있는 것처럼 최근 확인된 진사[金沙]유적을 중심으로 하는 자료에서는 동검의 부장 습속이 서주말기에서 춘추기까지 상향되는 추세를 보인다.

그림114에서 볼 수 있듯이, 주식동검과 파촉식동검은 각각 형식변화가 유사한 속성 내에서 진행되며, 일정한 변화 패턴을 공유하고 있다. 이러한 변화가 같은 시간축 내에서 동시에 일어났다고는 단정할 수 없으나, 이미 지적한 바와 같이 파촉식동검 2a식은 주식동검 IIIb·IIIc식의 영향을 받아 파촉지역 내에서 제작되었을 가능성이 크다. 그 시기는 서주 전기에서 중기 사이로 추정된다. 또한 주식동검 IV·V식에서 볼 수 있는 수면문·인면문이 파촉식동검 3식의 수면문에 영향을 주었을 가능성이 있다. 주식동검 IV·V식이 서주 중기~춘추 전기에 존재하는 점을 고려하면, 파촉식동검 3a·3b식도 서주 중기~춘추 전기 이후 어느 시점에 파촉지역에서 제작되었을 가능성이 높다.

일반적으로 파촉식동검이라 불리는 것은 여기서 말하는 파촉식동검 2b식이 발전한 형태로서, 마치다가 분류한 III~VI류에 해당한다. 파촉식동검 2b식이 출토된 주요유적으로 모터[牟托] 1호묘과 징촨판뎬[京川飯店]묘가 있다. 모터[牟托] 1호묘에 공반되는 청동이기의 연대, 징촨판뎬[京川飯店]에 공반되는 청동거울의 연대를 기준으로 보았을 때, 각각 춘추 후기와 전국 전기의 무덤으로 판단된다. 따라서 파촉식동검 2식과 3식의 전반적인 제작시기는 서주 중기~춘추 후기라고 볼 수 있다. 그리고 전형적인 파촉식동검(마치다의 III~VI류)은 전국기와 병행기에 해당한다고 할 수 있다. 그러나 모터[牟托] 1호묘나 징촨판뎬[京川飯店]묘의 실연대관를 전국후반기로 보는 견해도 존재한다. 이처럼 연구자들 사이에서 실연대에 대한 견해차가 커서, 이 지역의 청동기문화를 연구하는데 어려움이 있다.

파촉식동검이 주식동검의 계보에서 유래했다는 점은 동검을 보관하는 동초銅鞘(그림117)의 존재를 통해서도 확인할 수 있다. 그러나 주식동검과 파촉식동검의 동초는 구조적으로 차이를 보인다. 전자는 장식된 동판이 앞면만 존재하는데, 바이차오파[白草坡] 2호묘(그림117-1)나 류리허[琉璃河] 253호묘(그림117-2)·52호묘와 같이 뒷면은 가죽으로 덮여 있던 것으로 추정된다.

반면 후자인 파촉식 동초는 청두시 진사싱허루[金沙星河路] 2725호묘(그림117-4)나 청두시 산둥차오[三洞橋] 칭양궁[青羊宮](그림117-5)에서 출토된 사례와 같이 앞면과 뒷면이 모두 동판으로 조합된 형태를 띠고 있어 주식 동초와는 다르다. 또한 주식동검의 경우 전면판에 괴夔문[1]이 투각풍으로 형성되어 있으며, 양쪽으로 쌍을 이루는 사람이나 새, 소 등의 문양과 결합하여 양익兩翼문양을 구성하는 특징이 있다. 이러한 양익兩翼문양이 독립된 형태로 나타나는 사례는 창궈[強國[2]]무덤군의 주위안거

---

1) 역자 주) 괴夔문은 고대 중국 청동기나 도기에 나타나는 문양을 의미한다. '夔'는 '기이하고 독특하다'는 의미를 가진 한자로, 일반적으로 "夔文"은 전형적인 문양과 차별되는 기괴하거나 비정형적인 형태의 문양을 가리킨다. 이 용어는 청동기시대의 예술적 표현과 상징성을 연구하는 데 중요한 요소로 여겨지며, 당시 신앙적 문화와 세계관을 해석하는데 중요한 의미를 지닌다.

2) 역자 주) 본문에는 強國으로 표기되어있으나, 이를 현재 중국어나 한자 표기에서 찾을 수 없으며, 弓과 虫의 결합인 強은

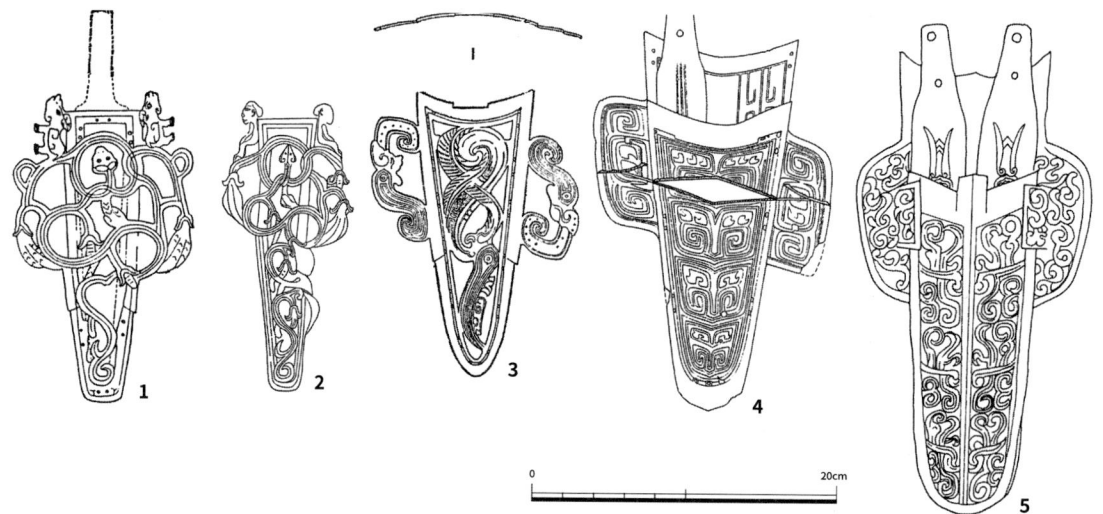

그림117. 주식동검과 파촉식동검의 동초銅鞘(1: 바이차오파 M2, 2: 류리허 M253, 3: 주위안거우 M19, 4: 진사 M2725, 5: 칭양궁[青羊宮], ※축척 1/5)

우[竹園溝] 14·19호묘(그림117-3)와 루자좡[茹家莊] 1호 무덤에서 확인된다. 파촉식 동초는 양익 부분이 후면판에 부착되어 하나의 독립된 문양부를 이루는 형태로 변화하였다. 이는 주식 동초가 주위안거우[竹園溝] 14·19호묘를 거쳐 파촉식 동초로 변화하는 과정을 명백히 보여준다.

더욱이 진사싱허루[金沙星河路] 2725호묘 절곡문窃曲文[3]은 칭양궁[青羊宮] 동초에서 나타나는 퇴화된 문양으로 변화되어 가는 과정으로 보인다. 이는 주식동검과 동초가 조합된 형태에서 파촉식동검과 동초의 원형이 형성되었으며, 이후 파촉지역에서 변용되었음을 시사한다. 또한 이러한 변화가 전파 경로의 중간지점인 산시[陝西]성 바오지[宝鷄] 창궈[弓魚國]무덤군에서 확인된다는 점은 주목할만하다.

4. 파촉巴蜀청동기의 출현과정

파촉식동검 1식은 그 형태가 주周식동검 I식과 유사하며, 그 특징을 공유하고 있다. 전자가 상商

초기 글자에서 '魚'나 '畺'의 형태에서 변형되었다고 한다. 따라서 이 유적명의 한글표기는 強國의 중국어 발음을 차용하였다.

3) 역자 주) 窃曲文은 곡선이 강조된 기이한 문양이나 다른 문양에서 영감을 얻어 본떠 만든 형태를 의미하며, 주로 독특하고 예술적인 고대 청동기 문양을 설명하는 데 사용된다.

말기까지 소급될 가능성이 있는 반면, 후자는 서주 전기에 해당하는 것이다. 그러나 이러한 동검이 파촉巴蜀지역에서 자생적으로 발생했다고 보기는 어렵다.

앞서 서술한 바와 같이, 동검 자체는 카라수크문화 등 북방 청동기문화의 영향을 받아 발생한 것이므로, 이 동검도 북방 청동기문화와의 접촉 속에서 탄생했을 가능성이 크다. 또한 촨시고원의 석관묘문화도 상대 후기인 선주先周문화와의 접촉이 이루어졌을 가능성을 제기한 바 있다(宮本 2013a). 이러한 관점에서 볼 때, 이 시기에 파촉식동검 1식이 출현하는 것은 주나라의 주식동검 I식 등과의 접촉에 의한 것으로 볼 수 있다. 나아가 주식동검 I식 역시 북방 청동기문화와의 접촉 속에서 탄생한 것으로, 촨시고원 석관묘문화의 초기 시점에 발견된 동검과 동일한 계통 속에서 발생한 동검일 가능성이 있다. 이러한 맥락에서 촨시고원의 이른 단계 동검인 초기山자형 격동검4)(宮本 2010)이 주목된다. 특히 쓰촨성 간쯔[甘孜] 티베트자치주 야장[雅江]현 자오니바오[脚泥堡] 1호묘의 동검(宮本·高大倫編 2013)은 단경 동검으로, 이러한 계보 속에서 발생한 청동단검이라고 볼 수 있다.

또한 파촉식동검의 2a·2b식에서 2c식으로의 변화는 주식동검의 IIIa→IIIb→IIIc식과 약간의 시간차를 두고 병행하게 변화해 나간다고 볼 수 있다. 그렇다면 주식동검과 파촉식동검의 중간지역인 산시[陝西]성 청구[城固]에서 주식동검 IIIa·IIIb식이 존재한다는 사실(趙叢蒼 2006)은 중요한 의미를 가진다. 이는 청구[城固]가 동검 전파의 중계지 역할을 하였다고 볼 수 있기 때문이다.

한편, 자오니바오[脚泥堡] 1호묘에서는 파촉식 동과(그림118-5)도 출토되었다(宮本·高大倫編 2013). 이는 가와무라 요시오[川村佳男]의 파촉식 동과의 분류에 따르면, 수면문 I류이자 Ca1식 동과에 해당하며, 가장 이른 서주~춘추단계의 것으로 볼 수 있다(川村 2001). 즉, 동검의 경우와 마찬가지로 그 연대폭이 비교적 넓다고 할 수 있다. 동일한 수면문을 가진 동과는 청두분지를 중심으로 한 파촉지역에서 출토되며, 쓰촨성 펑[彭]현 교장窖藏에서 출토된(泗川省博物館·彭県文化館 1981) 동과(그림118-4)가 그중 한 사례이다. 파촉식 동과 중에서도 무호형無胡型5) 동과는 전국시대에 출현하는 장호유익長胡有翼 동과와는 구별된다(小林 2019).

하지만 수면문 1류와 같은 도철문饕餮文이 동과에 시문된 사례는 파촉식 동과 이외에는 비교적 적은 편으로, 이러한 문양이 존재하는 동과는 대체로 서주 전기에 속하는 무덤에서 출토되고 있다. 예를 들어, 산시[陝西]성 바오지[宝鶏]시 스구산[石鼓山] 3호묘(石鼓山考古隊 2013)의 동과(그림118-1), 허난성 뤄양[洛陽]시 베이야오[北窯] 155호묘(洛陽市文物工作隊 1999a)의 동과(그림118-2), 산시[陝西]성 바오지[宝鶏]시 주위안거우[竹園溝] 7호묘(盧連成·胡智生 1988)의 동과(그림118-3) 등이 있다.

---

4) 역자 주) プロト山字形格銅剣은 저자와 협의를 거쳐 '초기山자형 격格동검'으로 번역한다.

5) 역자 주) 무호형無胡型 동과는 혈구가 없는 동과를 의미하며, 같이 언급된 장호유익長胡有翼 동과는 혈구가 길고 기부 끝이 벌어지는 형태를 띠는 동과를 칭하는 형식명이다.

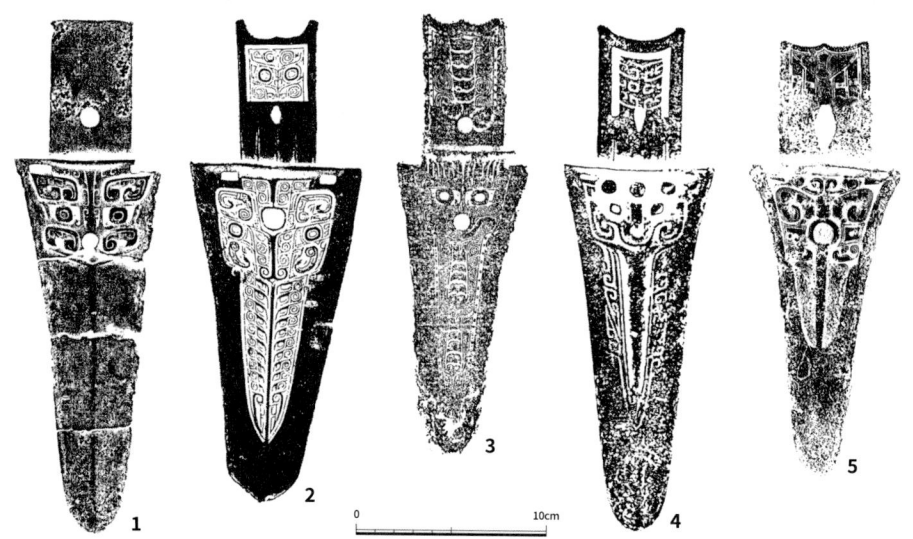

그림118. 주식동과와 파촉식 동과(1: 스구산[石鼓山] M3, 2: 베이야오 M155, 3: 주위안거우 M7, 4: 펑[彭]현 교장
窖藏, 5: 자오니바오[脚泥堡] M1, ※축척 1/4)

이 중 자오니바오[脚泥堡] 1호묘의 동과는 서주 전기 베이야오[北窑] 155호묘의 동과와 가장 유사하
며, 이를 토대로 변형된 것으로 추정할 수 있다. 또한 펑[彭]현 교장窖藏에서 출토된 수면문은 스구산
[石鼓山] 3호묘의 그것과 유사하여, 여기서 계통적으로 변화하여 청두분지에서 생산된 것으로 상정할
수 있다.

이와 같이 파촉식 동과도 서주 전기 주나라의 특수한 동과를 원형으로 삼아 재지 생산되었다. 자
오니바오[脚泥堡] 1호묘의 실연대는 기원전 8~7세기로 판단되는데(宮本 2013a), 기원전 11~10세기인 베
이야오[北窑] 155호묘로부터의 형식적 변화를 고려한다면, 파촉식동과 중 무호형 동과는 서주 전기
주나라의 동과에서 기원한 것이라 할 수 있다.

또한 쓰촨성 펑[彭]현 교장窖藏에서 출토된 서주 전기계 청동이기彝器(四川省博物館 · 彭県文化館 1981)
는 상말~주초를 상한으로 볼 수 있는데, 동과와 동시기에 주나라 청동기문화의 영향을 받아 서주 전
기 병행기 청두분지에서 생산된 것으로 보인다.

이상과 같이 상대 후기부터 서주 전기에는 주나라의 청동기문화가 일시적으로 바오지[宝鶏]나 청
구[城固] 등을 경유하여 청두분지와 촨시고원까지 영향을 주었다. 이러한 과정 속에서 주나라 계통의
청동기생산이 시작되었으며, 이것이 파촉 청동기문화의 기원이라고 할 수 있다. 이후, 서주 중기 이
후부터 재지적인 청동기문화가 활발해지면서 등장하는 것이 바로 파촉식 청동기라고 볼 수 있다.

5. 정리

제III부에서 논의한 것처럼, 촨시고원 청동기문화는 초현기에 안드로노보문화나 카라수크문화 등 북방 청동기문화와의 접촉 속에서 형성되었으며, 이를 수용·발전시키는 과정을 거쳤다. 이후 상대 후기부터 서주에 걸쳐 주 문화의 영향을 일시적으로 받았음이 확인되었다(宮本 2010·2013a).

이 장을 통해 주식동검과 파촉식동검, 그리고 파촉식 동과(短胡型 銅戈) 등을 검토하여, 상 말~서주 전기 주나라의 청동기문화가 청두분지를 중심으로 한 서남 중국으로 강한 영향을 주었음이 확인하였다. 이는 창귀[弻國]무덤군 분석에서 바오지[宝鶏] 주위안거우[竹園溝]무덤군 단계인 서주 전기에 중국 서남지역과의 관계가 강했다는 연구 결과(田畑·近藤 2010)와도 일치한다.

서주 전기동안 주나라 통치조직 안에 저강氐羌족이 어느 정도 편입되고 동원되었는지, 이 시기 주나라와 청두분지 간의 교역 실태는 아직 불분명하다. 그러나 동시기 중국 서남지역은 주나라 청동기문화의 영향을 받아 청두분지 내에서 파촉식 동검·동과, 서주계 청동이기彝器를 제작하기 시작하였다. 더 나아가 촨시고원 석관묘문화에서도 북방 청동기문화 계통의 특징과 함께 주나라 청동기문화의 영향을 확인할 수 있다.

제3부
중국서남 청동기문화

제12장

촨시[川西]고원 석관묘의 전개

1. 머리말

쓰촨[四川]성 서부의 고원지대를 촨시[川西]고원이라 불린다. 이 지역은 같은 쓰촨성이라도 수전을 중심으로 하는 곡창지대인 쓰촨분지와는 전혀 다른 생태계를 가지고 있다. 촨시고원에서는 보리 재배와 목축을 중심으로 한 생업이 이루어지며, 주요 거주민은 티베트족과 강羌족 등 소수민족으로 구성되어 있다. 이러한 목축 중심의 고원지대는 촨시고원에서 티베트고원, 칭하이[青海] 그리고 윈난[雲南] 서부로 이어지는 넓은 지역에 형성된다. 최근 이 지역은 예로부터 내려온 중요한 교통로라는 관점에서 서남 실크로드로 주목하는 견해도 있다(肖先進主編 2007).

선사시대 묘제로서 촨시고원을 포함한 이 지역에는 석관묘가 분포하고 있다. 이에 대해 일찍이 통언정[童恩正]은 석관묘와 청동기 유물, 그리고 생태계의 유사성 등을 바탕으로 촨시고원과 윈난 서부에서 티베트고원·칭하이[青海]를 거쳐 장성지대, 나아가 랴오둥지역 등 중국 동북부에 이르는 선사사회가 공통된 배경 속에서 성장하였다고 주장하였다. 그는 이를 '변지 반월형 문화 전파대边地半月形文化伝播帯'라는 가설로 설명하였다(童恩正 1987). 이 가설은 상당한 영향력을 가지고 있지만, 필자는 이에 대해 다음과 같은 입장을 가지고 있다.

그림119에서 제시한 바와 같이, 유라시아 초원지대에서 장성지대로 이어지는 지역에는 목축형 농경문화를 배경으로 한 청동기문화가 공유된 지역권이 존재한다(宮本 2007b·2008d). 특히 장성지대 청동기문화(북방 청동기문화)의 경우, 장성지대 청동기문화 제1기(기원전 3000년대)나 제2기(기원전 2000년대)에는 청동기문화 요소들이 서쪽에서 동쪽으로 이동하면서 점차적으로 누락되는 경향이 확인된다(宮本 2008d). 이는 단순한 문화적 교류가 아니라, 청동기문화의 확산과 관련된 현상으로 해석할 수 있다.

한편 장성지대 청동기문화는 중국 서북부의 칭하이[青海]를 경유한 문화 접촉이 이루어지면서 촨

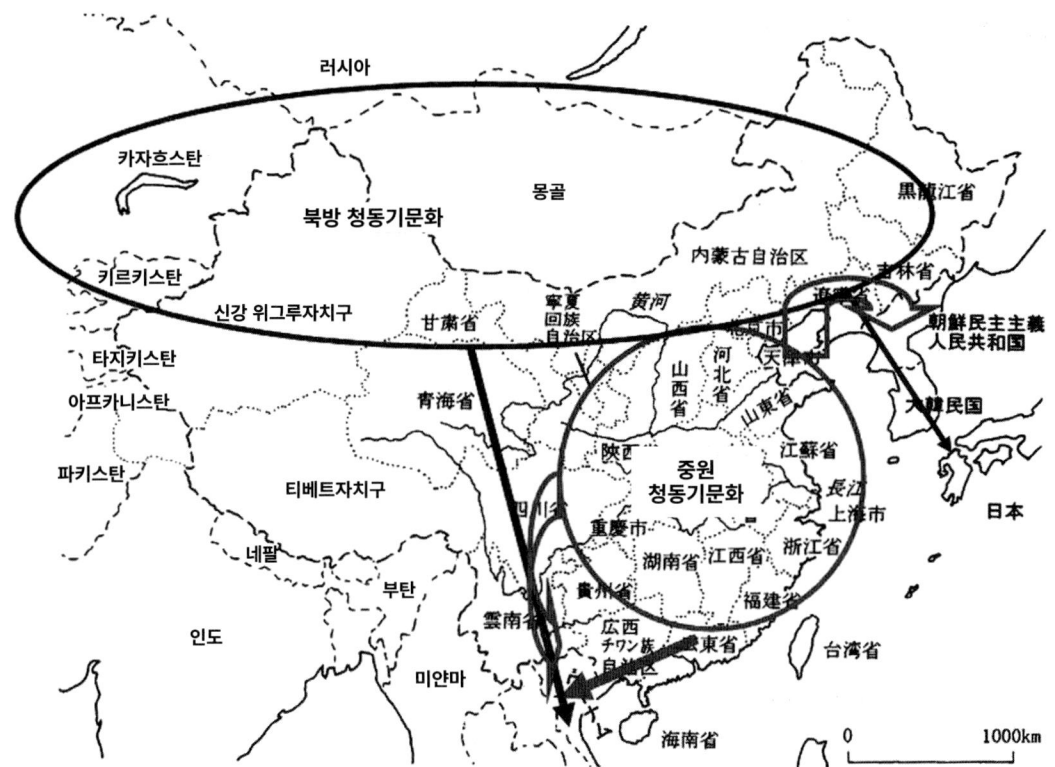

그림119. 동아시아 청동기문화권과 청동기의 계보 모델

시고원이나 윈난 등 중국 서남부의 청동기문화를 형성하는 배경이 되었을 가능성이 있다. 장성지대 청동기문화의 흐름 속에서 랴오시·랴오둥지역 청동기문화가 출현한 후 요령식동검이 제작되었으며(宮本 2000a), 이것이 한반도까지 확산되었다는 점(宮本 2002c·2003a)은 대체로 학계에 일치된 견해이다.

따라서 통언정[童恩正]이 주장한 '변지 반월형 문화 전파대'는 필자가 말하는 장성지대 청동기문화의 확산과정과 개념적으로 상당히 유사하다. 그러나 통언정의 가설은 중국 서남부와 랴오시·랴오둥으로의 문화적 확산에 대해 동일한 계통과 시간축을 기준으로 바라보는 한계가 있다. 이에 반해 필자는 장성지대 청동기문화(북방 청동기문화)가 중원 농경문화를 중심에 두고 크게 두 방향으로 확산되었다고 본다(그림119). 그 방향의 하나가 장성지대 청동기문화의 중국 서남부에서의 확산이다. 여기에서는 촨시고원 청동기문화라고 불러 둔다.

본 장에서는 중원 농경문화를 둘러싸고 있는 두 가지 청동기문화의 확산 중에서 중국 서남부 촨시고원 내 청동기가 부장되는 석관묘에 주목하고자 한다. 석관묘는 칭하이에서 촨시고원과 티베트고원, 윈난[雲南] 서부 고원지대에 주로 분포하며, 간쑤[甘肅] 동부 및 네이멍구[内蒙古] 중남부에서는 확인되지 않는다. 다만 간쑤[甘肅]성 징친[景秦]현 장자타이[張家台]유적(甘肅省博物館 1976)에서는 신석기시대 후기 양사오[仰韶]문화 반산[半山]유형의 석관묘가 보고된 바 있다. 그러나 이 석관묘는 굴장을 수반하고 있어, 청동기시대 신전장과는 차이를 보이며 시공간적으로도 독립적인 현상을 나타낸다. 따라서 랴오시·랴오둥지역과 지창[吉長]지구·한반도에 분포하는 석관묘와 직접적인 문화 접촉을 상정하기 어렵다. 결국 찬시고원을 중심으로 한 중국 서남부의 석관묘는 독립적인 문화양식권으로 구분하는 것이 타당할 것이다.

이 지역의 청동기문화 연구는 통언정[童恩正](1977)과 장증치[張增棋](1983), 이마무라 케이지[今村啓爾] (1985), 마치다 아키라[町田章](2006b) 등에 의해 청동단검의 편년을 중심으로 진행되었다. 그러나 석관묘 자체의 연구는 거의 전무하며, 구조적 분류·편년·계통 문제를 다룬 논고도 보이지 않는다. 그 원인은 이 지역에 대한 과학적 발굴이 부족하여 이에 따른 발굴보고서가 적다는 자료적 한계 때문이다.

필자는 2008~2009년 쓰촨성 루휘[炉霍]현 얀얼룽[晏爾龍]무덤군과 선라쭝[呷拉宗]무덤군을 발굴조사하였다(宮本·高大倫編 2013). 이를 통해 현지에서 석관묘 구조에 대한 경험적 시각을 갖게 되었다. 이 장에서는 이러한 발굴조사를 통해 얻은 석관묘의 구조적 시각을 바탕으로, 주변 석관묘군을 포함하여 기존에 논의되지 않았던 석관묘의 구조적인 측면을 분석하고 계통성과 함께 편년을 시도하고자 한다. 또한 토기의 편년을 활용하여 석관묘의 절대 연대를 제시해보고자 한다.

2. 석관묘의 형식분류

찬시고원을 중심으로 알려진 석관묘는 일반적인 상자식 석관묘로, 판석을 이용하여 상자모양으로 둘러싼 후 개석을 더 덮은 형태이다. 그러나 같은 무덤군에서도 토광에 개석을 얹은 이른바 석개토광묘가 공존하는 경우도 있다. 또한 판석이 아닌 사람 머리 크기의 편평한 돌을 쌓아올린 석곽형 구조의 사례도 존재한다. 이 지역의 석관묘를 판석을 이용한 구조인 I식, 석개토광묘나 묘광 부분에 판석이 완전히 배치되지 않은 이른바 배석配石묘와 같은 구조를 II식으로, 편평한 석재를 쌓아올린 석곽형 구조인 III식으로 구분하고자 한다.

I식 석관묘는 판석인 상자식 석관의 구조를 기준으로 더욱 세분할 수 있다(그림120). IA식은 석관 측벽을 이루는 판석의 배치에서 단측벽과 장측벽의 접합부가 거의 맞물리지 않는 구조를 보인다. 즉 단측벽이 장측벽의 내측에 끼워지지 않는 형태이다(그림120-1~4). 이러한 배치 방식은 묘광의 형태를 따르고 있을 가능성이 높다. 반면, IA식과 단측벽 및 장측벽의 배치가 명확한 차이를 보이는 것이 IB

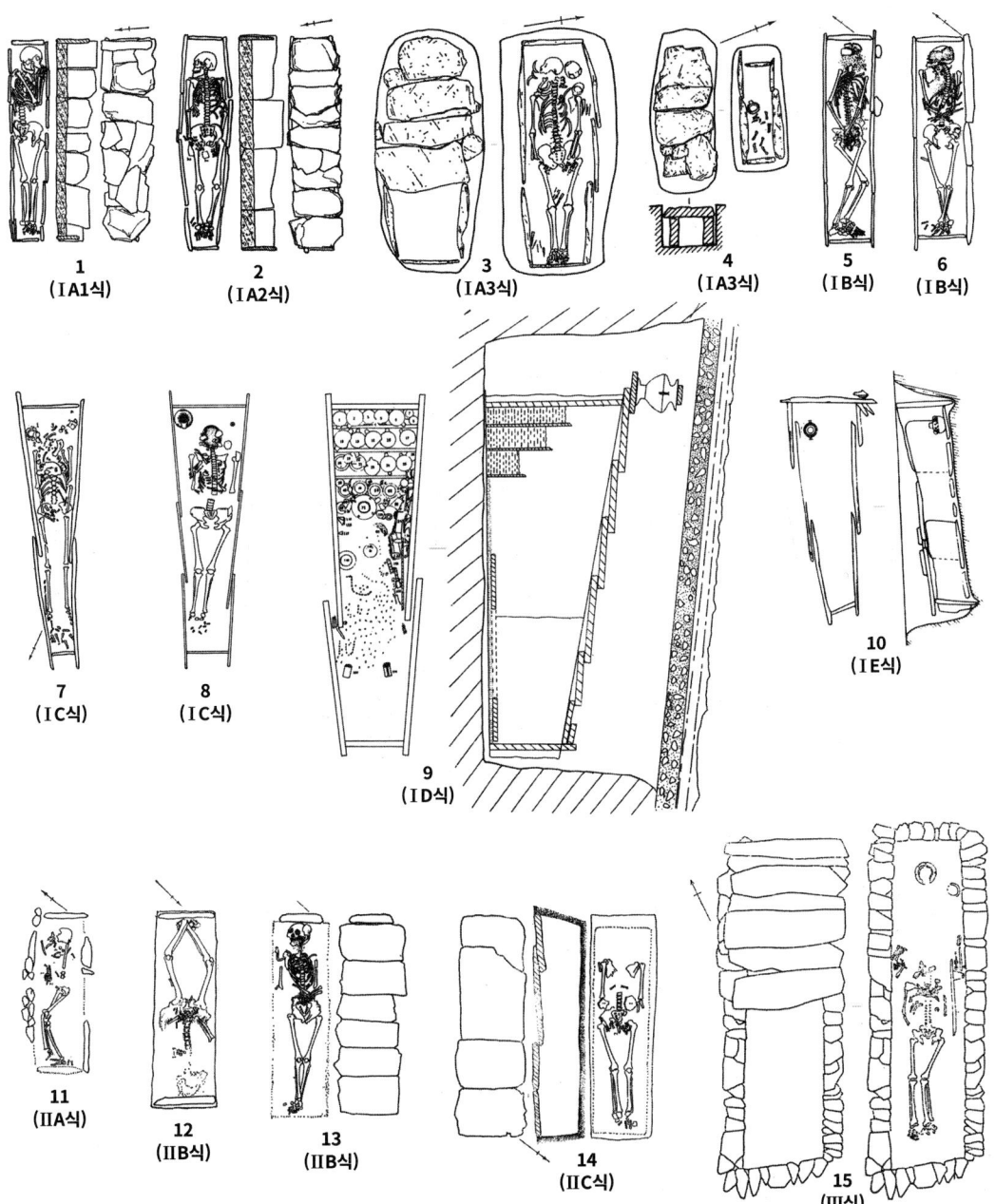

그림120. 석관묘의 형식분류(1·2·5·6·11~14: 카사후[卡莎湖], 3·4: 길리룽[吉里龍], 7: 잉판산[营盤山], 8: 쯔다자이[子達砦], 9: 모터[牟托], 10: 옌볜[塩辺], 15: 청관[城関], ※축척 1/60)

식이다(그림120-5·6). IB식은 단측벽을 장측벽에 끼워 넣는 구조로 배치상 측면 판석의 단측벽이 장측벽의 말단보다 석관의 안쪽으로 더 깊숙히 들어간 형태를 띤다. 이 경우, 두 개의 단측벽이 장측벽에 끼워지는 것이 특징으로, 이러한 방식은 석관의 구조적 안정성을 고려하여 고안된 것으로 판단된다.

또한 단측벽을 장측벽에 끼워 장측벽의 판석을 석관 안쪽을 향해 삽입하듯 쌓은 형태로 배치된 경우가 있다(그림120-7·8). 이를 IC식이라고 명명하였다. IC식 석관묘는 피장자의 머리쪽 단측벽이 폭이 넓고, 다리쪽 단측벽의 폭이 좁다. 이러한 구조로 인해 상자식 석관은 평면상으로 사다리꼴을 띠게 된다. 장측벽의 판석을 석관 내부를 향해 삽입하듯 배치한 형태로 피장자의 발쪽(사다리꼴은 짧은 쪽)을 향해 판석을 넣은 일정한 규칙성이 보인다. IC식 석관묘의 경우, 상대적으로 판석의 가공이 정교하며, 잘 다듬어진 형태를 띠고 있다. IC식의 변이형도 존재하는데, 평면형태는 사다리꼴로서 IC식과 유사하지만 머리쪽 단측벽을 장측벽에 끼워 넣지 않아 장측벽의 단벽 공간을 덮듯이 배치한 방식이다(그림120-10). 여기서는 이것을 IE식이라고 부르고자 한다. IE식은 장측벽 판석이 IC식과는 반대 방향으로 조합된다. 즉 판석이 피장자의 머리쪽에서 발쪽으로 바깥쪽으로 겹쳐지듯 배치되어 내부가 점차 좁아진다.

한편, IC식과 평면 형태나 장측벽의 판석 배치방향은 동일하지만, 피장자의 머리쪽에 격벽을 추가하여 설치한 형태(그림120-9)도 있다. 이를 ID식이라고 설정하였다. ID식에서는 격벽과 단측벽 사이에 부장품인 토기가 집중적으로 안치된다. 머리쪽에 토기를 부장하는 습속이 더욱 형식화되어 다량의 부장이 이루어지게 된 것이다. 이러한 구조는 '두상頭箱'이라고도 부른다. 또한 ID식에서는 석관의 개석을 편평하게 놓는 다른 형식들과는 달리, 머리쪽에서 발쪽을 향해 개석 끝부분이 겹쳐지면서 차례로 낮아지거나 높아지는 형태를 띤다. 이처럼 개석의 배치 방식에서도 석관의 입체적인 구조적 변화와 함께 의장意匠화되는 경향을 확인할 수 있다.

이와 같이 I식은 일정한 변화 계열을 보이고 있는 것으로 이해된다. 이를 설명하기 앞서, IA식은 더욱 세분될 수 있다는 점을 제안해두고자 한다. 쓰촨성 루훠[炉霍]현 카사후[卡莎湖]유적(四川省文物考古研究所·甘孜藏族自治州文化局 1991)에서는 IA식과 IB식이 확인되지만, 판석의 배치 방식에서 IA식을 더욱 세분할 수 있다. 이는 장측벽의 판석 배치 방식에 따른 세분이다.

비교적 작은 판석의 장축을 종방향으로 배치해 나가는 방식과 비교적 큰 판석의 장축을 횡방향으로 배치해 장측벽을 형성하는 방식으로 구분할 수 있다. 전자를 IA1식(그림120-1), 후자를 IA2식(그림120-2)이라 명명한다. 나아가 IA2식에 비해 장측벽에 사용되는 판석이 대형으로 더 두꺼우며, 장측벽을 2~3장의 판석으로 구성하여 IA2식보다 적은 수의 장측벽을 가진 형식을 IA3식(그림120-3·4)으로 설정한다. IA3식은 장측벽의 판석이 어느 정도 겹쳐지는 형태를 띤다는 점에서 IA2식과 구별된다. 또한 IA3식은 묘광과 석관 사이에 충전토를 넣는 방식으로, 중국 고고학에서 말하는 '2층대二層台'의 구조를 띠고 있다(그림120-4). 이는 IA1식이나 IA2식이 묘광과 직접 맞닿도록 판석을 세워 석관을 구축하는 방식과는 크게 다른 구축법이다.

　　다음으로 이상과 같은 각 형식변화의 방향성을 상정해 보고자 한다. 먼저 IA식은 묘광을 따라 판석을 배치하기 위해 장측벽과 단측벽의 접합부가 일치하는 형태로, 단측벽을 빈 공간 없이 정확히 끼워 넣듯이 석관을 구축하는 IB식에 비해 상대적으로 원시적이라고 할 수 있다. 반면 IB식은 석관묘의 강도를 유지하기에 더욱 효율적인 석관의 구축방법으로 판단된다. 루훠[炉霍]현 얀얼룽[晏爾龍]석관묘군 발굴조사(宮本·高大倫編 2013)에 따른 경험적 분석에 따르면, IA1·IA2식에서는 묘광의 바닥 가장자리를 따라 판석을 배치한 후, 석관 안쪽 바닥 판석 중간중간에 고정석[根石]을 놓고 다시 흙으로 석관 내부를 메워 석관을 안정화시켰다. 그 후 피장자가 안치되게 된다. 따라서 피장자가 안치된 높이보다 수십 cm 더 아래에 묘광의 굴광면이 존재하는 구조를 보인다.

　　반면 IB식은 판석으로 조합한 석관 부분의 내부뿐만 아니라, 오히려 석관 외측에 고정석이나 충전토를 채워 넣음으로써 보다 간단하면서도 견고한 석관 구축이 가능하게 되었다. 이러한 석관 제작의 기능성과 견고함을 높이는 효율성을 고려할 때, IA식에서 IB식으로 변화하는 방향성을 상정할 수 있다.

　　또한 IA식의 세부 형식을 살펴보면, IB식 이후 각 형식에서 판석의 장축을 따라 횡치하는 장측벽을 형성한다는 점을 고려해야 한다. IA1식에서 IA2식으로의 변화를 상정할 수 있다. 즉, 장측벽에서 작은 판석의 장축을 종방향으로 배치하는 형태에서, 비교적 큰 판석을 장축에 맞추어 횡방향으로 배치하는 변화 과정이 있었을 것이다. IA3식은 묘광과 석관 사이에 충전토를 넣어 대형 장측벽의 무게를 활용하여 석관을 더욱 견고하게 고정한 형태이므로, 구조적으로는 오히려 IB식과 매우 흡사하다. 따라서 IA3식은 IA2식 이후에 등장했다고 볼 수 있을 것이다. 나아가 IB식에서 볼 수 있던 단측벽을 장측벽에 끼워 넣는 전통이 이어지면서도, 더욱 정형화된 장측벽의 배치나 정연하게 치석된 판석을 사용한다는 점은 석관의 평면이 사다리꼴 형태를 띠는 IC식으로 변화해 간다는 것을 추정케 한다. IC식과 같은 석관 구조를 이루면서도 머리쪽으로 격벽이 배치되거나 개석의 배치가 입체적으로 의장화된 ID식이 IC식의 발전 형식임은 분명하다.

　　앞서 언급한 것처럼, IE식은 IC식 변이형으로 이해할 수 있으며, 쓰촨성 옌볜[塩辺]현에서 출토된 사례가 유일하게 알려진 바 있어(渡口市文物管理処 1986), 지역성을 나타내는 형식일 가능성이 높다. 따라서 IE식은 IC식에서 파생된 것으로 보인다. 이러한 형식 변화의 계보를 모식도로 나타내면 그림121과 같다.

　　한편, 명확히 석관이 확인되지 않는 배석配石묘와 같은 석관묘 또는 석개토광묘 II식은 아래와 같이 분류할 수 있다(그림120). 묘광을 따라 판석이 일부 보이지만, 판석을 완전히 두르지 않은

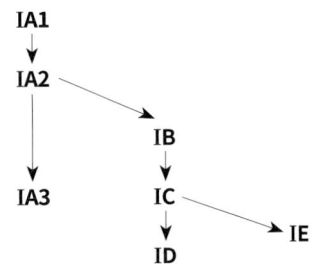

그림121. 석관묘의 형식변천 모식

채 단측벽이나 장측벽의 일부에만 판석이 배치된 경우를 IIA식(그림120-11)으로 설정하였다.

　IIB식은 묘광의 장측벽에 판석을 배치하지 않고, 단측벽에만 판석을 배치하는 형태(그림120-12·13)로 설정하였다. 이러한 형태는 일반적으로 배석묘 형상의 석관묘로 분류된다. 또한, 토광 내에서 석관의 흔적이 전혀 확인되지 않은 채, IA식의 개석 배치 방식과 동일하게 개석만 놓여 있는 구조를 IIC식(그림120-14)으로 설정하였다. 이처럼 II식은 카사후[卡莎湖] 석관묘군에서도 IA·IB식과 함께 공존하고 있어, 시기적 차이를 드러내기 보다는 무덤 구축 방식의 정교함의 차이에서 기인한 것으로 보인다. 이는 피장자의 사회적 위치에 따라 무덤 구조가 달랐을 가능성을 시사한다.

　III식(그림120-15)은 이미 기술한 바와 같이, 머리 크기 정도의 할석을 석곽의 형태로 쌓아 올려 석실의 벽체를 구축한 것이다. I·II식과 마찬가지로 사방으로 굴광한 상면에 개석을 높게 덮어 놓은 것이 특징이다. 현재까지 확보된 자료를 기반으로 보면, III식은 세분할 수 없다. 또한 개석도 없는 이른바 토광묘도 존재하는데, 이는 일반적으로 단순히 토광묘로 분류해야 한다. 그러나 이러한 토광묘가 석관묘군 내에서 함께 발견된다는 점을 고려하여, 이를 편의상 IV식이라 명명하고자 한다.

3. 석관묘의 분포와 계통

　앞서 I식 석관묘의 세부 형식에 관해서는 그림121과 같이 기능론적으로 그 변천과정을 추정한 바 있다. 이러한 변화 형식이 타당한지 여부는 무덤의 연대 비교를 통해 검증하고자 한다.

　IA식이나 IB식이 확인되는 카사후[卡莎湖]무덤군이나 얀얼룽[晏爾龍]무덤군에서는 부장토기가 발견되지 않았으며, 청동기나 장신구, 방직구 등만 부장된다. 청동기의 변천과 연대 관계에 대해서는 후술할 제13장과 제14장에서 자세히 서술할 예정이므로 여기서는 다루지 않겠다. 다만 얀얼룽[晏爾龍]무덤군 중 한 기의 연대는 상대 후기인 기원전 13~11세기로 평가된다(宮本·高大倫編 2013). 제13장에서 상세히 다루겠지만, 카사후[卡莎湖]무덤군의 청동기는 이보다 상향되는 기원전 15~13세기로 판단된다. 여기서는 청동기만이 출토되는 단계가 아닌 이후 토기가 부장되는 단계의 토기 편년을 포함하여 재검토하고자 한다.

　석관묘와 관련된 토기 편년은 아직까지 세밀한 연구가 진행되지 않았다. 대략적으로 무덤군 단위에서 토기의 상대적 연대 차이를 언급한 연구로는 이마무라 케이지[今村啓爾]의 논고(今村 1985)가 있다. 그리고 오사와 마사히토[小澤正人]의 연구(小澤 2001)에서도 야룽[雅礱]강 유역을 중심으로 석관묘 부장 토기를 다룬 바 있다. 또 민[岷]강 상류 유역의 석관묘에서 출토된 토기에 대한 편년은 셰후이·장장화[謝輝·江章華]의 논고(謝輝·江章華 2002)도 참고할 수 있다. 그러나 지금까지 발표된 연구는 모두 무덤군 단위의 대략적인 상대 연대를 추정한 것에 불과하며, 기종 단위의 형식 변화를 분석하여 체계적인 토기 편년을 제시한 사례는 아니다. 또한 세후이·장장화[謝輝·江章華]의 논고 역시 아직 미발표된 마오[茂]현 촤지산[撮箕山] 석관묘군의 부장 토기를 중심으로 무덤 단위에서 토기 양상을 검토하고 있지만, 개별 기종 단위에서의 변화를 제시하지는 않았다.

따라서 이 장에서는 일괄유물을 기본 단위로 삼아, 기종별로 상대 비교를 통해 토기의 형태 변화를 분석하고 형식 변천의 방향성을 살펴보고자 한다. 최종적으로는 이를 바탕으로 토기 편년도를 제시해보고자 한다.

기본적으로 무덤 단위의 일괄유물을 중심으로 분석하여 동일한 무덤군에서 집중적으로 출토된 일괄유물들을 상대적으로 비교할 것이다. 구체적으로는 다음의 무덤군을 대상으로 토기의 형식 변천을 제시하고자 한다.

마오원[茂汶]현 잉판산[营盤山] 석관묘군(茂汶羌族自治県文化館 1981)

마오원[茂汶]현 청관[城関] 석관묘군(泗川省文管会·茂汶県文化館 1983)

마오[茂]현 모터[牟托] 1호묘(茂県羌族博物館·阿壩蔵族羌族自治州文物管理所 1994)

민[岷]강 상류 유역(쓰촨성 마오[茂]현, 원촨[汶川]현, 리[理]현 등)의 무덤군

간쯔[甘孜]지역의 간쯔현 길리룽[吉里龍]무덤군(四川省文物管理委員会·甘孜蔵族自治州文化館 1986)

먼저 민[岷]강 상류 유역의 석관묘를 비교해보면, 동일한 무덤군에 속하는 잉판산[营盤山] 7호묘, 잉판산 3호묘, 잉판산 2호묘 사이에서도 상대적으로 형식 차이가 인정된다. 특히 부장품인 호호의 형태를 살펴보면, 3호묘 출토품의 경우 동체 최대경이 복부 상반부 가까이에 위치하는 반면(그림122-3), 2호묘 출토품은 저부 하단부 가까이에 최대경이 형성되어 있어(그림122-13) 전체적으로 동체부 최대경이 더 아래로 내려앉은 형태로 동체부 최대경이 커지고 있다.

대부臺附 발鉢의 경우, 잉판산 3호묘(그림122-6) 출토품에서는 다리[脚] 부분이 豆형처럼 명확히 형성되어 있는 반면, 2호묘(그림122-16) 출토품에서는 다리 부분이 퇴화되면서 다리의 끝부분이 두꺼워지는 변화가 관찰된다. 또한 파수부把手附 발의 변화를 보면, 3호묘 출토품(그림122-4)은 경부가 약간 내만하면서 구연이 외반하는 형태를 보이는 반면, 2호묘 출토품(그림122-14)은 경부가 직립하며 구연이 짧고 완만하게 외반하는 특징을 가진다.

한편 잉판산 7호묘에는 파수부 관罐(그림122-1)만이 출토되었는데, 이는 3호묘나 2호묘보다 선행하는 시기의 무덤일 가능성을 시사한다. 또한 동체부 최대경은 동체부 상단에 위치하며, 기고에 비해 상대적으로 동체부 최대경이 비교적 발달하지 않아 전체적으로 홀쭉한 형태를 띠고 있다.

비록 관罐과 호호라는 기종적인 차이는 있지만, 기고와 비교해 동체부 최대경의 발달 양상을 살펴보면 시간에 따른 변화양상을 확인할 수 있다. 초기에는 기고에 비해 동체부 최대경이 상대적으로 덜 발달하였으나, 이후 점점 동체부 최대경이 기고에 비해 더 넓어지면서 안정적인 형태로 변화한다. 나아가 동체부 최대경 위치를 보면, 초기에는 동체부 상단에 위치하지만 점차 하단부로 이동하

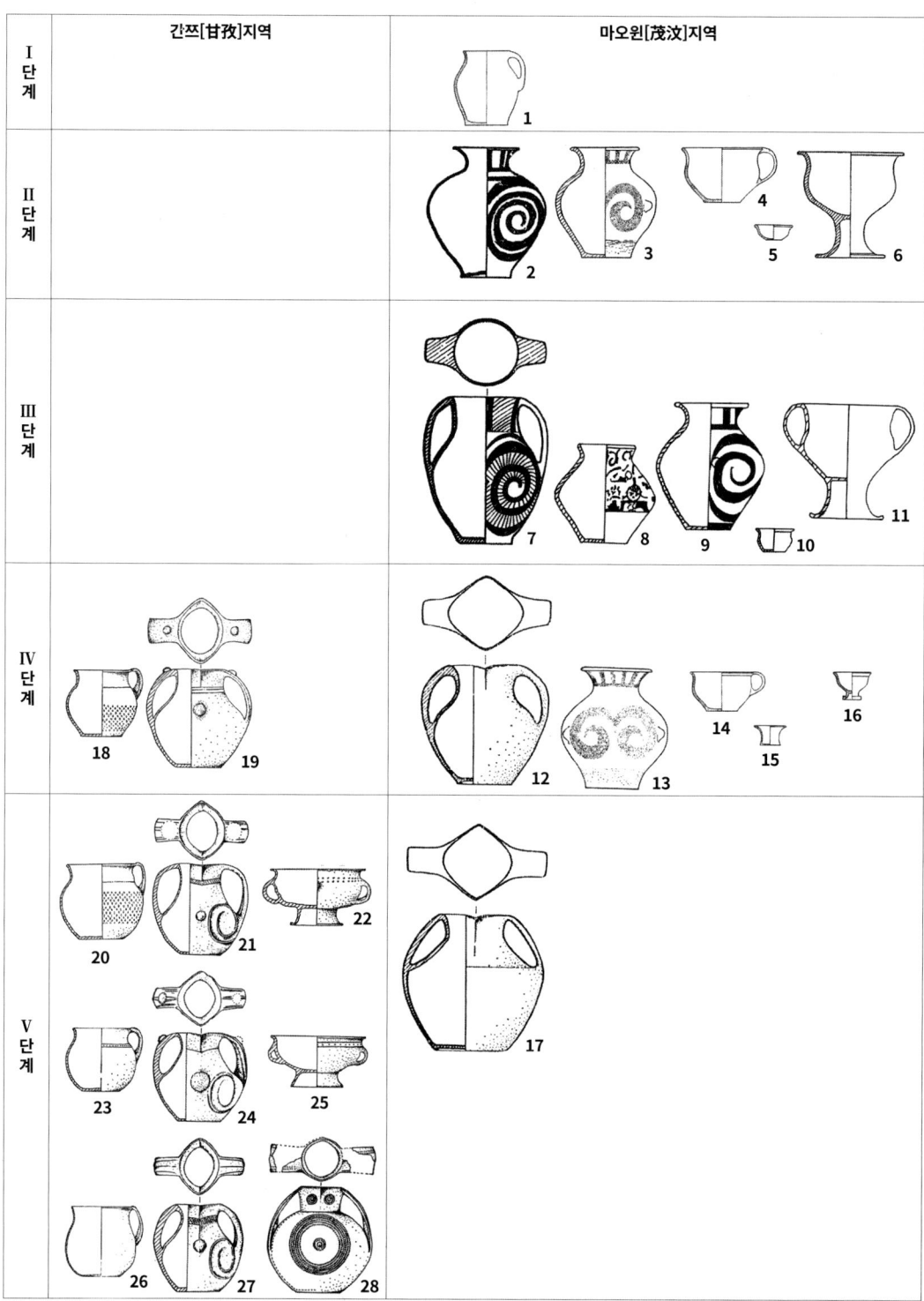

그림122. 석관묘 부장토기의 형식변천(1: 잉판산 M7, 2: 청관 DM4, 3~6: 잉판산 M3, 7: 청관 DM12, 8~11: 모터 M1, 12: 청관 CM8, 13~16: 잉판산 M2, 17: 청관 AM2, 18·19: 길리룽 M5, 20~22: 길리룽 M6, 23~25: 길리룽 M7, 26~28: 길리룽 M3, ※축척 1/10)

는 경향이 확인된다. 이러한 변화를 종합적으로 고려할 때, 양식적으로는 잉판산[營盤山] 7호묘→잉판산 3호묘→잉판산 2호묘의 순서로 변천이 이루어졌을 가능성이 높다.

또한 이러한 변화 속에서 모터[牟托] 1호묘의 일괄유물(그림122-8~11)과 비교해 보면, 모터 1호묘는 잉판산 3호묘와 2호묘의 중간에 위치할 가능성이 있다. 특히 호의 기형적인 특징을 살펴보면, 동체부 최대경이 중앙부에 위치하는 점이 주목된다. 앞서 살펴본 잉판산 3호묘에서 2호묘로의 변화 양상을 고려하면, 동체부 최대경이 상단에서 하단으로 점차 이동하는 경향을 보인다. 이에 비해 모터 1호묘의 호는 이러한 변화 과정에서 중간적 위치를 차지하고 있는 것으로 볼 수 있다. 따라서 모터 1호묘는 잉판산 3호묘와 2호묘 사이의 변천 과정 속에서 중요한 연결고리가 된다고 할 수 있으며, 그림 122에서 제시된 변화 방향과도 부합하는 것으로 판단된다.

잉판산 3호묘의 대부발臺附鉢(그림122-6)과 모터 1호묘의 대부발(그림122-11)을 비교해보면, 모터 1호묘 출토품은 구연이 더 직립하고 구연부의 외반도가 약한 특징을 보인다. 또한 다리 부분이 약간 말려 있는 듯하지만, 전체적인 대각의 완성도가 높아 잉판산 2호묘 출토품(그림122-16)보다 선행하는 것으로 보아도 무리가 없을 것이다. 이러한 점에서 모터 1호묘 출토품의 다리 끝부분이 말려있는 특징(그림122-11)이 점차 발달하여, 잉판산 2호묘의 대부발(그림122-16)처럼 다리 끝부분이 전체적으로 두꺼워질 가능성이 있다. 따라서, 잉판산 7호묘→잉판산 3호묘→모터 1호묘→잉판산 2호묘라는 변화 방향이 추정된다.

물론 변화의 방향성이 반대일 가능성도 배제할 수 없으나, 잉판산 2호묘 대부발의 다리 부분이 퇴화하는 경향을 고려하면 그 가능성은 낮아보인다. 또한, 잉판산 3호묘에서는 山자형 격格동검이 출토되고, 모터 1호묘에서는 동병철검銅柄鐵劍이 출토된 점에서도 앞서 추정한 변화의 방향성과 공반 유물의 상대적 연관성은 타당하다고 볼 수 있다. 이와 같은 토기 변화의 방향성은 쓰촨성 마오[茂]현 비에리[別立]・러스춘[勒石村]의 석관묘 분석에서도 언급된 바 있다(茂汶羌族自治県文化館・将宜忠 1985).

가장 이른 단계인 잉판산 7호묘의 단이관單耳罐(그림122-1)은 기형의 기원이 문제될 수 있다. 즉, 이 토기가 어떻게 등장하였는가 하는 점이 핵심적인 의문이다. 여기서 주목해야 할 것은 촨시고원에 인접한 칭하이[青海]성 토기의 변천이다.

칭하이지역 청동기문화의 토기 변천에 관해서는 위웨이차오[俞偉超]의 논고(俞偉超 1985)가 가장 일반적으로 인정되고 있다. 그의 연구에서는 카유에[卡約]문화에서 탕왕[唐汪]문화로의 변천과정을 5분기로 구분하고 있다. 그중에서는 탕왕문화의 쌍이관雙耳罐은 잉판산 7호묘에서 출토된 단이관單耳罐(그림122-1)과 가장 유사한 형태를 보인다. 따라서 칭하이지역과의 문화적 접촉을 통해 이러한 토기가 촨시고원으로 유입되었을 가능성이 제기된다. 또한 잉판산 3호묘(그림122-3), 모터 1호묘(그림122-9), 잉판산 2호묘(그림122-13)에서 출토된 호壺에는 채색되거나 암문暗文의 원호문圓弧文이 확인된다. 이러한 원호 문양은 탕왕문화에서 나타나는 채색 문양과 유사한 형태를 보인다. 따라서 이 문양의 기원도 역시 칭하이지역에서 찾는 것이 타당할 것이다.

마찬가지로 민[岷]강 상류 유역에서도 토기의 변천 양상을 확인할 수 있다. 청관[城関] D구 4호묘에서 출토된 호(그림122-2)는 어깨 부분이 점차 약해지는 형태를 보이는데, 이는 잉판산 3호묘의 호(그림122-3)와 동일한 형식이라고 볼 수 있다. 또한 청관 D구 12호묘에서 출토된 쌍이호雙耳壺(그림122-7)는 동체부 최대경이 중앙부에 위치하며, 양식적으로 모터 1호묘의 호(그림122-9)와 동시기에 해당하는 것으로 판단된다.

한편 청관 C구 8호묘에서 출토된 쌍이호(그림122-12)는 동체부 최대경이 하단부에 위치하는데, 그 기형적 특징이 잉판산 2호묘의 호(그림122-13)와 매우 유사하여 동시기라고 추정할 수 있다. 이러한 사례들을 종합해 볼 때, 잉판산 7호묘→잉판산 3호묘→모터 1호묘→잉판산 2호묘라는 단계적 변천 과정을 타 무덤군에서도 동일하게 적용될 수 있다. 따라서 환시고원의 석관묘 부장토기의 변천을 I단계에서 IV단계의 변화 과정(그림122)과 같이 설정할 수 있는 것이다.

또한, 환시고원 석관묘에서 발달한 쌍이호는 적어도 III단계부터 성립되고 있다. 청관 D구 12호묘에서 출토된 쌍이호는 원래 칭하이지역 쌍이관雙耳罐의 채색 문양과 동일한 문양의 의장이 채색되거나 암문으로 장식되었다. IV단계인 청관 C구 8호묘에서 출토된 쌍이호(그림122-12)는 구연부의 평면형이 능菱형으로 변화하여 환시고원에서 일반적으로 볼 수 있는 쌍이호 형태로 자리 잡게 된다. IV단계의 쌍이호는 동체부 최대경이 하단부로 이동하는 특징을 보이는데, 이러한 경향은 청관 A구 2호묘의 쌍이호(그림122-17)로 이어진다. 청관 A구 2호묘의 쌍이호는 동체부 최대경이 하단부에 위치하면서 전체적인 기형이 더 내려앉은 형태로, 이러한 형식학적 변화 방향을 고려할 때 더 늦은 단계인 V단계에 해당한다고 볼 수 있다.

여기에서는 쓰촨성 간쯔현 길리룽[吉里龍]석관묘군(四川省文物管理委員会·甘孜蔵族自治州文化館 1986)의 사례와 비교해보고자 한다.

길리룽[吉里龍]석관묘군 쌍이호雙耳壺의 기형적인 변화를 살펴보면, 길리룽[吉里龍] 5호의 쌍이호(그림122-19)는 IV단계의 마오원[茂汶]현 청관[城関] C구 8호묘에서 출토된 쌍이호(그림122-12)와 유사한 특징을 보인다. 즉, 동체부 최대경이 중앙부보다 하단부에 위치하고 있어 IV단계에 해당하는 것으로 판단된다. 또한 이 단계부터 교량형의 파수나 동체부에 돌기형의 문양이 부착되기 시작하는데, 이러한 특징은 기형의 변화 과정에서 중요한 요소로 작용한다. 관련된 사례로서 III단계에 해당하는 모터 1호묘의 호(그림122-9)에서도 리벳 형상의 단추형 문양이 확인되며, 이후 이 문양이 점차 발달하여 돌기형 문양으로 변화하는 과정을 보인다.

쌍이호에서 동체부 최대경이 점차 중앙부에서 하단부로 이동하는 경향은 길리룽[吉里龍] 6호묘(그림122-21)에서 먼저 나타나며, 이후 길리룽 7호묘(그림122-24), 3호묘(그림122-27)로 갈수록 더욱 하단부로 이동하는 변화를 보인다. 이러한 상대적 변화 양상은 다른 기종에서도 동일하게 확인된다. 길리룽 6호묘에서 출토된 다리 낮은 대부발(그림122-22)은 이후 다리가 퇴화되는 길리룽[吉里龍] 7호묘 출토품(그림122-25)으로 변화한다.

마찬가지로, 단이관單耳罐의 변화에서도 길리룽 5호묘→6호묘→7호묘→3호묘라는 변화 양상이 확인된다. 길리룽 5호묘(그림122-18)와 6호묘(그림122-20)에서는 출토된 단이관의 동체부에는 격자 타날문이 확인된다. 격자 타날문의 위치를 살펴보면, 길리룽 5호묘 출토품에서는 저부 부근까지 전체적으로 확인되지만, 길리룽 6호묘 출토품에서는 그 범위가 줄어들어 동체부 중앙에서만 확인된다. 이후 길리룽 7호묘 출토품은 격자 타날문의 흔적이 거의 사라지고, 대신 견肩부에 문양만 남아 있는 형태로 변화한다(그림122-23). 길리룽 3호묘 출토품은 이러한 타날문조차 사라지고 무문화하는 상태로 변화한다(그림122-26).

또한 단이관單耳罐의 동체부 최대경 위치도 변화하는 양상을 보인다. 길리룽[吉里龍] 5호묘(그림122-18) 출토품은 최대경이 동체부 상단에 위치하지만, 이후 점차 하단부로 내려간다. 최종적으로는 길리룽 3호묘 출토품은 최대경이 저부 부근으로 이동하여 전체적으로 아래로 내려앉은 형태(그림122-26)를 띠게 된다. 이러한 형태적 변화는 앞서 살펴본 쌍이호雙耳壺와 동일한 형식적 변화 방향을 보인다. 즉 동체부 최대경이 점차 하단부로 이동하는 경향이 여러 기종에서 공통적으로 나타난다는 점은 앞서 언급한 기종의 형식 변화가 타당하다는 것을 입증해 준다. 따라서 길리룽[吉里龍] 6호묘→7호묘→3호묘로 이어지는 변화를 상정할 수 있으며 이를 V단계로 설정하고자 한다.

이러한 부장토기의 5단계 변천 과정과 그 이전 단계, 즉 토기가 부장되지 않던 단계를 포함하여 토기 미부장 단계부터 부장토기 I~V단계로 구분되는 상대적 단계 설정이 타당한지를 검토하고자 한다. 이를 위해 앞서 정리한 석관묘 형식의 변화가 이 단계 설정과 부합하는지 점검하고, 이러한 변화가 특정 지역과 연관되어 분포하는지를 분석해 보고자 한다.

또한 부장토기 I단계에 해당하는 윈난성 더친[德欽]현 나구[納古] 22호묘에서는 곡병동검曲柄銅劍이 출토되었다(雲南省博物館文物工作隊 1983). 그러나 그 이전인 토기 미부장 단계에서는 동검이 존재하지 않았으며, 과戈나 모矛를 주체로 하는 청동기가 사용되던 시기였다. 이는 곧 청동기의 기종적 차이를 통해 명확한 시기 구분이 가능함을 의미한다. 부장토기 II단계부터 山자형 격格동검이 등장하기 시작하며, 부장토기 III단계에서는 동병철검이 출현하는 양상이 확인된다. 따라서 동검의 변천 과정과 부장토기의 상대적 편년이 서로 모순되지 않음을 확인할 수 있다.

앞서 정리한 부장토기의 편년을 통해, 먼저 토기 미부장 단계에는 석관묘 형식(이하, 석관묘 형식 기호만 표기) IA1·IA2식, IB식, IIA·IIB·IIC식이 공존하고 있다(표19). 토기 미부장 단계의 대표적인 유적으로는 카사후[卡莎湖]석관묘군이나 얀얼룽[晏爾龍]석관묘군이 있는데, 상대적으로 카사후[卡莎湖]석관묘군이 이른 시기에 속한다고 볼 수 있다. 특히, 카사후 석관묘군에서는 IA1식만이 확인되고 있으며, IA2식으로 변화하는 양상이 관찰된다. 이는 IA1식에서 IA2식으로의 변화가 타당한 형식 변화임을 알려준다. 또한 카사후 석관묘군은 북구北區 38기와 남구南區의 237기로 구분되는데, 부장품의 구성을 통해 두 구역 간에는 시간차가 존재한다는 점이 루어얼후[羅二虎]에 의해 지적된 바 있다(羅二虎 2008). IA1식은 북구에서 확인되며, IA2식은 두 구역 모두에서 확인된다. 이를 통해 북구가 상대적으로 남구보다 이른 단계라고 보고 있다. 그렇다면 IA1식에서 IA2식으로의 변화는 석관묘의 상대적인 시간 차이에 의해 입증될 수 있는 형식 변화라고 할 수 있다. 따라서 IA1식부터 IA2식 석관묘라는 토기가 부장되지 않는 단계를 여기에서는 석관묘문화 분기 제1기로 설정하고자 한다.

앞서 부장토기를 중심으로 I~V단계를 설정하였다. 토기 부장을 하지 않은 단계를 포함하여 단계를 재정립하면, 부장토기 I단계를 석관묘문화 분기 제2기, 부장토기 II단계를 석관묘 분기 제3기와 같이 각각의 부장토기 단계를 석관묘문화 분기에 대응시킬 수 있다. 최종적으로 부장토기 V단계는 석관묘문화 분기 제6기에 해당한다. 이러한 시간축을 석관묘의 형식에 적용하면, IA3식의 경우 길리룽[吉里龍]무덤군에서 볼 수 있듯이 부장토기 IV · V단계인 석관묘문화 분기 제5기와 제6기에 확인되는 것이다.

한편 부장토기 II단계인 선라쫑[呻拉宗]무덤군은 IA3식이 주된 형식으로, IB식은 일부만 확인되고 있다. IA3식은 석관묘문화 분기 제3기부터 등장하므로, IA3식이 IA2식 등 보다 후행하는 형식임을 확인할 수 있다. 또한 IA1 · IA2식보다 상대적으로 후행하는 것으로 상정했던 IB식은 석관묘문화 분기 제1기부터 출현하지만, 잉판산[営盤山] 7호묘에서도 확인되고 있다. 이를 통해 석관묘문화 분기 제2기[부장토기 I단계]까지 존속했음을 알 수 있다.

석관묘문화 분기 제3기[부장토기 II단계]에 해당하는 잉판산[営盤山] 3호묘에서는 IC식 석관묘의 출현을 확인할 수 있으며, 석관묘문화 분기 제4기[부장토기 III단계]인 모터 1호묘에서는 ID식이 등장한다. 또한 잉판산 2호묘를 통해 ID식이 석관묘문화 분기 제5기[부장토기 IV단계]까지 지속되었음을 알 수 있다. 이처럼 IA식에서 ID식으로 변화하는 석관묘 형식을 재검토함으로써, 부장토기의 편년이 기본적으로 타당하다는 점이 증명되었다. III형식 석관묘는 석관묘문화 분기 제6기[부장토기 V단계]에 해당하는 청관 B구 4호묘(그림120-15) 등에서 확인되어 석관묘문화 분기 제6기부터 본격적으로 출현하고 있음을 알 수 있다.

다음으로, 석관묘 형식의 공간적인 분포를 살펴보고자 한다(그림123 · 124). IA1식은 카사후[卡莎湖] 석관묘군(그림123-1)에서 확인되며, IA2식은 카사후 석관묘군과 얀얼룽[晏爾龍]석관묘군 등 야룽[雅礱]강 상류인 시엔수이[鮮水]하 유역에 한정적으로 분포한다(그림123-2). 그러나 시기가 더 내려가는 IA3식은 야룽[雅礱]강 유역뿐만 아니라 야안[雅安]지역까지 확산되어 그 분포범위가 넓어지고 있음을 확인할 수 있다(그림123-3).

반면 IB형은 야룽[雅礱]강 상류 유역에서 민[岷]강 상류 유역까지 광범위한 분포를 보인다(그림123-

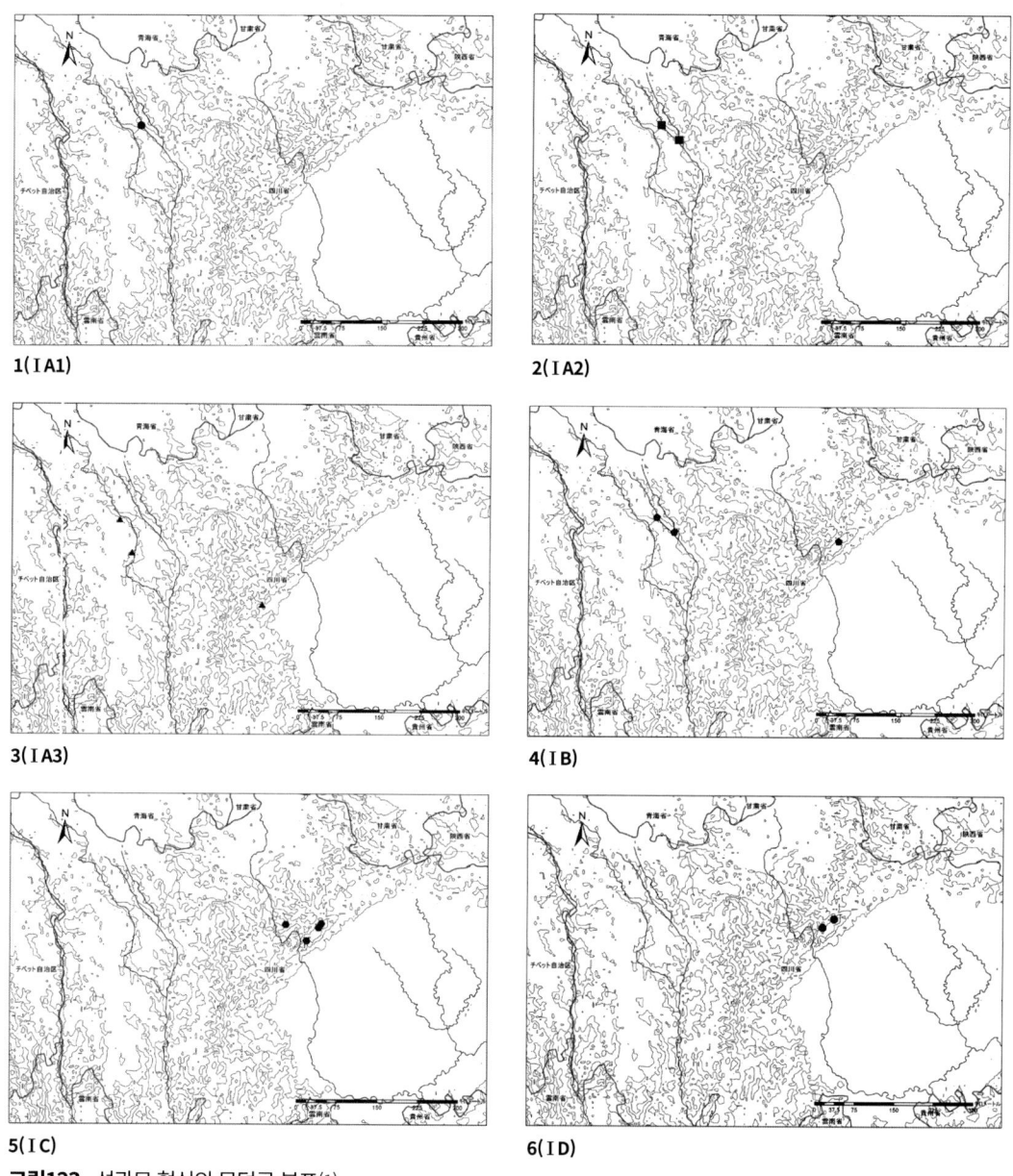

1(ⅠA1)

2(ⅠA2)

3(ⅠA3)

4(ⅠB)

5(ⅠC)

6(ⅠD)

그림123. 석관묘 형식의 무덤군 분포(1)

4). ⅠB식과 계보적으로 연계되는 것으로 보이는 ⅠC식은 민[岷]강 상류 유역에 한정되고(그림123-5), ⅠC식이 발달하여 형성된 것으로 추정되는 ⅠD식 역시 민[岷]강 상류 유역에 국한된다(그림123-6). 이처럼 ⅠC식과 ⅠD식은 민[岷]강 상류 유역에서 지역적으로 발달한 석관묘 형식으로 볼 수 있다. ⅠE식(그림124-1)은 옌볜[塩辺] 1호 석관묘에서 확인된다. ⅠE식은 ⅠC식에서 파생된 것으로 추정되는데, 공간적 분포를

통해 IE식이 지역성을 띠는 석관묘 형식이라는 점을 다시 한번 확인하였다.

　　II식 석관묘는 I식에 비해 간소하게 제작된 석관묘로서, 피장자의 사회적인 지위가 낮았을 가능성이 높다. 따라서 반드시 지역성을 반영한다고 볼 수 없다. IIA식은 야룽[雅礱]강 상류 유역뿐만 아니라 야안[雅安]지역에도 확인된다(그림124-2). IIB식은 야룽[雅礱]강 유역이나 진사[金沙]강 유역에서 주로

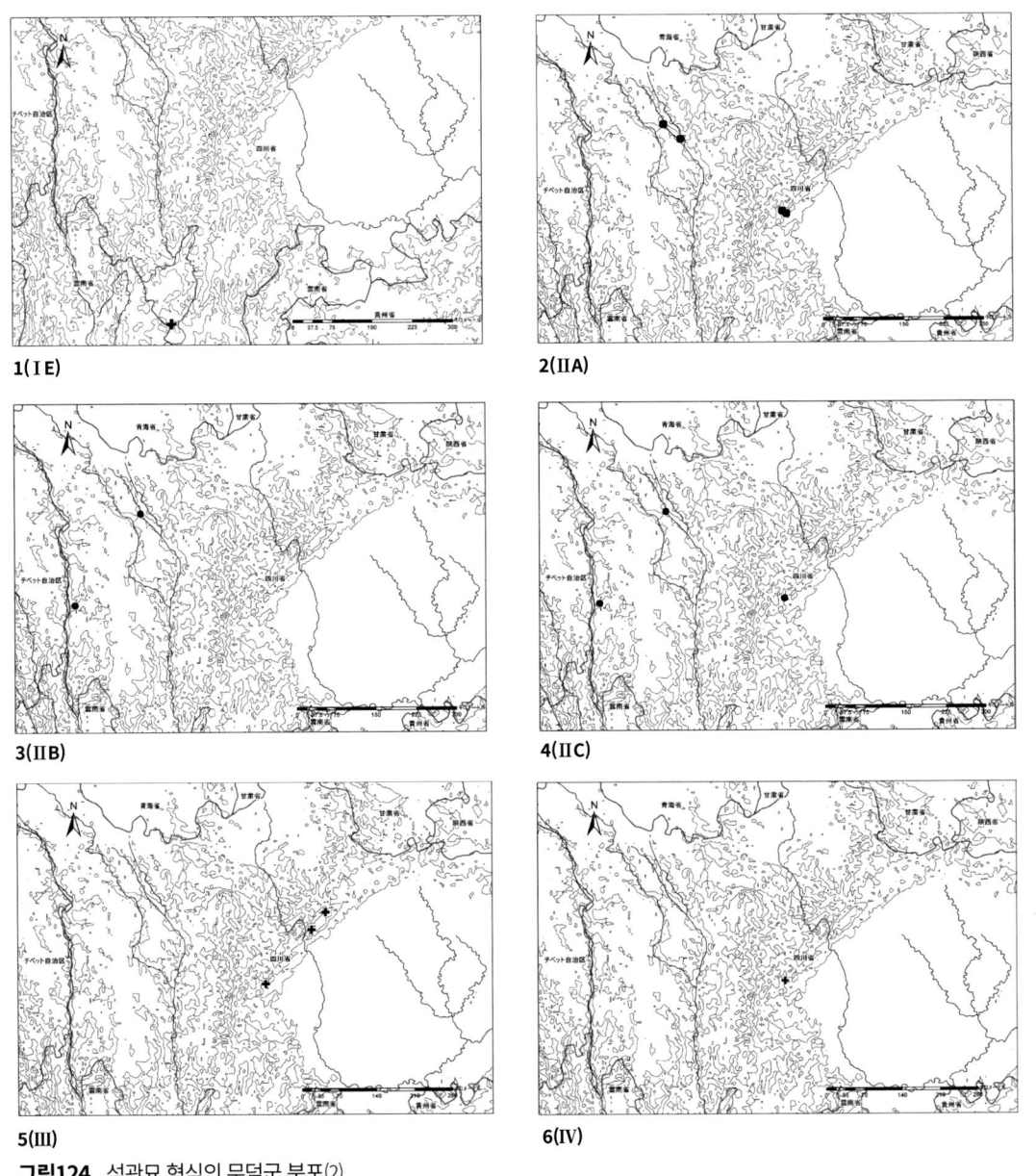

1(ⅠE)　　　　　　　　　　　　　　　　　　2(ⅡA)

3(ⅡB)　　　　　　　　　　　　　　　　　　4(ⅡC)

5(Ⅲ)　　　　　　　　　　　　　　　　　　6(Ⅳ)

그림124. 석관묘 형식의 무덤군 분포(2)

발견된다(그림124-3). IIC식인 석개토광묘는 야룽[雅礱]강 유역과 진사[金沙]강 유역뿐만 아니라, 야안[雅安]지역에서도 확인되며(그림124-4), 상대적으로 더 광범위한 분포권을 나타낸다.

자료적인 제약으로 인해 단정하기는 어렵지만, II식 석관묘는 지역성을 띠기보다는 I식의 간이형으로 보다 광범위한 지역에서 성립된 것으로 보인다. 또한 길리룽[吉里龍]석관묘군처럼 피장자의 사회적 위치를 고려해 정교한 I식 석관을 도입하지 않은 채, 간소화된 형태의 묘장을 조성한 집단일 가능성도 있다.

한편, 석관묘문화 분기 제6기에 성립하는 III식은 마오원[茂汶]지역이나 야안[雅安]지역에서 확인된다(그림124-5). III식은 지역성을 띠고 있다고 볼 수도 있지만, 이 지역은 한漢 계통 문화와 접촉하는 지대이다. 이러한 외적인 문화 접촉으로 인해 석관묘의 구조가 변화했을 가능성도 충분히 고려할 수 있으며, 문헌에서 보이는 민족 범위와도 연동될 가능성이 있다. 문헌에서 언급되는 민족 범위에 대해서는 다음 절에서 다시 한번 다루고자 한다.

다만, 석관묘문화 분기 제2기[부장토기 I단계]에 해당하는 나구[納古] 22호묘 등 나구 석관묘군은 괴석을 쌓아 올리는 석곽 형태로 III식에 속한다. 즉, III식 자체는 란창[瀾愴]강 유역 등 보다 내륙 지역에서 비교적 이른 단계부터 이미 존재하고 있었던 셈이다. 또한 토광묘인 IV식은 야안[雅安]지역(그림124-6) 외에도 야룽[雅礱]강 하류 유역, 진사강 하류 유역, 나아가 윈난성 서부의 얼하이[洱海]지역에서도 확인된다. 이처럼 토광묘는 윈난 전역으로 더욱 확산되는데, 얼하이[洱海]계 청동기와 같은 환시 고원 청동기문화는 이후 칭하이와의 청동기문화 계보를 공유한 청동기군을 형성하고 있다. 같은 청동기문화권에 속하는 지역들은 야룽[雅礱]강 하류 유역, 진사강 하류 유역, 얼하이지역에 분포한다. 이러한 청동기문화권에 속하는 지역들은 오히려 I식 석관묘보다 토광묘가 우세하게 나타나던 곳으로, 이를 통한 지역적 구분이 가능하다는 점을 시사한다.

4. 문헌 속에 보이는 여러 민족과 석관묘

중국 서남부의 선사사회에 대한 역사 기술은 초楚나라나 한漢나라에 의한 은주殷周 문화권으로서 정치 세력 확대 또는 영역 확대에서 이루어진 문화 접촉을 중심으로 서술되어 왔다. 따라서, 역사 기록은 한 왕조를 중심으로 한 세력권 또는 그 접촉 지역에 대한 기술에 국한되며, 이에 따라 야룽[雅礱]강 유역과 같은 석관묘문화 중심지에 대한 구체적인 실상은 여전히 불명확하다고 할 수 있다.

이 지역을 다룬 주요 문헌 사료로서는 『史記』 「西南夷列伝」, 『漢書』 「西南夷両粵朝鮮伝」이나 『後漢書』 「南蛮西南夷列伝」 등을 들 수 있다. 『漢書』의 기술은 『史記』의 내용과 거의 동일하거나, 전자를 바탕으로 약술한 것으로 보인다. 또한 『後漢書』 「南蛮西南夷列伝」의 자료⑤부분은 원래 『華陽国志』

를 기반으로 서술되었다는 하는 견해도 있다(工藤元男 1998). 여기서는 주로 『史記』의 기술을 중심으로, 한 왕조의 지배 영역 확대 과정을 먼저 검토보고자 한다. 관련 문헌의 주요 기술은 다음과 같다.

『史記』「西南夷列伝」
① 西南夷君長以什数、夜郎最大、……、滇最大、自滇以北君長以什数、邛都最大、此皆魋結、耕田、有邑聚。其外西自同師以東、北至楪楡、名為嶲、昆明、皆編髪、随蓄遷徙、母常處、母君長、地方可数千里。自嶲以東北、君長以数十、徙、筰都最大、自筰以東北、君長以什数、冉駹最大。… 皆氐類也。
② 遂平南夷為牂柯郡。夜郎侯始倚南越、南越已滅、会還誅反者、夜郎遂入朝。上以為夜郎王。
③ 南越破後、及漢誅且蘭、邛君、並殺筰侯、冉駹皆振恐、諸臣置吏。乃以邛都為越嶲郡、作都為沈犁郡、冉駹為汶山郡、広漢西白馬為武都郡。
④ 滇王離難西南夷、挙国降、諸置吏入朝。於是以為益州郡、賜滇王王印、復長其民。

『後漢書』「南蛮西南夷列伝」
⑤ 冉駹夷者、武帝所開。元鼎六年、以汶山郡。……宣帝乃省幷蜀郡為北部都尉。其山有六夷七羌九氐、各有部落。其王侯頗知文書、而法厳重。貴婦人、黨母族 死則焼其戸。……又土地剛歯、不生穀粟麻菽、唯以麦以資、而宜畜牧。有旄牛、無角、一名童牛、肉重千斤、毛可為眊。出名馬。有靈羊、可療毒。又有食薬鹿、鹿麑有胎者、其腸中糞又療毒疾。

문헌①에서 알 수 있듯이, 서남이西南夷 중에서도 야랑夜郎, 전滇, 공도邛都 등은 상투를 틀고, 농경하여 취락을 형성한 사회로 묘사된다. 반면, 이들의 서측에 위치한 동사同師와 그 동북 방향에 위치하는 표유楪楡 등은 머리를 땋아 올리고, 목축생활을 하며 정주생활을 하지 않고 수장도 존재하지 않는 미발달 사회로 기술된다. 서嶲, 곤명昆明이라 불린 이 지역들은 현재 윈난 서부의 얼하이[洱海]지역으로, 촨시고원 석관묘문화 등 북방계 청동기문화권의 남단에 해당한다(그림125-1). 여기서 동북 방향인 사徙와 작도筰都가 큰 세력이며, 더욱 동북 방향으로는 염방冉駹이 가장 큰 세력으로 기술된다.

사徙에 대해서는 『集解』에 「徙在漢嘉」라고 기록되어 있으며, 문헌③에 등장하는 심리沈犁군이 후한後漢 영제靈帝기에 한가漢嘉군으로 개칭된 점을 고려하면, 사徙와 작도筰都는 야안[雅安]지역에 위치했다고 추정할 수 있다(羅二虎 2008).

작도筰都는 『集解』에 「徐広日筰音昨、在越嶲」을 인용하여 월서越嶲군에 있었다고 하는 통언정[童恩正]에 따르면, 대작大筰은 현재의 쓰촨성 옌벤[塩辺]현, 작진筰秦과 정작定筰은 현재의 쓰촨성 옌위안

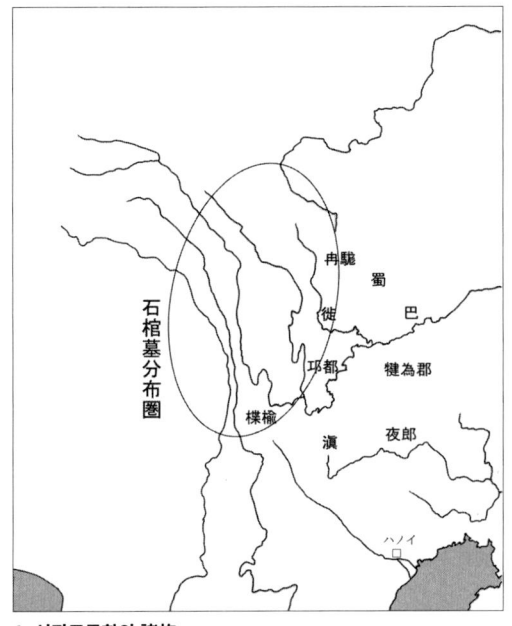

1. 석관묘문화의 **諸族**

2. 전한의 군치

그림125. 문헌에서 보이는 제민족諸民族과 한의 군치郡治

[塩源]현으로 비정되어, 쓰촨성 서남부지역에 해당한다고 한다(童恩正 1980). 또한 염방冉駹은 ⑤문헌에서 전한前漢 무제武帝의 원정元鼎 6년(BC 123)에 문산汶山군에 편입된 곳이 현재의 민[岷]강 상류 유역에 해당한다(그림125). 즉 석관묘문화권에 속하는 지역이다.

이를 바탕으로 보면, 사徙는 야안[雅安]지역에, 작筰은 옌볜[塩辺]·옌위안[塩源]지역에 위치한 것으로 볼 수 있다. 이렇게 되면, 문헌에 목축사회로 기술된 지역은 석관묘문화권과 같은 북방계 청동기문화권에 속한다고 볼 수 있다. 반면 이 문화권의 중심지인 야룽[雅礱]강 유역이나 진사[金沙]강 유역은 한나라와의 직접적인 접촉이 없었기 때문에 『史記』에는 이 지역에 대한 역사적 기술이 존재하지 않았다고 볼 수 있다.

고가 노보루[古賀登]에 의하면, 석관묘를 남긴 집단은 전설 속의 과기인戈基人으로, 저氐족에 해당한다고 한다(古賀 2003). 과기인戈基人은 원래 민[岷]강 상류 유역에 거주했으며, 이후 이주해 온 강羌족과 충돌했다고도 여겨진다(童恩正 1980). 또한, 그림125의 심리沈犁군이나 월서越嶲군의 비정은 『集解』에 의한 것으로, 『史記』의 기술과는 차이가 있음을 알 수 있다.

한편, 정주적 농경사회를 형성하고 있던 윈난 서부에서 장커[牂柯]강 상류 유역은 전국시대 초나라와 일찍부터 접촉하였으며, 초나라의 침략을 받은 지역이었다. 이 지역은 수전을 중심으로 한 농경사회가 형성되어있었기 때문에, 한 왕조의 세력 확대 과정에서도 우선적으로 편입될 필요가 있었다.

문헌②에서 확인할 수 있듯이, 전한 무제기의 남월南越국이 멸망하자, 장커[牂柯]강 상류 유역의 야랑夜郎은 한 왕조가 직접 내려와 야랑왕으로 책봉하였다. 마찬가지로 전지滇池 동안東岸에 위치한 전滇은 문헌④에서 알 수 있듯이 한漢의 익주益州군에 편입되었으며, 전滇왕은 유명한 금인金印을 한 왕조로부터 하사받아 그 신분을 보장받았다.

반면 목축사회였던 석관묘문화권은 문헌③에 기록된 바와 같이, 공도邛都가 월서越巂군, 작도筰都가 심리沈犂군, 염방冉駹이 문산汶山군, 광한서백마広漢西白馬가 무도武都군이라는 한漢의 영역으로 편입되었다. 이러한 한의 세력 확장 과정을 나타낸 것이 그림125이다. 새롭게 한의 영역으로 편입된 지역은 문헌①과 ⑤에서 확인할 수 있듯이 목축을 주요 생업으로 하였으며, 문헌⑤에서는 보리를 재배하는 소규모 농경도 이루어졌음을 알 수 있다. 그러나 농경사회와는 동떨어진 지역으로 기본적으로 목축형 농경사회였다. 이러한 점을 고려하면, 북방 청동기문화권(장성지대 청동기문화권)과 유사한 생업 구조를 지니고 있었다. 따라서 농경을 생업으로 하는 한 왕조의 입장에서는, 이 지역을 전략적 거점으로 삼아 접충지역에 군치郡治를 설치하는 것에 관심을 가졌으나, 촨시고원 내륙부까지 직접 세력을 확장하는 것은 고려하지 않았음을 알 수 있다.

역사적 배경을 전제로 한다면 석관묘 형식 중 IC식이나 ID식이 민[岷]강 상류역으로 한정되어 분포하는 지역성은 문헌에 기록된 염방冉駹의 주체성이 물질문화로 반영된 결과일 가능성이 있다. 이러한 관점에서 본다면, 중원계 청동기를 포함한 다양하고 풍부한 부장품이 확인된 모터 1호묘는 염방冉駹의 군장묘였을 가능성도 있다. 또한 전한대 병행기로 볼 수 있는 석관묘문화 분기 제6기에는 기존의 석관묘와는 달리, 석곽과 유사한 III식이 출현한다. III식은 기존의 석관묘보다 비교적 대형의 석곽 구조를 이루며, 그 분포지역은 민[岷]강 상류 유역이나 야안[雅安]지역으로 한 무제武帝기에 형성된 문산汶山군, 심리沈犂군으로 비정되는 지역에 해당한다. 이러한 III식 석관묘에는 한나라 계통의 유물들이 다수 부장되는데, 한 왕조와 접촉 이후 이 지역에서는 한식 부장문화를 수용하였다고 볼 수 있다. 이를 고려하면, 한나라 군치郡治가 설치된 무제武帝기 이후, 이 지역은 전한前漢 사회라는 인식 속에 새로운 묘장 구조가 자리잡는다고 보는 것이 적합할 것이다. III식 석관묘는 한나라와의 접촉 속에서 묘장 구조가 기존의 석관묘에서 석곽의 형태로 변이된 결과로 해석할 수 있다.

한편 한 왕조와 직접적인 접촉이 없었던 야룽[雅礱]강 유역 등 촨시평원 내륙부에서도 또다른 지역성이 나타난다. 란창[瀾愴]강 유역 나구[納古]석관묘군에서는 석관묘문화 분기 제2기부터 III식 석관묘가 이미 등장한다. 여기서 보이는 III식 석관묘는 엄밀히 따지면 구조적 특징의 차이가 크다. 따라서 앞서 기술한 석관묘문화 분기 제6기의 III식 석관묘와는 계통을 달리하고 있었을 가능성이 높다.

5. 정리

여기서는 찬시고원을 중심으로 확인되는 석관묘의 형식을 분류하고, 그 변화 방향을 추정하였다. 그리고 부장토기의 편년과 비교하여 석관묘 형식의 변천과정에 대한 타당성을 제시하였다. 또한 석관묘 형식의 분포를 통해 각 형식 간의 계통성을 밝히고 각 지역성의 특징을 추출하였다. 석관묘 형식과 찬시고원 청동기(얼하이계 청동기)를 부장한 토광묘의 분포 범위는 『史記』 「西南夷列伝」에 기록된 목축형 농경사회의 영역과 맞아떨어진다는 점을 확인하였다.

한왕조는 남월南越국을 멸망시킨 후, 수전 농경사회였던 란창[瀾愴]강 상류 유역의 야랑夜郎과 윈난 동부의 전滇 등을 그 지배 영역에 편입하였다. 또한 목축형 농경사회의 접촉지대를 흉노와의 관계에서 전략상 거점으로 삼아 점진적으로 그 영역을 확장해 나갔다. 이러한 과정은 석관묘 사회에 대한 역사적 논의의 중요한 전환점이 될 수 있지만, 이 시기를 경계로 석관묘문화 자체가 쇠퇴하기 시작하였다. 정리하면, 석관묘문화는 전한대 이전부터 유구한 역사를 지닌 문화적 전통 속에 있었다고 볼 수 있다. 특히 칭하이[青海]지역 등 중국 서북부와의 접촉을 통해 장성지대 청동기문화(북방청동기문화)를 수용해 갔을 가능성이 크다. 이후 독자적으로 山자형 격格동검이나 동병철검을 제작하는 지역색을 발전시켜 나갔다. 이 장에서는 청동기문화의 주요한 특징인 석관묘의 변천과정과 지역성을 규명하고, 이를 통해 석관묘 사회의 분화과정과 그 역사적 일면을 살펴보았다.

이를 간략하게 제시한 것이 석관묘문화 분기 제1기~제6기까지의 석관묘 형식과 부장토기의 변천 단계를 정리한 표19이다. 여기서 제시한 실연대는 각 분기에 해당하는 청동기 변천을 기반으로 설정된 연대이다. 청동기 편년과 그 연대관에 대해서는 제13·14장에서 상세히 검토하고자 한다.

한편 석관묘문화 분기 제5기[부장토기 IV단계]인 민[岷]강 상류 유역의 청관 C구 8호묘는 철부鐵釜나 철관鐵罐이 출토되었는데, 세후이[謝輝] 등은 이를 근거로 해당 무덤이 전한 전기에 해당하므로 진秦

표19. 찬시고원 청동기의 변천과 석관묘문화의 분기

석관묘문화분기	석관 형식			부장토기 단계	청동기 단계		연대
第1期	I A1 I A2	I B	II A II B·C	無土器	第1段階	유공과有銎戈	前15~12世紀
第2期	｜	I B	｜	I 段階	第2段階	곡병검曲柄劍	前11~10世紀
第3期	I A3	I C	｜	II 段階	第3段階	山자 격格검1·2식	前9~7世紀
第4期		I D	｜	III 段階	第4段階	3식	前6~5世紀
第5期			｜	IV 段階	第5段階	4식	前4~3世紀
第6期			III	V 段階	第6段階	4b·5식	前2~1世紀

대까지 상향될 가능성이 낮다고 보았다(謝輝 · 江章華 2002). 그러나 이러한 철부鐵釜나 철관鐵罐은 전국시대에 의거義渠(깐수 동부)나 전국 후기 진秦묘에서 확인되고 있어(白雲翔 2005), 적어도 전국 후기인 기원전 3세기에는 이미 존재하고 있었다고 볼 수 있다. 따라서 이번 장에서 제시한 실연대와 모순되지 않는다고 판단한다.

이상과 같이 본 장에서는 먼저 문헌 기록에서 구체적으로 다루어지지 않았던 중국 서남지역의 청동기시대 사회의 일면을 살펴 보았다.

제13장

촨시고원 석관묘문화와 북방 청동기

1. 머리말

2008년부터 2010년 3년에 걸친 규슈대학 고고학연구실과 쓰촨성 문물고고연구원의 공동 연구를 통해, 쓰촨[四川]성 간쯔[甘孜] 티베트족 자치주 지역 얀얼룽[晏爾龍]석관묘와 선라쭝[呻拉宗]석관묘의 발굴조사가 진행되었다. 이후 자오니바오[脚泥堡]석관묘 및 완디[弯地]석관묘에 대한 정리 조사가 추가적으로 이루어졌다(宮本·高大倫編 2013). 앞서 언급한 3개소의 석관묘군에서는 기존 연구에서 확인되지 않았던 특징적인 청동기가 출토되었다. 이를 통해 카사후[卡莎湖]석관묘 등에서 기존에 발견된 청동기들과의 비교를 통해 해당 유물들의 시간적 위치를 파악할 수 있었다. 또한 청동기와 함께 출토된 고인골 및 목탄의 C^{14} 연대측정결과를 분석한 결과, 기존 연구 성과에서 제시된 실연대관과는 다른 새로운 연대관을 도출할 수 있었다.

더불어 함께 부장된 토기의 편년을 재구축함으로써, 기존 청동기 편년의 개연성을 높일 수 있었으며, 동시에 지역 간 관계가 복잡하다는 점을 확인할 수 있었다. 이 지역의 청동기문화는 북방 청동기문화와 일원적인 관계 속에서 성립된 것이 아니라, 훨씬 더 복잡한 지역적 상호 작용 속에서 형성되었음을 알 수 있었다. 이에 따라, 청동기문화에서 나타나는 지역 간 관계를 보다 면밀하게 분석하고자 하며, 앞서 언급한 발굴성과에 기초로 하여 세부적으로 검토해 보고자 한다.

2. 얀얼룽[晏爾龍]석관묘 청동기의 시간적 위치

쓰촨[四川]성 루훠[炉霍]현 얀얼룽[晏爾龍]석관묘에서는 토기를 부장하지 않은 채 청동기나 장신구 등을 부장품으로 삼는 특징을 보인다. 또한 석관묘가 열을 지어 배치되는 구조를 띠고 있어, 기존에 발굴조사된 쓰촨성 루훠[炉霍]현 카사후[卡莎湖]석관묘와 유사한 양상을 보인다. 석관의 구조 변화를 살펴보면, 필자는 판석을 세로 방향으로 세워 측면 판석을 시설하는 IA1식인 카사후[卡莎湖] 북쪽 무덤구역 석관묘에서, 상대적으로 폭이 긴 판석을 가로 방향으로 배치하여 측면 판석을 형성하는 IAa2식인 카사후[卡莎湖] 남쪽 무덤구역 석관묘로 변화한다고 상정한 바 있다(宮本 2009f). 이는 부장품의 내용이 카사후[卡莎湖] 남쪽 무덤구역보다 북쪽 무덤구역이 상대적으로 이르다는 루어어후[羅二虎]의 견해에 기초한 것이다(羅二虎 2008). 얀얼룽[晏爾龍]석관묘의 석관 구조는 카사후[卡莎湖] 남쪽 무덤구역 석관묘의 IA2식 석관 구조와 유사하며, 측면 판석이 긴 세장형 판석을 사용한다. 그리고 묘광의 형태를 따라 판석을 배치하며, 판석의 하부에 기반석을 놓고 흙을 채워 석관을 고정하는 방식을 취하고 있다.

또한 가로로 긴 판석들을 동일한 방향으로 연속되게 연결하는 구조를 갖추고 있다. 이러한 구조는 카사후[卡莎湖] 남쪽 무덤구역의 석관 구조와 동일하거나 유사한 석관 구축법으로 판단된다. 반면, 비교적 높이가 낮고 가로로 긴 판석을 사용하며, 토광과 판석 사이를 흙으로 충전하는 방식인 선라쭝[呻拉宗]석관묘와는 구조적으로 차이가 있다. 이상의 부장품 양상, 무덤군 내의 석관 배치 방식, 석관 구조를 종합적으로 고려할 때, 얀얼룽[晏爾龍]석관묘는 카사후[卡莎湖]의 IA2식 석관묘와 동일한 형식의 석관묘 구조를 지니고 있음을 알 수 있다.

얀얼룽[晏爾龍]석관묘에서는 남성과 여성 간에 부장품 차이가 명확하게 드러나며, 개인 간의 계층 차이가 상대적으로 약하게 나타난다. 이는 동질적인 계층 구조를 형성하면서도, 성별의 차이가 사회적 집단을 구분하는 표식으로 작용했던 단계였음을 시사한다. 특히 남성묘는 동과銅戈, 석부石斧, 골제추骨製錐가 한 세트를 이루며, 이 조합이 남성묘 부장품을 특징짓는 표식이 되고 있다. 이 가운데 동과銅戈의 형태는 도자刀子에 가까우나, 부속된 목병을 통해 과戈임이 확인된다. 그러나 이 동과銅戈는 두께가 얇아 실전용 무기로 보기 어렵고, 의례적인 용도로 제작된 명기明器일 가능성이 높다. 그 비실용적인 기능성을 고려할 때, 이러한 동과는 지역 내에서 독자적으로 생산된 것으로 보이며, 지역적인 문화적 특성이 강하게 반영된 것이라 할 수 있다.

동과銅戈를 살펴보면, 등 부분에 단차段差가 확인되는데, 이 단차段差가 점차 불명확해지면서 전체적으로 동과에서 도자 형태로 변화하는 과정을 상정할 수 있다. 특히 얀얼룽[晏爾龍]석관묘에서 출토된 동과는 단차가 상대적으로 덜 명확하여 도자 형태로 변화하는 중간 단계의 모습을 보인다. 반면, 이보다 선행할 수도 있는 카사후[卡莎湖] 남쪽 무덤구역에서도 동과銅戈가 출토되었는데, 여기서 발견된 동과는 등 부분의 단차段差가 더욱 선명하다.

이처럼 동과 등 부분의 단차에 주목하여 얀얼룽[晏爾龍]석관묘의 변화 과정을 살펴보면, 그림126과 같이 11호묘(그림126-4)→7호묘(그림126-5)→13호묘(그림126-6)→16호묘(그림126-7)순으로 단차가 퇴화되며 변화하였을 가능성이 있다. 이러한 변화와 함께 동과의 형태는 점차 형해화形骸化되면서 마치 손 도자처럼 소형화되는 경향을 보인다.

얀얼룽 석관묘의 배치 양상(그림127)을 고려할 때, 북서쪽에서 남동쪽 방향으로 열을 이루어 형성되었을 가능성이 있다. 만약 이러한 가정이 맞다면, 서쪽 열에서 동쪽 열로 순차적으로 배열되었을 것으로 추정할 수 있다. 형식학적으로 가장 퇴화된 도자와 같은 형태로 보이는 동과가 부장된 16호묘의 위치는 가장 동쪽이며, 해당 열의 남쪽 끝에 자리하고 있다(宮本·高大倫編 2013: 그림8 참조). 이를 통해 얀얼룽[晏爾龍]석관묘가 열을 지어 순차적으로 형성되었으며, 각 열이 구릉의 정상부 쪽에서부터 시작하여 점차 확장되었을 가능성을 상정할 수 있다. 이러한 무덤 배치의 변화가 타당하다면, 동과의 형식 변화 과정과 석관묘 형성 시기가 일치한다고 볼 수 있다. 다나카 요시유키[田中良之]의 치관齒冠 계측 분석에 따르면, 카사후[卡莎湖]석관묘는 같은 열 내부에서 혈연관계가 존재하지만, 열 간에는 혈연관계가 없다는 점이 밝혀졌다(田中 2013). 이와 같은 현상이 얀얼룽[晏爾龍]석관묘에서도 적용된다면, 서쪽 구릉 정상부에 최초의 무덤군이 형성된 후 새로운 혈통이 편입됨에 따라 동쪽으로 새로운 무덤열이 추가되면서 무덤군이 확장되었다고 상정할 수 있다.

앞서 제시한 바와 같이 동과는 형식 변화하면서 퇴화하고 형해화되는 경향을 보인다. 이러한 변화과정에서 그 원형이 되는 것이 카사후[卡莎湖] 석관묘 128호묘에서 출토된 동과(그림126-3)이다. 나아가 얀얼룽[晏爾龍] 석관묘에서 출토된 동과의 자루부분에 목제 곡병부曲柄部가 부착되어 있었을 가능성이 있다는 점을 고려하면, 카사후 128호묘와 얀얼룽 석관묘에서 출토된 동과의 계열 관계를 더욱 이해하기 쉬울 것이다.

석관 구조에 대한 검토에서도 밝혔듯이, 얀얼룽[晏爾龍]석관묘는 카사후[卡莎湖]석관묘보다 상대적으로 늦은 것으로 판단된다. 그러므로 카사후[卡莎湖] 128호 석관묘에서 출토된 동과에서 얀얼룽[晏爾龍] 11호 석관묘에서 확인되는 동과로의 형식 변화는 충분히 상정할 수 있다. 물론, 두 유적에서 출토된 동과의 형식학적 특징을 비교했을 때, 상당한 단절이 존재한다는 점은 인정하지 않을 수 없다. 그

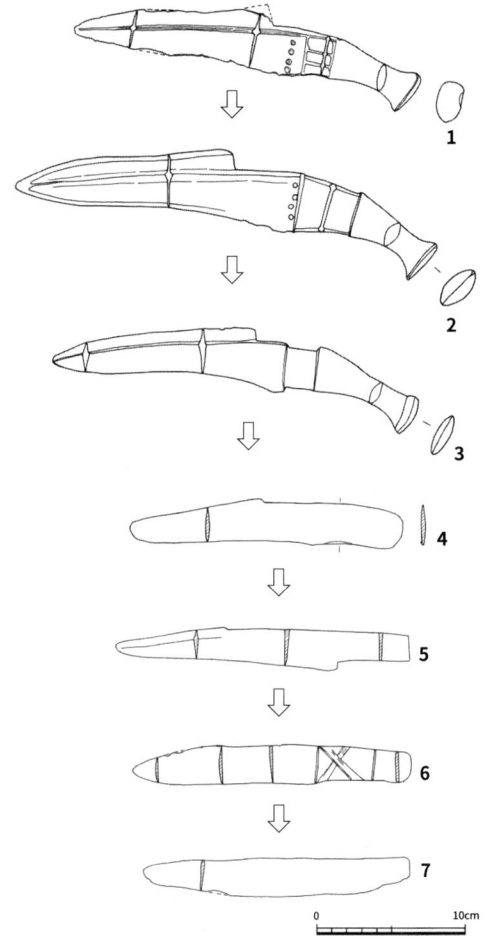

그림126. 찬시고원 청동과의 변천(1: 치무린쭈[漆木林組], 2: 카사후[卡莎湖] M219, 3: 카사후 M128, 4: 얀얼룽[晏爾龍] M11, 5: 얀얼룽 M7, 6: 얀얼룽 M13, 7: 얀얼룽 M16, ※축척 1/5)

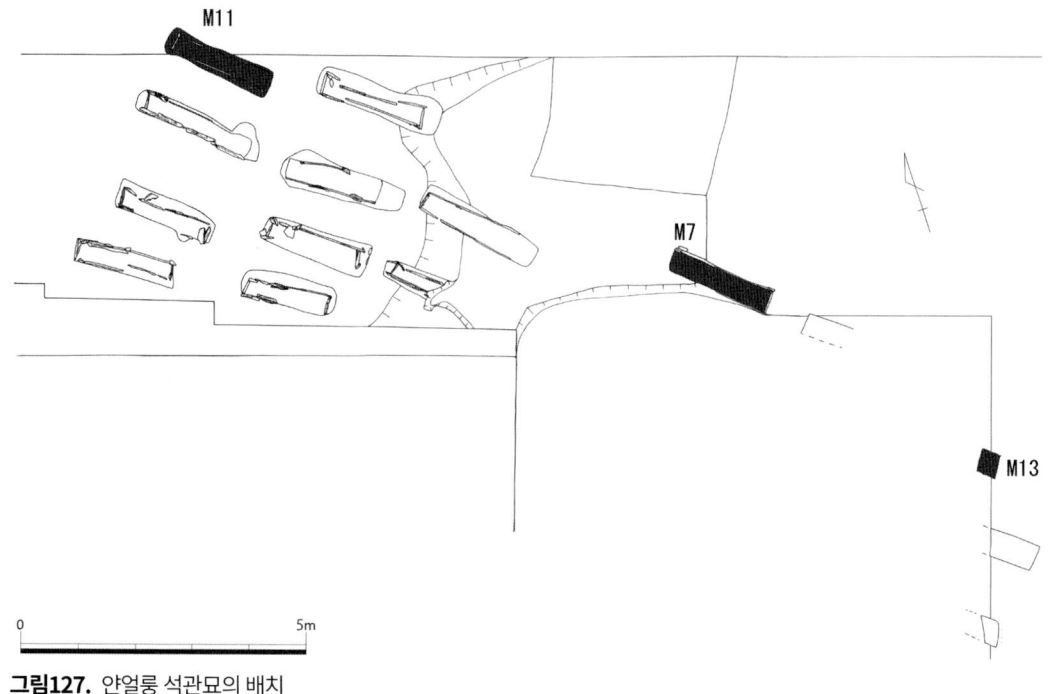

M11

M7

M13

0   5m

그림127. 얀얼룽 석관묘의 배치

러나 상대적 연대 관계와 계보적 흐름을 보면, 이 두 유적이 일정한 연속성을 가진다는 점에서는 큰 이견이 없을 것이다.

　카사후[卡莎湖]석관묘에서 출토된 동과는 등 부분에 단차가 존재하며, 자루는 곡병으로서 자루 끝이 버섯 형태를 이루는 것이 특징이다. 이러한 형태는 야룽[雅礱]강 유역의 카사후[卡莎湖]석관묘(그림 126-2·3)뿐만 아니라 다두[大渡]하 중류 유역의 루딩[蘆定]현 더웨이[德威]향 치무린쭈[漆木林組](그림126-1), 바오싱[宝興]현 와시거우커우[瓦西溝口] 2호묘에서도 확인된다. 이처럼 촨시[川西]식 동과(曲柄銅戈)는 특정 지역에서 공통적으로 나타나는 유형으로, 신부身部와 병부柄部의 경계에 리벳으로 고정된 못이 형해적形骸的 흔적처럼 남아있다. 이는 원래 신부와 병부를 따로 제작한 후, 리벳을 이용해 조합하였음을 알려주는 구조적 특징이라고 할 수 있다. 이러한 관점에서 본다면, 신부와 병부를 별도로 제작한 뒤 리벳을 사용해 결합하는 방식이 더 이른 단계의 형태일 가능성이 크다. 그림126에서 볼 수 있듯이, 루딩[蘆定]현 더웨이[德威]향 치무린쭈[漆木林組](그림126-1)나 카사후[卡莎湖] 219호묘(그림126-2)에서 카사후[卡莎湖] 128호묘(그림126-3)로 변화하는 방향성을 상정할 수 있다.

　한편 곡병부曲柄部나 버섯형 병단부柄端部는 카라수크 청동기 등 북방 청동기문화에서 볼 수 있는 특징적 요소이다. 이러한 형태적 특징은 북방 청동기문화와의 접촉을 통해 야룽[雅礱]강 유역이나 다두[大渡]하 유역에서 생산되기 시작하였다는 것을 추정케 한다.

카라수크식 청동단검에서 촨시고원의 촨시[川西]식 동과로의 변천에 대해서는 앞서 제11장의 그림112에서 제시한 바 있다. 이러한 변화에 기초해 치무린쭈[漆木林組]와 카사후[卡莎湖] 219호묘의 동과를 비교해 보면, 목병 삽입부인 병부柄部의 형태가 다르다는 점을 알 수 있다. 치무린쭈[漆木林組] 출토품은 횡방향의 2조 돌선이 보이지만, 카사후 219호묘 출토품에서는 확인되지 않는다. 이를 퇴화과정으로 이해하면, 치무린쭈 출토품이 카사후 219호묘 출토품보다 이른 단계로 볼 수 있다.

또한 신부의 등부분 융기隆起에 주목하면, 치무린쭈 출토품이 더 뚜렷한 융기를 보이며, 카사후 219호묘 출토품의 융기는 약해진다. 그리고 카사후 128호 출토품의 검신 등부분 융기는 더욱 형해화된다. 이를 통해 무기로서의 기능성이 점차 퇴화하는 과정임을 확인할 수 있다. 병단부柄端部 형태를 보면, 치무린쭈[漆木林組](그림126-1) 출토품은 타원형을 띠지만, 카사후[卡莎湖] 219호묘(그림126-2) 출토품은 타원형이 더욱 편평하다. 그리고 카사후 128호묘 출토품(그림126-3)에서는 병단부의 형태가 점점 좁고 가늘게 변화한다. 이처럼 적어도 이 세 점의 동과 간에 계통적인 변화를 인정할 수 있다.

한편 카사후[卡莎湖] 215호 석관묘에는 유공有銎동과가 존재한다. 이 동과는 초원지대의 안드로노보문화나 신장[新疆] 등 중국 서북부지역 북방 청동기에서 발견되는 것과 유사하다. 따라서 촨시고원의 청동기는 단순히 독자적으로 발전하였다기보다는 북방 청동기문화와의 일정한 접촉을 통해 형성되었다는 것을 알 수 있다.

이 견해를 제시하는 과정에서 지금까지 논리적으로 모순되는 지점이 연대였다. 그러나 이번 얀얼룽[晏爾龍] 석관묘의 조사에서 고인골이나 동과 자루의 C^{14} 연대측정결과, 기원전 17~11세기로 상향된다는 것이 확인되었다(宮本·高大倫編 2013). 상대연대로 본다면, 카사후[卡莎湖]석관묘의 연대는 얀얼룽[晏爾龍]석관묘보다 이른 것이므로, 기원전 2천년기로 상정할 수 있으며, 이는 안드로노보문화에서 카라수크문화로의 이행기에 해당한다. 결국, 이 시기부터 북방 청동기문화와의 문화접촉이 이루어졌다는 논리는 더 이상 문제되지 않는다.

또다른 문제점으로 제기되는 것이 얀얼룽[晏爾龍] 8호 석관묘에서 출토된 동과(그림128-5)의 위치적 의미이다. 이 동과는 이른바 중원식 동과로 상란上闌과 하란下闌을 갖추고 있으며,[1] 신부에서 하원부下援部는 직선적인 반면, 상원부上援部가 곡선인 날을 가지고 있어 상商대 전반기의 동과戈(그림128-1~4)와 유사한 경향을 보인다. 그러나 상대 전기인 정저우[鄭州] ZSC8ⅡT166 M6호묘에서 출토된 동과(河南省文物考古研究所 2003)나, 주카이거우[朱開溝] 1040·1083호묘에서 출토된 동과(内蒙古自治区文物考古研究所·鄂爾多斯博物館 2000)가 30cm에 달하는 반면, 얀얼룽[晏爾龍] 8호묘 출토품은 22.0cm로 비교적 소형이다. 또한 란闌과 원援의 경계에 원형의 돌출부를 가지고 있는 등의 특징은 상대 전반기 동과에

---

1) 역자 주) 중원식 동과의 구조적 특징을 설명할 때, 병부柄部와 신부身部를 연결하는 부분을 란闌이라 한다. 상란上闌은 병부와 신부가 연결되는 상단 부분, 하란下闌은 병부와 신부가 연결되는 하단 부분을 칭한다. 또한 과의 날 부분 형태를 설명하면서 지칭된 상원부上援部와 하원부下援部는 각각 날부분에 해당하는 신부의 상단과 하단을 의미한다.

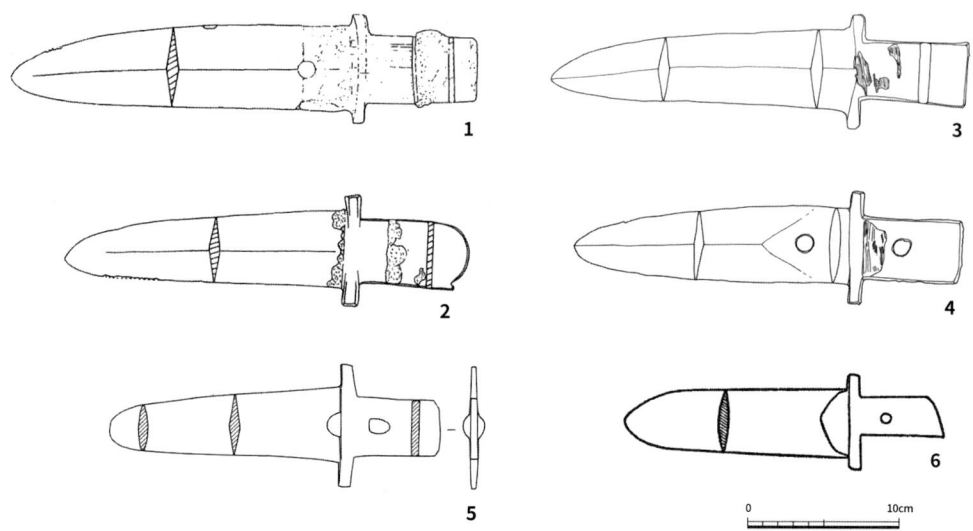

그림128. 중원계 청동과(1: 정저우[鄭州]상성商城 T166M6, 2: 정저우상성 T61M1, 3: 주카이거우[朱開溝] M1040, 4: 주카이거우 M1083, 5: 얀얼룽 M8, 6:주위안거우[竹園溝] M13, ※축척 1/5)

게는 확인되지 않는 특징이다.

　서주 전기로 추정되는 산시[陝西]성 바오지[宝鷄]시 창궈[弓魚國]무덤군 주위안거우[竹園溝] 3호묘에서 출토된 동과(廬連成·胡智生 1988) 역시 란闌과 원援의 경계에 (반)원형 돌출부를 가진 것이다(그림128-6). 이 동과의 (반)원형 돌출부는 얀얼룽[晏爾龍] 8호 석관묘에서 출토된 동과보다 폭이 더 넓다. 동과의 전체적 형태를 고려하면, 얀얼룽[晏爾龍] 8호 석관묘의 동과가 주위안거우[竹園溝] 13호묘 동과보다 이른 것으로 보인다. 이러한 점을 종합해 볼 때, 얀얼룽[晏爾龍] 8호 석관묘의 동과는 적어도 상대 후기로 추정된다.

　한편, 얀얼룽[晏爾龍] 8호 석관묘의 인골과 동과의 목제 자루의 연대에 주목하면, 먼저 목제자루의 방사성 탄소 연대 측정 결과는 1040-830cal BC로 서주 전반기에 해당한다(宮本·高大倫編 2013). 이는 다른 석관묘의 측정 연대와 비교했을 때 현저히 늦은 시기를 가리키고 있다. 또한 앞서 검토한 동과의 상대연대와 비교해도 역시 지나치게 늦은 것으로 이 측정 결과는 오차가 커서 신뢰하기 어렵다.

　반면 얀얼룽[晏爾龍] 8호 석관묘에서 출토된 인골의 방사성 탄소 연대는 상商대 병행기 연대를 나타내고 있어, 앞서 제시한 동과의 상대연대와도 일치한다. 따라서 얀얼룽[晏爾龍] 8호 석관묘에서 출토된 동과의 연대를 상商대 후기라고 본다면, 이 시점부터 이미 중원 계통의 청동기문화와 접촉이 이루어졌다는 해석이 가능해진다. 유사한 사례로 창궈[弜國]무덤군에서도 서남중국 계통의 유물이 확인되어 관중[関中]분지를 통한 서남중국과의 교류가 있었음을 보여준다. 얀얼룽[晏爾龍] 8호 석관묘의 경우도 문화 접촉 경로에 영향을 받은 것으로 생각되며, 상대 후반기에는 관중분지를 통해 중원 계통의 청동기문화와 교류가 이루어졌다는 점이 주목된다.

또한 얀얼룽[晏爾龍] 8호 석관묘에서 보이는 명기화된 동촉은 같은 관중분지 내에 위치한 산시[陝西]성 청구[城固] 바오산[宝山]유적(西北大学文博学院 2002)에서도 발견되었다. 이 유적의 연대 역시 상대 후반기에 해당하는 것으로, 이는 상대 후반기에 관중분지를 매개로 한 중원 청동기문화와 촨시고원 간의 문화적 접촉이 이루어졌음을 시사한다.

3. 부장토기로 본 석관묘 편년

촨시고원은 북방 청동기문화와의 문화 접촉뿐만 아니라 관중[関中]분지를 거친 중원 청동기문화와의 접촉이 이루어졌다. 이후에는 부장토기를 매개로 한 칭하이[青海]성 등 중국 서북부지역과의 문화 교류가 이루어진다. 촨시고원에서 부장품으로 토기가 등장하는 시기는 상대적으로 늦다. 중국 · 일본 공동조사인 루훠[炉霍]지구에서도 이러한 경향이 관찰된다. 선라쭝[呷拉宗]무덤군 3호 석관묘 등은 얀얼룽[晏爾龍]석관묘의 계통을 잇는 단계로 볼 수 있으나, 그보다 늦은 선라쭝[呷拉宗] 10호 석관묘 · 15호묘 단계부터는 쌍이호双耳壺(그림129-3)가 출현하기 시작한다. 특히 15호묘는 석관묘가 아닌 토광묘로 변화한 사례로 주목된다. 선라쭝[呷拉宗] 10호 석관묘와 15호묘에서 출토된 쌍이호双耳壺는 제12장에서 언급한 촨시고원 석관묘 부장토기 II단계에 해당하는 것으로(宮本 2009f) 평가된다. 야장[雅江]지구의 완디[弯地]석관묘에서 출토된 쌍이호双耳壺(그림129-1)와 단이호単耳壺(그림129-2)는 촨시고원 석관묘 부장토기 I단계에 해당하는데, 이 지역의 출현기 토기 양상을 보여준다. 또한 야장[雅江]지구의 자오니바오[脚泥堡] 1호 석관묘에서 출토된 토기는 촨시고원 석관묘 부장토기 II단계에 해당하며, 선라쭝[呷拉宗] 10호 석관묘 · 15호묘에서 출토된 쌍이호双耳壺보다는 형식학적으로 늦은 것으로 볼 수 있다. 우선은 중국 · 일본 공동조사에서 출토된 토기를 중심으로 촨시고원의 토기 편년에 대해 다시 검토해보고자 한다.

촨시고원 청동기문화의 부장토기는 쌍이호双耳壺를 중심으로 편년을 구성할 수 있다. 기본적으로 동체부 최대경의 위치가 동체부 상단에서 점차 하단으로 이동하면서, 동체가 아래로 부푼 듯한 형태로 변화해 간다(宮本 2009f). 이러한 기형의 변화 양상과 함께 쌍이호双耳壺의 구연부 상면이 원형에서 타원형, 그리고 능菱형으로 점진적으로 변화한다. 이러한 변화의 방향성을 고려했을때, 중국 · 일본 공동조사를 통해 밝혀진 야장[雅江]지구 완디[弯地]석관묘에서 출토된 쌍이호双耳壺는 가장 오래된 단계로, 촨시고원 석관묘 부장토기 I단계에 해당한다고 볼 수 있다.

완디[弯地]석관묘에서는 쌍이호双耳壺와 단이호単耳壺가 출토되었다(그림129-1 · 2). 두 기종 모두 동체부 최대경의 위치가 어깨 부분에 있는 촨시고원 석관묘 부장토기의 특징을 보여준다. 쌍이호双耳壺에서는 융기隆起와 같은 와권문渦巻文이 동체부에서 확인되는데, 이 문양에는 적색 안료로 채색된 흔

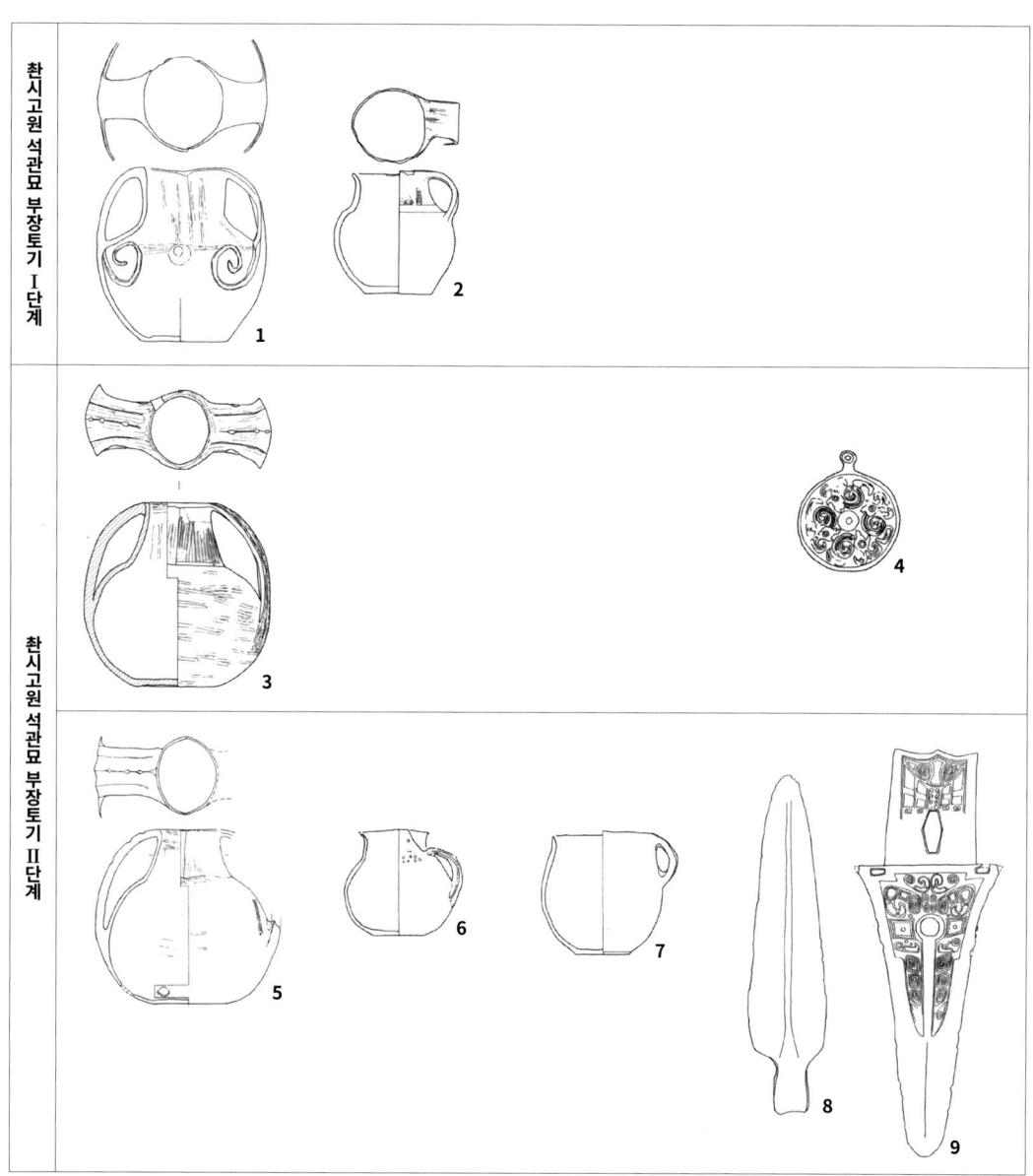

그림129. 야룽[雅礱]강 부장토기의 변천(1·2: 완디[弯地], 3·4: 선라쫑[呻拉宗] M15, 5~9: 자오니바오[脚泥堡] M1, ※축척부동)

적이 남아 있다. 제12장에서도 서술한 것처럼, 이 단계의 쌍이호双耳壺는 기종이나 기형적인 면에서 칭하이[青海]성의 카유에[卡約]문화에서 발전한 탕왕[唐汪]문화 단계 토기(兪偉超 1985)와 가장 유사한 양상으로 보인다. 따라서 탕왕[唐汪]문화 단계의 토기에서 그 기원을 찾을 수 있는 것으로 상정된다(宮本 2009f).

이 단계의 토기는 쌍이호双耳壺 뿐만 아니라, 채화彩絵된 와권문渦卷文이 있는 것이 일반적이다. 이러한 특징을 모방한 찬시고원 청동기문화의 쌍이호双耳壺는 동체부 최대경을 어깨 부분에 둘 뿐만 아니라 와권문渦卷文을 융기문으로 표현하는 형태로 변화하였다. 또한 완디[彎地]에서 출토된 쌍이호双耳壺에는 카유에[卡約]문화나 탕왕[唐汪]문화의 토기에서 볼 수 있는 채화 흔적이 남아 있다. 이러한 조형적 특징이 직접적으로 수용되는 과정을 이해하는데, 중요한 단서를 제공한다.

더욱 주목되는 점은 완디[彎地]석관묘에서 출토된 쌍이호双耳壺의 저부 내외면에서 확인되는 승석문繩蓆文의 흔적이다. 이는 승석 타날 기법을 사용하여 동체부를 두드려 둥근 저부를 형성한 후 다시 평저화한 것이다. 이러한 승석문은 쌍이호双耳壺의 기원지로 알려진 칭하이[青海]지구에서는 확인되지 않는 토기 제작 기법이다. 이와 관련하여 주목해야 할 것은 찬시고원의 석관묘 중 가장 이른 단계로 여겨지는 신석기 말기 한위안[漢源]현 마이핑[麦坪]유적의 토기이다.

최근 찬시고원 석관묘 풍습의 출현은 간칭[甘青]지구 신석기 후기 석관묘와 관련이 있을 가능성이 제시되고 있다. 마이핑[麦坪]유적은 신석기 말기부터 이미 찬시고원에 석관묘가 전파되었다는 견해와 관련하여 주목받는 유적이다(四川省文物考古研究院 · 雅安市文物管理所 · 漢源県文物管理所 2009). 이 유적 부장토기 중 첨저호尖底壺에는 승석 타날문이 토기 외면뿐만 아니라 내면에서도 확인되고 있다.[1] 또한 2010년에 조사한 야장[雅江]현 번지아디[本家地]유적에서 채집된 자료 중 신석기 후기의 호壺로 판단되는 토기도 확인되었다(그림130). 이 토기에서도 평저平底인 저부에서 승석문 흔적이 발견되었으며, 두들겨서 원저[丸底] 형태를 형성한 후에 평저화한 타날기법이 명확하게 확인된다. 이러한 승석문 타날을 활용한 토기성형기법은 창[長]강유역 등 중국 남방에서 신석기시대 초기부터 확인되는 성형기법(宮本 2000b)이다. 신석기 후기인 마이핑[麦坪]유적과 번지아디[本家地]유적까지 이어진 재지적인 토기제작기술이라 평가할 수 있다.

여기서 다시 완디[彎地]석관묘에서 출토된 쌍이호双耳壺에 주목해 살펴보면, 이 토기는 중국 남방의 전통적인 토기제작기법을 이용하여 만들었다. 토기의 기형이나 문양 등 제작요소는 칭하이[青海]지역을 비롯한 중국 서북지역과 연관되지만, 제작 기술면에서는 재지在地적인 방식이 적용되었음이 밝혀졌다.

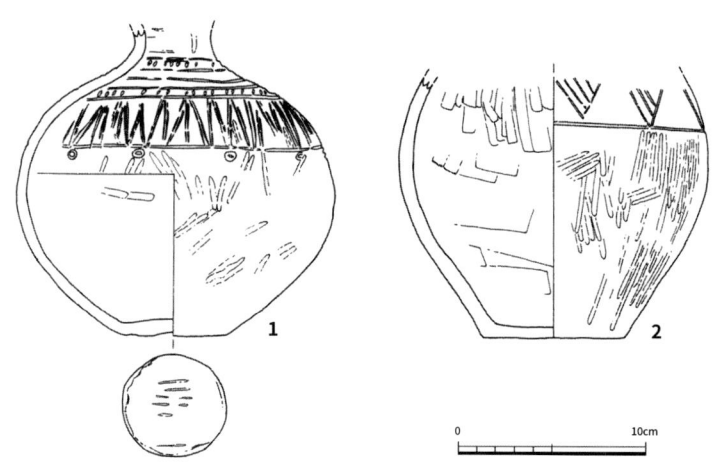

그림130. 번지아디[本家地]유적 출토 토기(※축척 1/4)

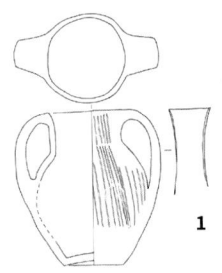

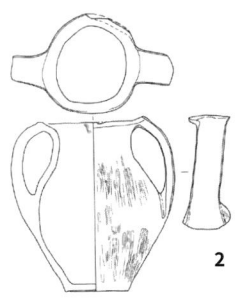

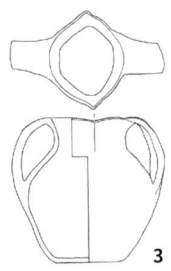

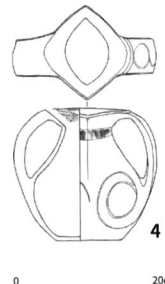

그림131. 민[岷]강 유역 쌍이호의 변천(1: 청관 M15, 2: 청관 M12, 3: 청관 M16, 4: 청관 M26, ※축척 1/10)

두 지역의 문화 접촉이라는 관점에서 보면, 토기의 제작 규범이나 개념은 문화 접촉의 모체였던 칭하이[青海]지역의 영향을 받았지만, 단순한 문화 전파가 아니라, 수용 지역 내 재지적인 제작기법을 이용한 독자성이 존재하고 있었음을 의미한다. 이러한 사실은 문화접촉과 그 수용 과정의 구체적인 양상을 보여주는 유효한 사례라고 볼 수 있다.

촨시고원 석관묘 부장토기 I단계인 완디[弯地]석관묘의 부장토기와 비교해 볼 때, 동체부 최대경 위치가 어깨에서 점차 이동하여 동체부 중앙부보다 더 내려간 선라쭝[呻拉宗] 10·15호묘나 자오니바오[脚泥堡] 1호묘는 촨시고원 석관묘 부장토기 II단계에 해당한다. 그러나 선라쭝[呻拉宗] 10·15호묘나 자오니바오[脚泥堡] 1호묘 사이에서도 상대적인 연대차이가 확인된다. 따라서 여기서는 선라쭝[呻拉宗] 석관묘 중에서도 15호묘를 중심으로 하여 일괄유물과 관련된 논의를 진행하고자 한다.

그림129와 같이 선라쭝[呻拉宗] 15호묘(그림129-3)와 자오니바오[脚泥堡] 1호묘의 쌍이호双耳壺(그림129-5)를 비교해 보면, 전자의 동체부 최대경 위치는 동체 상단부에 위치하면서도 구연부 상면2)형태가 함께 원형에서 능형으로 이행되고 있음을 확인할 수 있다. 반면 자오니바오 1호묘에서 출토된 쌍이호의 경우, 구연부 형태가 능형으로 변하는 과정에서 구연의 두 군데에 능선稜線이 더욱 선명하게 형성되어 있다. 이러한 속성적 변화로 볼 경우, 두 유적의 시기차와 함께 변화 과정을 이해할 수 있다.

또한 쌍이호双耳壺 뿐만 아니라 단이호単耳壺·단이관単耳罐을 포함한 양식적 변화의 흐름을 고려하면, 그림129에 제시한 것처럼 완디[弯地]석관묘→선라쭝[呻拉宗] 15호묘→자오니바오[脚泥堡] 1호 석관묘라는 변화 과정을 이해할 수 있다.

이상과 같이, 야룽[雅聾]강 상·하류 유역의 촨시고원 석관묘 부장토기 I·II식 단계를 보다 세밀한 토기 형식의 변화 과정을 검토할 수 있었다. 이러한 부장토기의 변화과정은 민[岷]강 유역의 최신 발굴 성과를 통해 더 상세한 현상이 드러나고 있다.

다음으로, 무[茂]현 청관[城関] 석관묘군의 대표적인 부장토기를 살펴보면서 쌍이호双耳壺의 변화 방향을 제시하고자 한다. 이는 2009년 쓰촨

---

2) 역자 주) 위에서 수직으로 바라본 형태를 상면이라고 번역하였다.

성 문물고고연구원에서 발굴조사한 자료로, 2011년 촨시고원 청동기문화의 유물 자료조사에서 실측할 수 있었다. 그림131은 쌍이호의 변천도이다. 청관[城関] 15호 석관묘에서 출토된 쌍이호双耳壺(그림131-1)는 동체부 최대경이 어깨 부분에 위치하며, 구연부의 상면형태도 원형이다. 저부 바닥이 들린 형태를 보이는데, 민[岷]강 유역에서 나타나는 지역적 특징으로 인정된다. 또한 와권문渦卷文이 있는 토기도 확인되는데, 이는 완디[弯地]석관묘의 토기와 유사한 양상을 보인다. 이러한 특징을 종합해 볼 때, 청관 15호 석관묘의 쌍이호는 제12장에서 언급한 촨시고원 석관묘 부장토기 I단계에 해당하며, 청관[城関]무덤군의 중심시기를 나타낸다고 볼 수 있다. 이를 지역성을 고려하여 민[岷]강 I식으로 설정하고자 한다. 청관[城関] 12호 석관묘 출토품(그림131-2)은 동체부 최대경이 I식에 비해 동체부 중앙부에 위치하며, 구연부의 상면형태도 능菱형에 가까워지고 능선稜線이 점차 명확히 나타나기 시작한다. 저부 바닥의 들린 현상도 사라지면서 거의 평저에 가깝게 변화한다. 이를 민[岷]강 II식으로 설정할 수 있으며, 이는 촨시고원 석관묘 부장토기 II단계에 해당한다.

동체부 최대경이 동체부 중앙에 위치하고, 구연부 상면형태가 능형화되기 시작하며, 저부가 평저화된 것이 민[岷]강 III식이다. 이는 촨시고원 석관묘 부장토기 III단계에 해당한다고 볼 수 있다. 청관[城関] 16호묘(그림131-3) 출토품은 동체부의 최대경이 더욱 하단부로 이동하여 동체부 중앙보다 아래에 위치한다. 구연부 상면형태도 완전히 능형으로 변화한다. 이는 민[岷]강 IV식으로서 설정할 수 있으며, 이는 촨시고원 석관묘 부장토기 IV단계에 위치한다고 볼 수 있다.

또한 동체부 최대경이 동체부의 하단부로 이동하여 동체 하단부가 부풀어 오른 형태로 변화하며, 구연부의 능형이 가로로 더욱 길어진 것이 민[岷]강 V식이다. 이러한 변화를 보여주는 대표적인 사례가 청관[城関] 26호묘의 쌍이호双耳壺(그림131-4)이다. 이것은 촨시고원 석관묘 부장토기 V단계에 해당하는 전형적 형식으로 볼 수 있다.

이와 같이 민[岷]강 I식부터 V식까지의 지역적 형식을 마오[茂]현 청관[城関] 석관묘를 대상으로 상대적 위치를 분석하면서, 앞 장에서 제시한 촨시고원 석관묘 부장토기 편년(宮本 2009f)과 비교하여 무덤군의 변천 양상을 설정하였다. 특히 민[岷]강 I·II식은 야룽[雅礱]강 상·중류 유역의 완디[弯地]석관묘에서 선라쫑[呷拉宗] 15호묘로 변화하는 과정과 대응하고 있다. 앞서 논의한 바와 같이, 촨시고원 전체적으로 보더라도 이같은 토기 변천 과정은 타당하다고 볼 수 있으며, 이를 통해 더욱 정교한 분석과 세분화된 편년 설정이 가능하게 되었다.

4. 선라쫑[呷拉宗]·자오니바오[脚泥堡] 석관묘 출토 청동기의 시간적 위치

부장토기의 형식차를 근거로 완디[弯地]석관묘가 선라쫑[呷拉宗] 10·15호 석관묘보다 상대적으로 고식古式일 가능성을 제시하였다. 그러나 선라쭝[呻拉宗] 3호묘의 경우, 토기는 부장되지 않았지만 부장품 구성은 얀얼룽[晏爾龍] 석관묘와 유사하다. 특히 선라쭝[呻拉宗] 3호묘에서 출토된 인부 선단부가 파손된 원환수圓環首 도자刀子는 동과로 기능하였을 가능성이 있다. 따라서 선라쭝[呻拉宗] 3호묘의 원환수 도자는 선라쭝 10·15호묘와 얀얼룽[晏爾龍] 석관묘를 연결하는 단계의 청동기일 가능성이 있어, 완디[宛地]석관묘보다 약간 더 이르거나 동시기일 가능성이 있는 석관묘라고 상정해 두고자 한다. 또한 선라쭝[呻拉宗]무덤군의 경우 발굴 보고서에서 제시된 바와 같이 집괴상集塊狀3)의 무덤 배치를 이룬다. 카사후[卡莎湖]·얀얼룽[晏爾龍] 석관묘군과는 다른 분포 형태이다. 이를 통해 시기적인 변화에 따라 집단 내부의 사회 구성도 변화가 이루어졌음을 추정할 수 있다.

한편 쌍이호双耳壺 형식이 선라쭝[呻拉宗] 10·15호 석관묘보다 상대적으로 늦은 자오니바오[脚泥堡] 1호 석관묘에서는 동검(그림129-8)과 동과(그림129-9)가 각각 1점씩 출토되었다. 이 동검은 윈난[雲南]성 더신[德欣]현 스융즈[石永芝] 석관묘(雲南省博物館文物工作 1975)에서 출토된 것(그림132-7)과 유사한 형태를 띠고 있다. 검신 중앙에는 혈구의 능선이 확인되었는데, 현재는 검신만 남은 채 자루는 유실된 상태이다. 자루는 원래 골각기와 목기 등의 유기물로 제작되어 검신 기부에 삽입하는 방식이었을 것으로 추정된다. 이 동검은 필자가 초기 山자형 격格동검이라고 분류한 유형(宮本 2010)으로 이를 구체적으로 초기 山자형 격格동검 II식이라고 명명할 수 있다. 지금까지 초기 山자형 격格동검에는 곡병曲柄동검(그림132-1·2)을 포함해 분류해 왔으나, 곡병동검은 카라수크문화 등에서도 발견되는 것이므로, 초기 山자형 격格동검과는 분리하여 검토해야 할 것이다.

초기 山자형 격格동검은 자오니바오[脚泥堡] 1호 석관묘 출토품과 같은 분리형 II식 동검뿐만 아니라, 검신을 삽입한 상태로 병부를 주조하는 III식(그림132-8), 그리고 검신과 병부를 함께 주조하되, 병부의 중앙이 비어있는 I식(그림132-3~6)도 포함된다. 특히 초기 山자형 격格동검 I식은 카라수크식 동검의 계통을 잇는 동검으로 여겨진다.

한편, 촨시고원과 얼하이[耳海]지구에서는 검신을 따로 주조하여 병부에 삽입하는 2단계 주조방식으로 제작된 초기 山자형 격格동검 III식보다 앞서는 초기 山자형 격동검 II식이 자리 잡았을 것으로 보인다. 이러한 초기 山자형 격格동검 II식은 촨시고원 석관묘 부장토기 II단계인 초기 단계 유물들과 함께 출토되고 있어, 그 연대적 위치를 설정할 수 있는 근거가 된다. 즉, 얀얼룽[晏爾龍]석관묘 등과 같은 북방 청동기문화와 접촉한 이후의 단계에서 등장한 것임은 분명하다.

자오니바오[脚泥堡] 1호 석관묘에서도 동과(그림129-9)가 출토되었다. 이 동과는 이른바 파촉巴蜀식 동과로 가와무라 요시오[川村佳男]의 분류(川村 2001)에 따르면 수면문獸面文 I류인 Ca1식으로 분류된

---

3) 역자 주) 集塊狀을 직역하면 덩어리로 모인 상태를 의미한다. 역자는 필자의 원용어를 그대로 사용하되, '특정 물질이나 요소가 흩어지지 않고 모여 하나의 덩어리처럼 집합체를 이루는 상태'라는 사전적 의미로 병기해 둔다.

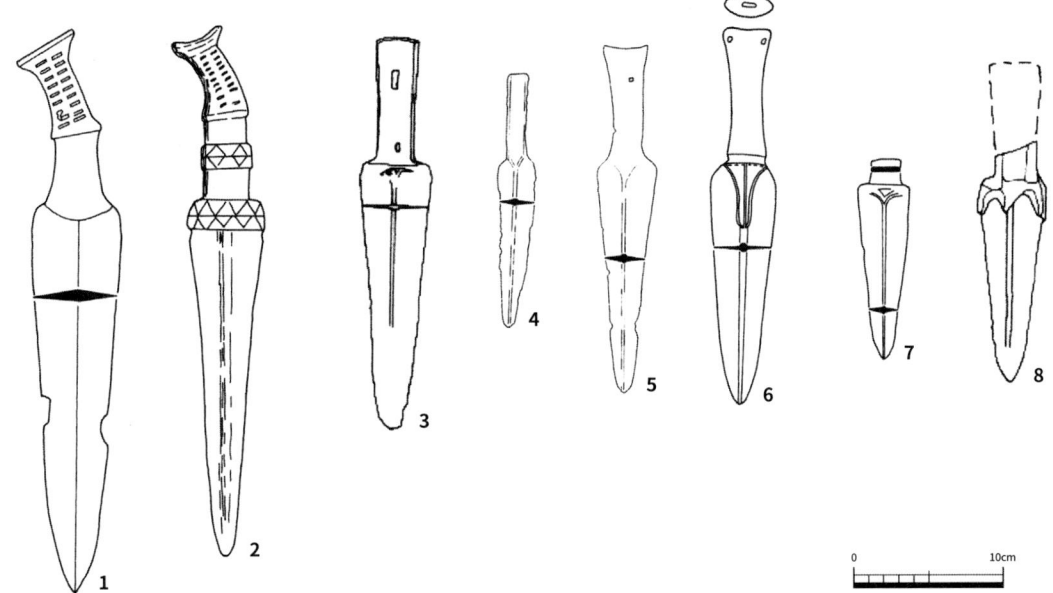

그림132. 곡병동검과 초기 山자형 격格동검(1: 나구[納古] M22, 2: 와시거우커우[瓦西溝口] M2, 3: 와시거우커우 M3, 4: 중부[中布] M1, 5: 중커[中克], 6·7: 융즈[永芝], 8: 와시거우커우 M5, ※축척 1/5)

다. 지금까지 이 동과는 서주~춘추 단계에 해당하는 것으로 여겨져 왔지만, 이번 발굴을 통해 초기 山자형 격格동검과 같은 단계에서 출토된 점이 주목된다. 찬시고원 부장토기 II단계부터 이러한 동과가 등장하고 있다는 것은 동과의 수형獸形문이 중원 상주商周대의 도철饕餮문을 의식하여 변형되었음을 추정케 한다. 제11장에서도 논한 바와 같이, 중원 문화와의 관련성을 고려하지 않을 수 없다. 특히 얀얼룽[晏爾龍] 8호묘는 관중關中분지를 거쳐 중원, 나아가 주周문화와 연결될 가능성을 제기한 바 있는데, 자오니바오 1호 석관묘 역시 관중關中분지를 매개로 서주기의 주문화와 관련될 것이다. 즉 수형獸形문을 가진 파촉巴蜀식동과도 이러한 문화적 접촉 속에서 발생한 것으로 추정할 수 있다.

파촉식동과가 관중關中분지를 매개로 한 주周계 청동기문화와 관련되어 발생하였다면, 같은 파촉식으로 분류되는 파촉식동검도 주목할 필요가 있다. 파촉식동검의 조형은 주문화의 유엽형柳葉形 청동단검과 유사하다고 보는 것이 일반적이다(町田章 2006a). 이러한 유사성으로 인해, 파촉식동검의 형식 분류는 주로 경부莖部의 투공 위치를 기준으로 한다. 정리하면, 경부의 중앙이 투공된 것을 I식, 투공이 한쪽으로 치우치기 시작하는 것을 II식, 검신과 경부의 이행부(연결 부분)가 명확해져 두 개의 투공 중에서 하나가 가장자리로 치우친 III·V식으로 구분된다. 이 중 I식이 유엽형 청동단검과 가장 유사하며, 고식古式으로 여겨진다. 그러나 문제는 유엽형 청동단검과 파촉식동검 I식과의 사이에 연대 차이가 크며, 두 유형 간의 관계를 연결하기에는 시공적인 공백이 있다는 것이다.

그러나 자오니바오[脚泥堡] 1호묘에서 출토된 동과와 같이, 관중關中지역을 통해 산시[陝西]분지(주周문화)와의 문화 접촉이 이루어졌다는 점을 고려하면, 유엽형 청동단검이 촨시고원이나 쓰촨분지에 영향을 미쳐 파촉식동검 I식이 출현하였다고 볼 수 있다. 그렇다면 앞서 문제가 되었던 시공간적인 계보 관계의 이해가 더욱 용이해진다. 즉, 촨시고원 부장토기 II단계는 기존의 북방 청동기문화 계보와 연속성을 가지면서도, 관중關中분지를 거쳐 산시[陝西]분지의 주周계 청동기문화와도 점점 깊은 관계를 형성해 나가는 단계라고 볼 수 있는 것이다.

반면 제11장에서도 제시한 바와 같이 유엽형 청동단검은 북방 청동기문화와 접촉 속에서 주周문화에서 개발된 동검이다. 더 나아가, 병부柄部와 검신이 분리되어 있다는 점은 북방 청동기문화와는 다른 독특한 특징이다. 이러한 특징은 자오니바오[脚泥堡] 1호 석관묘 출토 동검에서도 동일하게 확인된다. 초기 山자형 격格동검 I식은 북방 청동기문화를 기반으로 형성된 것이지만, 초기 山자형 격格동검 II식으로 변용된 과정은 주나라 청동기문화와의 관련성도 검토하여야 한다. 자루와 검신이 분리되는 형태의 동검이 관중關中분지를 거쳐 촨시고원에 전해졌으며, 그 결과물이 바로 자오니바오[脚泥堡] 1호 석관묘의 동검인 것이다. 즉, 초기 山자형 격格동검 II식의 출현 과정은 이러한 문화적 이동을 반영한 것으로 볼 수 있다. 이와 관련하여, 같은 계보에 속하는 파촉식동검 I식은 쓰촨분지에서 보다 직접적으로 주周 청동기문화를 수용·발전시킨 것이며, 이후 파촉식동검으로 독자적인 발전을 거듭하게 된다.

한편, 부장토기의 형식으로 볼 때, 자오니바오[脚泥堡] 1호 석관묘보다 이른 시기에 조성된 선라쭝[蚺拉宗] 15호묘에서도 특징적인 청동기가 확인되었다(四川省文物考古研究院 외 2012b). 그중 하나가 바로 월형기鉞形器이다. 출토양상을 보면, 피장자 곁에 놓여 있었으며, 얀얼룽[晏爾龍]석관묘에서 동과가 위치했던 자리와 동일하다. 얀얼룽[晏爾龍]석관묘에서는 동과가 명기明器화되어 의장儀仗용 장례구로 사용되었을 가능성이 제기되었는데, 이 월형기鉞形器 또한 의장용 청동기일 가능성이 높다. 이 월형기는 장송에 사용되었던 의장용 장례구로서 촨시고원 청동기문화의 독자적인 청동기로 발전해 나간 것으로 해석할 수 있다.

또한 선라쭝[蚺拉宗] 15호묘에서는 동경銅鏡(그림129-4)이 출토되었다. 이 동경은 병경柄鏡식 형태를 띠고 있어 북방 청동기문화의 계보와 연동되는 특징을 보인다. 그러나 동경에 그려진 문양은 네 쌍의 조문鳥文으로, 이는 주나라 청동이기彝器에 나타나는 문양과 유사하다. 서주 후기에는 조문鳥文이 더욱 발전하는데, 선라쭝[蚺拉宗] 15호에서 출토된 동경의 조문鳥文도 이러한 계보를 잇는 것일 가능성이 크다. 따라서 이 문양 역시 관중분지를 통한 주문화와의 접촉 속에서 선택적으로 채택된 것으로 추정할 수 있다.

한편 선라쭝[蚺拉宗] 15호묘 목관의 C[14] 교정연대는 846cal BC~795cal BC(2σ)로, 대략 서주 후반기에 해당한다(宮本·高大倫編 2013). 이를 바탕으로 볼 때, 청동기의 연대는 기원전 9~8세기경으로 추정할 수 있으며, 이 시기 촨시고원 청동기문화는 북방 청동기문화의 특징을 유지하면서도 주문화와의 문화적 접촉을 지속하였다고 볼 수 있다.

이상과 같이 선라쭝[呻拉宗] 15호묘·자오니바오[脚泥堡] 1호묘 단계인 촨시고원 부장토기 II단계는 북방 청동기문화의 계보를 따르면서도 관중關中고원을 거쳐 산시[陝西]고원의 주문화와 문화적 접촉이 이루어졌다고 볼 수 있다. 그 근거 중 하나는 촨시고원 청동기가 파촉식동과의 고古단계가 출현한다는 점이다. 또한 간접적인 근거이지만, 파촉식동검과 같이 검신과 자루가 분리된 동검이 등장한다는 것도 중요하다. 이 같은 문화적 접촉 속에서 촨시고원의 청동기문화가 발생했을 가능성이 높다.

특히 선라쭝[呻拉宗] 15호묘와 같이, 북방 청동기문화의 계보를 따르는 병경식柄鏡式 동경의 문양이 주문화에서 확인되는 중원적 문양을 채용하고 있는 점은, 촨시고원이 주문화와의 문화 접촉 속에서 선택적인 수용을 하고 있었다는 것을 알려준다. 한편, 이 단계에서 보이는 월형기鉞形器처럼 촨시고원만의 독자적인 청동기문화가 발전한 점도 주목할 부분이다. 이러한 문화 접촉의 과정을 고려할 때, 그동안 상정해 왔던 촨시고원 석관묘 부장토기 II단계의 실연대는 약간 상향 조정되어야 한다. 현재 선라쭝[呻拉宗] 15호묘의 연대는 기원전 9~8세기로 추정되며, 이에 비해 자오니바오[脚泥堡] 1호묘는 상대적으로 더 늦은 시기의 것으로 볼 수 있다. 그렇다면 촨시고원 석관묘 부장토기 II단계는 기원전 9~7세기경에 해당한다고 보아야 할 것이다.

5. 정리

카사후[卡莎湖]석관묘, 얀얼룽[晏爾龍]석관묘, 선라쭝[呻拉宗]석관묘, 완디[弯地]석관묘, 자오니바오[脚泥堡] 1호 석관묘에 부장된 청동기나 토기의 비교와 함께 묘장구조, 무덤군 배치 등을 상대적으로 검토함으로써 야룽[雅礱]강 상·중류지역을 중심으로 한 촨시고원 청동기문화의 계통성과 지역 간의 문화 접촉 등 복잡한 과정을 복원할 수 있었다.

촨시고원 석관묘의 구조는 한위한[漢源]현 마이핑[麦坪]유적(四川省文物考古研究院·雅安市文物管理所·漢源県文物管理所 2009·2011)에서 볼 수 있듯이, 그 기원이 신석기 말기로 상향될 가능성이 높다. 또한 간칭[甘靑]지역 깐수[甘肅] 장자타이[張家台](甘肅省博物館 1976)와 칭하이[靑海]성 민화[民化]현 마장위안[馬廠垣]향(高東陸·呉平 1984) 등에서는 이미 신석기시대 후기에 석관묘가 출현하고 있다. 따라서 석관묘라는 구조 자체는 신석기 말기 간칭[甘靑]지역에서 촨시고원에 도입되었을 가능성이 있다. 또한 칭하이[靑海]의 청동기시대인 카유에[卡約]문화의 묘장이 석관묘라는 점(王武 1990)도 석관묘 계보가 청동기와 마찬가지로 서북지역에 있음을 시사하고 있다.

여기서는 촨시고원 청동기문화의 특징에 대해, 앞서 필자가 정리한 촨시고원 청동기문화의 단계(宮本 2009f・2010)를 바탕으로, 다시 한번 그 변천과정을 확인해보고자 한다(제12장 표19). 또한 이번 얀얼룽[晏爾龍]・선라쭝[呻拉宗] 석관묘의 탄소연대 및 타 지역과의 상대연대를 검토한 결과, 이전 논문(宮本 2009f)에서 제시한 실연대를 일부 수정할 필요성이 제기되었다. 이에 대해서도 다시 정리하고자 한다.

찬시고원 청동기문화 1기는 카사후[卡莎湖]・얀얼룽[晏爾龍] 석관묘 단계에 해당한다. 이 시기는 중국 서북부의 북방 청동기문화와 문화 접촉을 통해, 이를 기반으로 지역 내에서 청동기문화가 형성되기 시작한 단계이다. 카사후[卡莎湖] 석관묘에서 확인되는 유공부有銎斧나 유공과有銎戈는 북방 청동기문화의 영향을 받아 등장한 것이며, 그 외의 장신구들도 문화적 관계 속에서 제작되었다. 이는 이 지역 내에서 청동기 생산이 본격적으로 시작된 단계임을 의미한다.

찬시식 동과(曲柄銅戈)는 북방 청동기문화의 요소를 수용하면서도 이 지역만의 독특한 지역성을 반영한 것이다. 이는 이후 변화를 거듭하며, 동과의 등대나 병부가 퇴화하여 결국에는 기벽이 극히 얇아져 실용적인 무기로서의 기능을 상실한 명기明器가 된다. 이러한 과정은 얀얼룽[晏爾龍]석관묘의 단계에 해당한다.

기본적으로는 찬시고원의 청동기문화는 북방 청동기문화를 기반으로 하는 계보를 유지하며 문화적 접촉을 이루었음을 알 수 있다. 그러나 한편으로는 얀얼룽[晏爾龍] 8호묘에서 출토된 청동과・청동촉과 같은 유물에서 확인할 수 있는 것처럼, 이 시기부터 관중関中분지를 매개로 한 중원 청동기문화, 특히 주周 문화와의 접촉이 시작되었음을 알 수 있다.

이 단계에는 부장품의 구성이 남녀 성별에 따라 뚜렷한 차이를 보인다. 개인별 부장품의 양은 어느 정도 존재하지만, 기본적으로는 동질적인 사회 구조를 이루고 있다. 이러한 부장품의 차이를 통해 성별에 다른 분업체계가 확립된 동질적인 사회로 볼 수 있다. 나아가 혈연을 중심으로 한 씨족 단위의 열묘列墓를 형성하는 특징을 가진다. 또한 카사후[卡莎湖]석관묘에서 발견된 고인골 치관齒冠 계측 분석 결과를 통해, 해당 사회가 모계 또는 양계兩系의 씨족사회였을 가능성이 높다는 결론이 도출되었다. 실연대와 관련하여, 얀얼룽[晏爾龍]석관묘의 연대가 상대 후기와 대체로 병행할 가능성이 높다는 점을 고려할 때, 찬시고원 청동기문화 제1기의 시기는 기원전 15~12세기경으로 추정된다. 그리고 카사후[卡莎湖]석관묘에서 얀얼룽[晏爾龍]석관묘로 이어지는 상대적 선후 관계 역시 인정될 수 있다.

찬시고원 청동기문화 제2기는 중국・일본 공동발굴조사에서 청동기 자체를 특정할 수 없었지만, 기존의 연구에 따르면 곡병동검 등 카라수크 문화의 요소를 포함한 청동기문화 단계로 여겨진다. 이 단계부터 찬시고원 석관묘의 부장토기 I단계가 시작되었으며, 공동조사에서 확인된 완디[弯地]석관묘가 이에 해당된다. 특히 쌍이호双耳壺나 단이호単耳壺의 기형 및 와권문渦卷文과 같은 문양요소는 칭하이[青海]지구의 카유에[卡約]문화 계통인 탕왕[唐汪]문화에서 나타나는 특징과 유사하다. 이를 통해 찬시고원은 이들 문화와 접촉하며 부장토기를 제작하기 시작하였다고 볼 수 있다.

한편 완디[宛地]석관묘의 쌍이호双耳壺는 저부 내외면에 승석문을 가진 타날기법으로 제작된 토기이다. 이러한 기법은 중국 남방을 중심으로 신석기시대 초기부터 존재했던 것으로, 찬시고원에 기존부터 존재하던 토기 제작기법에 해당한다. 이를 고려하면, 찬시고원에서는 기존의 재지적 생산기법을 바탕으로 탕왕[唐汪]문화인 쌍이호双耳壺·단이호單耳壺의 정보를 받아들여 제작하기 시작하였다고 볼 수 있다. 이는 단순한 외부 문화의 수용이 아니라 지역적인 주체성을 바탕으로 한 문화 접촉이었음을 보여준다. 서주 전반기 탕왕[唐汪]문화나 카라수크문화의 연대로 보아, 찬시고원 청동기문화 제2기의 시기는 기원전 11~10세기로 추정된다.

찬시고원 청동기문화 3기는 선라쭝[呷拉宗] 15호묘와 자오니바오[脚泥堡] 1호묘 단계에 해당한다. 두 유적 모두 찬시고원 부장토기 Ⅱ단계에 속하지만, 형식적으로는 선라쭝 15호묘가 자오니바오 1호묘보다 이른 단계라고 볼 수 있다. 특히 쌍이호双耳壺의 형식 차이가 이를 잘 보여준다. 선라쭝[呷拉宗] 15호묘 출토품은 자오니바오[脚泥堡] 1호묘 출토품보다 동체부 최대경이 어깨 쪽에 위치하고 있으며, 구연부 상면형태가 능형菱形으로 발달하지 않은 특징을 보인다. 또한 자오니바오[脚泥堡] 1호묘에서는 초기 山자형 격格동검(山자형 격格동검 Ⅰ식)과 함께 파촉식동과가 출토되고 있다.

이것들은 주문화인 주周식동검이나 동과가 그 바탕에 있었으며, 관중关中분지를 통한 문화접촉 속에서 찬시고원 청동기문화의 하나로 수용되었을 가능성이 있다. 찬시고원에서는 주식동검의 특징인 자루와 검신이 분리되는 구조, 카라수크식 동검의 특징인 내부가 비어있는 자루 구조 등이 복합적으로 융합되어 山자형 격格동검이 등장한다. 이러한 문화적 융합과 발전 과정 속에서 관중분지를 매개로 주문화인 주식동검과 동과가 찬시고원 뿐만 아니라 청두[成都]분지의 청동기문화와도 접촉하게 되는데, 그 과정에서 파촉巴蜀식 청동기문화가 형성되었다고 볼 수 있다.

이 같은 청동기문화의 형성시점이 찬시고원 청동기문화 제3기인 기원전 9~7세기라는 점은 중요한 의미를 가진다. 관중분지를 매개로 한 주 문화와의 접촉은 이전 단계인 얀얼룽[晏爾龍] 8호묘 단계에서도 확인된 바 있지만, 제3기가 되면 그 접촉의 강도가 더욱 커졌다고 볼 수 있기 때문이다.

또한 선라쭝[呷拉宗] 15호묘에서 출토된 북방 청동기문화의 특징을 지닌 병경柄鏡에 중원계 문양인 새 문양[鳥文]이 도입된 현상도 주목된다. 새 문양은 주周문화에서 볼 수 있는 대표적인 문양 요소로, 서주西周 청동기의 문양 요소가 선택적으로 도입된 사례로 볼 수 있다. 한편, 찬시고원 청동기문화 제3기 선라쭝[呷拉宗] 15호묘에서는 월형기鉞形器와 같은 강한 지역적 특징이 강한 의장용 청동기가 출현한다. 이는 북방과 주周나라 등 타 지역 청동기문화의 영향 속에서도 지역만의 독자적인 청동기문화가 형성되었음을 보여주는 사례라고 할 수 있다.

이상과 같이 동티베트 지역에서 진행된 중국·일본 공동조사를 통해 찬시고원 청동기문화 제1~3기, 즉 山자형 격格동검 단계 이전의 찬시고원 청동기문화의 실태를 확인하였다. 특히 찬시고원 청동기문화의 연대가 상대 병행기로 상향될 수 있음이 밝혀지면서, 이 문화의 시원이 북방 청동기문화의 계통에 있으며, 이를 수용한 후 지역적으로 변형되며 발전하였다는 것을 확인하였다. 또한, 이 단계의 사회 구조는 성별 분업 등의 성차가 강조된 동질적인 사회였으며, 모계母系 혹은 양계兩系를 기본으로 한 부족사회였음을 밝혔다. 그리고 상대 후기 병행기에는 관중분지를 통해 주周문화와의 접촉이 이루어졌음도 확인할 수 있었다.

간칭[甘青]지구와의 문화 접촉을 통해 쌍이호双耳壺, 단이호単耳壺 등 부장토기가 유입되는 촨시고원 청동기문화 2기를 거쳐, 촨시고원 청동기문화 3기에서는 북방 청동기문화의 계보 속에서 주문화와의 접촉을 통해 초기 山자형 격격동검과 파촉巴蜀식동과가 등장하였다. 특히 주문화의 영향은 지리적으로 더욱 근접한 청두[成都]분지에서 더욱 뚜렷하게 나타났으며, 제11장에서 서술한 바와 같이 이 단계 이후 청두분지에서는 주문화의 영향을 받은 파촉식동검과 파촉식동과가 형성되었다. 이처럼 그동안의 연대 문제와 더불어, 지역 간 문화 접촉의 세부적인 과정을 복원할 수 있었던 것이 2008~2010년 중국 · 일본 공동발굴조사의 가장 큰 성과였다(宮本 · 高大倫編 2013).

또한 이 촨시고원 청동기문화 3기부터는 무덤군 배치에도 큰 변화가 나타나 기존의 카사후[卡莎湖] · 얀얼룽[晏爾龍] 석관묘에서 보이던 열列 배치묘에서, 선라쭝[呻拉宗]무덤군처럼 집괴묘集塊墓와 같은 형태로 무덤군 단위의 변화가 이루어진다. 이러한 변화는 씨족 내지는 혈연관계의 변화와도 관련된다. 전자는 씨족 단위의 동질성이 강한 사회 구조를 반영하는 반면, 후자는 씨족 단위 간 격차가 점차 커지는 사회 구조를 반영한다고 볼 수 있다. 즉 촨시고원 청동기문화 제3기에서는 씨족 내부에서도 사회적 계층 차이가 점점 확대되었으며, 선라쭝[呻拉宗] 15호묘의 사례를 통해 볼 수 있듯이 계층 간 차이가 더욱 뚜렷해지는 단계로 접어들었다. 이처럼 씨족 내부의 사회적인 변화를 더욱 분명히 파악할 수 있었던 것도 중국 · 일본 공동조사의 중요한 성과 중 하나이다.

더 나아가 이러한 사회 변화는 이후 촨시고원 청동기문화 제4기에서 확인되는 수장묘의 등장, 즉 마오[茂]현 모터[牟托] 1호묘 부장품에서 보이는 개인 간의 격차가 뚜렷해지는 배경이 되었다. 촨시고원 청동기문화 제4기는 전형적인 山자형 격격동검 즉, 山자형 격격동검 3식과 동병철검銅柄鐵劍이 나타나기 시작하는 시기이다. 이러한 청동부장품의 변화는 당시 사회에 큰 변혁이 일어났음을 보여주는 중요한 단서라 할 수 있다.

---

(1) 四川省文物考古研究院의 劉化石씨 배려 속에 실물을 관찰하면서 마이핑[麦坪] 94호묘 호壺 내면의 승석繩席 타날흔적을 확인하였다.

제14장

찬시 청동기·얼하이[洱海]계 청동기의 변천

1. 머리말

山자형 격格동검은 중국 쓰촨[四川]성 서부의 고원지대에서 윈난[雲南]성 서부의 고원지대까지 분포되어 있다. 이 지역은 야룽[雅礱]강 유역이나 란창[瀾滄]강 유역에 해당하며, 산악지대로 현재 티베트족이나 강羌족 등의 거주지역과 겹친다. 여기서는 쓰촨성 서부의 고원 지대를 찬시[川西]고원이라 부르고, 윈난성 서부의 고원지대를 얼하이[洱海]지역이라고 부르고자 한다. 제12장에서도 서술한 바와 같이, 찬시[川西]고원은 석관묘가 널리 분포된 지역이며, 석관묘 내부에 청동기가 부장되었다. 반면 얼하이[洱海]지역에는 석관묘뿐만 아니라 토광묘가 우세한데, 이 지역에서 출토된 청동기는 전서滇西동검(張增祺 1983) 또는 얼하이[洱海]계 동검(町田 2006b)이라고 불린다.

이 책에서는 얼하이[洱海] 주변 청동기를 강조하기 위해 얼하이[洱海]계 청동기라는 용어를 사용하고자 한다. 찬시고원과 얼하이지역은 山자형 격格동검을 시작으로 공통된 청동기의 특징을 공유하고 있어 동일한 청동기문화권을 형성하고 있다고 말할 수 있다.

일주—鑄식으로 제작된 山자형 격格동검은 북방 청동기문화의 청동단검 계보와 연결된 것으로 여겨져 왔다(高濱 1977). 윈난[雲南] 스짜이산[石寨山]문화에서 발견된 동물투쟁문으로 장식된 띠장식판[帶飾板] 역시 북방 청동기문화와의 접촉을 통해 형성되었다고 추정된다. 나아가, 찬시[川西]고원과 얼하이[洱海]지역의 청동기문화는 중국 서북부·북부에서 랴오둥지역까지 이어지는 동일한 자연환경이나 생태계를 기반으로 한 문화권의 일부로 간주되기도 한다. 이를 설명하는 변지 반월형문화 전파대설边地半月形文化传播带说(童恩正 1987)은 매우 유명한 가설이다. 통언정[童恩正]이 제창한 이 가설은 당시 학계에 충격을 주었으며, 큰 영향을 미쳤다. 그러나 필자는 이와는 다른 견해를 가지고 있으며(宮本 2009f), 이것에 대해서는 제12장에서 상세히 설명하였다.

결과적으로는 북방 청동기문화와 찬시[川西]고원·얼하이[洱海]지역의 청동기문화는 일정한 관련성을 보이고 있어 서로 접촉했을 가능성이 높다. 그러나 구체적인 상호 관계와 이후에 나타나는 독자적인 청동기문화의 지역적인 특색, 그리고 두 문화 간의 연대 관계에 대해서는 아직까지도 명확히 밝혀지지 않았다. 지금까지도 두 지역 간의 관계는 가설적으로 또는 막연하게 인지하는 수준에 머물러 있었으며, 이를 구체적인 연대 분석을 기반으로 검토한 연구는 거의 없었다. 이에 따라 본 장에서는 철저히 고고학적으로 적절한 방법론을 적용하여, 이러한 문제를 정면으로 다루고자 한다.

2. 문제의 소재

지금까지 윈난 동부의 스짜이산[石寨山]문화 등은 여러 연구를 통해 북방 청동기문화의 계보 및 영향을 받았을 가능성이 제기되어 왔다(Chen Ten-kun 1946; 山本 1974; Pirazzoli-t'Serstevens 1974; 白鳥 1977; 高濱 1977; 童恩正 1977). 이러한 가설을 점검하기 위해서는 북방 청동기문화와 스짜이산[石寨山]문화 사이에 위치한 촨시[川西]고원·얼하이[洱海]지역의 청동기문화에 대한 보다 구체적인 검토가 필요하다.

이 지역의 청동기문화는 중원계 문화 또는 창[長]강유역 초楚문화 유물과의 대응관계를 바탕으로 연대가 추정되어 왔다(小澤 2007). 이러한 연구 경향 속에서 이 지역은 농경사회인 상주商周사회에 비해 늦게 발달한 목축사회인 석관묘 문화라고 평가되어 왔다. 즉, 상주 사회와 같은 고도로 발달된 사회의 물질문화를 기준으로 연대를 유추하였지만, 그 과정에서 전파나 전세傳世를 거치면서 시간적 격차가 발생한다고 보았다. 결과적으로 중원계 유물의 연대에 비해 이 지역의 청동기문화 연대가 상당히 늦다고 보는 인식이 일반적이었다.

하지만, 이러한 기존의 관념이 과연 타당한 것인가? 과연 진보된 사회와 낙후된 사회라는 단순한 대비 속에서 청동기문화를 해석하는 것이 적절한가? 본질적으로는 두 지역의 청동기문화나 그 사회 변천을 각각 독립적으로 인식하는 것이 중요하다. 즉, 각 지역의 청동기문화에 대한 독자적인 편년축을 먼저 구축한 후에야 비로소 서로의 문화가 어떻게 병행되었는지를 설정할 수 있다. 그동안 이 지역 청동기문화의 연구는 지역 내 자체적인 청동기문화의 편년축을 확립하지 않은 채, 중원계·초楚계 유물·파촉巴蜀유물을 기준으로 연대를 결정하는 방식이 주류였다. 이러한 접근 방식은 이 지역 청동기문화의 고유한 특성과 변화과정을 고려하지 않은 채 외부적 요소의 영향력 속에 일방적으로 평가하는 문제점을 내포하고 있다. 결국, 이 지역의 청동기문화를 논의할 때, 가장 큰 문제점은 독립적인 편년 체계를 구축하지 않은 채, 외부 문화를 기준으로 연대를 설정하고 평가해 온 기존 연구 방식에 있다.

구체적인 이 지역의 청동기와 관련된 논점을 살펴보면, 우선 동검의 편년이 주요한 논점 중 하나이다. 통언정은 가장 먼저 동검의 편년관을 체계적으로 정립하였는데, 그 변화 과정은 자루의 내부가 비어있고 격格[鍔]이 없는 것에서 山자형 격格의 출현과 함께 점진적으로 검신이 길어지고 철기화 된다고 보았다(童恩正 1977).

이러한 통언정의 견해를 더욱 진전시킨 연구자가 바로 장쩡치[張增祺]이다(張增祺 1983). 장쩡치는 동검 자루[柄]의 문양에서 착안하여 아래와 같은 형식 분류와 그 변천체계를 구축하였다. 통언정이 가장 이른 것이라고 가정한 것과 山자형 격格의 자루에 문양이 없는 것을 A식으로 분류하고 가장 초기 단계로 보았다. 이후 자루에 나선문螺旋文이 출현한 것을 B식, 나선문이 두꺼워지는 것을 C식으로 설정하였다. 그리고 나선문이 곡립문穀粒文으로 변화하는 것을 D식, 완전하게 곡립문으로 변화된 것을 E식으로 설정하였다. 이처럼 A식에서 E식으로 변화하면서 동검의 형태와 문양이 점진적으로 변화하였다고 보았다.

중국 연구자들의 이러한 사고방식을 더욱 체계적으로 정리한 것이 이마무라 케이지[今村啓爾]이다(今村 1985). 이마무라는 통언정이 착안한 격格의 형식변화와 장쩡치의 자루 문양 변천을 통합하여 살폈다. 여기에 자루 형태라는 기준을 추가하여 3가지 속성의 상관관계를 통해 제1기부터 제6기로 구분하여 체계적으로 정리하였다. 또한 부장토기의 검토나 공반 유물 분석을 통해 이러한 변화 과정의 타당성을 제시하였다.

이상과 같이 1980년대에 이르러, 앞서 제시한 山자형 격格동검의 대략적인 변천과정에 대한 연구가 어느 정도 진전되었으며, 이에 따른 성과도 상당했다고 볼 수 있다. 마치다 아키라[町田章]가 다시 분류한 山자형 격格동검의 분류(町田 2006b) 역시 기본적으로는 앞선 분류를 바탕으로 하고 있다. 그러나 그는 검수劍首의 형태에 주목하며, 최신 자료를 추가적으로 보강함으로써 연대 체계에 관한 논의를 보다 구체화하였다. 특히, 촨시[川西]고원과 얼하이[洱海]지역을 구분하여 형식학적으로 분류했다는 점은 평가할 만하다. 그러나 두 지역을 동일한 형식 기준으로 보았는가에 대한 명확한 설명이 부족하여 다소 애매하다.

현재 연구에서 더욱 핵심적인 문제는 山자형 격格동검의 성립 과정과 山자형 격格동검 이전 단계 청동기의 시간적 위치를 명확히 하는 것이다. 또한, 山자형 격格동검을 포함한 이 지역의 청동기문화 전반에 대한 변화 방향성이 아직 구체적으로 정립되지 않은 점도 주요한 문제로 남아 있다. 나아가 이러한 청동기문화의 계보관계를 설정하고 실연대 문제를 해결하는 과정이 광역적인 청동기문화 속에서 충분히 논의되지 않고 있다는 점도 한계로 지적된다. 특히 山자형 격格동검이 山자형 격格동병철검으로 변화되는 과정에 주목하여, 청동기에서 철기로의 전환 과정(철기화의 문제)을 포함한 통합적인 검토가 이루어져야 한다.

필자는 山자형 격格동검이 성립된 이후 석관묘문화의 부장토기 편년에 관해 이미 논고로 발표한 바 있다(宮本 2009f). 그 결과는 지금까지 제시되어 온 山자형 격格동검의 편년관 체계와 크게 모순되지 않는다. 필자의 연구는 부장토기의 편년을 통해 山자형 격格동검 성립 이전의 문제를 보다 심층적으로 검토할 수 있다. 이마무라가 지적한 최고最古의 동검에 대한 시간적 위치를 규명하기 위해서는 일련의 형식분류와 변천과정을 검토하는 것이 필수적이다.

이러한 과정을 거친다면, 큰 틀에서 청동기의 변천 과정을 더욱 명확하게 제시할 수 있을 것이다. 이상과 같이 선행연구의 문제점과 이를 해결하기 위한 방법론을 토대로 본 장에서는 대상지역의 청동기 변천과정에 대해 구체적으로 살펴보고자 한다.

3. 서남 청동기문화의 출현기에 대한 문제

이 지역의 청동기문화 성립과 계보 관계를 고찰하기 위해서는 먼저 성립기 청동기에 대한 이해가 선행되어야 한다. 다시 말해, 이후 논의할 청동기의 변천과정을 다룰 때 기준점을 명확히 설정하지 않으면, 청동기의 상대적 변천 양상을 파악하더라도 그것이 연대상으로 어느 시점에 해당하는지 정확히 이해하기 어렵다.

이 지역 최고最古의 청동기가 존재하는 유적으로는 촨시[川西]고원 남단에 위치한 윈난성 젠촨[劍川]현 하이먼커우[海門口]유적이 있다. C[14] 연대측정값을 기준으로 보면, 1970년대에는 상대 후기 청동기로서 알려졌으나, 해당 연대값과 청동기의 공반 관계를 둘러싼 논쟁이 어어지면서, 탄소 연대 자체에 의문을 제기하는 연구자들도 많았다. 그러나 최근에 진행된 제3차 조사에서 다층위적인 발굴이 이루어지면서, 기존의 연대적 해석이 타당하였다는 주장이 다시 제시되고 있다(雲南省文物考古研究所 2009). 현재로부터 3,800~3,200년 전인 하이먼커우[海門口] 제2기 말에는 청동기가 출현하였으며, 3,100~2,500년 전인 하이먼커우[海門口] 제3기에는 청동기의 보급이 이루어진 것으로 확인된다. 얼리터우[二里頭]기에서 상대 전기에 청동기가 출현하며, 상대 후기~서주 전기에 청동기가 보급되었다는 점이 드러나고 있다. 문제는 이러한 동기 · 청동기문화가 어떤 계보를 통해 출현하였는가 하는 점이다.

여기에서 필자가 주목하는 것은 하이먼커우[海門口]유적 제1차 · 제2차 조사에서 발견된 청동부斧이다(雲南省博物館 1995). 이는 편인片刃으로 분錛이라고도 불리지만, 뒷면이 일직선으로 되어있고 언뜻 보면 단범單范으로 제작된 것처럼 보인다(그림133-1). 그러나 이를 자세히 살펴보면, 뒷면의 평탄한 양 측면의 일부에서 절단된 흔적(그림134)이 확인된다. 이 절단 흔적은 원래 이어지는 청동 부분이 존재했음을 나타내며, 청동을 주조할 때 형성된 탕구湯口와 같은 흔적은 아니다. 이러한 절단흔과 관련하여 연관되는 청동기의 기종을 추정해 보면, 반소켓식 동부銅斧라고 부르는 것(그림135)의 측면부와 유사성을 보여, 반소켓식 동부의 절반이 종방향으로 잘려나간 것일 가능성이 있다.

반소켓식 동부는 안드로노보문화를 시작으로 중국 서북부의 스바[四壩]문화에서 확인되는 등 초

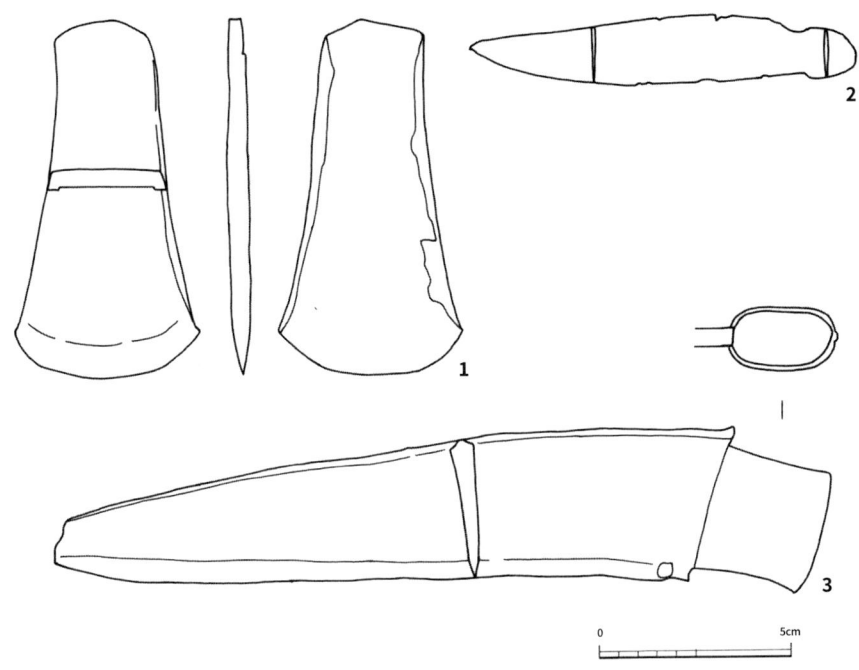

그림133. 하이먼커우[海門口]유적의 청동기(※축척 1/2)

기 북방 청동기의 전형적인 것에 속한다(林澐 2002). 시기는 얼리터우[二里頭]기·얼리강[二里岡]기에 병행하는 장성지대 청동기문화 제2기에 해당한다(宮本 2008d).

만약 이 청동부가 반소켓식 동부의 재가공품이라면, 이 청동기의 기원은 중국 서북부를 거친 북방 청동기문화라고 볼 수 있다. 그리고 이 청동기는 장성지대 청동기문화 제2기에 해당하므로, 앞서 제시한 하이먼커우[海門口] 제2기 문화기의 C14 연대와 비교해도 모순되지 않는다. 즉, 장성지대 청동기문화 제2기에 촨시[川西]고원을 지나, 하이먼커우[海門口]유적이 위치한 윈난 서부의 산간지역까지 북방 청동기문화의 계보를 잇는 청동기문화가 전파되었으며, 이 과정에서 청동기의 등장과 함께 자체적인 생산이 시작되었다고 해석할 수 있다.

그밖에도 하이먼커우[海門口]유적에서는 청동도자刀子(그림133-2)나 청동과戈(그림133-3)가 출토되었다. 도자는 단조[鍛打製]로 제작되었는데, 그 형태나 제작 기법에서 장성지대 청동기문화 제2기인 북방 청동기문화와 계보적 관련성이 있다. 청동과戈는 발굴 보고서에 청동겸鎌으로 명기되어 있으나 (雲南省博物館 1995), 이는 낫[鎌]과 같은 농경에 관계된 수확 도구가 아니라 무기로 해석해야 하는 자료이다. 보고서에서는 스짜이산[石寨山] 7호묘 출토품과 유사하다고 언급하고 있지만(雲南省博物館 1959), 스짜이산[石寨山] 7호묘 출토품과 비교해 보면, 신부 형태의 차이가 크고 공부에 정공釘孔이 존재한다

그림134. 하이먼커우유적 출토 동부銅斧

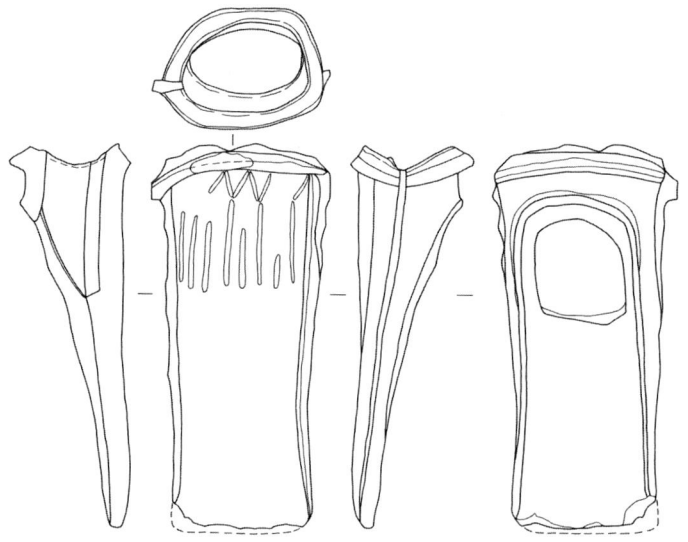

그림135. 간쑤성 스바[四壩]유적 출토 반 소켓식 동부(※축척 1/4)

는 점에서 차이가 난다. 청동과戈는 촨시[川西]고원의 쓰촨성 루휘[炉霍]현 카사후[卡莎湖]유적(四川省文物考古研究所·甘孜藏族自治州文化局 1991) 출토품에서 볼 수 있듯이, 유공과有銎戈를 쓰촨고원 청동기문화 전반기의 특징으로 볼 수 있다. 그리고 유공有銎부의 소켓 부분이 하이먼커우[海門口]유적 출토품에서도 확인된다. 이러한 현상을 고려할 때, 하이먼커우[海門口]유적 출토품 역시 청동과로 보아야 하며, 이는 쓰촨고원 청동과戈가 변이變異된 형태로 볼 수 있다. 유공 청동과는 장성지대 청동기문화 제2기에 해당하는데, 하이먼커우[海門口]유적의 청동과도 장성지대 청동기문화 제2기 또는 제3기와 병행하는 것으로 추정된다. 결론적으로, 하이먼커우[海門口]유적의 청동기는 북방 청동기문화의 계보에 속하며, 그 시작이 장성지대 청동기문화 제2기까지 상향될 수 있다.

4. 청동기문화의 변천

앞서 서술한 바와 같이 山자형 격格동검의 편년은 이마무라 케이지에 의해 윤곽이 잡힌 상태이다(今村 1985). 필자는 청동기문화의 변천이라는 큰 틀 속에서 山자형 격格동검의 시간적 위치를 정하는 것이 중요하다고 생각한다. 다시 말해, 이마무라가 山자형 격格동검 출현기로 본 제1기와 병행하거나 그보다 선행하는 단계에 대한 해석이 중요한 과제이다.

이미 부장토기의 편년은 제12장(宮本 2009f)에서 제시한 바 있다. 청동기를 중심으로 한 점검에서 중요한 것은 석관묘 내 토기와 함께 부장되는 단계인가, 그렇지 않은 단계인가하는 것이다. 山자형 격格동검은 반드시 부장 토기와 함께 출토되며, 단독으로 확인되는 사례는 없다. 따라서 동검과 토기 부장 간에는 명확한 상관성이 존재한다. 이러한 관계는 특히 무덤군 단위의 부장토기와 山자형 격格동검과의 공반 관계에서 더욱 뚜렷이 드러난다. 이마무라가 山자형 격格동검 1기로 분류한 윈난성 더친[德欽]현 융즈[永芝] 채집품(雲南省博物館文物工作隊 1975)도 토기와 함께 부장되었을 가능성이 있으며, 그 부장토기로는 삼이호三耳壺 등이 있었을 수 있다. 이 시기 토기의 형태적 특징을 보면, 동체부의 최대경이 동체부 중앙보다 약간 상단에 위치하는 데, 이는 부장토기 제Ⅱ단계(宮本 2009f)와 병행한다고 볼 수 있다.

이러한 山자형 격格동검이 어떻게 출현했는지, 특히 山자형 격格이 어떻게 성립되었는지에 대해서는 아직 명확하지 않다. 여기서는 山자형 격格동검의 최고最古 단계로 볼 수 있는 자루 일부가 비어 있는 형태(그림136-4~8)라는 점에 주목하고자 한다. 이러한 초기 형태는 이후 자루의 끝부분이 투공되거나 더욱 정교해진 자루 전체 내부가 빈 중공부中空部가 형성되는 것과 비교해 보면 그 원형의 형태였다고 볼 수 있다. 자루에 중공부가 형성된 특징은 장성지대 청동기문화 제3기에 나타나는 A2식(宮本 2000f) 카라수크식 동검과 유사한 양상이다(宮本 2007a).

마치다 아키라[町田章]도 山자형 격格동검의 이른 단계로, 윈난성 중디엔[中甸]현 중부[中布] 1호묘 출토품(그림136-6)과 중커[中克] 출토품(그림136-7)을 제시하고 있다(町田 2006b). 이것들은 山자형 격格을 갖추지 않았지만, 검신 중앙에 직선으로 이어지는 능선稜線이 있으며, 자루 부분에는 방형이나 타원

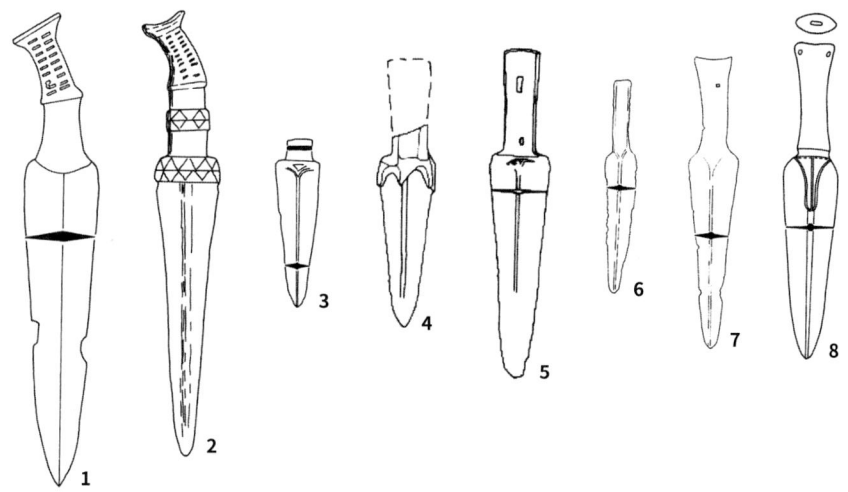

그림136. 山자형 격格동검 출현기의 동검(1: 나구[納古] M22, 2: 와시거우커우[瓦西溝口] M2, 3·8: 융즈[永芝], 4: 와시거우커우 M5, 5: 와시거우커우 M3, 6: 중부[中布] M1, 7: 중커[中克], ※축척 1/6)

형의 투공이 확인된다. 마치다는 중부[中布]유적의 다른 무덤에서 확인된 인골의 C^{14} 연대가 서주기(雲南省文物考古研究所 2005)에 해당한다는 점에 주목하여, 이러한 단검들을 서주·춘추시대로 편년하였다. 이와 관련된 실연대의 문제는 뒤에서 다시 다루고자 한다.

이처럼 자루의 내부가 빈 청동단검은 山자형 격格동검보다 이른 단계의 동검이라고 볼 수 있을 것이다. 여기에서는 이러한 형태를 초기 山자형 격格동검이라 부르고자 한다. 그 조형적 계보를 살펴보면, 장성지대 청동기문화 제3기의 A2식 청동검을 대표적인 사례로 꼽을 수 있다(宮本 2000). A2식 청동단검의 자루 내부가 빈 형태의 중공中空이라는 점은 초기 山자형 격格동검 손잡이의 중공부와 연결되며, 나아가 山자형 격格동검 자루가 빈 중공中空이 형성되는 현상과 연속적 계보관계를 가진다고 볼 수 있다.

쓰촨성 바오싱[宝興]현 와시거우커우[瓦西溝口] 출토품은 초기 山자형 격格동검과 山자형 격格동검을 연결하는 의미에서 매우 흥미로운 자료이다(宝興県文化館 1982). 그 중 하나인 와시거우커우[瓦西溝口] 3호묘 출토품(그림136-5)은 중부[中布] 1호묘 출토품과 유사하게, 검신에 융선이 있으며 자루 단면에 방형으로 중공中空된 특징을 가진다.

또 다른 하나는 와시거우커우[瓦西溝口] 5호묘 출토품(그림136-4)이다. 이것은 山자형 격格동검의 형태를 갖추고 있으나, 자루 단면이 방형으로 중공中空의 특징을 보인다. 이는 山자형 격格동검 1식의 자루와 달리, 나선螺旋문이 없으며 단면이 원형으로 중공된 청동자루와도 차이를 보인다. 자루의 형태만으로 본다면, 초기 山자형 격格동검과 山자형 격格동검 1식의 중간 단계 정도에 해당하는 것으로 해석할 수 있다.

초기 山자형 격格동검인 와시거우커우[瓦西溝口] 3호묘 출토품(그림136-5)은 격格이 존재하지 않지만, 자루와 검신의 경계 부분에 일부 연호상連弧状으로 솟아오른 구조가 확인된다. 이는 격의 기능을 강조하기 위한 것으로 보이며, 이후 山자형 격格으로 발전했을 가능성이 있다. 또한, 山자형 격格동검 1식의 최고最古단계로 볼 수 있는 와시거우커우[瓦西溝口] 5호묘 출토품(그림136-4)은 검신과 격, 자루 부분을 별도로 주조하는 방식을 취하고 있다. 즉, 검신을 먼저 주조한 후 자루를 추가적으로 주조하면서 일부 삽입하여 결합하는 방식이 적용되었을 가능성이 있다.

한편, 장쩡치가 최고最古식으로(張增祺 1983) 제시한 윈난성 더친[徳欽]현 융즈[永芝] 출토 과戈(雲南省博物館文物工作隊 1975)의 형태(그림136-3)를 살펴보면, 이는 와시거우커우[瓦西溝口] 3호묘(그림136-5)의 검신과 검의 기부 쪽 연호상連弧状 문양과 매우 유사한 특징을 가진다. 이러한 유사성을 바탕으로, 과를 검신으로 사용하고 여기에 목제 자루를 장착했거나, 이후 자루부분을 재주조했을 가능성도 상정할 수 있다. 따라서 이것도 와시거우커우[瓦西溝口] 5호묘 출토품과 함께, 가장 초기 형태의 山자형 격格동검으로 분류할 수 있다.

윈난성 더친[徳欽]현 나구[納古] 22호 석관묘에서 출토된 곡병동검(그림136-1)과 동모는 일괄유물로서 부장토기와 함께 공반되었지만(雲南省博物館文物工作隊 1983), 아쉽게도 보고서에 도면이나 사진이 제시되지 않았다. 같은 무덤군에서 확인된 부장토기는 상대적으로 부장 토기 제Ⅰ단계의 특징을 보이고 있어, 나구 22호묘 역시 거의 같은 단계에 해당할 가능성이 높다. 반면 윈난성 중디엔[中甸]현 중부[中布] 1호묘(雲南省文物考古研究所 2005)의 초기 山자형 격格동검(그림136-6)은 중부[中布] 석관묘군 자체가 부장토기 제Ⅰ단계 또는 제Ⅱ단계에 해당하는 무덤군이라는 점(宮本 2009f)에서 곡병동검과 거의 동시기에 위치할 가능성이 높다. 이는 북방 청동기문화의 청동기 변천과정과 거의 동일한 흐름을 보인다는 점에서 중요한 의미를 가진다.

쓰촨성 바오싱[宝興]현 와시거우커우[瓦西溝口] 2호묘에서는 곡병동검(그림136-2)과 함께 곡병 형태를 띠는 청동과, 즉 촨시[川西]식 동과가 출토되었다(宝興県文化館 1982). 곡병동검은 나구[納古] 22호묘와 마찬가지로 촨시[川西] 청동기문화 제2단계로 여겨지지만, 청동과는 이보다 이른 단계에 해당하는 것으로 보인다. 그러나 와시거우커우[瓦西溝口] 2호묘의 공반사례를 기준으로 본다면, 곡병동검도 촨시[川西] 청동기문화 제1단계에서 이미 출현했을 가능성을 배제할 수 없다.

한편, 와시거우커우[瓦西溝口] 3·4 호묘에서는 촨시[川西]식 동과[곡병동과]와 함께 초기 山자형 격格동검이 출토되었다. 4호묘의 경우, 같은 묘광 내 출토된 것이 아니므로 명확한 공반관계를 확정하기 어렵지만 3호묘는 공반관계가 명확하다. 따라서 초기 山자형 격格동검 역시 촨시[川西] 청동기문화 제1단계까지 상향될 가능성이 있다.

곡병인 촨시[川西]식 동과(그림138-2)는 유공과有銎戈(그림138-1)와 함께 토기가 부장되지 않은 무덤에서 출토된 사례가 있다. 그 대표적인 예가 쓰촨성 루훠[炉霍]현 카사후[卡莎湖]석관묘(四川省文物考古研究所·甘孜蔵族自治州文化局 1991)이다. 또한, 토기가 부장되지 않은 무덤인 쓰촨성 루훠[炉霍]현 얀얼룽[晏爾龍]석관묘에서도 위와 같은 청동과가 더욱 변형된 형태로 출토되었다. 유공과有銎戈는 북방 청동기문화 제3단계에 해당하는 유물로, 주로 중국 서북부를 중심으로 유행했으며(宮本 2008d), 그 일부는 인쉬[殷墟]문화에도 영향을 미쳤다.

따라서 카사후[卡莎湖] 출토품에 보이는 유공과有銎戈는 장성지대 청동기문화 제3단계의 계보 속에서 탄생한 것으로 볼 수 있다. 이 곡병의 과戈는 동시기의 북방 청동기문화에서 나타나는 곡병 동검과 결합된 듯한 특징을 보여 촨시[川西]고원의 독자적인 청동과로 해석할 수 있다. 이러한 유형을 촨시[川西]식 동과라고 부르는데, 가장 큰 특징은 동과 신부의 등부분이 단段을 이루고 있다는 점이다.

제13장에서 제시한 것처럼, 카사후[卡莎湖] 석관묘보다 상대적으로 늦은 시기의 얀얼룽[晏爾龍]석관묘(四川省文物考古研究院 2012a; 宮本·高大倫編 2013)에서는 동과 날의 등부분 단段부가 점차 퇴화되어, 전체적으로 도자와 유사한 형태로 퇴화되는 양상을 보인다. 이처럼 촨시[川西]식 동과의 형태 변화는 점차 명기明器화되어 가는 방향으로 진행된다. 토기가 부장되지 않는 단계인 카사후[卡莎湖]석관묘와 얀얼룽[晏爾龍]석관묘는 촨시[川西]고원 청동기 제1단계에 속하며, 이는 장성지대 청동기문화 제3단계

에 해당한다고 볼 수 있다.

또한, 이 시점의 청동기는 주로 과戈와 모矛를 중심으로 구성되며, 아직 검이 출현하지 않은 단계라고 규정할 수 있다. 북방 청동기문화 카라수크식 동검의 영향 속에서, 촨시[川西]지역에서는 독자적인 촨시식 동과가 지역 내에서 제작되었으며, 이는 지역적인 청동기문화가 성립하는 시기라고 해석할 수 있다. 촨시식 동과의 발생과 변천 과정에 대해서는 이미 제11장이나 제13장에서 상세히 논의한 바 있다.

한편, 山자형 격格동검의 변천에 대해서는, 앞서 연구사에서 언급한 바와 같이 속성 분석을 통해 변천과정을 제시한 이마무라 케이지의 논고[今村 1985]가 가장 이해하기 쉬운 자료라고 할 수 있다. 또한, 최신 자료를 반영하여 이를 재검토한 마치다 아키라의 편년안[町田 2006b]도 존재하지만, 여기서는 이마무라의 편년안을 기준으로 병부柄部의 형태, 문양 변화를 중심으로 형식 변천을 살펴보고자 한다. 이마무라는 山자형 격格동검의 변천을 '期'라는 단위로 구분하였지만, 이 책에서는 이를 형식型式[1]으로 표현하였다(그림137). 여기서 제시한 형식명은 이마무라의 '期'와 거의 일치하지만, 속성 단위는 이마무라의 '期'와 연동되면서도 반드시 완전히 일치하지는 않는다는 점을 다시 한번 강조하며, 독자의 이해를 구하고 한다.

山자형 격格동검 1식(그림137-1)은 앞서 언급한 초현기初現期에 해당하는 것이다. 이 동검은 무문無文의 중공中空된 자루에 연호문 형상의 격格이 붙어 있어 아직 완전한 山자형 격格 형태에 이르지 못한 단계이다. 대표적인 사례로는 윈난성 더친[德欽]현 융즈[永芝] 출토품[雲南省博物館文物工作隊 1975]을 들 수 있다. 또한 융즈[永芝] 출토품 중 '과戈'로 보고된 것(그림136-3) 역시 실제로는 동검의 검신부로 볼 가능성이 있다. 앞서 언급한 와시거우커우[瓦西溝口] 5호묘의 사례(그림136-4)와 마찬가지로, 자루와 검신이 별도 주조된 후, 용접하거나 삽입된 상태에서 조합하여 주조하는 기술 공정이 이미 존재하고 있었음을 보여준다.

山자형 격格동검 2식(그림137-2·3)은 중공된 손잡이에 나선문螺旋文이 자리잡기 시작하는 단계로, 山자형 격格이 정형화되기 시작한다. 山자형 격格에서는 '山'자의 양쪽 획이 중심획보다 긴 형태로 변화하고 있다. 이 2식은 다시 나선문의 특징을 통해 세분할 수 있다. 나선문이 단순한 나선螺旋으로 구성된 2a식(그림137-2)과 나선문 내에 끈매듭[組紐] 형상으로 미세한 유기물 흔적이 입혀진 2b식(그림134-3)으로 세분된다.

山자형 격格동검 3식(그림137-4·5)은 중공된 자루의 끝부분에 +자형의 누공樓孔[2]을 가지는 특징을

---

1) 역자 주) 필자는 후술하는 내용에서 '식式'이라고 표기하였다.

2) 역자 주) 자루의 끝부분에 구멍이 뚫려 있는 구조를 의미한다. 필자는 자루의 내부가 비어있거나 구멍이 뚫려 있는 경우는 '중공中空'으로 표기하면서도 '누공樓孔'이라는 용어를 별도로 사용하여 구분하고 있다.

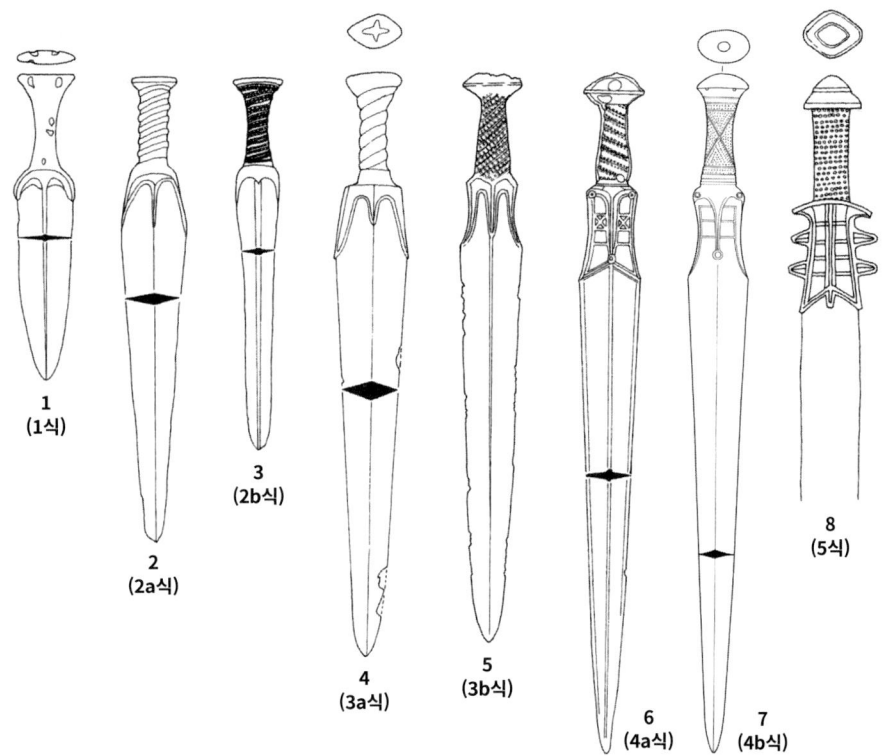

그림137. 山자형 격格동검의 형식(1·3: 융즈[永芝], 2·7: 옌위안[塩源], 4: 모터 M1, 5: 바오싱[宝興]성城 내, 6: 쌍타산[双塔山] M12, 8: 마오[茂]현 청둥[城東] A구 CM1, ※축척 1/6)

보인다. 이러한 十자형의 누공楼孔은 촨시[川西]고원에서는 많이 확인되지만, 얼하이[洱海]지역에서는 원형의 중공된 형태가 그대로 유지되는 경우가 많다. 또한, 山자형 격格의 형태 변천 과정에서 '山'자의 양쪽 획이 바깥쪽으로 휘어지기 시작하는 단계로, 이는 山자형 격동검이 후기 형태로 변화해 가는 중요한 특징으로 볼 수 있다.

마치다 아키라는 山자형 격格의 기부 단이 둥근 모양을 띠는 것[丸肩]과 각이 지고 치켜 올라간 것[角張る怒り肩]으로 구분하였으나(町田 2006b), 본 연구에서는 이를 세분하지 않고 山자형 동검 3식의 가장 큰 분류 기준을 '山'자의 양쪽 획이 바깥쪽으로 휘어지는 점으로 설정하였다. 외측으로 휘어지는 山자형 격格은 일반적으로 격格의 가장자리에 이중 능선이 형성되는 특징을 가진다.

또한 나선문은 끈매듭[組紐文]이라고는 보기 어려운 간단한 나선문인 3a식(그림137-4)과 끈매듭[組紐文]을 가지는 나선문의 3b식(그림137-5)으로 구분된다. 3식은 2식에 비교해서 나선문이 두꺼워지는 경향이 있다. 3b식은 2b식에 비해 더욱 굵어진 나선문이 끈매듭 형태로 디자인되었으며, 표면에는 각

목각目이 새겨져 있는 특징을 보인다.

　이 단계부터 같은 청동 자루 형식을 유지하는 동병철검銅柄鐵劍이 출현한다. 이 형식 명칭은 山자형 격格철검 3a · 3b식으로 설정할 수 있는데, 이는 청동자루의 형식을 기준으로 명명한 것이다. 동병철검은 철제 검신을 단조하여 제작한 후, 병부柄部를 주조할 때 검신을 삽입하여 제작되었을 가능성이 높다. 그러나 이러한 검신과 병부의 삽입 기술은 이미 山자형 격格동검 1식 단계부터 존재하였다. 대표적인 사례로는 와시거우커우[瓦西溝口] 5호묘의 동검(그림136-4)을 들 수 있다. 제13장에서는 이것을 초기 山자형 격格동검 III식(그림132-8)으로 칭하였으며, 이를 山자형 격格의 자루가 성립되는 시기의 동검으로 보았다.

　山자형 격格동검 4식(그림137-6 · 7)은 3식보다 의장화된 형태를 보이며, 특히 '山'자형의 양쪽 획이 가로로 연결되는 듯한 횡방향의 선이 나타나면서 기하학幾何学적으로 문양화되는 변화가 특징이다. 또한, 병부 단부의 十자형 누공樓孔은 소실되었으며, 일부 사례에서는 十자형 누공이 흔적화되어 단순한 문양으로 남아 있다. 그러나 자루가 중공된 구조는 지속적으로 유지된다. 4식은 자루의 문양을 기준으로 다시 세분할 수 있다. 이는 각목刻目나선문을 가지는 4a식(그림137-6)과 각목 나선문이 변형되어 곡립문穀粒文이 된 4b식(그림137-7)과 같이 세분된다. 각목刻目나선문이 더욱 의장화되면서 곡립문穀粒文으로 변화한 것으로 판단되며, 이 과정에서 山자형 격格동검의 자루 부분은 더욱 장식성이 강해지는 경향을 보인다. 4식 단계에서도 동병철검이 존재하며, 동검도 검신과 자루를 별도로 주조하는 방식이 확인된다. 이는 청동 자루의 문양을 더욱 정교하게 만들기 위해 필요한 공정이었을 가능성이 높다.

　山자형 격格동검 5식(그림137-8)은 山자형이 더욱 의장화된 것으로, 기존의 기하학적 요소가 더욱 정교해지는 특징을 보인다. 특히 바깥쪽 가장자리에 돌선문突線文이 추가되며, 지문地文[3]을 새기는 등 더욱 복잡하게 발전한다. 이 시기는 동검보다도 동병철검이 더 많이 사용되는 경향이 확인된다.

　한편, 촨시[川西]고원 청동기문화의 특징 중 하나로 자루가 T자형인 일주—籌식 구조를 가진 동검이 촨시[川西]고원 청동기문화 제3 · 4단계부터 확인된다는 점이다(그림138-7 · 11). 이러한 동검은 북방 청동기문화에서 동검 외에도 호신용 소형 검의 개념을 반영하여 재지적在地的으로 제작한 사례로 추정된다.

　출토유적으로는 마오원[茂汶]현 잉판산[營盤山] 석관묘(그림138-7; 茂汶羌族自治県文化館 1981 · 1985)나 마오[茂]현 모터우[牟托] 1호묘(그림138-11; 茂県羌族博物館 · 阿壩蔵族羌族自治州文物管理所 1994) 등 민[岷]강 상류 지역에 한정되어 있다. 이 지역에서는 석관묘의 구조 역시 재지적인 특징을 유지하며 발전하고 있어

---

3) 역자 주) 평면 장식에 두 종류 이상의 문양이 사용될 때, 바탕 전체를 메워 그린 문양을 지문地文이라고 한다. 이러한 지문은 문양 자체로는 보조적인 역할을 하지만, 전체적으로 중후한 느낌을 주며, 주 문양을 더욱 돋보이게 하는 역할을 한다.

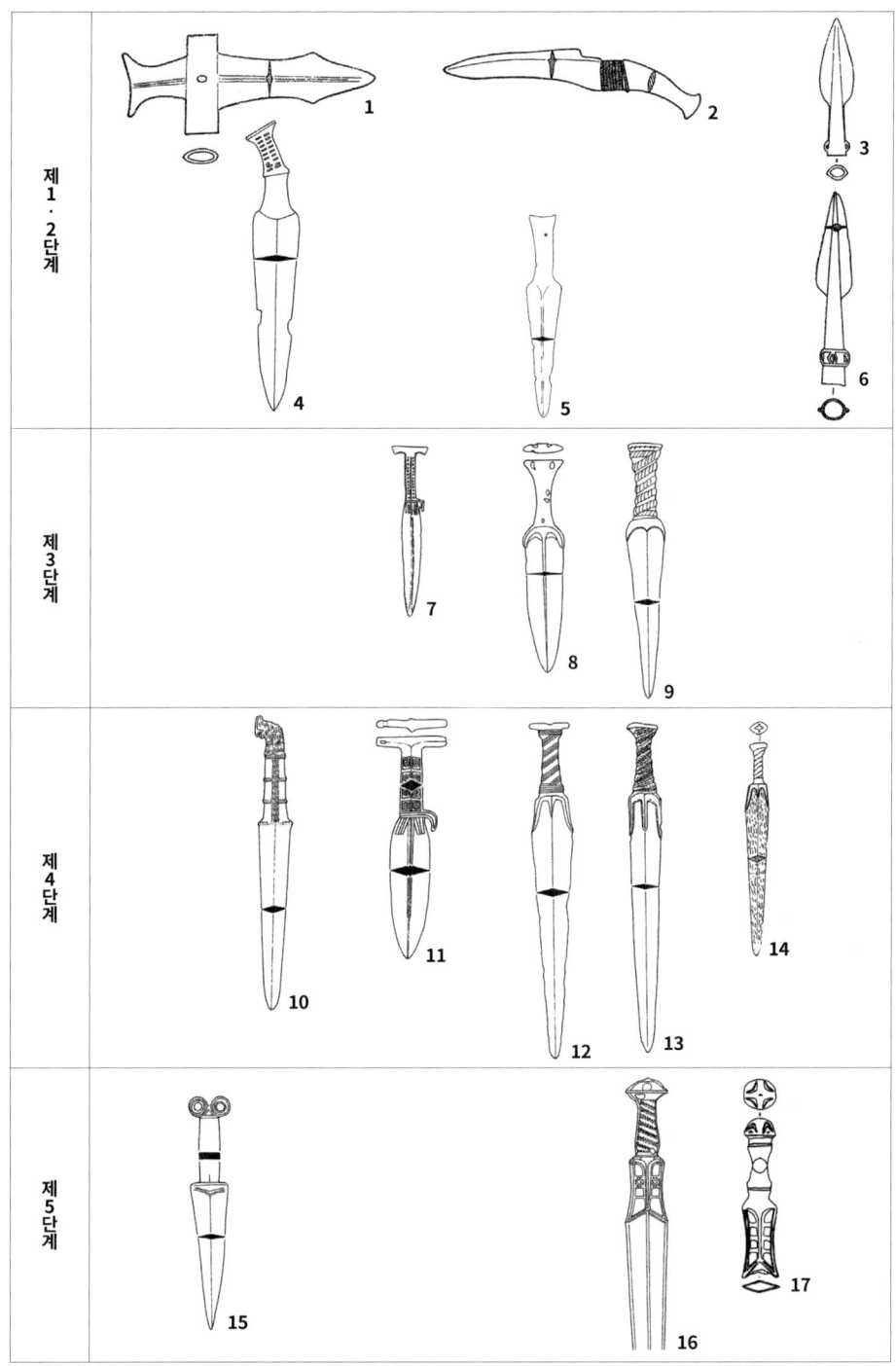

제1·2단계

제3단계

제4단계

제5단계

그림138. 찬시고원·얼하이계 청동기의 편년(1~3: 카사후, 4·6: 나구, 5: 중커, 7: 잉판산 M3, 8: 융즈, 9·15: 옌위 안, 10~12·14: 모터 M1, 13: 차오커취에워핑[草科確窩坪], 16: 쌍타산 M12, 17: 바오싱 지표, ※축척 1/8)

(宮本 2009f), 청동검은 촨시[川西]고원 청동기문화 속에서 더욱 지역적으로 전개되었다고 이해할 수 있다. 또한 모터[牟托] 1호묘에서는 자루에 마디[節]가 있으며, 짐승머리[獸首]형의 곡병을 이루는 특이한 동검이 출토되었다(그림138-10). 마치다 아키라는 이를 파촉식巴蜀式 동검과 계보적으로 연결된 것으로 판단하였다(町田 2006b). 여기서 파촉식동검은 촨시[川西] 청동기문화 제2단계에서 나타나는 곡병동검과 계보적으로 연결되며, 민[岷]강 상류 지역의 지역적인 청동기 발전 과정 속에서 등장한 것이라고 보고자 한다.

5. 촨시고원 청동기문화와 실연대

촨시[川西]고원 청동기와 얼하이[洱海]계 청동기를 5단계로 구분하였다(그림138). 또한, 이 5단계의 변천과정과 제12장에서 다룬 부장토기의 변천(宮本 2009f)과의 상관관계를 정리한 것이 제12장의 표 19이다. 이와 더불어, 석관묘 형식과의 대응관계를 고려하여 촨시[川西]고원의 석관묘문화를 6기로 구분하였다(宮本 2009f). 여기서는 석관묘문화의 분기별 실연대에 대해 검토하고자 한다.

석관묘문화 제1기는 촨시[川西] 청동기 제1단계에 해당하는 시기로, 토기가 부장되지 않는 부장묘 단계이다. 촨시[川西] 청동기 제1단계는 하이먼커우[海門口] 제2기 말~제3기 전반을 포함하는 시기에 해당한다. 하이먼커우[海門口]유적에서 확인된 반소켓식 동부銅斧가 장성지대 청동기문화 제2기에 속한다면, 그 기원이 얼리터우 문화기까지 상향될 가능성이 있다. 그러나 이 동부銅斧 자체는 재가공된 것이므로, 연대를 올릴 수 있다고 단정하기 어렵다. 하이먼커우[海門口] 제2기 말의 C[14] 연대를 고려하면, 상商대와 병행기하는 장성지대 청동기문화 제3기까지 낮춰서 보아도 무리가 없을 것이다.

카사후[卡莎湖]유적의 유공과有銎戈나 촨시[川西]식 동과는 촨시[川西] 청동기 제1단계에 해당하지만, 장성지대 내 유공과有銎戈나 유공부有銎斧는 장성지대 청동기문화 제3기에 보급된 것으로 보인다. 카사후[卡莎湖]석관묘에서 출토된 동모銅矛 등도 촨시 청동기 제1단계에 속하는 유물로 해석할 수 있다.

장성지대 청동기문화 제3기는 상대와 병행하며 기원전 15~11세기에 해당한다. 또한 같은 토기가 부장되지 않는 무덤인 얀얼룽[晏爾龍] 8호 석관묘(석관묘 문화 제1기)의 청동과(그림128-5: 唐飛·金国林 2009; 四川省文物考古研究院 2012a)는 서주 전기 산시[陝西]성 바오지[宝鷄]현 주위안거우[竹園溝] 13호묘에서 출토된 과戈(그림128-6: 盧連成·胡智生 1988)와 유사하지만, 형식학적으로는 그보다 이른 상대 후기에 해당한다. 따라서, 얀얼룽[晏爾龍] 8호 석관묘 동과의 연대는 기원전 13~11세기로 판단할 수 있다. 또한 카사후[卡莎湖]석관묘군 북쪽 구역 및 얀얼룽[晏爾龍]석관묘군에서 확인된 인골의 C[14] 연대를 참고하면, 촨시[川西] 청동기 제1단계인 석관묘문화 제1기의 연대는 기원전 15~12세기로 추정할 수 있다.

찬시[川西]고원 청동기 제1단계에는 공반 관계 등을 고려할 때, 곡병동검이나 초기 山자형 격格동 검이 존재했을 가능성이 있다. 특히 곡병동검은 장성지대 청동기문화와의 관계를 고려하더라도 이른 단계부터 출현했었을 가능성이 높다. 반면, 초기 山자형 격格동검은 장성지대 청동기문화와의 관계를 감안할 때, 상대적으로 늦은 단계에 등장한 것으로 보인다. 찬시[川西] 청동기 제1단계부터 출현할 가능성을 부정할 수는 없지만, 그 중심시기는 찬시[川西]고원 청동기 제2단계로 설정하는 것이 적절할 것이다.

찬시[川西]고원 청동기 제2단계는 초기 山자형 격格동검이나 곡병동검이 출현하는 단계이다. 마치다 아키라는 초기 山자형 격格동검인 윈난성 중디엔[中甸]현 중부[中布] 1호묘에서 출토된 동검(그림136-6) 등을 서주·춘추기로 편년하고 있다. 그러나 마치다는 山자형 격格동검의 본격적인 출현을 전국 戰國시기로 보고 있어, 이와 연동하여 초기 山자형 격格동검의 시기폭을 넓혀 본 것이다. 앞장에서 초기 山자형 격格동검의 특징인 자루의 중공 구조는 카라수크식 동검 등 장성지대 청동기문화인 A2식 동검과 유사하여 서주 전반기와 병행하는 단계라고 제시한 바 있다. 즉, 이는 장성지대 청동기문화 제3기에 해당한다고 볼 수 있다. 정리하면 곡병동검은 장성지대 청동기문화 제3기부터 존재하였으며, 찬시[川西]고원 청동기 제2단계는 장성지대 청동기문화 제3기인 A2식 동검 단계와 병행한다고 볼 수 있다. 또한 부장토기 I단계인 석관묘문화 제2기[찬시[川西]고원 청동기 제2단계]의 연대는 기원전 11~10세기로 추정할 수 있다.

찬시[川西] 청동기 제3단계는 山자형 격格동검 1·2식이 나타나는 시기이다. 山자형 격格동검 1식은 쓰촨[四川]성 마오원[茂汶]현 청관[城関] D구 7호묘(四川省文管会·茂汶県文化館 1983)에서 확인되는데, 이 무덤의 부장토기인 쌍이호는 부장토기 II단계에 해당한다. 또한, 윈난성 더친[徳欽]현 융즈[永芝]에서도 山자형 격格동검 1식(그림137-1)이 채집되었다(雲南省博物館文物工作隊 1975). 융즈[永芝]에서 출토된 도자刀子에 대해 다카하마 슈[高濱秀]는 전체적으로 내만하는 특징을 가지고 있으며, 장성지대 청동기 문화에서 나타나는 도자와 가장 유사하므로 반입품일 가능성이 있다고 지적하였다(高濱 1977). 이 도자는 난산근[南山根]유적 출토품과 유사하므로 연대는 춘추 전기인 기원전 8세기경으로 추정할 수 있다. 앞장에서 논의한 바와 같이, 부장토기 II단계의 연대는 기원전 9~7세기이므로, 이를 고려하여 석관묘문화 제3기를 기원전 9~7세기로 비정해 두고자 한다.

또한 초기 山자형 격格동검이 출토된 윈난성 중디엔[中甸]현 중부[中布]무덤군 중 2호묘에 부장된 토기는 부장토기 I단계에 해당한다고 볼 수 있다. 중부[中布] 2호묘의 인골에 대한 C^{14}연대값은 BC1008~833년으로 확인되었다. 또한 중부[中布] 6호묘 역시 부장토기 II단계에 속하며, 해당 인골의 C^{14} 연대는 BC969~813년으로 측정된 바 있다(雲南省文物考古研究所 2005). 본고에서 추정한 실연대와 비교해 보았을 때, 이러한 절대 연대값은 대체로 일치하며, 앞선 연구 결과와 큰 모순이 없는 것으로 판단된다.

촨시[川西] 청동기 제4단계는 山자형 격격(格)동검 3식이 중심을 이루는 시기이다. 이 단계는 부장토기 III단계에 해당하며, 쓰촨성 마오[茂]현 모터[牟托] 1호묘의 일괄자료(茂県羌族博物館 · 阿蔵族族自治州文物管理所 1994; 茂県羌族博物館 외 編 2012)가 이에 속한다. 모터[牟托] 1호묘에서는 山자형 격격(格)동검 3a식(그림 137-4)이 공반되어 있어, 이것들과의 병행 관계가 확인된다. 또한, 윈난성 더친[德欽]현 융즈[永芝] 2호묘에서도 山자형 격격(格)동검 3a식과 부장토기 III단계에 해당하는 단이호(單耳壺)가 공반되었다(雲南省博物館文物工作隊 1975).

한편, 모터[牟托] 1호묘에서는 중원계의 청동이기(彝器)가 공반되는데, 그 연대는 춘추후기인 기원전 6세기 전반으로 추정할 수 있다. 그러나, 보고서에서는 이 중원계 청동이기(彝器)들을 전세(伝世)된 것으로 보고 모터[牟托] 1호묘의 연대를 전국 중기 · 후기의 중간 정도로 낮추어 보았다. 이와 관련된 문제점은 모터[牟托] 1호묘에서 山자형 격격(格)동검 3a식과 같은 형식적 특징을 가진 동병철검(그림138-14)이 존재한다는 것이다. 마치다 아키라도 자신의 연구에서 IIa식 山자형 격격(格)동검을 전국 전기~중기로 편년하면서도, 동일한 형식인 IIa식 동병철검은 전국 후기로 설정하였다. 이는 스짜이산[石寨山]문화에서 나타나는 동병철검의 연대와 관련된 해석에 따른 것이다(町田 2006).

중국 고고학계에서는 일반적으로 철검의 보급 시기를 전한(前漢) 이후로 본다는 견해(徐学書 1999; 謝輝 · 江章華 2002)가 지배적이다. 이러한 인식이 철검의 연대를 소급하는 것을 주저하게 만드는 원인이 되고 있다. 그러나 중원지역에서도 철제무기의 보급이 전한대까지 내려간다고 해서, 촨시[川西]고원의 철기화를 반드시 중원지역과의 관계 속에서 이해할 필요는 없다. 북방 청동기문화에서는 비교적 철기화가 빠르게 진행되었으며, 신장[新疆]지역에서는 청동기문화 제3기인 상대 후기부터 철기화가 시작되는 양상을 보인다(韓建業 2007). 이러한 관계 속에서 중원지역에서도 기원전 9~8세기에 동병철검이나 옥병철검이 확인된다. 그 대표적인 사례로는 간쑤[甘肅]성 링타이[靈台]현 장자좡[景家荘] 1호묘(그림139-2; 劉得禎 · 朱建唐 1981) 출토품이나, 허난[河南]성 싼먼샤[三門峽]시 괵국묘(號国墓) 2001호묘 출토품(그림139-1; 河南省文物考古研究所 · 三門峽市博物館工作隊 1999)이 알려져 있다.

더욱 주목해야 할 사례로는 간쑤[甘肅]성 리[礼]현 다바오쯔산[大堡子山] III-1호묘 출토품을 들 수 있다(早期秦文化聯合考古隊 2008). 이곳에서 출토된 청동이기(青銅彝器)는 산시[陝西]성 바치툰[八旗屯] B27호묘 출토품과 동일한 형식적 특징을 가지며, 연대는 춘추 후기 전반인 기원전 6세기 후반의 진진(秦)묘로 추정된다. 이 유적에서는 동병철검도 출토되었다(그림139-3). 동병(銅柄)은 중공(中空)되어 있으며, 끈매듭 모양의 나선(螺旋)문이 새겨져 있다. 山자형 격격(格)이 존재하지 않는다는 점을 제외하면, 동병의 형식은 山자형 격격(格)동검 2b식과 일치하고 있다. 격부분은 일부만이 결실된 상태로 남아 있지만, 기존의 형태를 고려하면 山자형 격격(格) 2식과 동일한 구조를 가졌을 가능성이 높다. 따라서 완전한 형태로 복원할 경우, 이 유물은 山자형 격격(格)철검 2b식일 가능성이 높다.

이 동병철검은 아마도 단조 방식으로 철제 검신을 제작한 후, 동병에 삽입하여 장착한 것으로 보인다. 그러나 보고서에서 이 검신이 단순히 장착된 것인지, 철검신을 제작한 후 삽입한 상태에서 동병부를 주조한 것인지, 아니면 철검신과 동병을 용접한 것인지에 대해 명확히 언급되지 않아 제작기법을 단정할 수 없다. 그러나 기술적으로 볼 때, 이 동병철검은 촨시[川西]고원에서 출토된 동병철검과 완전히 동일한 제작 방식을 가진 것으로 추정된다. 무엇보다도 동병의 나선문이 山자형 격格동검 2b식과 형식적으로 일치한다는 점은, 양자가 동시기에 존재하였음을 의미한다.

적어도 山자형 격格동검 2b식과 형식적으로 동일한 동병철검이 존재하고 있으므로, 촨시[川西]고원에서도 山자형 격格동검 3식의 시기에 동병철검이 성립되었을 가능성이 높으며 이는 연대적으로도 문제가 되지 않는다. 그리고 그 연대가 기원전 6세기 후반을 기준으로 하고 있다는 것이 중요한 의미를 가진다.

그동안 철제무기라는 관점에서 연대를 낮추어 해석했던 동병철검의 연대에 대해 재검토할 필요가 있다. 특히 철검의 보급이 전한 이후라고 주장하는 쉬쉐수의 견해(徐学書 1999)는 주로 중원에서 철제무기가 일반적으로 사용된 시점을 기준으로 한 것이므로, 촨시고원과 같은 지역에는 그대로 적용할 수 없다는 점을 먼저 인식해야 한다. 이러한 맥락에서, 다바오쯔산[大堡子山] Ⅲ-1호묘에서 출토된 철검 사례를 제외하더라도 앞서 언급한 서주 말~춘추 전기의 허난성 괵국묘 2001호묘, 간쑤[甘肅]성 장자좡[景家莊] 1호묘, 춘추 후기의 산시[陝西]성 이먼손[益門村] 2호묘(宝鶏市考古工作隊 1993) 등에서 철검이 출토되었다. 이러한 사례를 종합해 보면, 철검과 관련된 기술이 중국 서북부지역을 통해 중원으로 유입되었을 가능성이 크다. 이는 기존의 중원지역 중심적인 철기 보급설은 재고되어야 한다는 것을 시사한다.

이 유물들은 장성지대 청동기문화 제5기 단계에 해당하지만, 앞서 지적한 바와 같이 신장[新疆]에서는 장성지대 청동기문화 제3기부터 철기가 확인되기 시작한다. 철기의 단조기술은 일찍이 중국 서북부에서 시작되었다. 이러한 기술은 동병철검의 형태로 발전하면서, 한편으로는 중국 서북부를 거쳐 중원지역으로, 다른 한 편으로는 촨시[川西]고원으로 전파되었을 가능성이 크다. 이러한 기술 전파 과정을 고려한다면, 철기의 존재만으로 연대를 낮출 필요가 없다. 따라서 앞서 논의한 山자형 격格동검 3식 단계부터, 촨시[川西]고원에서도 동병철검이 출현했을 가능성이 충분하다. 이 책에서는 앞서 다룬 동병철검이 자루의 형식에서 山자형 격格동검과 동일한 구조를 가지고 있으므로, 동검의 형식명을 그대로 차용하여 山자형 격格동병철검 3식으로 명명해 둔다. 후술할 山자형 격格동병철검 4식과 5식 역시, 山자형 격格동검과 동일한 형식적 특징을 가지는 동병이라는 점을 고려하여 명명한 것임을 이미 밝힌 바 있다.

이와 같은 山자형 격格동검 3식과 山자형 격格동병철검 3식이 동시기에 출현하고 있다는 점은 이미 이마무라도 지적한 바 있다(今村 1985). 무엇보다도 마오[茂]현 모터[牟托] 1호묘에서 이 두 형식이 공반되고 있다는 사실은 이러한 연대적 병행관계를 명확히 보여주는 증거이다. 따라서 마치다의 견해처럼 두 유형 간의 연대 차이를 고려할 필요는 없으며, 동일한 시기에 함께 사용된 것으로 해석하는 것이 타당해 보인다.

한편 모터[牟托] 1호묘에서는 기원전 6세기 전반의 중원계 청동이기靑銅彝器가 출토되었다. 山자형 격格동병철검 3식의 연대적 기준이 될 다바오쯔산[大堡子山] III-1호묘는 기원전 6세기 후반의 무덤이다. 만약 이 청동이기가 함께 출토된 山자형 격格동검 2b식과 동일한 연대라면, 이는 기원전 6세기 후반부터 철검의 제작기술이 촨시[川西]고원에도 유입됐을 가능성을 시사한다고 볼 수 있다. 山자형 격格철검 3식이 출현하는 촨시고원 청동기 제4단계(석관묘문화 제4기)의 연대는 그 이전 시기의 실연대를 고려해 山자형 격동검 2b식(기원전 6세기 후반) 이후인, 기원전 6~5세기로 추정해두고자 한다.

마치다가 山자형 격格동검의 연대를 늦출 수밖에 없었던 다른 이유는, 그가 편년한 Ia식 파촉식동검巴蜀式銅劍(町田 2006a)이 마오[茂]현 모터[牟托] 1호묘에서도 공반되고 있기 때문이다. 그러나, 파촉식동검이 서주 전기 유인단경동검柳刃短莖銅劍의 계보에 속한다는 것은 분명한 사실이다. 마치다 역시 Ia식 파촉식동검을 포함한 파촉식동검의 출현연대를 춘추 후기에서 전국 전기로 보고 있다(町田 2006a). 이러한 점을 종합적으로 고려하더라도, 촨시[川西]고원 청동기 제4단계를 기원전 6~5세기로 설정하는 것은 기존의 연구와 크게 모순되지 않는 해석이라 할 수 있다.

이처럼 山자형 격格동검과 파촉식동검은 석관묘에서 공반되는 사례가 많다. 이로 인해 파촉식동검의 실연대를 근거로 山자형 격格동검의 연대를 낮추는 경향이 있다. 그러나 파촉식동검과 서주 전기 유인단경동검柳刃短莖銅劍 사이에는 실연대의 차이가 크며, 연대의 근거가 모호하다는 점이 문제이다. 이 문제에 주안점을 두고 이 책의 제11장에서는 파촉식동검의 실연대관 해석을 재검토한 바 있다. 또한, 기원전 6~5세기 청두[成都]분지의 파촉청동기는 무호형無胡型 동과와 더불어, 창[長]강 중류 유역 초楚문화의 영향을 받은 장호유익과長胡有翼戈가 출현한 단계이기도 하다(川村 2001).

촨시[川西]고원 청동기 제5단계의 실연대를 살펴보면, 닝샤[寧夏]고원지구에서 출토된 동병철검이 주목할 만한 사례이다. 특히 닝샤[寧夏]고원 양랑[楊郞] 제1지점 12호묘에서 출토된 동병철검(그림139-4; 寧夏文物考古硏究所·寧夏固原博物館 1993)은 촨시[川西]고원의 동병철검과 유사한 특징을 갖추고 있다. 이 동병철검은 촨시[川西]고원에서 반입된 것일 가능성이 높지만, 닝샤[寧夏] 주변에서도 비교적 많은 수의 동병철검이 보고되고 있어(羅豊 1993), 간쑤[甘肅]성에서 닝샤[寧夏]에 걸친 지역에서도 이러한 동병철검이 제작되었을 가능성을 배제할 수 없다. 또한 제4장에서도 검토한 바와 같이, 양랑[楊郞] 제1지점 12호묘의 북방 청동기는 필자의 편년으로 볼 때, 오르도스 청동기 제5기, 즉 기원전 4세기 전반에 해당한다(宮本 2000f·2002b).

이 동병철검은 자루의 문양이 곡립穀粒문으로 변화한 것으로, 山자형 격의 형태를 보았을 때, 山자형 격格동병철검 4b식에 속하는 것이다. 따라서 山자형 격格동병철검 4b식, 즉 山자형 격格동검 4b식은 양랑[楊郞] 제1지점 12호묘의 연대를 기준으로 기원전 4세기에 해당한다고 볼 수 있다. 山자

형 격格동검 4b식은 닝샤
[寧夏] 중웨이[中衛]현 랑워쯔
갱[狼窩子坑] 3호묘나 간쑤
성 칭양[慶陽]현 우라포[五里
坡]에서도 출토되었다(羅豊
1993). 그뿐만 아니라, 닝샤
[寧夏] 랑워쯔갱[狼窩子坑] 1호
묘, 펑양[彭陽]현 관타이춘[官
台村], 구위안[固原] 위자춘[余
家村], 구양[固陽]현 마좡[馬莊]
에서 출토되었다(羅豊 1993).
이 시기부터 촨시[川西]고원
과 간쑤[甘肅]성에서 닝샤[寧
夏]에 걸친 지역 간의 교류
가 활발했음을 확인할 수
있다. 아울러 山자형 격格동
병철검 3a식이 출토된 랑워

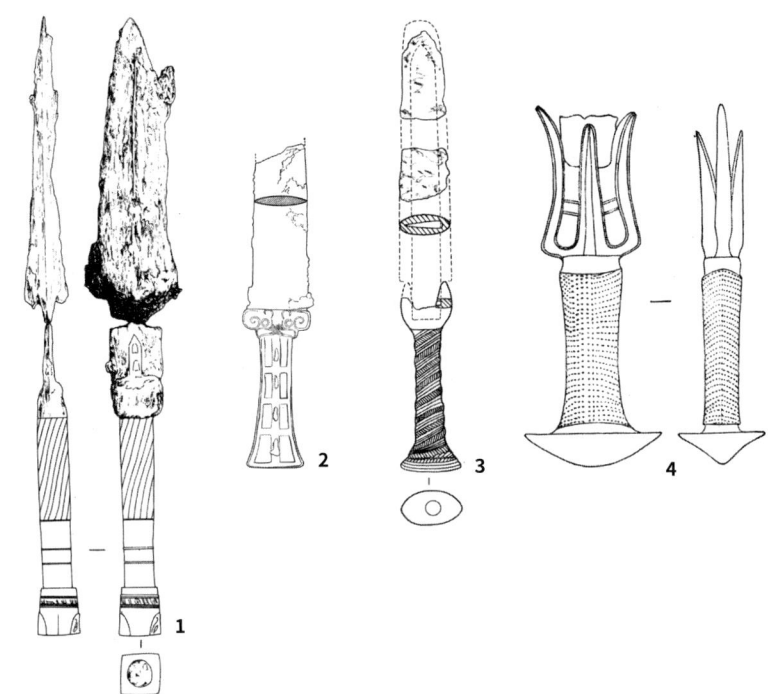

그림139. 동병철검의 여러 사례(1: 괴국虢国묘 M2001, 2: 장자좡[景家莊] M1, 3: 다바오쯔산
[大堡子山] IIIM1, 4:양랑[楊郞] 1지점 M12, ※축척 1/4)

쯔갱[狼窩子坑] 13호묘는 전국 전기, 山자형 격格동병철검 4b식이 출토된 랑워쯔갱 1호묘는 오르도스
청동기 제4기 이후에 해당한다고 볼 수 있다(宮本 2002b). 따라서 촨시[川西]고원 山자형 격格 동병철검
의 연대비정은 기존의 연구와 모순되지 않는다고 할 수 있다.

또한 병단부柄端部에 원형의 쌍원문雙圓文이 새겨진 동검(그림138-15)은 아키나케스형Akinakes-type 동
검4)과의 계보적으로 연관될 가능성이 있다. 이러한 형태의 동검은 현재까지 얼하이[洱海]지역을 중
심으로 분포하고 있다. 병단부에 쌍원문이 있는 동검은 장성지대 청동기문화 제6기(초기철기문화)에 해
당하는 것으로, 일반적으로 이 시기에는 쌍조문雙鳥文이 사라지고 쌍원문으로 전환된다고 해석된다.
이를 쌍원병동검雙圓柄銅劍이라 부른다. 오르도스 청동기문화 제4기에서도 쌍원병동검이 확인되고
있는 것(宮本 2000f·2008d)으로 보아, 촨시[川西]고원 청동기 제5단계부터는 쌍원병동검이 출현할 가능
성이 높다. 쓰촨[四川]성 옌위안[塩源]현 라오룽터우[老龍頭]무덤군에서도 쌍원병동검이 출토된 바 있

---

4) 역자 주) 아키나케스형 청동검은 고대 유라시아 지역에서 사용된 짧고 양날을 가진 검이다. 이 검은 기원전 1천년기 초부
터 주로 스키타이 문화권 및 주변 지역에서 확인된다. 아키나케스라는 명칭은 그리스어 'akinakes'에서 유래하였으며, 본
래 페르시아 및 스키타이계 유목민들이 사용하던 검을 지칭한다.

다(涼山彝族自治州博物館 · 成都文物考古研究所 2009).

촨시[川西]고원 청동기 제5단계[부장토기 IV단계]에 해당하는 쓰촨성 마오원[茂汶]현 청관[城關] C구 8호묘에서는 철부鐵釜나 철관鐵罐이 공반되었다(四川省文管会 · 茂汶県文化館 1983). 일부 연구에서는 이러한 철제용기鐵製容器의 출토를 전한 이후로 설정하고 있다(謝輝, 江章華 2002). 그러나 철부鐵釜나 철관鐵罐은 전국시대 의거義渠[간쑤[甘肅]성 동부]나 전국 후기의 진묘秦墓에서도 확인되고 있다(白雲翔 2005). 따라서 기원전 3세기에는 이미 존재했을 가능성이 높다. 이를 고려하면, 촨시[川西]고원 청동기 제5단계[석관묘문화 5기]의 연대는 기원전 4~3세기로 추정할 수 있다.

부장토기 제V단계에 해당하는 촨시[川西]고원 청동기 제6단계는 山자형 격格동검 · 철검 4b식이 일부 잔존하지만, 山자형 격格동검 5식이 중심인 단계이다. 이 단계의 실연대는 이미 이마무라에 의해 연구된 바 있으며, 공반되는 화폐 등 한漢나라 계통 유물의 연대를 기준으로 추정할 수 있다(今村 1985). 윈난성 스짜이산[石寨山] 10호묘에서는 山자형 격格동검 4b식이 부장되었는데, 초엽문경草葉文鏡이 함께 출토되었다. 이를 바탕으로 이 무덤은 기원전 2세기로 편년할 수 있다. 山자형 격格 동병철검 5식이 출토된 윈난성 리자산[李家山] 26호묘에서는 무제武帝기 이후에 주조된 오수전五銖錢이 공반되고 있어, 기원전 1세기대로 추정할 수 있다. 이처럼 山자형 격格동검 4b식과 5식과 공반되는 한나라계 유물의 실연대를 기준으로, 촨시[川西]고원 청동기 제6단계[석관묘문화 6기]는 기원전 2세기~1세기로 추정할 수 있다.

6. 촨시고원 석관묘문화와 북방 청동기문화

앞서 얼하이[洱海]계 청동기를 포함한 촨시[川西]고원 청동기(그림138)가 장성지대 청동기문화 제2기와 병행하며, 이후 장성지대 청동기문화 제3기나 제4기에서는 단속斷續적[波狀的] 접촉을 통해 해당 지역 청동기문화가 생성되고 전개되었다는 점을 확인하였다. 장성지대 청동기문화 제3기에 해당하는 카라수크식 동검은 석관묘문화 제1기 촨시[川西]식 동과의 조형적 기원으로 볼 수 있다. 또한 장성지대 청동기문화 제3기인 A2식 검, 또는 이보다 이른 시기에 등장한 B1식(곡병曲柄검)은 석관묘문화 제2기의 곡병검이나 초기 山자형 격格동검의 조형과 연관될 수 있다. 이처럼 이들 사이에는 일정한 계보 관계가 존재한다. 하지만 촨시고원의 석관묘문화 내 청동기 생산이 이미 독자적인 특색을 갖추고 있어, 단순한 계승이 아니라 변용된 것이라고 보아야 한다. 따라서 두 지역 간의 청동기문화의 접촉은 직접적인 것이라기보다는, 칭하이[青海]지역이나 구위안[固原]지역 등을 매개로 한 복잡한 이동과 전파 과정이 있었을 가능성이 크다.

따라서 석관묘문화 제3기 山자형 격格동검 2a식 자루에 나타나는 나선螺旋문의 성립의 문제와 석관묘문화 제4기 山자형 격格동검 3식에서 보이는 철검화도 서북지역 북방 청동기문화와 일정한 접촉을 통해 형성되었을 가능성이 크다. 특히 철검화와 관련하여 주목할 유물은 간쑤[甘肅]성 리[礼]현 다바오쯔산[大堡子山] III-1호 진秦묘에서 출토된 동병철검(그림139-3)이다. 이 동병철검의 병부는 山자형 격格동검 2b식과 동일한 나선문을 띠고 있으며, 내부가 빈 자루 구조를 가지고 있다. 이는 촨시[川西]고원·얼하이[洱海]계 청동기의 동병銅柄과 새롭게 개발된 철검 기술이 결합된 형태를 보여준다. 동병철검이라는 새로운 기술은 중원과 북방 청동기 문화대文化帶, 즉 중국 서북부와의 접촉지대에 먼저 출현하고 있다. 이러한 현상은 단조철기의 제작기술이 신장[新疆] 등 서북부지역을 통해 중원으로 전파되는 과정에서, 동시에 촨시[川西]고원으로 유입되었음을 보여주는 중요한 증거라고 볼 수 있다(宮本 2015b).

또한, 쓰촨성 루휘[炉霍]현 주더자이쯔[朱德寨子] 석관묘에서 출토된 띠장식판[帶飾板]이 주목된다(故宮博物院·四川省文物考古研究院 2005). 그림140에서 제시된 이 띠장식판은 호랑이가 사슴을 발로 짓누르는 형상으로 표현되어 있으며, 이는 오르도스 청동기문화에서 나타나는 띠장식판의 문양과 매우 유사하다. 특히 이외의 다른 형태의 장식판들도 오르도스 청동기문화의 띠장식판과 동일한 양식을 보이므로, 이는 촨시[川西]고원으로 반입된 것으로 해석할 수 있다. 따라서 이를 직접적인 물질문화의 전파로 간주할 수 있다. 이 띠장식판의 직접적인 유입처는 닝샤[寧夏]고원이나 간쑤[甘肅]성 칭양[慶陽]지구 등의 룽산[隴山]지역일 가능성이 높다. 또한 이 같은 문양을 가진 띠장식판은 간쑤[甘肅]성 전위안[鎮原]현 우자커우커우[呉家溝口], 닝샤[寧夏]고원 양랑[楊郎] 제1지점 7호묘, 양랑 제3지점 7호묘 등에서도 확인된 바 있다(宮本 2002b).

우자커우커우[呉家溝口]의 띠장식판은 오르도스 청동기문화 제3기에 해당하며, 양랑 제 1지점 7호묘는 오르도스 청동기문화 제4기, 양랑 제3지점 7호묘는 오르도스 청동기문화 제5기에 속한다(宮本 2002b). 즉 이것들은 장성지대 청동기문화 제5기인 초기철기시대(기원전 5~3세기)에 해당한다(宮本 2008d). 기원전 5세기 닝샤[寧夏] 중웨이[中衛]현 랑워쯔갱[狼窩子坑] 3호묘에서는 촨시[川西]고원 청동기문화의 특징을 지닌 山자형 격格동병철검 3a식이 출토되었으며, 기원전 4세기인 닝샤고원 양랑 제1지점 12호묘 및 기타지점에서는 山자형 격格동병철검 4b식이 출토되었다.

이를 통해, 촨시[川西]고원 청동기 제5단계 또는 제4단계에 촨시[川西]고원의 석관묘문화와 장성지대 청동기문화 간

그림140. 쓰촨성 루휘[炉霍]현 주더자이쯔[朱德寨子] 석관묘 출토 띠장식판(※축척 2/3)

에는 단속斷續적인 상호교류가 존재했음을 알 수 있다. 이러한 문화적 접촉 속에서 오르도스 청동기문화의 동물투쟁문이 윈난성 스짜이산[石寨山] 청동기문화의 동물투쟁문 형성에 조형적인 영향을 미쳤을 가능성도 있다. 이를 통해 종래 논란이 되어 왔던 스짜이산[石寨山] 청동기의 동물투쟁문의 형성과정을 더욱 명확히 이해할 수 있다. 예를 들어, 장성지대와 윈난지역의 중간지역에서는 이러한 동물투쟁문이 확인되지 않는다는 점을 근거로 신중한 입장을 취했던 이마무라 케이지(今村 1985)의 견해와 달리, 루훠[炉霍]현 주더자이쯔[朱德寨子] 석관묘에서 띠장식판이 출토되면서 스짜이산[石寨山]문화의 동물투쟁문이 북방 청동기문화와의 접촉에서 비롯되었음을 더욱 분명히 알 수 있게 되었다. 앞서 언급한 쌍원병雙圓柄 동검의 출현 역시 이러한 문화적 관계 속에서 형성된 것으로 해석할 수 있다.

한편, 촨시[川西]고원 청동기문화 제4단계부터는 중원계의 청동이기彝器가 출토되는데, 마오[茂]현 모터[牟托] 1호묘의 사례가 대표적이다. 또한 파촉식동검이 촨시[川西]고원 석관묘에 공반되는 사례도 확인되면서, 촉蜀과의 접촉을 인정할 수 있는 근거가 마련되었다. 이 시기의 파촉청동기에는 초楚문화의 영향을 받은 장호유익과長胡有翼戈가 출현하는 것이 특징이다. 또한, 촨시고원 석관묘문화 제6기에서는 전한과 접촉을 추정할 수 있는 자료도 확인되어, 제12장에서 정리한 바와 같이 그 접경지대에는 전한의 군치郡治가 축조되기에 이른다(宮本 2009f). 이러한 변화는 청동기에서 철기로의 이행이 본격적으로 진행되는 것을 의미하며, 이 지역 청동기문화가 종결되는 시점이기도 하였다.

7. 정리

촨시[川西]고원과 얼하이[洱海]지역은 청두[成都]분지와는 지형이나 식생을 포함한 생태환경이 크게 다르다. 선진先秦시대의 문헌에도 기록된 바와 같이, 주로 소규모의 농경과 목축으로 살아가는 목축형 농경사회의 사람들이 거주했던 지역이었다(宮本 2009f). 이들은 석관묘라는 지역적 특성을 가진 묘제를 축조하였다. 그들이 만들어낸 청동기와 이를 포함한 청동기문화는 윈난의 스짜이산[石寨山]문화를 포함하여, 오랫동안 북방 청동기문화와의 관련성 속에서 연구되어 왔다. 그러나 그동안 청동기문화의 명확한 계보나 상호관계 또는 그 상대적 위치에 대한 실증적인 논의는 충분히 이루어지지 않았다.

본 장에서는 촨시[川西]고원 및 얼하이[洱海]지역이라는 변방[辺疆]지역 청동기문화의 전반을 통시적으로 검토하고, 나아가 그 변천 과정을 상세히 분석하였다. 또한 기존 연구가 주로 중원계 문물과의 관계 속에서 실연대를 검토해 온 것과 달리 북방 청동기문화의 변천 속에서 촨시·얼하이지역의 시간적 위치를 재검토함으로써 실연대의 소급을 시도하였다.

나아가 지금까지 중원을 중심으로 한 농경사회 위주의 편중된 시각을 바로잡고자, 독립된 두 가지의 큰 문화 계통, 즉 농경사회와 목축형 농경사회라는 서로 다른 문화계통 중 후자에 해당하는 지역을 검토하였다. 이를 통해 찬시고원·얼하이지역 청동기문화의 타당한 시간적 위치를 설정할 수 있었다. 특히 이 지역 청동기문화의 시작에서부터 철기문화로 이행까지의 연대관을 제시하였다. 이를 통해 청동기에서 철기로의 이행 과정 역시 동병철검이라는 형태를 통해 비교적 빠른 단계부터 진행되었음을 증명하였다(宮本 2015b). 이러한 결과는 찬시고원·얼하이지역을 북방 청동기문화의 계통에서 이해하고 그 위치 관계를 검토하였기에 가능한 것이었다.

제4부
동북아시아 청동기문화

제15장

랴오둥[遼東]의 요령식동검

1. 머리말

요령식동검에 대한 연구는 아키야마 신고[秋山進午]의 동병銅柄을 중심으로 한 편년 연구(秋山 1968·1969)를 시작으로 본격화되었다. 랴오시[遼西] 기원론과 랴오둥 기원론이 크게 대립하며 현재까지도 논의가 지속되고 있다. 또한 요령식동검에 대한 연구는 중국이나 일본뿐만 아니라 한국에서도 활발하게 진행되고 있다. 이는 한반도에서도 요령식동검이 다수 발견되고 있기 때문이다. 최근에는 야요이[弥生]의 연대론을 재검토하는 논의가 활발히 이루어지면서, 요령식동검에 대한 연대와 기원에 대한 새로운 연구 성과가 발표되고 있다.

필자 역시 야요이시대의 연대론을 논의하는 과정에서 몇 가지 논고를 발표한 바 있다(宮本 2003b·2004b·2004c). 야요이 연대론에 관한 연구사는 이미 오누키 시즈오[大貫静夫]가 간결하고 명료하게 정리한 바 있으며(大貫 2005), 이에 대한 자세한 내용은 해당 연구를 참고하기를 바란다. 여기서는 요령식동검의 변천과 그 실연대에 대한 논의를 중심으로 진행하고자 한다.

필자는 그동안 요령식동검과 세형동검의 연대를 검토하면서, 크게 랴오시[遼西], 랴오둥[遼東], 한반도 북부, 한반도 남부로 구분하여 동검의 형식 변천과 연대의 기준[定點]을 제시하였다. 이에 대해 약간의 이론異論(岩永 2005)이 제시된 바 있는데, 이러한 이견이 나온 배경에는 약간의 오해가 있었던 것으로 보인다. 필자는 이와같은 이견을 반박하고 필자 논점의 타당성을 제시하기 전에, 일단 지금까지 필자의 논지를 되돌아보고자 한다.

그동안 연구를 돌이켜보면, 필자는 랴오둥지역 요령식동검의 변천상과 그 연대의 정점을 구체적으로 제시하는데 다소 미흡했던 것으로 판단된다. 즉, 필자의 기존 논고에서는 한반도의 동검문화와 중국 동북부 요령식동검문화의 관계 및 편년적 병행관계를 논의하는 과정에서, 랴오둥지역 요령식동검의 형식 세분이나 편년 자체를 상대적으로 깊게 다루지 못했다. 따라서 여기서는 필자만의 랴오둥지역 편년안을 제시하고자 한다.

최근 랴오둥·랴오시에 관한 요령식동검의 편년에 대해서는 마치다 아키라[町田章](2006a)와 미야자토 오사무[宮里修](2007a·2010)가 각각 자신만의 견해를 제시한 바 있다. 여기서는 이들의 편년안을 제시하면서 필자의 견해와의 차이점과 유사점을 함께 검토해 두고자 한다.

산둥[山東]성 치샤[棲霞]현 싱자좡[杏家莊] 2호묘의 동검 자료는 랴오둥지역의 시대구분에서 중요한 기준점을 제공하는 자료이다. 본장에서는 싱자좡[杏家莊] 2호묘의 동검 자료를 검토하는 것으로부터 시작하고자 한다. 이를 통해 랴오둥지역의 요령식동검 변천과정을 규명하고, 동시에 현재 논의 과정에서 혼란을 빚고 있는 한반도 북부 요령식동검과의 병행관계를 정리하고자 한다. 나아가 앞서 언급된 이견에 대한 반론을 제시함과 동시에 야요이시대의 연대론에 관한 개인적인 견해를 밝히고자 한다.

2. 싱자좡[杏家莊] 2호묘 출토 청동단검

싱자좡[杏家莊] 2호묘는 산둥[山東]성 치샤[棲霞]현 잔퉁[占疃]향에 위치한 이른바 동주묘東周墓이다(煙台市文物管理委員会·棲霞県文物事業管理処 1992). 2호묘는 다른 2기의 무덤과 함께 인접하여 존재하고 있으며, 추가로 20m 떨어진 지점에 또 다른 무덤이 발견되는 등 복수의 무덤으로 이루어진 무덤군이다. 따라서 이 지역 유력 집단의 족묘[族墓]일 가능성이 있다.

무덤은 수혈 내 1곽과 1관으로 구성된 일반적인 동주묘의 형태를 갖추고 있다. 부장품으로는 과戈, 모矛, 촉鏃 등 청동 무기와 표鑣, 가街, 차조車曹 등 청동 차마구가 포함되어 있다. 이 밖에도 정鼎, 두豆라는 청동이기彝器를 모방한 방제仿製도기도 부장되고 있다. 이러한 부장품의 구성과 무덤의 규모, 구조로 볼 때, 싱자좡[杏家莊] 2호묘는 당시 사대부급 인물의 무덤으로, 래莱나라이나 제齊나라 지방 호족豪族의 무덤일 것으로 판단된다.

『史記』「田敬仲完世家」에 따르면, 기원전 480년에 자오둥[膠東]반도는 전상田常의 봉읍封邑지였다. 그 위치는 제나라의 중심인 린쯔[臨淄]에서 동쪽 변경 지역으로 제나라의 영역 동쪽 변방[東彊]으로 볼 수 있다.

전씨田氏는 원래 진陳에서 온 기술자의 장長으로서, 제나라에서 임관되었다. 이 시기의 전씨는 본래 진陳씨라고 이름을 밝히고 있다. 전씨 가문은 서주 이래의 제나라 제후를 따랐으며, 이후 전걸田乞은 제나라 대신들을 물리치고 재상이 되었다. 그 아들인 전상田常의 시기에는 안핑[安平]에서 동쪽 랑야[琅邪]까지의 영지를 다스렸다. 더 나아가 전화田和가 강제姜齊 마지막 제후인 강공康公을 해상海上

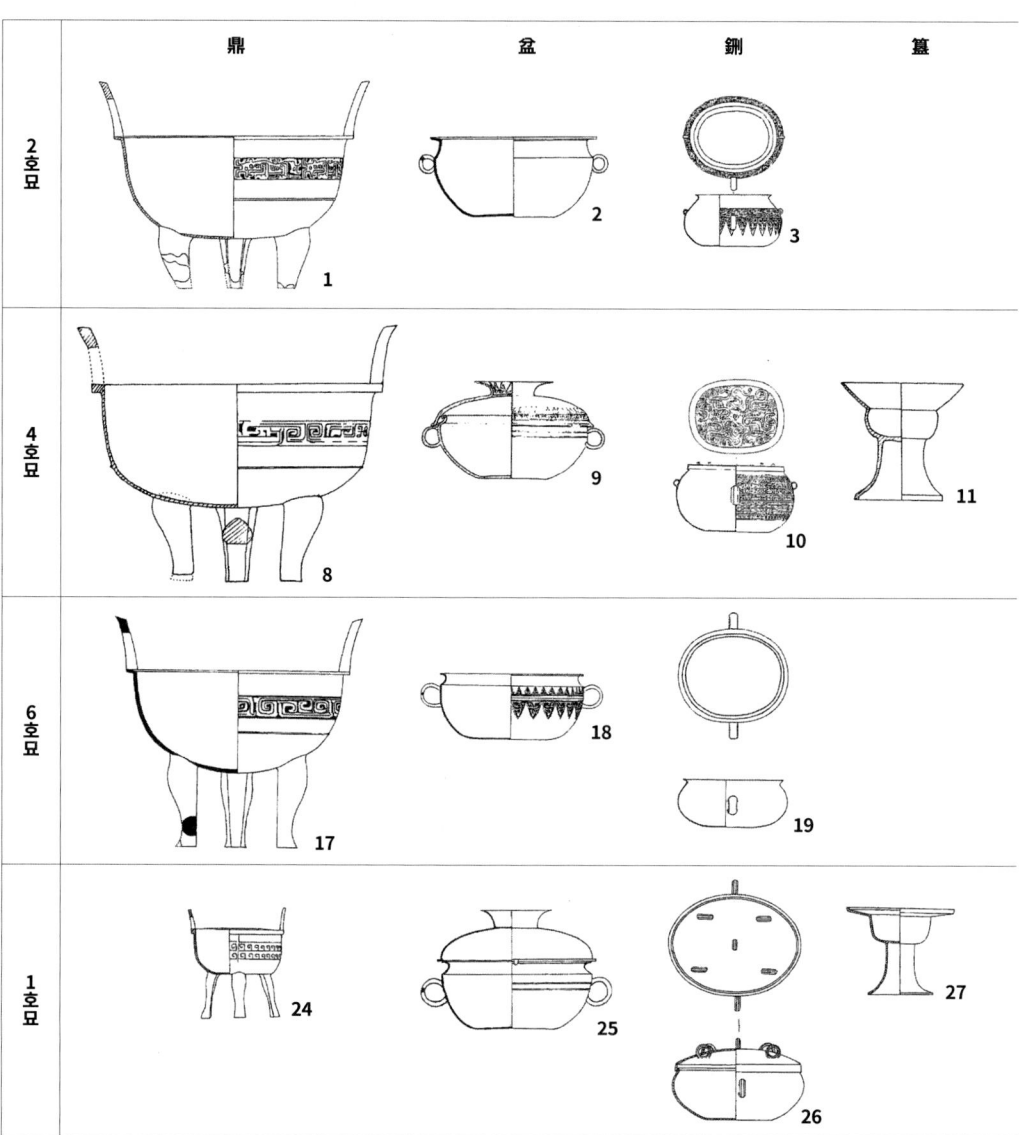

鼎	盆	釦	簋

그림141. 쭈이쯔첸[嘴子前]무덤군 청동이기와 부장도기의 변천(※축척 1/12)

으로 유배시켜, 기원전 386년에는 스스로 태공太公 칭호를 사용하며 제나라의 제후에 올랐다.

이같은 내용과 관련하여 최근에 주목받고 있는 것이 산둥[山東]성 하이양[海陽]시 쭈이쯔첸[嘴子前] 무덤군이다. 『史記』의 전씨 관련 문헌 기술과 쭈이쯔첸[嘴子前] 4호묘에서 출토된 언甗은 진씨陳氏명과 연관되며, 진陳씨 즉 전田씨의 이름이 새겨진 동기의 피장자는 전씨와 관련된 인물로 추정된다. 따라서 쭈이쯔첸[嘴子前]무덤군을 전씨의 족묘族墓로 보는 견해도 있다(馬良民·林仙庭 2002; 林仙庭·王志

文 2002). 또한 4호묘와 6호묘에서 출토된 청동이기彝器와 부장토기의 형식으로 볼 때, 이 무덤들은 쭈이쯔첸무덤군 중기에 해당하여 춘추 후기의 전반 단계로 판단되고 있다(王富强 2002).

먼저 쭈이쯔첸[嘴子前]무덤군 부장토기의 편년을 제시한다(그림141). 쭈이쯔첸[嘴子前]무덤군은 2호묘→4호묘→6호묘→1호묘 순으로 등장하였으며, 이는 공반된 청동이기彝器의 형식 변천이나 연대와도 모순되지 않는다. 부장토기 중 궤簋는 복부腹部가 깊은 형태에서 점차 얕은 형태로 변화하였으며(그림141-4·11·12·20·27·28), 관관罐은 견부肩部의 최대경이 점차 상승하는 경향을 보이며, 전체적으로 세장해지는 특징을 나타낸다(그림141-6·7·15·16·22·23·30·31).

또한 두豆는 구연부 형태에 따라 크게 2종류로 구분되는데, 구연이 굴곡되지 않는 형태는 점차 구연 단부가 외반하는 경향을 보이고(그림141-5·13·21), 점차 배부杯部가 굴곡되는 형태를 보인다. 반면 구연이 굴곡되는 형태는 초기에는 구연이 직립 경향(그림141-14)을 보이다가 점차 외반하는 형태(그림141-29)로 변화하고 있다.

청동이기彝器를 살펴보면, 정鼎은 복부가 깊은 형태에서 얕은 형태로 변화하며, 문양도 점차 간략화되는 경향을 보인다(그림141-1·8·17·24). 분盆은 구연이 굴절된 형태에서 외반하는 형태로 변화하며, 형鉶은 최대경이 점차 상승하면서 복부가 깊은 형태에서 얕은 형태로 변화해 간다(그림141-3·10·19·26). 이 무덤군의 상대 연대를 보면, 2호묘는 쭈이쯔첸[嘴子前]무덤군 전기, 4·6호묘는 쭈이쯔첸[嘴子前]무덤군 중기, 1호묘는 쭈이쯔첸[嘴子前]무덤군 후기에 해당한다(王富強 2002).

한편 싱자좡[杏家莊] 2호묘에서는 청동이기彝器가 출토되지 않았다. 부장토기 중 특히 두豆의 형태(그림142-3·4)를 살펴보면, 쭈이쯔첸[嘴子前]무덤군 중기의 그것(그림141-13·14)과 동일하다. 또한 싱자좡[杏家莊] 3호묘에서는 청동이기彝器인 이匜와 형鉶이 출토되었는데, 그 형태가 쭈이쯔첸[嘴子前]무덤군 중기의 것과 같다.

게다가 싱자좡[杏家莊] 2호묘에서 출토된 반리문蟠螭文이 새겨진 차축[軎]도 춘추 후기에 해당한다. 따라서 쭈이쯔첸[嘴子前]무덤군 중기의 실연대는 일반적으로 기원전 6세기 후반을 생각하는 것이 타당할 것이다. 이를 근거로 쭈이쯔첸[嘴子前] 4호묘의 피장자를 동시기 전걸田乞로 보는 견해도 있다(林仙庭·王志文 2002). 피장자 문제와는 별개로, 병행관계를 고려할 때 싱자좡[杏家莊] 2호묘도 동시기로 볼 수 있으며 늦어도 기원전 500년경의 무덤임은 확실하다.

이 무덤에서는 제나라를 비롯한 6국의 주周 사회에서 일반적으로 볼 수 있는 무기와는 다른 이질적인 부장품이 매장되어 있었다. 이것이 바로 요령식동검이다(王靑 2007). 보고서에 제시된 청동단검은 봉鋒부가 약간 결실되어 있으며, 인부가 약간 만곡된 형태이다. 또한 경莖부로만 이루어진 파수把手가 없는 형태를 띠고 있다. 이런 형태의 검劍은 주 사회에는 존재하

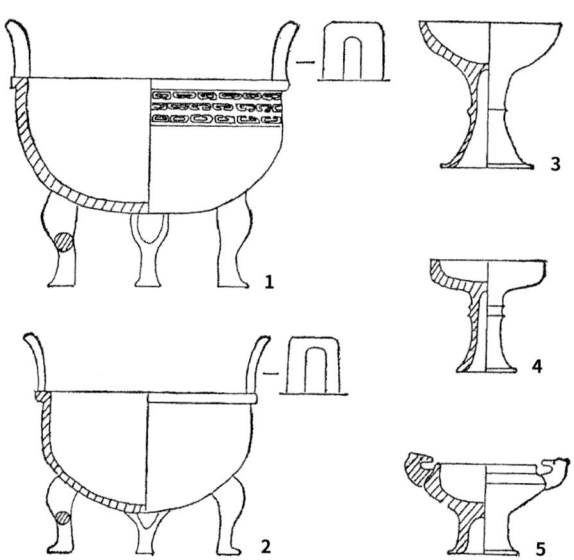

그림142. 싱자좡[杏家莊] 2호묘 출토 부장도기(※축척 1/12)

지 않는다. 이 무덤이 위치한 산둥[山東]반도의 동쪽 끝은 선사시대부터 랴오둥[遼東]반도와의 교류가 깊었던 지역이다. 랴오둥의 요령식동검이 랴오둥[遼東]반도를 경유하여 이 지역으로 반입되었을 가능성도 있다.

한편 여기서 다루는 싱자좡[杏家莊] 2호묘에서 출토된 청동단검(그림143-1)은 잔존길이 26.0cm, 최대폭 3.6cm, 두께 1.0cm이다.[1] 봉부의 선단이 부러진 상태이며, 주周대의 부장품 중에서 이처럼 결손품이 선택되는 것은 드문 사례이다. 인부의 돌기는 거의 없으며, 이에 대응하는 등대[脊]의 융기도 존재하지 않는 전형적인 요령식동검 2식에 해당한다. 다만, 돌기에 대응하는 등대 부분을 연마 구분 제작[研ぎ分け]하였는데, 이로 인해 인부에 미세한 돌기의 흔적이 남아 있다.

연마 구분 제작은 요령식동검 1식에서 볼 수 있는 것처럼 연마 제작 구분이 상하 · 좌우 대칭을 이루지 않으며, 봉부 방향의 연마 방향과 겹치도록 돌기부 하단이 연마되었다. 또한 연마 범위도 좌우가 정확히 대

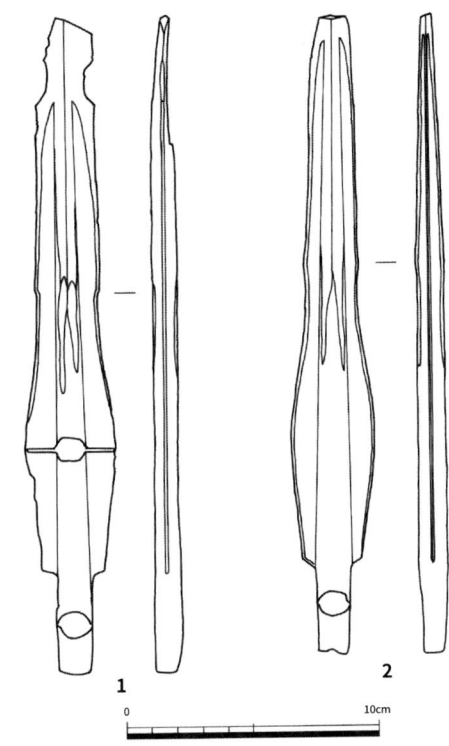

그림143. 랴오둥의 요령식동검 2a식(1: 싱자좡 2호묘, 2: 전 푸순[撫順] 출토, ※축척 1/3)

칭이 되지 않아 기존 연마 구분 제작의 규범이 해체되기 시작한 모습을 보인다. 또한 기부[関][1]는 각을 이루며 마무리되어 있으며, 린윈[林澐]이 언급한(林澐 1997) 바와 같이 요령식동검에서도 늦은 특징을 보인다. 결손된 봉부도 요령식동검 1b식에 비해 발달하여 길게 뻗어있다.

이러한 요령식동검 2a식과 가장 유사한 형태를 보이는 것이 교토[京都]대학 소장품인 전傳 랴오닝[遼寧]성 푸순[撫順]에서 출토된 동검(그림143-2)이다.[2] 이 동검 역시 봉부가 약간 결손되었으나, 싱자좡[杏家莊] 2호묘의 동검에 비해 봉부는 덜 발달한 형태를 보인다. 전체적인 크기는 잔존길이 25.3cm, 최대폭 3.3cm, 두께 1.1cm로, 싱자좡[杏家莊] 2호묘의 그것과 거의 동일했을 것으로 추정된다. 그 특징을 살펴보면, 돌기부가 거의 없고 돌기부에 대응하는 등대의 융기도 희미하게 확인된다. 등대의 연마 구분 제작은 확인되지 않지만, 돌기부에 해당하는 위치부터 하단의 등대 연마 흔적은 싱자좡[杏家莊] 2호묘의 동검과 유사하다. 또한 전 푸순[撫順]에서 출토된 동검은 동병銅柄 Ⅱ식과

---

1) 역자 주) 관関은 국내에서 기저부(이영문 1991), 기부(정영희 1996), 날끝(강인욱 1996) 등으로 명명된 바 있다. 여기서는 기부라고 번역한다.

공반되고 있다.

이상과 같이 전 푸순[撫順] 출토 동검은 싱자좡[杏家莊] 2호묘와 동일한 형식으로서 요령식동검 2a 식과 동병銅柄 Ⅱ식은 늦어도 기원전 500년경에는 제작되었다는 것을 확인할 수 있었다. 여기서는 싱자좡[杏家莊] 2호묘의 연대를 토대로 요령식동검 2a식과 동병 Ⅱ식이 기원전 6세기 후반에 시작되었다고 보고자 한다. 또한 공반하는 청동이기彝器의 연대를 통해 기원전 6세기 후반(랴오닝[遼寧] 지앤창[建昌]현 둥다장쯔[東大杖子] 45호묘)과 기원전 5세기 전반(둥다장쯔[東大杖子] 11호묘)으로 각각 편년되는 무덤에서도 요령식동검 2a식이 출토되고 있다. 따라서 이 형식의 존속연대는 기원전 6세기 후반~5세기 전반에 해당하는 것으로 볼 수 있다(宮本 2019).

3. 랴오둥[遼東]의 요령식동검과 지창[吉長]지구의 요령식동검

상기의 싱자좡[杏家莊] 2호묘과 전 푸순[撫順] 출토 동검을 랴오둥[遼東]의 요령식동검 속에서 명확한 위치를 파악하기 위해서는 형식적인 세분이 필요하다. 그동안 돌기의 유무에 따라 랴오시와 랴오둥의 요령식동검은 크게 요령식동검 1·2식으로 구분해 왔다.

요령식동검은 아키야마 신고(秋山 1968·1969)가 언급한 것처럼 검신劍身과 검병劍柄·검파두劍把頭가 따로 주조되어 검신의 변화만으로는 동검이 속한 문화적 배경을 총체적으로 규정하기 어렵다. 오히려 검병의 변화가 동검의 변화를 반영하기 쉽다.

필자의 앞선 논문(宮本 1998·2000a)에서는 검신의 규격성을 바탕으로, 랴오시나 랴오둥지역의 차이 또는 제작지 차이를 밝히는데 중점을 두었다. 하지만 현재까지 제시된 한반도 동검의 변천을 고려할 때, 랴오둥지역 동검의 형식 세분과 변천과정, 그리고 그 시간적 위치를 명확히 하는 것은 중요하다.

따라서 본장에서는 랴오둥지역을 중심으로 동검의 형식학적 세분을 시도하고자 한다. 형식을 구분하는 기준은 인부의 돌기, 등대의 융기, 등대의 연마 형태라는 세 가지 속성을 중심으로 검토할 것이다. 이를 위해 먼저 랴오시[遼西]지역 동검의 형식분류를 다시 점검하여야 한다. 따라서 우선적으로 랴오시지역의 형식분류부터 시작하고자 한다.

1) 랴오시[遼西]의 형식 세분

필자는 랴오[遼]하 하류 유역 선양[瀋陽]지구에서 출토된 동검도 계통적으로는 랴오시[遼西]에 포함되어야 한다고 보고 함께 검토한 바 있다(宮本 1998·2000a). 이는 이 지역의 무덤 구조가 목곽이나 목관을 중심으로 하고 있어, 석관묘를 주체로 하는 랴오둥지역과 사회적 성격이 다르다고 판단하였기 때문이다. 또한 동검 자체의 규격성이 랴오시 지역의 것과 동일하다는 점도 고려하였다.

그 대상이 선양[瀋陽]시 정가와쯔[鄭家窪子] 출토 동검이다. 정가와쯔[鄭家窪子] 6512 호묘의 1번 동검은 비교적 돌기가 뚜렷하지만, 2번 동검이나 33번 동검은 돌기는 상당히 불명확하며, 일부는 돌기에 해당하는 등대 부분의 융기만 확인된다. 이러한 특징과 유사한 예로서 랴오시지역에서는 푸신[阜新] 후터우거우[胡頭溝] 5호묘의 동검(그림 144-2)을 들 수 있다.[3] 이 동검은 돌기가 퇴화된 형태를 보이며, 돌기에 해당하는 등대의 융기가 약하게 확인된다. 또한 기부의 하단은 각이 져 있으며, 예각적으로 수렴되는 특징을 갖고 있다.

이 같은 특징은 전형적인 요령식동검 1식인 차오양[朝陽]시 스얼타이잉쯔[十二台營子]의 동검(그림144-1)과는 명확한 차이를 보인다.[4] 스얼타이잉쯔[十二台營子] 동검은 발달한 등대의 융기 부분을 대칭축으로 하여 연마 구분 제작이 명료하게 확인된다. 또한 기부는 둥글게 마무리되어 있다. 이러한 특징을 가진 동검을 요령식동검 1a식이라고 본다면, 돌기가 불명확하고 돌기에 대응하

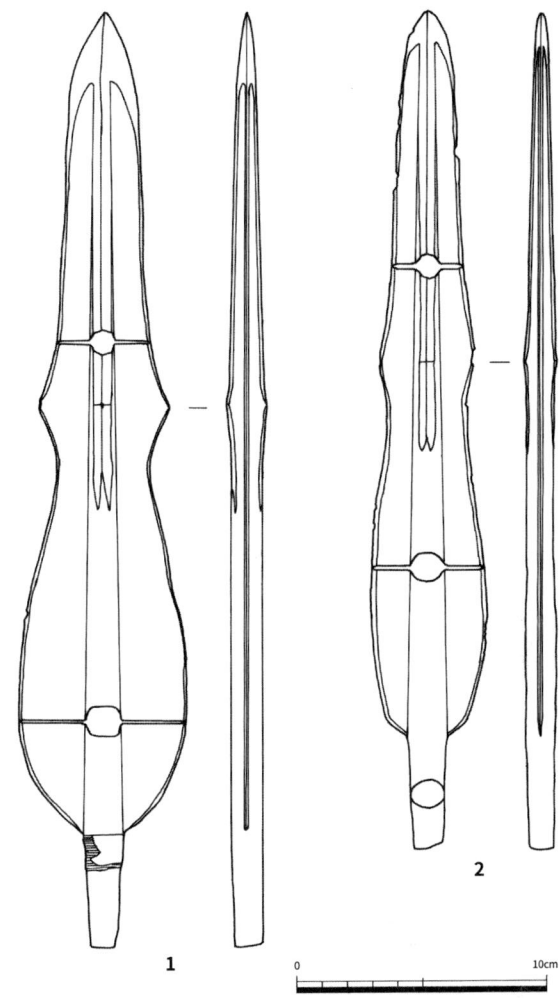

그림144. 랴오시의 요령식동검 1식(1: 스얼타이잉쯔[十二台營子], 2: 후터우거우[胡頭溝] 5호묘, ※축척 1/3)

는 등대의 융기가 약하게 존재하며, 기부[関]가 예각인 후터우거우[胡頭溝] 5호묘 및 정가와쯔[鄭家窪子] 6512호묘 2·33번 동검이 1b식에 해당한다고 볼 수 있다.

1a식은 네이멍구[内蒙古] 닝청[寧城]현 샤오헤이스거우[小黑石溝] 8501호묘나 닝청[寧城]현 난산건[南山根] 등의 유적에서 공반된 청동이기彝器의 연대를 통해 늦어도 기원전 800년경에는 성립된 것으로 보인다. 그리고 그 상한은 기원전 10~9세기로 상향될 가능성이 있다. 반면 1b식은 카쥒[喀左] 난둥거우[南洞溝]에서 공반된 청동이기彝器의 연대가 춘추 후기에 해당하므로, 그 하한을 기원전 6세기로 설정할 수 있다. 다만, 현재로서는 1a식에서 1b식으로 변화되는 시기를 명확하게 제시하는

것은 어렵다.

1a식 연대의 기준이 되는 유적은 샤오헤이스거우[小黑石溝] 8501호묘이다. 샤오헤이스거우[小黑石溝]의 청동이기彝器 중 지방기地方器일 가능성이 있는 것들이나 전세傳世의 가능성을 제외하면, 허국許國에 관한 명문을 가진 궤簋를 연대의 기준으로 삼을 수 있다.

이 궤는 각대脚臺를 가지고 있으며, 와문瓦文이 새겨져 있다는 점이 특징적이다. 같은 특징을 보이는 궤簋는 진목공晋穆公을 피장자로 추정하는 산시[山西]성 톈마-취춘[天馬-曲村] 64호묘 출토품이 있다(山西省考古研究所 외 1994). 진목공晋穆公의 사망연도[沒年]는 기원전 785년이므로, 이 궤簋는 그 이전에 제작된 것이다. 샤오헤이스거우[小黑石溝]에서 출토된 궤簋는 취춘[曲村] 64호묘 출토품보다 기고가 깊고, 파수에 문양을 새겨 형식학적으로는 샤오헤이스거우[小黑石溝] 출토품이 더 이른 시기의 것이다. 따라서 샤오헤이스거우[小黑石溝]에서 출토된 궤簋의 연대는 기원전 785년보다 앞선 기원전 9세기경이 타당할 것이다.

다만 샤오헤이스거우[小黑石溝]의 궤簋는 하야시 미나오[林巳奈夫] 등의 형식 편년에 따르면 서주 ⅢA기로(林巳 1984), 서주 후기 전반에 해당한다. 하야시[林巳]는 서주를 기원전 1027년경에서 기원전 771년까지 총 257년간 지속된 것으로 보고, 이를 세 분기로 나누었다. 이 경우 서주 후기의 시작을 기원전 850년경으로 추정한 셈이다. 그러나 서주 후기를 청동이기彝器의 양식적 변화와 명문인 왕명王名을 통해 살펴보면, 이왕夷王·려왕厲王 이후에 해당하는 것으로 보인다. 최근 진행된 하상주 3대 단대공정 연구결과에 따르면, 려왕 원년은 기원전 877년에(夏商周斷代工程專家組 2000) 해당한다. 이를 고려하면, 서주 후기 전반을 기원전 9세기로 보아도 문제가 없을 것이다.

반면, 히라세 다카오[平勢隆郎]는 고대 기년紀年 연구(平勢 1996)에서 금문金文 내용과 하야시 미나오[林巳奈夫]의 청동이기彝器 형식 편년을 비교하여 검토하였다. 이를 통해 하야시 미나오가 서주 ⅢA기로 분류한 것들이 사실상 서주 중기, 즉 목왕穆王이나 공왕共王 시기인 기원전 10세기로 상향될 가능성이 있음을 확인되었다. 이 결과가 타당하다면, 샤오헤이스거우[小黑石溝]에서 출토된 궤의 제작 연대도 기원전 10세기 후반까지 상향될 가능성이 있다.

이처럼 실연대를 특정하기 어려운 지역이지만, 샤오헤이스거우[小黑石溝]에서 출토된 요령식동검 또한 기원전 10세기로 상향될 가능성이 있다. 그러나 일반적인 분주식分鑄式인 요령식동검은 네이멍구 닝청[寧城]현 난산건[南山根] 101호묘에서부터 출토되었으며, 이와 공반된 청동이기彝器의 연대가 서주 후기에서 춘추 초기로 추정되는 점을 고려할 때, 현재로서는 전형적인 요령식동검은 늦어도 기원전 800년경에는 출현했을 것으로 보는 것이 타당할 것이다. 따라서 요령식동검의 출현 상한연대는 기원전 900년경, 즉 기원전 10~9세기로 보고자 한다.

이후 요령식동검 2식의 세분에 대해서는 랴오둥지역 요령식동검의 형식을 세분하면서 함께 검토하고자 한다.

2) 랴오둥[遼東]지역의 형식 세분

이러한 형식 세분을 랴오둥[遼東]지역에 적용하더라도 동일한 양상이 나타날 것인가? 랴오둥지역 동검의 형식과 그 구체적인 사례는 표20에 정리하여 제시하였다. 랴오시[遼西]나 지창[吉長]지구에 관한 사례는 기존 논고에서 이미 다룬 바 있다(宮本 1998; 宮本 2000a). 그러나 랴오둥지역에 대해서는 요령식동검 1식만을 한정하여 다룬 바 있다(宮本 1998). 여기에서 랴오둥지역 요령식동검을 재정리하고, 이를 포함한 형식을 새롭게 제시하고자 한다.

1a식으로 분류되는 동검은 다롄[大連]시 진저우[金州]구 자오왕춘[趙王村]에서 출토된 동검(그림145-1)이 있다. 이 동검은 돌기가 명료하고, 돌기부에 대응하는 등대의 융기도 선명하며, 이를 기준으로 연마 구분 제작이 이루어지고 있다.[5] 그리고 기부는 둥글게 마무리된 특징을 보인다. 한편, 1b식에 해당하는 동검으로는 랴오둥지역에서 다소 내륙에 위치하며, 지창[吉長]지구와의 중간지역에서 출토된 자료가 있다. 대표적인 예로, 지린[吉林]성 쓰핑[四平]시 톄둥[鐵東]구 샤싼타이수이쿠[下三台水庫] 출토 동검(宮本 2002a)이 있다.[6] 이 동검은(그림145-2) 돌기가 불분명하고 퇴화된 형태를 보이며, 돌기에 대응하는 등대의 융기도 상당히 퇴화되어 있다. 또한 기부가 각을 이루는 특징을 보여 1b식에 해당한다고 볼 수 있다.

형식학적으로 1b식 다음으로 싱자좡[杏家莊] 2호묘나 전 푸순[撫順]에서 출토된 요령식동검 2식이 존재한다. 2식도 형식을 세분할 수 있다. 싱자좡[杏家莊] 2호묘나 전 푸순[撫順]에서 출토된 동검은 돌기부가 거의 사라져 육안으로 확인되지 않지만, 연마 구분 제작 등을 통해 그 위치를 추정할 수 있다. 또한 돌기에 대응하는 등대의 융기는 거의 보이지 않거나 미세하게 남아 있다. 반면, 완전히 돌기가 사라지고, 연마 구분 제작 또한 기존에 보이던 연마의 규칙성이 사라지며, 경鐔부 가까이까지 연마가 이루어진 동검도 확인된다. 따라서 전자와 후자는 형식학적으로 구분해야 한다.

따라서 전자인 싱자좡[杏家莊] 2호묘나 전 푸순[撫順]에서 출토된 동검을 2a식으로 설정한다(그림143). 2a식의 특징은 등대의 융기가 존재하지 않거나, 전 푸순[撫順] 출토품과 같이 미세하게 남아 있는 형태이며, 연마 구분 제작과정에서 돌기의 규칙성이 일부 남아있다.

한편, 연마 구분 제작이 존재하지 않으며 돌기도 완전히 소실된 형태로, 등대의 연마를 통해 능선이 검신 하단까지 연장된 형태를 2b식(그림146-1)이라고 할 수 있다. 대표적인 예로 콴뎬[寬甸]현 자오자바오쯔[趙家堡子]와 번시[本溪]현 류자샤오[劉家哨]에서 출토된 동검이 있다. 형식학적으로 2b식은 등대의 연마로 인해 형성된 능선이 점차 검신 하단에서 경부 가까이로 연장되는 경향을 보이며, 점차 봉부가 발달하는 방향으로 변화하는 특징을 보인다. 또한, 형태적으로는 돌기가 소실되면서 검신 하단이 부풀고, 검신 하단의 인부가 만곡을 이루는 특징을 띤다. 그럼에도 기부는 2a식과 마찬가지로 예각적으로 마무리되는 특징을 유지하고 있다.

표20. 랴오둥 요령식동검의 집성

지명	길이	최대폭	검신장	형식	출전
遼寧省清原県土口子郷門瞼	21.8	5.2	19.1	1a식	清原県文化局 1981
遼寧省清原県北三家郷大葫蘆溝	21.9	5.2	18.6	1a식	清原県文化局 외 1982
遼寧省大連市甘井市区営城子楼上M3	25.2	5.0	23.1	1a식	旅順博物館 1960
遼寧省大連市甘井市区営城子楼上M3	25.5	5.5	21.0	1a식	旅順博物館 1960
遼寧省撫順市大甲邦後山	26.0	5.6	22.5	1a식	撫順博物館考古隊 1983
遼寧省大連市甘井子区営城子鎮黄咀子	26.2	5.4	22.2	1a식	許明綱 1993
遼寧省大連市金州区亮甲店鎮趙王村	26.6	4.7	23	1a식	許明綱 1993
遼寧省新金県双房M6	26.7	4.5	23.1	1a식	許明綱・許玉林 1983
遼寧省大連市旅順口区三澗堡鎮蒋村	26.8	5.7	22.8	1a식	許明綱 1993
遼寧省大連市甘井市区営城子双砣子	27.0	5.8	23.6	1a식	東アジア考古学研究会訳 1986
遼寧省大連市甘井子区営城子崗上M19	27.2	5.3	23.7	1a식	東アジア考古学研究会訳 1986
遼寧省大連市金州区亮甲店鎮趙王村	27.5	6.2	24.0	1a식	許明綱 1993
遼寧省大連市甘井子区営城子鎮後牧城駅	27.8	5.0	23.4	1a식	許明綱 1993
遼寧省大連市甘井市区営城子楼上M3	28.4	5.7	25.1	1a식	旅順博物館 1960
遼寧省大連市甘井子区営城子崗上M6	28.7	5.4	25.2	1a식	東アジア考古学研究会訳 1986
遼寧省大連市旅順口区江西鎮小潘家村	28.7	(5.0)	24.7	1a식	許明綱 1993
遼寧省遼陽市二道河子M1	28.8	6.2	25.2	1a식	遼陽市文物管理所 1977
遼寧省大連市甘井子区営城子崗上M18	29.4	5.2	25.3	1a식	東アジア考古学研究会訳 1986
遼寧省大連市旅順口区南山裡劉家瞳	31.6	5.7	27.5	1a식	東亞考古學會 1931
遼寧省鐵嶺市大山嘴子	(27.7)	5. 3	(23.6)	1a식	許志国 2011
遼寧省岫岩県西房身	(30.0)	3.2	(27.0)	1a식?	許玉林・王連春 1984
遼寧省撫順市針織一廠	24.5	3.2	20.9	1b식	撫順博物館 1981
遼寧省金県董家溝郷臥龍泉	27.0	3.67	24.0	1b식	東アジア考古学研究会訳 1986
遼寧省大連市甘井市区営城子楼上M3	30	5.8	25.7	1b식	旅順博物館 1960
吉林省四平市鐵東区下三台水庫	33.1	(4.4)	29.3	1b식	宮本 2002a
遼寧省西豊県誠信村	(20.0)	2.9	(16.8)	1b식	遼寧省西豊県文物管理所 1995
遼寧省大連市旅順口区江西鎮羊頭窪	(20.8)	5.0	(17.3)	1b식	許明綱 1993
遼寧省本渓市明山区高台子郷梁家村M1	(28.1)	5.3	(24.1)	1b식	魏海波 1987
遼寧省荘河市城山郷当鋪村劉屯	25.5	3.7	22.0	1b식?	許明綱 1993
山東省棲霞県占瞳郷杏家荘2号墓	(26.0)	3.6	(22.0)	2a식	煙台市文物管理委員會 외 1992
伝遼寧省撫順出土(京都大学蔵)	(25.3)	3.3	(21.8)	2a식	京都大学文学部 1963
遼寧省大連市旅順口区南山裡劉家瞳	(25.0)	4.0	(22.1)	2a식	東亞考古學會 1931
遼寧省金県董家溝郷臥龍泉	25.2	3.0	22.2	2a식	東アジア考古学研究会訳 1986
遼寧省庄河市城山郷当鋪村	25.5	3.7	22.0	2a식	許明綱 1993
遼寧省大連市旅順口区南山裡聖周墓	28.8	3.6	25.0	2a식	東亞考古學會 1931
遼寧省大連市金州区大李家溝大嶺底村	25.2	(2.7)	23.5	2a식?	許明綱 1993
遼寧省金県董家溝郷臥龍泉	23.5	3.5	20.3	2b식	東アジア考古学研究会訳 1986

지명	길이	최대폭	검신장	형식	출전
遼寧省本渓市明山区高台子郷梁家村M2	28.6	3.5	25.3	2b식	魏海波 1987
遼寧省大連市旅順口区鐵山鎮尹家村河北岸	32.5	3.8	28.5	2b식	許明綱 1993
遼寧省本渓県上堡1号墓(M1：3)	32.7	3.0	28.8	2b식	魏海波・梁志龍 1998
遼寧省寛甸県趙家堡子	33.0	3.8	31.0	2b식	許玉林・王連春 1984
遼寧省本渓県劉家哨	37.3	3.5	33.5	2b식	梁志龍 1992
遼寧省遼陽市亮甲山3号墓	(25.8)	3.6	결손	2b식	孫守道・徐秉琨 1964
遼寧省長海県大長山郷哈仙島徐家溝	(33.0)	3.5	(30.0)	2b식	許明綱 1993
遼寧省本渓県劉家哨	(34.7)	4.0	(30.8)	2b식	梁志龍 1992
遼寧省遼陽市亮甲山1号墓	결손	3.5	결손	2b식	孫守道・徐秉琨 1964
遼寧省撫順市将軍堡	24.0	3.6	20.4	2b식？	撫順博物館考古隊 1983
遼寧省普蘭店市花爾山郷快馬廠	33.0	(3.2)	30.9	2b식？	許明綱 1993
遼寧省海城県大屯	35.0	3.1	28.5	2b식？	孫守道・徐秉琨 1964
遼寧省本渓県劉家哨	(35.8)	3.6	(31.6)	2b식？	梁志龍 1992
遼寧省寛甸県泡子沿	결손	3.9	결손	2b식？	許玉林・王連春 1984
遼寧省東溝県大房身	32.0	3.3	29.0	3a식	許玉林・王連春 1984
吉林省集安県太平公社五道嶺溝門	34.0	3.0	30.0	3a식	集安県文物保管所 1981
遼寧省本渓県上堡1号墓(M1：4)	36.5	3.0	33.0	3a식	魏海波・梁志龍 1998
遼寧省新賓県大四平公社馬架子	37.8	3.9	34.2	3b식	撫順博物館考古隊 1983
遼寧省本渓県朴堡1号石棺墓	45.4	2.7	28.4	3b식(촉각식)	梁志龍・魏海波 2005
遼寧省昌図県長発郷翟家村	(32.5)	3.8	30.8	3b식?	許明綱 1993
遼寧省大連市旅順口区尹家村12号墓	33.6	3.6	29.8	4식	東アジア考古学研究会訳 1986
遼寧省桓仁県大甸子	결손	2.7	결손	4식	曽昭蔵・斉俊 1981
遼寧省鳳城県小陳家	36.7	3.2	33.5	4식？	許玉林・王連春 1984

랴오시지역에서 돌기부가 흔적처럼 남아 있는 2a식은 랴오닝[遼寧]성 링위안[凌源]현 싼관뎬[三官甸](遼寧省博物館 1985)에서 확인된다. 싼관뎬에서는 기원전 5세기로 추정되는 청동정鼎이 공반되었으나, 싱자좡[杏家莊] 2호묘의 2a식 동검 연대를 고려할 때, 기원전 500년경으로 보아도 큰 모순은 없다. 또한 최근 보고된 랴오닝성 젠창[建昌]현 둥다장쯔[東大杖子] 45·11호묘에서 출토된 요령식동검도 2a식에 해당한다. 공반된 연식燕式 청동이기彝器는 춘추 후기(宮本 2019a)에 속하므로 이 역시 모순되지 않는다.

2a식에 속하는 전 푸순[撫順] 출토 동검은 동병銅柄 II식이 공반되었으며, 랴오닝성 진[金]현 워룽취안[臥龍泉]에서도 2a식 동검과 동병銅柄 II식이 함께 출토되었다(東北アジア考古学研究会訳 1986; 中国社会科学院考古研究所 1996). 동병銅柄 II식의 출현이 2a식 동검 이후라는 점, 동병 I식이 1a식 또는 1b식 동검에 공반되며, 주로 랴오시지역에 분포한다는 점은 형식간의 서열이 연대적으로도 연관되고 있음을

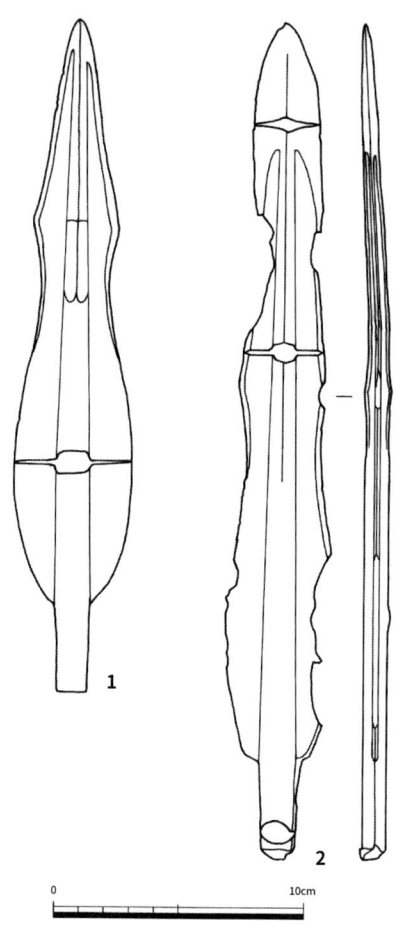

그림145. 랴오둥의 요령식동검 1식(1: 자오왕
춘[趙王村], 2: 샤싼타이수이쿠[下三台
水庫] 출토, ※축척 1/3)

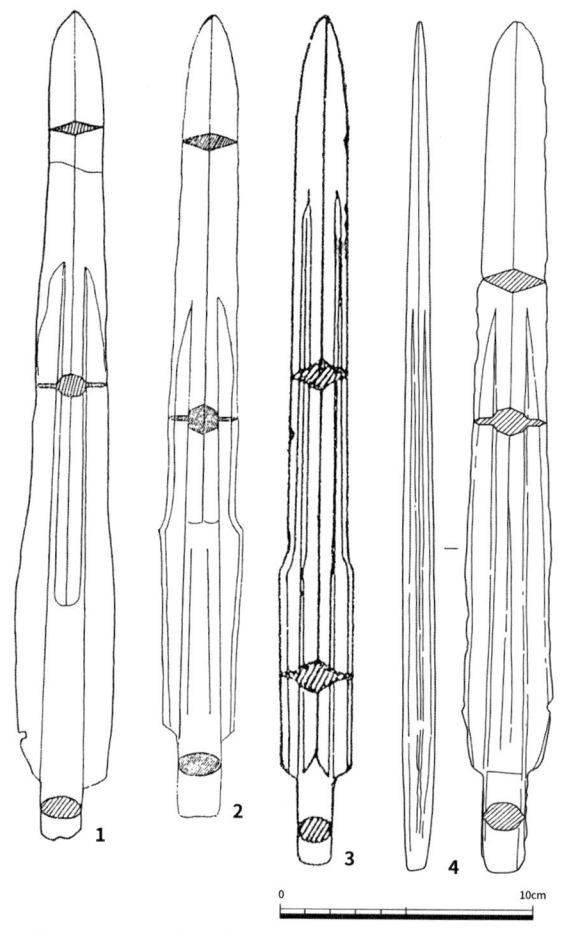

그림146. 랴오둥의 요령식동검 2식(1: 자오자바오[趙家堡])·3a
식(2: 다팡선[大房身])·3b식(3: 우다오링거우먼[五道嶺溝
門])·4식(4: 인자춘[尹家村])(※축척 1/3)

알 수 있다.

　2b식은 랴오양[遼陽] 등 랴오둥 중심부에 분포할 뿐만 아니라, 지린[吉林]성 다더[大德]현 다칭산[大
青山]과 지린[吉林]성 화뎬[樺甸]현 시황산툰[西荒山屯] 등 랴오둥 주변부인 지창[吉長]지구에도 분포하고
있다. 2b식의 연대는 철기가 출현하기 전 단계인 기원전 4세기 단계까지는 존속했던 것으로 보인다.
랴오닝[遼寧]성 창하이[長海]현 다창산[大長山]향 하셴다오[哈仙] 쉬자거우[徐家構]에서도 2b식과 함께 중
국식 동검이 공반되는데(許明綱 1993), 창산[長山]군도의 하셴다오[哈仙島]라는 입지는 산둥반도, 즉 제[齊]
나라와의 관계를 시사한다. 이는 2a식 싱자좡[杏家莊] 2호묘와는 다른 방향의 관계성으로 해석할 수

있다. 따라서 랴오둥지역에 연나라의 영향이 보이기 이전인 기원전 5세기 후반에서 기원전 4세기 사이에 2b식이 존재하는 것은 자연스러운 현상이라고 할 수 있다.

또한, 랴오시 서부는 기원전 6~5세기경 연나라의 간접 지배를 받으며 이른바 연나라화[燕化]된 지역(宮本2000a・2007b・2019a)이었다. 예를 들어 랴오닝[遼寧]성 젠창[建昌]현 위다오거우[于道溝]묘(遼寧省文物考古研究所 외 2006)에서는 요령식동검 2b식과 함께 요서식遼西式동과나 중국식동검이 출토되었다. 그 연대는 기원전 4세기 전반으로 추정된다(宮本 2019a).

한편 지창[吉長]지구에 속하는 지린[吉林]성 화뎬[樺甸]현 시황산툰[西荒山屯] 6호묘에서도 2b식 동검이 출토되었다. 이와 함께 철부鐵斧나 철도鐵刀 등의 철기가 공반되었다(吉林省文物工作隊・吉林市博物館 1982). 지린[吉林]지구로 확산된 2b식 동검은 기부에 주조 후 원공圓孔을 뚫었는데, 이는 랴오둥지역의 동검과는 용도 또는 장착법에서 지역적인 변화가 이루어졌다는 것을 알 수 있다. 랴오둥지역 주변부에서는 2b식이 다소 늦은 시기까지 존속하였을 가능성이 있다. 2b식 동검이 철기와 공반된 점을 고려하면, 랴오둥의 주변지역에서는 2b식 동검이 기원전 3세기까지 존속했을 가능성도 있다.

그러나 지창[吉長]지구에서 철기가 출현한 시점이 반드시 연나라의 요동군 설치 이후인가에 대해서는 확신할 수 없다. 연나라에서는 이미 기원전 5세기에 철기가 존재했으며(河北省文物研究所 1996), 연나라화 되어가는 랴오시지역에서도 비교적 이른 시점부터 철제 공구가 유입되었을 가능성이 있다. 따라서 기원전 4세기대에 지창[吉長]지구 내 철기가 출현했을 가능성도 고려할 수 있다. 여기서는 2b식의 존속 기간을 기원전 5세기에서 기원전 4세기로 설정하고자 한다.

이 밖에도 랴오둥의 지창지구에서는 기부의 능선이 연장되면서 인부 하단이 둥글게 마무리되지 않고, 검신 하단에 단부段部가 정형하게 형성된 동검이 확인되었다. 이것을 3식으로 할 수 있다. 3식은 등대의 연마가 단부段部의 위치에서 끝나는 3a식(그림146-2)과 등대의 연마가 검신 하단까지 연장된 3b식(그림146-3)으로 세분된다. 3a식은 검신 하단의 형태가 부풀어 오르는 경향을 보이며, 그 경계가 강조되면서 단段를 형성한다는 점에서 2b식의 직접적인 형식변화로 해석할 수 있다. 예를 들면 랴오닝성 번시[本溪]현 상바오[上堡] 출토품(魏海波・梁志龍 1998)이나 지린[吉林]성 지안현[輯安]현 우다오링거우먼[五道嶺溝門] 출토품은 3a식 동검에 해당한다(集安縣文物保管所 1981). 3b식은 검신 하단 단부의 경계가 더욱 퇴화하면서 경부 근처까지 등대가 연마되는 특징을 보인다. 또한 지린지구에서는 이러한 3a・3b식 동검이 촉각식[触角式] 동검의 검신을 이루게 된다(宮本 2002d). 랴오둥지역에서는 랴오닝성 번시[本溪]현 푸바오[朴堡] 1호 석관묘에서 출토된 촉각식동검에는 3b식 동검이 검신을 형성하고 있다(梁志龍・魏海波 2005).

3a식 동검은 상바오[上堡]의 무덤에서 철기가 공반되고 있어, 전국시대 후반기인 기원전 4~3세기에 해당한다고 볼 수 있다. 반면 푸바오[朴堡] 1호 석관묘에서 출토된 3b식 동검은 제20장에서 다루겠지만, 촉각식동검 IVb식에 해당한다(宮本 2009e). 이 무덤에서는 우상수문지경羽状獸文地鏡이 함께

공반되었는데, 필자의 전국식戰國式 거울[鏡]의 편년(宮本 1990)에 따르면, 주연부 형태[緣形]로 보아 제 Ⅳ·Ⅴ단계이다. 즉 기원전 3세기의 2/4·3/4 분기에 속한다. 즉 기원전 3세기 중엽에 해당하는 것으로, 3b식 동검의 연대적 범위를 설정하는데 참고할 수 있다. 또한 랴오닝성 창투[昌図]현 자이자춘[翟家村] 무덤에서는 3b식 동검과 함께 중국식 동검과 동비銅鉳가 출토되었는데(李矛利 1993), 이는 기원전 300년경 요동군 설치 이후 연나라와의 접촉에서 비롯된 것으로 추정된다.

4식 동검은 돌기도 없으며, 인부의 양쪽 변이 거의 평행하고, 등대 연마에 의해 형성된 능선이 경부 근처까지 이어지는 특징을 가진다. 이는 아키야마 신고가 제시한 요령 Ⅳ식 동검과 동일한 형식적 특징을 보인다(秋山 1968·1969). 랴오닝성 환런[桓仁]현 다뎬쯔[大甸子] 석관묘에서는 4식 동검과 철기, 명도전이 공반되었다(曽昭蔵 외 1981). 명도전의 존재는 요동군 설치 이후의 전개와 관련된 것으로 해석되므로, 기원전 3세기로 추정된다. 따라서 4식 동검은 적어도 전국시대 후반기에 속하는 형식으로 판단된다. 형식학적으로는 2b식 동검에서 보이는 검신 하단의 팽창이 점차 퇴화하는 방향으로 변화한 것으로 볼 수 있다.

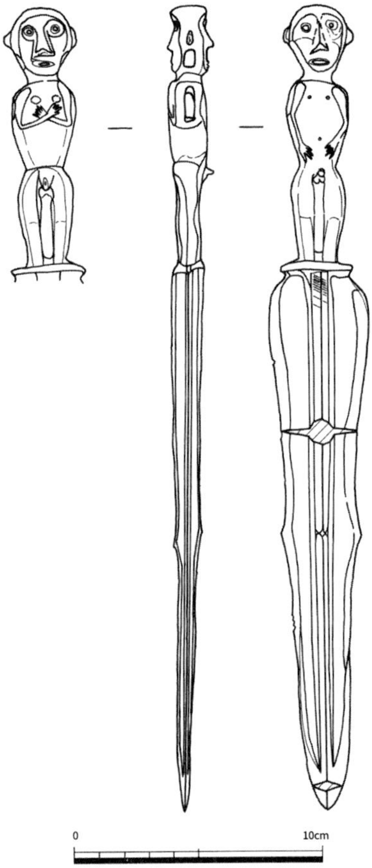

이러한 형식변화를 무기의 기능적 변화라는 관점에서 바라보면, 전체적으로 세장하는 경향이 두드러진다는 점에 주목해야 한다. 표20에서도 알 수 있듯이 1a·1b식이나 2a식에 비해, 2b식 이후의 형식은 길이가 길어지는 것이 특징적이다. 전자의 경우 전장 30cm 이하였던 반면, 후자는 30cm 이상으로 길어지면서 폭이 상대적으로 넓지 않아 더욱 세장해지는 경향을 띤다. 또한 등대는 연마에 의해 능선이 경부까지 연장되는 경향을 보여, 2b식 이후의 변화는 검으로서 더욱 깊게 찌르는 기능이 강조되는 방향으로 발전했음을 시사한다.

랴오둥지역은 2b식에서 3a·3b식으로 변화와 2b식에서 4식으로 변화라는 두 계열로 전개되었다. 2a식의 중심연대는 기원전 500년경으로, 시기폭은 기원전 6세기 후반~5세기 전반이다. 이후 2b식이 기원전 5세기 후반~4세기, 3a식이 기원전 4~3세기, 3b식이 기원전 3세기이다. 3식과 다른 계열인 4식은 기원전 4~3세기라고 볼 수 있다.

최근 마치다 아키라[町田章]도 요령식동검의 편년을 제시한 바 있다(町田 2006a). 그 연구는 랴오시와 랴오둥지역으로

그림147. 요령식동검 0식(난산건[南山根] 동구 석관묘 출토, ※축척 1/3)

0　　　　　　　　10cm

한정되었으나, 각 지역에 대한 상세한 편년을 제시하였다. 예를 들어 랴오시지역의 경우 필자가 제시한 요령식동검 1식 단계를 3단계로 세분하며, 상대적으로 대형화하는 방향으로 변화했음을 결론으로 제시하고 있다. 단계 구분은 동병銅柄과의 조합을 연대설정의 기준으로 삼았다는 점에서 타당하다고 볼 수 있다.

그러나 개별 요령식동검의 세분 과정에서는 명확한 기준이 명시되어 않았으며, 그 형식변화의 방향성이나 속성 단위도 구체적으로 제시되어 있지 않다. 또한 필자와 같이 넓은 범위를 대상으로 함에도 불구하고 속성이나 양식변화를 분석하지 않았다. 그 결과, 연대 설정 자체는 필자의 견해와 유사하지만, 요령식동검 2a식(町田의 IIIa식 동검)인 싱자좡[杏家莊] 2호묘를 보고서에 기재된 대로 전국 전기로 보는 등 기존 랴오둥지역의 연대관에 의존하고 있다. 이로 인해 랴오둥지역 요령식동검 후반기의 연대가 상대적으로 약간 늦어지며, 앞서 필자가 제시한 연대관과 차이가 나게 되었다.

한편 랴오시지역의 요령식동검과 관련하여, 등대의 능선을 거푸집으로 미리 새겨 주조한 것이 특징인 필자의 요령식동검 0식 동검이 주목된다. 대표적으로 닝청[寧城]현 난산건[南山根] 동쪽지구 석관묘에서 출토된 남녀인신병男女人身柄의 요령식동검(그림147: 新楓毅 1983)과 카쭤어[喀左]현 허상거우[和尚溝] 6호묘(遼寧省博物館·朝陽市博物館 1986)의 동검이 있다. 이것들은 요령식동검

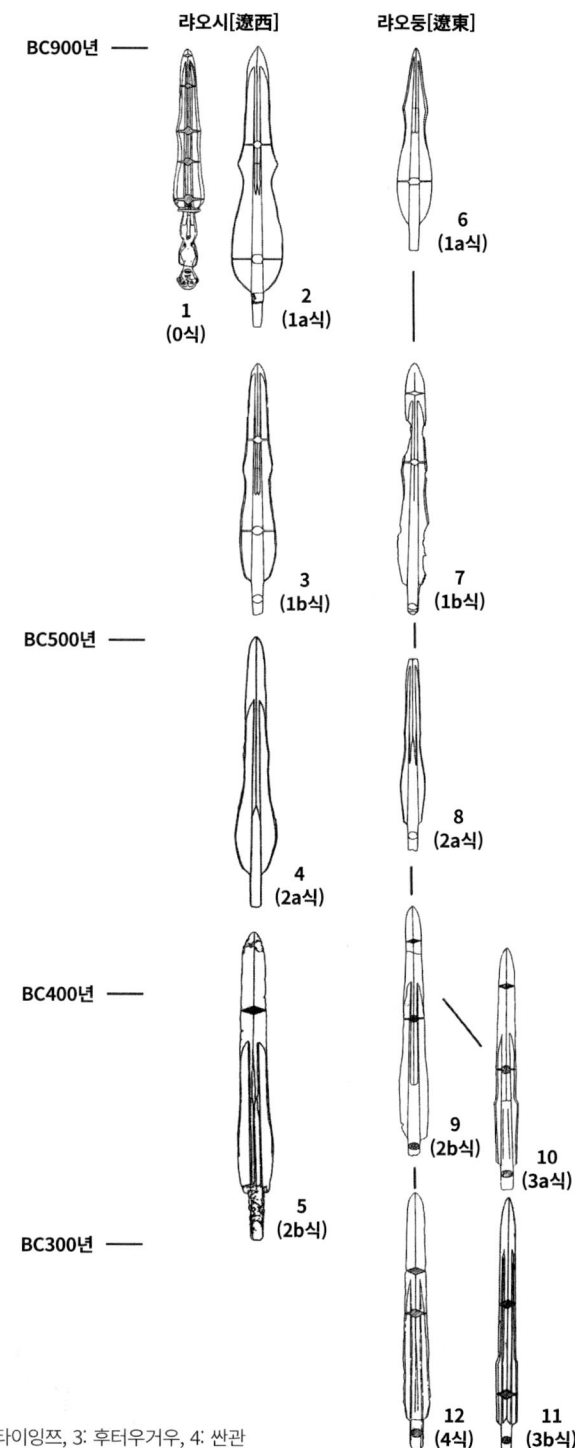

그림148. 랴오시·랴오둥 요령식동검의 변천(1: 난산근, 2: 스얼타이잉쯔, 3: 후터우거우, 4: 싼관뎬[三官甸], 5: 위다오거우[于道溝], 6: 자오왕춘, 7: 우다오링거우먼, 8: 인자춘, ※축척 1/10)

의 계보 관계라는 관점에서 가장 초기에 위치시켜야 할 것이다. 하지만 마치다[町田]는 필자의 요령식동검 0식인 허상거우[和尙溝] 6호묘 출토품을 본인의 Ib식으로 보며, 필자와는 상대적 위치를 다르게 보고 있다. 또한 차오양[朝陽]시 시거우춘[西溝村]에서 출토된 석제 거푸집은 요령식동검 0식의 동검 거푸집[7]에 해당한다. 이 거푸집에 대한 검토는 뒤에서 다룰 제22장에서 논하고자 한다.

이상의 내용을 정리하며, 랴오시와 랴오둥지역을 중심으로 한 요령식동검의 변천을 그림148과 같이 제시해 두고자 한다.

4. 랴오둥 요령식동검으로 본 한반도 청동기문화의 연대적 위치 설정

한편 랴오시[遼西]·랴오둥[遼東]지역에서 확인된 요령식동검 형식변천은 한반도의 동검 형식과 병행관계를 함께 고려하여야 한다. 여기서는 한반도를 중심으로 검토하지만, 우선 랴오둥지역에 인접한 한반도 북부지역의 청동기 형식변천과의 대응관계를 중심으로 논의하고자 한다.

각 지역에서 출토된 동검의 형식학적 변천은 선행연구를 통해 제시한 바 있다(宮本 2002c). 당시 형식설정은 몇 가지 속성 요소에만 의존하고 있어, 보다 체계적인 분석이 요구된다. 광역적 범위에서 지역 간의 비교를 위해 각 형식 간의 공통된 속성이 존재한다면, 이를 동시기 또는 동일한 단계로 규정할 수 있다. 또한 이러한 병행관계는 단순히 형식 속성의 공유로 그치지 않고, 형태 변천의 순서가 서로 모순되지 않아야 한다. 즉, 이는 토기 형식에서 지역 편년 간의 병행관계로서 결정하는 방식과 동일한 방법을 적용해야 함을 의미한다.

한반도 북부지역에서는 랴오둥지역의 요령식동검 A1a식과 같은 형식인 AI식에서 AII식과 AIII식이 분리되어 각각 변화하는 양상을 보인다. 즉 AIIa→AIIb→AIIc식으로 변화하고, AIIIa→AIIIb→AIIIc식으로 변화하는 흐름을 보인다(그림149). 이 중 AIIa식에 해당하는 서포동의 동검(그림149-2)은 현재 직접 관찰할 수 없어 등대의 구체적인 형태를 확인하기 어렵다. 반면 AIIIa식에 해당하는 국립중앙박물관 소장 동검(그림149-7)은 돌기가 퇴화되었지만 돌기에 대응하는 부분의 융기가 약하게 남아 있다(宮本·田尻 2005). 이러한 특징으로 미루어 볼 때, 이 형식은 랴오둥지역의 요령식동검 1b식과 형식 속성을 공유한다고 볼 수 있다. 따라서 AIIa식과 AIIIa식이 포함된 한반도 청동기문화 Ib단계는 랴오시·랴오둥지역의 요령식동검 1b식 단계와 병행한다고 볼 수 있다. 당연히 이보다 형식적으로 선행하는 AI식 동검 단계(한반도 청동기문화 Ia단계)는 랴오시·랴오둥지역의 요령식동검 1a식 단계에 대응하며, 이 시기에는 돌기나 등대의 융기 등의 속성을 공유하고 있다.

한편, 돌기가 미세하게 남아 있으나 거의 드러나지 않고, 등대의 융기가 미세하게 남아있거나 소실된 단계에 해당하는 형식으로 한반도 북부의 요령식동검 AIIb·AIIc식과 AIIIb·AIIIc식을 들 수 있다. AⅡc식에 해당하는 전 성천에서 출토된[8] 동검(그림149-4)이나 AⅢc식인 용흥리龍興里의 동검(그림149-9)은 등대의 융기가 희미하게 남아있다(宮本 · 田尻 2005). 이 단계는 랴오시 · 랴오둥지역의 2a식과 동일하게 돌기부에 대응하는 위치를 연마 구분 제작한지 않으며, 연마 구분 제작이 거의 사라져 그 규칙성만 남아있다. 그리고 경莖부 인근까지는 연마되지 않는 특징을 보인다. 다만, 랴오둥에서 확인되는 기부의 각이 형성되는 경우는 보이지 않으며, 완만한 곡선을 띠는 특징을 보인다. 그러나 이러한 형태적 차이는 기능적인 변화와 관련이 없는 속성이다. 각이 진 기부 형태는 한반도 북부에서는 채용되지 않은 것으로 판단된다.

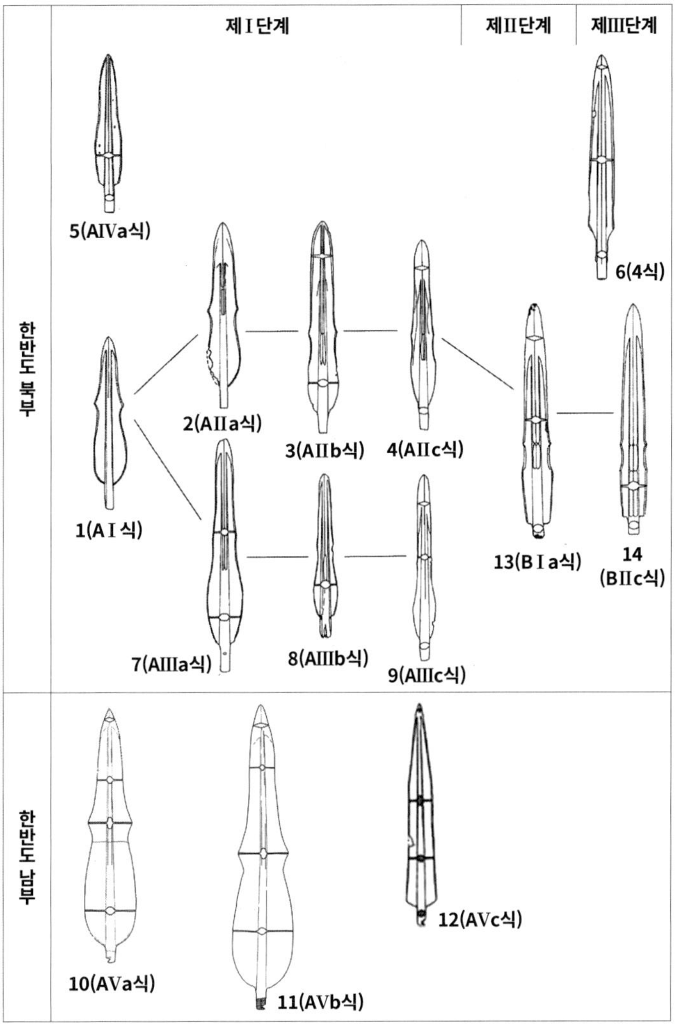

그림149. 한반도 동검의 전개(1: 금곡동, 2: 서포동, 3: 전 평양, 4: 전 성천, 5: 선암리, 6 · 8 · 13: 평양 부근, 7: 국립중앙박물관, 9: 용흥리, 10: 상촌 7호묘, 11: 상촌 116호묘, 12: 진동리, 14: 황해도, ※축척 1/10)

이렇게 본다면, 랴오둥지역의 2a식 실연대를 기원전 6세기 후반~5세기 전반으로 설정하는 것은 모순되지 않는가라고 하는 의문이 들 수 있다. 앞서 용흥리에서 출토된 AⅢc식 동검과 공반되는 동도銅刀의 편년적 위치를 고려할 때, 용흥리의 동도銅刀는 정가와쯔[鄭家窪子] 6512호묘의 동도銅刀(藩陽故宮博物館 · 藩陽市文物管理辨公室 1975)의 다음 단계에 해당한다는 점이 확인되었다(宮本 2004c). 지금까지 정가와쯔[鄭家窪子] 6512호묘의 동검은 요령식동검 1b식으로 분류되어 왔다. 그러나 동도銅刀의 형식적인 변화를 고려하면, 용흥리의 AⅢc식 동검을 요령식동검 2a식과 병행하는 시기로 보는 것이 가능하며, 이는 논리적으로 모순되지 않는다. 또한 앞서 정가와쯔[鄭家窪子] 6512호묘의 연대를 기원전 6세기로 추정한 견해(宮本 2004b)와도 충돌하지 않는다.

최근 평양 순안구 신성동 석곽묘에서 요령식동검이 출토되었다(国立中央博物館 2006). 이 동검은 돌기가 약하게 남아 있지만, 융기가 없으며 등대의 연마 구분 제작이 명확하게 확인되는 요령식동검 AIIc식에 해당한다. 공반된 흑도장경호는 가늘고 긴 경頸부와 함께 구형球形을 이루는 동체부를 가진 특징을 보인다. 이러한 형태는 대전 괴정동을 비롯한 세형동검 초기 BIa·BIb식(한반도 청동기문화 II단계)에 공반되는 흑도장경호(宮本 2003a)보다 더 이른 시기의 것으로 판단된다. 신성동 흑도장경호의 형태는 정가와쯔[鄭家窪子] 6512호묘의 장경호와 괴정동 흑도장경호의 중간적인 형태를 띠고 있다. 또한, 신성동 석곽묘에서 출토된 다뉴조문경은 두꺼운 단면을 보이는 점으로 미루어 보아, 정가와쯔[鄭家窪子] 6512호묘에서 출토된 다뉴조문경 보다 한 단계 발전된 형식으로 볼 수 있다. 이 다뉴조문경은 요령식동검 2b식과 공반된 랴오닝[遼寧]성 번시[本溪]시 량자춘[梁家村] 2호묘에서 출토된 다뉴조문경보다 이른 형식으로 평가할 수 있다.

이상과 같은 특징을 종합해 보면, 요령식동검 AIIc식은 요령식동검 1b식이 출토된 정가와쯔[鄭家窪子] 6512호묘보다 늦고, 요령식동검 2b식의 량자춘 2호묘나 세형동검 BIa·BIb식인 괴정동보다 이른 단계로 볼 수 있다. 따라서 한반도의 요령식동검 AIIC식은 랴오둥의 요령식동검 2a식과 병행하는 단계로 판단된다.

한편, 한반도 북부에서는 요령식동검 AII식 계보의 연장선에서 세형동검(BIa식)이 출현한다. 그 연대는 기원전 500년경 이후로 추정되며, 기원전 5세기부터 고식古式의 세형동검이 등장하였다고 해도 문제되지 않는다. 이와나가 쇼조[岩永省三]는 한반도 북부 요령식동검 AIII식이 랴오둥의 요령식동검 2식보다 선행할 수 없다고 지적한 바 있다(岩永 2005). 그러나 이에 대해서는 랴오시·랴오둥지역의 요령식동검 2식을 세분하여 그 병행관계를 제시하면서 반론해가고자 한다.

한반도 북부의 요령식동검 AII·AIII식은 랴오둥의 요령식동검 1b식에서 2a식으로 이어지는 단계와 병행한다고 볼 수 있으며, 요령식동검 2b식보다는 이른 것이다. 이와나가의 지적과 의문은 이러한 세분화된 병행관계를 반영하지 않았기 때문으로, 랴오둥지역의 요령식동검 2a식 이전부터 이미 한반도 북부지역 내 요령식동검이 존재하였다는 것은 명확하게 확인된다. 랴오둥지역의 요령식동검 2a식은 싱자쾅[杏家莊] 2호묘 출토 사례를 통해 그 연대를 기원전 500년경으로 추정할 수 있다. 이 사실은 매우 그 중요한 의미를 가지며, 이를 통해 동북아시아 실연대를 설정하는 기준점을 확립할 수 있게 되었다.

한반도 남부에서는 비래동 지석묘에서 출토된 AI'식 동검의 사례를 들 수 있다. 이 동검은 랴오둥지역의 요령식동검 1a식이나 한반도 북부의 요령식동검 AI식의 재가공품이 등장한 이후, AV식을 중심으로 한 요령식동검이 한반도 남부지역에서 생산된 것으로 판단된다.

AV식은 기본적으로 랴오시·랴오둥의 요령식동검 1a식의 형태를 충실히 모방하였다. 돌기와 등대의 융기가 명확하게 표현되어 있으며, 기부도 완만한 곡선의 형태를 띠고 있다. 그러나 등대의 단면이 방형을 이루어 랴오시·랴오둥의 동검보다 견고한 반면, 등대에서 검신 인부까지 연마 처리가 되어 있지 않아 무기로서의 기능성이 낮다는 점이 지적되었다(宮本 2002c). 규격면에서도 랴오시·랴오둥의 동검에 비해 대형화되는데, 이를 고려할 때 실용무기보다는 보기宝器나 제기祭器로서의 형식 변화를 거친 것으로 해석할 수 있다. 다음 장에서 더 구체적으로 제시하겠지만, AV식 요령식동검은 AVa→AVb→AVc식으로 변화하는 양상을 보인다(그림149).

AVa식은 형태적으로 랴오시·랴오둥지역의 요령식동검 1a식을 충실하게 모방하지만, 인부나 등대의 연마가 확인되지 않아 실용무기로 보기 어렵다. AVb식은 AVa식에서 돌기 위치가 아래쪽으로 이동한 형식, AVc식은 인부를 재가공하거나 소형화된 형식이라고 볼 수 있다. 지석묘에 공반되는 토기의 형식을 고려하면, AVc식은 경상남도 진동리鎭東里 석관묘나 전라남도 덕치리德峙里 신기 1호 지석묘의 사례에서 알 수 있는 것처럼 송국리식 토기의 단계에 속한다. 다음 장에서 검토하겠지만, AVc식은 AVa·AVb식의 재가공품으로 볼 수 있다. AVc식은 AVa→AVb식으로 이어지는 변화 계보와는 별개로 무문토기 전기 후엽부터 출현한 것으로 판단된다.

AVa식은 송국리松菊里 석관묘에 함께 출토된 곡옥[勾玉]이 단일 구멍[1穿孔]이라는 점을 근거로 이중구멍[2穿孔]의 용흥리龍興里 곡옥 쪽이 형식적으로 이르다는 주장이 제기된 바 있다(岩永 2005). 이를 근거로 용흥리의 AIIIc식 동검이 송국리 석관묘의 AVa식 동검보다 이르다고 보는 것이다. 그러나 곡옥勾玉에 뚫린 구멍 수는 시기 차이를 나타낸다는 근거가 될 수 없다. 구멍의 숫자 만으로는 시기를 논하는 것을 형식적 변화와 직접적으로 관련되지 않는 요인으로 판단된다. 따라서 곡옥의 구멍 수를 근거로 동검의 연대 차이를 결정하기는 어렵다.

타케스에 준이치[武末純一] 역시 충청남도 아산군 백암리白岩里에서 출토된 천하제天河製 이중구멍 [2孔式] 옥의 연대를 토대로 용흥리 곡옥의 연대에 대해 논한 바 있다(武末 2004). 그러나 백암리에서 출토된 장경호는 점토대토기와 공반되는 흑도장경호와 형태적으로 유사하여 백암리의 연대를 무문토기 중기 후반보다 상향 조정하기는 어렵다.

오히려 문제는 타케스에가 AVc식 동검을 랴오둥지역의 2b식이나 4식 동검과 형식학적으로 유사한 동시기라고 비정한 점에 있다(武末 2004). 그가 제시한 근거는 검폭이 좁고 인부가 직선을 이룬다는 점이지만, 크기나 세부 형태에서 차이가 크며 무엇보다도 등대의 연마 방식이 확연히 다르다. 결국 랴오둥지역과 한반도 남부의 형식을 무리하게 연결한 해석으로서, 이에 대한 동시성을 입증할 근거는 전혀 확인되지 않는다. AVc식 동검은 AV식 내에서의 내적 변화에 따라 발생한 형식이다. 반면 2b식이나 4식 동검은 랴오둥지역에서 2a식 이후 이루어진 일련의 형식변화를 통해 등장한 것이다. 따라서 이들 간의 시공적인 위치가 교차할 가능성은 없으며, 특히 시간축에서 뚜렷한 연대차를 보인다.

다시 AVa식 동검으로 되돌아가 보면, AVa식 동검의 조형은 랴오시·랴오둥의 동검 1a식을 기반으로 하고 있으며, 1b식이나 2a·2b식과는 관계가 없다. 요령식동검 1a식과 동일한 형식은 한반도 북부에서는 AI식 동검, 한반도 남부에서는 재가공된 비래동 지석묘에서 출토된 AI'식 동검이다. AVa식 동검은 재가공되기 이전의 요령식동검 1a식을 모방한 것으로 AI식 동검 내지는 랴오둥의 1a식 동검을 모델로 삼아 제작되었을 가능성이 높다. 형식적 속성에서 보면, 모방 대상은 AI식 동검이나 랴오시·랴오둥의 1a식 동검이며, 결코 랴오시·랴오둥의 1b식 동검이나 2a·2b식 동검과는 관련이 없다. 이러한 점을 종합하면, AVa식 동검은 랴오시·랴오둥의 1a식 동검이나 한반도의 AI식 동검이 출토되는 한반도 청동기문화 Ia단계, 또는 이와 연속되는 한반도 청동기문화 Ib단계에 제작된 것으로 보아야 한다. 모방 대상으로 삼은 동검과의 관계를 고려할 때, AVa식 동검은 결코 AIIa·AIIIa식 이후의 시기로 볼 수 없다. 병행관계를 감안하더라도, 한반도 청동기문화 Ic단계 이후로 설정되는 것은 불가능하다.

하지만 여기서 문제되는 것은 비래동 지석묘의 연대적 위치이다. 현재 상태로는 공반된 토기의 형식만으로는 연대적 위치를 결정하기 어렵다. 이로 인해 공반된 마제석촉의 형식을 통해 연대적 위치를 추정하려는 연구가 많다. 쇼다 신야[庄田慎矢]는 자신의 편년 연구에서 비래동 1호 지석묘를 공렬문토기의 최종 단계로 위치시켰다(庄田 2005). 또한 나카무라 다이스케[中村大介] 역시 마제석촉의 시간적 위치를 활용하여 비래동 1호 지석묘를 무문토기 전기 후엽에 배치하였다(中村 2005).

쇼다 신야는 비래동의 요령식동검이 원래부터 현재의 형태로 제작된 것이라는 견해를 제시하였다(庄田 2005·2006a). 실제로 경부의 단부에는 탕구湯口에 해당하는 부분의 흔적이 남아 있어, 필자가 상정한 바와 같이 동검의 기부基部 측임에는 의심할 여지가 없다. 쇼다 신야는 이 동검이 기부 측이라면, 기존 AV식 동검과 기부 형태가 다르므로 AV식 동검의 일부[分割品]일 가능성은 낮다고 보았다. 이는 비래동 동검을 AV식 동검의 일부로 해석한 강인욱의 견해(姜仁旭 2005)의 견해와 차이를 보인다.

또한, 하루나리 히데지[春成秀爾]는 황해남도 대아리 석관묘에서 출토된 동검이 기부측을 재가공한 것이라는 견해를 제시한 바 있다(春成 2007). 그는 비래동 동검에서 보이는 단면이 비교적 둥글고 검신 후반後半부의 등대가 얇은 점이 랴오둥지역 요령식동검과 유사한 특징이라고 지적하였다. 필자는 비래동의 동검을 랴오둥의 요령식동검의 일부[分割品]이거나 랴오둥지역과 동일한 규범 속에서 한반도 북부지역에서 제작된 AI식 동검의 일부로 본다. 그 형식을 AI'식으로 명명한다.

다음 장에서 언급하겠지만, AV식의 요령식동검은 한반도 남부지역에서 무문토기 전기 후엽부터 재지적으로 생산되기 시작하였다. 또한 공반되는 토기의 변화를 살펴보면, 선송국리식 토기에서 송국리식 토기 단계로의 형식변화가 진행된다고 생각한다.

한편 요령식동모는 A식, 그 변이형인 B식, 그리고 더욱 대형화된 C식으로 세분할 수 있다. A식 동모는 랴오둥 내륙부에서 한반도 북부에 분포하며, C식 동모는 AV식 요령식동검과 함께 한반도 남부지역에 분포한다고 제시한 바 있다(宮本 2002c). A식은 더욱 세분이 있는데(그림150), 인부의 돌기 위치에 따라 구분된다. A1식 동모(그림150-1)는 인부의 중심으로 돌기의 위치가 전방부前方部에 치우치는 형태, A2식 동모(그림150-2)는 돌기가 인부의 거의 중앙에 위치하고 있는 형태, A3식 동모(그림150-5)는 돌기가 인부의 중심에서 더욱 후방부後方部에 치우쳐 위치하고 있는 형태이다(宮本 2002a). 이 분류에서는 A1→A2→A3식이라는 변화방향이 상정된다. A1식 동모는 지창[吉長]지구에서만 확인되며, A2식 동모는 대동강 하류 유역을 중심으로 한 한반도 북부에 출현한다. 지창[吉長]지구에는 이보다 더 이른 형식의 유물이 존재하며, 이 지역에서 남쪽으로 내려갈수록 점차 늦은 형식의 요령식동모가 출현하는 경향을 보인다. 따라서 A식 요령식동모의 기원은 랴오둥 내륙지역인 지창[吉長]지구이며, 그 계보를 따라 대동강 하류 유역을 중심으로 A2식 동모가 형성되었다고 판단할 수 있다.

대동강 하류 유역에서 A2식 요령식동모가 출토된 주요유적으로는 표대 10호 주거(그림150-3)나 남양리 16호 주거(그림150-4), 용곡리 5호 지석묘가 있다. 이 유적들은 팽이형토기문화 3기에 해당한다. 반면, 요령식동검이 출토되는 석관묘는 팽이형토기문화 2기에 속한다(徐国泰 외 2003). 이와 같이, 한반도 북부지역에서 요령식동모의 출현은 상대적으로 요령식동검보다 한 단계 늦은 시기에 나타난다고 볼 수 있다. 이러한 맥락에서 주목할 만한 사례가 랴오둥 내륙부 랴오닝성 시펑[西豊]현 청신춘[誠信村] 석관묘에서 출토된 일괄 자료이다(遼寧省西豊県文物管理所 1995).

이 유적에서는 돌기나 등대의 융기가 희미하게 남아있는 요령식동검 1b식과 함께 A2식 요령식동모(그림150-2)가 공반되고 있다. 만약 요령식동검 1b식과 A2식 요령식동모가 동시기라고 한다면, 형식학적으로 선행하는 A1식 요령식동모는 지창[吉長]지구에서 요령식동검 1a식 단계에 성립되었을 가능성이 높다. 또한 지린[吉林]성 지린시 싱싱사오[星星哨] 석관묘군에서도 요령식동검 1a식과 요령식동모 A1식이 출토되었다(吉林市博物館 외 1983). 비록 공반관계는 아니지만 동일한 무덤군 내에서 발견

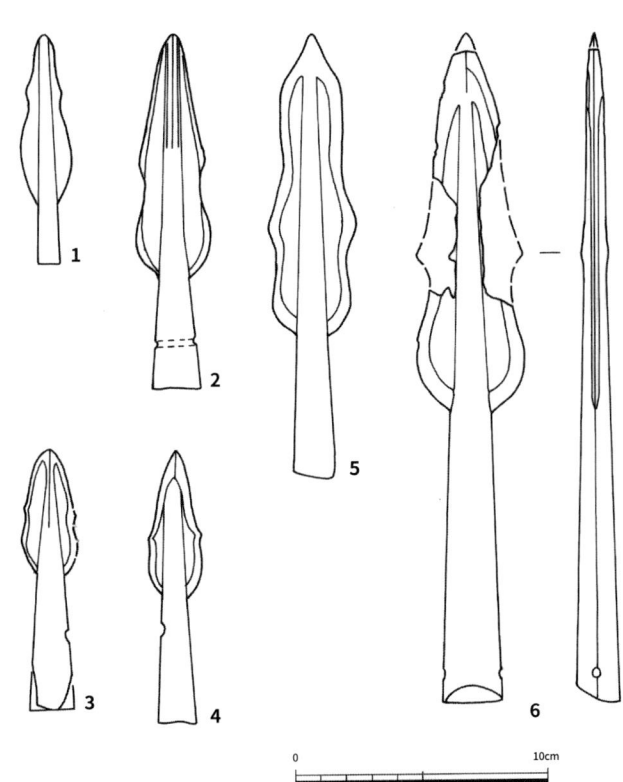

그림150. 요령식동모의 전개(1: 싱싱사오[星星哨] D구 13호묘, 2: 시펑[西豊]현 청신춘[誠信村], 3: 표대 10호 주거, 4: 남양리 16호 주거, 5: 지린[吉林] 자오허[蛟河] 샤오궈산[小郭山], 6:전 보령, ※축척 1/3)

되어 요령식동검과 동모 간의 연대적 병행 관계를 시사하는 근거로 볼 수 있다.

한편, 한반도 남부의 C식 요령식동모는 전남 여천시 적량동 무덤군에서도 확인된다. 공반관계는 명확하지 않지만, 동일한 무덤군 내에서 요령식동검이 출토되고 있어 동시기일 가능성이 높다. 그 시기는 송국리식 토기 시기에 해당하는 것으로 판단된다. C식 요령식동모는 돌기부가 인부의 후방부에 위치하며, A3식 동모와 유사한 특징을 보인다. 따라서 A2식 동모에서 변화되어 발전한 계열에 속한다고 볼 수 있다.

앞서 언급한 대동강 하류 유역 남양리 16호묘의 A2식 동모(그림150-4)는 전 보령의 C식 요령식동모(그림150-6)와 계보적으로 연결될 가능성이 있으며, 이는 형태적 유사성을 통해 추정할 수 있다. 또한 남양리 16호 주거지(그림150-4)나 용곡리 5호 지석묘의 A2식 동모는 표대 10호 주거지에서 출토된 A2식 동모(그림150-3)에 비해, 인부 대비 돌기의 위치가 A3식 동모(그림150-5)에 가까운 특징을 보인다. 형식적으로 보면, 전자(남양리·용곡리)가 후자(표대)보다 후대에 속하는 것으로 판단된다. 또한, 청동에 포함된 주석 함유량을 비교한 연구 결과에서도 표대와 남양리의 동모는 선후관계를 고려할 수 있을 정도의 시기차가 난다고 보기도 한다(徐国泰 외 2003). 이와 같은 상대적 병행관계를 통해 요령식동모 A2식이나 C식은 필자가 제시한 한반도 Ib~Ic단계(宮本 2003a)에 병행하는 시기로 볼 수 있다.

이처럼 랴오시지역, 랴오둥지역, 한반도 북부, 한반도 남부의 동검 형식변천과 그 병행관계가 확립되었다. 이를 다시 한 번 필자의 한반도 청동기문화(宮本 2003a) 단계 기준에 대입하여 정리하면 다음과 같다.

한반도 청동기문화 Ia단계에서는 요령식동검 AI식과 요령식동검 AVa식이 확인되며, 랴오시·랴오둥지역의 요령식동검 1a식이 병행한다. 한반도 청동기문화 Ib단계에는 요령식동검 AⅡa식과 요령식동검 AVa식이 포함되며, 이 시기는 랴오시·랴오둥지역의 요령식동검 1b식과 병행한다. 한반도 청동기문화 Ic단계에는 요령식동검 AⅡb·AⅡc식과 요령식동검 AⅢb·AⅢc식, 요령식동검 AVb·Vc식이 확인된다. 시기는 랴오시·랴오둥지역의 요령식동검 2a식과 병행한다(표21).

한반도 청동기문화 Ia단계와 병행하는 랴오시지역, 랴오둥지역, 한반도 북부지역 간에는 연대 차

표21. 동검 형식의 병행관계와 한반도 청동기문화

한반도 청동기문화	랴오시[遼西]	랴오둥[遼東]	지창[吉長]지구	한반도 북부	한반도 남부
한반도 청동기문화 Ⅰa단계	1a	1a	1a, 矛A1	AI	AVa
한반도 청동기문화 Ⅰb단계	1b	1b	1b, 矛A2	AⅡa, AⅢa, 矛A2	AVa, 矛B
한반도 청동기문화 Ⅰc단계	2a	2a	触角Ⅰ, 矛A3	AⅡb·Ⅱc, AⅢb·Ⅲc	AVb·Vc, 矛C
한반도 청동기문화 Ⅱ단계	2b	2b, 3a	2b, 3a, 触角Ⅱa	BⅠa·Ⅰb	BⅠa·Ⅰb
한반도 청동기문화 Ⅲ단계		3b, 4	3b, 触角Ⅱb	BⅠc	BⅠc

이가 없다는 점이 여러 유적 내 공반양상을 통해 확인된다. 랴오닝성 칭위안[清原]현 리자부[李家卜]유적에서 발견된 청동모의 공반양상, 한반도 북부 황해남도 백천군 대아리 석관묘에 공반된 청동촉 등을 통해 이러한 연대적 동시성을 확인할 수 있다(宮本 2004c). 또한 대아리 석관묘에 공반되는 마제석촉에 대해 나카무라 다이스케는 한반도 남부의 비래동유적 출토품과 동시기라고 보고 있어(中村 2005), 앞서 언급한 병행관계와 전혀 모순되지 않는다.

세형동검 BI식(宮本 2003a)은 랴오둥지역의 요령식동검 2b식, 요령식동검 3·4식과 병행한다. 세형동검 중에서도 연나라 요동遼東군 설치 이후에 제작된 것으로 보이는 세형동검 BIc식을 기준으로 보면, 그보다 앞선 세형동검 BIa식이나 BIb식 단계에 해당하는 한반도 청동기문화 Ⅱ단계는 랴오둥지역의 요령식동검 2b·3a식에 병행한다. 그리고 세형동검 BIc식이 중심이 되는 한반도 청동기문화 Ⅲ단계는 랴오둥지역의 요령식동검 3b·4식 단계와 병행한다고 볼 수 있다. 표20의 요령식동검 출토지를 보면, 요령식동검 2b식은 랴오둥 전역에서 확인되는 데 비해, 요령식동검 3·4식은 랴오둥의 주변부에서만 확인된다. 이러한 분포의 차이는 문헌에서 전하는 기원전 300년경 설치된 연나라 요동군의 설치 시점과 일치하고 있다. 즉, 요동군 설치 전후에 요령식동검 3·4식이 출현하였음을 보여주는 것이다.

이러한 단계를 실연대의 기준으로 설정하면, 랴오시·랴오둥지역의 1a식 요령식동검 단계는 앞서 제시한 바와 같이 기원전 900년경으로 볼 수 있다. 이 기원전 900년이라는 실연대는 랴오시지역의 요령식동검 1a식 개시의 연대적 기준점으로 설정할 수 있다. 따라서 한반도 청동기문화 Ⅰa단계의 상한연대 역시 기원전 900년경으로 추정된다. 또한 싱자좡[杏家莊] 2호묘의 요령식동검 2a식 연대를 기원전 500년경으로 설정한 것과 연계하면, 한반도 청동기문화 Ⅰc단계에서 세형동검이 성립하는 Ⅱ단계의 경계는 기원전 500년경에 위치한다고 볼 수 있다. 나아가 세형동검 Ⅱc식, 동과, 다뉴세문경이 출현하는 한반도 청동기문화 Ⅲ단계와 그 전단계인 Ⅱ단계와의 경계는 앞서 제시한 필자의 기준에 따라 기원전 300년경으로 설정된다.

그밖에 기존에 한반도의 요령식동검 AⅣ식으로 설정한 유물(宮本2002c) 중에서, AⅣa식으로 세분된 황해북도 선암리 1호 석관묘에서 출토된 동검은 특이한 형식을 보인다. 이 동검은 돌기가 없으며, 등대 연마의 능선이 기부基部까지 이어지는 특징을 띤다. 비록 등대의 융기는 확인할 수 없으나, 전체적인 속성으로 볼 때 상대적으로 늦은 경향을 보인다. 공반된 석촉 등 부장품으로 미루어보면, 팽이형토기 2기 단계에 해당하는 것으로 보인다(徐国泰 외 2003). 따라서 이 동검은 랴오둥지역의 요령식동검 1a식과 동일한 형식으로 판단된다(宮本 2004c). 또한 황해남도 대아리 석관묘의 동검도 공반유물을 통해 동시기로 간주할 수 있다. 현재까지는 일단 AⅣa식으로 분류한 선암리 1호 석관묘 출토 동검이 예외적으로 확인될 뿐이며, 아직 유사한 사례가 보고되지 않아 형식적 위치는 잠정적으로 보류할 수밖에 없다.

다만, 대아리 석관묘의 동검은 등대의 능선이 기부까지 이어지는 형태를 보이는데, 이는 요령식동검 0식(그림147)의 거푸집 단계에서 능선이 함께 주조되었을 가능성이 있다. 이에 관해서는 제21장에서 상세히 다루겠지만, 대아리 석관묘의 동검은 한반도 청동기 Ia단계와 병행한다고 볼 수 있다. 강인욱은 대아리의 동검 등을 포함하여 선암리식을 설정한 바 있다(姜仁旭 2005). 그러나 대아리의 동검은 본 장에서 정리한 AI식에 해당하는 것으로, 이들을 동일한 형식 체계로 포괄하여 정리하는 것은 좀 더 신중한 접근이 필요하다.

일찍이, 필자는 AIVa식에서 AIVb식으로 변화한다고 한 형식변화(宮本 2002c)를 제시한 바 있으나, 이 부분에는 문제가 있었음을 인정한다. 당시 한반도 북부지역의 AIVb식 요령식동검으로 분류하였던 유물은 사실상 랴오둥지역의 요령식동검 4식과 동일한 형식이었다. 이 경우 출토지가 한반도 북부지역이라고 할지라도 제작지는 랴오둥지역일 가능성도 고려해야 한다. 결국 요령식동검 4식과 동일한 형식인 AIVb식은 연대적으로도 AIVa식과의 직접적인 관계가 성립되지 않는다. 따라서 AIVa식과 AIVb식에 계보관계는 존재하지 않는다고 보아야 할 것이다. 필자의 선행연구(宮本 2002c)에서 AIVa식과 AIVb식에 계보관계를 제시하여 혼란을 초래한 점에 대해 다시 한번 정정訂正과 함께 사과의 뜻을 밝힌다.

또한 AIVb식의 일종인 황해남도 재령군 고산리에서는 중국식동검이 공반되었다. 랴오둥의 요령식동검 4식이 전국시대 후반기에 해당하는 유물이라는 점에서, 두 유물 간에는 연대적 모순이 존재하지 않는다. 만약 그동안 AIVb식이라는 형식설정이 그간 오해를 불러일으켰다면 이를 철회하고자 한다. 오히려 요령식동검 4식이 전국시대 후반기부터 랴오둥지역에서 한반도 북부지역으로 확산되며 분포하게 된 것으로 해석하는 편이 더 적절하다. 평안남도 평원군 신송리新松里유적에서 출토된 요령식동검 4식과 중국식동검의 공반관계(송순탁 1997)도 이와 유사한 사례로 평가할 수 있다.

5. 자설自說의 비판에 대한 전망

이와나가 쇼조[岩永省三]는 연대 결정 과정에서 필자의 견해를 비판한 논지(岩永 2005)에서 크게 두 가지 논점을 제기하였다. 첫 번째는 마제석검의 변천과 그 조형론祖型論에 대한 견해 차이이다. 이는 야나기다 야스오[柳田康雄]가 한반도 마제석검의 조형을 동주대東周代의 중국식동검에서 찾는 견해(柳田 2004a)에 기반한다. 마찬가지로 테라사와 카오루[寺沢薫] 역시 중국식동검을 마제석검 연대에 기준으로 삼아 필자의 연대론을 비판하였다(寺澤 2004). 두 번째는 한반도 남부지역 요령식동검 AV식의 연대 기준 설정에 대한 문제와 함께, 요령식동검 AIIIc식에 속하는 용흥리 동검의 연대적 위치에 대한 견해 차이이다. 이는 결국 세형동검 개시기에 대한 시점의 차이로 이어졌다.

이와나가의 비판 중 동검 연대의 기준에 대한 논점은 앞서 본 장의 논의에서 이미 충분히 검토하였다. 여기서 같은 내용을 반복하진 않겠지만, 강조해야 할 점은 산둥반도 싱자좡[杏家莊] 2호묘에서 출토된 요령식동검 2a식 부장 사례를 통해, 이 동검의 연대 기준점이 기원전 500년경으로 설정된다는 사실이다. 이 연대는 한반도 세형동검의 성립연대를 판단하는 중요한 기준이 되며, 더 나아가 동북아시아의 실연대를 설정하는데 있어 가장 중요한 기준점이라고 할 수 있다.

또한, 랴오둥의 요령식동검 2b식 이후 형식변화와 세형동검의 형식변화는 기원전 6세기 후반~5세기 전반, 즉 연나라의 랴오시 서부로 영역 확장과 간접지배(宮本 2000d·2007b·2019a)와 연관된다. 동검의 형식변화는 연나라와 접촉하는 지역에서의 군사적인 긴장 속에서 촉진되었다고 볼 수 있다. 연나라의 동진이 진행됨에 따라 랴오시지역에서는 요령식동검 2a식 단계에서 요서식동과의 출현하고, 연나라 청동이기彝器나 연계도기燕系陶器가 출토되는(小林 외 2007) 등 연나라의 영향력이 점점 확대되는 양상이 확인된다.

앞서 언급한 이와나가의 첫 번째 비판인 마제석검에 대한 견해는 기존 논고(宮本 2004c)에서 이미 밝힌 바 있다. 후술할 제21장에서 상세히 다루겠지만, 기본적으로 마제석검과 관련된 필자의 기본적인 입장에는 논리적 모순이 존재하지 않는다. 이는 마제석검의 조형을 어디에서 찾느냐에 대한 해석적 차이에 불과하며, 더 중요한 것은 조형이 되는 청동기와 그 공반관계, 병행연대를 우선적으로 고려하는 것이다. 이런 의미에서 중국식동검이 마제석검의 조형이 될 가능성은 없다.

앞서 서술한 것처럼, 중국식 동검과의 공반 사례는 랴오둥의 요령식동검 2b식이나 3·4식 단계에서 확인되지만, 그 이전 단계에서는 보이지 않는다. 랴오시지역의 경우도 연나라의 간접지배가 이루어진 이후부터 중국식 동검과 공반되는 사례가 확인된다.

더 중요한 점은 동북아시아 청동기문화가 장성지대 북방 청동기문화의 계보를 이어받았으며, 은주殷周사회와는 전혀 다른 세계관을 기반으로 형성되었다는 사실이다(宮本 2000f). 두 문화영역은 접촉하는 경계지역에서만 제한적인 교류가 이루어졌을 뿐, 그 외의 지역과는 어떠한 교류도 이루어지지 않았다. 더욱이 은주세계와 동북아시아의 청동기문화가 문화적·영역적으로 연결되는 시점은 기원전 6세기 후반~5세기 전반 이후의 전개로부터 비로소 확인된다(宮本 2000d·2019a). 그 시기는 앞서 제시한 것처럼 세형동검문화가 형성되는 시기로, 기본적으로 마제석검은 공반되지 않는다. 마제석검은 한반도의 요령식동검이나 그 이전 단계에 사용되었음은 공반관계 등의 고고학적 사실을 통해 명백하게 확인된다. 따라서 이러한 논의는 직관적인 예견予見이 아닌 객관적인 사실을 중시해야 할 것이다.

이와나가는 필자의 주장에 대해 미검증된 가설이라고 지적하였다(岩永 2005). 그러나 동일한 논리적 한계는 이와나가 본인의 비판 근거에도 적용될 수 있다. 현재 방법론적으로 중요한 것은 각 지역에서 관찰되는 동검의 형식변천을 종합적으로 통합할 수 있는 틀을 구축하는 것이다. 이는 고고학에서 각 지역의 토기형식을 비교하고 지역 간의 상호 연관성을 파악하여 편년망을 구성하는 방식과 동일한 접근법이다. 필자는 이러한 입장에서 랴오시 · 랴오둥지역에서 한반도 북부를 거쳐 한반도 남부로 이어지는 청동단검 중심의 변천과정을 돌기, 등대의 융기, 등대의 연마 형태라는 세 가지 속성을 기준으로 양식적 동시성을 고려하여 서술하였다.

각 단계의 실연대 비정은 실제 연대와의 차이가 있을 가능성이 있지만, 큰 틀에서 보았을 때 모순되지 않는다고 생각한다. 이는 토기 편년망과 마찬가지로, 각 형식의 연대적 상한이나 하한에서 어느 정도의 오차가 존재할 수 있음을 의미한다. 그러나 토기 형식의 편년과 마찬가지로, 청동기에서도 편년망이나 편년의 틀을 설정하는 것이 중요하다. 전통적인 고고학적 방법론은 본질적으로 상대연대에 의존할 수밖에 없으며, 따라서 상대 연대의 정확성을 확보하는 것이 무엇보다도 중요하다. 더욱 중요한 점은 특정 형식의 변화나 특정 기종이 성립하게 된 인과관계에 대한 설명이 필수적으로 수반되어야 한다는 것이다. 이러한 탐구 없이 단순히 연대의 상대적 순서만 제시한다면, 그 편년은 아무런 의미를 갖지 못하며 고고학적 해석 자체가 성립되지 않는다.

그러나 일부 연구자들은 실연대에 대한 개인적인 집착이나 근거 없는 정설에 지나치게 매달린 나머지, 실연대 이상으로 중요한 문제인 고고학적 변화나 변천의 배경을 설명하는데 소홀한 경향이 있다. 현재 필요한 것은 동북아시아를 아우르는 청동기 변천의 편년망과 그 체계를 구축하는 것이다. 이러한 관점에서 필자가 적절한 고고학적 절차를 밟아 구축한 본 연구의 편년 체계는 현재로서 가장 모순이 적고 타당성이 높은 체계라고 판단된다. 또한 이 편년 체계는 동북아시아의 역사적 해석을 가능하게 한다. 향후 청동기 이외의 유물이나 묘제와 같은 유구를 추가하여 종합적인 변천을 제시하고, 이를 역사적 해석으로 확장할 필요가 있다. 필자는 이에 대한 구체적인 역사적 해석을 가지고 있으나, 본 장에서는 지면 관계상 더 이상 다루지 않겠다. 여기서는 청동기의 연대적 큰 틀을 제시하는 것으로 논의를 마무리하고, 이후의 해석 및 추가적인 논지는 제21장에서 다루고 한다.

최근 이러한 전망과 유사한 시각에서, 미야자토 오사무[宮里修]는 랴오시지역에서 한반도까지의 요령식 동검 편년과 병행관계를 다룬 바 있다(宮里 2007a · 2010). 각 지역 단위에서 동검의 세부적 계보 관계에 차이

표22. 한반도 남부와 북부 규슈의 병행관계와 야요이 연대

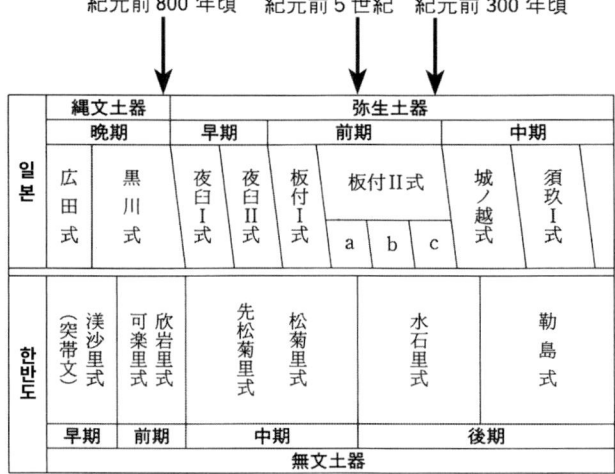

紀元前 800 年頃　　　紀元前 5 世紀　紀元前 300 年頃

	縄文土器		弥生土器						
	晩期		早期		前期			中期	
일본	広田式	黒川式	夜臼Ⅰ式	夜臼Ⅱ式	板付Ⅰ式	板付Ⅱ式		城ノ越式	須玖Ⅰ式
						a	b	c	
한반도	渼沙里式 (突帯文)	欣岩里式 可楽里式	先松菊里式	松菊里式		水石里式			勒島式
	早期	前期		中期				後期	
	無文土器								

는 있으나, 전체적인 큰 틀은 이 책의 견해와 유사한 결론을 도출하고 있다. 다만, 문제는 랴오시와 랴오둥지역간의 병행관계 혹은 랴오둥지역과 한반도의 병행관계에 대한 명확한 근거가 미흡하다는 점이다. 특히 미야자토가 '고산리 타입'으로 분류한 동검은 이 책에서 말하는 요령식동검 4식에 해당하며, 이는 랴오둥지역을 중심으로 성립된 형식이다. 미야자토 역시 이 형식을 랴오둥지역으로부터 유입된 형식으로 해석한다는 점에서는 필자의 견해와 일치한다. 그러나 이를 한반도의 용흥리 형식이나 세형동검의 성립기와 연결할 수 있는 근거가 구체적으로 제시되지 않았다. 또한 요령식동검 4식의 연대는 기원전 3세기까지 내려가므로, 이보다 이른 시기로 설정하는 것은 타당하지 않다.

6. 맺음말

최종적으로는, 앞서 구축한 동북아시아 청동기 편년망을 바탕으로 북부 규슈지역과의 편년적인 대응관계를 제시하고자 한다. 다케스에 준이치[武末純一]가 제시한 북부 규슈와 한반도 남부지역 토기의 병행관계(武末 2004)는 대체로 타당한 것으로 평가된다. 이를 바탕으로 연대관을 설정하면 다음과 같다(표22).

야요이[弥生] 조기인 유우스[夜臼] I식에서 야요이 전기의 이타즈케[板付] I식 또는 이타즈케 IIa식의 일부와 병행하는 선송국리식~송국리식 토기 단계는 한반도 청동기문화 Ia · Ib~Ic단계에 해당한다. 이 단계의 연대는 기원전 9~6세기로 추정된다(宮本 2018b). 또한 이타즈케 IIa식 일부와 이타즈케 IIb식은 한반도 청동기문화 II단계와 병행하여, 기원전 5~4세기에 해당한다. 그리고 이타즈케 IIc식에서 스구[須玖] II식에 걸친 시기는 한반도 청동기문화 III · IV단계에 병행하며, 기원전 3~1세기로 비정된다. 한편 구로카와[黑川]식은 기원전 10세기 이전으로 추정되지만, 그 상한에 대해서는 청동기의 병행관계만으로는 추가적인 검토가 어렵다.

---

(1) 그림143-1은 2004년 9월 산둥[山東]성 치샤[棲霞]현 문물관리처에서 필자 실측.

(2) 그림143-2는 2007년 2월 교토[京都]대학 종합연구박물관에서 필자 실측.

(3) 그림144-2는 1996년 5월 랴오닝[遼寧]성 박물관에서 필자 실측.

(4) 그림144-1은 1996년 5월 랴오닝[遼寧]성 박물관에서 필자 실측.

(5) 그림145-1은 1996년 5월 랴오닝[遼寧]성 진저우[金州]시 박물관에서 필자 실측.

(6) 그림145-2는 1999년 8월 지린[吉林]성 쓰핑[四平]시 박물관에서 필자 실측.

(7) 이 밖에도 네이멍구[内蒙古] 자오냐오다멍[昭鳥達盟] 아오한쯔[敖漢旗] 산완쯔[山湾子] 출토 석제 거푸집 역시 등대[脊] 능선이 미리 새겨져 있다는 견해도 존재한다(庄田 2006a). 그러나 이는 거푸집의 결실 과정에서 생긴 흠집으로, 원래부터 능선을 의도하여 새긴 것은 아닌 것으로 판단된다.

(8) 전 성천成川에서 출토된 다뉴조문경과 정가와쯔[鄭家窪子] 6512호묘의 다뉴조문경과의 형식적 단절이 크다는 것을 지적한 바 있다(宮本 2002c). 문제는 전 성천 출토 다뉴조문경과 함께 출토된 Ⅱc식 동검이 공반관계에 대한 기록이 없어, 각각 따로 출토된 것일 가능성이 높다는 것이다. 이 과정에서 약간의 오해가 발생하여, 이와나가 쇼조[岩永省三]는 기존 필자의 견해를 철회하였다고 받아들였으나(岩永 2005), 필자의 입장은 기존과 달라진 바가 없다. 오히려 공반관계가 없다는 점에서, 전 성천에서 출토된 Ⅱc식 동검은 전 성천 출토 다뉴조문경을 통해 그 연대를 추정하기 어렵다. 정가와쯔[鄭家窪子] 6512호묘의 다뉴조문경은 1b식 요령식동검과 함께 공반되어 기원전 6세기로 여겨진다. 이와 형식학적으로 단절되는 랴오닝[遼寧]성 번시[本渓]시 량자춘[梁家村] 2호묘와 콴뎬[寛甸]현 자오자바오쯔[趙家堡子]의 다뉴조문경은 2b식 요령식동검이 함께 공반되고 있어, 기원전 5세기 후반~4세기에 해당한다고 판단된다. 결과적으로 다뉴조문경의 형식변천과 실연대는 모순되지 않는다.

제16장

한반도의 요령식동검

1. 머리말

요령식동검은 랴오시[遼西]와 랴오둥[遼東], 한반도에 분포한다. 이는 북방 청동기문화의 문화·기술적 기반 속에서 발생한 것으로 이해된다(宮本 2000f). 랴오시에 확인되는 모식矛式동검이 상주商周대에 나타난 중원의 청동모와의 관계 속에서 발생했다는 견해도 있지만(李剛 2002; 町田 2006a), 이러한 견해는 타당하지 않다.

공銎부를 가진 모식동검은 병병柄부의 가운데 구멍이 뚫린 특징을 지닌 동시기 카라수크식 동검의 영향을 받아 형성된 것으로, 이러한 기술을 기반으로 하고 있음은 명확하다(宮木 2000f). 상주商周대의 청동모 역시 그 계보를 따져보면, 세이마-투르비노문화나 안드로노보문화 등 북방 청동기문화에 뿌리를 두고 있으며 그 계통적 맥락을 잘못 해석해서는 안 된다.

한편 병부와 검신을 별도로 주조하고 검신에 돌기가 있는 전형적인 요령식동검인 C식 동검(宮本 2000f)은 랴오시·랴오둥·한반도에서 정량적 차이뿐만 아니라 지역적 차이를 드러내며, 제작단위 또한 상이하게 나타난다(宮本 2000a).

한반도의 요령식동검 A류는 크게 I류부터 V류로 세분되어 그 변천양상이 검토되어 왔다(宮本 2002c·2008a·2008b). 또한 A류에서 파생되어 발생한 세형동검을 B류로 구분하였다(宮本 2003a). A류 중 I식은 랴오둥지역의 동검과 정량적·형식적인 특징이 유사하여, 랴오둥에서 제작된 동검이 한반도 북부지역으로 유입된 것으로 판단된다. 그러나 동시에, 랴오둥지역 동검의 계보적 영향을 받지 않는 한반도 북부지역에서 제작된 요령식동검도 존재한다. A류 중 II~IV식으로 변화된 동검은 주로 한반도 북부지역에서 제작되었으며, 그 과정에서 형태적 변화가 이루어졌다.

V식은 랴오시지역의 고식古式 요령식동검의 형태적 특징을 모방한 형식으로, 대형화된 정량적 수치의 차이뿐만 아니라 검신을 연마하지 않아 무기로서의 기능을 갖추고 있지 않는 점이 특징이다.

그 분포양상은 한반도 남부지역에 한정되어 보기宝器나 제기祭器로서 성격을 지닌 한반도 남부지역의 자체 생산품으로 생각된다(宮本 2002c). 따라서 V식은 한반도 북부지역에서 Ⅰ~Ⅲ식이 변화한 계보와 병행하여, 한반도 남부지역에서 독자적으로 발전한 것으로 추정된다(宮本 2002c·2008a·2008b).

이에 대해 V식 요령식동검은 토기 편년상으로 볼때 선송국리식이나 송국리식 초기 단계까지 상향되지 않는다는 비판이 제기되었다(武末 2004). 또한 V식과 다른 요령식동검, 특히 Ⅱ·Ⅲ식의 병행관계에 의문을 제기하는 의견도 있다(岩永 2011·2012). 그렇지만 최근 한반도 남부지역 즉, 한국에서는 새로운 출토 사례가 비약적으로 증가하고 있으며, 나아가 그 연대가 상향되는 경향을 보이고 있다. 일부 사례는 송국리식 단계보다 훨씬 이른 청동기시대 전기에 속하는 것이다. 이에 따라 본고에서는 이러한 최신 출토 사례를 기반으로 한반도 요령식동검의 편년관을 재검토하는 동시에 그동안 제기된 비판에 대한 필자의 견해를 제시하고자 한다.

2. 한반도 출토 요령식동검의 새로운 사례

필자는 일찍이 한반도의 요령식동검에 대해 검토한 바 있으나(宮本 2002c), 그 논고가 간행된 지도 어느덧 20년 가까이 지났다. 그 후로 새롭게 확인된 출토된 사례를 보면, 북한은 적은 반면, 한국에서는 비약적으로 증가하고 있다(표23). 특히 그 대부분이 무덤 출토 자료로, 공반유물이나 묘장 형태를 통해 상대적 연대를 추정할 수 있다. 그중에서도 한반도 남부지역의 지역성이 뚜렷한 사례, 한반

표23. 한반도 요령식동검의 집성

지명	형식	길이	최대폭	검신 길이	검신전방 길이	봉부 길이	무덤 상대연대
평양 신성동 석관묘	Ⅱc식	28.5	3.0	25.3	16.1	6.2	점토대토기문화Ⅰ·Ⅱ기
경기도 광주 역동석곽묘	V식	(22.0)	(2.2)	(19.5)			청동기시대 전기후엽
충청남도 서천 오석산 주구묘	V식	(18.8)	(2.3)	(14.7)			청동기시대 전기후엽
강원도 춘천 우두동 석관묘	Ⅱ·Ⅲ식	(18.4)	(1.7)	(16.2)		4.6	청동기시대 후기
경상북도 김천 송죽리 4호 지석묘	Ⅲa식	26.0	4.1	22.6	9.0	0.7	선송국리식
경상북도 김천 문당동 1호 목관묘	Ⅲc식	27.4	3.8	24.3	17.4	1.9	점토대토기문화Ⅱ기
전라남도 여수 월내동 상촌 2호 지석묘	V식	(11.5)	7.6	(9.0)			청동기시대 전기후엽
전라남도 여수 월내동 상촌 7호 지석묘	Va식	35.9	7.0	33.6	16.1	2.5	청동기시대 전기후엽 ~선송국리식
전라남도 여수 월내동 상촌 92호묘	V식	(22.0)	7.4	(8.1)			청동기시대 후기
전라남도 여수 월내동 상촌 115호 지석묘	V식	(16.9)	(4.8)	(14.4)			청동기시대 후기
전라남도 여수 월내동 상촌 116호 지석묘	Vb식	43.2	8.4	40.2	20.9	4.2	청동기시대 후기

도 남부지역에서 제작된 것으로 볼 수 있는 V식
의 출토 사례가 꾸준히 증가하고 있다.

우선, 경기도 광주시 역동驛洞 석곽묘에서 출
토된 동검에 대해 살펴보겠다. 이 동검(그림151-1)
은 검파두식[柄頭](그림151-2)이 함께 출토되었으며,
이 검파두식은 랴오둥반도의 강상[崗上]묘(中國社
會科學院考古研究所 1996) 등에서 확인된 사례(그림
152-3)와 유사하다.

원래 이 검파두식은 랴오시의 샤오헤이스거우
[小黑石溝] 8501호묘에서 출토된 요령식동검(內蒙古
自治區文物考古研究所·寧城縣遼中京博物館編著 2009)의
동병銅柄 말단부(그림152-1)에 삽입되는 구조였다.
그러나 이후 이같은 원관형円冠形의 검파두식은
랴오둥의 요령식동검에서 변형되어, 동병없이 검
파두식만이 동검에 부속되는 형태로 변화하였다.
이러한 검파두식과 동검의 조합이 한반도 남부지
역까지 확산된 것으로 추정된다.

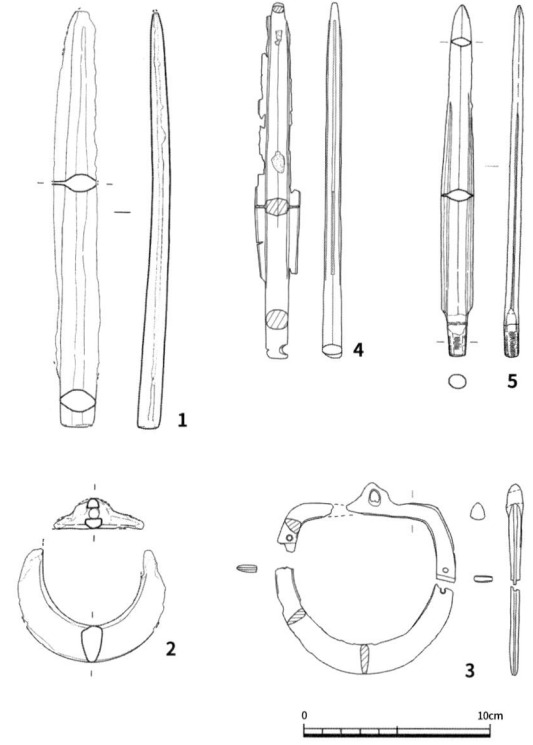

그림151. 한반도 요령식동검의 신 사례(1)(1·2: 역동, 3: 연지,
4: 오석산, 5: 우두동, ※축척 1/4)

역동 석곽묘에서 출토된 검파두식(그림151-2)은
단면이 능형菱形을 이루는 두꺼운 형태로, 단면이 방형을 이루는 랴오둥반도의 강상[崗上] 7호묘(그림
152-3)의 검파두식과 거의 동일한 형식학적인 특징을 보인다. 또한, 검파두식과 함께 출토된 동검(그림
151-1)은 인부가 거의 남아있지 않은 Vc식(宮本 2008a)으로 분류할 수 있을 정도로 유사하다.

실견 결과, 동검의 인부는 절단되어 있었으며, 검신의 봉부는 마연되어 재가공된 것임을 알 수 있
었다. 인부 말단으로부터 측정한 경부의 길이는 2.3cm로, 이는 원래의 경莖부를 거의 유지하고 있는
것으로 추정된다. 경莖부의 폭은 1.5cm, 두께 1cm로, 랴오둥의 요령식동검 경부에 비해 다소 두꺼운
듯 하다. 그러나, 이러한 폭과 두께를 가진 요령식동검은 오히려 한반도 남부지역에서 자제척으로
제작된 V식으로 판단된다. 따라서 이 유물은 V식 요령식동검의 하반부로서, 검신의 기부 등이 파손
되고 인부는 거의 결실된 상태에서 재가공된 것으로 볼 수 있다.

동검과 검파두식이 출토된 역동 석곽묘는 얕은 묘광에 자갈을 깔아 조성한 형태이다. 석재에서는
피열흔被熱痕이 확인되며, 무덤 내부에 목탄이 남아 있는 점과 인골의 상태 등으로 보아 화장火葬의
가능성이 지적되고 있다(한얼문화재연구원 2012). 화장이라는 특징은 랴오둥반도 적석총의 사례와 유사
하며, 묘장의 자갈 배치 형태 또한 적석총과 비슷한 양상을 보인다. 이는 이른바 한반도 고유의 지석

묘와는 구별되는 양식으로, 랴오둥반도 적석총의 구조와 유사성을 지닌 것으로 해석할 수 있다. 또한 강상[崗上] 7호묘나 뤼상[樓上] 3호묘(旅順博物館 1960) 등 랴오둥지역 적석총에서도 검파두식이 공반된 바 있다. 이는 역동 석곽묘의 계통적·시기적 연관성을 보여주는 중요한 근거로 볼 수 있다.

이 유적에서는 중심부에 무덤 1기가 존재하며, 그 주변에 주거군이 배치되어 있다. 이를 통해 필자는 무덤과 주거군이 동시기일 가능성이 높다고 본다. 주거군에서 출토되는 토기는 공열문토기로, 주거 형태 등을 고려할 때 청동기시대 전기 후엽에 해당한다고 판단된다. 주거군과 일정한 관계성을 가진 무덤이라고 본다면, 그 연대는 역시 청동기시대 전기 후엽으로 추정할 수 있다. 다만, 한반도 중부지역에서는 공열문토기가 청동기시대 후기까지 존속하므로, 일부 역동 석곽묘가 청동기시대 후기까지 내려갈 가능성을 제기하기도 한다. 그러나 동검 등과 공반된 마제석촉은 무경식석촉으로, 나카무라 다이스케[中村大介]가 제시한 Ib식에 속하며, 청동기시대 전기 전반으로 비정된다(中村 2005·2012).

더불어 인골의 방사성탄소연대는 1265~1056calBC로 비교적 이른 연대가 측정되었다. 그러나 검파두식의 존재를 근거로 랴오둥반도의 강상[崗上]묘와 거의 같은 시기라고 본다면, 그 시기는 10~8세기에 해당한다고 볼 수 있다. 이상의 내용을 종합해 볼 때, 역동 석곽묘는 청동기시대 전기 후엽에 위치할 가능성이 높다고 판단된다.

한편, 동검의 납동위체비鉛同位体比 분석 결과를 통해 한반도산 납일 가능성이 제기되었다(한얼문화유산연구원 2012). 이 동검은 요령식동검 V식의 재가공품이라 판단된다. 그렇다면 청동기시대 전기의 후반에는 이미 한반도 남부지역 내 요령식동검 V식의 자체생산이 이루어졌다고 볼 수 있다. 이는 기존의 연대관보다 상향된 해석으로, 결국 V식의 생산은 더 이른 시점에 시작되었을 가능성을 시사한다.

경상남도 김해 연지蓮池 지석묘에서는 역동 석곽묘의 검파두식과 유사한 형태의 검파두식이 출토되었다(東亞細亞文化財研究院 2012). 이곳에서는 동검은 출토되지 않고 검파두식(그림151-3)만 단독으로 출토되었다. 역동 석곽묘 출토품에 비해 편평하고 대형화된 것이 특징이다. 이러한 특징은 랴오둥의 랴오닝성 칭위안[清原]현 리자부[李家卜] 석곽묘(清原県文化局·撫順市博物館 1982)에서 출토된 동병(그림152-5)과 더 유사하다. 리자부[李家卜]에서는 검파두식과 함께 요령식동검 1a식(그림152-4)이 공반되었다.

연지 지석묘 출토품은 재이용을 위해 일부 파손된 후, 병부를 조립하는 부분에 구멍을 뚫어 끈으로 묶어 보수한 흔적이 남아있다. 이러한 보수 과정에서 원래 형태보다 다소 축소되었을 가능성도 있다. 동검의 검신은 출토되지 않았음으로, 보수한 검파두식만을 보기寶器와 같은 부장품으로 활용했을 것으로 추정된다.

형식학적으로는 역동 석관묘의 출토품보다 늦을 시기에 속할 가능성이 있지만, 공반유물이 존재하지 않아 연대를 특정하기는 어렵다. 그러나 이 검파두식이 랴오시·랴오둥지역의 요령식동검 1a식 단계에 공반되는 것임을 고려할 때, 연지 지석묘의 검파두식 역시 요령식동검의 비교적 이른 단

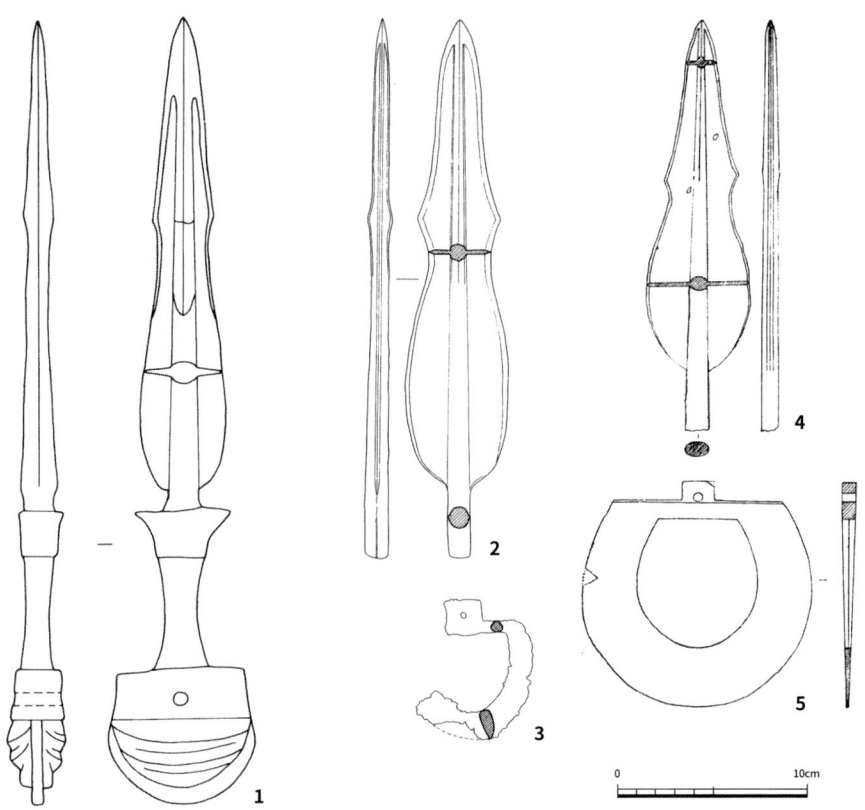

그림152. 랴오시·랴오둥 요령식동검과 병부(1: 샤오헤이스거우[小黑石溝], 2·3: 강상[崗上], 4·5: 리자
부[李家卜], ※축척 1/4)

계에 속할 가능성이 높다.

또한 검파두식의 납동위체비 분석 결과, 한반도 남부지역산일 가능성이 제시되고 있어(東亜細亜文
化財研究院 2012), 이 역시 한반도 남부지역에서 자체적으로 생산한 것으로 볼 수 있다. 연지 지석묘는
지석을 갖추지 않는 개석식 지석묘로 추정되며, 이는 흔암리식에서 송국리식에 걸쳐 존재하는 것이
다. 이를 종합해 보면, 연지 지석묘의 검파두식은 청동기시대 전기 후엽부터 송국리식 초기 단계에
해당한다고 볼 수 있다.

충청남도 서천 오석산유적의 주구석관묘에서도 요령식동검(그림151-4)이 발견되었다(忠清文化財研究
院 2008). 주구석관묘는 춘천 천전리유적이나 진주 대평리 옥방에서도 확인된 바 있으나, 오석산의 주
구석관묘는 그 중에서도 청동기시대 전기의 후엽에 해당한다는 견해가 제시된 바 있다(金権中 2010).
또한 오석산 주구석관묘의 경우, 이단병식二段柄式 석촉이 공반되어 청동기시대 전기 후엽까지 그 연
대가 올라갈 가능성이 높다. 출토된 동검은 짧은 인부를 가지고 있으며, 등대에 약간의 능선이 있고

경부에 홈이 나 있는 것이 특징이다. 인부나 등대의 능선은 재가공 연마를 통해 성형된 것으로 판단되며, 경부의 홈을 근거로, 이 동검은 요령식동검 V식의 재가공품으로 추정할 수 있다. 따라서 이 동검은 역동 석곽묘 출토품과 마찬가지로 청동기시대 전기 후엽의 재가공품으로 판단된다.

강원도 우두동유적 석관묘에서도 동검과 동촉 2점, 곡옥 1점, 마제석촉 7점이 함께 출토되었다(江原文化財研究所 2011). 동촉은 지금까지 한반도에서 출토된 사례가 없는 유물로 주목되었으며, 곡옥이나 무경無莖식 마제석촉은 청동기시대 전기의 전형적인 특징을 보이고 있어 석관묘의 조성시기를 판단할 수 있다(江原文化財研究所 2011). 여기서 출토된 동검(그림151-5)은 인부가 짧게 재가공된 형태를 보인다. 봉부 측에는 혈구[樋]의 시작점이 확인되며, 이는 요령식동검의 봉부 전반부를 재가공한 흔적으로 해석된다.

그러나 요령식동검 V식에 자주 확인되는 경莖부의 홈이 없다는 점, 혈구 시작점의 등대 폭이 약 1㎝ 정도라는 점을 고려할 때, 이 동검은 요령식동검 V식의 재가공품으로 보기 어렵다. 등대 폭으로 미루어 볼 때, 용흥리 등에서 출토된 요령식동검 IIIc식을 재가공한 것일 가능성이 높다. 공반된 동촉의 존재 등을 종합적으로 고려할 때, 이 석관묘의 연대는 송국리식 병행기에 해당하는 청동기시대 후기까지 내려갈 가능성도 있다.

전라남도 여수 월내동 상촌 지석묘는 요령식동검 V식이 출토된 적량동 지석묘에 인접한 지석묘군으로, 하나의 지석묘군으로 간주해도 무방하다. 월내동 상촌 II지구의 2호 지석묘와 7호 지석묘(東北亜支石墓研究所 2012a), 상촌 III지구의 92·115·116호 지석묘(東北亜支石墓研究所 2012b)에서 요령식동검 V식이 출토되었다. 이 중 7호 지석묘와 116호 지석묘에서는 완형完形의 요령식동검 V식이 확인되어 주목된다. 지구별로 지석묘 구조에서 약간의 차이가 확인되고 있으며, 이는 연대 차이나 집단 간의 계통차 차이를 반영하는 것으로 해석할 수 있다.

상촌 II지구 2호 지석묘는 묘역식 지석묘라 불리며, 방형의 구획 내에 지석묘 구조를 배치한 형태이다. 이곳에서는 요령식동검 V식 하단부(그림153-5)만 출토되었다. 파손면이 직선적인 점으로 미루어 보아, 이는 의도적인 분할로 추정된다. 여기서 출토된 동검은 기부의 인부폭이 넓고, 경莖부에 홈이 형성되어 있는 등 전형적인 요령식동검 V식의 특징을 잘 보여준다. 공반된 토기는 흔암리식 토기 파편으로, 공반관계를 중심으로 시기를 비정하면 요령식동검 V식은 청동기시대 전기 후엽에 출현한 것으로 판단된다.

동일한 II지구의 7호묘에서는 완형完形의 요령식동검(그림153-1)이 출토되었다. 다만 출토 당시 이 동검은 두 개의 파편으로 부러진 상태로 발견되었다. 이 파손이 부장 의례 과정에서 의도적인 것인지, 매장 후 무덤 내의 붕괴로 인한 것인지는 불분명하다. 그러나 동검 아래에서 인골이 발견된 점으로 미루어 보아, 이 동검은 피장자에 인접하여 놓여 있었을 가능성이 높다. 이 동검은 기부의 폭이 넓고 돌기부의 등대에는 융기가 있으며, 등대의 단면이 방형을 이루고 있다. 또한 등대에는 연마의 흔

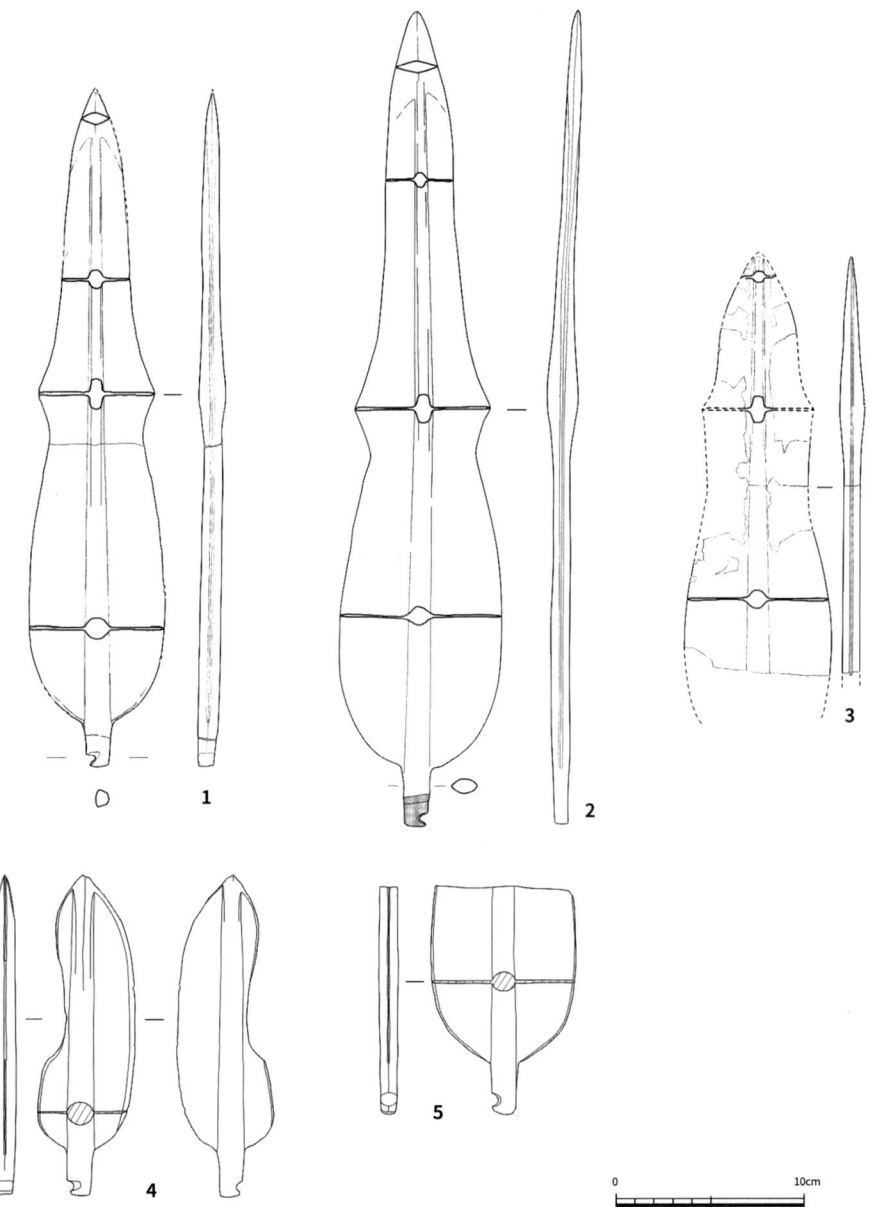

그림153. 한반도의 요령식동검의 신 사례(2)(1: 상촌 7호묘, 2: 상촌 116호묘, 3: 상촌 92호묘, 4: 상촌 115호묘, 5: 상촌 2호묘, ※축척 1/4)

적이 없고, 경부에 홈이 있는 전형적인 요령식동검 V식의 특징을 지닌다. 무덤 벽면 모서리에서는 이중구연토기편이 출토되었다. 이는 가락동식 토기로서, 흔암리식 토기보다 이르거나 동시기일 가능성이 있다. 다만 파편이므로 혼입되었을 가능성도 있다.

Ⅱ지구의 주변에서는 청동기시대 전기 주거지뿐만 아니라 송국리식 주거지도 확인되고 있다. 이

에 따라 이 무덤 역시 청동기시대 전기에서 중기의 시점에 걸쳐 존속하였을 가능성이 있다. 7호묘는 상석과 묘광 사이에 개석이 존재하는 개석식 지석묘로, 하부구조는 이른바 석관형에 속한다. 유우스[夜臼] I식 지석묘 하부구조인 석곽 Ia식(宮本 2012a)에 해당할 가능성이 있다. 따라서 그 연대는 청동기시대 전기 후엽에서 후기 초두의 선송국리식 단계에 이르는 시기로 추정된다.

월내동 상촌 III지구는 상석 주변에 석재를 놓아 연결한 묘역식 지석묘이다. 하부구조는 석관식, 석곽식, 혼축식, 토광식 등으로 다양하게 구성되어 있다. 이 상촌 III지구 92호 지석묘에서는 요령식동검 V식의 봉부 파편(그림153-3)이 출토되었다. 돌기부에 대응하는 등대의 융기 부분을 확인할 수 있으나, 봉부는 상당히 재연마되어 짧아진 상태이다. 또한 115호 지석묘에서는 검신 하반부(그림153-4)가 출토되었다. 이는 기부가 결손된 상태로 연마에 인해 원래보다 약간 폭이 좁아졌다. 봉부도 연마하여 가공된 흔적이 뚜렷하다.

앞서 언급한 상촌 II지구 2호묘의 출토품이 반파半破 상태였던 것과 달리, 92호묘와 115호묘의 동검은 연마를 통해 가공된 것이 특징이다. 두 무덤 모두 하부구조는 석곽형으로, 단면 능형菱形의 마제석촉과 결합식 편인片刃 석부가 공반되었다. 이같은 유물 조합은 선송국리식 이후인 송국리식 단계에 해당한다.

상촌 III지구 116호 지석묘에서도 거의 완형인 요령식동검 V식(그림153-2)이 1점 출토되었다. 출토 당시 이 동검은 3개의 파편으로 분할된 상태였으며, 석곽의 중앙에서 동쪽을 향해 산재되어 있었다. 이를 통해 부장시 의도적으로 파손한 것으로 판단된다. 이 동검은 7호묘에서 출토된 완형 동검과 동일한 요령식동검 V식의 특징을 지닌다. 그러나, 7호묘의 동검과 비교할 때, 116호묘 동검은 돌기부에서 봉부까지의 길이가 검신 전체에 비해 더 긴 것이 특징인데, 이는 시기적인 변화를 나타낸다고 볼 수 있다. 공반되는 마제석촉은 단면 능형의 유경有莖촉으로 이는 송국리식 단계에 해당한다. 이 지석묘는 지석이 없는 개석식이며, 하부구조는 석곽식이다. 따라서 116호 지석묘의 시기는 청동기시대 후기 전반으로 비정할 수 있다.

그 밖에도 강원도 춘천시 중도유적에서는 40호 주거지와 29호 지석묘 내 요령식동검 V식이 출토되었다(国立淸州博物館 2019). 그러나 현재까지 상세한 보고가 이루어지지 않아 내용을 파악하기 어렵다.

3. 상대편년으로 본 한반도 남부지역 요령식동검의 시기적 위치

이상과 같이 새롭게 출토된 요령식동검의 사례를 살펴보았다. 이를 통해 한반도 요령식동검의 전개, 특히 한반도 남부지역 요령식동검의 전개에 대한 필자 기존 편년의 개정이 필요하게 되었다. 필자는 최초의 편년안(宮本 2002c)을 제시한 이후 개정한 편년(宮本 2008a)을 발표하였으나, 새롭게 출토된 사례를 기반으로 다시 보완해야 할 시점이 되었다.

표24. 한반도 요령식동검 V식

지명	형식	길이	돌기폭	최대폭	경몵길이	검신전방길이	봉부길이	전방장비(검신전방길이/길이)
전라남도 여수 적량동 7호 지석묘	Va	33.6	5.6	7	2.8	15.4	1.8	0.458
전라남도 여수 적량동 2호 석곽	Va	35	7.2	7.8	2.3	16.4	3.9	0.469
전라남도 여수 월내동 상촌 7호 지석묘	Va	35.9	6	7	2.35	16.1	2.5	0.448
전라남도 여수 월내동 상촌 116호 지석묘	Vb	43.2	7	8.4	3	20.9	4.2	0.484
충청남도 부여 송국리 석관묘	Va	33.3	6	6.6	3.4	14.3	2.7	0.429
경상북도 성주 초전면	Vb	38.3	7.4	8.4	3.3	17.8	2.6	0.465
경상북도 성주 초전면	Vb	42	7.2	7.2	3.2	18.7	1.9	0.445
경상북도 성주 초전면	Vb	40.7	7.8	7.5	2.7	21.1	6.6	0.518

수정해야 할 주요 내용은 역동 석곽묘, 월내동 상촌 지석묘, 오석산 주구석관묘에서 출토된 요령식동검 V식의 존재에 기반한다. 한반도 남부지역 내에서 자체 생산된 것으로 판단되는 요령식동검 V식이 청동기시대 전기 후엽에 출현했다는 점은 매우 중요하다. 종래에 비래동 등에서 출토된 요령식동검 I식의 재가공품으로 여겨졌던 시점부터, 이미 한반도 남부지역에서는 요령식동검 V식이 자체적으로 생산되기 시작하였다는 것이 분명해졌기 때문이다.

즉 랴오시·랴오둥에서의 요령식동검의 등장시점과 거의 시차 없이 한반도 북부와 한반도 남부지역에 요령식동검이 존재하였으며, 특히 한반도 남부지역에서는 지역적인 특징을 가진 V식의 생산이 거의 동시기에 시작되었다는 점이 주목된다. 그동안 필자의 V식의 출현 연대가 너무 이르다는 필자에 대한 비판(武末 2004; 岩永 2011·2012)에 대해 적극적으로 반론할 수 있는 고고학적 자료가 출현했다고 볼 수 있다.

요령식동검 V식은 크기를 제외하면 랴오둥지역의 요령식동검과 유사한 형태적인 특징을 지닌다. 즉, 돌기부가 검신의 중앙보다 전방에 위치하는 점이 대표적이다. 표24에서 볼 수 있듯이, 검신 전방의 길이를 검신 전체 길이로 나눈 전방 길이 비율은 랴오시 출토품보다 짧으며, 이는 랴오둥 출토품과 유사한 경향을 보인다(宮本 1998·2000a). 또한 돌기 부분에 대응하는 등대의 융기가 존재한다는 점은 랴오시·랴오둥의 요령식동검 1a식의 특징을 충실히 모방한 것이다. 그러나 요령식동검 V식은 검신 등대의 단면 형태가 장방형을 띠는 등 랴오시·랴오둥지역의 요령식동검 1a식과 차이를 보인다. 동시에 등대 부분의 융기를 기점으로 한 연마 구분 제작[1])이 이루어지지 않는다. 또한 연마 흔적

---

1) 역자 주) 원문의 '研磨の研ぎ分け'는 제44회 한국고고학전국대회 4세션 미야자토 오사무의 '출현기의 한반도 청동기'에 대한 정인성의 통·번역에서 '구분제작'으로 번역된 바 있어 이를 참고할 수 있다. 다만 필자는 본문 중에서 연마 방향 등을 계속적으로 강조하고 있어, '연마'라는 용어를 포함해 '연마 구분 제작'으로 번역하고자 한다.

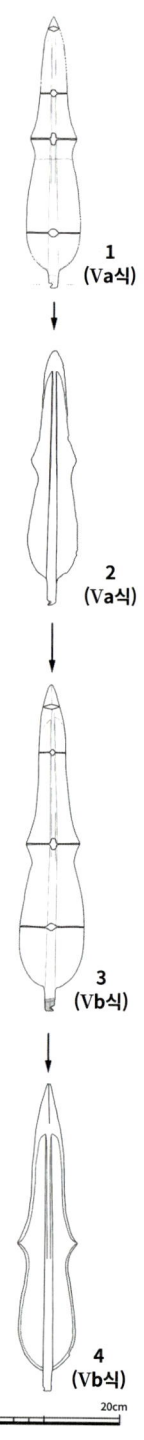

그림154. 요령식동검 V식의 변천도(1: 상촌 7호묘, 2: 송국리, 3: 상촌 116호묘, 4: 초전면, ※축척 1/10)

1 (Va식)

2 (Va식)

3 (Vb식)

4 (Vb식)

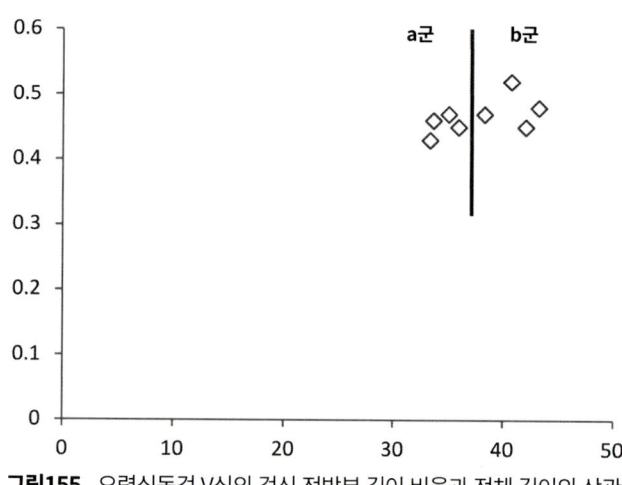

그림155. 요령식동검 V식의 검신 전방부 길이 비율과 전체 길이의 상관

이 보이지 않아 무기로서의 기능을 갖추고 있지 않다는 점도 특징이다. 즉 요령식동검 V식은 기본적으로 랴오둥지역의 요령식동검 1a식을 모방하면서 대형화된 형태로, 무기로서의 기능을 상실한 것으로 해석할 수 있다.

그렇다면 이 경우, 요령식동검 V식에서 형태적 변화는 없는 것인가? 먼저 월내동 상촌의 7호 지석묘와 116호 지석묘 간에 연대 차이가 존재할 가능성을 지적한 바 있다. 여기서 출토된 요령식동검 V식을 비교해 보면, 형태적인 차이가 확인된다.

116호 지석묘의 동검(그림154-3)은 검신 전방 길이가 늘어나면서 대형화되는 경향을 보인다. 청동기시대 전기 후엽에 속하는 7호 지석묘의 동검(그림154-1)은 돌기 부분이 검신의 중앙부보다 앞쪽에 위치하고 있다. 그러나 청동기시대 후기 전반에 해당하는 116호 지석묘의 동검은 돌기 부분보다 봉부 쪽의 검신 전방 길이가 검신 전체에 비해 길어지고 있다. 즉 검신 전방 길이가 점차 길어지는 방향으로 변화하고 있다고 가정할 수 있다(그림154). 또한 이러한 변화와 함께 동검 전체가 점차 대형화되는 경향도 확인할 수 있다.

이러한 가정을 검증하기 위해, 현재까지 완형으로 알려졌거나 완형으로 복원할 수 있는 요령식동검 V식(표24)을 대상으로 돌기부를 기점으로 한 검신 전방 길이와 전체 길이의 비율, 즉 검신 전방 길이/전체 길이의 상관성을 그림155와 같이 제시하였다. 산포점은 검신 전방 길이의 비율이 점차 커지면서 동시에 전체 길이가 증가하여 대형화하는 경향을 보인다는 사실을 보여준다. 이는 곧 돌기부 위치가 점차 기부 쪽으로 내려감과 동시에 동검이 대형화하는 경향을 띠는 것을 의미한다. 또한 대형화 요소인 전체 길이와 비교하면, 표24와 같이 36~38㎝ 사이를 경

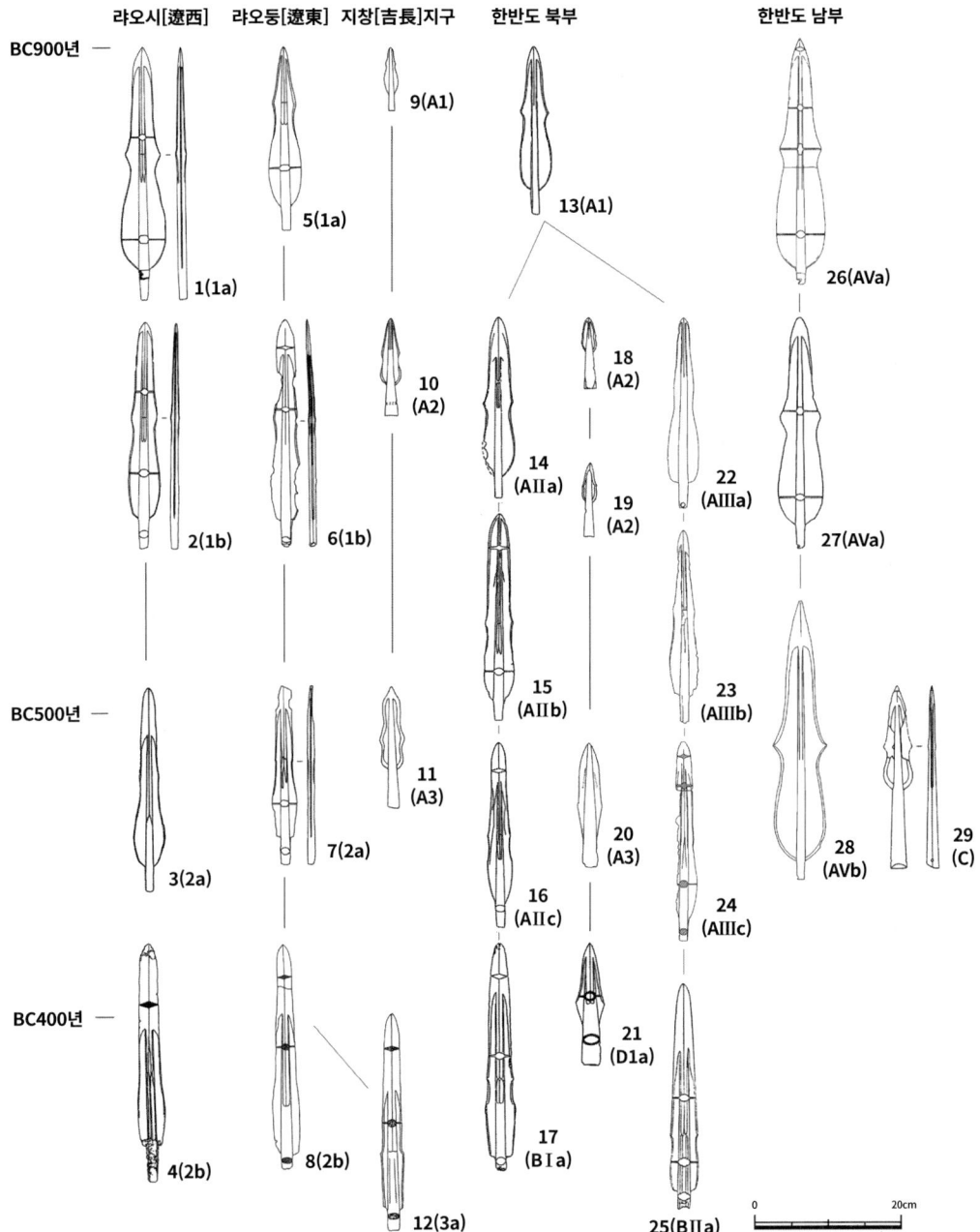

BC900년 —

BC500년 —

BC400년 —

라오시[遼西] 라오둥[遼東] 지창[吉長]지구 한반도 북부 한반도 남부

1(1a)
2(1b)
3(2a)
4(2b)

5(1a)
6(1b)
7(2a)
8(2b)

9(A1)
10(A2)
11(A3)
12(3a)

13(A1)
14(AIIa)
15(AIIb)
16(AIIc)
17(BIa)
18(A2)
19(A2)
20(A3)
21(D1a)
22(AIIIa)
23(AIIIb)
24(AIIIc)
25(BIIa)

26(AVa)
27(AVa)
28(AVb)
29(C)

0 20cm

그림156. 동아시아 동검·동모의 변천도(1: 스얼타이잉쯔, 2: 후터우거우, 3: 싼관뎬, 4: 위다오거우, 5: 자오왕춘, 6: 샤싼타이수
이쿠, 7: 싱싱챵, 8: 자오자바오, 9: 싱싱사오, 10: 청신춘, 11: 샤오궈산[小郭山], 12: 다팡선, 13: 금곡동, 14: 서포강, 15: 전
평양, 16: 전 성천, 17: 평양부근, 18: 표대, 19: 남양리, 20: 미둔리, 21: 이즈베스토프, 22: 송죽리, 23: 국립중앙박물관, 24:
문당동, 25: 동서리, 26: 상촌 7호묘, 27: 송국리, 28: 초전면, 29: 원광대학교 소장, ※축척 1/10)

계로 크게 두 개의 군집으로 구분되는 것을 알 수 있다. 이에 따라 각각의 군집을 a군, b군으로 명명하였다.

소형인 a군은 월내동 상촌 7호 지석묘나 송국리 석관묘 출토품으로, 청동기시대 전기 후엽부터 선송국리식 단계에 해당한다. 대형인 b군은 월내동 상촌 116호묘나 성주 초전면草田面 출토품 등으로 송국리식 단계에 속한다. a군은 랴오둥지역의 요령식동검 1a식을 모방하였으며, 그 크기도 점차 커지고 있다(그림156). 그러나 b군은 돌기의 위치가 후퇴하여 돌기가 더욱 돌출되도록 변화됨과 동시에 대형화되는 경향을 보인다(그림154). 이처럼 형태 변화와 정량적 변화를 함께 보여주는 두 군을 형식학적 차이로 인정한다면, a군을 요령식동검 Va식, b군을 요령식동검 Vb식으로 구분할 수 있다(그림154). 이는 요령식동검 V식이 무기가 아닌 보기寶器로서 기능 변화가 이루어진 것(Va식)뿐만 아니라, 예전동유적 등 매납 유적에서 보이는 것처럼 제기祭器로 변화되는 과정(Vb식)임을 시사한다. 즉 한반도 남부지역의 송국리식 문화 단계에는 요령식동검 V식이 보기寶器에서 제기祭器로 변화하였음을 알 수 있다.

이러한 요령식동검 V식의 변화를 고려할 때, 동북아시아 요령식동검의 시기적 위치는 그림156과 같다. Va식에서 Vb식으로 변화과정 속에서, 돌기부가 하향하는 요령식동모 C식(宮本 2002c)이 등장하였다고 가정할 수 있다. 이러한 일련의 변화는 요령식동모 A1→A2→A3식으로 이어지는 변화(宮本 2008b)와 비교할 때, 상대적으로 유사한 형태 변화의 방향성을 보여준다.

지금까지 한반도 남부지역의 편년에서는 I′식 또는 Vc식 등으로 표기하여 요령식동검의 재가공품을 형식화하는 견해를 제시해 왔다(宮本 2003a · 2008a · 2008b). 이를 다시 정리하면, I′식은 I식 또는 랴오둥지역의 요령식동검 1a식의 재가공품이며, Vc식은 V식의 재가공품에 해당한다. 이러한 재가공품은 한반도 남부지역에서 역동 석곽묘 · 오석산 주구묘 · 월내동 상촌 II지구 2호 지석묘의 사례와 같이 청동기시대 전기 후엽부터 출현하고 있으며, 이들 간에는 뚜렷한 연대 차이가 보이지 않는다.

요령식동검은 초기 단계부터 무덤의 부장품으로 사용되었으며, 의도적으로 파쇄한 후 매납하였을 가능성도 있다. 이러한 파편의 재가공품은 초기 단계부터 존재하였을 가능성이 있다. 따라서 파편의 재가공품은 형태적 변천의 결과라기 보다, 부장품으로서의 이용 방식에 따른 현상적 차이로 다루어야 한다. 즉, 이는 부장 행위의 방식과 의례적 의도에 따른 차이로 이해해야 한다. 따라서 필자는 파편의 재가공품을 기존처럼 별도의 형식으로 설정하는 것을 재고하고자 한다.

4. 신성동 · 문당동유적 출토 IIc · IIIc식 요령식동검의 시간적 위치

한반도 남부지역을 중심으로 전개되는 V식과는 달리, 같은 한반도 내에서도 고유한 변화와 전개

과정을 보인 계통이 요령식동검 Ⅱ식과 Ⅲ식이다(宮本 2002c). Ⅱ식은 한반도 서북부지역을 중심으로 전개되어 세형동검으로 직접 연결되는 계보로, 그 제작지는 서북부지역으로 추정된다. 반면 Ⅲ식은 Ⅱ식에 비해 분포범위가 넓으며, 한반도 전역에서 확인된다. 두 형식을 세분하여 살펴보면, 최종 형식인 Ⅱc식과 Ⅲc식이 새롭게 출토된 사례가 증가하면서 주목받고 있다. 이를 통해 요령식동검의 하한선을 상당히 좁힐 수 있게 되었다. 여기서는 앞서 정리한 Ⅴ식의 전개와 함께 Ⅱ·Ⅲ식의 편년 관계를 논하고자 한다.

Ⅱc식과 Ⅲc식의 시간적 위치를 다루기 전에, Ⅲa식의 시간적 위치를 공반 토기를 통해 확인할 수 있는 사례가 있다. 그 대표적인 사례가 경상북도 김천 송죽리 4호 지석묘에서 출토된 요령식동검(그림157-1)이다. 이 동검은 돌기에 비해 검신 하반부 기부폭이 넓은 Ⅲ식 계통으로 볼 수 있으며, 돌기에 대응하는 등대의 융기가 명료하여 Ⅲa식으로 설정할 수 있다.

이 동검은 개석식 지석묘에서 출토되었으며, 공반된 토기는 휴암리식의 선송국리식 토기이다(武末 2011). 이를 통해 Ⅲa식이 선송국리식 단계에 해당함이 명확하며, 형식학적으로 이에 선행하는 Ⅰ식은 흔암리식 등 청동기시대 전기 후엽까지 상향될 수 있음을 알 수 있다. 이러한 점은 Ⅴa식이 청동기시대 전기 후엽으로 상향되는 사례와도 모순되지 않는다. 이는 Ⅰ식 등 랴오둥지역 1a식 요령식동검의 정보가 한반도로 유입됨과 동시에 한반도 내에서 Ⅴa식이 생산되었음을 시사하는 것이다.

또한 송죽리 4호 지석묘에서 출토된 Ⅲa식은 한반도 남부지역 요령식동검의 특징 중 하나인 경부(莖部)의 구멍이 존재한다. 이 구멍은 Ⅲa식이 제작된 후 천공한 것일 가능성도 고려할 수 있다. 그러나, 구멍 내부를 현미경으로 관찰한 결과, 그림157-2·3에서 확인할 수 있듯이 주조 표면의 질감[湯肌]이 명료하게 드러나 있으며, 천공의 흔적은 존재하지 않았다.

즉 경부의 구멍은 주조 당시부터 의도적으로 제작된 것이다.

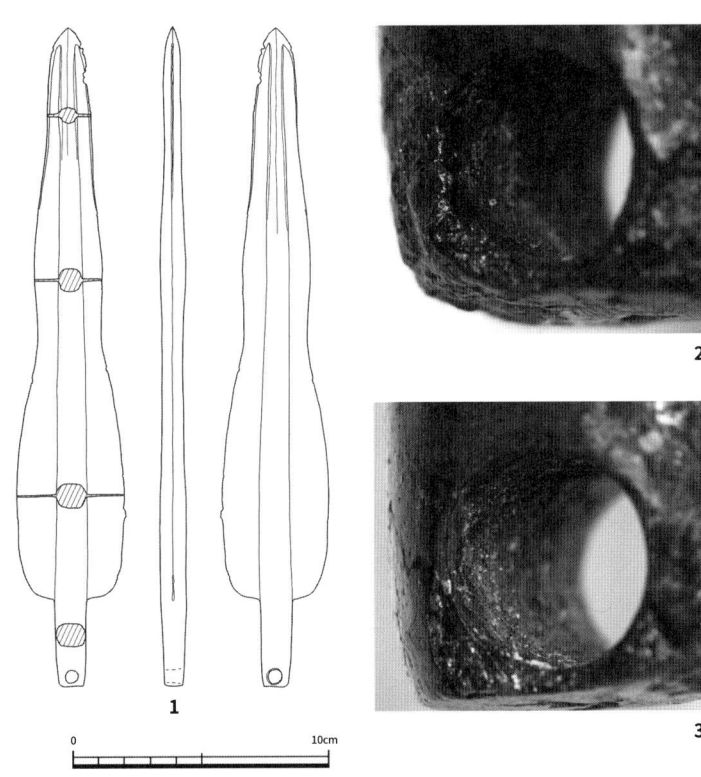

그림157. 송죽리 4호 지석묘 출토 요령식동검 Ⅲa식(※축척 1/3)

이러한 사실은 IIIa식이 이미 한반도에서 자체적으로 생산되고 있었음을 보여주는 근거이다. 그 제작지는 요령식동검의 재지성을 반영하는 한반도 중부에서 남부지역일 가능성이 크다. 또한 IIIa식이 요령식동검 1식과 병행한다는 근거는 돌기의 존재뿐만 아니라 등대에 융기가 존재한다는 점에서도 확인할 수 있다. 따라서 III식을 요령식동검 2식과 비교하여 늦추려는 견해(岩永 2012)는 성립되지 않는다고 볼 수 있다.

한편 II식과 III식이 병행하면서 변화하는 서로 다른 계보 관계라는 근거 중 하나는 제작지의 차이이다. II식은 대부분 대동강 유역을 중심으로 한 한반도 서북부지역에서 확인된다(宮本 2002c). 나아가 II식은 랴오둥지역의 요령식동검의 제작 기술, 즉 거푸집 제작기술을 도입했음에도 기술적으로는 랴오둥지역과 동일하지 않음을 보여준다. 즉, 랴오둥지역의 동검 거푸집에는 미리 새겨진 혈구[樋]가 존재하지만, II식에서는 주조 과정에서 이러한 기술이 제대로 적용되지 않아, 탕구 주변 상태가 좋지 않고 다소 조잡한 혈구가 형성되어 있다(宮本 2012b).

반면 III식은 일부 한반도 서북부에도 분포하지만, 최근 증가한 자료를 살펴보면, II식과 V식 사이의 형식들은 주로 한반도 중부와 남부지역에 분포하고 있어, 이 지역을 주요 제작지로 추정할 수 있다.

II식의 최종 형식으로 여겨지는 IIc식의 새로운 출토 사례로는 평양 신성동 석곽묘의 사례(国立中央博物館 2006)가 추가되었다. IIc식 동검에는 다뉴조문경과 장경호가 공반하고 있다. 이 장경호는 랴오둥의 상마스[上馬石] BII지구에서 출토된 토기(宮本 1991a) 등에서 확인되는 것과 유사하지만, 한반도 남부지역의 송국리식 토기 등과 직접 비교하기는 어렵다.

한편 한반도 남부지역 점토대토기의 기원이 랴오둥의 량취안[涼泉]문화(朴淳潑 2004)에 있다고 본 견해(中村 2012)와 마찬가지로, 이 장경호 역시 랴오둥지역을 기원으로 하여 한반도 남부지역의 점토대토기와 공반되는 흑도장경호로 이어진다(宮本 2017). 이는 랴오둥지역의 정가와쯔[鄭家窪子] 6512호묘 출토 장경호와 괴정동 장경호 사이의 중간 단계에 위치하는 것으로 판단된다(宮本 2008a).

정가와쯔[鄭家窪子] 6512호묘에서는 요령식동검 1b식이 공반되고, 괴정동에서는 세형동검 Ib식이 공반된다. 이로써 요령식동검 IIc식은 요령식동검 1b식과 세형동검 Ia·Ib식 사이에 위치하는 형식임을 알 수 있다(그림156). 또한 신성동 석곽묘의 다뉴조문경은 BII식에 속하므로, 랴오둥지역의 BII·BIII식 다뉴조문경과의 위치 관계에서도 모순되지 않는다(宮本 2011b).

요령식동검 IIIc식(그림158-1)으로 판단되는 동검이 부장된 경상북도 김천 문당동 II지구 1호 목관묘에서는 점토대토기(그림158-2)와 흑도장경호(그림158-3)가 공반되고 있다. 그 밖에도 석검(그림158-4)이나 천하석제天河石製 소옥 등이 함께 출토되었다. 여기서 출토된 토기들에 대해 나카무라 다이스케[中村大介]는 이를 정가와쯔[鄭家窪子] 6512호묘의 점토대토기문화 I기 또는 괴정동의 점토대토기문화 II기에 해당한다고 보았다(中村 2012). 점토대토기는 원형의 점토띠를 두른 상태로, 점토대토기문화 II기(中村

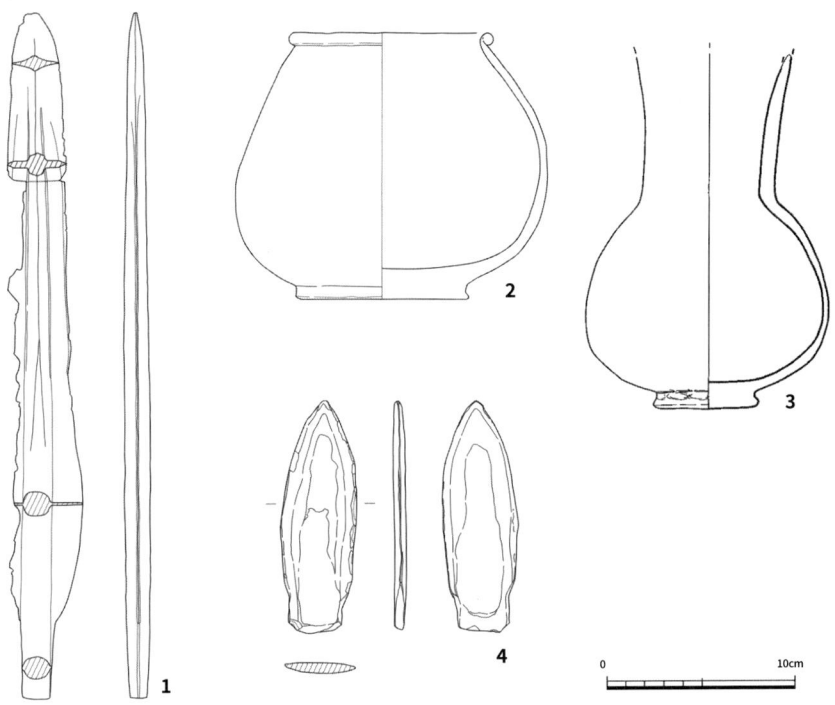

그림158. 문당동 1호 목관묘 출토유물(※축척 1/4)

2008·2010)에 해당하며, 흑도장경호 역시 괴정동에 가까운 점토대토기문화 Ⅱ기에 속한다.

토기의 연대를 고려하면, 신성동 석곽묘에 가깝거나 그보다 다소 늦은 단계로, 점토대토기가 한반도 남부지역으로 확산되는 단계에 해당한다. 이러한 단계에 요령식동검 Ⅲ식이 한반도 중부에서 남부지역에 걸쳐 여전히 분포하고 있었던 것이다. 이는 곧 점토대토기문화 Ⅱ기 단계까지 Ⅲc식이라는 요령식동검이 존속하였음을 의미한다. 반면 이 시기는 괴정동에서도 확인되듯이 Ⅱc식에서 발전한 세형동검 Ⅰa식이 한반도 남부에서도 출현하는 단계이다. 즉, 요령식동검에서 세형동검으로 이행하는 단계에 해당한다고 볼 수 있다.

이처럼 Ⅱc식과 Ⅲc식 요령식동검의 시간적 위치를 재설정할 수 있게 되었지만, 이들과 세형동검의 관계에 대한 문제가 여전히 지적되고 있다(岩永 2012). Ⅱc식과 세형동검 Ⅰ식 사이에 형식적 차이가 존재하며, 그 중간 단계로 동서리 등의 동검이 위치한다는 것이다. 그러나 동서리에서 확인되는 세형동검은 필자의 세형동검 Ⅱa식(그림156-25)으로(宮本 2003a), 세형동검 Ⅰa식과는 형식학적으로 구별된다. 또한 이 동검은 봉부가 길고 돌기에 해당하는 결입부[刳方] 상부의 위치가 하단으로 내려오는 특징을 지닌다. 이 동검이 Ⅱc식보다는 오히려 Ⅲc식과 유사하다는 점에서 한반도 중·남부 요령식동검 변화 방향의 연장선상에 있었다고 볼 수 있다(그림156). 나아가 이 동검은 이후 세형동검의 계보와 직접적으로 이어지지 않는다. 필자가 제시한 세형동검 IIa식이나 IIb식(宮本 2003a)은 이러한 IIIc식의 변화과정에서 세형동검 Ia식의 영향을 받으며 한반도 중·남부지역에서 독자적으로 발생하고 재지적으로 전개되다가 소멸한 형식으로 해석할 수 있다.

기본적으로 돌기와 결입부 상단의 위치 관계나 등대 연마의 특징을 고려할 때, 세형동검 I식은 IIc식 등 한반도 서북부를 중심으로 하는 II식 요령식동검의 계통 속에서 발생한(그림156) 것으로 생각된다(宮本 2003a·2008b). 또한 세형동검에서 기부가 수평으로 마무리된 형태가 문제로 지적된 바 있는데(岩永 2012), 이러한 II식의 형태적인 특징은 랴오둥지역 요령식동검 1b식의 거푸집 단계에서 영향을 받은 결과로 볼 수 있다. 즉, 랴오둥지역의 요령식동검 1b식과 2a식 등을 모방한 형태(그림156)로서, 세신화되는 변화 과정 속에서 한반도에서 독자적으로 발생한 형식으로 해석된다.

5. 한반도 요령식동검의 전개와 실연대 문제

최근 한반도에서 새롭게 출토된 요령식동검을 검토하면서, 지금까지 필자가 제시해 온 요령식동검의 편년(宮本 2002a·2008a)에 대한 보완과 수정, 그리고 필자의 편년관에 대해 제기된 의문점(岩永 2011·2012)을 명확한 설명과 함께 제시하였다.

결론적으로 한반도 요령식동검의 편년과 그 시간적 위치에 대한 필자의 기존 견해는, V식의 시간적 위치 설정을 제외하면 크게 변경되지 않았다. 그동안 필자가 제시해 온 Va식 요령식동검의 선송국리 단계 비정에 대하여 송국리식 단계 이전인 선송국리식 단계까지 상향할 수 없다는 비판적 의견이 제기되어 왔다(武末 2004; 岩永 2011·2012). 하지만 새로운 출토 사례를 통해, Va식은 오히려 공열문토기가 출토된 청동기시대 전기 후엽까지 상향할 수 있음을 확인하였다. 그림156과 같이, 한반도 남부지역의 신규 자료를 반영하여 수정한 편년도를 제시할 수 있다.

랴오시·랴오둥지역에서 출현한 요령식동검은 빠르게 한반도 전역으로 확산되었으며, 한반도 남부지역에서는 비실용적 보기寶器인 요령식동검 Va식이 발생하였다. 나아가 송국리식 단계에서는 Vb식으로 장대화되며, 그 기능이 제기祭器로 전환되었다. 이러한 변화는 한반도 남부지역 송국리식 토기 사회의 발전과정과 밀접하게 관련된 현상으로 이해된다.

마지막으로 실연대의 문제를 덧붙이며 논지를 마무리하고자 한다. 앞장에 제시한 바와 같이, 랴오시지역 요령식동검 1a식이 출토된 샤오헤이스거우[小黑石溝] 8501호묘의 실연대는 기원전 10~9세기로 판단된다. 이 시기부터 한반도 남부지역으로도 거의 동시기에 요령식동검이 확산되었다면, 이보다 한 단계 늦은 선송국리식 단계는 기원전 9~8세기로 비정할 수 있다. 하시노 신페이[端野晋平]의 C14 연대의 교정치의 검토에 따르면, 공열문토기를 통한 청동기시대 전기와 선송국리식 경계는 기원전

800년경으로 설정된다(端野 2010). 이는 앞서 언급한 요령식동검의 실연대와도 모순되지 않은 결과이다.

또한 선송국리식 토기와 상대 연대에서 병행 관계에 있는 유우스[夜臼] I식(武末 2004)은 기원전 9~8세기에 해당한다(宮本 2018b). 따라서 필자의 야요이 개시기 실연대관에 대한 변경의 여지는 없다. 이같은 견해는 쇼다 신야[庄田慎矢]의 기원전 8세기 후엽~7세기 후엽(庄田 2006b), 나카무라 다이스케[中村大介]의 기원전 8세기 후엽~7세기경이라는(中村 2010) 편년과 거의 일치한다. 더불어 야요이 개시기의 역사적인 동인으로서 한랭화를 고려할 수 있는데, 이 역시 기원전 9~8세기경에 해당한다는 점(宮本 2011a · 2013b · 2018b)은 선송국리 실연대의 타당성을 뒷받침하는 중요한 근거가 된다.

그러나 야요이 개시기의 실연대를 낮추려는 연구자들의 입장에서는 랴오시 · 랴오둥지역으로부터 한반도 남부지역으로 확산된 요령식동검을 경사 편년으로 설정하고 있다. 이를 적용하면 선송국리식의 실연대는 얼마든지 임의로 낮출 수 있다. 그렇지만 기원전 500년을 연대적 기점으로 설정한 요령식동검 2a식과 병행하는 기원전 5세기의 IIc식과 IIIc식은, 한반도 남부지역 내 송국리식 단계에서 초기철기시대인 점토대토기의 교체기에 해당한다. 따라서 선송국리식의 연대를 경사편년에 근거하여 임의로 낮출수록 송국리식 토기 단계의 연대폭이 비정상적으로 짧아지게 되어 실연대관으로서 불합리한 결과를 초래한다. 선송국리식에서 송국리식으로 이어지는 기원전 9~5세기로 하는 연대관은 C^{14} 연대의 교정치(端野 2010)와도 거의 부합하여 논리적으로 모순되지 않는다.

한편, 야요이시대 개시의 실연대를 더 이르게 보는 연구자(春成 2006) 입장에서는 청동기시대 전기 후엽의 요령식동검 Va의 조형을 랴오둥지역 요령식동검 1a식에서 기원한 것으로 본다. 이 형식의 출현 연대를 상향하면 야요이 개시기의 실연대도 더 이르게 설정할 수 있다고 주장한다. 그러나 이러한 논리 역시 어떤 의미에서는 경사 편년의 일종으로, 랴오시 · 랴오둥지역 요령식동검의 실연대를 기원전 10~9세기로 설정하는 필자의 입장과는 양립될 수 없다.

한반도의 무문토기와 야요이의 실연대는 동검 · 동모나 다뉴경 등의 청동기뿐만 아니라 토기 형식, 석검, 묘장 등 다양한 문화 요소의 상대 편년과 그 상호 관계를 종합적으로 검토하여 서로 모순이 없어야 한다. 이러한 각 문화 요소의 상대 편년에 대해서는 이미 논의한 바 있으며(宮本 2011b), 본 장에서 전개한 한반도 요령식동검의 편년 체계는 이를 종합한 모순이 없는 편년관이라고 할 수 있다.

실측도 출처
그림151-4 · 3: 미야모토 가즈오 실측
그림153-4 · 5: 미야모토 가즈오 실측
그림157-1: 미야모토 가즈오 실측
그림158-1: 미야모토 가즈오 실측
그림158-2 · 4: 나카무라 다이스케[中村大介] 실측
그 외 자료는 각 보고서에 의한다.

제17장

한반도의 세형동검

1. 청동기문화의 시기구분과 지역성

한반도 청동기문화의 지역 구분에 관해서는 이미 고토 타다시[後藤直]에 의해 정리된 바 있다(後藤 1985). 이 책에서도 기본적으로 고토[後藤]의 지역 구분을 따르고자 한다. 다만, 고토가 말하는 제X지역이나 제XI지역은 압록강 상류와 하류 유역에 해당하는데, 이 지역의 선사문화는 토기 양식 등을 기준으로 구분할 때 랴오둥[遼東]지역에 포함시켜 논의해야 한다(宮本 1985a). 따라서 앞서 제시한 두 지역은 한반도의 선사 문화에 포함시키지 않겠다. 청천강 이남 지역은 즐목문櫛目文토기나 무문토기가 분포하는 범위이며, 그 이북 지역은 랴오둥지역과 동일한 토기양식권에 포함된다(宮本 1985a).

또한 한반도 전체의 청동기문화를 논할 때는 지역적인 전개를 중시한다. 청동기가 잘 확인되지 않는 함경북도나 함경남도 등 동북부지역이나 강원도의 동부지역에 대해서는 다루지 않는다. 따라서 여기서 대상지역으로 삼은 지역은 청천강 이남, 대동강 유역 서부, 임진강 유역~한강 유역 중서부, 아산만~ 금강 유역·만경강 유역 중남부, 전남지역인 서남부, 영남지역인 동남부로 나눌 수 있다. 동남부지역은 다시 경상북도인 북부와 경상남도인 남부로 나눌 수도 있다.

한반도의 청동기문화는 고토 다타시[後藤直]에 의해 6기로 구분되었다(後藤 1985). 이를 간략히 정리하면, 다음과 같다.

제 I 기 요령식동검 출현 이전 동착銅鑿, 동포銅泡, 동촉 등이 출현하는 단계

제 II 기 요령식동검 단계

제 III 기 세형동검 출현 단계

제 IV 기 동검·동모와 함께 동과가 출현하는 단계

제 V 기 제 IV기의 각종 청동기에 전한前漢 계통의 문물이 추가되는 단계

제 VI 기 동남부지역에서만 확인되는 단계(종말기)

이 책에서는 기본적으로 앞서 제시한 시기 구분을 따르지만, 제1기를 한반도에서 별도로 설정할 수 있는 것인지 의문이다. 고토[後藤]가 제XI지역으로 설정한 서북한의 신암리유적에서는 신암리 제2기 문화층에서 동도자銅刀子와 동포銅泡가 출토되었다. 서북한은 앞서 언급한 바와 같이 지역 구분 상 랴오둥에 속하는 지역이다. 신암리 제2기는 슈앙투오쯔[雙砣子] 3기에 병행한 것으로 여겨지며(宮本 1991a), 그 중 일부는 인쉬[殷墟]기와 병행한 것으로 장성지대 청동기문화 제3기에 해당한다. 이 단계에는 랴오둥지역에서도 청동도자가 확인된다. 이러한 흐름과 연동되어 서북한지역까지 도자刀子나 동포銅泡가 출현한다고 해석할 수 있다.

문제는 서북한의 금탄리유적과 신흥동유적에서 각각 동착銅鑿과 동포銅泡가 출토되고 있다는 점이다. 두 유적 모두 팽이형토기가 공반되고 있어 이른 시기일 가능성이 높으나, 이어지는 요령식동검이 출현하는 제II기와 비교하면 제I기를 한반도 내 별도로 설정할 수 있는가에 대해 확신할 수 없다. 후술하는 것처럼 팽이형토기 단계의 주거지에서도 요령식동모가 출토되고 있어 요령식동검기인 제II기와 그에 앞선다고 여겨졌던 제I기는 공존하는 단계일 가능성이 높다. 따라서 이 책에서는 고토[後藤]의 제I기와 제II기를 아울러 제1기로 통합하여 논의를 진행하고자 한다. 다만, 한반도 청동기의 초기 출현 연대에 대해서는 아직 정확히 단정하기 어렵다.

한편 영남지역을 중심으로 한 청동기문화의 시기 구분에는 고토[後藤]의 시기 구분을 보다 세분한 이청규(1997)안이 있다. 이 안은 고토의 제II기를 3분기로, 제V기를 2분기로, 제VI기를 3분기로 각각 세분한 것이다. 이 책에서는 이러한 견해를 포함하되, 고토의 시기 구분을 바탕으로 한 세분안을 서술하고자 한다. 먼저 동검의 변천 과정을 근거로 하여 이를 기준으로 분기를 제시해 보고자 한다.

2. 동검문화의 전개

세형동검의 성립과정에 대해서는 요령식동검 II식을 기반으로 성립된 것임을 이미 밝힌 바 있다(그림149: 宮本 2002c). 또한 요령식동검 단계에서 지역성을 확인한 결과, I·II·IV식 동검은 한반도 서부를 중심으로 분포하고 있으며, III식 동검은 서부에서도 중부, 낙동강 상류 유역인 한반도 동남부에 걸쳐 분포한다고 밝혔다. 따라서 세형동검의 성립은 한반도 서부, 그것도 대동강 하류 유역이 그 기원지로서 가장 가능성이 높아 보인다.

한편 V식 요령식동검은 금강 유역인 중남부지역에서 서남부와 동남부지역 남부[경남]에 이르는 한반도 남해안, 이른바 송국리문화의 분포지역과 대응한다는 것을 제시하였다. 또한 V식 요령식동검은 무기라기보다는 보기寶器 또는 위신재로서 발달한 것으로, 서부지역에서 중서부·동남부지역 북부[경북]로 이어지는 요령식동검의 분포와는 크게 다르다는 점도 밝혔다.

하지만 세형동검은 한반도 서부에 성립한 뒤 한반도 전역으로 확산되었으며, 동시에 계통이 다른 세형동검도 확인되고 있다. 그 대표적인 예로 동서리(그림156-25)와 연화리 등에서 출토된 세형동검이 있다. 이는 Ⅲ식 요령식동검을 조형적 기반으로 하여 성립한 것으로 볼 수 있다.

앞서 요령식동검에서 세형동검의 변천은 요령식동검 내 계보적 차이에서 발생한 것임을 설명한 바 있다(宮本 2002c). 이러한 변천과정을 살펴보면, 이청규(1997)와 같이 송국리 출토품을 가장 이른 요령식동검으로 두고 그 변화과정을 상정하는 견해에는 몇 가지 문제가 있다. 가장 큰 문제는 지역적인 변천 관념이 결여되어 있다는 점이다. 요령식동검 중에는 지역차가 뚜렷하게 드러나며, 이러한 차이는 곧 요령식동검 Ⅱ·Ⅲ식 계통과 요령식동검 Ⅴ식 계통이라는 명료한 지역성으로 이어진다(그림159).

이 책에서는 지금까지의 여러 선행연구를 바탕으로 동검문화를 종합적으로 검토하고자 한다. 이를 위해 종래의 요령식동검을 동검 A식으로 정의하고, 여기에 필자의 분류를 포함하여 앞서 언급한 계통을 다음과 같이 구분할 수 있다. AⅡ·AⅢ식 계통은 한반도 서부에서 낙동강 상류역인 동남부지역 북부까지 분포하며, AⅤ식 계통은 한반도 중남부와 서남부, 동남부지역 남부에 걸친 송국리토기 양식분포권에 분포한다. 이같은 계통 분류는 한반도 내 뚜렷히 확인되는 지역적 차이를 기준으로 설정한 것이다(그림159).

이 두 계통이 등장하는 시기를 제1기로 본다면(그림149), 제1기 내에서의 지역적인 변천과정을 파악할 수 있을 것이다.

제1-a기는 금곡동에서 볼 수 있는 것처럼 AⅠ식 동검이 랴오둥으로부터 유입되거나 랴오둥지역과 같은 규격으로 제작되는 단계이다.

제1-b기는 AⅠ식 동검이 한반도 내에서

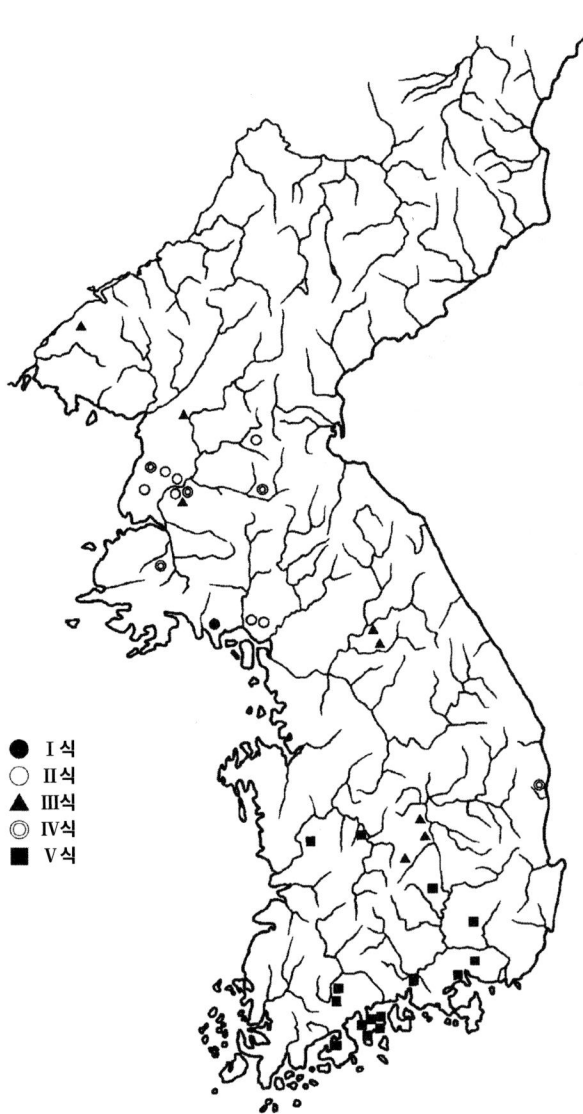

● Ⅰ식
○ Ⅱ식
▲ Ⅲ식
◎ Ⅳ식
■ Ⅴ식

그림159. 요령식동검(A식)의 형식 분포

자체적으로 변화하는 단계이다. AⅡa식 동검이나 AⅢa식 동검이 이에 해당한다. AⅡa식 동검은 한반도 서부를 중심으로 분포하고, AⅢa식 동검은 한반도 서부에서 중서부에 걸쳐 광범위하게 분포되어 있다. 이 단계에 중남부에서 동남부지역 남부로 AVa식 동검이 전개된다. AⅡ·AⅢ식 동검 계보는 기본적으로 무기로서의 기능변화가 확인되지만, AV식 동검 계보는 등대의 연마가 확인되지 않는 등 실용 무기로서의 기능보다는 위신재 또는 보기寶器로서의 기능이 강조된다.

제1-c기는 AⅡb·AⅡc식 동검이 한반소 서부를 중심으로 전개되는 단계로 볼 수 있다, 같은 단계에 포함되지만 분포 범위가 AⅡ식 동검 계보보다 넓은 것이 AⅢb·AⅢc식 동검이다. 또한 AⅣ식 동검 계통인 돌기가 없는 동검(그림149: 宮本 2002c)은 제15장에서도 서술한 것처럼 랴오둥지역의 요령식동검으로, 이 동검은 랴오둥에서 서북한까지 분포하는 것으로 여겨진다.

한편 요령식동검과 마찬가지로 인부에 돌기부를 가진 동일한 양식적 특징을 보이는 동모가 존재한다. 이른바 요령식동모(그림160)라 불리는 것인데, 이에 대해서는 이미 요령식동모 A식, B식, C식으로 분류한 바 있다(宮本 2002c).

요령식동모 A식은 비교적 소형으로서 지창[吉長]지구에서 계보를 구할 수 있음은 이미 지적한 바 있다(宮本 2002a). 또한 요령식동모 A식은 더욱 세분할 수 있다. 돌기부가 검신 길이의 중앙보다 봉부에 가까운 것을 A1식 동모(그림160-1·2), 돌기부가 검신 길이의 중앙에 해당하는 A2식 동모(그림160-3·4), 돌기부가 검신 길이의 중앙에서 기부측으로 이동한 A3식 동모(그림160-5)로 세분된다. 이 중 형태적으로 요령식동검과 가장 가깝고 동시에 공반유물에서 연대가 이른 것이 A1식 동모이다. 이것들은 A1→A2→A3식 동모로 변화하는 것으로 보인다(宮本 2002a).

이러한 A식 동모의 한반도 내 분포양상을 살펴보면, 주로 서북부지역을 중심으로 한정된다. 더욱이 이들은 형식적으로는 지창[吉長]지구 출토품보다는 출현 시점이 한 단계 늦는 A2식 동모(그림160-3·4)으로 한정되고 있다. 또한 A2식 동모는 덕천 남양유적의 주거지에서 팽이형토기와 공반되었다. 더불어 동착銅鑿이나 동포銅泡만이 단독으로 출토된 금탄리·신흥리유적에서도 팽이형토기가

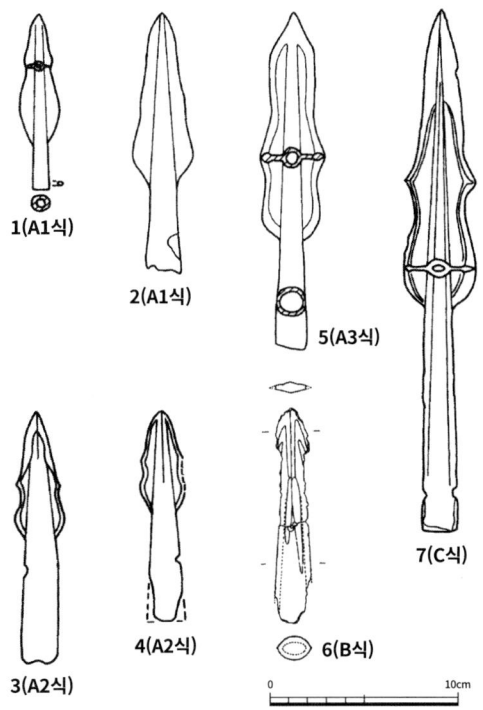

그림160. 요령식동모의 형식분류(1: 지린 싱싱샤오, 2: 지린 호우스산[猴石山], 3: 덕천 남양, 4: 평양 표대, 5: 샤오궈산, 6: 보성 봉룡리, 7: 전 보령, ※축척 1/4)

공반되었다는 점에 주목하면, 포泡나 착鑿과 같은 단순한 청동기가 단독으로 존재한 별도의 선행 단계가 있는지에 대해서는 의문이 제기된다. 즉 고토 타다시가 주장한 제Ⅰ기의 존재 여부에 대한 문제로 연결되는 것이다. 따라서 이 책에서는 앞서 서술한 바와 같이 요령식동검·요령식동모가 공존하는 단계, 그리고 이 구성에 동착·동포·동촉 등이 포함되어 동반될 가능성이 있는 단계를 아울러서 제1기로 정리하고자 한다.

또한 요령식동모 B식(그림160-6)과 요령식동모 C식(그림160-7)의 분포 범위는 요령식동검인 AV식 동검과 유사해 모두 송국리형토기 양식권 내에 분포하고 있다. 특히 요령식동모 C식은 AV식 동검과 마찬가지로 대형화되는 경향을 보이며, 인부나 등대 연마가 보이지 않아 실용무기로서의 기능은 확인할 수 없다. 이 동모는 AV식 동검과 동일하게 위신재나 보기寶器로서의 기능을 하였던 것으로 해석할 수 있다.

이처럼 제1기에서는 한반도 서부를 중심으로 AⅡ식 동검과 요령식동모 A식이 세트로 존재하며, 이것들은 실용무기로서의 변화 방향을 보여준다. 특히 AⅡ식 동검은 기본적으로 랴오둥지역 요령식동검의 계보인 AⅠ식 동검과 관계성을 찾을 수 있으며(宮本 2002c), 요령식동모 A식은 지창[吉長]지구에서 개발된 것이라는 점에 주목할 필요가 있다. 이러한 점을 종합하면, 랴오둥과 지창[吉長]지구라는 두 계보 속에서 한반도 서부의 청동기문화가 탄생했다고 할 수 있다. 반면, 중남부에서 동남부지역 남부에 이르는 송국리문화 지역에서는 실용무기가 아닌 AV식 동검과 요령식동모 B·C식 동모가 존재하는데, 이는 한반도 서부와는 다소 다른 사회적 상황을 보여주는 것이다.

세형동검의 분류나 변천에 관해서는 윤무병(1966), 오카우치 미츠자네[岡内三眞](1982a) 등의 분류가 있다. 또한 일본 세형동검을 대상으로 한 모리 데이지로[森貞次郎](1968), 이와나가 쇼조[岩永省三](1980) 등의 형식 분류도 있다. 모리 데이지로[森貞次郎]가 언급한 A식 동검은 이 책에서 정의한 A식 동검에 포함되므로 세형동검으로 볼 수 없다는 점은 유의해야 한다. 이러한 세형동검의 형식분류안 참고하여, 한반도 세형동검의 변천 과정을 체계적으로 정리한 연구자가 바로 이청규(1982)이다. 이청규가 분류한 BⅠ식 동검은 이 책에서 다루는 AⅡ·AⅢ식 동검이 포함된다고 볼 수 있다. 필자의 분류안에 따르면, 일부가 요령식동검이라는 점을 제외하면, 이 세형동검의 분류는 타당하다고 평가할 수 있다.

최근에는 형태나 결입부[刳方] 이하의 등대 연마 유무뿐만 아니라 연마 형태 자체에 주목하는 견해도 확인되고 있다. 물론 재연마라는 과정이 비교적 쉽게 이루어진다는 점을 고려하여 이를 형식분류의 속성으로 보는 것에 대한 문제를 제기하는 의견도 있다. 그러나 결입부의 형태 등에서 일정한 연마 형태가 규정되어 있을 가능성도 있어, 연마 형태 자체도 형식분류의 한 요소로 간주해야 한다는 견해가 설득력을 얻고 있다.

미아이 요시로[宮井善朗](1987·1998)와 요시다 히로시[吉田広](1993)는 이러한 연마의 특징을 형식 분류에 반영한 연구를 진행하였다. 한국의 연구자 역시 이러한 연마의 특징을 속성에 포함하고 있다. 조진선(2001)의 논문이 이에 해당하는 대표적인 예이다. 조진선은 거푸집에 새긴 동검의 형태 규격과 연마라는 두 속성을 통해 형식 변화를 찾고 있다. 그러나 형태 인식에 있어 기준이 복잡하여, 분류기준을 명확히 설명하기 어려워서 이 형식분류는 다소 이해하기 어려운 측면이 있다.

한편, 한반도 청동기의 연마에 관해서는 미아이[宮井]나 요시다[吉田]의 논문을 바탕으로, 미야자토 오사무[宮里修](2001a)는 간결한 연마 분류를 시도한 바 있다. 또한, 아오키 마사유키[青木政幸]도 동검·동모의 연마 형태를 분석하여 그 변천 과정을 설명하고 있다(青木 2002). 이 책에서는 미야자토의 연마에 관한 이해를 기반으로 하되, 필자가 직접 실견을 통해 확인한 결과를 포함하여 연마라는 속성을 면밀히 점검하였다. 즉, 현재까지 이청규에 의해 확립한 형식분류에 연마라는 요소를 추가하여 더욱 세밀하게 형식변화를 살펴보고자 한다.

먼저 정형화된 세형동검을 B식이라고 칭하고 요령식동검 계통의 A식과 구분한다. 또한, 이른바 심통식深桶式동검[1] 혹은 다통식多桶式동검으로 불리는 것을 C식으로 설정한다. C식 동검에 대한 세분은 오카우치 미츠자네[岡内三眞](1982a)의 분류를 따른다.

지금까지 B식인 전형적인 세형동검의 연구에서 많은 지지를 받아온 기본적인 분류는, 등날[鎬]이 결입부 하단에 대응하는 등대의 위치까지 연마되는 것을 I식, 등날이 결입부 하단에 대응하는 등대의 위치보다 더욱 하단인 기부 부근이나 자루에 이르는 II식으로 구분하는 방식이었다. 여기에서는 등날이 기부 부근, 즉 기부에 대응하는 위치에 이르는 것을 II식으로, 등날이 다시 자루 끝까지 이르는 것을 III식으로 구별하기로 한다(그림161).

이러한 등날의 위치에 따른 분류 속성을 제1기준으로 설정하고, 그 이외 속성들을 추가로 고려한다. 우선 인부폭과 관련하여, 등대에 비해 극단적으로 좁아지는 현상이 확인된다. 이를 명확하게 구별하기 위해 검신폭 대비 등대폭이 2분의 1 이하인 것을 a식으로, 2분의 1 이상인 것을 b식으로 설정하였다. a식은 일반적인 세형동검에 해당하며, b식은 극단적으로 인부폭이 좁은 동검에 해당한다(그림161). 또한 검엽[樋]은 단段을 이루는 특징을 갖는데, 검엽의 단부 유무를 기준으로 단부가 없는 것을 ア식, 있는 것을 イ식으로 구분하였다(그림161).

이와 같은 1차 기준인 I~III식, 세부 기준이 a·b식, ア·イ식의 속성 간 조합을 보면 Iaア, IIaア, IIIaア, IIIaイ, IIIbイ라는 6가지 조합이 확인된다. 이러한 조합은 기존부터 제시된 바와 같이 등날이 길어지면서 I→III식으로 변화함에 따라 인부폭이 짧은 b식 속성이나 검엽의 단부가 형성되는 イ식 속성이 나타난다. 이러한 변화는 일정한 형식변화의 방향을 명확히 보여주고 있다.

한편 결입부의 연마에 관해 미야자토 오사무[宮里修](2001a)는 둥근 연마와 각진 연마라는 표현으

---

1) 역자 주) 검병이 긴 원통형의 공鑿부가 형성된 동검을 칭한다.

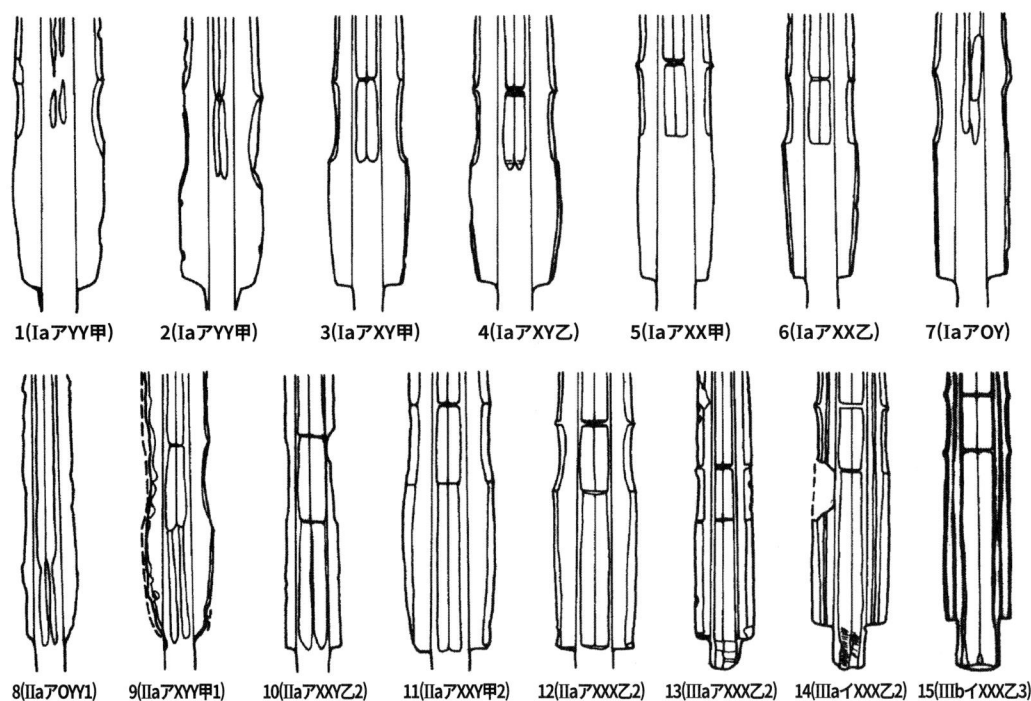

그림161. 세형동검의 분류속성(1: 정암리, 2·3·7·10: 남성리, 4: 괴정동, 5: 팔달동, 6: 전 평양, 8·9: 연화리, 11: 상리, 12: 평리동, 13·14: 만촌동, 15: 흑교리)

로 제시한 바 있다. 기본적으로 이 분류안을 따를 수 있으나, 연마에 의한 뚜렷한 변화 방향이 보이지 않는다. 둥근 연마는 기본적으로 요시다 히로시[吉田広](1993)가 언급한 Y타입, 각진 연마는 X타입에 해당한다. 이 책에서 I식으로 분류한 세형동검에서는 둥근-둥근, 각진-둥근, 각진-각진이라는 3종의 연마 유형이 확인되고 있다. 여기에서는 요시다[吉田]의 용어를 차용하여 YY, XY, XX유형이라고 명명하였다(그림161).

YY유형은 결입부를 형성하기 위해 연마된 것이다. 이 경우 마디[節帶]부분의 등대는 단면이 둥글고 등날은 보이지 않는다(그림161-1·2). XY유형은 마디[節帶]부분의 연마가 등대와 직교해서 직선 형태를 이루지만, 결입부 하단의 연마는 둥근 형태를 유지한다. XX유형은 결입부 하단의 연마도 직선화되는(그림161-5·6) 것이 특징이다. 또한, XY유형과 XX유형 중 마디[節帶]부분의 등대에 등날이 나타나는 경우가 있다(그림161-4·6). XY유형에서는 능선이 드물게 관찰되지만, XX유형에서는 더 빈번하게 확인된다.

능선은 주조 시에 미리 등대에 등날을 미리 새겼거나, 먼저 등대에 등날을 형성되도록 연마한 후 등날에 맞추어 결입부를 형성하였을 두 가지 가능성이 있다. 전자는 현재까지 출토된 거푸집 등대에서 사전에 등날의 능선을 새긴 것이 발견되지 않아 그 가능성은 낮고 볼 수 있다. 후자의 경우 재연마되었을 가능성도 상정할 수 있지만, 결입부나 동검 전체의 형태가 이미 정형화되어 있기 때문에 재연마가 아닌 제작 당시에 의도적으로 이루어진 과정이라고 볼 수 있다. 후자의 경우에 마디[節帶] 부분의 등대 단면은 능형을 띠며, 명확히 등대에 등날이 형성되는 현상이 보일 것이다. 필자는 후자인 등날이 연마 과정을 통해 형성된 후 이를 기준으로 결입부가 마연되었을 것으로 판단한다. 이 과정에서 결입부가 정형화됨과 동시에, 마디[節帶]의 돌기도 낮아졌을 것으로 추정한다. 이는 마디[節帶]의 돌기가 더 이상 본래의 기능을 유지하기보다는 결입부를 형성하기 위한 기준으로서 역할만을 수행하였다고 보기 때문이다.

따라서, YY→XY→XX라는 연마의 변화에 대한 미야자토[宮里]가 지적한 바와 같이, 세형동검의 형식과 연마의 변화방향은 연동되고 있음을 알 수 있다. 아오키 마사유키[青木政幸]도 같은 변천 과정을 상정하고 있지만, 여기서 주목한 마디[節帶]의 단면형에는 주목하지 않았다. 아오키는 오히려 결입부 상단의 등대에 자리 잡은 마디[節帶]를 중심으로 연마 방향이 변화가 이루어졌다고 상정하고 있다. 그러나 단면형을 제외한 연마 방향의 변화는 대한 해석은 본장의 분석 결과와 동일하다.

여기서는 마디[節帶] 부분의 등대 단면형을 기준으로 둥근 형태를 甲식, 등대에 능선이 있으며 등대의 단면형이 능형인 형태를 乙식으로 구분한다(그림161). 이러한 구분을 통해 연마 형태의 분류와 조합은 YY甲, XY甲, XY乙, XX甲, XX乙과 같이 구분할 수 있다. 이는 앞서 언급한 형식 변화 방향성과 동일하다. 다만 마디[節帶]부분에 연마 구분 제작을 볼 수 없는 것이 존재한다. 이러한 경우 O라고 표기하며 연마의 하단이 둥근 형태(Y)와 조합되는 경우 OY(그림161-7)라고 표기하였다.

반면, II식의 등날이 형성되는 과정에서의 결입부의 형태 변화는 미아이 요시로[宮井善朗](1987)가 이미 지적한 바와 같이, 단段을 형성되는 단계에서 마디[節]를 형성하는 단계로 변화하는 것으로 이해해야 한다. 이러한 특징은 아오키 마사유키가 y군으로 설정한 것과도 관련된다. 즉 결입부를 연마하고 등대에 등날의 능선을 새긴 경우, 결입부를 의식하여 결입부 하단과 그 아래와의 사이에 단段 차와 같은 차이가 드러나게 된다. 반면 II식 결입부 하단을 더욱 연마하려면, 단을 만들지 않기 위해선 추가적인 연마 과정이 필요하다. 그러므로 결입부 하단에 마디[節]와 같은 상태로 연마한 결입부 하단을 형성하며 자루까지 이어지게 된다

이러한 차이를 근거로 단을 이루지 않는 형태를 1식, 단을 이루는 형태를 2식, 마디[節]를 형성하는 형태를 3식으로 구분한다(그림161-8~15). 즉 II식은 결입부 하단이 단을 이루지 않고 연마된 형태(그림161-8·9)에서 단을 형성하도록 의식적으로 연마된 형태(그림161-10~14), 마디[節]를 형성하도록 연마된 형태(그림161-15)와 같이 변화하는 것으로 상정할 수 있다. 또한 결입부 하단에 능선을 가진 II식의 경우, 결입부 부분의 등대에 대한 연마의 분류·조합(OY, XY, XX)에 결입부 하단 등대에서 나타나는 연마

방식(기부 측하단의 형태)인 둥근 연마와 각진 연마를 추가하여, OYY(그림161-8), XYY(그림161-9), XXY(그림 161-10·11), XXX(그림161-12)와 같이 표기하고자 한다. 이러한 표기 방식은 형식 변화의 순서를 나타내며, 실제로 이러한 변화 방향이 존재한다고 할 수 있다.

이러한 세형동검의 결입부를 기준으로 한 분류에 대해, 재연마의 관점에서 분류기준이 될 수 없다는 지적이 제기된 바 있다(柳田 2005·2014). 특히, 야나기타 야스오[柳田康雄]는 복수의 다른 형식 세형동검이 출토된 무덤은 각각의 형식이 시간차를 나타내는 것이 아니라, 동일한 형식의 동검이 재연마과정을 거치면서 형태가 변화한 결과로 보아야 한다는 것이다. 그로 인해, 동일한 무덤에서 형식이 다른 동검들이 함께 부장된 것처럼 보일 수 있다고 보았다(柳田 2005·2014). 그러나 이와나가 쇼조[岩永省三]가 지적한 바와 같이, 재연마나 연마 과정에서 동검의 크기가 작아지고 형태가 일부 변화할 가능성은 존재하지만, 재연마가 세형동검의 형식 분류 자체에 결정적 영향을 미치는 것은 아니다(岩永 2003). 제22장에서 서술하겠지만, 한반도 세형동검의 석제 거푸집에는 혈구와 같은 홈[樋]부분 부분의 음각은 존재하지 않는다. 또한 일부 석제 거푸집에서는 결입부를 나타내

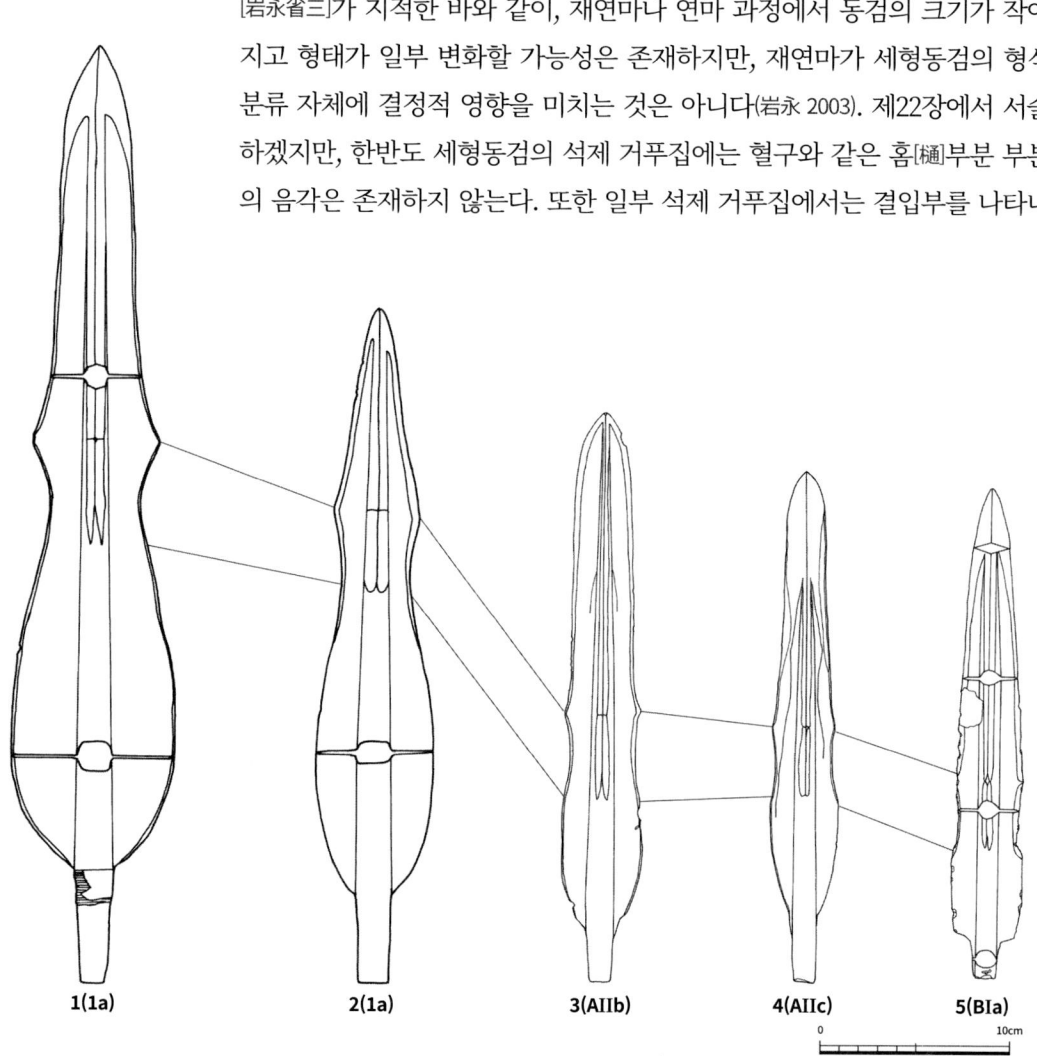

그림162. 동검의 돌기위치와 연마구분제작(1: 스얼타이잉쯔, 2: 자오왕춘, 3: 전 평양, 4: 전 성천, 5: 남성리, ※축척 1/4)

는 거푸집 윤곽선조차 확인되지 않는 경우도 있다.

　야나기다[柳田]는 동검과 동모의 혈구 부분에서 단면 경사의 방향에 주목하여 형식 차이를 확인하고 있다(柳田 2005·2014). 혈구는 앞서 언급한 것처럼 세형동검의 석제 거푸집에는 존재하지 않으며, 이는 혈구가 주조 이후 연마과정에서 형성된다는 점을 시사한다. 즉 연마 형태는 동검과 동모의 중요한 형식 구분 기준이 된다. 연마 과정에는 주조 후 이루어지는 초기 연마와 재연마가 있으며(柳田 2014), 결입부 등 대부분의 연마는 초기 연마에 해당한다. 특히 등대의 연마는 세형동검의 중요한 기능적 특징을 나타내는 요소로 주목된다.

　앞서 연구사에서 제시한 바와 같이, 등대의 연마 구분 제작이나 결입부의 연마는 중요한 분류기준이 된다. 덧붙여 요시다(1993)나 미아이(1987)는 동검의 등대 연마 형태는 공인 집단의 계통에 의해 결정된 것으로 보았다. 이에 대해 이와나가(岩永 2003)는 등대 마연의 형태가 공인 집단의 계통적 차이를 반영하기보다는, 동검의 형식학적 변화를 나타내는 것이라고 주장하였다.

　한반도의 요령식동검 AⅡc식에서 세형동검 BⅠa식으로의 연속성은, 그림162에 제시한 것처럼 요령식동검의 돌기부와 세형동검의 결입부 하단에서 나타나는 형태적 유사성에서 확인된다. 또한, 요령식동검의 돌기부에 대응하는 등대의 연마 구분 제작이 그대로 세형동검의 결입부 등대의 연마 구분 제작으로 이어지고 있다.

　랴오시[遼西]의 A1a식 동검(그림162-1)이나 랴오둥[遼東]의 A1a식 동검(그림162-2)에서는 돌기 위치의 등대 부분이 가장 도드라지므로, 이 지점을 기준으로 등대의 연마 구분 제작이 이루어졌다고 볼 수 있다. 한반도의 AⅡb식 동검(그림162-3)과 AⅡc식 동검(그림162-4)에서는 등대의 돌출이 사라지지만, 약하게 남아 있는 돌기 위치의 등대 부분에서 연마 구분 제작이 이루어진다.

　이 AⅡb·AⅡc식 동검의 등대 연마 구분 제작방식은 YY이며, 세형동검 BⅠa식 등대의 연마 구분 제작방식은 YY에서 계보적으로 이어지는 것으로 보인다. 따라서 세형동검의 등대 연마 구분 제작에서 가장 이른 형태는 YY이며, YY→YX→XX라는 변화가 나타났을 가능성이 있다. 또한 요령식동검의 돌기 위치가 세형동검의 결입부 상단으로 이어지고 있는 점도 확인할 수 있다(그림162).

　이상에서 논의한 바와 같이, B식인 세형동검에 대해 앞서 제시한 6가지의 속성 단위에 연마와 결입부의 측면형태라는 분류의 속성을 추가하여, 각 속성 간의 상관관계를 분석한 결과가 표25이다. 표25에서 제시한 바와 같이 7가지 속성 단위의 변화 방향에 따라 연마의 변화나 결입부 하단의 변화가 상호 연관되어 있음을 확인할 수 있다. 이러한 속성 조합은 B식 동검의 형식 변화를 설명하는 중요한 근거가 된다고 볼 수 있다. 또한 표25의 속성조합에서 극히 소수만 확인되는 사례는 △표로 표기하였다. 특히 속성군 Ⅱaア와 연마 XXY甲의 조합은 현재로서는 평양 상리上里유적에서 출토된 유물에서만 확인되어 매우 드문 사례로 알려져 있다.

　이러한 속성 조합(표26)을 바탕으로, 형식명을 새롭게 재정립하고 그림163과 같이 제시하고자 한

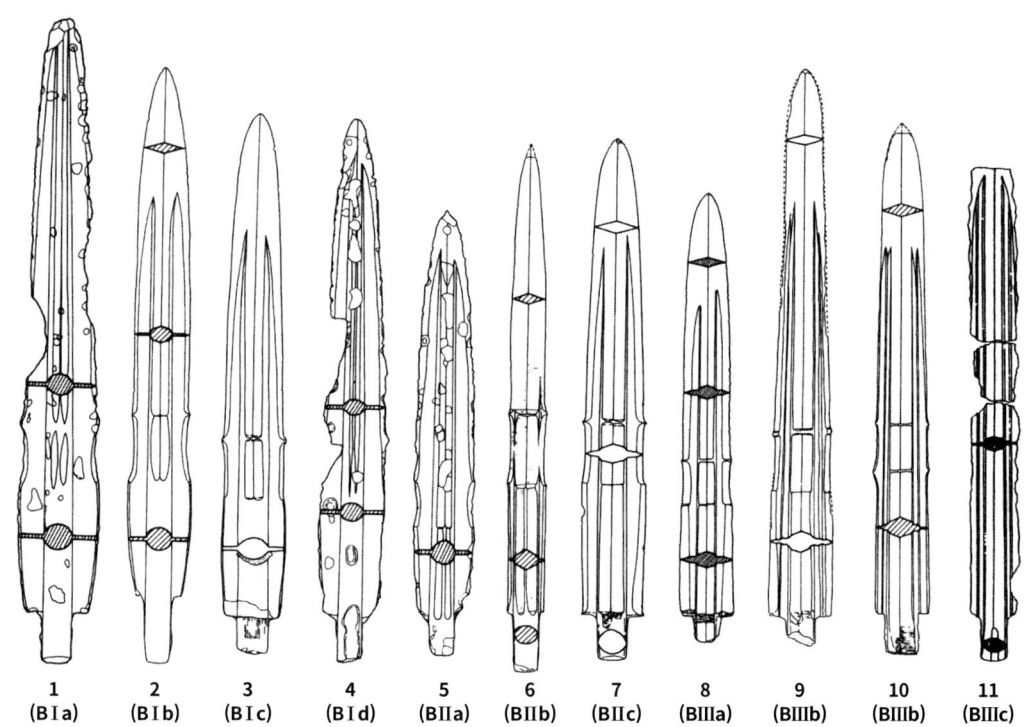

1	2	3	4	5	6	7	8	9	10	11
(BⅠa)	(BⅠb)	(BⅠc)	(BⅠd)	(BⅡa)	(BⅡb)	(BⅡc)	(BⅢa)	(BⅢb)	(BⅢb)	(BⅢc)

그림163. 세형동검의 형식분류(1·4·5: 구봉리, 2·6: 동서리, 3: 팔달동 45호묘, 7: 팔달동 100호묘, 8: 평리동, 9: 사라리 130호묘, 10: 흑교리, 11: 천주리, ※축척 1/4)

표25. 세형동검 형식의 속성조합

속성군	연마											결입부 하단		
	YY甲	XY甲	XY乙	XX甲	XX乙	OY	OYY	XYY	XYY甲	XXY甲	XXX乙	1	2	3
Ⅰaア	○	○	△	△	○	○								
Ⅱaア							○	○				○		
Ⅱbア										○			○	
Ⅱaア									○	△	○		○	△
Ⅲaア											○		○	
Ⅲaイ											○		○	
Ⅲbイ											△			△

다. 속성 간의 조합을 분석한 결과, BⅠa식 동검이 가장 이른 형식이며, 그 이후 BⅠb식 동검→BⅠc식 동검으로 변화하는 흐름을 확인할 수 있다. 또한 속성 간의 상관표에서 IaアOY(그림161-7)와 같은 예외적인 사례도 존재한다. 이 경우 결입부는 존재하지만, 마디[節帶]에 대응한 등대의 연마 구분 제작이 보이지 않는 특징을 갖고 있다. 이 유형을 BⅠd식 동검으로 설정하고 지역적 특징을 가진 변형된 형식

표26. 세형동검 형식과 속성조합

으로 보고자 한다.

BⅡa·BⅡb식 동검은 BⅠc식 동검과 동시기이거나 그보다 이른 시기의 유물일 가능성이 높다. 특히 결입부의 연마 방식이 둥글게 처리되는 경향을 보여, 이른 시기의 특징을 드러낸다. 또한 BⅠd·BⅡa·BⅡb식 동검은 요령식동검 AⅢc식 계보와 연관될 가능성도 있다. 이러한 형식의 동검들이 출토되는 지역은 한반도 중남부를 중심으로 한다.

BⅡc식 동검은 BⅠc식 동검보다 늦은 단계에 성립하는 것으로 보는 것이 타당하다. 양식적으로 분석했을 때, BⅡc식 동검과 BⅢa식 동검은 거의 동시기에 해당하며, 이후 BⅢb식 동검이 가장 늦은 단계에 성립한 것으로 판단된다. 마지막으로, BⅢb식 동검과 유사하지만 결입부가 존재하지 않고 결입부의 마연 형식 속성을 확인할 수 없는 것이 존재한다. 천주리유적 출토품이 이에 해당하는데, BⅢb식 동검 중 속성군 Ⅲbイ가 결입부를 가지지 않는 퇴화 형식이라고 생각된다. 이에 대해서는 BⅢc식 동검

형식	속성 조합
Ⅰa	ⅠaアYY甲
Ⅰb	ⅠaアXY甲
	ⅠaアXY乙
Ⅰc	ⅠaアXX甲
	ⅠaアXX乙
Ⅰd	ⅠaアOY
Ⅱa	ⅡaアOYY1
	ⅡaアXY甲1
Ⅱb	ⅡbアXXY乙2
Ⅱc	ⅡaアXXY甲2
	ⅡaアXXX乙2
	ⅡaアXXX乙3
Ⅲa	ⅢaアXXX乙2
Ⅲb	ⅢaイXXX乙2
	ⅢbイXXX乙3

이라고 칭하고자 한다. 세형동검의 계보를 정리했을 때, BⅢc식 동검이 가장 늦은 단계에 성립한 형식이라고 할 수 있다.

3. 세형동검의 변천과 그 연대

세형동검인 B식 동검의 세부 형식을 실제 무덤 내 부장품과 조합하여 정리한 것이 표27이다. 표27은 세형동검이 복수로 출토되었거나 공반유물을 가진 경우만 수록하였으며, 형식을 명확히 설정할 수 없는 세형동검은 그 수량만을 기재하였다. 이 책에 대상으로 삼지 않는 한반도 동북부와 동해안권은 표27에 포함하지 않았다.

그 중에서 공반되는 점토대토기나 흑색마연토기의 형식 차이와 세형동검의 형식 차이가 명확하게 대응하고 있는 유적은 괴정동(이은창 1968), 비하리(한국고고학회 1974), 남성리(한병삼·이건무 1977), 팔달동 45호묘(영남문화재연구원 2000), 사라리 130호묘(영남문화재연구원 2001), 신풍 53호묘(호남문화재연구원 외 2014)이 있다. 토기 형식은 그림164에 제시한 바와 같이 점토대 단면이 원형(그림164-2·4)에서 삼각형(그림164-6·7·10·13·15)으로 형식변화됨을 알 수 있다. 또한 공반된 흑색마연토기의 변화양상은 괴정동(그림164-1)과 팔달동 45호묘(그림164-11), 팔달동 100호묘(그림164-14)의 변화를 살펴보면, 동체부가 아

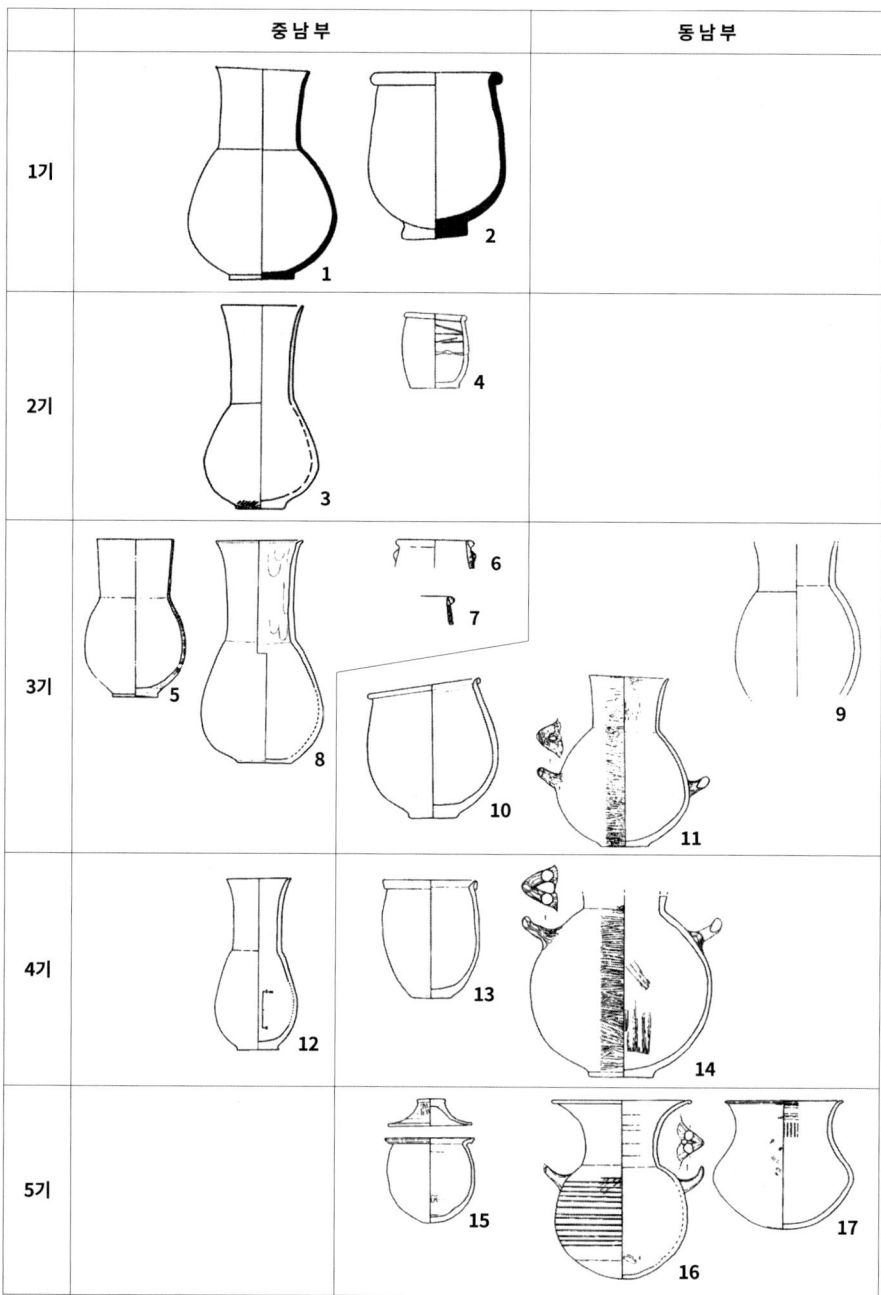

	중남부		동남부
1기			
2기			
3기			
4기			
5기			

그림164. 점토대토기·흑색마연토기의 변천(1·2: 괴정동, 3·4: 비하리, 5~7: 남성리, 8: 신풍 53호묘, 9: 내동, 10·11: 팔달동 45호묘, 12: 구봉리, 13: 팔달동 64호묘, 14: 팔달동 100호묘, 15~17: 사라리 130호묘, ※축척 1/8)

래쪽이 볼록한 형태에서 점차 동체부 최대경이 상승하면서 견부가 길어지는 방향임을 알 수 있다. 또한 동시기에 우각형 파수의 위치도 점차 상승하고 있다. 이 같은 토기의 변화와 함께 공반되는 세형동검의 형식도 BⅠb→BⅡa→BⅠc→BⅡc→BⅢb식으로 변화하는 경향을 보인다.

남성리의 흑색마연호(그림164-5)는 괴정동 등에서 발견된 것과 다른 계통에 속한다. 또한 공반된 점토대토기(그림164-6·7)는 단면이 원형에서 단면 삼각형으로 변화하는 과도기적인 형태를 띠고 있다. 이러한 형태적 특징은 팔달동 45호묘의 점토대토기(그림164-10)와 유사하여, 두 유적이 동시기의 것으로 판단해도 무리가 없다. 남성리에서는 복수의 동검이 출토되었는데, 이 중 가장 늦은 형식은 BⅡb식 동검이다. 따라서 BⅡb식 동검은 단면이 삼각형으로 변화한 점토대토기의 형식 단계에 대응한다고 볼 수 있다.

남성리와 동일한 형태를 가진 김해 내동 1호 지석묘에서 출토된 흑색마연토기(그림164-9)는 팔달동 45호묘 출토품보다 연대적으로 약간 이른 시기의 토기로 여겨진다. 다만 이 토기는 지석묘에서 출토된 것이 아니라 그 인근에서 발견된 것이라고 한다(신경철 1991). 또한 BⅠc식 동검도 지석묘에서 출토되었다고 전해지지만, 이 역시 명확하지 않다. 적어도 그 인근에서 출토된 것으로 보이는데, 이 동검과 흑색마연호가 공반관계라고 보더라도 팔달동 45호묘의 사례와 비교했을 때 연대적으로 모순되지 않는다.

한편 팔달동 100호묘에서는 BⅡc식 동검이 공반되었다. 보고서(영남문화재연구원 2000)에 따르면, 팔달동 100호묘와 동일한 단계로 여겨지는 팔달동 64호묘에서 출토된 점토대토기(그림164-13)는 단면 장방형으로 변화하여, 팔달동 45호묘에서 출토된 것보다 형식학적으로 퇴화된 단계임을 보여준다. 또한 점토대토기의 최종 형식(그림164-15)을 포함한 사라리 130호묘에서는 BⅢb식 동검이 공반되었다. 이는 세형동검의 형식 변화와 연대적 흐름이 정확하게 일치함을 보여준다. 이 무덤들의 구조는 괴정동이 석관묘, 팔달동·사라리는 모두 목관묘인데, 괴정동 역시 석관 내에 목질부가 확인되고 있어 목관묘의 일종일 가능성이 있다.

BⅠa식 동검이 단독으로 출토된 상자포의 무덤은 지석묘로, 이는 괴정동 등에서 확인되는 것보다 이른 묘제에 속한다. 이러한 점은 BⅠa식 동검이 BⅠb식 동검보다 연대적으로 더 이른 시기에 속함을 명확히 보여주는 근거가 된다. 따라서 공반유물의 분석을 통해 BⅠa→BⅠb→BⅠc→BⅡc→BⅢc식 동검이라는 변화 방향 또는 연대 차이를 확인할 수 있다. 이처럼 점토대토기·흑색마연호와 세형동검의 변천과정은 세부적으로는 다소 차이가 있지만, 전반적으로 동일한 변화 방향을 나타낸다. 이는 영남지역에 한정하여 정인성(1998)도 밝힌 바 있다.

한편 괴정동·연화리(김재원 1964)·동서리(지건길 1978)·구봉리九鳳里(이강승 1987) 등에서는 복수 형식의 세형동검이 출토된 무덤이 다수 확인되고 있다. 이러한 사례들은 중남부지역을 중심으로 집중적으로 나타나며, 기본적으로 서로 다른 시기의 동검들이 일괄적으로 부장되었음을 의미한다. 따라

표27. 묘장별 동검의 형식과 부장품의 조합

지역	유적	세형동검														수량	공반유물
		AIV	無硏	Ia	Ib	Ic	Id	IIa	IIb	IIc	IIIa	IIIb	IIIc	C1	C2		
서부	평양(大同龍岳面) 상리	○														1	把頭飾, 帶鉤, 車馬具, 馬鐸, 鐵武器, 鐵工具
	평양 정백동 1호묘									○						1	矛, 鐵武器, 車馬具, 銀印 등
	평양 정백동 2호묘							○								1	鐵武器, 車馬具, 日光鏡, 昭明鏡 등
	평양 정백동 88호묘													○		1	鞘金具, 把頭飾, 弩器, 馬具, 蓋弓帽 등
	평양 정백동 96호묘															1	鐵武器・工具, 車輿具
	평양 정백동 97호묘															1	鐵劍, 車輿具, 蟠螭文鏡 등
	평양 정백동 205호분					○										1	笠形銅器, 鐵工具
	평양 정백동 206호분					○										1	弩形銅器, 笠形銅器, 環, 馬鐸, 鐵刀, 유리玉 등
	평양 석암리					○										1	把頭飾, 環, 笠形銅器, 馬具, 鐵戟
	평양 토성동 486호묘	○														7	II式矛, 弩, 銅容器, 馬具(鈴), 素文鏡, 細地文鏡, 鐵武器(戟), 鐵工具
	평양 미림리			○												3	把頭飾, 車馬具, 環, 內行花文鏡
	평양 이현리					○										1	矛, 弩器, 鏃
	평양(舊東大院洞) 허산					○										1	筒形銅器, 車馬具, 銅鐎
	대안 태성리 10호묘							○								1	矛, 鐵武器, 車馬具
	황주 흑교리											○				1	矛, 鐵武器, 車輿具
	황주 금석리									○						1	五銖錢, 矛, 笠形銅器, 蓋弓帽
	황주 전주리											○				1	弩器, 笠形銅器, 環, 鏃, 車馬具, 蓋弓帽, 鐵武器 등
	봉산 송산리												○			1	笠形銅器, 車馬具, 鐵鏷鏃, 鑿, 鐵斧
	은파 갈현									○						1	II式細文鏡, 矛, 弩器, 笠形銅器, 鐵斧
	백천 석산리									○						1	把頭飾, 矛, 弩器, 笠形銅器, 車馬具, 鐵武器, 鐵工具
중서부	은율 운성리 9호분									○						1	I式戈, 鐵斧
	재령 부덕리								○							1	蓋弓帽, 環, 車軸頭, 鐵刀, 鐵斧
	연안 오사리					○										1	矛, 環, 蓋弓帽, 管形銅器, 鐵刀, 鐵工具
																2	矛

지역	유적	AIV	無研	Ia	Ib	Ic	Id	IIa	IIb	IIc	IIIa	IIIb	IIIc	C1	C2	수량	공반유물
	상자포 지석묘			○												1	
	서울 역삼동구	○														1	鑿
	청원 비하리							○								1	黑色土器, 粘土帶土器, 土製紡車
	부여 연화리			○			○	○								4	多鈕粗文鏡, 曲玉
	예산 동서리			○	○			○	○							9	劍把形銅器, 나팔形銅器, 圓蓋形銅器, 多鈕粗文鏡, 管玉·小玉, 磨製石鏃, 黑色土器, 粘土帶土器
	아산 남성리			○	○				○							9	劍把形銅器, 多鈕粗文鏡, 斧, 鑿, 曲玉, 粘土帶土器, 黑色土器
	부여 구봉리			○	○	○	○	○	○	○						11	武戈, 矛, 斧, 鑿, 鈍, 多鈕粗文鏡, 多鈕細文鏡, 黑色土器
	대전 괴정동				○											1	防牌形銅器, 劍把形銅器, 多鈕粗文鏡, 曲玉, 馬鐸, 磨製石鏃, 粘土帶土器, 黑色土器
	대전 탄방동				○											1	矛, 鑿
	공주 봉안리									○						1	武戈, 유리管玉
	부여 합송리					○										2	II式戈, 多鈕細文鏡, 鐸, 圓蓋形銅器, 有釬斧, 鐵工具, 유리管玉, 黑陶長頸壺
	연기 봉임리					○										1	武戈
	공주 수촌리 토광묘					○										1	把頭飾, 矛, 斧, 鑿, 鈍, 粘土帶土器, 長頸壺
	공주 수촌리 적석목관묘					○				○						1	把頭飾, 鑿, 鑄造鐵斧, 板狀鐵斧, 鐵製鈍, 管玉
	아산 관평리									○						1	武戈, 多鈕細文鏡, 斧
	당진 소소리									○						1	武戈, 多鈕細文鏡, 把頭飾, 鐵工具, 유리管玉, 磨製石鏃, 黑色土器
	서산 동문동 1호묘									○						1	武戈, 把頭飾, 劍鞘金具, 鈍, 鑄造鐵斧, 石鏃
	장수 남양리 3호묘					○										1	把頭飾, 鑄造鐵斧, 鐵鈍
	장수 남양리 4호묘					○										1	把頭飾, 1b式戈, 多鈕細文鏡, 鑿, 鑄造鐵斧, 鐵鑿, 鐵鈍, 管玉
	익산 평장리						○			○						2	武戈, II式細文鏡

지역	유적	세형동검														수량	공반유물
		AIV	無研	Ia	Ib	Ic	Id	IIa	IIb	IIc	IIIa	IIIb	IIIc	C1	C2		
	군산 선제리			○	○			○								8	劍把形銅器, 斧, 鑿, 鉇, 管狀銅器片, 小玉, 粘土帶土器, 黑色土器
	익산 용제리 1호묘				○											1	粘土帶土器, 黑色土器
	익산 신동 7지구 1호묘					○										1	劍把頭飾, 鑄造鐵斧, 粘土帶土器
	전주 원당동 G1호묘			○	○	○				○						5	武銅戈, 把頭飾, 斧, 鉇, 多鈕細文鏡, 管玉·小玉
	전주 원당동 G2호묘															1	短頸壺
	전주 원당동 G3호묘			○												1	把頭飾, 石鏃, 長頸壺
	전주 원당동 G5호묘					○										1	鉇, 長頸壺
	완주 신풍 22호묘															1	鑄造鐵斧
	완주 신풍 47호묘															1	鑄造鐵斧
	완주 신풍 53호묘					○				○						1	武戈, 把頭飾, 管玉, 石鏃, 粘土帶土器, 黑色土器, 牛角形把手付壺
	완주 서도 1지점 4호묘															1	
	완주 서도 1지점 5호묘			○												1	黑色土器, 小壺
	완주 서도 2지점 1호묘			○												1	黑陶小壺
	완주 서도 2지점 4호묘					○										1	鉇, 粘土帶土器, 黑色土器
	완주 서도 2지점 14호묘				○											1	鉇, 粘土帶土器, 黑色土器
	완주 갈동 14호묘		○													1	銅劍鑄型, 銅戈鑄型
	완주 갈동 1호묘															0	鉇, 斧, III·IV式細文鏡, 鈴具
	화순 대곡리		○			○				○						3	鉇, 斧, III·IV式細文鏡, 鈴具
	함평 초포리					○				○						4	武式細文鏡, 矛, 斧, 鉇, 鑿, 竿頭飾, 双頭鈴
	경주 입실리									○						6	II式戈, 矛, II式細形矛, 小銅鐸, 銅鈴 등
동 남 부	경주 죽동리										○					1	矛, III式戈, 把頭飾, 鏃, 小銅鐸, 竿頭飾, 泡
	대구 평리동										○	?		?		3	III式戈, 把頭飾, 各種金具, 馬具, 馬鐸, 虎龍文鏡, 仿裝鏡 등

유적	세형동검														수량	공반유물
	AIV	無研	Ia	Ib	Ic	Id	IIa	IIb	IIc	IIIa	IIIb	IIIc	C1	C2		
대구 비산동									○		○?				5	III式戈, 中広戈, II式形矛, 中広形矛, 蓋弓帽, 虎形帶鉤 등
대구 만촌동									○		○				3	中広戈, 把頭飾 등
대구 지산동											○				0	觸角式把頭飾, 把金具, 鞘金具, 環, 牛角形銅器, 異形銅器, 日光鏡
대구 팔달동 45호 적석목관묘					○										1	把頭飾, 鐵武器·工具, 粘土帶土器, 黑色土器 등
대구 팔달동 100호 목관묘									○						1	矛, 把頭飾, 鐵武器·工具, 牛角形把手付壺
경산 임당A II구 4호묘					○					○					1	鐵劍, 鐵矛, 環頭刀子, 鐵工具
경주 구정동									○						2	II·III式戈, II式細形矛
경주 평리									○						2	II式戈, 矛, II式細形矛
경주 사라리 130호 목관묘											○				2	把頭飾, 釧, 虎形帶鉤, 仿製鏡, 環, 玉, 鐵鏃, 鐵武器·工具, 鐵馬具, 粘土帶土器, 牛角形把手付壺 등
창원 다호리 1호묘					○										1	矛, 星雲鏡, 帶鉤, 環, 五銖錢, 鐵武器, 鐵工具
창원 다호리 19호묘					○										1	鞘金具, 双頭管狀銅器, 牛角形銅器, 有鉤銅器, 鐵工具, 蕨手形異形銅器
仁경북 성주 용면 낙동리						○									1	中細形矛, 牛角形銅器, 有鉤銅器, 有孔十字形銅器, 把頭飾
산청 백운리									○						4	矛, 鉇
사천 마도동									○						1	矛, 双筒管狀銅器, 銅環
김해 회현리					○										2	鉇, 管玉
김해 내동															1	黑色土器 등
김해 양동리 427호 목관묘														○	1	仿製鏡, 鐵鏃, 鐵工具

서 복수의 세형동검이 부장된 무덤에서는 가장 늦은 형식의 동검이 공반된 흑색마연호와 점토대토기가 동일한 연대를 가질 가능성이 높다. 이를 바탕으로 세형동검과 공반유물 간의 연대적 상관관계를 점검하여야 한다.

이와 같이 한 무덤 내에서 복수의 세형동검 형식이 함께 부장되는 사례가 한반도 중남부지역에 집중적으로 나타난다는 점이 주목된다. 이와 관련하여 지역별 토기의 변천양상을 보다 체계적으로 분석하기 위해, 그림164와 같이 중남부와 동남부지역으로 구분하여 살펴보고자 한다.

먼저, 중남부지역에서는 흑색마연호의 계기적인 변화방향을 추정할 수 있다. 가장 이른 단계의 흑색마연호는 괴정동(그림164-1) 출토품이며, 이후 비하리飛下里(그림164-3)→동서리→신풍 53호묘(그림164-8)→구봉리(그림164-12)로 변화하는 경향을 보인다. 흑색마연호 형식 변화의 방향은 그림164와 같이 직립하는 구연부에서 구연부가 약간 외반하면서 세장해지는 경향을 보인다. 또한 동체부는 점차 하반의 아래쪽이 불룩해지며 세장해지는 경향을 보인다. 이러한 흑색마연호의 변화와 함께 공반되는 점토대토기도 괴정동(그림164-2)→비하리(그림164-4)→남성리(그림164-6·7)에서 거의 동일한 경향을 보인다. 이러한 경향은 앞서 지적한 동남부지역 토기의 상대적 변화와도 일치하는 양상이다. 중남부지역 남성리의 점토대토기는 동남부지역 팔달동 45호묘보다 약간 이른 시기이지만, 전체적인 변천과정은 동일하다고 볼 수 있다.

또한 비하리에서 출토된 흑색마연호(그림164-3)는 경부의 길이나 동체부 하단의 불룩해지는 현상 등을 고려했을 때, 동서리 출토품과 같은 단계로 판단된다. 괴정동(그림164-1)→비하리(그림164-3)→동서리·신풍 53호묘(그림164-8)로의 변화의 연장선 상에서 구봉리(그림164-12)가 확인되는 것이다. 즉 구봉리 출토품은 신풍 53호묘 출토품보다 연대적으로 늦은 경향을 보인다. 흑색마연호는 동체부가 점차 하단이 불룩해지고, 다시 경부가 세장하게 길어지며 전체적으로 슬림해지는 방향으로 변화한다. 신풍 53호묘의 흑색마연호는 BIc식 동검이 공반되고 있다. 또한 구봉리에서 출토된 세형동검은 가장 늦은 형식으로 동남부지역 팔달동 100호묘 단계에 해당한다고 볼 수 있다.

이러한 토기의 상대적 변화는 그림164에서 볼 수 있듯이 5단계로 구분하여 설명할 수 있다. 세형동검의 형식별 변천 과정을 정리하면, 제1기에는 BIb식 동검, 제3기에는 BIc식 동검, 제4기에는 BIIc식 동검, 제5기에는 BIIIb식 동검이 확인되고 있다. 이는 앞서 정리한 세형동검의 변화 방향과 거의 일치한다. 또한 다른 계통인 BIIa·BIIb식 동검은 제2~3기에 해당하는 것일 가능성이 높다. 그 근거로 중남부지역 연화리와 동서리 등에서 확인되는 복수의 동검이 부장된 무덤을 들 수 있다. BIIa·BIIb식 동검은 중남부지역에서만 확인되는 것으로 보이며, 다른 계통에 속한다고 볼 수도 있다. 마찬가지로, 복수의 세형동검 형식이 포함된 남성리 출토품 중 가장 늦은 형식인 BIIb식 동검 역시 제2~3기에 해당한다고 볼 수 있다.

또한 부장품의 구성을 살펴보면, 이른 단계(제1~3기)인 괴정동, 동서리, 남성리에서는 다뉴조문경과 검파형동기, 방패형동기가 공반된다. 반면 늦은 단계(제3·4기)인 합송리(이건무 1990), 소소리(이건무 1991)와 구봉리에서는 동과나 다뉴세문경이 공반되고 있어, 기종의 변화가 확인된다. 이러한 차이는 시기적 변화를 반영한다고 볼 수 있다. 더구나 이 같은 단계적인 변화는 BIc식 동검에서 BIIc식 동검이 성립하는 과정에서 나타난 변화로 해석할 수 있을 것이다. 이처럼 크게 두 단계로 구분하는 것이 중요하다. 이는 분기설정에 대한 선행연구에서도 확인된 바 있다.

1~2기를 중심으로 하는 괴정동과 동서리·남성리에서는 공반된 검파형 동기 간에도 형식 차이가 확인된다. 괴정동의 검파형 동기는 상단부가 발달하지 않은 반면, 동서리·남성리의 검파형 동기는 상단이 발달하여 양쪽으로 뻗어나가 전체적으로 세장화되어 있다. 이러한 차이를 고려하면, 함께 공반된 BIb식 동검과 BIIa·BIIb식 동검 사이에는 시기적 차이가 존재한다고 볼 수 있다.

다음으로, 그밖의 청동기와의 공반관계를 지역적으로 살펴보고자 한다(표27). 다뉴경의 연대는 기본적으로 코모토 마사유키[甲元眞之]의 형식분류(甲元 1990)에 기초하며, 동과에 관해서는 오카우치 미츠자네[岡内三眞](岡内 1973), 동모에 관해서는 이와나가 쇼조(岩永 1980)의 분류를 따르고자 한다.

우선 한반도 서부지역부터 살펴보도록 하겠다. 이 지역에서 형식적으로 이른 BIa식 동검이 포함된 미림리는 다소 일괄성에 의구심이 제기되고 있다. 이에 대해서는 보고서에서도 언급된 바 있다(梅原·藤田 1947). 또한, 기원후 1세기 말~2세기 초로 추정되는 내행화문경内行花文鏡이 포함되어 있다는 점을 고려할 때, 해당 자료는 복수의 무덤으로 구성되었을 가능성이 높다. 따라서 이 자료를 바탕으로 연대적 논의는 어렵다.

한편, BIc식 동검이 출토된 정백동貞柏洞 97호분에서는 반리문경蟠螭文鏡이 함께 출토되었다. 이 한경漢鏡의 연대는 기원전 3세기 말~2세기 전반에 해당한다(岡村 1984; 宮本 1990). 또한 BIc식 동검이 출토된 토성동 486호묘 역시 같은 시기로, 후술하겠지만 기원전 1세기로 내려가는 BIIIa식 동검이 함께 출토되었다. 이와 함께 소문경素文鏡과 세지문경細地文鏡 등 전국戰國식 동경이 부장되고 있다(윤광수 1994). 세지문경의 경우, 사진·실측도가 없어 정확한 연대 비정이 어렵지만, 기원전 3세기 후엽까지 상향될 가능성이 있다(宮本 1990). 즉 함께 출토된 BIc식 동검 역시 기원전 3세기 후엽까지 상향될 가능성이 있다. 그 밖에도 BIc식 동검이 출토된 정백동 205·206호묘에서는 마구가 함께 발견되었으며, 아키야마 신고[秋山進午]는 이를 낙랑군 설치 이전으로 보고 있다(秋山 1964). 따라서 해당유물의 연대는 기원전 2세기에 해당할 가능성이 크다. 결과적으로 BIc식 동검은 기원전 3세기 후엽부터 기원전 2세기에 걸쳐 존재했을 가능성이 높다.

BIIc식 동검이 부장된 상리유적의 공반유물은 한식漢式 계통의 마구로, 이에 따라 낙랑군 성립 이후의 유물이라는 견해가 제기된 바 있다(秋山 1964). 그 견해에 따른다면, BIIc식 동검은 낙랑군 설치 시기에 성립했다고 볼 수도 있다. 그러나 BIIc식 동검의 사용 연대는 기원전 100년경으로 보는 것이 더 적절할 것이다. BIIc식 동검은 전한 후엽으로 추정되는 「夫租薉君」 은인銀印(岡崎 1968)에 매납된 정백동貞柏洞 1호묘에도 확인된다. 이에 따르면 적어도 기원전 1세기에는 BⅡc식 동검이 사용되었음을 알 수 있다. 또한, BⅡc식 동검이 출토된 송산리유적에서는 다뉴세문경 Ⅱ식이 공반되었으며, 앞서 중남부지역의 사례에서 확인된 바와 같이 동과와 다뉴세문경이 함께 공반되고 있다. 이를 고려할 때, BⅡc식 동검의 사용연대도 기원전 2세기까지 상향될 가능성이 높다.

BⅢa식 동검이 출토된 정백동 2호묘에서는 일광경日光鏡과 소명경昭明鏡이 공반되었으며, 이를 근거로 기원전 1세기에 해당한다고 볼 수 있다(岡村 1984). 또한 BⅢb식 동검이 출토된 흑교리유적에서는 오수전五銖錢이 함께 출토되었다. 흑교리유적 출토 오수전에 대해 오카우치 미츠자네[岡内三眞] (1982b)는 기원전 60년경의 연대를 부여하고 있으며, 후한後漢 대까지는 내려가지 않는다고 보고 있다. 이를 종합하면, BⅢb식 동검은 기원전 1세기 후반 이후의 유물로 판단할 수 있다.

한편 중서부지역에서도 세형동검이 출토된 몇몇 유적이 확인되고 있지만, 연대를 명확히 결정할 수 있는 자료는 보이지 않는다. BⅠa식 동검이 출토된 상자포의 무덤은 지석묘이므로 무덤의 형태적 변천 과정을 감안하면 가장 이른 단계에 해당한다고 볼 수 있다. 또한, 중서부지역 오현리의 사례를 살펴보면, BⅠc식 동검 단계부터 세형동모가 동반되기 시작하는 양상을 보인다.

중남부지역은 세형동검과 관련된 자료가 비교적 잘 정리되어 있다. 괴정동에서는 다뉴조문경 Ⅳ식(甲元 1990)과 BⅠb식 동검이 공반되어 있다. 구봉리에서는 다뉴조문경과 다뉴세문경이 BⅠa~BⅡc식과 함께 공반된다. 괴정동·동서리·남성리의 비교를 통해 볼 때, 다뉴세문경은 BⅠc식 동검 출현 이후에 생산된 것이라고 볼 수 있다. 또한 동과와 공반되는 가장 이른 세형동검의 형식은 봉암리鳳岩里나 합송리의 사례를 통해 BⅠc식 동검으로 판단할 수 있다. 따라서 동과가 출현하는 단계는 BⅠc식 동검 단계라고 볼 수 있으며, BⅠc식 동검은 기본적으로 세형동검이 정형화된 단계에 해당한다고 할 수 있다.

또한 이미 언급한 바와 같이, BⅠa·BⅠb식 동검과 BⅠc·BⅡc식 동검은 공반되는 청동기 부장품의 구성에서 차이를 보인다. 전자는 검파형 동기나 방패형 동기, 다뉴조문경이 공반되며, 후자는 동과나 다뉴세문경이 공반된다. 예를 들어 BⅠc식 동검이 부장된 수촌리 적석목곽묘(충남역사문화연구원 2007)에서는 주조철부가 공반되었고, BⅡc식 동검이 부장된 동문동 1호묘(충청문화재연구원 2017)에서는 흑색마연호나 동과와 함께 주조철부·철사가 출토되었다. BⅡc식 동검이 출토된 소소리素素里에서는 흑색마연호와 함께 동과와 다뉴세문경이 출토되었다(이건무 1991). 즉 후자인 BⅠc식이나 BⅡc식 동검에서는 다뉴세문경과 함께 동과나 주조철부가 공반되는 특징을 보인다.

최근 서남부지역은 동검 관련 자료가 더욱 풍부하게 확인되고 있다. 선제리에서는 중남부지역의 남성리나 구봉리와 마찬가지로 검파형 동기가 출토되었다(전북문화재연구원 2016). 이곳에서는 BⅠa·BⅠb·BⅡa식 동검과 검파형 동기가 출토되었으며, 이른 단계인 점토대토기와 흑색마연호가 함께 공반되었다(그림164). 이 사실을 통해 BⅠa·BⅠb·BⅡa식 동검은 제2단계 청동기에 해당하며(그림165),

이 단계에서 검파형 동기가 공반되는 특징을 확인할 수 있다.

또한, 구평리 Ⅱ구 1호묘(전북문화재연구원 2013)에서는 BIb식 동검과 함께 점토대토기와 흑색마연토기가 확인되는데, 이는 제2기의 토기형식에 해당한다(그림164). 이를 통해 BIb식 동검이 제2단계 청동기에 속함을 확인할 수 있다. 원장동原長洞 G구 1호묘에서는 BIc·BⅡc식 동검이 출토되었으며, 동과와 다뉴세문경이 함께 공반되었다(전북문화재연구원 2013). 비슷한 사례로 대곡리(국립광주박물관 2013)나 초포리(국립광주박물관 1988)에서도 BIc·BⅡc식 동검과 함께 동과와 다뉴세문경이 공반되었다.

서남부지역도 중남부지역와 마찬가지로 BIc·BⅡc식 동검 단계에서 동과·다뉴세문경, 주조철부가 출현하고 있다. BIc식 동검 단계에 해당하는 남양리 3·4호묘(윤덕향 2000)에서는 주조철부나 철사 등 철제공구가 공반되고 있다. 이를 통해 BIc식 동검 단계부터 확실히 주조철기가 공반되었음을 확인할 수 있다. BⅡc식 동검이 출토된 신동리信洞里 7지구 1호묘에서는 제4기 점토대토기와 함께

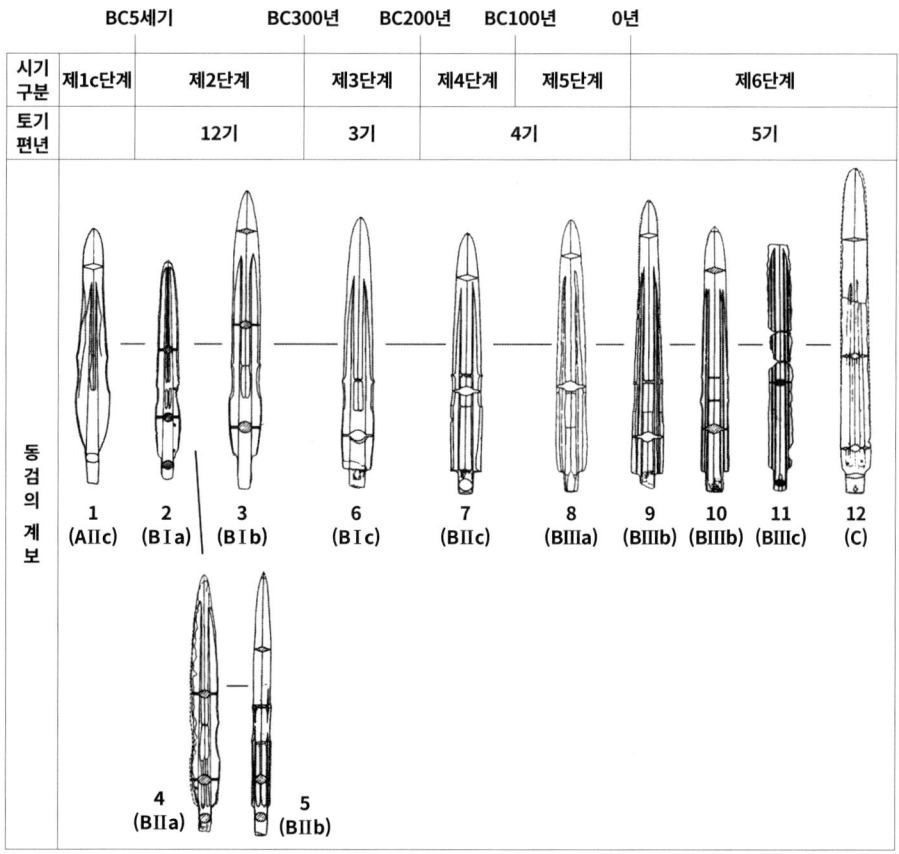

그림165. 동검의 계보와 시기설정(1: 전 성전, 2: 상자포, 3~5: 연화리, 6: 팔달동 45호묘, 7: 팔달동 100호묘, 8: 임
당AⅡ구 4호묘, 9: 사라리 130호묘, 10: 흑교리, 11: 천주리, 12: 전 김해, ※축척 1/8)

주조철부가 공반되었다(원광대학교마한·백제연구소 2005). 또한 BⅡc식 동검이 출토된 평장리에서는 반리초엽문경蟠螭草葉文鏡이 함께 출토되었다(전영래 1991). 이를 통해 기원전 2세기 전반에는 BⅡc식 동검이 등장했음을 알 수 있다. 평장리유적에서는 세형동모 Ⅱ식도 함께 출토되고 있어 적어도 기원전 2세기경에는 세형동모 Ⅱ식이 출현하였을 가능성이 있다.

BⅢ식 단계의 세형동검은 중서부나 중남부, 서남부지역에서 보이지 않는다는 점이 흥미롭다. 서남부지역 세형동검의 특징은 주조 후 연마가 되지 않은 동검이 확인된다는 점이다(표27). 신풍 22호묘(호남문화재연구원 2014), 갈동 14호묘(호남문화재연구원 2009), 대곡리유적에서 각각 확인되었다.

동남부지역은 BⅠa·BⅠb식 단계가 확인되지 않으며, 중남부지역 이북과 비교할 때, 세형동검의 전개가 한 단계 정도 늦은 것으로 보인다. 앞서 토기의 상대적 비교를 통해 제시한 중남부지역의 합송리나 봉암리 등에서 확인된 BⅠc식 동검 단계부터 세형동검이 확인된다. 즉, 동과가 출토되는 단계에 세형동검이 출토되는 것이다. 입실리나 구정동, 평리동유적에서 볼 수 있듯이, BⅡ식 동검에는 Ⅱ식 동과는 반드시 공반되어 청동기 간의 기종 조합이 명확하다. 그러나 이 유적들에서는 다뉴세문경이 조합되지 않는다. 이를 지역적 특징으로 볼 수 있을 지에 대한 검토가 필요하다.

평리동유적에서는 BⅢa식 동검과 훼룡문경虺龍文鏡이 공반되었다. 훼룡문경은 오카무라 히데노리[岡村秀典]의 한경漢鏡 편년(1984) 4기로, 기원전 1세기 말~기원후 1세기 초두로 연대가 추정된다. 또한 BⅢb식 동검이 출토된 사라리 130호분의 경우, 동검 자체의 연대는 기원후 1세기 후반(이청규 1982)으로 추정되지만, 무덤 연대는 기원후 2세기 전엽으로 여겨진다. 다카쿠 겐지[高久健二]는 사라리 130호분을 원삼국 Ⅳ기로 보고 기원후 1세기 후엽~2세기 중엽으로 비정하였다(高久 2002). 따라서 사라리유적에서 출토된 BⅢb식 동검의 하한 연대는 기원후 2세기 초까지 볼 수 있다.

한편 만촌동유적에서는 BⅡc·BⅢb식 동검과 함께 왜계의 중광형中廣形 동과가 출토되었다. 중광형 동과는 편평뉴扁平鈕식 고古단계 동탁 등과 병행 관계에 있어, 이를 근거로 야요이 중기 말로 연대가 비정된다. 공반된 중광형 동과의 시기를 고려하면, BⅢb식 세형동검의 연대는 기원전후로 보는 것이 적절할 것이다. BⅢa식 동검과 BⅢb식 동검은 공반 관계를 찾기 어려워, 형식학적 변화의 관점에서는 BⅢa→BⅢb식으로 변화한 동검으로 이해하여야 한다. 따라서 BⅢa·BⅢb식 동검은 기원전후부터 기원후 1세기대 정도의 연대로 보는 것이 타당할 것이다. C2식 동검이 출토된 양동리 427호묘는 상대적으로 이보다 더 후행한다고 볼 수 있다.

4. 한반도 청동기문화의 변천

요령식동검과 세형동검의 각 형식을 함께 출토된 다른 청동기 기종과의 조합 관계 속에서 한반도 청동기문화의 단계적 변천상을 제시하고자 한다. 특히 세형동검의 변천과정을 살펴보기 위해 앞서 5기로 구분한 점토대토기 변천을 토대로 청동기문화의 변천을 점검하고자 한다(그림165). 또한 각 단계별 한반도 내 지역적 특성도 함께 정리해 보고자 한다.

제1단계는 요령식동검(A식 동검)과 요령식동모가 확인되는 시기로, 요령식동검은 지역적으로 세분할 수 있다. AⅠ~AⅢ식 동검은 서북부지역에서 중서부, 동남부지역 북부와 낙동강 상류역까지 분포한다. 마찬가지로 요령식동모 A식은 서북부를 중심으로 동북부까지 확산된 분포양상을 보인다. AⅠ식 동검은 랴오둥[遼東] 계통의 요령식동검으로 서해안을 통해 연결된 문화적 계통을 반영하고 있다.

반면 요령식동모 A식은 지창[岊長]지구에서도 확인되어 지창지구와 관련된 계통을 고려할 수 있다. 요령식동모 A식은 남양리유적 16호 주거지에서 팽이형토기와 함께 출토되었다(서국태·지화산 2003). 남양리유적에서 팽이형토기와 함께 출토된 동촉 등도 요령식동모 A식과 같은 단계의 유물이다. 현재까지 자료에 의하면, 지창[岊長]지구에서 출토된 요령식동모 A식의 연대는 서주 후반기부터 춘추시기, 대략 기원전 10~6세기이다. 이를 통해 랴오시·랴오둥지역의 요령식동검인 1a식 동검의 시원적 연대는 서주 후반기인 기원전 10세기에서 기원전 8세기로 볼 수 있어, 한반도 북부에서 출토된 AⅠ식 동검은 그 이후의 시기에 해당할 가능성이 높다.

AⅡ식 동검은 한반도 서부지역에서 무기의 기능적 진화를 거치며, AⅡa→AⅡb→AⅡc식 동검으로 변화한다. 그리고 이는 세형동검인 BⅠa식과 연결된다. BⅠa식 동검의 성립 연대가 기원전 5세기경에 해당하므로, 제1단계는 기원전 10세기에서 기원전 6세기까지로 볼 수 있다.

제1단계에서 중남부, 서남부, 동남부지역 남부에서는 요령식동검인 AV식 동검과 요령식동모 B·C식이 함께 공반된다. AV식 동검은 랴오둥에서 반입된 요령식동검과는 완전히 다른 규격으로 대형화되었고 연마 흔적가 확인되지 않는다. 그리고 등대의 능선은 존재하지 않는다. 요령식동모 B식은 요령식동모 A식에서 변화된 형태이다. 대형화된 요령식동모 C식은 AV식 동검과 마찬가지로 인부에 연마 흔적이 확인되지 않는다. AV식 동검과 요령식동모 B·C식은 실제 무기로 사용되기보다는 보기寶器로서 다루어진 것으로 보인다. 즉 지역에 따라 청동기의 의미와 기능이 명확히 달랐음을 보여준다.

제2단계는 세형동검의 성립된 이후로 기원전 5~4세기에 해당한다. 이 시기에는 BⅠa·BⅠb식 동검이 주로 확인되며, 다뉴조문경이나 검파형동기·방패형동기가 공반되기도 한다. 검파형 동기나 방패형 동기와의 조합은 랴오둥 정가와쯔[鄭家窪子]의 청동기 구성과 유사한 특징을 보인다. 정가와쯔의 시기에 청동기문화의 양식구조가 한반도로 전파되고 수용된 것으로 여겨진다. 서북한에 철기의 출토 여부는 알 수 없으나, 적어도 중남부지역(연화리, 괴정동, 동서리, 남성리)에서는 세형동검과 함께 철기가 아직 출현하지 않는다. 또한 중남부지역에서는 무덤 내 일괄유물의 조합을 통해 BⅡa·BⅡb식

동검이 제2단계까지 상향될 가능성도 있다. 서남부지역의 선제리유적에서 출토된 BIa·BIb·BIIa식 동검 역시 제2단계에 해당한다고 볼 수 있다.

공반되는 토기의 편년을 기준으로 보면, 점토대토기 1·2기가 제2단계에 해당한다. 동남부지역에서는 아직까지 제2단계로 확실히 볼 수 있는 자료가 확인되지 않는다. 따라서 동남부지역에 한하여 요령식동검인 AV식 중에서 분할 혹은 재가공된 AVc식 동검이 제2단계까지 존속하고 있었을 가능성이 있다.

제3단계는 BIc식 동검 단계로, 앞서 언급한 바와 같이 한반도에서 청동과戈가 성립하는 시기이다. 한반도산 청동과는 허베이[河北]성 이[易]현 신좡터우[辛莊頭]무덤군 30호묘에서 출토되었다. 이 무덤의 연대는 기원전 3세기 중엽(宮本 2000d)으로 평가되므로, 이를 한반도 청동과의 등장 시점을 추정하는 근거로 삼을 수 있다. 제19장에서 한반도 세형동과의 성립에 대해 논하겠지만, 연燕나라와 일정한 관계 혹은 군사적 관계 속에서 이러한 동과가 제작되었을 가능성이 크다. 따라서 한반도 내 동과는 기원전 3세기경부터 시작된 것으로 볼 수 있다. 세형동검과 함께 3기의 점토대토기와 다뉴세문경이 공반된다. 또한 중남부지역에서는 합송리(이건무 1990), 서남부지역에서는 남양리 3호묘 등에서 주조철기의 보급이 확인된다. 동남부지역에서도 팔달동 45호묘와 같이 철기의 확산이 확인된다.

제4단계는 BIIc식 동검이 출현하는 시기로, 서남부지역 평장리의 사례를 통해 기원전 2세기에 해당하는 것으로 보인다. 동남부지역의 사례를 살펴보면, BIIc식 동검에는 II식 동과나 세형동모II식이 공반된다. 현재로서는 제4단계 이후 서남부지역에서는 동검이 확인되지 않았다. 동남부지역 팔달동 100호묘의 우각형 파수부호는 같은 무덤군 내 부장된 동형식 우각형 파수부호와 교차 점검하여 4기 점토대토기에 해당함을 확인하였다.

한편 이와나가 쇼조는 필자의 제4단계가 좀 더 세분될 수 있는 가능성을 제시한 바 있다(岩永 2002). 부장품 구성을 보면 세분될 가능성도 있으나, 근거로 삼은 자료의 지역을 구분할 수 없어, 이 차이를 시기적인 차이로 볼 것인지, 지역차로 볼 것인지 향후 검토가 필요하다.

제5단계는 낙랑계 유물이 공반되는 시기이다. 상리유적에서는 BIIc식 동검과 함께 낙랑계 유물이 공반되고 있어, BIIc식 동검이 제5단계까지 존속하였음을 보여준다. 이 단계에는 BIIIa식 동검이 출현하는데, 이는 제5단계를 대표하는 형식이라고 할 수 있다. 제5단계는 기원전 1세기에 해당하며, 현재까지 중남부지역과 서남부지역에서는 이 시기의 무덤 자료가 확인되지 않고 있다.

제6단계는 청동기의 종말기로, 서북한의 낙랑군에서는 대부분 철기화가 이루어진 시기이다. 이 단계는 점토대토기 제5기에 해당하며, 청동기문화는 동남부지역에서 특징적으로 지속된다. BIIIb식 동검이나 C식 동검이 출현하는 시기이지만, 기존의 BIIIa식 동검도 여전히 존속된다. 또한 동남부지역을 중심으로 소형 방제경이 다수 동반되는 특징을 보인다. 이 단계는 기원 전후에서 기원후 1세기에 해당하며, 야요이 후기 전반과 병행하는 시기로 볼 수 있다.

5. 한반도의 세형동검과 북부 규슈지역의 세형동검

다음으로 일본열도에 유입된 세형동검의 연대를 검토하고자 한다. BIa·BIb식 동검은 요시다[吉田]가 말하는 세형 I식 y타입에 해당하며, BIc식 동검은 세형 I식 x타입에 해당한다고 볼 수 있다(吉田 1993). 표28과 같이, 세형 I식 y타입(BIa·BIb식 동검)이 출토된 옹관은 김해식~스구[須玖]식이며, 세형 I식 x타입(BIc식 동검)이 출토된 옹관 또한 김해식~스구식에 해당한다. 표28에서 확인할 수 있듯이 BIa·BIb식 동검이 BIc식 동검에 비해 김해식 옹관에 부장된 사례가 다소 많은 경향을 보인다. 이러한 경향은 한반도와 일본열도간의 연대 차이를 반영한다고 할 수 있다.

일본에서 세형동검 출현연대가 세형 I식 x타입과 세형 I식 y타입 사이에서 거의 차이가 나지 않은 이유는 한반도 청동기문화의 제3단계에 유입되었기 때문이다. 제22장에서 검토하겠지만, 북부 규슈에서도 세형동검의 거푸집이 출토되고 있어, 일본열도에서도 세형동검의 생산이 시작되었음은 틀림없다. 일본에서 출토된 BIa·BIb·BIc·BIIa식 동검 중 반입[舶載]된 것과 일본 내에서 생산[國産]된 것을 형식학적인 구분은 쉽지 않다. 일본 내 생산이 확실한 중세형동검과의 관계를 고려하면, 세형동검 중에서도 길이[全長]가 긴 것은 일본 내 생산품일 가능성이 있다. 그러나 반입된 동검과 일본 내 생산된 동검을 명확하게 형식적으로 구분하는 것은 어려운 상황이다. 이러한 형식 구분의 어려움이 BIa·BIb식 동검과 BIc식 동검이 북부 규슈지역에서 시기적 차이를 보이지 않은 주요 요인이라고 할 수 있다.

BIIc식 동검은 일본에서 세형 II식으로 전개되며, 시기적으로 세형 I식 동검보다 한 단계 늦게 출현한다(岩永 1980). 이러한 특징은 한반도 내 세형동검의 변천과 같은 경향을 나타낸다고 볼 수 있다. 세형 II식이 출토된 옹관의 연대는 스구식~다테이와[立岩]식이며, 이 출현 시기는 BIIc식 동검이 등장하는 한반도 청동기문화 제4단계의 양상과 궤를 같이 한다.

이처럼 일본에서 세형동검의 출현 연대를 명확히 설정하지 못했던 원인은, 그동안 한반도 청동기문화의 세형동검 연대관이 정리되지 않았기 때문이다. 그러나, 일본 내 세형동검의 출토 경향을 보면, 한반도 청동기문화의 연대와 정확하게 대응하고 있음을 알 수 있다.

여기서 주목되는 점은 김해 회현리유적에서 출토된 BIIc식 동검이다. 이 동검은 김해식옹관에 부장된다는 점에서 야요이시대 옹관 편년에서 볼 때, BI식 동검(BIa·BIb·BIc식)과 BII식 동검(BIIc식)이 동시에 존재했음을 시사한다. 그러나 한반도 내 공반 사례로 살펴보면, 세형동검의 형식은 명확한 시기적 차이로 이어진다. 즉 김해식옹관에서 가장 늦은 형식인 BIIc식이 출현한 것은 이미 그 이전에 BI식 동검이 존재했음을 의미한다. 이를 정리하면, BIc식 동검에서 BIIc식 동검으로의 이행기가 야요이시대 김해식옹관의 시기로 야요이 전기말~야요이 중기 초두에 해당한다. 따라서 BIc식 동검이 주체가 되는 한국 청동기문화 제3단계는 야요이 전기와 병행하는 시기라고 할 수 있다.

표28. 북부 규슈 출토 세형동검 집성

형식	출토지	소재지	옹관편년	길이(cm)
Ⅰa	吉武遺跡群大石地区K140号甕棺墓	福岡市早良区	金海式	31.3
Ⅰa	吉武遺跡群高木地区K117号甕棺墓	福岡市早良区	金海式	35.3
Ⅰa	吉武遺跡群高木地区M1号木棺墓	福岡市早良区		29.8
Ⅰa	吉武遺跡群高木地区M3号木棺墓	福岡市早良区		33.5
Ⅰa	岸田遺跡K4916甕棺墓	福岡市早良区	汲田式	33.6
Ⅰa	板付田端甕棺墓群	福岡市博多区	金海式~須玖式	결손
Ⅰa	唐津市山本字中尾	佐賀県唐津市	須玖式	30.3
Ⅰa	武雄市釈迦寺遺跡SJ279甕棺墓	佐賀県武雄市	城ノ越式	32.2
Ⅰa	宇木汲田遺跡18号甕棺墓	佐賀県唐津市	金海式	26.5
Ⅰa	千代田町高志神社遺跡SJ018甕棺墓	佐賀県神埼郡千代田町	汲田式	35.9
Ⅰa	馬渡・束ヶ浦E地区2号甕棺	福岡県古賀市	金海式	33.0
Ⅰb	吉野ケ里遺跡吉野ヶ里丘陵地区Ⅴ区ST1001墳丘墓SJ1009	佐賀県神埼郡吉野ヶ里町	須玖式	19.7
Ⅰb	吉武遺跡群大石地区K45号甕棺墓	福岡市早良区	金海式	28.3
Ⅰb	吉武遺跡群樋渡墳丘墓K77号甕棺墓	福岡市早良区	須玖式	33.9
Ⅰb	吉武遺跡群高木地区K100号甕棺墓	福岡市早良区	金海式	29.5
Ⅰb	吉武遺跡群高木地区K115号甕棺墓	福岡市早良区	金海式	29.9
Ⅰb	吉武遺跡群高木地区K116号甕棺墓	福岡市早良区	金海式	25.2
Ⅰb	田熊石畑2号木棺墓	福岡県宗像市		35.0
Ⅰc	宇木汲田遺跡61号甕棺墓	佐賀県唐津市	金海式	33.8
Ⅰc	宇木汲田遺跡12号甕棺墓	佐賀県唐津市	汲田式	33.1
Ⅰc	宇木汲田遺跡11号甕棺墓	佐賀県唐津市	須玖式	31.3
Ⅰc	久米遺跡6号甕棺墓	福岡県糸島市志摩町	城ノ越式	31.9
Ⅰc	吉武遺跡群大石地区K51号甕棺墓	福岡県早良区	金海式	31.6
Ⅰc	岸田遺蹟SR0437木棺墓	福岡市早良区		31.6
Ⅰc	岸田遺蹟K0473甕棺墓	福岡市早良区	金海式	35.2
Ⅰc	東入部K0084甕棺墓	福岡市早良区	金海式	31.5
Ⅰc	板付田端甕棺墓群	福岡市博多区	金海式~須玖式	27.6
Ⅰc	板付田端甕棺墓群	福岡市博多区	金海式~須玖式	결손
Ⅰc	比恵遺跡6次調査SK28甕棺墓	福岡市博多区	汲田式	30.35
Ⅰc	須玖岡本B地点	福岡県春日市		31.7
Ⅰc	須玖岡本遺跡E地点15号甕棺墓	福岡県春日市	立岩	32.4
Ⅰc	須玖岡本遺跡一次調査15号甕棺墓	福岡県春日市	汲田式	34.8
Ⅰc	須玖岡本遺跡B地点付近	福岡県春日市		31.7
Ⅰc	上峰町切通遺跡4号甕棺墓	佐賀県三養基郡	須玖式	23.5
Ⅰc	吉野ケ里遺跡吉野ヶ里丘陵地区Ⅴ区ST1001墳丘墓SJ1054	佐賀県神埼郡吉野ヶ里町	須玖式	29.1

형식	출토지	소재지	옹관편년	길이(cm)
Ⅰc	吉野ケ里遺跡吉野ヶ里丘陵地区Ⅴ区ST1001墳丘墓SJ1056	佐賀県神埼郡吉野ヶ里町	須玖式	29.9
Ⅰc	吉野ケ里遺跡吉野ヶ里丘陵地区Ⅴ区ST1001墳丘墓SJ1002	佐賀県神埼郡吉野ヶ里町	立岩式	44.3
Ⅰc	柚比本村SJ1148甕棺墓	佐賀県鳥栖市	汲田式	29.8
Ⅰc	馬渡・束ヶ浦E地区2号甕棺	福岡県古賀市	金海式	31.18
Ⅰ	飯倉丸尾(唐木)	福岡市早良区	金海式	23.9
Ⅱc	吉武遺跡群高木第2号木棺	福岡市早良区		29.1
Ⅱc	吉武遺跡群高木第4号木棺	福岡市早良区		26.0
Ⅱc	吉武遺跡群大石地区第1号木棺墓	福岡市早良区		30.2
Ⅱc	吉武遺跡群大石地区第5号木棺墓	福岡市早良区		30.4
Ⅱc	岸田遺跡K0482甕棺墓	福岡市早良区	須玖式	31.0
Ⅱc	吉野ケ里遺跡吉野ヶ里丘陵地区Ⅴ区ST1001墳丘墓SJ1005	佐賀県神埼郡吉野ヶ里町	須玖式	21.1
Ⅱc	吉野ケ里遺跡吉野ヶ里丘陵地区Ⅴ区ST1001墳丘墓SJ1006	佐賀県神埼郡吉野ヶ里町	汲田式	28.8
Ⅱc	柚比本村SP1100木棺墓	佐賀県鳥栖市		30.28
Ⅱc	柚比本村SJ1137甕棺墓	佐賀県鳥栖市	須玖式	35.5
Ⅱc	宇木汲田遺跡1930年出土	佐賀県唐津市		31.3
Ⅱc	宇木汲田遺跡6号甕棺	佐賀県唐津市	須玖式	32.6
Ⅱc	須玖岡本遺跡B地点1号甕棺墓	福岡県春日市	立岩式	32.8
Ⅱc	吉武遺跡群樋渡墳丘墓K75号甕棺墓	福岡市早良区	須玖式	35.4
Ⅱc	東入部D957木棺墓	福岡市早良区		29.7＊
Ⅱc	田熊石畑1号木棺墓	福岡県宗像市		27.7
Ⅱc	田熊石畑3号木棺墓	福岡県宗像市		27.5
Ⅱc	田熊石畑4号木棺墓	福岡県宗像市		33.6
Ⅱc	田熊石畑7号木棺墓	福岡県宗像市		29.3
Ⅱc	吉武遺跡群高木第4号木棺	福岡市早良区		26.0
Ⅱc	金丸遺跡2号土壙墓	福岡県遠賀郡遠賀町		33.8
Ⅲa	吉野ケ里遺跡吉野ヶ里丘陵地区Ⅴ区ST1001墳丘墓SJ1007	佐賀県神埼郡吉野ヶ里町	須玖式	30.6
AⅣb	吉武遺跡群高木地区M3号木棺墓	福岡市早良区		30.3

＊는 일부 결손된 것임

　　앞서 그림164에서 제시한 점토대토기와의 공반 양상을 살펴보면, 점토대토기 1~3기에 해당하는 BIa~BIc식 동검과 함께 출토된 점토대토기는 대부분 「후기 전반」의 무문토기에 해당한다. 이에 따라 야요이시대와의 병행 연대 상한은 야요이 전기 중엽이나 전기 전엽까지 상향될 가능성이 있다. 하한은 야요이 중기 초두로 설정할 수 있다(片岡 1999).

　　BIIc식 동검은 그림164에서 점토대토기 제4기인 「후기 후반」 무문토기와 공반되어, 북부 규슈지역의 야요이 중기 후반 이후와 병행할 가능성이 높다(片岡 1999). BI식 동검는 야요이 전기와 병행하는 단계이며, BII식 동검은 야요이 중기에 병행하는 단계라고 본다면, 크게 모순되지 않는다. 따라서 한반도 청동기문화 제4단계는 야요이 중기 초두부터 중기 후반에 해당하는 시기로 설정할 수 있을 것이다. 앞서 제시한 BIIc식 동검의 출현 시기에서 고려하면, 기원전 2세기~1세기 전반으로 설정하는 것이 타당하다.

BIIc식 동검 중 결입부 하단에 마디[節帶]가 형성된 사례가 입실리유적(藤田 외 1925)에 확인된다. 같은 특징을 가진 동검이 요시노가리[吉野ヶ里] ST1001 분구묘 SJ1007과 미구모 미나미쇼지[三雲南小路] 1호 옹관에서도 출토되었다. 이 동검들은 모두 스구식옹관에 부장되었다. 요시노가리에서 출토된 동검은 본 장에서 BIIIa식으로 분류한 것이다. 이 동검의 속성은 스구식과 병행한다. 이 시기에는 북부 규슈지역으로 한경漢鏡이 유입되었다는 점도 중요한 특징이다.

결입부 하단에 마디가 형성되는 특징은 한반도 BIIIb식 동검에서 나타난다. 이러한 특징은 한반도 청동기문화 제6단계에 해당한다. 하지만 왜계 문물인 중광형 동과 및 소형방제경의 연대는 야요이 중기 말부터 야요이 후기 전반에 걸쳐 있다. 이러한 왜계 문물은 한반도 청동기문화 제6단계에 동남부인 영남지역에서만 나타난다. 한반도 청동기문화 제6단계를 기원후 1세기로 본다면 연대적으로 전혀 모순되지 않는다.

6. 정리

한반도 청동기문화를 제1~6단계로 구분하고 동검의 형식학적 변화를 중심으로 각 단계의 특징을 설명하였다. 또한 한반도 내 지역성을 고려하여 변화양상을 검토하였다.

제1단계는 요령식동검 단계로서 기원전 10~6세기에 해당한다. AI식 동검은 랴오둥지역의 요령식동검이 한반도로 유입되었거나, 한반도 서북부에서 랴오둥지역의 그것을 모방하여 제작된 것이다. 이는 랴오시에서 성립된 요령식동검이 빠르게 한반도로 확산된 결과로 볼 수 있다.

AI식 동검은 한반도 서북부지역에서 AIIa~AIIc식 동검으로 변화하였다. 이와 별개로 AIII식 동검은 서부에서 동남부지역 북부인 낙동강 상류지역까지 분포하였다. AII·AIII식 동검 계통은 한반도 내부의 독자적인 무기화 흐름 속에서 변화된 것으로 판단된다. 이 단계에는 서북부에서 동북부에 걸쳐 지창[吉長]지구에서 개발된 요령식동모가 분포한다. AII식 동검과 함께 무기로서의 기능을 갖추고 있었을 가능성이 높다.

반면 AV식 동검이나 요령식동모 B·C식 계통은 AII·AIII식 동검과는 분포를 완전히 달리하며, 주로 중남부지역에서 서남부·동남부지역에 걸쳐 분포한다. AV식 동검·요령식동모 C식은 무기화되지 않고, 대형화되며 연마 흔적이 보이지 않는다. 이는 보기寶器나 위신재로서 변화되었음을 시사한다.

서북부지역에서는 AII식 계통 동검이 무기로서 기능이 진화하며, AIIc식 동검에서 세형동검인 BI식 동검으로 변화한다. BIa식 동검의 기부는 곡선으로 반원형에 가까웠으나(이청규 1982), BIb식 동검을 거쳐 BIc식 동검에서는 직각에 가까운 예각으로 변화한다. 이러한 변화는 내부적인 요인뿐만 아니라, 지창[吉昌]지구에서 출토된 린윈[林雲]의 D형 요령식동검과의 접촉과 관련될 가능성도 제기된다(村上 2000).

이와 같이, 한반도 고유의 무기로 새롭게 등장한 세형동검의 성립은 연나라의 본격적인 랴오둥지역 확장과 긴밀하게 연동된다. 연나라는 상곡上谷을 포함한 5군 설치를 통해 군현郡縣 지배체제를 강화하였으며, 이로 인해 경계 지역에서는 군사적 긴장이 고조되었다. 이러한 군사적 위협의 증대는 무기화를 가속시키는 주요 요인이 되었으며, 그 과정에서 세형동검이 성립되었다고 볼 수 있다. BI식 동검은 기원전 5세기경 한반도 서북부지역에서 개발되었으며, 이후 한반도 전역으로 확산되었다고 해석하는 것이 타당할 것이다.

세형동검은 형식학적으로 BIa→BIb→BIc→BIIc→BIIIa→BIIIb식 동검으로 변화하는 과정을 거친다. BIa·BIb식 동검은 한반도 청동기문화 2단계에 해당하며, 그 연대는 기원전 5세기경으로 추정된다. 이 시기에는 방패형 동기·검파형 동기나 다뉴조문경 등이 공반되는 특징을 보인다. 비록 일부 연대차는 있지만, 이러한 유물 조합은 랴오둥지역 정가와쯔[鄭家窪子] 6512호묘에서 확인되는 복합 청동기 유물군과 유사하다고 볼 수 있다. 특히, 중남부지역에서는 다량의 청동기가 부장되는 수장묘적 사회계층이 출현하였음을 시사한다. 이러한 맥락 속에서 BIIa·BIIb식 동검은 제2단계 후반에서 제3단계 전반 사이에 중남부지역에서만 제작된 지역적 특성을 가진 동검으로 자리 잡게 된다.

한반도 청동기문화 제3단계는 BIc식 동검을 주체로 하는 단계이다. 이 시기의 특징은 세형동모나 청동과戈가 공반된다는 점이다. BIc식 동검은 세형동검이 정형화된 단계로 평가되며, 그 연대는 청동과戈의 출현을 고려할 때 기원전 3세기로 볼 수 있다. 이 시기에는 지역적인 생산력 차이로 인해 서부지역과 남부지역에서 동일한 형식 변화를 보이면서도 규격에서의 차이가 두드러진다(難波 1986). 또한 북부 규슈지역으로 세형동검이 유입되기 시작하는 시점이며, 중남부·동남부지역으로 주조 철기가 보급된다.

제4단계는 BIIc식 동검이 출현하는 시기로 기원전 2세기에 해당한다. 이 시기의 특징 중 하나는 동남부지역에서 BIIc식 동검과 그 이전 단계 중남부지역의 동검 형식이 함께 공반 부장되는 수장묘적 존재가 출현한다는 점이다. 또한 북부 규슈지역의 야요이 중기 초두와 병행하는 시기로, 김해식 옹관 내 청동기가 부장되는 단계이다. 북부 규슈지역에서도 청동기가 자체적으로 생산되기 시작하는 전환점이 되는 단계이다.

제5단계는 BIIIa식 동검이 출현하는 시기로, 낙랑군 성립기에 해당한다. 이 시기에는 한나라 계통의 유물이 공반되기 시작하며, 기원전 1세기를 중심으로 전개되는 단계이다. 또한 북부 규슈지역의 야요이 중기 후엽과 병행하는 시기로 볼 수 있다.

한반도 서북부지역에서는 일반적으로 동검 1점만이 부장되며, 동남부지역 목관묘에 복수의 동검이 매납되는 경우도 확인된다. 반면, 이전 단계에 중남부나 서남부지역에서 보였던 다수의 동검이나 청동기를 부장하던 석관묘나 목관묘는 존재하지 않는다. 중남부 및 서남부지역 수장묘는 계보적인 특징이 불분명한 단계로 볼 수 있다. 동남부(영남)지역에서 복수의 청동기가 부장되는 무덤이 지속적으로 확인되며, 재지 수장의 신분을 나타내는 표식의 하나로 촉각식동검이 등장한다. 이 촉각식동검은 대구를 중심으로 출현하는 필자의 V형 촉각식觸角式동검에 해당한다(宮本 2002d).

제4단계와 제5단계는 야요이 중기로, 일본열도에서는 세형동검이 유입된 이후 급격히 의기義器화되면서 중세형동검이 출현하는 양상을 보인다(岩永 1980; 吉田 1993). 이러한 변화는 크게 보면 한반도에서 보였던 양상과도 유사한 흐름을 가진다. 한반도 청동기문화 제1단계에는 한반도 북부지역을 중심으로 요령식동검인 A식이 무기로서 기능이 강화되는 것에 비해, 중남부에서 남부지역에서는 요령식동검 AV식이 대형화되면서 보기寶器화 되는 양상을 띤다. 이는 앞서 언급한 야요이시대 청동기의 의기화와 유사한 현상이라고 할 수 있을 것이다.

즉 지역에 따라 실용적 무기로 발전하거나 의례적 도구 무기로서의 변화하는데, 이러한 변화는 청동기를 수용한 사회의 질적 차이에 의한 것으로 볼 수 있다. 특히 무기로서 기능이 변화하는 흐름과, 대형화 · 보기寶器화 되어가는 흐름이 서로 시공간적인 차이를 드러내면서 대비되는 양상이라는 점은 흥미롭다. 그럼에도 청동기 자체에서 볼 수 있는 현상[형태]적인 유사성은 고도의 문화를 가졌던 서쪽에서 동쪽으로 전개되면서 시공간적인 문화적 현상[형태] 속에서도 이행되고 있다고도 볼 수 있다.

제6단계는 BIIIa · BIIIb식 동검을 주체로 하는 시기이다. 이 단계에 다통식多樋式동검 · 심통식深樋式동검이라고도 불리는 C식 동검이 추가된다. BIIIa~BIIIc식 동검이 무기로서 진화되기도 하지만, 철검으로 대체되면서 점차 의장화되는 경향을 보인다. 예를 들어, 사라리 130호묘에서는 목관 모서리에 동검을 기대어 세워놓는 등 부장품 배치 양상의 변화를 확인할 수 있다. 이러한 동검문화는 기본적으로 동남부지역에서만 확인되며, 서부지역은 거의 철기화가 이루어진다. 동남부지역에서는 동검뿐만 아니라 동모에서 특수한 지역적 문양이 확인된다. 이러한 청동기의 장식화 경향은 야요이시대와 관련하여 본다면, 중기 말에서 후기 전반에 해당한다고 볼 수 있다. 연대적으로는 기원후 1세기를 중심으로 하는 단계이다.

또한 이 단계 한반도 동남부지역에는 북부 규슈지역으로부터 소형방제경(田尻 2003)과 무기형 제기(吉田 2003)가 유입된다. 기존까지 유지되던 한반도에서 북부 규슈지역이라는 일방적 물류관계가 북부 규슈와 동남부지역의 관계 속에서 상호적 물류 관계로 변화하는 양상을 보인다. 이러한 변화의 배경에는 동남부지역을 통해 철소재가 북부 규슈지역으로 반입했다고 상정되는 듯, 깊은 교역 관계가 자리하고 있었을 것이다. 이러한 대외교역을 담당했던 츠시마[対馬] 해인海人 집단과의 연관성을 염두하면, 동남부지역의 특징적인 BⅢ식 동검이나 C식 동검, 촉각식동검 V형, 청동장식품 등이 츠시마에서 출토되고 있다는 점도 주목할 만하다(吉田 2001b).

이 시기에는 대외적으로 왕망王莽에 의해 성립된 신新이 낙랑 사회에 변화를 야기하게 된다. 왕망기에 낙랑에서는 일시적으로 재지 호족인 왕조王調가 독립된 상태에 있었으나, 후한後漢 성립 후 진압되어 낙랑군이 재설치되는 과정을 거쳤다. 낙랑군이 재설치된 이후 그 지배 영역은 전한前漢대에 비해 훨씬 축소되었으며, 한나라 군현의 직접지배도 약화되었다. 이러한 정세 변화 속에서 전한대 낙랑군과 주변 지역의 관계성, 그리고 후한대 낙랑군과 주변 지역의 관계성에도 변화가 있었을 가능성이 크다.

제18장

한반도 세형동검과 세형동모의 성립연대

1. 머리말

세형동검은 한반도에서 제작된 동검이다. 세형동검보다 앞선 동검은 요령식동검으로서, 윤무병이 세형동검을 요령식동검에서 변화된 것이라고 본 이후 이 견해는 학계에서 거의 정설로 받아들여지고 있다(尹武炳 1966). 그러나 한반도에서 출토된 요령식동검 중 어느 형식, 또는 어느 지역의 요령식동검이 세형동검으로 변화하였는가에 대해서는 연구자에 따라 견해가 다르다. 예를 들어, 이건무는 랴오시지역 랴오허[遼河] 하류 유역의 요령식동검문화가 한반도 중남부로 직접 유입되면서 세형동검이 등장한다고 보았다(李健茂 1992).

반면, 이영문은 한반도 요령식동검의 형식 계보 속에서 세형동검이 성립하는 과정을 상정하고 있다(李榮文 1996). 무라카미 야스유키[村上恭通]는 랴오둥과 지린[吉林]·창춘[長春]지구에서 보이는 요령식동검의 퇴화형식, 특히 인부 하단에 기부를 형성한 우다오링거우먼[五道嶺溝門]에서 출토된 동검 등이 필자의 요령식동검 3식(宮本 2008a)과 함께 세형동검 성립과정에서 영향을 주었을 가능성을 제기하였다(村上 2000). 또한 미야자토 오사무[宮里修]는 용흥리龍興里 타입과 고산리孤山里 타입을 설정하고, 이를 필자의 한반도 AIIIc식 요령식동검과 랴오둥지역 4식 요령식동검의 융합으로 해석하였다(宮里 2007a).

이처럼 무라카미[村上]와 미야사토[宮里]는 모두 랴오둥지역 요령식동검의 퇴화형식이 세형동검 성립에 영향을 미쳤다고 본다. 문제는 퇴화형식의 시공간적 위치 관계가 명확히 제시되어야 하는데, 연대적으로나 공간적인 접촉을 입증할 만한 구체적인 근거가 부족하다. 후술하겠지만, 퇴화형식 요령식동검의 상대연대를 보더라도 한반도와 랴오둥의 퇴화형식 동검이 직접적인 접촉을 통해 세형동검과 연관된다는 근거는 확인되지 않는다. 오히려 랴오둥지역 퇴화형식의 요령식동검이 세형동검 성립기보다 늦은 단계에 속한다는 점에서 둘 간의 관계는 논리적으로 성립되지 않는다.

따라서 세형동검의 성립과정을 논하는 데 있어, 단순히 세형동검만을 대상으로 삼기보다 먼저 한반도 요령식동검이 어떤 과정을 거쳐 형식 변화하는가, 그리고 어떤 형식이 세형동검으로 이행하였는가를 명확히 파악해야 한다. 이러한 형식 서열의 체계적 분석을 통해 비로소 세형동검의 성립을 이해할 수 있을 것이다.

2. 세형동검의 성립에 대하여

세형동검의 형식변화에 대한 논의는 지금까지 윤무병의 분류기준을 두고 전개되어 왔다. 윤무병은 봉부에서 결입부까지 등대를 연마한 I식, 결입부의 하단에서 기부까지의 등대를 연마한 II식, 더불어 경봉부까지 연마한 III식으로 구분하였다. 기본적으로 I→II→III식과 같이 형식 변화한다고 보았다(尹武炳 1966).

일본에서 출토된 세형동검에 대해서도 동일한 기준이 적용되어 모리 데이치로[森貞次郞](1968)와 이와나가 쇼조[岩永省三](1980)에 의해 검토되었다. 하지만 한반도, 특히 한반도 중남부에서는 동서리나 남성리유적처럼 I식과 II식이 공반되는 사례가 많아, I식과 II식의 세분이 시기적 차이를 직접적으로 반영하지 않는다는 의문이 제기되어 왔다. 이에 따라 세형동검의 시기를 형식 자체보다 공반유물의 조합, 즉 다뉴세문경이나 동모, 철기 등과의 조합양상을 통해 시기 구분하는 연구자가 많다. 게다가 I식과 II식은 시기 차이를 반영하는 것이 아니라, 연마 정도의 단계적 차이를 보여주는 동일 계열의 변화로 보아야 한다는 견해(柳田 2007·2014)도 제시되고 있다.

하지만 앞서 제시된 계통적 변화에 대해, 과연 그렇게 단정할 수 있을지는 의문이다. 특히 필자가 BIIb식이라고 명명한 형식이 BIIc식(그림163)을 재연마한 결과로 형성되었다는 견해는 받아들이기 어렵다. 왜냐하면 결입부 하단 등대의 연마에서는 이 형식의 주요 특징인 등날 능선이 확인되며, 양 방향에서 연마되었는데, 두 연마면의 사이의 표면은 주조 시 형성된 원래 면에 가깝고 등대의 폭도 상당히 두껍기 때문이다.

이러한 현상은 재연마 과정에서 인부가 함께 연마되어 소실되었다는 설명으로는 설득력이 부족하다. 만약 재연마에 의한 결과라면, 등대의 연마면 간의 두께는 인부까지 연마되어 더욱 얇아지거나, 기부 연마 각도가 더 둔각으로 변해야 한다. 그러나 BII식 동검은 등대가 여전히 두꺼운 원형 그대로의 상태를 유지하고 있으며, 등대의 연마 각도는 예각으로 평탄하게 유지되어 있다. 따라서 BIIb식은 재연마에 의해 변형된 것이 아니라, 주조 단계부터 인부가 좁은 형식을 의도하여 제작한 것이라고 보아야 한다.

오히려 문제가 되는 것은 연마의 규칙성이다. 특히 연마에 대해서는 재연마이므로, 그 자체를 문제 삼을 수 없다는 논리는 동의할 수 없다. 무엇보다도 이러한 연마의 원칙적 규칙은 조형적 요령식동검의 분포권인 랴오시와 랴오둥지역에서는 엄밀하게 지켜지고 있다. 이와나가 쇼조도 언급한 것처럼(岩永 2003), 청동기의 형식분류에서 연마 조정이 형식 분류 자체에 영향을 미칠 수는 없다. 결국 재연마의 문제는 일본열도 등 주변 지역 문화에서 규칙이 변용되는 과정으로서, 그 분석의 초점 또한 다르게 보아야 한다.

필자는 전장에서 랴오시지역, 랴오둥지역, 한반도의 요령식동검과 세형동검의 형식변화(宮本 1998·2000a·2000c·2008a)를 동검의 형태와 연마 구분 제작, 연마형태를 중심으로 논하며, 각 속성들의 공시共時적 변화 양식 속에서 병행관계(宮本 2008a)를 제시하였다. 여기서는 그 형식구분과 변화(그림 156)를 기준으로 세형동검의 성립과정에 대해 논하고자 한다.

랴오시나 랴오둥지역의 요령식동검은 이른 시기인 거푸집에 등대의 등날 능선이 새겨져 있는 요령식동검 0식을 제외하면, 요령식동검 1식에서 요령식동검 2a식까지는 인부의 돌기가 위치하는 등대 부분이 연마 구분 제작된다. 이는 돌기보다 하단에 약간의 연마만이 이루어지는 규칙성을 띤다(宮本 2008a). 요령식동검 1a식은 인부의 돌기가 명료해지고, 더불어 돌기와 일치하는 등대 부분에 융기가 확인된다(그림156-1·5). 이 융기부분을 기준으로 등대가 연마 구분 제작되는 것이다.

이 규칙성은 인부의 돌기나 등대의 융기가 퇴화된 요령식동검 1b식 단계(그림 156-2·6)에서도 지속되고 있다. 그리고 인부의 돌기가 희미하게 남거나, 혹은 등대의 융기가 희미하게 남아 있는 단계인 요령식동검 2a식 단계(그림156-3·7)에서도 유지된다. 그러나, 연마의 규칙성이 약해져 연마 구분 제작이 명확하지 않은 산둥[山東]성 치샤[棲霞]현 싱자좡[杏家莊] 2호묘 동검(宮本 2008a)과 같은 사례(그림156-7, 그림143-1)도 확인된다.

이후 형식인 요령식동검 2b식의 경우, 등대의 연마는 인부 하단까지 연장되어 등날이 경부 가까이에 이른다. 예를 들어 랴오닝[遼寧]성 젠창[建昌]현 위다오거우[于道溝] 1호묘(孤山子 90년 1호묘)의 사례(그림166)처럼(遼寧省文物考古硏究所 외 2006), 2b식 단계의 연마보다 더 진행된 연마의 흔적이 명확하게 확인된다. 이 같은 연마의 형태가 이후 세형동검의 연마 분류를 통해 제시한 BⅡa식(그림163-5)과 같은 것이다.

이처럼 등대에 남은 연마 형태는 엄밀한 규칙성을 가지고 유지되었으며 재연마로 인해 변화된 것이 아니다. 적어도 등대의 연마 구분 제작은 인부의 돌기에 대응하는 위치에서 등대의 융기를 기점으로 연마 구분 제작이 이루어진 것으로

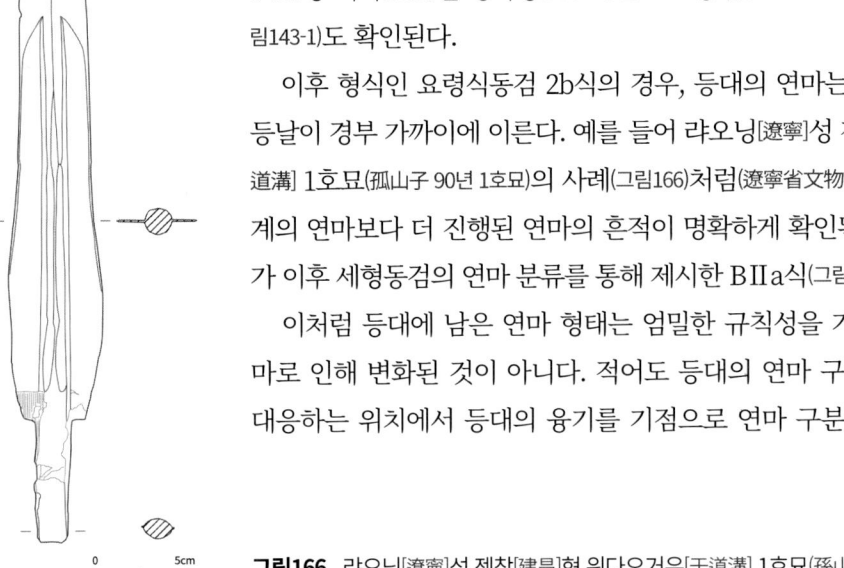

그림166. 랴오닝[遼寧]성 젠창[建昌]현 위다오거우[于道溝] 1호묘(孫山子90년1호묘) 출토 요령식동검 2b식[1]

볼 수 있다. 연마 구분 제작의 전통은 등대의 융기가 존재하는 랴오둥지역 요령식동검 1a식이나 1b식에서 확인되며, 적어도 등대의 융기가 희미하게 남아있거나 남아있지 않은 단계인 2a식까지는 엄밀히 존재하고 있다.

이 같이 한반도 요령식동검은 랴오시나 랴오둥지역의 요령식동검 2b식까지의 형식변화기에 해당하는 것이다(宮本 2008a). 한반도의 요령식동검에 대해서는 크게 다섯 계통의 흐름이 있다고 생각된다(宮本 2002c).

첫 번째는 규격이나 연마 형태 등 그 밖에 특징이 랴오둥지역의 그것과 동일하거나 거의 같은 한반도 요령식동검 AI식이다. AI식은 랴오둥에서 생산된 요령식동검 1a식의 반입품이거나, 아니면 랴오둥지역의 요령식동검 1a식을 충실히 모방하여 재지에서 생산한 것이다. 랴오둥지역의 요령식동검 1a식의 계통이지만, 한반도에서 재지 생산되면서 빠르게 랴오둥의 그것들과 다른 형태로 변화해 간다. AI식에서 변화된 사례가 AII식과 AIII식이다(그림167).

AII식과 AIII식은 큰 형태적 차이가 존재한다. AII식은 돌기의 위치가 검신 중앙에 있는 것으로, 돌기의 위치로 본다면 랴오시의 요령식동검과 유사하다. AIII식은 돌기의 위치가 검신 중앙보다 약간 선단에 가까운 것으로, 돌기의 위치로 본다면 랴오둥지역 요령식동검의 계통에 해당한다. 현재까지 AI식은 평안남도 연안군 금곡동유적과 황해남도 백천군 대아리 석관묘에서만 확인되며, 그 형태는 랴오둥지역 요령식동검 1a식의 규격과 일치한다. 만약 AII식과 AIII식이 각각 서로 다른 요령식동검을 모델로 한 차이에서 비롯된 것이라면, AII식은 랴오시의 요령식동검 1a식, AIII식은 랴오둥의 요령식동검 1a식 혹은 그와 동일한 형태적 규격을 지닌 한반도 요령식동검 AI식으로 계보를 찾을 수 있을 것이다.

따라서 랴오시지역의 1a식 동검도 한반도까지 유입되었을 가능성이 있다. 그리고 랴오시지역의 요령식동검 계통으로 변화가 AII식으로 인정되며, AIIa→AIIb→AIIc식으로 변화해

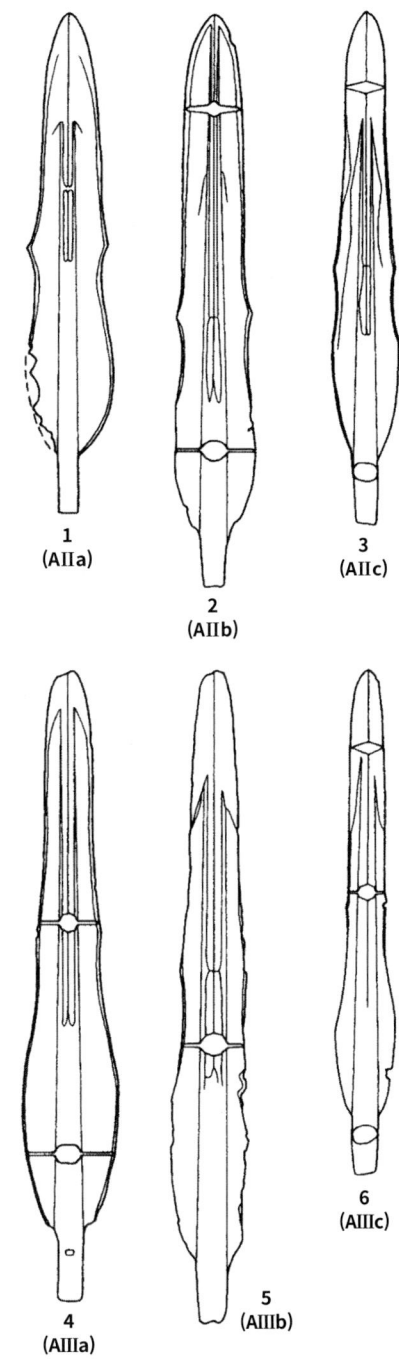

1
(AIIa)

2
(AIIb)

3
(AIIc)

4
(AIIIa)

5
(AIIIb)

6
(AIIIc)

그림167. 한반도 요령식동검 II · III식
(※축척 1/4)

간다(그림167-1~3). 이 변화는 돌기가 점차 퇴화하면서 등대의 융기가 편평화되지만, AIIc식까지도 약하게나마 돌기와 등대의 융기가 확인되고 있다.

한편, 혈구는 AIIc식에서 발달한다. 이러한 변화를 보이면서도 등대 융기부의 연마 구분 제작은 AIIb~AIIc식까지 일관되게 확인된다. 이 같은 변화는 랴오둥지역 요령식동검 1a식을 조형으로 변화된 AIII식에서도 확인되며 AIIIa→AIIIb→IIIc식으로 변화한다고 볼 수 있다(그림167).

AIIIa식은 돌기가 퇴화되고 있지만, 등대의 융기를 유지하고 있다. AIIIb식은 융기가 더욱 퇴화되었으나 여전히 등대의 융기는 확인된다. AIIIc식은 돌기의 흔적이 거의 남아있지 않아 존재의 여부를 알 수 없을 정도로 등대의 융기도 흔적만이 확인된다. 반면 AIIc식과 동일한 혈구를 가진 사례도 존재한다.

이처럼 AII식이나 AIII식에서 확인되는 혈구는 제작 기술이 비교적 낮은 것으로, 예리함이 부족하여 용융 상태가 불완전함을 보여준다(宮本·田尻 2005). 이는 세형동검의 제작과 비교하면, 기술적으로 뒤떨어진다고 이해할 수 있다. 또한 AII식과 유사한 양상을 보이는 AIII식 역시 AIIIa식부터 AIIIc식까지 기본적으로 돌기 위치, 즉 등대의 융기 위치에서 연마 구분 제작의 규칙성이 지속되고 있다.

BIa식(그림163-1)이라고 하는 세형동검 고식의 형식이야말로 AIIc식의 연장상에 있다고 볼 수 있다. BIa식은 AIIc식에 남아 있던 등대의 연마 구분 제작의 위치를 이어가면서도 이미 인부의 돌기나 등대의 융기가 사라진 상태이다. 이전까지 등대 연마 구분 제작 및 돌기 위치가 마디[節帶] 인근에 남아 있던 것과 달리, BIa식은 등대 연마 구분 제작이 기부 방향으로 내려와 결입부 인근에 남아 있어 계보적 변화를 이루게 된다.

여기서 더욱 중요한 것은 세형동검에서 확인되는 등대의 연마 형태가 기본적으로 요령식동검에서 규칙성을 띠며 사용되어온 연마 형태라는 점이다. 세형동검에 자주 보이는 각진 연마 형태는 요령식동검에서는 기본적으로 보이지 않는 특징이다. 하지만 이른 세형동검의 형식인 BIa식은 이러한 요령식동검의 둥근 연마 규칙을 그대로 이어받고 있다.

또한 BIa식의 연마 구분 제작 부분인 첫째 마디는 검신 중앙부보다 기부쪽으로 치우쳐 있으며, 반대로 연마 구분 제작의 범위가 봉부 쪽으로 치우쳐 있는 한반도 요령식동검 AIIIc식에서 변화된 것이라고 보기는 어렵다. 오히려 연마 구분 제작이 검신 중앙부에 위치한 AIIc식의 변화형태로서 BIa식이 생성되었다는 보는 것이 더 타당하다. AII식의 각 형식의 분포(宮本 2002b)를 살펴보면, 대동강 유역을 중심으로 서북한에 밀집되어 있는 것을 확인할 수 있다(그림159). 만약 AII식의 계보 속에서 BIa식과 같은 세형동검이 등장하였다고 본다면, 그 중심지는 대동강 유역을 중심으로 한 서북한이었다고 보아야 할 것이다.

앞서 서술한 바와 같이, 지금까지 세형동검의 형식구분은 윤무병의 분류 이후 결입부 이하의 연마 증가에 따라 구분한 것이다. 첫째 마디에서 둘째 마디가 연마된 I식, 둘째 마디에서 기부까지 연마한 II식, 경부까지 연마한 III식으로 구분해 왔다. 그러나 적석석관묘 등 부장유물에서는 I식과 II식이 공반되는 경우도 확인되고 있어 세형동검 자체의 형식구분은 시기차를 반영하지 않는다고 보았다. 그리고 공반된 다른 청동기와의 조합양상으로 시기를 구분하는 방법(後藤 1985; 武末 2002; 柳田 2004b)을 주로 사용하였다.

그러나 제17장에서 그간 연마의 위치구분에 추가해 연마 자체의 형태를 포함하여 분류함으로서, 세형동검의 형식세분과 함께 그동안 명확히 제시하지 못했던 세형동검의 시기차를 명확히 규명할 수 있었다(宮本 2003a). 또한 연마 형태는 요령식동검 이후 규칙성을 따라 연마된 것으로, 그 규칙성의 변화 자체가 시기와 계열을 드러내는 경우도 있다. 재연마에 의한 영향은 기본적으로는 없다는 분석은 이미 언급한 바 있지만, 한반도 내로 한정한다면 재연마에 따른 형태의 변화가 시기차를 드러낸다고 볼 수 있다.

한편, 세형동검의 연마는 둥근 것에서 각진 것으로 점차 변화한다는 것이 공반유물을 통해 증명되었다. 여기에 연마 위치와 형태를 조합함으로써 형식의 세분이 가능하다. 조진선은 이러한 속성에 더해 거푸집의 규격 차이에 기반한 형태적 차이를 구분하고 있으나(趙鎭先 2001·2003), 결과적으로는 큰 차이가 나지 않는다.

앞장의 그림163에서 제시한 바와 같이, BI식의 첫째 마디와 둘째 마디 모두 등대의 등날이 둥근 연마인 것이 BIa식이고, 첫째 마디가 각진 연마이고 둘째 마디가 둥근 연마인 것이 BIb식이다. BIa식에서 BIb식으로 변화한다.

BII식은 첫째 마디, 둘째 마디와 함께 기부 쪽까지 연마 형태가 둥근 것이 BIIa식이고, 그중에서 첫째 마디만 각진 연마로 변화하는 것이 BIIb식이다. 이 경우 다른 세형동검에 비해 인부폭이 좁고 등대가 두껍다. BIIa식은 둘째 마디가 연마 구분되지 않아 등날의 능선을 형성하지 않은 채, 두 개의 연마면 사이 등대의 주조 후 형성된 원 표면의 흔적이 그대로 남아있다. 이러한 특징은 BIIc식의 연마와는 명확히 구분되는 것이라 할 수 있다.

즉, 한반도 요령식동검의 형식인 AIIc식부터 돌기나 등대의 융기가 소실되며, 이를 대신해 첫째 마디와 결입부가 형성된다. 그리고 등대가 요령식동검과 같은 둥근 연마인 BIa식으로 변화한다. 이러한 AIIc식에서 BIa식이라는 계보 관계 속에 세형동검이 등장한다고 생각된다(그림149). 더불어 첫째 마디 부분의 연마가 각진 것으로 변화하면서 요령식동검의 연마 구분 제작이라는 인식이 사라진 형식이 BIb식이다. 이후 둘째 마디 아래를 연마한 BIIa식과 BIIb식이 순차적으로 등장한다는 형식 변화를 고려할 수 있다(그림165).

시간성은 공반되는 토기 편년(그림164)로 본다면, BIa·BIb식은 제1기에서 제2기, BIIa·BIIb식은 제2기에서 제3기로 병행한다고 볼 수 있다. 각진 형태로 첫째 마디와 둘째 마디를 연마하는 규격적인 세형동검이 완성된 BIc식은 토기 편년상 제3기에 해당한다. 이는 제3기인 BI식과 제1~2기의

BIb·BIIa·BIIb과의 일괄유물에 대한 검토에서 명확히 다르게 구분된다는 점(宮本 2003a)을 고려하면, BIb식에서 BIc식으로의 변화는 시기차가 있었다고 이해할 수 있다.

3. 세형동검의 연대문제

세형동검의 연대는 크게 두 가지 방향으로 생각해 볼 수 있다. 첫 번째 세형동검과 공반되는 한나라 계통 유물로부터 연대를 추정하는 것이다. 그러나 이 경우 세형동검의 성립연대를 정확히 결정할 수 없다. 성립연대를 검토하기 위해서는 세형동검이 등장하게 된 배경인 요령식동검의 각 단계별 연대를 확인하는 것부터 시작해야 한다. 따라서 먼저 요령식동검의 연대를 제시하면서 논의를 시작하고자 한다.

랴오시와 랴오둥지역의 요령식동검은 돌기의 위치 등 형태나 규격의 차이가 있지만, 각각의 속성 단위에서의 변화가 공유되고 있어 거의 동일한 변화과정을 보여준다(宮本 2000a·2008a). 그림148·156에서 확인할 수 있는 것처럼, 랴오시·랴오둥지역 요령식동검 1a→1b→2a→2b→3a·4식으로 변화한다.

그중 랴오시지역에서는 1a식에서 2b식만 확인될 뿐 3a식 이후 형식변화를 보여주는 동검은 존재하지 않는다. 2b식에서는 2b→3a→3b 및 2b→4식이라는 두 계열의 변화 방향이 보이는데, 전자는 지린·창춘지구 등 내륙부, 후자는 발해만과 인접한 랴오둥반도에서 한반도 북부지역까지 분포한다.

요령식동검 1a식은 랴오시지역의 샤오헤이스거우[小黑石溝] 8501호묘나 난산근[南山根] 101호묘에서 기원전 10~9세기경에 존재하였던 것임이(宮本 2008a) 밝혀졌다. 반면, 랴오둥지역의 요령식동검 1a식은 쌍팡[雙方] 6호묘의 토기 편년을 근거로 서주 중기경이라고 보는 연대관(大貫 2004)도 있지만, 리자부[李家卜] 석관묘의 동모 공반 사례 등에서는 랴오시지역과의 시기 차이가 거의 보이지 않는다. 따라서 랴오시과 랴오둥지역 모두 요령식동검은 서기전 10~9세기경에 존재하였다고 보아도 무방할 것이다. 요령식동검 1b식은 랴오시지역에서는 카줘[喀左] 난둥거우[南洞溝]유적에서 공반된 청동이기 彝器를 통해 기원전 6세기까지 존재한다고 볼 수 있으며, 랴오둥지역 선양[瀋陽]시 정가와쯔[鄭家窪子] 6512호묘의 요령식동검 1b식 역시 기원전 6세기로 추정된다.

한편, 요령식동검 1b식이 변화하여 인부 돌기의 존재 여부를 중심으로 형식화된다. 동시에 등대의 융기도 거의 소멸되는데, 이것이 요령식동검 2a식이다. 이 형식은 산둥성 치샤[棲霞]현 싱자좡[杏家莊] 2호묘의 동주東周묘에서도 출토되고 있다. 요령식동검 2a식(그림143-1, 그림156-7)은 전리품이라고도 볼 수 있는데(王靑 2007), 필자 역시 그 가능성이 높다고 본다. 제15장에서 서술한 바와 같이 중요한 것은 싱자좡[杏家莊] 2호묘에 공반된 부장품으로 보아 이 동검이 기원전 500년경에는 존재하였다는 것이다(宮本 2006c; 王靑 2007).

라오시지역에서도 요령식동검 2a식은 링위안[凌源]현 싼관덴쯔[三官甸子]유적이나 지앤창[建昌]현 둥다장쯔[東大杖子] 45·11호묘에서도 출토되고 있으며, 공반되는 연계 청동이기를 통해 기원전 6세기 후반~5세기 전반이라고 판단되고 있어(宮本 2019a), 싱자좡[杏家莊] 2호묘와의 연대와 모순되지 않는다.

따라서 라오시·라오둥지역 요령식동검 1a식에서 2a식으로의 변화는 거의 기원전 10세기경에서 기원전 500년경에 일어난 것이라고 할 수 있다. 한반도에서도 요령식동검의 속성적 공시共時성으로 본다면, 한반도 요령식동검 AI식이 라오시·라오둥지역 요령식동검 1a식, 한반도의 AIIa식과 AIIIa식이 라오시·라오둥지역 요령식동검 1b식, 한반도의 AIIb식과 AIIc식, AIIIb·AIIIc식이 라오시·라오둥지역 요령식동검 2a식과 각각 병행한다고 볼 수 있다(宮本 2008a). 기원전 10세기경에서 기원전 500년경에는 존재하였다고 할 수 있을 것이다. AIIc식이 출토된 용흥리에서는 동도자가 함께 출토되었다. 이 동도자는 요령식동검 1b식이 출토된 기원전 6세기대의 정가와쯔[鄭家窪子] 6512호묘의 동도자와 관련된 것이므로 연대적 모순은 보이지 않는다(宮本 2004c).

최근 한반도 북부의 평양 순안지구 신성동 석관묘에서는 다뉴세문경과 함께 요령식동검 AIIc식이 출토되었다(국립중앙박물관 2006). 이 무덤에서는 흑색마연토기(그림168-5)가 출토되었지만, 이 흑색마연토기는 세형동검 BIa식이 출토된 충청남도 대전시 괴정동(그림168-6)보다 형식학적으로 이른 단계에 속한다. 그러나 정가와쯔[鄭家窪子] 6512호묘나 인자춘[尹家村] 3기(그림168-3)보다는 늦은 단계의 것이다. 즉, 공반유물에서도 AIIc식 동검이 요령식동검 1b식보다는 늦고, 세형동검의 BIa식보다는 빠른 것이라는 상대적 위치에서 명확해졌다. 따라서 한반도의 요령식동검인 AIIc식은 요령식동검

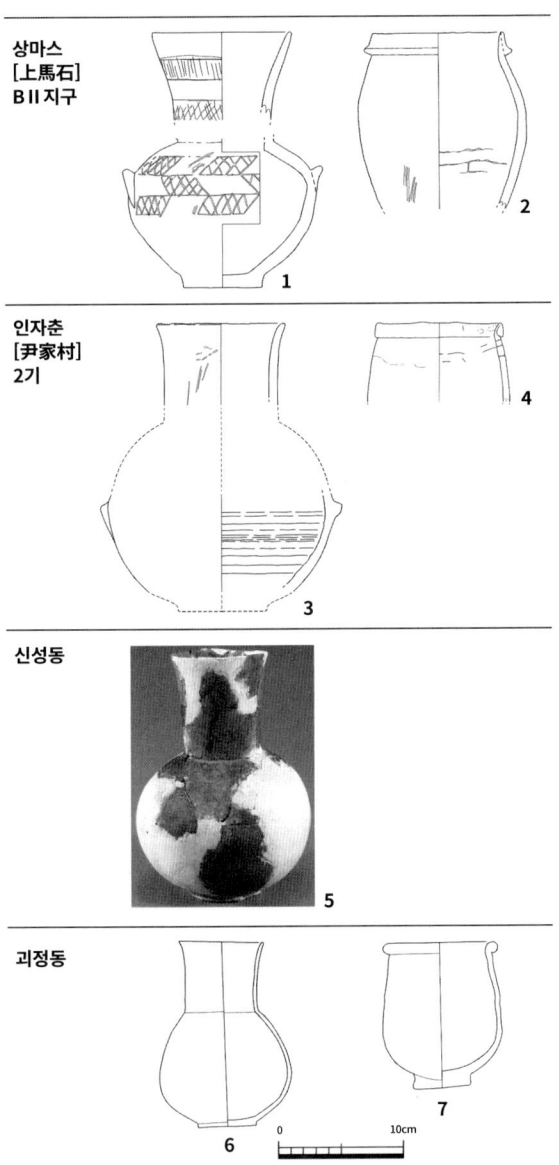

상마스
[上馬石]
BII지구
1
2

인자춘
[尹家村]
2기
3
4

신성동
5

괴정동
6
7

0   10cm

그림168. 점토대토기의 변천과 전파(※축척 1/6)

2a식과 병행하는 단계이며, 기원전 500년경이라고 볼 수 있다.

앞서 한반도 세형동검의 이른 형식인 BIa식은 AIIc식을 직접적인 관계 속에서 출현한 것이라고 언급하였다. BIa식의 연대는 기원전 500년경인 AIIc식 이후에 등장하므로, 기원전 5세기경이라고 보아도 무방할 것이다. 요령식동검 1b인 정가와쯔[鄭家窪子] 6512호묘가 기원전 6세기, AIIc식이 출토된 용흥리유적이나 신성동 석관묘가 기원전 500년경, 그리고 BIa식이 출토된 경기도 상자리 지석묘가 기원전 5세기경에 확인되어, BIb식이 출토된 괴정동 석관묘에 이르는 계통적 변화와 연대 관계를 파악할 수 있게 되었다.

괴정동에서는 방패형동기나 검파형동기가 출토되는데, 이는 정가와쯔[鄭家窪子] 6512호묘에서 보이는 마면 등 마구를 조형으로 한 것이며, 한반도에서 형태적으로 변화한 결과물이다. 기원전 6세기인 정가와쯔[鄭家窪子] 6512호묘와 연대적으로 큰 차이가 없을 것이다. 즉, 괴정동의 BIb식 세형동검은 기원전 5세기에서 기원전 4세기로 시간적 위치를 설정할 수 있을 것이다. 따라서 한반도 청동기문화 제2단계인 BIa·BIb·BIIa·BIIb식은 기원전 5~4세기에 걸친 것으로 이해할 수 있다.

필자의 점토대토기 편년과의 관계(그림164)를 고려할 때, 점토대토기 1기에 해당하는 세형동검 BIa식은 기원전 5세기, 점토대토기 2기에 해당하는 세형동검 BIb·BIIa·BIIb식은 기원전 5~4세기로 추정된다. 세형동검 BIIa식과 연마 형태에서 같은 특징을 보이는 랴오시지역 요령식동검 2b식(그림166)이 출토된 젠창[建昌]현 위다오거우[于道溝] 1호묘(孤山子 90년 1호묘)에 공반된 연계도기의 편년을 기원전 4세기 전반으로 볼 수 있어(宮本 2019a), 연대적으로도 모순되지 않는다.

한편, 한나라 계통의 공반연대로 보면 세형동검 BIc식이 부장된 평양시 정백동 97호묘에서는 반리문경蟠螭文鏡이 출토되었다. 반리문경은 기원전 3세기 말에서 기원전 2세기 전반의 유물로 여겨진다. 또한 평양시 토성동 486호 무덤에서는 기원전 1세기로 내려가는 세형동검 BIIIa식이 BIc식과 함께 출토되었다. 여기서는 소문경素文鏡과 세지문경細地文鏡이 함께 부장되었다.

두 유물의 모든 사진이나 실측도가 공개되지 않았다. 보고문(윤광수 1994)에 따르면, 화베이[華北] 계통의 전국식 거울인 세지문경이 부장되고 있으므로, 기원전 3세기 후엽으로 상향할 수 있다(宮本 1990). 만약 이것이 BIc식과 같은 시기라면, 정백동 97호묘의 사례처럼 BIc식의 출현 시기는 기원전 3세기로 상향될 가능성이 있다. 또한 전라북도 익산시 평장리에서는 형식적으로 BIc식보다 늦은 BIIc식이 반리초엽문경蟠螭草葉文鏡과 공반되었다(전영래 1991). 이 반리초엽문경은 기원전 2세기 전반의 유물로, BIIc식 역시 이 시기까지 상향될 수도 있다. 이같은 BIIc식의 상한 연대를 고려하면, BIc식과 공반되는 전국식 거울은 BI식의 등장시점이 기원전 3세기로 상향될 가능성이 있음을 시사한다.

여기서 문제가 되는 것은 동과의 출현 연대이다. 동과가 세형동검과 조합되는 것은 앞장의 표27에서 제시한 바와 같이 BIc식 단계 이후이다. 지금까지 동과의 실연대는 허베이[河北]성 이[易]현 신쫭터우[辛莊頭]지구 30호묘의 출토품을 통해 검토되어 왔다. 이 동과는 이른바 한반도산이 연나라에 전래된 것으로 해석된다.

신좡터우지구 30호묘의 부장토기 연대는 전국시대 후기후반인 기원전 260~220년 사이로 추정되는데(宮本 2000d), 부장된 동과는 그보다 이른 시기에 존재했음이 확실하다. 그렇다면, 적어도 기원전 3세기 중엽 이전에 동과가 출현했음을 추정케 한다.

여기서 문제가 되는 것은 신좡터우[辛莊頭] 무덤군 지구 30호묘의 동과 연대이다. 이 동과를 한반도식 동과라고 부른다면, 이러한 동과는 최근 랴오시지역에서 발견된 기원전 6~5세기 요서식동과에 기원한 것으로 볼 수도 있으며(小林 외 2007), 이를 요서식동과에서 계보적으로 변화한 결과로 해석될 수 있다. 이를 통해 고바야시 세이지는 신좡터우지구 30호묘의 동과는 결코 최고最古의 한반도식 동과가 아니며, 오히려 늦은 형식 단계의 한반도식 동과로 보고 있다. 만약 이같은 해석이 타당하다면, 신좡터우 30호묘보다 고식의 동과 형식이 존재할 수 있으므로, 한반도식 동과의 성립은 기원전 3세기 중엽보다 훨씬 더 이른 시기로 상향될 가능성이 있다.

한편, 신좡터우[辛莊頭]지구 30호묘의 한반도식 동과를 가장 고식으로 보는 고토 다타시의 견해(後藤 2007)와 같이 상충되는 시각도 존재한다. 그러나 어쨌든 이 동과가 기원전 3세기 전반에 존재했더라도 이상하지 않다. 고바야시 세이지(小林 외 2007)는 한반도식 동과의 등장시점을 기원전 4세기까지 상향할 수 있다고 본다. 이러한 견해를 참고한다면, 동과와 함께 공반되기 시작하는 BIc식 세형동검의 출현연대는 역시 적어도 기원전 3세기 전반까지 상향하여 볼 수 있을 것으로 생각된다.

세형동검의 연대관을 정리하면, BIa식은 기원전 5세기, BIb · BIIa · BIIb식은 기원전 5~4세기, BIc식은 기원전 3세기, BIIc식은 기원전 2세기로 볼 수 있으며, 세형동검의 형식변화와 연대는 모순되지 않는다.

이후 등장하는 BIIIa식은 정백동 2호분에서 일광경日光鏡이나 소명경昭明鏡이 함께 공반하고 있어, 기원전 1세기에는 출현한 것으로 볼 수 있다. 경주시 평리동유적에서는 BIIIa식의 세형동검이 기원전 1세기 말에서 기원후 1세기 초에 해당하는 훼룡문경虺龍文鏡과 함께 공반되고 있다. 또한, BIIIb식의 세형동검은 황해북도 황주군 흑교리유적에서도 출토되었는데, 오카우치 미츠자네가 기원전 60년경으로 비정한 오수전이 함께 공반되고 있다(岡内 1982b). 이를 통해 BIIIb식 세형동검의 출현연대는 기원전 1세기 후반으로 볼 수 있을 것이다.

이처럼 BIIIa식 세형동검이 기원전 1세기, BIIIb식 세형동검이 기원전 1세기 후반으로 편년함으로서 세형동검의 형식변화와 형식별 연대관은 순차적으로 대응한다.

4. 세형동모의 성립과 형식변화

동검, 동모, 동과를 포함한 형식분류는 스기하라 소스케[杉原莊介](1964), 모리 데이지로[森貞次郎]

(1966) 이후 세형, 중세형, 중광형, 광형의 4형식으로 구분되며, 오늘날까지 일반적으로 사용되고 있다. 이러한 분류는 이 기종의 청동기가 한반도에서 북부 규슈지역으로 유입되고, 나아가 일본열도에서 더욱 모방·발달되었다는 인식에 기반하고 있다. 이 세 기종의 청동기는 상호 연관성을 가지며 함께 변화해 온 것으로 이해되고 있다.

여기서 문제로 삼는 세형동모는 곤도 교우이치[近藤喬一]에 의해 한반도와 중국을 포함한 계통 관계 속에서 일본 자료를 중심으로 a~e형식의 5형식으로 세분되었다(近藤 1969). 이는 공부의 마름모꼴 환부[菱環] 고리의 유무나 고리가 있는 경우에는 공부 하단의 마디[節帶]와 고리의 위치에 주목한 것이었다.

이와나가 쇼죠[岩永省三]는 곤도[近藤]의 협봉狹鋒동모 b형식을 바탕으로, 환부의 고리를 가진 공부의 아래에 2조 또는 4조의 마디[節帶]가 있는 것을 세형동모 I식으로 설정하였다. 또한 전체 길이가 27~42cm로 커지고 공부 하단의 마디[節帶]가 1조인 것을 세형동모 II식으로 구분하였다(岩永 1980). 여기에 마디[節帶]와 고리의 위치 관계를 살펴 세형동모 II식을 다시 3종류로 세분하였다.

이처럼 공부 하단의 마디[節帶]의 수량과 공부 마디[節帶]와 고리의 위치관계라는 속성은 야요이시대 동모의 변화를 살펴볼 때 중요한 지표가 되고 있다. 그러나 이러한 변화방향은 어디까지나 의기화되어 가는 야요이시대 동모가 중심에 있다.

한반도에는 세형동모에서 광형동모까지의 분류 중 세형동모만이 존재한다. 한반도에서 출토되는 중광형동모와 광형동모는 일본열도에서 수입된 제품일 가능성이 크다. 게다가 한반도와 북부 규슈지역에서 출토된 세형동모는 형식이나 그 변화의 차이가 크다고 지적되고 있다(吉田 2003). 따라서 한반도의 세형동모는 따로 분류하여야 하며, 야요이시대의 무기형 청동기 변화 방향에 편입시켜서는 안 된다.

그림169와 같이 세형동모 1식은 봉부에서부터 직선적으로 뻗은 인부가 예각으로 굴곡되어 있으며, 이 굴곡점에 대응하는 등대의 위치까지 연마되어 있다. 연마된 끝부분은 원형을 띠고 있어 요령식동검이나 세형동검의 초기 연마법과 유사하다. 1식은 다시 공부 하단에 마디[節帶]를 가지는 것과 가지지 않는 것으로 나뉘는데, 전자를 1a식으로, 후자를 1b식으로 구분한다.

세형동모 2식은 전장이 전체적으로 장대화되고 인부 하단의 굴곡점에 일치하도록 등대의 연마가 마무리되는데, 연마 형태는 각진 연마로 변화하고 있다. 이러한 변화는 이미 아오키 마사유키[青木政幸]에 의해 지적된 바 있다(青木 2002). 2식은 다시 세분되며, 2식 중에서는 비교적 소형으로 공부 하단에 1조의 마디[節帶]를 가지고 마름모꼴 환부 고리를 가지지 않는 2a식과 공부 하단에 2조의 마디[節帶]를 갖는 것을 2b식으로 세분할 수 있다. 이는 일반적으로 고리를 갖지 않지만 귀를 갖는 것도 포함한다.

반면 2c식은 공부 하단에 1조의 마디[節帶]를 가지며 마름고리꼴 환부 고리를 갖는 것에 특징이다. 이는 2a·2b식에 비해 인부가 길어지고 인부 하단의 굴곡부가 더욱 기부 쪽으로 가까워짐과 동시에

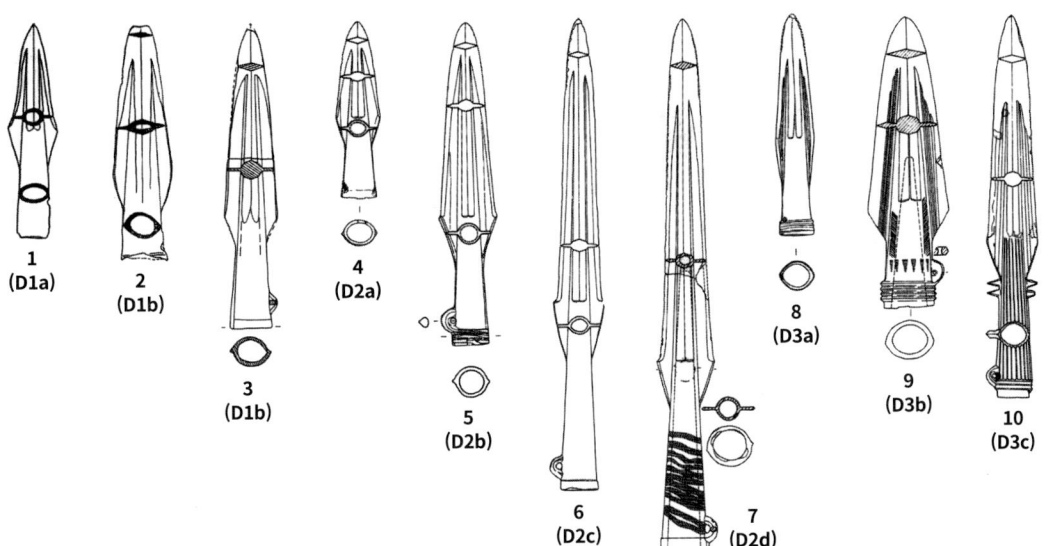

그림169. 세형동모의 형식분류(1: 이즈베스토프, 2: 탄방동, 3: 전 영천, 4·5: 팔달동 100호묘, 6·10: 입실리, 7·9: 구정동, 8: 팔달동 90호묘)

인부의 굴곡점과 등날의 혈구 하단을 동시에 연마함으로써 그 연마 정도가 일정하여 일직선을 이루는 것이 특징이다.

2d식은 인부가 더 길어지고 전장도 대형화된 것이다. 2d식의 등대 부분 연마 형태는 2c식과 동일하게 직선을 이루는 각진 연마이지만, 이에 대응하는 기부 쪽으로 이어지는 굴곡부의 인부 연마는 직선상으로 2c식보다 정형화되어 있다. 2d식은 콘도 교우이치가 협狹모 c식(近藤 1969)으로, 이와나가 쇼죠가 Ⅱ식 a3류로 분류한 것이다(岩永 2002). 세형동모 2식 중에서 2c식이나 2d식은 한반도 남부지역에 한정되는 형식으로 특히 2d식의 분포는 동남부[영남]지역에 한정된다. 세형동모 2식의 계보야말로 북부 규슈의 동모와 관련이 있을 것으로 생각된다.

이것들과 달리, 인부의 혈구가 다단화多段化되고 그 형태는 세형동검 BⅢb식과 BⅢc식과 동일한 청동모를 3식으로 분류할 수 있다. 3식은 인부의 혈구가 다단화된 3a식, 공부의 마디[節帶]가 문양화되거나 귀가 붙는 것을 3b식, 그리고 공부銎部에 자돌상 돌기를 갖는 것을 3c식으로 세분할 수 있다.

세형동모의 성립에 관해서는 곤도에 의해서 지금까지 연나라 청동모와의 관계를 염두에 두고 연구되어 왔다(近藤 1969). 한국 고고학계에서도 유사한 견해가 지배적이었다(이청규 1982). 그러나, 미야자토 오사무[宮里修]에 의해 요령식동모로부터의 변화를 고려한 자생적인 견해가 제시되고 있다(宮里 2007b).

필자는 요령식동모의 변화방향을 통해 본다면, 세형동모 1식의 성립을 모순 없이 설명할 수 있어 타당하다고 생각한다. 앞에서 설명한 바와 같이 요령식동모의 변화(그림156)는 돌기의 위치가 모신부 중 봉부측에 있는 A1식에서 시작하여, 돌기가 중앙부로 이동하는 A2식, 그리고 돌기부가 공부 방향으로 이동하는 A3식으로 발전하는 것으로 볼 수 있다(宮本 2002a).

　돌기 위치가 이동함에 따라 돌기 자체가 퇴화하는 추세를 보이는데, 이는 더욱 깊이 찔러 살상력을 높이려는 기능적 변화로 해석된다. 이 요령식동검 A3식의 공부 측에 위치한 퇴화된 돌기는 점차 흔적기관으로 변화하고, 인부의 예각형 굴곡점이 공부 근처에 존재하게 되면서 세형동모 1a식이 형성된 것이다(그림169).

　또한 봉부로부터 인부의 굴곡점까지를 연마하기 위해 등대 연마흔적 끝부분이 인부의 굴곡점과 평행한 등대로 인식되어 둥근 연마를 띤다. 이미 요령식동모를 A~C식(그림160)으로 분류하고 있으므로, 여기서 말하는 세형동모를 요령식동모와 구별하기 위해 D식으로 명명하고자 한다. 예를 들어 세형동모 1a식은 D1a식으로 바꾸어 칭할 수 있다. 즉 요령식동모의 A3식에서 세형동모인 D1a식 동모로의 형식변화를 통해 세형동모의 성립과정을 이해할 수 있는 것이다.

　여기서 요령식동모의 시기적 위치를 파악해 둘 필요가 있다. 요령식동검 1b식과 요령식동모 A2식은 시펑[西豊]현 청신춘[誠信村] 석관묘에서 함께 공반되었다(遼寧省西農县文物管理所 1995). 또한 라오닝[遼寧]성 젠펑[建平]현 위수린[楡樹林]시 샹파오셔우잉쯔[鄕炮手營子] 881호 무덤에서도 요령식동검 1b식과 요령식동모 A2식이 공반된 사례가 확인된다(李殿福 1991).

　요령식동모 A2식은 한반도 북부 대동강유역에서 집중적으로 출토되고 있으며, 표대 10호 주거지, 남양리 16호 주거지, 용곡리 5호 지석묘에서 발견되었다. 공반된 토기로 볼 때, 팽이형토기문화 3기에 해당한다(서국태 외 2003). 요령식동검이 출토되는 석관묘를 팽이형 토기문화 2기로 본다는 점을 고려하면, 요령식동검 1a식은 요령식동모 A2식보다 선행했을 가능성이 크다. 지린성 지린시 싱싱사오[星星哨]석관묘군에서도 같은 무덤에서 출토되는 것은 아니지만, 요령식동검 1a식과 요령식동모 A1식이 각각 출토되었다. 이를 통해 요령식동검 1a식과 요령식동모 A1식이 동시기일 가능성이 높다. 또한 요령식동모 A2식 중에서도 남양리 16호 주거지와 용곡리 5호 지석묘에서 출토된 요령식동모 A2식은 표대 10호 주거지 출토품에 비해, 돌기의 위치가 기부쪽으로 더 치우쳐 있어 요령식동모 A3식에 가까운 것으로 추정된다. 이 출토품 간에도 세부적인 시기 차이가 존재할 가능성이 있다(그림150).

　한편, 요령식동모 A3식은 동검과의 공반 관계가 불분명하다. 미야사토가 '정봉리식'이라고 부르는 동모(宮里 2007b) 중에는 함경남도 고원군 미둔리유적 출토품(《조선유적도감》 편찬위원회 1989)이 있다(그림156-20). 이것을 정봉리 석곽묘에서 출토된 동모와 동일한 형식이라고 보기에는 다소 위화감이 들지만, 미둔리 출토 동모는 인부의 돌기가 흔적처럼 남아있는 A3식의 가장 늦은 단계로 판단된다. 더욱 흥미로운 점은 인부의 혈구이다. 이 혈구의 주조기술은 다소 거칠며, 전 평양 출토 요령식동검 AIIb식(그림167-2)이나 전 성천 출토 AIIc식(그림167-3), 용흥리유적 출토 요령식동검 AIIIc식(그림167-6) 혈구의 특징(宮本·田尻 2005)과 매우 유사하다. 이러한 형식을 제외하면 이와 유사한 혈구가 보이지 않는 점에서 동일한 제작 기술을 기반으로 한 것으로 볼 수 있어, 동시기임을 유추할 수 있다. 한반도의 요령식동검 AIIb·AIIc식, AIIIb·AIIIc식이 이와 병행할 것이다. 특히 돌기의 퇴화 형태로 볼 때, 요령식동검 AIIc·AIIIc식은 세형동모 A3식과 관련된 것으로 판단된다.

여기서 세형동검과 세형동모의 공반관계로부터 세형동모의 성립시기를 알아보고자 한다. 표29는 세형동검과 세형동모의 공반관계를 정리한 것이다. 이 중 가장 이른 세형동모라고 생각하는 것은 D1a식이다. D1a식 동모는 미둔리유적 요령식동모 A3식을 통해 돌기부 소실되면서, 원래의 돌기부가 위치하던 곳에 인부의 굴곡점이 형성된 것으로 판단된다. 기본적으로 인부 굴곡점까지 연마된 결과로 볼 수 있다. 인부가 둔각 형태로 꺾어지는 부분과 평행한 등대의 위치까지 연마가 이루어지며, 연마의 끝부분은 둥근 연마형을 보여준다. 이 동모들은 길이가 15cm 내외로, 요령식동모 A식과 마찬가지로 소형이라는 점에서 요령식동검 A식을 직접 계승하고 있음을 시사한다.

세형동모 D1a식은 BIa식 세형동검이 이즈베스트프Известковый유적(平井 1960; 강인욱·천선행 2003), BIIa식 세형동검이 정봉리유적(사회과학원 고고학연구소 1977)에서 각각 공반되었다. 이 유적들은 한반도 청동기문화의 2단계에 해당한다. 따라서 세형동모도 한반도 북부지역의 세형동검과 동일한 시기에 형성된 것으로 상정할 수 있다. 그 성립연대는 앞서 세형동검 BIa식을 기원전 5세기로 비정한 바와 같이, 세형동모 D1a식이 가장 이른 형식이라고 볼 수 있다.

한편, 가장 정형화된 세형동모는 D1b식이다. D1b식 중에서도 가장 이른 것은 대전 탄방동 출토품(그림169-2)으로, 공부 하단에 희미한 마디[節帶]가 확인된다. 동모에서 마디[節帶]의 출현은 아마도 공부의 외범과 내범을 고정하기 위한 핀[鍔] 장치에 기인한 것으로 보인다. 이는 외범과 내범이 결합된 끝부분에 여분으로 돌출된 핀 부분이 발달된 특징을 통해 추정할 수 있다. 이러한 관점에서 본다면, 탄방동의 세형동모를 가장 오래된 DIb식으로 볼 수 있으며, BIb식 세형동검이 공반되므로 한반도 청동기문화 제2단계에 해당한다. 정형화된 세형동모인 D1b식의 성립은 세형동검 BIb식의 단계부터로, 그 연대는 기원전 5~4세기이다.

세형동검의 형식학적 순서배열을 기준으로, 함께 공반된 세형동모의 형식을 정리한 것이 표 29이다. 표29에서 확인할 수 있듯이, 세형동검과 세형동모의 형식변화는 공반 관계를 고려하여도 거의 모순되지 않는다.

세형동검의 이른 형식과 세형동모의 늦은 형식이 복수로 공반되는 경우에는, 세형동검의 가장 이른 형식과 가장 늦은 형식간의 연대 폭을 기준으로 세형동모의 시간적 위치를 설정할 수 있다. 또한, 세형동검과 세형동모가 각각 단독으로 공반되는 경우에도 세형동검의 연대 폭 내에서 세형동모의 형식학적 시기를 비교하여 연대 폭을 추정할 수 있다. 이러한 원칙에 따르면, 기부의 연마가 둥근 세형동모 D1식에 비해, 각진 연마의 특징을 나타내는 세형동모 D2식은 이후 시기로 판단된다. 그중에서도 D2a식은 세형동검 BIc식 이후의 세형동검 형식들과 공반하고 있어, 세형동검 BIc식 단계부터

표29. 동검 형식과 동모 형식 간의 조합

유적명	동검									동모									기타
	B Ia	B Ib	B IIa	B IIb	B Ic	B Id	B IIc	B IIIa	B IIIb	D1a	D1b	D2a	D2b	D2c	D2d	D3a	D3b	D3c	
연해주 Izvestov	○									○									
대전 탄방동		○									○								
신계 정봉리			○							○									
신창 하세동리					○						○								
부여 구봉리	○			○	○	○	○				○								
공주 수촌리 토광묘					○						○								
장수 남양리 4호묘					○						○								
함평 초포리	○	○			○		○				○								
연안 오현리					○	○						○							
평양 이현리					○								○						
함흥 이화동					○							○				○			
사천 마도동							○					○				○			
평양 정백동 1호 목관묘							○											○	
대구 팔달동 100호묘							○						○						
은파 갈현 하석동							○					○							
공주 수촌리 토광묘					○								○						
익산 평장리						○	○						○	○					
경주 구정동					○		○								○		○		
경주 입실리					○		○							○					
산청 백운리						○						○	○						
제령 부덕리								○					○						
경주 죽동리								○					○					○	
남포 강서 태성리 10호묘								○											
대구 비산동							○								○				중과정
황주 흑교리									○										중국식

성립한 것으로 볼 수 있다. 세형동검 BIc식과 세형동모 D2a식은 모두 각진 연마의 특징을 공유하고 있어 양식적인 동시성을 띤다고 볼 수 있다. 그 연대는 앞서 언급한 세형동검 BIC식의 연대를 바탕으로 기원전 3세기로 볼 수 있다. D2a식 동모의 마디[節帶]가 다조화多条化된 형태를 띠는 D2b식 동모는 세형동검 BIc~BIIc식의 단계에 해당한다. 세형동검 BIc식부터 시작하여 BIIc식 단계에 존속한 것으로 보인다.

전라북도 익산 평장리유적의 세형동모는 하반부가 결손되어 있으나, 신부의 크기나 긴 봉부의 형태적 특징으로 미루어 보아 D2c식 동모일 가능성이 크다. D2c식 동모를 D2b식 동모보다 늦은 시기의 형태로 본다면, 세형동검과의 공반관계를 통해 세형동검 BIIc식 단계에 해당한다고 판단할 수 있다. 평장리유적에서는 기원전 2세기 전반의 초엽문경이 출토되고 있어, 이와 공반된 D2c식 동모 역시 기원전 2세기 전반으로 추정할 수 있다.

또한 D2d식 동모는 이와나가 쇼죠의 세형동모 II식 a3류에 해당한다. 이와나가는 야요이시대 중기 전엽~중엽부터 세형동모 II식 a3류가 출현하였을 가능성을 제시한 바 있다(岩永 2002). 그의 견해에 따른 야요이시대 중기 전엽~중엽은 필자의 한반도 청동기문화 제4단계에 해당하여, 이는 기원전 2세기에 해당한다.

세형동검의 형식과 세형동모의 공반 관계를 살펴보면, 다음과 같이 정리할 수 있다. 세형동모 D1a·D1b식은 세형동검 BIa·BIb식 단계, 세형동모 D2a식은 세형동검 BIc식 단계, 세형동모 D2b식은 세형동검 BIc~BIIc식 단계, 세형동모 D2c·D2d식은 세형동검 BIIc식과 병행하는 것으로 볼 수 있다. 또한 세형동모 D3식은 세형동검 BIII식과 병행한다고 할 수 있다.

5. 세형동검과 세형동모의 성립연대

이상과 같이 요령식동검에서 세형동검으로의 변화과정, 그리고 요령식동모에서 세형동모로의 변화과정을 살펴보았다. 더욱이 이들의 공반 관계를 통해 각각의 형식이 갖는 동시성을 확인할 수 있었다. 촉각식觸角式동검에 대해서도 형식분류와 편년을 시도한 바 있는데, 이는 제20장에서 설명하는 것처럼 크게 다섯 계통으로 나눌 수 있다(宮本 2002d). 검신 형태를 기준으로 결정되는 촉각식동검의 형식 변화 역시 요령식동검과 세형동검의 형식 변화와 양식적으로 동시성을 띤다.

이러한 일련의 변화과정을 정리한 것이 표30이다. 이 표에서는 동검을 중심으로 동반되는 중국계 문물의 연대를 참고하여 절대 연대를 추정하였다. 이를 통해 세형동검의 성립연대는 기원전 5세기이며, 세형동모의 성립연대도 비슷한 시기인 기원전 5세기라고 볼 수 있다. 그 밖의 각 형식의 성립연대에 대해서는 앞서 기술한 바와 같다.

세형동검은 한반도에서 발생하여 변화한 요령식동검 AII식의 변형된 계열로 추정할 수 있다. AII

표30. 동검 형식과 한반도 청동기문화의 병행관계

	한반도 청동기문화	랴오시	랴오둥	지창지구	한반도 북부	한반도 남부
BC800	한반도 청동기문화 Ia단계	1a	1a	1a, 矛A1	AI	AVa
	한반도 청동기문화 Ib단계	1b	1b	1b, 矛A2	AII·IIIa, 矛A2	AVa, 矛B
BC500	한반도 청동기문화 Ic단계	2a	2a	触角I, 矛A3	AIIb·IIc, AIIIb·IIIc, A3	AVb·Vc, 矛C
	한반도 청동기문화 II단계	2b	2b	2b, 3a, 触角IIIb	BIa·Ib, 矛D1a·D1b	BIa·Ib, 矛D1b
BC300	한반도 청동기문화 III단계		3b·4	3b, 触角IIa	BIc, 矛D2a	BIc, 矛D2a

식의 분포 범위는 제17장의 그림159에서 확인할 수 있듯이, 대동강 유역을 중심으로 하는 한반도 서부지역에 집중되어 있다. 따라서 세형동검의 기원지도 역시 대동강 유역에 있을 가능성이 높다고 볼 수 있다.

한편, 세형동모의 가장 이른 양식인 D1a식이 출토된 정봉리는 한반도 중서부에 위치하고 있으며, 이즈베스트프유적은 연해주 남부이자 한반도 북부에 해당한다. 그 다음 형식인 D1b식 중 가장 이른 유물은 대전 탄방동에서 출토되었으며, 금강 유역으로 한반도 중남부에 위치하고 있다. 또한 세형동모로 변화된 조형으로 꼽히는 요령식동모 A2식의 출토지는 대동강유역에 집중되어 있다. 더 나아가, 요령식동모의 가장 늦은 형식인 요령식동모 A3식은 세형동모 D2a식과 직접적으로 관련되는 것으로 추정되는데, 이는 함경남도 미둔리에서 출토되었다. 결과적으로 세형동모의 조형적 기원은 한반도 북부에 있으며, 세형동검의 최고最古식 역시 한반도 북부에서 발견되는 점을 고려하면, 한반도 북부 지역에서 세형동검이 성립된 것은 확실해 보인다.

따라서 세형동검과 세형동모의 출현지는 모두 대동강 유역을 중심으로 한 한반도 서부에 있었을 가능성이 가장 높은 것으로 여겨진다. 이러한 한반도의 전형적인 청동 무기가 한반도에서 발생하여 변화한 요령식동검과 요령식동모가 변형된 것이라는 점은 매우 중요하다. 그 연대를 기원전 5세기로 보는 중요한 근거 중 하나는 동북아시아 전체의 역사적 맥락에서 기원전 6세기 후반에서 기원전 5세기 전반에 해당하는 연나라의 랴오시 서부지역의 간접 지배기와 맞아떨어진다는 점이다. 이른바 랴오시 서부지역이 연나라화되는 시기와 세형동검과 세형동모의 출현이 일치한다는 것이다(宮本 2000d·2007b·2019a).

또한 점토대토기가 한반도에 확산되는 시기와도 일치한다(宮本 2017). 연나라의 랴오시 진출과 그 군사적 위협은 한반도 북부지역, 특히 대동강유역을 중심으로 지역 내 고유의 청동기 무기를 만들어내는 배경이 되었을 것이다. 이는 동북아시아 선사시대의 중요한 역사적 전환점으로 평가할 수 있다.

---

(1) 그림166은 2006년 8월에 멍가이다오[萌蓋島]박물관에서 필자 실측.

제19장

한반도 세형동과의 시작

1. 머리말

한반도 세형동과의 출현은 세형동검인 BIc식 단계로서, 이는 한반도 청동기문화 제3단계에 해당한다는 것은 제15장에서 제시한 바 있다. 이 단계에는 한반도 내 다뉴세문경이 등장하는데, 석제 거푸집으로 제작되던 다뉴조문경의 단계에서 토제 거푸집으로 제작되는 다뉴세문경이 등장한 중요한 기술적 전환기이기도 하다(宮里 2008). 즉 한반도에서 청동 주조 기술이 크게 변화하는 단계이다.

지금까지 세형동과의 성립에 대한 논의는 오카우치 미츠자네[岡内三眞]에 의해 전국시대 연나라 동과의 기원을 찾으려는 시도에서 시작되었다(岡内 1973). 그는 세형동과를 전국시대 후반기에 연나라에서 보급된 혈구[樋]를 가진 특수한 동과로 간주하였다. 필자 또한 이러한 관점을 수용하여 전국시대 연나라 청동무기의 하나로 편년하였으며(宮本 1985b), 중원의 청동과戈 중에서 특수한 혈구를 지닌 것을 연나라의 II식 동과로 설정하고, 이를 혈구를 가진 세형동과의 기원이라고 생각하였다(宮本 2004b). 나아가 필자는 연나라의 II식 동과의 성립연대를 기원전 4세기 후엽으로 상향하여 보았다. 그리고 한반도 청동기문화 제3단계의 시작, 즉 세형동과의 성립 시점을 기원전 300년경으로 추정하였다.

한편 랴오시지역에서도 혈구를 가진 특수한 동과가 확인된 바 있다. 후루다오[葫蘆島]시 싼진거우[傘金溝]유적에서 출토된 이형동과異形銅戈는 단 한 점만 발견되어 세형동과와의 관계에 대해 주목하지 않았다(郭大順 1991). 그러나 이후 왕청성[王成生]은 싼진거우[傘金溝] 이외에도 젠창[建昌]현 위다오거우[于道溝](孤山子) 1호묘와 까쮜[喀左]현 량자잉쯔[梁家營子] 등의 추가적인 이형동과의 출토 사례를 소개하면서, 랴오시의 이형동과가 세형동과의 기원일 가능성을 제기했다(王成生 2003). 이에 주목한 고바야시 세이지[小林靑樹]는 랴오시의 이형동과를 요서식동과로 명명하고, 형식학적 분류를 통해 요서식동과의 변화과정을 상정하였다. 그는 이를 토대로 요서식동과가 한반도의 세형동과로 변화되었다는 가설을 제시했다(小林 외 2007; 小林 2008).

이후 랴오둥지역에서도 콴뎬[寬田]현 바허촨[八河川]진(成環贈 · 孫縣軍 2009)과 단둥[丹東]시 타이핑완
[太平灣]이 왕장춘[望江村](小林 외 2012)에서도 변형된 요서식동과가 발견되면서, 요서식동과가 랴오시
에서 발생하여 랴오둥을 거쳐 한반도에서 세형동과로 변화한다는 것이 인정받게 되었다(小林 2019).

필자 역시 기존의 견해를 철회하고 랴오시지역의 요서식동과에서 랴오둥지역의 요서식동과를 거
쳐 한반도 세형동과가 발생하는 과정에 동의한다. 이러한 랴오시에서 랴오둥지역, 한반도로의 확산
과 형식변화는 제15~17장에서 논의된 요령식동검에서 세형동검으로의 변화, 그리고 다뉴조문경多
鈕粗文鏡에서 다뉴세문경多鈕細文鏡으로의 변화과정(宮里 2008)과 동일한 흐름에 속한다. 이 경우 실연
대와 함께 기원지起源地로부터 변화해 가는 과정과 등장배경을 정확히 파악하여야 한다.

최근 랴오닝[遼寧]성 젠창[建昌]현 둥다장쯔[東大杖子]유적[1]에서도 요서식동과가 발견되었는데, 이
무덤에서는 동주東周대의 연燕나라 계통 청동이기彝器彝器가 공반되었다. 이 청동이기彝器彝器의 연대
를 통해 이와 공반되는 요서식동과의 정확한 연대 설정 및 형식변화의 가설을 검토할 수 있다. 지금
까지 요서식동과의 변천은 단순히 형식학적 변화의 가설에 머물러 있었다. 여기서는 공반된 청동이
기彝器의 편년을 통해 검증하고자 한다. 먼저 둥다장쯔[東大杖子]의 청동이기彝器의 편년의 검증으로
부터 시작한다.

2. 랴오시의 연燕계 청동이기彝器의 편년

필자는 연하도燕下都의 동주東周대 무덤에 부장된 청동이기彝器의 편년이나 부장토기 편년을 중심
으로 묘장의 편년을 제시한 바 있다(宮本 1991b · 2000d). 최근 옌산[燕山]의 서쪽 랴오시지역인 젠창[建
昌]현 둥다장쯔[東大杖子]유적의 무덤에서도 연계 청동이기彝器가 출토되었다. 그 편년적 위치를 필자
의 기존 부장 청동기 편년에 기초하여 살펴보고자 한다.

둥다장쯔[東大杖子]에서는 목곽묘의 묘광을 자갈로 채우는 봉석묘封石墓로 불리는 재지적 묘제가
존재한다. 이 묘제는 북방계 청동기문화인 샤자뎬[夏家店] 상층 석곽묘의 계통을 잇는 무덤이다. 피장
자는 요령식동검을 가진 북방계 청동기문화의 민족이면서도, 부장품으로서 연燕계 청동이기彝器도
소유하고 있다.

둥다장쯔[東大杖子] 45호묘(遼寧省文物考古硏究所 · 葫蘆島市博物館 · 建昌県文物管理所 2014c)와 둥다장쯔
[東大杖子] 11호묘(遼寧省文物考古硏究所 · 葫蘆島市博物館 · 建昌県文物局 2015)에서 출토된 요령식동검은 돌
기가 희미하게 남아있는 2a식 동검이다(宮本 2008a). 이러한 요령식동검 2a식과 함께 연계 청동이기彝
器인 정鼎, 호壺, 두豆 등이 공반된다. 또한, 둥다장쯔[東大杖子] 5호묘(遼寧省文物考古硏究所 · 葫蘆島市博物

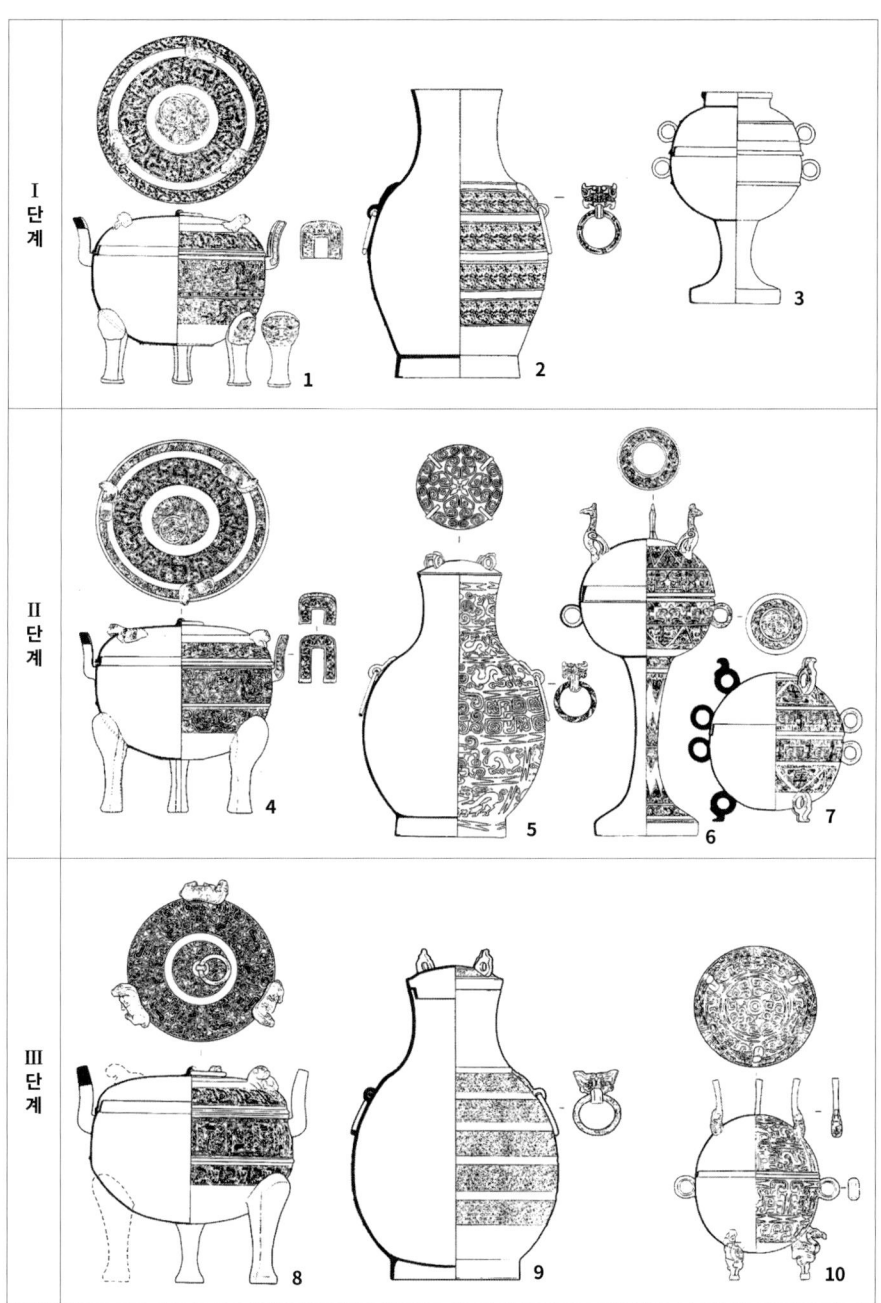

그림170. 랴오시 연계燕系 청동기의 편년(1~3: 둥다장쯔[東大杖子] 45호묘, 4~6: 둥다장쯔 11호묘, 7: 둥다
장쯔 37호묘, 8·9: 둥다장쯔 32호묘, 10: 둥다장쯔 5호묘, ※축척 1/10)

館·建昌県文物局 2015)에서는 돌기가 완전히 소실된 요령식동검 2b식와 청동이기彝器가 공반되어 있다. 이러한 유물은 앞서 언급한 둥다장쯔[東大杖子] 45·11호묘의 유물보다 늦은 시기에 해당한다.

한편, 링위안[凌源]현 산관뎬[三官甸]무덤군(遼寧省博物館 1985)에서 출토된 청동이기彝器인 정鼎은 전국시대 전기인 기원전 5세기 후반에 해당한다. 이 무덤군에서는 북방계 요령식동검 2a식이 출토되었음에도 불구하고, 무덤 단위에서의 공반관계에 대한 자세한 기술이 없어 동시기라고 볼 수 있을지 불분명하다.

그 중 무덤 단위에서 확실한 공반관계를 알 수 있는 둥다장쯔[東大杖子]무덤군의 일괄유물을 중심으로 청동이기彝器의 편년적 위치를 확인해보고자 한다(그림170). 이 무덤군에서 가장 이른 단계의 청동이기彝器는 둥다장쯔[東大杖子] 45호묘의 청동이기彝器(그림170-1~3)로 허베이[河北]성 탕산[唐山]시 지아거좡[賈各莊] 8호묘(安志敏 1953)와 같은 기원전 6세기 후반의 특징을 보여준다.

둥다장쯔[東大杖子] 11호묘의 청동이기彝器(그림170-4·5)는 한 단계 더 늦은 경향을 보이며, 베이징[北京]시 퉁[通]현 중자오푸[中趙甫](程長新 1985)나 허베이[河北]성 이[易]현 연하도燕下都 31호묘(河北省文化局文物工作隊 1965) 등의 기원전 5세기 전반의 특징을 보여준다. 둥다장쯔[東大杖子] 45호묘와 11호묘의 정鼎과 호壺를 비교해 보면, 11호묘 출토품이 45호묘 출포품보다 형식학적으로 약간 늦은 경향을 보인다. 정鼎은 뚜껑[蓋]과 신부[身]에 모두 원권대圓圈帶가 두 개 있는 동일한 문양 구성이지만, 저부의 평저화는 11호 출토품(그림170-4)이 45호묘 출토품(그림170-1)보다 좁아진다. 동시에 각부[脚部]의 수형獸形문이 소실되고 있어 늦은 경향을 보인다. 또한, 호壺 동체부의 단면형태를 보면 45호묘 출토품의 경우(그림170-2), 동체부 최대경이 견부肩部에 있는 경향이 있지만, 11호묘 출토품(그림170-5)에서는 동체부 최대경이 견부에서 동체부 중앙으로 내려가 있다. 둥다장쯔[東大杖子] 37호묘(遼寧省文物考古研究所·葫蘆島市博物館·建昌県文物管理所 2014b)의 돈敦(그림170-7)은 기형과 문양 모두 11호묘와 같은 단계이며, 산시[陝西]성 중자오푸[中趙甫]의 돈敦과 동일한 특징을 보여 동시기로 판단된다.

이러한 연나라의 문물이 옌산[燕山] 넘어 확인되는 것에 대해, 그동안 연나라의 영향을 받는 단계로서 「연화燕化」라고 칭하며 그 특징을 언급하였다(宮本 2000d;2007b). 이를 적용해 정리하면, 옌산을 넘어 연나라의 청동이기彝器가 나타나는 둥다장쯔[東大杖子] 45호묘 단계는 랴오시지역 연화燕化 제I 단계로, 기원전 6세기 후반에 해당한다. 그리고 형식적으로 한 단계 늦은 둥다장쯔[東大杖子] 11·37 호묘는 랴오시의 연화燕化 제II단계로서 그 시기는 기원전 5세기 전반이다.

반면, 둥다장쯔[東大杖子] 32호묘(遼寧省文物考古研究所·葫蘆島市博物館·建昌県文物管理所 2014a)의 정鼎 (그림170-8)은 신부의 구연부가 내경하는 경향을 보이며, 저부는 환저丸底형태를 띠고 있다. 또한 뚜껑 [蓋]의 원권대圓圈帶도 신부와 결합해 일치하는 등, 11호묘(그림170-4)보다 더 늦은 경향을 보인다. 이것은 기원전 5세기 후반의 양상을 보여준다.

또한 호(그림170-9)는 동체부 최대경이 하단부로 더 내려가 있어, 11호묘(그림170-5)보다 늦은 경향을 보인다. 이는 연하도都 시관청춘[西貫城村] 9호주거지 14호묘(河北省文物研究所 1996) 단계(宮本 1991b·2000a)와 대응하며, 기원전 5세기 후반에 해당할 것이다.

둥다장쯔[東大杖子] 5호묘(遼寧省文物考古研究所·葫蘆島市博物館·建昌縣文物局 2015)의 돈敦(그림170-10)은 37호묘의 돈敦(그림170-7)에 비해 측면형이 장란화長卵化되고, 문양이 의장화意匠化되는 경향을 보이고 있어 37호묘보다 늦은 형식으로 판단된다. 이 단계는 연화燕化 제III단계로서 기원전 5세기 후반에 해당한다. 더 중요한 것은 랴오시의 재지계 봉석묘封石墓에서는 연계 청동이기彝器가 제III단계까지만 확인된다는 것이다. 이 단계 이후 청동이기彝器가 반출되지 않는다는 점이 매우 중요한 의미를 가진다.

3. 랴오시의 청동무기 편년

이러한 청동이기彝器의 편년을 바탕으로 청동무기 편년과의 상대적 관계를 점검하고자 한다. 이를 위해 먼저 재지계의 요령식동검과 요서식동과의 형식을 검토하고자 한다(그림171).

랴오시지역 연화燕化 제 I 단계인 둥다장쯔[東大杖子] 45호묘의 요령식동검(그림171-3)은 앞서 제시한 것처럼 동검의 돌기부가 희미하게 남아 있는 2a식 요령식동검 단계이다. 반면 한 단계 늦은 형식으로 생각되는 둥다장쯔[東大杖子] 11호묘 역시 2a식 요령식동검의 특징을 보여준다(그림171-6). 2a식 요령식동검은 산둥[山東]성 싱자좡[杏家莊] 2호묘에서 제齊나라 부장도기와 공반된다. 제15장에서 서술한 바와 같이, 제나라 부장도기의 연대를 통해 2a식 요령식동검은 춘추 후기 전반인 기원전 6세기 후반으로 판단하여(宮本2006c), 그 연대를 늦어도 기원전 500년경으로 보았다(宮本 2008a). 둥다장쯔[東大杖子]무덤군의 청동이기彝器의 연대관과 대조해 볼 때, 2a식 요령식동검은 기원전 6세기 후반에서 5세기 전반이라는 시기폭을 갖게 된다. 따라서 싱자좡[杏家莊] 2호묘의 연대를 기원전 6세기 후반 무렵으로 보아도 모순되지 않는다.

한편, 청동 돈敦을 통해 랴오시 연화燕化 제III단계로 볼 수 있는 둥다장쯔[東大杖子] 5호묘에서도 요령식동검이 출토되었다. 이 요령식동검은 돌기부가 완전히 소실되고, 불룩한 관부에서 봉부 방향으로 곧게 인부가 형성된 동검(그림171-8)이다. 이 동검의 형식은 2b식 요령식동검으로 보이며(宮本 2008a), 기원전 5세기 후반에 해당한다. 공반관계는 불분명하지만, 기원전 5세기 후반의 정鼎이 출토된 산관뎬[三官甸]무덤군에서는 형식적으로 이른 2a식 요령식동검이 출토되고 있어, 연화燕化 제III단계의 실연대와 어느 정도는 일치하고 있다.

또한, 동일한 요령식동검 2b식(그림171-11)이 랴오닝[遼寧]성 젠창[建昌]현 위다오거우[于道溝] 1호묘(遼寧省文物考古研究所·葫蘆島市博物館·建昌縣文管所2006)에서도 출토되었다. 이 동검은 둥다장쯔[東大杖

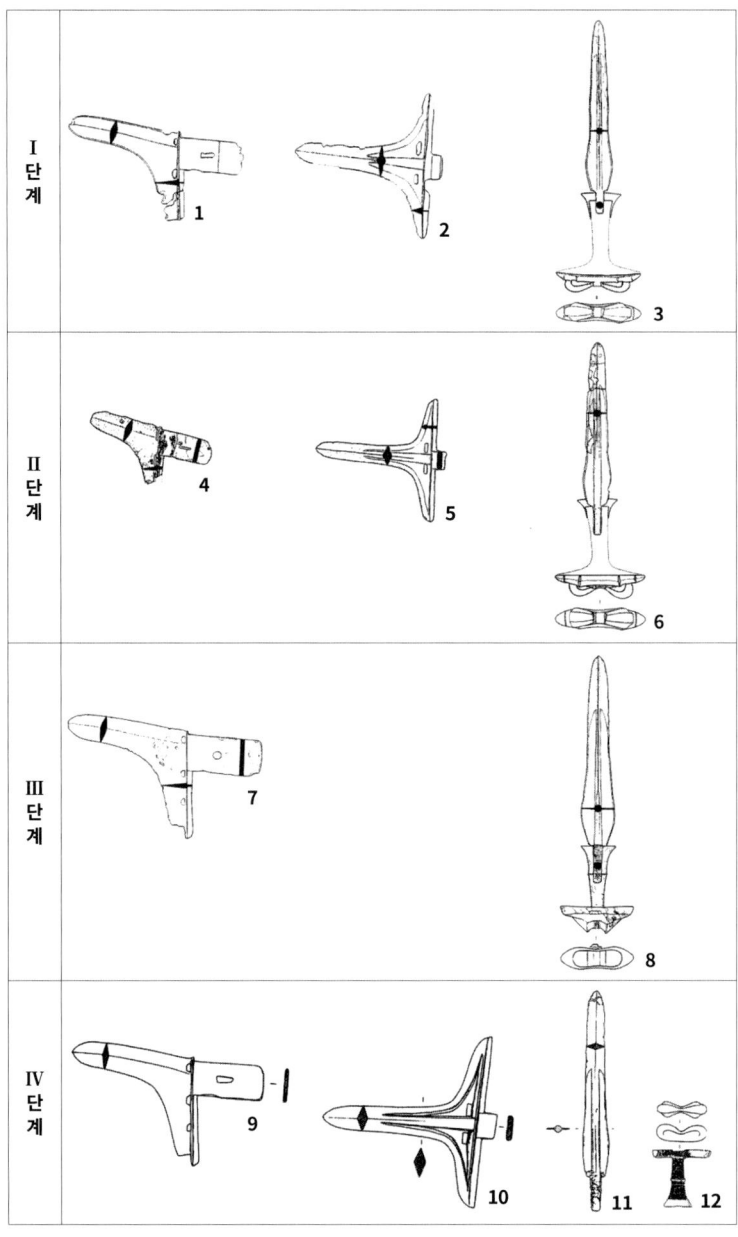

I 단계	1	2	3
II 단계	4	5	6
III 단계	7		8
IV 단계	9	10	11 12

그림171. 랴오시 청동무기의 편년(1~3: 둥다장쯔 45호묘, 4~6: 둥다장쯔 11호묘, 7·8: 둥다장쯔 5호묘, 9~12: 위다오거우 1호묘, ※축척 戈 1/8, 劍 1/10)

子] 5호묘의 요령식동검 2b식(그림171-8)에 비해, 봉부가 동검 중반까지 연장되고 등대[脊]의 능선이 경촹부 쪽으로 이어지며, 곡선을 띠는 기부[関]의 형상이 둥다장쯔[東大杖子] 5호묘보다 약해져 동검 전체가 더 직선화되는 등 좀 더 늦은 경향을 띤다. 위다오거우[于道溝] 1호묘의 요령식동검 2b식은 둥다장쯔[東大杖子] 5호묘 동검과 형식적 차이를 보이며 더 늦은 단계에 해당한다. 따라서, 이를 한 단계 늦은 연화燕化의 제IV단계로 규정할 수 있으며, 시기적으로는 기원전 4세기 전반으로 볼 수 있다.

마찬가지로 재지계의 청동무기인 요서식동과도 연화燕化 제I단계인 둥다장쯔[東大杖子] 45호묘와 제II단계인 11호묘에서 출토되었다. 요서식동과는 최근 새롭게 주목받고 있는 북방 청동기이지만, 기본적인 형식 변화의 방향은 상·하단 기부의 퇴화와 혈구[樋]의 발달이라는 두 가지 경향을 보인다(小林 2008).

연화燕化 제I단계인 둥다장쯔[東大杖子] 45호묘와 연화燕化 제II단계인 11호묘의 요서식동과를 비교해보면, 45호묘의 요서식동과의 상·하단 기부 쪽이 각을 이루며 기부가 발달한 데 반면(그림171-

2), 11호묘의 동과는 기부폭이 좁아지고 혈구가 봉부 쪽으로 길어지고 있다(그림171-5). 연화燕化 제Ⅰ단계와 제Ⅱ단계의 요서식동과는 둥다장쯔[東大杖子] 45호묘와 11호묘를 통해 청동이기彛器와 마찬가지로 형식적 차이 또는 시기적 차이를 보이고 있는 것이다. 이를 통해 시기에 따른 형태 변화가 이루어졌음을 확인할 수 있다.

연화燕化 제Ⅳ단계인 위다오거우[于道溝] 1호묘의 요서식동과(그림171-10)는 둥다장쯔[東大杖子] 11호묘의 요서식동과에 비해 혈구가 봉부鋒部쪽으로 더욱 길어지면서 대형화되는 형식적 특징을 보인다. 요서식동과의 형식 차이를 통해 연화燕化 제Ⅱ단계와 제Ⅳ단계는 명료하게 구분된다. 반면 공반되는 중원계의 청동과는 연화燕化 제Ⅰ단계의 둥다장쯔[東大杖子] 45호묘(그림171-1)와 연화燕化 제Ⅳ단계의 위다오거우[于道溝] 1호묘의 청동과(그림171-9)에서 뚜렷한 형식학적 차이는 보이지 않는다.

이처럼 요서식동과는 둥다장쯔[東大杖子] 45호의 AⅠ식 동과(그림172-2), 둥다장쯔[東大杖子] 11호묘의 AⅡ식 동과(그림171-5), 그리고 위다오거우[于道溝] 1호묘의 AⅢ식 동과(그림172-4)와 같이 변화하는 것으로 판단된다. 지금까지의 발견된 사례(王成生 2003)를 기준으로 정리하면, 후루다오[葫蘆島] 싼진거우[傘金溝]의 요서식동과(그림172-3)가 AⅡ식에, 까줘[喀左]현 량자잉쯔[梁家營子]의 요서식동과(그림172-5)는 AⅢ식

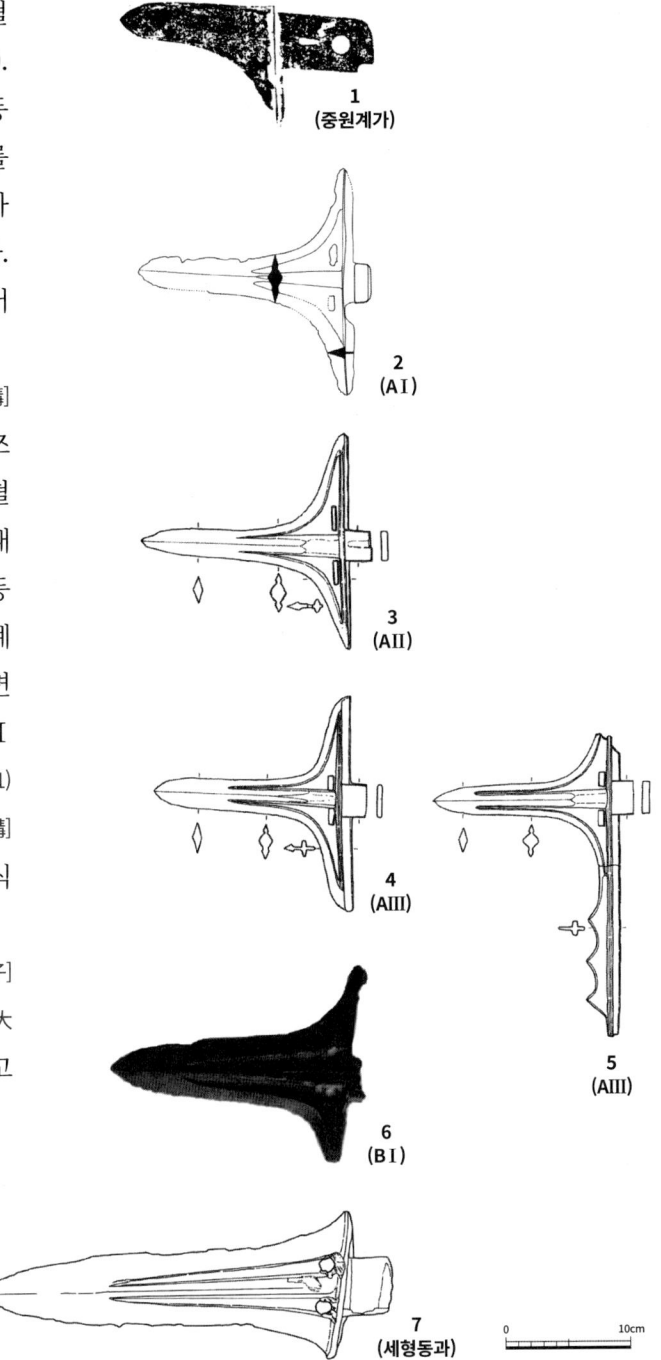

그림172. 요서식동과에서 세형동과로의 변천과정(1: 위위꿍신뤼[公孫呂]과[1], 2: 둥다장쯔 45호묘, 3: 싼진거우[傘金溝] A, 4: 위다오거우 1호묘, 5: 량자잉쯔[梁家營子], 6: 왕장춘[望江村], 7: 신좡터우[辛莊頭] 30호묘, ※축척 1/6)

에 해당한다. 특히 량자잉쯔[梁家營子]는 호胡의 하단에 자刺를 가진 것이 특징적이다.

고바야시 세이지[小林青樹]는 동과와 목병의 부착 부분에 해당하는 보조란[補助闌][2]이 발달하는 량자잉쯔[梁家營子]의 동과에서 점차 보조란[補助闌]이 좁아지고 간략화되어가는 위다오거우[于道溝] 1호묘, 싼지거우[傘金溝]로 변화한다고 보았다(小林 2008·2019). 그러나 둥다장쯔[東大杖子]의 청동이기彝器에 기초한 편년관을 통해 보면, 고바야시가 제시한 요서식동과 형식변화와는 반대 방향으로 변화했음을 알 수 있다. 즉, 동과와 목병 부분의 장착이 더욱 견고해지는 방향으로 변화하며, 이는 무기의 기능 변화와 관련되어 있음을 시사한다. 앞서 언급한 AIII식 량자잉쯔[梁家營子]의 호胡에 자刺를 추가한 것 역시 무기로서의 기능 변화로 볼 수 있다.

한편, 랴오시에서 보이는 상란上闌과 하란下闌이 발달하여 삼각형 형상을 띠는 과戈의 조형은 무엇일까? 기원전 6세기 후반에는 중원에서도 하란下闌이 발달하고 호胡가 없는 상商대의 과가 여전히 존재하였다. 예를 들어, 위공손여과衛公孫呂戈(그림172-1)가 그 대표적인 사례로 꼽힌다(林 1972).

이는 위衛의 여공전麗公田(BC 534~493)의 것으로 여겨지는 기원전 6세기 후반이다. 랴오시의 2a식 요령식동검을 사용한 집단은 이러한 중원의 동과와 혈구을 가진 요령식동검의 형태를 계승·발전시켜 요서식동과 AI식(그림172-2)을 만들어 냈을 것이다. 둥다장쯔[東大杖子] 집단은 요령식동검을 가진 북방 청동기집단이지만, 그들이 위치한 영역은 중원의 연燕나라와 인접하여 점차 정치적 연관성을 띠게 된다. 이러한 정치적 관계를 상징하는 것이 연나라 청동이기彝器의 하사로 볼 수 있으며, 필자는 이를 '연화燕化'라고 명명하고 있다. 이는 연나라의 정치적 비호 아래 해당 집단이 간접적인 지배체제에 편입되는 과정을 의미한다(宮本 2019a).

그러나 원래부터 연나라와 적대관계에 있었던 요령식동검 문화집단은 연나라에 군사적으로 대항하기 위해 기존에 보유하지 않았던 무기를 독자적으로 개발하였는데, 이것이 바로 AI식인 요서식동과였다고 볼 수 있다. 따라서 요서식동과는 AI식에서 AIII식으로 변화하면서 혈구가 점차 발달하고, 이와 함께 등대[脊] 역시 뚜렷하게 발달해 간다. 또한 상란上闌·하란下闌은 삼각형의 형상으로, 뾰족한 것에서 점차 둥글게 변화하며, 동시에 보조란[補助闌]부분 역시 목병 장착이 더 견고해지는 무기로서의 변화됨을 보여준다.

고바야시 세이지[小林青樹]가 주목한 보조란[補助闌]의 간략화 경향(小林 2008·2019)은 싼지거우[傘金

---

1) 역자 주) 이 책에서는 일러두기에서 제시한 것처럼 나라 이름의 경우 한자의 한글읽기 그대로, 지역명이나 사람이름은 한자의 원어(중국어, 일본어) 읽기로 표기한다.

2) 역자 주) 이 책에서 보조란[補助闌]이라고 칭하는 것은 량자잉쯔[梁家營子] 동과의 경莖부 상하단을 연상선을 지칭하며, 이는 과戈의 경부와 자루를 연결하는 구조적 부분에 해당한다. 보조란[補助闌]의 날 방향은 호胡에 해당하며, 후술되는 란闌은 자루와 연결되는 부분의 위치를 칭하는 것으로 보인다. 이 책에서는 호胡와 란闌을 문맥에 따라 병용하여 서술하고 있으며, 여기서는 필자의 원서술의 용어 그대로 유지하여 번역하였다.

溝] 출토 동과의 일부인 A식에서만 예외적으로 나타나는 현상으로, 전반적으로는 AI에서 AIII식까지 일정한 폭을 유지하는 보조란[補助闌]이 지속적으로 존재하고 있다. 이러한 자병刺兵무기로의 발전 경향은 기본적으로 연나라와 요령식동검 집단 간의 영역적 긴장과 밀접한 관련이 있을 것이다. 기원전 4세기 후반에 연나라가 랴오시지역를 완전히 영역화하면서(宮本 2019a), 요서식동과나 요서식동검은 랴오시지역에서 사라지게 된다.

4. 랴오닝성 단둥[丹東]시 전안[振安]구 타이핑완[太平湾]가街 왕장춘[望江村] 발견 요서식동과

랴오둥지역에서는 지금까지 랴오닝성 콴톈[寬田]현 바허촨[八河川]진의 요서식동과가 알려져 있었으나, 최근 요서식동과의 발견사례가 단둥신문 2009년 1월 5일자 기사에서 발표되었다(小林 외 2012). 이번에 발견된 요서식동과는 요령성 단둥시 전안구 타이핑완가 왕자춘 지역의 농민인 왕쉐지[王学基] 자택 뒷산에서 발견된 것이다. 이곳에서는 동과와 함께 동검과 동부銅斧가 발견되었다. 이들이 일괄 유물인지는 알 수 없으나 형식적으로는 동일한 시기의 것이라고 추정할 수 있다.

요서식동과는 내치측의 일부가 부러진 상태로 발견되었으며, 봉부의 길이는 약 20cm, 상란上闌서 하란下闌까지의 길이, 즉 기부[関]의 길이가 약 10cm 이다(그림173-1). 이는 랴오시지역에서 발견된 요서식동과와 비교했을 때, 과의 길이는 다소 길어졌으나, 기부[関]의 길이는 짧아진 것이 특징이다. 또한 혈구[樋]는 랴오시지역의 요서식동과와 마찬가지로 상란上闌과 하란下闌 사이에 분리된 형태로, 이 부분은 명확하게 구분되어 있다. 특히 기부의 길이가 랴오시의 동과보다 짧아진 점을 고려하면, 이 동과는 AIII식으로 분류된 위다오거우[于道溝] 1호묘 출토품보다 형식적으로 한 단계 더 변화된 것으로 보인다. 이러한 변화는 요서식동과가 랴오둥지역으로 확산되면서 더욱 변화하고 발전하고 있음을 보여준다.

동검은 인부가 파손되어 있어(그림173-3) 상세한 형식을 확인하기는 어렵다. 전체 길이는 약 40cm, 잔존 최대폭은 3cm 정도로서 비교적 대형에 속한다. 전체 길

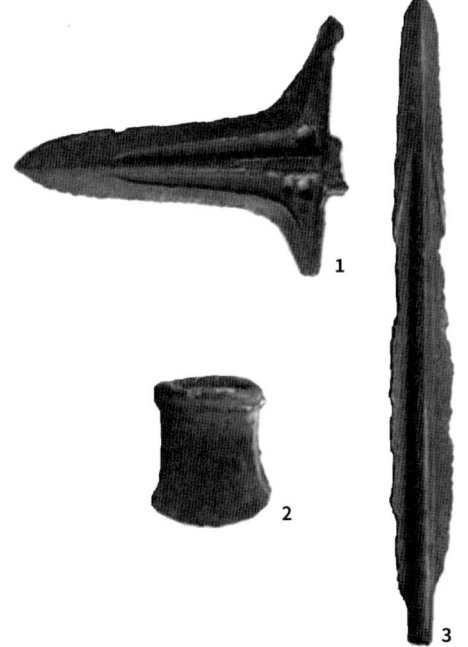

그림173. 왕장춘 발견 동검 · 동과 · 동부

이가 길다는 점은 비교적 늦은 경향을 나타낸다. 또한 등대[脊]의 능선이 기부쪽으로 이어지는 특징은 2b식 요령식동검 이후에 나타나는 경향이다. 반면 등대의 연마 구분 제작이 남아 있는 것으로 보이는데, 이는 비교적 이른 형식의 특징으로 요령식동검 3식 이후에는 나타나지 않는 특징이다.

이상을 종합해 보면, 이 동검은 2b식 요령식동검으로 특정할 수 있다. 2b식 요령식동검으로 본다면, 동과와의 공반을 고려한 연대는 기원전 5~4세기로 추정된다(宮本 2008a). 또한 이 유적에서는 길이 약 4cm, 폭 약 3cm의 선형동부(그림173-2)가 출토되었다. 공부鞏部 측에 1조의 돌대를 갖추고 있으며, 선형扇形의 인부가 형성된 형태이다. 타케스에 준이치[武末純一]의 동부 분류에 따르면 a1식에 해당한다(武末 2011). 이는 세형동검 BIIa식이나 세형동모 DIa식(宮本 2008b)이 공반된 북한의 황해북도 신계군 정봉리의 선형동부와 비교적 유사한 특징을 보인다.

요서식동과 AIII식에서 형식적으로 변화했다고 본다면, 이미 논한 바와 같이 AIII식을 갖는 위다오거우[于道溝] 1호묘가 기원전 4세기 전반에 해당하는 점을 고려할 때, 이 동과는 기원전 4세기 후반으로 보아도 좋을 것이다. 4세기 후반은 랴오시지역이 연나라에 의해 완전히 영역화된 단계이지만, 랴오둥지역은 아직 연나라의 지배 영역에 포함되지 않는다(宮本 2019a). 즉 랴오둥지역의 요령식동검 문화집단이 연나라에 대항하기 위해 요서식동과를 더욱 개량하여 자병刺兵 무기로서 강화를 도모했을 가능성을 추정할 수 있다. 이러한 맥락에서 이 왕장춘 동과를 BI식이라고 명명하고자 한다.

이 밖에도 랴오둥에서는 콴톈[寬田]현 바허촨전[八河川鎭]에서도 동과(그림174-2)가 출토되었다(小林 외 2011). 전체 길이는 16cm, 기부 길이는 10.5cm 정도로 왕장춘 출토품보다 조금 작지만, 혈구가 봉부까지 이어지고 있으며, 상란上闌과 하란下闌의 형태도 왕장춘 발견품과 유사하다. 다만 혈구 부분에 세선으로 사선문이 새겨져 있다는 점에서 차이를 보여 이를 BII식으로 분류하고자 한다.

5. 세형동과의 시작

그림172와 같이 왕장춘[望江村]에서 출토된 BI식 동과(그림172-6)는 AI식인 둥다장쯔[東大杖子] 45호묘 출토품(그림174-2), AII식인 싼지거우[傘金溝] A 사례(그림172-3), AIII식인 위다오거우[于道溝] 1호묘 출토품(그림172-4)으로의 변화 과정 속에서 더 늦은 형태로서, 한반도의 세형동과(그림175-7)보다는 형식적으로 앞선 단계에 해당한다.

이러한 변화는 상란上闌에서 하란下闌까지의 폭이 점차 좁아지고, 봉부의 폭이 넓어지면서 혈구가 점차 봉부 방향으로 이어지는 과정을 보여, 세형동과(그림172-7)로 변화하는 양상을 보여준다(그림172). 또한 동과의 크기도 랴오시지역의 요서식동과보다는 더 크지만, 한반도에서 출토된 세형동과보다는 작다는 점이 중요하다. 요서식동과에서 점차 대형화되어 세형동과로 변화했다고 본다면, 왕장춘

[望江村]에서 출토된 동과는 랴오시지역과 한반도 동과의 중간 단계에 위치한다는 것을 알 수 있다.

왕장춘[望江村]에서 출토된 BI식 동과의 연대는 공반된 것으로 보이는 요령식동검의 연대를 고려할 때 기원전 4세기 후반일 것으로 추정된다. 랴오둥지역에 이 시기의 요서식동과가 존재한다는 것은 이 동과가 한반도에서 세형동과로 변화하였음을 시사한다. 즉, 세형동과는 요서식동과 AI·AII·AIII식의 변화 속에서 만들어졌으며, 랴오둥의 BI식 왕장춘[望江村] 출토 동과가 그 직접적인 조형이라고 볼 수 있다. 요서식동과는 랴오시에서 성립되어 랴오둥에서 변화하였으며, 한반도에서 재지적으로 변화하면서 세형동과로 발전했다고 생각된다.

한반도 세형동과의 연대는 이[易]현 연하도燕下都의 신좡터우[辛莊頭]무덤군 30호묘에서 출토된 세형동과에 대한 평가가 중요한 문제로 지적된다. 이 세형동과는 오카우치 미츠자네[岡内三眞]의 분류에서 I식 동과로 분류되며, 고토 다타시[後藤直]는 이를 가장 이른 단계에 해당한다고 본다(後藤 2007). 한편, 조진선은 본인의 형식분류 속에서 이 세형동과를 세형동검문화 발전II기로 보고, 다소 늦은 단계로 규정한다(趙鎭先 2009). 또한 요서식동과와의 계보를 통해 형식 변화를 살핀 고바야시 세이지[小林靑樹]는 이를 본인의 분류 속에서 A3식이라는 신식新式의 동과로 평가하고 있다(小林 2008).

부장토기의 편년과 상대적 위치를 고려한 신좡터우[辛莊頭]무덤군 30호묘의 연대는 전국시대 후기 후반인 기원전 3세기 중후반이다. 실연대로 본다면, 필자는 기원전 260~220년이라는 연대를 제시한 바 있으며(宮本 2000d), 오카우치 미츠자네[岡内三眞]는 기원전 311~226년이라고(岡内 2003·2008) 제시한 바 있다. 또한 곤도 교우이치[近藤喬一]는 연나라의 장군인 진개秦開의 무덤으로서 전국후기라고 추정하였다(近藤 2006).

반면 조진선은 시가 카즈코[志賀和子]가 제시한 신좡터우[辛莊頭]무덤군 30호묘의 금제대금구金製帶金具 연대관(志賀 2002)을 근거로 전한 초기인 기원전 2세기 전반까지 낮춘다(趙鎭先 2009·2015).

그러나 황승장[黃盛璋]은 신좡터우[辛莊頭]무덤군 30호묘의 금제 장방형띠장식판金製長方形帶飾板에 새겨진 문자 내용을 근거로 전국 조趙나라 소부小府에서 만든 것이라고 밝히고 있다(黃盛璋 1985). 그리고 조趙왕릉 2호릉에는 금동합금의 쌍수雙獸문으로 된 장방형띠장식판이 출토되고 있다(劉天鷹·陳斌 2008). 즉, 전국 후기 조나라에서는 장방형띠장식판을 생산하였다는 것을 알 수 있다.

이같은 내용을 종합하면, 신좡터우[辛莊頭]무덤군 30호묘의 금제 장방형띠장식판은 전국시대 후기 조趙나라 제품으로 기원전 3세기라고 판단할 수 있다(宮本 2019a). 그렇다면 한반도의 세형동검은 기원전 3세기부터 존재하고 있었다고 볼 수 있는 것이다.

이처럼 기원전 4세기 랴오둥지역의 BI식 요서식동과의 형태 변화 속에서 세형동과가 형성되었을 가능성이 높으며(그림172), 그 출현 시점은 기원전 3세기 전반부터 중반이라고 볼 수 있다. 이 연대는 공반되는 세형동검 Ic식의 연대와도 모순되지 않는다. 기원전 3세기는 연나라가 청천강 이북의 랴오둥지역까지 군치郡治를 두고 직접 지배한 단계이다(宮本 2019a). 연나라의 군사 위협에 대응하여 랴오둥지역의 BI식 요서식동과를 대형화하는 동시에 자병무기로 기능을 강화한 것이 세형동과였을 것이라고 생각한다.

6. 세형동과의 변천

세형동과의 분류는 오카우치 미츠자네[岡內三眞]에 의해 내內 크기와 두께의 상관관계를 바탕으로 점차 원援폭이 좁아지는, 즉 세신화細身化하는 변화에 따라 5가지 양식으로 구분하였다(岡內 1973). 이 중 V양식은 그 사례가 적어 구체화할 수 없지만, Ⅲ·Ⅳ양식은 형태와 문양이 밀접한 관계가 있음이 확인된 바 있다.

이 책에서는 오카우치[岡內]가 분류한 Ⅰ양식을 Ⅰ형식, Ⅱ양식을 Ⅱ형식, Ⅲ·Ⅳ양식을 Ⅲ형식으로 설정한다. 또한 혈구의 말단 형태는 분리되어 유지되는 것과 하나로 합쳐지는 것으로 구분되고 있다 (千葉 1978). 그 밖에도 등대의 유무에 따른 형식 세분(岩永 1980)이나 혈구 내 문양의 유무를 고려한 추가적인 형식 세분(難波 1986) 등이 진행되고 있다. 또한 철과형이라 불리는 혈구나 등대가 없는 것도 존재하지만(後藤 2007), 수량이 많지 않아 여기서는 따로 언급하지 않겠다.

지금까지 랴오시의 요서식동과 A식은 랴오둥의 B식을 거쳐 한반도의 세형동과로 변천한 것으로 보았다. 내內나 원援폭의 변화는 시간성에 따른 것으로 볼 수 있지만, 그 밖의 속성들은 시간성보다는 계통적 차이라고 볼 수 있다.

랴오시지역의 요서식동과 A식에서 B식으로의 변화과정에서는 기본적으로 혈구가 분리된 상태로 봉부까지 이어지고 있다. 하지만 한반도와 북부 규슈지역에서는 혈구가 봉부 인근에서 닫히는 형태가 나타나며, 특히 북부 규슈지역에서 이러한 경향이 두드러진다. 전자를 '분리형', 후자를 '폐쇄형'으로 구분한다면, 분리형은 한반도 서북부에서 중서부지역에 주로 분포하고, 폐쇄형은 중서부에서 동남부지역에 많이 나타난다(宮里 2010).

즉, 요서식동과 B식의 계통 속에서 분리형이 형성된 후, 한반도에서는 독자적으로 폐쇄형이 발전하였다. 지리적 분포를 살펴보면, 이러한 변화는 한반도 중서부에서 동남부로 점차 확산되는 분포를 보인다. 한반도 동남부지역의 폐쇄형이 다시 북부 규슈로 확대되면서 일본열도에서는 폐쇄형이 우위를 차지하게 된 것이다.

여기서는 분리형을 세형동과 1식, 폐쇄형을 세형동과 2식, 이에 더해 혈구 문양이 없는 것(a식)과 있는 것(b식)으로 세분하였다. 분리형은 요서식동과 BI식의 계통, 문양이 있는 혈구는 요서식동과 BⅡ식과 각각 계통적으로 이어진다. 이와 같이 한반도의 세형동과는 랴오둥의 요서식동과 B식의 계통 속에 있음을 알 수 있다.

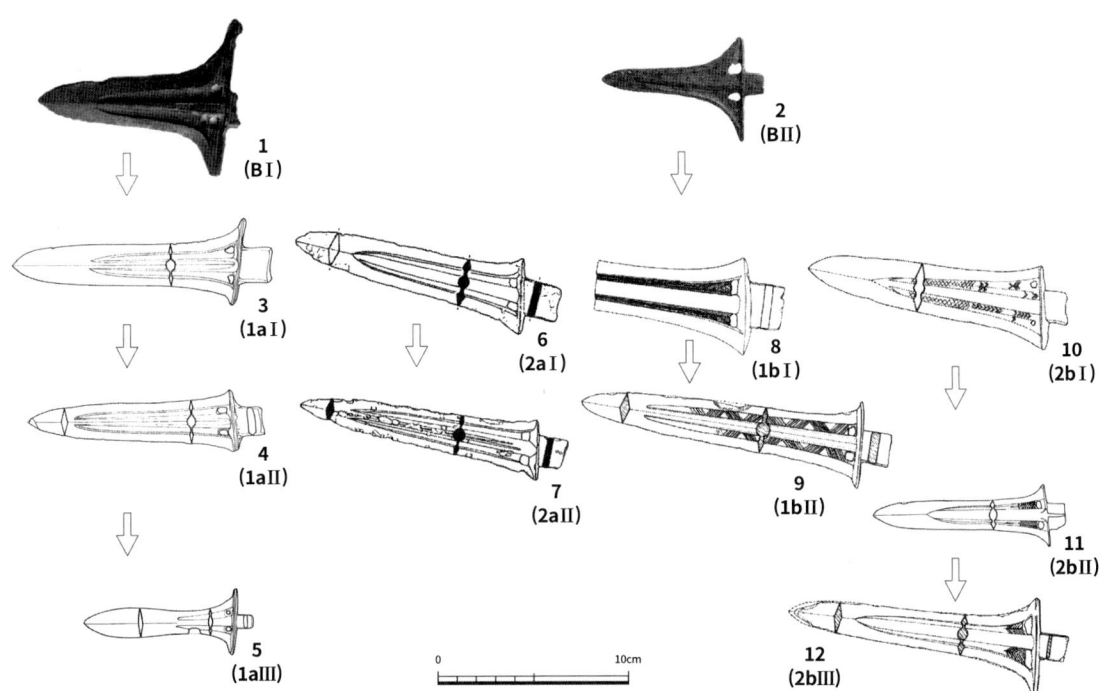

그림174. 세형동과의 변천과정(1: 왕장춘, 2: 바허촨전[八河川鎭], 3: 평안남도, 4: 충청남도, 5: 평리동, 6: 초포리, 7: 구봉리, 8: 부여 은진면, 9·12: 구정동, 10: 신천동, 11: 전 경상북도 경주 부근, ※축척 1/8)

앞서 언급한 내內나 원援폭의 형태 변화인 I~III식이라는 속성을 포함하여 형식을 종합하면, 분리형은 1AI→1aII→1aIII식과 1BI→1bII식이라는 두 계통의 형식변화를 상정할 수 있다. 폐쇄형의 경우도 마찬가지로 2AI→2aII식과 2BI→2bII→2bIII식이라는 두 계통적 변화를 상정할 수 있다. 이 중 1aIII식은 지금까지 이형異形으로 다루어졌으며(後藤 2007; 宮里 2010), 한반도 동남부지역에서만 일부 확인된다. 마찬가지로 2bIII식 역시 한반도 동남부지역에만 나타난다.

이러한 형식변화의 정리한 것이 그림174이다. 1AI식 세형동과와 Ic식 세형동검이 함께 부장된 경우는 부여 합송리合松里(李健茂 1990), 서산 동문동東門洞 1호분(忠淸文化財硏究院 2017), 완주 신풍新豊 53호묘(湖南文化財硏究院 2014)에서 확인된다. 당진 소소리素素里에서는 2AI식 세형동과와 Ic식 세형동검이 함께 출토되었다(李健茂 1991). 이는 제17장에서 언급한 바와 같이 세형동검문화 제3단계인 기원전 3세기에 해당한다. 또한, 공주 봉안리鳳安里(安承周 1978)에서는 2AI식 동과와 IIc식 세형동검이 함께 부장되었으며, 아산 궁평리宮坪里(李健茂 1989)에서는 2aII식 세형동과와 IIc식 세형동검이 함께 부장되었다.

또한 복수의 세형동검과 세형동과가 공반되는 사례도 확인된다. 복수의 세형동검 중 상대적으로 늦은 형식과의 조합을 살펴보면, 먼저 함평 초포리에서는 복수 형식의 세형동검 중 늦은 형식인 세형동검 IIc식과 함께 1AI · 2AI식 세형동과가 공반된다(国立光州博物館 1988). 마찬가지로 전주 원장동 原長洞 G구 1호분(全北文化財研究院 2013)에서도 복수 형식의 세형동검 중 늦은 형식인 세형동검 IIc식과 1aII식 세형동과가 공반되고 있다. 부여 구봉리九鳳里에서도 복수 형식의 세형동검이 공반되었는데, 그 중 늦은 형식인 세형동검 IIc식이 2AI · 2aII식 세형동과와 공반된다(李康承 1987). 그 밖에도 경주 입실리入室里의 경우, 세형동검 IIc식과 2bII식 세형동과가 공반된다(藤田 외 1925). 이와 같은 1aII · 2aII · 2bII식 세형동과는 공통적으로 세형동검 IIc식과 공반되고 있어, 그 연대는 기원전 2세기에 해당한다고 볼 수 있다.

반면 경주 죽동리에서는 2bIII식 세형동과와 IIIa식 세형동검이 공반되었다(韓炳三 1987). 또한 대구 평리동에서는 1aIII식 세형동과와 IIIa식 세형동검, 훼룡문경이 공반되어 있다(伊容鎭 1981). 이를 통해 해당 유물의 연대는 기원전 1세기에서 기원후 1세기 초엽으로 볼 수 있다. 2bIII식 세형동과는 영천 용전리龍田里에서도 출토되었다(国立中央博物館 2007). 이곳에서는 Va식 촉각식동검, 한경漢鏡, 오수전이 출토되는데, 이 연대는 기원전 1세기에 해당한다. 즉 IIIa식 세형동검이 공반되는 1aIII식이나 2bIII식 세형동과는 한반도 청동기문화 제5단계인 기원전 1세기대인 것이다.

이처럼 내內나 원援폭 등 형태적 특징에 따른 분류인 I~III식은 시간성을 드러내고 있다. 세부 속성을 조합한 1aI · 2aI · 1bI · 2bI식이 기원전 3세기, 1aII · 2aII · 1bII · 2bII식이 기원전 2세기, 1aIII · 2bIII식은 기원전 1세기대에 해당한다고 볼 수 있다. 또한 2bIII식 세형동과는 혈구 내 사선문의 시문폭이 2bI→2bII→2bIII식으로 갈수록 점차 좁아지는 계통적인 변화를 보인다. 흥미롭게도 2bIII식은 북부 규슈지역에서도 확인되는데, 공반 양상 등으로 볼 때 야요이시대 중기에 해당하는 것으로 판단된다.

또한, 북부 규슈지역에서 우키쿤텐[宇木汲田]형으로 불리는 동과(難波 1986)는 문양이 시문된 동과로, 2bII식이나 2bIII식과 마찬가지로 혈구 내부의 시문 폭이 기부 쪽에 한정되는 특징을 보인다. 이는 곧 2bII · 2bIII식 동과가 더욱 변화된 것이라고 볼 수 있다. 다만 이 동과는 얇고 편평화된 형태로 한반도에서 유래를 찾을 수 없는 특징이다. 따라서 2bII · 2bIII식 동과는 북부 규슈지역에서 독자적으로 변화 · 발전하여 우키쿤덴형 동과로 변화된 것으로 보인다. 이러한 우키쿤덴형 동과는 우키쿤덴[宇木汲田]유적의 17호 옹관과 58호 옹관에서 출토되었는데, 이는 모두 쿤덴[汲田]식 옹관에 속한다(唐津湾周辺遺跡調査委員会編 1982). 쿤덴식 옹관은 스구[須玖] I식과 병행하므로(梶原 2016), 우키쿤덴형 동과의 출현 시기는 기원전 2세기로 상향될 가능성이 있다. 그렇다면 한반도를 통해 전래된 2bII식 세형동과가 북부 규슈지역으로 전해지는 시점부터 우키쿤덴형 동과는 독자적으로 생산되었다고 볼 수 있을 것이다.

또한 일본열도 내 제작된 것이 분명한 중세中細형 동과는 이 책의 2bIII식 동과를 조형으로 보고 있으며(吉田 2009), 북부 규슈지역에서는 혈구에 문양이 시문[有文]된 폐쇄형 세형동과(2bIII식)의 계보 속에서 중세형동과, 중광형동과, 광형동과로 변화한다. 특히 2bIII식은 난바 요우죠우[難波洋三]가 제시한 북부 규슈지역의 미즈키[水城]형에 해당할 것이다(難波 1986).

한편, 일찍이 긴키[近畿]형 동과의 기원은 한반도 동남부지역의 유문有文동과에서 찾을 수 있다고 지적된 바 있다(近藤 1974). 이를 본 책의 분류로 정리하면, 한반도 동남부지역에서 확인되는 유문 분리형 동과인 1bII식에서 그 계보를 찾을 수 있다. 긴키형 동과의 혈구 내 복합거치문複合鋸齒文은 기존에 성립된 동탁銅鐸의 문양으로서 제작되었을 가능성이 제기되었으며(岩水 2002), 그 계보적 기원은 한반도 동남부지역의 1bII식 동과에서 찾아야 한다. 특히 경주 구정동에서는 혈구에 복합거치문이 새겨진 1bII식 동과가 출토된 바 있는데(金元龍 1952), 이는 IIc식 세형동검과 철검을 공반하고 있어 한반도 청동기문화 제4·5단계에 해당한다고 볼 수 있다.

7. 정리

한반도의 세형동과는 랴오시지역의 요령식동검 집단이 개발한 요서식동과에서 기원한다. 요서식동과는 기원전 6세기 후반 연나라가 루안[灤]하의 서쪽인 옌산[燕山] 이북으로 영역을 확장하면서 발생한 군사적 긴장 속에서 개발된 것이다. 요서식동과는 AI→AII→AIII식으로 발전하는데, 그 과정에서 혈구는 봉부 전방부로 이어지고 상란上闌과 하란下闌이 둥근 자병무기로서 기능적 변화를 갖는다. 기원전 4세기 후반, 연나라가 랴오시지역을 완전히 영역 지배하면서, 랴오둥지역의 요령식동검 문화 집단은 요서식동과 AIII식의 무기 기능을 더욱 강화하였다. 즉 혈구가 봉부쪽으로 더욱 연장되면서 전체적으로 크기가 커지고 기부폭이 좁아지는 방향으로 변화되면서 BI식이 개발된다. 또한 혈구 내 사격자 문양이 새겨진 BII식도 출현하게 된다.

청천강 이북의 랴오둥지역이 연나라의 직접 지배 하에 들어간 기원전 3세기에는, 랴오둥지역의 요서식동과 BI·BII식이 한반도에서 더욱 대형화되고, 기부폭이 축소된 형태의 세형동과로 변화된다. 이러한 변화는 단순한 확산에 따른 것이 아닌, 연나라의 군사적 위협에 맞서 한반도 내 세형동검 집단이 랴오둥지역의 요서식동과를 독자적으로 개량하여 새로운 무기를 개발한 것이다. 랴오둥의 요서식동과 BI식은 한반도에서 1AI→1aII→1aIII식으로 변화한다.

또한 랴오둥지역의 요서식동과 BII식은 한반도 내에서 혈구에 문양이 시문된 유문동과인 1BI→1bII식으로 변화한다. 한반도의 세형동과는 요서식동과와 마찬가지로 혈구가 봉부에서 닫히지 않는 분리형이었다. 그러나 한반도 내에서 어느 시점부터 혈구가 봉부 쪽에서 닫히는 폐쇄형 세형동검이 독자적으로 개발된 것으로 판단된다. 한반도에서 개발된 폐쇄형은 2aI→2aII식, 2bI→

2bⅡ→2bⅢ식으로 변화한다.

분리형 세형동과는 한반도 서북부에서 중서부지역에 주로 분포하지만, 폐쇄형 세형동과는 중남부에서 동남부로 갈수록 수량이 많아져 지역성을 드러내고 있다. 따라서 분리형 세형동과는 랴오둥지역의 요서식동과에서 유래한 것이며, 폐쇄형 세형동과가 한반도에서 독자적으로 개발된 것이라고 할 수 있다.

이러한 한반도 내 세형동과의 지역적 특징 속에서, 북부 규슈지역에서는 야요이 전기 말·중기 초에 등장하는 세형동검문화 중에서 폐쇄형 세형동과가 주된 형태로 자리 잡아 간다. 같은 시기에 북부 규슈지역에서는 다뉴세문경도 출현한다(宮里 2008; 趙鎭先 2014).

---

(1) 랴오닝성 젠창현 동대장자 무덤군은 일부 도굴되었으나, 발굴조사가 이루어져 무덤군 전체의 현상이 파악되었다. 현재 7편의 발굴조사개보가 보고되어 있다(遼寧省文物考古研究所·葫蘆島市博物館·建昌県文管所 2006; 遼寧省文物考古研究所·葫蘆島市博物館·建昌縣文物管理所 2014a; 遼寧省文物考古研究所·葫蘆島市博物館·建昌縣文物管理所 2014b; 遼寧省文物考古研究所·葫蘆島市博物館·建昌縣文物管理所 2014c; 遼寧省文物考古研究所·葫蘆島市博物館·建昌縣文物局 2015; 遼寧省文物考古研究所·吉林大學辺疆考古研究中心·葫蘆島市博物館·建昌縣文物管理所 2014a; 遼寧省文物考古研究所·吉林大學辺疆考古研究中心·葫蘆島市博物館·建昌縣文物管理所 2014b).

제20장

동북아시아의 촉각触角식동검

1. 머리말

　라오둥지역, 특히 지린[吉林]성에서 많이 출토되는 이른바 촉각触角식동검은 한반도에서 북부 규슈[九州]까지 넓게 출토되고 있다. 촉각식동검의 변천과 청동기로서의 의미는 한반도와 북부 규슈지역의 청동기문화를 살피는 데 중요한 자료가 된다. 지금까지 촉각식동검에 대해서는 몇 편의 논고가 작성된 바 있다(김원룡 1970; 김정학 1972; 千葉 1973; 岡崎 1982; 장석영 1984; 이건무1996; 近藤 2000). 그러나 이처럼 광범위한 지역을 종합적으로 고찰하면서 지역성까지 고려한 연구는 부족한 실정이다.

　지린성에서 발견된 새로운 자료를 실견하고 실측 작업을 진행한 필자는, 지금까지 알려진 형식과는 다른 변화 방향을

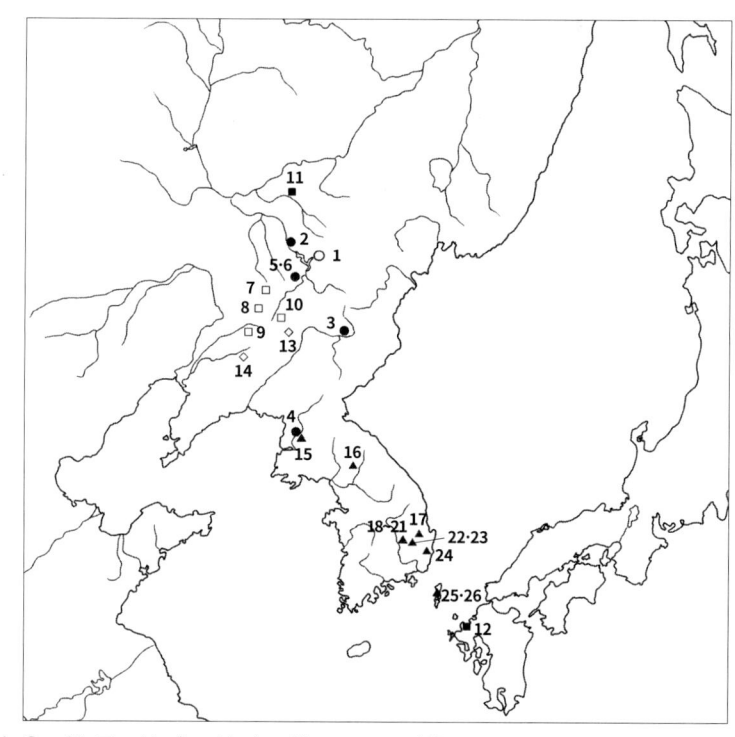

그림175. 촉각触角식동검의 분포 ※○ I 형 ●II 형 ■III 형 ◇IV 형 ▲V 형 □IIc · VII형(1: 베이강[北崗], 2: 우라제[烏拉街], 3: 페이지링[飛機嶺], 4: 토성동 486호묘, 5: 화양산[荒山] 1호묘, 6: 화양산 3호묘, 7: 스이[石駅]공사, 8: 시차거우[西岔溝], 9: 와팡[瓦房], 10: 다취앤옌[大泉眼], 11: 다링[大嶺]향郷, 12: 가시와자키[柏崎], 13: 진창전[金廠鎭], 14: 푸바오[朴堡], 15: 전 평양, 16: 달전리, 17: 용전리, 18: 비산동, 19: 지산동, 20: 봉무동, 21: 신성리, 22: 임당, 23: 내내리, 24: 장현동, 25: 다카마츠노단, 26: 사카도우)

갖는 속성을 새롭게 발견한 바 있다(宮本 2002d·2009e). 이후 박선미와 마크 바잉턴Mark Byington이 한국을 중심으로 새로운 자료를 추가하여 촉각식동검을 검토하였으나(박선미·마크 바잉턴 2012), 필자의 논고에서 제시한 내용을 크게 넘어서진 않았다.

이 장에서는 새롭게 발견된 자료를 추가하여 촉각식동검의 새로운 속성의 변화 방향을 제시하고,

표31. 촉각觸角식동검의 집성

순번	출토지·수장처	형식	검신형식	길이	검신길이	검신최대폭	동병銅柄길이	동병최대폭	동병두께	鍔폭	鍔두께
1	吉林省蛟河県新農郷興農村洋梨地北崗	I	A2a	44.4	31.2	4.4	13.2	6.7	2.0	4.9	2.2
2	吉林省永吉県烏拉街	IIa	A3a	46.8	33.4	3.7	13.4	8.6	1.5	4.3	1.6
3	吉林省長白朝鮮族自治県十四道溝鎮飛機嶺	IIb	A4	(22.9)	(9.9)	3.3	13.0	8.6	1.1	4.4	2.0
4	평양 토성동 486호 목곽묘	IIb	A3b	41.5							
5	吉林省樺甸県横道河子公社西荒山1號墓	II?			17.0					2.8	
6	吉林省樺甸県横道河子公社西荒山3號墓	II?						6.5			
7	吉林省東遼県石驛公社	IIc	鐵劍	69	56.3	2.3	12.7			5.2	1.6
8	遼寧省西豊県西岔溝	IIc	鐵劍								
9	遼寧省撫順市瓦房	IIc	鐵劍								
10	吉林省柳河県大泉眼	IIc	鐵劍								
11	黒龍江省阿城市大嶺郷	IIIa	A2a	(45.7)							
	게이오대학 소장	IIIb	A2b	(30.1)	(16.0)	4.8	14.1	8.8	1.8	5.3	2.3
12	唐津市柏崎	IIIc	BIc	(46.4)	(32.8)	3.5	(13.6)	8.7	1.8		
	대영박물관 소장	IIIc	BIIc	51.7	36.8	4.0	16.1	8.9	1.6	4.9	2.1
13	吉林省通化市金廠鎮	IVa	A2a	55.0	41	3.6	14.0	9.2	1.2		
14	遼寧省本渓県朴堡	IVb	A3c	45.4	28.4	2.7	13.0	9.1			
15	평양 출토	Va					3.4	6.6	2.2		
16	가평 달전리 2호묘	Va	鐵劍								
17	영천 용전리	Va									
18	대구 비산동	Va	BIIc	45.0	31.7	3.2	13.3	8.3		8.6	
21	대구 신성동8호 목관묘	Va	鐵劍		(9.8)		(2.8)	(5.8)			
19	대구 지산동	Vb					4.3	7.3	2.2		
20	대구 종무동 옹관 1호묘	Vb	鐵劍				3.8	6.8	2.0		
22	경산 임당 E지구132호묘	Vb	鐵劍		(21.8)	3.3	3.6	6.8	2.1		
23	경산 내내리 9호 목관묘	Vb	鐵劍		(8.0)	4.8	3.8	6.8	1.8		
24	울산 장현동 39호 목관묘	Vb	鐵劍		(26.5)	3.0	4.3	6.8	2.0		
25	対馬峰町다카마츠노단	Vb					3.8	7.4	2.3		
26	対馬峰町사카도우	Vb					3.5	7.4	2.0		
	전 충남 출토	VI		(28.2)	(15.0)	3.2	13.2	8.2		6.8	4.5

나아가 동북아시아 전반 촉각식동검의 변천과 그 연대, 더불어 지역성을 밝히고자 한다. 또한 이 동검이 갖는 동북아시아 청동기문화에서의 의미에 대해서도 고찰하고자 한다.

촉각식동검은 중국 동북부에서 한반도, 북부 규슈지역까지 광범위하게 확인되고 있다. 현재까지 발견된 촉각식동검을 정리(표31)하여, 그 분포를 살펴보면 그림175와 같다. 중국 동북부에서는 헤이룽장[黑龍江]성 아청[阿城]에서 1점, 랴오닝성 시핑[西豊]현 시차거우[西岔溝]에서 1점, 랴오닝성 번시[本溪]현 푸바오[朴堡]에서 1점이 출토된 바 있으나, 대부분의 사례는 지린성 내에 한정된다. 특히 지린시와 창춘[長春]을 중심으로 한 지창[吉長]지구인 지린성의 동부지역에 분포되는 것이 특징이다. 앞서 제시한 지린성 이외의 사례를 포함하더라도, 기본적으로 제2쑹후아[松花]강 유역이나 그 지류 지역이 주요 분포지점이라고 할 수 있다.

여기서는 촉각식동검의 동병銅柄 형태와 문양을 중심으로 5개의 계보로 나누고, 각 계보마다 보이는 연대관을 검신劍身의 형식을 중심으로 살펴보고자 한다. 촉각식동검은 지창[吉長]지구, 한반도, 북부 규슈지역에서 출토되는데, 그 계통과 지역성의 관계를 고려하면서 제작지에 대한 검토도 함께 진행하고자 한다.

2. 촉각觸角식동검의 계통

동북아시아에 분포하는 촉각식동검은 자루[柄]의 형태적 특징에 따라 크게 5개의 계보가 존재한다고 볼 수 있다. 여기서 말하는 계보系譜란 형식型式학에서 말하는 조열組列[1]로, 형식形式[2]에 해당한다. 이 5개의 계보는 기본적으로 자루가 쌍조雙鳥문으로 구성되어 있으며, 이는 쌍조문이 간략화되는 변화를 통해 형성된 것으로 이해할 수 있다. 따라서 촉각식이라 불리는 동병은 쌍조문의 변화 형태를 바탕으로 명명된 것이라고 할 수 있다.

쌍조문에서 새의 형태를 구상具象적으로 표현한 기본적인 타입을 I형 촉각식동검이라 할 수 있다.

---

1) 역자 주) "조열"은 문자 그대로 풀이하면 "구성된 열" 또는 "배열"이라는 뜻으로, 특정한 규칙이나 구조에 따라 나열된 요소들의 집합을 의미한다. 형식학에서는 특정한 형식을 정의하기 위해 필요한 구성요소들로 배열된 집합으로, 특정 규칙에 따라 구성된 순서나 배열이라고 이해할 수 있다,

2) 역자 주) 한글로는 '형식'으로 통칭되는 型式과 形式은 일본에서는 서로 다른 의미로 사용된다. 型式은 속성 조합 등을 기반으로 물리적인 형태를 구체적이고 기술적인 맥락에 구분하는 개념으로, 보다 실질적인 구분에 가깝다. 반면 形式은 세부적인 형태적 속성의 조합에 중점을 두기보다는 직관적인 형상으로 접근하는 추상적인 개념에 가깝다. 形式이 型式보다 큰 개념처럼 이해할 수 있으며, 국내 고고학의 개념으로 본다면 '기종'이라는 용어에 대응한다고도 볼 수 있다. 여기서는 필자의 문서 그대로 번역하고 한자를 병기하여 번역한다.

나머지 4개 계보 중 다른 하나는 쌍조문이 단순한 원형 형태로 변형되어, 형태적으로 더욱 단순화된 특징을 가진다. 이것은 새의 깃털이 단순화된 해칭hatching[3] 형상의 사선 문양으로 표현되는 것이 특징이다. 이 계보는 주로 지창[吉長]지구에 분포하고 있으며, 이를 II형 촉각식동검이라고 부르고자 한다.

III형 촉각식동검은 II형 촉각식동검과 전체적인 형태는 유사하지만, 자루의 검엽 부분에 대칭으로 형성된 구멍, 즉 귀[耳]가 확인되어 뚜렷한 차이를 보인다. 이 형식은 해칭된 사선문과 자루가 T자형으로 구멍이 존재한다는 점에서는 II형 촉각식동검과 동일하지만, 동병의 하단부에 궐수상蕨手状의 주점문珠点文으로 둘러싸인 문양이 특징적이다. III형 촉각식동검은 헤이룽장[黑龍江]성 아청[阿城], 가라츠[唐津]시 가시와자키[柏崎] 등 동북아시아 전역에 널리 분포하는 계보라고 할 수 있다.

네 번째 계보는 II·III형 촉각식동검의 쌍조문 부분이 결합하여 고리[環] 형태로 변화된 동검이다. 이를 IV형 촉각식동검으로 구분한다.

또한 다섯 번째 계보는 II·III형 촉각식동검과 달리, 검신과 함께 주조되지 않고 자루의 단부端部, 즉 파두把頭장식만 청동제로 제작되어 소켓 형태로 유기질 자루에 장착된 것이 특징이다. 이 쌍조 의 장意匠은 II·III형 촉각식동검의 조형인 자오허[蛟河]현 양리디강[洋犁地崗]의 I형 촉각식동검과 달리 고수顧首[4]하는 새가 좌우 대칭으로 조합되는 형태이다. 두 마리의 새가 마주보는 중앙부에는 원형 구멍이 존재하고, 그 양쪽에는 삼각형 형태의 투각이 확인된다. 이 투각은 이후 다소 형태적 변화가 이루어진다. 이 계보를 V형 촉각식동검으로 구분한다.

V형 촉각식동검의 분포는 평양 부근, 대구 비산동, 츠시마[対馬] 다카마츠노단·사카도우에서 확인되며, 주로 한반도나 츠시마[対馬]에 한정되고 있다. 이상과 같이 5개의 계보는 분포범위에 다소 차이를 보이면서도 공존하며 형태적 변화를 이루어왔다고 볼 수 있다. 여기서는 각 계보에 따른 촉각식동검의 사례를 설명하고, 그 변천 과정을 제시하고자 한다.

3. I형 촉각식동검

지린성 자오허[蛟河]현 신농[新農]향 싱농[興農]촌 양리디베이강[洋犁地北崗] 출토[1] (董学增 1987)

자루가 사실寫實적인 형상을 띠는 쌍조문으로 구성되어 있다(그림176). 한쪽 새는 눈 부분이 명확

---

3) 역자 주) 제도製圖나 지도 등에서 음영陰影 효과를 돋보이게 하기 위해 평행선이나 교차선을 반복적으로 배열하여 질감, 음영, 패턴을 표현하는 기법을 의미한다.

4) 역자 주) 머리를 돌려 자기 몸쪽을 바라보는 모습.

하게 주조되어 있는 반면, 다른 한쪽 새에는 눈 부분이 표현되어 있지 않다. 그러나 새의 벼슬[鷄冠]과 깃털 부분은 세밀한 선으로 표현되었다. 또한 측면형태를 보면 새의 몸부분은 둥글게 표현되어 있으며, 벼슬에서 머리, 몸 부분에 이르는 전체적 형태가 사실적으로 묘사되어 있다.

한편 검신의 돌기부는 명확하게 돌출되어 있으며, 돌기부를 경계로 한 연마 구분 제작이 뚜렷하게 확인된다. 그러나 돌기부에 해당하는 등대의 융기는 존재하지 않으며, 등대의 측면 형상은 직선형을 띠고 있다. 따라서 검신의 형태는 고식古式 요령식동검의 특징에서 벗어나 변형된 2a식 요령식동검과 비교할 수 있다(宮本 2008a). 제15장에서도 언급한 바와 같이, 2a식 요령식동검은 기원전 6세기 후반~5세기 전반에 해당한다. 양리디베이강의 동검은 대형화됨과 동시에 직인화된 특징을 보여, 연대적으로 다소 늦은 시기에 속한 것으로 판단된다. 따라서 기원전 5세기경에 해당한다고 볼 수 있다. 또한 자루와 검신의 사이에는 방형의 틀과 같은 흔적이 확인된다. 이는 검신과 자루가 원래 분리된 것인지, 각각 따로 주조한 후 용접한 것인지 알 수 없으나 이와 관련된 흔적이 문양화되어 남아있는 것으로 판단된다. 현재까지 이러한 형태는 단 1점의 사례뿐이지만, 이를 I형 촉각식동검으로 분류한다.

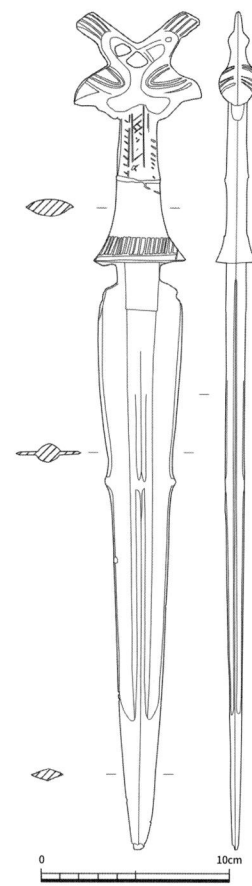

그림176. 촉각식동검 I형
(양리디[洋犁地], ※축척 1/4)

4. II형 촉각식동검

I형 파두把頭식의 쌍조문이 단순화되면서 두 새가 마주보는 고리[環]의 형태를 띤다. I형의 깃털 부분이 사선문으로 남아 있는 것이 특징이다(그림177). 또한 쌍조문 사이에는 T자형 투각이 정형화되어 나타나는 것이 또 다른 특징이다.

지린성 융지[永吉]현 우라제[烏拉街] 출토(2)(陳家槐 1984: 그림177-1)

자루의 쌍조문은 단순화되었으며, 머리 부분은 둥근고리[圓環] 형태를 띠고 있다. 새 모양의 몸 부분은 깃털 표현이 사선 표현으로 간략화되었다. 또한 쌍조문 아래 자루의 잡는 부분의 문양 역시 사격자문만 남아있으며, 이는 양리디베이강[洋犁地北崗] 출토품에 비해 간략화된 모습이다. 자루의 검엽 부분 문양도 직선적인 단段이 형성될 뿐이며, 이 역시 양리디베이강 출토품과 비교했을 때 간략화된 특징을 보인다.

쌍조문 부분의 측면형은 몸 부분에 둥근 형상이 남아있으나, 머리 부분의 형태적 표현은 사라지고 직선적인 형태로 변화하였다. 검신 부분에는 돌기부가 존재하지 않으며, 검신의 경鐔부 쪽에서 견肩부가 형성되어 3a식 요령식동검의 특징을 보여준다. 또한 연마 구분 제작은 명확하게 보이지 않고, 인부의 연마도 뚜렷하지 않다. 등대의 중심선 역시 검신의 견부 부분에서 확인되지 않는다. 3a식 요령식동검은 기원전 4~3세기로 판단된다(宮本 2008a). 이 동검은 IIa형 촉각식동검으로 세분된다.

지린성 창바이[長白] 조선족 자치현 스스다오거우[十四道溝]진鎭 페이지링[飛機嶺]출토[3]
(그림177-2)

자루의 전체적인 형태는 우라제[烏拉街] 출토품와 유사하지만, 쌍조문 부분의 사선문은 약간 희미해진 모습이다. 자루의 검엽 부분은 우라제[烏拉街] 출토품과 달리 단段이 형성되어 있지 않고, 대신 침선 형태로 남아 있다. 또한, 자루 중앙 부분의 문양이 소실되어 있어 전체적으로 IIa형 촉각식동검보다 늦은 시기의 경향을 보인다. 이는 쌍조문 부분의 측면형에서 몸 부분의 둥근 형상이 사라지고 전체적으로 직선화된다는 점을 통해 추정할 수 있다. 이를 IIb형 촉각식동검으로 세분한다.

한편, 검신은 결손이 심하여 전체적인 형태를 알 수 없으나, 우라제[烏拉街] 출토의 동검과 유사한 견부를 형성하고 있었을 가능성이 높아 보인다. 등대의 중심선이 검신 말단부까지 이어지는 점은 우라제[烏拉街] 출토 동검과의 차이점으로, 이로 인해 더욱 늦은 형태임을 시사한다. 이와 같이 검신 말단부까지 연장된 중심선을 가진 형태는 4식 요령식동검일 가능성이 높다. 자루와 검신의 특징으로 미루어 볼 때, 이 동검은 우라제[烏拉街]에서 출토된 촉각식동검보다 형식학적으로 더 늦은 특징을 지니고 있음은 분명하다. 4식 요령식동검은 기원전 3세기경으로 판단된다(宮本 2008a). 또한 검신과 검병의 접합부에는 날카롭게 돌출된 형태의 동銅 부분이 확인되며, 이는 동병을 주조할 때 미리 주조한 검신 부분을 삽입한 상태에서 함께 주조하였음을 보여준다. 즉, 검신을 별도로 주조한 후, 동병을 주조하는 과정에서 삽입하여 제작한 것이다.

평양시 토성동土城洞 486호 목곽묘[4](윤광수 1994: 그림177-3)

낙랑의 목곽묘로 보고된 토성동 486호분에는 세형동검 6점과 함께 길이 41.5cm의 촉각식동검이 부장되었다. 검신은 린원[林澐]의 D형 요령식동검으로, 랴오둥 내륙부에서 전형적으로 확인되는 검신의 형태를 보여준다. 동병은 지창[吉長]지구에서 보이는 것과 유사하며, 끝부분[端部]에는 쌍조문이 단순화된 고리 형태가 양쪽에 존재한다. 또한 그 쌍조문 부분에는 사선문이 확인된다.

지창[吉長]지구에서는 보이지 않는 독특한 문양으로, 사선문의 하부에는 삼각 비늘문양[鱗文]이 새

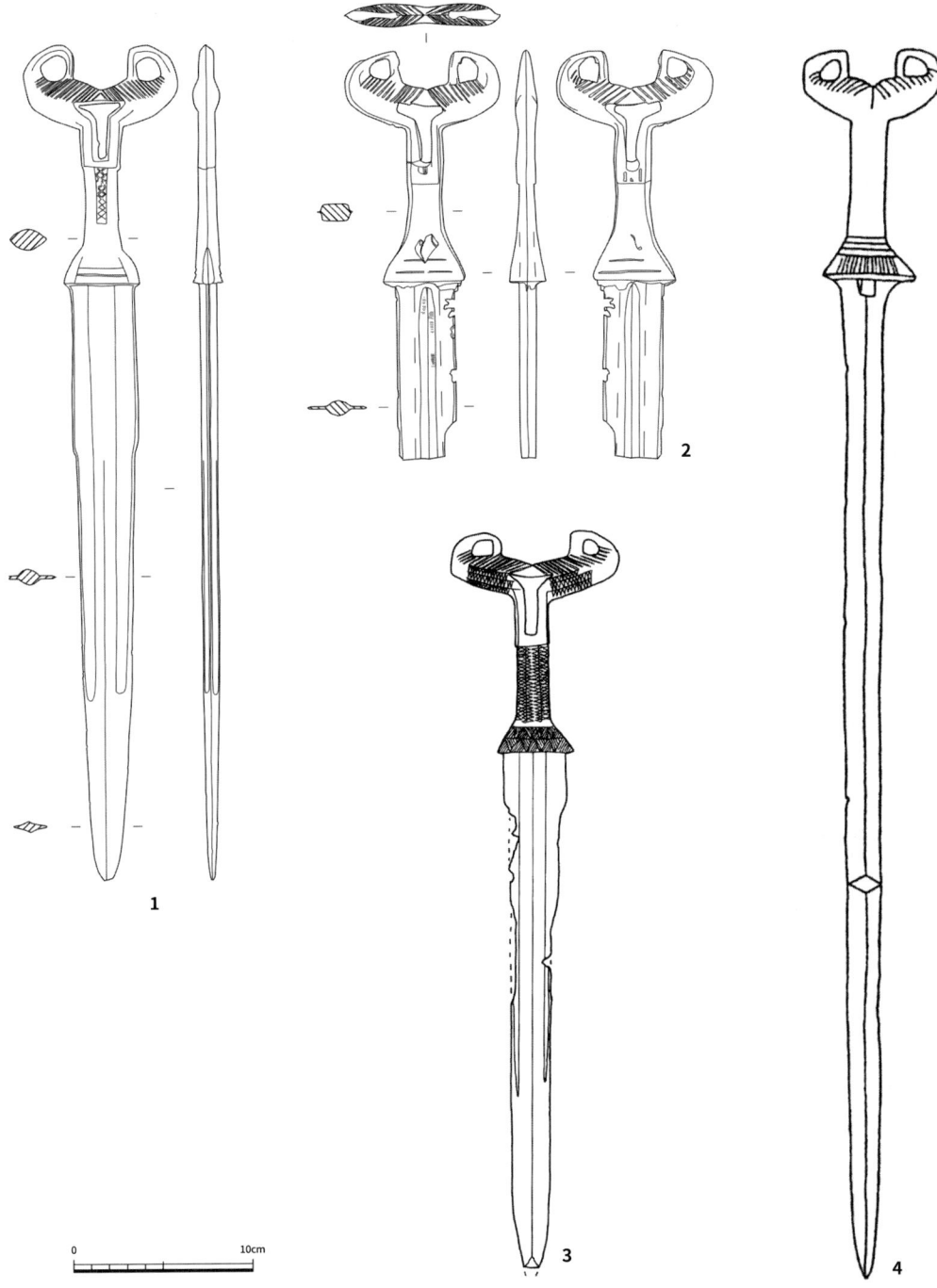

그림177. 촉각식동검 Ⅱ형(1: 우라제, 2: 페이지링, 3: 토성동 486호묘, 4: 스이공사, ※축척 1/4)

겨져 있으며, 이 삼각 비늘문양은 동병의 손잡이 부분에도 장식되어 있다. 동병의 검병 부분에는 섬세한 선으로 해칭 문양이 2단으로 장식되어있는 것이 특징이다. 보고서의 그림에서는 동병 끝부분의 쌍조문 부분이 비정상적으로 크게 표현되었다.

북한에서 관련 자료를 실견한 오다 후지오[小田富士雄](小田 1997)에 의하면, 지창[吉長]지구의 촉각식동검과 유사한 비율로 동병 끝부분이 제작되었다고 한다. 오다가 관찰한 자료는 당시 이순진의 설명에 의하면, 낙랑의 개인 목곽묘에서 출토된 것으로 알려졌다. 오다가 촬영한 촉각식동검의 사진은 검신 부분의 특징과 동병의 문양이 토성동 출토품과 일치한다. 따라서 오다가 실견한 자료는 토성동 468호묘 출토품일 가능성이 높다. 오다가 촬영한 사진을 참고하면, 보고서에 수록된 촉각식동검의 동병, 특히 쌍조문 부분이 과장하여 비정상적으로 크게 그려졌을 가능성이 높다.

이 책에서는 오다 후지오가 촬영한 촉각식동검을 토성동 486호묘에서 출토된 촉각식동검으로 판단하여, 실측도를 해당 사진에 맞게 수정해 논하고자 한다. 그렇게 본다면 파두把頭식의 전체적인 형태적 특징이 페이지링[飛機嶺]과 유사하다는 점에서, 이 동검 역시 IIb형 촉각식동검에 포함될 수 있다. 또한 검신은 3b식 요령식동검처럼 약하게 견부를 가졌을 가능성이 있으나, 양쪽 날이 직선적이고 폭이 좁은 형태로 보아 4식 요령식동검일 가능성도 있다. 따라서 이 동검의 제작 시기는 기원전 3세기로 추정된다(宮本 2008a).

지린성 둥랴오[東遼]현 스이[石驛]공사 출토(劉升雁 1983: 그림177-4)

이 동검은 무덤에서 출토되었으나, 개별적인 공반유물은 확인할 수 없다. 전체 길이는 69cm로 긴 편이며, 검신은 철제이다. 동병과 철검은 용접되어 결합된 형태로, 일주식―鑄式인 II형과는 다른 특징을 보인다. 이러한 제작 방식은 페이지링[飛機嶺] 출토품과 유사한 기술적 계보에 속하며, 검신을 별도로 주조한 후 동병을 주조할 때 함께 결합한 방식이다.

다만 동병의 형태와 문양 구성은 II형의 특징을 그대로 유지하고 있다. 쌍조문 부분은 간략되었으며, 사선문이 존재한다. 검엽에는 3열의 가로 방향 직선문이 있으며, 그 하단에는 사선문이 배치되어 있다. T자형의 투공은 보이지 않으며, 전체적으로 직선화된 형태가 두드러진다. 이러한 특징으로 미루어 보아, 페이지링[飛機嶺]이나 토성동 출토품 이후에 나타나는 퇴화 형태임은 분명하다. 따라서 이를 IIc형 촉각식동검으로 분류한다.

랴오닝성 시핑[西豊]현 시차거우[西岔溝] 출토(孫守道 1960)

복수의 촉각식동검이 출토되었으나 실제 수량은 알 수 없다. 모두 무덤에서 출토된 자료이지만, 촉각식동검과 공반된 개별 유물의 특징은 알려져 있지 않다. 검신은 철제로 제작되었으며, 동병과 결합하여 사용된 것으로 보인다. 동병의 특징은 스이[石駅]공사 출토품와 동일하며, T자형의 투공은 사라졌지만 쌍조문 부분의 사선문 등은 II형 촉각식동검의 기본적인 문양 구성과 형태를 유지하고 있다. 따라서 이 동검 역시 IIc형 촉각식동검으로 분류된다.

이 밖에도 지린성 화뎬[樺甸]현 헝다오허쯔[橫道河子]공사 시황산[西荒山] 1호묘와 3호묘에서도 촉각식동검이 출토되었다(吉林省文物工作隊·吉林省博物館1982). 1호묘에서는 2점, 3호묘에서는 1점의 촉각식동검이 각각 출토되었다. 1호묘 출토품은 II형 촉각식동검일 가능성이 높으며, 3호묘 출토품 역시 마찬가지로 판단된다. 그러나 시황산 출토 촉각식동검은 모두 소결되어 있어 잔존 상태가 좋지 않아, 형식 등의 세부 검토는 쉽지 않은 상황이다. 또한 지린시 량반산[兩半山]에서도 시차거우[西岔溝]나 스이[石駅]공사 출토품과 유사한 철인동병鐵刃銅柄 촉각식동검이 출토되었으나(張錫瑛 1984), 아직 미보고된 상태로 그 현상적 특징을 확인할 수 없다.

5. III형 촉각식동검

III형은 촉각식동검은 II형과 형태적으로 유사하나 검엽 부분에 작은 구멍[小孔]으로 이루어진 두 개의 귀[耳]를 가지는 점이 특징이다. 또한, 동병 하단부에 궐수상 문양을 가진 것도 II형 촉각식동검에서 보이지 않는 III형의 공통된 특징이다.

헤이룽장[黑龍江]성 아청[阿城] 다링[大嶺]향鄉 출토(5)(全保閣 1992: 그림178-1)

전형적인 촉각식동검이지만, 안타깝게도 사진이나 그림이 공표되지 않았다(그림178-1: 실견을 통한 메모를 근거로 제작한 약실측도). 봉부 끝은 결손된 상태이며, 잔존길이는 45.7cm이다. 검신은 돌기부가 희미하게 돌출된 2a식 요령식동검으로, 돌기에 대응하는 등대의 융기는 확인되지 않는다. 또한 마찬가지로 등대의 융기가 확인되지 않는 양리디베이강[洋犁地北崗] 출토품과 비교했을 때, 다링[大嶺]향鄉 출토품의 경우 돌기의 돌출도가 더욱 희미하다. 따라서 형식학적으로는 다링[大嶺]향鄉 출토품이 양리디베이강[洋犁地北崗] 출토품보다 후행하는 것으로 판단된다.

또한, 일반적인 2a식 요령식동검과 달리 등대의 능선이 기부까지 이어지고 있어, 요령식동검 중에서도 상대적으로 늦은 단계에 해당한다. 파식把飾의 형태는 우라제[烏拉街] 출토품의 형태와 매우 유사하지만, 파식 끝부분의 사선문은 우라제[烏拉街] 출토품보다 발달하여 말단부까지 확대되어 있다. 또한 우라제[烏拉街] 출토품의 파식 측면형에 비해 더욱 견고하며, 파식 중단부에 단段부가 명료하게 확인된다. 파식 하단에는 다른 사례들에서 확인되지 않은 원형의 소형 주문朱文이 4개 열을 이루며 배치되어 있다. 또한 그 하단에는 후술할 게이오[慶應]대학 소장품과 유사한 궐수문이 확인된다. 앞서 제시한 사례와 달리, 게이오대학 소장품과 마찬가지로 파식 하단의 검엽 양끝에 소형 원공이 존재하는 것이 특징이다.

다링[大嶺]향郷의 검신 형식은 2a식 요령식동검의 특색인 돌기가 희미하게 남아 있는 것이 특징이다. 이는 I형 촉각식동검인 양리디베이강[洋犁地北崗] 출토품(그림176)보다 형식적으로 후행하는 것으로 판단된다. 검신의 형식과 파식의 형태로 보아, 다링[大嶺]향郷 출토품은 양리디베이강[洋犁地北崗] 출토품보다는 늦은 시기에 해당하며, 우라제[烏拉街] 출토품 보다는 이른 시기의 촉각식동검으로 볼 수 있다. 또한, 검엽의 소공小孔의 존재를 통해 게이오대학 소장품과 같은 계통에 속하는 것으로 상정할 수 있다. 이를 IIIa형 촉각식동검으로 분류한다.

게이오[慶應]대학 소장 촉각식동검⁽⁶⁾(그림178-2)

검신은 기부측 약 1/3만 남아 있어 검신 전체의 특징을 알 수 없다. 돌기부의 존재 여부가 불분명하지만, 등대의 연마 구분 제작에 의한 능선이 기부 말단까지 이어지지 않는다는 점을 고려하면, 이는 2b식 요령식동검에 가까운 타입으로 판단된다.

기부 쪽 검신이 둥글게 이어지는 형태를 보면, 이는 한반도에서 확인되는 요령식동검의 형태를 띠고 있어 필자는 한반도 III형 요령식동검(宮本 2002a)일 가능성을 제기한 바 있다. 동병은 헤이룽장[黑龍江]성 아청[阿城] 다링[大嶺]향郷에서 출토된 것과 유사하며, 검엽에 소형 원공을 가진 형태이다. 다만 반대쪽 면의 원공 부분은 완전히 형성되지 않았는데, 주조과정에서 불완전하게 제작된 것으로 판단된다. 쌍조문 부분에 사선문으로 장식된 점은 일반적인 특징이지만, 그 주위가 주문珠文으로 둘러싸여 있다는 점은 다링[大嶺]향郷 출토품과의 차이점이다. 또한 다링[大嶺]향郷 출토품과 마찬가지로 검엽 근처에는 궐수문이 배치되어 있는데, 검엽 부분에는 2단의 사선문대 사이에 주문珠文이 시문되어 있어 다링[大嶺]향郷 출토품보다 더 복잡한 문양 구성을 보인다.

쌍조문의 단면형은 다소 둥근 형태를 띠고 있어, 우라제[烏拉街] 출토품의 동병 단면형과 유사하다. 그러나, 게이오대학 소장품의 검신은 2b식 요령식동검으로 볼 수 있어, 2a식 요령식동검인 다링[大嶺]향郷보다 시기적으로 늦다고 볼 수 있다. 이를 IIIb형 촉각식동검으로 분류한다. 또한 검신과 동병의 접합부에는 함께 주조한 경우 일반적으로 관찰되는 날카로운 면이 보이지 않는다. 이로 미루어 보아, 검신을 먼저 주조한 후 동병을 주조할 때 검신을 삽입하는 방법으로 제작되었을 가능성이 있다.

가라츠[唐津]시 가시와자키[柏崎] 출토(岡崎 1982; 柳田 2014: 그림178-3)

검신은 세형동검 Ic식으로 판단되며(宮本2003a) 검신 형태만으로는 한반도산으로 추정할 수 있다.

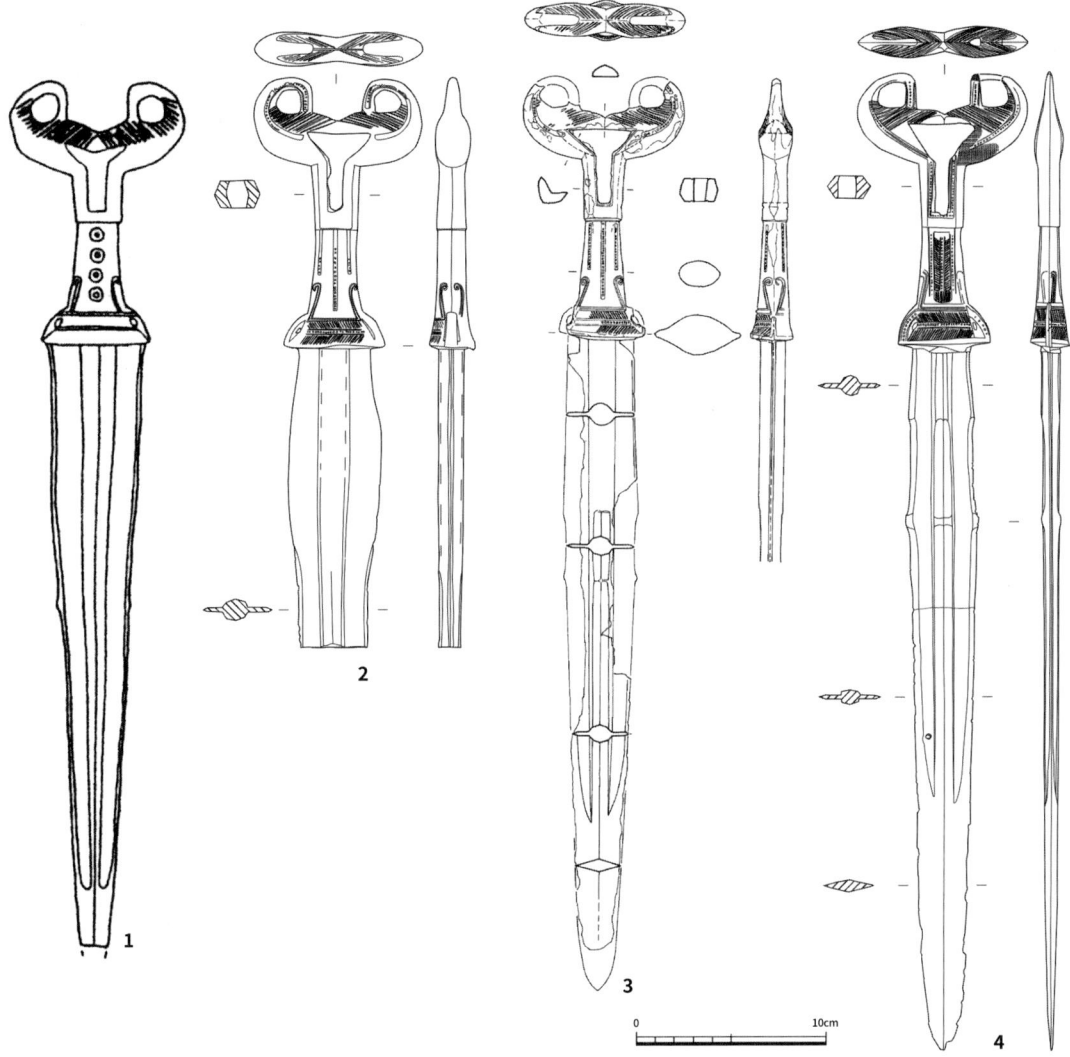

그림178. 촉각식동검 III형(1: 다링향, 2: 게이오[慶應]대학 소장, 3: 가시와자키, 4: 대영박물관 소장, ※축척 1/4)

동병은 게이오대학 소장품과 유사하며, 쌍조문 부분의 문양 구성이나 검엽의 문양 구성이 거의 동일하다. 따라서 IIIb형 촉각식동검으로 분류할 수 있다. 다만, 동병 측면형은 가시와자키 출토품이 게이오대학 소장품보다 쌍조문의 머리[頭部]와 몸[胴部]의 경계가 불분명하다. 요령식동검 2b식을 기원전 5세기 후반~4세기, 한반도의 세형동검 Ic식을 기원전 3세기경으로 본다면, 가시와자키 출토품이 게이오 소장품보다 늦은 것으로 볼 수 있다. 동병의 측면형으로 보아도 게이오대학 소장품이 다소 이른 시기에 해당한다.

대영박물관 소장[7](岡崎 1982; 小田 1997: 그림178-4)

검신은 등대의 연마가 결입부 뿐만 아니라 기부 측까지 이어진 세형동검 IIc형의 특징을 보인다. 그러나 한반도 세형동검 IIc식과 달리, 결입부 상단의 연마 구분 제작 부분은 등대에 연마가 덜 된 부분[研き残り] 흔적이 확인된다. 이러한 연마가 덜 된 부분은 지금까지 공표된 그림(岡崎 1982; 小田 1997)에서는 확인할 수 없었던 것이다. 이는 2014년 대영박물관에서 실시한 실측 조사를 통해 새롭게 관찰한 것이다.

등대에는 능선이 확인되는데, 이 능선은 연마를 통해 형성된 것이 아니라, 원래 거푸집에 새겨져 있던 것으로 추정된다. 이는 다링[大嶺]향鄕(그림178-1) 출토품이나 후술하는 IV형에서 설명하는 진창전[金廠鎭](그림179-1) 출토품의 검신 등대에서 확인되는 능선과 유사하다. 이러한 능선은 2a식 요령식동검에서 보이는 특징으로, 요령식동검 등대의 돌기 부분을 연마 구분하여 세형동검IIc형으로 제작한 것으로 상정할 수 있다. 이러한 판단이 타당하다면, 이 동검 역시 한반도에서 제작되었다기보다는 중국 동북부의 기술 계통 속에서 제작되었을 가능성이 높다.

또한 동병의 형태나 문양구성은 게이오대학 소장품 및 가시와자키 출토품과 유사하지만 약간 다른 특징도 확인된다. 이를 정리하면 다음과 같다. 丁자형 투공부를 만든 후 감싸는 형태로 주문朱文이 배치되는 점, 검엽 원공의 귀 부분에 주문이 시문된 점, 丁자형 투공부 하단부에 사선문을 채워넣은 점 등이다. 이러한 특징에 주목하여, 이를 IIIc형 촉각식동검으로 분류하고자 한다. 또한 일부 동병에서는 포흔布痕이 확인되어 동병 자체가 밀랍틀을 제작하기 위한 용도일 가능성도 생각할 수 있다. 아울러 동병과 검신의 경계 부분에서는 동銅 돌출물이 확인되는데, 이는 검신을 먼저 주조한 후 동병을 주조할 때 검신을 삽입하는 방식으로 제작된 것임을 시사한다.

이상과 같이, IIIa형인 다링[大嶺]향鄕 출토품, IIIb형인 게이오대학 소장품·가시와자키 출토품, IIIc형인 대영박물관 소장품은 기본적으로 같은 계보의 촉각식동검이지만, 검신의 형태가 조금씩 변화하고 있다. 이러한 형식 변화를 통해 상기된 순서대로 점진적인 변화가 이루어진 것으로 보인다. 적어도 게이오대학과 대영박물관 소장품은 검신과 동병을 별도로 주조한 것으로 판단된다. 따라서 검신부를 미리 제작한 후 동병을 주조할 때 검신을 꽂은 상태에서 함께 주조하였을 가능성이 높다.

동병부의 문양 변화는 동병 하단부에 궐수문과 원문의 문양을 띠는 IIIa형인 다링[大嶺]향鄕 출토품에서, 동병 하단부에 궐수문과 사선문이 채워진 IIIb형인 게이오대학 소장품·가시와자키 출토품으로, 그리고 丁자형 투공을 만든 하단부에 사선문을 채워넣는 등 점차 문양의 장식성이 강해지고 복잡해지는 IIIc형인 대영박물관 소장품으로 변화되는 경향을 보인다. 이를 통해, III형 촉각식동검은 점진적으로 의장화 또는 제의화되는 변화 경향을 드러낸다고 볼 수 있다.

6. IV형 촉각식동검

IV형은 쌍조문이 문양화된 II형이나 III형의 조문鳥文의 머리[頭]가 연결되어, 문양화된 자루[柄]로 구성된 촉각식동검이다. 현재까지 2개 사례만 확인되고 있으나, I·II형이 지창[吉長]지구에 주로 분포하는 것과 달리, IV형은 그 남쪽 주변지역에 분포하는 경향을 보인다(그림175).

지린성 통화[通化]시 진창전[金廠鎭] 출토(王志敏 2008: 그림179-1)

동병부에 존재하는 T자형 투공은 II·III형보다 변형되어 있으며, 5개의 투공을 갖는 등 문양이 복잡해짐과 동시에 주조 기술도 진화하고 있다. 동병 하부에는 2단의 사선무늬가 새겨진 띠 형상의 문양이 확인된다. 검신은 돌기가 약해진 2a식 요령식동검이지만, 검신 하단부까지 능선이 이어지고 있다. 이 능선은 거푸집에 이미 새겨져 있었을 가능성이 있다. 이를 IVa형 촉각식동검으로 구분한다.

요령성 번시[本溪]현 푸바오[朴堡] 출토(梁志龍·貌海波 2005: 그림179-2)

T자형 투공은 진창전[金廠鎭] 출토품보다 훨씬 소형화되었으며, 그 외의 투공도 전체적으로 작아지는 경향을 보인다. 진창전[金廠鎭] 출토품에 있던 동병 상단의 고리 모양은 존재하지 않는데, 이것이 결실된 것인지 아니면 원래 형태인지는 불분명하다. 동병 하단부의 사격자 띠 형상은 2단으로, IVa형으로 분류한 것과 같은 문양 구성을 이룬다. 진창전[金廠鎭] 출토품보다 동병은 퇴화된 경향을 띠며, 동병의 쌍조 부분도 단면이 직선화된 점에서 진창전[金廠鎭]에서 출

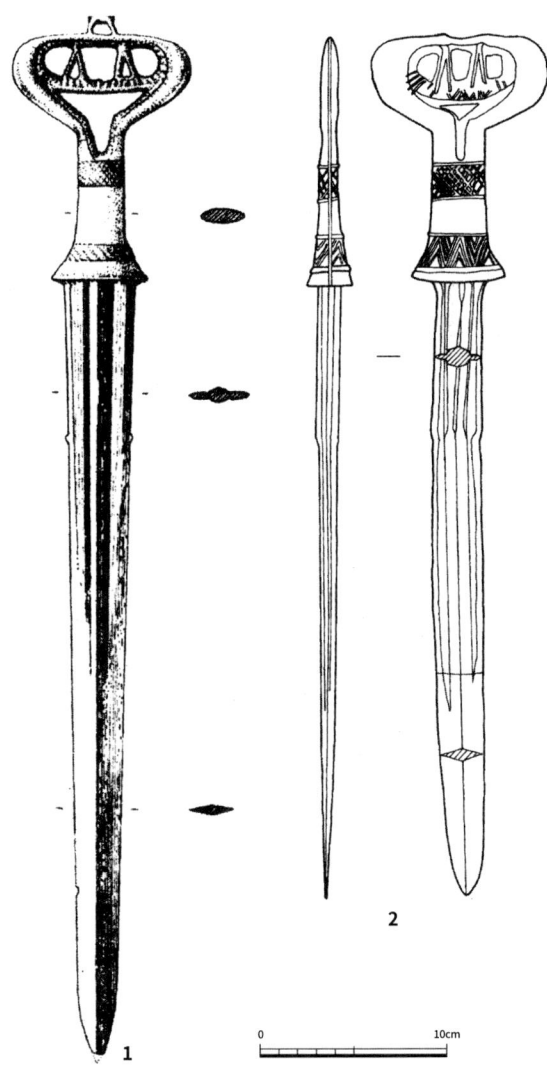

그림179. 촉각식동검 IV형(1: 진창전, 2: 푸바오, ※축척 1/4)

토품보다 늦은 단계로 추정된다. 이를 IVb형 촉각식동검으로 구분할 수 있으며, 진창전[金廠鎭]의 IVa형보다 늦은 시기에 해당한다고 볼 수 있다. 검신의 형태 역시 3b식 요령식동검으로(宮本 2008a), 2a식 요령식동검의 형태를 가진 진창전[金廠鎭] 출토품보다 늦은 시기의 것으로 기원전 3세기로 추정된다.

7. V형 촉각식동검

V형은 II·III형 촉각식동검의 동병과 쌍조문의 모티브가 다르다. 좀더 구체적인 형상이지만 양리디베이강[洋犁地北崗] 출토품의 조형鳥形 모티브와 달리 물새[水鳥]형 고수[顧首]의 모티브를 따른다. 촉각식동검이 기본적으로 동병과 검신을 동시에 주조하는 것과 달리 V형은 검신과 자루를 따로 주조하였다. 자루의 끝부분만 청동으로 이 부분에 유기질 자루를 삽입하는 형태이다. V형은 뒤돌아 서로 마주보는 새의 형상[顧首鳥文 이하 고수조문]을 사실적으로 표현한 Va형과 이같은 새의 형태가 문양화되어 구체성을 잃은 Vb형으로 구분된다.

평양 출토(梶本 1936: 그림180-1)

V형의 전형적인 형태인 Va형이지만, 동병과 이어지는 검신은 불명확하다. 동병은 고수조문顧首鳥文이 쌍을 이루고 있으며 두 쌍의 새 형상 가운데 중심축에 원공이 존재한다. 이 원공의 양쪽으로는 대칭의 삼각형 투공이 배치되어 있다. 동일한 형태로 전傳 한반도 출토품인 타츠마[辰馬]고고자료관 소장품이 있다(朴善美·마크 바잉턴 2012).

경기도 가평 달전리 2호 토광묘(朴善美·마크 바잉턴 2012)

고수조문의 Va형이며 검신은 철제이다. 목질의 검초와 검엽 장식을 포함한 검장신구가 갖추어진 형태이다. 또한 낙랑계의 화분형토기가 동반되어 있어, 낙랑계 유민의 무덤으로 여겨지고 있다.

경상북도 영천 용전리(국립중앙박물관 2007: 그림180-3)

동일한 Va형 동병은 경상북도 영천 용전리에서도 출토되었다. 비록 파편으로 출토되었으나, Va형의 구체적인 쌍조문 동병으로 복원된다.

대구 비산동 출토(金廷鶴 1972; 柳田 2014: 그림180-2)

V형으로서 동병 끝부분과 파수, 동검이 조합된 검장신구가 모두 갖추어진 형태이다. 동병 끝부분 쌍조문의 형태적 특징이나 투공의 배치 등은 평양 근교 출토품과 동일한 Va형의 특징을 보인다. 비

산동 출토품의 검신은 세형동검 IIc형의 특징을 보여준다.

대구 신성동 8호목관묘(경상북도문화재연구원 2011: 그림180-4)

구체적인 고수조문으로 이루어진 Va형 파두把頭장식이다. 철검이 공반되고 있었으나, 그외의 검 장신구는 확인되지 않았다.

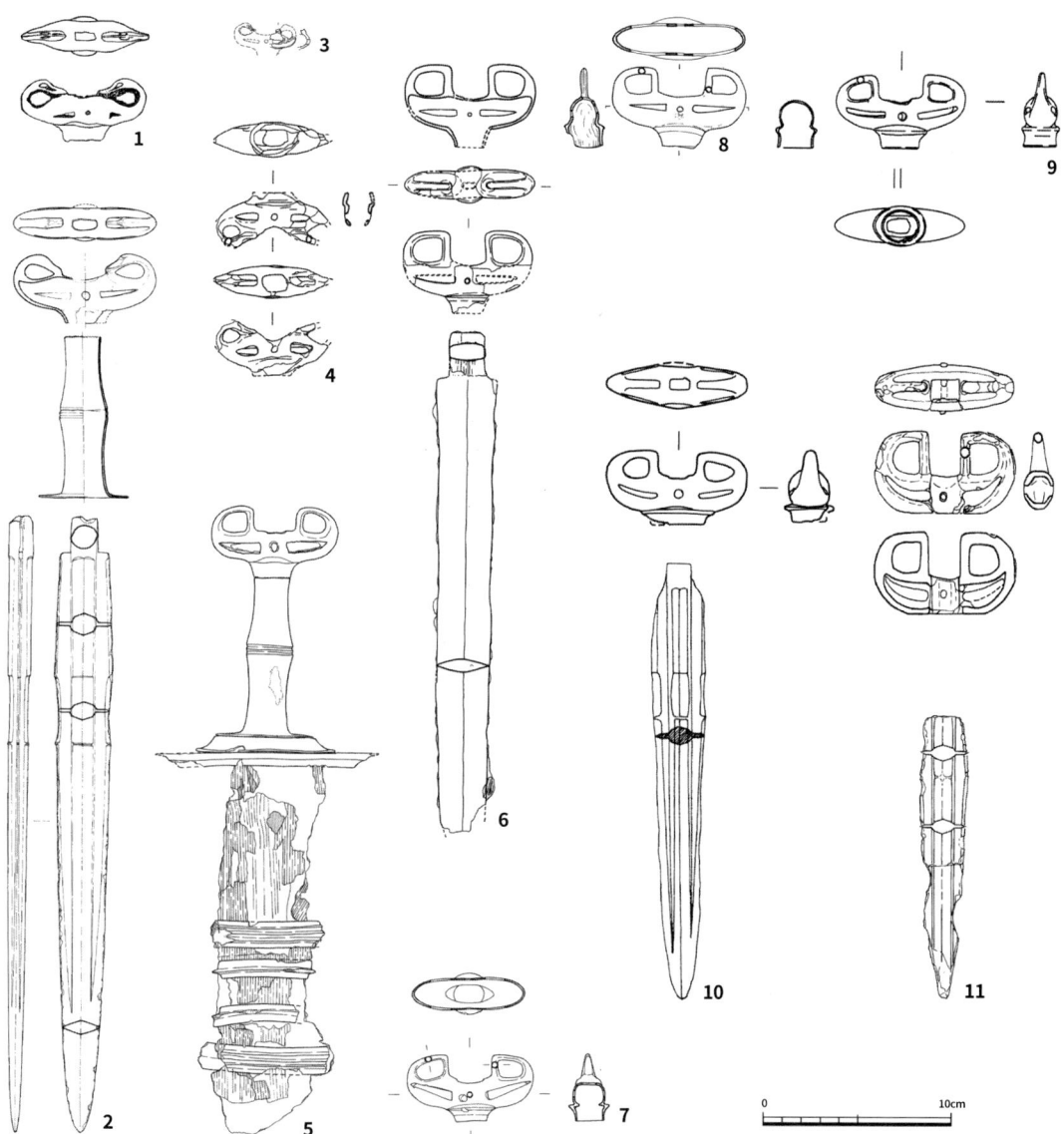

그림180. 촉각식동검 Ⅴ형(1: 전 평양, 2: 비산동, 3: 용전동, 4: 신성동, 5: 봉무동, 6: 장현동, 7: 임당, 8: 지산동, 9: 내내리, 10: 다카마츠노 단, 11: 사카도우, ※축척 1/4)

대구 봉무동 1호 옹관묘(영남문화재연구원 2010: 그림180-5)

평양 출토품이나 비산동 출토품과 달리, 물새 형상의 구체성을 드러내지 않는 Vb형 파두 장식이다. 검신 역시 철제로 이루어져 있다. 중심부의 원공과 그 양쪽에 배치된 삼각형 투공은 이 유물이 V형 계통임을 보여준다. 검초와 검초 장식을 포함한 검장신구가 모두 남아있는데, 칠초漆鞘는 경주 사라리 130호묘(영남문화재연구원 2001) 출토품과 유사한 형태이다. 옹관묘 내에서 철제 환두도자도 함께 부장되었다.

전 대구 지산동 출토(국립경주박물관 1987: 그림180-8)

임당 132호묘 출토품과 형태적 특징이 유사하며, 쌍조문 부분이 구체성을 드러내지 않는 Vb형이다. 병두 장식의 자루 삽입부는 츠시마[対馬] 다카마츠노단タカマツノダン 출토품보다 폭이 좁으며, 임당 E지구 132호묘 출토품과 동일한 특징을 보인다. 다만 병두식을 위에서 내려다본 형상[俯瞰形]은 츠시마 타카마츠노단 출토품이나 임당 E지구 132호묘 출토품처럼 중앙 잘록한 부분이 존재하지 않는다. 따라서 전술한 출토품보다 형식학적으로 후행하는 것으로 판단된다.

경산 임당 E지구 132호 목관묘(한국문화재보호재단 외 1998: 그림180-7)

원삼국시대 목관묘의 부장품이다. 철검과 연결되어 파두把頭 장식으로 사용되었던 것으로, 봉무동 1호 옹관묘에서 출토품과 같은 Vb형에 해당한다. 검신은 철제이다. 이 목관묘에서는 오수전五銖錢도 함께 부장되었다.

경산 내리리 9호 목관묘(한빛문화재연구원 2011: 그림180-9)

임당 132호묘 출토품과 마찬가지로 목관묘에서 출토되었으며, Vb형 파두 장식과 철검으로 이루어진 촉각식 검이다. 부장품으로는 철모, 철제 재갈, 철겸, 철부 등이 공반되고 있어 수장묘의 양상을 보여준다.

울산 장현동 39호 목관묘(울산문화재연구원 2013: 그림180-6)

임당 132호묘나 봉무동 1호묘 출토품과 같은 Vb형 파수장식과 철검으로 이루어진 것이다. 부장품으로는 철모, 철촉, 철부와 함께 와질토기가 확인된다.

츠시마[対馬] 미네[峰]정[町] 다카마츠노단 출토(8)(対馬調査会 1963: 그림180-10)

쌍조문 부분의 구체성이 약해져 그 형태가 변화되었으나, 중심축선 상의 원공과 그 양쪽에 대칭으로 배치된 삼각형의 투공 문양은 V형 동병의 특징을 보여준다. 이 역시 Vb형의 범주에 포함된다. 동병과 조합되는 검신은 세형동검 IIc형에 해당한다.

츠시마 미네정[町] 사카도우サカドウ 출토(藤口 1974: 그림180-11)

츠시마 다카마츠노단 출토품과 동일한 형태를 보이는 동병으로 Vb형에 포함시킬 수 있다. 삼각형의 투공이 대형화되어 다소 변형된 듯한 모습을 보인다. 또한 동병을 위에서 내려다보면, 타카마츠노단 출토품은 쌍조문이 마주 보는 방향의 부분이 잘록한 반면, 사카도우 출토품은 이러한 잘록함이 보이지 않는다. 이러한 점은 사카도우 출토품이 고수 쌍조문의 본래 형태적 특징을 상실해 가는 과정을 보여주는 것으로 해석할 수 있다. 즉 사카도우 출토품이 다카마츠노단 출토품보다 퇴화된 형태라고 볼 수 있다. 덧붙여 조합된 검신은 기부가 결손되었으나 세형동검 IIc형으로 추정된다.

그 밖에도 전 충청남도 출토의 특이한 촉각식동검이 존재한다(이건무 1996). 병두 장식은 대칭으로 소용돌이[渦]가 새겨져 있으며, 검병과 검신은 함께 주조된 일체식 구조를 보인다. 이러한 특징으로 볼 때, 이 동검은 촉각식동검의 범주에 포함될 수 있다. 또한 검신은 심통식深樋式 구조로서, 한반도에서 제작된 것임에 틀림없다. 현재로서는 이를 VI형으로 분류해 둔다.

다만, 병두 장식의 직접적인 계보를 찾을 수 없다는 점, 출토사례가 단 1점에 불과하다는 점에서 유사한 사례가 발견될 경우 다시 검토하고자 한다. 덧붙여, 시가[滋賀]현 다카시마[高島]시 가미고덴[上御殿]유적에서 출토된 쌍환병두雙環柄頭 거푸집(中村編 2019)을 북방 청동기문화와 관련된 것으로 본다면, 이는 앞서 언급한 전 충남 출토 촉각식동검과 연관될 가능성도 있다.

8. 동북아시아의 촉각식동검

이와 같이 구분한 각 계보의 연대적 위치에서 살펴보면, 먼저 초기 형식인 I형이 존재하고 이후 I형이 변화된 형식인 II형과 III형이 발생한다. 그리고 II형에서 변화된 형식으로서 IV형이 출현한다. 그리고 이들과 다른 계통으로서 V형이 출현한다. 이 가운데 출토지가 명확한 사례를 중심으로 그 분포양상을 형식별로 제시한 것이 그림175이다.

I · II형은 지창[吉長]지구를 중심으로 한 랴오둥 내륙에 분포가 한정되고 있으며, IV형은 남쪽 영역으로 확대되는 경향을 보인다. III형은 지창[吉長]지구 주변과 북부 규슈지역에 확인되고 있어, 동북아시아 전역에 넓게 분포하고 있음을 보여준다. 특히 III형의 일부인 가시와자키[柏崎] 출토품과 대영박물관 소장품의 검신이 세형동검이라는 점은 이들이 한반도 내에서 고유하게 제작되었을 가능성을 시사한다.

I~IV형까지는 동병과 검신이 함께 주조되지만, 검신부를 별도로 주조한 후 동병 주조 시에 삽입하여 함께 주조한 사례도 있다. 검신이 철검인 경우에도 마찬가지로 주조 내지는 용접 방식이 사용되었으며, 이는 중원 초기의 철검이나 중국 서남부지역의 동병철검과 유사한 제작 방법이다. 고식古式인 1a식 요령식동검인 네이멍구 닝청[寧城]현 샤오헤이스거우[小黑石溝] 8501호묘 출토품 역시 검신을 별도로 제작한 후 동병 주조 시에 끼워 넣어 주조한 것으로 밝혀졌다(小林 2019). 이로 미루어 볼 때, 이러한 제작 기법은 북방 청동기문화에서 비교적 이른 단계부터 이루어진 동검 제작 기법 중 하나였을 것이다.

이러한 주조 기술에 대해 치바 모토츠구[千葉基次]는 「추우카게[鋳かけ]5)」 주조라고 부르고 있다(千葉 1973). IIc형이나 VII형과 같은 동병철검은 랴오둥 내륙부에 분포하며 부여족을 상징하는 철검으로 여겨진다(宮本 2009e). 반면 V형 병두柄頭만 확인되는 경우는 한반도와 츠시마에서 발견된다. V형은 동병과 검신이 별도로 주조된 것으로 검신은 세형동검과 철검으로 구성된다.

이처럼 분포범위의 중심이 I·II형(북쪽)에서 III·IV형, V형(남쪽)으로 이동하면서 형태 변화가 이루어지는 것처럼 보인다. 또한 각 형식의 출현연대를 살펴보면, I·II·IV형이 상대적으로 이른 시기이며, 점차 III·V형으로 변화하는 경향을 보인다. 이는 촉각식동검이 전파·확산되면서 각 지역에서 독자적으로 생산하였을 가능성을 시사한다.

여기에서는 이러한 계보 관계를 염두에 두고 촉각식동검의 실연대와 생산지에 관해 논하고자 한다. 먼저 각 계보의 변천과정을 검신의 특징에 기초하여 살펴보고, 각각의 형식 변화와 실연대를 고찰해보고자 한다(그림181).

I형 촉각식동검은 지린성 자오허[蛟河]현 신눙[新農]향 싱눙[興農]촌 양리디베이강[洋犁地北崗] 출토품이 유일하다. 검신은 돌기가 희미하게 남아 있지만, 등대의 융기가 확인되지 않은 요령식동검 2a식에 해당한다(그림176). 2a식 요령식동검은 싱자좡[杏家莊] 2호묘의 연대를 통해 기원전 500년경으로 추정된다(宮本 2008a). 베이강[北崗]의 I형 촉각식동검은 병두의 문양이 사실적인 쌍조문이라는 점에서 오르도스 청동단검의 AI형 동검과 유사하다. 이 AI형 동검의 연대는 기원전 5세기 전반인 춘추 후기후반으로(宮本 1999b), 이는 요령식동검 2a식의 연대와도 모순되지 않는다. 베이강의 촉각식동검은 오르도스 청동기문화의 AI형 동검 등 장성지대 청동기문화 5기(宮本 2008b)의 영향을 받아 형성된 것으로 판단된다. 따라서 촉각식동검 I형의 연대는 기원전 5세기 전반 무렵으로 여겨진다.

다만 I형 촉각식동검의 출현과 관련하여 쌍조문을 가진 북방 청동기문화와 어떻게 접촉하였는가 하는 것이 문제이다. 가장 먼저 확인해야 할 점은 촉각식동검이 동북아시아에 존재하는 요령식동검

---

5) 역자 주) 기존 금속 부분에 새로운 금속을 덧붙이는 수리 및 가공법으로, 기존 거푸집이나 금속에 새로운 주물을 부어 형태를 복원하거나 강화하는 작업을 의미한다.

이나 세형동검과는 달리 자루와 검신을 함께 주조한다는 특징이다. 그리고 자루의 쌍조문은 오르도스 청동 단검 AI형 뿐만 아니라 미누신스크의 타가르문화나 외몽골의 찬드마니문화 등 유라시아 초원지대의 북방 청동기문화의 특징적인 의장意匠이라는 점도 주목된다(宮本 2008d). 그러나 이러한 의장은 랴오시의 샤자뎬[夏家店] 상층문화에서는 확인되지 않았다. 이로 인해 지창[吉長]지구 I형 촉각식동검의 문양 의장이 어떠한 방식으로 출현하였는가 하는 문제를 다시 제기하게 된다.

여기서 넌[嫩]강 중하류 유역에서 쑹후아[松花]강 상류 유역에 걸쳐 존재하던 바이진바오[白金宝]문화~한슈[漢書] 2기 문화에서 변화한 핑양[平洋]문화가 주목된다(張偉 2005). 핑양[平洋] 문화는 지창[吉長]지구의 파오쯔옌[泡子沿] 유형에 접하는 문화이다. 핑양[平洋]문화는 넌[嫩]강 유역에서 다싱안링[大興嶺]산맥을 넘어온 오론바일Oronbair 초기 선비鮮卑의 왕궁[完工]무덤군 등과 유사한 토기 양상을 보인다. 그리고 오론바일이 몽골고원과 맞닿아 있다는 사실에 주목해야 한다. 타가르문화나 찬드마니문화에도 쌍조문의 동검이 존재한다. 이처럼 쌍조문 동검은 몽골고원의 오론바일과 다싱안링[大興嶺]을 거쳐 넌[嫩]강 유역의 한슈[漢書] 2기 문화를 경유하여, 쌍조문을 가진 북방 청동단검과의 접촉 속에서 I형 촉각식동검이 출현하게 되었을 가능성이 있다.

II형 촉각식동검은 이미 기술한 바와 같이 동병부의 형태적 변화에 따라 IIa, IIb, IIc형으로 구분된다(그림181). IIa형 촉각식동검인 우라제[烏拉街](그림181-2) 출토품은 3a

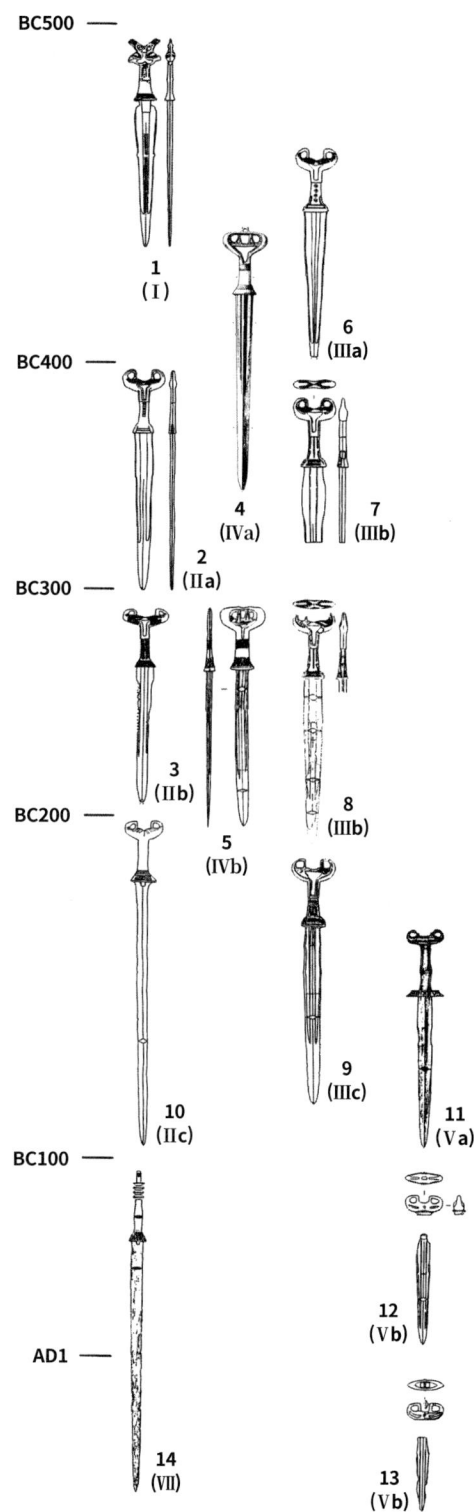

그림181. 촉각식동검·철검의 변천(1: 양리디[洋犁地], 2: 우라제, 3: 토성동 486호묘, 4: 진창전, 5: 푸바오, 6: 다링향, 7: 게이오대학 소장, 8: 가시와자키, 9: 대영박물관 소장, 10: 스이공사, 11: 비산동, 12: 다카마츠노단, 13: 사카도우, 14: 랴오허선[老河深] 41호묘, ※축척 1/2)

식 요령식동검이다. 3a식 요령식동검은 등대 연마가 검신의 단段부에서 끝나는 것이 특징이며, 이는 기원전 4~3세기에 해당하는 것으로 추정된다.

반면 IIb형 촉각식동검인 페이지링[飛機嶺]과 토성동(그림181-3) 출토품은 등대의 연마가 검신 말단까지 이어지는 3b식 요령식동검으로, 그 연대는 기원전 3세기경으로 추정된다. IIa형 촉각식동검의 검신보다 상대적으로 늦은 시기에 해당한다. 검신이 철제인 스이[石駅]공사(그림181-10)나 시차거우[西岔溝] 출토품은 IIc형 촉각식동검에 해당한다. IIa · IIb · IIc형 촉각식동검의 변천은 검신의 변화에서도 확인할 수 있지만, 앞서 언급한 바와 같이 검병의 측면형태를 통해서도 그 변화를 분명히 알 수 있다. 특히 I형 촉각식동검의 조문鳥文이 약해지면서 점차 편평해지는 방향으로 변화하는 경향이 뚜렷하게 드러난다고 볼 수 있다.

IIc형 촉각식동검은 공반 사례가 명확히 알려져 있지 않지만, 스이[石駅]공사와 시차거우[西岔溝] 출토품은 초엽문경草葉文鏡, 이룡문경螭龍文鏡, 와상훼문경渦狀虺文鏡, 성운문경星雲文鏡, 이체자명대경異体字銘帯鏡과 같은 한경漢鏡 및 오수전이 함께 출토되었다. 이 무덤군에서는 기원전 1세기 후반 이후에 등장하는 훼룡문경이 발견되지 않는다는 점에서, 기원전 2세기에서 기원전 1세기 전반에 해당하는 것으로 판단된다. 따라서 적어도 하한연대는 기원전 1세기 전반으로 설정할 수 있으며, IIc형 촉각식동검도 기원전 1세기 전반에 위치한다고 볼 수 있다.

다만 IIb형 촉각식동검인 토성동 486호묘 출토품은 낙랑 한묘의 연대관에 따라 기원전 1세기 후반으로 추정된다(高久 1999). 이 무덤군에서 출토된 부장품 중에는 기원전 1세기 단계의 유물도 확인되지만, 예를 들어 공반된 세지문경細地文鏡은 기원전 3세기에 해당한다(宮本 1990). 따라서 기원전 3세기의 촉각식동검이 부장된다고 하여도 연대상으로는 문제되지 않는다.

한편 촉각식철검인 IIc형과 같은 계통으로서 파수把手 하단의 문양은 IIc형과 유사하지만, 촉각 부분이 사라지고 이 부분에 골제나 목제 병두가 삽입된 형태가 존재했을 가능성이 있다. 그 대표적인 사례가 검신이 철제인 IIc형이 변화한 촉각식철검(그림181-14)이라고 할 수 있다. 여기서는 이를 일단 VII형 촉각식동검이라고 명명해 둔다. II형 촉각식동검은 제2쑹후아[松花]강 유역인 지창[吉長]지구를 중심으로 분포하고 있어(그림175) 이후 고대 국가 부여의 전신인 부여의 족장들이 위신재로 사용하였을 가능성이 크다[9](宮本 2009e).

III형 촉각식동검은 헤이룽장[黑龍江]성 다링[大嶺]향鄉 출토품, 게이오대학 소장품, 가라츠[唐津]시 가시와자키[柏崎] 출토품, 대영박물관 소장품 등 총 4점의 사례가 확인된다(그림178). IIIa식 촉각식동검인 다링[大嶺]향鄉 출토품은 인부에 희미한 돌기가 존재하며, 돌기부에 대응하는 등대의 융기는 없는 것이 특징이다(그림181-6). 이러한 특징은 요령식동검 2a식과 일치하여 그 연대를 기원전 5세기경으로 추정할 수 있다.

IIIb식인 게이오대학 소장품은 이전에 야마모토 테이지로[山本悌二郎]가 소장하던 것(梅原 1933)으로 검신의 전방부가 결손되어 있다. 그러나 인부의 과반부過半部6)가 둥근 형태를 띠고 있어, 인부에 돌기가 없는 요령식동검 2b식의 인부와 유사하다(그림181-7). 이를 통해 이 동검은 기원전 4~3세기로 추정된다.

IIIb식 요령식동검인 가시와자키 출토품은 검신이 세형동검의 특징을 띠고 있어 한반도에서 제작된 것일 가능성이 높다(그림181-8). 검신은 세형동검 BIc식의 특징을 보이고 있어 기원전 3~2세기에 해당한다. 측면 형태를 살펴보면, IIIb식 게이오대학 소장품은 새의 머리[頭]와 몸[胴]에 굴곡이 존재하는 반면, IIIb식 가시와자키 출토품은 새의 머리와 몸의 굴곡이 약해져 같은 IIIb식 내에서도 퇴화된 경향을 띠고 있다. 따라서 가시와자키 출토품이 연대적으로 약간 늦은 것임을 알 수 있다. 대영박물관 소장품인 IIIc식의 인부는 세형동검 BIIc형으로(그림181-9) 연대적으로 더욱 내려간다고 보면, 기원전 2~1세기경으로 추정된다.

동병 하단부에 쌍공雙孔이 있는 특징을 갖는 III형은 IIIa식에서 IIIc식으로의 변화 과정에서 문양이 더욱 복잡해지는 양상을 보인다. 이를 통해 III형 동검은 무기로서의 기능적 변화보다는 의장儀仗적 또는 위신재적 의미가 강화되는 방향으로 변화되었음을 알 수 있다.

IV형 촉각식동검은 II·III형 동병의 쌍조두雙鳥頭 부분 문양이 변화한 형태이다. IVa형 촉각식동검인 진창전[金廠鎭] 출토품(그림181-4)은 검신이 2a식 요령식동검으로, 기원전 5세기경에 해당한다. 그러나 같은 기원전 5세기대의 IIIa식 촉각식동검인 다링[大嶺]향鄕 출토품과 비교할 때, 동병의 문양이 다소 늦은 시점에 속한다. 동병 문양이 더욱 조잡해진 IVb형 촉각식동검인 푸바오[朴堡] 출토품(그림181-5)의 검신은 3b식 요령식동검으로 기원전 3세기경에 해당한다. IV형의 분포범위는 I·II형 분포지역인 지창[舎長]지구 주변에 해당된다. II형 촉각식동검이 부여족의 족장을 상징하는 위신재였다면, IV형 촉각식동검은 부여족과 관련된 주변 제족諸族의 위신재로서 기능하였을 것이다.

V형 촉각식동검은 크게 두 가지 형식으로 세분할 수 있다. 파두把頭가 고수顧首형을 띠는 물새 문양이 세밀하게 표현되어 있는 평양 출토품과 달전리 2호묘·비산동·용전동·신성동 8호묘 출토품이 Va형에 해당한다. 이후 파두 장식의 구체성이 사라지고, 대칭적인 고리 형상[環狀]의 문양으로 변화하면서 Va형 문양 구성이 중앙의 원공과 그 양쪽에 삼각형 투공 문양이 흔적기관처럼 남은 Vb형으로 변화한다.

Vb형은 임당 132호묘, 지산동, 봉무동 1호 옹관묘, 내내리 9호묘, 다가마츠노단, 사카도우 출토품 등이 있다.(10) Vb형의 형태적 특징을 사카도우(그림180-11)를 중심으로 다른 동 형식과 비교해보면, 파두식의 기부 측면형이 일반적인 Vb형은 원형인데 반해, 사카도우 출토품은 비교적 직선화된 경향

---

6) 역자 주) 과반부는 사전적으로는 절반을 초과하는 부분을 의미하며, 여기서는 인부의 길이 중 절반 이상에 해당하는 부분이 둥글게 이어진다는 표현을 위해 사용되었다.

으로 다소 차이가 난다. 또한 파두 끝부분을 위에서 내려 보았을 때, 대부분의 Vb형은 중앙에서 약간 잘록한 데 반해, 사카도우 출토품에서는 그 잘록함이 보이지 않는다. 원래의 형태가 물새를 대칭되게 배치하는 반면, 사카도우 출토품은 물새와 물새 사이가 잘록하게 변화하여 원래의 문양적 의미가 상실된 것으로 보인다. 더불어 사카도우의 Vb형은 파두식 하단부에 자루의 삽입부가 확인되지 않는다. 이처럼 같은 Vb형 속에서도 사카도우 출토품은 형식적으로 변화된 경향을 띤다.

Va형 비산동 출토품과 Vb형 다카마츠노단 출토품은 모두 검신이 세형동검 IIc형으로, 검신의 연대로 보아 기원전 2~1세기에 해당한다고 볼 수 있다. Va형의 용전리 출토품에서는 한계漢系유물이 공반되었는데, 외연에 연호문連弧文이 있는 한경으로 초엽문경이나 성운문경에 해당한다. 이를 통해 기원전 2세기 후반에서 기원전 1세기 전반으로 판단된다. 용전리에서는 채집품이지만 오수전도 출토되어, 기원전 1세기에 가까울 가능성이 높다. 따라서 Va형은 기원전 2~1세기로 추정할 수 있다.

한편 임당 132호묘에서 출토된 것은 Vb형 파두와 철검이 조합된 형태로서, 이 무덤에서는 오수전이 출토되었다. 오수전은 천하반성穿下半星[7]을 보이며, 서체를 기준으로 분류한 오카우치 미츠자네[岡内三眞]의 Ib식에 해당한다(岡内 1982b). 이에 따라 그 제작 시기는 후반기인 기원전 1세기에 속한다. 이 무덤의 연대는 공반토기나 철기의 특징을 고려할 때 기원전 1세기 후반 정도로 추정된다. 또한 장현동 39호묘 출토품과 공반되는 와질토기인 단경호 및 주머니호의 연대는 필자의 점토대토기 편년 제5기(宮本 2003a)와 다카쿠 겐지[高久健二]의 원삼국 III기(高久 2002)에 해당하여 기원후 1세기로 볼 수 있다.

내내리 9호묘 Vb형 촉각식동검의 경우, 와질토기는 공반되지 않았으나 동일 무덤군 내 목관묘에서 출토된 토기는 필자의 점토대토기 편년 제5기에 속하며, 제5기 중에서도 전반기에 가깝다. 즉, Vb형 촉각식동검은 기원후 1세기에 해당한다고 할 수 있으며, 앞서 언급한 내내리 9호묘도 이 시기에 속할 것이다. 이를 종합하면, Vb형은 기원전 1세기를 상한으로 하고 기원후 1세기까지 존속한 것으로 판단된다.

이상과 같이 V형 촉각식동검의 파두장식은 상대적으로 늦은 기원전 2세기에서 기원전 1세기 또는 기원후 1세기대에 해당한다고 볼 수 있다. 더불어 주로 한반도에서 출토된다는 점에서 한반도에서 제작된 것으로 추정할 수 있다. 특히 대구를 중심으로 한 지역에서 출토되는 사례를 고려할 때, 적어도 Vb형 촉각식 파두장식의 중심 제작지는 한반도 동남부지역이라고 판단된다. 한편 V형 촉각식동검의 파두장식이 부장된 무덤은 목관묘로, 철모나 재갈 등 높은 신분을 상징하는 유물이 함께 부장된다. 이를 통해 V형 촉각식동검·철검은 진한지역 수장[族長]을 나타내는 위신재였을 가능성이 있다.

---

7) 역자 주) 동전이나 금속기 문양의 아래쪽(下)에 절반 별(半星) 형상을 띠는 구멍(穿)을 뚫은 형태이다.

9. 정리

이상과 같이 초기 형식인 I형 촉각식동검은 기원전 5세기 이후 지창[吉長]지구를 중심으로 II~IV형 촉각식동검으로 변화하였으며, 이후 한반도를 중심으로 III·V형 촉각식동검이 개발되었다는 것을 알 수 있었다. 동북아시아 촉각식동검의 전개는 그림175의 분포도에서 명확하게 확인할 수 있듯이, 랴오둥을 경유하여 한반도로 전개된 요령식동검의 변천(宮本 2002a)과는 전혀 다른 청동기의 계보라고 할 수 있다. 그 중 II형이나 III형 촉각식동검의 한반도 유입은 요령식동모가 지창[吉長]지구에서 한반도 서북부로 확산되는 흐름과 유사한 특징을 보인다.

그림181을 통해 제시한 바와 같이, I형 촉각식동검은 오르도스 청동단검 병두 문양의 영향 속에서 동시기에 존재하던 요령식동검 2a식 검신과 결합되면서 기원전 5세기 전반에 지창[吉長]지구 등 랴오둥 내륙부에서 형성되었다. 초기 촉각식동검의 등장은 쑹넌[松嫩]평원에서 오론바일Oronbair 몽골고원으로 이어지는 청동기문화의 전파 경로가 존재하였으며, 이는 시라무런[西拉木伦]하 이남의 랴오시지역과는 다른 북방 청동기문화 계통일 가능성을 시사한다. 네이멍구 중남부에서 몽골고원, 미누신스크 분지로 이어지는 청동기문화는 카라수크 문화기 이후 밀접한 관계를 보이는데(宮本 2008d), 이러한 흐름의 중심이 오론바일 평원에서 쑹넌 평원이었을 가능성이 있다. 랴오시 북부에서 볼 수 있는 모矛식동검의 계보 역시 제2장에서 서술한 카라수크 문화기의 II형 동검(宮本 2007a)이라는 점에서, 북방 청동기문화와의 접촉 루트는 마찬가지로 몽골고원에서 오론바일 평원, 쑹넌 평원으로 이어지는 경로를 상정할 수 있다.

이후 병두柄頭 문양이 단순화된 II형과 III형 촉각식동검이 출현하는데, 검신의 형태를 통해 현재까지는 IIIa형이 IIa형보다 앞선 단계로서 기원전 5세기 후반에는 출현한 것으로 보인다. IVa형은 기원전 5세기 후반 이후에 출현하였다. 또한 IIIb형의 검신은 요령식동검 2b식이므로 기원전 5~4세기에, IIa형의 검신은 요령식동검 3a식이므로 기원전 4~3세기에, IIb형은 요령식동검 3b식과 조합되므로 기원전 3세기에 출현하였다고 볼 수 있다. 이 시점부터 IIIb형 촉각식동검이 한반도에서 출현하기 시작한다.

IIIc형 촉각식동검은 기원전 2세기에 한반도에서 제작된 것으로 이 단계 이후부터 Va형이 제작되기 시작하였다. IIIb·IIIc형은 한반도 북부지역에서 제작된 것으로 상정할 수 있다. 문헌에 따르면, 위만조선衛滿朝鮮 이전의 대동강 유역에는 고조선 왕부王否나 준準이 존재하였다고 여겨지는데, 이는 일정한 세력의 정치체가 존재했을 가능성을 시사한다. 촉각식동검 IIIb형은 대동강유역 정치체에 의해 기원전 3~2세기에 제작된 것으로 추정된다. 이를 더욱 확대해서 해석한다면, IIIb식이나 IIIc형 촉각식동검을 보유한 수장들의 출신은 지창[吉長]지구였을 가능성도 있다.

기원전 2세기에는 그림175에서 제시한 바와 같이, 제2쑹후아[松花]강 유역의 지창[吉長]지구에서 철제 검신을 가진 IIc형이 출현한다. 이는 한반도 출토품과 큰 차이를 보인다. 즉, III형을 포함한 I·II형이 중심이 된 촉각식동검은 기원전 5~1세기 지창[吉長]지구에 기반을 둔 부여 출신 수장들의 위신재였던 것으로 보인다.

Va형은 전 평양 출토품을 통해 알 수 있듯이 한반도 서북부지역 대동강유역에 기원하였을 가능성이 있다. 이와 관련하여 가평 달전리 2호묘 출토품이 주목된다. 달전리 2호묘가 목관묘라는 점이나 낙랑계의 화분형토기가 공반된다는 점은 대동강 유역과의 관계를 추정할 수 있다. 낙랑계 토기는 고식古式으로, 보고서에서도 언급된 바와 같이 고조선 유민이 위만조선 멸망이라는 혼란기에 이동했다는 『魏略』의 기사와 관련될 것이다. 즉 달전리 2호묘는 낙랑군 성립기의 무덤일 가능성이 높다. 따라서 기원전 1세기의 무덤일 가능성이 크지만(武末 2004), Va형 촉각식동검의 제작연대는 무덤이 조성된 시기보다 빨랐을 가능성도 있다. 달전리 2호묘 출토품은 검신이 철제로 제작되어 비교적 새로운 속성을 포함하고 있어, 그 제작지는 화분형토기 등을 통해 대동강 유역일 가능성이 높다. 이와 관련하여 낙랑군 설치 이전의 위만조선과의 관련성도 염두에 둘 필요가 있다.

한편 쌍조문이라는 문양의 계보를 이어가고 있으나, IIIc형 촉각식동검에서 알 수 있듯이 기원전 2세기대 한반도에서 제작된 것들은 쌍조문이 단순화되며 본래의 쌍조문이 가지고 있던 계보적 의미가 사라졌다. 이 단계에는 복고적인 쌍조라는 디자인을 의식하여 제작되며, 이것이 Va형 촉각식동검이다. Va형은 자루와 검신을 따로 주조하는 요령식동검과 세형동검의 전통을 충실히 계승하고 있다. 이는 I형에서 IV형의 촉각식동검이 자루와 검신을 함께 주조하는 북방 청동기문화의 전통을 잇고 있는 것과는 전혀 다른 특징이다. V형 촉각식동검은 한반도에서 독자적으로 개발되었을 가능성이 높다.

이러한 복고적 의장意匠이 탄생한 배경에는 새로운 정체성의 등장과 관련되어 있을 수 있다. 가설적으로 추정해보면, 위만 정권기 한반도의 고유성을 강조하면서 한漢 왕조와는 다른 정체성을 부각하는 과정에서 이같은 복고적인 쌍조문을 가진 Va형이 등장한 것이 아니었을까 생각된다. 그렇다면 Va형 촉각식동검이 부장된 달전리 2호묘 피장자는 위만조선의 멸망과 함께 남하한 유민이었을 가능성이 있다. 이러한 가정 속에서 Va형 촉각식동검의 제작연대는 기원전 2세기 후반까지 상향될 수 있다.

게다가 분포양상으로 보아 Va형 촉각식동검 중 일부는 기원전 1세기대 한반도 남부지역에서 제작된 것으로 볼 수 있으며(그림175), 이후 등장하는 Vb형 촉각식동검 역시 기원전 1세기에서 기원후 1세기 사이에 독자적으로 제작된 것이다. 덧붙여, 시차거우[西岔溝] 무덤군에서는 검신이 철제인 IIc형 촉각식동검이 부장되었는데, 여기에는 IIc형 이외에도 병두柄頭의 촉각觸角이 사라진 좀 더 신식新式의 촉각식철검인 VII형이 포함된다.

시차거우[西岔溝]무덤군의 한나라 계통의 유물로는 초엽문경이나 와상훼문경 등 기원전 2세기 후반의 한경漢鏡이 다수를 차지하며, 오카무라 히데노리[岡村秀典]의 이체자명대경 I형(岡村 1984) 등이 기원전 1세기 초반의 한경으로 일부 확인된다. 또한 반량전이나 오수전 등이 부장품으로 공반되고 있다. 이같은 한나라 계통의 유물은 대부분 한나라 무제武帝기에 해당한다. 따라서 형식적으로 이른 IIc형 촉각식철검은 기원전 2세기 후반, 그보다 늦은 VII형 촉각식철검은 기원전 1세기라고 볼 수 있다. 이 같은 두 형식의 분포가 제2쑹후아[松花]강 유역의 지창[吉長]지구에 한정된다는 점이 중요하다(그림175).

　　이상과 같이 촉각식동검의 편년은 병두부의 형식 변화와 함께 요령식동검이나 세형동검이라는 검신의 형식 변화가 상관성을 이루고 있다. 따라서 앞서 언급한 실연대와 모순되지 않는다. 촉각식동검은 부여라는 정치체가 등장하는 지창[吉長]지구를 중심으로 출현한 이후 한반도 북부의 대동강 유역을 중심으로 위만조선 시기에 발전한다. 더 나아가 그중 일부가 한반도 중부에서 다시 한반도 동남부인 진한으로 확산되며, 진한 수장의 위신재로 발전했을 것으로 보인다. 또한 진한과의 교섭 관계 속에서 츠시마까지 확산되었다는 사실도 밝혀지고 있다(그림175).

---

(1) 1999년 8월 18일 지린[吉林]시박물관에서 필자 실측.

(2) 1999년 8월 18일 지린시박물관에서 필자 실측.

(3) 1999년 8월 15일 지린대학 비엔지아[辺疆]고고연구센터에서 필자 실측.

(4) 그림177-3은 본문 중에도 제시한 바와 같이 북한에서 발표한 그림(윤광수 1994)을 바탕으로 오다 후지오[小田富士雄]가 촬영한 사진(小田 1997)을 활용해 수정·보완하였다.

(5) 2000년 9월 20일 헤이룽지양[黑龍江]성 아청[阿城]시 진상징[金上京]역사박물관에서 공개해 준 자료를 실견하면서 메모처럼 실시한 약 실측과 보고문(全景闇 1992)을 활용하여 그림178-1을 작성하였다.

(6) 2000년 10월 27일 게이오기주쿠[慶応義塾]대학 문학부 고고학 연구실에서 필자 실측.

(7) 2014년 2월 14일 대영박물관에서 필자 실측.

(8) 2001년 6월 츠시마[対馬]시 미네[峰]정町역사민속자료관에서 필자 실측.

(9) 탈고 후 러시아 연해주 블라디보스토크 인근인 니콜라예프카Nikolaevka유적과 미하일로프카Mikhailovka유적에서도 촉각식동검이 출토되었음을 알게 되었다(Park 2020). 그 중 니콜라예프카 유적에서 출토된 1점은 토성동 486호묘의 촉각식동검과 유사한 IIb형 촉각식동검이다(姜仁旭 2016).

(10) 탈고 후 Vb형이 경상북도 포항 초곡리 C-3호 목관묘에서도 출토되는 것을 확인되었다(영남문화재연구원 2014). 이는 Vb형 파두식과 철검으로 구성된 것이다.

제21장

요령식동검문화와 세형동검문화[1]

1. 머리말

앞서 중국 동북지방 청동기문화의 출현에서부터 랴오시[遼西], 한반도 일대로 요령식동검문화가 전개되는 과정을 살폈다. 나아가 한반도 내 요령식동검의 출토양상을 토대로 세형동검문화가 성립되는 과정과 다시 일본열도로 확산되는 과정을 동검, 동모, 동과, 촉각식동검이라는 각 기종의 형식 변화와 시공적 양상을 중심으로 논하였다.

랴오시지역 내 청동기문화의 유입은 샤자뎬[夏家店] 하층문화에서 확인된다. 이는 북방 청동기문화인 안드로노보문화와 스바[四壩]문화 등과 관련성이 깊다. 이같은 현상은 제1장에서 언급한 장성지대 청동기문화 제2기의 흐름 속에 위치한다고 볼 수 있다. 샤자뎬[夏家店] 하층문화에서는 동포銅泡나 도자刀子 등 장신구나 공구 등이 주를 이루지만, 랴오닝[遼寧]성 진[錦]현 수이잉쯔[水營子]유적에서 출토된 동과(郭大順 1991)와 같이 특이한 청동기도 확인되고 있다.

장성지대 청동기문화 제3기의 이른 단계인 네이멍구 주카이거우[朱開溝]유적에서는, 당시에 존재하던 석인골검石刃骨劍·골도骨刀를 바탕으로 A1식 동검(그림182-1)과 동도銅刀가 개발되었다(宮本 2000c). 또한 장성지대 청동기문화 제3기 전반인 미누신스크 분지·몽골고원의 카라수크 문화기 전반기에는 곡병동검曲柄銅劍(그림182-14)과 유공동부 등이 랴오시를 비롯한 랴오[遼]하 하류 유역까지도 확산되었다(秋山 1995). 한편 장성지대 청동기문화 제3기 후반인 카라수크문화 후반기에 해당하는 유

---

[1] 역자 주) 필자는 요령식동검을 옌산[燕山], 랴오시·랴오둥, 한반도라는 지역단위로 각각 분류하면서 각 형식명을 달리하고 있다. 같은 형식이지만 지역에 따라 다른 기호로 설명하다보니 다소 혼란스러운 면이 있다. 예를 들어 옌산지역의 C1식, 랴오시·랴오둥 지역의 1a식, 한반도의 AI식은 같은 형식임에도 지역 간의 연관성을 설명하기 위해 지역단위의 형식명을 그대로 사용하고 있다. 번역에서는 랴오시·랴오둥 1a식, 한반도 AI식 등으로 지역명을 명기하였다. 관련하여 제21장의 표35를 미리 제시하였다면 좀 더 이해하기 쉬웠을 것으로 생각한다.

적으로는 베이징[北京]시 바이푸[白浮] 3호 목곽묘 등이 있다. 바이푸[白浮]에서 출토된 A2식 청동단검 (그림182-6)은 동병의 내부가 비어있는 구조[中空]로서, 미누신스크 분지·몽골고원 카라수크문화 후반기 동검의 특징을 보여준다.

A2식 동검(그림182-6)은 장성지대 청동기문화 제4기 옌산[燕山]지역에서 A3식 동검(그림182-9)으로 변화하며, 랴오시지역에서는 A3식 동검(그림182-21)인 모矛식동검으로 변형된다. 또한 옌산[燕山]지역 곡병동검의 변화과정 속에서 B2식 동검이 등장하는데, 장성지대 청동기문화 제4기에는 B3식 동검(그림182-10)으로 변화한다. 랴오시지역에서는 B3식 동검이 요령식동검 1a식인 C1식 동검(그림182-15·16)·C2식 동검(그림182-17)으로 변화한다. C1식 동검은 자루와 검신을 함께 주조한 것, C2식은 동검은 따로 주조한 것이다.

이러한 유라시아 초원지대 동부 청동기문화의 흐름 속에서 장성지대 청동기문화 제4기인 샤자뎬[夏家店] 상층문화, 즉 요령식동검문화가 발생하게 된다. 요령식동검이 발생한 지역은 카라수크문화라는 유라시아 초원지대 동부이자, 북방 청동기문화 동단으로서, 북방 청동기문화를 기반으로 새로운 청동기문화가 되었다는 것을 의미한다. 이와 같은 새로운 청동기문화의 성립과정은 제14장에서 정리한 촨시[川西]고원·얼하이[洱海]계 청동기문화 山자형 격格동검의 출현과 동일한 패턴이며, 거의 같은 시점에 새로운 청동기문화가 출현하고 있다는 점은 매우 흥미로운 현상이다. 이후 장성지대 청동기문화 제5·6기인 미누신스크·몽골고원의 타가르문화는 네이멍구 중남부 및 옌산[燕山]지역의 청동단검(그림182-18~20·3·12)에 영향을 주었다.

2. 요령식동검과 방사성탄소연대측정

이미 언급한 바와 같이 랴오시의 요령식동검은 자루와 검신을 따로 주조하는 방식이었다. 이는 크게 검신에 돌기부를 가진 전형적인 요령식동검(그림182-17)과 자루가 비어있는 모矛식 요령식동검(그림182-21~25)이라는 두 형식으로 나뉜다. 전자는 주로 다링[大凌]하 유역과 샤오링[小凌]하 유역 등 랴오시 남부지역에 분포하는 반면, 후자는 주로 시라무런Xilamulun하 유역 등 랴오시 북부지역에 집중되고 있다. 그 중간인 닝청[寧城] 일대에서는 전형적인 요령식동검과 모矛식 요령식동검이 공존하고 있다. 이 두 종류의 요령식동검은 각각 다른 계보에서 기원한 것이다(宮本 2000f). 모矛식 요령식동검은 옌산[燕山]지역의 서주西周 전반기 A2식 동검과 서주 후반기 A3식 동검의 계보를 잇는 것이라고 볼 수 있다(그림182). 두 형식 모두 자루의 내부가 비어있으며, A2식 동검이 출토된 베이징[北京]시 바이푸[白浮] 3호묘에서 공반된 중원계의 청동이기彝器는 서주 중기 전반의 것이다. 따라서 A2식 동검은 서주 전반기이며, A2식 동검보다 자루 내부가 비어있는 현상[中空化]이 더 발달한 A3식 동검은 서주 후반기로 판단된다. 이와 동일한 A3식 동검이 랴오시지역에서도 확인되며 점차 전형적인 요령식동검

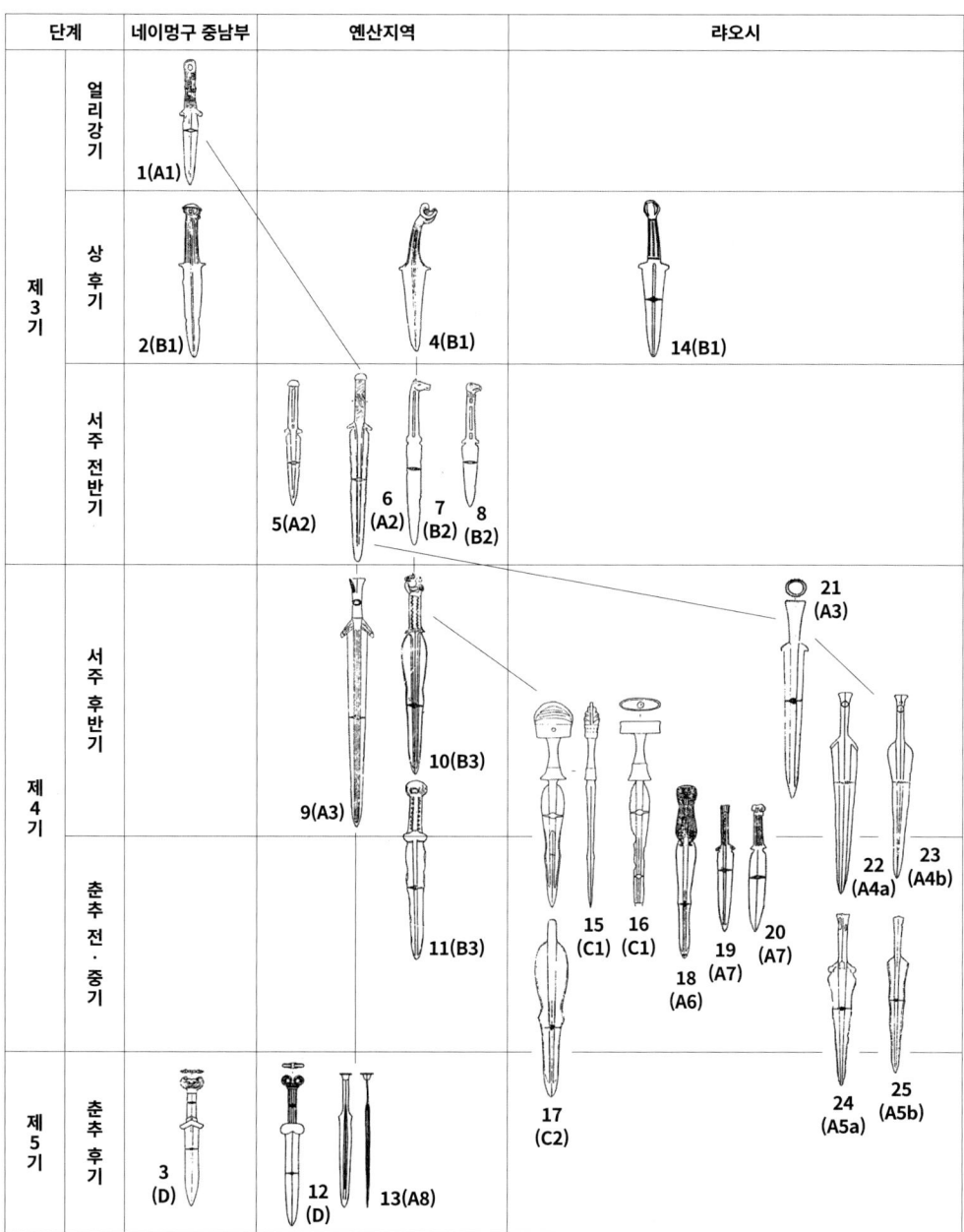

단계		네이멍구 중남부	옌산지역	랴오시
제3기	얼리강기	1(A1)		
	상후기	2(B1)	4(B1)	14(B1)
	서주전반기		5(A2) 6(A2) 7(B2) 8(B2)	
제4기	서주후반기	9(A3) 10(B3)	15(C1) 16(C1) 18(A6) 19(A7) 20(A7)	21(A3) 22(A4a) 23(A4b)
	춘추전·중기	11(B3)	17(C2)	24(A5a) 25(A5b)
제5기	춘추후기	3(D) 12(D) 13(A8)		

그림182. 북방청동기의 변천과정(1: 주카이거우[朱開溝], 2: 린저위[林遮峪], 3: 마오칭거우[毛慶溝] M59, 4: 차오다오거우[抄道溝], 5~8: 바이푸[白浮] M3, 9: 뤄두어량[駱駝梁] M5, 10: 샤뎬쯔[下甸子], 11: 뤄두어량 M2, 12·13: 베이신바오[北辛堡] M1, 14. 수이취안[水泉], 15·16: 샤오헤이스거우[小黑石溝], 17·24·25: 산완쯔[山湾子], 18~20: 난산근[南山根] M101, 21: 신츠[新池], 22·23: 다파오쯔[大泡子], ※축척 1/16)

과 같이 검신에 돌기부가 발달하는 A5식 동검이 랴오시 북부지역에서도 확인된다. 정리하자면 A5식 동검이 전형적인 모矛식 요령식동검이라고 할 수 있다.

그러나 A3식 동검이 출토된 네이멍구 구커스커텅[古克什克騰]기旗 룽터우산[龍頭山] 1호묘의 방사성탄소연대 측정결과(표32)로 보면, 기원전 1390~1090년으로 상대 후기에 해당한다. 이 같은 방사성탄소연대를 기반으로 보면 류궈샹[劉国祥]은 다음과 같은 상대적 연대차를 고려하고 있다(劉国祥 2000).

룽터우산[龍頭山] 1호묘 목관의 방사성탄소연대(교정치)를 토대로, 이 무덤에서 출토된 모矛식 동검을 가장 이른 단계로 본다. 네이멍구 자오우다멍윙니우터[昭烏達盟翁牛特]기 다파오쯔[大泡子]묘에서는 동일한 모矛식 동검이 출토되었으며, 이 무덤에서 공반된 토기는 헤이룽장[黑龍江]성 서부 넌[嫩]강 유역에 분포하는 바이진바오[白金宝]문화 토기의 특징을 보인다. 특히 표32에 제시된 바이진바오[白金宝]문화 1호 회갱灰坑에서 출토된 토기는 다파오쯔묘에서 출토된 토기와 동일한 형식으로서, 방사성탄소연대를 통해 서주 중기로 판단된다.

반면 주왕조의 청동이기彛器가 공반된 네이멍구 닝청[寧城]현 샤오헤이스거우[小黑石溝] 8501호묘나 난산건[南山根] 101호묘는 청동이기의 연대를 근거로 서주 후기에서 춘추 전기에 해당하는 것으로 평가된다. 즉 룽터우산[龍頭山] 1호묘나 다파오쯔[大泡子]의 모矛식 요령식동검보다 늦은 단계인 것이다.

이같은 류궈샹[劉国祥]의 견해는 동검 등 형식변화를 고려하면서도 동시에 방사성탄소연대와 청동이기彛器의 연대관을 기준으로 설정한 것이다. 특히, 방사성탄소연대와 청동이기彛器의 연대관은 서로 다른 기준과 방법론으로 도출된 것임에도 이를 실연대로 동일하게 비교하였다는 점에서 논리적 문제점이 내재되어 있다.

그럼에도 동검의 형식학적인 검토를 기준으로 보았을 때, 모矛식 동검이 전형적인 요령식동검 보다 상대적으로 이를 가능성이 높다는 점은 필자 역시 동일한 견해이다. 여기서는 종래 필자

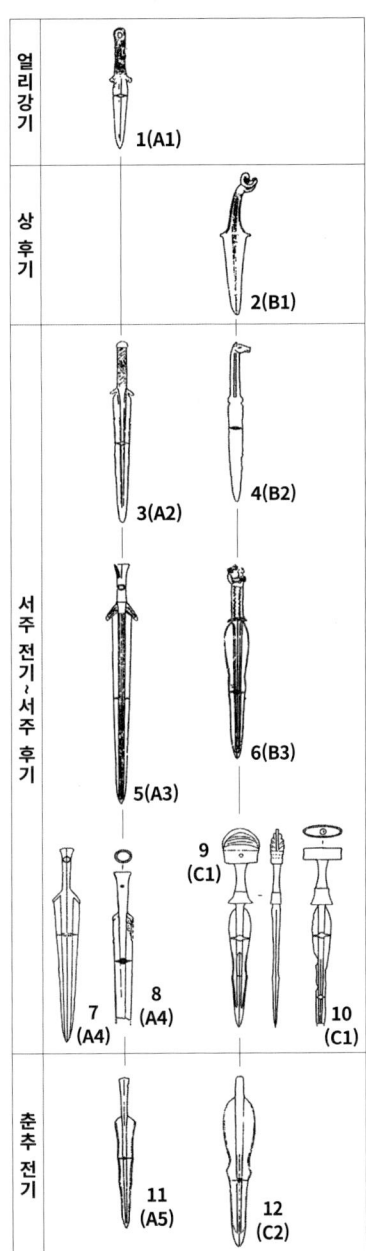

그림183. 옌산[燕山]지역과 랴오시 동검의 변천(1: 주카이거우, 2: 차오다오거우, 3·4: 바이푸 M3, 5: 뤄두어량 M5, 6: 샤뎬쯔, 7: 다파오쯔, 8: 룽터우산[龍頭山] M1, 9·10: 샤오헤이거우 M8501, 11·12: 산완쯔, ※축척 1/5)

의 견해(宮本 2009f)를 바탕으로 랴오시지역의 동검을 재점검해보고자 한다(그림183).

전형적인 고식古式 요령식동검인 C2식 동검(그림183-12)과 모矛식 동검이면서 검신에 돌기를 가진 A5식 동검(그림183-11)은 난산건[南山根] 101호묘에서 공반되었다. 반면 샤오헤이스거우[小黑石溝] 8501호묘에서는 자루와 검신을 함께 주조한 고식古式 요령식동검 C1식(그림183-9·10)과 검신에 돌기가 없는 모矛식 동검인 돌기 형상의 인부 하단부를 가진 A3식 동검이 공반되었다. 또한 공반되는 청동이 기彝器를 기준으로 하한 연대를 설정하면, 난산건[南山根] 101호묘는 춘추 전기와 병행하는 시기로 추정되며, 샤오헤이스거우[小黑石溝] 8501호묘는 서주 후기에 해당하는 것으로 보인다.

필자는 A3식 동검의 기원을 서주 중기 병행하는 옌산[燕山]지구의 바이푸[白浮] 3호묘에서 출토된 A2식 동검에 있다고 본다. A2식 동검은 돌기 형상의 날 하단부를 가지며 동시에 자루 내부가 비어있는 특징을 지닌다. 이러한 A2식 동검은 옌산[燕山]지역·랴오시지역뿐만 아니라 중국 서북부의 룽산[隴山]지역에서도 출토되며, 더 나아가 시베리아의 카라수크문화에서도 확인된다. 즉 A2식 동검(그림183-3)은 장성지대에서 공통적으로 보이는 형식으로 이를 바탕으로 옌산[燕山]지역 및 랴오시에서 A3식 동검(그림183-5)이 발생하였다고 판단한 것이다. 또한 고식 요령식동검인 C1·C2식 동검을 상대 후기~서주 전기에 장성지대에 널리 분포하는 곡병검인 B식 검의 계열에서 기원한 것으로 보았다. 특히 옌산[燕山]지역의 B3식 동검(그림183-6)과 관계 속에서 발전했다고 본다. 이를 통해 서주 중기에 A2식 동검의 연대를 설정할 수 있는 기준점이 마련되었다고 할 수 있다.

곡병동검 B1식(그림183-2)은 부장되는 묘장의 연대가 상대 후기로 한정된다는 점에서 A2식 동검을 서주 전반기로 볼 수 있다. 또한 서주 후기인 샤오헤이스거우[小黑石溝] 8501호묘에서 요령식동검 C1식이나 A3식이 출현한다는 그간에 견해를 고려하더라도 형식학적 검토 및 청동이기의 연대와 모순되지 않는다. 이와 같이 자루가 비어있는 카라수크식 동검의 특징이 모矛식 요령식동검의 성립에 계

표32. 요령식동검문화에 관한 방사성탄소연대

유적명	시료	C¹⁴ 연대측정치	수륜교정치	문화유형
遼寧省朝陽市魏営子	목관편	2650±100	BC900-790	魏営子類型
内蒙古林西県大井	목탄	2640±90	BC896-788	夏家店上層文化
内蒙古林西県大井	목탄	2890±115	BC1260-920	夏家店上層文化
内蒙古林西県大井	목탄	2700±100	BC976-800	夏家店上層文化
内蒙古林西県大井	목탄	2720±85	BC981-808	夏家店上層文化
内蒙古克什克騰旗龍頭山1號墓	목관		BC1390-1090	夏家店上層文化
遼寧省建平県水泉	목탄	2290±70	BC405-233	夏家店上層文化
遼寧省建平県水泉	탄화곡물	2080±115	BC351-AD49	夏家店上層文化
吉林省永吉県星星哨C区21號墓	인골	2970±100	BC1389-1030	西団山文化
黒龍江省肇源県白金宝1號灰坑	목탄	2710±65	BC918-810	白金宝文化

보적으로 영향을 미쳤다는 점은, 제14장에서 논한 촨시[川西]고원·얼하이[洱海]계 청동기문화에서 山자형 격格동검이 카라수크식 동검과 연관된다는 점과 동일한 계보적 관계를 형성한다고 볼 수 있다.

그렇다면 A3식 동검을 이르게 보는 견해에 근거해 방사성탄소연대치를 다시 검토하고자 한다. 이른 단계의 방사성탄소연대치를 정리한 표32를 살펴보면, 예를 들어 랴오시 남부지역 상商말~서주西周 전반기로 볼 수 있는 웨이잉쯔[魏營子] 유형의 방사성탄소연대치는 서주 중·후기를 나타내고 있다. 반면 요령식동검문화 단계인 샤자뎬[夏家店] 상층문화에 해당하는 다징[大井]유적이나 룽터우산[龍頭山] 1호묘 등의 방사성탄소연대치는 상대 후기부터 서주기에 해당하는 것을 알 수 있다. 앞에서 다파오쯔[大泡子] 무덤의 연대를 기준으로 한 바이진바오[白金宝]문화 역시 방사성탄소연대치로 보면 서주 중·후기에 해당한다. 그러나 수이취안[水泉]유적 샤자뎬[夏家店] 상층문화층의 방사성탄소연대치는 극단적으로 늦은 전국시대에서 한漢대의 연대를 보이고 있다. 이같은 방사성탄소연대의 결과는 이른바 '2500년 문제[2]'로 평가할 수도 있다. 수이취안[水泉]유적에서 큰 연대차를 보이는 원인은 샤자뎬[夏家店] 상층문화기의 포함층 바로 위에 전국시대 연문화의 포함층이 존재한다는 점을 고려하기 때문일 것이다. 즉 상층에서 혼입된 자료가 측정되었을 가능성도 제기할 수 있다.

한편 지창[吉長]지구의 청동기시대인 시투안산[西団山]문화기의 방사성탄소연대치는 상대 후기부터 서주 초기에 걸쳐 있다. 이 연대치는 동검이 출토된 무덤의 연대치는 아니지만, 같은 무덤군에서 C1식인 고식 요령식동검 1a식(그림183-12)이 출토되고 있다. 그 연대치만 놓고 보면 대부분의 샤자뎬[夏家店] 상층문화나 바이진바오[白金宝]문화기의 범위에 속한다.

이처럼 랴오시지역에서는 청동이기彝器의 연대와 동검의 형식학적 변화로 추정한 실연대, 방사성탄소연대에서 추정된 실연대 간에 일정한 연대차가 확인된다. 전반적으로 방사성탄소연대치가 더 이른 경향이다. 이러한 오차의 이유는 청동이기彝器를 통해 연대를 추정하는 방법에서의 오류이거나, 방사성탄소연대의 측정 시료의 취급과 관련된 문제일 가능성이 있다. 그럼에도 중요한 점은 본 연구에서 다룬 유적들의 방사성탄소연대치의 대부분이 1980년대 측정된 결과값으로 30년 이상 지난 데이터라는 점이다. 즉 최근 AMS와 같은 고정밀 탄소연대측정기술을 활용한 것이 아니라, 과거 측정 결과에 대한 교정치일 뿐이다. 따라서 향후 최신 기술을 활용하여 동북아시아의 청동기시대 관련 유적의 연대를 더욱 정밀하게 검토할 필요가 있다. 특히 장성지대 청동기시대의 연대를 재검토하는 작업은 중요하다.

---

2) 역자 주) '2500년 문제'는 방사성 탄소 연대 측정에서 특정 연대 범위(약 2500년 전)에 대한 편차가 커서 해석의 어려움이 발생하는 쟁점이다. 이는 연대 측정 시 오차가 발생하거나, 해당 시기의 특정 문화층이 잘못 해석될 가능성이 있다는 문제를 포함하고 있다. 특히 중국 고고학에서는 청동기와 철기시대로 전환되는 과도기적 시기의 연대 해석을 둘러싼 논란을 '2500년 문제'라고 부른다.

3. 랴오둥 · 한반도 북부 청동기의 연대문제

　　장성지대에서 널리 확인되는 북방청동기는 유공부有釜斧나 유환도자有環刀子, 곡병검曲柄劍으로 이는 상대 후기에서 서주 전기에 걸친 것으로 판단된다. 이러한 청동기들은 네이멍구 중남부, 옌산 [燕山]지구, 랴오시지역 그리고 랴오둥지역까지 확대되고 있다. 그러나 랴오둥지역의 경우, 랴오닝성 푸순[撫順]시 왕화[望花]유적의 유환도자(撫順市博物館考古隊 1983) 등 훈[渾]하 유역을 포함한 한정된 지역에만 분포하고 있다. 랴오닝지역까지 확산되는 시점은 장성지대 청동기문화의 제3기라고 볼 수 있다. 장성지대 청동기문화 제2기는 샤자뎬[夏家店]하층문화에서 귀고리耳環나 팔찌腕輪 등의 장신구가 등장하는 단계이다. 제2기에는 장성지대의 동쪽으로 랴오시지역까지만 분포한다. 랴오둥지역의 자료 중에서 랴오둥반도 랴오닝성 다롄[大連]시 다쭤쯔[大嘴子]유적의 동과는 장성지대 청동기문화로 볼 수 있는데, 이것은 산동반도와의 관계 속에서 유입된 것으로 보아야 한다. 기본적으로 장성지대 청동기문화 제2기의 청동기는 랴오둥으로 유입되지 않았으며, 랴오둥지역에 청동기가 유입되는 것은 장성시대 청동기문화 제3기부터라고 할 수 있다.

　　제3기의 청동기 중 유환도자는 한반도 서북지역의 신암리유적에서도 확인되지만, 이 지역은 신석기시대 이래로 기본적으로 랴오둥지역과 같은 지역문화권으로 간주할 수 있다. 한반도에 청동기가 유입되는 시기는 지금까지 논의한 요령식동검의 단계, 즉 장성시대 청동기문화 제4기에 해당한다.

　　랴오시에서는 필자가 A3 · A4식 동검으로 설정한 동검이 다파오쯔[大泡子]유적에서 유환도자有環刀子와 공반된다. 이 도자는 인부의 선단이 위쪽으로 치켜 올라간 형태를 가지며, 서주 후반기에 해당하는 것으로 판단된다.

　　유환도자는 기부의 형태적 차이를 기준으로 두 가지 형식으로 구분할 수 있다. 전술한 유환도자를 A식이라고 한다면, 기부에 3개의 거치상 돌기가 보이는 도자를 B식 도자라고 설정할 수 있다(그림184). B식 도자는 다파오쯔[大泡子]유적과 마찬가지로 랴오닝성 젠핑[建平]현 수이취안[水泉] 7701호묘(그림184-3)에서도 A4식 동검과 함께 출토되었다. 수이취안청쯔[水泉城子] 7801호묘(그림184-4)에서는 A5식 동검과 공반되었다.

　　네이멍구 아오한치[敖漢旗] 산완쯔[山湾子]에서는 A5식 동검과 전형적인 고식 요령식동검인 C2식 동검, B식 도자가 공반되었다. 네이멍구 아오한치[敖漢旗] 둥징

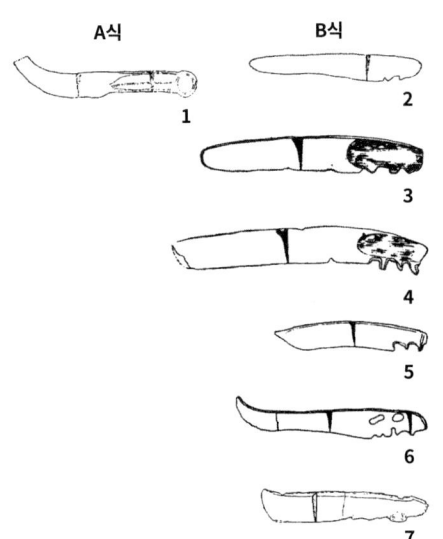

그림184. 청동도자의 변천(1 · 2: 다파오쯔, 3: 수이취안청쯔[水泉城子] M7701, 4: 수이취안청쯔 M7801, 5: 둥징[東井], 6: 쑨자거우[孫家溝] M7371, 7: 용흥리, ※축척 1/6)

A식　　　　B식
1
2
3
4
5
6
7

[東井]무덤군에서도 C2식 동검과 B식 도자(그림184-5)가 공반되었다. 이처럼 B식 도자는 고식 요령식동검과 세트를 이루는 도자라고 할 수 있다.

C2식 동검 중 요령식동검 1b식은 랴오닝성 선양[瀋陽]시 정가와쯔[鄭家窪子] 6512호묘에서 B식 도자와 함께 공반되었다. 또한 요령식동검 1b식은 네이멍구 닝청[寧城]현 쑨자거우[孫家溝] 7371호묘에서도 B식 도자(그림184-6)와 공반되었으나, 이 경우 기부의 거치부분이 퇴화된 형태를 띤다. 이와 같은 경향을 고려하면, B식 도자는 랴오시지역에서 고식 요령식동검인 요령식동검 1a·1b식 단계에 해당하는 것으로 판단된다.

랴오둥에서는 도자와 요령식동검이 공반되는 사례가 확인되지 않는다. 하지만 한반도에서는 평안남도 개천군 용흥리유적에서 필자의 한반도 요령식동검 IIc식이 도자와 함께 공반되었다. 이 동검은 랴오시·랴오둥지역 요령식동검 1식에서 2식으로 이행기하는 단계이다. 이 도자는 기부에 돌기 형상이 확인되어 본래의 거치부가 변형된 것으로 B식 도자의 변형(그림184-7)이라고 볼 수 있다. 이를 고려하면, 그 시기는 랴오시지역에서 요령식동검 1b식에서 2a식으로의 전환되는 시기에 해당하여 제15장에서 논한 바와 같이 기원전 500년경으로 추정할 수 있다.

랴오둥지역에서 요령식동검의 실연대를 추정할 수 있는 또 다른 근거를 하나 더 추가하자면, 랴오닝성 칭위안[淸原]현 리자부[李家堡]의 사례가 있다(그림185-1·2). 리자부[李家堡]에서는 고식 요령식동검인 요령식동검 1a식과 동모가 공반되었다. 이 동모에 관하여, 최근의 허난[河南]성 싼먼샤[三門峡]시 괵국묘號国墓의 사례를 고려하면, 서주 후기로 상향할 수 있다. 다만 산시[山西]성 리우린[柳林]현 가오훙[高紅]의 사례를 참고하면, 상대 후기까지 올라갈 가능성도 있다.

한편 한반도 북부에서 논란이 되는 자료는 황해남도 백천군 대아리 석관묘의 사례(그림185-3~15)를 들 수 있다. 필자는 이 자료의 검신 부분이 원형을 유지하고 있지 않아 그동안 형식분류를 보류했었다. 다케스에 준이치武末純一는 이 동검을 선암리 1호 석관묘의 동검과 같이 재가공품으로 보고, 특히 검신 하반부까지도 재가공되었다고 주장하였다(武末 2004). 필자는 선암리 1호 석관묘의 동검이 재가공품이라는 점을 납득할 수 없

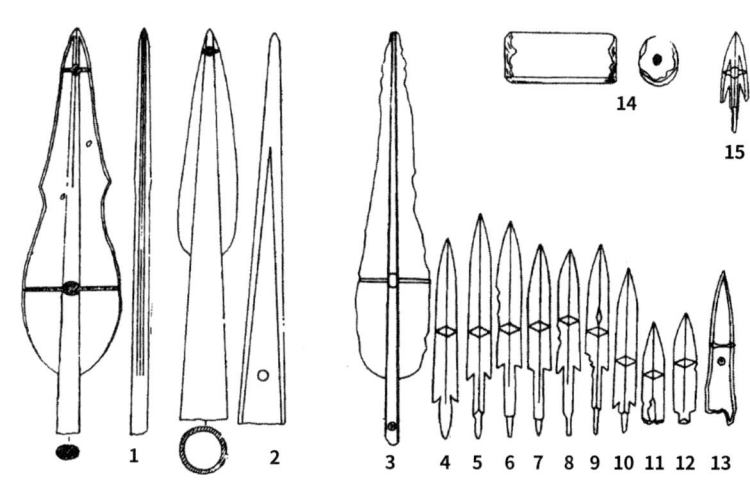

그림185. 리자부[李家堡](1·2)와 대아리 석관묘(3~15)의 부장품

지만, 대아리 석관묘 동검의 경우 사진 등 관찰을 통해 봉부가 명확히 갈려 있어 재가공되었을 가능성도 있다고 본다.

또한 흥미롭게도 봉부 근처 등대에 요령식동검 특유의 연마 구분 제작이 확인된다. 그렇다면 이 부분에 해당하는 인부에 돌기부가 형성되었을 것이다. 그리고 이 돌기부부터 선단부가 재가공되어 이 동검의 봉부를 형성한 것으로 추정된다. 같은 관점으로 동검을 다시 관찰해 보면, 검신 하반부에 재가공의 흔적은 없으며 오히려 랴오둥지역의 쌍팡[雙房] 2호묘 출토품과 같이 돌기부가 봉부 근처에 치우친 요령식동검으로 판단된다. 이러한 형태의 요령식동검이 이후 재가공되면서 변형되었을 가능성도 있다.

다만 제15장에서 논한 바와 같이 재가공을 배제하고 동검 형태만을 기준으로 본다면, 선암리 1호 석관묘와 대아리 석관묘 출토품은 모두 돌기가 없으며, 등대의 연마 능선이 기부까지 이어지는 것으로 한반도 북부의 요령식동검 AIVa식에 해당한다. 이는 한반도 요령식동검의 최고最古 단계에 위치한다고 보고 있다(宮本 2008a).

이 경우, 이와 공반된 동촉의 시간적 위치가 문제될 수 있다. 이 동촉은 상주商周사회에서 상대 후기부터 서주 전기에 나타나는 형태와 유사하며, 랴오둥반도의 투어터우[砣頭]적석총에서도 동일한 동촉이 출토된 바 있다. 또한 랴오시지역에서는 네이멍구 아오한치[敖漢旗] 주우자디[周家地] 45호묘의 동촉과 가장 유사하다. 따라서 이 동촉은 고식 요령식동검 단계에 해당한다고 볼 수 있다.

또한 대암리 1호 석관묘에서 공반되는 마제석촉은 무경식과 다수의 이단경식으로 이루어져 있다. 이와 관련하여 나카무라 다이스케中村大介는 다수를 차지하는 이단경식 마제석촉을 한반도 남부지역의 문화유형인 흔암리식, 역삼동식, 휴암리식에 걸친 시기에 해당한다고 보았다(中村 2012). 또한 영남지방 남서부를 분석한 쇼다 신야庄田慎矢는 흔암리식과 병행하는 단계로 보았다(庄田 2004). 이 시기는 북부 규슈지역의 구로가와[黑川]식에서 유우스[夜臼] I식 단계에 위치한다고 할 수 있다. 랴오둥에서도 쌍팡[雙房] 2호묘 동검과 같은 요령식동검 1식이 가장 오래된 단계라고 할 수 있다. 그 연대는 랴오시지역의 자료를 통해 적어도 서주 후기인 기원전 9세기라고 할 수 있다. 다만 공반된 동촉의 연대를 통해 상향 조정하면 기원전 10세기까지도 올려볼 수 있다.

4. 석검의 시간적 위치

동북아시아에서 요령식동검과 함께 주목해야 할 것이 바로 석검이다(그림186). 석검이 분포하는 지역은 랴오둥에서 한반도, 연해주 남부, 나아가 북부 규슈까지이다. 이는 장성지대 북방 청동기문화의 외연에 해당하는 지역에 분포하는 것이다. 북방 청동기문화의 주체는 동검이지만, 석검의 분포양상을 고려하면 석검은 동검의 대체품으로서 존재했을 가능성이 높다.

랴오둥의 석검은 예상보다 이른 단계부터 존재한다. 랴오둥반도의 다쥐쯔[大嘴子]유적은 슈앙투오쯔[雙砣子] 1~3기로 명확하게 구분할 수 있으며, 슈앙투오쯔[雙砣子] 3기 단계부터 석검이 보급되기 시작한다(大連市文物考古研究所 2000). 슈앙투오쯔[雙砣子] 3기는 얼리강[二里岡]문화기와 비교를 통해 상대 후기에 병행하는 단계에 해당한다. 이 시기 석검은 이른바 유경식有莖式 석검이다. 또한 랴오둥에서는 칭위안[清原]현 추어차오거우[錯草溝] 석관묘에서도 유경식 석검이 출토되고 있다.

한편 장성지대 청동기문화 제3기에 주로 출토되는 것은 유공부와 곡병검으로, 이는 랴오시지역까지 분포하고 있다. 랴오둥지역 동쪽에서는 유환도자 등이 푸순[撫順]시 련화바오[蓮花堡] 등에서 확인된다.

곡병검은 필자가 B식 동검으로 분류한 것으로 유경식 석검의 검신 형태는 곡병검(B식 동검)과 유사하다. 따라서 다쥐쯔[大嘴子]유적 슈앙투오쯔[雙砣子] 3기에 석검이 등장하는 시기는 얼리강문화의 서주 전기와 병행하는 장성지대 청동기문화 제3기에 해당한다. 유경식 석검과 B식 동검은 연대적으로 일치할 뿐만 아니라, 그 분포를 공유하면서도 배타적인 양상을 보인다. 이러한 점을 고려하면, 형태적인 유사성을 근거로 유경식 석검은 B식 동검을 모방하여 랴오둥지역이나 한반도 북부에서 성립했을 가능성이 높다.

반면, 이단병식二段柄式 석검은 고식古式에 해당하는 한국 울산 동부 채집품이나 경상남도 의창군 웅동熊洞 상식箱式 석관묘에서 출토된 석검(그림186-8)의 형태적 특징은 네이멍구 자치구 닝청[寧城]현 샤오헤이스거우[小黑石溝] 8501호묘 출토 동검(그림186-3)과 유사하다. 이 석검들이 요령식동검을 모방하여 제작하였다고 본 곤도 교우이치[近藤喬一]의 견해는 매우 타당하다(近藤 2000). 샤오헤이스거우[小黑石溝]유적에서 출토된 C1식 동검(요령식동검 1a식)의 자루는 삽입식 구조를 가지며, 또 다른 한 점 역시 삽입식 자루가 결손된 형태를 보인다. 즉 이단병식 석검은 삽입식 자루의 형태를 충실히 모방하여 제작한 것으로 판단된다. 이를 고려하면, 이단병식 석검의 연대는 서주 후반기, 기원전 10~9세기로 추정할 수 있다. 이러한 석검이 주로 분포하는 지역은 한반도이며, 특히 한반도 남부에서 많이 확인된다는 점에서 요령식동검이 확산되는 과정에서 이를 직접 입수하기 어려웠던 지역에서는 그 대체품

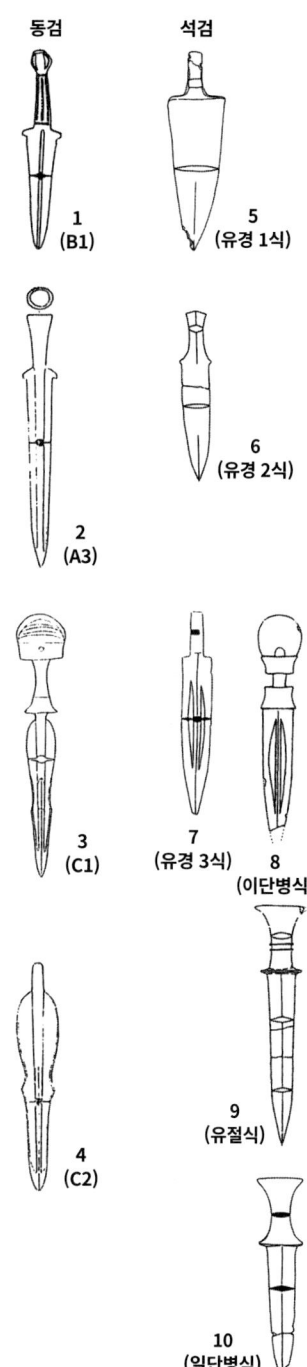

동검　　석검

1
(B1)

5
(유경 1식)

2
(A3)

6
(유경 2식)

3
(C1)

7
(유경 3식)

8
(이단병식)

4
(C2)

9
(유절식)

10
(일단병식)

그림186. 동검과 석검의 변천(1: 수이취안[水泉], 2: 신츠, 3: 샤오헤이스거우, 4: 산완쯔, 5: 금동 지석묘, 6: 신성동, 7: 우산리, 8: 웅동, 9: 상자포리, 10: 운대리, ※축척 1/16)

으로서 위신재의 역할을 하였을 가능성이 높다.

　한반도 특히, 한반도 남부에서 이단병식二段柄式 석검이 집중적으로 확인된다는 점은 쇼다신야에 의해 밝혀진 바 있다. 이단병식 석검은 유절식有節式 석검, 나아가 일단병식一段柄式 석검으로 변화하는 양상을 보인다(庄田 2004). 이러한 석검의 변화 과정은 기본적으로 한반도 내에서 동검 C1식을 모델로 한 이단병식 석검에서 시작하여, 자루 부분의 이단병으로 장식화된 후, 두 마디로 구성된 유절식 석검으로 변화한다. 이후 마디가 소실되면서 퇴화된 형식인 일단병식 석검으로 변화하는 계보적 관계 속에서 발전하였다.

　따라서 이단병식 석검을 기점으로 형식이 점차 단순하게 변화한다고 보아야 할 것이다. 유절식 석검에서 일단병식 석검으로 변화되는 시기는 선송국리식에서 송국리식토기에 해당한다. 이는 랴오시ㆍ랴오둥지역의 고식 요령식동검인 요령식동검 1식 단계인 장성지대 청동기문화 제4기와 병행하는 시기이다. 그 실연대는 기원전 10세기에서 기원전 6세기에 해당하여 이단병식 석검이 고식 요령식동검의 대체품으로서 위신재의 역할을 했던 것으로 판단된다.

　야나기다 야스오[柳田康雄]는 야요이의 실연대를 논할 때, 유절식 석검을 중국식 동검 중 자루에서 이중二重의 원환부圓環部를 가진 소위 '유절병식有節柄式 동검'과 관련짓고, 이를 바탕으로 자신의 기존 학설을 더욱 세밀하게 전개하고 있다(柳田 2004a). 그에 따르면, 유절병식 동검은 화베이[華北]의 주周 사회에서 춘추 후기인 대략 기원전 6세기 이후에 출현한다고 보았다. 또한 야나기다는 유경식 석검이 고식 요령식동검을 모방한 것이며, 유절식 석검도 중국식 동검을 모방했다는 '중국식동검 모방설'을 주장하고 있다. 이 같은 해석에서 가장 큰 모순은 중국식 동검의 자루에 보이는 이중 원환부를 석검의 유절有節과 동일시 한 점이다. 유절식 석검이 한반도에 출현하는 시기에는 한반도에 접해있는 랴오시ㆍ랴오둥지역에서도 아직 중국식 동검이 분포하지 않았으며, 유절병식 동검 자체가 출현하지 않은 단계일 가능성이 높다.

　여기서 주목해야 할 점은 중국식 동검이 상주商周사회 내부에 개발되어 확산되는 것이며, 랴오시ㆍ랴오둥지역과 한반도는 상주사회와는 다른 장성지대 청동기문화의 계보 속에 존재한다는 점이다. 청동단검과 이를 모방한 석검이 인접하게 분포하는 현상이 존재할 때, 비로소 두 물질문화 간의 인과관계를 논의할 수 있다. 앞서 언급한 바와 같이 랴오둥ㆍ한반도에 분포하는 유경식 석검은 장성지대 청동기문화의 B1식 동검과의 관계에서 이루어진 이른바 조형론祖型論 속에서 이해할 수 있다. 또한 한반도에 분포하는 이단병식 석검은 랴오시지역의 고식 요령식동검인 C1식 동검과의 관계 속에서 등장한다고 볼 수 있다.

　이단병식 석검은 같은 계열의 형식변화 속에서 유절식 석검, 일단병식 석검으로 변화한다. 한반도에서 중국식 동검이 확인되는 시점은 주周사회가 랴오둥으로 확산되며, 연나라의 영역이 확장되는 시기부터이다. 이는 기원전 300년 이후, 한반도 청동기문화 제3단계 이후에 해당한다. 따라서 유절식 석검과 중국식 동검 간의 인과관계는 인정할 수 없다.

이처럼 석검의 편년은 한반도 남부에서 석검과 공반된 토기편년을 통해 이단병식에서 유절식(그림186-9)을 거쳐 다시 일단병식(그림186-10)으로 변화하는 과정으로 이해할 수 있다. 또한 이단병식 석검의 연대는 그 모델이 된 동검이 C1식 동검, 즉 요령식동검 1a식인 샤오헤이스거우[小黑石溝] 8501호묘 출토품(그림186-3)에 기반하고 있다. 따라서 요령식동검의 가장 이른 단계에 위치한다고 볼 수 있다(宮本 2004c). 이 석검은 요령식동검의 검신부터 자루, 자루 말단 장식 금구에 이르기까지 전체적인 형태를 충실히 모방한 것으로 이단병식 석검 중에서도 최고最古 단계에 해당한다고 볼 수 있다. 그 사례를 경상남도 울산군 동부 채집품이나 경상남도 의창군 웅동 상식 석관묘에서 출토된 석검(그림186-8)을 들 수 있다. 이 석검들의 출토지가 한반도 동남부라는 점을 고려한다면, 이 지역은 동검을 입수하거나 생산을 할 수 없는 주변 지역이었을 가능성이 높다. 즉 석검은 동검의 대체품으로서, 동검을 입수할 수 없는 지역에서 제작되어 주변지역으로 배포한 것이거나, 주변지역에서 배포된 석검을 모방하여 재지적으로 다시 제작한 것으로 판단할 수 있다.

이러한 유병석검 이외에도 유경식 석검도 확인되는데, 유경식 석검은 주로 한반도 북부에 분포하고 있다. 유경식 석검은 형태에 따라 비교적 폭이 넓은 유경식 석검 1식(그림186-5), 검신이 1식에 비해 폭이 좁은 편이지만, 검신 하단과 경부 경계의 끝부분에 돌기가 인정되는 2식(그림186-6), 검신 폭이 좁고 길며 혈구와 경부의 폭이 좁은 3식(그림186-7)으로 구분된다.

유경식 석검 1식은 랴오둥에서 한반도 서북부에 걸쳐 분포한다. 그중 일부는 랴오둥반도의 슈앙투오쯔[雙砣子] 3기에서 확인되어 그 연대를 추정할 수 있다. 상대 후기와 병행하는 단계로, 랴오시지역에서 훈[渾]하 유역까지 확인되는 북방 청동기문화와 병행한다. 이 단계의 북방청동기는 장성지대 청동기문화 제3기에 해당하며, 곡병동검(그림186-1)이 특징적인 유물이다. 폭이 넓은 검신을 가진 석검 1식(그림186-5)을 곡병동검과 비교하였을 때, 폭이 넓다는 점에서 형태적으로 유사하여 곡병동검의 검신 형태를 모방하여 제작한 것으로 볼 수 있다.

유경식 석검 2식(그림186-6)은 인부 하단의 돌기가 확인되는데, 이는 북방 청동기문화 동검의 전형적인 특징이다. 인부 하단의 돌기는 곡병동검에서도 확인되며, 이후 장성지대 청동기문화 제3기에 확인되는 A2식 동검(그림182-6; 그림183-3) 등 카라수크식 동검에서도 지속된다.

현재까지 유경식 석검 2식(그림186-6)은 황해북도 연탄군 오덕리 송신동松新洞 10호 지석묘에서 발견된 단 한 점만이 알려져 있다(石光叡 1979). 이 석검은 경부인 자루 부분이 하단으로 약간 벌어지는 경향을 보여 이 석검의 경부는 동검의 자루를 모방한 것처럼 보인다. 경부의 단면은 석검임에도 원형 또는 육각형을 띠며, 자루의 하단 방향으로 넓어진 형태이다. 이러한 형태는 자루의 내부가 비어 있는 모矛식 동검 형태와 유사하다. 모矛식 동검인 A3식(그림186-2)은 인부 하단부에 돌기를 가지며 검신은 아직 비파형을 띠지 않는다. 따라서 A3식이 유경식 석검 2식의 모델에 해당하는 형태로 판단된다. 즉, 요령식동검의 출현 이전 단계인 A3식 동검이 바로 유경식 석검 2식의 모형이라고 볼 수 있다. A3식 동검은 장성지대 청동기문화 제4기에 해당하며, 서주 후반기로 추정된다.

유경식 석검 3식의 혈구에 대해 일찍이 코모토 마사유키[甲元眞之]는 중원의 춘추 전기 주배柱背식 동검을 모방한 것으로 해석하였다(甲元 1972). 코모토가 의도한 바는 유경식 석검 3식이 세형동검보다 더 이른 시기의 동검을 모방하였다는 점을 강조하기 위함이었다. 그러나 뤄양[洛陽] 중저우루[中州路] 2415호묘에서 출토된 주배식 동검은 중국식 동검 성립 이전의 동검이라고 볼 수 있지만, 그 분포가 중원에 한정되고 있다. 오히려 요령식동검 등 북방 청동기문화의 동검이 중원지역에 영향을 주어 주배식 동검이 성립되었을 가능성이 있다. 이를 고려하면, 주배식 동검은 유경식 석검 3식의 조형으로 보기 어렵다.

반면 유경식 석검 3식의 혈구는 세형동검 뿐만 아니라 요령식동검에서도 이미 확인되는 특징이다. 특히 한반도 북부를 중심으로 살펴보면, AII · AIII식의 요령식동검에서 미세한 혈구를 만들고자 하는 흔적이 선명하게 관찰된다. 즉, 의도적으로 주조하여 형성된 청동기의 혈구를 음각한 유경식 석검 3식은 한반도 북부의 요령식동검 AII · AIII식과 연관된다고 볼 수 있다.

유경식 석검 1식(그림186-5)은 랴오시에서 훈[渾]하 유역까지 분포하는 곡병동검(B식 동검)을 모델로 삼아 랴오둥지역에서 한반도 서북부까지 분포하고 있다. 유경식 석검 2식(그림186-6)은 랴오시에 분포하는 모矛식 동검을 모델로 하여 한반도 서북부에서 확인된다. 유경식 석검 3식(그림186-7)은 한반도 북부에 분포하는 요령식동검을 모델로 삼아 한반도 북부에서 남부까지 분포하고 있다. 또한 유병식 석검 중 일부 이단병식 석검은 랴오시지역의 요령식동검 1식을 모델로 하면서도 요령식동검의 전반적 특징을 토대로 발전하였다. 이러한 특징의 석검은 한반도 남부지역을 중심으로, 북부 규슈와 세토나이[瀬戸内] 서부까지 분포하고 있다(宮本 2017).

이처럼 석검의 분포는 모델이 되는 동검이 분포하지 않은 지역이나 이와 접촉하는 지역에서 발견된다. 이는 동검을 제작할 수 없거나 사용하지 않는 지역에서 석검이 동검의 대체품으로 유통되거나 사용되었음을 알려준다. 또한 모델이 되는 동검과 석검은 서로 동시성을 띠고 있음을 확인할 수 있다. 이러한 현상은 청동기문화가 서에서 동으로 점차 확산되면서 각 지역에서 동검이 재지 생산되는 과정을 보여준다. 그리고 재지적으로 생산 할 수 없었던 지역이나 청동기 공급이 적은 지역에서는 그 대체품으로 석검을 생산 · 유통하였다고 볼 수 있다.

5. 다뉴경多紐鏡과 동북아시아 청동기문화

한반도에서는 다뉴조문경이 유입된 후, 다뉴조문경이 생산되는 단계부터 동과가 생산이 시작되었다. 다뉴조문경과 다뉴세문경의 편년에 대해서는 많은 연구자에 의해 이루어졌으며, 최근까지 정리된 다뉴조문경 주요 연구는 코모토 마사유키[甲元眞之](1990), 미야자토 오사무[宮里修](2001b·2008), 조진선(2008·2014), 이청규(2010) 등이 있다. 이 중에서도 조진선의 다뉴경 연구가 주목되는데, 다뉴경의 연緣 단면의 형태 변화에 관한 분석을 통해 연 단면형과 경鏡면의 문양 변화가 상관되는 점을 기초로 다뉴경의 변화방향을 제시하였다. 이 편년 연구는 예를 들어 전국식 거울의 편년(宮本 1990)에서 확인할 수 있듯이, 동경의 편년 연구의 방법론으로서 충분히 타당성을 가진다고 볼 수 있다.

또한 문양의 계보에 대한 연구로는 미야자토 오사무의 다뉴조문경(宮里 2001b)과 다뉴세문경(宮里 2008)의 분석이 유효한 것으로 판단된다. 여기에서는 조진선과 미야자토 오사무의 변천관에 기초하여 다뉴경 편년을 재구성하며 큰 틀을 제시하고자 한다(그림187).

조진선의 형식분류는 경鏡면과 연緣의 형태의 조합으로 이루어진다(조진선 2008). 경면이 볼록하거나 평면적으로 보면 가장자리가 외반하는 것을 I식, 경면이 평면인 것을 II식, 경면이 오목한 면인 것을 III식으로 구분하였다. 연의 형태는 평연平緣이나 방연方緣을 A식, 삼각연을 B식, 반구半球연을 C식으로 구분하였다. 이 두가지 속성을 조합하면 AI식, BII식, BIII식, CI식, CII식, CIII식의 형식이 성립된다. 또한 문양 계

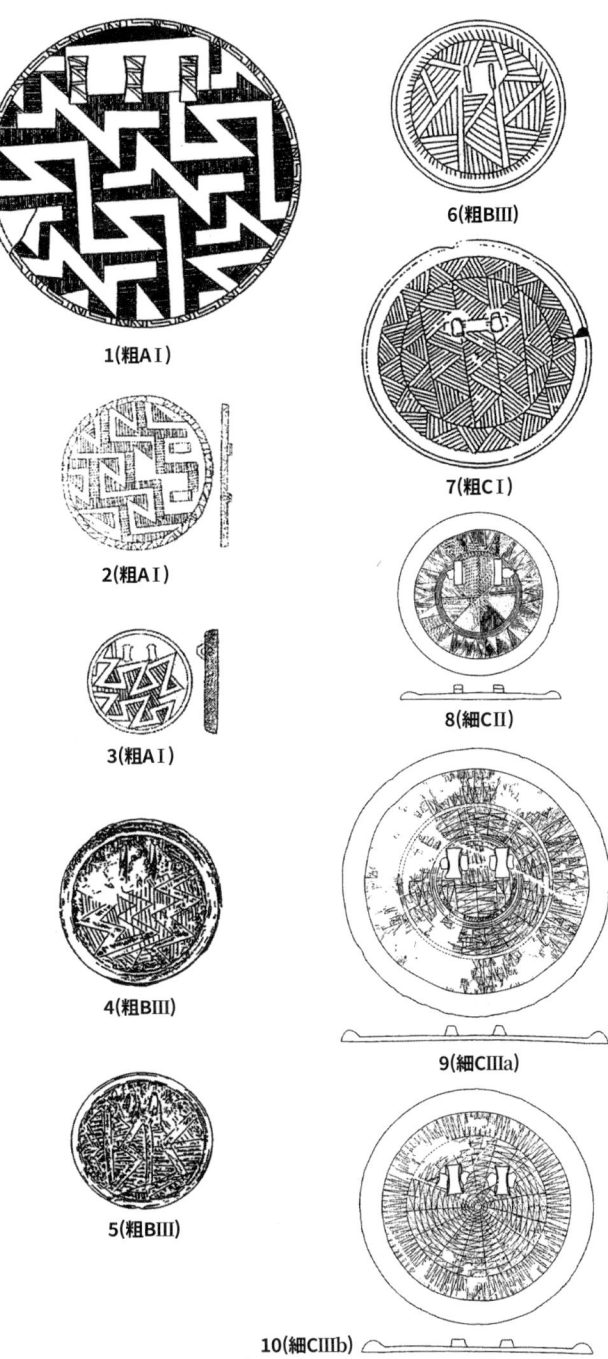

그림187. 동북아시아 다뉴경의 변천(1: 스얼타이잉쯔[十二台營子] 3호묘, 2: 량자춘[梁家村] 1호묘, 3: 정가와쯔[鄭家窪子], 4: 전 충남, 5: 전 평양, 6: 전 성천, 7: 여의리A, 8: 구봉리, 9: 초포리a, 10: 초포리b, ※축척 1/6)

열을 기준으로 뇌문경, 태양문경, 성문경, 엽맥葉脈문경으로 분류하였다. 앞서 제시한 동경의 형식과 문양 계열을 함께 살폈는데, 이 중 문양의 변화 계보를 가장 명확하게 확인할 수 있는 것은 뇌문경이다. 이는 미야자토 오사무가 제시한 조문경 A식에 해당한다(宮里 2001b).

또한 조진선의 A~C식은 지역성을 반영하는데, A식은 랴오시지역, B식은 랴오둥지역에서 한반도 서북부, C식은 한반도 전역에 분포한다. 조진선의 형식변화에 따르면, 뇌문경의 문양 변천 과정에서 조문경 AI식은 1~3기, 조문경 BIII식은 4·5기로 설정하였다. 또한 조문경 AI식은 차오양[朝陽]시 스얼타이잉쯔[十二台營子](그림187-1)에서 번시[本溪]현 량자춘[梁家村] 1호묘(그림187-2), 선양[瀋陽]시 정가와쯔[鄭家窪子] 6512호묘(그림187-3) 순으로 계통적 변화가 이루어진다. 또한 뇌문은 조문경 BIII식에서 전 충청남도 출토품(그림187-4)인 미야자토의 AI식, 전 평양 출토품(그림187-5) 순으로 변화한다.

이처럼 조진선과 미야자토 오사무가 제시한 다뉴경의 형식변화를 앞서 정리한 동검의 형식변화에 대비하여 검증해 보면 다음와 같다. 조문경 AI식인 스얼타이잉쯔[十二台營子] 출토품(그림187-1)은 요령식동검 1a식과 공반되며, 조문경 AI식의 량자춘[梁家村] 1호묘(그림187-2)·정가와쯔[鄭家窪子] 6512호묘(그림187-3)는 랴오시·랴오둥지역 요령식동검 1b식이 공반된다. 실연대로 본다면 조문경 AI식은 기원전 10~6세기에 해당한다.

조문경 BIII식인 전 평양 출토품(그림187-5)과 유사한 문양을 가진 평양 신성동 출토품은 한반도 요령식동검 AIIc식이 공반되고 있어 랴오시·랴오둥지역 요령식동검 2a식에 병행하는 단계임을 알 수 있다. 또한 조문경 BII·BIII식이 출토된 랴오둥의 자오자바오쯔[趙家堡子]에서는 요령식동검 2b식이 공반되며, 조문경 BII식이 출토된 류자샤오[劉家哨]에서는 요령식동검 2b식이 공반된다. 이를 통해 조문경 BII·BIII식은 기원전 6~4세기로 해당한다고 볼 수 있다. 한편 연해주의 이즈베스트프Isvestov 유적에서도 조문경 BIII식이 출토되고 있는데, 세형동검 BIa식과 세형동모 D1a식이 공반되고 있다(姜仁旭·千羨幸 2003). 이는 한반도 청동기문화 제3단계로 기원전 5~4세기로 볼 수 있다.

또한 주로 한반도에 분포하는 다뉴조문경(조진선의 C식)은 CI, CII, CIII식으로 구분된다(조진선 2008). 조문경 BIII식에서 CI식으로의 문양 변화는 미야자토 오사무의 형식분류를 통해 제시된 바 있다(宮里 2001b). 조문경 BIII식의 주요 문양인 뇌문은 전 평양 출토품(그림187-5)인 미야자토의 AII식에서 시작하여, 이중선의 뇌문이 남아 있으며, 삼각 집선문으로 채워진 미야자토 AIII식의 전 성천成川 출토품(그림187-6)으로 변화한다. 이후 삼각 집선문으로 구성된 외구外區와 내구內區 문양대가 형성되는 미야자토의 AV식인 여의리如意里 A경鏡(그림187-7)으로 변화한다. 여의리 A경은 다뉴조문경 C1식에 해당한다.

조문경 CI·CII식은 대전 괴정동, 아산 남성리, 예산 동서리, 부여 구봉리 등에서 확인된다. 조문경 CIII식은 괴정동 등에서 출토되는데, 이와 함께 기원전 5~2세기의 세형동검 BIa·Ib·Ic식이나 BIIc식이 공반되고 있다. 특히 괴정동은 세형동검 BIb식이 공반되어 한반도 청동기문화 제2단계인 기원전 5~4세기에 해당한다는 것을 알 수 있다. 따라서 이 시기에 조문경 CI·CII·CIII식이 한반도에서 생산되었음을 알 수 있다.

한편 미야자토 오사무는 다뉴세문경의 외구外區 문양을 세분하여 형식분류하였다(宮里 2008). 그는 외구 문양을 대향對向 삼각문 a류에서 대향對向 삼각문 d류로 구분하였다. 이를 바탕으로 조진선은 다뉴세문경 CIII식 내에서도 외구 문양의 차이에 따라 연대 차이가 있음을 지적하였다(조진선 2014). 여기서는 앞서 정리한 형식에 외구 문양을 조합하여, 세문경 CIIIa·CIIIb·CIIIc·CIIId식으로 세분화된 형식을 설정하고자 한다.[3]

세문경 CIIIa식은 부여 구봉리와 화순 대곡리·초포리유적에서 출토되며, 세형동검 BIc·BIIc식과 공반된다. 세문경 CIIIb식은 초포리유적에서 출토되며, 마찬가지로 세형동검 BIc·BIIc식이 공반된다. 세문경 CIIIc식은 부여 합송리나 장수 남양리 4호묘에서 출토되며, 여기서는 세형동검 BIc식과 공반된다. 또한 아산 궁평리 출토품은 세형동검 BIIc식과 공반된다. 이러한 세형동검의 연대는 기원전 3세기~2세기에 해당한다. 따라서 세문경 CIII식의 중심연대는 세형동검 BIc식을 수반하는 한반도 청동기문화 제3단계인 기원전 3세기일 것으로 추정된다. 한편 미야자토 오사무는 각 형식의 일본열도 유입을 정리하며, 세문경 CIIIa식이 먼저 한반도 서남부에서 일본열도로 유입된 후 세문경 CIIIb·CIIIc식이 일본열도로 유입되었다고 보고 있다(宮里 2008).

이상과 같이 선행연구에서 다룬 다뉴경의 형식분류를 필자의 동검과의 공반관계를 통해 편년 재구성하였다. 랴오시지역에서 랴오둥지역, 한반도로 전개되면서 점차 경鏡면의 연緣 형상이 평탄한 것에서 삼각형으로, 다시 반구형으로 변화하는 양상이 확인된다. 동시에 시기에 따라 경면의 형태가 볼록한 면에서 평탄면으로, 이후 오목면으로의 변화는 동북아시아 전반에서 공통적으로 나타난다. 앞서 제시한 다뉴경의 변천은 동검의 변천 과정과도 모순없이 일치하고 있다. 이를 통해 동북아시아에서는 동검과 다뉴경이 일정한 변천과정 속에서 함께 변화해 갔음을 확인할 수 있다. 이러한 다뉴조문경·세문경의 형식변천을 앞서 제시한 동검에 기초하여 한반도 청동기문화의 단계 속에서 지역별로

표33. 다뉴경의 변천과 한반도 청동기문화

한반도 청동기문화	요령식동검	랴오시	랴오둥	지창지구	한반도 북부	한반도 남부
한반도 청동기문화 1a단계	1a	粗AⅠ				
한반도 청동기문화 1b단계	1b	粗AⅠ	粗AⅠ			
한반도 청동기문화 1c단계	2a				粗BⅢ	
한반도 청동기문화 2단계	2b·3a		粗BⅡ·BⅢ	粗BⅡ·BⅢ	粗BⅡ·BⅢ, 細CⅠ	粗CⅠ·CⅡ·CⅢ, 細CⅠ
한반도 청동기문화 3단계	3b·4				細CⅢ	細CⅡ·CⅢ

---

3) 역자 주) 필자는 선행연구에서 언급한 외구 문양에 기초하여 다시 세분하고 있으나, c와 d류의 특징은 언급하지 않은 채 논지를 진행하고 있다.

정리한 것이 표33이다. 이를 통해 랴오시에서 한반도로 단계적으로 다뉴조문경이 확산되고 있다는 점, CI~CIII식의 다뉴조문경·세문경이 한반도 남부를 중심으로 자가 생산되었다는 점을 확인할 수 있다. 이 같은 견해는 이청규의 다뉴조문경·세문경의 변천 연구에서도 인정되고 있다(이청규 2010).

6. 묘제의 변천

이 시점에 동북아시아에서 확인되는 묘제로는 지석묘를 들 수 있다. 지석묘는 탁자형 지석묘와 기반형 지석묘로 구분되는데, 전자는 랴오둥에서 한반도 북부, 후자는 한반도 남부를 중심으로 분포하는 것으로 알려져 있다. 또한 개석식 지석묘, 즉 남방식 지석묘로 불리는 형태도 존재한다.

지석묘는 앞서 구분한 형식에 따라 지역성을 띠는 경우도 있지만, 한편으로는 한반도 남부를 중심으로 동일 지역 내에서도 혼재되어 존재하는 사례도 확인된다. 따라서 우선적으로 지역성을 중심으로 각 지역 단위에서 묘제 변천 과정을 다시 점검해 보고자 한다. 여기서는 크게 랴오둥지역, 한반도 북부, 한반도 남부로 나누어 묘제의 변천과정을 정리해 보고자 한다.

먼저 랴오둥에서 한반도 북부지역 묘제의 변천 과정에 대한 견해는 크게 두 가지로 나뉜다. 석광예(1979)와 코모토 마사유키甲元眞之(1973·1980)는 지하에 위치한 석관묘가 점점 지상에 노출되도록 배치되면서 탁자형 지석묘로 변화하고 이후 탁자형 지석묘가 대형화된다는 견해를 제시하였다. 다른 하나는 랴오둥지역 지석묘의 현지 조사를 바탕으로 탁자형 지석묘의 변천과 이후 대석개묘의 출현에 대한 변천과정이 제시되었다(宮本 2000a). 이 두 견해는 언뜻 서로 상반되는 것처럼 보일 수 있지만 그 실상은 그렇지 않다. 두 견해를 종합한 관점이 가장 개연성이 높은 묘제의 변천양상이라고 판단된다. 이는 무덤 내 공반되는 토기나 석기 등의 상대적인 연대적 위치가 확인되면서 더욱 가능성이 높아졌다(그림188).

동북아시아 청동기시대는 장성지대 청동기문화 제2기~제3기로 이행되는 시기인 기원전 2천년기 중엽에 시작된다고 볼 수 있다. 그 단계에 대표적인 묘제는 랴오둥 내륙부에서 두만강 유역에 걸쳐 분포하는 석관묘가 있다. 이 시기는 랴오허 하류 유역의 먀오호우산[廟後山] 중층·상층 전반에 해당하는 단계이다. 타이쯔[太子]하 상류 유역인 랴오닝성 번시[本溪]시 다이자오쯔[代家堡子] 석관묘(梁志龍 2003)는 먀오호우산[廟後山] 중층과 거의 같은 시기이다. 옌지[延吉] 샤오잉쯔[小營子] 석관묘도 이 단계에 포함된다.

탁자형 지석묘는 지하에 위치한 석관묘가 점차 지상으로 노출되면서 성립되었다는 견해가 석광예나 코모토 마사유키에 의해 제기된 바 있다. 이러한 탁자형 지석묘와 석관묘의 관계성은 랴오둥 내륙지역 석관묘에는 적용될 가능성이 있다. 현재까지 랴오둥반도에서는 석관묘가 발견되지 않아 이 같은 변천을 랴오둥반도에서 직접적으로 찾을 수는 없다.

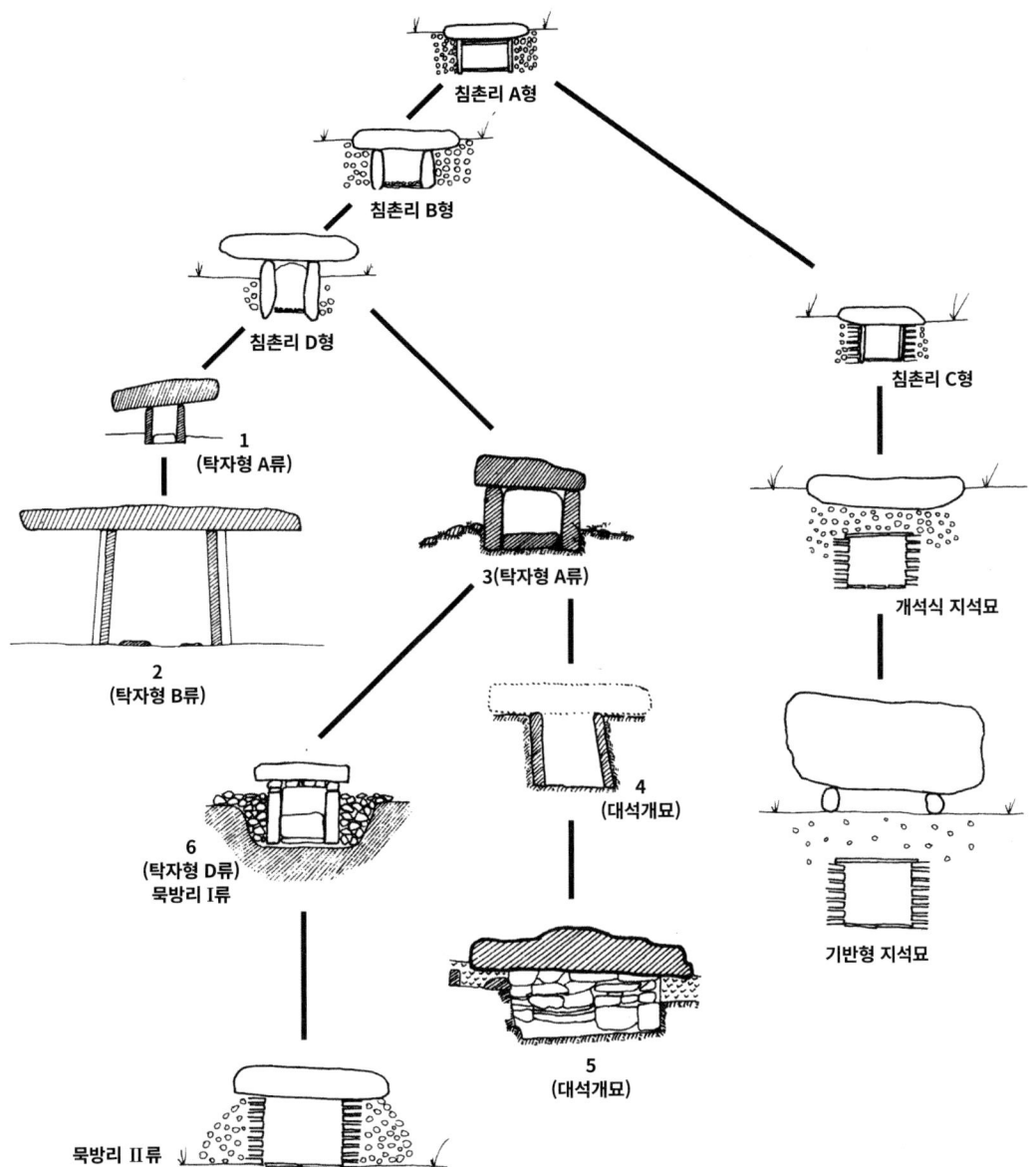

그림188. 동북아시아 묘제의 변천

반면 석광예는 한반도 북부에 침촌沈村형 지석묘의 사례를 바탕으로 지석묘의 변천을 제시하였다(석광예 1979). 석관묘가 지하에서 점차 지상으로 노출되면서 복수묘에서 단독묘로 변화하는 침촌형 1~5유형으로 전개된다. 이후 이른바 탁자형 지석묘인 오덕五德형 1~3유형이 확인된다. 특히 침촌형 3유형 이후에 오덕형 1유형이 출현하며, 침촌형 4·5유형과 오덕형 2·3유형은 각각 독립적으로 변화하면서 지속된다. 즉 한반도 북부의 지석묘 변천과정은 크게 두 계통으로 구분될 수 있다.

이 견해를 바탕으로 코모토 마사유키는 침촌리 A형에서 침촌리 B형으로 변화한 후, 다시 지하 석관부분이 지상에 노출되기 시작하는 침촌리 D형으로 변화하는 과정을 상정하였다(甲元 1980). 특히, 석관이 지하에 위치한 침촌리 A형(침촌형 1유형)에 해당하는 금동침촌金洞沈村형 지석묘에서는 석검이 출토되었다. 이 석검은 앞서 언급한 곡병동검을 모방한 유경식 1식 석검으로, 이는 랴오시의 장성지대 청동기문화 제3기와 병행하는 것이다. 또한 토기의 편년으로 본다면, 다롄[大連]시 다쮜쯔[大嘴子] 유적에서 출토된 석검과의 공반관계를 통해 슈앙투오쯔[雙砣子] 3기인 상대 후기에 병행하는 것으로 판단된다.

이후 탁자형 지석묘가 출현하는데, 이러한 지석묘는 주로 랴오둥에서 한반도 북부에만 분포할 가능성이 있다. 이것은 석광예가 제시한 오덕형 2유형에 해당하며, 필자는 이를 탁자형 지석묘 A류라고 명명하였다(宮本 2000a). 또한 랴오둥반도의 탁자형 지석묘에서는 공반된 토기의 관계가 명확한 사례도 존재한다. 탁자형 A류에서는 상마스[上馬石] A지구 하층의 토기(宮本 2015a)가 공반되어 있다. 또한, 탁자형 지석묘 A류(오덕형 2유형)인 송신동松新洞 10호 지석묘에서는 앞서 언급한 모矛식 동검을 모방한 유경식 석검 2식이 부장되었다. 모矛식 동검은 서주 후반기와 병행하는 장성지대 청동기문화 제4기에 출현한다. 토기 편년을 기준으로 보면, 상마스[上馬石] A지구 상층과 병행하는 것으로 판단된다. 따라서 슈앙투오쯔[雙砣子] 3기에서 상마스[上馬石] A지구 상층이라는 상대적인 변화 과정에 침촌형 1유형에서 오덕형 2유형으로 변화되었음을 확인할 수 있다. 즉, 석광예나 코모토 마사유키가 제시한 견해처럼 지하의 석관묘가 점차 지상으로 노출되면서 변화한다는 것을 다시 한 번 확인하였다(석광예 1979; 甲元 1973·1980).

이후 랴오둥반도에서는 무덤이 더욱 대형화되며, 채석 후 가공한 개석을 사용한 탁자형 지석묘 B·C류로 변화해 간다(宮本 2000a). 반면 랴오둥 내륙에서는 탁자형 지석묘 A류(그림188-3)에서 탁자형 지석묘 D류(그림188-6)로 변화하는 과정도 확인된다. 탁자형 지석묘 D류는 탁자형 석실 주위에 자갈을 쌓는 것이 특징으로, 이른바 묵방리형이라고 부르기도 한다. 코모토 마사유키나 석광예는 묘실이 지하에 있는 것을 묵방리형 I류, 묘실이 지상에 있는 것을 묵방리형 II류로 세분하고, I류에서 II류로 변화하는 과정을 제시한 바 있다(甲元 1973; 석광예 1979). 앞서 언급한 탁자형 지석묘 D류는 묵방리형 I류에 해당하므로, 묵방리형 I류에서 II류로 변화는 타당하다고 할 수 있다.

묵방리형 I류 지석묘인 묵방리 24호묘에서는 미송리형토기의 늦은 형식인 묵방리형토기가 출토되었다. 반면 미송리형토기는 랴오둥반도의 대석개묘에서 공반되고 있어 그 기원을 상마스[上馬石] A지구 상층이라고 볼 수 있다(宮本 1985a·2015a). 탁자형 지석묘 A류가 상마스[上馬石] A구 하층이라는 점을 고려하면, 미송리형토기의 퇴화 형식인 묵방리형토기를 동반한 묵방리 I류 지석묘의 상대적인 위치는 모순되지 않는다. 또한 묵방리 1류 지석묘는 랴오둥 내륙 대석개묘의 구조와도 유사성을 보인다.

한편 랴오둥 반도·랴오둥 내륙 내 대석개묘나 묵방리 I류가 분포하는 단계, 랴오하 중하류 유역이나 훈[渾]하 유역에서는 새로운 요령식동검을 포함한 석관묘가 출현한다. 그리고 이 석관묘는 한반도 북부지역까지 확산된다. 그중 일부는 한반도 남부지역인 송국리유적 등에서도 확인된다. 동시기에 랴오둥반도와 랴오둥 내륙에서는 하부구조가 다양한 대석개묘가 등장한다. 대석개묘 중에는 쌍팡[雙房] 6호묘와 같이 요령식동검이 부장된 사례도 있다. 이 단계는 상마스[上馬石] BII지구(宮本 2015a)와 병행하는 단계로, 장성지대 청동기문화 제4기에 해당한다. 또한 랴오둥반도의 말단부에서는 신석기시대 후기부터 적석총이 연속적으로 축조되었으나, 상마스[上馬石] BII지구 단계인 강상[崗上]묘부터 요령식동검 1a식이 부장된 사례가 확인된다.

여기서 한반도 남부지역과의 관계가 문제되는데, 이 지역의 묘제 변천은 기본적으로 공반토기의 연대를 기준으로 검토하여야 한다. 지역에 따라 변천 과정이 다소 복잡하지만, 여기에서는 이를 단순화하여 대략적인 변화방향을 제시하고자 한다(그림188). 고古단계의 지석묘는 무문토기시대 전기인 흔암리식 토기 단계에 해당하는 사천 소곡리 지석묘에서 시작되었다고 볼 수 있다(하인수 1994). 이 지석묘는 개석식 지석묘로 분류되며, 지석 없이 상석만으로 이루어진 형태이다. 개석식 지석묘는 랴오둥반도의 대석개묘와 유사한 점이 많아 계통적으로는 이들 간에 어떤 형태로든 연관성이 있었을 가능성이 크다.

개석식 지석묘는 주로 영남지역(경상도)에 분포하고 있는 것이 특징이다. 하부구조는 얇은 판석으로 이루어진 석관에서 석곽 계통으로 변화가 상정된다(하인수 1994). 석관이 판석으로 이루어진 것이 아니라 소형 판석을 쌓아 올린다는 의미에서 석곽 계통에 속한다는 것이다. 한반도 북부의 판석 석관 구조와는 차이가 있지만, 지하에 묘실을 가지고 있다는 점에서는 침촌리 C형과 같은 범주에 포함될 수 있다. 이 침촌리 C형은 침촌리 A형이 변화한 형태로 추정되며, 침촌리 C형에서 개석식 지석묘로 변화했을 가능성이 있다. 이러한 개석식 지석묘는 주로 충적지나 평지로 군집을 이루며 분포하는 경향을 보인다.

한편, 남방식 지석묘는 지석을 가진 기반형 지석묘에 해당한다. 기본적으로 남방식 지석묘와 개석식 지석묘를 구분하여 생각해야 한다(하인수 1994). 남방식 지석묘(기반식 지석묘)의 기원은 명확하지 않지만, 개석식 지석묘가 상석을 지지하는 기반형 지석묘로 변화한 것으로 추정된다. 기반형 지석묘는 공열문토기가 출토된 대전 비래동 1호 지석묘 등에서 시작되었다. 비래동 1호 지석묘에서는 요령식동검 재가공품이 부장되었으며, 이것은 한반도 남부에서 가장 이른 요령식동검 중 하나이다.

남방식은 호남지역(전라도)에서 영남지역을 중심으로 분포한다. 이 지역에서 많이 출토되는 한반도 AV식 요령식동검 역시 남방식 지석묘에 부장된다. 또한, 남방식 지석묘는 호남지역에서는 군집을 이루는 반면, 영남지역에서는 구릉부에 단독 또는 소수의 그룹으로 분포하는 경향을 보인다. 남방식 지석묘와 개석식 지석묘는 지하식에서 지상식으로 변화하는 사례가 일부 확인되었다. 그러나 이러한 변화 과정은 한반도 북부~랴오둥지역에서 보이는 지석묘와는 연동되지 않으며, 별개의 양상으로 보아야 한다. 남방식 지석묘와 개석식 지석묘에서 출토되는 토기는 주로 공열문토기에서 송국리식토기에 해당한다. 다만 호남지역 등 일부지역에서는 세형동검기인 점토대토기도 확인되고 있다.

반면 영남지역에서는 송국리식과 병행하는 이 시기에, 남방식 지석묘 주변에 부석敷石이나 주구로 구획한 개인묘가 출현한다. 창원 덕천리 1호 지석묘는 잔존길이 50m 이상 부석이 기단 형태로 구획되고, 그 안쪽에 지석묘가 배치된 석적石積식 구획묘가 확인되었다. 지석묘 하부는 이단묘광 형태를 이루며, 석곽이 구축된 후 목관이 배치된 구조이다. 또한 최근 발견된 마산 진동리 1호묘 역시이 단계에서 더욱 발달한 구획묘에 해당한다. 또한 남방식 지석묘나 개석식 지석묘의 하부구조에도 목관이 포함된 형태가 등장하기 시작한다(宮本 2017).

한반도에서 지석묘에 이어 등장하는 것이 세형동검이 부장되는 토광묘이다. 이 토광묘는 위석 목관묘라고도 불리며, 토광에 목관이 안치된 것으로 추정되어 목관묘라고도 부른다. 목관묘는 훈[渾]하 유역 정가와쯔[鄭家窪子]무덤군의 목곽묘나 목관묘가 점토대토기 문화와 함께 한반도로 유입된 것으로 보아야 한다.

랴오둥 내륙의 량취안[涼泉]문화 등에서 점토대문화가 남하하였다는 박순발의 견해(박순발 2004)에 따르면, 박순발의 점토대토기 II단계인 정가와쯔[鄭家窪子] 단계부터 목관묘가 널리 확산된 것으로 볼 수 있다. 박순발의 I단계는 랴오둥반도의 대석개묘와 병행하는 단계로 예를 들어 랴오닝성 랴오양[遼陽] 얼다오허쯔[二道河子] 석관묘가 이에 해당한다. 랴오시·랴오둥지역 요령식동검 1a식은 랴오하 중하류 유역이나 훈[渾]하 유역의 석관묘에서 출토되지만, 요령식동검 1b식 단계부터는 목관묘에서 출토된다. 요령식동검 1b식 단계에서 정가와쯔[鄭家窪子] 6512호묘와 같은 목곽묘도 등장하는데, 이는 목관묘 문화 중에서도 계층 상위자의 무덤이라고 할 수 있다. 참고로 랴오시지역에서는 기원전 6세기 후반~5세기 전반에 해당하는 동대장자 45호묘 목곽묘에서 요령식동검 2a식이 확인된다. 이 목곽묘는 묘광을 자갈로 충진하는 봉석封石묘라고도 불리는 재지적 묘제이다.

결과적으로 목관묘라는 묘제는 요령식동검 1b식 이후에 점토대토기와 함께 한반도로 확산되었다고 볼 수 있다. 이 같은 변화는 박순발의 점토대토기 제II단계 이후, 즉 인자춘[尹家村] 2기에 해당하는 것이다(宮本 2017). 동검의 편년을 살펴보면, 한반도에서는 요령식동검 2a식 이후에 세형동검이 등장한다. 그렇다면 동검의 변화와 묘제의 변천과의 관계는 모순되지 않는다. 또한 한반도 남부지역으로 점토대토기가 전파되는 시점에 김천 문당동 1호 목관묘에서 출토된 요령식동검 AIIIc식(그림158-1)은 중요한 사례 중 하나이다. 이 목관묘에서 출토된 점토대토기(그림158-2)는 나카무라 다이스케의 점토대토기 II-2기에 해당한다(中村 2008). 한반도 요령식동검 AIII식은 랴오시·랴오둥지역의 요령식동검 2a식과 비교를 통해 돌기의 형상, 등대의 융기 결여, 등대 연마의 형태라는 3가지 속성이 동일하여 동시기로 판단할 수 있다.

한편 평양 신성동 석곽묘에서 출토된 동검도 앞서 언급한 세 가지 속성과 동일하여 동시기로 판단된다. 한반도 요령식동검 AIIc식과 공반된 부장토기인 호(그림168-5)의 형태는 랴오시·랴오둥지역 요령식동검 1b식이 부장된 정가와쯔[鄭家窪子] 6512호묘에 공반된 호의 다음 단계에 해당한다고 볼 수 있다(宮本 2017). 문당동 1호 목관묘는 신성동 석곽묘로 이어지는 단계로 보인다. 따라서 요령식동검 AIIIc식의 하한연대와 세형동검 BIa식의 상한연대가 시기적으로는 겹칠 가능성이 있다. 세형동검 BIb식이 공반되는 괴정동 목관묘는 점토대토기 II-2기에 해당한다. 이와같이, 한반도 남부지역에서도 점토대토기 II-2기에는 세형동검과 함께 목관묘가 나타나기 시작하였음을 알 수 있다.

7. 상대편년으로 본 동북아시아의 청동기문화

앞서 동검·석검의 편년과 무덤의 편년을 개별적으로 검토하였다. 동북아시아 전반의 물질문화 변천을 종합적으로 정리하였을 때 모순이 발생하지 않는다면, 그것은 현 단계에서 확인할 수 있는 가장 타당한 상대연대라고 할 수 있다. 그리고 이를 바탕으로 야요이시대의 시작과 함께 전반기의 시간적 위치를 설정할 수 있을 것이다.

표34. 장성지대 청동기문화 분기와 동북아시아 토기의 편년

연대	중원	랴오둥반도	압록강 하류유역	한반도 서북부	한반도 중·남부	(무문토기 시기구분)	북부 규슈	장성지대 청동기문화분기
BC2000	왕완[王湾] 3期	샤오주산 [小珠山] 상층	당산 상층	남경 2기	신석기 만기		조몬 후기	第1期
	신저이[新砦]	슈앙투오쯔 [雙砣子] 1期	신암리1기					第2期
BC1500	얼리터우 [二里頭]문화	슈앙투오쯔 2期	신암리 제3지점 제Ⅰ문화층					
	얼리강 [二里岡]문화	슈앙투오쯔 3期	신암리 2기	팽이형토기 Ⅰ	돌대문토기	(조기)		
BC1000	인쉬[殷墟]기	슈앙투오쯔 3期			횡대사격자문 토기(가락동)	(전기전엽)	조몬 만기	第3期
	서주	상마스[上馬石] A지점 하층	신암리3기	팽이형토기 Ⅱ	횡대사격자문 토기(흔암리)	(전기중엽)		
		상마스 A지점 상층	미송리 상층		공열문토기 (역삼동)	(전기후엽)	야요이 조기 야요이 전기	第4期
	춘추	상마스 BⅡ지점			선송국리 (휴암리)	(후기)		
BC500	전국	인자춘[尹家村] 상층			송국리 점토대토기			第5期

표35. 한반도 청동기문화와 동검 · 동모 · 동과 형식의 조합

	장성지대 청동기문화	한반도 청동기문화	옌산[燕山] 지역	랴오시	랴오둥	지창지구	한반도 북부	한반도 남부
BC950	第3期		B1	B1				
			A2, B2					
	第4期	제1a단계	A3	1a	1a	1a, 矛A1	A I	A V a
BC500		제1b단계	A3, B3	1b	1b	1b, 矛A2	A IIa, AIIIa, 矛A2	A V a
	第5期	제1c단계	D, A8	2a, 戈A	2a	触角 I, 矛A3	A IIb · IIc, AIIIb · IIIc, 矛A3	A V b, 矛C
BC300		제2단계	鐵器	2b, 鐵器	2b, 3a, 戈B	2b, 触角 IIa	B Ia · Ib · IIa, 矛D1	B Ia · Ib · IIa, 矛D1
		제3단계	鐵器	鐵器	鐵器, 3b, 4	3b, 4, 触角 IIb, 鐵器	B Ic, 矛D2a · D2b, I · II, 鐵器	B Ic, 矛D2a · D2b, 戈 I · II, 鐵器
BC100		제4단계	鐵器	鐵器	鐵器	触角 IIc, 鐵器	B IIc, 触角 V, 鐵器	B IIc, 矛D2c, 触角 V, 戈III, 鐵器

동북아시아 토기 편년에 대해서는 먼저 필자의 장성지대 청동기문화 제2~4기(宮本 2008d)를 토대로 지역 간 비교의 기준을 삼고자 한다. 그리고 장성지대 청동기문화 제4기 이후는 시기적으로 병행하는 한반도 청동기문화 제1~5단계로 구분하여 설명하고자 한다. 장성지대 제1~5기까지의 네이멍구 중남부에서 동북아시아로 이어지는 청동기 변천은 그림189와 같다.

각 단계와 동북아시아 각 지역의 토기 편년 간의 상호관계는 표34와 같이 제시하였다. 또한 랴오시부터 한반도 남부에 이르는 동검 · 동모 · 동과를 중심으로 한 청동무기의 형식학적 조합을 통해 동북아시아 청동기문화의 단계를 정리한 결과는 표35이다. 편년의 기준은 앞선 제IV부에서 서술한 요령식동검과 세형동검의 편년에 근거한다. 필자가 제시한 동검의 변천 및 실연대는 랴오시에서 한반도를 대상으로 한 미야자토 오사무의 편년안(宮里 2010)과 대체로 유사하나, 일부 차이를 보인다. 이에 대한 필자의 의견과 그 근거는 앞서 상세히 정리한 바 있다.

한편, 한반도 청동기문화에 대한 연구는 요령식동검 문화기부터 세형동검 문화기까지 동검의 변천에 관련하여 비교적 일찍부터 진행되었다. 특히 윤무병(1966 · 1991)과 이건무(1992)에 의해 관련 연구가 제시된 바 있다. 또한 청동기군의 조합에 따른 시기 구분은 고토 다다시後藤直(1985 · 2006)를 비롯한 많은 연구자들에 의해 지역적 관계를 고려한 연구가 이루어졌다. 미야자토 오사무도 역시 이러한 연구 경향 속에서 종합적인 청동기문화의 편년안을 제시하였다(宮里 2010).

최근 한반도 남부지역에서 세형동검과 함께 철기가 출토되는 사례가 증가하면서, 기존의 세형동검문화의 단계에 대한 수정이 필요하게 되었다. 이러한 최신 연구성과를 반영하여 정리한 편년안이 표35인 것이다. 특히 세형동검이 성립된 이후 한반도 청동기문화 제2단계에서는 군산 선제리의 일괄품(전북문화재연구원 2016)에서 확인할 수 있는 것처럼, 세형동검 Ia · Ib · IIa식과 검파형동기 등 이

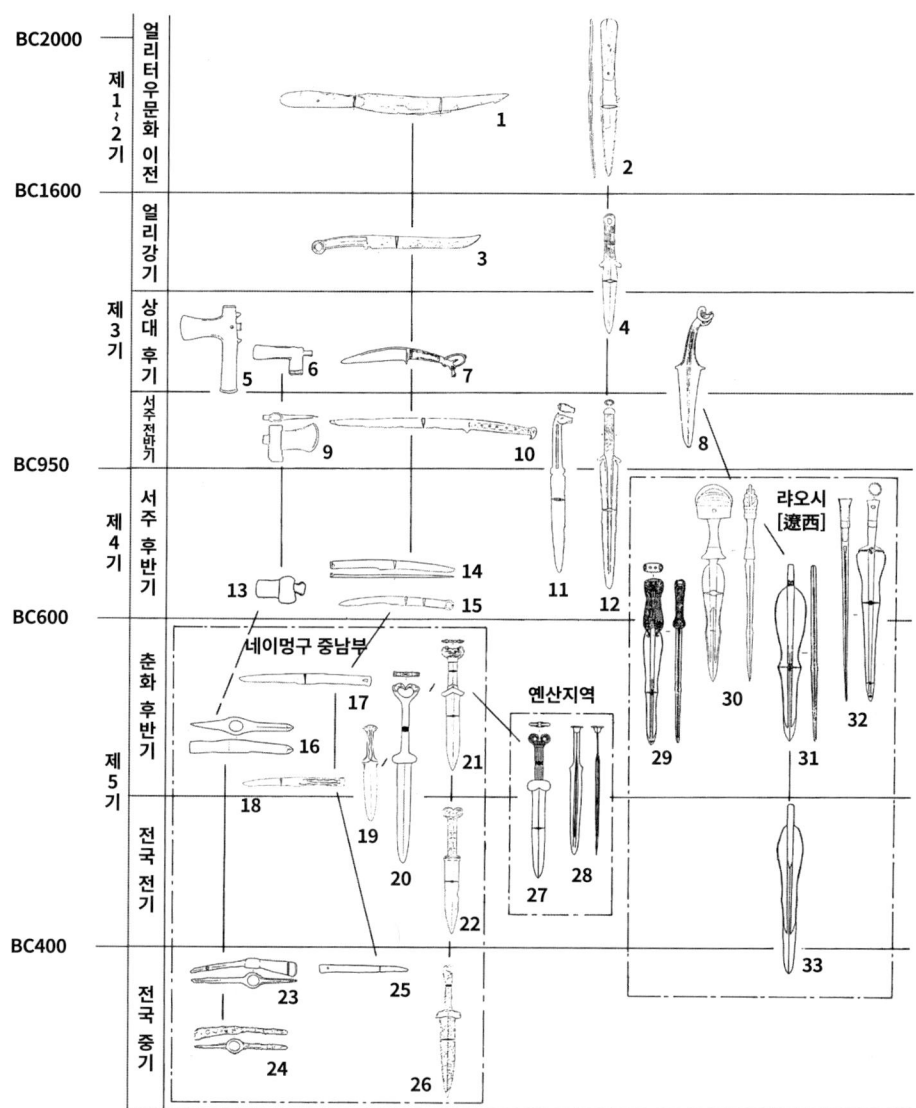

그림189. 북방 청동기문화 무기의 변천(1·2: 윈양츠[鴛鴦池], 3·4: 주카이거우, 5: 차오자위안[曺家垣], 6~8: 차
오다오거우, 9~12: 바이푸, 13: 난산근 M101, 14·15: 난산근 M102, 16~20: 공쑤리[公蘇圯] M1, 17: 타오
훙바라[桃紅巴拉], 18·19: 시거우치[西溝畔] M2, 21: 마오칭거우 M59, 22: 마오칭거우 M60, 23·25: 위룽
타이[玉隆太], 24: 마오칭거우 M38, 26: 마오칭거우 M29, 27·28: 베이신바오 M1, 29: 난산근 M101, 30: 스
얼타이잉쯔, 31: 샤오헤이거우, 32: 스얼타이잉쯔 M8061, 33: 싼관뎬[三官甸], ※축척 1/16

형異形 청동기 A군이 함께 출토되었다. 또한, 랴오둥에서 한반도 북부지역에서는 다뉴조문경 BⅡ·
BⅢ식이 제작됨과 동시에, 한반도에서는 세형동모 D1a식과 다뉴세문경 CⅠ·CⅡ식이 등장한다. 이
단계는 기원전 5세기 후반에서 기원전 4세기에 해당한다.

이 시기는 랴오시 서부지역이 연나라의 간접 지배가 이루어지는 단계로, 랴오둥지역에서 한반도 고유의 청동무기가 확립되는 한편, 랴오하 하류 유역 등 랴오둥지역에서는 토제 거푸집을 활용한 주조기술이 한반도 북부로 확산되는 시기이다. 또한 이 단계에는 연나라의 동진으로 인해 랴오시 동쪽부터 점진적으로 랴오둥지역까지 인자춘[尹家村] 2기인 점토대토기문화가 한반도로 확산된 것으로 보인다(宮本 2017). 특히 기원전 4세기 후반에 이르면 연나라의 직접 지배가 랴오시지역 전역으로 확대되면서(宮本 2019a), 랴오둥지역에서도 B식 요령식동과가 개발된 것으로 해석할 수 있다.

또한 한반도에도 세형동모 D1a · D1b식이 보급되면서, 랴오둥에서 한반도에 걸쳐 독자적인 무기화가 이루어졌는데, 이는 연나라와의 군사적 접촉을 대비한 것으로 추정할 수 있다. 기원전 3세기인 한반도 청동기문화 제3단계에는 세형동검 BIc식을 중심으로 세형동과 I식, 세형동모 D2a · D2b식과 함께 다뉴세문경 CIII식이 등장한다. 이러한 세형동검 · 세형동모 · 세형동과의 발달은 연나라의 직접 지배가 기원전 300년경 청천강 유역 이북인 랴오둥까지 확대되는 것과 관련이 있을 것이다. 연나라의 직접 지배 영역과 맞닿아 있는 지역에서는 군사적 긴장 관계 속에서 세형동검 · 세형동모 · 세형동과와 같은 무기가 발달하게 된 것으로 보인다. 이 시기 연나라는 주조철기를 중심으로 단조제 철모를 포함한 철제무기와 농경구가 발달하였으며, 이러한 변화 속에서 연나라와 접촉하고 있던 한반도 내 주조철부를 중심으로 철기가 유입되었다. 이와 동시에 세형동검 · 세형동모 · 세형동과로 구성된 세형동검문화가 다뉴세문경 CIII식과 함께 한반도에서 북부 규슈로 확산되었다. 청동기 제작 공인들 역시 이 시기에 일본열도로 건너가 북부 규슈나 긴키[近畿]지역에서 청동기 제작이 시작되는 계기가 되었을 것으로 보인다.

이와 같은 큰 틀을 바탕으로, 랴오시에서 북부 규슈지역까지 동북아시아 전역을 대상으로 단계별 청동기 및 묘제 등의 시공간적 변천을 살펴보고자 한다.

장성지대 청동기문화 제3기 초두에 해당하는 청동기시대 조기는 동북아시아 농경화 제3단계로, 관계 농경이나 이와 관련된 농경문화가 산동반도 동부에서 랴오둥반도를 거쳐 한반도로 전파되는 시기이다(宮本 2009c · 2017). 이 시기에는 랴오둥을 중심으로 존재하던 돌대문토기 양식이 한반도로 확산되면서, 한반도 내 돌대문토기문화가 성립하게 되었다. 한편, 랴오둥 내륙의 타이쯔[太子]하 상류 유역에서 옌지[延吉]를 거쳐 석관묘도 확산되는 경향을 보인다.

또한 장성지대 청동기문화 제3기 전반은 랴오시 · 훈하 유역까지 북방 청동기문화인 곡병동검이 확산되는 단계이다(그림190-1). 한반도에서는 무문토기 전기전엽에 해당하는 시기에 가락동식 토기를 중심으로 횡대사선문橫帶斜線文 토기가 확인되는데, 이는 랴오둥반도의 슈앙투오쯔[雙砣子] 3기와 병행하는 것으로 볼 수 있다. 한반도에서는 랴오둥지역을 중심으로 랴오시의 곡병동검과 유사한 유경식석검 1식이 출토되기 시작하였다(그림190-2). 이와 더불어 한반도 북서부에서 석관묘가 변화된 침촌리 A형 지석묘(그림190-3)가 등장하는 시기일 가능성도 있다.

장성지대 청동기문화 제3기 후반은 랴오시지역에서 A3식 동검이 확인되는 단계이다(그림191-1). 이

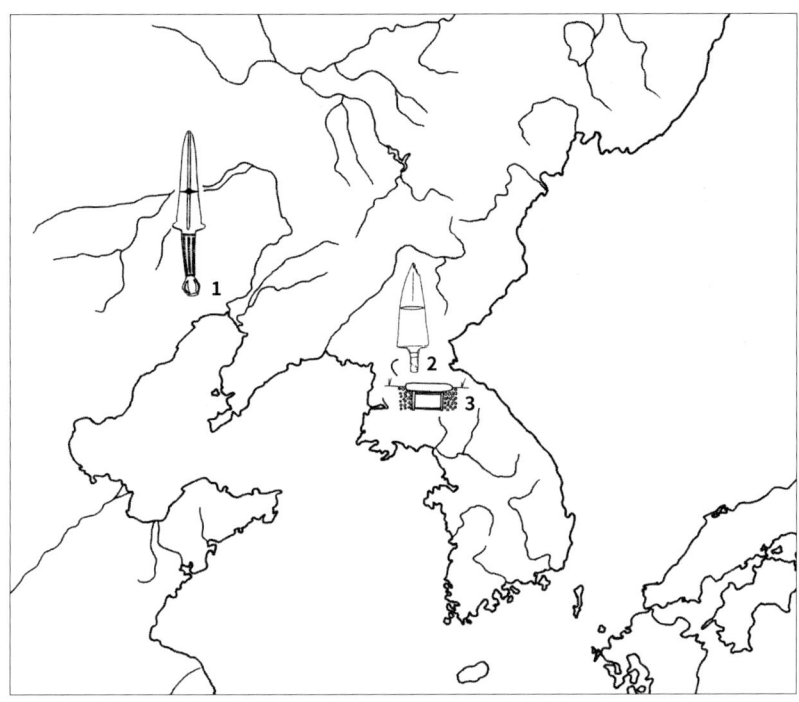

그림190. 장성지대 청동기문화 제3기 전반의 동북아시아(1: 수이취안, 2·3: 금동)

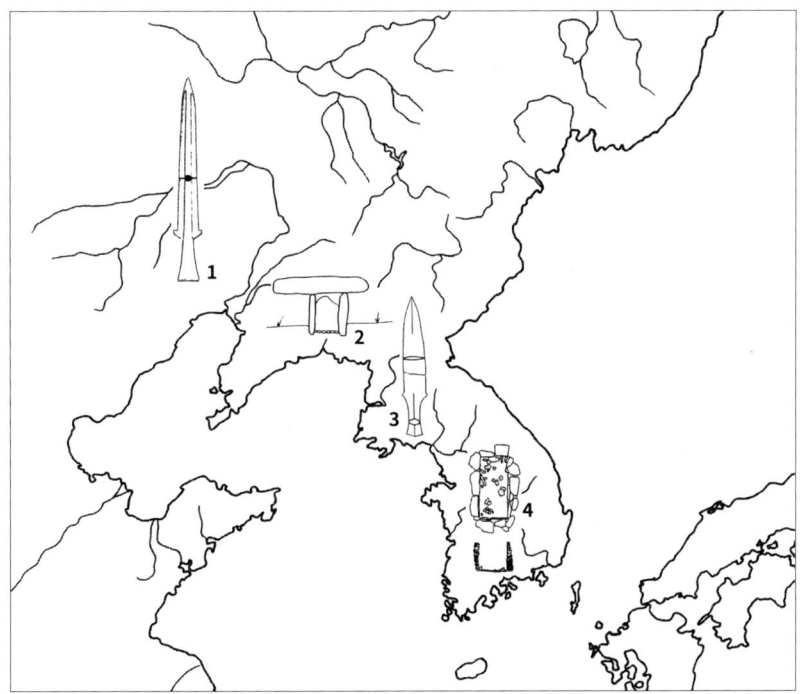

그림191. 장성지대 청동기문화 제3기 후반의 동북아시아(1: 신츠, 2: 심촌리, 3: 신송동, 4: 부곡리)

와 병행기하는 한반도 청동기시대 전기 중엽에는 흔암리식을 중심으로 횡대사격자문 토기가 출토된다. 이 시기는 슈앙투오쯔[雙砣子] 3기에서 상마스[上馬石] A지구 하층과 병행하는 단계로 볼 수 있다. 이 시기에는 랴오둥에서 한반도 북부지역으로 탁자형 지석묘(그림191-2)가 확산되면서, 공동체라고 하는 동질적인 사회구성이 이루어졌음을 확인할 수 있다. 특히, 한반도 북부지역에서는 A3식 동검을 모방한 유경식석검 2식(그림191-3)이 부장된다.

한반도 서북부지역에서는 탁자형 지석묘, 한반도 남부지역에서는 개석식 지석묘(그림191-4)가 확인되는데, 이는 농경을 기반하는 사회적 격차가 크지 않은 공동체 구조였음을 보여준다. 그러나 랴오둥에서 한반도 서북부지역에서 보이는 탁자형 지석묘는 탁자형 B·C식과 같이 대형으로, 정교하게 제작된 지석묘가 사례가 많아(宮本 2000a), 취락별로 차별성이 존재하였음을 추정할 수 있다. 각 취락은 혈연적인 친족[lineage] 복합체로서 부족[Clan] 단위에서 차별화된 것일 수도 있다.

한반도 청동기문화 제1a단계(장성지대 청동기문화 제4기 전반)는 청동기시대 전기 후엽으로, 역삼동식은 압록강 하류 유역의 미송리식 상층과 대응하는 단계이다. 이 단계는 랴오둥반도의 상마스[上馬石] A지구 상층부터 상마스[上馬石] BⅡ지구까지의 시기와 병행한다. 또한, 이 단계에는 랴오둥지역에서 한반도 서북부 일대로 석관묘가 확산되며, 요령식동검(그림192-3)과 동부 등 다양한 청동기가 부장

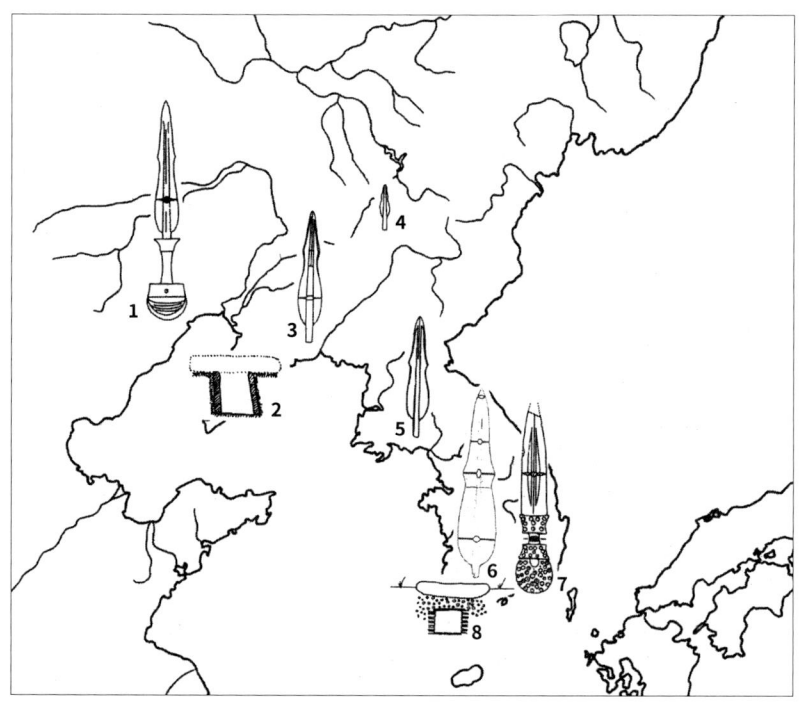

그림192. 한반도 청동기문화 제1a단계의 동북아시아(1: 샤오헤이거우, 2: 쌍팡[雙方], 3: 자오왕춘[趙王村], 4: 싱싱사오[星星哨], 5: 금곡동, 6: 상촌 7호묘, 7: 웅동, 8: 석천산)

되는 특징을 보인다. 기본적으로 청동무기의 인부가 연마되어 있어, 의례용이 아닌 실질적인 무기로 기능하고 있음을 알 수 있다.

랴오둥반도나 랴오둥 내륙에서는 지석묘 계통인 대석개묘(그림192-2)가 확산된다. 랴오둥반도에서는 탁자형 지석묘와 다르게 개인묘로 이용되는 경향이 나타난다. 또한 이 단계의 석관묘나 대석개묘에는 요령식동검이 부장되는 사례가 확인된다. 이러한 무덤 양식의 차이를 통해 당시 사회가 점차 사회적 계층 차이를 드러낸다는 점을 알 수 있다. 즉, 초기에는 친족 단위 또는 부족 단위에서의 차별화가 이루어졌다면, 점차 개인 간의 차별화로 이어지는 계층 구조로 진전되었다고 추정할 수 있다.

한편 한반도 남부지역에서는 상촌 7호묘 등에서 확인되는 것처럼, 무기가 아닌 보기寶器적인 용도로 사용된 요령식동검 Va식(그림192-6)이 재지적으로 생산되었다. 또한 요령식동검이 생산·유통되지 않는 지역에서는 그 대용품으로 이단병식 석검이나 유절식 석검 등 마제석검(그림192-7)이 발달하였다. 이러한 마제석검 역시 일종의 보기寶器로서 기능하며, 부장품의 유무나 그 격차를 통해 경제적인 풍요 등 사회적 신분을 나타내는 표지가 되고 있다(배진성 2007). 이 단계의 계층구조는 기본적으로 친족 단위의 구조를 형성하는데, 이 같은 계층관계 속에서 한반도 남부지역에서는 구획묘가 출현하게 된다.

한반도 청동기문화 제1b단계(장성지대 청동기문화 제4기 후반)인 청동기시대 후기는 랴오둥반도의 상마스[上馬石] BII지구와 병행하며, 선송국리·송국리식 단계에 해당한다. 이 단계 랴오둥지역의 훈[渾]하 하류 유역에서는 정가와쯔[鄭家窪子] 6512호묘에서 목관묘나 목곽묘가 출현하며, 한반도 서북부지역에서는 석관묘가 발달하여 석곽묘로 변화되는 단계로 접어든다. 또한 랴오시지역에서는 새로운 형태의 차마구가 등장하며, 일부 지역에서는 토제 거푸집을 이용한 청동기 제작이 시작되는 등 기술적 발전이 이루어진다. 이처럼 각 지역이 전 단계에 비해 더욱 발전한 양상을 보이는 것이 특징이다.

랴오둥지역에서는 요령식동검 1b식(그림193-2), 한반도 서북부지역에서는 요령식동검 II·III식이 개발되면서 무기로서의 기능이 더욱 강화되는 경향을 보인다(宮本 2002c). 이는 사회 계층 분화라는 관점에서 특정 개인의 차별화가 본격적으로 이루어지기 시작하였음을 시사한다. 이 단계는 농경 경제의 꾸준한 발전과 함께 인구가 증가하던 시기로, 가족 구조는 확대가족에서 핵가족으로 변화하는 양상을 보이지만, 친족이나 부족 단위의 계층화는 더욱 심화되었다고 볼 수 있다.

이러한 계층 구조의 표식으로는 보기寶器화된 요령식동검 V식(그림193-6)과 요령식동모 C식(그림193-5)이 등장하였다. 이와 대조적으로, 하위 계층에서는 일단병식 마제석검(그림193-7) 등 석검이 지석묘에 부장되는 경향을 보인다. 지석묘군 단위에서도 계층적 우열이 존재하였다는 것을 보여주며, 혈연 가족 단위에서 계층적 격차가 발생하고 있다는 것을 알려준다. 이는 당시 사회에서 노동, 생산, 소비가 혈연 가족 단위(친족 단위)를 중심으로 이루어졌기 때문이다. 하나의 취락은 복수의 친족이나 부족으로

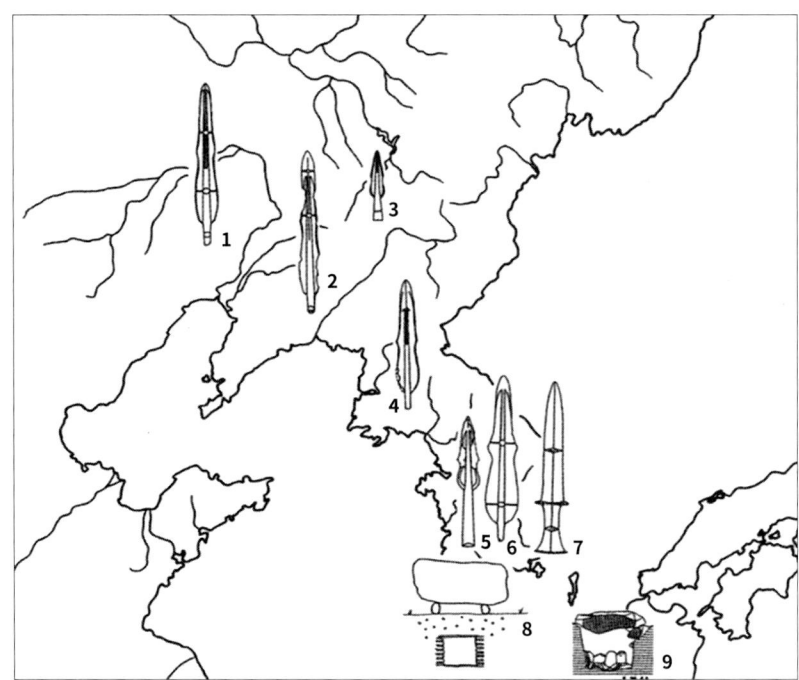

그림193. 한반도 청동기문화 제1b단계의 동북아시아(1: 후터우거우[胡頭溝], 2: 샤싼타이수이쿠[下三台水庫], 3: 청신춘[誠信村], 4. 서포동, 5: 전 보령, 6·7: 송국리, 8: 곡안리, 9: 오오토모[大友])

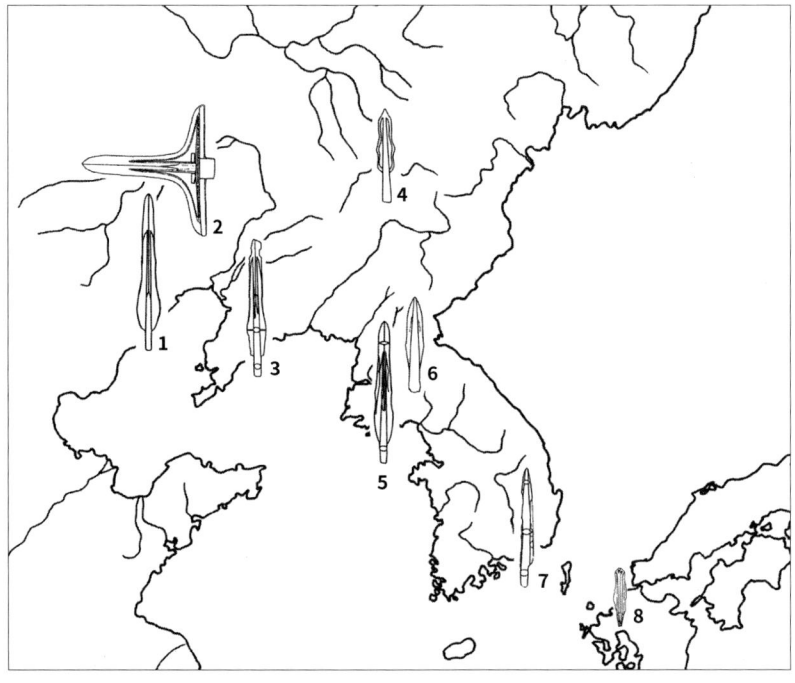

그림194. 한반도 청동기문화 제1c단계의 동북아시아(1: 싼관뎬, 2: 싼진거우[傘金溝], 3: 자오자바오쯔[趙家堡子], 4: 샤오궈산[小郭山], 5: 전 성천, 6: 미둔리, 7: 덕치리, 8: 이마가와[今川])

구성되었으며, 이처럼 친족 단위를 중심으로 공동 생산 및 저장이 이루어졌을 것이다. 이 단계의 주거지 내에서는 개별적인 저장시설이 거의 확인되지 않으며, 대신 외부에 통합된 저장수혈이 배치된다. 이를 통해 식량의 공동 관리가 이루어졌다는 것을 추정할 수 있으며, 부족 단위의 공동체 사회였음을 보여준다. 또한 이 단계에는 북부 규슈지역에서도 지석묘(그림193-9)가 출현하는데, 이는 관개농경의 발전과 함께 야요이문화가 시작되는 것과 관련될 가능성이 높다(宮本 2009c·2009d·2017).

한반도 청동기문화 제1c단계(장성지대 청동기문화 제5기 전반)는 랴오둥지역의 량취안[涼泉]문화에 기원을 두고 있으며, 한반도 북부지역으로 점토대토기와 목관묘가 유입되는 단계이다. 일부의 문화 요소는 한반도 남부지역까지도 확산된다. 랴오시지역에서는 요령식동검 2a식이 확인되며, 연나라의 군사적 위협과 맞물려 랴오시식 동과(그림194-2)가 등장하고 있다. 기원전 500년경에는 랴오시 서부 일대까지 연나라의 직접 지배가 시작되면서, 랴오둥지역에서도 요령식동검 2식과 함께 석관묘가 확대되었다. 또한 석개묘가 랴오둥에서 한반도 남부지역으로 확산되는 단계이기도 하다.

그러나 한반도 남부지역 대부분의 무덤은 여전히 지석묘가 주류를 이루며, 변형된 요령식동검인 AVb·AVc식(그림194-7)이 출토되고 있다. 이는 송국리문화 후반기에 해당하는 시기로, 기존의 혈연가족 단위를 기반으로 하면서도 각 친족 혹은 부족 내에서 차별화된 개인이 등장하였을 가능성을 시사한다. 무문토기 후기후반의 대형 구획묘인 덕천리 1호 지석묘나 진동리 지석묘는 유력한 혈연집단 내에서 차별화된 개인묘였을 것이다. 이와 같은 무덤에는 AVc식 요령식동검이 부장되는 경향이 확인된다. 이 단계에서는 부족사회 내부에서도 특별한 능력을 가진 개인이나 두드러진 계층이 등장하는 양상이 뚜렷해지며, 이는 빅맨Big Man 사회로 발전해가는 과정일 가능성이 높다. 이러한 사회적 변화 속에서 일부 AV식 요령식동검이 후쿠오카[福岡]현 이마가와[今川]유적으로 유입된 것으로 보인다(그림194-8).

한반도 청동기문화 제2단계(장성지대 청동기문화 제5기 후반)는 기원전 5세기 후반~4세기에 해당하는 시기로, 한반도에서 점토대토기문화와 함께 세형동검이 확립되는 단계이다(그림195-5). 특히 호서지역(충청도)에서는 괴정동, 동서리, 남성리 목관묘에서 확인되는 것처럼, 세형동검 뿐만 아니라 다뉴조문경(그림195-7), 검파형동기, 나팔형동기, 방패형동기 등이 부장된다. 검파형동기, 나팔형동기, 방패형동기는 원래 랴오시지역에서 마구의 일부였으나, 랴오둥의 훈[渾]하 유역(정가와쯔 6512호)에서 장식화된 청동기로 변화하면서 그 원형原型이 확립되었다. 이후, 이러한 형태를 토대로 한반도에서는 특수한 청동기로 생산되었는데, 이를 이형청동기 A군이라고 부른다(宮里 2010). 이처럼 특수한 청동기인 이형청동기 A군이나 다뉴조문경은 랴오둥지역에서 점토대토기문화와 함께 확산된 후, 한반도에서 재지적으로 생산된 것으로 보인다. 하지만 이러한 청동기들은 단순한 실용품이 아니라 무덤의 부장품으로 위신재적인 요소를 띠며, 특정 계층을 나타내는 중요한 상징이었다. 결국 특수청동기를 가진 무덤은 수장묘적인 성격을 가지며, 새로운 정치적·사회적 리더층이 등장하였음을 시사한다. 따라서

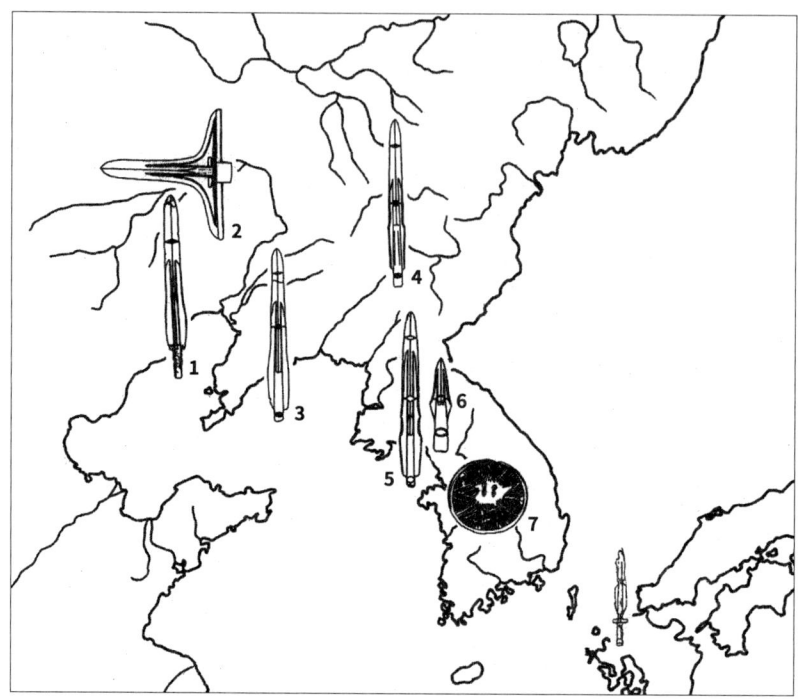

그림195. 한반도 청동기문화 2단계의 동북아시아(1·2: 위다오거우[于道溝] M1, 3: 자오왕춘, 4: 다팡선[大房身], 5: 평성 부근, 6: 이즈베스토프, 7: 동서리, 8: 사사이[雀居])

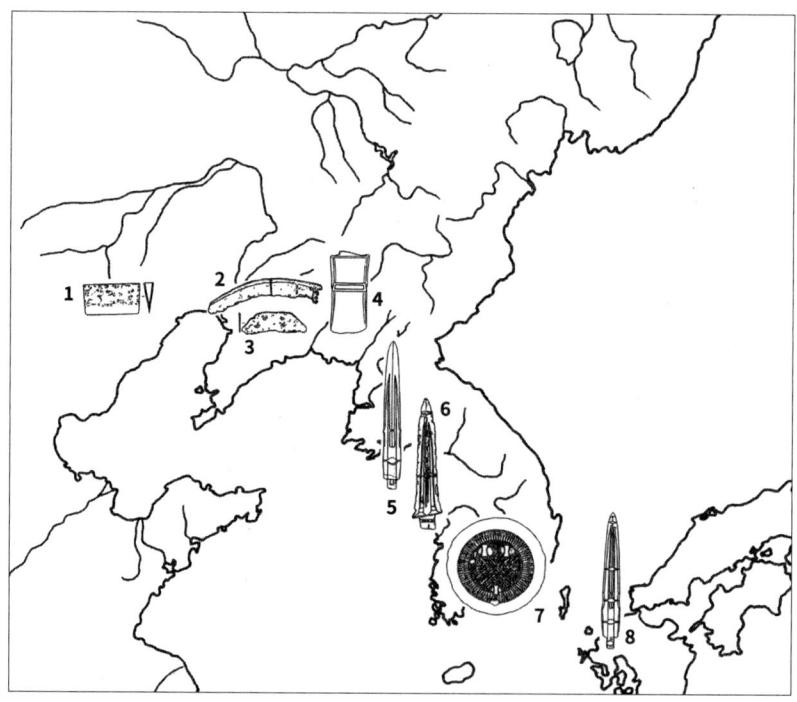

그림196. 한반도 청동기문화 3단계의 동북아시아(1: 安杖子, 2·3: 련화바오[蓮花堡], 4: 용연동, 5: 팔달동, 6: 구봉리, 7: 초포리, 8: 요시다케다카기[吉武高木])

수장의 출현이라는 사회적 성장 역시 점토대토기문화의 확산과 관련된다고 볼 수 있다.

또한, 이 사회 자체는 랴오시지역에 대한 연나라의 간접 지배에 반응하여 랴오둥지역의 점토대문화가 남하한 결과로 볼 수 있다. 연나라라고 하는 주周사회 일부에 의한 군사적 위협과 문화적 자극이 점토대토기문화의 사회발전을 촉진한 것으로 해석할 수 있다. 이와 같은 변화는 랴오둥(그림195-3)뿐만 아니라, 지창[吉長]지구(그림195-4)에서도 독자적인 동검이 발달하는 결과로 이어졌다. 이 시점에 북부 규슈에도 목관묘가 도입되었으며, 후쿠오카시 사사이[雀居]유적에서 출토된 목검(그림195-8)은 세형동검을 모방하여 제작된 것으로 보인다.

한반도 청동기문화 제3단계(초기철기시대)는 기원전 3세기경으로, 랴오둥과 한반도 서북부지역에서는 세죽리·연화보유형 등 연 문화의 영향을 받은 회도계 토기문화와 철기가 확산된다(그림196-2~4). 한반도 남부지역은 여전히 점토대토기문화 단계에 속하며, 세형동검 BIc식(그림196-5)과 다뉴세문경(그림196-7)이 출현한다. 동시에 세형동과 I식이나 주조철부 등도 등장한다. 이러한 새로운 무기와 기술의 개발은 연나라가 청천강유역 이북 지역까지 직접 지배하게 되면서, 군사적인 긴장과 함께 문화적 접촉이 빈번해진 결과로 해석할 수 있다.

또한 간두령, 팔수령, 쌍두령 등 이형청동기 B군(宮里 2010)이 한반도 남부지역을 중심으로 생산되며 특수한 위신재로 자리 잡게 된다. 이 단계는 북부 규슈의 야요이시대 전기 말·중기 초두에 해당한다. 특히 이 단계에는 동검(그림196-8), 동모, 동과, 다뉴세문경이 한반도에서 북부 규슈지역으로 유입되며, 동시에 도래渡來인을 통한 북부 규슈 내 청동기 생산이 시작된다.

한반도 청동기문화 제4단계는 기원전 2세기인 위만조선기에 해당하며, 한반도 북부는 연나라 계통 또는 한나라 문화의 영향을 더욱 직접적으로 받게 되는 시기이다. 한편, 한반도 남부에서는 여전히 세형동검문화가 지속되며, 세형동검 IIc식, 세형동모 D2c·D2d식, 세형동과 II식, 다뉴세문경 CIIIc식과 같은 새로운 형식이 성립된다. 이러한 변화 속에 한반도의 세형동검문화가 일본열도로도 유입되었을 가능성이 있다.

8. 정리

이 장에는 북방 청동기문화의 변천과 함께 일본열도의 야요이시대 개시부터 전기 말·중기 초두에 이르는 시기를 동북아시아 전반적인 흐름 속에서 검토하였다. 이를 한반도 청동기문화 단계(표35) 속에서 다음과 같이 정리할 수 있다.

야요이시대가 시작되기 직전인 무문토기 전기후엽은 한반도 내 요령식동검이 확산되는 단계로, 중원을 기준으로 본다면 서주 후반기인 기원전 10~9세기에 해당한다. 이는 서주西周의 유幽왕이 견융犬戎에 의해 피살되면서 서주가 쇠퇴하고, 수도가 펑디에[豊鎬]에서 뤄양[洛陽]으로 천도하면서 동주東周가 시작되는 시기이다. 이 같은 사실[事象]은 제10장에서 서술한 바와 같이, 주왕의 왕권이 실추됨과 동시에 북방 유목민, 즉 북방 청동기문화 집단이 남하하는 시기에 해당한다. 이 시기는 기원전 9~8세기의 일시적인 한냉기와 맞물려 있으며, 한반도 남부지역에서 도래渡來인이 북부 규슈지역으로 건너가는 시기이기도 하다(宮本 2017 · 2018b).

선송국리식과 병행하는 시기라고 볼 수 있는 북부 규슈의 야요이시대 조기는 동북아시아에서 요령식동검이 확산되는 단계와 일치하며, 이는 한반도 청동기문화 제1b단계에 해당한다. 이 단계부터 본격적으로 시작되는 관개 농경은 야요이문화의 성립과 연동되는데, 직접적으로는 도래인에 의해 이루어진 변화이다. 동북아시아 전체의 농경화 과정에 대해서는 별고를 통해 상세히 정리한 바 있다(宮本 2009c · 2017). 또한 북부 규슈의 야요이 전기전반에 해당하는 이타즈게[板付] Ⅰ · Ⅱ식 고고단계는 송국리식 단계와 병행하며, 이는 한반도 청동기문화 제Ic단계에 해당한다. 이 단계에는 랴오시 서부 일대에서 연나라의 영향이 본격적으로 나타나기 시작하며, 요서식동과가 출현하게 된다.

또한 이타즈게[板付] Ⅱa~Ⅱb식이 확인되는 야요이 전기 후반기는 한반도 청동기문화 제2단계로서, 점토대토기문화와 세형동검 · 목관묘가 한반도에서 확산되는 단계이다. 이 단계에 일본열도로 원형점토대토기가 유입되었다. 또한 랴오시지역에서는 연 문화의 영향이 점차 강해지는 시기로 연나라의 정치적 간접 지배가 이루어졌을 가능성이 있다.

랴오둥 내륙 인자춘[尹家村] 2기(량취안[涼泉]문화)에서 시작된 점토대토기문화의 남하 현상(宮本 2017)이 확인되는데, 이는 랴오시지역에서 연 문화의 간접지배를 포함한 정치 · 문화적 압박에 따른 것으로 보인다. 이러한 연나라의 영향력 확대는 한반도 내 문화 변동과도 밀접한 연관성을 가진다. 특히 연나라의 군사적 위협이 커지는 과정에서 한반도 내에서 세형동검과 세형동모가 자체적으로 개발된 것으로 이해할 수 있다. 또한 기원전 4세기 후반, 연나라의 직접 지배 영역이 랴오시지역까지 확장되면서, 이에 대한 군사적 대응으로 랴오둥지역에서 요서식동과 B류가 개발된 것으로 추정된다.

일본열도의 관점에서 본다면, 야요이 전기 말 · 중기 초두는 한반도 청동기문화 제3단계의 시작과 일치한다. 기원전 300년경은 요동遼東군을 포함한 5군이 설치된 시기로, 이때 청천강 이북인 요동군까지 연나라의 직접 지배가 이루어진다. 한반도 내에서는 군사적 긴장 속에서 세형동검이 개발되었으며, 주조철기가 유입되는 등 변화가 나타났다. 이러한 새로운 기술과 무기 중 일부는 북부 규슈지역까지 전파되었으며, 이는 한반도 도래渡來인과의 접촉을 통해 이루어진 것으로 볼 수 있다. 이후 북부 규슈지역에서도 도래인 중심으로 청동기 생산이 시작된다.

제22장

거푸집[鑄型]에서 본 북부 규슈 청동기의 시작

1. 머리말

랴오시 · 랴오둥에서 발생한 요령식동검은 기본적으로는 북방 청동기문화의 흐름 속에서 성립되었다는 점은 앞서 서술한 바 있다. 북방 청동기문화의 청동기제작은 일반적으로 석제 거푸집으로 제작되었으며, 요령식동검도 또한 같은 맥락에서 석제 거푸집이 채용되고 있다(岡内 1985).

랴오시 · 랴오둥에서 한반도로 이어지는 동검 · 동모의 변천은 제4부의 각 장을 통해 정리하였다(宮本 2008a · 2008b). 동검 · 동모는 랴오시와 랴오둥, 지창[吉長]지구, 한반도 북부, 한반도 남부지역에서 지역별 계보차이를 드러낸다. 그 중 동검의 경우 돌기의 돌출도나 등대[脊]의 융기 정도, 연마 구분 제작의 방법 등에서 양식적인 동시성이 인정된다(그림156). 따라서 동검 · 동모의 형식변천을 바탕으로 요령식동검과 세형동검의 거푸집을 지역별로 검토하여, 각 지역에서 기술이 어떻게 수용되고 변용되었는지를 검토해 보고자 한다.

2. 랴오시 · 랴오둥의 동검 거푸집

네이멍구[内蒙古] 아오한치[敖漢旗] 산완쯔[山湾子]나 랴오닝[遼寧]성 차오양[朝陽]시 시거우춘[西溝村] 유적에서는 랴오시지역의 요령식동검 1a식 거푸집이 발견되었다(그림197-3). 이 거푸집에서 확인되는 새겨진 능선의 특징은 산완쯔[山湾子]나 시거우춘[西溝村] 등 랴오시지역에서 발견된 요령식동검 1a식 거푸집에서만 보인다. 또한, 동검의 윤곽에 명확한 음각선이 확인되는 점이 특징적이다.

시거우춘[西溝村] 거푸집의 경우, 거푸집의 봉부에서 경부까지 능선이 새겨져 있는 것처럼 보이지만, 자세히 관찰해보면 돌기 부분까지는 능선이 새겨져 있으나, 그 아래의 능선은 이후에 생긴 흔적

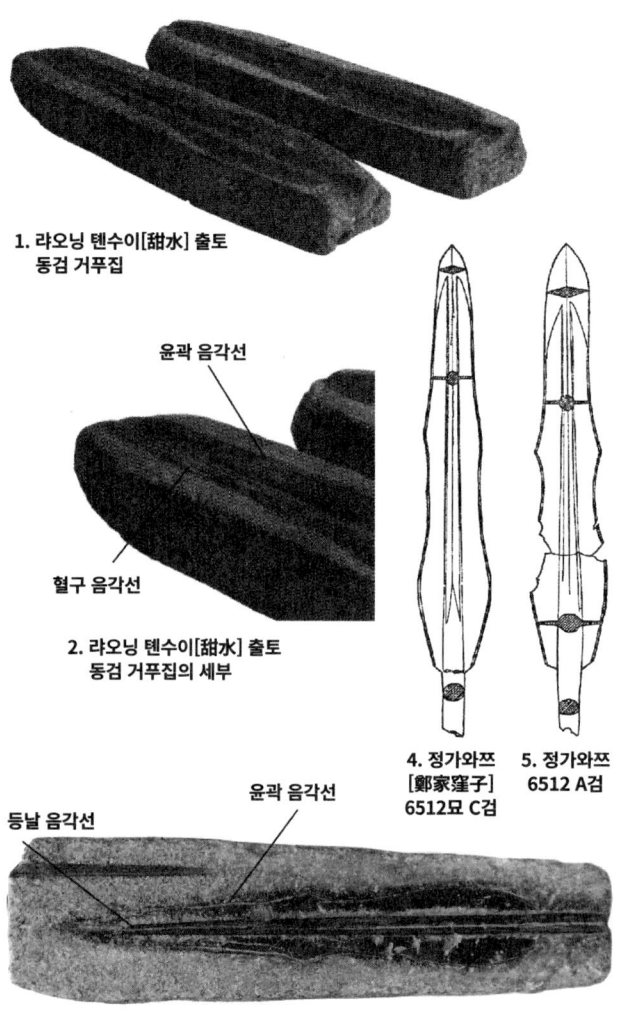

1. 랴오닝 텐수이[甜水] 출토
동검 거푸집

윤곽 음각선

혈구 음각선

2. 랴오닝 텐수이[甜水] 출토
동검 거푸집의 세부

윤곽 음각선

등날 음각선

4. 정가와쯔
[鄭家窪子]
6512묘 C검

5. 정가와쯔
6512 A검

3. 시거우춘[西溝村] 동검 거푸집

그림197. 랴오시 · 랴오둥의 동검 거푸집과 요령식동검 1b식

이거나 주조 시 발생한 흔적으로 판단된다. 따라서, 랴오시의 요령식동검 1a식은 봉부에서 돌기 부분까지는 거푸집에 등대의 능선을 미리 새겨둔 상태에서 제작되었으며, 능선 하단의 등대 부분은 연마 구분 제작되었을 것으로 추정된다.

또한 랴오시지역에서 가장 이른 단계로 판단되는 요령식동검 0식은 랴오닝성 카쭤[喀左] 허상거우[和尚溝] B지구 6호묘와 네이멍구 닝청[寧城]현 난산건[南山根] 동쪽 지구 석관묘에서 출토된 바 있다. 이 유적들에서 발견된 요령식동검(그림147)은 등대의 능선이 기부까지 이어지는 특징을 보인다(宮本 2008a). 이를 통해 거푸집에서부터 등대 하단까지 능선이 새겨져 있었을 가능성이 있다. 이와 같은 능선의 특징은 요령식동검 0식에서 나타나는 대표적인 특징 중 하나이다.

랴오둥지역에서는 최근 랴오둥성 랴오닝시 텐수이[甜水]에서 발견된 석제 거푸집 6점이 공개되었다. 거푸집의 발견 경위나 발견 상황은 불분명하지만, 발견 후 랴오닝박물관 수장고 내 오랜 기간 동안 보존되어 왔다. 이후 랴오닝박물관

신관 건립과 함께 새롭게 전시되며 일반에 공개되었다(邢愛文 2009). 이 6점의 거푸집이 일괄유물이라면, 무덤의 부장품이거나 거푸집의 매납유구, 주조와 관련된 유구일 가능성이 있다. 동일한 전시 자료 중에는 텐수이[甜水] 출토품으로 추정되는 요령식동검 1점이 포함되어 있다. 만약, 이 유물들이 동일한 지점에서 출토된 것이라면, 제품과 거푸집이 함께 출토되었다는 점에서 무덤의 부장품일 가능성이 높다.

랴오둥에서 거푸집이 출토된 사례는 상마스[上馬石]패총의 자료를 제외하고는 모두 무덤 부장품으로(田尻 2007), 텐수이[甜水]에서 발견된 거푸집과 요령식동검 역시 석관묘 등의 부장품일 가능성이

높다. 다만, 단독묘의 부장품일 가능성도 있지만, 한편으로는 복수의 무덤 내 공반된 부장품일 가능성도 배제할 수 없다.

톈수이[甜水]에서 발견된 거푸집은 총 6점이다. 그중 2점은 요령식동검의 활석제 거푸집(그림197-1·2)으로, 형태가 매우 유사하여 한 세트로 함께 사용되며 요령식동검을 주조하였을 가능성이 있다. 또 다른 2점은 동부銅斧의 활석제 거푸집이며, 나머지 2점은 동착의 사암제 거푸집이다. 이 역시 각각 세트 관계일 가능성이 높다. 특히 동부 거푸집에는 동일한 면에 별도로 동착의 거푸집이 함께 새겨져 있다. 또한 거푸집의 다른 한 면에는 볼록하게 두 명의 사람 얼굴 모양이 새겨져 있다.

톈수이[甜水]에서 발견된 동검 거푸집 2점은 모두 랴오둥지역의 형태적 특징을 반영하고 있다. 특히 돌기 위치가 봉봉鋒쪽으로 치우친 규격성을 띠고 있다. 또한, 돌기의 돌출도가 비교적 적고, 돌기에 대응하는 등대는 약간 융기되도록 새겨져 있다. 이러한 특징은 필자의 분류에 요령식동검 1b식(그림197-4·5)의 특징과 일치한다(宮本 1998·2000a·2008a·2008b). 1b식 동검의 대표적인 특징 중 하나는 기부가 예각을 띠는 형태인데, 이는 거푸집에서도 명확하게 확인된다. 이 거푸집의 특징은 봉부에서 돌기부분까지 등대에 능선이 새겨져 있다는 점, 윤곽 요선凹線을 따라 혈구가 명확하게 형성되었다는 점이다. 특히 다른 거푸집에서 볼 수 없는 독특한 특징으로서, 경부의 하단 부분이 거푸집의 단측면短側面에 대해 한 단 안쪽[一段內側]으로 파여 있다. 이러한 특징은 주조 시 주물을 넣을 때 주입구를 부착하였는데, 이는 주물이 원활하게 흘러내려가도록 하기 위한 깔때기 형태의 설계일 가능성이 있다. 동검 거푸집 중 한 점의 크기는 길이 31.8cm, 상단폭 3.45cm, 중앙폭 7cm, 하단폭 6.9cm 정도이다.

요령식동검 1a식에서 변화한 랴오시지역의 요령식동검 1b식은 동검 자체의 형태를 통해 기본적으로는 돌기부 이하 등대 능선을 거푸집에 미리 새겨놓지 않는다는 점을 알 수 있다. 랴오둥지역에서 확인되는 요령식동검 1b식도 동검의 실물 관찰을 통해 유사한 제작 공정을 거쳤음을 추정할 수 있다.

톈수이[甜水] 거푸집은 등대의 능선이 봉부부터 돌기 부분까지만 새겨져 있다는 점에서 산완쯔[山湾子]나 시거우춘[西溝村] 거푸집과 유사한 특징을 보인다. 또한 거푸집의 능선에서 주조된 제품의 능선 하단 부분이 돌기와 거의 동일한 위치에 존재하고 있다. 이는 주조 후 인부를 연마할 때 연마 구분 제작을 위한 결절점으로 활용되었을 가능성을 추정할 수 있다.

하지만 동일한 요령식동검 1b식에서도 선양[瀋陽]시 정가와쯔[鄭家窪子] 6512호묘에서 출토된 C검(그림197-4)의 경우, 다소 차이를 보인다. 특히 등대의 능선 위치가 상당히 아래쪽까지 이어져 있어 형태적 차이를 확인할 수 있다. 요령식동검 1b식 중에서도 시기적으로 다소 늦은 특징을 보인다. 이러한 변화는 제작 방식의 차이를 반영하는 것이다. 즉 톈수이[甜水] 거푸집과 달리 정가와쯔 6512호묘 C검은 주조 단계에서부터 능선을 상당히 아래쪽까지 미리 거푸집에 새겨 놓았을 가능성이 높다.

한편, 톈수이[甜水] 동검의 거푸집에서 확인되는 혈구의 윤곽 요선凹線은 매우 중요한 요소이다. 이는 산완쯔[山湾子]나 시거우춘[西溝村] 동검의 거푸집과 비교했을 때 더욱 뚜렷하며, 예각적으로 새겨져 있기 때문이다. 이러한 특징은 랴오둥지역의 요령식동검 1b식이 제작할 당시부터 의도적으로 혈구를 만들고자 했음을 보여준다. 이처럼 예각적으로 형성된 혈구는 랴오닝성 선양[瀋陽]시 정가와쯔[鄭家窪子] 6512호묘 A검(그림197-5)에서도 확인되고 있어, 이는 랴오둥지역에서 제작된 요령식동검 1b식의 중요한 공통적 특징으로 평가될 수 있다.

또한, 톈수이[甜水] 동검 거푸집에서 확인되는 선단부의 예각적인 혈구는 동시기 한반도의 요령식동검 AⅡ · AⅢ식에 혈구가 존재하는 것과 관련이 있는 것으로 보인다. 한반도 요령식동검 중 AⅡ식과 AⅢ식은 랴오둥의 요령식동검 1a식이나 그 영향을 직접적으로 받은 한반도 요령식동검 AI식이 재지적으로 변화한 형태로 볼 수 있다. 이것이 점차 변형되면서 AⅡa→AⅡb→AⅡc식과 AⅢa→AⅢb→AⅢc식(그림167)으로 계열을 달리하며 변화해 간다(宮本 2002c · 2008a · 2008b). 이러한 요령식동검의 특징 중 하나로 예각적으로 형성된 혈구의 선단부가 있다. 즉 혈구의 형태로 본다면, 톈수이[甜水]동검 거푸집과 같은 구조인 요령식동검 1b식의 거푸집이 한반도로 전파되었음을 의미한다고 볼 수 있다.

하지만, 예각적인 혈구를 가진 거푸집을 활용한 주조공정은 한반도에서 기술적으로 쉽지 않았던 것으로 보인다. 특히 AⅡ식 동검(그림167-1~3) 혈구 부분에서 확인되는 탕구의 형상은 불완전한 형태를 보인다. 이는 한반도의 요령식동검 AⅡ식이 톈수이[甜水] 거푸집과 같은 형태의 거푸집을 채용했음에도 불구하고 제작 기술의 수준이 상대적으로 낮았음을 시사한다. AⅡ식은 대동강유역을 중심으로 분포하는 것으로 알려져 있으며(宮本 2002c), 한반도 북부에서 재지적으로 생산된 유물임은 분명하다. 제작 기술 수준의 차이에도 불구하고 랴오둥지역의 요령식동검 1b식 거푸집 기술이 한반도에 도입되었음은 중요한 의미를 가지며, 랴오둥지역의 1b식과 한반도의 AⅡ식이라는 두 형식이 연대적으로 일치할 가능성이 높다는 것을 의미한다.

정가와쯔[鄭家窪子] 6512호묘에서 출토된 동검은 랴오시지역 요령식동검의 규격을 잇는 요령식동검 1b식에 속하며, 요령식동검 2a식보다는 선행하는 형식으로 평가된다. 싱자좡[杏家莊] 2호묘의 연대를 기원전 500년경으로 설정할 경우, 요령식동검 2a식의 연대는 기원전 6세기 후반부터 기원전 5세기 전반으로 추정할 수 있다. 이를 고려하면, 정가와쯔[鄭家窪子] 6512호묘는 기원전 6세기대에 속한다고 볼 수 있다. 또한 톈수이[甜水] 거푸집에서 확인되는 동검의 형태적 특징과 유사한 한반도의 요령식동검 AⅡ · AⅢ식도 요령식동검 1b식과 동시기에 해당한다고 판단된다. 다만, 한반도의 요령식동검 AⅡc식과 AⅢc식은 돌기가 희미하게 남아 있으며, 등대의 융기가 거의 확인되지 않는다. 이 같은 형식적 특징은 요령식동검 2a식과 동일한 양상을 보이고 있어 AⅡc식과 AⅢc식의 상한연대는 기원전 500년경까지 상향될 가능성이 있다.

3. 한반도의 동검 거푸집

한반도에서는 요령식동검 AⅡ·AⅢ식의 거푸집이 발견되지 않았으나, 그 형태는 톈수이[甜水] 거푸집과 같은 형태로 추정할 수 있다. 요령식동검 AⅡ식에서 변화된 것으로 판단되는 세형동검의 거푸집은 전라남도 영암, 전라북도 완주 갈동, 경기도 용인 초부리, 평양 대동군 장천리에서 출토되었다. 이 지역에서 확인된 세형동검 거푸집은 활석제로 제작되었는데, 세형동검 거푸집의 변천과정에 대해서는 조진선에 의해 체계적인 분석이 이루어진 바 있다(조진선 2006b).

조진선은 한반도 세형동검 거푸집이 전 영암①→전 영암②→갈동→장천리의 순서로 변화한다고 보았다(그림198). 조진선의 분류에서 중요한 분석 요소 중 하나는 거푸집 설계 시 동검의 윤곽선을 구성하는 방식이다. 곡선과 직선을 기준으로 거푸집 설계 방식이 변화했다고 판단하였다. 이를 통해 직선의 사용이 점차 증가하는 방향으로 거푸집의 설계가 변화하였다고 설명하였다. 전 영암①과 전 영암②에서는 등대가 봉부 선단부까지 이어진 거푸집의 윤곽선이 형성되어 있는 것에 반해, 갈동이나 장천리의 거푸집은 봉부의 선단의 형태까지 거푸집에 미리 음각한 설계 방식을 띠고 있다. 따라서, 영암①과 영암②의 단계에서는 봉부의 선단부의 최종적 형태가 연마를 통해 형성된 것이라고 할 수 있다.

이러한 세형동검 거푸집의 변천에 대한 조진선의 견해는 기본적으로 타당하며, 전 영암①→전 영암②→갈동→장천리 거푸집의 순서(그림198)로 변화했다고 보아도 무리가 없을 것이다. 이 중에서 결입부[觖方]의 윤곽이 새겨진 것은 갈동 거푸집까지 확인되며, 장천리 거푸집에서는 결입부 하부의 위치에만 새겨져 있을 뿐이다. 또한 결입부의 윤곽이 새겨진 거푸집에서는 결입부 상단의 위치가 정해져 있는 경우도 있는데, 이는 요령식동검의 돌기부에 상당하는 위치, 즉 마디[節帶]의 위치가 결정되어있음을 의미한다. 마디 위치는 세형동검 제작공인에게 중요한 요소였으며, 특히 세형동검 BⅠ·BⅡa·BⅡb식 단계에서 결입부 상단 마디는 등대의 연마 구분 제작의 기준이 되는 부분이다.

반면 장천리 거푸집에서는 결입부 하단의 위치만이 거푸집 내에 새겨져 있어, 결입부 상단의 연마 구분 제작은 세형동검 제작공인에 의해 임의로 진행되었을 가능성이 크다. 또한 장천리①의 거푸집 역시 결입부 하단의 위치만이 확인되는데, 이는 결입부 하단 이하를 연마하기 위한 기준이 설정되었음을 의미한다. 이러한 특징을 바탕으로 장천리① 거푸집은 세형동검 BⅡc식 단계의 거푸집으로 추정할 수 있다.

장천리의 거푸집은 기부 하단이 선상으로 돌출되어 있어, 이를 기점으로 등대와 인부를 연마할 수 있도록 설계되었다. 이러한 특징은 기부 하단까지 인부와 등대를 연마하기 위한 거푸집 형태로서, 세형동검 BⅡc식과 같은 연마 방식으로 제작한 것을 추정할 수 있다. 또한 세형동검의 결입부 상단과 하단의 연마 구분 제작방식은 세형동검 BⅢ식에서도 명확하게 확인된다. 특히, 결입부 하단에

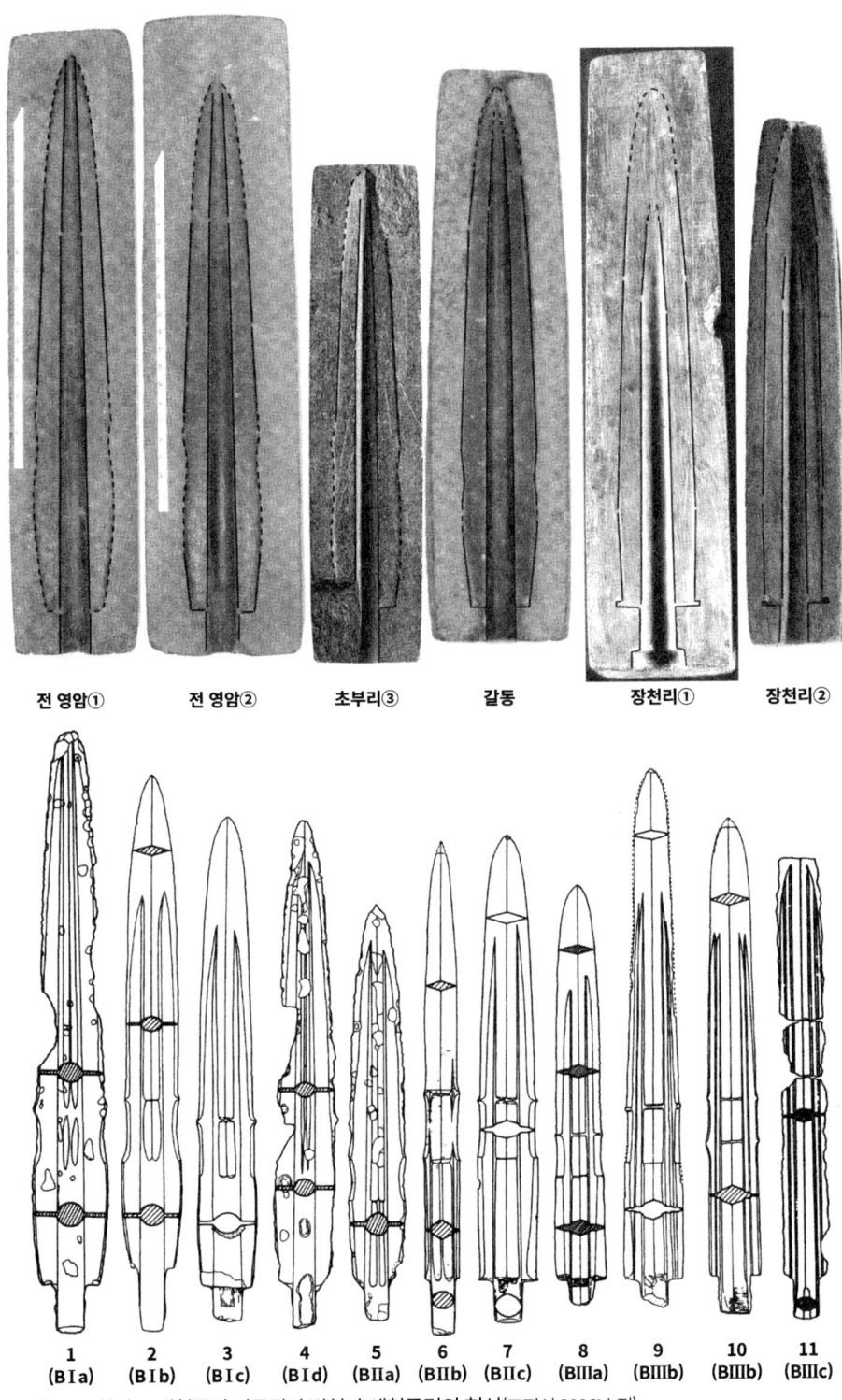

전 영암①   전 영암②   초부리③   갈동   장천리①   장천리②

1	2	3	4	5	6	7	8	9	10	11
(BⅠa)	(BⅠb)	(BⅠc)	(BⅠd)	(BⅡa)	(BⅡb)	(BⅡc)	(BⅢa)	(BⅢb)	(BⅢb)	(BⅢc)

그림198. 한반도 세형동검 거푸집의 변천과 세형동검의 형식(조진선 2006:수정)

서 경부를 거쳐 기부까지 직선으로 인부화되는 특징은 장천리② 거푸집의 동검 윤곽선과 형태적 유사성이 강하다. 따라서 장천리② 거푸집은 세형동검 BIII식의 거푸집일 가능성이 높다.

또한, 거푸집에서 보이는 결입부의 길이를 살펴보면, 전 영암 거푸집의 결입부는 초포리나 갈동의 거푸집에 비해 상대적으로 길고, 깊은 호형을 띠는 경향이 있다. 이러한 특징은 결입부를 의식적으로 남기는 세형동검 BIa·BIb·BIIa식에서 보이는 전형적인 요소이다. 반면 결입부의 길이가 짧고 비교적 얕은 호형을 보이는 초포리나 갈동 거푸집은, 세형동검 BIc식의 결입부와 유사하게 호형의 깊이가 얕고 직선적인 형태를 띠고 있다. 이러한 차이는 앞서 제17장에서 언급한 바와 같이 요령식동검의 돌기가 점차 형해화形骸化되면서 세형동검의 결입부로 전환되어가는 변화방향과 일치한다.

이를 종합하면, 전 영암 거푸집은 세형동검 BIa·BIb·BIIa식과 관련된 한반도 청동기문화 제2단계, 초포리·갈동의 거푸집은 세형동검 BIc식인 한반도 청동기문화 제3단계, 장천리①의 거푸집은 세형동검 BIIc식인 한반도 청동기문화 제4단계, 장천리②의 거푸집은 세형동검 BIII식인 한반도 청동기문화 제5·6단계에 속하는 것으로 판단된다.

4. 북부 규슈의 세형동검 거푸집

일본열도에서 출토된 세형동검 거푸집은 후쿠오카[福岡]현이나 사가[佐賀]현 등 대부분 북부 규슈지역에서 확인되며, 그밖에도 구마모토[熊本]시에도 약간의 사례가 있다(그림199; 표3). 이는 북부 규슈지역에서 청동기 생산이 이루어져 구마모토 평야까지 확산되었을 가능성을 시사한다. 또한, 세형동검 거푸집 중 활석제인 거푸집은 후쿠오카현 가스카[春日]시 스구[須玖] 다카우타유적, 오오타니[大谷]유적에서 확인되지만, 그 대부분은 석영반암제이다. 랴오시·랴오둥지역이나 한반도 거푸집의 석재로 주로 사용된 활석은 스구 다카우타유적이나 카스가시 오오타니유적 등 넓은 의미에서 후쿠오카 평야에서만 출토된다. 이를 통해 북부 규슈지역의 후쿠오카 평야는 비교적 이른 시점부터 한반도의 청동기 제작 기술이 유입된 지역이라는 것을 알 수 있다.

일본열도에서 출토된 세형동검의 거푸집은 거의 파편에 한정되므로, 한반도에서 출토된 거푸집과의 직접적인 비교는 어렵다. 하지만 형상을 확인할 수 있는 사례를 중심으로 살펴보면, 결입부나 결입부 상단(마디)의 변환점을 의식하고 제작되었음을 알 수 있다. 이러한 특징은 가스카시 스구 다카우타유적에서 출토된 거푸집(그림199-6), 후쿠오카시 시가지마[志賀島] 가츠마[勝馬]에서 출토된 거푸집(그림199-1), 사가현 도스[鳥栖]시 혼기요우[本行]유적에서 출토된 거푸집(그림199-10)에서 확인된다.

또한 봉부 형태를 의식적으로 새긴 거푸집은 구마모토시 시라후지[白藤]유적(그림199-13)에서 확인되며, 그 밖의 거푸집은 기부의 형상만이 남아 있는 것이 대부분이다. 이러한 거푸집들은 모두 기부

표36. 일본열도 출토 초기 청동기 거푸집의 집성

거푸집 순번	거푸집 기종	출토유적	출토지	부위	공반시기	석재	출전
1	세형동검	勝馬	福岡県福岡市博多区志賀島	검신胴部(겸입부)	스구[須玖]식	석영반암	森·乙益·渡辺 1960
2	세형동검	西新町遺跡D地区8号住居址	福岡県福岡市西区	기부	후루[布留]식	사암제	池崎 외 編 1982
3	세형동검	雀居遺跡第9次調査2区SK59	福岡市博多区	기부	?	석영반암	松村編 2000
4	세형동검	大谷遺跡B地点	福岡県春日市	기부	야요이[弥生]중기후반	활석	小田 1985
5	세형동검	大谷遺跡D地点7号住居址	福岡県春日市	검신	야요이중기후반	활석	小田 1985
6	세형동검	須玖タカウタ遺跡1号竪穴建物跡	福岡県春日市	검신(겸입부)	야요이중기전반	활석	森井編 2017
7	세형동검	吉野ヶ里遺跡吉野ヶ里丘陵地区III区 SJ0937	佐賀県三田川町	검신胴部(겸입부), 병부			佐賀県教育委員会編 1994
8	세형동검	吉野ヶ里遺跡吉野ヶ里田ヶ-本黒木地区 SK04	佐賀県三田川町	기부		석영반암	佐賀県教育委員会編 1994
9	세형동검	本行遺跡	佐賀県鳥栖市	기부	야요이중기	석영반암	向田 1993
10	세형동검	本行遺跡	佐賀県鳥栖市	겸입부	야요이중기	석영반암	吉田 2001
11	세형동검	託田西分遺跡VI区SD001	佐賀県神埼郡千代田町	검신胴部(겸입부)	야요이중기?	석영반암	德富編 1999
12	세형동검	土生遺跡12次調査SD14	佐賀県小城市三日月町	기부	야요이중기	석영반암	永田編 2005
13	세형동검	白藤遺跡	熊本県熊本市	검신	야요이중기		吉田 2001
14	세형동모	須玖タカウタ遺跡1号竪穴建物跡	福岡県春日市	공부	야요이중기전반	활석	森井編 2017
15	세형동모	須玖タカウタ遺跡1号竪穴建物跡	福岡県春日市	공부	야요이중기전반	활석	森井編 2017
16	세형동모	須玖タカウタ遺跡1号竪穴建物跡	福岡県春日市	공부	야요이중기전반	활석	森井編 2017
17	세형동모	須玖タカウタ遺跡1号竪穴建物跡	福岡県春日市	기부	야요이중기전반	토제	森井編 2017
18	세형동모	須玖タカウタ遺跡1号竪穴建物跡	福岡県春日市	기부	야요이중기전반	토제	森井編 2017
19	세형동모	須玖タカウタ遺跡1号竪穴建物跡	福岡県春日市	봉부	야요이중기전반	토제	森井編 2017
20	세형동모	須玖タカウタ遺跡1号竪穴建物跡	福岡県春日市	봉부	야요이중기전반	토제	森井編 2017
21	세형동모	須玖タカウタ遺跡1号竪穴建物跡	福岡県春日市	봉부	야요이중기전반	토제	森井編 2017
22	세형동모	須玖タカウタ遺跡1号竪穴建物跡	福岡県春日市	봉부	야요이중기전반	토제	森井編 2017
23	세형동모	吉野ヶ里遺跡田ヶ-本黒木地区7트렌치	佐賀県神埼市神埼町	공부, 봉부		석영반암	佐賀県教育委員会編 1994

거푸집 순번	거푸집 기종	출토유적	출토지	부위	공반시기	석재	출전
24	세형동모	吉野ヶ里遺跡南手一本黒木地区SK04	佐賀県神埼郡吉野ヶ里町	공부		석영반암	佐賀県教育委員会 編 1994
25	세형동모	姉貝塚4区SK4004	佐賀県神埼市千代田町	봉부	조오노 코시[城ノ越]식·스구 I 식	화산암계 도식陶石	小田 1985
26	세형동모	惣座遺跡	佐賀県佐賀市大和町	공부		석영반암	吉田 2001
27	세형동모	本行遺跡	佐賀県鳥栖市	기부			吉田 2001
28	세형동모	久蘇遺跡	佐賀県小城市小城町	공부		석영반암	大田 編 2007
29	세형동모	仁俣遺跡SK028	佐賀県小城市三日月町	기부	스구 I·II 식	석영반암	永田 編 1999
30	세형동모	土生遺跡12次調査SD14	佐賀県小城市三日月町	기부	야요이중기	석영반암	永田 編 2005
31	세형동모	一生遺跡12次調査SD14	佐賀県小城市三日月町	기부	야요이중기	석영반암	永田 編 2005
32	세형동모	立岩下ノ方遺跡	福岡県飯塚市	봉부(I식)		석영반암	森 1942
33	세형동과	中白水	福岡県春日市	세부 형상 불명			後藤 1996
34	세형동과	須玖タカウタ遺跡1号竪穴建物跡	福岡県春日市	동胴부·호협부	야요이중기전반	토제	森井 編 2017
35	세형동과	須玖タカウタ遺跡1号竪穴建物跡	福岡県春日市	동胴부·호협부	야요이중기전반	토제	森井 編 2017
36	세형동과	柚比平原遺跡3区SH3006	佐賀県鳥栖市	봉부(II식)			吉田 2001
37	세형동과	鍋島本村南遺跡2区SK345	佐賀県佐賀市	봉부(II식)			吉田 2001
38	세형동과	八ノ坪遺跡	熊本県熊本市手取本町	봉부(II식)		석영반암	林田 編 2005
39	세형동과	八ノ坪遺跡	熊本県熊本市手取本町	호협부		석영반암	林田 編 2005
40	동사	土生遺跡第5次SB023	佐賀県小城市三日月町		야요이중기전반	각섬암	片岡 1999
41	동사?	安德台遺跡2号住居址	福岡県筑紫郡那珂川町	봉부	스구 I·II 식	활석편암	茂 編 2006
42	한반도계 동탁	松本遺跡SK20	福岡県北九州市		야요이전말·중초	사질응회암	佐藤 編 1998
43	한반도계 동탁	須玖岡本4丁目遺跡	福岡県春日市			활석	森井 編 2017
44	한반도계 동탁	須玖坂本遺跡	福岡県春日市			활석	森井 編 2017
45	한반도계 동탁	須玖タカウタ遺跡1号竪穴建物跡	福岡県春日市		야요이중기전반	활석	森井 編 2017
46	한반도계 동탁	八ノ坪遺跡	熊本県熊本市手取本町		야요이중기전반	석영반암?	林田 編 2005
47	다뉴경	須玖タカウタ遺跡1号竪穴建物跡	福岡県春日市	뉴鈕	야요이중기전반	활석	森井 編 2017
48	검파두식	須玖タカウタ遺跡1号竪穴建物跡	福岡県春日市		야요이중기전반	토제	森井 編 2017

의 외형이 직선적으로, 곡선을 이루는 형태는 보이지 않고 기부의 하단이 직각에 가깝다는 특징을 가진다.

한반도 자료와 비교해 보면, 다카우타유적 거푸집의 결입부는 비교적 길어 전 영암 거푸집과 거의 동일한 형태를 보인다. 이를 통해 다카우타 거푸집은 한반도 청동기문화 제2단계의 거푸집으로서, 초기 세형동검 거푸집 생산기술이 후쿠오카 평야에 빠르게 도입되었음을 알 수 있다. 반면 가츠마[勝馬] 거푸집과 혼기요우[本行] 거푸집의 결입부는 한반도의 갈동유적에서 출토된 거푸집과 유사

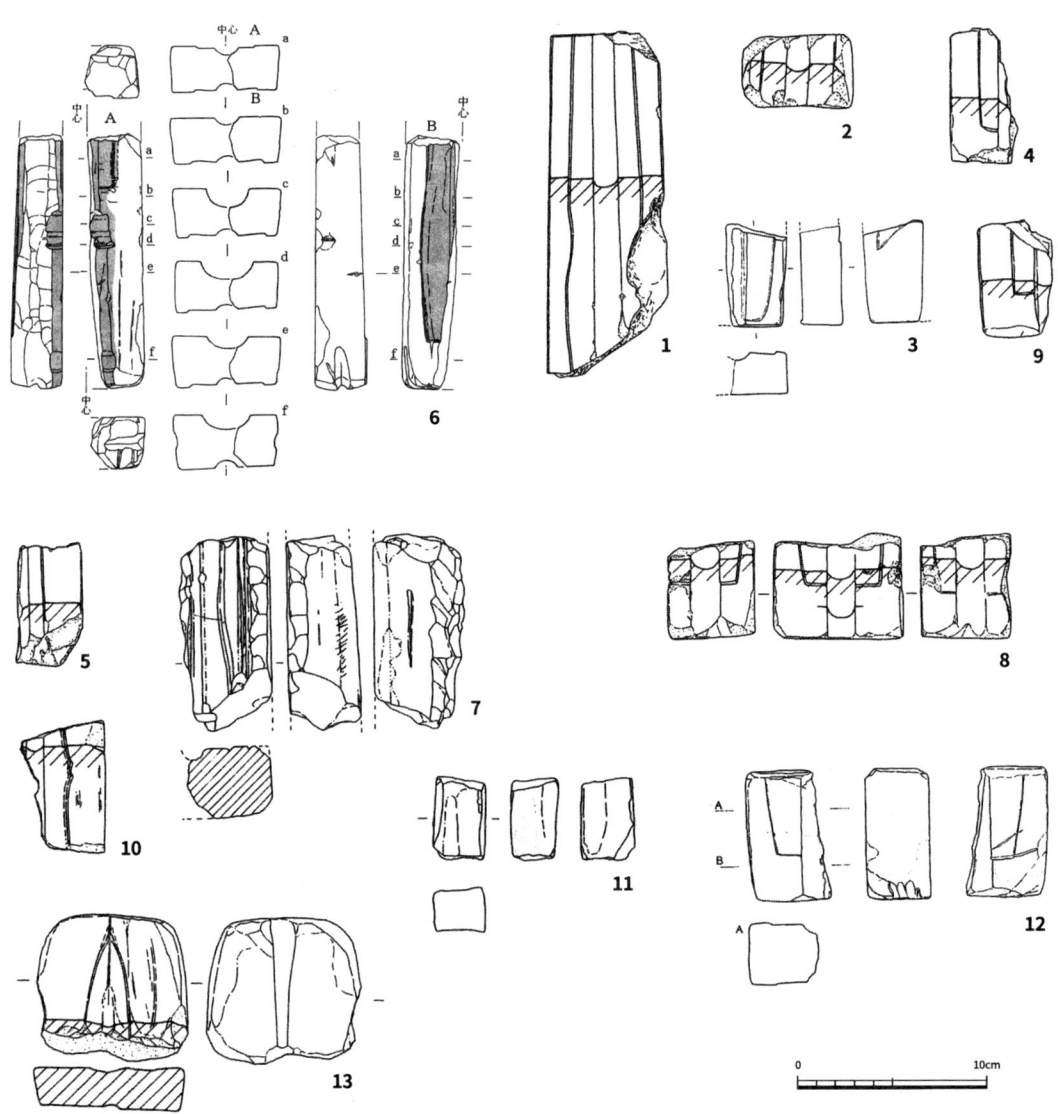

그림199. 일본열도 출토 세형동검 석제 거푸집(도면199~205의 번호는 표36의 거푸집 순번과 일치, ※축척 1/4)

한 형태를 띤다. 두 거푸집은 석영반암으로 제작되었으며, 이는 북부 규슈 내 청동기 생산기술이 전파된 이후 자가 생산이 시작되는 것을 알 수 있다. 그 시점은 갈동 거푸집의 단계에 해당한다. 즉 한반도 청동기문화 제3단계인 기원전 3세기경에 제작된 것으로 볼 수 있다.

스구 다카우타유적의 거푸집은 세형동검의 형식에서 본다면, BIa·BIb식이나 BIIa식에 해당할 가능성이 높다. 이는 이른바 둥근 연마[丸硏ぎ]가 성행하는 단계로, 일본열도의 세형동검에서 제기된 요시다 히로시[吉田広]의 Y타입 연마에 해당한다(吉田 1993·2001a). 반면 한반도에서는 갈동유적 거푸집의 시기부터 BIc식 동검과 같은 각진 연마[角硏ぎ]가 성행하는데, 이는 요시다[吉田]가 제시한 X타입의 연마에 해당한다. 여기서 중요한 점은 일본열도 내에서 동검 제작기술이 보급된 시기가 둥근 연마 방식이 적용된 전 영암의 거푸집 단계였다는 점이다. 따라서 세형동검이 일본열도 내에서 독자적으로 변화하는 것은 중세형동검 단계부터라고 할 수 있는데, 이 시기에도 여전히 둥근 연마 기술이 적용되고 있다.

이 같은 변화는 모두 둥근 연마가 적용된 BIa·BIb식이 점차 대형화되어 가는 과정에서 나타난 현상이라고 할 수 있다. 또한 중세형 A류 동검의 거푸집으로 볼 수 있는 사례로 사가현 쵸다[千代田]쵸 아네[姉]유적의 거푸집이 있다(堤編 1985). 이 거푸집은 전 영암 출토 거푸집과 마찬가지로 결입부가 비교적 길고, 윤곽선이 새겨진 형태를 보인다. 따라서 이 거푸집은 전 영암 출토 거푸집이나 다카우타유적 거푸집을 모델로서 제작되어 전체적으로 대형화되어 가는 방향으로 변화하였다고 상정할 수 있다.

5. 일본열도 출토의 청동기 거푸집과 일본열도산 청동기

세형동검 이외의 무기인 세형동모나 세형동과의 거푸집도 북부 규슈에서 출토되고 있다(표36). 세형동검의 경우, 가스카시 스구 다카우타유적이나 오오타니유적에서 활석제로 만든 거푸집이 확인되었지만, 그 외 대부분의 거푸집은 석영반암제로 제작되었다. 스구 다카우타유적에서 출토된 청동모나 다뉴경 거푸집은 모두 활석제로 만들었으며, 스구 다카우타유적을 비롯한 스구 유적군 내에서 확인된 한반도계 동탁의 거푸집도 활석제로 제작되었다.

랴오시·랴오둥지역이나 한반도에서 주로 확인되는 거푸집 석재인 활석은 이 유적들을 제외하면 발견되지 않는다. 표36에서 볼 수 있듯이, 세형동과나 세형동모의 거푸집은 대부분 석영반암제로 제작되었다. 후쿠오카 평야의 스구 유적군에서 활석제가 발견된 것은 이 지역이 한반도와 깊은 관계를 맺고 있었음을 보여준다. 이는 이 지역은 일찍이 한반도 남부지역을 통해 청동기 제작 기술을 받아들였다는 사실을 뒷받침한다.

또한, 스구 다카우타유적에서는 동모나 동과의 토제 거푸집이 출토되고 있다(森井編 2017). 한반도에서는 아직까지 토제 거푸집이 발견되지 않았지만, 한반도 청동기문화 제2단계인 이형청동기 A군이나 제3단계 이후에 생산된 다뉴조문경은 토제 거푸집을 사용하고 있어(宮里 2008), 동모나 동과에도 토제 거푸집이 사용되었을 가능성이 높다. 따라서, 야요이 전기말·중기초에 세형동검문화가 북부 규슈지역으로 유입되는 단계에는 석제 거푸집뿐만 아니라 토제 거푸집도 사용되었을 가능성이 높다.

한편 북부 규슈지역에서 세형동검이나 동모, 동과가 생산되는 단계부터 한반도와는 달리 석영반암을 거푸집으로 사용하고 있는 점이 주목된다. 이는 청동기 생산이 빠르게 재지화되고 있음을 나타내고 있기 때문이다. 석영반암의 원산지에 대해서는 최근 이화학理化学적인 분석을 통해 야메가와[八女川]유역 일대임이 밝혀진 바 있다(田尻 외 2011). 또한 표36에서 제시한 바와 같이, 세형동검·동모·동과의 제작지가 세부리산[背振山]계 남안南岸의 사가평야에 집중되어 있는 것도 거푸집의 석재로 석영반암이 선택된 것과 관련이 있을 것이다. 이는 앞서 언급한 야메가와 유역이 중요한 이유이다. 즉 사가평야의 청동기 생산이 북부 규슈지역 내 재지생산의 주요 거점을 담당하였을 가능성이 있다.

일본 내 청동기의 재지생산은 야요이 중기 스구 I식 고古단계부터 시작되는 것으로 보았으나(小田 1985), 이후 키타규슈[北九州]시 마츠모토[松本]유적 SK20에서 야요이 전기말·중기 초두 단계인 한반도식 소동탁의 거푸집이 발견됨에 따라, 그 시기가 더욱 상향될 가능성이 높아졌다. 세형동검 등 청동기가 무덤 내 부장되는 양상도 북부 규슈지역에서는 야요이 전기말·중기초두에 시작되고 있다. 따라서 북부 규슈지역 내 세형동검 등의 청동기 생산은 반입된 한반도산 청동기가 존재한다는 점을 포함해 적어도 야요이 중기초두에는 시작되었다고 볼 수 있다. 또한, 다량의 석제 거푸집과 토제 거푸집이 출토된 스구 다카우타유적 1호 수혈건물지는 야요이 중기전반으로 여겨지며(森井編 2017), 거푸집 등이 폐기된 시점의 하한은 야요이 중기전반 신新단계로 판단되고 있다(柳田 2017).

한편 세형동검을 포함한 일본열도의 초기 거푸집은 단면이 장방형을 띠는데, 이후 비교적 이른 시점부터 거푸집의 형태적 변화가 이루어진다고 알려져 있다(境 1998; 田尻 2012). 초기 거푸집은 한반도의 거푸집과 동일한 형태를 보이며, 거푸집이 출토된 주변에서 점토대토기 등의 한반도계 토기도 함께 출토된다는 점을 고려할 때, 도래인에 의해 청동기 생산이 시작되었을 가능성을 생각할 수 있다. 이러한 도래인 집단이 토착민과 혼혈 또는 세대 간 융합을 거치면서 점차 기술적 변화가 이루어지고, 그 과정에서 청동기 자체에도 변화가 나타난 것으로 상정되고 있다(境 1998).

일본열도에서 출토된 세형동검의 세부 계측치를 근거로 하여 한반도산 반입품인지, 일본열도산인지를 구분할 수 있다는 견해도 있으나(岩永 1980), 형태만으로 이를 분별하기는 어려운 경우도 있다. 다만, 크기 등의 속성은 일본열도산임을 보여주는 속성의 하나로 보고 있다. 또한, 일본에서 출토된 거푸집을 통해 일본열도에서 생산된 세형동검과 한반도에서 반입된 세형동검을 구분하려는 연구도 진행되고 있다(柳田 2007·2014). 이와 관련하여 일본열도에서 생산된 세형동검은 인부에서 등대를 향해 검신 단면이 안쪽으로 경사진 내경사 혈구[內傾斜樋](柳田 2005) 구조를 보인다는 지적도 제기된 바 있다.

그러나 내경사 혈구라고 볼 수 있는 경사면을 수치화하여 제시하는 것이 쉽지 않으므로 이를 절대적인 기준이라고 삼기는 어렵다. 동검에서 촉각으로 느낄 수 있는 내경사 혈구는 주조 시의 탕구와 관련될 가능성도 있어, 반드시 거푸집 형태와 일치한다고 단정할 수도 없다. 또한 세형동검의 석제 거푸집에는 혈구가 미리 새겨지지 않으며, 혈구나 그 주변부는 주조 후 연마 과정을 통해 형성된다. 이로 인해 거푸집 자체로는 혈구 부분의 단면형태를 미리 정할 수 없다. 따라서 단순히 내경사 혈구의 존재 여부만으로 일본에서 출토된 세형동검을 일본열도산과 한반도산으로 구분한다는 것은 객관적인 기준이 되기 어렵다. 다만 기부의 단면 형태는 주조 후 연마가 아닌 거푸집의 형태에 의해 규정되므로, 스구 다카우타유적 동검 거푸집 B면의 기부에서 보이는 내면경사는 일본열도산임을 나타내는 거푸집의 속성(柳田 2017)일 가능성이 있다.

앞서 언급한 바와 같이, 일본에서 출토된 세형동검 거푸집은 한반도 남부지역 전 영암 거푸집 단계나 갈동 거푸집 단계에 해당한다. 전자는 세형동검 BIa·BIb식 및 BIIa식, 후자는 세형동검 BIc식과 관련된다. 이처럼 한반도 세형동검의 영향으로 일본 내 세형동검이 생산되기 시작되었다. 또한 제17장의 표28에서 제시한 바와 같이, 북부 규슈지역에서는 세형동검 BIa·BIb식 및 BIc식이 김해식옹관의 단계에 유입되기 시작한다.

거푸집의 출토양상과 세형동검의 출토양상을 종합적으로 고려할 때, 야요이 전기말·중기초두에는 세형동검이 유입됨과 동시에 북부 규슈지역 내 자체적인 생산이 시작되었음을 알 수 있다. 그 연대는 앞장에서도 논한 바와 같이 한반도 청동기문화 제3단계인 기원전 3세기로 판단된다.

북부 규슈지역 내 세형동검과 함께 출토되는 검파두식은 한반도 남부지역과 동일한 M입주立柱형 검파두식이다. 스구 다카우타유적 1호 수혈건물지 내에서 M입주형 검파두식의 토제 거푸집 일부(그림200)가 출토된 바 있다(森井編 2017; 柳田 2017). 반면 후쿠오카시 사와라[早良]구 키시다[岸田]유적 K473 옹관묘에서는 세형동검과 함께 검파두식이 출토되었다. 이 검파두식은 높이 6.25cm로서 대형인데, 이처럼 대형인 M입주형 검파두식은 한반도에 존재하지 않는다. 스구 다카우타유적에서 확인된 토제 검파두식 거푸집의 존재는 M입주형 검파두식을 북부 규슈산으로 볼 수 있는 근거가 된다. 키시다유적 K473 옹관은 김해식옹관이므로, 여기에 부장된 청동기는 야요이 전기말·중기초라고 볼 수 있다. 따라서

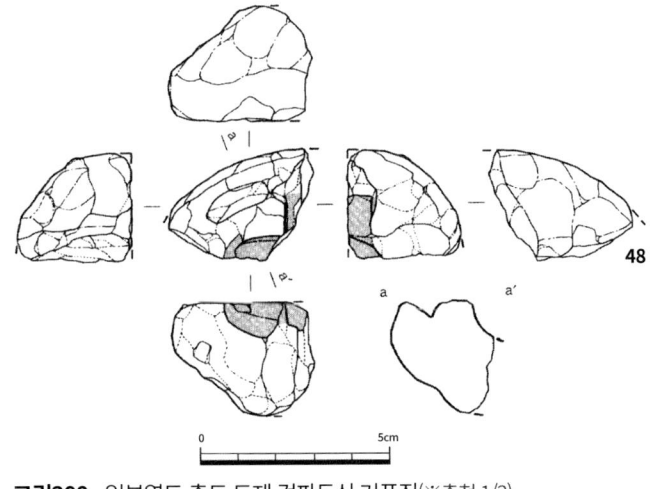

0   5cm

그림200. 일본열도 출토 토제 검파두식 거푸집(※축척 1/2)

이 단계부터 북부 규슈 내에서 세형동검뿐만 아니라 검파두식 등의 청동기생산이 시작되었다는 것을 알려주는 중요한 사례라고 할 수 있다.

이와 같이 한반도의 세형동검문화는 야요이 전기말·중기초두에 북부 규슈지역으로 유입되었으며, 이 시기에는 청동기가 단순히 반입되는 것뿐만 아니라, 도래계 공인에 의해 세형동검의 생산이 시작되었다. 이는 한반도 청동기문화 제3단계, 즉 세형동검 BIc식 단계에 해당한다. 하지만 세형동검 BIc식과 함께 BIa식, BIb식 등 한 단계 이른 세형동검도 함께 반입되고 있었다. 또한 스구 다카우

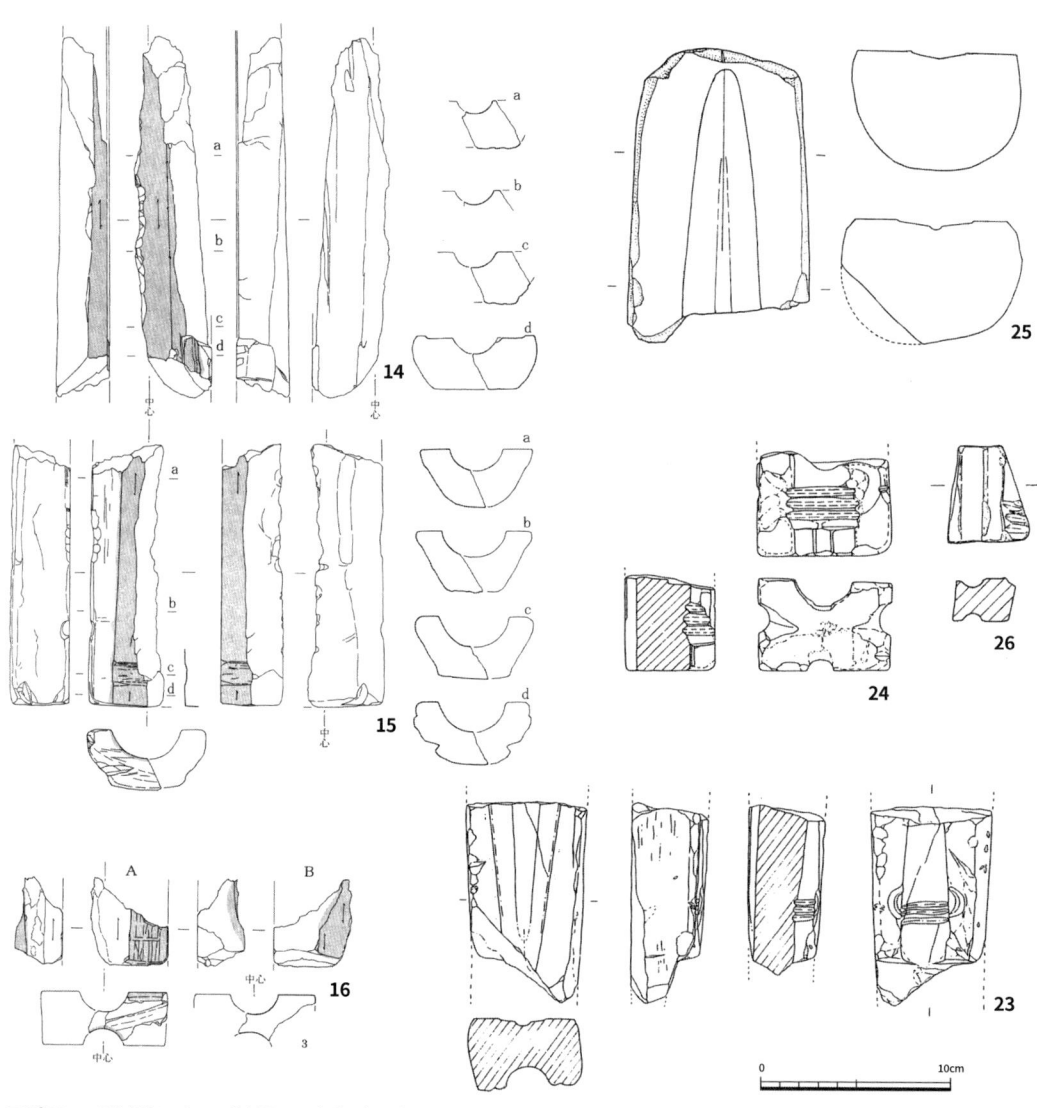

그림201. 일본열도 출토 세형동모 석제 거푸집(※축척 1/4)

타동검 거푸집과 같이 전 영암 타입의 거푸집도 유입되었다.

앞서 지적한 바와 같이, 한반도의 더 이른 세형동검의 제작기술인 활석제 거푸집의 존재는 그 근거가 되며, 그 분포양상으로 보아 후쿠오카평야의 스구유적군으로 전래되었을 가능성이 있다. 이후 세형동검 BIc식 단계인 갈동 타입 거푸집이 북부 규슈 각 지역에서 석영반암이라는 독자적인 거푸집 소재를 사용하여 제작되기 시작한다. 이 과정에서 북부 규슈에서는 세형동검이 중세형동검으로 변화하게 된다. 중세형동검의 특징 중 하나인 연마 형태는 Y타입인 둥근 연마로서, 이는 Y타입의 세형동검 BIa · BIb식이 중세형동검으로 변화하였음을 시사한다. 즉 북부 규슈에서는 최초로 유입된 세형동검 BIa · BIb식의 제작기술을 바탕으로, 일본열도 고유의 동검을 제작하였음을 알 수 있다.

또한 일본열도산으로 추정되는 중세형동검은 키시다유적 K417옹관묘에서도 출토되었다. 이 옹관은 김해식 신新단계에 속하며, 죠오노코시[城ノ越式]식 소호小壺를 공반하고 있다. 이를 통해 야요이 중기초두에 이미 중세형동검의 생산이 시작되었다는 것을 알 수 있다. 이를 근거로 일본열도산 세형동검의 생산 시점은 야요이 중기초두보다 앞선 전기말, 즉 이타즈케[板付] IIc식 단계부터 시작되었을 가능성을 제시할 수 있다.

한편, 스구 다카우타 1호 수혈건물지에서는 공부鍪部 끝부분에 마디가 있는 세형동모 D1b식 또는 D2a식의 활석제 세형동모의 거푸집(그림201-14~16)이 출토되었다. 한반도의 전 영암 출토의 거푸집(그림206-3) 역시 공부 끝부분에 마디가 있으며, 귀가 마디 상단에 위치한 세형동모 D1b식이나 D2a식에 해당한다(林炳泰 1987). 세형동모 D1b식과 D2a식의 구분은 둥근 연마(1식 동모)나 각진 연마(D2식 동모)라는 연마 형태에 따른 차이로서, 거푸집만으로 구분할 수 없다.

북부 규슈지역의 우마와다리[馬渡] · 소쿠가우라[束ヶ浦]유적에서 출토된 세형동모는 D1b식으로서(井編 2006), 김해식옹관 내 부장되었다. 이를 통해 북부 규슈의 초기 동모 거푸집은 D1식 동모의 계통일 가능성이 높다고 볼 수 있다. 또한 세형동모 D1b식은 한반도 청동기문화 제2단계에 속하므로, 초기 세형동모의 거푸집도 역시 세형동검과 마찬가지로 비교적 이른 제작기술을 토대로 제작되기 시작하였을 것이다.

이 밖에도, 2중 또는 3중의 마디에 귀를 붙인 세형동모 거푸집이 요시노가리 유적을 비롯한 사가 평야에서 출토되고 있다(그림201-23 · 24 · 26; 그림202-28). 제18장에서 제시한 바와 같이 다중의 마디를 지닌 세형동모는 한반도 남부지역의 세형동모 D2b식에 해당하므로, 한반도 청동기문화 제3단계에서 4단계에 위치한다고 볼 수 있다. 이를 통해 기원전 3세기인 한반도 청동기문화 제3단계에 유입된 세형동모 D2b식을 모형으로 한 석영반암제 거푸집 제작은 사가평야를 중심으로 이루어진 것으로 추정된다.

북부규슈지역 내 3중 마디를 가진 세형동모의 또다른 사례로는 후쿠오카시 요시타케[吉武]유적 오오이시[大石]지구 K45호 김해식옹관에서 출토된 것이 있다(橫山 · 力武編 1996). 이 세형동모는 둥근

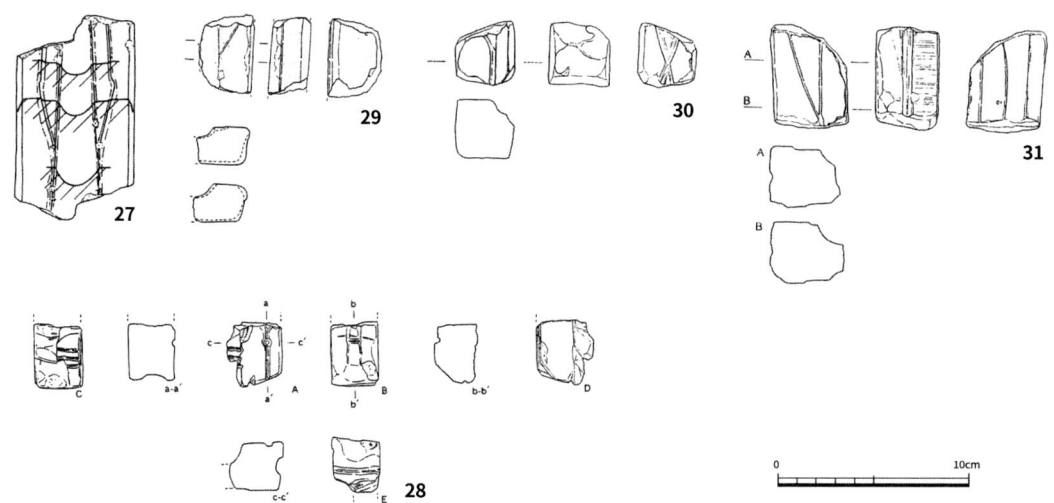

그림202. 일본열도 출토 세형동모 석제 거푸집(※축척 1/4)

연마인 D1식이다. 그러나 한반도에서 출토된 복수의 마디를 가진 세형동모는 대부분 각진 연마인 D2식이라는 점에서 차이를 보인다. 따라서 북부 규슈지역에서 출토된 둥근 연마 형태의 3중 마디 세형동모는 북부 규슈산일 가능성이 높다. 특히 복수 마디를 가진 거푸집이 존재하는 북부 규슈지역에서는, 야요이 전기말·중기초 단계부터 세형동모의 생산이 시작되었을 가능성이 크다. 또한 이 세형동모에는 여전히 둥근 연마라는 한반도의 초기 제작기술이 유지되고 있다. 이처럼 일본열도산 세형동모의 개시연대와 기술적 계보는 세형동검의 일본열도 내 생산과정과 동일한 패턴을 보이고 있다.

북부규슈지역에서 생산되기 시작한 세형동모는 이후 중세형, 중광형, 광형으로 변화하였으며, 이러한 변화방향 역시 세형동모 D2식 계통에서 기원한 것으로 추정할 수 있다. 따라서, 최초로 동모 제작기술이 일본열도로 전파된 시점은 세형동모 D1식 단계로 볼 수 있지만, 본격적으로 확산된 시점은 한반도 청동기문화 제3단계인 세형동모 D2a·D2b식 단계로 판단된다. 즉, 북부규슈지역에서는 세형동모 D2a·D2b식을 바탕으로 그 변형인 중세형동모를 생산한 것이다. 중세형 동모의 거푸집은 도스[鳥栖]시 혼기요우[本行]이나 가스카[春日]시 오오타니[大谷]유적 등에서 확인된 바 있다.

토제 거푸집은 스구 다카우타유적에서만 출토되었다(그림203). 이 거푸집에서 제작한 형식에 대해 야나기다 야스오[柳田康雄]는 대부袋部 거푸집(그림203-18)의 마디[節帶] 부분 지름이 4cm라는 점을 근거로 경주 구정동에서 출토된 D2d식으로 보았다(柳田 2017). 또한 이러한 동모의 토제 거푸집이 한국에서는 발견되지 않는다는 점을 근거로, 구정동에서 출토된 세형동모 D2d식을 일본열도산 청동기로 해석하였다.

그러나 동모의 토제 거푸집은 아직 한반도에서 발견되지 않았지만, 세형동검문화의 청동기 토제 거푸집은 존재한다. 따라서 세형동모의 토제 거푸집이 한반도에 존재하지 않는다고 단정할 수는 없다. 또한 비교적 긴 신부를 가진 세형동모 D2c식과 D2d식은 제18장에서 제시한 바와 같이 한반도 남부지역에도 존재하고 있다. 따라서 세형동모와 그 생산기술이 한반도 청동기문화 제4단계에 북부 규슈로 전해졌을 가능성은 여전히 남아있다.

또한, 봉부와 신부에 폭이 넓은 등대와 등날[鎬] 능선을 가진 토제 거푸집도 확인되었다(그림203-19~21). 이에 대해 야나기다 야스오는 등대폭이 1.5cm인 비교적 큰 등대를 가진 대형 동검이 존재할

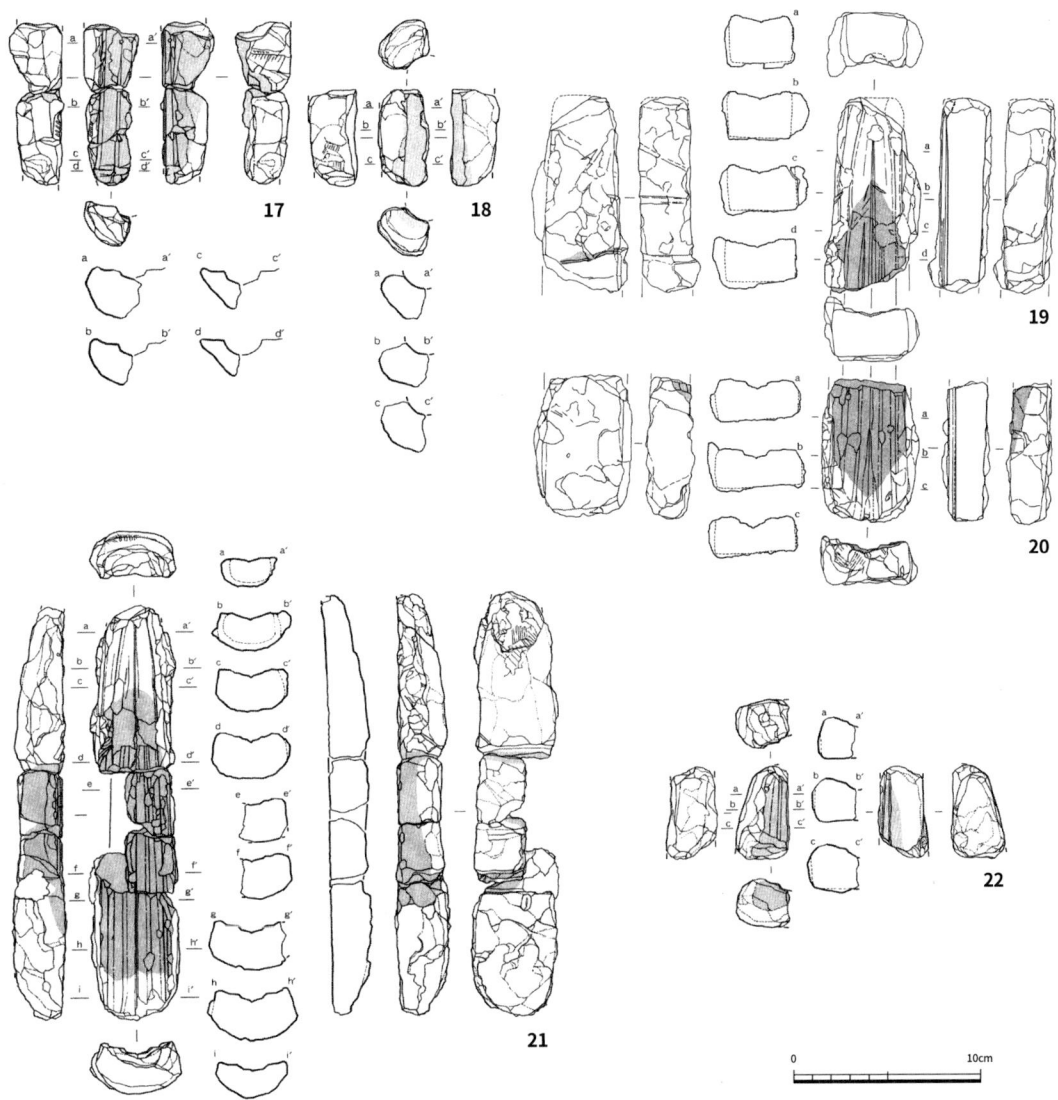

그림203. 일본열도 출토 세형동모 토제거푸집(※축척 1/4)

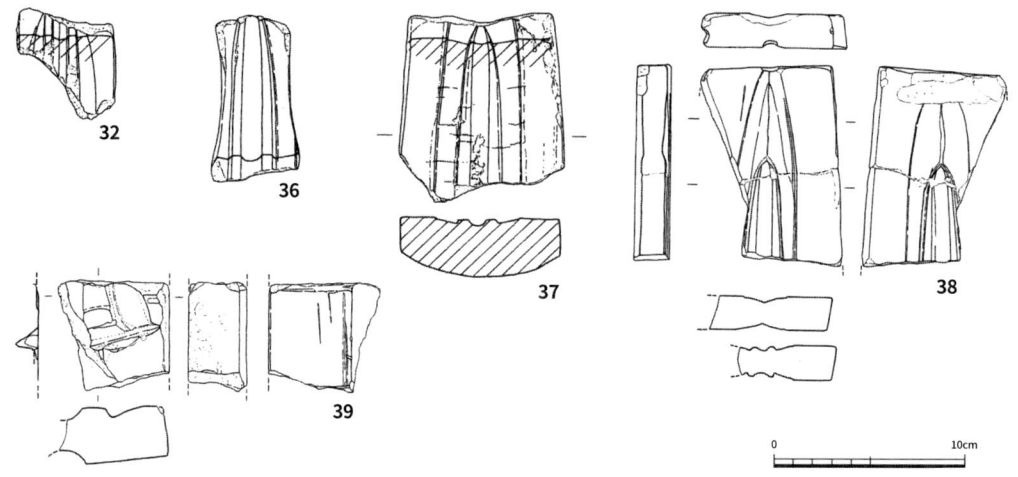

그림204. 일본열도 출토 세형동과 석제거푸집(※축척 1/4)

가능성을 제기하였다. 야나기다는 이 토제 거푸집이 동모와 관련된 것일지, 동검과 관련된 것일지 불분명함을 강조하며, 이를 절선거푸집[切先鑄型]이라고 명명하였다(柳田 2017). 이에 대해 필자는 등대에 능선이 존재하는 점, 신부의 폭이 비교적 넓다는 점, 거푸집에 혈구가 새겨져 있다는 점을 근거로 동모 거푸집으로 판단하고 있다. 그리고 자루 삽입부의 크기나 전체적인 길이를 고려할 때, 세형동모 D2c식 또는 D2d식과 관련될 것으로 추정한다.

이러한 대형 동모의 제작은 한반도에서도 토제 거푸집을 사용하였을 가능성을 제시한다고 볼 수 있다. 북부 규슈지역으로도 토제 거푸집 생산기술이 전래되었지만, 더 일찍 반영된 석제 거푸집 기술이 적용된 것으로 해석해 두고자 한다(田尻 2012). 특히 토제 거푸집을 활용한 청동기 제작기술은 도래계 공인의 기술로 세대를 거치면서 전승되기 어려워져, 결국 북부 규슈지역에서는 소멸된 것으로 추정된다. 이로 인해 검파두식의 제작도 세형동검 단계까지만 확인되며, 이후로는 중단되었을 가능성이 크다.

세형동과는 제19장에서 서술한 바와 같이, 혈구의 선단부 끝이 마무리되지 않는 분리형(1식)과 혈구의 끝에서 연결되어 마무리된 폐쇄형(2식)으로 구분된다.[1] 북부 규슈지역에서 출토된 세형동과의 석제 거푸집은 모두 폐쇄형(2식)을 띠고 있다(그림204-32·36~38). 또한, 스구 다카우타유적 1호 수혈건물지에서 출토된 토제 거푸집(그림205-34·35) 역시 혈구의 방향을 고려할 때 폐쇄형(2식)일 가능성이 높다. 전 영암 출토의 세형동과 거푸집(그림206-1·2)도 폐쇄형인 세형동과 2aI식에 해당한다.

---

1) 역자 주) 거푸집 제작 당시 혈구를 단순히 새겨 선단 끝부분이 열린 상태로 남아있는 것이 분리형인 1식의 특징이다. 반면 폐쇄형인 2식은 혈구가 선단부 끝까지 이어져 완전히 마무리된 형태를 띠는 것이다. 이는 거푸집 제작 기술이 발전하면서 나타난 변화로 볼 수 있다.

제19장에서 제시한 바와 같이, 요서식동과는 분리형(1식) 혈구를 가지며, 세형동과도 분리형인 1식은 한반도 북부에서 많이 발견된다. 반면 폐쇄형(2식)은 한반도 남부지역에서 주를 이룬다. 한반도에서는 아직까지 토제 거푸집이 발견되지 않았지만, 요서식동과 A식이 개발된 기원전 6세기 후반~5세기 전반의 랴오시지역은 일찍부터 중원계의 연 문화와 접촉해왔다. 요서식동과 A식에서 보이는 혈구의 예리함과 상란上闌·하란上闌의 곡선도를 고려하면, 요서식동과 A식은 토제 거푸집으로 제작되었을 가능성이 높다. 요서식동과 A식은 랴오둥의 요서식동과 B식을 거쳐 한반도의 세형동과로 이어진다. 이러한 계통을 고려하면 한반도의 세형동과 역시 토제 거푸집으로 제작되었을 가능성이 있다. 특히 랴오둥지역에서 확인되는 혈구에 문양이 찍힌 유문동과는 토제 거푸집이 주류였음을 보여주는 사례로 볼 수 있다.

북부 규슈지역에서 출토된 석제·토제 거푸집이 폐쇄형(2식)이라는 점은, 한반도 청동기문화 제3단계에 한반도 남부지역의 제작기술이 북부 규슈지역으로 전해졌음을 의미한다. 이러한 폐쇄형(2식)의 기술 계보 속에서 중세형 동과, 중광형 동과, 광형 동과로 변화하게 된다. 또한 세형동과의 폐쇄형(2식) 거푸집은 도스시 유비히라바루[柚比平原]유적이나 사가시 나베시마혼손미나미[鍋島本村南]유적 등을 비롯한 사가평야를 중심으로 출토되고 있다. 이처럼 세형 및 중세형 동검·동모의 거푸집 출토지 역시 사가평야를 중심으로 분포한

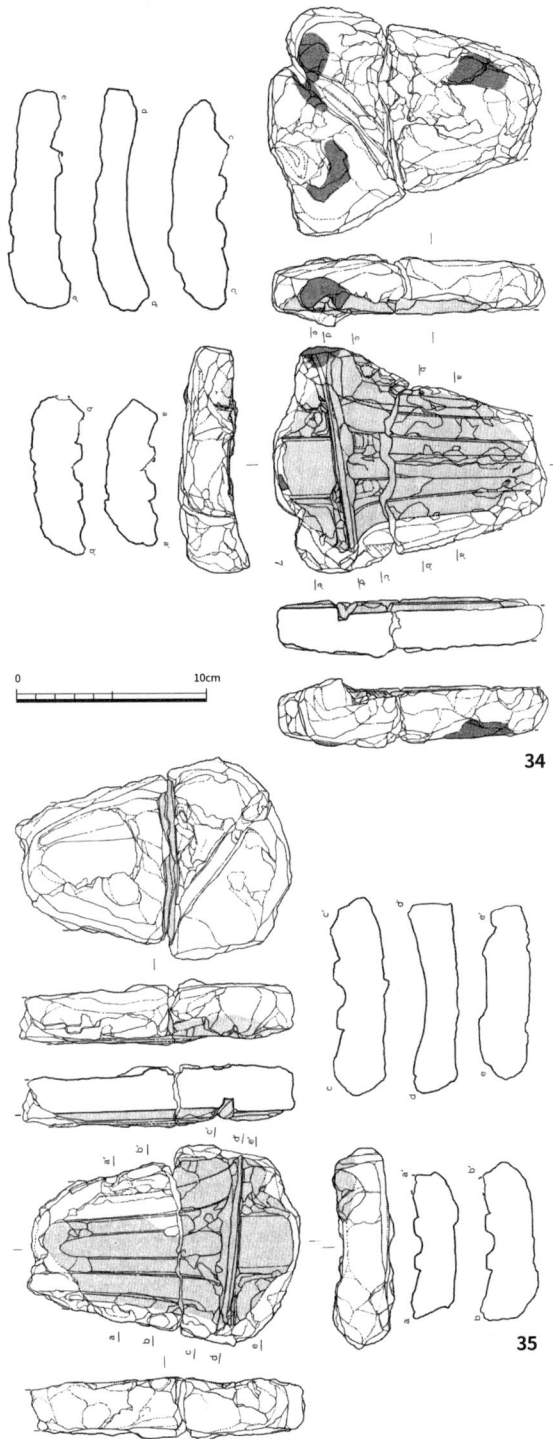

그림205. 일본열도 출토 세형동과 토제거푸집(※축척 1/4)

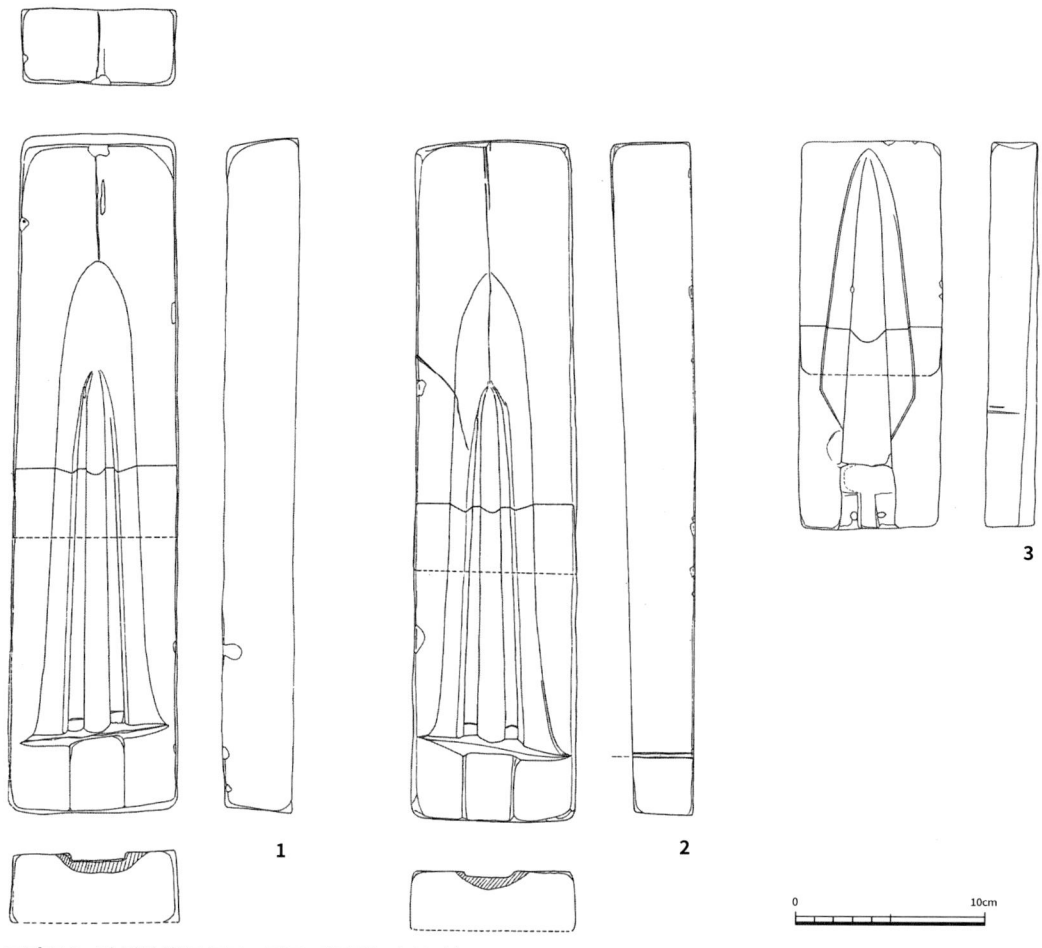

그림206. 전 영암 출토 동과 · 동모 거푸집(※축척 1/4)

다는 점이 중요한 의미를 갖는다. 즉, 세형동과 2bII · 2bIII식은 이후 대형화된 동과의 원형原形이었으며, 청동기 생산이 사가평야를 중심으로 시작되었음을 시사한다고 볼 수 있기 때문이다.

또한, 우기군덴[宇木汲田]의 17호 옹관과 58호 옹관에서는 우기군덴형이라고도 불리는 편평한 유문동과가 출토되고 있다. 이 유문동과는 한반도에서 확인된 사례가 없어 일본열도에서 제작된 세형동과로 볼 수 있다. 제19장에서 정리한 바와 같이, 한반도 남부지역의 유문동과인 세형동과 2bII · 2bIII식이 한반도 청동기문화 제4단계인 기원전 2세기에 북부규슈지역으로 유입된 이후, 세형동과 2bII · 2bIII식 계통의 변화 속에서 우기군덴형 동과가 제작된 것으로 보인다. 반면, 동시기 유문동과인 세형동과 1bII식은 한반도 동남부지역에서 일본열도로 확산된다. 긴키형 동과는 세형동과 1bII식에서 그 원형을 찾을 수 있으며, 이를 바탕으로 긴키지역 내에서 자체적으로 생산되었을 것으로 판단된다.

6. 정리

동검을 중심으로 한 석제 거푸집의 주조기술은 랴오시·랴오둥에서 한반도를 거쳐 북부 규슈지역으로 전파되었으며, 각 지역에서는 이러한 기술의 수용과 변용 과정을 거친다. 석제 거푸집을 이용한 주조기술은 농경문화의 수용과 변용 과정(宮本 2009c·2017)과 마찬가지로 지역단위에서 기술이 전파되면서 변용되는 특징을 보인다. 이러한 기술 전파 과정은 단순한 복제가 아니라 각 지역의 필요에 따라 변용되고 재생산된다. 결국, 기술의 기원지와 수용지의 거리가 멀어질수록 그 변용 정도는 더욱 커지게 된다.

석제 거푸집을 활용한 동검의 형태적인 설계는 이미 정해진 연마 설계와 결합하여 동검의 형식이 만들어진 것이다. 따라서 동검의 형식은 그 형태를 결정하는 거푸집 설계와 연마 설계라는 두 가지 요소를 조합하여 설정되어야 한다. 예외적 사례를 제외하고는 '재연마'를 통해 형식이 결정될 수 있다는 그간의 견해는 고려하지 않아도 된다.

이러한 관점에서 랴오시지역의 요령식동검 1a식, 랴오둥지역의 요령식동검 1b식, 이를 수용한 한반도의 요령식동검 AII·AIII식의 전개과정에 대해 서술하였다. 그 중 요령식동검 AII식이 한반도 내에서 재지적으로 변화하면서 세형동검으로 이어졌으며, 세형동검 BIa·BIb·BIIa식에서 세형동검 BIIc식으로의 변화는 석제 거푸집 설계 과정에서 결정된 것이라는 점을 다시 확인하였다.

북부 규슈지역에서 출토된 세형동검 거푸집을 통해 최초로 전래된 청동기 생산기술은 세형동검 BIa·BIb식 단계로, 이후인 세형동검 BIc식 단계로 보기 어렵다. 북부 규슈지역에서는 세형동검 BIa·BIb식과 조합되는 연마 방식인 Y타입 연마[둥근 연마]가 지속되는 가운데 동일한 Y타입 연마인 중세형 동검, 중광형 동검, 광형 동검으로 변화된다. 이같은 연마 방식의 연속성을 통해 북부 규슈 내 유입된 청동기 자체는 세형동검 BIc식의 단계, 즉 기원전 3세기인 한반도 청동기문화 제3단계(세형동검, 세형동모, 세형동과, 다뉴조문경)라고 하더라도, 청동기 생산기술 자체는 이보다 더 이른 단계인 한반도 청동기문화 제2단계인 세형동검 BIa·BIb식이나 세형동모 DIb식과 관련된 것이라는 것을 알 수 있다.

거푸집 소재에 주목하면, 후쿠오카평야의 스구유적군에서는 한반도 거푸집의 주된 재료였던 활석이 이용되었다. 동시에 스구 다카우타유적에서는 토제 거푸집을 이용하여 검파두식, 동과, 동모를 생산하였다. 이러한 기술은 한반도로부터 직접 수입된 것으로, 생산은 도래계 공인이 담당했을 가능성이 높다. 그리고 이들이 보유한 제작 기술과 연마 기술을 기반으로 하여 집단 제사를 위한 청동기 생산이 시작되었으며, 그 과정에서 중세동검, 동모, 동과로 변화해 갔다. 또한 도래계 공인은 세대를 거치면서 생산 기반과 기술이 점차 현지화되게 된다. 결과적으로 석영반암을 활용한 석제 거푸집이 중심이 된 생산 형태로 변용된 것이다. 북부 규슈지역에서는 세형동검뿐만 아니라 세형동과나 세형동모 등이 사가평야나 후쿠오카평야를 중심으로 빠르게 재지적 생산되면서 제사도구로서 변화되어 간다.

일본 내 세형동검과 제작기술의 유입시기는 한반도 청동기문화 제3기인 기원전 3세기에 해당한다. 이를 북부 규슈지역의 연대에 적용할 수 있는 기준으로 김해식 옹관이 있다. 김해식 옹관을 일상토기의 형식으로 보면, 이타즈케[板付] 2c식~죠우노코시[城ノ越式]식에 해당하여(梶原 2016) 야요이 전기말·중기초두로 볼 수 있다. 이 단계부터 한반도산 청동기가 북부 규슈지역으로 유입될 뿐만 아니라 한반도 김해식 옹관 내에서 일본열도산인 검파두식과 세형동모가 부장된다. 게다가 일본열도산 중 세형동검 역시 김해식 옹관 단계인 중기초두에 시작된다. 따라서, 일본열도산 세형동검의 생산은 야요이 전기말까지 상향 조정될 수 있다.

한반도 청동기문화 제4단계인 BIIc식 세형동검은 한국 동남부지역인 김해 회현리유적의 김해식 옹관 신단계의 부장품으로 출토되고 있다. BIIc식 세형동검은 제17장에서 제시한 것처럼 기원전 2세기이며, 공반된 야요이토기 역시 야요이 중기초두인 죠오노코시식 역시 기원전 2세기일 가능성이 있다. 반면 일본열도산의 세형동검이 생산되기 시작하는 전기말, 이타즈케 IIc식(김해식옹관 고고단계)은 기원전 3세기에 해당한다(제15장의 표22). 이를 통해 북부 규슈지역으로 청동기가 유입됨과 동시에 생산도 함께 시작된다고 볼 수 있으며, 그 시기는 이타즈케 IIc식인 기원전 3세기이다.

그 생산기술의 기원은 일본열도로 청동기가 본격적으로 유입되는 시기보다 한 단계 앞선 한반도 청동기문화 제2기로 판단된다. 스구 다카우타유적에서는 다뉴세문경을 의식하여 만든 활석제의 다뉴경 거푸집이 출토되었다(武末 2017). 다뉴세문경은 일반적으로 토제 거푸집으로 제작되는데, 여기에서는 석제 거푸집이 사용된 점은 이례적이다. 이것은 북부 규슈지역으로 청동기가 유입되는 시기보다 이른 청동기 제작기술이 활용된 사례라고 볼 수 있다. 최초의 청동기 생산 거점은 후쿠오카평야의 스구유적군이었으며, 이후 점차 주변으로 확산된 것으로 보인다. 이러한 생산활동에는 청동기 제작기술을 가진 도래계 공인이 관여했을 가능성이 크다. 특히 점토대토기의 출토양상을 통해 볼 때, 한반도에서 도래한 사람들은 각각의 여러 취락에서 청동기 생산을 시작한 것으로 추정할 수 있다.

한반도 내 청동기가 유입된 배경은 기원전 300년경 이후 청천강 이북인 랴오둥지역까지 연나라의 직접적인 영역 지배가 이루어진 것과 관련된다(宮本 2019a). 연나라는 한반도의 수장들에게 군사적 위협으로 작용하였으며, 이에 따라 수장들과 주민들은 그 배후에 있는 북부 규슈지역 집단과의 교류를 필요로 하였을 것이다. 이러한 교류의 결과로서 세형동검 등과 같은 청동기가 공여供与되었을 것으로 추정된다. 또한 한반도의 주민들에게는 연나라의 동쪽 진출이라는 위협 속에서 일본열도로 이주한 피난민도 있었을 가능성이 있다. 한랭화로 인해 소수의 도래민이 북부 규슈지역으로 건너가 죠몬인과 결합하였던 도작 농경이 시작된 야요이 조기(宮本 2017)와는 달리, 이 시기의 이주는 기술을 가진 도래 공인들만으로 이루어졌으며, 이들은 곧바로 야요이 집단이나 야요이 문화에 동화되었을 것으로 추정된다. 그 과정에서 청동기 생산이 본격적으로 시작되었으며, 청동무기는 야요이 집단의 필요에 따라 청동 제사구로서 빠르게 변화하였을 것으로 생각된다.

결어

동아시아 청동기시대의 시원과 전개

1. 동아시아 청동기의 시작

동아시아의 선사사회는 크게 농경사회와 목축형 농경사회라는 두 축으로 이루어져 있다. 후자인 목축형 농경사회는 기원전 3천년대 이후 농경사회와 명확히 분리되어, 이후 목축에 특화된 유목사회로 전환되었다. 유목사회는 흉노를 기점으로 장성지대와 초원지대의 기본적인 경제체계로 자리잡았다.

한편 농경사회는 농경문화와 기술을 주변 수렵채집사회로 확산시켰다. 이로 인해 2차적 농경사회가 형성되었는데, 그 대표적인 지역은 동북아시아(연해주 남부, 한반도, 일본열도)와 중국 서남부에서 동남아시아에 걸친 지역이다. 동아시아의 선사사회는 이와 같은 네 지역 체계로 구분되며(그림207), 이를 통해 지역 문화의 기층성基層性을 이해할 수 있다.

이 중 목축형 농경사회(유목사회)는 유라시아 초원지대를 중심으로 동서로 광범위하게 이어져 있었다. 기원전 3천년기 이후, 이 지역에서는 말 사육과 기마·차마 기술이 발달하며, 정보의 전달과 인간의 이동이 비교적 활발해졌다.

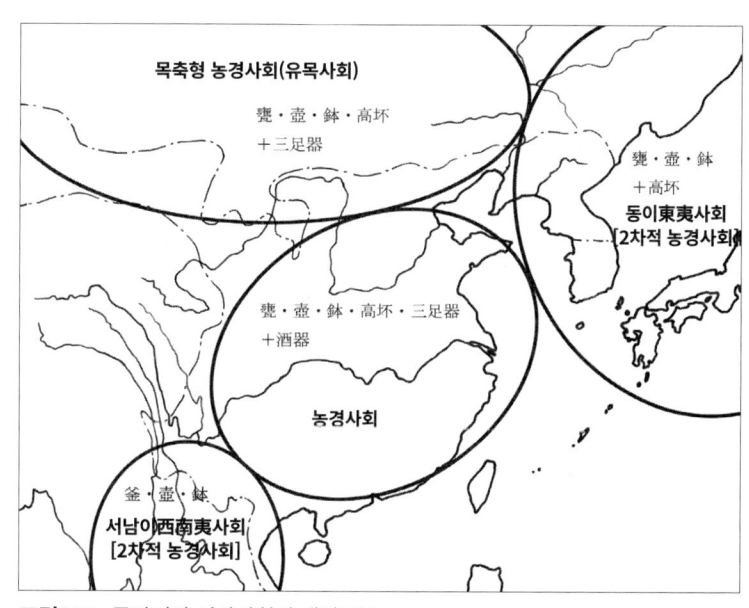

그림207. 동아시아 선사사회의 생업구분

일찍이 중국 청동기는 후앙[黃]하 중류 유역의 중원지역에서 발명된 것으로, 서아시아나 북아시아의 청동기와는 달리 독자적으로 만들어진 것이라고 여겨졌다. 그러나 최근 연구에 따르면, 유라시아의 동기銅器는 터키의 아나톨리아에 기원하였으며, 동기의 주조 기술은 흑해 서쪽 연안에서 발달하였다. 또한 기원전 4천년경, 흑해 연안에서 서아시아에 이르는 지역에서 청동기가 발달하여 이를 중심으로 주변 지역으로 확산된 것으로 보고 있다.

유라시아 동기 · 청동기는 목축형 농경사회인 유라시아 초원지대를 통해 확산되었다. 그 전파 경로는 흑해 북쪽 연안에서 시작하여 중앙아시아를 거쳐 남러시아 알타이와 몽골, 중국 서북부지역인 장성지대에 이른다. 중국 서북부지역 깐수[甘肅] · 칭하이[青海]로는 기원전 3천년기 초에 동기 · 청동기가 도달하였다. 이후 청동기는 기원전 2천년기 동안 장성지대에서 북방 청동기문화로 발전한다.

한편 일찍이 독자적으로 개발한 것이라 여겨져 온 후앙[黃]하 중류 유역인 중원지역의 청동기는 농경사회의 청동기로 정의할 수 있다. 이 지역 최고最古의 동기 · 청동기는 기원전 2000년경 신석기 말기 산시[陝西]성 시마오[石峁]유적과 산시[山西]성 타오시[陶寺]유적에서 확인된다. 대표적인 유물로는 치륜형동기齒輪形銅器라 불리는 장신구와 동령銅鈴과 같은 악기가 있다. 특히 동령은 토제 거푸집을 이용해 제작된 것으로, 이는 중원지역에서 신석기 중기부터 확인되던 도령陶鈴을 모방한 것이다.

기원전 3천년기 중원지역 신석기 후기 사회는 집약적 농경을 기반으로 발달한 수장제 사회였다. 이 시기에는 성지城址와 귀족묘가 존재하였으며(宮本 2005), 동시에 유라시아 초원지대에서 발달한 북방 청동기의 기술(특히, 세이마-투르비노문화)이 목축형 농경사회와 농경사회의 교류를 통해 장성지대를 거쳐 중원지역으로 유입되었다. 그러나 중원지역은 이미 발달된 수장제 사회였음으로, 청동기를 계층 상위자를 위한 도구로 특화하여 생산하였다.

중원 사회에서의 청동기 제작은 사회적 분업에 기반으로 이루어졌다. 특히 이 지역에서는 새로 도입된 동기 · 청동기 기술을 바탕으로 토제 거푸집을 이용한 복합범 기술을 개발하였다. 이 기술은 동령과 같은 입체적 형태의 청동기 제작을 가능하게 하였다(宮本 · 白雲翔編 2009). 이러한 점에서 당시 중원 청동기가 혁신적인 것은 분명하였다.

2. 북방 청동기문화

유라시아 초원지대 동부 청동기문화의 출현과 전개에 대해서는 제Ⅰ부에서 정리하였다. 이러한 북방 청동기문화는 유라시아 초원지대 서부 목축사회의 확산과 함께 나타났다. 유라시아 초원지대 서부에서는 청동기의 확산과 함께 목축사회의 형성과 발전이 이루어졌으며, 이는 다음과 같은 역사적 전개를 보여준다(Anthony 2007; Kelekna 2009; Cunliffe 2015).

먼저 기원전 8천년기 아나톨리아에서 자연동을 사용한 제품이 등장하였다. 이어서 기원전 5천년경에 아나톨리아 일대와 메소포타미아, 이란으로 자연동 제품이 확산되었다. 이후 흑해의 서쪽 연안에서는 농경문화의 확산과 함께 동기銅器 생산이 흑해 서북쪽 연안으로 확산되었다. 기원전 5,600년경, 이 지역에서는 가장 오래된 농경사회 중 하나인 크리슈Cris문화가 도나우Danube강 하류 유역에서 출현하여 카르바티아Carpathian산맥의 프루트Prut강 유역으로 확산되었다. 크리슈 문화는 소와 돼지의 사육, 곡물재배, 토기제작으로 이루어진 농경사회였으며, 단야기법을 통해 동기 생산이 시작하였다.

기원전 5천년기, 도나우강 유역의 농경문화를 통합하는 형태로 쿠쿠테니-트리필리아Cucuteni-Trypoillia문화(B.C.4,900~3,400)가 성립하였다. 이 문화는 카르바티아산맥에서 흑해 북쪽 연안의 드네프르Dnieper강 유역으로 확산되었다. 쿠쿠테니-트리필리아문화는 사회의 계층화가 진전된 사회로, 성채를 갖춘 취락과 특수한 수공업이 발달하였으며, 거푸집을 활용한 동기 생산이 이루어졌다. 또한 동이나 금제품을 통한 교역이 활발하게 전개되었고, 동부의 볼가Volga강 하류 유역과도 교역 관계를 유지하였다.

농경은 더욱 동쪽으로 확산되어 드네프르-도네츠Dnieper-Donets II 문화(B.C.4,600~4,100)에서는 흑해 북쪽 연안의 하천 유역이 농경을 수용하며 토지개발이 이루어졌다. 이와 함께 수렵 활동의 비중이 높아져, 특히 야생 말이 주요 수렵 대상이 되어 육식 자원의 25%를 차지하였다. 드네프르-도네츠문화를 바탕으로, 서쪽으로는 드네프르강에서 동쪽으로는 볼가강 중류 유역에 이르는 지역에 스레드니-스토그Sredny-stog문화(B.C.4200~3500)가 성립하였다.

이 역시 농경사회로 볼 수 있으나, 말을 주요 자원으로서 적극 활용한 점이 특징이다. 발견된 녹각鹿角은 마구의 일종인 재갈로 사용되었을 가능성이 제기되며, 이를 통해 말 사육이 시작되었음을 시사한다. 또한 개인묘의 매장시설에 공을 들인 흔적이 확인되어 사회 계층화가 한층 더 진전되었음을 알 수 있다. 스레드니-스토그문화에서는 쿠쿠테니-트리필리아 문화 양식의 동제 장신구가 출토되었으며, 이를 통해 도나우강 유역과의 교역이 이루어졌을 가능성이 제기된다. 특히 도나우강에서 볼가강까지의 거리가 상당히 멀다는 점을 고려할 때, 말을 이용한 기동성이 없이는 이러한 장거리 교역이 불가능했을 것이라는 의견도 있다(Kelekna 2009).

한편 쿠쿠테니-트리필리아문화와 드니프르-도네츠문화 이후, 기원전 3,500~3,000년경은 기후의 한냉화와 건조화가 시작되는 시기였다(Koryakova & Epimakhov 2007). 이로 인해 흑해 북쪽 연안은 농경사회에서 목축시회로 전환되는 단계에 접어들었다(Cunliffe 2015).

목축사회라는 증거로는 말의 가축화와 기마 습속의 시작을 들 수 있다. 이를 증명하는 대표적인 유적은 카자흐스탄의 보타이Botai유적이다. 보타이문화(B.C.3,500~3,000)로 알려진 이 목축사회는 농경에 적합하지 않은 카자흐 초원지대에서 형성되었다. 원래 이 지역은 수렵·채집을 주로 하던 이동사회였으나, 기원전 3,500년경 급격한 인구 증가가 확인된다. 이는 말이 중요한 식량 자원으로 활용되기 시작하였음을 보여준다.

보타이유적에서는 약 3만 점의 동물 뼈가 출토되었으며, 그중 99%가 말뼈로 확인되었다. 특히 도축 기술이 매우 정교하게 발달한 점은 말의 가축화와 관련있는 것으로 해석된다. 또한 가죽 가공 도구도 다수 출토되어 승마와 관련될 가능성도 제기된다. 이와 같은 가축화 과정에 발생하는 대량의 퇴비는 농경지로 전환될 수 있는 잠재적 자원이 되었다. 더불어 보타이유적에서 출토된 말의 두번째 큰 어금니 26%에서 마모된 흔적이 확인되었는데, 이는 마구인 재갈에 의한 것으로 추정되며, 이를 통해 기마가 시작되었음을 보여주는 증거로 해석된다(Anthony 2007; Kelekna 2009).

이처럼 기원전 3,500년경에는 흑해 북쪽 연안과 볼가강 유역, 우랄을 넘어선 카자흐초원에서도 기마와 연계된 목축형 농경사회가 등장하였다. 또한 동쪽의 알타이지역을 포함한 유라시아 동부 초원지대인 아파나시예보Афанасьево문화(B.C.3,600~2,400)에서는 녹각鹿角으로 제작된 재갈이 확인되었다. 이는 기마나 야금, 수레, 토기, 농경, 목축이라는 목축형 농경사회의 요건(宮本 2000a)이 알타이지역까지 확대되었음을 보여준다.

마찬가지로 기원전 3,500년경, 도나우강 유역에서 우랄강 유역에 걸친 농경사회인 스레드니-스토그문화도 목축사회인 얌나야Yamnaya문화(B.C.3,500~2,400)로 이행된다. 소가 끄는 짐수레의 등장은 본격적인 목축사회의 도래를 의미하며, 이를 통해 목축의 활동범위가 넓어진 목축형 농경사회가 성립되었다. 수레와 마차는 기원전 3,400~3,100년경의 메소포타미아, 동부 헝가리, 남부 폴란드, 독일, 우크라이나 초원에 걸쳐 발달하였고, 기원전 3,000년경에는 라인 강과 인더스강까지 확산되었다. 얌나야문화에서는 쿠르간Kurgan이라고 불리는 적석 분묘가 축조되었으며, 묘광에는 수레나 수레형 토제품, 동물매납, 청동제품이 부장되었다.

이처럼 수레와 기마를 통한 기동성의 확대는 구리 · 청동 제품과 야금 기술이 유라시아 초원지대로 확산되는 것을 가능하게 하였다. 소, 말, 가죽제품, 금, 은, 구리 등의 교역이 활발하게 이루어졌다. 얌나야문화에서는 검, 바늘, 부斧 등을 비소동으로 제작하는 청동기 생산이 발달하였다. 얌나야문화의 확산은 인도 · 유럽어 민족의 확장과 연결해 해석하는 시각도 있다(Anthony 2007). 따라서 유라시아 초원지대에서는 이 시점부터 본격적으로 청동기시대가 시작된다고 볼 수 있다(Kohl 2007).

유라시아 초원지대의 청동기문화를 기반으로 한 목축형 농경사회는 기원전 2천년기에 접어들면서 우랄산맥을 경계로 서로 다른 문화권으로 분리되었다. 초원지대 서부에서는 우랄강에서 드네프르강에 이르는 지역에 스룹나야Srubnaya문화가 형성되었으며, 우랄강 동쪽 알타이지역에서는 안드로노보Andronovo문화가 발달하였다.

안드로노보문화에서는 신타슈타Sintashta유적이나 페트로프카Petrovka유적과 같은 성채 취락이 확인되며, 이를 통해 발달한 청동기문화 사회의 확산을 알 수 있다. 제1장에서 언급한 것처럼, 유공동부, 검, 유공동촉과 같은 무기뿐만 아니라, 도자刀子, 겸鎌 등 농경구와 장신구 등 실용적인 청동기들

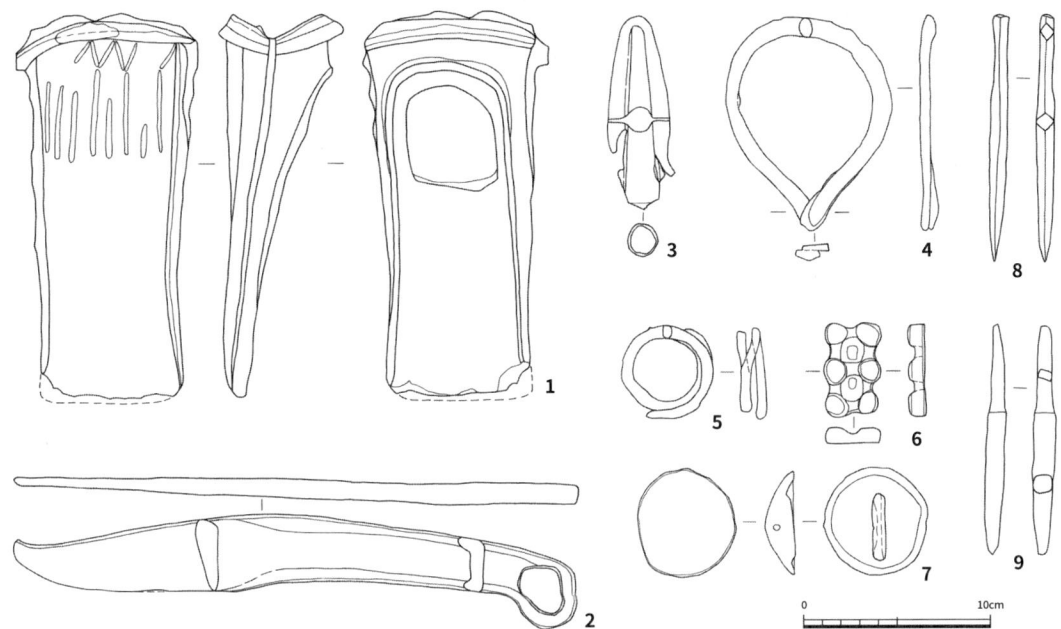

그림208. 북방 초기청동기(스바[四壩]문화, ※축척 1/4)

이 나타난다. 안드로노보문화는 점차 동쪽으로 영향을 확대하여 중국 서북부의 스바[四壩]문화를 형성에 기여하였다. 스바문화에서는 반소켓식 동부(그림208-1), 도자(그림208-2), 송곳(그림208-8·9) 등의 공구와 유공동촉(그림208-3)과 같은 무기, 그리고 귀걸이(그림208-5)와 팔찌(그림208-4) 등 다양한 장신구들(그림208-6·7)이 발달하였다. 이러한 북방 청동기문화는 일부 기종이 누락된 청동기 구성을 보이며, 장성지대를 따라 동쪽으로 확장되어 랴오시지역의 샤자뎬[夏家店] 하층문화로 이어지게 된다.

이 단계에는 세이마-투르비노Seima-Turbino문화가 우랄지역에서 초원지대 북쪽 외곽의 삼림대·삼림 및 초원의 혼합지대인 항가이Khangai지역으로 확산되었으며 나아가 바이칼 연안지역에서 몽골고원, 네이멍구 중남부까지 확대되었다. 제1장에서도 서술한 바와 같이, 세이마-투르비노문화는 주석청동과 실납법失蠟法을 특징으로 한다. 대표적인 청동기로는 유구삼차有鉤三叉 동모나 유문有文동부·도자刀子 등이 있다. 특히 유구삼차 동모의 대형화 경향을 고려할 때, 이는 실용적인 무기·공구라기보다는 위신제 등의 보기宝器적 성격을 강한 것으로 해석된다(松本 2018). 몽골고원의 남부인 고비사막 등 사얀Sayan·알타이산맥 이남에서는 화베이[華北]형 농경 석기의 분포가 확인된다. 이는 해당 지역이 농경 확산의 최북단임을 시사한다. 그 북쪽 지역에서는 여전히 수렵채집사회가 지속되었다.

기원전 3천년기 말, 알타이에서는 체무르첵Chemurchek문화가 등장하였다. 이어 기원전 2천년기 전반에는 세이마-투르비노문화와 함께 유라시아 초원지대 중부에서 목축사회에 특화된 생업 기반을 갖춘 청동기문화가 유라시아 동부로 확산되었다.

한편, 기원전 2천년대 후반에는 미누신스크지역에서 아파나시예보문화와 옥네프Okunev문화를 거쳐, 동검과 동도자 등을 특징으로 하는 카라수크문화가 성립하였다. 이 문화는 몽골고원에서 장성 지대를 따라 랴오시지역까지 확산되었다.

카라수크문화는 유라시아 초원지대 동부의 목축문화를 기반으로, 아파나시예보문화, 안드로노 보문화, 세이마-투르비노문화의 영향을 받으면서도 기존 지역에 사용되던 석인골검石刃骨劍이나 석 인골도石刃骨刀과 같은 유물을 바탕으로 재지적으로 발전한 청동기문화이다. 특히 곡병의 형태를 가 진 카라수크식 동검은 장성지대의 동쪽 끝인 랴오시[遼西]지역에서 랴오둥[遼東]지역의 훈[渾]하, 타이 쯔[太子]하 유역에 걸쳐 분포한다(宮本 20000). 이러한 카라수크식 동검을 중심으로 한 카라수크 청동 기문화는 점차 확산되어 장성지대를 넘어 몽골고원 · 남시베리아까지 확산되며 북방 청동기문화로 자리 잡아 갔다(그림209).

곡병 형태의 카라수크식 동검은 중국 서북부를 거쳐 티베트지역인 촨시[川西]고원으로 전해졌으 며, 이곳에서 동과로 변화되어 석관묘의 부장품으로 사용되었다. 이처럼 동과를 중심으로 한 촨시고 원 · 얼하이[洱海] 계통의 청동기가 출현하였고, 이후에는 山자형 격格동검이 제작되었다. 이러한 山

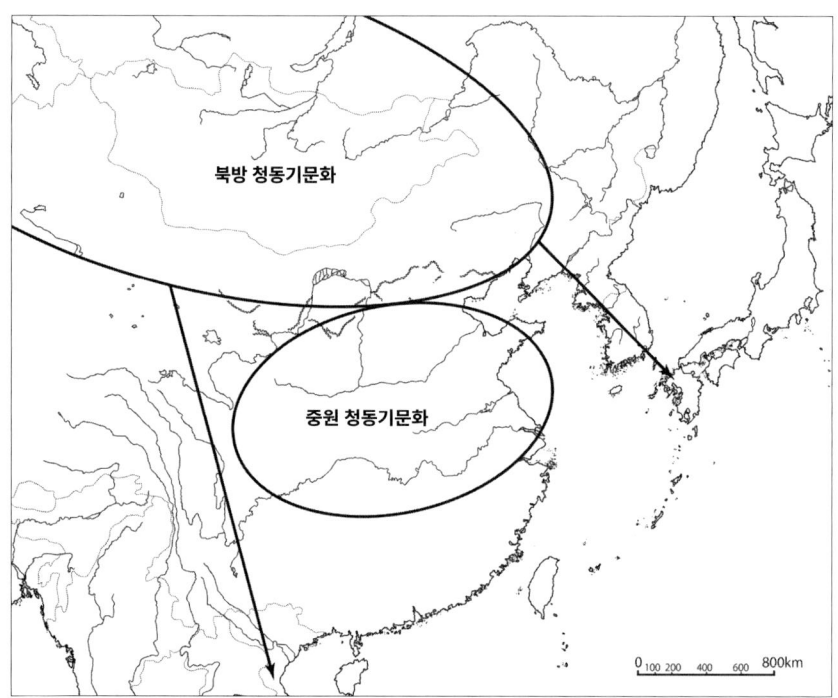

그림209. 동아시아 청동기문화권

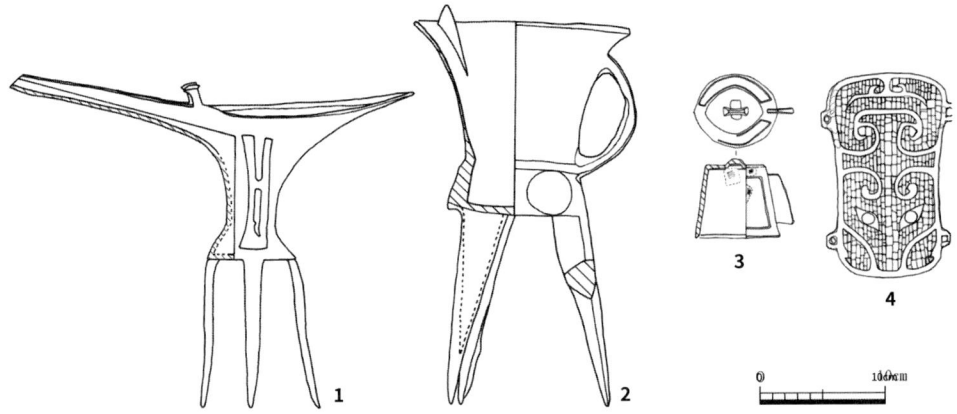

그림210. 중원 초기청동기(얼리터우[二里頭]문화, ※축척 1/6)

자형 격格동검은 점차 중국 서남부의 스짜이산[石寨山]문화와 베트남 북부의 동손DongSon문화로 이어졌다(宮本·高大輪福 2013).

한편 장성지대에 널리 분포하던 카라수크식 동검은 지역적으로 분화하여 랴오시지역에서는 기원전 10~8세기경에 요령식동검이 제작되었다(宮本 2000a). 요령식동검은 랴오둥을 거쳐 한반도로 확산되었으며, 이후 한반도에서는 이를 바탕으로 세형동검이 제작되었다. 이 세형동검은 일본열도의 야요이문화에 전해졌다.

또한 장성지대에서는 기원전 6세기 이후 쌍조雙鳥문의 동병銅柄으로 이루어진 오르도스식 동검이 제작되었다. 네이멍구 중남부를 중심으로 전개된 오르도스식 청동기문화는 몽골고원에서 남시베리아까지 확산되었으며, 남시베리아에서는 타가르문화로 불린다. 이 문화는 유라시아 초원지대를 횡단하는 청동기문화로, 서부 유라시아의 스키타이 청동기문화와도 같은 범주에 속하는 것으로 볼 수 있다. 한편, 쌍조문 동병이 적용된 동검은 기원전 5세기에 지창[吉長]지구에서도 출현하였다. 이를 바탕으로 지창지구에서 한반도·북부 규슈로 이어지는 촉각觸角식동검이 성립하게 되었다. 그리고 이 단계에서는 북방 청동기문화 속에 철기가 포함되면서 철기문화의 출현을 상정할 수 있다.

유라시아 서부에서는 기원전 9~8세기경 스키타이문화를 통해 철기화가 진행되었으며, 유라시아 동부에서는 다소 늦지만 타가르문화에 의해 철기화가 이루어졌다. 이는 청동기시대의 종말기이자 초기철기시대로의 전환을 의미한다. 이 시기 유라시아 초원지대는 급격한 한랭화와 건조화를 겪었으며, 이를 따라 본격적인 유목을 포함하는 목축사회로의 이행이 이루어졌다고 볼 수 있다(Koryakova & Epimakhov 2007). 또한 유라시아 동부의 초원지대에서는 이 단계부터 본격적인 기마 습속이 시작되었다.

3. 중원 청동기문화

중국에서는 예로부터 '국가 대사는 제사와 군사에 있다'라고 일컬어져 왔다. 제사를 지낼 때 사용된 기물이 청동예기禮器이며, 청동이기彝器라고도 불렸다. 신석기 말기에 등장한 동령銅鈴 등의 동기는 하夏왕조에 속하는 것으로 여겨지며, 얼리터우[二里頭]문화 단계에 이르러 구리와 주석의 합금인 청동기가 본격적으로 주조되기 시작하였다.

얼리터우문화 2기 이후에도 동령의 제작은 지속되었으며, 이와 함께 동촉銅鏃과 도자刀子와 같은 청동 무기와 공구도 생산되기 시작하였다. 특히 술을 마시기 용도의 작爵이라는 청동이기彝器가 얼리터우문화 3기부터 제작되었고, 얼리터우문화 4기에 이르러서는 술을 데우는 가斝·화盉라는 청동이기彝器가 추가되었다. 얼리터우 문화기의 청동이기彝器는 작爵(그림210-1)과 가斝(그림210-2)·화盉 등의 주기酒器와 동령銅鈴(그림210-3)과 같은 악기로 구성되어 있었다. 이러한 주기酒器와 악기를 활용한 제의가 거행되었으며, 청동기 생산은 얼리터우유적 내에서 독점적으로 이루어졌다. 그 결과, 청동제품은 얼리터우유적의 왕과 귀족층이 독점하게 되었다.

얼리터우문화 4기에 이르면 청동이기彝器가 얼리터우문화권 내 다른 집단에도 배포되었으며, 이를 통해 동일한 방식의 제의가 이루어졌다. 이러한 제의적 일체성은 동조동족同祖同族 관계를 형성하여 정치적 유대를 강화하는 수단이 되었다(宮本·白雲翔編 2009). 즉, 청동이기彝器를 활용한 위신재 시스템이 확립된 것이다. 이 단계야말로 초기국가의 시작으로 볼 수 있다. 이러한 관계성 속에서 상족商族은 다싱[大行]산맥 서쪽을 따라 남하하여, 얼리터우문화 집단인 하왕조와 위에스[岳石]문화로 대표되는 동이東夷지역을 정치적으로 통합하였다. 그 결과, 기원전 16세기경 상商왕조가 성립하였다(宮本 2005a).

상왕조는 전기, 중기, 후기로 구분되며, 각 시기는 특정 유적과 관련된다. 전기는 정저우[鄭州]상성商城, 중기는 샤오쐉차오[小双橋]유적·환베이[垣北]상성, 후기는 인쉬[殷墟]가 도성都城이 되어 발전하였다. 상대 전기는 상문화, 얼리터우문화, 위에스[岳石]문화라는 세 지역을 하나의 영역화된 체계로 조직하면서, 각 지역에서 진행되던 제의와 의례를 통합하여 정치적인 통합을 이루었다. 이 시기에는 얼리터우문화에서 유래한 작爵(그림211-1)과 가斝(그림211-2) 등의 주기酒器 뿐만 아니라, 위에스[岳石]문화의 정鼎이나 언甗과 같은 취기炊器, 그리고 상

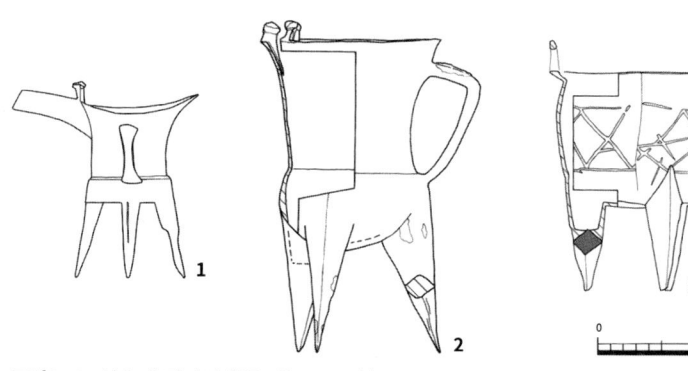

그림211. 상商대 전기의 청동기(※축척 1/6)

문화의 성식기盛食器가 청동이기彛器로 추가되었다(宮本·白雲翔編 2009). 제8장에서는 이러한 청동이기彛器의 변천을 단순한 형태적 변화에 머물지 않고, 주조 기술의 발전과정인 외형外型 쌍범雙范에서 외형 3범范 A식으로의 변화를 통해 증명하였다.

상왕조의 청동이기彛器는 상대 초기인 얼리강[二里岡]하층문화 1기부터, 얼리터우유적 내에서 얼리터우문화의 청동기 공인에 의해 제작되었다. 특히 도철문饕餮文과 같은 특수한 문양이 청동이기彛器에 나타나는 것이 상대 이기彛器의 중요한 특징이다. 도철이란 천상계를 다스리는 상제上帝를 상징하며, 봉황은 사자使者로 여겨졌다(林 1986). 이러한 청동이기는 제의에서 사용됨과 동시에 무덤의 부장품으로도 활용되었다. 또한 청동이기의 기종과 부장품의 수량은 계층구조와 직접적으로 대응하여, 사회적 지위의 차이를 반영하는 역할을 하였다.

상왕조는 산둥[山東]지역의 룽산[龍山]·위에스[岳石]문화에서 확인되는 수혈 목곽묘라는 전통적 매장 습속을 새롭게 받아들여, 이를 상위 계층의 무덤으로 삼았다. 이러한 변화는 제사의 통합 과정으로 해석될 수 있다. 제의를 위한 청동기생산은 정저우[鄭州]상商성을 중심으로 이루어졌으며, 제작된 청동기들은 각 지역으로 배포되었다. 동시에 일부 청동이기彛器의 생산은 후베이[湖北]성 판룽청[盤龍城]유적 등 지방에서도 이루어지기 시작하였다. 또한 동과銅戈나 동부銅斧, 동월銅鉞 등의 청동무기가 본격적으로 생산되면서, 군사적 분야에서도 청동기의 역할은 점차 확대되었다.

상대 중·후기에는 상왕조와의 동원료銅原料 등의 교역 관계를 유지하던 창[長]강 중류 유역과 청두[成都]분지에도 상왕조의 청동이기彛器가 확인된다. 이를 통해 청동기생산 기술이 확산되었으며, 제품과 기술을 바탕으로 한 지방생산이 시작되었음을 알 수 있다. 이 시기의 청동이기彛器는 상왕조에서 사용된 제의祭儀용 청동이기彛器와는 달리, 각 지역에서 고유한 의미가 부여되었다. 이러한 변화는 창[長]강 중류 유역의 우청[吳城]문화와 청두분지의 산싱뒤[三星堆]문화에서 두드러지게 나타나며, 이 지역에서는 대형 청동이기彛器가 독자적으로 생산되었다(宮本 2005a).

이처럼 농경지대에서는 중원지역의 청동이기彛器를 중심으로 제의를 위한 청동기가 확산되었으며, 동시에 주변지역은 동원료 등 자원을 제공하면서 문화적 네트워크를 형성하였다. 이러한 네트워크의 형성은 중원 청동기문화를 하나의 독자적인 체계로 확립하게 하였으며, 이는 북방 청동기문화와 구별되는 문화·사회 영역을 이루면서 동아시아 내에서 차별화된 발전 양상을 보였다(그림209).

상대 후기에는 주기酒器를 중심으로 한 청동이기彛器의 생산이 왕실 공방을 중심으로 이루어졌으며, 특히 인쉬[殷墟]에서의 청동기 제작 활동이 더욱 활발해졌다. 무정武丁의 치세治世시기로 추정되는 인쉬[殷墟]문화 제2기부터는, 기존 청동이기彛器에 더해 고형준觚形尊·호壺 등의 성주기盛酒器나 쌍이궤雙耳簋와 같은 성식기盛食器, 요鐃와 같은 악기가 포함된 상대 후기 청동양식이 출현하였다.

청동이기彛器는 왕실을 중심으로 한 조상제사에서 사용되었다. 각 씨족집단은 왕실 제사에 참여하거나, 씨족 내부에서 조상제사를 거행하는 의식·의례, 무덤의 부장품으로도 청동이기를 활용하였다. 조상제사는 단순한 의례를 넘어 상왕의 정통성을 보장하고 신분질서를 확립하는 중요한 제도로 기능하였다. 결국 인쉬[殷墟]문화 2기에 시작된 상대 후기 청동기 양식은 조상제사를 중심으로 한 제의 도구로 구성되었으며, 이를 통해 상왕주의 정치·사회적 질서는 더욱 공고해졌다.

갑골문자로 제사의 내용을 기록하는 관행도 이 시기부터 시작되었으며, 동일한 글자가 청동기에도 주조되었다. 이러한 문자는 씨족의 족기호族記号 중심으로 하는 금문金文으로 발전하였다. 상왕조 말에는 단순한 씨족 표식을 넘어, 상왕의 사적事跡과 제작자[作器者]와의 관계를 나타내는 장명長銘도 확인된다.

또한 상왕과 귀족들의 친족집단은 인쉬[殷墟] 주변에 각자의 영지인 족읍族邑을 두고 생산 활동을 하였다. 읍에서 생산된 물자를 기반으로 인쉬[殷墟]에 거주하면서, 인쉬[殷墟] 내 종묘에서 의제擬制적 동족관계를 형성하기 위한 조상제사와 같은 제사 의례를 거행하였다. 이와 같이 인쉬[殷墟]를 중심으로 주위의 족읍까지 포함한 활동공간이 왕기王畿였으며, 그 외곽에는 타 집단의 영역인 제후국[方国]이 존재하였다. 산둥[山東]성 지난[濟南]시 다신좡[大辛荘]유적은 이러한 지방 집단의 거점취락 중 하나로, 이곳에서는 청동이기를 이용한 제사 의례가 이루어졌으며 독립적인 청동기 생산도 확인된다.

조상제사를 비롯한 희생 행위 등 제사 의례를 통해 사회질서와 초기 국가의 제도가 지속되었다는 점에서, 얼리터우문화에서 상商대에 이르는 과정은 제의 국가로 불리기도 한다(岡村 2005·2008). 그러나 상왕조의 왕기王畿를 중심으로 한 공간은 제의국가로 볼 수 있지만, 왕기王畿와 제후국[方国] 간의 교역을 포함한 광역적인 네트워크는 단순한 제의 국가 이상의 의미를 지닌다. 제9장에서 정리한 바와 같이, 필자는 이 단계의 상왕조를 클라센Klassen이나 스칼니크Skalnik의 정의에 따라 초기국가의 초기단계 즉, 미완성 초기국가단계로 평가하고 있다.

상商은 주의 무왕에 의해 멸망하였으며, 기원전 11세기에는 서주西周 왕조가 수립되었다. 주周나라의 극은克殷[상왕조 정복] 이전인 선주先周시기에도 지방에서 청동기생산이 이루어졌으나, 상왕조의 청동기공인을 포섭하면서 상商나라 양식의 왕실 청동이기彝器 생산이 본격화되었다. 주나라의 청동이기彝器는 상商나라 이래 음주기飲酒器가 중심이었으며, 제사의 형태 역시 기본적으로 조상 제사와 동일하였다. 이러한 조상 제사는 주왕을 정점으로 한 계층구조를 유지하기 위한 제사의례의 성격을 지녔다. 주나라는 각 지역에 제후를 봉건하여 광대한 영역을 통치하였다. 봉건체제는 주왕에게 임명된 제후나 제후 일족, 주왕이 파견한 은殷계 귀족, 상商대 이래의 재지의 유력 씨족으로 구성되었다. 이러한 체제는 청동기, 금문金文의 내용, 무덤군 분석을 통해 확인할 수 있다(宮本 1999a). 이를 종합해 보면, 주왕조는 전형적 초기국가로 평가할 수 있다.

그러나 서주 전기의 청동기 역시 상대 후기의 청동기 양식을 계승하여 제사 의례 행위가 지속되었다. 특히, 주원周原지역에서는 복수의 종묘가 동시에 존재하였으며, 왕족과 귀족들이 각 씨족 계열마다 종묘에서 조상 제사를 중심으로 한 제사의례를 거행하였다. 또한 제사의례의 도구였던 청동이기를 지하의 교장窖藏에 보존하면서 거주하였다. 이러한 씨족집단의 사회구조 속에서, 주족周族이 상대의 씨족계통과는 다른 계통임에도 불구하고, 상대 후기 인쉬[殷墟]와 유사한 조상 제사를 중심으로 사회 집단 관계를 형성하고 질서를 유지하였다. 따라서 서주 전기에는 상商의 제의 국가와 주周의 봉건제라는 두 가지 사회 시스템이 공존하였음을 알 수 있다.

서주시대에는 주나라의 영역 이외에도 창[長]강 하류 유역, 후난[湖南]·장시[江西]의 샹간[湘贛]지구에서 지역적 청동이기彝器가 발달하였다(角道 2014). 이는 상대 후기의 지속된 자원과 소비를 기반으로 한 지역 간 네트워크가 발전한 결과로, 자원을 공급하는 지역 내에서 독자적인 지역 사회 발전이 이루어졌음을 의미한다.

서주 중기부터는 청동이기彝器의 변화를 확인할 수 있다. 얼리터우문화·상대 이후 이어져 오던 주기酒器가 점차 사라지면서 주왕의 권위가 약화되었고, 이에 따라 의례적 행위의 내용도 변질되었다. 금문金文에는 주왕이 책명冊命 의례를 강화하고, 제후와 귀족을 서임敍任함으로써 왕의 권위를 높이려 했던 사실이 기록되어 있다(小南 2006). 이처럼 기존의 제사 체계가 흔들리면서 새로운 예제礼制 개혁이 필요해진 단계에 도달하였다(ファルケンハウゼン외 2006).

이 시기에는 청동이기彝器의 구성이 변화하였다. 기존의 주기酒器를 대신하여 취기炊器(그림212-1·2)와 성식기盛食器(그림212-3), 종鐘(그림212-7), 박鎛 등의 악기가 추가되었다(林 1984). 특히 서주 후기에는 편종이 세트를 이루며, 예禮와 악樂이 통합된 의례가 완성되었다. 이 시기에는 예제개혁이 추진되는 동시에 귀족 단위의 조상 제사가 이루어졌다. 이러한 변화는 주왕실의 권위가 약화되었음을 보여주는 현상이다. 이러한 흐름 속에서 춘추시대에 들어서면 제후 단위의 청동이기彝器 생산과 지역적 특

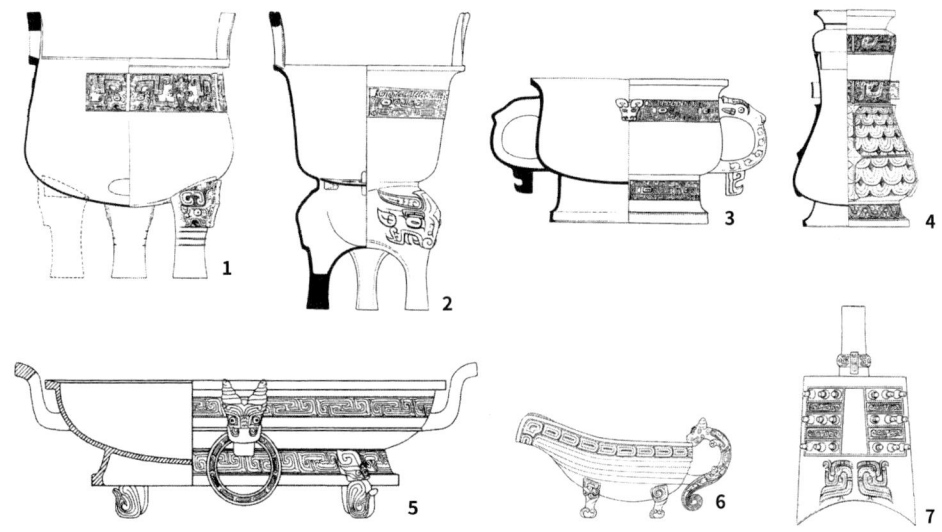

그림212. 서주西周 중기의 청동기(1: 정鼎, 2: 언甗, 3: 궤簋, 4: 호壺, 5: 반盤, 6: 이匜 7: 용종甬鐘)

징을 지닌 청동기문화가 등장하게 된다. 특히 춘추 중기에는 의례 개편이 제후국 단위로 진행되면서, 복고復古적인 청동이기彝器가 새롭게 등장하는 시기로 평가할 수 있다(林 1989).

이와 같이 계층 구조가 재편되면서, 재상宰相에 해당하는 직위가 나라를 주도하는 하극상이 춘추 후기부터 본격적으로 나타나기 시작하였다. 그러나 이러한 변화 속에서도 씨족 단위의 조상제사는 여전히 중요한 역할을 유지하였다.

한편 춘추 중기부터 시작된 주조철기의 생산과 함께 전국시대에 접어들면서 토지개발이 본격화 되었다. 이로 인해 신흥 농민층과 상인층이 출현하는 등 사회는 급격한 변화를 겪었다. 이러한 변화 속에서 개인을 중시하는 관념이 형성되었다(宮本 2015b). 청동이기彝器의 생산은 점차 쇠퇴하였고, 대신 도기陶器의 부장이 장송의례에서 중요한 역할을 차지하게 되었다. 이는 곧 청동기시대의 종말이 자 초기철기시대의 도래를 의미한다.

이 시기에는 현세現世적 사고가 증대되면서, 자신의 몸을 꾸미는 문화가 발전하였다. 이에 따라 청동경青銅鏡 생산이 촉진되었고, 한漢대에는 거울이 주요 청동기로 자리잡게 되었다. 한편, 전국시 기에는 국가별로 청동무기의 생산이 이루어졌으며, 이를 관리하는 중앙 집권적인 청동기 명문이 삼 진三晉과 진秦, 연燕 등에서 확인된다(下田 2008; 宮本 1985b). 결국 전국시대 후반의 국가별 중앙집권화 는 진한秦漢제국의 제도적 초석이 되었다. 이러한 전국시대 후반의 중앙 집권화 과정은 성숙국가인 진한제국으로의 이행 단계로, 이를 추이推移적 초기국가라고 부를 수 있다.

4. 동북아시아의 청동기문화와 북부 규슈

2차적 농경화를 이룬 동북아시아의 특징은 농경사회와 장성지대(목축형 농경사회)라는 두 문화계통 으로부터 영향을 받았다는 점이다. 그러나 동북아시아의 사회적 단계성에 대한 평가는 기본적으로 농경사회로의 사회적 진화라는 틀 속에서 이루어져야 한다. 이를 고려하여 사회 진화의 단계성을 시 간성의 기준을 배제한 채로 검토해 보면, 농경사회보다 뒤늦게 발전한 2차 농경사회인 동북아시아 역시 농경사회와 유사한 형태로 사회적 진화를 이루었다고 해석하는 것이 타당하다. 또한 이와나가 쇼조岩永省三가 제시한 동아시아 모델(岩永 2006)은 큰 틀에서 적절한 설명을 제공한다고 볼 수 있으 며, 이는 왕웨이[王巍]가 고고학적으로 비교한 고대 중국과 일본에 대한 결론과도 본질적으로 다르지 않다. 따라서 역사적인 단계성의 병행관계 속에서 2차적 농경사회인 동북아시아의 사회적 진화 역 시 농경사회의 발전 단계와 본질적으로 다르지 않았다는 점을 확인할 필요가 있다.

그러나 시간성을 고려하여 동북아시아 청동기의 유입을 살펴보면, 유라시아 초원지대 목축사회 와의 접촉 속에서 이루어진 것으로 해석할 수 있다. 2차 농경사회에서 농경을 기반으로 한 사회 발 전은 지역마다 다르게 전개되지만, 이러한 발전에 새로운 자극을 제공한 요소는 인접한 목축형 농경사회(장성지대)와 농경사회(은주殷周 사회)였다.

목축형 농경사회에서 비롯된 북방 청동기문화 계통의 청동기는 한반도를 거쳐 일본열로도 확산되었다. 이 과정은 기원전 2천년기 후반 카라수크식 청동단검의 확산에서 시작된다. 카라수크식 청동단검은 유라시아 초원지대 동부에서 독자적으로 성립한 청동기문화로, 랴오시에서 랴오[遼]하까지 이어지는 문화적 맥락 속에서 나타난다.

한편 기원전 3~2천년대기 장성시대는 목축형 농경사회로 발전하였다. 반면 랴오둥반도와 한반도는 조, 기장 농경에 벼농사가 추가된

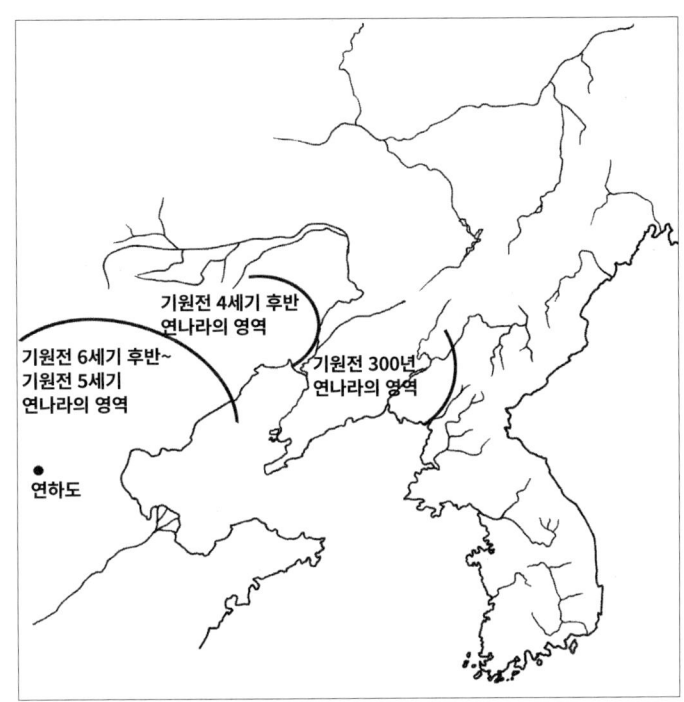

그림213. 연나라 지배영역의 확장

농경사회로 발전하였다. 이러한 변화는 동북아시아 초기 농경화 과정에서 제2단계와 제3단계에 해당한다(宮本 2017).

앞서 언급한 것처럼, 기원전 2천년기 후반에는 유라시아 초원지대 동부인 목축형 농경사회에서 독자적인 청동기문화, 즉 카라수크 청동기문화가 확산되었다. 이 시기 동북아시아의 동단, 즉 랴오시지역에서는 목축형 농경사회와 농경사회가 직접 접촉하며 교차하는 양상이 나타난다. 얼리터우 병행기인 랴오시의 네이멍구[內蒙古] 아오한치[敖漢旗] 다뎬쯔[大甸子]무덤군에서는 얼리터우 계통의 규鬹나 작爵과 같은 기종이 부장되어 얼리터우와의 직접적인 관계성을 보여준다(宮本 2000c). 또한 상대 후기~서주 전기 랴오시 서부에서는 중원 청동기문화의 청동이기彝器가 지하의 교장窖藏에서 발견되기도 하였다. 이는 중원 청동기문화가 일시적이거나 점적으로 영향을 미쳤음을 시사한다. 따라서 목축형 농경사회의 주변지역인 북방 청동기문화에서도 농경사회와의 접촉을 통해, 중원 청동기문화가 간헐적 또는 일시적으로 유입되었음을 알 수 있다.

이러한 과정을 거치면서도 목축형 농경사회였던 랴오시에서는 기원전 10~9세기 카라수크 청동단검의 영향을 받아 요령식 청동단검을 제작하였다. 이 요령식동검은 이후 2차적 농경사회인 랴오둥과 한반도로 확산되었다. 랴오둥과 한반도 북부에서는 요령식동검이 무기로서 변화하였으나, 한반도 남부에서는 인부가 연마되지 않거나 대형화되면서 비무기화가 이루어졌다. 즉 한반도 남부에

서는 요령식동검이 무기가 아닌 보기寶器나 집단 제사도구로 변모한 것이다. 이러한 차이는 같은 농경사회 내에서도 사회 구조의 차이에 기인한다. 랴오둥과 한반도 북부는 수장제 사회가 발달하여 무기 중심의 권력 구조가 형성된 반면, 한반도 남부는 여전히 부족 사회에 머물러 있었기 때문에 동검이 제의용 도구로 활용된 것으로 이해할 수 있다.

농경사회의 북부 경계에 위치한 연나라가 춘추 후기 이후 영역을 점차 확대하여 옌산[燕山] 주변의 장성지대에 이르렀다. 이는 장성지대의 목축형 농경사회가 농경사회로 전환되었음을 의미한다. 연나라의 영역 확장은 군사적 긴장 관계가 주변으로 확대되는 결과로 이어졌다. 기원전 6세기 후반~5세기대 옌산 이남지역은 연나라의 직접적 지배를 받았다(그림213). 반면 옌산 이북 다링[大凌]하 상류 유역인 랴오시 서부일대는 기존의 요령식동검 등 재지적 문화가 잔존하였다. 그러나 동시에 연나라의 청동이기彛器를 비롯한 연나라 계통의 문화를 급속히 수용되었다. 연나라 청동이기彛器는 대부분 대형묘의 부장품으로 사용되었다. 이를 통해 재지 수장들이 연나라와의 관계 속에 연나라의 관리하에 들어가 간접적인 지배를 받았음을 알 수 있다. 필자는 이러한 상황을 연나라화[燕化]된다고 칭한 바 있다(宮本 2000d).

농경사회의 영역 확장은 동북아시아 인접지역에 큰 사회적 영향과 문화적인 자극을 주었을 것이다. 그 과정에서 랴오시지역에서는 특수한 무기인 요서식동과가 출현하였으며, 랴오하 하류의 정가와쯔[鄭家窪子]유적에서는 차마구의 생산이 확인된다. 요서식동과나 차마구는 각각 토제 거푸집이나 밀납형으로 제작된 것으로, 기존의 석제 거푸집보다 기술적으로 한층 발전한 것이다. 이러한 무기와 차마구는 지역 수장들의 새로운 위신재로 채택되었을 것이다.

기원전 4세기 후반, 연나라의 영역은 랴오하 하류 유역에서 랴오시 전역까지 확대되었다. 랴오둥에서는 연나라의 군사적 위협에 대항하기 위해 요서식동과 A형이 개량되어 요서식동과 B이 제작되었으며, 이를 통해 자병刺兵 무기로의 기능이 강화되었다. 기원전 300년경에는 만번한滿番汗(청천강) 이북에 연나라의 요동군 등 5군이 설치되면서, 랴오시에서 랴오둥에 이르는 지역이 연나라의 직접 지배 하에 들어갔다(宮本 2019a). 이 시기의 연나라는 중앙집권화를 달성한 추이적 초기 국가(영역국가) 단계였으나, 동시에 씨족제를 기반으로 한 주왕조에서 성숙국가인 진한제국으로 이행하는 과정에 해당하였다. 이러한 사회적 환경은 인접 지역에 군사적 긴장뿐만 아니라 사회적 자극을 유발하였다.

연나라가 옌산지역을 넘어 단계적으로 랴오시에서 동방으로 진출하는 과정에서, 한반도 내에서는 요령식동검과 요령식동모가 독자적으로 변형되어 세형동검과 세형동모로 구성된 세형동검문화가 형성되었다. 이는 연나라의 동방 진출이라는 군사적 위협 속에서, 대동강유역을 중심으로 한 한반도 서북부지역의 무기화 과정으로 해석할 수 있다. 요령식동검문화는 한반도 전역에서 공유되었으며, 기원전 5~4세기 한반도 중서부지역에서는 랴오하 유역에서 기원전 6세기에 확인되던 차마구의 영향을 받아, 검파형 동기나 나팔형 동기 등으로 대표되는 이형 청동기 A군이 성립되었다. 이형 청동기 A군은 다뉴조문경과 함께 수장의 위신재적 성격을 더욱 강화하였다. 또한 기원전 4세기 후반 랴오둥에서 개발된 요서식동과 B식은 기원전 3세기대, 연나라의 청천강 이북 직접지배라는 배경 속에서 한반도 내에서 세형동과로 발전하였다. 이후 한반도에서는 세형동검, 세형동과, 다뉴세문경으로 이루어진 청동기 세트 즉, 세형동검문화가 완성되었다.

이러한 세형동검문화는 기원전 3세기, 야요이시대 전기말에 북부 규슈지역에 유입되었다. 이는 연나라의 군사적 위협 속에서, 한반도 수장들이 북부 규슈의 집단과 관계를 맺기 위한 정치적 대응으로 해석할 수 있다. 청동기의 유입과 거의 동시기에 청동기 제작에 종사하던 공인들이 한반도에서 북부 규슈지역으로 이동하였다. 이는 연나라의 위협을 피해 이동한 피난민의 성격을 보여주지만, 한편으로는 이를 받아들인 야요이 집단은 유용한 기술자만 수용하였다. 이러한 현상은 고분시대에 보이는 도래인의 부민화部民化와 같은 도래인을 받아들이는 방법과 유사하며, 야요이 조기에 보이는 도래인과 조몬인간의 결합현상(宮本 2017)과는 성격이 다른 현상이다.

이 시기 한반도 도래인의 최초 거점은 스구[須玖]유적군 등의 후쿠오카[福岡]평야였다. 초기 청동기 생산에는 활석제 거푸집이나 토제 거푸집 등 한반도 청동기 제작기술이 그대로 반영되었다. 이는 한반도에서 보유했던 기술보다 한 단계 뒤쳐진 기술을 사용한 것이다. 아마도 무기 제작기술의 확산이라는 점에서 그들이 가진 최신 기술이 아닌 이전의 뒤쳐진 기술을 제공함으로써, 첨단 기술을 보유한 도래인들의 가치를 부각시키려 했던 전략으로 추정된다. 북부 규슈에서는 세형동검 BIa · BIb식의 동검 형태나 연마 형태에 기초하여, 점차 중세형 동검으로 변화하였다. 이러한 변화가 비교적 이른 시점에 이루어졌음을 보여주는 증거로는 후쿠오카시 키시다[岸田]유적 K0471 김해식 옹관에서 중세형동검이 부장된 사례가 있다(長家編 2015). 따라서 북부 규슈에서는 야요이시대 전기말에 세형동검문화가 유입된 이후, 큰 시차 없이 야요이 중기 초두부터 중세형 청동기군(중세형동검 · 중세형동모 · 중세형동과)으로 발전하였다. 이러한 청동기는 반입품이든, 일본열도산이든 관계 없이 모두 목관묘나 옹관묘 집단의 수장적 존재를 위한 부장품으로 사용되었다.

중세형동검이나 중세형동모 등 중세형 청동기군으로 변화하는 과정에서, 이 유물들은 점차 부장품에서 집단제사의 제사도구인 매납품으로 기능이 전환되었다. 또한 도래인의 청동기생산 역시 세대를 거치면서 석영반암제 거푸집을 사용하는 등 재지적인 생산시스템이 구축되었고, 그 과정에서 야요이 집단과 동화가 이루어졌다. 야요이사회가 무기에서 제사용 도구로 변화를 수용한 배경은 사회 구조의 차이와 관련된다. 한반도 세형동검문화가 수장제 사회인 반면, 야요이 사회는 여전히 부족사회에 머물러 있었기 때문이다.

한편 북부 규슈지역 내 세형 청동기군이나 중세형 청동기군을 제작되던 시기, 청동기생산에 필요한 소재는 한반도 남부에서 반입된 것이었다(平尾 1999). 이 경우 북부 규슈의 도래인을 매개로 소재를 입수하였을 가능성도 고려할 수 있다. 그러나 이를 명확한 교역관계로 단정하기는 아직 어렵다.

5. 촨시[川西]고원 · 얼하이[洱海]계 청동기와 서남중국

촨시[川西]고원 · 얼하이[洱海]계 청동기나 서남중국의 스짜이산[石寨山]문화 청동기는, 그동안 중국 고고학계에서 중원의 농경사회에서 확산된 것이라고 보는 것이 일반적이었다. 그러나 제III부에서 정리한 바와 같이, 촨시[川西]고원 · 얼하이[洱海]계 청동기문화는 고원지대에서 야크Yak 등 가축 사육과 쌀보리[裸大麦] 재배를 중심으로 한 목축형 농경사회였다. 생업 활동의 양상으로 보더라도 이 지역은 장성지대를 포함한 유라시아 초원지대 동부와 유사한 환경을 가지고 있어, 이들 지역 사람들 간의 왕래도 충분히 상정할 수 있다.

촨시[川西]고원 · 얼하이[洱海]계 청동기 중 가장 오래된 것은 카사후[卡莎湖] 석관묘 등에서 확인되는 촨시[川西]식 동과이다. 이 동과는 형태적으로 카라수크식 동검 즉, 곡병동검을 개조하여 제작한 것이다. 연대적으로도 카사후[卡莎湖]석관묘와 얀얼룽[晏爾龍]석관묘의 인골에 대한 C^{14} 연대에서 카라수크 청동기문화와 같은 시기임이 증명되었다. 즉, 촨시고원 · 얼하이계 청동기는 기원전 2천년기 후반의 북방 청동기문화와의 접촉 속에서 발생한 것으로 이해할 수 있다(그림209).

기원전 11~10세기 석관묘문화 2기에는 카라수크 청동단검의 계통을 잇는 초기 山자형 격格동검이 등장한다. 이 동검은 카라수크식 동검과 마찬가지로 자루의 내부가 비어있는 구조를 특징으로 한다. 동시기에 곡병동검도 존재하는 점을 고려하면, 이는 카라수크 청동기문화 후반 단계의 강한 영향을 반영한다고 볼 수 있다. 또한 자루의 내부가 비어있는 구조는 기원전 9~7세기 석관묘문화 3기에 성립하는 山자형 격格동검으로도 계승되었다.

山자형 격格동검은 닝샤[寧夏]에서 촨시[川西]고원 · 얼하이[洱海]계 청동기문화라는 목축형 농경사회로부터 도작농경사회였던 윈난[雲南] 동부까지 이어진 중국 서남부의 독특한 청동단검이다. 계통적으로는 북방 청동기문화에 속하지만 이 지역 내에서 자체적 발전한 동검이었다. 이는 동북아시아의 요령식동검과 마찬가지로 북방 청동기문화의 계보 속에 있다고 볼 수 있다. 또한 요령식동검이 랴오시의 목축형 농경사회에서 랴오둥 · 한반도의 농경사회로 확산된 과정과 유사한 양상을 보여준다.

이후 기원전 6세기에서 기원후 1세기에 해당하는 석관묘문화 4~6기에는 청동 자루의 문양이 변화하였다. 이 시기 山자형 격格동검 각 형식의 주요 분포지역은 북쪽의 촨시[川西]고원에서 남쪽의 얼하이[洱海]지역, 그리고 뎬츠[滇池]를 중심으로 한 윈난 동부지역에 해당한다. 기원전 5세기인 석관묘문화 4기에는 山자형 격格동병철검이 출현하고 단조철기가 등장한다(宮本 2015b).

기원전 4세기~기원후 1세기의 석관묘문화 5 · 6기에는 뎬츠[滇池] 주변인 윈난 동부의 스짜이산[石寨山]문화에서 베트남 북부 동손문화에 이르는 지역에서 동고銅鼓를 공유하는 공통의 청동기문화권이 형성되었다(俵 2014). 스짜이산[石寨山]문화에서는 여전히 山자형 격格동검을 중심으로 한 청동기문화가 확인되지만, 베트남 북부의 동손문화에서는 스짜이산 문화와는 다른 청동단검이 나타난다.

그림214는 베트남 타인화ThanhHóa성 동손유적에서 올로프 얀세Olof Janse(Olov. R.T. Janse)가 수집한 자료이다. 이는 분묘 내 발굴 자료일 것으로 추정되지만, 현재는 하버드대학교 피보디Peabody 박물관에 소장되어 있다.[1] 동검(그림214-1)은 자루 내부가 비어 있는 형태로, 카라수크식 동검이나 山자형 격格동검의 특징을 띠고 있다. 이러한 특징은 북방 청동기문화와 촨시[川西]고원·얼하이[洱海]계 청동기, 스짜이산[石寨山]문화의 영향 속에 베트남 북부에서 독자적인 청동기생산이 시작되었음을 시사한다(그림209).

이 시기의 윈난 동부 스짜이산[石寨山]문화에서는 대형 수혈목곽묘가 확인되며, 많은 양의 청동기가 부장되었다. 이

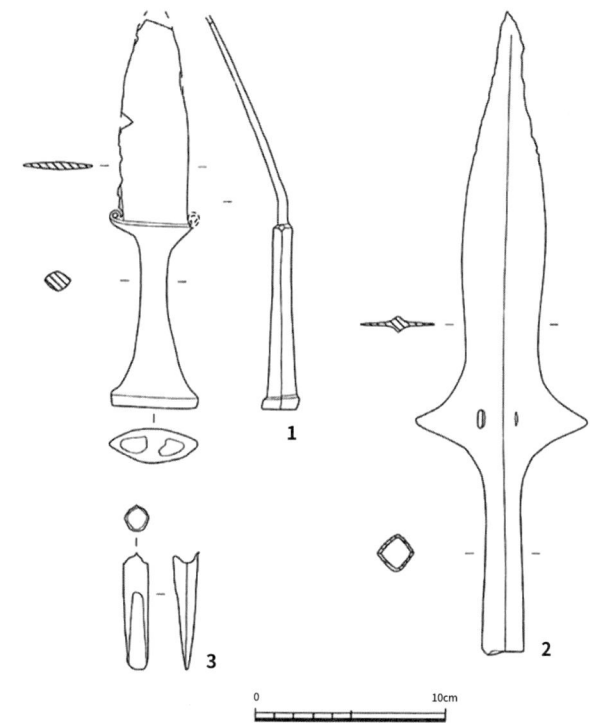

그림214. 동손DongSon문화의 청동기(※축척 1/4)

를 통해 윈난 동부는 농경사회를 바탕으로 한 수장제 사회였으며, 청동기는 이 지역에서 위신재로 기능을 하였음을 알 수 있다. 반면 같은 농경사회였던 베트남 북부 홍紅하 이남의 동손문화에서는 동고銅鼓를 중심으로 한 청동기가 제사에 이용되었을 가능성이 높다(西村 2011). 이러한 청동기의 기능적 차이는 동손문화가 아직 부족사회 단계에 머물러 있었던 데서 비롯된 것으로 판단된다.

앞서 언급했듯이, 동북아시아의 세형동검문화는 한반도와 일본열도에서 확인된다. 그 과정에서 지역별 사회구조의 발전단계에 따라 청동기 수용방식은 질적인 차이를 보인다. 윈난 동부와 베트남 북부에서 나타나는 청동기문화의 차이 역시 이와 유사한 현상으로 이해할 수 있다.

따라서 중국 서남부의 경우와 마찬가지로, 동남아시아 청동기문화 역시 북방 청동기문화에서 촨시[川西]고원·얼하이[洱海]계 청동기를 거쳐 등장하였을 가능성을 제기할 수 있다. 그동안 동남아시아 청동기문화는 중원 청동기문화의 영향 속에 발생하였다는 해석이 제기되어 왔다. 하지만 최근 화이트White와 해밀턴Hamilton은 태국에서 기원전 2,000년경의 동모가 확인된 점, 밀랍법의 존재에 주목하여, 동남아시아 청동기문화도 세이마-투르비노문화의 영향 속에서 제작되었다는 북방 청동기문화 계통설을 제시하고 있다(White & Hamilton 2009).

반면 하이엄Higham은 태국 반 치앙Ban Chiang유적 청동기문화의 연대가 상향 조정되더라도 기원

전 2천년기 후반에 불과하다는 점을 강조한다. 그는 화이트나 해밀턴이 제안한 동남아시아 청동기문화의 성립연대와 계보관계를 부정하며, 태국 청동기문화의 확산을 중원의 얼리터우문화 등 농경문화의 확산과 연결해 설명하고 있다(Higham et al. 2011). 그러나 기원전 2천년기 후반은 유라시아 초원지대 동부 카라수크 문화기에 해당하며, 촨시[川西]고원·얼하이[洱海]계 청동기문화가 이미 북방 청동기문화의 영향을 받던 시기이다. 적어도 베트남 북부의 청동기문화는 야룽[雅礱]강 유역에서 남하하여 촨시[川西]고원·얼하이[洱海]계 청동기를 거친 북방 청동기문화의 계보 속에 포함된다고 볼 수 있다. 또한 태국의 반 치앙문화 역시 중국 서북부 칭하이[青海]에서 티베트고원 동부의 란창[瀾滄]강 유역을 거쳐 전해진 북방 청동기문화의 계보 속에서 시작되었을 가능성을 여전히 배제할 수 없다. 오히려 얼리터우문화 등 중원 청동기문화의 영향은 아장牙璋 등의 옥기가 베트남 북부까지 분포하는 사례를 제외하면 직접적인 증거는 거의 확인되지 않는다.

기원전 9~7세기인 석관묘문화 제3기 이후, 파촉식巴蜀式 동과의 출현이 주목된다. 파촉식동과 중 무호형無胡型 동과는 제11장에서도 논한 바와 같이, 서주의 동과와 접촉에 통해 청두[成都]분지나 촨시[川西]고원에서 발생한 것이다. 하지만 동시기 촨시[川西]고원·얼하이[洱海]계 청동기의 구성에도 파촉식동과가 포함되고 있어, 스짜이산[石寨山]문화 역시 파촉식동과의 계통 및 문양 구성의 영향을 받는다(小林 2019). 결국 파촉식동과는 촨시[川西]고원·얼하이[洱海]계 청동기에서 스짜이산[石寨山]문화로의 확산되었고 다시 베트남 북부로 이어져 山자형 격格동검문화의 확산과 함께 전파되었다.

한편 파촉문화에서 나타나는 장호유익長胡有翼 동과는 기원전 6~5세기 석관묘문화 4기 이후, 창[長]강 유역 초나라의 영향 속에 청두분지에서 발생한 것으로 이해된다(川村 2001). 이 장호유익長胡有翼 동과는 이후 청두분지를 거쳐 윈난 동부, 라오스, 타이 등 동남아시아로 확산되었다(小林 2019). 이러한 전파 과정 속에서 과戈는 대형화되었으며, 집단 제사구로서 의미가 더욱 강조되었다. 이는 일본열도에서 확인되는 무기형 제사구의 변천과정과 유사하다. 고바야시 세이지[小林青樹]가 지적한 바와 같이(小林 2019), 랴오시의 요서식동과가 한반도에서는 세형동과로 변화하였고, 다시 세형동과를 포함한 세형청동기군이 일본열도에서 무기형 제사구로 발전 과정과 같은 맥락에서 이해할 수 있다.

반면 북방 청동기문화의 계통을 따르면서도 시기적으로 한 단계 늦은 목축 농경사회와 인접한 수장제 농경사회에서는, 장호유익長胡有翼 동과나 요서식동과와 같이 북방 청동기문화와 융합된 청동기가 등장한다. 스짜이산[石寨山]문화나 세형동검문화와 같은 독자적인 청동기문화를 형성하는 것이다.[1] 장호유익長胡有翼 동과는 초나라의 영향 속에서, 요서식동과는 연나라의 영향 속에서 각각 발생하였다. 즉, 초나라와 연나라가 영역을 확장하는 과정에서 농경사회 주변 지역에서 새로운 청동무기

---

1) 역자 주) 같은 북방 청동기의 계통적 영향을 받은 2차 농경문화라고 하더라도, 수용처 집단의 성숙도에 따라 청동기를 받아들이는 방식이 달라질 수 있음을 의미한다.

가 개발된 것이다(그림215). 이러한 새로운 청동기문화는 농경사회이면서 부족사회 단계에 머물러 있던 또 다른 주변지역으로 재확산되었다. 그 과정에서 청동기의 성격은 단순한 무기나 위신재에서, 집단 제사와 관련된 제사구로 변용되었음을 알 수 있다.

6. 유럽 청동기시대와의 비교

유라시아 동쪽, 즉 동아시아 청동기문화는 크게 목축형 농경사회인 북방 청동기문화와 농경사회인 중원 청동기문화로 두 가지로 나눌 수 있다. 북방 청동기문화는 촨시고원을 거쳐 중국 서남부의 山자형 격格동검문화로 이어지고, 장성지대 동부를 거쳐 동북아시아의 요령식동검문화로 연결된다.

한편, 유라시아 서쪽인 유럽에서는 에게Aegean해를 중심으로 한 에게문명의 청동기문화와 유라시아 초원지대 서쪽에서 전개되는 체르니흐의 주흑해야금권周黑海冶金圈[2]인 북방 청동기문화(Chernykh 1992)가 대비되는 구도를 형성하고 있다. 이러한 구도는 유라시아 동쪽인 동아시아의 양상과 유사하게 보일 수 있지만, 구체적인 내용을 살펴보면 큰 차이를 보인다.

유럽에서는 청동기의 원재료인 동과 주석이 산출되는 이베리아Iberia반도 서쪽 연안, 브르타뉴 Bretagne, 브리튼섬 동남부, 아일랜드 남부가 중요한 중심지였다. 이 지역을 거점으로 유럽 내륙의 중앙부를 매개로 지중해 각지에서 청동제품이 제작되고, 교역관계를 형성하였다. 또한, 청동기문화의 주요 거점이었던 얌나야Yamnaya문화의 카르파티아Carpathian평원지역이나 지중해의 미노스Minoan문명 역시 청동기문화 중심지로서의 교역관계를 유지하였다. 이러한 청동기 교역은 북유럽의 호박琥珀을 포함한 광역적인 경제권 속에서 이루어진 것으로 이해된다(Cunliffe 2008). 또한, 크리스티안센은 등질等質적 사회였던 북유럽과 수장제 사회인 중앙 유럽, 초기국가 단계였던 지중해 문명이 하나의 네트워크를 이루며, 기원전 2~1천년기 동안 청동기 · 초기철기시대에 위신재 교역이 전개되었다고 보았다. 이 과정에서 중심지과 주변관계 속에서 원자재와 노예, 제품의 교역이 빈번하게 반복되었으며, 사회 발전은 어느 한쪽에 치우쳐 일방적으로 전개되지 않았다는 사회진화모델을 제시한 바 있다 (Kristiansen 2000).

또한 유라시아 서부 청동기시대의 경우, 티그리스 · 유프라테스강 유역을 중심으로 서쪽은 지중해 동쪽지역, 동쪽은 인더스지역과 연결되어, 두 지역은 하나의 광역 네트워크로 파악되고 있다. 역사학자 월러스테인Wallerstein의 세계체계이론[World-Systems Theory]을 토대로, 원산지와 소비지의 네트

---

2) 역자 주) 러시아의 고고학자 체르니흐가 제시한 개념으로서 기원전 4천년~2천년기 동안 흑해와 그 주변 지역을 중심으로 전개된 야금冶金문화권을 의미한다.

워크가 상정되고 있다(Beaujard 2011). 더불어 인접한 이집트 역시 하나의 독립된 네트워크 단위로서, 이러한 구조 속에서 유럽이나 유라시아 초원지대도 각각의 네트워크 단위로서 서로 교섭하는 구도로 이해되고 있다.

반면 동아시아의 경우, 두 계통의 청동기 문화권 중 하나인 북방 청동기문화는 천서고원에서는 서남중국의 山자형 격格동검문화권, 동북아시아에서는 요령식동검문화권을 형성한다. 그러나 이렇게 새롭게 등장하는 청동기문화권은 각각 독립된 생업사회를 전개하였으며, 지역 간의 교역이나 상호관계는 형성하지 않았다. 또한 북방 청동기문화는 목축형 농경사회 또는 유목사회를 기반으로 성립된 반면, 중원 청동기문화는 농경사회에 기반한 독자적인 청동기문화로 발전한다. 더불어, 山자형 격格동검문화권은 목축형 농경사회였던 촨시고원·얼하이지구에서 농경사회였던 윈난지역으로 확산되었지만, 이들 사이에는 생업기반을 공유하지 않는다는 특징이 있다. 마찬가지로 요령식동검문화권도 목축형 농경사회인 랴오시에서 농경사회인 랴오둥반도와 한반도로 확산되었다. 이후 요령식동검문화의 영향 속에 발달한 한반도 세형동검문화는 다시 수도 농경사회의 일본열도로 확산되었다.

한편 고든 차일드 등 문화사적 고고학에서 제기된 바와 같이, 화폐경제나 수출입과 같은 경제활동이 활발했던 청동기문화의 사회적 진화는 결국 서아시아의 초기국가 단계, 나아가 문명 단계로 발전하게 된다(チャイルド 1958). 중원 청동기문화 역시 초기국가 단계였지만, 청동기 자체의 의미는 주로 제의祭儀를 중심으로 한 사회 질서 형성에 있었다. 이는 서아시아와 같이 무기 등을 중심으로 한 생산과 교역활동에 치중하지 않았다는 점에서 차이가 있었다. 또한 중원 청동기문화의 경우도 동과 주석의 원료를 자체적으로 확보하지 못했으며, 이를 주변 지역과의 교역을 통해 공급받았다. 그러나 중원 청동기문화가 확산되면서 농경사회의 주변 지역은 이를 수용하고 변용하는 과정을 거치며 점차 정치적으로 중원 사회로 편입되었다.

반면 동아시아 청동기사회에서는 촨시고원·얼하이계 청동기와 윈난 동부의 쓰짜이산[石寨山] 문화에서 확인되는 山자형 격格동검문화와, 동북아시아 요령식동검·세형동검문화와 같은 무기를 위신재로 소유한 수장이 존재하는 사회진화의 단계를 거치기도 하였다. 이러한 특징은 유럽에서 보이는 사회구조와 유사한 측면이 있다고도 할 수도 있다. 그러나 세형동검문화를 받아들인 일본열도 서부에서는 청동기의 수용방식이 크게 달랐다. 아직 부족사회 단계였던 일본열도의 야요이시대나 동남아시아의 청동기시대에서는 청동기를 집단적 제사도구로 이용하였다. 특히 야요이시대의 경우, 청동기 원재료조차 대륙으로부터 반입해야만 했기 때문에 자체적인 생산체제가 확립되지 않았던 것으로 보인다. 일본열도와 동남아시아에서 보이는 이러한 특징은 보다 발전된 사회단계였던 중원 청동기문화의 제사의례와도 뚜렷한 차이를 보인다.

7. 정리 -농경사회와 목축사회의 청동기-

동아시아 선사사회는 크게 목축형 농경사회(유목사회)와 농경사회로 구분된다. 이러한 생업권의 차이를 바탕으로 보면, 청동기문화는 북방 청동기문화와 중원 청동기문화로 나뉜다. 이 구분은 이후 동아시아 세계의 사회적인 결합과 교류 관계의 기본 구조가 된다. 특히 상주商周사회에서 의례를 위해 사용된 청동이기彝器는 세계사적으로도 탁월한 공예품으로 발전하였다. 한편 농경이 확산된 2차 농경사회인 동북아시아와 중국 서남부·동남아시아는 목축형 농경사회와 농경사회가 접촉하는 지역이었으나, 기본적으로 북방 청동기문화의 계보를 따른다(그림215).

그러나 청동기시대 종말기 즉, 초기철기시대가 시작되는 기원전 6~5세기대, 동북아시아에는 중원 청동기문화의 영향을 받은 연나라가, 중국 서남부로는 초나라가 각각 영역을 확장하면서 중요한 변화를 불러왔다. 동북아시아에서는 연나라와의 접촉 속에서 요서식동과가 제작되었고, 이후 한반도에서 세형동검문화가 형성되었다. 이 세형동검문화는 북부 규슈에 전래되었으며, 일본열도 내에서는 무기형 제기로 변용되었다.

한편 동시기 초나라에 접한 청두[成都]분지에서는 파촉巴蜀청동기인 장호유익長胡有翼 동과가 제작되었다. 또한 북방 청동기의 계통인 촨시[川西]고원·얼하이[洱海]계 청동기는 윈난 동부의 스짜이산

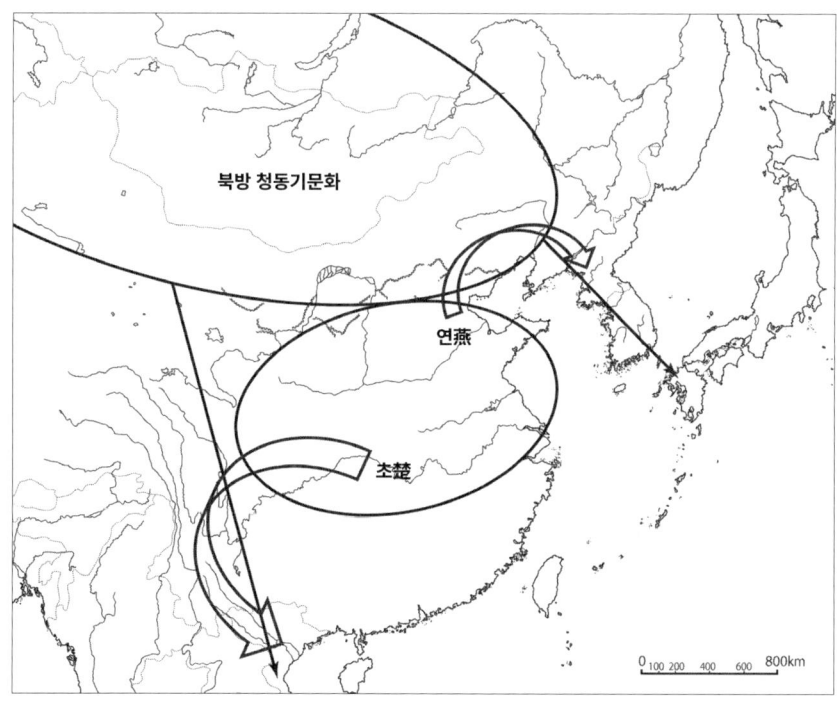

그림215. 동아시아 청동기문화의 계보

표37. 북방 청동기문화와 중원 청동기문화의 사회변화

	BC3000	BC2000	BC1300	BC850	BC600	BC4世紀	BC2世紀
장성지대 청동기 문화	第1期	第2期	第3期	第4期	第5期	초기철기	
알타이·미누신스크	아파나시예보 문화	안드로노보문화	카라수크문화	타가르문화	타가르문화	파지릭	
외몽골			헬렉수르	판석묘	찬도마니		흉노
신강[新疆]		텐산베이루 [天山北路]문화	옌부라크[焉不拉克] 문화(초기철기문화)				
깐수[甘肅]	깐수채도 (半山·馬廠)	스바[四壩]문화	스와[寺窪]문화	샤징[沙井]문화			
칭하이[青海]		카유에[卡約]문화	카유에문화				
네멍구[内蒙古] 중남부			주카이거우[朱開溝]		오르도스 청동기 문화(마오칭거우 [毛慶溝])	인니우고우 [飮牛溝]	흉노
옌산[燕山] (랴오시)		샤자뎬[夏家店] 하층	바이푸[白浮]	샤자뎬 상층	연燕화	연나라	한나라
북방 청동기문화	←———— 부족사회 ————→			수장제사회			유목국가
중원 청동기문화	수장제 사회	←——— 미완성 초기국가 ———→		←——— 전형적 초기국가 ———→		추이적 초기국가	성숙국가
중원	타오시[陶寺]	얼리터우·얼리강 [二里頭·二里岡]	인쉬[殷墟]기· 서주전반	서주 후반· 춘추전반	춘추 후반~ 전국초기	전국 후반	한나라

[石寨山]문화 속에서 파촉청동기와 결합되었다. 그 과정에서 스짜이산[石寨山]문화와 동손문화가 성립하였다. 파촉청동기인 장호유익長胡有翼 동과는 동남아시아에 널리 확산되었으며, 그 과정에서 점차 대형화되어 제사용 도구로 사용되었다.

기원전 1천년기 동아시아의 목축형 농경사회는 점차 목축에 특화된 유목사회로 전환되었다. 이러한 목축형 농경사회(유목사회)로 대표되는 북방 청동기문화와 농경사회에 기반한 중원(商周) 청동기문화 사이에는 뚜렷한 차이점이 존재한다. 여기에서는 앞서 언급한 두 문화권의 사회발전 양상과 상호관계를 토대로, 동아시아의 시·공간적 변화를 단계적으로 정리하면서 이 책을 마무리하고자 한다(표37).

장성지대 청동기문화 제1기에는 농경사회로부터 분리된 목축형 농경사회가 장성지대 북쪽에 성립하였다. 이 시기 장성지대에서는 서북쪽 끝인 중국 서북지역에 동기가 출현하였는데, 이는 유라시아 초원지대와의 문화접촉에 의해 발생한 것이었다. 동시기 중국 서북지역에는 서아시아에서 유라시아 초원지대에 걸쳐 확산된 양·염소 같은 목축 동물이 전래되었다(宮本 2005a). 또한 제1기 말에는 농경사회인 중원지역에도 동기나 청동기가 출현하기 시작하였다. 이 시기, 중국 서북지역을 경유하

여 보리·참보리가 화베이[華北]의 농경사회로 유입되었다(宮本 2017).

　　장성지대 청동기문화 2기의 목축형 농경사회는 안드로노보문화, 스바[四壩]문화, 샤자뎬[夏家店]하층문화로 청동기문화가 확산되었다. 그러나 유라시아 초원지대의 동쪽으로 확산되는 과정에서 청동기 기종의 감소 현상이 나타났다. 또한 유라시아 초원지대 동북쪽 삼림지대에서는 세이마-투르비노문화가 확산되었다. 이 문화는 바이칼 연안 지역에서 몽골고원 중부을 거쳐 네이멍구 중남부로 확산되며, 시마오[石峁]문화·타오시[陶寺]문화를 매개로 중원 청동기문화의 성립을 촉진시켰다. 그러나 이 시기 목축형 농경사회와 농경사회의 청동기문화의 발전과정은 뚜렷한 차이를 보였다.

　　목축형 농경사회인 북방 청동기문화는 무기·공구와 장신구와 같은 실용적인 도구가 중심인 반면, 농경사회인 중원 청동기문화에서는 악기와 주기酒器를 청동기로 제작하여 예기禮器로 사용하거나 위신재로 발전시켰다. 또한 북방 청동기문화에서는 석제 거푸집을 이용한 평면적인 청동제품이 주로 생산된 반면, 중원 청동기문화에서는 토제 복합범을 사용하여 청동예기와 같은 입체적 청동제품이 제작되었다. 특히 중원 청동기문화의 얼리터우·얼리강 단계에는 청동예기를 이용한 조상 제사 의례가 시작되었는데, 이는 미완성 초기국가단계에 도달하였음을 보여준다.

　　장성지대 청동기문화 3기의 목축형 농경사회에서는 곡병曲柄동검 등을 포함한 유라시아 초원지대 동부의 독자적인 청동기문화, 즉 카라수크 청동기문화가 성립된다. 카라수크 청동기문화권에서는 공통적인 청동기문화의 양식을 공유하면서도, 지역별로 독자적인 묘제를 가진 개별 집단이 형성되었다. 특히 몽골고원 서부에서는 적석분구묘인 헬렉수르가 확산되었다.

　　헬렉수르는 부장품이 거의 없는 개인묘로, 무덤 주변에 다수의 말 희생으로 이루어진 석퇴石堆가 확인된다. 적석분구묘는 대형과 소형의 뚜렷한 규모 차이를 보이는데, 이에 대해 피장자의 계층차에 의한 것이라는 견해도 있다. 그러나 헬렉수르 무덤에서 보이는 규모의 차이는 오히려 집단의 규모 차이에 기인한 것으로 해석된다. 또한 말 희생이 이루어진 석퇴石堆는 겨울철 헬렉수르에 모여 조상 제사를 지내는 집단 의례 행위를 반영한다. 이는 이동 생활하는 목축사회에서 집단 구성원 간의 결속을 강화하기 위한 제사로 해석할 수 있으며, 이를 통해 이 집단은 아직 부족사회 단계에 있었음을 추정할 수 있다. 카라수크 청동기문화에서 보이는 대형의 비실용품 역시 같은 맥락에서 이해된다. 동시기 미누신스크 분지나 장성지대에서는 청동기가 무덤 부장품인 위신재로 이용되었는데, 이는 이미 수장제사회 단계에 도달하였음을 시사한다.

　　한편, 중원지역의 은殷왕조와 장성지대의 집단이 군사적 접촉하는 과정에서, 북방의 청동무기는 상商왕조에 의해 수용되었다(宮本 2000c). 이 시기에는 유라시아 초원지대와의 문화접촉을 통해 차마車馬 역시 상商나라 왕이나 주周나라의 제후층에 의해 수용되었다. 장성지대 청동기문화 3기 후반에는, 북방 청동기의 대표적인 무기였던 청동단검이 북방계의 남하라는 위협 속에서 서주 사회에서 흡수되어 발전하였다. 그 과정에서 등장하는 것이 바로 주식周式동검이다.

또한 농경사회에서 발달한 청동이기彝器 주조기술은 문화적 접촉을 통해 장성지대에 전해지면서, 복鍑이 출현하였다. 복은 다시 유라시아 초원지대로 확산된 것으로 보인다(高濱 2002b·2011). 중원 청동기문화는 주周왕조의 성립과 함께 전형적인 초기국가 단계에 이르렀다. 그러나 상商왕조 후기에서 서주西周 전반기에 이르는 시점까지는 상대 후기의 청동기 양식을 그대로 유지하였다. 또한 상商왕족이나 주周왕족과의 동조동족同祖同族임을 청동이기彝器를 이용한 제사의례를 통해 확인하며, 사회질서를 유지하고자 했던 제의祭儀국가의 형태를 취하고 있었다.

장성지대 청동기문화 제4기, 유라시아 초원지대 동부에서는 기원전 9~8세기경 타가르문화가 출현한다. 이 시기는 기마문화가 성행하면서 유목 등 목축에 특화된 사회로 변모하는 단계이다. 또한 단조철기가 점차 확산되면서, 청동기시대가 종결되는 시점이기도 하다. 이 과정에서 유라시아 초원지대 동부 각 지역에서는 청동기를 부장한 무덤에서 계층적 격차가 점차 커지는 현상이 나타난다. 더불어 이 시기에는 금 제품이나 철기의 제작기술이 장성지대에서 농경사회로 확산되었을 가능성도 있다. 반면 농경사회인 중원 청동기문화에서는 서주 후반기부터 편종을 포함한 새로운 청동기 양식이 확립되는 예제禮制개혁이 시작되었다. 이는 왕권이 약화된 상황 속에서 씨족제도를 기반으로 한 사회 계층 구조를 유지하려는 노력의 일환이었다. 소위 예악禮樂제도의 확립기라고 할 수 있다. 그리고 농경사회의 각 지역이 정치·경제적으로 분리되면서, 점차 제후국 성립으로 이어졌다.

장성지대 청동기문화 5기인 기원전 6~5세기에는 농경사회에서도 주조철기의 생산기술이 개발되며(宮本 2015b) 초기철기시대에 접어들었다. 철기의 보급은 생산력의 증가와 함께 새로운 경작지의 개발을 통한 농경사회의 영역 확대를 가져왔다. 이러한 변화는 동북아시아에서는 연나라의 영역 확대와 연계되었으며(宮本 2019a), 중국 서남부에서는 초나라의 영향력 확대와 관련되었다. 이와 같은 농경사회의 생산력 확대는 신흥 농민층과 상인 계층 등 새로운 집단의 등장을 촉진하였다. 이후 기원전 4세기에는 씨족사회에서 중앙집권적 관료제 사회로 이행되면서 추이적 초기국가가 확립되는 과정으로 이어졌다.

한편 이 시기에는 영역을 확대하는 농경사회와 접촉한 목축민이 군사적 압박을 받으면서도 내적인 사회발전을 이룬다. 그 결과 사회의 계층화가 심화된 수장제 사회 단계에 이르게 된다. 이 시기, 수장의 권위나 집단 사회 내 지위적 표식으로 띠장식판帶飾板이 성행하였으며, 이는 목축사회 내부에서 위신재로 널리 확산되었다. 이처럼 농경사회와 목축사회 간의 상호관계 속에서, 기원전 4~3세기 초기철기시대에는 조趙나라 무령武靈왕의 고사故事가 보여주듯, 기마 풍습이 중원 청동기문화에 도입되었다. 동시에 농경사회에서 제작된 청동거울[鏡]은 장성지대를 거쳐 유라시아 초원으로 확산되었다(村上 1992).

기원전 3~2세기 농경사회에서는 진한秦漢왕조라는 중앙집권체제의 성숙국가가 출현하였다. 반면, 동시기 유라시아 초원지대 동부에서는 수장제 사회를 기반으로 한 각 지역 집단이 정치적으로 통합되며, 유목국가인 흉노가 등장하였다(沢田 1996). 이러한 농경사회와 목축사회의 관계 속에서, 전한대 전반에는 한漢(농경사회)이 흉노(유목사회)에게 직물과 금제대금구金製帶金具, 청동거울 등을 제공하였다(岡村 1998). 그러나 전한대 후반에 이르면, 한漢왕조는 군사적으로 흉노를 압박하며 그 영역을 점차 확장해 나갔다.

이상과 같이 농경사회와 목축형 농경사회(유목사회)는 서로 다른 생업 조건을 기초로 독자적인 사회구조를 형성하였다. 그러나 두 사회는 끊임없는 접촉 속에서 각자의 방식으로 사회적 발전을 이루어 갔다. 앞서 정리한 바와 같이, 서로 다른 사회 체제 속에서 이루어진 사회적 변화과정은 차이가 커서 각각 다른 틀 속에서 검토되어야 한다. 그럼에도 농경사회와 목축형 농경사회(유목사회) 사이에는 군사적 충돌을 비롯한 다양한 문화적 접촉이 이루어졌으며, 이는 단절된 개별 세계가 아니라 지속적으로 상호 영향을 주고 받는 관계였음을 알 수 있다. 결국 두 사회는 서로 다른 세계관을 유지하면서도, 끊임없는 접촉을 통해 사회·문화적 변화를 주고받았으며, 그 과정에서 청동기문화를 서로 공유하였다. 이러한 상호작용과 청동기문화의 공유야말로 동아시아 청동기시대의 가장 큰 특징이라 할 수 있다.

한편 2차 농경사회인 동북아시아와 중국 서남부지역은 비교적 늦게 사회적 발전을 이루었으나, 그 변화양상은 농경사회의 청동기문화와 유사한 특징을 보인다. 이는 농경을 생업 기반으로 한다는 사회적 환경이 유사하다는 점이 배경이 된다고 볼 수 있다. 2차 농경사회는 초기에 목축형 농경사회(북방 청동기문화)의 일방적 영향을 받으며 발전하였으나, 이후에는 농경사회(중원 청동기문화)와의 접촉을 통해 단계적인 발전[社會進化]을 이루었다. 특히 농경사회와의 문화접촉 즉, 연나라와 초나라, 나아가 한漢왕조의 영역 확대는 주변 지역의 군사적 긴장을 불러일으키며, 본격적인 정치적 국제관계의 시작으로 이어졌다. 이는 동아시아 주변 지역 사회의 급속한 발전을 촉진한 원동력이 되었다고 평가할 수 있다.

---

(1) 1998년 6월 하버드대학교 피보디Peabody박물관에서 필자 실측.

참고문헌

일본어

青木政幸, 2002, 「研磨痕と武器形青銅器－韓半島出土のいわゆる細形銅剣・細形銅矛を中心に－」『朝鮮古代研究』第3号, 1-14頁

秋山進午, 1964, 「楽浪前期の車馬具」『日本考古学の諸問題』, 269-286頁

秋山進午, 1968・1969, 「中国東北地方の初期金属器文化の様相(上)(中)(下)」『考古学雑誌』第53巻第4号, 1-29頁, 第54巻第1号, 21-47頁, 第54巻第4号, 1-24頁

秋山進午, 1991, 「遼寧省東部地域の青銅器再論」『東北アジアの考古学研究』, 同朋舎出版, 246-276頁

秋山進午, 2008, 「夫租薉君」銀印再考－2005年, 朝鮮北部旅行から－」『高麗美術館研究紀要』第6号, 33-47頁

有光教一, 1959, 『朝鮮磨製石剣の研究』(『京都大学文学部考古学叢書』第2冊)

飯島武次, 2003, 『中国考古学概論』, 同成社

飯島武次, 2014, 「二里頭類型第4期の青銅器と二里岡下層文化の青銅器」『駒澤大学文学部研究紀要』第72号, 119-135頁

池崎讓二ほか編, 1982, 『西新町遺跡』(福岡市埋蔵文化財調査報告書第79集)

伊藤道治, 1987, 『中国古代国家の支配構造－西周封建制度と金文－』, 中央公論社

今井晃樹, 2000, 「殷代青銅武器の編年とその性格」『考古学雑誌』第85関第3号, 239-262頁

今村啓爾, 1985, 「滇西の剣」『東京大学文学部考古学研究室研究紀要』第3号, 59-98頁

今村啓爾, 1998, 「西南中国の先史・古代美術」『世界美術大全集 東洋編 第2巻 秦・漢』, 小学館, 305-315頁

今村佳子, 2006, 「中国における楽器の発達に関する基礎的研究」『考古学研究』第52巻第4号, 72-92頁

岩永省三, 1980, 「弥生時代青銅器型式分類編年再考－剣矛戈を中心として－」『九州考古学』55号, 1-22頁

岩永省三, 2002, 「青銅武器儀器化の比較研究－韓と倭－」『韓半島考古学論叢』, すずさわ書店, 203-234頁

岩永省三, 2003, 「武器形青銅器の型式学」『考古資料大観』第6巻(弥生・古墳時代 青銅・ガラス製品), 小学館, 242-252頁

岩永省三, 2005, 「弥生時代開始年代再考－青銅器年代論から見る－」『九州大学総合研究博物館研究報告』第3号, 1-22頁

岩永省三, 2006, 「国家形成の東アジアモデル」『東アジア古代国家論－プロセス・モデル・アイデンティティー』, すいれん社, 87-119頁

岩永省三, 2011, 「弥生時代開始年代再考」『AMS年代と考古学』, 学生社, 39-87頁

岩永省三, 2012, 「弥生時代開始年代再考Ⅱ－青銅器年代論からみた－」『九州大学総合研究博物館研究報告』第9号, 9-18頁

梅原末治, 1933, 「支那出土の有柄銅剣」『人類学雑誌』第48巻第2号, 114-115頁

梅原末治・藤田亮策, 1947, 『朝鮮古文化綜鑑』第一巻

江上波夫, 1948, 『ユウラシア古代北方文化』, 全国書房

江上波夫, 1948, 「径路刀と師比－スキト＝シベリア金属文化東伝の二著例」『ユウラシア古代北方文化』, 全国書房

江上波夫・水野清一, 1935, 『内蒙古長城地帯』(東方考古学叢刊乙種第1冊)

江村治樹, 2000, 『春秋戦国秦漢時代出土文字資料の研究』, 汲古書院

王巍, 1993, 『中国からみた邪馬台国と倭政権』, 雄山閣出版

大谷育恵, 2014, 「匈奴期の遺跡から出土した耳飾について」『ユーラシアの考古学 高濱秀先生退職記念論文集』, 六一書房, 65-79頁

太田正和編, 2007, 『久蘇遺跡』(小城市埋蔵文化財調査報告第3集)

大貫静夫, 2004, 「上馬石上層文化の土器編年」『遼寧を中心とする東北アジア古代史の再構成』(平成16年度~平成18年度科学研究費補助金(基盤研究(B)研究成果報告書), 102-135頁

大貫静夫, 2005, 「最近の弥生時代年代論について」『ANTHROPOLOGICAL SCIENCE(JAPANESE SERIES)』Vol.113, No.2, 95-107頁

岡内三眞, 1973, 「朝鮮出土の銅戈」『古代文化』第25巻第9号, 279-294・304頁

岡内三眞, 1982a, 「朝鮮における銅剣の始源と終焉」『考古学論考』, 787-844頁

岡内三眞, 1982b, 「漢代五銖銭の研究」『朝鮮学報』第102輯, 77-110頁

岡内三眞, 1985, 「東北アジアの青銅器製作技術」『帝塚山考古学』5, 139-153頁

岡内三眞, 2003, 「燕と東胡と朝鮮」『青丘学術論叢』23号, 5-29頁

岡内三眞, 2008, 「朝鮮と倭の細形銅戈」『王権と武器と信仰』, 同成社, 588-599頁

岡崎敬, 1977, 「鏡とその年代」『立岩遺跡』, 河出書房新社, 335-378

岡崎敬, 1968, 「夫租薉君」銀印をめぐる諸問題」『朝鮮学報』第46輯, 45-60頁

岡崎敬, 1982, 「触角式有柄銅剣」『末盧国』, 六興出版

岡村秀典, 1984, 「前漢鏡の編年と様式」『史林』第六七巻第五号

岡村秀典, 1986, 「呉越以前の青銅器」『古史春秋』3, 63-89頁

岡村秀典, 1998, 「秦漢帝国の対外交渉とその美術」『世界美術大全集 東洋編 第2巻 秦・漢』, 小学館, 323-328頁

岡村秀典, 2005, 『中国古代王権と祭祀』, 学生社

岡村秀典, 2008, 『中国文明 農業と礼制の考古学』, 京都大学学術出版会

小澤正人, 2001, 「四川省西部雅礱江流域における古代文化の編年」『成城大学短期大学部紀要』第33号, 101-120頁

小澤正人, 2007, 「戦国時代から秦漢時代にかけての四川盆地と川西高原の文化変遷」『中国考古学』第7号,

167-188頁

小田木治太郎, 2005a, 「中国遼寧省の遺跡と博物館および天理参考館蔵の北方系帯飾板」『天理参考館報』第18号, 25-42頁

小田木治太郎, 2005b, 「北方系長方形帯飾板の展開－西安北郊秦墓出土鋳型の分析から－」『中国考古学』第5号, 79-94頁

小田富士雄, 1985, 「銅剣・銅矛国産開始期の再検討」『古文化談叢』第15集, 225-265頁

小田富士雄, 1997, 「一鋳式銅剣」覚書」『研究紀要』第1号, 下関市立考古博物館, 83-95頁

落合淳思, 2012, 『殷代史研究』, 朋友書店

落合淳思, 2015, 『殷－中国史最古の王朝』(中公新書2303)

郭大順, 1991, 「遼東地区青銅器文化の新認識」『東北アジアの考古学研究』, 同朋舎出版, 235-276頁

角道亮介, 2014, 『西周王朝とその青銅器』, 六一書房

梶原慎司, 2016, 「汲田式の成立過程－弥生時代前期後半から中期前半における大型甕棺の分類と編年－」『九州考古学』, 第91号, 21-41頁

河仁秀(甲元眞之訳), 1994, 「嶺南地方支石墓の型式と構造」『古文化談叢』第32集, 167-235頁

片岡宏二, 1999, 「各時代の朝鮮系無文土器」『弥生時代渡来人と土器・青銅器』, 雄山閣出版

榧本亀生, 1936, 「青銅柄付鉄剣及青銅製飾柄頭に就いて」『考古学』第7巻第9号, 406-408頁

榧本亀次郎, 1934, 「北鮮の土器石器(1)」『考古学』第5巻第5号, 134-137頁

唐津湾周辺遺跡調査委員会編, 1982, 『末廬国』, 六興出版

川村佳男, 2001, 「四川盆地における銅戈の変遷」『東南アジア考古学』21号, 160-188頁

京都大学文学部, 1963, 『京都大学文学部博物館考古学資料目録 第3部』考古学資料番号3518

金権中, 2010, 「朝鮮半島青銅器時代における周溝墓の発生と変遷」『古代文化』第62巻第3号, 117-133頁

金廷鶴, 1972, 「韓国青銅器文化の源流と発展」『韓国の考古学』, 河出書房新社

工藤元男, 1998, 『睡虎地秦簡よりみた秦代の国家と社会』, 創文社

甲元眞之, 1972, 「朝鮮半島の有茎式磨製石剣」『古代文化』第24巻第7号, 193-200頁

甲元眞之, 1973, 「朝鮮支石墓の編年」『朝鮮学報』第66輯, 1-36頁

甲元眞之, 1980, 「朝鮮支石墓の再検討」『古文化論攷』, 鏡山猛先生記念論文編集委員会, 241-267頁

甲元眞之, 1990, 「多鈕鏡の再検討」『古文化談叢』第22輯, 17-45頁

古賀登, 2003, 「謎の戈基人」『四川と長江文明』, 東方書店, 71-94頁

後藤直, 1985, 「朝鮮半島青銅器文化の地域性」『三上次男博士喜寿記念論文集(考古編)』, 平凡社, 127-149頁

後藤直, 1996, 「霊岩出土鋳型の位置」『東北アジアの考古學 第二[権域]東北アジア考古学研究会, 149-203頁

後藤直, 2000, 『鋳型等の鋳造関係遺物による弥生時代青銅器の編年・系譜・技術に関する研究』(平成10年度~平成11年度科学研究費補助金(C)研究成果報告)

後藤直, 2006, 『朝鮮半島初期農耕社会の研究』, 同成社

後藤直, 2007, 「朝鮮半島の銅戈－燕下都辛庄頭30号墓出土銅戈の位置づけ－」『遼寧を中心とする東北アジア古代史の再構成』(平成16年度~平成18年度科学研究費補助金(基盤研究(B))研究成果報告書, 59-101頁

小林青樹, 2008, 「東北アジアにおける銅戈の起源と年代－遼西式銅戈の成立と燕・朝鮮への影響－」『東ア

ジア青銅器の系譜」, 雄山閣, 24-38頁

小林青樹, 2019, 『弥生文化の紀元と東アジア金属器文化』, 塙書房

小林青樹・石川岳彦・宮本一夫・春成秀爾, 2007, 「遼西式銅戈と朝鮮式銅戈の起源」『中国考古学』第7号, 57-76頁

小林青樹・春成秀爾・宮本一夫・宮里修・石川岳彦・村松洋介・金想民, 2011, 『中国考古学』第11号, 203-222頁

小林青樹・宮本一夫・石川岳彦・李新全, 2012, 「近年の遼寧地域における青銅器・鉄器研究の現状」『中国考古学』第12号, 213-229頁

小南一郎, 2006, 『古代中国 天命と青銅器』, 京都大学学術出版会

近藤喬一, 1969, 「朝鮮・日本における初期金属器文化の系譜と展開―銅矛を中心として」『史林』第52巻第1号, 75-115頁

近藤喬一, 1974, 「武器から祭器へ」『古代史発掘5 大陸文化と青銅器』, 講談社, 69-77頁

近藤喬一, 2000, 「東アジアの銅剣文化と向津具の銅剣」『山口県史 資料編 考古1』, 709-794頁

近藤喬一, 2006, 「燕下都の朝鮮式銅戈」『有光教一先生白寿記念論叢』, 高麗美術館, 49-66頁

近藤はる香, 2014, 「西周青銅器の生産, 流通の分散化―古代中国の社会構造―」『中華文明の考古学』, 同成社, 185-199頁

斎藤 希, 2014, 「新石器時代後期から青銅器時代初期の中国北方地域における地域間交流―空三足器の分析を中心に―」『中国考古』第14号, 39-68頁

境靖紀, 1998, 「武器形鋳型型式論―北部九州の石製鋳型を中心に―」『古文化談叢』第41集, 31-54頁

佐賀県教育委員会, 1994, 『吉野ヶ里遺跡』

佐藤浩司編, 1998, 『永犬丸遺跡群2』(北九州市埋蔵文化財調査報告書第216集)

佐藤信弥, 2014, 『西周期における祭祀儀礼の研究』, 朋友書店

佐藤信弥, 2016, 『周―理想化された古代王朝』(中公新書2396)

佐野和美, 2004, 「中国における初現期の銅器・青銅器」『中国考古学』第4号, 49-78頁

佐野和美, 2008, 「中国西北地域における銅器・青銅器の出現過程―新石器時代から二里頭併行期を中心に―」『長城地帯青銅器文化の研究』(シルクロード学研究VOL.29), 14-30頁

沢田勲, 1996, 『匈奴―古代遊牧国家の興亡―』, 東方書店

志賀和子, 2002, 「漢代北方地域における帯金具の変遷」『中國考古學』第2号, 87-110頁

茂和敏編, 2006, 『安徳台遺跡群』(那珂川町文化財調査報告書第67集)

下田誠, 2008, 『中国古代国家の形成と青銅兵器』, 汲古書院

庄田慎矢, 2004, 「韓国嶺南地方南西部の無文土器時代編年」『古文化談叢』第50集下, 157-175頁

庄田慎矢, 2006, 「補遺：比來洞1号支石墓出土銅剣の観察所見と派生する問題」『史葉』創刊号, 19-26頁

庄田慎矢, 2006, 「比来洞銅剣の位置と弥生暦年代論(下)」『古代』第119号, 123-158頁

白石典之編, 2013, 『イフハイラント・タワンハイオラースト 日本・モンゴル共同発掘調査, 「新世紀プロジェクト」2012年調査報告』, 新潟大学・モンゴル科学アカデミー考古学研究所

白川静, 1967, 『金文通釈』巻1下, 白鶴美術館

白鳥芳郎, 1977, 「石寨山文化に見られるスキタイ系文化の形態」『江上波夫教授古稀記念論集(民族・文化

　　篇)』, 山川出版社, 193-214頁

申敬澈, 1991, 「内洞遺跡」『日韓交渉の考古学 弥生時代篇』, 六興出版

秦小麗, 2017, 『中国初期国家形成の考古学的研究－土器からのアプローチ－』, 六一書房

杉原荘介, 1964, 『日本原始美術』4, 講談社

鈴木舞, 2017, 『殷代青銅器の生産体制』, 六一書房

井英明編, 2006, 『馬渡・束ヶ浦遺跡1』(古賀市文化財調査報告書第40集)

全榮来, 1991, 『韓国青銅器時代文化研究』, 新亞出版社

高久健二, 2002, 「楽浪郡と三韓」『韓半島考古学論叢』, すずさわ書店, 249-280頁

高濱秀, 1977, 「四川, 雲南の剣をめぐって」『MUSEUM』No.312, 4-11頁

高濱秀, 1980, 「東京国立博物館保管 北方系の刀子」『MUSEUM』No.356, 8-23頁

高濱秀, 1983, 「オルドス青銅短剣の型式分類」『東京国立博物館紀要』第18号, 93-131頁

高濱秀, 1995, 「西周・東周時代における中国北辺の文化」『文明学原論 江上波夫先生米寿記念論集』, 山川出版社

高濱秀, 1997, 「中国北方の青銅器」『大草原の騎馬文化－中国北方の青銅器－』, 東京国立博物館, 140-149頁

高濱秀, 1999, 「大興安嶺からアルタイまで－中央ユーラシアの考古学」, 同成社, 53-136頁

高濱秀, 2000, 「前2千年紀前半の中央ユーラシアの銅器若干について」『シルクロード学叢書』3, シルクロー学研究センター, 111-127頁

高濱秀, 2002a, 「ユーラシア草原地帯の非金属製帯飾板」『金沢大学考古学紀要』26, 50-63頁

高濱秀, 2005, 「中国北方系青銅器」『東京国立博物館所蔵 中国北方系青銅器』, 7-21頁

高濱秀編, 2005, 『東京国立博物館所蔵中国北方系青銅器』, 竹林舎

高濱秀, 2006, 『ユーラシア草原地帯東部における騎馬遊牧文化の成立に関する研究』(平成15年度~17年度科学研究費補助金(基盤研究(B))研究成果報告書)

高濱秀, 2011, 「中国の鍑」『鍑の研究－ユーラシア草原の祭器・什器－』, 雄山閣, 9-93頁

高濱秀, 2012, 「匈奴・サルマタイ時代のユーラシア草原西部の帯飾板について」『金沢大学考古学紀要』33, 23-34頁

武末純一, 2002, 「弥生文化と朝鮮半島の初期農耕文化」『古代を考える稲・金属・戦争－弥生－』, 吉川弘文館, 105-138頁

武末純一, 2004, 「弥生時代前半期の暦年代－九州北部と朝鮮半島南部の併行関係から考える－」『福岡大学考古学論集－小田富士雄先生退職記念－』, 小田富士雄先生退職記念事業会, 129-156頁

武末純一, 2011, 「弥生時代前半期の暦年代再論」『AMS年代と考古学』, 学生社, 89-130頁

武末純一, 2017, 「須玖タカウタ遺跡の多鈕鏡鋳型の位置」『須玖タカウタ遺跡3－5次調査－』(春日市文化財報告書第77集), 99-100頁

田尻義了, 2003, 「弥生時代小形仿製鏡の製作地－初期小型仿製鏡の検討」『青丘学術論集』第22集, 77-95頁

田尻義了, 2007, 「中国東北地方における青銅器製作技術の変遷と展開－鋳型資料とT字形剣柄の検討－」『中国考古学』第7号, 31-59頁

田尻義了, 2009, 「二里頭遺跡における青銅器生産体制」『中国初期青銅文化の研究』, 九州大学出版会, 57-75頁

田尻義了, 2012, 『弥生時代の青銅器生産体制』, 九州大学出版会

田尻義了・足立達朗・中野伸彦・米村和紘・小山内康人・田中良之, 2011, 「矢部川中流域における弥生時代の青銅器鋳型石材の採石・加工場の同定」『九州考古学会・日本地質学会西日本支部合同大会 考古学と地球科学－融合研究の最前線－』, 37・38頁

田中裕子, 2011, 「新疆出土鏃の分類と編年」『中国考古学』第11号, 155-170頁

田中良之, 2000, 「墓地から見た親族・家族」『古代史の論点二 女と男, 家と村』, 小学館, 131-152頁

田中良之, 2013, 「川西高原先史社会の親族関係」『東チベットの先史社会 四川省チベット自治州における日中共同発掘調査の記録』, 中国書店, 187-194頁

田畑潤・近藤はる香, 2010, 「西周時代＊国墓地における対外関係についての考察」『中国考古学』第10号, 117-148頁

俵寛司, 2014, 『脱植民地主義のベトナム考古学「ベトナムモデル」「中国モデル」を超えて』, 風響社

千葉基次, 1973, 「触角式把頭飾銅剣の再検討」『古代文化』第25巻第9号, 295-304頁

千葉基次, 1978, 「韓国銅戈についての再検討」『青山史学』第5号, 75-89頁

チャイルド(今来陸郎・武藤潔訳), 1958, 『歴史のあけぼの』, 岩波書店

張光直(小南一郎・間瀬収芳訳), 1989, 『中国青銅時代』, 平凡社

趙鎮先, 2003, 「細形銅剣の日本列島への流入と発展」『青丘学術論集』第22集, 7-29頁

趙鎮先, 2014, 「多鈕精文鏡を通して見た細形銅剣文化期の韓半島と日本列島の交流」『古文化談叢』第71集, 49-72頁

陳衛東・唐飛, 2013, 「雅礱江中・上流域石棺墓文化の初歩的研究」『東チベットの先史社会 四川省チベット自治州における日中共同発掘調査の記録』, 中国書店, 246-265頁

陳国梁(松本圭太訳), 2008, 「二里頭文化銅器の出現と中国初期青銅器」『長城地帯青銅器文化の研究』(シルクロード学研究VOL.29), 31-78頁

対馬調査会, 1963, 「長崎県対馬調査報告(一)」『考古学雑誌』第49巻第1号, 52-60頁

堤安信編, 1985, 『姉遺跡Ⅰ』(千代田町文化財調査報告書第3集)

都出比呂志, 1991, 「日本古代の国家形成論序説－前方後円墳体制の提唱－」『日本史研究』第343号, 5-39頁

鄭仁盛, 2002, 「楽浪土城の青銅鏃」『東京大学考古学研究室研究紀要』第17号, 79-112頁

寺沢薫, 2004, 「考古資料から見た弥生時代の暦年代」『考古資料大観』第10巻, 小学館, 332-364頁

東亜考古学会, 1931, 『牧羊城－南満州老鉄山麓漢及漢以前遺跡－』(『東亜考古学叢刊』第2冊)

唐際根・難波純子, 1999, 「中商文化の認識とその意義」『考古学雑誌』第84巻第4号, 27-69頁

東京国立博物館, 2005, 『東京国立博物館所蔵 中国北方系青銅器』, 352頁

東北アジア考古学研究会訳, 1986, 『崗上・楼上－1963・1965中国東北地方発掘報告－』, 六興出版

徳富則久編, 1999, 『詫田西分遺跡Ⅶ区の調査』(千代田町文化時調査報告書第25集)

徳留大輔, 2009, 「威信財から見た二里頭文化の地域間関係」『中国初期青銅器文化の研究』, 113-150頁

長澤文彩, 2017, 「西周時代の, 「編鐘」－文様と音高組成の分析を中心として－」『駒沢史学』第88号, 70-97頁

永田稲男編, 2005, 『土生遺跡』

中村智編, 2019, 『上御殿遺跡』(鴨川補助広域基幹河川改修事業(青井川)に伴う発掘調査報告書3)

中村大介, 2005, 「無文土器時代前期における石鏃の変遷」『待兼山考古学論叢－都出比呂志先生退任記念－』,

51-86頁

中村大介, 2010, 「初期鉄器・三国時代研究の新潮流」『季刊考古学』第113号, 43-47頁

中村大介, 2010, 「粘土帯土器文化と弥生文化」『季刊考古学』第113号, 43-47頁

中村大介, 2012, 『弥生文化形成と東アジア社会』, 塙書房

長屋伸編, 2015, 『岸田遺跡2－第1次調査2~5区の報告－』(福岡市埋蔵文化財調査報告書第1257集)

難波純子, 1989, 「初現期の青銅彝器」『史林』第72巻第2号, 76-112頁

難波純子, 1995・1996, 「殷墟後半期の青銅彝器(上)(下)」『泉屋博古館』第11・12巻, 93-111・134-165頁

難波純子, 1998, 「華中型青銅彝器の発達」『日本中国考古学会会報』第8号, 1-32頁

難波洋三, 1986, 「銅戈」『弥生文化の研究6 道具と技術』, 雄山閣, 58-62頁

西村昌也, 2011, 『ベトナムの考古・古代学』, 同成社

端野晋平, 2010, 「朝鮮半島無文土器前・中期炭素14年代の検討－歴博弥生時代開始年代に対する検討もかねて－」『古文化談叢』第65集, 217-247頁

林田和人編, 2005, 『八ノ坪遺跡Ⅰ－東西屋敷地区経営体育館成基盤整備事業に伴う埋蔵文化財発掘調査報告1－』, 熊本市教育委員会

林巳奈夫, 1972, 『中国殷周時代の武器』, 京都大学人文科学研究院

林巳奈夫, 1979, 「殷周青銅器銘文鋳造法に関する若干の問題」『東方学報』京都第51冊, 1-57頁

林巳奈夫, 1981, 「殷, 西周時代の地方型青銅器」『考古学メモワール1980』, 学生社, 17-58頁

林巳奈夫, 1984, 『殷周時代青銅器の研究－殷周青銅器総覧一－』, 吉川弘文館

林巳奈夫, 1986, 『殷周時代青銅器紋様の研究－殷周青銅器総覧二－』, 吉川弘文館

林巳奈夫, 1989, 『春秋戦国時代青銅器の研究－殷周青銅器綜覧三－』, 吉川弘文館

林巳奈夫, 1996, 「殷周時代における死者の祭祀」『東洋史研究』第55巻第3号, 1-26頁

春成秀爾, 2006, 「弥生時代の年代問題」『新弥生時代の始まり 第1巻 弥生時代の新年代』, 雄山閣, 65-89頁

春成秀爾, 2007, 「弥生青銅器の成立年代」『国立歴史民族博物館研究報告』第137集, 135-156頁

平井尚志, 1960, 「沿海州新出土の多鈕細文鏡とその一括遺物について」『考古学雑誌』第46巻第3号, 68-77頁

平尾良光, 1999, 『古代青銅の流通と鋳造』, 鶴山堂

平勢隆郎, 1996, 『中国古代紀年の研究』, 汲古書院

ファルケンハウゼン, ローター・フォン, 2006(吉本道雅解題・訳), 『周代中国の社会考古学』, 京都大学学術出版会

藤口健二, 1974, 「Ⅳ峰村における調査 7. サカドウ遺跡」『対馬－浅茅湾とその周辺の考古学調査－』(長崎県文化財調査報告第17集), 361-363頁

藤田亮策・梅原末治・小泉顕夫, 1925, 『大正11年度古蹟調査報告第2冊 南朝鮮に於ける漢代の遺蹟』, 朝鮮総督府

朴淳潑(山本孝文訳), 2004, 「遼寧粘土帯土器文化の韓半島定着過程」『福岡大学考古学論集－小田富士雄先生退職記念－』, 小田富士雄先生退職記念事業会, 107-127頁

町田章, 1987, 「古代帯金具考」『古代東アジアの装飾墓』, 同朋舎出版, 50-71頁

町田章, 2006a, 『中国古代の銅剣』(研究論集XV 奈良文化財研究所学報 第75冊)

町田章, 2006b, 「洱海系の銅剣」『中国古代の銅剣』(奈良文化財研究所学報第75冊), 291-304頁

松井嘉徳, 2002, 『周代国制の研究』, 汲古書店

松丸道雄, 1970, 「殷周国家の構造」『岩波講座 世界歴史』4, 岩波書店

松村道博編, 2000, 『雀居遺跡5』(福岡市埋蔵文化財調査報告書第635集)

松本圭太, 2009, 「カラスク式短剣の成立と展開」『古代文化』61巻第1号, 37-55頁

松本圭太, 2011, 「中国初期青銅器とセイマ・トルビノ青銅器群―有銎矛の分析を中心に―」『中国考古学』第11号, 133-153頁

松本圭太, 2017, 「セイマ・トルビノ青銅器群分布の背景」『史淵』第154輯, 1-25頁

松本圭太, 2018, 『ユーラシア草原地帯の青銅器時代』, 九州大学出版会

宮井善朗, 1987, 「銅剣の流入と波及」『東アジアの考古と歴史』中, 同朋舎

宮井善朗, 1998, 「初期銅剣の研磨について」『環濠集落と農耕社会の形成』(九州考古学会・嶺南考古学会第3回合同考古学大会), 309-329頁

三宅俊彦, 1999, 『中国古代北方系青銅器文化の研究』(國學院大學 大学院研究叢書 文学研究科六)

宮里修, 2001a, 「朝鮮半島の銅剣について」『古代』第109号, 125-159頁

宮里修, 2001b, 「多鈕粗文鏡について」『史観』第144冊, 65-84頁

宮里修, 2007a, 「朝鮮式細形銅剣の成立過程再考―東北アジア琵琶形銅剣の展開のなかで―」『中国シルクロードの変遷』(アジア地域文化学叢書Ⅶ), 雄山閣, 164-192頁

宮里修, 2007b, 「細形銅剣文化の暦年代」『第19回東アジア古代史・考古学研究交流会予稿集』, 東アジア考古学会, 44-57頁

宮里修, 2008, 「多鈕細文鏡の型式分類と編年」『考古学雑誌』第92巻第1号, 1-32頁

宮本一夫, 1985a, 「中国東北地方における先史土器の編年と地域性」『史林』第六八巻第二号, 1-51頁

宮本一夫, 1985b, 「七国武器考―戈・戟・矛を中心にして―」『古史春秋』第2号, 75-109頁

宮本一夫, 1990, 「戦国鏡の編年(上)(下)」『古代文化』第42巻第4・6号, 200-207・315-329頁

宮本一夫, 1991a, 「遼東半島周代併行土器の変遷―上馬石貝塚A・BⅡ区を中心に―」『考古学雑誌』第76巻第4号, 60-86頁

宮本一夫, 1991b, 「戦国時代燕国副葬陶器考」『愛媛大学人文学会創立十五周年記念論集』, 179-195頁

宮本一夫, 1997, 「呉越の文化」『福岡からアジアへ5 長江にみる弥生の源流』, 西日本新聞社, 118-145頁

宮本一夫, 1998, 「古式遼寧式銅剣の地域性とその社会」『史淵』第135輯, 125-160頁

宮本一夫, 1999a, 「琉璃河墓地からみた燕の政体と遼西」『考古学研究』第46巻第1号, 91-111頁

宮本一夫, 1999b, 「オルドス青銅器文化の地域性と展開(上)(下)」『古代文化』第51巻第10号, 19-23・32-47頁

宮本一夫, 1999c, 「中原と辺境の形成―黄河流域と東アジアの農耕文化―」『現代の考古学3 食糧生産社会の考古学』, 朝倉書店, 100-125頁

宮木一夫, 2000a, 『中国古代北疆史の考古学的研究』, 中国書店

宮本一夫, 2000b, 「中国北疆の地域区分と時間軸」『中国古代北疆史の考古学的研究』, 中国書店, 15-49頁

宮本一夫, 2000c, 「朱開溝文化・李家崖文化と夏家店下層文化」『中国古代北疆史の考古学的研究』, 中国書店, 79-118頁

宮本一夫, 2000d, 「戦国燕とその拡大」『中国古代北疆史の考古学的研究』, 中国書店, 205-235頁

宮本一夫, 2000e, 「オルドス青銅器文化の終焉」『中国古代北疆史の考古学的研究』, 中国書店, 267-299頁

宮本一夫, 2000f, 「中国古代北疆史の再構築」『中国古代北疆史の考古学的研究』, 中国書店, 301-327頁

宮本一夫, 2000g, 「彩画鏡の変遷とその意義」『史淵』第137輯, 159-191頁

宮本一夫, 2002a, 「吉長地区における青銅武器の変遷と地域的特徴」『東北アジアにおける先史文化の比較考古学的研究』(平成11年度~13年度科学研究費補助金(基盤研究(A)(2)研究成果報告書), 53-65頁

宮本一夫, 2002b, 「隴山地域青銅器文化の変遷とその特徴」『史淵』第139輯, 143-175頁

宮本一夫, 2002c, 「朝鮮半島における遼寧式銅剣の展開」『朝鮮半島考古学論叢』, すずさわ書店, 177-202頁

宮本一夫, 2002d, 「東北アジアにおける触角式銅剣の変遷」『清渓史学』16・17合輯, 韓国精神文化研究院, 241-262頁

宮本一夫, 2003a, 「東北アジア青銅器文化からみた韓国青銅器文化」『青丘学術論集』第22集, 95-123頁

宮本一夫, 2003b, 「弥生の実年代を考古学的に考える」『東アジアの古代文化』117号, 130-140頁

宮本一夫, 2004a, 「北部九州と朝鮮半島南海岸地域の先史時代交流再考」『福岡大学考古学論集－小田富士雄先生退職記念－』, 53-68頁

宮本一夫, 2004b, 「青銅器と弥生時代の実年代」『弥生時代の実年代』, 学生社, 198-218頁

宮本一夫, 2004c, 「中国大陸からの視点」『季刊考古学』第88号, 78-83頁

宮本一夫, 2005a, 『中国の歴史01 神話から歴史へ 神話時代 夏王朝』, 講談社

宮本一夫, 2005b, 「園耕と縄文農耕」『第6回韓・日新石器時代共同学術大会発表資料集 韓・日新石器時代の農耕問題』, (財)慶南文化財研究院・韓国新石器学会・九州縄文研究会, 111-145頁

宮本一夫, 2006a, 「華北新石器時代の墓制上にみられる集団構造(二)－山東新石器時代の階層表現と礼制の起源－」『史淵』第143輯, 105-145頁

宮本一夫, 2006b, 「中国における初期国家形成過程を定義づける」『東アジア古代国家論－プロセス・モデル・アイデンティティー』, すいれん社, 247-274頁

宮本一夫, 2006c, 「杏家荘2号墓出土の遼寧式銅剣」『東方はるかなユートピア－烟台地区出土文物精華－』, 山口県立萩美術館・浦上記念館, 91-95頁

宮本一夫, 2007a, 「エルミタージュ美術館所蔵ミヌシンスク地方の青銅器」『東アジアと日本－交流と変容－』第4号, 1-10頁

宮本一夫, 2007b, 「漢と匈奴の国家形成と周辺地域－農耕社会と遊牧社会の成立－」『九州大学21世紀COEプログラム、「東アジアと日本：交流と変容」統括ワークショップ報告書』, 111-121頁

宮本一夫, 2008a, 「遼東の遼寧式銅剣から弥生の年代を考える」『史淵』第145輯, 155-190頁

宮本一夫, 2008b, 「細形銅剣と細形銅矛の成立年代」『新弥生時代のはじまり第3巻 東アジアの青銅器の系譜』, 雄山閣, 9-23頁

宮本一夫, 2008c, 「外モンゴルの青銅器」『長城地帯青銅器文化の研究』(シルクロード学研究Vol.29), 157-168頁

宮本一夫, 2008d, 「中国初期青銅器文化における北方系青銅器文化」『長城地帯青銅器文化の研究』(シルクロード学研究Vol.29), 169-183頁

宮本一夫編, 2008, 『長城地帯青銅器文化の研究』(シルクロード学研究Vol. 29)シルクロード学研究センター

宮本一夫, 2009a, 「陶寺文化と二里頭文化の銅鈴」『中国初期青銅器文化の研究』, 九州大学出版会, 23-34頁

宮本一夫, 2009b, 「青銅彝器の製作技術から見た二里頭文化から二里岡文化への変遷」『中国初期青銅器文化の研究』, 九州大学出版会, 35-56頁

宮本一夫, 2009c, 『農耕の起源を探る イネの来た道』(歴史文化ライブラリー276), 吉川弘文館

宮本一夫, 2009d, 「直接伝播地としての韓半島農耕文化と弥生文化」『弥生時代の考古学1 弥生文化の輪郭』, 同成社, 35-51頁

宮本一夫, 2009e, 「考古学から見た扶余と沃沮」『国立歴史民俗博物館研究報告』第151集, 99-127頁

宮本一夫, 2009f, 「川西高原石棺墓の構造と変遷」『中国考古学』第9号, 91-110頁

宮本一夫, 2010, 「中国川西高原・洱海系青銅器の変遷」『史淵』第147輯, 1-28頁

宮本一夫, 2011a, 「考古資料からみた縄文時代から中・近世の博多」『新修福岡市史 資料編 考古3 遺物からみた福岡の歴史』, 福岡市, 92-111頁

宮本一夫, 2011b, 「東北アジアの相対編年を目指して」『AMS年代と考古学』, 学生社, 5-38頁

宮本一夫, 2012a, 「弥生移行期における墓制から見た北部九州の文化受容と地域間関係」『古文化談叢』第67集, 147-176頁

宮本一夫, 2012b, 「鋳型から見た銅剣の変遷－日本の初期青銅器生産段階を中心として－」『崇実大学校韓国基督教博物館誌』第8号, 56-89頁

宮本一夫, 2013a, 「川西高原石棺墓文化と北方青銅器」『東チベットの先史社会 四川省チベット自治州における日中共同発掘調査の記録』, 中国書店, 147-162頁

宮本一夫, 2013b, 「環境の変遷と遺跡からみた福岡の歴史」『新集福岡市史－特別編 自然と遺跡からみた福岡の歴史』, 福岡市, 405-436頁

宮本一夫, 2014a, 「北方系帯飾板の出現と展開」『ユーラシアの考古学』, 六一書房, 35-48頁

宮本一夫, 2014b, 「モンゴル高原テブシ遺跡を掘る－青銅器時代板石墓の発掘調査から－」『シルクロード』Vol.24, 九州・シルクロード協会, 2-5頁

宮本一夫, 2015a, 「遼東半島土器編年と上馬石貝塚出土土器の位置づけ」『遼東半島上馬石貝塚の研究』, 九州大学出版会, 124-178頁

宮本一夫, 2015b, 「中国鉄器生産開始の諸問題」『中国考古学』第15号, 25-40頁

宮本一夫, 2015c, 「モンゴル高原の先史時代を探る－青銅器時代板石墓の発掘調査から－」『東アジアの砂漠化進行地域における持続可能な環境保全』(九州大学東アジア環境研究機構RIEAE叢書Ⅵ), 花書院, 99-135頁

宮本一夫, 2015d, 「モンゴル高原ボル・オボー青銅器時代墓地を掘る」『シルクロード』Vol.25, 九州・シルクロード協会, 2-5頁

宮本一夫, 2016, 「モンゴル高原における青銅器時代板石墓の変遷と展開」『史淵』第153輯, 31-57頁

宮本一夫, 2017, 『東北アジアの初期農耕と弥生の起源』, 同成社

宮本一夫, 2018a, 「モンゴル青銅器時代墓制の展開－ヘレクスール文化の位置づけを中心に－」『史淵』第155輯, 53 80頁

宮本一夫, 2018b, 「弥生時代開始期の実年代再論」『考古学雑誌』第100巻第2号, 1-27頁

宮本一夫, 2019a, 「東周代燕國の東方進出」『東洋史研究』第78巻第2号, 33-63頁

宮本一夫, 小畑弘己, 大坪志子, 2011, 「モンゴル国ヘンティ県ダーラム板石墓の発掘調査」『第12回北アジア調査研究報告会』, 北アジア調査研究報告会実行委員会, 47-50頁

宮本一夫・高大倫, 2013, 『東チベットの先史社会 四川省チベット自治州における日中共同発掘調査の記

　　録』, 中国書店

宮本一夫・白雲翔編, 2009,『中国初期青銅器文化の研究』, 九州大学出版会

宮本一夫・田尻義了, 2005,「朝鮮半島出土銅剣の集成」『弥生時代成立期における渡来人問題の考古学的研
　　究』, 九州大学大学院人文科学研究院考古学研究室, 45-78頁

宮本一夫・田尻義了・松本圭太・T.Amgalantugs・B.Batbold, 2016,「モンゴル国ゴビ・アルタイ県ヒャウ
　　ル・ヒャラーチ遺跡の発掘調査」『第17回北アジア調査研究会報告会』, 北アジア調査研究報告会実
　　行委員会, 18-21頁

宮本一夫・田尻義了・松本圭太・T. Amgalantugs・D. Bazargur, 2018,「モンゴル国バヤンホンゴール県エ
　　メルト・トルゴイ遺跡の発掘調査」『第19回北アジア調査研究会報告会』, 北アジア調査研究報告会
　　実行委員会, 47-51頁

宮本一夫・T.Amgalantugs・B.Tsogtabaatar, 2014,「モンゴル国ウブルハンガイ県テヴシ遺跡の発掘調査か
　　ら見た板石墓の位置付け」『第15回北アジア調査研究会報告会』, 北アジア調査研究報告会実行委員
　　会, 37-40頁

宮本一夫・T.Amgalantugs・B.Tsogtabaatar, 2015,「モンゴル国バヤンホンゴール県ボル・オボー遺跡の発
　　掘調査からみた青銅器時代墓葬の展開」『第16回北アジア調査研究会報告会』, 北アジア調査研究報
　　告会実行委員会, 17-20頁

向田雅彦, 1993,「鳥栖市出土の青銅器鋳型類－本行遺跡・安永遺跡出土例－」『月刊考古学ジャーナル』359,
　　17-23頁

村上恭通, 1992,「シベリア・中央アジアにおける漢代以前の鏡について」『名古屋大学文学部研究論集』
　　113(史学38), 105-124頁

村上恭通, 2000,「遼寧式銅剣・細形銅剣と燕」『東夷の考古学』, 青木書店, 141-192頁

村野正景, 2005,「中国周代における青銅鼎の動態とその背景－湖南省鎬地域を中心に－」『古文化談叢』第
　　53集, 141-192頁

村野正景, 2009,「青銅鼎の出現時期とその背景」『中国初期青銅器文化の研究』, 九州大学出版会, 91-112頁

森井千賀子編, 2017,『須玖タカウタ遺跡3－5次調査－』(春日市文化財報告書第77集)

森修, 1937,「南満州発見の漢代青銅器遺物」『考古学』第8巻第7号, 328-348頁

森貞次郎, 1942,「古期弥生式文化に於ける立岩文化期の意義」『古代文化』第13巻第7号

森貞治郎, 1966,「武器」『日本の考古学Ⅲ 弥生時代』, 河出書房新社, 289-299頁

森貞治郎, 1968,「弥生時代における細形銅剣の流入について」『日本民族と南方文化』, 平凡社, 127-161頁

森貞次郎・乙益重隆・渡辺正気, 1960,「福岡県志賀島の弥生遺跡」『考古学雑誌』第46巻第2号, 1-23頁

柳生俊樹, 2005,「レヴァント南部における青銅製袋穂鏃」『オリエント』第48巻第1号, 117-139頁

八木聡, 2012,「春秋時代における獣面型短剣の編年研究」『金沢大学考古学紀要』33, 55-62頁

柳田康雄, 2004a,「日本・朝鮮半島の中国式銅剣と実年代」『九州歴史資料館研究論集』29, 1-48頁

柳田康雄, 2004b,「北部九州からみた弥生時代の実年代」『弥生時代の実年代』, 学生社, 161-166頁

柳田康雄, 2005,「青銅武器型式分類序論」『國學院大學考古学資料館紀要』第21輯

柳田康雄, 2007,「銅剣鋳型と製品」『考古学雑誌』第91巻第1号, 1-43頁

柳田康雄, 2014,『日本・朝鮮半島の青銅武器研究』, 雄山閣

柳田康雄, 2017, 「福岡県春日市須玖タカウタ遺跡の青銅器鋳造技術」『古文化談叢』第79号, 119-155頁

山本達郎, 1974, 「石寨山文化の一側面」『東南アジアー歴史と文化ー』4号, 140-142頁

横山邦継・力武卓治編, 1996, 『吉武遺跡群Ⅷ』(福岡市埋蔵文化財調査報告書第461集)

吉田広, 1993, 「銅剣生産の展開」『史林』76巻6号, 1-40頁

吉田広, 2001a, 『弥生時代の武器形青銅器』(考古学資料集21)

吉田広, 2001b, 「対馬海人の剣」『九州考古学』第75号, 171-194頁

吉田広, 2003, 「朝鮮半島の倭系武器形青銅器」『青丘学術論集』第22集, 49-77頁

吉田広, 2009, 「青銅器の形態と技術ー武器型青銅器を中心にー」『弥生時代の考古学6 弥生社会のハードウ
　　エア』, 同成社, 53-63頁

吉本道雅, 2005, 『中国先秦史の研究』, 京都大学学術出版会

吉本道雅, 2008, 「東胡考」『史林』第91巻第2号, 95-115頁

李剛, 2002, 「中国東北地方の筒型銅利器について」『中国考古学』第2号, 64-86頁

渡辺信一郎, 2005, 「百姓の成立ー中国における国家の形成に寄せてー」『国家形成の比較研究』, 学生社, 213-
　　231頁

중국어

安徽省博物館, 1978, 「遵循毛主席的指示, 做好文物博物館工作」『文物』1978年第8期, 1-11頁

安陽市文物工作隊, 1991, 「殷墟戚家荘東269号墓」『考古学報』1991年第3期, 325-352頁

安志敏, 1953, 「河北省唐山市賈各荘發掘報告」『考古学報』第六冊, 57-116頁

白雲翔, 2005, 『先進両漢鉄器的考古学研究』, 科学出版社

宝鶏市博物館, 1988, 『宝鶏弓魚国墓地』, 文物出版社

宝鶏市考古工作隊, 1993, 「宝鶏市益門村二号春秋墓発掘簡報」『文物』1993年第10期, 1-14頁

宝興県文化館, 1982, 「四川宝興県漢代石棺墓」『考古』1982年第4期, 377-380頁

北京大学考古学系・山西省考古研究所, 1994, 「天馬ー曲村遺址北趙晋侯墓地第二次発掘」『文物』1994年第1
　　期, 4-34頁

北京大学考古学系・山西省考古研究所, 1995, 「天馬ー曲村遺址北趙晋侯墓地第五次発掘」『文物』1995年第7
　　期, 4-39頁

北京大学考古学系商周組・山西省考古研究所, 2000, 『天馬ー曲村1980-1989』, 科学出版社

北京市文物考古研究所, 2007, 『軍都山墓地ー玉皇廟』, 文物出版社

北京市文物考古研究所, 2009, 『軍都山墓地ー葫芦溝与西梁垙』, 文物出版社

北京市文物管理処, 1976, 「北京地区的又一重要考古収穫ー昌平白浮西周木槨墓的新啓示」『考古』1976年第
　　4期, 246-258・228頁

北京市文物管理処, 1979, 「北京市延慶県西撥子村窖藏銅器」『考古』1979年第3期, 227-230頁

北京市文物研究所, 1995, 『琉璃河西周燕国墓地1973-1977』, 文物出版社

曹淑琴, 1989, 「伯矩銅器群及其相関問題」『慶祝蘇秉琦考古五十五年論文集』, 文物出版社, 398-407頁

朝陽地区博物館・喀左縣文化館, 1985, 「遼寧喀左大城子眉眼溝戦國墓」『考古』1958年第1期, 7-13頁

常懷穎, 2014, 「論商周之際鐃鐘隨葬」『江漢考古』2014年第1期, 54-64頁

成都市博物館考古隊, 1989, 「成都京川飯店戦国墓」『文物』1989年第2期, 62-66頁

成都市博物館考古隊, 1992, 「成都中医学院戦国土坑墓」『文物』1992年第1期, 71-75頁

成都市文物考古研究所, 2005, 「金沙村遺址人防地点発掘簡報」『成都考古発現(2003)』, 89-119頁

成都市文物考古研究所, 2006, 「金沙遺址"国際花園"地点発掘簡報」『成都考古発現(2004)』, 118-175頁

成都市文物管理処, 1989, 「成都三洞橋青羊小区戦国墓」『文物』1989年第5期, 31-35頁

程長新, 1985, 「北京通縣中趙甫出土一組戰國青銅器」『考古』第8期, 694-700·720頁

陳国梁, 2008b, 「二里頭文化銅器研究」『中国早期青銅文化－二里頭文化專題研究』, 科学出版社, 124-274頁

陳国慶, 2017, 「二里頭文化嵌緑松石牌飾的来源」『三代考古』(七), 65-83頁

陳建立 · 毛瑞林 · 王輝 · 陳洪海 · 謝焱 · 銭耀鵬, 2012, 「甘肅林譚磨溝寺窪文化墓葬出土鉄器与中国冶鉄技
    術紀元」『文物』第8期, 46-53頁

陳家槐, 1984, 「吉林省烏吉県烏拉街出土"触角式剣柄"銅剣」『考古』1984年第2期, 189·191頁

陳衛東 · 唐飛, 2013, 「雅礱江流域中上游地区石棺葬文化初論」『西南地区北方譜系青銅器及石棺葬文化研究』,
    科学出版社, 137-157頁

戴応新, 1994, 『高家堡戈国墓』, 三秦出版社

大連市文物考古研究所, 2000, 『大嘴子 青銅時代遺址1987年発掘報告』, 大連出版社

単月英, 2009, 「匈奴墓葬研究」『考古学報』2009年第1期, 35-68頁

童恩生, 1977, 「我国西南地区青銅剣的研究」『考古学報』1977年第2期, 35-55頁

童恩正, 1980, 「近年来中国西南民族地区戦国秦漢時代的考古発現及其研究」『考古学報』1980年第4期, 417-
    442頁

童恩正, 1987, 「試論我国従東北至西南的辺地半月形文化伝播帯」『文物与考古論集』, 文物出版社, 17-43頁

董学増, 1987, 「吉林蛟河発現"対頭双鳥首"銅剣」『北方文物』1987年第3期, 33-34頁

段書安, 1994, 『中国青銅器全集 第13巻 巴蜀』, 文物出版社

渡口市文物管理処, 1986, 「四川塩辺県石棺葬発掘簡報」『考古与文物』1986年第2期, 21-22頁

撫順市博物館, 1981, 「遼寧撫順市発現青銅短剣」『考古』1981年第5期, 471頁

撫順市博物館考古隊, 1983, 「撫順地区早晩両類青銅文化遺存」『文物』1983年第9期, 58-65頁

高濱秀, 2002b, 「中国北方地区青銅器中的早期游牧因素」『辺疆考古研究』第1, 255-262頁

高東陸 · 呉平, 1984, 「青海境内発現的石棺葬」『青海考古学会会報』1984年第6期

高江涛, 2013, 「中国文明与早期国家起源的陶寺模式」『三代考古』(五), 38-46頁

高江濤, 2014, 「二里頭遺址出土青銅鼎及相関問題探討」夏商都邑与文化』(二), 中国社会科学出版社, 138-145頁

高西省, 1998, 「試論西周時期的扁茎柳葉形短剣」『遠望集－陝西省考古研究所華誕四十周年紀年文集』, 陝西
    人民出版社, 378-388頁

高至喜, 1984, 「中国南方出土商周銅鏡概論」『湖南考古輯刊』第2輯, 128-135頁

高至喜等, 1997, 「晋侯蘇竽談」『文物』1997年第3期, 62-63頁

高至喜, 2009, 「再論湖南出土商代獣面紋銅鏡的年代及相関問題」『湖南省博物館館』第5輯, 44-54頁

甘肅省博物館, 1976, 「甘肅景泰張家台新石器時代的墓葬」『考古』1976年第3期, 180-186頁

甘肅省博物館文物隊, 1977, 「甘肅霊台白草坡西周墓」『考古学報』1977年第2期, 99-129頁

甘粛省文物考古研究所, 2009,『崇信於家湾周墓』, 文物出版社

甘粛省文物考古研究所, 2012,「甘粛秦安王洼戦国墓地2009年発掘簡報」『文物』2012年第8期, 27-37頁

甘粛省文物考古研究所編, 2014,『西戎遺珍 馬家塬戦国墓地出土文物』, 文物出版社

甘粛省文物考古研究所, 2017,「甘粛漳県墩坪墓地2014年発掘簡報」『考古』2017年第8期, 34-51頁

甘粛省文物考古研究所・清水県博物館編, 2014,『清水劉坪』(早期秦文化系列考古報告之二), 文物出版社

甘粛省文物考古研究所・張家川回族自治県博物館, 2008,「2006年度甘粛張家川回族自治県馬家塬戦国墓地発掘簡報」『文物』2008年第9期, 4-28頁

宮本一夫, 2006d,「二里頭文化青銅彝器的演変及意義」『二里頭遺址与二里頭文化研究』, 科学出版社, 205-221頁

宮本一夫, 2006e,「山東新石器時代墓制所見階級制及礼制的起源」『東方考古』第3集, 31-56頁

宮本一夫, 2014c,「二里頭文化銅鈴的来源与発展」『夏商都邑与文化(一)』(『夏商都邑考古暨紀念偃師商城発現30周年国際学術検討会』論文集), 中国社会科学出版社, 329-341頁

宮本一夫, 2019b,「二里頭遺址二里頭文化至二里岡文化過渡期的青銅生産」『南方文物』2019年第2期, 95-102頁

郭宝鈞, 1981,『商周青銅器群綜合研究』, 文物出版社

郭物, 2019,「馬家塬墓地所見秦覇西戎的文化表象及其内因」『四川文物』2019年第4期, 46-53頁

国家文物局主編, 2002,「山西襄汾陶寺文化城址」『2001中国重要考古発現』, 文物出版社

故宮博物院・四川省文物考古研究院, 2005,「2005年度康巴地区聯合考古調査簡報」『四川文物』2005年第6期, 3-9頁

顧鉄山・郭景斌, 1996,「河北省遷西縣大黒汀戦國墓」『文物』第3期, 4-17頁

韓建業, 2007,『新疆的青銅器時代和早期鉄器時代文化』, 文物出版社

河北省文化局文物工作隊, 1965,「1964~1965年燕下都墓葬發掘報告」『考古』第11期, 548-561頁

河北省文物研究所, 1996,『燕下都』, 文物出版社

河北省文物研究所・承徳地区文化局・灤平県文物管理所, 1983,「灤平県虎什哈炮台山山戎墓地的発現」『文物資料叢刊』第7集, 67-74頁

河南省文化局文物工作隊, 1958,「1958年春河南安陽市大司村殷代墓葬発掘簡報」『考古通訊』1958年第10期, 51-62頁

河南省文物考古研究所, 2001,『鄭州商城-1953-1985年考古発掘報告-』, 文物出版社

河南省文物考古研究所, 2003,『鄭州商城新発現的幾座商墓』『文物』2003年第4期, 4-20頁

河南省文物考古研究所・平頂山市文物管理局編, 2012,『平頂山応国墓地』, 大象出版社

河南省文物考古研究所・三門峡市博物館工作隊, 1999,『三門峡虢国墓』, 文物出版社

河南省文物考古研究所・周口市文化局, 2000,『鹿邑大清宮長子口墓』, 中州古籍出版社

河南省文物研究所・中国歴史博物館考古部, 1992,『登封王城崗與陽城』, 文物出版社

何駑, 2009,「都城考古的理論与実践探索－從陶寺城址和二里頭遺址都城考古分析看中国早期城址化進程」『三代考古』(三), 3-58頁

黄盛璋, 1985,「新出戦國金銀器銘文研究(三題)」『古文字研究』第十二輯, 337-354頁

湖北省博物館, 1983,「襄陽山湾東周墓葬発掘報告」『江漢考古』1983年第2期, 1-35頁

湖北省博物館・湖北省文物考古研究所・隋州市博物館, 2013,『随州葉家山－西周早期曾国墓地』, 文物出版社

湖北省文物考古研究所・随州市博物館, 2011,「湖北随州葉家山西周墓地発掘簡報」『文物』2011年第11期,

　　　　4-60頁

湖南省博物館, 1984, 「長沙県出土春秋時期越族青銅器」『湖南考古輯刊』第2集, 35-37頁

集安県文物保管所, 1981, 「集安発現青銅短剣墓」『考古』1981年第5期, 467-468·470頁

江蘇省文物管理委員会, 1955, 「江蘇丹徒県煙墩山出土的古代青銅器」『文物参考資料』1955年第5期, 58-62頁

江西省文物考古研究所·江西省博物館·新干県博物館, 1997, 『新干商代大墓』, 文物出版社

江章華, 1996, 「巴蜀柳葉形剣研究」『考古』1996年第9期, 74-80頁

靳楓毅, 1983, 「論中国東北地区含曲刃青銅短剣的文化遺存(下)」『考古学報』1983年第1期, 39-54頁

金殿士, 1959, 「瀋陽市南市区發現戰國墓」『文物』第4期, 73-74頁

金正耀, 2000, 「二里頭青銅器的自然科学研究与夏文明探索」『文物』2000年第1期, 54-64·69頁

吉林大學考古系·遼寧省文物考古研究所, 1997, 「遼寧錦西邰集屯小荒地秦漢古城址試掘簡報」『考古學集刊』11, 130-153頁

吉林省文物工作隊·吉林市博物館, 1982, 「吉林樺甸西荒山屯青銅短剣墓」『東北考古与歷史』第1輯, 141-153頁

吉林市博物館·永吉県文化館, 1983, 「吉林永吉星星哨石棺墓第三次発掘」『考古学集刊』第3集, 109-125頁

科瓦列夫·А·А, 額爾德涅巴德爾·Д, 2009, 「蒙古青銅時代文化的新発現」『辺疆考古研究』第8輯, 246-279頁

廊坊地区文物管理所·三河縣文化館, 1987, 「河北三河大唐廻, 双村戰國墓」『考古』1987年第4期, 318-328·364頁

遼陽市文物管理所, 1977, 「遼陽二道河子石棺墓」『考古』1977年第5期, 302-305頁

遼寧省西豊県文物管理所, 1995, 「遼寧西豊県新発現的幾座石棺墓」『考古』1995年第2期, 118-123頁

遼寧省博物館, 1985, 「遼寧凌源県三官甸青銅短剣墓」『考古』1985年第2期, 125-130頁

遼寧省博物館·朝陽市博物館, 1986, 「建平水泉遺址発掘簡報」『遼寧文物学刊』1986年第2期

遼寧省文物考古研究所, 1989, 「遼寧凌源県五道河子戦国墓発掘簡報」『文物』1989年第2期, 52-61頁

遼寧省文物考古研究所, 1996, 「遼寧凌源安杖子古城址發掘報告」『考古学報』第2期, 199-236頁

遼寧省文物考古研究所·朝陽市博物館, 1997, 「朝陽王子墳墓群一九八七, 一九九〇年度考古發掘的主要収穫」『文物』1997年第11期, 4-18頁

遼寧省文物考古研究所·朝陽市博物館, 2010, 『朝陽袁台子－戰國西漢遺址和西周至十六國時期墓葬』, 文物出版社

遼寧省文物考古研究所·吉林大學辺疆考古研究中心·葫蘆島市博物館·建昌縣文物管理所, 2014a, 「遼寧建昌縣東大杖子墓地M40的發掘」『考古』2014年第12期, 33-48頁

遼寧省文物考古研究所·吉林大學辺疆考古研究中心·葫蘆島市博物館·建昌縣文物管理所, 2014b, 「遼寧建昌縣東大杖子墓地M47的發掘」『考古』2014年第12期, 49-60頁

遼寧省文物考古研究所·葫蘆島市博物館·建昌県文管所, 2006, 「遼寧建昌于道溝戦国墓地調査発掘簡報」『遼寧省博物館館刊』第1輯, 27-36頁

遼寧省文物考古研究所·葫蘆島市博物館·建昌縣文物管理所, 2014a, 「遼寧建昌縣東大杖子墓地2001年發掘簡報」『考古』2014年第12期, 3-17頁

遼寧省文物考古研究所·葫蘆島市博物館·建昌縣文物管理所, 2014b, 「遼寧建昌縣東大杖子墓地2002年發掘簡報」『考古』2014年第12期, 18-32頁

遼寧省文物考古研究所·葫蘆島市博物館·建昌縣文物管理所, 2014c, 「遼寧建昌縣東大杖子墓地2003年發

掘簡報」『辺疆考古研究』第18輯, 39-56頁

遼寧省文物考古研究所 · 葫蘆島市博物館 · 建昌縣文物局, 2015, 「遼寧建昌東大杖子墓地2000年發掘簡報」
　　　『文物』2015年第11期, 4-26頁

遼寧省昭烏達盟文物工作站 · 中国科学院考古研究所東北工作隊, 1973, 「寧城南山根的石槨墓」『考古学報』
　　　1973年第2期, 27-38頁

廉海萍 · 譚德睿 · 鄭光, 2011, 「二里頭遺址鋳銅技術研究」『考古学報』2011年第4期, 561-575頁

涼山彝族自治州博物館 · 成都文物考古研究所, 2009, 『老龍頭墓地与塩源青銅器』, 文物出版社

梁思永, 1959, 「殷墟発掘展覧会図録」『梁思永考古論文集』, 科学出版社, 158-159頁

梁志龍, 1992, 「遼寧本渓龍家哨発現青銅短剣墓」『考古』1992年第4期, 315-317頁

梁志龍, 2003, 「遼寧本渓多年発現的石棺墓及其遺物」『北方文物』2003年第1期, 6-14頁

梁志龍 · 魏海波, 2005, 「遼寧本渓県朴堡発現青銅短剣墓」『考古』2005年第10期, 88-90頁

劉得禎 · 許俊臣, 1988, 「甘粛慶陽春秋戦国墓葬的清理」『考古』1988年第5期 413-424頁

劉得禎 · 朱建唐, 1981, 「甘粛霊台県景家荘春秋墓」『考古』1981年第4期, 298-301頁

劉観民, 1989, 「蘇聯外貝加爾地区所出幾件陶鬲的分析」『中国原始文化論集－記念尹達八十誕辰』, 文物出版
　　　社, 371-377頁

劉国祥, 2000, 「夏家店上層文化青銅器研究」『考古学報』2000年第4期, 451-500頁

劉軍, 2001, 「中衛出土春秋青銅飾」『考古与文物』2001年第2期, 30頁

劉升雁, 1983, 「東遼県石驛公社古代墓群出土文物」『博物館研究』1983年第3期, 84-88頁

劉天鷹 · 陳斌, 2008, 「戦国趙王陵二号陵出土部分文物論述」『邯鄲職業技術学院学報』第21巻第1期, 16-21頁

劉翔, 2015, 「青海大通県塞伊瑪－図爾賓諾式倒鈎銅矛考察与相関研究」『文物』第10期, 64-69頁

劉翔 · 劉瑞, 2016, 「遼寧朝陽県文官所蔵塞伊瑪－図爾賓諾銅矛調査及相関研究」『考古与文物』第2期, 102-
　　　107頁

劉新紅, 2007, 「附録六 対M54出土編鐃, 石磬的考察報告」『安陽殷墟花園荘東地商代墓葬』, 科学出版社, 314-
　　　325頁

李殿福, 1991, 「建平弧山子, 楡樹林子青銅時代墓葬」『遼海文物学刊』1991年第2期, 1-9 · 77頁

李剛, 2011, 『中国北方青銅器的欧亜草原文化因素』, 文物出版社

李純一, 1996, 『中国上古出土楽器総論』, 文物出版社

李矛利, 1993, 「昌図県発現青銅短剣墓」『遼海文物学刊』1993年第1期, 16-18頁

李暁青 · 南宝生, 2003, 「甘粛清水県劉坪近年発現的北方系青銅器及金飾片」『文物』2003年第7期, 4-17頁

李水城, 2005, 「西北与中原早期冶銅用的区域特徴及交互作用」『考古学報』2005年第3期, 239-278頁

李逸友, 1959, 「内蒙古和林格爾県出土的銅器」『文物』1959年第6期, 79頁

林梅村, 2015, 「塞伊瑪－図爾賓諾文化与史前絲綢之路」『文物』2015年第10期, 49-63頁

林梅村, 2016, 「塞伊瑪－図爾賓諾文化在中国」『考古与文物』第2期, 94-101頁

林寿晋, 1963, 「論周代銅剣的淵源」『文物』1963年第11期, 50-55頁

林澐, 1997, 「中国東北系銅剣再論」『考古学文化論集(四)』, 文物出版社, 234-250頁

林澐, 2002, 「夏代的中国北方系青銅器」『辺疆考古研究』第1輯, 1-12頁

林仙庭 · 王志文, 2002, 「嘴子前墓群与田氏代姜之変」『海陽嘴子前』, 斉魯書社

欒豊実, 2010, 「簡論晋南地区龍山時代的玉器」『文物』2010年第3期, 37-45・55頁

灤平県博物館, 1995, 「河北省灤平県梨樹溝門山戎墓地清理簡報」『考古与文物』1995年第5期, 8-15頁

廬連成・胡智生, 1988, 『宝鶏弜国墓地』, 文物出版社

羅二虎, 2008, 「試論卡莎湖文化」『華夏考古』2008年第4期, 97-106頁

羅豊, 1993, 「以隴山為中心甘寧地区春秋戦国時期北方青銅文化的発現与研究」『内蒙古文物考古』1993年第 1・2期, 29-49頁

羅豊・韓孔楽, 1990, 「寧夏固原近年発現的北方系青銅器」『考古』1990年第5期, 403-418頁

洛陽市文物工作隊, 1999a, 『洛陽北窰西周墓』, 文物出版社

洛陽市文物工作隊, 1999b, 「洛陽林校西周車馬坑」『文物』1999年第3期, 4-18頁

旅順博物館, 1960, 「旅順口区後牧城駅戦国墓清理」『考古』1960年第8期, 12-17頁

毛悦・謝堯亭, 2018, 「大河口西周墓地M1青銅楽器及其意義」『大聚考古』第1期, 85-89頁

茂県羌族博物館・阿壩蔵族羌族自治州文物管理所, 1994, 「四川茂県牟托一号石棺墓及陪葬坑清理簡報」『文 物』1994年第3期, 411-421頁

茂県姜族博物館・成都文物考古研究所・阿埧蔵族羌族自治州文物管理所, 2012, 『茂県牟托一号石棺墓』, 文 物出版社

茂汶羌族自治県文化館, 1981, 「四川茂汶営盤山的石棺葬」『考古』1981年5期, 411-421頁

茂汶羌族自治県文化館 将宜忠, 1985, 「四川茂県別立, 勒石村的石棺葬」『文物資料叢刊』第9集, 81-92頁

馬得志・周永珍・張雲鵬, 1955, 「1953年安陽大司空村発掘報告」『考古学報』第9冊, 25-90頁

馬健, 2015, 「内蒙古陰山地区早期石版墓的初歩調査与研究」『中国北方及蒙古, 貝加爾, 西伯里亜地区古代文 化(上)』, 科学出版社, 278-286頁

馬良民・林仙庭, 2002, 「嘴子前墓群出土銅器銘文航釈及其他」『海陽嘴子前』, 斉魯書社

馬承源, 1982, 『中国古代青銅器』, 上海人民出版社

梅建軍, 2005, 「関於中国冶金起源及早期銅器研究的幾個問題」『古代文明研究』第1輯

内蒙古文物考古研究所, 1989, 「涼城崞県窰子墓地」『考古学報』1989年第1期, 57-81頁

内蒙古文物考古研究所, 2009a, 「内蒙古涼城県小双古城墓地発掘簡報」『考古』2009年第3期, 15-27頁

内蒙古文物考古研究所, 2009b, 「内蒙古和林格爾県新店子墓地発掘簡報」『考古』2009年第3期, 3-14頁

内蒙古文物工作隊, 1986, 「毛慶溝墓地」『鄂爾多斯式青銅器』, 文物出版社, 227-315頁

内蒙古自治区文物考古研究所・顎爾多斯博物館, 2000, 『朱開溝—青銅時代早期遺址発掘報告』, 文物出版社

内蒙古自治区文物考古研究所・寧城県遼中京博物館編著, 2009, 『小黒石溝—夏家店上層文化遺跡発掘報告』, 科学出版社

寧城県文化館・中国社会科学院研究生院考古系東北考古専業, 1985, 「寧城県新発現的夏家店上層文化墓葬 及其相関遺物的研究」『文物資料叢刊』第9集, 23-53頁

寧夏回族自治区博物館考古隊, 1987, 「寧県中寧県青銅短剣墓清理簡報」『考古』1987年第9期, 773-777頁

寧夏回族自治区文物考古研究所・彭陽県文物站, 2002, 「寧夏彭陽県張街村春秋戦国墓地」『考古』2002年第8 期, 14-24頁

寧夏文物考古研究所, 1991, 「寧夏固原於家荘墓地発掘簡報」『華夏考古』1991年第3期, 55-63頁

寧夏文物考古研究所, 1995, 「寧夏彭堡於家荘墓地」『考古学報』1995年第1期, 79-107頁

寧夏文物考古研究所・彭陽県文物管理所編, 2016,『王大戸与九龍山－北方青銅文化墓地』, 文物出版社

寧夏文物考古研究所・寧夏固原博物館, 1993,「寧夏固原楊郎青銅文化墓地」『考古学報』1993年第1期, 13-56頁

寧夏文物考古研究所・中国社会科学院考古研究所寧夏考古組・同心県文物管理所, 1988,「寧夏同心倒子匃奴墓地」『考古学報』1988年第3期, 333-356頁

喬梁, 2002,「中国北方動物飾牌研究」『辺疆考古研究』第1輯, 13-33頁

秦安県文化館, 1986,「秦安県歴年出土的北方系青銅器」『文物』1986年第2期, 40-43頁

秦始皇帝陵博物院編, 2012,『萌芽・成長・融合－東周時期北方青銅文化臻萃』, 三秦出版社

慶陽地区博物館, 1985,「甘粛慶陽韓家灘廟嘴発現一座西周墓」『考古』1985年第9期, 853・854頁

慶陽地区博物館, 1989,「甘粛寧県焦村西溝出土的一座西周墓」『考古与文物』1989年第6期, 24-27頁

慶陽地区博物館・慶陽県博物館, 1988,「甘粛慶陽城北発現戦国時期葬馬坑」『考古』1988年第9期, 852・860頁

清原県文化局, 1981,「遼寧清原県門臉石棺墓」『考古』1981年第2期, 189頁

清原県文化局・撫順市博物館, 1982,「遼寧清原県近年発現一批石棺墓」『考古』1982年第2期, 211-212・164頁

全景閣, 1992,「黒竜江省阿城市出土青銅短剣」『北方文物』1992年第3期, 15頁

山東大学東方考古研究中心・山東大学文物考古研究所・済南市考古研究所, 2004,「済南市大辛荘商代居址与墓葬」『考古』2004年第7期, 25-33頁

山東大学歴史文化学院考古系・山東省文物考古研究所, 2010,「済南大辛荘遺址139号商代墓葬」『考古』2010年第10期, 3-6頁

山東省文物考古研究所・青州市博物館, 1989,「青州市蘇埠屯商代墓発掘報告」『海岱考古(一)』, 山東大学出版社, 254-273頁

山西省考古研究所・北京大学考古学系, 1994,「天馬－曲村遺址北趙晋侯墓地第四次発掘」『文物』1994年第8期, 4-21頁

山西省考古研究所大河口墓地連合考古隊, 2011,「山西翼城県大河口西周墓地」『考古』第7期, 9-18頁

山西省考古研究所・臨汾市文物局・翼城県文物旅游局連合考古隊 山西大学北方考古研究中心, 2018,「山西翼城大河口西周墓地1017号墓発掘」『考古学報』2018年第1期, 89-140頁

山西省考古研究所・運城市文物局・芮城県文物局, 2006,「山西芮城清涼寺新石器時代墓地」『文物』2006年第3期, 4-16頁

山西省考古研究院・臨汾市文物局・翼城県文物旅游局聯合体, 2020,「賛成翼城大河口西周墓地一号墓発掘」『考古学報』2020年第2期, 177-290頁

山西省臨汾行署文化局・中国社会科学院考古研究所山西工作隊, 1999,「山西臨汾下靳村陶寺文化墓地発掘報告」『考古学報』1999年第4期, 459-486頁

山西省文物管理委員会・山西省考古研究所, 1964,「山西長治分水嶺戦国墓第二次発掘」『考古』1964年第3期, 111-137頁

陝西省博物館・文管会岐山工作隊, 1978,「陝西岐山礼村附近周遺址的調査和試掘」『文物資料叢刊』第2集, 38-65頁

陝西省考古研究院, 2009,『少陵原西周墓地』(陝西省考古研究院田野考古報告第55号), 科学出版社

陝西省考古研究所・宝鶏市考古工作隊・眉県文化館聯合考古隊, 2003,「陝西眉県楊家村西周青銅器窖蔵発掘簡報」『文物』2003年第6期, 4-42頁

陝西省博物館・陝西省文物管理委員会, 1976, 「陝西岐山賀家村西周墓葬」『考古』1976年第1期, 31-38頁

陝西省考古研究院, 2009, 『少陵原西周墓地』(陝西省考古研究院田野考古報告第55号)

陝西省考古研究院・渭南市文物保護考古研究所・韓城市文物旅游局, 2007, 「陝西韓城梁帯村遺址M27発掘簡報」『考古与文物』2007年第6期, 3-22頁

陝西省考古研究院・渭南市文物保護考古研究所・韓城市文物旅游局, 2008, 「陝西韓城梁帯村遺址M26発掘簡報」『文物』2008年第1期, 4-21頁

陝西省考古研究院・渭南市文物保護考古研究所・韓城市景区管理委員会, 2010, 『梁帯村芮国墓地－2007年度発掘報告』, 文物出版社

陝西省考古研究院・榆林市文物考勘探工作隊・神木県石峁遺址管理処, 2017, 「陝西神木県石峁城址皇城台地点」『考古』第7期, 46-56頁

陝西周原考古隊, 1984, 「扶風劉家姜戎墓葬発掘簡報」『文物』1984年第7期, 16-29頁

石璋如, 1955, 「殷代的鋳銅工芸」『中央研究院歴史語言研究所集刊』第26本, 95-129頁

石鼓山考古隊, 2013, 「陝西宝鶏石鼓山西周墓葬発掘簡報」『文物』2013年第2期, 4-54頁

潜偉, 2006, 『新疆哈密地区史前時期銅器及其与隣近地区文化的関係』, 知識産権出版社

瀋陽故宮博物館・瀋陽市文物管理辨公室, 1975, 「瀋陽鄭家窪子的両座青銅時代墓葬」『考古学報』1975年第1期, 141-156頁

蘇榮誉, 2019, 「関於中原早期銅器生産的幾個問題：従石峁発現談起」『中原文物』第1期, 26-31頁

四川省博物館・彭県文化館, 1981, 「四川彭県両周窖蔵銅器」『考古』1981年第6期, 496-499・555頁

四川省文管会・茂汶県文化館, 1983, 「四川茂汶羌族自治県石棺葬発掘報告」『文物資料叢刊』第7輯, 411-421頁

四川省文物管理委員会, 1982, 「成都戦国土坑墓発掘簡報」『文物』1982年第1期, 28-30頁

四川省文物管理委員会・甘孜蔵族自治州文化館, 1986, 「四川甘孜県吉里龍古墓」『考古』1986年第1期, 28-36頁

四川省文物考古研究院・成都市文物考古研究所, 2009, 『成都十二橋』, 文物出版社

四川省文物考古研究院・徳陽市文物考古研究所・什邡市博物館編, 2006, 『什邡城関戦国秦漢墓地』, 文物出版社

四川省文物考古研究院・日本九州大学・甘孜蔵族自治州文化旅游局・炉霍県文化旅游局, 2012a, 「四川炉霍県燕爾龍石棺墓墓地発掘簡報」『四川文物』2012年第3期, 3-14頁

四川省文物考古研究院・日本九州大学・甘孜蔵族自治州文化旅游局・炉霍県文化旅游局, 2012b, 「四川炉霍県呷拉宗遺址発掘簡報」『四川文物』2012年第3期, 15-28頁

四川省文物考古研究所・甘孜蔵族自治州文化局, 1991, 「四川炉霍卡莎湖石棺墓」『考古学報』1991年第2期, 207-238頁

四川省文物考古研究院・雅安市文物管理所・漢源県文物管理所, 2009, 「四川漢源県麦坪新石器時代遺址2007年的発掘」『中国西南地区石棺葬文化調査与発現(1938-2008)』, 四川大学出版社, 309頁

四川省文物考古研究院・雅安市文物管理所・漢源県文物管理所, 2011, 「四川漢源県麦坪遺址2008年発掘簡報」『考古』2011年第9期, 15-32頁

孫亞冰・宋鎮豪, 2004, 「済南市大辛荘遺址新出甲骨卜辞探析」『考古』, 66-75頁

孫守道, 1960, 「"匈奴西岔溝文化"古墓群的発現」『文物』1960年第8・9期, 25-32頁

孫守道・徐秉琨, 1964, 「遼寧寺児堡等地青銅短剣与大伙房石棺墓」『考古』1964年第6期, 277-285頁

唐飛 · 金国林, 2009, 「四川炉霍晏爾龍石棺葬墓地発掘」『2008中国重要考古発現』, 文物出版社

唐山市文物管理所, 1992, 「河北省遷西縣大黒汀戰國墓出土青銅器」『文物』第5期, 76-78 · 87頁

田広金, 1976, 「桃紅巴拉墓的匈奴墓」『考古学報』1976年第1期, 131-144頁

田広金, 1983, 「近年来内蒙古地区的匈奴考古」『考古学報』1983年第1期, 7-24頁

田広金 · 郭素新編, 1986, 『顎爾多斯式青銅器』, 文物出版社

烏恩, 1981, 「我国北方古代動物文飾」『考古学報』1981年第1期, 45-61頁

烏恩, 1983, 「中国北方青銅透彫帯飾」『考古学報』1983年第1期, 25-37頁

王成生, 2003, 「遼寧出土銅戈及相関問題的研究」『遼寧考古文集』, 遼寧民族出版社, 217-241頁

王富強, 2002, 「海陽嘴子前墓群的年代, 得点及相関問題」『海陽嘴子前』, 斉魯書社

王輝, 2009, 「張家川馬家塬戦国墓地相関問題初探」『文物』2009年第10期, 70-77頁

王全甲, 1990, 「隆徳県出土的匈奴文物」『考古与文物』1990年第2期, 5-7頁

王青, 2007, 「山東発現的幾把東北系青銅短剣及相関問題」『考古』2007年第8期, 57-61頁

王恩田, 2016, 「曾侯與編鐘与曾国始封－兼論葉家山西周曾国墓地復原」『江漢考古』2016年第2期, 80-86頁

王武, 1990, 「青海剛察県卡約文化墓地発掘簡報」『青海文物』1990年第4期

王仁湘, 2009, 「顎爾多斯式銅帯扣研究」『顎爾多斯青銅器国際学術検討会論文集』, 科学出版社, 435-466頁

王立新 · 塔拉 · 朱永剛主編, 2010, 『林西井溝子－晩期青銅器時代墓地的発掘与総合研究』, 科学出版社

王林 · 周志清, 2010, 「金沙遺址星河路西延綫地点発掘簡報」『成都考古発現(2008)』, 75-140頁

王志敏, 2008, 「通化市金廠鎮出土戦国晩期至秦漢時期青銅短剣」『北方文物』2008年第3期, 32-33頁

魏海波, 1987, 「遼寧本渓発現青銅短剣墓」『考古』1987年第2期, 181-182頁

魏海波 · 梁志龍, 1998, 「遼寧本渓県上堡青銅短剣墓」『文物』1998年第6期

韋正 · 李虎仁 · 鄒厚本, 1998, 「江蘇徐州市獅子山西漢墓的発掘与収獲」『考古』1998年第8期, 1-20頁

夏商周断代工程専家組, 2000, 『夏商周断代工程1996-2000年階段成果報告簡本』, 世界図書出版公司

肖先進主編, 2007, 『三星堆与南絲路－中国西南地区的青銅文化』, 文物出版社

向桃初, 2008, 『湘江流域商周青銅文化研究』, 綫装書局

向桃初, 2010, 「従殷墟出土銅鏡看南方銅鏡的年代」『考古与文物』2010年第2期, 40-50頁

西北大学文博学院, 2002, 『城固宝山 1998年発掘報告』, 文物出版社

謝輝 · 江章華, 2002, 「岷江上遊的石棺墓」『四川文物』2002年第1期, 9-15頁

熊建華, 2013, 『湖南商周青銅器研究』, 岳麓書社

邢愛文, 2009, 『遼陽博物館蔵精品図集』, 遼寧大学出版社

新鄭県文化館, 1981, 「河南新鄭県京楼出土的銅器和玉器」『考古』1981年第6期, 556頁

許成 · 李進増, 1993, 「東周時期的戎狄青銅文化」『考古学報』1993年第1期, 1-11頁

許宏, 2013, 「宮室建築与中国国家文明的形成」『三代考古』(五), 3-18頁

許宏, 2019, 「関於石峁遺存年代等問題的学術史観察」『中原文物』2019年第1期, 19-25頁

許俊臣, 1983, 「甘粛慶陽地区出土的商周青銅器」『考古与文物』1983年第3期, 8-11頁

許俊臣 · 劉徳禎, 1985, 「甘粛寧県寧村出土西周青銅器」『考古』1985年第4期, 349-352頁

徐良高, 1998, 「文化因素定性分析和"商代青銅礼器文化圏"研究」『中国商文化国際学術討論会論文集』, 中国大百科全書出版社

許明綱, 1993, 「大連市近年来発現青銅短剣及相関的新資料」 『遼海文物学刊』 1993年第1期, 8-12 · 18頁

許明綱 · 許玉林, 1983, 「遼寧新金県双房石蓋石棺墓」 『考古』 1983年第4期, 293-295頁

徐学書, 1999, 「関于滇文化和滇西青銅文化年代的再探討」 『考古』 1999年第5期, 75-84頁

許玉林 · 王連春, 1984, 「丹東地区出土的青銅短剣」 『考古』 1984年第8期, 708 · 712-714頁

許志国, 2011, 「遼寧鉄嶺市大山嘴子青銅文化遺址調査」 『北方文物』 2011年第2期, 3-9頁

閻浩, 2016, 「商代編鐃与先秦礼楽的肇始」 『中原文物』 2016年第5期, 48-50頁

楊建華, 2004, 『春秋戦国時期中国北方文化帯的形成』, 文物出版社, 219頁

楊建華 · 邵会秋 · 潘玲, 2016, 『欧亜草原東部的金属路』, 上海戸籍出版社

楊琳, 2019, 「周代前期用鼎制度新探」 『江漢考古』 第2期, 60-69頁

楊瑞, 2017, 『石峁王国之石破天惊』, 陝西人民出版社

延世忠 · 李懐仁, 1992, 「寧夏西吉発現一座青銅時代墓葬」 『考古』 1992年第6期, 573-575頁

煙台市文物管理委員会 · 棲霞県文物事業管理処, 1992, 「山東棲霞県占瞳郷杏家荘戦国墓清理簡報」 『考古』
    1992年第1期, 11-21 · 31頁

伊克昭盟文物工作站, 1991, 「内蒙古東勝市碾房渠発現金銀器窖蔵」 『考古』 1991年第5期, 405-408頁

伊克昭盟文物工作站, 1992, 「伊金霍洛旗石灰溝発現的顎爾多斯式文物」 『内蒙古文物考古』 1992年第1 · 2期,
    91-96頁

殷瑋璋 · 曹淑琴, 1986, 「長江流域早期甬鐘的形態学分析」 『文物出版社成立三十周年記念 文物与考古論集』,
    文物出版社, 261-275頁

岳洪彬, 2002, 「二里頭文化第四期及相関遺存再認識」 『二十一世紀中国考古学与世界考古学』, 中国社会科学
    出版社

岳占偉 · 李永迪 · 申明清, 2017, 「試論殷墟晩期青銅礼器的両個発展方向」 『江漢考古』 第3期, 89-108頁

俞偉超, 1985, 「関于"卡約文化"和"唐汪文化"的新認識」 『先秦両漢考古学論集』, 文物出版社, 193-210頁

雲南省博物館, 1959, 『雲南晋寧石寨山古墓群発掘報告』

雲南省博物館, 1995, 「雲南剣川海門口青銅時代早期遺址」 『考古』 1995年第9期, 775-787頁

雲南省博物館文物工作隊, 1975, 「雲南徳欽永芝発現的古墓葬」 『考古』 1975年第4期, 244-248頁

雲南省博物館文物工作隊, 1983, 「雲南徳欽県納古石棺墓」 『考古』 1983年第3期, 220-225頁

雲南省文物考古研究所, 2005, 「雲南中甸県的石棺墓」 『考古』 2005年第4期, 28-39頁

雲南省文物考古研究所 · 大理州文物管理所 · 剣川県文物管理所, 2009, 「雲南剣川県海門口遺址」 『考古』 2009
    年第7期, 18-23頁

早期秦文化聯合考古隊, 2008, 「2006年甘粛礼県大堡子山東周墓葬発掘簡報」 『文物』 2008年第11期, 30-49頁

早期秦文化聯合考古隊 · 張家川回族自治県博物館, 2009, 「張家川馬家塬戦国墓地2007~2008年発掘簡報」 『文
    物』 2009年第10期, 25-51頁

早期秦文化聯合考古隊 · 張家川回族自治県博物館, 2010, 「張家川馬家塬戦国墓地2008~2009年発掘簡報」
    『文物』 2010年第10期, 4-26頁

早期秦文化聯合考古隊 · 張家川回族自治県博物館, 2012, 「張家川馬家塬戦国墓地2010~2011年発掘簡報」
    『文物』 2012年第8期, 4-26頁

曽昭蔵 · 斉俊, 1981, 「桓仁大甸子発現青銅短剣墓」 『遼寧文物』 1981年第1期

趙叢蒼, 2006,『城洋青銅器』, 科学出版社

趙殿增, 1994,「巴蜀青銅器概論」『中国青銅器全集18 巴蜀』, 文物出版社, 1-31頁

張松柏, 1996,「赤峰市紅山区戰國墓清理簡報」『内蒙古文物考古』第1·2期, 54·60-63頁

張昌平, 2011,「論済南大辛荘遺址M139新出青銅器」『江漢考古』第1期, 65-72頁

張昌平, 2013,「葉家山墓地相関問題研究」『随州葉家山－西周早期曾国墓地』, 文物出版社, 270-284頁

張昌平, 2014,「盤龍城的性質－一個学術史的回顧」『商代盤龍城学術検討会論文集』, 123-129頁

張天恩, 1995,「再論秦式短剣」『考古』1995年第9期, 841-853頁

張天恩, 2001,「中原地区西周青銅短剣簡論」『文物』2001年第4期, 77-83頁

張天恩, 2016,「試論随州葉家山墓地曾侯墓的年代和序列」『文物』2016年第10期, 44-54頁

張光直, 1982,『中国青銅時代』, 香港中文大学出版社

張光直, 1983,『中国青銅時代』, 讀書·新知三联书店

張錫瑛, 1984,「試論我国北方和東北地区的"触角式"剣」『考古』1984年第8期, 744-751·768頁

張寅, 2019,「東周西戎文化馬家塬類型来源初探」『考古与文物』2019年第2期, 71-76頁

張偉, 2005,「松嫩平原戦国両漢時期文化遺存研究」『北方文物』2005年第4期, 1-23頁

張偉寧, 2010,「寧夏中衛出土的東周青銅器」『文物』2010年第9期, 75-76頁

張增祺, 1983,「略論滇西地区的青銅剣」『考古』1983年第7期, 641-645頁

周日鏈, 1991,「四川蘆山出土的巴蜀文化器物」『考古』1991年第10期, 892-901頁

周興華, 1989,「寧県中衛県狼窩子坑的青銅短剣墓群」『考古』1989年第11期, 971-980頁

周到·劉東亞, 1963,「1957年秋安陽高楼荘殷代遺址発掘」『考古』1963年第4期, 213-216·220頁

鄭光, 1991,「河南偃師二里頭遺跡発現新的銅器」『考古』1991年第12期, 1138-1139頁

鄭振香, 1994,「殷墟文化的分期与年代」『殷墟発現与研究』, 科学出版社, 25-39頁

鄭同修·隋裕仁, 1995,「山東威海市発現周代墓葬」『考古』1995年第1期, 23-27頁

中國歷史博物館考古組, 1962,「燕下都城址調査報告」『考古』第1期, 10-19·54頁

中国社会科学院考古研究所編, 1963,『灃西発掘報告』(考古学専刊丁種第12号)

中国社会科学院考古研究所編, 1980,『殷墟婦好墓』, 文物出版社

中国社会科学院考古研究所編, 1993,『考古精華』, 科学出版社

中国社会科学院考古研究所編, 1995,『二里頭陶器集粋』, 中国社会科学出版社

中国社会科学院考古研究所編, 1996,『双砣子与崗上－遼東史前文化的発現和研究』, 科学出版社

中国社会科学院考古研究所編, 1998,『安陽殷墟郭家荘商代墓葬－1982年~1992年考古発掘報告』, 中国大百
　　科全書出版社

中国社会科学院考古研究所編, 1999a,『偃師二里頭1959年~1978年考古発掘報告』, 中国大百科全書出版社

中国社会科学院考古研究所編, 1999b,『張家坡西周墓地』, 中国大百科全書出版社

中国社会科学院考古研究所編, 2005,『滕州前掌大墓地』, 文物出版社

中国社会科学院考古研究所編, 2007,『安陽殷墟花園荘東地商代墓葬』, 科学出版社

中国社会科学院考古研究所編, 2014,『二里頭1999~2006』, 文物出版社

中国社会科学院考古研究所安陽工作隊, 1979,「1969-1977年殷墟西区墓葬発掘報告」『考古学報』第1979年第
　　1期, 27-146頁

中国社会科学院考古研究所安陽工作隊, 1988, 「安陽大司空村東南的一座殷墓」『考古』1988年第10期, 865-874頁

中国社会科学院考古研究所安陽工作隊, 1998, 「河南安陽市郭家荘東南26号墓」『考古』1998年第10期, 36-47頁

中国社会科学院考古研究所安陽工作隊, 2008, 「殷墟大司空M303発掘報告」『考古学報』2008年第3期, 353-394頁

中国社会科学院考古研究所·山西省臨汾市文物局, 2015, 『襄汾陶寺 1978~1985年考古発掘報告』(中国田野考古報告集 考古学専刊 丁種第五十五号)

中国社会科学院考古研究所東北工作隊, 1981, 「内蒙古寧城県南山根102号石槨墓」『考古』1981年第4期, 304-308頁

中国社会科学院考古研究所山西工作隊·臨汾地区, 1984, 「中国襄汾陶寺遺址首次発現銅器」『考古』1984年第12期, 1069-1071頁

中国社会科学院考古研究所山西隊·山西省考古研究所·臨汾市文物局, 2005, 「2004~2005年山西襄汾陶寺遺址発掘新進展」『中国社会科学院古代文明研究中心通訊』第10期

中国社会科学院考古研究所山西隊·山西省考古研究所·臨汾市文物局, 2008, 「山西襄汾県陶寺城址発現陶寺文化中期大型夯土建築基址」『考古』2008年第3期, 3-6頁

中国社会科学院考古研究所山西工作隊·臨汾地区文化局, 1984, 「中国襄汾陶寺遺址首次発現銅器」『考古』1984年第12期, 1069-1071頁

中国社会科学院考古研究所東北工作隊, 1989, 「瀋陽肇工街和鄭家窪子遺址的発掘」『考古』1989年第10期, 885-892頁

中国社会科学院考古研究所二里頭隊, 1983, 「1980年秋河南偃師二里頭遺址発掘簡報」『考古』1983年第3期, 199-205·219頁

中国社会科学院考古研究所二里頭隊, 1985, 「1982年秋偃師二里頭遺址九区発掘簡報」『考古』1985年第12期, 1085-1093·1108頁

中国社会科学院考古研究所二里頭隊, 1992, 「1987年秋偃師二里頭遺址墓葬発掘簡報」『考古』1992年第4期, 294-303頁

中国科学院考古研究所二里頭工作隊, 1975, 「河南偃師二里頭遺址三, 八区発掘簡報」『考古』1975年5期, 294·302-309頁

中国科学院考古研究所二里頭工作隊, 1976, 「偃師二里頭遺址新発現的銅器和玉器」『考古』1976年4期, 259-263頁

中国社会科学院考古研究所二里頭工作隊, 1984, 「1981年河南偃師二里頭墓葬発掘簡報」『考古』1984年第1期, 37-40頁

中国社会科学院考古研究所二里頭工作隊, 1986, 「1984年秋河南偃師二里頭遺跡発現的几座墓葬」『考古』1986年第4期, 318-323頁

中国社会科学院考古研究所二里頭工作隊, 2005, 「河南偃師市二里頭遺址中心区的考古新発現」『考古』2005年第7期, 15-20頁

鐘少異, 1994, 「略論人面文扁茎銅短剣」『考古与文物』1994年第1期, 61-63頁

鐘侃, 1978, 「寧夏固原県出土文物」『文物』1978年第12期, 87-90頁

朱鳳瀚, 2018, 「殷墟西北岡大墓年代序列再探討」『考古学報』第4期, 407-432頁

朱意義·劉駿, 2001, 「成都市黄忠村遺址1999年度発掘的主要収獲」『成都考古発現(1999)』, 164-181頁

雛宝庫・盧治萍・馬卉, 2017, 「遼寧遼陽市徐往子戦国墓」『考古』第8期, 116-120頁

雛厚本, 1983, 「寧鎮区出土周代青銅容器的初歩認識」『中国考古学会第四次年会論文集』, 文物出版社, 123-135頁

雛厚本・葦正, 1998, 「徐州獅子山西漢墓的金扣腰帯」『文物』1998年第8期, 37-43頁

雛衡主編, 2000, 『天馬—曲村 1980-1989』, 科学出版社

한국어

姜仁旭, 2005, 「韓半島出土琵琶形銅剣의 登場과 地域性에 하여」『韓国上古史学報』第49号, 59-98頁

姜仁旭・千羨幸, 2003, 「러시아 沿海州 細形銅剣関係의 考察」『韓国上古史学報』第42号, 1-34頁

江原文化財研究所, 2011, 『春川牛頭洞遺蹟Ⅰ』

慶尚北道文化財研究院, 2008, 『金泉文塘洞遺蹟』

慶尚北道文化財研究院, 2011, 『大邱新成革新都市B-1 3北区域遺蹟』

国立慶州博物館, 1987 菊隠李養璿蒐集文化財』, 通川文化社1-34

国立光州博物館・全羅南道・咸平郡, 1988, 『咸平草浦里遺蹟』

国立光州博物館・和順郡, 2013, 『国宝第143号青銅器出土 和順大谷里遺蹟』

国立中央博物館, 2006, 『북녘의文化遺産』

国立中央博物館, 2007, 『永川龍田里』

国立清州博物館, 2019, 『韓国의 青銅器集成』

金元龍, 1952, 「慶州九政里出土金石併用時期에 대하여」『歴史学報』第1輯, 3-14頁

金元龍, 1970, 「鳥形안테나式 細形銅剣의 問題」『白山学報』第8号, 1-26頁

金載元, 1964, 「扶余・慶州・燕岐出土青銅遺物」『震檀学報』第25・26・27号合本, 43-77頁

東亜細亜文化財研究院, 2012, 『金海蓮池支石墓』

東北亜支石墓研究所, 2012a, 『麗水月内洞上村支石墓Ⅱ』

東北亜支石墓研究所, 2102b, 『麗水月内洞上村支石墓Ⅲ』

李康承, 1987, 「扶余九鳳里出土青銅器一括遺物」『三仏金元龍教授停年退任記念論叢Ⅰ 考古篇』, 一志社, 141-167頁

李健茂, 1989, 「牙山宮坪里遺蹟出土一括遺物」『考古学誌』第1輯, 175-185頁

李健茂, 1990, 「扶余合松里遺蹟出土一括遺物」『考古学誌』第2輯, 23-67頁

李健茂, 1991, 「唐津素素里遺蹟出土一括遺物」『考古学誌』第3輯, 112-134頁

李健茂, 1992, 「韓国의青銅器文化」『特別展 韓国의青銅器文化』, 汎友社

李健茂, 1996, 「傳忠南出土触角式銅剣에 対して」『碩晤尹容鎮教授停年退任紀年論叢』

李淳鎮, 1974, 「夫租薉君墓発掘報告」『考古学資料集』第4集, 社会科学出版社, 192-199頁

李榮文, 1996, 「韓国琵琶形銅剣文化의 諸問題—琵琶形銅剣을 中心として—」『韓国考古学報』38, 63-104頁

李殷昌, 1968, 「大田槐亭洞青銅器文化의 研究—石器・黒陶・青銅器・装身具의 結合文化를 中心으로」『亜細亜研究』第XI巻第2号, 高麗大学校亜細亜問題研究所, 5-79頁

李清圭, 1982, 「細形銅剣의 型式分類 및 그 変遷에 対하여」『韓国考古学報』第13輯, 1-37頁

李淸圭, 1997, 「嶺南地方靑銅器文化의 展開」 『嶺南考古学』 21号, 29-78頁

李淸圭, 2010, 「多鈕鏡型式의 変遷과 分布」 『韓国上古史学報』 第67号, 45-89頁

宮里修, 2010, 『韓半島靑銅器의 起源과 展開』, 社会評論社

박선미 · 마크바잉턴, 2012, 「東北アジア 双鳥形 안테나식검의 性格과 意味」 『嶺南考古学』 第63号, 71-98頁

裵眞晟, 2007, 「無文土器社会의 階層構造과 国」 『韓国考古学報』 第68輯, 38-87頁

社会科学院考古学研究所, 1977, 『古朝鮮問題研究論文集』, 社会学出版社

石光叡, 1979, 「我国西北地方支石墓에 관한 研究」 『考古民俗論文集』 第7集, 109-182頁

서울대학교 고고미술사학과, 서울대학교 박물관, 몽골 과학아카데미 고고학연구소, 몽골 국립박물관, 2008, 『몽골 에르드네 판석묘 유적』

徐国泰 · 池화산, 2003, 『南陽里遺跡発掘報告』, 白山資料院

成璟瑭 · 孫県軍, 2009, 「于道溝遺蹟出土靑銅武器에 대해서」 『考古学探究』 5, 97-109頁

庄田慎矢, 2005, 「湖西地域出土琵琶形銅剣과 弥生時代開始年代」 『湖西考古学』 第12輯, 35-62頁

송순탁, 1997, 「새로 알려진 古代時期遺物」 『朝鮮考古研究』 1997年第3号, 41-45頁

安承周, 1978, 「公州鳳安出土銅剣 · 銅戈」 『考古美術』 第136 · 137, 42-43頁

에르덴바타르.디마자브, 2012, 「몽골 초원의 청동기 문화와 석인상 연구」 『史学志』 第44집, 단국사학회, 54-81頁

益山市 · 全北文化財研究院, 2013, 『益山一般産業団地造成敷地Ⅱ地区 益山亀坪里Ⅰ · Ⅱ · Ⅳ연동리Ⅰ, 용기리Ⅰ · Ⅱ遺蹟』(遺蹟調査報告第76冊)

嶺南文化財研究院, 2000, 『大邱発達洞遺蹟Ⅰ』(嶺南文化財研究院学術報告第20冊)

嶺南文化財研究院, 2001, 『慶州舎羅里遺蹟Ⅱ-木棺墓, 住居址-』(嶺南文化財研究院学術調査報告第32冊)

嶺南文化財研究院, 2010, 『大邱鳳舞地方産業団地1段階造成工事敷地内 大邱鳳舞洞遺蹟Ⅲ』

嶺南文化財研究院, 2014, 『浦項草谷里聚落遺蹟』

蔚山文化財研究院, 2013, 『蔚山蒋峴洞遺蹟Ⅲ』

円光大学校馬韓 · 百済研究所, 2005, 『益山信洞里遺蹟』

中村大介, 2008, 「靑銅器時代와 初期鉄器時代의 編年과 年代」 『韓国考古学報』 第68輯, 38-87頁

鄭仁盛, 1998, 「洛東江流域群의 細形銅剣文化」 『嶺南考古学』 第22号

《朝鮮遺跡遺物図鑑》編纂委員会, 1989, 『朝鮮遺跡遺物図鑑2 古朝鮮, 扶余, 辰国篇』

趙鎮先, 2001, 「細形銅剣의 形式変遷과 意味」 『韓国考古学報』 45輯, 75-100頁

趙鎮先, 2006a, 「完州葛洞1鎔範의 細形銅剣와 銅戈」 『研究論文集』 第6号, 湖南文化財研究院, 41-60頁

趙鎮先, 2006b, 「細形銅剣鎔範의 製作技術 鋳型의 設計 및 彫刻技法을 中心으로」 『韓国考古学報』 60輯, 88-119頁

趙鎮先, 2008, 「多鈕粗文鏡의 形式変遷과 地域的展開」 『韓国上古史学報』 第62号, 27-54頁

趙鎮先, 2009, 「韓国式銅戈의 登場背景과 辛荘頭30号墓」 『湖南考古学報』 32輯, 5-35頁

趙鎮先, 2015, 「燕下都의 造営과 都城機能의 変遷」 『韓国考古学報』 第96輯, 67-103頁

尹광수, 1994, 「土城洞486号木槨墓発掘報告」 『朝鮮考古研究』 1994年第4期, 18-22頁

尹武炳, 1966, 「韓国靑銅短剣의 型式分類」 『震檀学報』 29 · 30合併号

尹武炳, 1991, 『韓国靑銅文化研究』, 芸耕産業社

尹容鎮, 1981, 「韓国靑銅器文化研究-大邱坪里洞出土一括遺物検討」 『韓国考古学報』 第10 · 11号輯, 1-22頁

尹德香, 2000, 『南陽里』, 全北大学校博物館

林炳泰, 1987, 「霊岩出土青銅器鎔范」 『三仏金元龍教授停年退任記念論叢Ⅰ』, 121-140頁

全北大學校博物館, 2010, 『上雲里Ⅲ－生活遺構및墳墓・綜合考察－』(全北大學博物館叢書52)

全北文化財研究院, 2016, 『群山船堤里108-16番地遺蹟』

全北文化財研究院・全北開発公社, 2013, 『全州・完州革新都市開発作業(Ⅳ区域一部, 都市部)敷地内 全州 原長洞遺蹟 原長洞A・D・E・G遺蹟』(遺蹟調査報告第71冊)

全北文化財研究院, 2016, 『群山船堤里108-16番地遺蹟』

忠清南道歴史文化研究院・公州市, 2007, 『公州水村里遺蹟』

忠清文化財研究院, 2008, 『舒川烏石里烏石山遺蹟』忠清文化財研究院文化遺蹟発掘調査報告第74輯

忠清文化財研究院, 2017, 『瑞山東門洞整備作業敷地内 瑞山東門洞遺蹟』

忠清文化財研究院, 2017, 『瑞山東門洞遺蹟』忠清文化財研究院文化遺蹟調査報告第151輯

池健吉, 1978, 「礼山東西里石棺墓出土青銅一括遺物」 『百済研究』第9輯, 151-181頁

체벤도르지D., 2009, 「몽골의 청동기와 초기 철기시대에 대한 연구」 『부산박물관 2009년 특별전시회 몽골, 초 원에 핀 고대문화』, 부산박물관, 서울대학교박물관, 몽골 과학아카데미 고고학연구소, 몽골국립박물 관, 120-127頁

韓国考古学会, 1974, 「清原飛下里出土一括遺物」 『考古学』第三輯, 150-152頁

韓国土地公社・韓国文化保護財団, 1998, 『慶山林堂遺蹟(Ⅵ)E地区古墳群』

翰林大学校博物館, 2007, 『加平達田里遺蹟－土壙墓』

한빛문화재연구원, 2011, 『慶山内里里遺蹟Ⅰ』(学術調査報告第22冊)

韓炳三, 1987, 「月城竹東里出土青銅器一括遺物」 『三仏金元龍教授停年退任記念論叢Ⅰ 考古学篇』, 一志社, 103-120頁

韓炳三・李健茂, 1977, 『南城里石棺墓』(国立博物館古蹟調査報告第10冊)

韓얼文化遺産研究院, 2012, 『完州駅洞遺蹟』遺跡調査報告第18冊

高久健二, 1999, 「楽浪地域出土古鏡」 『考古歴史学志』第15輯

湖南文化財研究院・益山地方国土管理庁, 2005, 『完州葛洞遺蹟』(湖南文化財研究院学術踏査報告第46冊)

湖南文化財研究院・益山地方国土管理庁, 2009, 『完州葛洞遺蹟(Ⅱ)』(湖南文化財研究院学術報告第116冊)

湖南文化財研究院・韓国土地住宅公社, 2014, 『完州信豊遺蹟Ⅰ』(学術調査叢書第180冊)

영어

Adams, N. 1992 Lost Wax Casting with Textiles: A Survey of the Process with Special Reference to Ordos and Late Avar Period Belt Fittings, 『中国古代北方民族考古文化国際学術検討会』

Allard, F. & Erdenebaatar, D. 2005 Khirigsuurs, ritual and mobility in the Bronze Age of Mongolia. *Antiquity* 79 (305): 547-563.

Anthony, D. W.2007 *The Horse the Wheel and Language*. Princeton and Oxford: Princeton University Press.

Barnard, N. 1993 Thoughts on the Emergence of Metallurgy in Pre-Shang and Early Shang China, and a Technological Appraisal of Relevant Bronze Artifacts of the Time.『金属博物館紀要』第19号：3-48.

Barnard, N. & Cheung, Kwong-Yue 1983 Notes on Casting Technology and Some New Interpretations of Historical Significance, *Studies in Chinese Archaeology*: 355-367.

Barnard, N, & Sato, T. 1975 *Metallurgy Remains of Ancient China*. Tokyo: Nihonbashi.

Beaujard, P. 2011 Evolutions and Temporal Delimitations of Bronze Age World-Systems in Western Asia and the Mediterranean. In Wilkinson T., Sherratt S. and Bennet J. ed. *Interweaving Worlds Systemic Interactions in Eurasia, 7th to 1st Millennia BC*, Oxford: Oxbow books.

Boardman, J. 2010 *The Relief Plaques of Eastern Eurasia and China The 'Ordos Bronzes', Peter the Great's Treasure, and their kin*, The Beazley Archive and Archeopress, Oxford.

Bokovenko N. A. 2006 The emergence of the Tagar culture. In *Antiquity* 80 (310) pp.860-879.

Bunker, Emma C. 1997 *Ancient Bronzes of the Eastern Eurasian Steppes from the Arthur M. Sackler Collections*: 339-340, F35

Chernykh E. N. 1992 *Ancient metallurgy in the USSR*. Cambridge: Cambridge University Press.

Chernykh, E. N., Kuz'minykh, S. V., Orlovskata, L. B., 2004 Ancient Metallurgy in Northeast Asia: From the Urals to the Sino-Altai. *Metallurgy in Ancient Eastern Eurasia from the Urals to the Yellow River*: 15-16. Lewiston: the Edwin Mellow Press.

Chen Te-Kun 1946 The Slate Tomb Culture of Li-fan. In *Harvard Journal of Asiatic Studies*, vol. 9-2.

Classen, H. & Skalnik, P. 1978 *The Early State*. Mouton publishers, Paris & New York.

Cunliffe, B. 2008 *Europe Between the Oceans 9000 BC-AD 1000*. New Heaven and London: Yale University Press.

Cunliffe, B. 2015 *By Steppe, Desert, and Ocean the Birth of Eurasia*. Oxford: Oxford University Press.

Cybiktarov A. D. 2003 Central Asia in the Bronze and Early Iron Ages (Problems of Ethno-Cultural History of Mongolia and the Southern Trans-Baikal Region in the Middle 2nd – Early 1st Millennia BC). *Archaeology, Ethnology & Anthropology of Eurasia* 1 (13): 80-96.

Di Cosmo, N. 2002 *Ancient China ad its enemies: the rise of nrmadic power in East Asia*, Cambridge University Press, Cambridge, UK.

Enkhtör, A., Bemmann, J. and Brosseder, U. 2018 The first excavations of bronze and iron age monuments in the middle Orkhon Valley, Central Mongolia: results from rescue investigations in 2006 and 2007. *Asian Archaeology* 1: 3-44.

Erdenebaatar, D. 2004 Burial materials related to the history of the Bronze Age in the territory of Mongolia. In Linduff K. M. ed. *Metallurgy in Ancient Eastern Eurasia from the Urals to the Yellow River*. Lewiston: the Edwin Kellen Press.

Eregzeng, G. ed 2016Ancient Funeral Monuments of Mongolia. Archaeological Relics of Mongolia Catalogues in 6 volumes, Ulaanbaatar.

Falkenhahusen, von L. 1993 *Suspended Music Chime Bells in the Culture of Bronze Age China*. Los

Angels: University of California Press.

Falkenhausen, von L. 2006 *Chinese Society in the Age of Confucius (1000-250 BC): The Archaeological Evidence*. Los Angels: Cotsen Institute of Archaeology University of California.

Fitzhugh, M. W. 2005 The Deer Stone Project: Exploring Northern Mongolia and its Arctic Connections. *The Deer Stone Project Anthropological Studies in Mongolia 2002-2004*: 3-34, Washington D. C.: the Arctic Studies Center.

Fitzhugh, M. W. ed. 2005 *The Deer Stone Project Anthropological Studies in Mongolia 2002-2004*. Arctic Studies Center National Museum of History Smithsonian Institution, Washington D. C., Nationa, Museum of Mongolian History, Ulaanbaatatar.

Frohlich, B., Amgalantugus, T., Littleton, J., Erden, B., Hunt, D., Nittler, E., Karstens, S., Frohlich, T. and Galdan, G. 2010 An Overview of theories and hypothesis pertaining to Mongolian Bronze age Khirgisuurs in the Hovsgol Aimag, Mongolia. *АРХЕОЛОГЙН СУДЛАЛ* 1-21, Улаанбаата p: 123-143.

Geel, B. van, Bokovenko, N. A., Burova, N. D., Chugunov, K. V., Dergachev, V. A. Dirksen V. G., Kulkova, M., Naglef, A., Parzinger, H., Plicht, J. van der, Vasiliev, S. S., Zaitseva, G. I. 2004 Climate change and the expansion of the Scythian culture after 850 BC: a hypothesis. *Journal of Archeological Science* 31: 1735-1742.

Gorsdorf, J., Parzinger, H., Nagler, A. & Leont'ev, N.1998 Neue ^{14}C-Datierungen fur die Sibirische Steppe und ihre Konsequenzen fur die regionale Bronzezeitchronologie. *EURASIA ANTIQUA* Band 4: 73-80, Berlin, Germany.

Higham, C., Higham, T., Ciarla, R., Douka, K., Kijngam, A. and Rispoli, F. 2011 The Origins of the Bronze Age of Southeast Asia. *Journal of World Prehistory* 24: 227-274.

Honeychurch, W. 2015 Inner Asia and Spatial Politics of Empire Archaeology, Mobility, and Culture Contact. New York: Springer.

Honeychurch, W., Wright, J. and Amartuvshin, C. 2006 Re-writing monumental landscapes as Inner Asian political process. Hanks B. E. and Linduff K. ed. Social Complexty in Prehistoric Eurasia Monuments, Metals, and Mobility: 330-357, Cambridge: Cambridge University Press.

Kelekna, P. 2009 *The Horse in Human History*. Cambridge: Cambridge University Press.

Kohl, P. L. 2007 *The making of bronze Age Eurasia*. Cambridge: Cambridge University Press.

Kilunovskaya, M. & Leus, P. 2018 Archaeological discoveries in Tuva: excavations of the Ala-Tey and Terezin cemeteries of the Xiongnu period in 2015-2016. In *Asian Archaeology* (1): 45-62.

Korykova, L. and Epimakhov, Λ. 2007 *The Urals and Western Siberia in the Bronze and Iron Ages*. Cambridge: Cambridge University Press.

Kost, C. 2014 *The Practice of Imaginary in the Northern Chinese Steppe (5th - 1st centuries BCE)*, Vor- und Frühgeschichtliche Archäologie Rheinische Friedrich- Wilhelms-Universität Bonn.

Kovalev, A. A. & Erdenebaatar, D. 2009 Discovery of New Cultures of the Bronze Age in Mongolia according to the Data obtained by the International Central Asian Archaeological Expedition.

Bemmann, J., Parzinger, H., Pohl, E., Tseveendorzh D. ed. *Current Archaeological Research in Mongolia, Papers from the Fist International Conference on "Archaeological Research in Mongolia" held in Ulaanbaatar, August 19th-23rd*, 2007:104-117, Bonn: Rheinsishe Friedriheh-Wilhelms-Universität.

Kristiansen, K. 2000 *Europe before history*. Cambridge: Cambridge University Press.

Legrand S. 2006 The emergence of the Scythians: Bronze Age to Iron Age in South Siberia. Antiquity 80(310): 843-859.

Liu, L. & Chen, X. 2003 *State Formation in Early China*. London: Duckworth.

Loehr, M. 1949 Ordos Daggers and Knives: New Material, Classification and Chronology. First Part: Daggers. *Artibus Asiae*, vol. XII.

Loehr, M. 1956 *Chinese Bronze Age Weapons*. The University of Michigan Press: Ann Arber.

Mei, J. 2003 Cultural Interpretation between china and Central Asia during the Bronze Age. *Proceedings of the British Academy* 121. The British Academy.

Miyamoto, K., Amgalantugus, T. & Delgermaa, L. 2017 Excavations at Bor Ovoo Site, *Excavations at Bor Ovoo and Khyar Kharaach Sites*, Faculty of Humanities, Kyushu University: 55-65.

Miyamoto, K., Tajiri, Y., Amgalantugs, T., Batbold, N. & Delgermaa, L. 2017 Excavations at the Khyar Kharaach Site, *Excavations at Bor Ovoo and Khyar Kharaach Sites*, Faculty of Humanities, Kyushu University: 25-54.

Miyamoto, K., Tajiri, Y., Amgalantugs, T., Batbold, N. & Delgermaa, L. 2018 Excavations at the Emeelt Tolgoi Site. *Excavations at Emeelt Tolgoi Site*, Faculty of Humanities, Kyushu University: 3-45.

Miyamoto, K. & Obata, H. ed. 2016 *Excavation at Daram site and Tevshi site, The First Report on Joint Mongolian-Japanese Excavations in Outer Mongolia*, Faculty of Humanities, Fukuoka: Kyushu University.

Miyamoto, K. ed. 2017 *Excavations at Bor Ovoo and Khyar Kharaach Sites: The second Report on Joint Mongolian-Japanese Excavations in Outer Mongolia*, Faculty of Humanities, Fukuoka: Kyushu University.

Miyamoto, K. ed. 2018 *Excavations at Emeelt Tolgoi Site: The third Report on Joint Mongolian-Japanese Excavations in Outer Mongolia*, Faculty of Humanities, Fukuoka: Kyushu University.

Mizoguchi, K. & Uchida, J. 2018 The Anyang Xibeigang Shang royal tombs revised: a social archaeological approach. *Antiquity* 92(363): 709-723.

Nelson, A., Russell, A. C. and Honeychurch, W. 2009 A Gobi mortuary site through time: bioarchaeology at Baga Mongol, Baga Gazaryn Chuluu. Bemmann, J., Parzinger, H., Pohl, E., Tseveendorzh, D., ed. *Current Archaeological Research in Mongolia, Papers from the Fist International Conference on "Archaeological Research in Mongolia" held in Ulaanbaatar, August 19th-23rd*, 2007: 565-578, Bonn: Rheinsishe Friedriheh-Wilhelms-Universität.

Okazaki, K. & Yonemoto, S. 2017 Human skeletal remains of the Bronze Age unearthed from the both sites of Khyar Kharaach in the Govi- Altai Province and Bor Ovoo in the Bayankhongor

Province, Mongolia. Excavations at Bor Ovoo and Khar Kharaachi Sites: 55-65.

Okazaki, K. & Yonemoto, S. 2018 Morphological analysis on the human bones unearthed from the Emeelt Tolgoi Site. *Excavations at Emeelt Tolgoi Site*: 46-53.

Park, S. 2020 Antenna-Style Dagger on Northeast Asia from the Perspective of Interregional Interaction. *Asian Perspective* 59(1) :159-185.

Service, Elman. R. 1971 *Primitive Social Organization: An Evolutionary Perspective*. second edition, New York: Random House,.

Takahama, S., Hayashi, T., Kawamata, M., Masubara, R. & Erdenebaatar, D. 2006 Preliminary Report of the Archaeological Investigations in Ulaan Uushig I (Uushigiin Övör) in Mongolia, 金沢大学 考古学紀要 28: 61-102.

Tumen, D., Khatanbaatar, D.and Erdene, M. 2014 Bronze Age Graves in the Delgerkhaan Mountain Area of Eastern Mongolia and the Ulaanzuukh Culture. *Asian Archaeology*, Vol.2, Science Press, Beijing: 40-49.

White, J. C. & Hamilton, E. G. 2009 The Transmision of Early Bronze Technology to Thailand: New Perspectives. *Journal of World Prehistory* 22: 357–397.

Wright, Henry 1977 Recent Research on the Origin of the State. *Annual Review of Anthropology* 6: 379-397.

Wright, J. 2014 Landscapes of Inequality? A Critique of Monumental Hierarchy in the Mongolian Bronze. *Asian Perspectives*, 51(2): 139-163.

Wright, J. 2017 Organizational principles of khirigsuur monuments in the Lower Egiin Gol Valley, Mongolia. *Journal of Anthropological Archaeology* 26: 350-365.

Yoneda, M., Gakuhari, T., Omori, T., Ozaki, H., Matsuzaki, H., Ito, S. and Kobayashi, K. 2016 Carbon and nitrogen isotopic ratios and radio carbon ages on the skeletal remains from Daram and Tevsh Sites of the Bronze Age, Mongolia. *Excavations at Darm and Tevs Sites: A Report on the Joint Mongolian-Japanese Excavations in Outer Mongolia*. Fukuoka: Kyushu University: 63-66.

Yoneda, M., Omori, T., Ozaki, H.and Ito, S. 2017 Carbon and nitrogen stable isotope ratios and radiocarbon ages on the skeletal remains from Bor Ovoo and Khyar Kharaach Sites, Mongolia. *Excavations at Bor Ovoo and Khyar Kharaach Sites*: Kyushu University: 73-76.

Yoneda, M., Ozaki, H.and Omori, T. 2018 Radiocarbon dating and stable carbon and nitrogen isotopic analyses on human and animal bones from the Emeelt Tolgoi Site. *Excavations at Emeelt Tolgoi Site*: Kyushu University: 62-66.

Yonemoto S., Adachi T., Funahashi K., Nakano N. and Osanai Y. 2017 The Strontium analysis on the human skeletal remains from the Khyar Kharaach site in the Gobi Altai, Mongolia. *Excavations at Bor Ovoo and Khyar Kharaachi Sites*: 66-72

Zazzo, A., Lepetz, S., Magail J. and Gantulga J. 2019 High-precision dating of ceremonial activity around a large ritual complex in Late Bronze Age Mongolia, *Antiquity* 93, 367: 80-98.

독일어

Gorsdorf Jochen, Parzinger Hermann, Nagler Anatoni & Leont'ev Nikolaj. 1998 Neue ^{14}C-Datierungen fur die Sibirische Steppe und ihre Konsequenzen fur die regionale Bronzezeitchronologie. In *EURASIA ANTIQUA* Band 4,Berlin,Germany: 73-80.

Novgorodova E. A., Volkov V. V., Korenevskj S. N. & Mamonova N. N. 1982 *ULANGOM Ein skythenzeitliches Graberfeld in der Mongolei*, ASIATISCHE FORSHUNGEN band 76, Otto Harrassowitz, Wiesbaden, Germany.

프랑스어

Pirazzoli-t'Serstevens, M. 1974 La Civilization du Royaume de Dian a L'Epoque Han. *Pubulication de L'Ecole Francaise d'Extreme-Orient*, vol. 94.

러시아 · 몽골어

Амартувшин Ч., Адармөнх П. 2010 Улаанбоомын хүрэл зэвсгийн үеийн дурсгал. *АРХЕОЛОГЙН СУДЛАЛ* 1-21, pp.Улаанбаатар: 61-93.

Амартувшин Ч., Батболд, Н. Эрдэнэ Г., Батдалд Б. 2015 *Чандмань Харуулын археологийн дурсгал*. Улаанбаатар.

Амартувшин Ч., Жаргалан Б. 2008 Бага газрын чулуунд хийсэн хүрэл зэвсгийн түрүү үеийн булшн ы судалгаа *АРХЕОЛОГЙН СУДЛАЛ* 1-22, pp. 77-91, Улаанбаатар.

Амартувшин Ч., Ханичёрч. 2010 *Дундговь аймагт хийсэн археологийн судалгаа: Бага газрын чулуу*, Улаанбаатар.

Амгалантөгс Ц. 2015 Хиргисүүрийн гадаад хэльэр, ззохион байгуу лалтын ангилал. *АРХЕОЛОГЙН СУДЛАЛ* 1-41, Улаанбаатар: 122-139.

Амгалантөгс Ц., Эрдэнэ Б., Прохлич Б., Хант Д. 2007 Умард монголд явуулсан археологийн судалга а. *АРХЕОЛОГЙН СУДЛАЛ* 1-25, Улаанбаатар: 106-130.

Волков В. В. 1967 *Умарт Монглын Хүрзл Төмрийн Түрүү Yе*. Шинхлэх Ухааны Академийм Хэвлэл, Улаанбаатар.

Волков, В.В. 2002 *Оленные Камни Монголии*. Научный мир, Москва.

Гантулга Ж. 2016 Сагсай хэлбэрийн булж, *Монголын Эртний Булш Оршуулга III*, Улаанбаатар: 56-62.

Грязнов М. П., Завитухина М.П., М. Н. Комарова, Миняев С. С., Пшеницына, Хубяков Ю. С. 1980 *Ко мплекс Археологических Памятников у Горы Тепсей на Енисее*, Наука, Новосибирск.

Грищин, Ю. С. 1971 *Маталлические изделия Сибири эпохи энеолита и бронзы. Свод Археологиче ских Источникова*. В3-12. Москва.

Гүнчинсүрэн Б., Гантулга Ж., Базаргүр., Хатанбаатар П., Марколонго Б. Марколонго Ф. 2010 Орог н уур орчимд хийсэн археологийн малтлага судалгааны урьдчилсан үр дүнгээс. *АРХЕОЛОГ ЙН СУДЛАЛ* 1-21, Улаанбаатар: 144-169.

Дэвлет, М. А. 1980 *Сибирские поясные ажурные лластины*, Наука, Москва.

Ерөөл-Эрдэнэ Ч., Гантулга Ж., Бемманн Я., Броссөдөр У., Макглынн ж., Рөйхерт 2015 Орхоны хөнд ий дэх Монгол-Гарманы хамтарсан "Баркор" төслийн судалгааны урьдчилсан үр дүн. *АРХ ЕОЛОГИЙН СУДЛАЛ* 1-41, Улаанбаатар: 198-227.

Кириллов, И. И., КирилловО. И. 1985 Новые данные о купьтурно-исторических контактах восто чнозабайкальских племен в эпоху бронзы. *Древнее Забайкалье и его культурные связи*, Novosibirsk: 22-33.

Ковалев, А. А., Эрдэнебатар, Д. 2012 *Чемурчекский Купытурный феномен Исспедования последни х лет*, Издательство Музея-института семьи Реихов, Санст-Петербург.

Лазаретов И. П. 2007 Памятники баиновского типа и тагарская культура. *Археологические вести* 14, Наука: 93-105.

Миямото К. 2013 Социальные изменения скотоводческого общества на основе анализа плиточны х иогил Монголии. *Современные решения актуальных проблем евразийской археологии*, Издательство Алтайского государственного университета, Барнаул: 130-133.

Новгородова, Э. А. 1970 Центральная Азия и Карасукская проблема. Москва.

Торбат, Ц., Амартувшин Ч., Эрдэнэбат, У. 2003 Эгийн Горын сав нутаг дахь Археологийн дурсгалу уд, Улаанбаатар.

Түмен, Д., Эрдэнэ М., Хатанбаатар Д., Анхсанаа,Г., Ванчигдаш Ч. 2010 "Дорнод Монгол" төслий н хүрээнд гүйцэтгэсэн археологийн судалгаа (2010). *Mongolian Journal of Anthropology, Archaeology and Ethnology*, 6(1), Улаанбаатар: 167-215.

Цыбиктаров А. Д. 1998 *Культура плиточных могил Монгоии и Заьайкалья*, Издателыство Бурятско го госуниверситета, Улан-Уде.

Членова, Н. Л. 1967 Происхождение и ранняя истолия тлемен тагарской культлы. Наука. Москва.

Членова, Н. Л. 1972 Хронология Памятников Карасукской Эпохи. //Материалы и Исследования п о Археологии, СССР, No.182 Москва.

Эрдэнэчулуун Пурэвжавын 2011 *Тэнгэрийн Илд*. Сэттүүлийн эрхлэгч, Улаанбаатар.

이 책의 작성과 관련된 원고 일람

제1부 북방 청동기문화

제1장 「第8章 中国初期青銅器文化における北方青銅器文化」,『長城地帯青銅器文化の研究』(シルクロード学研究 Vol.29), 169~183쪽: 2008년 3월 원고를 크게 수정 및 보완

제2장 「エルミタージュ美術館所蔵ミヌシンスク地方の青銅器」,『東アジアと日本—交流と変容—』4, 1~10쪽: 2007년 3월

제3장 「モンゴル高原における青銅器時代板石墓の変遷と展開」,『史淵』153, 31~58쪽: 2016년 3월의 원고와 「モンゴル青銅器時代墓制の展開—ヘレクスール文化の位置づけを中心に—」『史淵』155, 53~80쪽: 2018년 3월 원고를 종합하여 수정 및 보완

제4장 「瀧山地域青銅器文化の変遷とその特徴」,『史淵』139, 143-175쪽: 2002년 3월의 원고에 신자료를 추가해 대폭 수정 및 보완

제5장 「北方系帯飾板の出現と展開」, 高濱秀先生退職記念論文集編集委員会編『ユーラシアの考古学 高濱秀先生退職記念論文集』, 六一書房, 49~63쪽: 2014년 2월의 원고에 신자료를 추가하여 대폭 수정 및 보완

제6장 「有釜銅鍪の編年とその東北アジア青銅器文化における位置づけ」, 岡内三慎編『技術と交流の考古学』, 同成社, 310~323쪽: 2013년 1월 원고를 일부 수정 및 보완

제2부 중원 청동기문화

제7장 「二里頭文化銅鈴的来源与発展」『夏商都邑与文化(一)』(『夏商都邑考古盤紀念恨師商城発現30周年国際学術検討会』論文集), 中国社会科学出版社, 329~341쪽: 2014년 10월 원고의 일본어 재작성

제8장 「二里頭文化青銅弊器的演変及意義」,『二里頭遺址与二里頭文化研究』, 科学出版社, 205~221쪽: 2006년 12월 원고와 「二里頭遺址二里頭文化至二里岡文化過渡期的青銅器生産」,『南方文物』2019년 第2期(총제100期), 95~102쪽의 일본어 재작성

제9장 「中国における初期国家形成過程を定義づける」,『東アジア古代国家論—プロセス・モデル・アイデンテイティ—』, すいれん舎, 247~274쪽: 2006년 4월 원고를 토대로 새롭게 작성

제10장 「漢と匈奴の国家形成と周辺地域—農耕社会と遊牧社会の成立—」,『九州大学 21世紀COEプログラム「東アジアと日本：交流と変容」統括ワークショップ報告書』, 九州大学, 111~121쪽: 2007년 2월 원고를 바탕으로 새롭게 작성

제11장 「周式銅劍から見た巴蜀式青銅器の出現過程」, 飯島武次編『中華文明の考古学』, 同成社, 185~199쪽: 2014년 3월 원고의 일부 수정 및 보완

제3부 중국서남 청동기문화

제12장 「川西高原石棺墓の構造と変遷」,『中国考古学』9, 91~110쪽: 2009년 11월 원고의 일부 수정 및 보완
제13장 「川西高原石棺墓文化と北方青銅器」, 宮本一夫・高大倫編『東チベットの先史社会—四川省チベット自治州における日中共同発掘調査の記録—』, 中国書店, 147~162쪽: 2013년 3월 원고의 일부 수정 및 보완
제14장 「中国 川西高原・洱海系青銅器の変遷」,『史淵』147, 1~28쪽: 2010년 3월의 원고를 일부 수정 및 보완

제4부 동북아시아 청동기문화

제15장 「遼東の遼寧式銅劍から弥生の年代を考える」,『史淵』145, 155~190쪽: 2008년 3월의 원고를 일부 수정 및 보완
제16장 「韓半島遼寧式銅劍再考」, 高倉洋彰編『東アジア古文化論』, 中国書店, 336~351쪽: 2014년 4월의 원고를 일부 수정 및 보완
제17장 「東北アジア青銅器文化からみた韓国青銅器文化」,『青丘学術論集』22, 95~123쪽: 2003년 3월의 원고에 신자료를 추가하여 대폭 수정 및 보완
제18장 「細形銅劍と細形銅矛の成立年代」,『新弥生時代のはじまり 第3巻 東アジア青銅器の系譜』, 雄山閣, 9~23쪽: 2008년 5월의 원고에 신자료를 추가하여 일부 수정 및 보완
제19장 小林青樹・春成秀爾・宮本一夫・宮里修・石川岳彦・村松洋介・金想民, 「遼東における青銅器・鉄器の調査と成果」,『中国考古学』11, 203~222쪽: 2011년 2월 원고와 小林青樹・宮本一夫・石川岳彦・李新全, 「近年の遼寧地域における青銅器・鉄器研究の現状」,『中国考古学』12, 213~229쪽: 2012년 12월 원고의 필자 기술 부분에 기초하여 새롭게 작성
제20장 「東北アジアにおける触角式銅劍の変遷」,『清渓史学』16・17집(悠山姜仁求教授停年紀念東北亜古文化論集), 韓国精神文化学院, 241~259쪽: 2002년 2월의 원고에 신자료를 추가해 대폭 수정 및 보완
제21장 「中国大陸からの視点」,『季刊考古学』88, 78~83쪽: 2004년 8월의 원고와 「東北アジアの相対編年を目指して」,『AMS年代と考古学』, 学生社, 5~38쪽: 2011년 5월의 원고를 토대로 새롭게 작성
제22장 「鋳型から見た銅劍の変遷—日本の初期青銅器生産段階を中心として—」, 「韓国青銅器とその製作技法—崇実大学校韓国キリスト教博物館所蔵品を中心として—」, 숭실대학교기독교박물관, 53~88쪽: 2011년 10월의 원고에 신자료를 추가하여 대폭 수정 및 보완

결어 「東アジア青銅器文化の潮流」,『季刊考古学』135, 17~20쪽: 2016년 5월 원고와 「コラム 1 青銅器」,『テーマで読み解く中国の文化』, ミネルヴァ書房, 28~34쪽: 2016년 3월 원고를 토대로 대폭 수정 및 보완

맺음말

　『동아시아 청동기시대 연구』라고 명명한 이 책은 동아시아 각지에서의 현지 조사와 유물 조사를 바탕으로 구성되었다. 이는 중국, 몽골, 한국, 일본에서 진행된 공동 발굴조사나 공동 연구의 성과를 종합한 것이다. 각 연구 과제마다 가설을 설정하고, 이를 검증하기 위해 발굴조사 및 일반 조사를 실시하였다. 무엇보다도 이 같은 조사에 참가해 주신 공동연구자분들과 규슈대학 대학원·문학부 학생들께 깊은 감사를 전한다.

　제I부와 제II부인 북방 청동기문화와 중원 청동기문화의 연구는 2002~2006년도 COE「東アジアと日本─交流と変容」과 2005·2006년도 실크로드학 연구센터의 과제연구「中国初期青銅器文化の研究」(대표: 미야모토 가즈오), 그리고 중국 사회과학원 고고연구소와의 공동연구「中国初期青銅器文化の研究」(대표: 미야모토 가즈오·바이윈샹[白雲翔])에 기반하여, 초기 청동기 유물의 실측조사 성과를 정리한 것이다. 이 공동연구에서는 약 400여 점의 실물 자료를 관찰과 실측, 사진 촬영을 진행하였고, 이를 통해 청동기의 제작기술, 편년, 생산체계, 역사적 배경 등을 규명할 수 있었다.

　제I부의 몽골고원 청동기시대 묘제의 발굴조사는 2008년 다람Daram 판석묘의 발굴조사에서 시작되었다. 2008~2011년도 과학연구비조성연구(A)「日本列島と大陸との人の交流に関する人類学的研究」(대표: 나카하시 다카히로[中橋孝博])에서 구마모토[熊本]대학의 오바타 히로키[小畑弘己] 교수와의 공동 발굴조사를 시작으로, 이후 2012·2013년도 규슈대학 교육프로그램·연구거점 형성 프로젝트 E-3 유형「モンゴル高原における古代牧畜民の移住と集団再編に関する総合的研究」(대표: 미야모토 가즈오) 및 2015~2018년도 과학연구비기반연구(A)「ユーラシア東部草原地帯における騎馬遊牧社会形成過程の総合的研究」(대표: 미야모토 가즈오)로서 매년 지속한 발굴조사의 성과이다. 또한 2019~2023년도 과학연구비(S)「東アジアにおける農耕の拡散·変容と牧畜社会生成過程の総合的研究」를 통해 몽골 청동기시대 묘제 발굴조사로 이어졌다.

　제II부인 중원 청동기문화의 연구는 1982년 교토대학 문학부의 졸업논문「周代青銅武器の系譜と地域性」에서 출발하였다. 이 논문은 이미 작고하신 히구지 다카야스[樋口隆康], 히야시 미나오[林巳奈夫] 교수님의 지도를 받으며 작성되었다. 연구의 기초를 다져주신 두 분 교수님께 가장 먼저 깊은 감사를 드리고자 한다. 또한 교토대학 학생 및 조교로서 히구치 교수님의 「金文研究会」, 하야시 교수님의 「京都大学人文科学研究所研究班」에 참가하며, 요시모토 미치마사[吉本道雅], 오카무리 히데노리[岡村秀典] 선생 등 동양사학연구자들과 함께 은·주 청동기를 연구를 시작한 것이 계기가 되었다.

제Ⅲ부인 중국서남부 청동기의 연구는 2009~2011년도 과학연구비기반연구(A) 「中国西南地区における北方系青銅器文化の生成と展開」와 2007·2008년도 규슈대학 교육프로그램·연구거점 형성 프로젝트 B(2)유형 「中国西南地区における北方系青銅器文化の生成と展開」, 중국 외무원의 특별허가를 받아 진행된 쓰촨[四川]성문물고고연구원과의 공동발굴조사 「中国西南地区北方系青銅器および石棺墓文化研究」(대표: 미야모토 가즈오·가오따룬[高大倫])의 성과를 토대로 하며, 촨시[川西]고원 청동기 유물의 실측조사 성과도 함께 정리하였다.

제Ⅳ부인 중국 동북부와 한국 청동기 연구는 1990~1992년도 문부성 과학연구비조성금(국제공동연구) 「東北アジアにおける文明の源流の考古学的研究」(대표: 아키야마 신고[秋山進午])라는 랴오닝[遼寧]성문물고고연구소와의 공동연구와 1999~2001년도 과학연구비조성연구(B) 「東北アジアにおける先史文化の比較考古学的研究」(대표: 니시타니 다다시[西谷正]), 지린[吉林]대학 삐엔지앙[辺疆]고고학 센터와의 공동연구, 한국문화연구진흥재단 2001년도 연구조성 「東北アジア青銅器からみた韓国青銅器文化に関する研究」(대표: 미야모토 가즈오)에서 전남대학교 조진선 교수와의 공동연구, 2001~2004년도 과학연구비기반연구(B) 「弥生時代成立期における渡来人問題の考古学的研究」(대표:미야모토 가즈오)의 한국 청동기 실측조사, 2009~2011년도 과학연구비조성연구(B) 「紀年銘中国系青銅器の再検討による中国北方青銅器文化研究の再構築」(대표: 고바야시 세이지[小林青樹])의 랴오닝지역 청동기 조사 등을 기반한다. 이 책은 각 지역의 청동기시대 전개를 정리함과 동시에, 동아시아 전체의 유기적인 관련성을 조망하는데, 중점을 두었다.

동아시아 청동기시대의 시작과 이후의 전개는 지역 사회 기반의 맥락 속에서 각 지역의 전개 과정을 정리함과 동시에, 동아시아 전체의 유기적인 관련성에 대해 논하는 것에 주안점을 두었다. 이를 동아시아 전체의 청동기시대를 연계시킴으로써, 유라시아 선사 사회 전체 속에서 동아시아 청동기시대의 특수성과 보편성을 정리하고자 한 것이다. 그것이 인류사 속에서 동아시아 지역의 역사적 현상을 상대화하는 데 기여할 것이라 믿는다.

마지막으로 이 책의 출판과 편집을 맡아주신 桑門智亜紀, 羽佐田真一 님께 깊이 감사드린다. 또한 그림 일부의 트레싱과 교정을 맡아준 규슈대학 인문과학연구원 특임조교 마츠모토 게이타[松本圭太] 선생과 한국 청동기시대의 새로운 자료 수집에 협력해 준 목포대학교 인문대학 고고문화인류학과 조교수인 김상민 선생에게도 감사의 마음을 전한다.

2020년 4월 1일

『東アジア青銅器時代の研究』
韓国語版出版に当たって

　本書の後書きにも書いたように、本書は、中国やモンゴル国での共同発掘調査と、ロシア、中国、韓国、日本での青銅器実測調査の成果に基づくものである。東アジア青銅器文化を、地域的に北方青銅器文化、中原青銅器文化、中国西南青銅器文化、東北アジア青銅器文化の四つに分けて論じたものである。東アジアの青銅器文化は、西アジアに生まれた青銅器文化が、ユーラシア草原地帯を牧畜社会の広がりとともに西から東へと伝播し、ユーラシア草原地帯東部の長城地帯を中心に北方青銅器文化を生み出す。その青銅器は、石製鋳型による扁平な青銅短剣などの武器や工具・装身具を中心とする実用的なものであった。一方、長城地帯に接した農耕社会の中原では、こうした青銅器技術を北方青銅器文化から受容しながらも、発達した農耕社会にあって、土製複合范によって立体的な青銅礼器を鋳造する新たな技術を開発していった。それは、王や首長といった為政者のための祭礼具であり、社会的身分を維持するための威信財であったのである。このように、異質な二つの青銅器文化が東アジアに生まれていったのである。北方青銅器文化に接する中国西南青銅器文化や東北アジア青銅器文化は、北方青銅器文化の影響を受けつつ独自な青銅器文化を形成していく。中国西南部では山字形格銅剣を、東北アジアでは遼寧式銅剣が生成されていく。遼西で生まれた遼寧式銅剣は、韓半島で遼寧式銅剣が細形銅剣へと変化していく。この過程は、農耕社会の燕文化の広がりと関係するとともに、この段階で石製鋳型技術の上に土製鋳型の技術がもたらされ、多鈕細文鏡の生産が韓半島で始まっていく。このような細形銅剣文化は、さらに日本の北部九州へと広がっていく。韓国の読者には、このような東北アジアの青銅器文化の展開に最も関心があるであろうが、こうした東北アジアの青銅器文化の展開を東アジア全体から眺める必要性を説いたのが本書である。こうした歴史的解釈や本書の意図を、韓国の読者に受け入れられれば、著者にとって限りない喜びとなるであろう。なお、東北アジア青銅器文化前後の農耕社会の広がりと青銅器時代後期に始まる初期鉄器時代については、それぞれ別々に著書をまとめている。前者が、『東北アジアの初期農耕と弥生の起源』（同成社、2017年）で、後者が『東アジア初期鉄器時代の研究』（雄山

閣、2023年）である。関心ある読者は、これらも繙かれることを願うところである。

　最後に、大部である本書の韓国語翻訳に当たられた国立木浦大学校人文大学の金想民副教授の労を多としたい。金想民さんは、東北アジアの鉄器文化研究の第一人者であり、私の教え子であるとともに、研究者仲間である。中国から韓半島、日本を含めた東北アジア全体を俯瞰できる金想民さんであったからこそ、本書の翻訳がかなったと考えられる。本書の出版を含めて、翻訳の任に当たられた金想民さんに、改めて衷心から感謝申し上げるところである。

2025年4月24日
四川大学望江校区与文里にて
宮本一夫

『동아시아 청동기시대의 연구』
한국어판 출간에 부쳐

　이 책의 후기에도 언급했듯이, 본서는 중국과 몽골에서의 공동 발굴 조사 및 러시아, 중국, 한국, 일본에서 진행된 청동기 실측 조사의 성과를 바탕으로 한 연구이다. 동아시아 청동기문화를 지역적으로 북방 청동기문화, 중원 청동기문화, 중국 서남 청동기문화, 동북아 청동기문화의 네 가지로 나누어 고찰하였다.

　동아시아 청동기문화는 서아시아에서 시작된 청동기문화가 유라시아 초원지대를 따라 목축 사회의 확산과 함께 서쪽에서 동쪽으로 전파되면서, 유라시아 초원동부인 장성지역을 중심으로 북방 청동기문화가 형성된 데서 비롯된다. 이 북방 청동기는 석제 거푸집[鑄型]을 활용한 편평한 청동단검 등 무기, 공구, 장신구 중심의 실용적인 도구로 구성되어 있었다.

　한편, 장성지역에 인접한 농경사회인 중원에서는 이러한 청동기 기술을 북방 청동기문화로부터 수용하면서도, 발달된 농경 사회의 기반 위에서 토제 복합거푸집[范]을 사용한 입체적인 청동 제례기를 제작하는 새로운 기술이 발전하였다. 이는 왕이나 수장의 제례용 도구로서, 사회적 신분을 유지하기 위한 위신재威信財로 기능하였다.

　이처럼 상이한 두 종류의 청동기문화가 동아시아에서 각각 생성된 것이다. 북방 청동기문화의 영향 아래 중국 서남부 청동기문화와 동북아 청동기문화 역시 고유한 발전을 이룬 것이다. 중국 서남부에서는 산山자형 격格동검, 동북아에서는 요령식동검이 등장하였다.

　특히 랴오시지역에서 발생한 요령식동검은 한반도에서 세형동검으로 변화한다. 이 변화는 농경사회였던 연문화燕文化의 확산과 연관되며, 이 시기에 석제 거푸집 기술 위에 토제 거푸집 기술이 도입되면서, 한반도에서 다뉴세문경多鈕細文鏡의 생산이 시작된다. 이렇게 형성된 세형동검문화는 일본 북부 규슈지역으로까지 전파된다.

　한국의 독자분들께서는 이러한 동북아 청동기문화의 전개에 특히 관심이 많으시리라 생각된다. 하지만 본서는 이러한 전개 과정을 동아시아 전체의 관점에서 바라보는 필요성을 강조하고자 집필하였다. 이러한 역사적 해석과 본서의 취지가 한국 독자분들께 받아들여진다면, 저자로서 더할 나위 없을 것이다.

덧붙여, 동북아 청동기문화 전후의 농경 사회의 확산과 청동기시대 후기 이후 시작되는 초기철기 시대에 관해서는 별도로 저서를 출간하였다. 전자는 『東北アジアの初期農耕と弥生の起源』(同成社, 2017), 후자는 『東アジア初期鉄器時代の研究』(雄山閣, 2023)이다. 관심 있는 독자께서는 이 책들도 함께 살펴보시길 추천한다.

끝으로, 방대한 본서의 한국어 번역을 맡아준 국립목포대학교 인문대학 김상민 부교수의 노고에 깊은 감사의 마음을 전한다. 김상민 교수는 동북아 철기문화 연구의 대표적인 신진 연구자이자, 저의 제자이자 연구 동료이다. 중국에서 한반도, 일본을 포함한 동북아 전체를 조망할 수 있는 역량을 지닌 김 교수이었기에 이 책의 번역이 가능했다고 생각한다. 본서의 출간을 비롯하여 번역 작업에 힘써 주신 김상민 교수에게 다시 한번 진심으로 감사의 말씀을 전하고 싶다.

2025년 4월 24일
四川大学望江校区与文里에서
미야모토 가즈오(宮本一夫)

지은이 _ **미야모토 가즈오(宮本一夫)**

1958년 시마네島根현 마츠에松江시 출생
1982년 교토京都대학 문학부 졸업
1984년 교토대학대학원 문학연구과 석사 졸업
1984년 교토대학 문학부 조교
1987년 에히메愛媛대학 법문학부 준교수
1994년 규슈九州대학 문학부 준교수
2000년 박사(문학 규슈대학)
2002년 규슈九州대학 대학원 인문과학대학원 교수
2024년 규슈대학 대학원 인문과학대학원 명예교수
현재   중국中国쓰촨四川대학 문과강좌文科講席 교수

〈主要著書〉
2000년 『中国古代北疆史の考古学的研究』, 中国書店
2005년 『中国の歴史01 神話から歴史へ 神話時代 夏王朝』, 講談社
2008년 『遼東半島四平山積石塚の研究』, 柳原出版(編著)
2009년 『中国初期青銅器文化の研究』, 九州大学出版会(編著)
2009년 『農耕の起源を探る-イネの来た道-』, 吉川弘文館
2013년 『東チベットの先史社会一四川省チベット自治州における日中共同発掘調査の記録ー』, 中国書
　　　　店(編著)
2015년 『遼東半島上馬石貝塚の研究』, 九州大学出版会(編著)
2017년 『東北アジアの初期農耕と弥生の起源』, 同成社
2020년 『東アジアの青銅器時代の研究』, 雄山閣
2020년 『中国の歴史1 神話から歴史へ 神話時代 夏王朝』, 講談社学術文庫
2023년 『東アジアの初期鉄器時代の研究』, 雄山閣
2025년 『遼東半島将軍山積石塚の研究』, 雄山閣(編著)

옮긴이 _ 김상민(金想民)

1981년   광주광역시 출생
2005년   목포대학교 역사문화학부 고고학전공 졸업
2007년   목포대학교 대학원 고고인류학과 석사 졸업
2008년   에히메愛媛대학 법문학부 객원연구원
2013년   규슈九州대학 비교사회문화학부 박사 졸업
2013년   국립중앙박물관 학예연구사
2017년   국립전주박물관 학예연구사
2019년   목포대학교 고고문화인류학과 조교수
현재   국립목포대학교 인문콘텐츠학부 부교수

〈主要著書〉

2011년 『김제 장흥리 은곡제철유적』, (재)대한문화재연구센터(공저)
2014년 『화성 기안동제철유적』, 국립중앙박물관(공저)
2017년 『쇠 철 강 -철의 문화사』, 국립중앙박물관(공저)
2017년 『몽골 고아도브 흉노유적』, 국립중앙박물관(공저)
2019년 『군곡리 패총 동아시아 해양교류의 시작』, 목포대학교박물관(공저)
2020년 『동북아 초기철기문화의 성립과 고조선』, 서경문화사
2020년 『장고분의 피장자와 축조배경』, 학연문화사(공저)
2021년 『가야의 철 생산과 유통』, 주류성(공저)
2021년 『고조선과 고구려의 만남-길림 통화 만발발자유적』, 동국문화(공저)
2022년 『アジアの博物館と人材敎育』, 雄山閣(공저)

HIGASIAZIA SEIDOUKIZIDAI NO KENKYU
RESEARCH ON THE BRONZE AGE OF EAST Asia
©Kazuo Miyamoto 2020
Originally published in Japan in 2020 by YUZANKAKU

※ 이 책의 번역은 재단법인 나라문화연구원의 학술료를 지원받아 수행되었다.

동아시아 청동기시대의 연구 東アジア靑銅器時代の研究

초판발행일   2025년 11월 10일
지 은 이   미야모토 가즈오(宮本一夫)
옮 긴 이   김상민
발 행 인   김선경
책 임 편 집   김소라
발 행 처   서경문화사
          주소 : 서울시 종로구 이화장길 70-14(204호)
          전화 : 743-8203, 8205 / 팩스 : 743-8210
          메일 : sk7438203@naver.com
신 고 번 호   제1994-000041호
ISBN   978-89-6062-265-4   93910

ⓒ 김상민 · 서경문화사, 2025